# 潍坊年鉴

# 2017

WEIFANG YEARBOOK

潍坊市人民政府 主办
潍坊市地方史志办公室 编

方志出版社
Publishing House of Local Records

**图书在版编目（CIP）数据**

潍坊年鉴. 2017 / 潍坊市地方史志办公室编. —北京：方志出版社，2017.10
ISBN 978-7-5144-2595-6

Ⅰ. ①潍… Ⅱ. ①潍… Ⅲ. ①潍坊—2017—年鉴
Ⅳ. ①Z525.23

中国版本图书馆CIP数据核字（2017）第252581号

**潍坊年鉴（2017）**

**编　　者**：潍坊市地方史志办公室
**责任编辑**：朱　姝
**出 版 人**：冀祥德
**出 版 者**：方志出版社
地址　北京市朝阳区潘家园东里9号（国家方志馆4层）
邮编　100021
网址　http://www.fzph.org
**发　　行**：方志出版社图书经销中心
电话（010）67110500
**经　　销**：各地新华书店
**印　　刷**：山东麦德森文化传媒有限公司
**开　　本**：889×1194　1/16
**印　　张**：26
**字　　数**：912千字
**版　　次**：2017年10月第1版　2017年10月第1次印刷
**印　　数**：0001～3000册
ISBN 978-7-5144-2595-6　**定价**：218.00元

# 潍坊市地方史志编纂委员会暨<br>《潍坊年鉴》编纂委员会



# 《潍坊年鉴》2017卷编审人员

# 编辑说明

一、《潍坊年鉴》是在中共潍坊市委领导下，由潍坊市人民政府主办，潍坊市地方史志办公室编纂的地方性、综合性、资料性文献。该书旨在全面、系统、翔实、客观地记述潍坊市政治、经济、文化、社会等各方面的新成就、新特点、新情况，为各行各业提供咨询服务，为各级领导科学决策提供可靠依据，同时也为国内外朋友全面了解潍坊提供方便。

二、《潍坊年鉴》的编纂坚持以马克思列宁主义、毛泽东思想、邓小平理论、“三个代表”重要思想和科学发展观为指导，贯彻落实习近平总书记系列重要讲话精神和治国理政新理念新思想新战略，坚持辩证唯物主义和历史唯物主义的立场、观点和方法，紧紧围绕市委、市政府的中心工作，全面客观地反映各县（市、区）、各部门、各行业取得的重大成就。力求做到观点正确、框架科学、资料翔实、特色鲜明、记述准确、编写规范。

三、《潍坊年鉴》2017卷系创刊以来的第23卷，主要内容的记述时限原则上为2016年1月1日至12月31日。为反映事物全貌，给读者以完整印象，部分资料适当上溯或下延。

四、本卷《潍坊年鉴》采取分类编辑法。全书设28个类目，即特载、大事记、全市概况、中共潍坊市委、潍坊市人民代表大会、潍坊市人民政府、政协潍坊市委员会、中共潍坊市纪律检查委员会、民主党派 群众团体、军事、法治、经济监督管理、农业、工业、服务业、交通•邮政•通信、建设•环保、商贸•旅游、民营经济和中小型企业、财政•税务、教育、科学、文化•卫生计生•体育、社会•民生、县（市、区）概况、开发区概况、人物、附录、索引。记述形式分类目、分目、条目3个层次，条目为主要信息载体和基本撰写形式，年鉴多数内容在条目中记载。

五、全书的资料大部分由潍坊市各县（市、区）和市直各部门提供，主要统计数据以市统计局公布的统计资料为准，有些使用了有关业务部门、单位的数据。为使年鉴资料准确无误、真实可靠，各供稿单位所供稿件均经该单位领导审核。各撰稿人在相应条目后署名，以示负责。

六、本卷《潍坊年鉴》的编辑出版，是在各级各部门领导关怀和支持下，经过广大年鉴工作者通力合作、辛勤劳动所取得的成果。谨向关心和支持年鉴编辑工作的单位和个人表示衷心的感谢。

七、《潍坊年鉴》内容涉及各行各业，面广量大，加之我们水平有限，错误与疏漏在所难免，敬请广大读者给予指正，以使《潍坊年鉴》的编纂水平不断提高。

2017年10月

# 第三十四届潍坊国际风筝会

风筝会开幕式

万人风筝放飞表演

第34届潍坊国际风筝会于2017年4月15日在潍坊开幕。本届风筝会安排了风筝、文化、经贸三大版块17项重点活动,遵循办好风筝主体活动，打造城市品牌，搭建合作发展平台的理念，坚持“创新办会、务实办会、节俭办会”的原则，突出国际性、创新性、参与性和潍坊特色，着力抓好风筝、文化、经贸招商等17项重点活动，大力宣传推介潍坊，弘扬风筝文化，提升城市知名度和美誉度，促进文化产业和招商引资，取得了良好的经济社会效益。同时，本届风筝会正式启用了滨海区新建的世界上最大的陆地千亩放飞场，满足了国际风筝会放飞比赛规模不断扩大、群众参与性日趋增强的需要。

中国奥委会副主席、国际风联主席冯建中，山东省委常委、常务副省长李群等领导，以及1500多名贵宾、重要客商出席。美国、澳大利亚、新西兰等40个国家和地区的56支优秀风筝代表队，共计500余名参赛队员参会。“潍坊风筝大赛”筹备实现新突破，一大批特色风筝、创新风筝参加今年各项风筝赛事，报名参赛队伍达到101支，其中县市区（开发区）组16支、市直部门组36支、企事业单位组（含群众放飞队）49支，参赛风筝达到1056只，参赛运动员、裁判员等共计1200余人，参赛风筝数量、种类和质量比往年有了新的提升。

# 盛瑞传动“前置前驱8挡自动变速器（8AT）研发及产业化”

## 项目荣获国家科技进步一等奖

国家科学技术进步奖

证　书

为表彰国家科学技术进步奖获得者，特颁发此证书。

项目名称：前置前驱8挡自动变速器（8AT）研发及产业化

奖励等级：一等

获 奖 者：盛瑞传动股份有限公司

中华人民共和国国务院

2016年12月21日

证书号：2016-J-223-1-01-D01

2017年1月9日，中共中央、国务院在人民大会堂隆重举行2016年度国家科学技术奖励大会，潍坊市盛瑞传动“前置前驱8挡自动变速器（8AT）研发及产业化”项目荣获国家科技进步一等奖。这是2016年度全国除高校院所之外地方获得的唯一一个一等奖，也是山东省唯一的一个一等奖，是建国以来中国汽车零部件行业唯一的一个一等奖，也是潍坊市近十年来获得的唯一一个一等奖，它实现了全市民营企业获得国家科技进步一等奖零的突破。盛瑞传动获奖说明，潍坊市通过不断推进科技创新，企业的研发水平有了明显提高，核心竞争力不断增强。8AT项目的获奖，必将推动该成果进一步转化，对促进行业进步，乃至国家自主品牌汽车工业的发展具有重要意义。

2016年4月19日，市食药局启动食品安全科普知识进学校进社区行动

2016年6月22日，“食安山东”融媒体采访团到潍坊参观考察

## 坚持市场思维 推进五治并举 争创“国家食品安全示范城市”

2016年，潍坊市食品药品监督管理局牢牢把握创建“国家食品安全示范城市”的契机，围绕“破难题、闯路子、探模式、建机制、求实效”，坚持“发挥市场机制、推动社会共治”的“让市场管市场”食安治理方向，探索了一条“党政综治、部门合治、行业自治、业态整治、社会共治”五治并举的食安共治之路，全市食药安全水平不断提升，国家食品安全抽检合格率由95.2%提升到98.8%，群众对食品安全的满意度由69.4%攀升到82.8%。创建工作在国家和省组织的历次评估检查中均名列前茅，以全省“第一名”的成绩通过省级考核验收。全国人大到潍坊视察调研时，认为潍坊市“食品安全工作思路清晰、措施扎实、务实成效令人信服”“‘让市场管市场’的脉向定位符合中国食品安全监管方向”，并指示潍坊“要继续引领中国食品安全监管新风尚”。国家食品药品监管总局局长毕井泉批示“潍坊市的工作有思路、有特点、有成效”，时任省委副书记、省长郭树清批示“潍坊的做法抓住了关键，可为其他市场管理提供参考，所谓事中事后监管要有客观、公正的测评，这样才能令人信服，信息公开和自觉广泛参与应为必备条件”，都充分肯定了该市“用市场思维破解中国食安难题”的一系列创新性做法。

2016年8月4日，潍坊市政府召开创建国家食品安全城市推进会议

2016年11月8日，潍坊市食品药品监管局召开新闻发布会

2016年11月25日，省食安办委托第三方对潍坊市创建国家食品安全城市工作进行验收

# 成功争取京沪高铁二线过境潍坊

2015年8月，刘曙光市长（中右）会见铁道第三勘察设计院客人

潍坊市规划局自成立以来，着力打造“北方水网城市，生态绿色潍坊”，牵头实施了以白浪河改造为主的“三河改造”工程。近年来，抓住国家编制铁路网规划的重大机遇，积极争取京沪东线途经潍坊，与沿海通道、青银通道一起，打造国家级“两纵一横”的高铁枢纽城市，提升城市区域竞争力。

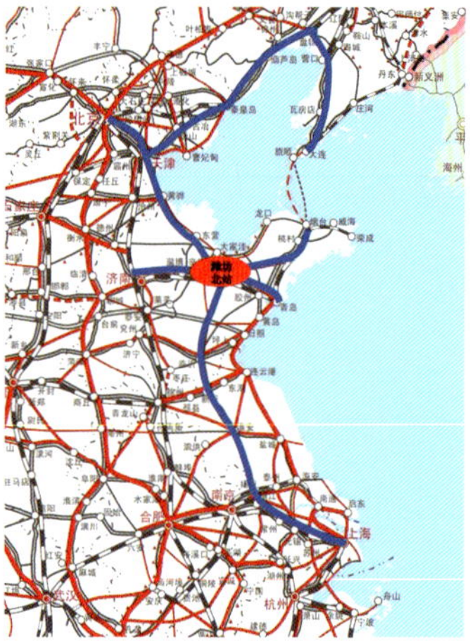

两纵一横高铁通道汇聚潍坊

2015年年初，时任市长刘曙光率先提出京沪高铁第二通道选线的信息后，市规划局及时跟进，与国家铁路重点设计单位的专业人士进行了对接，对途经省内的三个选线方案及各地争取情况形成专题报告提交市委、市政府。时任市委、市政府主要领导相继作出重要指示，认为“事关重大，作为要事争取”。8月初，市政府召开了专题会议，确定了由规划部门牵头、相关部门配合的选线争取工作方案，为选线争取工作赢得了时间。2015年12月，时任市长刘曙光带队赴天津与设计单位进行对接，科学论证，多方比选，积极争取中线方案途径潍坊，争取具体线路汇入市区高铁北站，争取多设沿途站点服务更多县(市、区)。2016年，国家发布《中长期铁路网规划》，布局了“八纵八横”的高铁布局网络。其中，“两纵一横”在潍坊市交汇。国家发改委确定潍坊市为全省三个高铁枢纽之一。同时，结合高铁物流发展趋势，依托北京、上海、济南、青岛、烟台五个方向的高铁北站，着力打造“环渤海区域交通物流综合枢纽”城市。

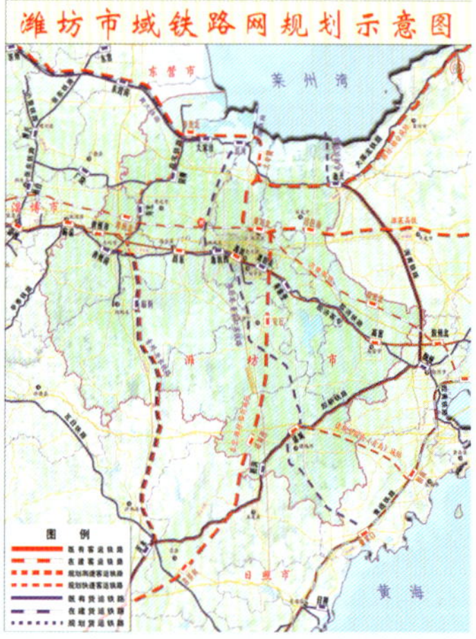


潍坊市域铁路网规划示意图

成功争取京沪高铁二线途经潍坊市区，特别是与济青高铁共站，形成了区域高铁枢纽，对潍坊市经济社会长远发展和城市空间拓展都具有里程碑式的重大意义。这项重要成果的取得，是市委、市政府坚强领导的结果，是抢抓机遇、主动作为的结果。2017年3月份，市委、市政府授予市规划局及市发改委、市交通局“特殊贡献奖”。鉴于市规划局在选线争取工作中发挥的主导作用，市委、市政府特别给予市规划局记“集体二等功”。

市规划局对接铁三院，研究潍坊市域铁路网规划方案

# 获批建设“国家自主创新示范区”

2016年4月5日，国务院印发《国务院关于同意山东半岛国家高新区建设国家自主创新示范区的批复》（简称国务院批复），批复同意济南、青岛、淄博、潍坊、烟台、威海等6个国家高新区建设国家自主创新示范区。2016年9月18日，省委、省政府印发《中共山东省委山东省人民政府关于加快山东半岛国家自主创新示范区建设发展的实施意见》（简称省实施意见），明确了推进示范区建设发展的总体要求、重点任务、保障措施。建设山东半岛国家自主创新示范区，要全面实施创新驱动发展战略，充分发挥潍坊高新区的创新资源集聚优势，积极开展创新政策先行先试，激发各类创新主体活力，着力培育良好的创新创业环境，深入推进大众创业、万众创新，全面提升区域创新体系整体效能，努力把高新区建设成为转型升级引领区、创新创业生态区、体制机制创新试验区、开放创新先导区。到2020年，高新区创新体系整体效能显著提升，基本形成创新一体化发展的体制机制，企业自主创新能力显著提高，成为与济南高新区、青岛高新区并驾齐驱的山东高新技术产业发展第三极，迈入国家高新区前20强，创建具有国际竞争力的国家一流高新技术产业园区。

3D打印技术创新中心

蓝色智谷

光电产业园

绿树掩映中的人民广场

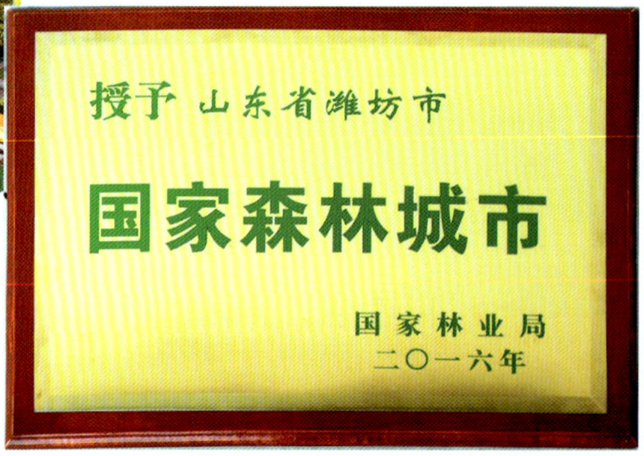


2016年9月19日，在陕西延安召开的2016森林城市建设座谈会上，潍坊市被授予“国家森林城市”称号

# 潍坊市成功创建“国家森林城市”

潍坊市自2013年11月26日启动“国家森林城市”创建工作以来，市委、市政府坚定不移地贯彻落实习近平总书记“宁要绿水青山，不要金山银山，而且绿水青山就是金山银山”的指示，积极践行绿色发展理念，确定了“人本和谐并行、生态建设优先”的战略部署，以创建“国家森林城市”为重要切入点，严格按照《潍坊市国家森林城市建设总体规划》和《潍坊市创建国家森林城市实施方案》任务要求，突出“亲山近水享绿色福利，五彩鸢都创森林潍坊”创建主题，全力建设生态富裕文明新潍坊。三年来，全市始终秉持生态文明理念，实施“五大重点工程”，做大绿色产业文章，弘扬森林生态文化，不断创新工作机制，大力度、快速度、高强度推进林业生态建设。2016年9月19日，在陕西延安召开的2016森林城市建设座谈会上，潍坊市被授予“国家森林城市”称号。

# 潍坊市棚户区改造工作成效显著

全市城市工作会议召开

农村社区服务中心

潍坊市海绵水系示范工程

2016年，在市委、市政府的坚强领导下，市住房和城乡建设局深入学习党的十八届五中、六中全会和中央、省、市城市工作会议精神，按照“走在前列、起好带头作用”的目标要求，真抓实干，主动作为，各项工作都取得新成绩，主要业务工作全部进入全省先进行列。推广“一个经验”。省住建厅专门以正式文件，在全省推广潍坊市棚改征收拆迁安置工作经验。争取“两个第一”。棚户区改造货币化安置率90.2%，位居全省第一位。在全省新型城镇化考核中，潍坊市总得分919.6分，位居全省第1位。创造“一个速度”。潍坊市两岸交流中心投入使用，将原定543天的建设工期缩短至272天，创造了新的“潍坊速度”。保持“一个稳定”。2016年，房地产和建筑业共完成税收113.7亿元，占地税总收入的33.7%，支柱地位稳固，房地产业和建筑业保持平稳健康发展。实现“一个创新”。全市启动“四全一特”示范社区建设174个，重点打造了奎文樱园社区、潍城曹家巷社区、高新新邻里社区3个市级示范社区。召开“一个会议”。市委、市政府召开了全市城市工作会议，印发了《潍坊市新型城镇化发展规划（2015年—2020年）》，部署开展城市建设“十大专项行动”。争取“五个试点”。诸城市获批国家新型城镇化试点；寿光市、安丘市获批省级中等城市试点；昌邑市列入省级I型小城市试点；寿光羊口镇获批省级新生小城市试点。晋升“两家企业”。昌大建设集团、寿光一建成功晋升建筑工程施工总承包特级资质，实现潍坊市特级资质企业“零突破”。获批“一个奖项”。奎文苇湾小区改造提升项目获批“山东省人居环境范例奖”。

青州市富贵养生苑棚改项目

彰显厚重大气的两岸交流中心院内景致

# 构建大交通　助力大发展

## ——“一带一路”潍坊国际多式联运大通道建设

2016年，潍坊市交通运输系统完成交通建设投资156.9亿元，投资规模创历年新高。潍日高速公路项目施工全面展开，建设进度位居全省前列。“两环六射”综合运输通道建设有序开展。农村公路和安防工程超额完成目标。扶贫道路完成171.9千米，4个市率先完成交通扶贫任务。港口建设持续提速，建成码头项目5个泊位12个，总通过能力达到4095万吨，实现了规模等级、运营能力和港口功能三大跨越。机场迁建快速推进，顺丰电商产业园启动建设。铁路建设扎实推进，潍坊市首列始发动车—潍坊始发至北京南高速动车组列车G176次“潍坊”号开通。济青高铁潍坊段征地拆迁工作位居沿线地市第一位。城市地铁完成线网规划编制，正在开展建设规划编制。

综合运输量持续提升。2016年，完成客运量5972万人、货运量2.368亿吨，新增18个建制村通客车。潍坊机场完成旅客吞吐量54.08万人次、货邮运量2.22万吨，创了潍坊机场通航以来的最好水平。“一带一路”潍坊国际多式联运大通道正式开通，形成“一带一路”大通道全面对接、纵横发展布局。城市公交全年客运量达1.24亿人次。“潍坊掌上公交”手机APP进行内部测试。城海BRT项目编制完成规划设计方案和可行性研究报告并通过专家评审，能评、环评等5个报告已编制完成；邮政、快递企业突破200家，从业人员突破2万人，快递收入进入全国前50强。制定《出租汽车经营服务管理规定》行政处罚自由裁量标准。发布了《潍坊市关于深化改革推进出租汽车行业健康发展的实施意见》和《潍坊市网络预约出租汽车经营服务管理实施细则》的征求意见稿。安全生产持续稳定，严格落实“一把手”负责制及“一岗双责”责任体系，全面实施九项断然措施。系统内省级以上文明单位覆盖率超过30%。

2016年12月22日，“一带一路”潍坊国际多式联运大通道开通仪式

交通运输应急智慧平台，对各大场站实时监控，旨在提高行业管理智能化水平和应急指挥调度能力

庆祝潍坊机场旅客吞吐量突破五十万人次接机仪式

# 潍坊市成功创建“国家科技兴海产业示范基地”

近年来，潍坊市以重大项目和工程为抓手，积极实施海洋经济创新发展区域示范工程，着力提升海洋科技创新能力，注重培育壮大以海工装备、海洋生物医药、生物基新材料等为重点海洋特色产业，积极争取国家海洋经济创新发展区域示范项目40个，总投资39.86亿元，上级扶持资金2.47亿元，打造了一批海洋工程公共研发平台和创新型企业研发平台。2016年，由市海洋与渔业局牵头、以高新区为依托，成功创建了“国家科技兴海产业示范基地——潍坊海洋生物和高端装备产业示范基地”。潍坊市成为继上海浦东、江苏大丰、山东青岛、福建厦门、福建诏安、广东广州、辽宁大连之后获此殊荣的城市。同时，也是全省首家成功创建“国家科技兴海产业示范基地”的地市级城市。

创建“国家科技兴海产业示范基地”是潍坊市积极落实“创新驱动发展”和“建设海洋强国”战略，构筑产学研集成创新体系，进一步提升潍坊海洋科技创新能力与海洋经济发展水平，扎实推进“蓝黄”两区建设的重要举措。“国家科技兴海产业示范基地”在潍坊市落地，对潍坊市提高海洋高新技术产业化规模，培育和发展海洋高技术产业，承接国家科技计划海洋技术领域重大专项、国家海洋经济创新发展区域示范项目等具有重大意义。

# 潍坊高新技术产业开发区

潍坊高新区成立于1991年，1992年获批国家级，现辖2个街道、2个经济发展区，面积110平方公里，截至2016年末，全区户籍人口15.9万人，增长6.3%。2016年，全区实现地区生产总值（GDP）395.4亿元，按可比价计算同比增长8.8%，高于全市0.8个百分点，居全市第一位。服务业占GDP比重比上年末提升了2.0%。二、三次产业对GDP增长的贡献率分别为33.2%、66.8%,分别拉动GDP增长2.9%、5.9%。2016年，全区规模以上工业企业实现工业总产值820.41亿元，增长19.0%，实现高新技术产值576.54亿元，增长30.6%。实现工业增加值195.08亿元，按可比价计算增长8.8%，总量占全区GDP总量的49.3%。实现财政总收入78.89亿元，增长6.8%；完成一般公共预算收入41.91亿元，增长10.0%；一般公共预算支出21.97亿元，增长4.5%。全区累计完成全社会固定资产投资152.78亿元，增长15.5%。实现社会消费品零售总额344.47亿元，增长10.2%。实现国税、地税总收入74.41亿元，增长2.8%，增幅比上年度提升1个百分点。

潍坊港

2016年9月10日，世界风筝冲浪竞速锦标赛比赛现场

# 潍坊滨海经济技术开发区

潍坊滨海经济技术开发区（以下简称“潍坊滨海”）是国务院批准成立的国家级经济技术开发区，截至2016年底，全区总人口20万，陆域面积677平方公里，海域面积510平方公里，海岸线长69公里，辖央子、大家洼2个街道。潍坊滨海先后被确定为国家科技兴贸创新基地、国家生态工业示范园区、国家职业教育创新发展试验区、全国科技兴海示范区和山东科学发展园区、循环经济示范区，“蓝黄”两大国家战略和胶东半岛高端产业聚集区一个省级战略在此融汇叠加。2016年实现地区生产总值303.32亿元，同比增长8.7%，规模以上工业主营业务收入869.8亿元，同比增长9.8%，完成固定资产投资430.38亿元，同比增长16%，公共财政预算收入33.1亿元，同比增长11.5%，主要经济指标增速居全市前列。

山东海化集团石油化工项目

瑞驰新能源汽车项目

潍坊综合保税区进口商品直营中心

# 潍坊综合保税区

潍坊综合保税区位于潍坊市中心区东部，于2011年1月25日获国务院批准设立，是全国第14个综合保税区。总规划面积30平方公里，分为南区、北区两部分，南区主要依托青岛机场和青岛港，为潍坊及周边地市企业服务；北区主要依托潍坊港、面向东北亚,为北部沿海2700平方公里地区服务。下辖1个发展区——汶泉发展区，该发展区位于潍坊综合保税区东南部，面积14.83平方公里，辖23个行政村。

潍坊综合保税区具有“保税加工、保税物流、货物贸易、服务贸易、虚拟口岸”五大功能和“进境保税、入区退税、免增值税、区港直通、集中申报、快速中转”等优惠政策，具有“承东启西”的辐射带动作用，服务辐射半径达300公里，向东承接青岛、烟台、威海等沿海城市，向西服务淄博、滨州、东营等内陆城市,对全市、全省的经济发展有重要的政策服务、项目聚集和国际化平台作用。

2016年，综合保税区按照“全国争一流、行业树标杆”的总体要求，以自贸区的思想和标准指导全区工作，经济社会各项事业呈现出突破性的迅猛发展态势。目前，全区注册企业1000多家，服务社会企业1500多家。全年实现进出口额73.8亿元，在全市16个县市区和开发区位列第7位，在全省9个保税区位列第3位，进出口额增幅29.5%，居全市、全省第1位。实现工业主营业务收入65.5亿元，增长100%，增幅居全市第1位；公共财政预算收入1.44亿元，增长15.2%，增幅居全市第2位。

山东省委书记姜异康（前排右三）来综合保税区调研

市委副书记、市长刘曙光（前排左三）来综合保税区调研

2016潍坊市超级马拉松联赛在综合保税区举行

潍坊行知学校

# 潍坊峡山生态经济开发区

2016年，峡山区坚持稳中求进工作总基调，积极适应经济发展新常态，开拓进取，奋力拼搏，努力推动优质高效发展。

生态环境。峡山水库增容工程按期建成，引黄入峡四级泵站规范运行。水质稳定保持在地表水Ⅲ类以上标准，为下游供水1.63亿立方米。完成造林1.7万亩，森林覆盖率达45%，峡山湖湿地公园被评为国家湿地公园。产业体系。北京大学潍坊现代农业研究院、兴旺种业育种研发中心落户。探索实施“村党支部+合作社+农资供应商+品牌创建”绿色农业“4+”模式。全省春季农业生产工作会议、首届峡山湖有机产业发展国际论坛暨有机农业供给侧改革研讨会、全省种植业结构调整现场观摩会议先后召开，有机品牌产生全国影响。规划新影华安·影视文化产业园、迪梦温泉欢乐小镇等项目。举办第二届全国微电影春晚、第7届国际乡野马拉松、山东省第2届沿海骑行大奖赛、峡山迎春灯会等活动，宣传推介峡山。民生事业。新政务服务中心投入运行，入驻部门22个，行政审批事项提速66.7%。实施产业扶贫项目92个，完成23个省定贫困村、4304人的脱贫任务。潍河流域西侧堤顶道路、兴峡路南段等道路建成通车。基层基础。开展党员先锋榜、党员积分制、党员活动日、阳光村务平台等书记项目，完善了区、街、社区、村四级党群服务体系，形成党建项目化、服务精准化、治理规范化“三化”品牌。实施党员先锋“十百千万”工程（即从近万名党员中推选千名党员先锋、百名峡山先锋、十二名峡山榜样，大力宣传表彰，形成示范效应），从党员中推选先锋榜样，形成示范效应。开展“两学一做”学习教育，精心组织“三看”大调研（即利用2016年12月一个月的时间开展了“看成效、看态势、看谱气”“三看”大调研活动）等主题教育活动，举办“峡山大讲堂”12期。

8月22日，市委副书记、市长刘曙光（前排左二）一行7人来峡山区调研经济社会发展情况

4月28日，全省种植业结构调整现场观摩会议在峡山区召开

8月26日，峡山区举行22家企业总部集中入驻仪式

9月11日，峡山区在济南召开2017第三届全国微电影春晚启动仪式暨首届中国潍坊（峡山）金风筝国际微电影大赛新闻发布会

奎文门　　风筝广场

# 奎文区

奎文区直辖面积57.6平方公里，人口44.3万，辖8个街道办事处、67个社区居委会。先后荣获全国科技进步考核先进区、全国和谐社区建设示范城区、全国义务教育发展基本均衡区、全国安全社区、中国楼宇经济研究实践基地、省级文明城区、省服务业发展先进区、文化强省建设先进区、全省法治创建先进区、平安山东建设先进区、全省双拥模范区等荣誉称号。

奎文区实施创新驱动、产业振兴、城市转型、民生共享四大战略，加快建设创新创业先行区、高端产业聚集区、城市品质示范区、公共服务样板区。国民经济保持平稳运行。2016年，全区实现地区生产总值238.33亿元，按可比价格计算，比上年增长6.9%。三次产业构成调整为0.17：8.93：90.90，三产比重提高0.91个百分点。全区公共财政预算收入占GDP比重达10.92%，国地两税占二、三产业增加值比重达15.36%。固定资产投资平稳增长。2016年，全区开工在建固定资产投资项目113个，同比增加6个，完成投资89.2亿元，增长3.3%。居民收入持续增加，生活水平不断提高。2016年，全区城镇居民人均可支配收入33609元，增长8.2%；城镇居民人均消费性支出20976元，增长8.5%。国内消费市场健康平稳。2016年，全区社会消费品零售总额完成168.3亿元，比上年增长9.2%。分行业看，批发零售业零售额145.6亿元，增长7.6%；住宿餐饮业零售额22.7亿元，增长20.4%。亿元市场繁荣发展。2016年，泰华城、新华路商圈、万达广场“三大商圈”引领消费时尚，汽车服务、纺织服装、医药物流等大型园区能级提升。以星河国际轻纺城、金宝汽车城、南下河水产批发市场为代表的各类商品市场繁荣发展，其中亿元以上商品交易市场9处，年交易额111.4亿元。

奎文区公共服务中心

铁皮石斛

潍坊铁皮石斛科技文化产业园

# 潍城区

潍城区是潍坊市中心区之一，总面积269.5平方公里，辖6个街道、2个管理区、1个省级开发区，共169个行政村、85个社区。全区户籍总人口35.98万人。2016年，全区完成地区生产总值258.5亿元，比上年（下同）增长7.2%。其中，第一产业增加值10.39亿元，第二产业增加值93.77亿元，第三产业增加值154.34亿元，分别增长3.8%、6.1%和8.1%。固定资产投资153.48亿元，增长5.3%。一般公共预算收入20.03亿元，增长4.4%。社会消费品零售总额162.5亿元，增长10.1%。城镇居民人均可支配收入达到34789元，农村居民人均可支配收入达到16865元。

安顺广场

潍县战役党性教育基地—荷花湾战斗遗址

大于河风光

# 坊子区

2016年，全区实现地区生产总值147.8亿元、增长8.4%，增幅列全市第1位；一般公共预算收入13.1亿元、增长10.5%，增幅列全市第3位、四区第1位；固定资产投资151.7亿元、增长 13.7%，增幅列全市第1位。三次产业比调整为 6.1:49.1:44.8。山东测绘地理信息产业园、机械装备制造园等园区建设顺利，49个项目已投产达效。建成运营新方德乐堡梦幻水世界等一批文化旅游项目；中粮集团将禽业总部落户坊子区，在全市率先完成世界 500 强企业引进任务。农业现代化水平明显提升，各类新型农业经营主体发展到 780 家，现代农业示范园发展到 53 个。推进供给侧结构性改革，实施新方集团煤矿退出和多元化经营战略；完成鲁元建材破产重整，成为供给侧结构性改革实施以来全市第一家成功破产重整的企业；完成北新建陶依法破产；启动坊茨小镇棚户区改造。启动宝通街东延工程，完成八马路城区段改建工程、潍县中路南延工程和新老城区背街小巷改造提升“全覆盖”工程，实施农村道路村村通“全覆盖”工程，城市综合承载力进一步增强。改造提升 56 个老旧小区，圆满完成国家文明城市、卫生城市、森林城市、食品安全城市复审创建任务，市容市貌显著提升。完成民生支出 11.9亿元，占财政支出的 81%。城镇和农村居民人均可支配收入分别达到3.16万元和1.58万元。

省政协副主席雷建国到坊茨小镇视察

省科技厅厅长刘为民到雷沃重工调研

潍坊市实物地址资料博物馆

1898坊茨小镇

潍坊四中效果图

山东测绘地理信息产业园

德乐堡梦幻水世界

# 寒亭区

寒亭区是潍坊市辖四个行政区之一，也是潍坊风筝的发源地和全国三大木版年画产地之一。全区共辖8个街道和杨家埠旅游开发区，总面积623平方公里，年末常住总人口41.4万人。2016年实现地区生产总值214.91亿元，同比增长8.1%；实现公共财政预算收入17.25亿元，增长10.4%；完成固定固定资产投资196.7亿元，增长6.1%。

2016年3月14日下午，中共潍坊市委书记杜昌文（前排右四）、寒亭区委书记孟晓雷（前排右五）视察济青高铁北站施工现场

摄影　胡昊楠

2016年8月26日上午，广贸天下北方跨境电商大数据中心落户潍坊总部基地启动仪式

《现代制造》　摄影　杨卫国

《丰收》　摄影　杨卫国

《湿地春游》　摄影　金志远

# 青州市

青州市总面积1569平方公里，年末常住总人口96.3万人。2016年，全年实现地区生产总值615.7亿元，比上年增长8.0 %。其中，第一产业增加值52.9亿元，第二产业增加值281.8亿元，第三产业增加值281.0亿元。固定资产投资576.2亿元，一般公共预算收入45.99亿元，一般公共预算支出49.4亿元，社会消费品零售总额246.6亿元，进出口总额41.4亿元。城镇居民人均可支配收入32468元，农村居民人均可支配收入16180元。年内获评中国人居环境奖、中国收藏文化名城、国家卫生城市、国家森林城市、全国六五普法先进县、中国长寿之乡、国土资源节约模范示范县、全国法治宣传教育先进县等8个国家级荣誉称号，获得山东省双拥模范城、山东省卫生先进单位、山东省妇幼健康优质服务示范市、山东省食品安全先进市（县）、山东省首届全民阅读示范县（市）、山东省电子商务示范县等5项省级荣誉。

翰墨青州 · 2016中国书画年会

江淮汽车

风景独好黄花溪

财阜

李清照纪念祠

雀山流苏林

11月30日，王金鉴被省委宣传部追授为“齐鲁时代楷模”称号，王金鉴妻子迟永萍代领奖

11月28日，福田欧马可EV（电动汽车）下线，标志着福田汽车投资6.5亿元的中高端卡车项目正式进入量产阶段

12月27日，青岛保税港区诸城功能区保税物流中心（一期）建设工程通过正式验收

5月6日，阿里巴巴农村淘宝诸城服务中心正式运营

# 诸城市

2016年，诸城市全市总面积2151.4 平方公里，年末户籍总人口111.0万人。全年实现生产总值794.5 亿元，比上年增长8.1%。其中，第一产业增加值64.2 亿元，第二产业增加值403.7亿元，第三产业增加值326.6 亿元。固定资产投资635.5亿元，公共财政预算收入73.2亿元，公共财政预算支出76.2亿元，社会消费品零售总额257.1 亿元，进出口总额95.6 亿元。城镇居民人均可支配收入34222元，农村居民人均纯收入17210元。年内，被表彰为国土资源节约集约模范市，入选第三批国家新型城镇化综合试点城市，荣获第一批国家级农村职业教育和成人教育示范市、国家知识产权试点城市工作先进集体、全国创新社会治理优秀城市、全国生猪调出大县等称号，获批全国县级食品安全检验检测资源整合试点单位，连续五届荣获省双拥模范城称号。

政务中心

银宝轮胎车间一角

会展中心

# 寿光市

寿光市总面积1990平方公里，辖5个街道（含1个开发区）、9个镇、1个经济园区，975个行政村（居委会）。2016年，全市常住（户籍）总人口108.5万人。全年实现生产总值856.8亿元，比上年增长7.6%。其中，第一产业增加值97.3亿元，第二产业增加值364.1亿元，第三产业增加值395.3亿元。固定资产投资630.9亿元，实现财政总收入128亿元，公共财政预算收入94.7亿元，公共财政预算支出97.1亿元，社会消费品零售总额296.4亿元，进出口总额253.0亿元。城镇居民人均可支配收入27324元，农村居民人均纯收入17652元,人均生活消费支出16781元，全年完成农林牧渔业总产值194.8亿元，规模以上工业完成总产值1884.7亿元，年末15家驻寿银行机构本外币各项存款余额857.1亿元。。寿光市先后荣获全国民生改善十佳典范城市、国家生态园林城市、全国盐业综合改革试点城市、全国绿化先进集体、国家级农业综合标准化示范市、国家级农村教育和成人教育示范县(市)、国家农产品质量安全县等荣誉称号。

# 安丘市

秦耕司长（前排左四）调研

安丘创客空间

2016年，安丘市完成地区生产总值308亿元、社会消费品零售总额169亿元，均是2011年的1.6倍。规模以上工业主营业务收入515亿元，年均增长10.7%。一般公共预算收入20.8亿元，是2011年的2.7倍。金融机构贷款余额和城乡居民储蓄余额分别达到317亿元、293亿元，是2011年末的2.3倍和2倍。城镇和农村居民人均可支配收入分别达到29465元和17168元，均是2011年的1.8倍。

新希望六和现代白羽肉鸡项目鸟瞰图

金菩社区

繁华的泰华中心

# 高密市

融智商务综合体

高密市总面积1526.63平方公里，年末户籍总人口为89.3万人。全年实现地区生产总值623.18亿元，比上年增长8.2 %。其中，第一产业增加值51.18亿元，第二产业增加值314.27亿元，第三产业增加值257.73亿元。固定资产投资563.24亿元，公共财政预算收入48.05亿元，公共财政预算支出51.88亿元，社会消费品零售总额208.98亿元，进出口总额133.61亿元。城镇居民人均可支配收入33262元，农村居民人均可支配收入15589元。全市规模以上工业企业达到522家,在第十六届“全国县域经济与县域基本竞争力百强县”评价中居62位，比上一届提升4个位次。

国家级高新技术企业—豪迈机械科技股份有限公司

市人民医院怡康楼

市委党校

休闲农业园区——玉玲珑庄园

电视剧《红高粱》拍摄基地——红高粱地一角

昌邑盐田风光

# 昌邑市

昌邑市地处山东半岛西北部，渤海莱州湾南岸，属环渤海经济圈，市域总面积1627.5平方公里，辖6个镇、3处街道，691个行政村（社区），总人口58万，是中国“丝绸之乡”“苗木之乡”“溴盐之乡”和“华侨之乡”，连续6年被评为“中国中小城市综合实力百强县市”和“中国最具投资潜力中小城市百强县市”。“2016年度中国中小城市创新创业（双创）百强县市”属首次评选，昌邑市榜上有名，列第72位。荣获“首批国家智慧城市试点市”“全国文明城市提名城市”“全国科技进步先进市”“全国生态文明先进市”“全国特色化品牌（产业）示范城市”“全国粮食生产先进单位”“全国县级防震减灾先进单位”“全国林业信息化示范市”“全国特色化品牌（产业）示范城市”“全国双拥模范城”“纺织业集群创新发展示范地区”“全国唯一一家县级和谐矿区建设示范点”“中国全面小康成长型百佳县市”“中国最佳绿色生态旅游城市”“中国北方绿化苗木基地”“中国北方林木养生名城”“中国美丽乡村建设典范市”“省级文明城市”“省级园林城市”“省级卫生城市”“山东省投资环境最佳县市”“全省生态文明乡村建设工作先进市”“首批乡村文明行动省级示范市”“首批山东省信息消费试点市”“首批山东省生态文化示范市”“首批省级海洋生态文明示范区”等称号。

博陆山风景区

滨海（下营）经济开发区

中国（昌邑）北方花木城

伊利集团

# 临朐县

临朐县位于潍坊市西南部，总面积1831平方公里，其中山区、丘陵面积占87.3%，辖13个镇（街、园、区），350个村（社区），年末户籍总人口90.5万人。2016年，全年实现地区生产总值（GDP）261.1亿元，比上年增长8%，其中第一产业增加值36.2亿元，增长4.3%；第二产业增加值106亿元，增长7.4%；第三产业增加值118.9亿元，增长9.8%。全县完成固定资产投资330亿元。一般公共预算收入15.7亿元，一般公共预算支出32.3亿元。全年实现社会消费品零售总额158.7亿元，完成进出口总额24.3亿元。城镇居民人均可支配收入29356元，农村居民人均可支配收入14700元。

九山镇牛寨村

朐城仙境

淹子岭云海

# 昌乐县

昌乐县总面积1101平方公里，人口63万，辖4个镇、4个街道、1处省级经济开发区、1处省级旅游度假区和1处水库管理区。是“中国蓝宝石之都”，境内有古火山84座，蓝宝石有矿面积450平方公里，储量数十亿克拉，占全国蓝宝石总储量的90%以上，是世界四大蓝宝石产地之一。是“中国西瓜之乡”，西瓜种植面积超过15万亩，年产6亿公斤，被确定为中国地理标志农产品。先后被评为全国文明县城、全国义务教育发展基本均衡县、全国绿化模范县、国家园林县城、全国农业标准化示范县、国家卫生县城、全国农村“三资”管理示范县、全省双拥模范县等荣誉称号，是全省唯一的承担国家积极发展农民股份合作、赋予农民对集体资产股份权能改革试点县。在全市科学发展综合考核和群众满意度调查中连续位居前列。2016年全县完成地区生产总值292.64亿元、增长7.8%，实现一般公共预算收入23.59亿元、增长9.0%，完成固定资产投资349.9亿元、增长13.4%。

4月8日，山东省委书记姜异康来昌乐县来昌调研经济社会发展情况

6月24日，潍坊市委书记杜昌文来昌乐调研并到联系点埠南头村讲党课

10月16日，中国（昌乐）国际宝石博览会开幕式

市民文化体育广场一角

现代化的优美居住小区

世纪阳光海关监管直通场站

# 推进“三个体系”建设 档案工作取得新进展

2016年3月4日，市直机关工作人员走进市档案馆参观爱国主义教育基地

2016年6月30日，贺惠邦（中）向市档案馆捐赠书法作品

2016年7月20日，国家档案副局长付华（左一）到市档案局检查指导

2016年11月2日，全市国家档案行政执法检查整改落实工作暨县级档案馆建设推进会议召开

2016年，潍坊市档案馆（局）紧紧围绕市委、市政府中心工作，坚持依法治档、科学管档，扎实推进档案安全体系、资源体系、利用体系“三个体系”建设，各项工作取得新进展。

**档案安全防护能力进一步提升。**市档案馆投资70余万元，安装库房精密空调、高清数字摄像头、新增门禁系统等；投资42万元，新建数字档案馆安全审计系统、数据质量检测系统，更新服务器、磁盘阵列和UPS电源电池组等，全面改造升级档案安全防护设施设备。全市32.3TB电子档案数据，备份省电子文件（档案）容灾备份中心；市档案馆7TB电子档案数据，异地备份并完成数据更新。申请国家专项资金36.5万元，对国家重点档案——日本侵华地图和画报进行抢救保护与开发。市委召开“全市国家档案行政执法检查整改落实工作暨县级档案馆建设推进会”，市委常委会听取市档案局专题汇报，市委书记杜昌文、市长刘曙光分别作出重要批示，县级档案馆建设扎实推进。

**档案资源不断丰富和完善。**督导18个机关、企事业单位完成文件材料归档范围和文书档案保管期限表的审批，强化档案资源前端控制。年内，征集接收部门业务档案10606卷、历史文化和地方特色资料389件、重大活动档案127件、实物资料64件、书法作品4幅。拍摄建立“口述档案”，与潍坊电视台录制播出干部南下、援疆支边等专题节目50期，形成口述声像档案6000多分钟，填补了馆藏档案空白。

**档案利用服务能力进一步提高。**充分发挥爱国主义教育基地和全国中小学档案教育社会实践基地功能，接待30多个单位及社会各界2000余人次参观展览和主题教育实践活动。为纪念建党95周年和红军长征胜利80周年，举办档案文化展览。市县联动方式，举办“档案与民生”为主题的第8个档案馆开放日活动，开展各类活动39项。编纂《2016年潍坊大事记》《齐鲁记忆·山东档案珍品丛书》——（《潍县大观》《军鞋帐》）和《改革开放实录（潍坊卷）》档案专题等档案史料。制作《走进潍坊档案馆》宣传片。全年接待档案利用者1800余人次，提供档案资料5.1万余卷（件）。档案工作在编史修志、服务民生、服务经济社会发展等方面发挥了重要作用。

# 创新实干　勇于担当

## 全市发改工作实现新突破

市委副书记、市长刘曙光在APEC城镇化高层论坛作主旨演讲

2016年，潍坊市发改委在市委、市政府的正确领导下，深入贯彻落实党的十八大、十八届三中、四中、五中、六中全会和习近平总书记系列重要讲话精神，履职尽责，开拓进取，全力抓好谋划发展、统筹改革、投资项目、产业转型等重点工作，较好完成了各项任务目标，有力地推动了全市经济社会持续健康发展。主要亮点工作有：“十三五”规划纲要以市政府文件印发实施，成为引领潍坊未来五年发展的纲领性文件；牵头制定关于深入推进供给侧结构性改革的实施意见、建立健全潍坊市“十三五”规划纲要实施机制的意见等文件。成功争取京沪高铁二线过境潍坊，被确定为全国100个区域性高铁枢纽城市和36个高铁物流枢纽城市之一。作为全国首批中欧城镇化伙伴关系城市，市委副书记、市长刘曙光应邀出席亚太经合组织城镇化高层论坛，并作了题为“推动转型发展、建设绿色城市”的演讲。社会信用体系建设加快推进，争创为国家社会信用体系建设示范城市，建成了“一网三库一平台”的市级公共信用信息平台系统，召开了全市诚信潍坊建设动员电视会议，建立了失信联合惩戒机制，双公示工作走在了全省前列。在2016年全国259个地级市的城市信用监测中潍坊市排名第5位。滨海区获批国家首批“产城融合示范区”。争取资源居全省前列，争取各类资金80余亿元；列入全省“十三五”规划重大项目、全省2016年重点项目总数均居全省第一，固定资产投资总量及增速均居全省前列；重大基础设施建设取得突破，济青高铁、潍日高速等项目进展顺利，潍莱高铁开工建设。

全市诚信潍坊建设动员会议

潍莱高铁建设动员大会

# 树立民政为民理念 建设现代大爱民政

12月12日，“善行十年——潍坊慈善大型公益活动”在富华国际会议中心隆重举行，吴海源局长致辞

2016年，潍坊市民政局荣获全省民政工作综合评估“优秀等次”，2016年度全市科学发展综合考核“优秀等次”，被市委、市政府表彰。

农村低保标准与省定扶贫线实现“两线合一”。全市126处敬老院整合为77处，8个县市区建设了县级老年福利中心。市级福彩公益金列支2000万元，改造提升敬老院。

培育引进养老服务组织42家，开工建设医养综合体24处，全市新增养老床位7385张，每千名老年人拥有养老床位35张。

民生综合保险于7月1日起在全市范围实施，共赔付1091万余元。

潍坊市及各辖区、昌邑市被评为全国双拥模范城，其余5市2县均被评为省级双拥模范城（县）。

为8.5万多名优抚对象发放抚恤补助金3.9亿多元，为义务兵家庭发放优待金1.4亿多元。接收安置退役士兵3193人，发放自主就业一次性经济补助7683.3万元。

改造提升社区老旧服务设施100处，培育社区社会组织3200个，16人入选第二届齐鲁和谐使者。被确定为全国社会工作服务示范地区。

列支福彩公益金450万元资助社会组织精准扶贫项目。全国支持性社会组织发展论坛在潍坊市举办。

争取中央和省救灾资金1320万元，筹措款物3千多万元，保障受灾群众基本生活。潍坊市被确定为省救灾物资代储定点市，创建全国综合减灾示范社区7个、省级15个。

全市发行福利彩票14.88亿元，稳居全省第二。募集慈善款物2.1亿多元，同比增长11%。

5月16日，全国首届殡葬礼仪培训会议在潍坊市举行

12月12日，“善行十年——潍坊慈善大型公益活动”在富华国际会议中心隆重举行

2016年中日韩健康养老产业高峰论坛在潍坊举办

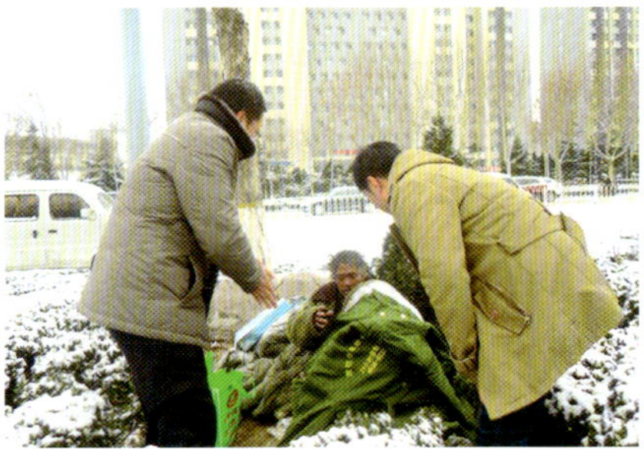

恶劣天气救助流浪人员，擦亮“鸢都温馨驿站”品牌

驻潍部队和市领导烈士公祭日瞻仰烈士墓

鲁台会期间，市委副书记市长刘曙光（二排左二）到养老产业展览区调研

# 潍坊市财政局

2016年，全市一般公共预算收入完成521.5亿元，同比增长9.1%，高于全省0.6个百分点、全国4.6个百分点。全市一般公共预算支出完成637.6亿元，增长4.2%；其中，民生支出完成510亿元，占一般公共预算支出的比重达到80%，同比提高1个百分点，有量化标准的项目全部达到或超过省均水平，更多财力转化为民生福利。

市政府与省财金集团签署战略合作协议

争取更多上级政策资源。争取国开行、农发行等政策性贷款授信274亿元，支持基础设施建设。争取地方政府置换债券347.8亿元、新增债券40.7亿元，总额度居全省第1位，将短期高成本债务置换为长期低成本债务。成功运作政府与社会资本合作（PPP）项目31个、吸引社会资本100亿元以上，4个项目进入国家、省示范。全年招商引资到位13.3亿元。与省财金集团签署“1+7”协议，首期募集资金超过400亿元，支持潍坊市经济社会发展。

政府产业引导基金支持的迈赫机器人项目

支持转型发展措施有力。出台重点产业招商、高新技术企业发展、金融产业发展等财税政策，精准支持歌尔、盛瑞、福田等龙头企业。优化产业平台运作机制，市级政府引导基金累计撬动投入500亿余元，再担保集团累计提供担保融资服务79亿元，资产管理公司累计收购处置不良资产15亿元。全面推开“营改增”试点，减轻企业负担近20亿元；落实国家取消和免征13 项收费基金政策，减轻企业负担0.5亿元。

财政支持的棚户区改造项目

财税体制改革深入推进。牵头投融资体制改革、资源税改革等10项全面深化改革工作，圆满完成年度目标。完善全口径政府预算体系，大力推行政府购买服务，加强资产资源统筹运营，扩大预决算公开范围，在全省财政管理绩效综合评价中居第一名。加强债务管理，完善风险防控体系，政府性债务率控制在100%以下，有效防范系统性风险。

# 潍坊市水利局

南水北调续建配套工程滨海供水单元验收会议现场

山东省利用亚行贷款地下水漏斗区域综合治理示范项目启动会议现场(左二为亚洲开发银行项目经理Frank Radstake)

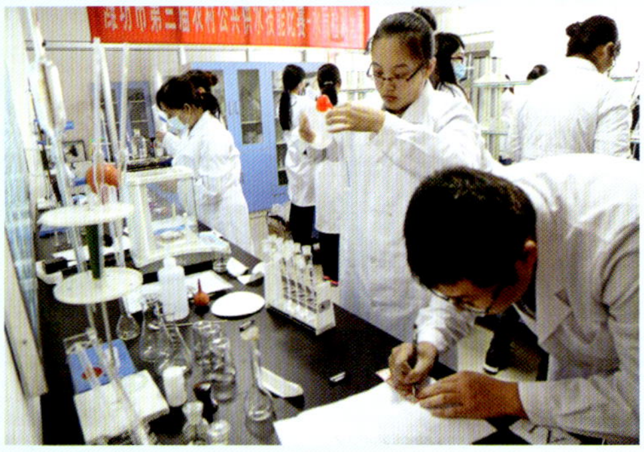

潍坊市第三届农村公共供水技能比赛一水质检测比赛现场

1.潍坊市南水北调续建配套工程分为寿光市、滨海开发区（一期、二期）和昌邑市等三个供水单元，在2015年年底全面完成3个供水单元投资建设的基础上，2016年12月20日—21日，潍坊市南水北调工程建设管理局组织专家对3个单元配套工程进行通（蓄）水验收，省南水北调工程建设管理局建管处全程监督，确保了验收工作顺利完成。

2.潍坊市利用亚行贷款治理地下水漏斗区项目共涉及昌乐县、寿光市、高密市、青州市4地，工程总投资14.26亿元，其中，利用亚行贷款资金1.16亿美元。4地项目初步设计均已批复。2016年11月17日，亚洲开发银行项目经理Frank Radstake、省财政、发改、国土、环保、水利相关领导、潍坊市、淄博市及项目涉及县（市、区）分管领导及相关部门负责人参加了启动仪式。

3.2016年11月，省“农村公共供水规范化管理先进单位”考评组对潍坊市申报的8处“省级规范化管理先进单位”进行了省级考核评估，经过专家组严格考评，8处农村公共供水单位全部通过省级考核，成为“省级农村公共供水规范化管理先进单位”。截至2016年年底，全市已有12处农村公共供水单位荣获“省级农村公共供水规范化管理先进单位”称号，全省共有35处农村供水单位获此殊荣，潍坊市“省级规范化管理先进单位”总数占到全省的34.3%，居于全省领先水平。

4.雨洪资源利用工程顺利推进。峡山水库增容工程批复总投资3.64亿元，新建高密孟家沟水库工程批复总投资8.15亿元，昌乐县南寨水库扩建工程概算总投资3.56亿元，工程均于2015年开工，经过两年的施工，已完成峡山水库增容工程和新建高密孟家沟水库、昌乐南寨水库扩容工程主体工程，增加蓄水能力7300万立方米。

诸城郭家村水务有限公司

新建高密孟家沟水库溢洪闸施工现场

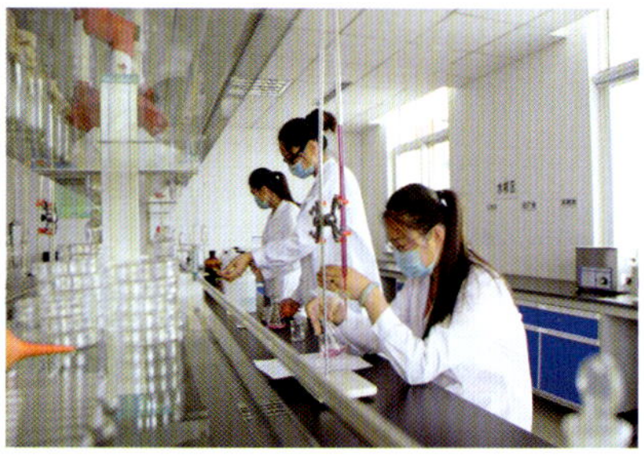

昌乐县农村饮水安全水质检测中心正在进行水质化验

# 情系百姓 保障健康

## 潍坊市卫生和计划生育委员会

召开全市卫生计生工作会议

2016年是卫生计生系统在全面融合基础上实现创新突破发展的关键之年，全市卫生计生工作围绕构建覆盖居民全生命周期的卫生计生服务体系，坚持以建设“健康潍坊”为目标，以“五大发展理念”（创新、协调、绿色、开放、共享）为指引，深化“三大发展战略”（大健康、大统筹、大医改），突出深化医改等六项重点，实施“健康城”建设等五大工程，强化钢班子、铁队伍建设等三项保障，深入推进卫生计生融合发展、转型发展、创新发展，努力建设人民群众放心满意的卫生计生事业。

2016年，全市人民健康水平进一步提高，医疗卫生体系建设日臻完善，深化医药卫生体制改革取得显著成效，“全面两孩”政策平稳落地，计划生育服务管理能力有效提升，重大疾病得到有效防控，公共卫生服务和行业管理水平明显提升。在深化医改、医药卫生体系建设和“互联网+健康医疗”行动等方面的具体措施和创新性实践先后得到国家和省委、省政府领导的一致好评和批示。山东半岛“健康高地”初具规模，潍坊市连续两年代表山东省迎接了国家“单独两孩”和“全面两孩”政策落实情况专项督查，连续第8次（每两年1次）荣获全国“无偿献血先进市奖”，全市卫生计生各项工作实现了历史性突破，为促进全市经济社会发展发挥了积极的健康保障作用。

全市卫生计生工作暨分级诊疗现场推进会议在高密召开

召开市直卫生计生系统学习习近平总书记“七一”重要讲话暨先进表彰大会

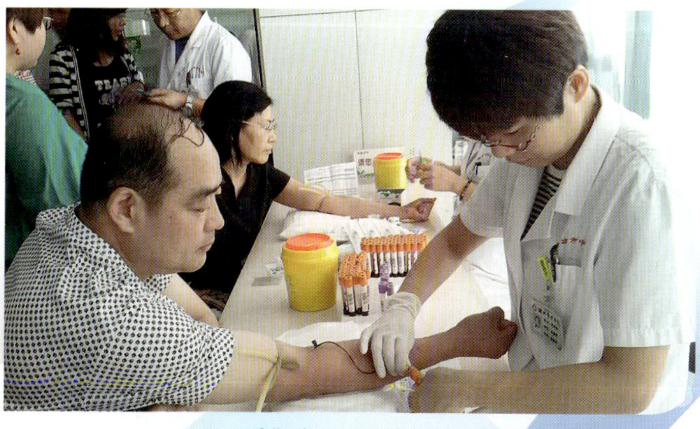

采集造血干细胞血样

# 强化审计监督　服务经济发展

## ——全市审计工作取得显著成效

2016年，潍坊市审计机关紧紧围绕党委政府中心工作和上级审计机关安排部署，坚持依法履职尽责，勇于创新，敢于担当，深入落实全面从严治党要求，扎实推进审计管理体制改革，各项工作都取得了明显成效。全市审计机关共完成政策跟踪落实审计、财政预算执行审计、领导干部经济责任审计、政府投资工程审计等各类审计项目1062个，促进增收节支21亿元。全市审计机关进一步落实从严治党要求，全面加强审计机关党的建设，严格落实党风廉洁建设责任，切实把管党治党的要求落到审计工作实处，扎实开展“两学一做”学习教育，组织全市审计党员干部开展了“信仰的力量”演讲比赛，组织到山东根据地审计展馆参观学习，增强了审计人员的党性修养。市局针对审计任务日益繁重、大项目多、出差时间长等特点，在出差时间超过一个月的审计组建立了临时党支部，把审计组和支部建设融为一体，实现了从严管党治党的无缝隙覆盖。

市审计局党组举行集体学习，扎实组织开展“两学一做”学习教育

市审计局组织对诸城市、安丘市、坊子区3市区党政主要负责同志离任经济责任进行同步审计

为扎实推进领导干部自然资源资产离任审计工作，市审计局举办了领导干部自然资源资产离任审计专题培训班

市审计局组织党员干部到山东根据地审计展馆参观学习，举行重温入党誓词活动

市审计局组织部分党员干部深入对口帮扶村峡山区王家庄子街道鲍家官庄村开展走访困难群众活动

# 目 录

## 特 载

**践行新理念 推动新发展**
**为决胜全面小康建设现代化强市而奋斗**
——在中国共产党潍坊市第十二次代表大会上的报告 …… 1

**政府工作报告**
——2017年2月24日在潍坊市第十七届人民代表大会第一次会议上 …… 9
附件：政府工作报告有关事项说明 …… 16

## 大事记

**2016年1月～12月** …… 19

## 全市概况

**自然环境**
地理环境 …… 30
土地资源 …… 30
矿产资源 …… 30
气候概况 …… 30
河流 …… 30
自然灾害 …… 30

**政区 人口 民族**
行政区划 …… 31
建置沿革 …… 32
人口 …… 33
民族 …… 33

**组织机构（2016年）**
市级领导班子 …… 33
市委工作机构 …… 33
潍坊市人大常委会办事机构 …… 34
潍坊市人大各专门委员会 …… 34
市政府工作机构 …… 34
派出机构 …… 37
政协机关工作机构和办事机构 …… 37
纪委机关、监察局内部机构及派驻机构 …… 38
市委、市政府直属事业单位 …… 39
人民法院、人民检察院 …… 40
民主党派与工商联 …… 40
人民团体 …… 40
驻潍坊部队 …… 41
中央、省驻潍坊单位 …… 41
高等院校 …… 42
金融部门 …… 43
县市区 …… 43

**2016年潍坊市国民经济和社会发展统计公报** …… 48

## 中国共产党潍坊市委员会

**重要会议**
全市扶贫开发工作会议 …… 53
市委政协工作会议 …… 53
全市经济工作会议 …… 53
潍坊滨海海洋经济新区建设领导小组成员会议 …… 54
全市农村工作会议 …… 54
全市深化“三八六”环保行动实施“十大工程”加快绿色发展电视会议 …… 54

全市“两学一做”学习教育工作座谈会和培训会……55
全市党校工作会议……55
全市庆祝中国共产党成立95周年大会……55
全市开放发展大会……55
潍坊滨海海洋经济新区建设领导小组成员（扩大）会议……55
全市“双拥”工作表彰大会……56
全市城市工作会议……56
市委十一届十一次全体会议……56

### 政策研究

切实搞好综合文字服务工作……56
认真抓好重大课题调查研究……57
全面推进深化改革……57
注重党刊编发创新……57

### 组织工作

深入推进“两学一做”学习教育……57
稳步推进县镇领导班子换届工作……57
全面加强领导班子和干部队伍建设……58
大力推进基层服务型党组织建设……58
聚焦产业发展抓好人才工作……59
着力打造“模范部门”和“过硬队伍”……60

### 宣传工作

深入学习宣传贯彻习近平总书记系列重要讲话精神……60
牢牢掌握意识形态工作领导权话语权……60
舆论宣传引导工作……61
培育和践行社会主义核心价值观……61
群众性精神文明创建……62

### 统战工作

概况……62
落实统一战线重大决策部署取得新成效……62
共同思想基础更加牢固……62
协商民主扎实推进……62
精准扶贫成效显著……62
新领域统战工作取得新突破……62
扎实推进民主党派换届及政协换届人事安排工作……63
民族宗教领域保持和谐稳定……63
基层统战工作活力不断增强……63
部门自身建设成绩显著……63

### 机构编制工作

推进政府职能转变……63
降低实体经济企业成本取得显著成效……63
围绕中心、服务大局……64
行政管理体制改革……64
事业单位改革与监管……64
机构编制管理……65
机关自身建设……65

### 对台工作

第二十二届鲁台经贸洽谈会……65
对台经贸……66
潍台交流……66
对台宣传……66
机关党建……66

### 保密工作

概况……66
保密管理……66
保密宣传教育……67
保密检查……67
保密技术保障与服务……67

### 市直机关党建工作

“两学一做”学习教育……68
党员干部队伍建设……68
机关基层组织建设……68
机关作风建设……68
反腐倡廉工作建设……68
文明和谐机关建设……68

### 信访工作

概况……68
推进信访基础业务建设……68
提升信访工作法治化水平……69

打造阳光透明信访模式……69
化解信访突出问题……69
全力做好重点时期信访工作……69

**党史工作**

党史研究成果丰硕……69
纪念场馆建设和革命遗址保护工作不断加强……70
党史宣传教育渠道不断拓宽……70

**党校工作**

概况……70
全市党校工作会议……70
教学工作……70
科研工作……70
学风建设……71
行政管理……71
队伍建设……71
业务指导……71

**老干部工作**

概况……71
两项建设……71
服务管理……71
文化养老……71
作用发挥……71
部门建设……71

## 潍坊市人民代表大会

**重要会议**

市十六届人大五次会议……72
市十六届人大常委会第二十八次会议……72
市十六届人大常委会第二十九次会议……72
市十六届人大常委会第三十次会议……72
市十六届人大常委会第三十一次会议……73
市十六届人大常委会第三十二次会议……73
市十六届人大常委会第三十三次会议……73
市十六届人大常委会第三十四次会议……73

**重要工作**

紧扣全市大局开展监督……73
高质量做好地方立法工作……74
不断深化和拓展代表工作……74
依法组织人大换届选举工作……74
自身建设和理论……74

**人事任免**

## 潍坊市人民政府

**重要会议**

市政府党组领导班子“三严三实”专题民主生活会……77
全市安全生产工作电视会议……77
市政府全体(扩大)会议……77
市政府廉政工作会议……77
全市经济运行分析调度会议……77
全市经济运行调度会议……78
市政府党组(扩大)会议学习中共十八届六中全会精神……78

**综合政务**

综合文字工作……79
调查研究工作……79
政务公开工作……79
政务信息工作……79
文电处理工作……80
接待和会务工作……80
干部队伍建设……80

**政府职能转变**

简政放权……80
事中事后监管……80
优化服务……80
降低企业成本……80

**督查工作**

健全完善督查工作制度……81

建立联合督查督办工作机制……81
实行网上立项督查……81
实行问责观察制度……81
《政府工作报告》督查……81
会议确定事项分解立项和督查工作……81
领导批示件和临时交办事项督查工作……81
人大代表建议、政协委员提案办理工作……81

## 打击走私工作

健全打击走私组织体系……81
落实打击走私工作责任……81
会议调度形成常态……82
普查活动经常深入……82
反走私宣传教育……82
基层反走私综合治理……82
打击走私专项行动……82

## 应急管理

完善应急体系……82
应急预案演练……82
应急平台建设……82
应急培训……82
预警信息发布……82
宣传教育……83
保险保障……83
突发事件处置……83
应急考核……83

## 政务服务热线

热线整合……83
技能培训……83
制度建设……83
网络单位监督管理……83
要情专报……83
窗口宣传……83

## 地方史志工作

制定《潍坊市地方史志事业发展规划纲要（2016—2020）》……83
扎实推进二轮修志……84
县市区修志工作……84
创新年鉴工作运行机制……84
拓展史志工作服务领域……84
加强对部门志、专业志、基层志的指导……85
加强自身建设……85

## 人事工作

公务员管理……85
事业单位人事制度改革……85
机关事业单位工资制度……85
军转安置……85
高层次人才队伍建设……85
技能人才队伍建设……85

## 外事与侨务

践行开放理念，致力提升潍坊国际化水平……85
搭建国际平台，着力促成重大合作项目……86
凝侨聚力，侨务工作取得新成效……86
立足服务导向，加强外事归口管理……86

## 潍坊市科学发展研究院

着力开展决策咨询研究……86
多渠道提升研究能力……86
系统开展研究合作……87
全面建章立制……87

## 潍坊市政务服务中心

搭建省、市、县三级互联互通政务服务平台……87
积极推进“标准化+政务服务”……87
创新投资创业服务方式……87
深化公共资源配置改革……87
创新政务服务考核监督方式……88

## 中国食品谷

概况……88
功能定位……88
重点项目……88
交流合作……88

重大活动……89
新增机构……89

## 中国人民政治协商会议潍坊市委员会

概况……90

### 重要会议

市政协全委会议……90
市政协常委会议……90
市政协主席会议……91
市政协其他重要会议……91

### 重要工作

考察调研……92
全国及省级政协领导到潍坊考察视察……93

### 专门委员会工作

提案委员会……93
经济委员会……93
人口资源环境外事委员会……93
科教文卫体委员会……94
社会法制委员会……94
文史资料委员会……94
民族和宗教委员会……94
委员联络工作委员会……94

## 中共潍坊市纪律检查委员会

### 重要会议

市纪委十一届八次全会……95

### 重要工作

抓好上级决策部署贯彻落实……95
压实管党治党主体责任……95
严格落实中央八项规定精神……95
加大执纪审查工作力度……96
推动全面从严治党向基层延伸……96
加大从源头上预防腐败力度……96
加强纪检监察干部队伍自身建设……96

### 纪律检查体制改革

压实全面从严治党主体责任……96
健全党内监督机制制度……97
实践监督执纪“四种形态”……97
持续深化“三转”……97
加强和改进巡察工作……97

## 民主党派 群众团体

### 中国国民党革命委员会潍坊市委员会

自身建设……98
参政议政……98
社会服务……98
祖国统一工作……98

### 中国民主同盟潍坊市委员会

概况……98
参政议政……98
宣传和社会服务……98

### 中国民主建国会潍坊市委员会

组织建设……98
参政议政……99
社会服务……99
思想建设……99

### 中国民主促进会潍坊市委员会

思想建设……99
组织建设……99
参政议政……99
社会服务……99

### 中国农工民主党潍坊市委员会

组织建设……99
参政议政……100

社会服务…………………………………………… 100

## 中国致公党潍坊市委员会

中国致公党潍坊市第三次代表大会………………… 100
思想建设…………………………………………… 101
参政议政…………………………………………… 101
社会服务…………………………………………… 101
自身建设…………………………………………… 101

## 九三学社潍坊市委员会

概况………………………………………………… 101
参政议政…………………………………………… 101
社会服务…………………………………………… 102
自身建设…………………………………………… 102

## 潍坊市工商业联合会

概况………………………………………………… 102
政治引领…………………………………………… 102
经济服务…………………………………………… 102
精准扶贫…………………………………………… 102
组织建设…………………………………………… 103
调研宣传…………………………………………… 103
机关建设…………………………………………… 103

## 潍坊市总工会

概况………………………………………………… 103
服务发展大局作用充分彰显………………………… 103
维权维稳工作实效不断增强………………………… 103
精准帮扶普惠服务成效明显………………………… 104
思想文化引领成果丰硕……………………………… 104
工会自身建设持续加强……………………………… 105

## 共青团潍坊市委

概况………………………………………………… 105
多维创新，转型促改革……………………………… 105
敢于担当，勇做排头兵……………………………… 105
突出主业，着力育新人……………………………… 105
优化环境，服务见真情……………………………… 106
夯实基层，固本强堡垒……………………………… 106

## 潍坊市妇女联合会

概况………………………………………………… 106
思想引领工作……………………………………… 106
妇女创业工作……………………………………… 106
创新家庭工作……………………………………… 106
妇女儿童依法维权工作……………………………… 106
加强自身建设……………………………………… 107

## 潍坊市文学艺术界联合会

深入“文联社会，艺进万家”活动品牌……………… 107
文艺精品创作实现新突破…………………………… 107
积极开展主题文艺活动……………………………… 107
首届陈介祺艺术节…………………………………… 108
文艺人才队伍建设成效显著………………………… 108
广泛开展文艺交流…………………………………… 108

## 潍坊市科学技术协会

全民科学素质工作…………………………………… 108
科学普及工作……………………………………… 108
学会工作…………………………………………… 109
科技馆建设………………………………………… 109
抓好巡察整改……………………………………… 110

## 潍坊市归国华侨联合会

服务侨界群众活动…………………………………… 110
联络联谊与对外交流………………………………… 110
服务经济建设……………………………………… 110
侨界参政议政工作…………………………………… 111
机关党建和精神文明建设…………………………… 111
七届八次全委会议…………………………………… 111

## 市社会科学界联合会

应用理论研究……………………………………… 111
应用对策研究……………………………………… 111
举办第十三届社科普及周…………………………… 111
举办社科普及主题活动……………………………… 111
社科普及教育基地建设……………………………… 111
社科优秀成果评奖…………………………………… 112
加强基层社科组织和社科类社会组织的管理指导… 112

社科理论服务水平提升…………………………… 112

### 潍坊市残疾人联合会

概况…………………………………………………… 112
残疾人民生保障…………………………………… 112
残疾人康复救助…………………………………… 112
残疾人就业创业扶贫……………………………… 112
残疾人宣传文体…………………………………… 112
残疾人组联维权…………………………………… 113

### 潍坊市计划生育协会

概况…………………………………………………… 113
全力推动计生协工作转型发展…………………… 113
市县两级计生协机关组织建设取得新突破……… 113
全面启动家庭健康素养促进行动………………… 114
生育关怀——幸福家庭创建活动取得新进展…… 114
青春健康项目由点到面逐步展开………………… 114
基层基础工作扎实活跃…………………………… 114
人口关爱基金募集再创新高……………………… 114

## 军　　事

### 潍坊军分区

概况…………………………………………………… 115
扑灭沂山森林风景区火灾………………………… 116
训练质量明显提升………………………………… 116
扎实做好民兵组织整顿工作……………………… 116
圆满完成年度兵员征集任务……………………… 116
扎实开展非公有制经济组织武装机构、民兵组织审查整顿工作…………………………………… 117
狠抓安全管理工作落实…………………………… 117
制定颁发加强军分区系统“五部”建设意见…… 117
思想政治教育扎实有效…………………………… 117
积极开展“两学一做”活动……………………… 117
党管武装工作落实到位…………………………… 118
不断提高理论武装工作质量……………………… 118
大力推动国防教育拓展延伸……………………… 118
扎实抓好经常性预防工作………………………… 118
全面展开房地产租赁清理整治工作……………… 119
努力提高官兵军需保障效率……………………… 119
不断规范党委理财工作程序……………………… 119

### “双拥”工作

概况…………………………………………………… 119
营造浓厚双拥氛围………………………………… 119
不断拓展“双拥”领域…………………………… 119
积极办实事解难题………………………………… 120
军民融合深度发展………………………………… 120

### 中国人民武装警察部队潍坊市支队

思想政治……………………………………………… 120
执勤维稳……………………………………………… 120
基层建设……………………………………………… 120
综合保障……………………………………………… 120
从严治党……………………………………………… 120
勇士凯旋……………………………………………… 121
杜昌文走访慰问…………………………………… 121
党委三届七次全会………………………………… 121
林场灭火……………………………………………… 121
刘曙光慰问官兵…………………………………… 121
欢送退伍老兵……………………………………… 121

### 人民防空

概况…………………………………………………… 121
人防工程建设……………………………………… 121
人防指挥通信建设………………………………… 121
依法行政……………………………………………… 122
人防宣传教育……………………………………… 122
全市人民防空工作会议…………………………… 122

## 法　　治

### 综合治理

维护社会稳定……………………………………… 123
服务经济发展……………………………………… 123
平安潍坊建设……………………………………… 123
社会矛盾化解……………………………………… 123
法治潍坊建设……………………………………… 124

## 法治政府建设

概况…………………………………………………… 124
行政决策科学化民主化法治化……………………… 124
重点领域立法工作…………………………………… 125
行政执法监督工作…………………………………… 125
行政复议裁决和应诉能力建设……………………… 125

## 公　安

概况…………………………………………………… 125
维稳预警能力全面提升……………………………… 125
立体防控水平提升…………………………………… 126
惩治处理效能提升…………………………………… 126
基层基础工作水平提升……………………………… 126
提升服务管理效能提升……………………………… 126
队伍凝聚力和向心力提升…………………………… 126

## 检　察

概况…………………………………………………… 126
服务发展保障民生…………………………………… 127
查办和预防职务犯罪………………………………… 127
强化诉讼监督………………………………………… 127
加强队伍建设………………………………………… 127

## 法　院

概况…………………………………………………… 127
审判执行工作………………………………………… 127
服务经济社会发展…………………………………… 128
司法便民利民工作…………………………………… 128
完善多元化纠纷解决机制…………………………… 128
司法责任制改革……………………………………… 129

## 司法行政

概况…………………………………………………… 129
法治潍坊建设………………………………………… 129
公共法律服务体系建设实现新突破………………… 129
维护社会稳定工作取得新成效……………………… 130
全省公共法律服务体系建设推进会议
…………………………………………………… 130

## 仲　裁

概况…………………………………………………… 130

# 经济监督管理

## 宏观经济管理

概况…………………………………………………… 131
宏观调控……………………………………………… 131
固定资产投资………………………………………… 131
重点项目建设………………………………………… 131
现代产业体系构建…………………………………… 131
县域经济和区域合作………………………………… 132
改革创新……………………………………………… 132

## 能源保障

概况…………………………………………………… 132
电力…………………………………………………… 132
天然气………………………………………………… 132
新能源………………………………………………… 132
电源建设……………………………………………… 133

## 国有资产管理

概况…………………………………………………… 133
完善现代企业制度…………………………………… 133
推进国有资本优化重组……………………………… 133
做好重点项目建设服务保障………………………… 134
出台改革实施方案…………………………………… 134
推进风险防控措施落实……………………………… 134

## 国土资源管理

概况…………………………………………………… 134
供给侧结构性改革…………………………………… 134
耕地保护与土地利用………………………………… 135
地籍与不动产登记管理……………………………… 135
地质环境与矿产资源………………………………… 135
测绘管理……………………………………………… 135
执法监察……………………………………………… 135

### 安全生产监督管理

概况…… 136
隐患排查治理…… 136
重点领域监管…… 136
行政审批…… 136
执法监察…… 136
基层基础…… 137
较大以上事故…… 137

### 工商行政管理

深化商事制度改革…… 137
推进监管执法创新…… 137
强化综合服务职能…… 137
提升消费维权效能…… 137

### 价格管理

概况…… 138
价格改革…… 138
放管服　降成本…… 138
价格监督检查…… 138
成本工作…… 138

### 质量技术监督

制定出台政策法规…… 138
质量品牌建设成效突出…… 138
标准化战略深入实施…… 139
加大产品质量监督力度…… 139
特种设备安全有力保障…… 139
检验检测能力不断提升…… 139

### 食品药品监督管理

概况…… 139
国家食品安全城市创建…… 140
食品药品业态整治…… 140
推动企业落实主体责任…… 140
食药安全宣传教育…… 140

### 审计监督

概况…… 140
政策落实跟踪审计…… 140
财政审计…… 140
民生审计…… 140
政府投资审计…… 141
金融审计…… 141
经济责任审计…… 141

### 统计工作

概况…… 141
农业普查…… 141
常规统计…… 142
统计改革与创新…… 142
统计服务…… 142
统计法制…… 142
基层基础建设…… 143
党建工作…… 143

### 进出口商品检验检疫

概况…… 143
扎实提升基础工作质量…… 143
大力提升进出口把关水平…… 143
稳妥推进工作模式改革…… 143
积极服务地方开放发展…… 144
深化拓展提升示范区内涵…… 144

### 潍坊海关

概况…… 144
强化基层党建…… 144
服务经济发展…… 145
深化海关改革…… 145

## 农　　业

### 农业现代化

概况…… 146
品牌农业加快发展…… 146
“四化”发展深入推进…… 146
美丽乡村建设扎实推进 147
“两河”流域综合开发进展顺利…… 148

农业基础条件不断改善…… 148
农村民生持续改善…… 148

**深化农村改革**
概况…… 148
农村产权制度改革深入推进…… 148
齐鲁农村产权交易中心加快发展…… 149
现代农业综合改革试点成效显著…… 149
供销社综合改革试点成效显著…… 150

**种植业**
粮食生产取得较好收成…… 150
农产品质量安全水平稳步提升…… 151
农村改革稳步推进…… 151
品牌农业建设成效显著…… 151
农业持续生产能力持续增强…… 151

**林　业**
概况…… 152
成功创建国家森林城市…… 152
造林绿化…… 152
林业改革…… 152
林业产业…… 152
湿地保护…… 153
“4•11”沂山森林火灾…… 153
森林防火…… 153
林业有害生物防控…… 153

**畜牧业**
概况…… 153
畜牧产业链项目建设提升明显…… 153
畜牧园区示范创建扎实开展…… 153
畜牧品牌建设成效显著…… 153
兽药饲料产业经营…… 153
国家级无疫区成功创建…… 153
实施畜牧产业精准扶贫…… 153
畜禽屠宰管理…… 154
推进畜禽污染治理…… 154

**海洋与渔业**
概况…… 154
海洋综合管理…… 154
海洋经济发展…… 154
现代渔业发展…… 154
海洋生态建设…… 154
护海管渔工作…… 154
干部队伍建设…… 155
成功创建国家科技兴海产业示范基地…… 155
省海洋与渔业厅和市政府签署海洋与渔业重点工作对接任务书…… 155

**水　利**
抗旱保水…… 155
防灾减灾工程建设…… 155
农村水利基础设施建设…… 155
水生态治理工程建设…… 156
依法治水管水…… 156
加强水利监管…… 156
水利改革创新…… 156
加强基层党建…… 156
加强机关效能和精神文明建设…… 156

**南水北调**
概述…… 156
突破滨海…… 157
黄水东调工程施工环境保障…… 157
水费收缴…… 157

**农业机械**
概况…… 157
落实惠农政策…… 157
提升现代农业装备水平…… 157
扶持农机企业…… 157
第十届中国（山东）农业机械博览会…… 158
农机合作社建设…… 158
农机化公共服务…… 158

## 农业综合开发

概况…… 158
土地治理…… 158
产业化发展…… 158
山区综合开发…… 158
突出创新驱动…… 158

## 扶贫开发

概况…… 159
精准识别和退出…… 159
产业就业扶贫…… 159
服务保障…… 159
行业社会扶贫…… 160
省内扶贫协作…… 160
资源要素支撑…… 160
机构建设…… 160
重要会议…… 160

# 工 业

## 综 述

概述…… 162
现代产业体系加快构建…… 162
工业投资稳定增长…… 162
企业技术创新稳步推进…… 162
节能降耗成效显著…… 162
改革创新加快推进…… 163
服务企业力度不断加大…… 163

## 信息化

推进制造业与互联网融合发展…… 163
加大“两化”融合培训力度…… 163
信息化建设扶贫工作扎实推进…… 163
加快工业电商发展…… 163

## 轻工业和纺织工业

概况…… 163
现代产业体系建设…… 164
工艺美术特色产业…… 164
扩展布艺文化…… 164
行业安全稳定…… 164

## 机械电子工业

概况…… 164
招商引资…… 165
技术创新…… 165
产业链建设…… 165

## 化学与建材工业

概况…… 165
健全组织领导体制…… 165
健全责任和激励机制…… 165
开展化工企业排查摸底…… 166
扎实做好禁化武工作…… 166
扎实开展“四评级一评价”…… 166
搞好化工园区清理整顿…… 166
推动搬迁计划实施…… 166

## 医药工业

概况…… 166
科技创新…… 166
产业招商…… 166
培育龙头企业…… 167
项目建设…… 167
改革改制…… 167
职称工作…… 167
安全稳定…… 167

## 煤炭冶金工业

推进全市散煤清洁化治理和煤炭清洁高效利用…… 167
深入推进全市煤炭行业化解过剩产能…… 167
大力推进钢铁企业规范化建设…… 167
狠抓安全生产监督管理…… 168

## 电力工业

概况…… 168
安全基础持续巩固…… 168

### 潍坊电信
概况…… 203
基础网络建设…… 203
服务水平提升…… 203
服务民生…… 203

### 无线电管理
概况…… 204
无线电监测网建设…… 204
无线电安全保障工作…… 204
开展频谱评估专项活动…… 204
开展打击治理违法犯罪专项行动…… 204
事故处置…… 204

## 建设·环保

### 城镇化发展
概况…… 205
召开全市城市工作会议…… 205
完善规划体系…… 205
争取新型城镇化试点…… 205
加快促进“三个市民化”…… 205
强化城镇化工作督查考核…… 206

### 城市规划
概况…… 206
加强组织领导…… 206
改革体制机制…… 206
超前研究策划…… 207
探索城市设计…… 207
推进城乡均衡发展…… 207
强化规划公众参与…… 207

### 城市建设
概况…… 207
市政工程建设…… 207
海绵城市建设…… 208
地下综合管廊…… 208
两岸交流中心…… 208
老旧小区整治提升…… 208
房屋征迁…… 208

### 住宅与房地产业
概况…… 208
房地产业转型升级…… 209
房地产市场管理…… 209
商品房预售监管…… 209
物业管理…… 209
住房保障…… 209

### 城市管理行政执法
重点市政工程…… 209
园林绿化管理…… 209
环境卫生管理…… 210
市政设施养护管理…… 210
节水、城市防汛和污水处理…… 210
公用事业服务…… 210
城市管理行政执法工作…… 210

### 村镇建设
加快小城镇特色发展…… 211
抓好美丽乡村建设…… 211

### 社区建设
四全一特社区建设…… 211
农村社区服务中心建设…… 211
农村新型社区建设…… 211
规划布局不断优化…… 211
服务体系不断完善…… 211
治理机制不断创新…… 211
组织体系不断健全…… 212
保障支撑不断加大…… 212

### 建筑业
概况…… 212
建筑市场管理…… 212
农民工工资清欠…… 212
质量安全监管…… 212

渣土扬尘治理…… 212
招投标管理…… 212
定额管理…… 213
勘察设计管理…… 213

**建设科技与建筑节能**

绿色建筑…… 213
省级示范试点…… 213
绿色生态城区（镇）…… 213
可再生能源建筑应用…… 213
既有建筑节能改造…… 213

**环境保护**

深化“三八六”环保行动全面实施…… 213
空气污染治理取得阶段性成效…… 214
水污染防治保持良好态势…… 214
污染物总量减排稳步推进…… 214
环境监测监控网络实现全覆盖…… 214
继续保持环保执法高压态势…… 214

**节能工作**

概况…… 214
节能目标任务及考核工作…… 214
积极推进工业绿动力计划…… 215
组织实施重点节能工程…… 215
大力发展节能环保产业…… 215
全面推进循环经济…… 215
高标准编制“十三五”规划…… 215

## 商贸·旅游

**商业贸易**

概况…… 216
市场秩序更加规范…… 216
市场体系建设日趋完善…… 216
市场供应和消费促进工作…… 216
创建农产品现代流通新模式…… 216
电子商务持续快速发展…… 217
争取了4个创新试点项目…… 217

**对外经贸**

概况…… 217
外贸增速持续高于全国全省…… 217
到账外资突破70亿元…… 217
“走出去”领域实现新突破…… 218
2016中日韩产业博览会…… 218
牵头举办专业类展会…… 218
组织参加境内外展会…… 218
引领企业开拓国际市场…… 219
提升贸促服务水平…… 219

**开发区转型升级**

概况…… 219
综合实力加快提升…… 219
发展机制更加完善…… 219
产城融合步伐加快…… 219
公共服务平台建设加快推进…… 219

**招商工作**

概况…… 220
拓展合作领域…… 220
精准对接合作…… 220
提升项目质量…… 221
扩大对外推介…… 221
促进项目落实…… 221

**供销社改革和供销合作经济**

概况…… 221
实体性合作经济组织建设…… 221
农业社会化服务…… 222
农村流通现代化…… 222
农村合作金融…… 222

**粮食流通**

概况…… 223
调控保供体系建设…… 223
仓储管理…… 223
产业经济…… 223
依法行政…… 223

粮食安全责任制……224

### 烟　草

概况……224
烟叶生产经营……224
卷烟销售和网络建设……224
专卖管理和市场控制……224
企业基础管理……224
队伍建设及思想政治工作……224

### 旅　游

概况……225
旅游项目建设……225
乡村旅游发展……225
旅游龙头培育……225
旅游宣传营销……225
旅游公共服务体系……226

## 民营经济和中小型企业

### 综　述

概况……227
搭建创业载体……227
促进企业集聚发展……227
推进企业技术创新……227
促进两化深度融合……227
提升公共服务水平……227

### 民营企业简介

寿光市永盛种子有限公司……228
山东潍坊精鹰医疗器械有限公司……228
山东蓝想环境科技股份有限公司……228
山东华通环境科技股份有限公司……228
山东开元电子有限公司……228
潍坊牵手娃服饰有限公司……229
山东环球软件科技有限公司……229
山东大元实业股份有限公司……229

## 财政·税务

### 财　政

概况……230
助推转型发展……230
保障改善民生……230
支持城乡建设……231
深化财税体制改革……231

### 住房公积金管理

概况……232
资金使用率创历史新高……232
归集扩面取得新进展……232
服务水平进一步提升……232
风险防控更加牢固……232
党建工作扎实有效……232

### 国家税务

概况……232
组织收入……232
营改增……233
落实税收优惠政策……233
纳税服务……233
税收征管……233

### 地方税务

概况……234
征管改革……234
纳税服务……234
队伍建设……235

## 教　育

### 综　述

破解中小学“大班额”成果丰硕……236
教育质量再创新高……236
办学体制改革实现新突破……236

"招院引校"工作取得重大进展…… 236
智慧教育建设稳步推进…… 236
学校安全防控体系日益完善…… 236
行业管理加快向治理转变…… 237

## 学前教育

基础设施建设成效显著…… 237
园长教师综合素质提升…… 237
依法管理迈上新台阶…… 237

## 基础教育

教师队伍建设持续加强…… 237
课程教学改革深入推进…… 238
考试评价制度改革继续深化…… 238
依法自主办学逐步深化…… 238
家校融合育人体系基本形成…… 238
特殊群体学生关心关爱"全覆盖"…… 238

## 职业教育

校企融合发展更加紧密…… 238
现代职业教育人才培养体系完善…… 239
职业教育实现内涵发展…… 239

## 潍坊医学院

概况…… 239
教育教学改革取得新成果…… 239
学科建设与科研水平取得新提升…… 239
师资与人才队伍建设取得新突破…… 239
社会服务能力快速提升…… 240

## 潍坊学院

概况…… 240
通过教育部本科教学工作审核评估…… 240
科研创新能力提高…… 240
人事制度改革深化…… 241
大学生思想政治教育工作加强…… 241
开放办学力度加大…… 241
65周年校庆活动丰富多样…… 241

## 潍坊职业学院

概况…… 241
现代大学治理结构和办学条件优化…… 241
教学科研实力与社会服务能力提升…… 242
开放办学与人才培养工作成绩突出…… 242

## 潍坊工程职业学院

概况…… 242
特色名校建设…… 243
教育教学改革…… 243
科技与社会服务…… 243
校企合作…… 243
招生就业与创业…… 243
校园文化建设…… 243

## 潍坊护理职业学院

概况…… 243
内部治理能力不断提升…… 244
招生就业培训工作再创佳绩…… 244
教学改革与专业建设…… 244
师资队伍建设…… 244
科研水平不断提升…… 244
创新育人工作…… 244

## 潍坊市技师学院

概况…… 245
技能中国行2016——走进山东技能展示交流活动…… 245
专业建设…… 245
师资队伍建设…… 245
技能大赛…… 245
学生教育管理…… 245
招生工作…… 245
基础设施建设…… 246

## 山东畜牧兽医职业学院

概况…… 246
动物检疫检验技术专业教学资源库获教育部、山东省教育厅立项…… 247

专业建设…… 247
师资队伍建设…… 247
科研工作…… 247
人才培养模式…… 247
主办承办全国、全省系列比赛…… 247
创新创业…… 247

**山东经贸职业学院**
概况…… 247
完成章程配套规章制度建设…… 247
教学改革与专业建设…… 248
技能大赛获佳绩…… 248
教科研工作…… 248
招生与就业…… 248
师资队伍建设…… 248
对外交流与合作…… 248
社会服务…… 248

**山东交通职业学院**
概况…… 248
师资队伍建设…… 248
提高人才培养质量…… 248
招生就业工作…… 249
科研社会服务能力得到提高…… 249
素质教育创新行动…… 249
推进基本建设…… 249

**山东科技职业学院**
概况…… 249
设立博士后创新实践基地…… 249
建设山东省智能制造公共实训基地…… 249
新增两个高职专业…… 249
现代职教课程改革…… 249
教学质量工程…… 249
职业技能大赛…… 249
科研创新与社会服务…… 249
招生就业…… 249
校企合作…… 250
创新创业教育…… 250
国际交流与合作…… 250

**山东工业技师学院**
概况…… 250
人才队伍…… 250
教学工作…… 250
德育工作…… 250
技能大赛…… 251
招生就业培训…… 251
合作交流…… 251

**山东信息职业技术学院**
概况…… 251
校企合作…… 252
教科研工作…… 252
实训室建设…… 252
师资队伍建设…… 252
技能大赛获佳绩…… 252
学生教育管理…… 252
招生与就业…… 252

## 科　学

**科技创新**
概况…… 253
高新技术及其产业…… 253
科技创新平台建设…… 253
科技合作与交流…… 254
农业科技…… 254
科技成果…… 254
海洋科技…… 254
科技计划…… 254
科技与金融融合…… 255
政策法规与环境建设…… 255

**知识产权**
概况…… 255
企业创新主体地位更加稳固…… 255
知识产权试点示范成效明显…… 256
推行《企业知识产权管理规范》工作深入开展…… 256
知识产权质押融资取得突破…… 256

政府专利奖力度加大…… 256
知识产权保护力度不断增强…… 256
知识产权服务业健康发展…… 257
加大宣传培训，营造知识产权文化氛围…… 257

### 防震减灾

概况…… 257
监测预报…… 257
震害防御…… 257
地震应急…… 257
防震减灾宣传…… 258

### 气象测报

气象服务…… 258
人工增雨防雹…… 258
雷电防护与防雷体制改革…… 258
依法行政…… 259

### 水　文

概况…… 259
降水量及分布特征…… 259
河道水情…… 259
水库水情…… 259
水文情报预报…… 259
地下水动态…… 259
水质状况…… 260

### 潍坊市农业科学院

概况…… 260
科研发展成果…… 260
科技服务农村…… 261
科技示范基地建设…… 261

## 文化·卫生计生·体育

### 社会文化和文化体制改革

文艺精品创作生产…… 262
主题文艺宣传…… 262
传承弘扬优秀传统文化…… 262
深化文化体制改革…… 262
公共文化服务体系建设…… 263
重大文化惠民工程…… 263

### 精神文明建设

建立健全文明城市创建长效机制…… 263
群众性精神文明创建活动蓬勃开展…… 263
身边好人选树和宣传卓有成效…… 264
志愿服务活动丰富多彩…… 264
未成年人思想道德建设工作成效显著…… 264
乡村文明行动成效明显…… 264
“讲文明树新风”公益广告宣传氛围浓厚…… 264

### 新闻出版

概况…… 264
潍坊日报社…… 265

### 文化执法

“执法督查年”活动成效显著…… 266
文化执法监管工作亮点纷呈…… 266
“扫黄打非”斗争再创佳绩…… 266
执法队伍综合素质稳步提升…… 266
围绕中心、服务大局，做好其他各项工作…… 267
争先创优活动取得新成果…… 267

### 广播影视

新闻宣传…… 267
产业经营…… 268
事业技术…… 268
内部管理…… 269
队伍建设…… 269

### 风筝文化

第33届潍坊国际风筝会…… 269
风筝赛事竞技…… 270
经贸招商…… 270

### 文物博物

概况…… 270

博物馆事业…………………………………………………… 271

档案管理
档案安全体系建设……………………………………… 271
档案资源建设…………………………………………… 271
档案开发利用…………………………………………… 272
档案科学化管理………………………………………… 272
档案法制建设…………………………………………… 273

非物质文化遗产保护
概况……………………………………………………… 273
文化合作交流…………………………………………… 273

卫生与计划生育
概况……………………………………………………… 273
医药卫生体制改革……………………………………… 273
医疗卫生服务体系建设………………………………… 273
计划生育服务管理……………………………………… 274
公共卫生服务…………………………………………… 274
医疗服务能力进一步提升……………………………… 274
潍坊市红十字会………………………………………… 275

体　育
概况……………………………………………………… 276
群众体育………………………………………………… 276
竞技体育………………………………………………… 276
体育产业………………………………………………… 277
特色品牌赛事…………………………………………… 277
体育场馆………………………………………………… 277
体育改革………………………………………………… 277

文化艺术中心
概况……………………………………………………… 277
公共空间运营…………………………………………… 277
为入驻单位业务开展提供有力保障…………………… 277
安全监管………………………………………………… 278
党的建设………………………………………………… 278
做好人大会议会场和市委、市政府接待活动的各项保障工作…………………………………………… 278

## 社会・民生

居民生活
概况……………………………………………………… 279
居民收入………………………………………………… 279
居民消费及生活状况…………………………………… 279

劳动就业
概况……………………………………………………… 280
就业政策落实…………………………………………… 280
高校毕业生就业………………………………………… 280
创业载体建设…………………………………………… 280
创业带动就业…………………………………………… 280
公共就业服务水平……………………………………… 280

社会保险体系建设
养老保险………………………………………………… 281
失业保险………………………………………………… 281
医疗保险………………………………………………… 281
工伤保险………………………………………………… 281
社会保险经办…………………………………………… 281

老龄工作
概述……………………………………………………… 281
老年人优待政策………………………………………… 281
老年人权益保障………………………………………… 282
“银龄安康”工程………………………………………… 282
老年教育………………………………………………… 282
老龄信息和宣传工作…………………………………… 282
老年人精神文化生活…………………………………… 282

民　政
概况……………………………………………………… 282
社会救助体系日益完善………………………………… 282
养老服务业健康发展…………………………………… 283
民生综合保险领先全国………………………………… 283
创建全国双拥模范城实现“五连冠”………………… 283
优抚安置工作扎实推进………………………………… 283

社区治理水平不断提升……283
社会组织管理持续规范……283
防灾减灾救灾及时有效……283
福利慈善事业连创佳绩……283
专项社会事务管理依法有序……284
全面从严治党成效显著……284

## 民族宗教

民族工作……284
宗教工作……284

# 县（市、区）概况

## 奎文区

国民经济和社会发展概况……285
潍坊市科技孵化中心……286
奎文区智慧城市建设亮点纷呈……287
奎文区荣膺2016—2020年度全国科普示范区称号……287
奎文区志愿服务项目在全省大赛中喜获金奖……287
经济开发区（廿里堡街道）……287
大虞街道……288
梨园街道……288
潍州路街道……289
东关街道……289
北苑街道……290
广文街道……290
北海路街道（北海路商贸经济发展区）……291

## 潍城区

国民经济和社会发展概况……291
首届陈介祺艺术节……292
潍县战役党性教育基地……292
两岸交流中心……293
多元化养老服务……293
于河街道……293
望留街道……294
北关街道……294
西关街道……294
南关街道……295
城关街道……295
山东潍城经济开发区……296
乐埠山生态经济发展区……296
军埠口综合项目区……296

## 坊子区

国民经济和社会发展概况……297
潍坊四中迁建项目进展顺利……298
坊子区1898坊茨小镇入选省级特色小镇……298
山东测绘地理信息产业园被认定为山东省小企业创业辅导基地……298
山东省首家省级实物地质资料库在坊子区开工建设……298
山东凤凰山高新技术产业园区（凤凰街道）……298
经济发展区……299
坊子工业发展区……299
坊城街道……299
坊安街道……299
九龙街道……299
黄旗堡街道……300

## 寒亭区

国民经济和社会发展概况……300
寒亭街道……301
开元街道……301
固堤街道……302
高里街道……302
朱里街道……302
杨家埠旅游开发区……303

## 青州市

国民经济和社会发展概况……303
青州市获评第二届“中国长寿之乡”……304
青州市获评“中国农民画之乡”……304
青州市列入省级海绵城市建设试点……304
青州市旅游局荣获“2015年度最具推广力旅游服务机构”称号……304
2016中国(青州)国际文化艺术品博览会在青州市举办……304

潍坊市首个海关铁路监管场站获批…………………… 304
京东青州达成战略合作…………………………………… 304
青州市弥河国家湿地公园通过验收…………………… 305
青州市成为“国家重点花卉良种繁育生产示范
基地”………………………………………………… 305
青州市举办第16届中国（青州）花卉博览交易会
及翰墨青州•2016中国书画年会 ……………… 305
全省唯一一家旅游电商培训中心落户青州市……… 305
青州市获评首批新一轮“全国计划生育优质服务
先进单位”…………………………………………… 305
青州市蝉联“全国百强县”列第63位……………… 305
王府街道…………………………………………………… 305
益都街道…………………………………………………… 305
云门山街道………………………………………………… 306
黄楼街道…………………………………………………… 306
弥河镇……………………………………………………… 306
王坟镇……………………………………………………… 306
庙子镇……………………………………………………… 306
邵庄镇……………………………………………………… 307
高柳镇……………………………………………………… 307
何官镇……………………………………………………… 307
东夏镇……………………………………………………… 307
谭坊镇……………………………………………………… 307
经济开发区………………………………………………… 308

## 诸城市

国民经济和社会发展概况………………………………… 308
王金鉴被评为全国“最美医生”……………………… 309
2016中国新型城镇化（诸城）经验交流会在诸城
召开…………………………………………………… 309
推进规模企业规范化公司制改制……………………… 310
青岛保税港区诸城功能区保税物流中心（一期）
工程通过验收………………………………………… 310
信得公司建成山东省首家家畜传染病学领域院士
工作站………………………………………………… 310
诸城市被确定为省农产品产地初加工补助项目市… 310
密州街道…………………………………………………… 310
龙都街道…………………………………………………… 310
舜王街道…………………………………………………… 311
枳沟镇……………………………………………………… 311
贾悦镇……………………………………………………… 312
石桥子镇…………………………………………………… 312
相州镇……………………………………………………… 312
昌城镇……………………………………………………… 313
百尺河镇…………………………………………………… 313
辛兴镇……………………………………………………… 313
林家村镇…………………………………………………… 313
桃林镇……………………………………………………… 314
皇华镇……………………………………………………… 314
经济开发区………………………………………………… 314
高新技术产业园…………………………………………… 315
南湖生态经济发展区……………………………………… 315

## 寿光市

国民经济和社会发展概况………………………………… 316
寿光市12家企业获批电力直接交易试点资格交易总
量居潍坊首位………………………………………… 317
寿光市在潍坊市率先实现教育收费电子化缴纳…… 317
寿光市在潍坊率先启动海绵城市规划建设工作并顺
利通过专家评审……………………………………… 317
圣城街道…………………………………………………… 317
文家街道…………………………………………………… 317
洛城街道…………………………………………………… 317
古城街道…………………………………………………… 318
孙家集街道………………………………………………… 318
稻田镇……………………………………………………… 318
侯镇………………………………………………………… 319
纪台镇……………………………………………………… 319
化龙镇……………………………………………………… 319
上口镇……………………………………………………… 319
田柳镇……………………………………………………… 320
营里镇……………………………………………………… 320
台头镇……………………………………………………… 320
羊口镇……………………………………………………… 320
双王城生态经济园区……………………………………… 321

## 安丘市

国民经济和社会发展概况………………………………… 321

安丘经济开发区…… 322
新安街道…… 323
兴安街道…… 323
大汶河旅游开发区…… 323
景芝镇…… 324
凌河镇…… 324
石埠子镇…… 324
大盛镇…… 324
辉渠镇…… 325
郚山镇…… 325
石堆镇…… 325
柘山镇…… 325
官庄镇…… 326
金冢子镇…… 326

## 高密市

国民经济和社会发展概况…… 326
高密豪迈集团屡获殊荣…… 328
文化旅游呈现新繁荣…… 329
城市基础设施日益完善…… 329
经济开发区…… 329
密水街道…… 329
醴泉街道…… 329
朝阳街道…… 329
夏庄镇…… 330
柏城镇…… 330
姜庄镇…… 330
阚家镇…… 330
柴沟镇…… 331
井沟镇…… 331
大牟家镇…… 331
咸家工业区…… 332
东北乡文化发展区…… 332
胶河生态发展区…… 332
注沟现代农业发展区…… 333

## 昌邑市

国民经济和社会发展概况…… 333
昌邑市华海贸易广场“互联网+”项目列入2016年省重点建设项目…… 336
昌邑市入选省2016年农机报废更新补贴试点县(市、区)…… 336
昌邑市荣获“全国双拥模范城”称号…… 336
昌邑市总投资6.6亿元蒲东沿海防潮大坝顺利合龙…… 336
昌邑市齐西村入选第四批中国传统村落名单目录…… 336
奎聚街道…… 336
都昌街道…… 337
围子街道…… 337
龙池镇…… 337
柳疃镇…… 338
下营镇…… 338
卜庄镇…… 338
饮马镇…… 338
北孟镇…… 339

## 临朐县

国民经济和社会发展概况…… 339
城关街道…… 340
东城街道…… 340
五井镇…… 341
冶源镇…… 341
寺头镇…… 341
九山镇…… 341
辛寨镇…… 342
蒋峪镇…… 342
柳山镇…… 342
山旺镇…… 342
沂山风景区…… 343
龙山高新技术产业园…… 343
嵩山生态旅游区…… 343

## 昌乐县

国民经济和社会发展概况…… 344
山东省委书记姜异康到昌乐调研经济社会发展情况…… 344
潍坊市委书记杜昌文到昌乐调研并到联系点埠南头村

讲党课…………………………………………………… 345
2016中国(昌乐)国际宝石博览会隆重开幕 ………… 345
昌乐经济开发区（宝城街道）……………………… 345
首阳山旅游度假区………………………………… 345
朱刘街道…………………………………………… 345
宝都街道…………………………………………… 346
五图街道…………………………………………… 346
乔官镇……………………………………………… 346
营丘镇……………………………………………… 346
红河镇……………………………………………… 347
鄌郚镇……………………………………………… 347
高崖水库库区……………………………………… 347

# 开发区概况

## 潍坊高新技术产业开发区

国民经济和社会发展概况………………………… 348
潍坊高新区获批建设山东半岛国家自主创新示范区 ……………………………………………………… 350
盛瑞8AT荣获2016年度国家科技进步一等奖 ……… 350
潍坊高新区棚户区改造工作取得突破性进展……… 351
新城街道…………………………………………… 351
清池街道…………………………………………… 352
新钢经济发展区…………………………………… 352
新昌经济发展区…………………………………… 352

## 潍坊滨海经济技术开发区

国民经济和社会发展概况………………………… 352
国家级产城融合示范区成功获批………………… 354
潍坊城海快轨可研报告获山东省发改委批复……… 355
滨海区顺利通过国家生态工业示范园区复查……… 355
大家洼街道………………………………………… 355
央子街道…………………………………………… 355

## 潍坊综合保税区

国民经济和社会发展概况………………………… 355
潍坊综合保税区跨境贸易运营平台签约…………… 357
“开放的山东”全媒体采访活动走进潍坊综合保税区…………………………………………………… 357
构建党员干部联系服务群众“三送一创”机制…… 357
汶泉发展区………………………………………… 357

## 潍坊峡山生态经济开发区

国民经济和社会发展综述………………………… 357
全省春季农业生产工作会议在峡山召开…………… 359
首届峡山湖有机产业发展国际论坛暨有机农业供给侧改革研讨会议召开……………………………… 359
271教育与立德树人研讨会召开 ………………… 359
获国务院最严格水资源管理制度通报表扬………… 359
获国家湿地公园称号……………………………… 359
获批峡山生态原产地产品保护示范区……………… 359
举办2016“大华木业杯”潍坊（峡山）国际乡野马拉松赛……………………………………………… 360
王家庄街道………………………………………… 360
太保庄街道………………………………………… 360
岞山街道…………………………………………… 360
郑公街道…………………………………………… 361

# 人　　物

**新任市级领导人…………………………………… 362**
**全国五一劳动奖状获得单位……………………… 366**
**全国五一劳动奖章获得者………………………… 366**
**全国工人先锋号获得集体………………………… 366**
**山东省富民兴鲁劳动奖状获得单位……………… 366**
**山东省富民兴鲁劳动奖章获得者………………… 366**
**山东省工人先锋号获得集体……………………… 366**
**潍坊市劳动模范…………………………………… 367**
**潍坊市先进工作者………………………………… 369**

# 附　　录

2016年潍发文件目录一览表……………………… 371
2016年潍坊市人民政府重要文件一览表…………… 372

# 索　　引

主题索引…………………………………………… 374

# CONTENTS

## Special Collection

Report of the 12th congress of Weifang, the communist party of China ········ 1
Government Work Report ········ 9

## Chronicle of Events

········ 19

## General Situation of the City

Nature General Survey ········ 30
Administrative Division•Population•Nationalities ··· 31
Organizations and Institutions ········ 33
2016 Statistical Bulletin of National Economic and Social Development in Weifang ········ 48

## Weifang Municipa Committee of the Communist Party of China

Important Meeting ········ 53
Policy Research ········ 56
Organized Affairs ········ 57
Propaganda Affairs ········ 60
United Front Affairs ········ 62
Organization Establishment Work ········ 63
Work on Taiwan ········ 65
Confidential Work ········ 66
Organs Directly Under the Party Building Work ······ 68
The Petition Work ········ 68
Party History Job ········ 69
The Work of the Party School ········ 70
The Work of Veteran Cadres ········ 71

## Weifang Municipal People's Congress

Important Meeting ········ 72
Important Work ········ 73
Human Resources ········ 75

## Weifang Municipal People's Government

Important Meeting ········ 77
Comprehensive Government Affairs ········ 79
Change in th Functions of Government ········ 80
Supervision Work ········ 81

Anti Smuggling Work ········· 81
Emergency Management Work ········· 82
Government Service Hotline ········· 83
Local Records Work········· 83
Human Resources ········· 85
Foreign Affairs and Overseas Chinese Affairs ········· 85
Weifang Research Institute of Scientific Development··· 86
Weifang Municipal Government Service Center ······ 87
China Food Valley ········· 88

## Weifang Municipal Committee of the Chinese People's Political Consultative Conference

Important Meeting ········· 90
Important Work ········· 92
Work of the Special Committees ········· 93

## Weifang Municipal Commission for Discipline Inspection of the Communist Party of China

Important Meeting ········· 95
Important Work ········· 95
Discipline Inspection System Reform ········· 96
Proper Noun Interpretation ········· 97

## Democratic Parties, Mass organization

Weifang Municipal Committee of Revolutionary Committee of the Kuomintang ········· 98
Weifang Municipal Committee of China Democratic League ········· 98
Weifang Municipal Committee of China Democratic National Construction Association ········· 98
Weifang Municipal Committee of China Association for Promoting Democracy ········· 99
Weifang Municipal Committee of Chinese Peasants' and Workers' Democratic Party ········· 99
Weifang Municipal Committee of China Zhi Gong Dang ········· 100
Weifang Municipal Committee of Nine three Society Democratic ········· 101
Weifang Municipal Association of Industry and Commerce ········· 102
Weifang Municipal Federation of Labor Unions ······ 103
Weifang Municipal Committee of the Communist Youth League of China ········· 105
Weifang Municipal Women's Federation ········· 106
Federation of Literature and Art Circles of Weifang··· 107
Association of Science and Technology of Weifang ········· 108
Federation of Returned Overseas Chinese of Weifang ········· 110
Federation of Social Science Circles of Weifang ······ 111
Weifang Disabled Person's Federation ········· 112
Weifang Red Cross Society ········· 113

## Military

Weifang Military Region ········· 115
Support Work ········· 119
Weifang City People's Armed Police Detachment Chinese ········· 120
People's Air Defense ········· 121

## Rule by Law

Comprehensive Management ············ 123
The Construction of the Rule of Law ············ 124
Public Security ············ 125
Procuratorial Work ············ 126
The Court ············ 127
The Judicial Administrative ············ 129
The Arbitration ············ 130

## Economic Supervision and Administration

Macroeconomic Management ············ 131
Energy Security ············ 132
State-owned Assets Administration ············ 133
Land and Resources Management ············ 134
Production Safety Supervision and Administration ··· 136
Administration for Industry and Commerce············ 137
Price Administration ············ 138
Quality and Technical Supervision ············ 138
Food and Drug Administration ············ 139
Audit Supervision············ 140
Statistical Work ············ 141
Inspection and Quarantine of Import and Export Commodities ············ 143
Weifang Customs············ 144

## Agriculture

Agricultural Modernization ············ 146
Deepen Rural Reform ············ 148
Planting ············ 150
Forestry ············ 152
Animal Husbandry ············ 153
Sea and Aquatic Products Industry ············ 154
Water Conservancy ············ 155
South-to-North Water Diversion ············ 156
Agricultural Machinery············ 157
Agricultural Comprehensive Development ············ 158
Poverty Alleviation and Development ············ 159

## Industry

Overview ············ 162
Information Industry ············ 163
Light Industry and Textile Industry ············ 163
Machinery & Electric Industry ············ 164
Chemical Industry and Construction Materials Industry ··· 165
Pharmaceutical Industry ············ 166
Coal and Metallurgical Industry ············ 167
Power Industry············ 168
Salt and Salt Chemical Industry ············ 168
Food Industry ············ 169

## Service

Modern Logistics ············ 171
Financial Service ············ 172
Headquarters Economy ············ 174
Banking ············ 168
Insurance ············ 186
Securities Business ············ 190
Investment Business············ 192
Health Care for the Elderly ············ 193

Information Consumption ······ 194

## Transportation, Post and Communication

Transportation ······ 197
Maritime Affairs ······ 199
Port Work ······ 200
Post Service ······ 201
China Mobile Shandong Weifang Branch ······ 202
China Unicom Weifang Branch ······ 202
China Telecom Weifang Branch ······ 203
Radio Management ······ 204

## Construction and Environmental Protection

Urbanization Development ······ 205
Urban Planning ······ 206
City Construction ······ 207
Housing and Real Estate Industry ······ 208
City Administration and Law Enforcement ······ 209
Village and Town Construction ······ 211
Rural Community Construction ······ 211
Building Industry ······ 212
Construction Science & Technology and Construction
Energy Saving ······ 213
Environmental Protection ······ 213
Energy Saving Work ······ 214

## Trade and Tourism

Commercial Trade ······ 216
Foreign Trade ······ 217
Development Zone Transformation and Upgrading ······ 219
Investment Work ······ 220
Supply and Marketing Cooperatives Reform and Supply and Marketing Cooperative Economy ······ 221
Grain Circulation ······ 223
Tobacco Industry ······ 224
Tourism ······ 225

## Private Economy and Small and Medium-sized Enterprises

Overview ······ 227
Private Enterprises ······ 228

## Finance and Taxation

Finance ······ 230
Housing Accumulation Fund Management ······ 232
National Taxation ······ 232
Local Taxation ······ 234

## Education

Overview ······ 236
Preschool Education ······ 237
Fundamental Education ······ 237
Vocational Education ······ 238
Weifang Medical University ······ 239
Weifang University ······ 240
Weifang Vocational College ······ 241
Weifang Engineering Career Academy ······ 242
Weifang Nursing Career Academy ······ 243

Weifang Technician College ···· 245
Shandong Vocational Animal Science and Veterinary College ···· 246
Shandong Vocational College of Economics and Business ···· 247
Shandong Transport Vocational College ···· 248
Shandong Vocational College of Science and Technology ···· 249
Shandong Industrial Technician College ···· 250
Shandong College of Information Technology ···· 251

## Science

Science and Technology Innovation ···· 253
Intellectual Property Rights ···· 255
Earthquake Prevention and Disaster Reduction ···· 257
Weather Forecast ···· 258
Hydrology ···· 259
Weifang Academy of Agricultural Sciences ···· 260

## Culture, Health and Family Planning, Sports

Social Culture and Cultural System Reform ···· 262
Spiritual Civilization Construction ···· 263
Journalism and Publication ···· 264
Cultural Enforcement ···· 266
Broadcast and Television ···· 267
Kite Culture ···· 269
Heritage Museum ···· 270
Archives Work ···· 271
The Protection of Intangible Cultural Heritage ···· 273
Health and Family Planning ···· 273
Sports ···· 276
Cultural and Arts Cente ···· 277

## The People's Livelihood

Life of Resident ···· 279
Labour Employment ···· 280
Social Security System Construction ···· 281
Aging Work ···· 281
Civil Administration ···· 282
National and Religious Affairs ···· 284

## The County Urban District

Kuiwen District ···· 285
Weicheng District ···· 291
Fangzi District ···· 297
Hanting Distrcit ···· 300
Qingzhou City ···· 303
Zhucheng City ···· 308
Shouguang City ···· 316
Anqiu City ···· 321
Gaomi City ···· 326
Changyi City ···· 333
Linqu County ···· 339
Changle County ···· 344

## Developing Zones

Weifang High-Tech Industry Development Zone ···· 348
Weifang Binhai Economic Development Area ···· 352
Comprehensive Bonded Zone ···· 355
Weifang Xiashan Eco-Economic Develoment Zone ···· 357

## Figure

The New Municipal Leaders ………………………… 362
The National "May Day" Labor Award-Winning Units ……………………………………………… 366
The National "May Day" Labor Medal Winners … 366
The National Workers Vanguard Units …………… 366
Shandong Fumin Xinglu Labor Certificate-Winning Units ……………………………………………… 366
Shandong Fumin Xinglu Labor Medal Winners …… 366
Workers Vanguard of Shandong Province-Winning Units … 366
Weifang Model Workers …………………………… 367
Weifang Advanced Workers ………………………… 369

## Appendix

……………………………………………………………… 371

## Indexes

……………………………………………………………… 374

# 特　　载

*Tezai*

## 践行新理念　推动新发展<br>为决胜全面小康建设现代化强市而奋斗

——在中国共产党潍坊市第十二次代表大会上的报告

(2017年2月15日)

刘曙光

同志们:

现在，我代表中国共产党潍坊市第十一届委员会向大会报告工作，请予审议。

**一、在全面建成小康社会进程中开拓奋进的五年**

市第十一次党代会以来的五年，是全市上下奋力开拓前行、取得显著成就的五年。五年来，我们认真贯彻落实党的十八大和十八届三中、四中、五中、六中全会精神，深入学习贯彻习近平总书记系列重要讲话和视察山东重要讲话、重要批示精神，按照“走在前列、起好带头作用”的目标定位，深入实施“四一三”战略重点和“海城河”统筹发展布局，加快建设创新潍坊、文化潍坊、生态潍坊、幸福潍坊，推动经济、政治、文化、社会、生态文明建设和党的建设全面进步，圆满完成了市第十一次党代会确立的目标任务。

**五年来，我们坚持稳增长调结构促转型，综合实力和质量效益大幅提升。**地区生产总值连续跨越4000亿、5000亿，去年达到5522.7亿元，比2011年增长56%；一般公共预算收入连续跨越300亿、400亿、500亿，去年达到521.5亿元，增长1.05倍。经济结构持续优化，三次产业比例调整为8.6：46.4：45。发展方式加快转变，科技进步贡献率达到57%，高新技术产业产值占比达到33.1%，获评全国科技进步先进市。城乡发展更趋协调，常住人口城镇化率达到58.15%。取得抗旱重大胜利。交通、水利、能源、信息等基础设施建设取得重大进展，被确定为全国100个高铁枢纽城市和36个高铁物流枢纽城市之一。

**五年来，我们深化改革扩大开放，发展动力和活力显著增强。**供给侧结构性改革有序进行，市场体系建设、政府职能转变、司法、财税金融、教育、科技、现代农业、民生领域、供销社等改革取得重要进展。宽领域双向开放格局加快形成，外贸进出口额跃居全省第3位。

**五年来，我们大力推动文化创新发展，文化软实力不断提升。**社会主义核心价值观更加深入人心，意识形态工作不断加强，公共文化服务体系日益完善，文化产业发展壮大。成功创建为全国文明城市。

**五年来，我们着力推动绿色发展，生态环境持续改善。**“三八六”环保行动成效显著，主要污染物排放总量明显下降，创建为国家森林城市。

**五年来，我们着力保障改善民生，群众获得感明显增强。**全市财政民生投入五年累计达到2113.2亿元，去年占财政支出比例达到80%。新增城乡就业114.6万人，社保及教育累计投入955.6亿元，科技、医疗、体育等社会事业全面进步。在经济增长趋缓情况下，城乡居民收入较2011年分别增长49.3%和54.7%，全市有42.4万人摆脱贫困。

**五年来，我们全面加强民主法治建设，团结和谐政治局面更加巩固。**人民代表大会制度、共产党领导的多党合作和政治协商制度更加完善，地方立法实现突破。统战、群团、民族宗教、外事侨务、对台等工作取得新成绩。基层民主稳步发展，群众自治机制不断完善。“法治潍坊”、“平安潍坊”建设深入扎实，社会保持和谐稳定。获得全国双拥模范城“五连冠”。

**五年来，我们深入推进全面从严治党，党风政风持续好转。**扎实开展党的群众路线教育实践活动、“三严三实”专题教育和“两学一做”学习教育。管党治党主体责任不断强化，整治“四风”卓有成效，政治生态得到改善，党的思想、组织、作风、纪律、制度和反腐倡廉建设取得新成效，各级领导班子、基层组织、党员干部队伍和人才工作进一步加强。

这些成绩的取得，是以习近平同志为核心的党中央和中共山东省委坚强领导的结果，是历届领导班子团结带领全市广大党员干部群众接续奋斗的结果，也是驻潍部队、武警官兵、各民主党派、人民团体、海外侨胞、在外潍坊籍乡亲大力支持的结果。在此，我代表中共十一届潍坊市委，向所有参与、关心、支持潍坊改革发展的同志们、朋友们，表示衷心感谢!

回顾五年历程，我们深刻体会到，做好潍坊工作，必须坚持正确政治方向，强化“四个意识”，坚定“四个自信”，始终同以习近平同志为核心的党中央保持高度一致，以党中央治国理政新理念新思想新战略引领潍坊发展，依靠中共山东省委的坚强领导，攻坚克难，积极作为。必须坚持发展第一要务，遵循适应把握引领经济发展新常态这个大逻辑，贯彻稳中求进工作总基调，以新发展理念为指导，以供给侧结构性改革为主线，推动更高质量新发展。必须坚持改革开放不动摇，全面深化改革，扎实推进治理体系和治理能力现代化；着力扩大开放，加速提升城市国际化水平。必须坚持以人民为中心，把人民对美好生活的向往作为我们的奋斗目标，发展为了人民、依靠人民、成果由人民共享。必须坚持党要管党从严治党，全面强化党的领导，加强党的建设，推进管党治党走向严紧硬，为事业发展提供坚强保证。这些既是我们的成功经验，也是今后工作必须始终坚持的重要原则。

在看到成绩的同时，我们也清醒看到，前进道路上还存在不少矛盾和问题。主要是：经济人均水平还不高，结构性矛盾依然突出，创新能力不够强，中心城市辐射带动力偏弱，资源环境约束趋紧，民生领域存在短板，维护稳定、防控风险压力较大。全面从严治党力度还需加大，“四风”问题和腐败现象仍需下大力气解决，基层基础还存在薄弱环节，部分党员干部担当精神、工作作风还不能很好适应新形势新任务要求，等等。对这些问题，我们必须认真加以解决。

## 二、决胜全面小康加快现代化建设的目标任务

党的十八大以来，以习近平同志为核心的党中央面对国际形势和国内发展阶段特征的重大变化，着眼实现“两个一百年”奋斗目标，科学确立“五位一体”总体布局和“四个全面”战略布局，提出了一系列治国理政新理念新思想新战略。习近平总书记视察山东时，要求按照“腾笼换鸟、凤凰涅槃”的思路，打好转方式调结构攻坚战，在推动科学发展、全面建成小康社会历史进程中走在前列。省委明确要求潍坊“走在前列、起好带头作用”。这些都为我们谋划未来发展指明了方向。

未来五年，我们将迎来建国70周年、建市70周年。这是潍坊全面建成小康社会进而加速现代化进程的关键时期，是推进供给侧结构性改革、转换发展动能、实现转型升级的关键时期，是重塑发展空间、厚植发展优势、奋力走在全省全国前列的关键时期。百年接续，70年接力，我们必须准确把握新阶段、新方位，抢抓新机遇、应对新挑战、实现新跨越。综观国内外形势，我们仍处于可以大有作为的重要战略机遇期。世界经济正处于大变革大调整之中，新一轮科技革命和产业革命孕育重大突破，新产业、新技术、新业态、新模式快速兴起，全球产业链价值链供应链加快重构。我国经济发展进入新常态，速度变化、结构优化、动力转换成为阶段性新特征，需求结构升级和产业、区域发展分化态势更加明显。我们要把握大势，更加主动地适应引领经济发展新常态，在新一轮转型发展中奋发有为，实现经济总量膨胀、结构优化升级新跨越。国家实施更加主动的开放战略，扎实推进“一带一路”和自贸区战略，潍坊作为沿海开放前沿城市，要主动作为、奋发有为，深度融入国家开放新战略，实现新一轮开放发展新跨越。我市鲁满欧、鲁新欧等国际运输通道已经开通，济青、潍莱高铁加快建设，京沪二线途经潍坊纳入国家铁路网规划，潍坊被确定为全国区域性高铁枢纽城市和36个高铁物流枢纽城市之一，这些都为潍坊未来发展拓展了新空间，提供了新战略支撑。我们要在宽视野中定位谋划潍坊未来发展，北融南联，深度对接国家京津冀、环渤海与长江经济带重大战略；承东启西，深度融入“两区一圈一带”战略；面向东北亚、走向全世界，着力提升我市区域性中心城市能级，实现我市发展格局的新跨越。

潍坊已经站在一个全新的起点上，我们要以时不我待的紧迫感、舍我其谁的责任感，满怀信心、万众一心，共同开辟美好未来，推动潍坊加速由大变强，实现现代化强市建设新跨越。

今后五年工作的总体要求是:高举中国特色社会主义伟大旗帜，以马列主义、毛泽东思想、邓小平理论、“三个代表”重要思想、科学发展观为指导，全面贯彻党的十八大和十八届三中、四中、五中、六中全会精

神，深入贯彻落实习近平总书记系列重要讲话和视察山东重要讲话、重要批示精神，认真贯彻党中央治国理政新理念新思想新战略，紧紧围绕统筹推进“五位一体”总体布局和协调推进“四个全面”战略布局，按照“走在前列、起好带头作用”的目标定位，坚持稳中求进工作总基调，自觉践行新发展理念，坚持以供给侧结构性改革为主线，推动实现更高质量新发展，坚定不移推进全面从严治党，高水平全面建成小康社会，加快建设富裕文明充满活力的现代化强市。

按照这一总体要求，今后五年，要紧紧围绕“一个总目标”，确保“三个走在前列”，着力打造“四个城市”。

**“一个总目标”**：全面完成“十三五”规划目标任务，地区生产总值年均增长8%左右，人民生活更加富裕幸福，经济实力和竞争力大幅提升，社会文明水平全面提高，一个富裕文明充满活力的现代化强市基本形成。

**“三个走在前列”**：确保在全面建成小康社会进程中走在全省全国前列，在贯彻新发展理念、推动转型发展进程中走在全省全国前列，在深化重要领域和关键环节改革进程中走在全省全国前列。在此基础上，各方面工作都要高点定位，努力在全省全国创先争优。

**“四个城市”**：着力打造“产业强市”。打造国内一流的农业现代化基地、国内重要的高端制造业基地和特色服务业基地，形成10个以上千亿级产业链和产业集群，产业结构更加优化，创新能力显著增强，打造若干国内有影响力的优势产业创新中心，规模以上工业主营业务收入突破2万亿元，产业整体实力和竞争力在国内、省内地位更加凸显。

“文化名市”。社会主义核心价值观更加深入人心，城市文明程度位居全国前列，丰富的文化资源得到有效整合开发，现代公共文化服务体系基本建立，文化产业和文化旅游业成为重要支柱性产业，文化品牌在国内外的影响力、知名度显著增强，文化潍坊、文明潍坊美誉更加声名远播。

“活力城市”。社会主义市场经济体制更加完善，市场活力充分释放。开放型经济新体制基本建立，两个市场、两种资源更加有效利用。进入国内创新型城市行列，创新创业活力充分迸发。现代城市管理体系加快建立，城乡社会发展活力充分涌现。

“品质城市”。“品质立市”的体制机制和政策体系基本形成，“工匠精神”得到大力弘扬，农产品、工业品、服务产品质量和城乡规划建设管理、生态环境、社会文明、市民生活品质全面提升，诚信潍坊、品质潍坊成为城市靓丽名片，潍坊成为当地人为之骄傲自豪、外地人羡慕向往的美好家园。

## 三、在决胜全面小康加快现代化进程中走在前列起好带头作用

要始终以党中央治国理政新理念新思想新战略为引领，奋力开创各项事业发展新局面。

**（一）以供给侧结构性改革为动力，在构筑现代产业体系上实现新突破。**产业是发展之要、强市之基。把握产业发展新趋势，按照腾笼换鸟、凤凰涅槃要求，深化供给侧结构性改革，突出振兴实体经济，瞄准高端化、智能化、绿色化、服务化方向，加速产业迈向中高端，在全省率先构建现代产业新体系。

加速产业迈向中高端。以工业化引领农业现代化，以信息化、服务化及高新技术改造提升农业和制造业，加快提升服务业占比、高新技术、新兴产业占比和农副产品加工率、附加值，实现由“二三一”向“三二一”的历史性转变，推动产业由大到强新跨越。农业是潍坊的优势产业。深入推进农业供给侧结构性改革，实施高效绿色农业计划和农业品牌引领工程，加速农业现代化，促进农民持续增收。实施藏粮于地、藏粮于技战略，确保粮食生产稳定。突出质量安全，大幅增加绿色优质农产品供给，整建制创建全国农产品质量安全市。以创新引领农业发展，大力发展种业、信息农业、设施农业，支持发展创意农业、休闲观光农业、农村电商等。提升新型农业经营组织经营管理水平，争做“新六产”发展排头兵。制造业是实体经济的主体。以新技术新模式改造提升传统优势产业，完善汽车、动力机械、化工等优势产业目录，鼓励发展一批、改造提升一批、优化重组一批、转产迁出一批、淘汰出清一批，建设传统优势产业转型发展示范区。高新技术与战略性新兴产业引领未来。实施专项计划，加速建设国家电子信息、新能源汽车、生物基材料产业基地，新培育电子信息、生物医药、生物基材料三个千亿级和智能装备、节能环保、新能源汽车三个300亿级新兴产业集群。服务业是产业结构调整的方向，是其他产业发展的环境支撑，也是民生的基本保障。实施服务业跨越发展计划，促进生产性服务业与生活性服务业同步繁荣，传统服务业升级与新兴服务业培育齐头并进。着力培育信息、健康、旅游、养老、文化等新消费热点。规划建设好特色服务业聚集区，打造区域性总部基地、创意设计中心、金融中心、旅游集散中心、信息消费中心、大数据中心和东北亚重要物流枢纽。

加速产业组织迈向中高端。完善现代企业制度。继续推动个转企、小升规、规改股、股上市。基本完成规模企业规范化公司制改制。实施龙头企业培育计划，培育一批千亿级企业，形成100亿级、500亿级、千亿级梯次递进的龙头企业群。培育一批世界“隐形冠军”，形成省内、国内、世界接续提升的“隐形冠军”企业群。支持龙头企业全球布局、配置资源，领办特色产业园区和专业配套园区，组建产业联盟，促进产业链垂直整合、要素优化重组、价值链整体提升。

加速产品迈向中高端。全面实施高端高质高效战略，逐行业制订质量品牌提升计划，推动产品档次、质量、品牌一体化升级。大力弘扬“工匠精神”，引导企业潜心上品种、提品质、创品牌，推动中间产品向终端产品延伸，低端产品向中高端产品延伸，单一功能产品向复合功能产品延伸。鼓励企业在全球范围内对标、达标、提标，打造“好品潍坊”。

加速技术水平迈向中高端。抢抓新一轮科技革命和产业变革机遇，加速企业技术、材料、装备、工艺升级。深入对接《中国制造2025》和省行动纲要，抓好国家级“两化”融合管理体系贯标试点，争创“中国制造2025”示范城市。

加速产业布局迈向中高端。强化全域统筹，实施产业聚集区建设计划，推动关键产业优化布局、聚集发展。把开发区、园区作为产业转型主战场，创新体制机制，推动专业化服务、企业化运营，突出主业，提升能级，增强服务引领全市发展的能力。高新区要持续创新体制机制，打造国家自主创新示范区、全市高新技术产业引领区；滨海区要突出蓝色引领，创新开发模式，争当全省沿海开发排头兵、全市发展新增长极；综合保税区要突出核心功能，强化内外联动，打造引领全市开放发展的综合功能园、示范区；峡山区要探索绿色发展新体制，打造全国生态发展示范区。加快提升已有特色产业聚集区，适时新规划建设一批特色产业聚集区，支撑引领全市发展。

融合发展是大势所趋。要抢抓机遇，深度推进“两化”融合、各领域全面“触网”，以信息化提升产业全流程、各方面，发展分享经济、网络经济、大数据等新兴产业。深度推进三产跨界融合，推动农业向二、三产业延伸，一产、二产向“微笑曲线”两端提升。深入推进产城融合，建设国家产城融合示范区。抢抓重大战略机遇，争创军民融合发展示范市。

**（二）加快构筑现代城镇体系，在区域城乡协调发展上实现新突破。**优化区域布局，深入推进以人为核心的新型城镇化，提升城乡品质，促进更高质量更高层次协调发展。

坚持绿色发展。牢固树立“绿水青山就是金山银山”思想，自觉把绿色发展理念融入经济社会发展各方面、城镇化发展全过程，加速迈向生态文明新时代。落实主体功能区规划，严守生态红线。实施绿色发展“十大工程”，推进生产生活绿色化，推广绿色动力、绿色工艺、绿色消费，创建国家循环经济示范市。健全环保责任制和追究制，严格执行主要污染物阶段性排放标准，强化重点区域流域治理，推行“河长制”，严厉查处环境违法案件，打好大气、水、土壤污染防治“三大战役”，确保环境质量位居全省前列。开展全民节水行动，建设节水型城市。健全生态文明制度，加快建设美丽潍坊。

加速蓝色跨越。深入实施蓝色经济区发展规划，全域统筹、突出滨海，增创蓝色发展新优势。建设大港口。加大投入，多元办港，港、区、路综合配套，打造区域性特色大港。培育大产业。突出临港经济、海洋动力、绿色化工、海洋生物医药、滨海旅游等，抓好大项目、引进大企业、建设大园区，打造区域经济发展新增长极。营造大环境。瞄准宜业宜居目标，改良生态，优化环境，完善配套，提升功能，增强生态承载力、环境吸引力和持续发展能力。

突出中心引领。对标一流、加速转型，提升中心城市能级。落实“城市工作十大专项行动”，实施新一轮提升市区计划，更高品质规划、更高质量建设、更高效能管理，推动城市走向中高端。突出做强。坚持中高端产业和产业中高端定位，突出总部经济、服务经济、高新技术及新兴产业，全面落实市区产业规划，完善产业更新机制，优化布局、统筹协调，突出抓好已有十大产业园区提升，新规划建设十大产业聚集区，支撑产业持续更新。推动各区突出特色、错位发展、放大优势，奎文区要突出金融创新发展，着力打造半岛地区重要金融产业聚集区及高端商务区；潍城区要顺势而为、增强实力，打造半岛地区高端物流聚集区、文化创意产业基地；坊子区要加速膨胀总量，建设高端制造业聚集区和生态文化休闲区；寒亭区要抢抓机遇，打造全市总部经济聚集区和全国高铁物流创新发展试验区。着力做优。实施城市规划提升计划，优化市区规划和管理体制。优化城市开发体制，引导房地产业及各类开发转型升级。持续提升城市功能品质，做好事业、强化产业，大力提升教育培训、健康医疗、文化创意、信息服务、物流商贸、金融服务功能，加快建设智慧城市。有序推动大片区改造，配合高铁枢纽建设，统筹食品谷、潍坊总部基地，规划建设好高铁新片区，打造市区北部隆起带；实施火车站南广场片区综合改造，形成城市功能新板块、城市提升新地标；加快中央商务区规划建设步伐，打造城市功能核心区，提升城市发展新能级。着力治堵治霾治乱。全面优化市区交通组织，有序优化城市路网体系，优化发展公共交通，打造畅通城市；严格环境质量监管，强化生态环境联防联治；扎实开展重点领域专项整治，治理违章建筑等城市痼疾。扎实推进棚户区、老旧小区和危房改造，加快海绵城市、地下综合管廊建设。全面做活。深化市区综合管理体制改革，全面理顺市、区、街、社区及开发区(园区)权责，增强各层次发展活力；加快城市国际化步伐，提升城市开放度和吸引力；打造大众创业万众创新先行区，释放创新创业活力；扎实推进法治化、人性化、精细化、智能化、协同化管理，提升城市管理品质。

推进一体两翼。坚持“七城一体”，推动滨海区、寿光、昌乐、安丘、峡山、昌邑与中心城区一体布局、相向发展，强化规划统筹、交通联结、功能互补，打造半小时经济圈，构建组团式发展新格局。着力强化“两翼”，支持东翼诸城、高密高点定位，打造知名的先进制造业基地和青潍组团式发展先行区；支持西翼青州、临朐瞄准一流，建设有竞争力的高端产业集群和文化旅游、休闲养生产业创新发展试验区。

强化基础支撑。适度超前规划建设现代综合交通、新型能源、水资源保障、信息服务体系，为城市现代化提供有效支撑。重点推进济青高铁、潍莱高铁及枢纽配套工程、机场迁建及临空产业园、港口综合配套工程、潍日高速、济青高速改扩建、城海快轨、市区轨道交通、市区快速路网、疏港铁路十大交通工程和“特高压入潍”、黄水东调等重点工程，推动京沪二线、沿海通道等早日开工，支持发展海水淡化和重大节水工程。

统筹全域发展。坚持城乡一体、陆海统筹、产城融合，构建全域统筹发展格局。顺应自然禀赋、历史沿革和发展趋势，突出南部山区生态涵养功能和绿色发展方向，推动退耕还林、造林绿化和绿色产业发展，打造南部生态涵养区及绿色产业隆起带；加速胶济铁路沿线区域产业转型、城市升级，提高经济实力、人口聚集度，打造中部充满活力的中小城市群和高端产业隆起带；坚持统分结合、陆海统筹、“三北”统筹，生态与产业、城镇统筹，打造北部沿海蓝色产业带、滨海特色城镇带、滨海风光旅游带，加快建设滨海海洋经济新区。

县域经济是我市传统优势和未来发展的关键支撑。坚持特色化差异化发展，创新驱动、创业拉动、龙头带动，促进产业聚集、园区转型、品牌培育，持续提升县域经济竞争力。支持寿光、诸城高点定位、乘势而上，巩固提升全省县域经济排头兵地位；高密、青州加速转型、提档升级，在全省全国跨越赶超；昌邑、昌乐加速提升实力，奋力进位争先；安丘、临朐在全省寻标定标，加快崛起。小城镇是新型城镇化和城乡一体化的关键节点，要摆到更加突出位置，突出赋能强权、强化支持，加速培育一批新生小城市和特色小镇，打造镇域经济新板块。完善以人为核心的城镇化政策体系，深化户籍制度改革，建立“人地钱”三挂钩机制，稳步推进城镇基本公共服务常住人口全覆盖，加快推进“三个市民化”，实现55万外来务工人员、70万城中村城边村原有居民、35万就地转移就业人口完全市民化。城乡社区是联系服务群众的基本单元，要健全设施、强化服务，完善治理机制，建设功能齐全、特色鲜明的市民生活家园。扎实推进农村“七改”，深入推进“美丽乡村”标准化建设，加快建设社会主义新农村。

**（三）深入实施创新驱动发展战略，在发展动能接续转换上实现新突破。**抓发展就要抓创新，抓创新就是抓发展。把创新作为经济社会发展的第一动力，统筹推进以科技创新为引领的全面创新，加快建设创新型城市。

提升科技创新能力。突出企业创新主体地位，建立企业主导的创新机制，以企业为主体决策项目、确认价值，加大研发投入，引进高层次人才，建设高水平研发机构。强化政策支持，培育高新技术骨干企业，发展科技型中小企业，促进高新技术产业大发展。让驻潍高校与潍坊其他院所享受同等政策，支持他们大力开展协同创新、开放合作。推动北京大学现代农业研究院、北航歌尔智能制造研究院加快落地，支持建设高层次企业技术中心、工程技术研究中心等，发展技术创新战略联盟。

打造优势产业创新发展中心。充分发挥我市产业基础好、创新能力强的优势，围绕产业链打造创新链、完善服务链，打造特色产业创新发展中心。立足农业基础优势，突出种业研发及产业化、智能控制、设施农业及水肥一体化、土壤改良及化肥农药减量化、农业产业化及“新六产”培育、农业废弃物利用及绿色农业发展等，发展专业组织，开展科技攻关，建立十大创新公共基地，加快寿光争创国家农业高新技术开发区，打造国内一流的现代农业创新发展中心。我市制造业基础雄厚，若干领域在全国全球技术领先，要坚持有所为、有所不为，突出高端发动机、高端农机、光电声电及VR、自动变速器、智能机器人、海洋动力装备等优势领域，整合创新资源，高水平建设好工业研究院，重点打造十大产业创新中心。同时，科学预测我市产业发展趋势，依托骨干企业和高端团队，适时组建好十大未来产业创新发展中心，抢抓创新发展主动权。

强化金融创新。金融是社会运行的血液，是关键性新兴产业，是转型发展的关键支撑。把金融创新作为战略性措施，纳入全市创新体系，制订实施新一轮金融创新发展计划，完善金融体系，加速完善多层次资本市场，打造金融高地，建设全省乃至全国有活力的金融创新发展先行区。加大金融市场主体培育力度，推动地方金融机构加速创新发展，支持有条件的企业设立民营银行、保险公司、财务公司、金融租赁公司等特色金融机构，加大产业引导基金、产业投资基金、风险投资基金、资产管理等扶持力度，发展总部金融经济。实施资本市场“千亿融资计划”，保持企业上市(挂牌)数量、资本市场直接融资比重全省前列。提升东亚畜牧产品交易所、齐鲁农村产权交易中心等平台功能。抢抓开展国家产融合作试点机遇，促进产业金融突破发展，打造国内有影响力的产业金融创新中心，建设国家产融合作试点城市。稳步扩大新型农村合作金融试点范围，打造全国农村金融改革试验区。推动文化艺术资源资产化、金融化、证券化，推进文化艺术金融做大做强。推动金融率先开放发展，加大境外金融机构和战略投资者引进力度，推动地方金融机构“走出去”，提升金融国际化水平。健全金融风险防控机制，严守不发生系统性区域性金融风险底线。

激发创新创业活力。加大体制机制创新力度，完善科技成果转移转化机制，深化科技成果使用权、处置权和收益权管理改革，建立以增加知识价值为导向的分配机制。建立与中科院、清华、北大等知名院校深度合作机制，强化与国际知名技术转移机构对接合作，完善中美、中以科技成果转移平台，布局一批新的国际技术转移平台、合作平台。推进国家知识产权区域布局试点，创建知识产权强市。深入推进大众创业万众创新，实施鸢都创业创新工程，制定众创空间发展规划，构建以众创空间、众创政策、众创服务、众创制度为重点的众创体系，打造特色创业孵化集聚区；推进“双创”政策进高校、进院所、进企业、进社区，支持大学生、退役军人、转岗职工、进城务工人员等投身创业，鼓励各类专业人才引领创业，激励在外人才回乡创业，建设创业型城市。

构筑区域人才高地。把人才作为创新创业创造的第一资源，实施人才优先发展战略，突出抓好高精尖缺人才引进培育。支持市内大学膨胀发展、提档升级。大力实施招院引校计划，新引进一批大学或研究生院，建设科教创新园区。加紧山东海洋科技大学建设。深化鸢都产业领军人才工程，实施海外专家引进计划和国内高层次人才集聚工程。重视企业家队伍建设，培养造就大批具有世界眼光、战略思维的优秀企业家。创新人才发展机制，设立专项基金、创投基金，优化人才发展生态。

**（四）着力推动先进文化繁荣发展，在增强文化软实力上实现新突破。**增强文化自觉，坚定文化自信，实施文化工程，发展先进文化，为改革发展提供强大价值引领力、文化凝聚力和精神推动力。

实施文明提升工程。大力弘扬社会主义核心价值观，利用已有文化资源，规划建设革命传统、改革开放、廉政勤政教育阵地，强化教育引导、文化熏陶、实践养成，培育新时期潍坊精神，形成全市人民共同精神家园。用好新媒体，拓展主流舆论传播空间。深化文明城市创建活动，深入推进公民道德建设，扎实推进“诚信潍坊”建设。选树潍坊好人、道德模范、各类典型，大力弘扬先模精神，聚积向上向善力量，持续提升全社会文明程度。

实施文化惠民工程。坚持政府主导、社会参与、重心下移、共建共享，构建现代公共文化服务体系，规划建设、改造提升市博物馆、美术馆、名人馆等公共文化设施，加强镇村特别是落后地区文化设施建设。大力发展企业、校园、社区文化，弘扬创新、开放、孝德、包容文化。繁荣文艺创作，打造文艺精品。开展全民阅读，打造“书香潍坊”。

实施文化产业培育工程。大力培育领军企业，抓好文化产业重大项目，规划建设特色文化产业聚集区，加大国内外知名文化企业招商力度，推动文化创意产业加快发展，打造新的战略性支柱产业。争创国家文化金融合作发展试验区。

实施文化传承发展工程。深度挖掘、广泛传播潍坊优秀传统文化，扎实推进潍水文化生态保护实验区建设，保护好革命文化纪念地及历史文化名城名镇名村等。在宽视野中定位把握潍坊文化，深度挖掘潍坊文化历史价值，编好讲好潍坊故事，传播好潍坊声音。统筹推进文化交流、文化传播和文化贸易，推动潍坊文化走出国门。

实施文化品牌打造工程。打造潍坊地域文化品牌和历史文化、民间艺术品、名人文化、民俗文化及自然遗存等系列特色品牌。将文化元素纳入城镇化建设和城市规划设计。挖掘提升世界风筝都、中国画都等品牌价值。争创国家历史文化名城、联合国手工艺与民间艺术之都。

**（五）全面深化改革扩大开放，在增强发展动力和活力上实现新突破。**认真落实中央、省出台的各项改革措施，全面深化改革，持续扩大开放，增强城市发展活力。

深化供给侧结构性改革。把供给侧结构性改革作为各项改革的重中之重，突出定向、精准、有度，全面落实“三去一降一补”重点任务。分类施策去产能，加快腾笼换鸟；突出重点去库存，推动房地产业转型升级，降低工业产成品库存；多措并举去杠杆，优化企业资本结构，化解政府性债务，降低全社会杠杆率；坚持不懈降成本，把“711”专项行动任务落到实处；加大力度补短板，推动产业结构、自主创新、基础设施、民生事业、生态环境等突破发展，增强发展协调性。

深入推进经济体制改革。深化资源要素配置市场化改革，培育发展资本、产权、技术、土地和劳动力等要素市场，促进建设用地、环境容量、水资源等优化配置。深入推进农村产权制度改革，深化农村集体资产股份权能改革，落实承包地“三权分置”办法，逐步建立城乡统一的建设用地市场，探索完善土地增值收益分配机制，争创国家农业现代化综合改革试验区。深化政府“放管服”改革，继续推进行政审批制度改革，建立项目全流程网上运行机制，落实“双随机一公开”机制。深化投融资体制改革。建立大抓项目的发展导向，以项目为抓手，促进全市增加投量、优化投向、加快投速、提升投效。大力加强政务、法治、人文、服务环境建设，持续优化发展环境，严查损害发展环境的各种行为，努力打造效率最高、收费最少、综合成本最低的一流营商环境。

统筹推进其他领域改革。深化文化体制改革，健全文化市场准入和退出、公共文化服务运行、政府购买公共文化服务机制。深化司法体制改革，促进公平正义。深化生态文明体制改革，对能源和水资源消耗、建设用地实行总量和强度双控制度，扩大排污权有偿使用和交易试点范围，健全生态补偿机制，建立领导干部任期生态文明建设责任制。协同推进教育、医疗、社保等社会事业改革。我市承担的中央和省各项改革试点，要在依法合规前提下，真改真试、真破真立，取得更大成效。

高水平推进双向开放。深入实施国际化战略，扎实推进理念、产业、企业、城市、人才、规则国际化，推动农业、制造业、服务业、城镇化、科技、文化等重点领域率先提升开放水平，外贸、外资、外经、外包、外智、外标各领域统筹协调发展。实施外贸转型升级专项行动，提高品牌商品、资本品出口比重，推动加工贸易提质增效、服务贸易加快发展。深入实施利用外资十项计划，更宽领域、更高质量、更大力度利用外资。支持有条件企业在全球范围优化布局，开展国际并购、资产重组、合作研发、品牌合作，加快企业国际化进程。深度对接国家“一带一路”、自贸区等开放战略，加快建立海外战略支点城市网络，积极参与国际大通道建设。积极复制推广国家自贸试验区改革试点经验，加速对接引进国际规则和服务体系，规划建设一批国际社区、国际学校、国际医疗机构，提升城市国际化水平。

**(六)着力构筑民生保障体系，在增进民生福祉上实现新突破。**人民对美好生活的向往，就是我们的奋斗目标。坚持以人民为中心，始终把人民群众的喜怒哀乐、安危冷暖放在核心地位，民有所呼、我有所应，民有所需、我有所为，坚持就业为本、教育优先、健康为要、社保兜底，织密织牢民生保障网，不断增强群众获得感和幸福感。

促进就业创业。实施更加积极的就业政策，完善就业服务体系，推进“互联网+就业”服务新模式，统筹抓好高校毕业生、农民工、退役军人、去产能转岗再就业职工等群体就业工作。完善支持促进创业带动就业政策措施，强化对灵活就业、新就业形态的扶持，推动实现更高质量就业。

打造教育名城。实施教育优先发展战略，以促进均衡、优化结构、提高质量为目标，全面深化综合改革，加快教育现代化。巩固基础教育在全国领先地位，改善办学条件，基本解决城镇普通中小学“大班额”和入学难等问题。推进国家职业教育创新发展试验区建设，构建更加完善的现代职业教育体系。完善现代大学制度，实施高校特色发展计划和重点建设工程，加大各类高等教育资源引进力度，促进高等教育繁荣发展。加强教师队伍建设，加大管理机制创新，全面落实立德树人根本任务，办好人民满意的教育。

建设健康潍坊。编制实施健康潍坊2030规划纲要。深化医药卫生体制改革，实施基层医疗体系提升工程，促进医疗资源向基层流动，形成比较完善的分级诊疗制度。完善突发公共卫生事件应急和重大疾病防控机制。规划建设市级区域医疗中心和健康城。加强医疗质量监管，构建和谐医患关系。建设居家养老为基础、社区为依托、机构为补充的养老服务体系，全面放开社会资本进入养老服务业，发展医养融合型养老机构。开展残疾人精准康复服务行动。落实计划生育基本国策，促进人口均衡发展。广泛开展全民健身活动，提升全民健康水平。

完善社保体系。坚持全覆盖、保基本、多层次、可持续方针，深入实施全民参保登记计划，完善民生综合保险、职工大病保险制度，配合做好职工基础养老金全国统筹工作，健全社会救助、社会福利、慈善事业制度体系，整合农村五保供养和城市“三无”人员救助政策，提升城乡居民保障水平。加强住房保障，加快农村危房改造，让老百姓住得安全舒心。

坚决打好精准脱贫攻坚战。把脱贫攻坚作为重大政治任务，统筹推进产业扶贫、转移就业、扶贫搬迁、社保兜底，确保2018年贫困户全部脱贫、省定扶贫重点村全部摘帽，并形成长效机制，决不让一个群众在小康路上掉队。

**(七)加强民主法治建设，在提升社会治理水平上实现新突破。**坚持党的领导、人民当家作主和依法治国有机统一，完善党委领导、政府主导、社会协同、公众参与、法治保障的社会治理体制，加快实现治理体系和治理能力现代化。

发展社会主义民主政治。支持人大及其常委会依法行使职权，推动人民代表大会制度与时俱进。充分发挥人民政协协商民主重要渠道作用，推进协商民主广泛多层制度化发展。巩固和发展最广泛的爱国统一战线，支持各民主党派、工商联和无党派人士政治协商、民主监督、参政议政，扎实做好民族、宗教、侨务、对台工作。支持工会、共青团、妇联等群团工作创新发展。加强党管武装工作，提高国防动员和后备力量建设质量，深化双拥共建，巩固和发展军政军民团结。

全面推进依法治市。坚持科学立法、严格执法、公正司法、全民守法，加快建设法治潍坊。加强党对立法工作的领导，按照授权加强重点领域立法，提高立法质量。推进依法行政，健全依法决策机制，深化行政执法体制改革，加快建立权责统一、权威高效的依法行政体制。加强司法规范化建设，健全阳光司法机制，维护司法公正。扎实开展“七五”普法，增强全民法治观念，完善覆盖城乡居民的公共法律服务体系，使尊法学法守法用法成为全社会的共同追求。

加强和创新社会治理。完善基层党组织领导下的群众自治机制，建立社会行为规范体系，大力发展志愿服务组织，加强社工队伍建设，充分发挥社会组织管理服务作用，完善社区治理机制和服务体系，提升社区治理水平。健全重大决策社会稳定风险评估机制，完善社会矛盾纠纷排查预警和调处化解综合机制，依法做好信访工作。深化信息化、立体化社会治安防控体系建设，有效预防和惩治犯罪。健全公共安全体系，完善以基层为重点的生产、金融、社会、互联网、食品药品安全体系和防灾减灾体系，提高本质安全发展能力。

**四、坚定不移推进全面从严治党**

牢固树立抓好党建是最大政绩的理念，严格落实管党治党主体责任，坚持思想建党与制度治党相结合，坚持严字当头、实字托底、标本兼治、步步深入，增强全面从严治党系统性、创造性、实效性。

*(一)牢牢把握正确政治方向。*坚持不懈强化理论武装，加强理想信念教育，注重提高政治能力，坚定站稳政治立场，严格遵守政治纪律，对党绝对忠诚，坚定“四个自信”。牢固树立政治意识、大局意识、核心意识、看齐意识，深入学习贯彻习近平总书记系列重要讲话精神和党中央治国理政新理念新思想新战略，始终同以习近平同志为核心的党中央保持高度一致。充分发挥党委总揽全局、协调各方的领导核心作用，把方向、管大局、作决策、保落实，坚决贯彻落实中央和省委决策部署，确保潍坊始终沿着正确方向前进。认真落实意识形态工作责任制，牢牢把握党对意识形态工作的领导权和主动权。

*(二)着力打造高素质干部队伍。*坚持正确用人导向，坚持好干部标准，严把政治关、廉洁关，公道公平公正地评价使用干部，重用想干事、敢担当、能破难、善干大事要事的干部。注重在一线考察干部，用实绩评价干部，在急难险重任务和复杂环境中检验干部。多途径加强干部教育培训，提高政治素养、领导能力和专业化水平。选优配强领导班子，优化专业、知识结构，科学配置干部资源，增强班子整体功能。以对历史和党的事业高度负责的精神，用心用情做好离退休干部工作。

*(三)严格规范党内政治生活。*认真落实《准则》，着力增强党内政治生活的政治性、时代性、原则性和战斗性。坚持民主集中制原则，严格落实地方党委和党组工作条例，完善重大决策制度，提升科学决策、民主决策、依法决策水平。严格落实“三会一课”、民主生活会和组织生活会、谈心谈话、民主评议党员等制度，确保党的组织生活经常、认真、严肃。坚持党的事业为重、团结为重、大局为重，在干事创业中增进团结、评判优劣。用好批评和自我批评武器，使咬耳扯袖、红脸出汗成为常态，让党员干部习惯在相互提醒和督促中进步，不断提高发现和解决自身问题的能力。

*(四)夯实筑牢党的基层基础。*树立大抓基层的鲜明导向，增强基层本质安全能力、发展能力和服务能力。完善党组织书记抓基层党建工作述职评议制度，压紧压实基层党建工作责任，推动全面从严治党向基层延伸、基层党组织建设全面进步、全面过硬。扎实推进基层服务型党组织建设，健全完善党群服务体系，更好地服务发展、服务群众。统筹抓好城乡社区、“两新组织”党建工作，激发机关、企事业单位等基层党组织活力，实现党的组织和工作全面覆盖、有效覆盖。从严加强党员教育管理，完善推广党员积分制管理办法，健全党员退出机制，保持党员队伍先进性、纯洁性。

*(五)持之以恒抓好作风建设。*巩固拓展党的群众路线教育实践活动、“三严三实”专题教育成果，推动“两学一做”学习教育常态化、制度化，深入开展“作风建设年”活动。驰而不息纠治“四风”，着力治庸、治懒、治散和为官不为、为官慢为行为，及时查处典型案例，引导各级谋实事、破难事、抓大事，在攻坚克难、服务群众中锤炼作风、提升能力。大力倡树说真话、讲实情、用实功，坚决反对假大空。完善落实党员干部联系企业制度，建立“亲”“清”政企关系。抓住想干事、敢干事两个关键点，完善政绩考核评价体系，健全正向激励机制，落实容错纠错机制，旗帜鲜明为敢于担当者担当、为敢于负责者负责。

*(六)深入推进反腐倡廉。*落实各级党委主体责任和纪委监督责任，突出抓好领导干部这个关键少数，着力构筑不想腐、不能腐、不敢腐的长效机制，营造风清气正的政治生态。推进廉政文化建设，加强正面引导和反面警示教育，教育党员干部注重家庭家教家风，修身慎行、怀德自重、清廉自守，增强政治定力、纪律定力、道德定力、抵腐定力。全面加强纪律建设，挺纪在前、执纪从严，严格执行党章党规党纪，运用好监督执纪“四种形态”，增强纪律执行力。加强党内监督，健全监督体系，扎紧制度笼子，完善派驻、巡察制度，推进监察体制改革，实现对所有行使公权力的公职人员监察全覆盖。坚持零容忍、无禁区、全覆盖，严查顶风违纪和腐败问题，强化标本兼治，巩固反腐败斗争压倒性态势。严格落实问责条例，以问责促担责，让失责必问、问责必严成为常态。

同志们！我们已经站在一个新的历史起点上。新起点、新征程、新机遇、新使命，让我们更加紧密地团结在以习近平同志为核心的党中央周围，在省委的坚强领导下，团结带领全市广大党员干部群众，不忘初心、继续前进，撸起袖子加油干，为决胜全面小康、建设富裕文明充满活力的现代化强市而努力奋斗，以优异成绩迎接党的十九大和省第十一次党代会胜利召开！

（市委政研室）

# 政府工作报告

## ——2017年2月24日在潍坊市第十七届人民代表大会第一次会议上

潍坊市代市长 李宽端

各位代表：

现在，我代表市人民政府向大会报告工作，请予审议，并请市政协委员和其他列席会议的同志提出意见。

**一、过去五年的政府工作**

2012年以来，市政府认真贯彻落实中央和省委、省政府决策部署，在市委正确领导下，紧紧依靠全市人民，拼搏进取、扎实工作，顺利完成市十六届人大历次会议确定的目标任务。

**这是经济持续健康发展、综合实力大幅提升的五年。**地区生产总值由3541.9亿元增加到5522.7亿元，年均增长9.3%。一般公共预算收入由253.9亿元增加到521.5亿元，翻了一番多。社会消费品零售总额达到2514.9亿元，年均增长12.3%。累计实施投资过亿元项目8260个，完成固定资产投资20041亿元。在全省科学发展综合考核中持续名列前茅。

**这是产业转型加快推进、现代产业体系日趋完善的五年。**三次产业比例由10.1：55.4：34.5调整为8.6：46.4：45。新增“三品一标”农产品809个，新发展新型农业经营主体2.69万家，创建为国家现代农业示范市。规模以上工业主营业务收入跃上1.3万亿台阶，利润、利税年均增长10.2%和10.8%。高新技术产业产值占比达到33.1%，提升7.6个百分点。建立各类总部基地38处，培育引进企事业单位总部（分支机构）2079家。电商交易额年均增长43.6%，成为国家电子商务示范城市、山东省跨境电商综合试验区。5A级物流企业、5A级旅游景区、国际品牌酒店实现零的突破。2016年旅游消费总额达到677.2亿元。

**这是创新创业协调推进、发展动能加快转换的五年。**全社会研发投入占GDP比重预计达到2.6%。发明专利授权量、国际专利申请量分别增长3.09倍和3.35倍。盛瑞8AT研发及产业化项目获国家科技进步一等奖。高新区获批建设山东半岛国家自主创新示范区，综合实力居全国高新区第23位。引进培育“千人计划”“万人计划”专家86名，泰山产业领军人才达到34名。新增1个国家重点实验室、2个国家级工程技术研究中心、4个国家产业技术创新战略联盟。建成市级以上科技企业孵化器54家、191万平方米。一批高水平的合作创新平台落户建设。省级产品质量检验中心达到10家。连续被评为全国科技进步先进市，创建为国家知识产权示范城市。建成全省首家实体创业大学。累计新登记各类市场主体49万户，其中企业14.1万户。

**这是改革开放不断深入、发展活力显著增强的五年。**累计承担78项中央、省改革试点任务。完成农村土地承包经营权、宅基地和农村集体建设用地确权登记颁证工作。齐鲁农村产权交易中心建成运营，新型农村合作金融模式在全省推广。在全国先行实施财政资金金融化管理。在全省率先实现市县两级PPP中心全覆盖。探索推行产业竞争性用地、工业用地弹性年期出让、房屋征收“裁执分离”等一系列改革。进出口总额跃居全省第3位，年均增长6.4%。累计到账外资45.4亿美元。建立境外营销中心113家、海外园区3处，达成国际产能合作项目70个。东亚畜牧交易所正式上线启动，进口澳大利亚活体肉牛指定口岸、进口肉类和冰鲜水产品指定口岸获批建设，鲁辽陆海货滚甩挂运输大通道、“一带一路”潍坊国际多式联运大通道、“鲁新欧•青州号”国际货运班列开通运营。全国首个自贸协定出口实施示范区创建取得重要成果。成为中欧城镇化伙伴关系城市和中美低碳生态试点城市。风筝会、鲁台会影响力进一步提升，成功举办两届中日韩产业博览会。

**这是城乡区域统筹发展、新型城镇化水平快速提升的五年。**深入实施“海城河”统筹发展战略，全市常住人口城镇化率达到58.15%，年均提高2个百分点。坚持陆海统筹、产城融合，举全市之力建设滨海，现代化海洋经济新区发展格局初步形成。中心城市“四个提升”成效显著。建成“潍V”智慧城市云服务平台，创建为全国首批信息惠民试点市和信息消费试点市。“两河”开发十大工程项目完成投资165亿元。县域经济竞争力进一步增强，特色镇建设快速推进，建成农村新型社区220个。重大基础设施加快建设。潍坊港开通国际集装箱业务，3.5万吨级航道通航，年吞吐量突破3700万吨。潍坊机场开通国际航线，年客运量突破50万人次。争取京沪高铁二线途经潍坊，济青高铁、潍莱高铁开工建设，被确定为全国100个区域性高铁枢纽城市和36个高铁物流枢纽城市之一。潍日高速、济青高速改扩建、潍坊南绕城高速顺利推进。新建改造国省道项目15个。国华寿光电厂建成投用，“特高压入潍”工程进展顺利。引黄入峡、引黄入白等工程建成运营，在连年干旱形势下，保障了用水安全。

**这是环保整治全面展开、生态环境显著改善的五年。**启动实施“三八六”环保行动和环境治理“十大工程”，PM2.5、PM10、二氧化硫、二氧化氮浓度分别比2013年下降32.8%、23.9%、52.9%、18.6%。新建乡镇污水处理厂55座，市控以上重点河流基本消除劣五类水体。实施县市区空气质量生态补偿、流域生态补偿制度。中心城区和县城实现公共自行车系统全覆盖，年骑行量超过7300万人次，新能源公交车占比超过50%。新增城市绿地2900万平方米，建设人工湿地57处，累计造林67万亩，创建为国家森林城市。

**这是民生福祉持续增进、社会保持和谐稳定的五年。**民生支出占财政支出比重由75.3%提高到80%，承诺办好的民生实事全部落实到位。城乡居民人均可支配收入分别增长49.3%和54.7%。42.4万农村建档立卡贫困人口实现脱贫，309个省定扶贫重点村摘帽。累计新增城乡就业114.6万人。社会保障水平逐年提升，可量化项目保障标准全部达到或超过省均水平。新开工各类保障房3万套，改造棚户区9.6万套。新建改造农村公路1.2万公里，完成道路安防工程3936公里。规模化集中供水覆盖率达到94.7%，农村全部实现了饮水安全。336个中心村完成电网改造。新改扩建幼儿园1246所，中小学标准化率由40%提高到100%。提前两年基本完成国家确定的农村薄弱学校改造任务，所有县市区通过义务教育发展基本均衡县国家验收。被确定为全国养老服务综合改革试点市，成为社会办医国家联系点。全面两孩政策顺利实施，人均预期寿命达到78.5岁。公共文化场馆全部免费向市民开放。农村“七改”成效显著，实现城乡环卫一体化。创建为全国文明城市。被授予“中国画都”称号。国家食品安全城市创建群众满意度和现场检查验收均取得全省最好成绩。安全生产总体平稳，群众安全感测评居全省前列。连续获评全国双拥模范城、全国法治宣传教育先进城市。外事侨务、民族宗教、妇女儿童、老龄、残疾人、审计、统计、人防、地震、气象、史志、档案、海事等工作实现了新的发展。

**这是政府职能加快转变、发展环境持续优化的五年。**在全省率先发布“三张清单”，压减63%的市级权力。率先推行“五证合一”商事制度改革。探索实行建设工程项目模块化审批、非制造业建设工程项目审批告知承诺制。市县两级行政许可事项全部实现网上办理，政务服务热线实现整合。综合行政执法体制改革扎实推进。开展降低企业成本“711”专项行动，为企业减负161亿元，化解历史遗留问题7728件。制定出台5个政府规章，配合制定3件实体地方性法规。认真执行市人大及其常委会决议决定，自觉把民主政治协商纳入决策程序，共办理人大代表议案建议和政协委员提案2294件。扎实开展党的群众路线教育实践活动、“三严三实”专题教育、“两学一做”学习教育。深入开展党风廉政建设和反腐败工作，全市纪检监察机关审查违纪案件10445件，给予党纪政纪处分9958人。

2016年，面对复杂的国内外经济形势，市政府主动适应引领经济发展新常态，坚持稳中求进总基调，全面落实新发展理念，统筹做好稳增长、促改革、调结构、惠民生、防风险各项工作，圆满完成了市十六届人大五次会议确定的目标任务。地区生产总值增长8%，一般公共预算收入增长9.1%，固定资产投资增长13.2%，社会消费品零售总额增长10.4%，进出口总额增长6.3%，城乡居民人均可支配收入分别增长8.2%和8.1%，城镇登记失业率控制在2.9%，居民消费价格上涨2.4%，全面完成省政府下达的约束性指标，实现了“十三五”良好开局。

各位代表，五年奋斗，硕果累累。这是以习近平同志为核心的党中央坚强领导的结果，是市委团结带领全市人民开拓创新、埋头苦干的结果，是市人大、市政协和社会各界鼎力支持、共同奋斗的结果。在此，谨代表市人民政府，向全市各族人民，向市人大代表、政协委员，向各界人士、驻潍人民解放军指战员、武警官兵和公安干警致以崇高敬意！向关心支持潍坊发展的老领导、老同志和海内外朋友表示衷心感谢!

我们也清醒地看到，发展中还存在不少矛盾和问题。主要是，经济下行压力依然较大，结构性矛盾仍然突出，行业企业分化现象明显。创新能力不够强，中心城市辐射带动力偏弱，资源环境约束趋紧，民生领域存在短板。维护稳定、防控风险压力较大。部分政府工作人员法治观念、服务意识、担当精神、专业能力不强。我们将高度重视这些问题，采取针对性措施，认真加以解决。

## 二、今后五年的总体要求和目标任务

刚刚闭幕的中国共产党潍坊市第十二次代表大会，提出了今后五年的奋斗目标，谋划了美好发展蓝图。市政府将紧紧围绕市委的总体部署，全力抓好落实。总的要求是：全面贯彻党的十八大和十八届三中、四中、五中、六中全会精神，深入贯彻落实习近平总书记系列重要讲话和视察山东重要讲话、重要批示精神，认真贯彻党中央治国理政新理念新思想新战略，统筹推进“五位一体”总体布局和协调推进“四个全面”战略布局，紧紧围绕市委“一三四七”目标任务、战略重点和全面从严治党新要求，坚持稳中求进工作总基调，自觉践行新发展理念，坚持以供给侧结构性改革为主线，推动更高质量新发展，实现全面建成小康社会，加快建设富裕文明充满活力的现代化强市。

今后五年，市政府将始终坚持以经济建设为中心，进一步拉长优势、补齐短板，统筹推进经济社会持续健康发展，全面完成“十三五”规划目标任务，促进经济实力和竞争力大幅提升、社会文明水平全面提高、人民生活更加富裕幸福，全力实现建设富裕文明充满活力的现代化强市的总目标。始终坚持准确把握新常态新阶段新方位，抢抓新机遇，应对新挑战，以更高的发展定位和标准要求，促进各方面工作创先争优，确保在全面建成小康社会进程中走在全省全国前列，在贯彻新发展理念、推动转型发展进程中走在全省全国前列，在深化重要领域和关键环节改革进程中走在全省全国前列。始终坚持产业转型升级不动摇，努力构筑现代产业体系，打造国内一流的农业现代化基地、国内重要的高端制造业基地和特色服务业基地，大幅提升产业整体实力和竞争力，促进产业迈向中高端，形成10个以上千亿级产业链和产业集群，规模以上工业主营业务收入突破2万亿，着力打造“产业强市”。始终坚持繁荣发展先进文化，全面实施文明提升工程、文化惠民工程、文化产业培育工程、文化传承发展工程、文化品牌打造工程，促进社会主义核心价值观更加深入人心，城市文明程度位居全国前列，现代公共文化服务体系基本建立，文化产业、文化旅游和文化品牌在国内外的影响力和知名度全面提升，着力打造“文化名市”。始终坚持创新发展，进一步完善社会主义市场经济体制，基本建立开放型经济新体制，基本形成科技创新为引领的全面创新，加快构筑现代城镇体系，在增强发展动力和活力、发展动能接续转换、区域城乡协调发展上实现新突破，大幅提升市场活力、创新创业活力、城乡发展活力，着力打造“活力城市”。始终坚持品质立市，全面实施高端高质高效战略，大力弘扬“工匠精神”，把绿色发展理念融入经济社会发展各方面，着力构筑民生保障体系和现代社会治理体系，全面提高农产品、工业品、服务产品质量，大力提升城乡规划建设管理、生态环境、社会文明、市民生活品质，着力打造“品质城市”。

实现这些目标，必须以新发展理念为指导，崇尚创新、注重协调、倡导绿色、厚植开放、推进共享，努力在各项工作中取得新突破。必须坚持稳中求进工作总基调，统筹做好稳增长、促改革、调结构、惠民生、防风险各项工作，促进经济平稳健康发展和社会和谐稳定。必须深入推进供给侧结构性改革，在供需两端发力，加快培育新动能、发展新经济，不断扩大高质量产品和服务供给。必须坚持创新驱动发展战略，以只争朝夕的紧迫感，加快集聚高端要素、拉长优势产业、发展高端产业，着力以创新引领转型升级。必须坚持改革开放，靠改革增活力，靠开放促发展，靠创新解难题，最大限度释放经济社会发展动力。我们一定要按照市委部署要求，凝神聚力、奋发有为、真抓实干，努力开创政府工作新局面。

## 三、2017年政府工作安排

综合考虑各方面因素，今年经济社会发展主要预期目标是：地区生产总值增长8%左右，固定资产投资增长11%左右，社会消费品零售总额增长10.5%左右，进出口总额增长5%左右，一般公共预算收入增长8.5%左右，城镇登记失业率控制在3.8%以内，居民消费价格上涨3%左右，城乡居民人均可支配收入分别增长8%左右和8.5%左右。全面完成省下达的约束性指标。

（一）着力完成“三去一降一补”年度任务。“三去一降一补”是深化供给侧结构性改革的重要抓手和重点任务。要分类施策去产能，根据行业、企业情况，主动退出一批、倒逼出清一批、优化整合一批、转移消化一批、改造提升一批，钢铁、水泥、炼油、轮胎4个行业产能利用率稳定在80%以上。稳妥推进企业兼并重组、破产清算，加快“僵尸企业”市场出清。要突出重点去库存，制定促进房地产业转型发展的意见，加快消化商业地产和地下车位库存。提升规划设计、开发建设和物业管理水平，促进房地产业转型升级、健康发展。推进工业产品去库存，全面提升产销率。要多措并举去杠杆，着手实施资本市场“千亿融资计划”，规模企业规范化公司制改制任务完成率达到80%以上，力争新增上市、挂牌企业200家。进一步规范政府举债行为，控制政府性债务过快增长。要坚持不懈降成本，深入落实降低企业成本80条措施，研究制定新的政策措施，进一步降低企业成本，打造有竞争力的营商环境。要加大力度补短板，着力补好服务业占比、重大基础设施建设、教育资源配置、扶贫攻坚等方面的短板。

（二）着力加快产业转型升级。瞄准高端化、智能化、绿色化、服务化方向，积极构建现代产业体系，促进产业迈向中高端，加快建设产业强市。

深入推进农业供给侧结构性改革。实施高效特色农业提升行动和绿色农业计划，加快提升农副产品加工率、附加值，增加绿色优质农产品供给。实施农业品牌引领工程，集中推出一批农业区域公用品牌和产品品牌，重点抓好潍县萝卜、寿光蔬菜、青州花卉等特色农产品品质提升和品牌打造。进一步健全农产品质量安全监管体系，争创国家农产品质量安全市。积极培育新型经营主体、服务主体和新型农民。实施农业龙头企业（合作社、大户）培育工程，加快构建与潍坊农业发展水平相适应的新型农业生产经营体系和社会化服务体系。鼓励扶持新产业新业态，拓展农业产业链价值链，加快培育“新六产”。年内新建改建多功能现代农业示范园区50处。加快海洋牧场项目建设。深入实施“藏粮于地、藏粮于技”战略，严守耕地红线，建设粮食高产创建田270万亩，确保粮食生产稳定。做好防汛抗旱工作。

做强优势产业。机械装备、汽车制造、石化盐化、纺织服装、食品加工、造纸包装等产业是我市的优势产业，也是产业转型的重点和关键。要深入落实好6个优势产业年度转型升级计划和重点项目，加快建设传统优势产业转型发展示范区。继续加大技改力度，滚动实施亿元以上技改项目500项，技改投资增长9%以上。加快工业化与信息化深度融合，持续推进智能制造，重点抓好高端柴油机智能工厂、可穿戴智能工厂等20个智能制造示范项目，支持企业申报国家和省两化融合管理体系贯标试点，争创“中国制造2025”示范城市。实施重点产业品牌培育行动，逐行业制定质量品牌提升计划，推动产品档次、质量、品牌一体化升级。支持企业在全球范围内对标、达标、提标，加大品牌创建和国际并购力度，培育一批行业“隐形冠军”。进一步提升潍柴、雷沃、歌尔、盛瑞、晨鸣、豪迈、孚日、希努尔、得利斯等品牌价值和影响力，加快打造“好品潍坊”。优化产业布局，实施聚焦战略，打造特色产业聚集区。鼓励支持龙头企业领办特色产业园区和专业配套园区，加快推进自动变速器、军民融合产业园等园区建设。出台全市化工企业规范发展转型升级意见和化工园区认定管理办法，推动化工产业集聚发展、高端发展、绿色发展，加快建设大型、特大型化工基地。

培育壮大新兴产业。落实好6个重点新兴产业培育方案和年度计划，集中抓好电子信息、生物医药、生物基新材料三个1000亿级和智能装备、节能环保、新能源汽车三个300亿级新兴产业集群培育工作。强化龙头带动，根据企业需求，制定个性化政策，促进资源要素向龙头企业集聚，鼓励支持歌尔、帅克、迈赫、金丝达、大洋泊车等龙头企业做大做强。强化园区承载，着力推进福田互联网汽车、歌尔虚拟现实、生物基新材料、通用航空、测绘地理信息等重点产业园区建设，促进新兴产业集聚发展。强化项目支撑，突出抓好163个重点项目，年内完成投资177亿元。强化基金支持，积极争取国家战略性产业发展基金和先进制造产业投资基金支持，进一步扩大市级新兴产业基金规模。

促进重点服务业提速发展。深入落实9个重点服务业转型升级方案和年度计划，促进生产性服务业与生活性服务业共同繁荣，传统服务业升级与新兴服务业培育齐头并进，年内服务业增加值增长9%左右。打造区域性总部基地，加快建设潍坊总部基地、食品谷总部基地、港口物流基地及远成•潍坊国际智慧物流城、海王医药等总部基地重点项目，年内新引进企事业单位总部（分支机构）100家以上。大力发展现代物流业，落实全市物流业发展规划，加快建设6个专业化物流园区和16个特色物流园，着力打造东北亚重要物流枢纽。繁荣文化创意产业，积极推进文化消费，在民间艺术品、书画、文创等领域加快培育一批文化骨干企业，建设一批特色文化小镇，促进文化与科技、金融、旅游、教育等深度融合，加快建设创意设计中心。整合提升旅游业，扎实推进旅游业创新发展三年行动计划，加快旅游集散中心建设，促进文化旅游、乡村旅游、工业旅游和生态旅游发展，打造全域旅游品牌。加快发展电子商务，深入实施电子商务跨越发展工程，电商交易额增长25%以上。积极培育物联网、健康养老、运动休闲等新兴服务业，大力发展软件、研发、金融、政府服务等领域的服务外包。

（三）**着力推动创新创业**。始终把创新作为引领经济社会发展的第一动力。

提升科技创新水平。制定实施科技创新三年行动计划，全社会研发投入占生产总值比重提高到2.65%，科技进步对经济增长的贡献率达到58%。强化企业创新主体地位，大力实施“小升高”科技计划，新认定高新技术企业50家以上，高新技术产业产值占比提高1个百分点。加大招院引校力度，加快建设潍坊市科教创新园，支持有条件的县市区建设科教聚集区，年内引进高等教育机构10家以上。鼓励发展新型研发机构。突出人才引领，深化鸢都产业领军人才工程，实施海内外专家引进计划和国内高层次人才集聚工程。研究制定人才强企若干政策措施和引进顶尖人才“一事一议”实施办法。加强企业家队伍建设，健全完善企业家关爱机制，大力弘扬企业家精神。进一步提升合作创新水平，实施国际合作创新行动计划，鼓励企业在重点国家和地区建立研发机构和孵化基地，落实好“十大科技国际化工程”。完善科技成果转移转化机制，建立技术创新公共信息服务平台，培育一批有影响的科技中介服务品牌。加快推进市科技孵化中心、蓝色智谷等创新型孵化器建设，年内新建和改造提升10家科技孵化器，新增孵化器面积20万平方米。强化平台支撑，设立重大科技创新基金，支持重大科技项目和平台建设。加快建设海洋化工等八大产业技术创新联盟。支持高新区推进山东半岛国家自主创新示范区建设，打造全市高新技术产业引领区。加强知识产权保护，做好国家知识产权强市创建、知识产权区域布局试点工作，加快“两中心一平台”建设。

大力促进产业创新。坚持围绕产业链打造创新链，加快建设农业十大创新公共基地，支持寿光争创国家农业高新技术开发区，全力打造现代农业创新发展中心。建设好工业研究院，加快打造十大产业创新中心。着手组建十大未来产业创新发展中心，抢占创新发展主动权。

深入推进大众创业。制定众创空间发展规划，加快构建以众创空间、众创政策、众创服务、众创制度为重点的众创体系，打造特色创业孵化集聚区。鼓励社会力量投资建设众创空间，新增创客空间5家，创客团队80个，新增市级创业孵化示范基地（园区）20处。完善“鸢都创业证”制度，健全“创业大学+高校+辅导站+实训基地”培训体系。推进“双创”政策进高校、进院所、进企业、进社区，支持大学生、退役军人、转岗职工、进城务工人员等投身创业，鼓励各类专业人才引领创业，激励在外人才回乡创业。

深化智慧城市建设。完善智慧潍坊基础设施，形成集政务应用和社会应用于一体的云计算中心，实现城区主要道路和重点区域免费WiFi全覆盖。打造“潍V”智慧城市应用品牌，构建智慧民生服务体系。以“互联网+政务服务”为抓手，统筹推进智慧政务建设和应用。创新大数据、物联网建设运营模式，争创全省大数据交易中心。

**（四）着力深化重点领域改革。**坚持问题导向，什么制约发展就改革什么，什么影响效能就突破什么，积极推进重要领域和关键环节改革。深化农业农村改革。扎实推进农业综合改革试验区建设。深化农村土地所有权、承包权和经营权“三权分置”，稳步实施农村集体产权制度改革。探索开展农民住房财产权抵押贷款。继续深化供销社综合改革。依法稳妥推进合村并点。搞好财税体制改革。统筹推进预算管理、税收制度改革和市县两级事权与支出责任划分，加快构建现代财政制度。有序推进基本公共服务均等化，逐步实现基本民生标准、农业转移人口市民化待遇、工资性收入政策、运转经费标准和公共设施建设标准“五个基本统一”。继续扩大PPP模式应用，年内全市集中运作项目30个以上，吸引社会投资300亿元以上。进一步完善招投标办法，规范公共资源交易平台，提高资源配置的透明度、公平性。加大金融改革力度。制定实施新一轮金融创新发展计划，打造金融高地。加大金融对实体经济的支持力度，加快建设产业金融创新中心。鼓励各类企业和银行开拓资本市场，进一步提高直接融资比重。推动地方金融机构加快发展，组建地方法人保险机构，支持多样化、特色化金融机构发展。健全完善政府融资担保体系。深化新型农村合作金融试点改革。提升东亚畜牧交易所、齐鲁农村产权交易中心、潍坊文化产权交易中心等交易平台运营水平。增强同风险赛跑意识，进一步完善金融风险防控化解机制，压实金融风险属地管理责任，提升依法处置化解金融风险的能力，严守不发生系统性、区域性金融风险的底线。加快事业单位改革。落实中央关于加强和改进行业事业单位领导人员管理的“五个办法”。清理规范“僵尸”事业单位，深化公立医院和高校人员控制总量备案管理，抓好公立医院、科研院所法人治理结构建设。统筹推进教育、医疗、社保等社会事业改革。扎实做好公务员职务与职级并行制度试点工作。

**（五）着力扩大对外开放。**开放是转型发展的必由之路。要进一步强化开放发展理念，充分用好“两个市场、两种资源”。深入落实国际化四年工作计划，突出“六个领域”“六个重点”“三大布局”，大力提升开放发展水平。多措并举稳外贸。实施外贸转型升级专项行动，落实和完善稳定出口的政策措施，实施“千企百展”市场开拓计划。支持发展跨境电商、外贸综合服务、市场采购贸易等新业态。加快线上“单一窗口”和线下“综合支撑”平台建设，着力打造跨境电商综合试验区。积极参与鲁贸名品展示中心建设。推广安丘自贸协定出口实施示范区模式，力争全域整建制创建全国自贸协定出口实施示范市。加大招商引资力度。实施利用外资“十项计划”，调整完善招商引资政策，改进招商体制机制。强化专业招商、以商招商、精准招商，发挥龙头企业在产业链招商中的主体作用，进一步提升招商引资成效。深入实施与世界500强、行业领军企业及知名院所机构合作行动方案，开展“外企服务促进年”活动，落实“服务大使”“专家顾问小组”等制度。有重点地“走出去”。深度参与“一带一路”建设，加快建立海外战略支点城市网络。支持优势企业拓展海外高端工程市场，引导企业向设计咨询、运营服务等高附加值领域拓展，带动装备、技术、产能走出去。大力推进“潍营满欧”“潍青欧”海铁联运大通道建设，提升“鲁新欧•青州号”国际货运班列运营能力。推广潍柴动力海外并购经验。支持有条件的企业建设境外生产装配基地、资源开发基地、种植养殖基地。打造开放合作平台。发挥高新区、滨海区对外对内开放龙头作用。完善综合保税区服务功能，打造全市外向型经济服务区。深化开发区体制机制改革，加快开发区转型升级。提升中日韩产业博览会市场化运作水平。建成涉外部门联合服务“网上大厅”。积极对接引进国际规则和服务体系，加快规划建设国际社区、国际学校、国际医疗机构等配套服务设施。加强与青岛在规划、重大基础设施等方面的合作，推进青潍协同发展。做好援疆、援藏等对口支援工作。

（六）着力提升新型城镇化水平。深入推进以人为核心的新型城镇化，进一步完善市民化“1+N”政策体系，实现外来务工人员市民化9.4万人、就地转移人口市民化3.6万人、城中村城边村原有居民市民化12.3万人。常住人口城镇化率提高2个百分点左右。

深入实施蓝色经济区发展规划。全域统筹，突出滨海，着手编制海岸带规划，抓好大家洼、央子、港口经济区等重点片区建设，大力推进海洋科技大学等27个重大支撑项目建设。突出抓好临港经济、海洋动力、绿色化工、海洋生物医药、滨海旅游等重点产业，打造陆海统筹、产城融合发展示范区，加快建设滨海海洋经济新区。

突出中心引领。实施新一轮提升市区计划，落实好“十大专项行动”。扎实推进242个重点提升项目。加快高铁新片区、站南广场、中央商务区、中国食品谷、医疗健康城等重点片区规划建设，大力推进金融小镇、梦幻小镇、坊茨小镇等特色聚集区建设。扎实开展“七项专项整治”，提升城市网格化、精细化、法治化、智慧化管理水平。

推进“一体两翼”。推动“七城”一体布局、相向发展。拉长县域经济优势，支持县域竞相发展。开展中小城市试点，加快推进省级示范镇和特色小镇建设，集中培育1个国家级特色小镇、5个省级特色小镇。深入推进“两区”同建，集中打造100个“四全一特”示范社区，不断增强社区自治和服务功能。加快实施城镇棚户区改造三年计划，年内改造棚户区8.6万套以上。积极推动镇改街、村改居，转变城中村、城边村和农村新建社区管理模式。深入落实农村“七改”计划，新建改造农村公路1300公里，改造农厕12.8万户，完成农村存量危房改造，50%的村庄达到美丽乡村建设标准。

强化基础支撑。加快潍坊港2个航道、11个泊位及业务码头建设，协调推进疏港铁路、鲁辽陆海货滚甩挂运输大通道建设。加快推进济青高铁、潍莱高铁及枢纽配套工程。潍日高速北段、宝通街东延项目建成通车。潍坊南绕城高速、两条市区外环路开工建设。潍日高速南段、济青高速改扩建工程加快建设。加快推进新机场审批立项，同步启动工程设计和征地拆迁。结合城市重点片区规划建设，优化完善实施中心城区交通组织方案，加快推进城市快速路建设。榆横-潍坊、扎鲁特-青州特高压工程建成投运，完成农村电网改造升级“两年攻坚战”。加快黄水东调、引黄入峡后续工程建设。

（七）着力做好民生保障和社会治理。民生和社会治理工作是社会建设的两大根本任务。今年，民生支出达到535亿元以上。进一步加大精准扶贫、精准脱贫力度，确保剩余28个省定扶贫重点村全部摘帽，1.1万农村建档立卡贫困人口全部脱贫。统筹解决城市贫困问题。做好高校毕业生、就业困难人员和去产能转岗再就业职工等重点群体就业工作，落实农民工职业技能提升、权益保障和公共服务3项“三年行动计划”，新增城镇就业10万人。进一步改善办学条件，均衡配置各类教育资源，全市新改扩建中小学77所、普惠性幼儿园117所。完成破解中小学“大班额”和“全面改薄”任务。深化管办评改革，扩大学校办学自主权，全面落实立德树人根本任务。适应高考综合改革，加快普通高中创新发展。深入推进国家职业教育创新发展试验区建设，加快实施高校特色发展计划和重点建设工程。推进基层医疗机构标准化建设，年内基本设备配置标准化率达到100%，新型农村社区卫生室规范化建设完成总体目标的80%。继续深化完善分级诊疗制度。统筹城乡养老均衡发展、居家和社区养老协调发展，年内城市社区日间照料中心实现全覆盖，每个县市区建成养老服务信息平台。深入实施全民参保登记计划，实现应保尽保。加快建立与基本医疗保险、大额医疗保险紧密衔接的职工大病保险制度。开展残疾人精准康复服务行动。推进全民健身活动场馆建设，建成523处全民健身工程。完善防灾减灾救灾体制机制，大力发展慈善事业，提高社会救助能力。健全农村留守儿童、妇女、老人关爱服务体系。

扎实推进文化名市建设。大力培育和践行社会主义核心价值观，深入推进公民思想道德建设，深化群众性精神文明创建活动，做好全国文明城市复查迎测工作。规划建设市博物馆群、市美术馆群，建成60个以上公共图书馆、文化馆基层分馆站点。实施基层综合性文化服务中心提升工程，农村社区综合性文化服务中心达标率和省定贫困村文化大院建成率均达到90%以上。我市文化资源丰富、特色鲜明，要传承弘扬优秀传统文化，深度挖掘潍坊文化历史价值，讲好潍坊故事，传播好潍坊声音。扎实推进潍水文化生态保护实验区建设，加强非物质文化遗产保护。着手启动创建国家历史文化名城、联合国手工艺与民间艺术之都。深化市县广播电视台改革。办好第七届中国画节、第十届文展会和第二届市民艺术节。

进一步加大生态环境治理力度。深入实施绿色发展“十大工程”，统筹推进环境治理、能源结构优化、绿色产业发展和生态文明制度完善。PM2.5、PM10平均浓度分别下降5%和16%，二氧化硫、二氧化氮平均浓度达到国家二级标准并持续改善，市控以上重点河流全面消除劣五类水体。落实减煤、抑尘、控车、除味、增绿等措施，实施民用散煤综合治理，打好大气污染防治攻坚战。开展全民节水行动，加快建设节水型城市。落实水污染防治行动计划，加强重点涉水企业环境监管，全面推行“河长制”。深入实施农药化肥零增长行动，推广水肥一体化、测土配方施肥、病虫害统防统治等节药节肥新技术，推进秸秆、残膜、畜禽粪便等农业废弃物资源化利用，加大农业面源污染治理力度。开展重污染土壤治理和修复试点。开展绿色建筑发展三年行动，积极推进建筑产业现代化，80%的城镇新建建筑达到绿色建筑标准。优先发展绿色公交系统，提升新能源公交车比例。健全网格化环境监管机制，加快建立生态环保责任制。对环保案件实施“一案多查”、联合惩戒，形成对环境违法行为的高压震慑。

全面落实“七五”普法、依法治理两个规划。深化社会组织管理制度改革，健全完善专业社会工作人才培养使用机制。大力推进政务诚信、商务诚信、社会诚信建设，建成市级公共信用信息平台和“信用潍坊”网站，健全守信激励和失信惩戒联动机制，争创国家社会信用体系建设示范城市。严格落实安全生产责任制，加强风险管控和隐患排查治理双重机制建设，坚决扼制重特大事故发生。创新食品药品安全治理机制，落实各项保障措施，严防严管严控食品安全风险，争创国家食品安全示范城市。加快构建以科技信息化为牵引的社会治安防控体系，深入推进“平安潍坊”建设。进一步提高社会矛盾预防化解处置能力。全面实施城乡社区治理三年行动计划，完善“四社联动”服务机制，提升社区治理水平。建立“一村一法律顾问”“一村一警务助理”制度。大力支持国防建设和军队改革，加强国防动员和后备力量建设，扎实做好新时期双拥工作。

**四、全面加强政府自身建设**

打铁还需自身硬。面对改革发展的艰巨任务，市政府必须增强政治意识、大局意识、核心意识、看齐意识，坚决贯彻落实中央、省和市委决策部署，牢固树立以人民为中心的发展思想，以服务型政府建设为引领，进一步提高政府自身建设水平。

*狠抓工作落实，建设高效政府。*强化落实意识，以“踏石留印、抓铁有痕”的劲头和“钉钉子”精神抓好各项工作落实。扎实开展“作风建设年”活动，持续推动政风转变，大力提升行政效能。层层分解任务目标，层层压实工作责任，强化目标任务督查落实，对年度重点工作任务对账督查，形成各司其责、齐抓共管的工作落实机制。把抓项目落地作为提升政府效率的“试金石”，以项目看能力、看政绩、看担当。加强政府职业能力建设，真正把学习作为每名公务人员的责任、本领和精神追求，努力克服知识恐慌、本领恐慌，用专业思维、专业素养、专业方法推进工作落实。

*强化宗旨意识，建设责任政府。*始终牢记全心全意为人民服务的根本宗旨，强化政府服务职能，全面提升服务发展、服务企业、服务群众的能力和水平。认真落实密切联系群众、深入基层调研等工作制度。畅通民情民意表达渠道，坚持开门决策，多方汇集民智，真正使政府决策建立在广泛的民意基础上。尽心尽力解决事关群众切身利益的环保、教育、医疗等热点难点问题。进一步提升12345政务热线服务质量，完善诉求办理和督查督办机制，保证群众诉求“事事有回音、件件有着落”。大力整肃庸政懒政怠政行为，着力克服不作为、慢作为现象。把真抓实干作为重要政治品质，把干事创业作为最大政治责任，健全正向激励和容错纠错机制，坚决查处诬告陷害行为，旗帜鲜明地为担当者担当、对负责者负责。

*严格依法行政，建设法治政府。*坚持“法定职责必须为，法无授权不可为”，落实法治政府建设实施纲要，自觉运用法治思维和法治方式推动工作。提升政府立法水平，促进立法和各项改革决策相衔接。深化“放管服”改革，进一步简政放权，加强事中事后监管。深化行政执法体制改革，推动跨部门综合执法和执法力量向基层下沉。强化法治教育，提升各级政府和公务员队伍的法治意识、执法能力和社会治理能力。加强和改进政府信访工作，依法稳妥化解矛盾纠纷，切实维护群众合法权益。严格执行市人大及其常委会决议决定，自觉接受人大法律监督、工作监督和政协民主监督，主动听取民主党派、人民团体和社会各界意见建议，认真办理人大代表议案建议和政协委员提案。

*着力反腐倡廉，建设廉洁政府。*严格落实全面从严治党重大政治责任，压紧压实政府系统各级党组织的主体责任。严格落实“一岗双责”，严肃党内政治生活，运用好监督执纪“四种形态”。深入落实中央“八项规定”精神，驰而不息纠正“四风”，严格遵守党的政治纪律和廉洁自律相关规定。加强党风廉政教育，强化权力约束和源头治理。扎实推进审计监督全覆盖，强化行政监察和行政执法监督。加大部门预决算和“三公”经费预决算公开力度。严格公共资金、公共资产、公共资源和国有资产监管。始终把纪律和规矩挺在前面，坚持用制度管权管事管人，坚决惩治腐败，努力实现干部清正、政府清廉、政治清明。

各位代表，实干托起梦想，奋斗赢得未来。让我们更加紧密地团结在以习近平同志为核心的党中央周围，在省委、省政府和市委坚强领导下，锐意进取、奋发有为，干在实处、走在前列，为建设富裕文明充满活力的现代化强市而努力奋斗，以优异成绩迎接党的十九大胜利召开！

# 附件

## 政府工作报告有关事项说明

**1.财政资金金融化管理**

从2012年开始，潍坊市实施财政专项资金管理模式改革，将各类专项资金整合为政府引导基金，依托市金融控股集团，综合运用股权、债权等方式投资运作，放大财政资金投入效果。

**2.东亚畜牧交易所**

交易所位于中国食品谷核心区，着力建设集现货交易、冷链仓储物流、加工、商务办公及观光尝鲜和畜牧科普于一体的畜牧产品交易中心。2016年5月，完成注册，12月28日正式上线启动，首日上线交易额突破2000万元人民币。

**3.“四个提升”**

按照《关于全面深化改革大力提升市区科学发展水平的决定》，大力提升市区的产业发展层次、城市功能品质、创新发展能力、城市发展活力。

**4.环境治理“十大工程”**

为巩固“三八六”环保行动成果，市委、市政府从2016年开始实施新一轮环保行动，重点推进产业提升绿色发展、清洁能源替代改造、工业点源深度治理、车辆污染综合管控、城建环卫精细管理、集中供热优化整合、城镇废水综合利用、河流湿地生态保护、农业面源污染防治、环境安全风险防控的“十大工程”。

**5.农村“七改”**

指改路、改电、改校、改房、改水、改厕、改暖。

**6.“五证合一”**

将企业营业执照、组织机构代码证、税务登记证、社会保险登记证和统计登记证整合，登记时只需填写“一张表格”，向工商“一个窗口”提交“一套材料”，由工商行政管理部门核发加载统一社会信用代码营业执照。

**7.降低企业成本“711”专项行动**

“7”就是降低七大领域成本，包括企业制度性交易成本、税费负担、融资成本、用工成本、电力成本、物流成本、用地成本；“1”就是发挥“一个能动性”，即更加注重发挥企业自身在降成本中的能动作用，深入挖掘内部潜力，降低经营成本；另一个“1”是抓好“一项专项治理”，即基本解决由于历史原因造成的企业资产相关证照办理遗留问题，有效盘活企业闲置资产，促进企业发展。

**8.“一三四七”目标任务和战略重点**

市十二次党代会报告提出，今后五年要紧紧围绕“一个总目标”，确保“三个走在前列”，着力打造“四个城市”，在七个方面实现新突破。

“一个总目标”：全面完成“十三五”规划目标任务，地区生产总值年均增长8%左右，人民生活更加富裕幸福，经济实力和竞争力大幅提升，社会文明水平全面提高，一个富裕文明充满活力的现代化强市基本形成。“三个走在前列”：在全面建成小康社会进程中走在全省全国前列，在贯彻新发展理念、推动转型发展进程中走在全省全国前列，在深化重要领域和关键环节改革进程中走在全省全国前列。“四个城市”：产业强市、文化名市、活力城市、品质城市。“七个新突破”：以供给侧结构性改革为动力，在构筑现代产业体系上实现新突破；加快构筑现代城镇体系，在区域城乡协调发展上实现新突破；深入实施创新驱动发展战略，在发展动能接续转换上实现新突破；着力推动先进文化繁荣发展，在增强文化软实力上实现新突破；全面深化改革扩大开放，在增强发展动力和活力上实现新突破；着力构筑民生保障体系，在增进民生福祉上实现新突破；加强民主法治建设，在提升社会治理水平上实现新突破。

**9.10个以上千亿级产业链和产业集群**

包括动力机械产业链、石化盐化产业链、汽车产业集群、电子信息产业集群、造纸包装产业集群、食品加工产业集群、纺织服装产业集群、生物医药产业集群、炼化产业集群、节能环保产业集群等。

**10.资本市场“千亿融资计划”**

争取用5年时间，通过上市挂牌、上市公司再融资、债券融资、资产证券化、引进股权投资基金等方式，实现资本市场融资突破千亿元。

**11.“新六产”**

是农业产业化的“升级版”，指一产的一份收入，经过二产加工增值为两份收入，再通过三产的营销服务形成三倍收益，综合起来是六份收入，产生乘数效应。

**12.“十大科技国际化工程”**

包括中以科技转移平台、潍坊（美国）硅谷高科技孵化器、北京大学—特拉维夫大学山东现代农业研究院、潍坊中美食品中心、中韩育种育苗技术研究中心、中意（潍坊）技术转移中心、中荷现代农业合作交流中心、雷沃阿波斯欧洲研发中心、潍柴动力国际科技合作基地、山东宝龙达国际科技合作项目。

**13.八大产业技术创新联盟**

指海洋化工产业联盟、海洋动力装备产业联盟、工业生物材料产业技术创新战略联盟、生物基材料产业链联盟、玉米生物炼制产业联盟、半导体照明技术创新战略联盟、生物医药产业技术创新战略联盟、磁电与低温超导磁体应用产业技术创新战略联盟。

**14.“两中心一平台”**

指国家知识产权局知识产权路演中心、潍坊知识产权运营中心、知识产权信息综合服务平台。

**15.农业十大创新公共基地**

包括国家现代农业示范区、国家现代蔬菜种业创新基地、中国食品谷农业产业化示范基地、国家农业可持续发展试验示范区、农业对外开放合作试验区、农村电子商务创新创业中心、返乡农民工创业创新基地、寿光省级农业高新技术开发区、峡山国家级可持续发展实验区、临朐全国区域性良种繁育基地。

**16.十大产业创新中心**

指商用汽车动力系统总成创新中心、智能农机创新中心、声电及VR虚拟现实创新中心、华光光电创新中心、8AT自动变速器创新中心、智能机器人创新中心、海洋动力装备创新中心、生物基新材料创新中心、生物医药创新中心、清洁能源和节能技术创新中心。

**17.大数据交易中心**

成立潍坊市大数据交易中心有限公司，争取全省大数据交易许可，通过电子交易方式，在医疗、教育等民生大数据，公共事业服务大数据，农畜产品、工业经济等产业大数据，以及物联网大数据特色应用等领域，开展数据服务、数据确权、数据定价、数据交易、安全保障、数据资产管理和融资等综合服务，构建采集整合、清洗加工、开发应用等链条的大数据产业生态圈，争创全省大数据汇聚中心和交易中心。

**18.突出“六个领域”“六个重点”“三大布局”**

2016年，全市开放发展大会提出了开放的总体思路和任务措施，即围绕农业食品、制造业、服务业、城镇化、科技、文化“六个领域”，突出外贸、外资、外经、外包、外智、外标“六个重点”，瞄准一带一路、自贸区、重点国家和地区“三大布局”，全面加快开放发展。

**19.利用外资“十项计划”**

2016年8月召开的全市开放发展大会提出，实施利用外资“十项计划”，包括增资扩股、股权转让并购重组、产业链垂直整合、定向招商、专业园区招商融资、政府与社会资本合作（PPP）、回乡创业计划、资本市场开拓计划、利用外资领域拓展计划、专业招商计划。

**20.市民化“1+N”政策体系**

根据中央、省城镇化工作会议和有关文件要求，市委、市政府决定建立完善人口市民化“1+N”政策体系，加快推动农业转移人口市民化。“1个意见”，即《促进农业转移人口市民化实施意见》；“N个配套文件”，即研究制定户籍改革、财政支持、住房保障、农业转移人口权益保障等多个配套文件，打通农业转移人口市民化政策通道，让农业人口进得来、住得下、过得好。

**21.“十大专项行动”**

2016年11月召开的全市城市工作会议，对城市工作进行了全面系统的安排，出台《关于实施“十大专项行动”进一步加强和改进城市工作的实施意见》，确定开展规划提升、城市社区建设提升、房地产业优化提升、城市更新提升、交通畅通、绿色城市、小城镇提升、城市管理服务提升、城市特色品牌建设、城市活力提升“十大专项行动”。

**22.高铁新片区**

位于市区北部，占地约19平方公里，核心区为禹王北街以北、规划盛泰街以南、潍县北路以东、规划幸福路以西地块，总用地面积约2.7平方公里。

**23.站南广场**

指火车站南广场片区，占地9.8平方公里，核心区占地2平方公里。

**24.金融小镇**

该项目由市金融控股集团与高新区联合打造，占地130亩，分三期建设，主要建设基金运作区、全板资本市场运作区、国际路演区、混业运作区、金融研究培训区、金融生活服务区共6个功能区，增强对实体经济的服务能力。

**25.梦幻小镇**

即虚拟现实产业园，占地2000亩，主要包含虚拟现实智能硬件制造、内容和软件制作、跨界服务、人才培养、创新科技展示、研发、科技成果转化、企业投融资平台、互联网文化产业发展等九大核心内容，打造全产业链的产品和服务供应体系。目前已有幻维世界、北京雪人等企业意向入驻。

**26.“七项专项整治”**

指整治违法建设、违法偷排、海绵城市建设及城市内涝、停车难、市容环境、雨污混排、市区内超限超载渣土车。

**27.“一体两翼”**

“一体”即“七城一体”，推动滨海、寿光、昌乐、安丘、峡山、昌邑与中心城区一体布局、相向发展，强化规划统筹、交通连接、功能互补，打造半小时经济圈，构建组团式发展格局。“两翼”：支持东翼诸城、高密打造知名的先进制造业基地和青潍组团式发展先行示范区；支持西翼青州、临朐建设有竞争力的高端产业集群和文化旅游、休闲养生产业创新发展试验区。

到昌乐县走访慰问城乡困难群众、职工、优抚对象、生活困难党员和困难企业。

2日　中共潍坊市纪委十一届八次全体会议召开，市委书记杜昌文做重要讲话。

3日　潍柴集团内燃机可靠性国家重点实验室揭牌仪式暨科技创新表彰大会举行。市委书记杜昌文出席会议，为实验室揭牌，并为获奖代表颁奖。市委副书记、市长刘曙光讲话。

同日　市十六届人大常委会第二十八次会议在市文化艺术中心大剧院举行。市人大常委会党组书记、第一副主任胡岗主持会议并讲话。

14日　市委副书记、市长刘曙光专题调度城区快速通道规划建设工作，强调要把城区快速通道建设作为完善城市功能的重大工程，加快工程建设，努力为市民方便快捷出行创造更加良好的条件。

15日　市委召开常委会议，听取市人大常委会、市政府、市政协、市人民法院、市人民检察院党组工作汇报。市委书记杜昌文主持会议。

同日　县市区人武部党委第一书记党管武装工作述职会议召开。市委书记、军分区党委第一书记杜昌文出席并讲话。

16—19日　中国人民政治协商会议第十二届潍坊市委员会第五次会议在富华国际会议中心举行，538名政协委员参加会议。市政协主席崔建平代表十二届市政协常委会作工作报告，市政协副主席刘伟代表十二届市政协常委会作提案工作报告，市政协副主席李传恒主持大会。中共潍坊市委书记杜昌文，市委副书记、市长刘曙光，市人大常委会党组书记、第一副主任胡岗，市委副书记王献玲等出席大会。

17—20日　潍坊市第十六届人民代表大会第五次会议在市文化艺术中心大剧院举行。市委书记、市人大常委会主任杜昌文主持并宣布大会开幕。市长刘曙光代表潍坊市人民政府向大会作政府工作报告，表决通过了系列决议。

22日　提升市区领导小组第七次（扩大）会议召开，主要是贯彻落实全市经济工作会议和市两会精神，总结2015年提升市区工作，安排部署2016年重点任务和推进措施。市委副书记、市长刘曙光出席并讲话，市委常委、秘书长孙明亮主持。

26日　市委召开常委扩大会议，学习习近平总书记、刘云山同志、姜异康同志的讲话，研究贯彻落实意见。市委书记杜昌文主持会议。

同日　在全国学雷锋志愿服务工作推进会上，国网潍坊供电公司“潍电义工”协会被评为最佳志愿服务组织；奎文区北苑街道金都社区被评为最美志愿服务社区。

27日　滨海区举行重点项目集中开工仪式，对山东海洋技术大学、滨海海渔产业园、山东高速交通物流园综合工程等9个重点项目进行集中开工奠基。

同日　市委副书记、市长刘曙光就深化新型农村合作金融试点工作进行专题调研。

29日　副省长王随莲带领省直有关部门负责同志到潍坊调研城市公立医院改革工作。

同日　市委、市人民政府出台《关于深化“三八六”环保行动 实施“十大工程”加快绿色发展的意见》，为全市经济社会持续健康发展提供有力的生态保障。

同日　市委、市政府出台《关于实施规划提升工程 促进中心城市科学发展的意见》，对中心城市规划提出具体工作目标。

同日　山东省金融资产管理公司潍坊分公司揭牌、潍坊市企业重组发展基金签约仪式及化解不良资产培训活动举行。市委常委、常务副市长邹庆忠出席并致辞，副市长潘强主持。

是月　科技部火炬中心公布2015年度中国火炬特色产业基地复核结果，潍坊市国家火炬诸城汽车及零部件特色产业基地和国家火炬潍坊生物制药与中成药特色产业基地通过复核。

## 3月

1日　市委、市政府召开全市深化“三八六”环保行动实施“十大工程”加快绿色发展大会，总结工作，表彰先进，部署任务。市委书记杜昌文主持会议并讲话，市委副书记、市长刘曙光出席并讲话。

3日　市政府全体（扩大）会议召开，主要任务是贯彻全市经济工作会议、市两会精神，动员各级政府及部门迅速行动起来，确保全面完成今年各项目标任务。市委副书记、市长刘曙光出席并讲话，市委常委、常务副市长邹庆忠主持会议。

5日　十二届全国人大四次会议山东代表团举行全体会议，审议李克强总理代表国务院所作的政府工作报告。市委副书记、市长刘曙光在审议时作了《推进绿色发展　建设绿色城市》的发言。

7日　市委书记杜昌文到滨海区专题调研山东海洋科技大学园建设工作。

同日　《潍坊军民合用机场迁建工程项目预可行性研究报告（民航部分）》评估会议在富华大酒店召开，经过评估专家组实地勘察、现场调研和咨询评议后，原则通过该报告。副市长刘建国出席评估会并致辞。

8日　全市深化省委巡视反馈问题整改工作会议在市级机关综合办公大楼召开。市委副书记王献玲出席并讲话，市委常委、组织部部长林红玉主持。

9日　市委常委、宣传部部长初宝杰会见到潍坊考察调研的大众报业集团党委常委、副总编辑郑立波一行。

9—10日　省高级人民法院党组成员、副院长李方民带领调研组一行，到潍坊市就多元化矛盾纠纷解决机制工作进行调研。

10—11日　广西壮族自治区副主席张秀隆一行到潍坊考察供销合作社发展等工作。

14日　潍坊市参与拍摄的电影《终极胜利》在第20届香港电影博览会上

举行新片发布会，发布史诗级历史图书《被遗忘的潍县集中营》，同时还举办潍坊城市图片展、潍县集中营历史图片巡展以及潍坊风筝、杨家埠木版年画等非物质文化遗产传承项目展示。

15日　潍坊市在安丘拥翠山组织大规模义务植树活动，推动国家森林城市创建工作。市领导杜昌文、王献玲、苏立科、孙明亮、刘伟、刘建国参加义务植树活动。

17日　市政协十二届二十三次常委会议在市级机关综合办公大楼召开。市政协主席崔建平、副主席刘伟分别主持会议。

18日　市委全面深化改革领导小组召开第十一次会议，审议并原则通过了一系列文件。市委书记、市委全面深化改革领导小组组长杜昌文主持并讲话。

20日　市委副书记、市长刘曙光在北京参加山东省政府与国务院发展研究中心共同主办的2016中国发展高层论坛“山东之夜”主题活动，与参加活动的世界500强企业负责人进行深入对接交流。其间，刘曙光陪同省委副书记、省长郭树清会见美国卡特彼勒公司董事长、首席执行官道格拉斯·欧博赫曼一行，并介绍“十三五”期间潍坊的发展战略和构建现代产业体系、加强与世界500强及行业领军企业战略合作等重大部署。

22日　省政协副主席翟鲁宁率领社会法制委员会“进一步规范提升山东省城市管理和综合执法工作”专题调研组到潍坊市进行专题调研。

23日　全市党风廉政建设和反腐败工作情况通报会在市级机关综合办公大楼召开。市委常委、统战部部长张小梅主持会议。

同日　省政协副主席赵家军率调研组一行到潍坊，就医疗卫生体制改革进行专题调研。

24日　省委组织部巡视员刘永巨率调研组一行到潍坊市就“互联网+党建”工作进行专题调研。

24—25日　全省依法行政联系点工作会议在潍坊市召开。省政府法制办主任孟富强出席并讲话，市委常委、常务副市长邹庆忠致辞。

25日　市委理论学习中心组暨全市领导干部金融知识专题辅导报告会在市级机关综合办公大楼举行。

同日　市委副书记、市长刘曙光实地察看、调度重点项目建设。

29日　全省春季农业生产工作会议在潍坊市召开。副省长赵润田出席并讲话，市委副书记、市长刘曙光致辞。

同日　潍柴动力股份有限公司荣获第二届中国质量奖提名奖。

29—30日　全国人大常委会委员、教科文卫委员会主任委员柳斌杰带领调研组，到潍坊市调研食品安全法贯彻实施情况。

30日　市委副书记、市长刘曙光主持召开市政府第六十二次常务会议，研究2016中日韩产业博览会筹备、全面推进质量强市建设、精准施策促进企业转型发展、整建制创建农产品质量安全市等工作。会议还研究新型城镇化规划、按用能先进标准管理项目等事项。

31日　第33届潍坊国际风筝会新闻发布会在北京举行。国家体育总局社体中心副主任尹国臣，中国会展经济研究会会长袁再青，中国会展经济研究会副会长储祥银，潍坊市委常委、副市长、国际风联常务副主席孙起生出席新闻发布会。

是月　山东省公布省政府各部门和各市政府2015年下半年政府信息公开工作评估结果，潍坊市以94.22分位居全省第一位。

## 4月

1日　国家工商行政管理总局外商投资企业登记授权仪式在高新区举行，高新区市场监管局成为继寿光、诸城后第三个被授权局。副市长潘强出席。

同日　市卫计委通过阳光融和医院医疗机构执业许可证的评审，并颁发医疗机构执业许可证。阳光融和医院试运营开始启动。阳光融和医院是经中国保监会批准的国内第一家由保险机构、大型公立医院和医科大学合作兴办的股份制医院，总投资30亿元，是国内一次性投资最多、开诊面积最大的综合医院之一。

5—6日　山东高速集团总工程师姜振亭率工作组一行到潍坊至日照高速公路项目施工现场检查指导工程建设，并组织召开潍日高速公路建设推进会议。市委常委、副市长孙起生陪同有关活动。潍日高速公路在潍坊市境内141公里，双向四车道，设计时速120公里，计划2018年上半年建成通车。

6日　市委副书记、市长刘曙光到市提升市区办公室和市产业发展办公室进行专题调研。

同日　市政府召开新闻发布会，潍坊高新区正式参与国家自主创新示范区建设。3月30日　国务院常务会议批复同意济南、青岛、淄博、潍坊、烟台、威海6个国家高新技术产业开发区建设山东半岛国家自主创新示范区。

7日　潍坊市人民政府与美国加州大学戴维斯分校共建潍坊中美食品中心合作协议在富华大酒店正式签约。市委副书记、市长刘曙光，市委常委、副市长孙起生，美国加州大学戴维斯分校世界食品中心主任、美国科学院院士罗杰等出席仪式。根据协议，该中心将入驻中国食品谷。

同日　全市“营改增”领导小组会议在市国税局召开，副市长潘强出席会议并对全市的“营改增”工作进行分析和安排部署。

同日　全省农产品质量安全监管培训班在潍坊市开班，省农业厅副厅长卜祥联出席。

8日　省委书记姜异康到潍坊市，就围绕贯彻落实新发展理念，推动供给侧结构性改革，对当前经济社会发展情况进行调研。

同日　在山东省一季度住房和城乡建设经济形势分析会上，潍坊市和青州市入选全省首批海绵城市建设试点名单，共争取省财政奖补资金5056万元。

**同日** 青岛董家口港—潍坊—鲁中、鲁北输油管道配套潍坊罐区工程开工启动仪式在滨海区举行。董潍输油管道配套潍坊罐区工程占地面积约43公顷，投资约12.7亿元，计划建设180万立方米的油罐区，其中10万立方米油罐14座、5万立方米油罐8座。

**11日** 市政府廉政工作会议在市级机关综合办公大楼召开，市委副书记、市长刘曙光出席会议并讲话。市委常委、副市长孙起生主持。

**13日** 市委副书记、市长刘曙光在市级机关综合办公大楼会见了到潍坊考察的浪潮集团董事长兼CEO孙丕恕一行。

**同日** 山东省交通运输厅厅长张传亭率调研组一行到潍坊市调研交通运输工作，并组织召开了工作座谈会。

**13—14日** 省委农村工作领导小组副组长王军民到潍坊市调研。

**13—15日** 省农业厅副巡视员褚瑞云带领省抽查验收组，对潍坊市农村土地承包经营权确权登记颁证成果进行验收，并于16日举行抽查验收汇报会。

**15日** 2016世界500强及行业领军企业潍坊对接会在富华大酒店举行。市委常委、副市长孙起生，韩国釜山市副市长郑京镇出席并致辞。美国、日本、韩国等10多个国家和地区的30多家跨国公司及机构负责人参加对接会。

**同日** 第二届中国（潍坊）收藏博览会在十笏园文化街区开幕。副市长潘强，中国收藏家协会副会长郭正英，中国著名书画鉴定专家、故宫博物院研究员单国强等知名专家学者出席开幕式。

**16日** 《潍坊市域2048战略发展规划》暨《潍坊市域空间功能布局规划》方案汇报会举行。市领导杜昌文、刘曙光、苏立科、孙明亮、刘建国等出席。

**同日** 第33届潍坊国际风筝会在滨海区欢乐海开幕。国家体育总局副局长、国际风联主席冯建中宣布开幕，副省长王随莲讲话，市委副书记、市长刘曙光主持并致辞。国内32个省、市、自治区的66支风筝代表队，以及美国、澳大利亚、新西兰等35个国家和地区的51支风筝代表队参加本届风筝会暨第十二届世界风筝锦标赛。本届风筝会安排风筝、文化、招商3大板块、19项重点活动。

**17日** 第六届中国画节·第九届中国（潍坊）文化艺术展示交易会·第二届中国（潍坊）民间艺术博览会在鲁台会展中心开幕。中国文联副主席、中国美协主席刘大为致辞；副省长季缃绮宣布开幕；市委副书记、市长刘曙光，省委宣传部副部长王红勇，中国国家画院院长杨晓阳分别致辞。

**同日** 科技成果转移转化高端论坛暨中科创新园“院士大讲堂”活动在蓝色智谷中科创新园举行。副市长王桂英出席并为中科万隆新技术研究院揭牌。

**18—20日** 省人大常委会副主任尹慧敏带领执法检查组到潍坊市，就贯彻实施《中华人民共和国大气污染防治法》情况进行检查。

**20日** 以“绿色·科技·未来”为主题的第十七届中国（寿光）国际蔬菜科技博览会在寿光国际会展中心开幕。副省长赵润田，市委副书记、市长刘曙光等出席并启动开幕式水晶球；市委副书记王献玲，以色列驻华大使馆商务参赞高飞出席并致辞。本届菜博会总展览面积45万平方米，其中室内16.5万平方米，设有十二个展馆、大棚优质高效生产示范区、蔬菜博物馆及广场展位区，共展出国内外蔬菜品种2000多个，新增品种200多个，新技术100多项，栽培模式80多种。

**21—22日** 首届峡山湖有机产业发展国际论坛暨有机农业供给侧改革研讨会在峡山区召开。国务院参事葛志荣，国家认监委副主任王大宁，副市长潘强，市政协副主席李传恒等出席。

**22日** 全市“两学一做”学习教育工作座谈会召开，市委书记杜昌文出席并讲话，市委副书记、市长刘曙光主持。

**23—24日** 全省城市建设管理工作座谈会在潍坊市召开。

**25日** 市委办公室、市政府办公室印发关于《潍坊市党政机关公务用车制度改革实施方案》的通知，提出全市党政机关公务用车制度改革实施工作的指导思想和基本原则；明确制定参加该次改革的范围。

**27日** 水利部副部长田学斌到潍坊市调研农村水利工作。市委书记杜昌文，副市长刘建国陪同有关活动。

**是月** 推进“健康潍坊”建设重点项目之一的潍坊华大基因检测中心项目，被国家发改委列为国家基因检测技术应用示范中心项目。

**是月** 潍坊市5个村庄入选第三批省级传统村落，分别是安丘市柘山镇华家宅村、青州市庙子镇黄鹿井村、青州市邵庄镇北辞村、高密市东北乡文化发展区平安庄村、临朐县寺头镇大时家庄村。

## 5月

**6日** 总投资50亿元的远成·潍坊国际智慧物流城项目签约仪式在富华大酒店举行。市委书记杜昌文在签约前会见出席签约仪式的远成集团董事长兼总裁黄远成和平安银行现代物流金融事业部总裁冉旭一行。市委副书记、市长刘曙光出席签约仪式。

**7—9日** 省人大城乡建设与环境资源保护委员会主任委员杨焕彩一行到潍坊市，就交通运输工作进行专题调研。

**8日** 潍坊市人民政府与阳光保险集团加快建设“健康潍坊”战略合作签约暨阳光融和医院惠民行动启动仪式举行。市委书记杜昌文，市委副书记、市长刘曙光，省金融办主任李永健等出席启动仪式。

**同日** 灵狮·潍坊国际创意港园区一期正式开园运营。市委常委、常务副市长邹庆忠参加活动并讲话。灵狮·潍坊国际创意港由深圳灵狮集团投资建设，打造半岛设计中心、半岛创客中心、半岛新媒体中心、半岛路演中心等，提供企业创意设计服务，搭建交易、人才引进及培训、共性技术等服务平台。

9日　潍坊市组织在市级机关综合办公大楼收听、收看全国推进简政放权放管结合优化服务改革电视电话会议。

10日　中国贸促会党组书记、会长姜增伟一行到潍坊，就中日韩产业博览会相关情况进行调研并走访会员企业。

12日　潍坊市国家卫生城市省级复审工作会议召开。省国家卫生城市复审专家组专家，市委书记杜昌文，市委常委、秘书长孙明亮，副市长王桂英出席。会上听取潍坊市国家卫生城市复审工作情况汇报，专家组进行反馈和点评。

同日　全市经济运行分析调度会议召开。会议传达市委书记杜昌文在市委常委会上关于做好当前经济工作的讲话精神，总结2016年以来经济工作，分析当前经济形势，研究促进经济持续健康发展的相关措施。市委副书记、市长刘曙光出席会议并讲话。

13日　“首届潍县籍在外著名书画篆刻家作品回乡展”在郭味蕖美术馆开幕，展出60位潍县籍在外名家的170余件作品。市委常委、宣传部部长、高新区党工委书记初宝杰出席开幕式。

16日　市委全面深化改革领导小组召开第十二次会议，讨论审议有关改革文件，研究部署推动改革落实工作。市委书记、市委全面深化改革领导小组组长杜昌文主持会议并讲话，市委副书记、领导小组副组长王献玲出席会议。

同日　潍坊知识产权区域布局试点工作启动会在市级机关综合办公大楼召开。国家知识产权局副局长贺化、省知识产权局局长于智勇、市委书记杜昌文出席并讲话，市委常委、常务副市长邹庆忠主持。

17日　由中宣部宣教局、山东省委宣传部和潍坊市委联合举办的王伯祥同志先进事迹座谈会在北京人民大会堂举行。中宣部副部长王世明，省委常委、宣传部长孙守刚出席并讲话。市委书记杜昌文出席并致辞。

19日　“2016海外华商博士投资创业潍坊行对接会”在东方大酒店举行。省侨务办公室副主任吴冠；市委常委、副市长孙起生出席并致辞。

23日至6月1日　市委书记杜昌文应邀率代表团对德国、意大利、奥地利进行友好访问。

24日　全市2016年上半年改革督察动员会在市级机关综合办公大楼召开。会议传达学习中央、省委关于加强改革督察工作的通知精神，通报说明市委改革督察工作方案，围绕如何做好改革督察工作进行专题辅导。

25—27日　省委统战工作调研检查组一行到潍坊市，就贯彻落实中央和省委统一战线一系列重大决策部署情况进行调研检查。

25日　第三届中国县域电子商务峰会在寿光开幕。中国入世首席谈判代表、博鳌亚洲论坛原秘书长龙永图作主题演讲，阿里巴巴集团总裁金建杭出席，市委常委、副市长孙起生致辞。

26—30日　市委副书记、市长刘曙光率市政府考察团赴浙江省宁波市、绍兴市、嘉兴市、湖州市、杭州市开展学习考察。

28日　由中国城市和小城镇改革发展中心主办的2016中国新型城镇化（诸城）经验交流会在诸城市举行。国家发改委城市和小城镇改革发展中心副主任乔润令出席并作主旨演讲，市委常委、副市长孙起生致辞。

31日至6月1日　副省长夏耕率省政府第一督查组到潍坊市就外贸外资工作进行专项督查，并在寿光市召开座谈会。

31日　山东互联网金融中心开园仪式在潍坊万达铂尔曼酒店举行。副市长潘强出席并致辞。山东互联网金融中心是潍坊市与中国基金管理行业知名企业——塞伯尔投资集团合作的项目，是潍坊市推动金融改革创新、提升金融服务普惠性的重要举措之一。

同日　由省委宣传部、省社科联、市委宣传部、市社科联共同主办的山东省暨潍坊市第十三届社会科学普及周活动在潍坊科技学院举行。

是月　省政府印发《山东省人民政府关于同意设立寿光果菜品种权交易中心的批复》，同意在寿光市设立“寿光果菜品种权交易中心”，这是国内首家获得政府批复的品种权交易平台。

## 6月

1日　潍坊市在临朐县召开脱贫攻坚现场会议，专题研究推广“党支部+合作社+贫困户”的精准扶贫模式。市委副书记王献玲出席会议并讲话，副市长刘建国主持会议。

1—2日　省林业厅厅长刘均刚到潍坊调研国家森林城市创建和发展现代林业工作，先后到诸城市和昌邑市实地查看部分现场。

2日　“APEC城镇化高层论坛2016”在浙江省宁波市开幕。市委副书记、市长刘曙光出席主题对话活动，并就城市可持续发展问题作题为《推动转型发展建设绿色城市》的演讲，介绍潍坊市在建设绿色城市方面的做法和体会。

同日　山东省现代农业、食品业科技成果对接洽谈会在潍坊市召开。副市长王桂英出席并致辞。

7—8日　省国土资源厅厅长李琥到潍坊调研考察国土资源管理改革工作。市领导杜昌文、刘曙光、初宝杰、潘强等陪同有关活动。

13日　中化集团董事长、党组书记宁高宁一行到潍坊调研并商谈合作事宜。

同日　市委书记杜昌文在滨海区会见了到潍坊就海域使用情况调研的省海洋与渔业厅厅长王守信一行。

16日　由中国文物保护基金会、山东省文物保护与收藏协会主办，齐鲁酒地文化发展股份有限公司、中国微艺平台承办的第二届中国（潍坊）古陶瓷文化节在齐鲁酒地开幕。

20日　市委书记杜昌文在东方大酒

店会见了新和成控股集团董事长胡柏藩一行。双方围绕产业园区化发展、产城融合发展深入进行探讨交流，达成在滨海区打造新和成北方总部基地和特色产业小镇的合作共识。

同日　潍坊市召开中央巡视组巡视“回头看”反馈意见整改任务落实部署会议，对整改落实工作进行安排部署。

21日　省委副书记、省长郭树清就推进农业供给侧结构性改革、新型农村合作金融试点、农村新型社区建设等工作到潍坊市进行调研，并在三元朱村代表省委、省政府看望全国优秀共产党员、村党支部书记王乐义。

同日　潍坊市第六批援藏干部人才进藏欢送会在东方大酒店举行。市委常委、组织部部长林红玉出席并讲话。该批援藏干部是从119名报名人员中，择优选拔9名同志对口支援南木林县，党政干部在西藏工作时间一般为三年，专业技术人员一般为一年半左右。

21—22日　由人力资源和社会保障部副部长信长星带队的国务院妇女儿童工作委员会两纲中期评估督导组在省妇联主席、省妇儿工委副主任邢善萍的陪同下到潍坊督导妇女儿童纲要实施情况。

22日　全省新型农村合作金融试点工作经验交流会在青州召开，总结全省试点工作启动以来取得的成效，安排部署下一阶段试点工作。省委副书记、省长郭树清出席会议并讲话，副省长夏耕主持会议。

24日　市委副书记、市长刘曙光主持召开座谈会，专题听取潍坊市企业家对“走出去”工作的意见和建议，研究做好下步工作的思路和措施。市委常委、副市长孙起生参加会议。

28日　2016中日韩产业博览会新闻发布会在北京举行。中国国际商会会展部部长郭英会，韩国贸易协会北京代表处部长沈允燮，日本国际贸易促进协会北京事务所所长周立芳出席，市委常委、副市长孙起生出席并介绍博览会相关情况。

30日至7月2日　省委常委、常务副省长孙伟到潍坊调研教育、住建及重点项目建设工作，并召开座谈会。

是月　国家标准化委员会下达了第三批社会管理和公共服务综合标准化试点项目，潍坊市申报的“寿光市政务联动服务标准化试点项目”获批。至此，潍坊市获批的国家级服务业标准化项目达9个，总数居全省第二位。

## 7月

1日　潍莱高铁建设动员大会在济青高铁潍坊北站建设现场召开。省委常委、常务副省长孙伟出席并讲话，省发改委主任王忠林介绍项目进展情况；市委书记杜昌文，市委副书记、市长刘曙光出席，市委常委、常务副市长邹庆忠作表态发言。会上，潍坊市政府与济青高铁公司签署《潍坊北站综合开发框架协议》。

同日　“潍坊”号列车首发活动在潍坊火车站举行，7点32分潍坊市第一趟高铁列车G176次从潍坊站始发，运行3小时42分钟抵达北京南站。市委常委、副市长孙起生出席首发活动并致辞。

同日　首部以潍县集中营为背景的电影《终极胜利》在全国公映。影片讲述了一个名叫徐牛的中国人和被关押的英国奥运冠军李爱锐在携手对抗侵略者，救护侨民、战俘过程中发生的一系列感人故事，该电影由香港导演冼杞然执导，著名实力演员窦骁携手好莱坞巨星约瑟夫·费因斯领衔主演。

2日　省委第六巡视组对潍坊市巡视“回头看”工作动员会召开。省委第六巡视组组长赵启全作动员讲话，省委巡视工作领导小组办公室主任卢保民就配合做好巡视工作提出要求，潍坊市委书记、市人大常委会主任杜昌文主持会议并作表态发言。

6日　副省长赵润田在富华大酒店会见到潍坊考察的中国民生投资股份有限公司副总裁孔林山一行。

6—8日　中央农村工作领导小组副组长、中央财办副主任、中央农办主任唐仁健一行到潍坊市就农村新产业新业态发展情况进行专题调研。

8日　科技部副部长李萌到潍坊市考察潍柴众创空间发展情况，并参观考察歌尔声学。

9—11日　中国山东—以色列经贸合作交流会在以色列特拉维夫举行，市委副书记、市长刘曙光率领潍坊市政府经贸代表团参加交流会并取得丰硕成果。

9—17日　市委副书记、市长刘曙光应邀率潍坊市政府代表团对以色列、印度、柬埔寨进行友好访问。

12日　潍坊市在市工人文化宫举行王金鉴同志先进事迹报告会。王金鉴生前是诸城市龙都卫生院党支部书记、院长，将毕生的精力奉献给了热爱的医务工作，2015年8月积劳成疾不幸逝世，年仅50岁。

13日　落实五大发展理念推进海洋新区建设座谈会在滨海区举行。市委书记杜昌文，大众报业集团党委书记、董事长、总编辑傅绍万出席座谈会。

14日　县级党委政府和市直部门主要负责人向市纪委全会述廉述责会议召开。市委书记杜昌文出席并讲话，市委常委、市纪委书记李在武主持会议。

20日　北京大学校长林建华到潍坊市实地考察并推动北京大学山东（潍坊）现代农业研究院筹备及落地建设工作。省委常委、常务副省长孙伟，市委书记杜昌文，市委副书记、市长刘曙光，副市长王桂英陪同考察。

同日　山东潍坊名优农产品食品采购对接系列活动在北京举行。潍坊市150多家企业和北京市70多家农产品采购商、电商进行对接交流。

23日　潍坊市组织召开《潍坊市域2048战略发展规划》暨《潍坊市域空间功能布局规划》专家评审会，对中规院的设计成果进行评审，并原则通过该规划。

28日　市委全面深化改革领导小组召开第十三次会议，学习贯彻中央和省委全面深化改革领导小组会议精神，听取有关专项领域改革推进落实情况汇报，审议专项改革方案，研究部署下步工作。市委书记、市委全面深化改革领导小组组长杜昌文主持并讲话。

**同日** 《潍坊市城市轨道交通线网规划》技术审查会在东方大酒店举行，北京、上海、济南等地的5名专家组成的专家委员会就《线网规划》进行技术审查，并原则通过该规划评审。

**是月** 《中国海关》日前编制发布2015年“中国外贸百强城市”名单，潍坊市综合得分69.4分，位列第66位，连续8次蝉联中国外贸百强。

**是月** 科技部日前公示首批国家专业化众创空间示范名单，潍柴控股集团有限公司的卡车动力总成国家专业化众创空间以第二名位列其中，成为山东省入选的3个众创空间之一。

## 8月

**2日** 潍坊市人民政府与国网山东省电力公司举行战略会谈，并签署共同推进山东（潍坊）坚强智能电网建设战略合作协议。签约仪式前，市委书记杜昌文会见国网山东省电力公司总经理蒋斌一行。

**3—4日** 全国人大常委、财经委副主任委员吴晓灵一行到潍坊，就民间金融、农村合作金融发展等工作进行调研。

**4日** 全市开放发展大会召开，动员全市以新发展理念为引领，更加主动地落实国家开放战略，更大力度地推动对外合作。市委书记杜昌文主持并讲话，市委副书记、市长刘曙光出席并讲话。

**同日** 市委副书记、市长刘曙光在东方大酒店会见到潍坊考察的奥特莱斯（亚洲）有限公司高级顾问吴翔一行。

**4—5日** 全省市县机关工委书记座谈会在高密召开，市委常委、秘书长孙明亮出席并致辞。

**8日** 全省深化商事制度改革加强事中事后监管工作座谈会在潍坊市召开。副省长夏耕出席并讲话，市委副书记、市长刘曙光致辞。

**11—13日** 国家林业局专家组到潍坊对创建国家森林城市工作进行实地核查。市委副书记王献玲在东方大酒店会见专家组一行。

**19日** 潍坊市首届“市长杯”工业设计大赛闭幕。市委副书记、市长刘曙光，市政协主席崔建平出席活动，市委常委、常务副市长邹庆忠出席并致辞。潍柴动力股份有限公司选送的蓝擎WP9、蓝擎WP13，盛瑞传动股份有限公司选送的前置前驱8档自动变速器等10件作品荣获一等奖。

**21日** 在第31届里约奥运会女子排球决赛中，潍坊市输送的运动员杨方旭与队友夺得该项目冠军。

**22—23日** 省委台办主任张雪燕一行到潍坊调研第22届鲁台会筹备情况。

**23—24日** 国家林业局副局长彭有冬一行就国家森林城市建设工作到潍坊调研，先后到寿光、滨海、昌邑和中心城区实地察看相关项目。

**24—25日** 济南海关党组书记、关长沈晓红一行到潍坊市调研。

**24—26日** “森林城市·森林惠民”中央新闻采访团到潍坊市对创建国家森林城市工作进行专题采访。

**26日** 潍坊滨海海洋经济新区建设领导小组成员（扩大）会议在滨海区召开，市委书记杜昌文出席并讲话，市委副书记、市长刘曙光主持会议，市委副书记王献玲通报新区建设情况，市委常委、常务副市长邹庆忠汇报滨海海洋经济新区“十三五”期间重大支撑项目安排。

**同日** 副省长、省公安厅党委书记、厅长孙立成到潍坊市调研指导公安工作。

**26—27日** 中央宣传部副部长孙志军一行，在省委常委、宣传部长孙守刚陪同下到潍坊市就文化建设情况进行调研。

**28日** 中国食品谷重点项目推进会议在食品谷总部基地召开，市委常委、副市长孙起生出席并讲话。

**31日** 由中宣部、国务院新闻办组织，中国外文局副总编辑、中国报道社社长兼总编辑陈实带队的“聚焦创新发展——美国主流媒体代表访华团”到潍坊，就潍坊市在创新发展方面的探索与实践进行座谈并到高新区进行实地采访。市委书记杜昌文会见陈实一行。

**是月** 潍坊市政协蝉联“全国政协2014—2015年度反映社情民意信息工作先进单位”。

**是月** 国家林业局批复全国10个国家森林公园总体规划，其中包括诸城市的密州国家森林公园。至此，潍坊市的“国字号”森林公园达5处。分别是沂山国家森林公园、仰天山国家森林公园、寿阳山国家森林公园、留山古火山国家森林公园、密州国家森林公园。

## 9月

**1日** 主题为“凝聚合作共识、促进产业融合”的第22届鲁台经贸洽谈会开幕。中共中央台办、国务院台办主任张志军，省委副书记、省长郭树清，中国国民党副主席、三三企业交流会副会长胡志强，市委书记杜昌文出席两岸合作创新论坛并致辞；副省长夏耕主持论坛。本届鲁台会会期4天，还举办海峡两岸博览会、两岸健康产业投资与合作洽谈会等一系列活动。其间，共有52家台湾工商团体、1257名台商参会，山东省内参会代表超过600位，鲁台参展客商超过4000名，22个省市客商参展参会，参观人数超过17万人次。

**2日** 首届陈介祺艺术节在十笏园文化街区开幕。全国政协常委、中国书法家协会主席苏士澍，中央文史馆馆员、中国画学会会长郭怡孮，市委常委、宣传部部长、高新区党工委书记初宝杰等出席开幕式。艺术节以“继承金石文化传统，推动文化艺术繁荣”为主题，共安排十大活动。

**5—6日** 副省长张务锋到潍坊围绕加快推进供给侧结构性改革、推动新一轮经济发展，就企业品牌建设、企业家队伍建设和企业技术改造等进行专题调研，市领导杜昌文、刘曙光、初宝杰、孙起生、孙明亮等分别参加有关活动。

7—8日 省委副书记龚正到潍坊市企业、社区和特色园区，就美丽乡村建设、创新发展情况进行调研。市领导杜昌文、刘曙光、王献玲分别陪同有关活动。

7—8日 省委常委、省纪委书记李法泉到潍坊，就贯彻落实中央纪委、省纪委全会精神以及《中国共产党问责条例》情况进行调研。市领导杜昌文、李在武陪同调研。

8—9日 省政协副主席雷建国带领省委督查组一行到潍坊，就省委政协工作会议精神贯彻落实情况进行专项督查。市领导杜昌文、王献玲、张小梅等参加有关活动。

9日 市委全面深化改革领导小组召开第十五次会议，审议有关改革方案。市委书记、市委全面深化改革领导小组组长杜昌文主持，市委副书记、市长、领导小组副组长刘曙光，市委副书记、领导小组副组长王献玲等出席会议。

同日 潍坊市志工公益发展中心在市工人文化宫成立。市政协副主席、市总工会主席吴建民出席并讲话。

10日 2016世界风筝冲浪竞速锦标赛暨第八届中国潍坊滨海国际风筝冲浪邀请赛在滨海区开幕。来自法国、美国、泰国、意大利、德国等30多个国家和地区的120多名风筝冲浪高手参赛。

13日 市领导杜昌文、刘曙光、王献玲、苏立科、孙明亮、王桂英等在市级机关综合办公大楼会见载誉归来的潍坊奥运健儿杨方旭、岳园、杨曼、刘海萍、孟强。

同日 全国首个自贸协定实施研究中心在安丘建成。自贸协定实施研究中心由潍坊出入境检验检疫局、安丘市人民政府和青岛大学“一带一路”研究院联合共建，并设立自贸协定实施研究中心青岛大学分中心。

14日 联合国工业发展组织绿色工业园区在滨海区揭牌。联合国工发组织环境司司长斯蒂芬·西卡斯，联合国工发组织驻华首席代表包瑞理出席揭牌活动。

17日 由潍坊市运动员鞠贞作为主力参加的中国残疾人盲人门球队（女队）在2016巴西残奥会上勇夺银牌。

18日 首届中国（潍坊）当代书法作品展览在潍坊富华国际展览中心开幕。

20日 2016年潍坊机场国际航线包机运营实现通航。为配合2016中日韩产业博览会召开，14日，国家口岸办公室批复潍坊机场口岸对外开放，潍坊至日本大阪、潍坊至韩国仁川的国际航班获准运营。

21日 省委常委、政法委书记张江汀到潍坊市调研监狱管理工作。

同日 市委副书记、市长刘曙光在东方大酒店会见到潍坊考察的省银监局党委书记、局长陈颖一行，双方就推进政银企合作、更好助推经济社会发展深入交换了意见。

同日 2016中国（昌邑）北方绿化苗木博览会、第二十一届中国园林花木信息交流会在昌邑市绿博园开幕。全国绿化委员会副主任赵树丛，省政府办公厅党组成员、应急办主任张积军，省林业厅厅长刘均刚出席；国家林业局总工程师封加平，市委常委、副市长孙起生致辞。本届绿博会在业内率先实现市场化运作，共有24家苗木、园林、农业科技企业作为协办单位协助办会，全国20个省、市、自治区的近800家企业参展，绿博会于10月7日结束。

22日 副省长赵润田到2016中国（昌邑）北方绿化苗木博览会调研工作。市委副书记、市长刘曙光陪同调研。

23日 2016中日韩产业博览会在鲁台会展中心开幕。副省长王随莲致辞并宣布开幕；中国国际贸易促进委员会副会长张伟，中国国际经济交流中心副理事长魏建国，市领导杜昌文、苏立科等出席，市委副书记、市长刘曙光主持开幕式。本届博览会以“创新、合作、发展”为主题，设计5个展览会，会期至25日。博览会报名参展企业1918家，优选确认419家，35家世界500强企业参展参会。

同日 潍坊、聊城两市在聊城市会议接待中心签署扶贫协作战略框架协议，正式结成扶贫协作关系。潍坊市委副书记王献玲、聊城市委副书记陈平分别代表两市签约并致辞。

25—26日 中国儿童中心党委书记丛中笑率调研组到潍坊市调研家庭教育工作。市人大常委会副主任王卫东出席座谈会。

26日 全省循环经济工作会议在潍坊市召开。会议传达省委副书记、省长郭树清的批示，副省长张务锋出席会议并讲话，市领导刘曙光、初宝杰、邹庆忠出席和陪同活动。

27—28日 省政协提案委副主任贾有余率调研组到潍坊，就加强社会信用体系数据平台建设对口协商工作进行前期调研。

28日 全省规模企业规范化公司制改制经验交流暨工作推进现场会在诸城召开。副省长夏耕出席会议并讲话。市委副书记、市长刘曙光，市委常委、常务副市长邹庆忠出席会议。

同日 翰墨青州·2016中国书画年会在青州市开幕。中国文联副主席、中国美协主席刘大为，中国国家画院常务副院长卢禹舜，市领导崔建平、初宝杰、王桂英等出席开幕式。展览共展出书画类作品2万余幅，紫砂及其他艺术品2万件。

同日 第16届中国（青州）花卉博览交易会暨第10届山东省花卉交易会在青州开幕。副市长刘建国出席开幕式。本届花博会由中国青州花卉苗木交易中心一个室内展区和黄楼及弥河花卉主产区、青州古城两个室外展区组成，邀请荷兰、韩国、日本、丹麦、澳大利亚、美国等10余个国家近20家境外企业参展，会期到10月7日。

同日 第七届中国（高密）红高粱文化节在高密开幕。本届红高粱文化节历时9天，组织名家书画作品展览、第六届中国高密红高粱诗歌奖、东北乡文化旅游景区系列活动等六项主要活动。

28—29日　全省工会经审工作会议在潍坊市召开。省总工会党组成员、经费审查委员会主任蒋石宝出席，市政协副主席、市总工会主席吴建民致辞。

29日　市政府与省财金投资集团在东方大酒店签署战略合作协议，在经济、社会事业领域开展全方位金融合作。市委书记杜昌文出席活动，市委副书记、市长刘曙光，省财金投资集团党委书记、董事长李国健出席并分别致辞，市委常委、副市长孙起生主持签约。

30日　山东“三同”（出口企业内外销“同线同标同质”工程）示范企业集中上线活动在峡山生态农产品综合交易物流中心举行。国家认监委副主任王大宁，市委常委、副市长孙起生出席并致辞。

是月　潍坊鲁台会展中心通过国际展览业协会（UFI）的认证，成为山东省唯一获此殊荣的展馆。

## 10月

8—10日　全国人大常委会副委员长张宝文率全国人大常委会道路交通安全法执法检查组一行到潍坊市，就《中华人民共和国道路交通安全法》贯彻实施情况开展执法检查。

10日　全国农商互联启动大会和山东农商互联大会在鲁台会展中心举行。副省长夏耕，商务部部长助理王炳南，国家标准委副主任崔钢出席大会。

11日　全国农产品流通工作现场会在潍坊市召开，总结“十二五”以来全国农产品流通工作，分析研究今后一段时期农产品流通工作面临的新形势，明确新思路、落实新任务。商务部市场建设司副司长曹德荣主持，商务部市场建设司副司长郑书伟讲话。市委常委、副市长孙起生致辞。

11—14日　省人大常委会委员、民族侨务外事委员会副主任委员段华东，带领执法检查组到潍坊市，检查贯彻实施《山东省宗教条例》情况。

13日　第25届全省产学研展洽会暨山东工业设计周活动在富华国际会议中心开幕，并举行首届“省长杯”工业设计大赛颁奖暨产学研重大合作项目签约仪式。副省长张务锋出席；工信部产业政策司司长许科敏致辞。

同日　市工商局颁发潍坊市首批“五证合一、一照一码”营业执照。“五证合一”登记制度是指在企业、农民合作社的营业执照、组织机构代码证、税务登记证“三证合一”基础上，进一步整合社会保险登记证和统计登记证，由工商行政管理部门核发加载统一社会信用代码营业执照的登记模式。

14日　省委第六巡视组向潍坊市反馈巡视“回头看”情况。省委巡视工作领导小组成员马明生向市委书记杜昌文传达省委书记姜异康关于巡视工作的重要讲话精神，省委第六巡视组组长赵启全反馈巡视“回头看”情况。

同日　“时代楷模”赵志全先进事迹报告会在潍坊市举行。赵志全同志生前任鲁南制药集团股份有限公司党委书记、董事长兼总经理。他用27年时间，把一个净资产19万元濒临破产的小厂，建设成为一个净资产60亿元、年缴税9.2亿元，具有国际竞争力的现代化制药集团，为振兴民族医药、促进地方经济发展做出突出贡献。2016年，中宣部追授赵志全“时代楷模”荣誉称号。

15日　2016中国潍坊·海内外英才创新创业对接洽谈会在富华国际会议中心开幕。市委副书记、市长刘曙光出席并致辞，市委常委、组织部部长林红玉主持。

16日　2016中国（昌乐）国际宝石博览会在昌乐开幕。商务部流通产业促进中心副主任周强宣布博览会开幕；中国珠宝玉石首饰行业协会副秘书长沙拿利，市委常委、副市长孙起生出席并致辞。

18日　潍坊市与日向市缔结友好城市30周年庆典活动在富华国际会议中心举行。市委书记杜昌文、日向市市长十屋幸平、日本国驻青岛总领事馆总领事远山茂及日向市代表团成员出席活动，市委常委、副市长孙起生主持。

20日　潍柴创新发展大会在潍柴文化宫举行。省委副书记、省长郭树清作出批示；副省长王书坚，市委副书记、市长刘曙光，山东重工集团董事长、党委书记、潍柴集团董事长谭旭光出席并讲话；市委书记杜昌文出席并为谭旭光颁发“潍坊人民勋章”。

21日　全市各地各级各部门利用广播、电视、网络等媒体集中收听收看纪念红军长征胜利80周年大会直播，认真聆听习近平总书记发表的重要讲话。杜昌文、刘曙光、崔建平、苏立科等市领导在市级机关综合办公大楼参加集体收听收看。

25日　“知识产权走基层　服务经济万里行”山东站活动在潍坊市启动。国家知识产权局副局长贺化、市委书记杜昌文出席活动，市委常委、常务副市长邹庆忠出席并致辞。

26日　市委副书记、市长刘曙光在富华大酒店会见省交通运输厅党组书记王玉君一行，王玉君一行到潍坊主要是对济青高速公路改扩建和潍日高速建设项目进行现场调研指导。

27日　副省长季缃绮到所联系的非公有制企业青州尧王集团走访调研，并到中晨国际文化艺术小镇进行实地调研。市委书记杜昌文会见季缃绮一行，副市长王桂英陪同活动。

同日　市委常委会召开会议，听取市政府党组前三季度经济形势汇报，研究部署下步经济工作。市委书记杜昌文主持会议。

28日　市委召开领导干部会议，传达学习中共十八届六中全会精神，对学习宣传贯彻落实中共十八届六中全会精神作出安排部署。市委书记杜昌文主持会议。市领导刘曙光、王献玲、苏立科、张小梅、初宝杰、邹庆忠、孙起生、李在武、孙明亮等出席会议。

同日　市委召开市委关于省委巡视组巡视“回头看”反馈意见整改落实工作领导小组会议，专题研究审定整改工作方案，部署整改工作任务措施。

同日　省委宣传部副部长、省文明

办主任刘宝莅率调研组一行到潍坊市就文明单位创建工作进行调研。

31日　全市经济运行调度会议召开，主要是分析前三季度全市经济运行情况，研究做好下步工作的思路和措施。市委副书记、市长刘曙光出席并讲话，市委常委、常务副市长邹庆忠主持会议。

同日　市委副书记、市长刘曙光在富华大酒店会见建设银行山东省分行行长段红涛一行，双方就加强金融领域合作进行深入沟通交流。市委常委、常务副市长邹庆忠参加会见。

是月　潍坊市再次荣获"全国双拥模范城"荣誉称号，实现创城"五连冠"。

是月　潍坊市产城融合示范区近日获国家发改委批复，成为全国58个产城融合示范区之一。潍坊市产城融合示范区以滨海区为依托，按照产业与城市融合发展的理念，依托现有产业园区，在促进产业集聚发展的同时，加快产业园区从单一的生产型园区经济向综合型城市经济转型，成为产业发展基础较好、城市服务功能完善、边界相对明晰的城市综合功能区。

## 11月

1日　市委副书记、市长刘曙光到中国食品谷调研指导工作，市委常委、副市长孙起生参加调研。

4日　2016国际食品峰会在富华国际会议中心开幕。市委副书记、市长刘曙光出席并致辞，市委常委、副市长孙起生主持。开幕式上，世界食品中心潍坊中心、中美食品与农业创新中心、中荷农业食品创新暨培训中心、国家食品安全风险评估中心应用技术合作中心·山东中心、中美食品与农业创新中心有机认证中心揭牌。

8日　潍坊市设分会场组织收听收看中央宣讲团在山东省举行中共十八届六中全会精神报告会。市领导杜昌文、刘曙光、王献玲、苏立科等参加收听、收看。

9日　全省公共法律服务体系建设推进会议在潍坊市召开。副省长、省公安厅厅长孙立成出席会议并讲话，省司法厅厅长王本群传达省部领导批示；市委副书记、市长刘曙光致辞，市委常委、常务副市长邹庆忠出席会议并介绍潍坊市加快推进公共法律服务体系建设的做法。

11日　省委宣讲团在潍坊市举行中共十八届六中全会精神报告会。省委宣讲团成员、省纪委宣传部部长李兴利作宣讲报告。市委书记杜昌文主持报告会，市领导刘曙光、王献玲、苏立科等出席。

同日　省旅发委主任于风贵带领全省旅游业转型发展调研组到潍坊专题调研旅游业发展及文化旅游目的地品牌建设情况。市委副书记、市长刘曙光，副市长王桂英出席有关活动。

14日　市委副书记、市长刘曙光在东方大酒店会见省邮政管理局局长赵民一行，双方就加快潍坊快递物流业发展进行深入交流。

15日　安丘市隆安进出口企业服务中心获得授权，成为全国首家原产地证书社会组织发证机构，并为外贸企业发放首份原产地证书。

同日　山东民营企业参与军民融合发展（潍坊）恳谈会举行。山东省工商联党组副书记、副主席孙占甲，市政协副主席、工商联主席李传恒出席。全市150余名企业负责人参加会议。

16日　国家工商总局党组副书记、副局长刘玉亭一行在省工商局局长杨宜新陪同下到潍坊市就商事制度改革工作进行专题调研。

同日　国务院安委会第一巡查组组长、全国政协委员、国家安全监管总局原副局长、国家煤矿安监局原局长赵铁锤一行，到潍坊市就开展安全生产大检查工作进行专项督查。

18日　生物基新材料产业园建设动员大会在项目现场举行。市委副书记、市长刘曙光出席，市委常委、常务副市长邹庆忠致辞；中国恒天集团有限公司董事长张杰、中国科学院化学研究所党委书记王笃金分别致辞。生物基新材料产业园项目，是市政府2016年重点建设项目，总规划占地4452.45亩，项目计划总投资100亿元，用两年至三年时间建成百亿级生物基新材料产业园，形成国内领先的新材料研发和生产基地。

同日　2016中国食品农产品电子商务博览会在富华国际展览中心开幕。市委常委、副市长孙起生代表市委、市政府致辞，联合国工业发展组织农业商务发展司处长卡尔·施贝斯特等出席，中国电商委执行主任苏军、潍坊中农电子商务有限公司董事长王松森分别致辞。

20日　寿光果菜品种权交易中心启动仪式举行，这是全国首家提供品种权交易和配套服务的综合性交易平台和托管中心。

21日　中共潍坊市委十一届十次全体会议举行。全会深入学习贯彻中共十八届六中全会和省委十届十五次全会精神，审议通过《中共潍坊市委关于深入学习贯彻党的十八届六中全会精神的意见》和《中共潍坊市委十一届十次全体会议关于召开中国共产党潍坊市第十二次代表大会的决议》。市委常委会主持会议。市委书记杜昌文讲话。

22日　中国载人航天工程办公室、中国航天科技集团公司，在中国空间技术研究院会展中心展览馆举办神舟十一号返回舱开舱仪式，并将各项搭载物品移交有关提供单位。中国载人航天工程办公室副主任杨利伟向潍坊市交接搭乘飞船遨游太空顺利归来的特制潍坊木鸢风筝——飞鹰。受潍坊市政府委托，国际风联秘书长、潍坊国际风筝会办公室主任张崇高出席交接仪式。

23—25日　中国人民大学农业与农村发展学院教授孔祥智带领全国供销社综合改革试点第三方评估组，在省供销社党组书记、理事会主任侯成君陪同下到潍坊市就供销合作社综合改革试点工作进行实地评估。

24日　市委副书记、市长刘曙光在富华大酒店会见阿里巴巴集团一达通总裁魏强一行。双方就拓展“一达通”业务等事宜进行交流沟通。市委常委、副市长孙起生参加会见。

同日　2016“华为—潍坊”智慧城市物联网产业联盟峰会在富华国际会议中心举行。市委副书记、市长刘曙光，华为企业BG行业市场与解决方案总裁喻东出席并分别致辞，市委常委、常务副市长邹庆忠出席峰会。

25日　国家食品安全城市创建试点工作省级验收汇报会召开。市领导杜昌文、邹庆忠、刘建国、李平等出席汇报会。

26日　全市诚信潍坊建设动员会议召开，全面安排部署诚信潍坊建设工作，市委书记杜昌文主持并讲话，市委副书记、市长刘曙光作安排部署。

同日　2016国家“千人计划”专家论坛“大气污染与环境保护”专题研讨会开幕式在东方大酒店举行。市委常委、副市长孙起生分别致辞，市委常委、组织部长林红玉主持。

27日　市委常委会按照省委巡视“回头看”的整改要求，召开专题民主生活会，对照省委巡视组对潍坊市开展巡视“回头看”反馈意见，主动查摆问题，深刻剖析原因，进一步明确努力方向和整改措施。

28日　福田汽车集团山东互联网汽车产业基地创新中心成立暨图雅诺EV、欧马可纯电动卡车投产仪式举行。

29日　盛瑞前置前驱8挡自动变速器第十万台下线暨自动变速器产业基金签约仪式在盛瑞传动公司举行。

是月　安丘市“非遗”项目东路大鼓《特殊处方》和山东快书《抄表》两个节目在北京“中华颂”全国第七届小戏小品曲艺大展中成功入选，分别荣获银奖和铜奖。

## 12月

1—2日　省委常委、统战部部长吴翠云一行到潍坊市调研统战工作，市委书记杜昌文，市委常委、统战部部长张小梅陪同有关活动。

1—2日　副省长王随莲到潍坊就医疗卫生、标准化等工作进行调研，市领导杜昌文、刘曙光、王桂英等分别陪同活动。

7—8日　省食安办副主任、省食品药品监管局副局长王建政带领省检查评价组到潍坊，检查指导潍坊市创建国家食品安全城市工作。

12日　副省长夏耕一行到潍坊调研内贸流通及相关试点情况、到寿光调研中以示范水城市建设工作，市委副书记、市长刘曙光，市委常委、副市长孙起生陪同调研。

13日　中共潍坊市委十一届十一次全体会议举行。全会由市委常委会主持。市委书记杜昌文讲话。全会听取并讨论杜昌文受市委常委会委托作的工作报告，审议通过《关于深化科技体制改革加快创新发展的实施意见》。市委副书记、市长刘曙光就《实施意见（讨论稿）》向全会作说明。

15—16日　副省长赵润田一行到潍坊调研胶东调水工作，并召开胶东应急调水工作座谈会。市领导杜昌文、刘曙光、刘建国陪同或参加有关活动。

20日　全国“互联网+婚嫁产业”高峰论坛在万达铂尔曼酒店举办。市人大常委会副主任毛秀凤出席。

23日　自贸协定出口实施示范区创建工作座谈会在安丘市举行。国家质检总局副局长、国家认监委主任孙大伟，副省长王随莲，市委副书记、市长刘曙光，市委常委、副市长孙起生出席会议。

24日　潍柴动力与神华集团、熵零集团在潍柴动力工业园签署合作协议，决定成立国家大型能源装备产品创新战略联盟，共同开发大型矿用卡车发动机及相关零部件。副省长夏耕出席；市委副书记、市长刘曙光等出席。

27日　由济南海关牵头，财政部驻山东专员办、省国税局、省外管局组成的联合验收组，通过对青岛保税港区诸城功能区保税物流中心（B型）的验收。该中心于2014年12月13日批准设立，是省内第5家获批的保税物流中心。中心位于诸城市经济新区内，一期开发建设面积0.14平方公里。

28日　市委、市政府在市级机关综合办公大楼召开全市领导干部会议，传达学习全省经济工作会议精神，研究贯彻落实意见。市委书记杜昌文主持并讲话，市领导刘曙光、崔建平、王献玲、苏立科等出席会议。

同日　东亚畜牧交易所在中国食品谷核心区东亚畜牧交易所交易大厅正式上线启动。市委副书记、市长刘曙光出席，并与外交部、农业部及省直有关部门和部分国际企业的中外嘉宾共同启动东亚畜牧交易所上线交易系统。

29日　城海快轨建设动员会在滨海区举行。城海快轨项目是潍坊市“十三五”规划的重大基础设施工程，总投资103.25亿元，建设工期3年。该项目线路起自在建济青高铁潍坊北站，跨北海路、虞河后沿白浪河向北，经开元、固堤后折向东北，进入滨海新区，正线长53.14公里，设潍坊北站、海洋科技大学园和欢乐海3座车站。

同日　2016年，全市一般公共预算收入完成521.5亿元，增长9.1%，高于全省0.6个百分点左右；税收收入完成397.7亿元，占一般公共预算收入的比重为76.3%。全市财政一般公共预算支出完成637亿元，增长4.1%。其中，民生支出510亿元，民生支出占一般公共预算支出的比重达到80%，比上年提高1个百分点，有量化标准的项目全部达到或超过省平均水平，提前实现基本公共服务覆盖全部常住人口，民生财政特征更趋明显。

（刘树平）

# 全市概况

*Quanshi gaikuang*

潍坊市常住人口935.7万人，是著名的世界风筝都，是全国文明城市、国家环保模范城市、国家卫生城市、国家园林城市、中国优秀旅游城市、全国科技进步先进城市、全国循环经济示范市、全国文明城市，荣获中国人居环境奖。

## 自然环境

**【地理环境】** 潍坊市位于山东半岛中部，居半岛城市群中心位置，地跨东经108°10′～120°01′，北纬35°41′～37°26′，东与青岛、烟台两市连接，西邻淄博、东营两市，南连临沂、日照两市，北濒渤海莱州湾。

（董德才）

**【土地资源】** 全市土地总面积1.61万平方千米，其中农用地115.81公顷（耕地79.54公顷，基本农田69.46公顷），占总面积71.74%；建设用地30.90公顷，占总面积19.14%；未利用地14.73公顷，占总面积9.12%。

**【矿产资源】** 全市共发现矿产80种（含亚矿种），探明储量46种。储量列全省第一位的矿产有天然卤水、蓝宝石、油页岩、重晶石、玻璃用石英岩、水泥用灰岩、膨润土、珍珠岩、沸石、陶瓷土、白云岩、硅藻土、云母等13种，其中天然卤水和蓝宝石储量居全国首位。

（于倩　魏一菡）

**【气候概况】** 2016年(2016年1—12月，下同)潍坊市气温偏高，降水略偏多，光照偏多。总的气候特点是：冬季（2015.12—2016.2）气温偏高，降水偏多，光照略偏少，整个冬季水热条件适宜；春季气温偏高，降水偏少，光照充足，气候略显干旱；夏季气温偏高，降水充足，光照充足，气候炎热；秋季气温偏高，降水适宜，光照略显不足。主要气象灾害为冰雹。总的来看，2016年全市平均降水较为充足，降水主要集中在中西部地区，其中青州、临朐解除持续三年的干旱，但东部地区的昌邑、高密降水持续偏少，干旱形势依然严峻。2016年，气象灾害影响较往年少，综合评价，年度天气气候条件在农业上属于较好年景。

2016年，全市年平均气温14.1℃，较常年偏高1.1℃，较上一年偏高0.2℃。全市年平均降水量619.0毫米，较常年偏多17.5毫米，偏多3%；较上一年偏多158.6毫米，偏多34%。全市年平均日照时数2430.2小时，较常年偏多18.3小时，较上一年偏多58.1小时。年气候特征：全年平均气温较常年偏高，降水略偏多，光照充足。

**【河流】** 潍坊市境内自西向东有小清河、弥河、白浪河、潍河、北胶莱河5条主要河流，均流入渤海，总控制面积10509平方千米，占潍坊市总面积的66.3%。

（魏瑰）

**【自然灾害】** 2016年，主要气象灾害为冰雹、暴雨。气象灾害次数较少。

冰雹　6月14日12时始，受高空槽和地面气旋共同影响，青州、临朐、昌乐、安丘、峡山区先后出现冰雹、大风、暴雨天气过程。截至6月15日18时，全市平均降水量31.1毫米，其中青州最大为47.3毫米，昌邑最小为12.3毫米，青州、昌乐、安丘和临朐超过40毫米。全市151个区域站中有32个站出现暴雨，其中青州王坟雨量最大，为92.1毫米。冰雹最大直径2.5cm，瞬时极大风速为27.9米/秒（风力10级），出现在安丘辉渠。据潍坊市民政局统计，风雹灾害受灾人口334655人，因灾死亡1人。农作物受灾面积25328.3公顷，其中成灾面积17853.67公顷，绝收面积3259.61公顷，倒塌房屋989间，严重损坏房屋1179间，一般损坏房屋1799间，造成直接经济损失85354.11万元，其中农业损失81534.38万元。各县市损失如下。

青州市：受灾人口约80586人，农作物受灾面积约2722.5公顷，成灾面积约2074.2公顷，绝收面积约389.3公顷，倒塌房屋4间，倒塌房屋1户；严重受损房屋4间，严重受损房屋1户；一般受损房屋9间，一般受损房屋3户。共造成直接经济损失约3879万元。

安丘市：受灾人口达132579人，受灾面积达到14118.36 公顷，树木刮倒、折断28060多棵，蔬菜大棚、养殖大棚倒塌7288个，损坏线杆114基，部分乡镇电力中断，经济损失达67146.3万元。

临朐县：受灾人口13806人，受灾面积1442.79公顷，成灾面积1051.21公顷，绝收面积105.72公顷，倒塌房屋1间，严重损坏房屋38间，直接经济损失2795.88万元，其中农业损失2459.88万元，基础设施损失303万元，家庭财产损失33万元。

昌乐县：受灾人口107956人，溺水死亡1人，137个村庄，3118户、12535间民房不同程度受损，严重受损房屋851间，转移安置群众2560户、9840人。农作物受灾面积6978.65公顷，其中成灾面积4885.06公顷，绝收面积1912.59公顷，直接经济损失11367万元，其中农业损失9607.52万元。

峡山区：66公顷黄烟严重受害，减产八成以上。无房屋倒塌，无人员伤亡。共造成直接经济损失165.93万元，其中农业直接经济损失165.93万元。

6月30日14时始，受高空槽和低涡切变线共同影响，寿光、城区、安丘等地先后出现冰雹、大风、暴雨天气过程。截至7月1日12时，全市平均降水量23.6毫米，其中寿光最大为29.9毫米，临朐最小为18.2毫米，市区、寿光、安丘和高密、诸城都超过20毫米。全市151个区域站中有4个站出现暴雨，其中寿光稻田量最大，为92.1毫米。瞬时极大风速为25.3米/秒（风力10级），出现在寿光城区。据潍坊市民政局统计，受灾人口43401人，因灾受伤2人，农作物受灾面积4649.2066公顷，成灾面积13.2433公顷，房屋倒塌114间、严重损坏57间，房屋一般损坏132间。直接经济损失1504.05万元，其中农业损失1270.1万元。各县市区损失如下。

潍城区：受灾人口45人；转移安置人口1人；农作物受灾面积0.9133公顷，其中成灾面积0.0133公顷；严重损坏房屋2间，一般损坏房屋7间；直接经济损失17.7万元，其中农业损失11万元。

寿光市：受灾人口43311人，受伤2人，转移安置人口95人；农作物受灾面积4614公顷；倒塌房屋114间，严重损坏68间，一般损坏125间；直接经济损失1380万元，其中农业损失1175万元。

安丘市：受灾人口21人；农作物受灾面积22.66公顷，其中成灾面积10.5公顷；直接经济损失15万元，其中农业损失15万元。

经济区：受灾人口24人；农作物受灾面积11.6333公顷，其中成灾面积2.73公顷；直接经济损失91.35万元，其中农业损失69.1万元。

9月11日12时开始，受高空槽、切变线和地面倒槽共同影响，潍坊市青州、临朐、寿光、安丘4个县市出现冰雹天气过程，其中青州市、临朐县出现灾情。据潍坊市民政局初步统计，全市受灾人口48948人，农作物受灾面积达2923.4公顷，其中成灾面积1973.5公顷，绝收面积656.7公顷，受灾作物主要是玉米，山药、胡萝卜、山楂、谷子及果树等，直接经济损失7547.46万元。具体损失如下。

青州市：受灾人口40842人，受灾面积2367.2公顷，成灾面积1548.3公顷，绝收面积656.7公顷，造成直接经济损失6075.2万元。

临朐县：受灾人口8106人，农作物受灾面积556.2公顷，成灾面积425.2公顷，直接经济损失1472.26万元，其中农业损失1472.26万元。

**暴雨** 7月31日，受冷空气影响，临朐县部分乡镇出现雷电、短时强降水、大风天气，局部出现软冰雹。据民政局统计，总受灾人口20073人，农作物受灾面积698.72公顷，其中成灾面积668.22公顷，绝收面积300公顷。严重损坏房屋1间，严重损坏农房户数1户；一般损坏房屋15间，一般损坏房屋户数10户。直接经济损失853.2275万元，其中农业损失844.9675万元，基础设施损失6.95万元，家庭财产损失1.31万元。

8月6日18时开始，受低涡切变线和地面倒槽共同影响，潍坊全市出现强降水天气过程。截至8月8日12时，全市平均降水量52.3毫米，其中诸城最大为89.6毫米，高密最小为25.4毫米，市区、青州、临朐、昌乐、寒亭和诸城平均降水量都超过了50毫米。全市151个区域站中有53个站出现暴雨，15个站出现大暴雨，3个站出现特大暴雨，其中潍坊港最大，为297.4毫米。据潍坊市民政局统计，全市受灾人口38033人，因灾转移安置人口1395人，农作物受灾面积2036.9847公顷，成灾面积254.49公顷，绝产面积26.1773公顷，房屋倒塌23间、严重损坏57间，一般损坏房屋173间。直接经济损失3004.6万元，其中农业损失1270.1万元。各县市区损失如下。

诸城市：受灾人口20487人；转移安置人口1310人；农作物受灾面积1600公顷；房屋倒塌9间，严重损坏房屋41间，一般损坏房屋139间；直接经济损失1900万元。

青州市：受灾人口84人，转移安置人口75人；倒塌房屋1间，一般损坏房屋10间；直接经济损失23.5万元。

昌乐县：受灾人口11072人；转移安置人口10人；农作物受灾面积335.7147公顷，其中成灾面积202.9公顷，绝产面积67.5673公顷；房屋倒塌2间、严重损坏1间，一般损坏房屋8间。直接经济损失722.4万元，其中农业损失617.4万元。

临朐县：受灾人口6390人；农作物受灾面积101.27公顷，其中成灾面积51.59公顷，绝产面积8.61公顷；房屋倒塌11间、严重损坏15间，一般损坏房屋16间。直接经济损失358.7万元，其中农业损失53.18万元。

（李树军）

# 政区·人口·民族

**【行政区划】** 2016年，潍坊市全年没有进行行政区划调整和变更。截至2016年12月月底，潍坊市辖奎文、潍城、寒亭、坊子4个区，青州、诸城、寿光、安丘、高密、昌邑6个县级市，临朐、昌乐2个县，另有高新技术产业开发区、滨海经济技术开发区、峡山生态经济发展区、综合保税区4个市属开发区。全市共辖62个镇、56个街道办事处。

（董德才）

【建置沿革】 潍坊历史悠久。早在6000多年前，弥河故道旁就有人群定居。自夏以来，历代王朝政权在此封国建邑，设州立府。夏商代，境内有斟灌、斟鄩、寒、平寿等封国。周初，武王封邦建国，封太公望于齐，都营丘（今昌乐境内）。至春秋时期，现市辖区曾分属于齐、鲁、杞、莒等国。战国时期，现境大部属于齐，诸城等地属鲁。秦代，东部属于胶东郡，西部属于临淄郡，东南部属于琅琊郡。汉为青、徐二州刺史部所辖。两晋、十六国时有后赵、前燕、前秦、后燕依次占据。西晋太康三年（282年）的稳定时期，今市境属于青、徐二州，北海、乐安二国，城阳、东莞二郡。南朝宋时，属于青、徐二州，北朝魏属于青、胶、南青于三州。隋时属于北海、高密二郡。唐朝时，属于河南道，青、密二州。宋朝时，属于京东东路，青、潍、密三州。金朝时，属于山东东路，置益都府及潍、密二州。元朝时，属于中书省山东东西道宣慰司益都路益都总管府所辖，分属于潍、胶、密三州。明朝时置青州、莱州二府，属于山东承宣布政使司。清朝，今市境为山东省所辖，分属于青州、莱州二府。

中华民国时期，国民政府行政建置初沿清制，民国2年（1913年），废府、州，实行省、道、县三级制。今市境内当时的潍县、昌邑、高密、益都、寿光、昌乐、临朐、安丘、诸城9个县属于胶东道（驻烟台）。民国14年（1925年），改划莱胶道、淄青道。今市境内当时的潍县、昌邑、高密、安丘、诸城、昌乐6个县属于莱胶道；寿光、益都、临朐3个县为淄青道所辖。民国16年（1927年）裁道，以省领县，今市境各县（市、区）均直属于山东省。

1948年4月27日，潍县解放。4月29日，潍坊特别市（省直辖）建立，市政府驻潍城，辖潍县城、东关、南关、北关、坊子、望留6个区。1949年6月，潍坊特别市改称潍坊市，仍为省辖市。1948年6月，昌潍专区建立，驻昌乐，辖昌乐、潍县、安丘、寿南、益临5个县。1948年12月，省直辖之益都县划归昌潍专区。1949年7月，专区机关迁驻益都。

中华人民共和国成立以后，现潍坊市域地专级行政建置主要为昌潍专区、昌潍地区、潍坊地区、潍坊市，以下领县。1949年至1958年1月前，县下设区乡；1958年1月至3月，撤区并乡。1958年9月，成立人民公社，实行政社合一。1983年，在进行经济体制改革的同时，改革行政机构，实行市管县的新体制，县下撤公社设乡镇。

1950年5月25日，昌潍专区驻地由益都迁至潍坊，原胶东区西海专署所辖之昌邑、昌南、潍北3个县，及渤海区清河专署所辖之寿光、益寿2个县划归昌潍专区。昌潍专区时辖：潍坊市（县级），昌乐、潍县、潍北、昌邑、昌南、安丘、丘南、淮安（后改名潍安）、寿光、寿南、益临、益都、益寿、临朐14个县。同年，潍坊市建制撤销，并入昌潍专区。1951年，又重置潍坊市。

1952年7月，撤销益临、益寿、潍安3个县。1953年7月24日，原淄博专区所辖之临淄县划归昌潍专区。同时撤销潍北、丘南、寿南3个县。昌潍专区时辖：潍坊市（县级），昌乐、潍县、昌邑、昌南、安丘、寿光、益都、临朐、临淄9个县，及羊角沟直属区。

1955年3月，博山县由淄博市划入昌潍专区。同年，撤销羊角沟直属区并入寿光县，昌潍专区时辖：潍坊市（县级），昌邑、潍县、昌南、寿光、昌乐、益都、临朐、安丘、临淄、博山10个县。

1956年，胶州专区撤销。其所辖之胶县、胶南、藏马、五莲、诸城、高密6个县及莱阳专区的平度县一并划入昌潍专区。同年，藏马县撤销，昌南并入昌邑县。昌潍专区时辖潍坊市（县级），潍县、益都、昌邑、寿光、昌乐、临淄、临朐、安丘、诸城、高密、五莲、博山、胶南、平度、胶县15个县。

1958年10月，潍县并入潍坊市（县级），博山划归淄博专区，临淄并入益都县，胶南、胶县划入青岛市。昌潍专区时辖潍坊市（县级），益都、昌邑、高密、安丘、诸城、五莲、寿光、昌乐、临朐、平度10个县。

1961年，胶南、胶县复归昌潍专区。临淄、潍县恢复原建制，仍属于昌潍专区。

1967年3月13日，昌潍专区改为昌潍地区。辖潍坊市（县级）和益都、昌邑、高密、诸城、昌乐、临朐、寿光、安丘、潍县、五莲、平度、胶县、胶南、临淄14个县。

1969年12月，临淄县划归淄博市。1977年，增设黄岛区，属于昌潍地区。1978年胶南、胶县及黄岛区划归青岛市。昌潍地区时辖：潍坊市（县级）和益都、昌乐、安丘、临朐、潍县、寿光、昌邑、高密、诸城、五莲、平度11个县。

1981年7月，昌潍地区改名潍坊地区，所辖县（市）不变。

1983年10月，撤销潍坊地区建制，改建省辖（地专级）市，沿用原潍坊名称，实行市管县体制。同时，平度县划归青岛市，原潍坊市（县级）和潍县析置为潍城、寒亭、坊子3个区。潍坊市时辖：潍城、寒亭、坊子3个区，益都、寿光、昌乐、临朐、昌邑、高密、安丘、诸城、五莲9个县。

1986年3月1日，撤销益都县，设立青州市（县级），归潍坊市代管。1987年7月，撤销诸城县，设立诸城市（县级），归潍坊市代管。1992年年底，五莲县划归日照市。1993年6月，寿光撤县设市；1994年1月，安丘撤县设市；1994年5月，高密撤县设市；1994年5月，由潍城、寒亭划出部分村，增设奎文区；1994年6月，昌邑撤县设市。1991年，潍坊高新技术产业开发区成立；1995年，潍坊滨海经济技术开发区成立；2008年，峡山生态经济发展区成立；2011年，潍坊综合保税区成立。至此，潍坊市辖奎文、潍城、寒亭、坊子4个区，青州、诸城、寿光、安丘、高密、昌邑6个县级市，临朐、昌乐2个县。另有高新、滨海、峡山、保税区4个经济区。此后，潍坊市行政区划基本稳定。

（史志办）

**【人口】** 截至2016年11月30日，全市共有户籍人口9013185人，比上年增加76117人，其中，男性4550752人，女性4462433人，性别比101.97（女=100）。全市共有17周岁以下的1649294人，占总人口的18.30%；18~34周岁的2010362人，占总人口的22.30%；35~59周岁的3442665人，占总人口的38.20%；60周岁以上的1910864人，占总人口的21.20%。全市总户数2860448户，平均每户3.15人。全市城镇人口4659935人，占总人口的51.70%。

2016年，全市共出生130036人，其中，男性68787人，女性61249人，出生婴儿性别比为112.31(女=100)，出生率为14.49‰。共死亡51000人，其中男性28670人，女性22330人，死亡性别比128.39(女=100)，死亡率5.68‰。2016年，全市自然增长79036人，自然增长率8.81‰。

2016年，全市共迁入28569人，其中省内迁入19768人，占迁入的69.19%；省外迁入8801人，占迁入的30.81%。共迁出34393人，其中迁往省内23246人，占迁出的67.59%；迁往省外11147人，占迁出的32.41%。2016年度机械变动净减少5824人。

（赵敏）

**【民族】** 2016年，全市有回族、满族等少数民族50个，人口3.47万人，占全市总人口的0.38%。其中，人数最多的是回族，有2.23万人，占全市少数民族人口的64.3%，满族人口4913人。

（房光明）

# 组织机构（2016年）

## 市级领导班子

### 中国共产党潍坊市委员会

市委书记 杜昌文
副书记 刘曙光 王献玲
常委 张小梅（女） 初宝杰 邹庆忠 孙起生 李在武 孙明亮 郝树东 林红玉
秘书长 孙明亮
副秘书长 赵崇发 刘衍信 卞汉林 王发庆 鞠宝祥 赵传江 马常春 张祖钊

### 潍坊市人民代表大会常务委员会

主任 杜昌文
第一副主任 胡岗（2月止）
苏立科（2月起）
副主任 刘明珂 王卫东 李世光 毛秀凤（女）
秘书长 王秀禄
副秘书长 王增宝 毛洪涛 王福强 徐军伟 刘棣俭（2月起）

### 潍坊市人民政府

市长 刘曙光
副市长 邹庆忠 孙起生
潘强（8月止）
王桂英（女，致公党）
王树华 于永生（1月止）
刘建国
秘书长 张洪全（6月止）
宋均圻（6月起）
副秘书长 于为凯 李玉祥
刘兰孝（2月止）
张宝庆 闫宗子 胡晓坤
臧运宁 鞠俊海（2月起）

### 中国人民政治协商会议潍坊市委员会

主席 崔建平
副主席 刘伟 李传恒 吴建民 王继怀
王贤臣（不驻会）
李士来 孙忠礼
李平（女，不驻会，2月起）
在职原副主席 杨肖青
党组成员 李静波（市人社局，不驻会）
秘书长 许华
副秘书长 王沂 牛克智 李树明 王清海

### 中共潍坊市纪律检查委员会

书记 李在武
常务副书记 马志勇（6月止）
朱朝辉（7月起）
副书记 王玉 李存杰
常委 王培杰 贺建 董胜俊 吉宗合
赵珊珊（正县级）
秘书长 贺建

## 市委工作机构

### 中共潍坊市委办公室

主任 赵崇发
副主任 王秀泉 李毅
李晓华（援藏） 辛连国
马向东（10月起）

### 组织部

部长 林红玉
常务副部长 邱尔臣
副部长 宋立军 殷修湖 陈延爱 都焕德

### 宣传部

部长 初宝杰
常务副部长 丁汉邦
副部长 范明涛 刘玉祥 张仁科

### 统战部

部长、市委常委 张小梅（女）
常务副部长 王志明
副部长 于来刚（正县）

胡　立（市工商联党组书记、副主席）
肖建华（6—8月）
徐海宏（女，市社会主义学院副院长）

政法委员会（综治办与其合署）
书　　记 苏立科
常务副书记 刘效伟
副 书 记 秦　震 霍建平 秦景岗

社会治安综合治理委员会办公室
主　任 秦　震
副主任 张志强

维护稳定工作领导小组办公室
主　　任 苏立科
常务副主任 刘效伟
副 主 任 尹守庆

机构编制委员会办公室
主　任 宋立军
副主任 张正志 臧传文 陈明山
刘　玲

政策研究室（改革办）
主　任 卞汉林
副主任 张耀东 张志霄 李志林
尚仕国 韩炳强

台湾工作办公室
主　任 刘金凤（女）
副主任 井光国 王希才
刘文芳（正县级）

市直机关工作委员会
书　　记 王延泰
副 书 记 杨毅鹏 于亚明 马宪全
纪工委书记 冷继庆

农村工作领导小组办公室
党支部书记 郭玉章
党支部副书记 王桂强
主　　任 刘衍信
副 主 任 赵华安（8月止）
袁增寿 郭玉章
纪 检 委 员 褚丽婷

信访局
局　长 赵传江
副局长 王振军 邱文江 鲁文举
吕永明 刘学建 赵玉涛

老干部局
局　长 殷修湖
副局长 肖振胜　卞京春

## 潍坊市人大常委会办事机构

办公室
主　　任 王增宝
副　主　任 郑文东 李广懿
信访室主任 杨官松

人事代表工作室
主　任 毛洪涛
副主任 王海峰
于绍津（2月起）

研究室
主　任 徐军伟
副主任 蔡相山 王法顺

法制工作委员会
主　任 胡景东

预算工作委员会
主　任 王恒秋
副主任 李焕青

## 潍坊市人大各专门委员会

潍坊市人大内务司法委员会
主 任 委 员 王卫东
副主任委员 杜士忠 朱乐凯
李玉华（8月起）
工作室主任 解智章（2月起）

潍坊市人大财政经济委员会
主 任 委 员 刘明珂
副主任委员 刘勤友（2月止）
朱振铎
张恒志（8月起）
工作室主任 锡保平

潍坊市人大教育科学文化卫生委员会
主 任 委 员 刘明珂
副主任委员 陈本林　任洪武
李少亚（8月起）
工作室主任 乔明生（2月起）

潍坊市人大城乡建设与环境资源保护委员会
主 任 委 员 毛秀凤（女）
副主任委员 衣光明（8月止）
王培福
王英华（女，8月起）
工作室主任 于继才

潍坊市人大农业与农村委员会
主 任 委 员 李世光
副主任委员 徐松苹 孙金生
赵　萍(女，8月起)
工作室主任 刘晓东

潍坊市人大民族侨务外事委员会
主 任 委 员 李世光
副主任委员 王永福　周晓钟
脱安利 (8月起)
工作室主任 夏东哲

潍坊市人大法制委员会
主 任 委 员 王卫东
副主任委员 尹凤来 刘　玉
王瑞霞（女，8月起）

## 市政府工作机构

市政府办公室
党 组 书 记 张洪全（6月止）
宋均圻（6月起）
党组副书记 于为凯（6月起）
主　　任 于为凯（7月起）
副　主　任 葛晓东 逄新军 徐凤徽

发展和改革委员会
主　　任 肖培灵
副　主　任 王淮清 王明松
郭友亮（2月起）

董连文（2月起）
张树高（2月止）
王　辉（2月止）
于乐飞（2月止）
党委书记 肖培灵
党委副书记 王　辉

## 经济和信息化委员会

主　　任 马中平
副 主 任 王成喜 杨希春
田庆利 王敬芳（2月起）
党委书记 马中平
党委副书记 王春国

## 教育局

局　　长 徐友礼
副 局 长 李端梅（女，正县）
张法成（11月止）
刘海涛
韩光福（12月起）
党委书记 徐友礼
党委副书记 胡筱芹（12月止）
周书坤（12月起）
高教办主任 徐友礼
高教办副主任 曹红旗（正县，7月止）
李广敬（1月起）
总 督 学 韩光福（12月止）
于允锋（1月起）
郭治平（12月起）

## 公安局

局　　长 于永生（2月止）
副 局 长 丁新杰 夏　光 张志才
周国升 薛　林
政　　委 陈　强（1月23日起，主持市公安局全面工作）
党委书记 丁永生（2月止）
党委副书记 陈　强 禚振鹤
纪委书记 林少波

## 潍坊市工商行政管理局

局　　长 谭炳建
副 局 长 刘学杰
陈京功（11月止）
张其亮 许建成
党委（组）书记 谭炳建

## 市质量技术监督局

局　　长 陈　勇
副 局 长 安爱华（5月止） 王希臣
周锡胜 王作献（1月起）
党组书记 陈　勇（2月起）
总工程师 董　瑛

## 科学技术局

局　　长 张宝胜
副 局 长 安卫红（女） 董　民
李振忠 张宏岩
党组书记 张宝胜

## 监察局（与纪委机关合署）

局　长 王　玉（2月起）
副局长 王培杰 董胜俊 许传平

## 民政局

局　　长 吴海源
副 局 长 韩华南 辛雅丽（女）
孙　成
党委书记 吴海源
党委副书记 刘好民

## 司法局

局　　长 王立杰
副 局 长 孟中洋（正县级）
单连功 牟令岱 刘　晶
党委书记 王立杰
党委副书记 孟中洋（正县级）
纪委书记 赵爱君

## 财政局

局　　长 田民利
副 局 长 李树范（女）
姜钦亮（2月止）
马进礼 王金祥
杨德强（2月起）
党委书记 田民利
党委副书记 李树范（女）
总会计师 吴亚卓（女，12月止）

## 人力资源和社会保障局

局　　长 李静波
副 局 长 钮效正 高维义 葛坤培
刘丽宁
党委书记 李静波
党委副书记 王家吉

## 国土资源局

局　　长 刘树亮
副 局 长 常怀志 许静波 温少波
党委书记 刘树亮
党委副书记 周德新（女）
纪委书记 马金城
总经济师 杨玉准

## 规划局

局　　长 孙守勤
副 局 长 刘军强 齐世堂
谭洪建（女） 王华龙
党委书记 孙守勤
党委副书记 齐世堂（兼）
总规划师 郭兆环
市纪委派驻第二纪检组 王成洪（2月止）
孙金奎（2月起）

## 住房和城乡建设局

党委书记 李广东
党委副书记 张　文
局　　长 李广东
副 局 长 杜天斌 崔华东
马　冰（2月起）
总工程师 卢　波
纪检组长 王国成

## 城市管理行政执法局

局　　长 张志勇
副 局 长 李长东 徐　军 孙传平
党委书记 张志勇
党委副书记 庄　鹏（市纪委派驻第二纪检组副书记，1月止）
王成洪（市纪委派驻第二纪检组副书记，1月起）

## 交通运输局

局　　长 张兆平
副 局 长 于世文 钟景文 李　明
郑　伟 郭　华 马洪波
阵海全 刘　波 陈海全
党委书记 张兆平

党委副书记 钟景文

水利局
局　　长 赵刚毅
副 局 长 王元昆 赵清松 范庆忠
　　　　 孟凡顺
党委书记 赵刚毅
党委副书记 徐来鹏
党委委员、市南水北调建设管理局
局　　长 周寿宗
总工程师 孟祥明

农业局
党委书记 王汉成
党委副书记 王金林
局　　长 王汉成
副局长、总农艺师 祁立新
副局长 云增忠 杨廷文
　　　 张丙来 冷明辉

海洋与渔业局
局　　长 徐润启
副局长 叶　林 李承源 赵树云
　　　 赵玉国
党组书记 徐润启

商务局
局　　长 白卫明
副 局 长 刘振德 张春旭(3月止)
　　　　 王好田 姜亦灿
党委书记 白卫明
党委副书记 王　富（12月止）
党委委员 刘仓义（市经济技术合作中心主任）
　　　　 赵　坚

文化广电新闻出版局
局　　长 孙俐君
副 局 长 孙建秋 梁玉华 苗庆安
党委书记 孙俐君
党委副书记 张荣平

卫生和计划生育委员会
主　　任 杨锡广
副 主 任 孟庆阳 李长祥 任翠爱
　　　　 祝业光（兼） 李迎春
　　　　 王鸿勇 李宗泉 赵景利
　　　　 丁曰林 蔡　威
党委书记 杨锡广
党委副书记 孟庆阳 李长祥

审计局
局　　长 宫　智
副局长 刘树龙 李宏德 陶德义
党组书记 宫　智
总审计师 郑栋强

环境保护局
局　　长 郑金来
副局长 姜在杰 李国秀 李建文
　　　 吴　兵 谢振溪
总工程师 王春艳（女）
党组书记 郑金来

外事与侨务办公室
主　　任 王　浩
副主任 宋悦林 刘伟地 刘作亮
党组书记 王　浩

民族宗教事务局
局　长 秦明清（6月止）
　　　 肖建华（6月起）
副局长 王和平 郝信富
　　　 许朋礼（2月起）

国有资产监督管理委员会
党委书记 王志刚
党委副书记 肖建华（1月止）
　　　　　 冯纪伟（1月起）
主　　任 王志刚
副 主 任 冯纪伟（1月止）
　　　　 胡嘉敏（女）
　　　　 汤振国 董　军（1月起）

体育局
局　　长 孙　沂
副局长 王卫东 张启宾
　　　 曹丽华（女）
党组书记 孙　沂

统计局
局　　长 王　丙
副 局 长 王连波 冯传森 李　军
　　　　 齐永刚
党组书记 王连波
党组副书记 牟艺修 王忠伟
纪检组长 牟艺修

林业局
局　　长 张金玉
副局长 张云葆（2月起） 韩瑞东
　　　 刘兴成（2月起）
　　　 杨锡栋（2月止）
　　　 郭玉章（2月止）
党组书记 张金玉

安全生产监督管理局
局　　长 尹文林（8月止）
　　　　 刘建成（8月起）
副局长 刘光山 潘心江（1月起）
　　　 张则永（正县）
　　　 魏在江 刘忠恩（1月起）
党组书记 尹文林（6月止）
　　　　 刘建成（6月起）

食品药品监督管理局
局　　长 李　平
副 局 长 宋希明（正县级） 祝业光
　　　　 刘洪宝（正县级） 王　斌
党组书记 陈汝孝
党组副书记 宋希明

旅游发展委员会（9月起）
党委书记 于慰杰（10月起）
党委副书记 邱兆水（12月起）
副 主 任 邱兆水（12月止）
　　　　 孙建洪（12月起）
　　　　 李相群（12月起）
　　　　 赵永清（12月起）
　　　　 陈　盛（12月起）

法制办公室
主　　任 高成勇（市行政复议裁决办公室主任）
副主任、党组成员 李家松 李　刚
　　　　　　　　 李清环
党组书记 高成勇
党组成员 高　强（市行政复议裁决办

公室副主任）

## 人民防空办公室

主　　任 张须义（12月止）
副 主 任 孙占博（2月止）
　　陈海全（10月起）姜有格
　　李　明（10月止）
　　于　利（2月止）
　　刘洪营（2月起）
　　李学斌（2月起）
党组书记 张须义（12月止）

## 金融工作办公室（地方金融监督管理局）

主　任（局　长） 李传顺（2月止）
副主任（副局长） 李　涛（2月起，主持工作）
　　张新华 欧永生

# 派出机构

## 潍坊高新技术产业开发区管理委员会

党 工 委 书 记 王献玲（3月止）
　　初宝杰（3月起）
党工委副书记 宋赤锋 陈甲才
管 委 会 主 任 宋赤锋
管委会副主任 张龙江（12月止）
　　钱文亭 董书礼 王教法
　　胡文星
纪 工 委 书 记 赵文君

## 潍坊滨海经济技术开发区管理委员会

党 工 委 书 记 王树华
党工委副书记 张恒道 李树森
管 委 会 主 任 张恒道
管委会副主任 宋世伟 杜长明
　　王希光 张　华
纪 工 委 书 记 王仲民（1月止）
　　郭瑞燕（1月起）

## 潍坊综合保税区管理委员会

党 工 委 书 记 孙起生
党工委副书记 徐洪吉 石铭奎
主　　任 徐洪吉
副　主　任 王守全 王得志 王有强
　　钟光文（12月起）
纪 工 委 书 记 刘庆德

## 峡山生态经济开发区管理委员会

党 工 委 书 记 马清民
党工委副书记 李华刚 张守富
主　　任 李华刚
副　主　任 许　珍（女） 栗祥平
　　周锡玉 窦金光 姜　颖
纪 工 委 书 记 刘传胜

## 潍坊市政务服务中心管理办公室

主　　任 张正志
副 主 任 邱　垒 张士林 张春勇
　　王　涛 陈仁栋
党组书记 张正志

## 潍坊食品谷协调推进办公室

党组书记 王　勇
主　　任 于冬菊（女）
副 主 任 李丹永 管从勇 王贵祥

# 政协机关工作机构和办事机构

## 办公室

主　任 王　沂
副主任 张玉国 张　建

## 研究室

主　任 李树明
副主任 张耀才 李臣涛（1月止）
　　李政武（1月起）

## 委员活动工作室

主　任 赵会堂
副主任 孙　军（1月止）
　　丁丽红（女，1月起）

## 提案委员会

主　　任 刘　伟（兼）
副　主　任 曹学芹（3月止）
　　宋继武 魏志强
　　史跃峰（不驻会，6月止）
　　李静波（市府办，不驻会）
　　陈甲才（不驻会）
　　郭富斌（不驻会）
　　刘秀平（女，不驻会）
　　宋立军（不驻会）
　　李向云（女，不驻会）
工作室主任 王钦殿

## 经济委员会

主　　任 李传恒（兼）
副　主　任 李乐忠 王义正 陈忠民
　　王承策（不驻会）
　　刘庆祥（不驻会）
　　刘延民（不驻会）
　　闵令民（不驻会，6月止）
　　唐玲玲（女，不驻会）
　　墨　萍（女，不驻会）
　　胡　立（不驻会）
工作室主任 孙　军（1月起）

## 人口资源环境外事委员会

主　　任 王继怀（兼）
副　主　任 姜　荣（3月止）
　　玄承洵（6月止）
　　于定斌
　　尹文林（6月起）
　　王新航（不驻会）
　　张恒道（不驻会）
　　李中元（不驻会）
　　杨锡广（不驻会）
　　柳松波（不驻会）
　　史新霞（女，不驻会）
　　潘昌虎（不驻会）
　　曹　春（不驻会）
　　刘金凤（女，不驻会）
工作室主任 翟述英（1月止）
　　孙志云（女，1月起）

## 科教文卫体委员会

主　　任 李士来（兼）
副　主　任 呙智义（10月止）
　　耿　文 黄　进（3月止）
　　王卫东（不驻会）
　　孙志强（不驻会）
　　安卫红（女，不驻会）
　　李瑞梅（女，不驻会）
　　郑建伟（不驻会）
　　盛兆辉（不驻会）
　　王居明（不驻会）
　　高振忠（不驻会）
　　白宗家（不驻会）

崔向东（女，不驻会）
曹晓楠（女，不驻会）
孙淑芳（女，不驻会）
工作室主任 王咏诗（1月止）
李臣涛（1月起）

社会法制委员会
主　　任 孙忠礼（兼）
副 主 任 王玉春（10月止）
李亚军（3月止）
韩国庆
远　伟（3月起）
李　平（女，不驻会，3月止）
李静波（市人社局，不驻会，3月止）
马言圣（不驻会）
张广孝（不驻会）
吕梅贞（女，不驻会）
郭召义（不驻会，3月止）
工作室主任 徐之丰

文史资料委员会
主　　任 王继怀（兼）
副 主 任 郑世诗 孙克森
王成利（不驻会）
闫万刚（不驻会，6月止）
张兰友（不驻会）
李树平（不驻会）
曹希波（不驻会）
谭树中（不驻会）
工作室主任 王咏诗（1月起）

民族和宗教委员会
主 任 孙忠礼（兼，3月起）
副主任 李亚军（3月起）
秦明清（不驻会，6月起）

委员联络工作委员会
副主任 张光武（3月起）

## 纪委机关、监察局内部机构及派驻机构

办公室
主 任 李峰山

组织部
部　长 孙振元（10月止）
陈金领（10月起）

宣传部
部　长 王怀瑞

研究室（挂政策法规室牌子）
主 任 王　霞（12月止）

党风政风监督室（挂市政府纠正行业不正之风办公室牌子）
主 任 曹田友

信访室（挂潍坊市国家行政机关工作人员违法违纪举报中心牌子）
主 任 郭晓辉

案件监督管理室
主 任 张德明

第一纪检监察室
主 任 吴理健（6月止）
李炳富（10月起）

第二纪检监察室
主 任 孙春山（12月止）

第三纪检监察室
主 任 郭建伟（12月止）

第四纪检监察室
主 任 高崇华

第五纪检监察室
主 任 刘泽峰（12月止）

第六纪检监察室
主 任 丁　伟

案件审理室（挂案件申诉复查室牌子）
主 任 陶建胜

纪检监察干部监督室
主 任 周千里

派驻第一纪检组、监察室
书　记（主　任） 赵　清（5月止）
吴理健（6月起）
副书记（副主任） 麻福春 孙广远
陈百波 王同章

派驻第二纪检组、监察室
书　记（主　任） 胡黎光
副书记（副主任） 王成洪 孙金奎
何金波（12月止）
王国成
步砚伟（12月起）

派驻第三纪检组、监察室
书　记（主　任） 刘　琳（女，12月止）
葛凤春（女，12月起）
副书记（副主任） 王化林 张　勇
刘　波（1月止）
闫法平 薛维明
丰继岭（1月起）

派驻第四纪检组、监察室
书　记（主　任） 张玉和
副书记（副主任） 王增虎
钟　波（女）
王增贵 梁大勇

派驻第五纪检组、监察室
书　记（主　任） 柳　林
副书记（副主任） 李培法
王承栋（6月止）
张元刚
冯启波（12月起）
耿祥波

派驻第六纪检组、监察室
书　记（主　任） 关凤云（女）
副书记（副主任） 王　伟 刘俊卿
沈万怀 邱和平

派驻第七纪检组、监察室
书　记（主　任） 郭瑞燕（女，1月止）
王仲民（1月起）
副书记（副主任） 陈金亮 姜其盛

于跃海
孙建梅（女）

## 派驻第八纪检组、监察室

书　记（主　任）　吴洪江
副书记（副主任）　鞠新民　刘玉庆
陈　蕾（女）
徐安国　张京利
王汉文

# 市委、市政府直属事业单位

## 市委党校

校　　长　杜昌文
常务副校长　丁志伟
副　校　长　林国祥　裴　红（女）
赵桂梅（女）
孙爱云（女）
校委委员、机关党委书记　明　伟

## 潍坊日报社（潍坊报业集团）

潍坊日报社
党委书记　齐延升
党委副书记　孙向中　李培华
社　　长　齐延升
副　社　长　孙学明　袁训新　徐学俊
于全义　马清平　任新华
总　编　辑　孙向中
副总编辑　孙学明　袁训新　徐学俊
于全义　马清平　任新华

## 潍坊报业集团

党委书记　齐延升
党委副书记　孙向中　李培华
董　事　长　齐延升
副董事长　孙向中
董　　事　窦锦平　袁训新　王述章
于全义　马清平
监事会主席　赵克增
总　编　辑　孙向中
总　经　理　孙向中
副总经理　孙学明　徐学俊　任新华

## 潍坊广播影视集团

董　事　长　钟耕民
副董事长　谭树中
总　经　理　谭树中
副总经理　范勋成　扈本军
孟庆文（2月起）
谭晓涛　邓世武
监事会主席　许祖平
党委书记　钟耕民
党委副书记　谭树中
刘德民（1月止）
刘继升(1月起)

## 潍坊广播电视台

台　　长　钟耕民
副　台　长　谭树中　范勋成　扈本军
孟庆文（2月起）
谭晓涛　邓世武
党委书记　钟耕民
党委副书记　谭树中
刘德民（1月止）
刘继升(1月起)

## 潍坊市地震局

局　　长　王云华
副局长　颜　政　陈小君
张延军
党组书记　王云华

## 知识产权局

局　　长　高玉国
副局长　孟祥仁　史元静
党组书记　高玉国

## 潍坊市老龄工作委员会办公室

主　　任　丁利民
副主任　傅庆学　寇建辉
党组书记　丁利民

## 潍坊国际风筝会办公室

主　　任　张崇高
副主任　颜建海　邱　松　张清斋
党组书记　张崇高

## 口岸办公室

党组书记　远　伟（1月止）
刘兰孝（1月起）
主　　任　远　伟（2月止）
刘兰孝（2月起，12月止）
王　富（12月起）
副主任　陈洪刚　闫怀信

## 潍坊市住房公积金管理中心

主　　任　刘煜东
党组书记　孙玉江
副主任　任玉清　祁　峰
黄志强　常怀新

## 潍坊市供销合作社联合社

党委书记　张长坤
党委副书记　孙开华（3月止）
理事会主任　张长坤
理事会副主任　王沼东　宋智勇
郭友亮（1月止）
于乐飞（1月起）
监事会主任　冯　铸
监事会副主任　李克伟（1月止）
邱介福（1月起）

## 市级机关事务管理局

局　　长　刘桂臻
副局长　孟　军　侯玉芬
党组书记　王发庆（8月止）
刘桂臻（8月起）

## 潍坊滨海海洋经济新区建设推进办公室

主　　任　徐润启
副主任　陈秀亮　赵显刚　曾　国
吉发静
党组书记　徐润启

## 潍坊市农业科学院

院　　长　李成军
党委书记　魏永阳
党委副书记　李成军
党委委员（副院长）　张元团　王本明
于继庆　翟述英
刘　皓

## 潍坊市文化艺术中心

主　　任　葛继卿
副主任　于治伦　马道刚
党组书记　赵建武

潍坊市科学发展研究院
党组书记 常祖领
院　　长 李　波（2月起）
党组副书记 李　波
副 院 长 王冰林（12月起）

## 人民法院、人民检察院

潍坊市中级人民法院
院　　长 姜树政
副 院 长 张广孝 王贤臣
宋允厚 卢卫国
党组书记 姜树政
党组副书记 张广孝
纪检组长 王建平

潍坊市人民检察院
检 察 长 杨洪旭
副检察长 马言圣 陈　曦
任光武
法云江（回族）
党组书记 杨洪旭
党组副书记 马言圣
纪检组长 高培文

潍坊市城郊地区人民检察院
检察长 徐光明
副检察长 于清友（4月起）

## 民主党派与工商联

中国国民党革命委员会潍坊市委员会
主　委 李向云（女）
副主委 王增祥 李安战 王学军
秘书长 迟同全

中国民主同盟潍坊市委员会
主　委 毛秀凤（女）
副主委 李来传 张敬军 杨爱君
秘书长 丁　薇

中国民主建国会潍坊市委员会
主　委 刘秀平
副主委 李明喜 李瑞文 李通利
秘书长 墨　萍

中国民主促进会潍坊市委员会
主　委 王贤臣
副主委 周赤舟 刘煜东 孙其孝
秘书长

中国农工民主党潍坊市委员会
主　委 刘棣俭
副主委 钟　池 于贞杰（女）
赵振玺（11月起）
秘书长 崔向东（女，驻会）

中国致公党潍坊市委员会
主　委 王桂英
副主委 崔伯瑜
钟　毅
王泳亮
曹　春（12月起）
秘书长 曹　春（2月止）
王　燕（2月起）

九三学社潍坊市委员会
主　委 李士来（12月止）
李传恒（12月起）
副主委 梁文道（12月止）
郭文君（12月止）
单庆茂（12月止）
赵同祥（12月起）
王建良（12月起）
李　莉（12月起）
秘书长 岳建利（10月起，驻会）

潍坊市工商业联合会
主　　席 李传恒
副 主 席 胡　立 秦学民（11月止）
刘杰然 郭富斌
谭述霞（女，11月起）
秘 书 长 秦学民（兼）（11月止）
党组书记 胡　立

## 人民团体

潍坊市总工会
主　　席 吴建民
常务副主席 郭召义
副 主 席 刘春强 于守君
朱建平（正县级）
副主席（兼职） 王钦峰（2015年10月起）
高明芹（2015年10月起）
党组书记 吴建民
党组副书记 郭召义（1月起）
党组成员 刘春强 李付顺 于守君
栾仁霞（女）
朱建平（正县级）

共青团潍坊市委员会
书　记 刘艳芳
副书记 高　斌 陈珊珊

妇女联合会
主　　席 田素英（女）
副主席、党组成员 吕梅贞 张启云
郑可新
党组书记 田素英

文学艺术界联合会
主　　席 孙淑芳（女，12月止）
副主席、党组成员 秦学民（11月起）
冯传增
谭述霞（女，11月止）
陈雪梅（女）
王燕妮（女）
党组书记 孙淑芳（女，12月止）
党组成员 王治喜（临时负责主持工作，12月起）

潍坊市科学技术协会
主　　席 王志亮
副 主 席 李焕昌 任学军 高峰松
党组书记 王志亮

潍坊市归国华侨联合会
主　　席 柳松波
副主席（不驻会） 赵　鹏 温明春
徐秋霞（女）
党组书记 柳松波
党组副书记 张再升

社会科学界联合会
主　　席 高文庆
副 主 席 张瑞业 李启胜
党组书记 高文庆

### 中国国际贸易促进委员会潍坊市委员会
党组书记 张增顺
会　　长 张增顺
副 会 长 王明阳

### 潍坊市残疾人联合会
理 事 长 原　理
副理事长 姜林骄 王　军 王志刚
党组书记 原　理

### 潍坊市法学会
会　　　　长 秦景岗
副会长兼秘书长 葛金军
兼 职 副 会 长 于复泰 王常青
卢卫国 孟中洋
苗金春 夏　光
高明芹

### 潍坊市计划生育协会
会　　长 王桂英
常务副会长 张学文（机构法人代表）
副 会 长 张新军
史云锦（12月起）
秘 书 长 张志河

## 驻潍坊部队

### 潍坊军分区
司　　令　　员 万伟锋
政　治　委　员 郝树东
副　司　令　员 油朝康
副 政 治 委 员 徐延田
皮先标
参　　谋　　长 郇　敏
政 治 部 主 任 姜　波
后 勤 部 部 长 胥　辉
军分区党委第一书记 杜昌文
军分区党委书记 郝树东
军分区党委副书记 万伟锋
军分区纪委书记 徐延田

### 武警潍坊市支队
支　队　长 沙诗恒
第一政治委员 于永生（2月止）
政 治 委 员 刘国敏
副 支 队 长 曹　磊（3月止）
张卫华
郭　辉（3月起）
副政治委员 于金升
参　谋　长 刘连东（3月止）
赵建勇（3月起）
政治处主任 傅　涛
后勤处处长 孙　建
第 一 书 记 于永生（2月止）
党 委 书 记 刘国敏
党委副书记 沙诗恒
纪 委 书 记 于金升

## 中央、省驻潍坊单位

### 国家税务局
局　　长 王衍明
副 局 长 赵洪华 裴连升 杨玉法
小尼次（挂职，3月起，12月止）
党 组 书 记 王衍明
党组副书记 秦学栋
纪 检 组 长 杨　磊（1月止）
袁世友（3月起）

### 潍坊市地方税务局
局　　长 张　辉
副 局 长 张传庭（正处级，12月止）
滕一良 李　强 武伟刚
党 组 书 记 张　辉
党组副书记 张传庭（正处级，12月止）
纪 检 组 长 沈　彦

### 潍坊海关
党组书记、关长 张　越
党组成员、副关长兼缉私分局局长
崔　强（12月止）
党组成员、副关长 田忠承（12月止）
郭京鹏
王　浩（12月始）

### 潍坊出入境检验检疫局
局　　长 张艺兵（3月止）
孙明钊（3月起）
副 局 长 王克刚（7月止）
李英强（1月起）
党组书记 张艺兵（3月止）
孙明钊（3月起）
纪检组长 常　军

### 潍坊市邮政管理局
局　　长 徐光辉
副 局 长 管廷强
党组书记 徐光辉
党委书记 管廷强
纪检组长 管廷强

### 中国邮政集团公司潍坊市分公司
总　经　理 韩全胜（7月止）
王永海（7月起，主持工作）
副 总 经 理 杨连辉 曲忠民 李保军
党 委 书 记 韩全胜（7月止）
王永海（7月起，主持工作）
党委副书记 王永海
纪 委 书 记 杨连辉

### 气象局
局　　长 王令军
副 局 长 秦增良 马劲松
纪检组长 马泮明

### 潍坊市水文局
局　　　长 李　飞
副　局　长 王金钟 吴启宗
党 组 书 记 李　飞
党组副书记 吴启宗
机关纪委书记 吴启宗

### 胶东调水
党委书记 马安堂
局　　长 马安堂
副 局 长 王建民 王维纯
工会主任 于德光

### 潍坊海事处
处　　　长 胡建升
副　处　长 王方友 王　勇
党支部书记 胡建升
党支部副书记 怀源昌

### 中国银行业监督管理委员会潍坊监管分局

局　　长　刘世明
副 局 长　张志荣　宋孚军
党委书记　刘世明
党委副书记　张志荣
纪委书记　王会锋

### 潍坊市盐务局

局　　长　尹延明
副 局 长　赵培德　马汉波　王子军
　　　　　王朋娟
党委书记　赵培德
党委副书记　尹延明　马汉波
纪委书记　王子军

### 中国联合网络通信有限公司潍坊市分公司

总 经 理　张志辉
副总经理　吴乃强　程振学　范维东
　　　　　马效文　李学成
党委书记　张志辉
纪委书记　程振学

### 中国移动通信集团山东潍坊分公司

总 经 理　李祥兵
副总经理　李华杰（11月止）
　　　　　刘红梅（11月起）
　　　　　焦　阳　李保军（11月止）
　　　　　王志强（11月起）
党委书记　李祥兵
工会主席　李华杰（11月止）
　　　　　刘红梅（11月起）
纪检书记　焦　阳

### 潍坊市烟草专卖局（山东潍坊烟草有限公司）

局　　长　曹红祥
副 局 长　张万光　王林立　杨旭亮
　　　　　袁志仲（12月止）　蒋其华
总 经 理　曹红祥
副总经理　孙培杲　王喜功　张玉芹
党委书记　曹红祥

### 国网山东省电力公司潍坊供电公司

总经理、党委副书记　王训杰
党委书记、副总经理　于金涛
党委委员、副总经理　文鸣鑫　林凡勤
党委委员、纪委书记　刘岚岚（3月止）
　　　　　　　　　　刘　海（3月起）
党委委员、副总经理　程学启
党委委员、工会主席　辛克升

## 高等院校

### 潍坊医学院

党委书记　石增立
党委副书记　管英俊　张潍华
校　　长　管英俊
副 校 长　孙宏伟　朱　军　井西学
　　　　　葛国文
纪委书记　傅大军

### 潍坊学院

党委书记　孙文亮
党委副书记、院长　冯滨鲁
副 院 长　王清明　丁子信
　　　　　朱猷武　赵光强
　　　　　王旭升（7月起）
纪委书记　马茜华

### 潍坊职业学院

党委书记　张洪全（1月起）
党委副书记、院长　王家爱
党委副书记　宋桂言
党委委员、副院长　赵君堂　贺志强
　　　　　　　　　毕建华
党委委员纪委书记　李瑞昌

### 潍坊技师学院

党委书记　刘世杰
党委副书记、副院长　韦　民
副 院 长　刘成平
　　　　　胡　斌
　　　　　刘华堂
纪委书记　曹卫东

### 潍坊工程职业学院

党委书记　肖明胜
党委副书记　高立伯　李　琳(女)
院　　长　高立伯
副 院 长　王金明
纪委书记　邢菊华(女)

### 山东信息职业技术学院

党委书记　许　敏
党委副书记、院长　肖朋旭（6月止）
　　　　　　　　　毕从福（10月起）
党委副书记　刘桂玉（10月止）
副 院 长　巩志强　朱连庆
　　　　　刘同顺
纪委书记　刘福玉
工会主席　张全栋

### 山东畜牧兽医职业学院

党委书记　曲国庆
党委副书记、院长　郑立森
党委副书记　徐建义
纪委书记　乔立印
副 院 长　张绍秋　周其虎

### 山东经贸职业学院

党委书记　鲁庆波
党委副书记　冷韶华　高法贵
院　　长　冷韶华
副 院 长　马德胜　周仕俭　王　洲
纪委书记　王爱国
工会主席　马爱平

### 山东交通职业学院

党委书记　陈继梦
党委副书记　王　心（7月起）
　　　　　　楚卫涛
院　　长　王　心（7月起）
副 院 长　崔振民　单志强
　　　　　孙国峰
工会主席　李建军
纪委书记　韩忠吉

### 山东工业技师学院

院　　长　李献坤
副 院 长　王忠厚　张品文
党委副书记　李献坤　孙义宝
纪委书记　于书兴

### 山东科技职业学院

党委书记　王万杰
党委副书记　刘桂玉（11月起）

院　　长 刘桂玉（10月起）
副 院 长 王永智 李保城（12月起）
丁文利（12月起）
纪委书记 宿成山

### 潍坊护理职业学院

党委书记 曹晓楠
党委副书记、院长 崔照忠（1月起）
党委副书记 刘海波
副院长 王长智
苏建福
纪委书记 王坤法

## 金融部门

### 中国人民银行潍坊市中心支行

行　　长 刘福毅
副 行 长 华志远（7月起） 李万友
陈海青（7月止） 王新军
林　琳（8月止）
党委书记 刘福毅
党委副书记 华志远（7月起）
纪委书记 陈光升

### 中国工商银行股份有限公司潍坊分行

行　　长 孙长庚（11月止）
陈　文（11月起）
副 行 长 杨宗海 鞠立坤（5月止）
娄　波（5月起） 韩志忠
姜克才
党委书记 孙长庚（11月止）
陈　文（11月起）
纪委书记 吴　江（8月止）
孔　咏（8月起）

### 中国农业银行股份有限公司潍坊分行

行　　长 付　晓
副 行 长 张俊国 黄砚章
王永明
张文刚（10月起）
党委书记 付　晓
党委副书记 贾建生
纪委书记 黄砚章

### 中国银行股份有限公司潍坊分行

行　　长 汪　雷
副 行 长 宋若钦（1月止）
付廷泉 林志明
张朝阳（6月止）
党委书记 汪　雷
纪委书记 曹亚军

### 中国建设银行股份有限公司潍坊分行

行　　长 陈　鹏
副 行 长 王佳军 辛立国 刘志勇
刘光辉（7月起）
党委书记 陈　鹏
纪委书记 王德春

### 中国邮政储蓄银行股份有限公司潍坊市分行

行　　长 路　滔
副 行 长 张俊兰 薛　梅
王风华（5月止） 梁伟业
党委书记 路　滔
纪委书记 王风华（5月止）
薛　梅（6月起）

### 潍坊银行股份有限公司

董 事 长 史跃峰（4月21日止）
副董事长 郭虎英（主持工作，4月21日起）
王大庆（4月21日起）
董事长助理 李文玲
行　　长 闫红兵
副 行 长 仪修喜 朱毅达
李建卫 黄建军
行长助理 王远军 刘春萍
白永刚 冯怀春
党委书记 史跃峰（1月21日止）
李传顺（1月21日起，12月13日止）
郭虎英（12月13日起）
监事长、纪委书记 陈瑞源
首席审计官 李子刚

### 招商银行股份有限公司潍坊分行

行　　长 罗宇英（5月止）
郭志强（6月起）
副 行 长 董绍东 郑延玲（5月止）
行长助理 王少波

### 华夏银行股份有限公司潍坊分行

行　　长 杨晓丽（女）
首席风险官 栾桂旭
副 行 长 孙绍军 秦国栋
党总支书记 杨晓丽（女）

### 广发银行股份有限公司潍坊分行

行　　长 张　勇
副 行 长 李广全 刘宝新 张　燕
党委书记 张　勇
纪委书记 王甜甜

### 中国人寿保险股份有限公司潍坊分公司

总 经 理 王晓晨
副总经理 程金虎
刘遵友
郭福义
田春生
党委书记 王晓晨
纪委书记 郭福义

### 中国太平洋财产保险股份有限公司潍坊中心支公司

党委书记 陈洪英
主　　任 王延庆
纪委书记 陈洪英

## 县市区

### 奎文区

#### 中共奎文区委

书　　记 李　辉
副书记 高志秀
常　　委 李　辉 宋均圻 高志秀（女）
高东洋 李　伟 李　强
王峰贵 张兴业 沃付贤
权文松 王　勇
曹瑞升（12月起）
陈香萍（女，12月起）

#### 奎文区人大常委会

主任、党组书记 李　辉
党组书记、第一副主任 冯天韬
党组副书记、副主任 陈民亭
副 主 任 王颖红（女）
翟福生

侯卫平
党组成员 王万堂
卫清涛
邢 杰

## 奎文区人民政府
区 长 宋均圻
副区长 李 伟（12月止） 沃付贤
贾 平（女，2月止）
刘棣俭 任 祥
曹瑞升
刘新国（2月止）
陈香萍（女，2月起）
李义龙（挂职）

## 政协奎文区委员会
主 席 刘良嘉
副主席 陈立宝 郭文君
李 莉（女）
张洪军 高殿臣 王 巍
党组书记 刘良嘉
党组成员 王春雷 李建文
刘占清 于 波

## 奎文区纪律检查委员会
书 记 高东洋

## 奎文区人民武装部
政 委 王 勇（2月起）
韩廷珍（2月止）
部 长 杨君星（2月起）
张希林（2月止）

## 奎文人民法院
院 长 韩 亮

## 奎文区人民检察院
检察长 徐 军

# 潍城区
## 中共潍城区委
书 记 王兆辉（12月止）
刘泮英（12月起）
副书记 刘泮英（12月止）
杨晓辉（12月起）
赵学坤（12月止）
常 委 王兆辉（12月止）
刘泮英 杨晓辉（12月起）
赵学坤（12月止）
秦保荣（女）
刘华东（12月止）
贾 平（女）
徐 莹（女，12月起）
江 波（12月起）
孙文力（12月止）
刘本河（12月止） 潘立东
武法栋 张逢春（12月止）
高凌云（女，12月起）
赵天宝（12月起）

## 潍城区人大常委会
主 任 王兆辉
第一副主任 张顺涛
副主任 马文远 滕玉云（女）
冀团元 董承森

## 潍城区人民政府
区 长 刘泮英（12月止）
代理区长 杨晓辉（12月起）
副区长 杨晓辉（12月起）
贾 平（女）
徐 莹（女，12月起）
孙文力（12月止）
王延军（12月止） 王若水
李铁柱 刘 超（12月止）
曹 春（12月起）
田凯文（12月起）
田 峥（女，挂职，3月止）
王 军（挂职，1月止）
李金柱（挂职，9月起）

## 政协潍城区委员会
主 席 徐金明
副主席 刘 波 刘宏亮（女）
李汝林 韩德信
王向东 李树东

## 潍城区纪律检查委员会
书 记 刘华东（12月止）
高凌云（女，12月起）

## 潍城区人民武装部
政 委 刘本河（5月止）
王国强（5月起）
部 长 杨发军（5月止）
王爱国（11月起）

## 潍城区人民法院
院 长 郭宝信

## 潍城区人民检察院
检察长 朱国宝（12月止）
代理检察长 王重国（12月起）

# 坊子区
## 中共坊子区委
书 记 刘升勤（女，12月止）
扈洪波（12月始）
副书记 扈洪波（12月止）
潘振东 张龙江（12月始）
常 委 王希慧（12月止）
许文远 宋伟伟（女）
江 波（12月止）
任宪强（12月始）
赵 伟 牟 杰 肖继林

## 坊子区人大常委会
主 任 刘升勤（女，12月止）
党组书记、第一副主任 赵 伟
党组副书记 张洪胜 毕玉孝
副主任 王 波 常庆科
郝本杰 李 玉（女）

## 坊子区人民政府
区 长 扈洪波（12月止）
张龙江（12月始）
副区长 宋伟伟（女） 赵 伟
蔡志敏 田立军（12月止）
于鹏展 李寿岩
李飞雨（3月挂职止，12月始）
段宏喜（女，12月始）

## 政协坊子区委员会
党组书记、主席 张钢星
副主席 田立胜 于仁之
李子木 张柏山
李叶忠

张秀霞（女）
党组副书记 田立胜 王建利
党组成员 孙希安

### 坊子区纪律检查委员会
书　记 王希慧（12月止）
任宪强（12月始）

### 坊子区人民武装部
部　长 高庆厚

### 坊子区人民法院
院　长 韩旭东（12月止）
王学功（12月始）

### 坊子区人民检察院
检察长 于清友（2月止）
张　杰（2月至12月）
张春岳（12月始）

## 寒亭区
### 中共寒亭区委
区委书记 孟晓雷（12月止）
李兰祥（12月起）
副书记 李兰祥（12月止）
王文琦（12月止）
赵学坤（12月起）
刘金国（12月起）
常　委 孟晓雷（12月止）
李兰祥
王文琦（12月止）
葛凤春（女，12月止）
孙修炜（6月止）
庞胜明（6月止）
丁爱辉 孙文力（12月起）
吴兴安 李良华（12月止）
王　伟（6月起）
田永全 王垂军

### 寒亭区人大常委会
主　任 孟晓雷（12月止）
第一副主任 蔡俊忠
副主任 张辉忠 武伟乐 王玉良
朱群英（女）
党组书记 蔡俊忠
党组副书记 范连军 徐海涛
党组成员 王先明

### 寒亭区人民政府
区　长 李兰祥（12月止）
赵学坤（副区长、代区长，12月起）
副区长 孙修炜（6月止）
丁爱辉（6月起）
庞胜明（6月止） 马继山
刘向东（12月止）
郭春媛（女） 孙占勇

### 政协寒亭区委员会
主　席 韩国礼
副主席 李会录 刘伟宏（不驻会）
高允琴（女）
王建岗（不驻会）
陈　宁 王格山
党组书记 韩国礼
党组副书记 李梅生 邵丕清
党组成员 南怀明

### 寒亭区纪律检查委员会
书　记 葛凤春（女，12月止）
孙文力（12月起）

### 寒亭区人民武装部
部　长 贺志富（6月止）
政　委 王垂军

### 寒亭区人民法院
院　长 吕宜民

### 寒亭区人民检察院
检察长 张素敏（2015年1月起）

## 青州市
### 中共青州市委员会
市委书记 韩幸福
市委副书记 杨晓辉（11月止）
鞠立强（11月起）
葛英煜
市委常委 任宪强（12月止）
刘永福 陈同洲
宋正树
高凌云（女，12月止）
罗相贤（12月止） 刘　峰
刘金国（12月止）
秦安全（挂职，1月起）
郭建伟（12月起）
孟祥韬（12月起）
魏林卿（女，12月起）

### 青州市人大常委会
主　任 韩幸福（2月起）
第一副主任 杨云生（回族）
副主任 陈群光 董广凤（女）
俎海涛

### 青州市人民政府
市　长 杨晓辉（12月止）
鞠立强（代市长，12月起）
副市长 刘金国（12月止）
秦安全（挂职，1月起）
郭永超（12月止） 王万信
马雪莲（女，12月止）
王海华
岳　元（女，挂职，3月止）
张伯涛（12月起）
翟敏（女，12月起）
耿怀金（12月起）

### 政协青州市委员会
主　席 董连胜
副主席 李金凤（女，不驻会）
牛建一（不驻会）
王寿礼 贾来友
刘传明

### 青州市纪律检查委员会
书　记 任宪强（12月止）
郭建伟（12月起）

### 青州市人民武装部
政　委 刘　峰（5月止）
部　长 明　辉

### 青州市人民法院
院　长 宋保华

### 青州市人民检察院
院　长 王兆生

## 诸城市

### 中共诸城市委

书　　记 李　峰（11月止）
　　　　 桑福岭（11月起）
副 书 记 刘峰梅（女）
　　　　 孙吉海
常　　委 孙利宝 李庆华 刘作勋
　　　　 王志强（12月起）
　　　　 何金波（12月起）
　　　　 赵治国 陈　盛（12月止）
　　　　 李永光 赵　莉（女）
　　　　 薛宗刚

### 诸城市人大常委会

主　　任 李　峰
党组书记、第一副主任（正县级） 李　宁
党组副书记 张福秀（女） 王洪伟
副 主 任 郑晓瑛（女） 于明堂
　　　　 颜廷忠 杨景良
党组成员、常委（副县级） 王金友

### 诸城市人民政府

市　　长 刘峰梅（女）
副 市 长 李庆华 鞠俊海（2月止）
　　　　 许传平（2月止）
　　　　 赵　莉（女） 孔晓明
　　　　 赵玉德 曹　春 王爱民
　　　　 王大伟（挂职，3月止）

### 政协诸城市委员会

主　　席 王玉邦
副 主 席 张海轶 吴建智 臧晋运
　　　　 蒋德华 韩培武
　　　　 宗素霞（女）

### 诸城市纪律检查委员会

书　　记 孙利宝（12月止）
　　　　 何金波（12月起）

### 诸城市人民武装部

政　　委 薛宗刚
部　　长 范德祥

### 诸城市人民法院

院　　长 王学功

### 诸城市人民检察院

检 察 长 王重国

## 寿光市

### 中共寿光市委

市委书记 朱兰玺
市委副书记 赵绪春 邱　旺（6月止）
　　　　 孙修炜（6月起）
市委常委 朱兰玺 赵绪春
　　　　 李宝华 王惠玲（女）
　　　　 侯法强 徐　莹
　　　　 孙成华（4月止）
　　　　 武志强 袁世俊 李志平

### 寿光市人大常委会

主　　任 杨德峰
副 主 任 林立星 李昌武
　　　　 房师平 郑建民
　　　　 付小妹（女）

### 寿光市人民政府

市　　长 赵绪春
副 市 长 李宝华 王惠玲（女）
　　　　 刘广斌 王安文
　　　　 宋执湖 刘建东

### 政协寿光市委员会

主　　席 方新启
副 主 席 刘建安 袁昌彪
　　　　 丁世波 崔建军
　　　　 寇振彦 刘美霞（女）

### 寿光市纪律检查委员会

书　　记 侯法强

### 寿光市人民武装部

政　　委 李志平
部　　长 胥永利

### 寿光市人民法院

院　　长 尹洪阳

### 寿光市人民检察院

院　　长 孙　炜

## 安丘市

### 中共安丘市委员会

市委书记 刘兴明（1月止）
　　　　 桑福岭（4月起，12月止）
市委副书记 桑福岭（4月止）
　　　　 杜建华
市委常委 刘兴明（1月止）
　　　　 桑福岭（12月止）
　　　　 杜建华 张振城（12月止）
　　　　 刘兴军 王龙堂（12月止）
　　　　 李光明（12月止）
　　　　 王国强 李建英（女）
　　　　 刘子庆 闫凤林
　　　　 王峰贵（10月起）
　　　　 王泉宝（挂职，1月起）

### 安丘市人大常委会

主　　任 刘兴明（3月止）
第一副主任 任海燕（女）
副 主 任 王洪书 任　健
　　　　 王学昌 孙　钧

### 安丘市人民政府

市　　长 桑福岭（6月止）
　　　　 杜建华（6月起）
副 市 长 张振城 刘兴军
　　　　 王泉宝（挂职，1月起）
　　　　 邱海芳（女） 于新兵
　　　　 刘兆泰 王冰林
　　　　 管增军（挂职，9月止）
　　　　 朱庆增（挂职，7月止，12月起）

### 政协安丘市委员会

主　　席 李广庆
副 主 席 宿明明（不驻会）
　　　　 王振红（女，不驻会）
　　　　 于庆满 于振法 王培范

### 安丘市纪律检查委员会

书　　记 闫凤林（10月止）
　　　　 王峰贵（10月起）

### 安丘市人民武装部

政　　委 王国强

部　长 范长青

### 安丘市人民法院
院　长 何彤斌

### 安丘市人民检察院
检察长 于建立

## 高密市
### 中共高密市委
书　记 范福生
副书记 杨建华 万　丽（女）
　　贾勤清（援藏）
常　委 刘明伦 刘建成（6月止）
　　徐振刚 徐方吉
　　王保功 殷玉萍（女）
　　刘　斌 孙业宗

### 高密市人大常委会
主　任 范福生
第一副主任 钟亮成
副主任 刘松青
　　毛进兰（女，非党）
　　于钦明 宫德胜

### 高密市人民政府
市　长 杨建华
副市长 刘建成（6月止）
　　殷玉萍（女） 王永亮
　　赵海龙（非党） 赵云贤
　　韩文宏

### 政协高密市委员会
主　席 杜洪君
副主席 陈　明 张兆年（非党）
　　栾　涛 唐屹立
　　吴金晶（非党）
　　施玉梅（女，非党）

### 高密市纪律检查委员会
书　记 刘明伦

### 高密市人民武装部
政　委 刘　斌
部　长 童光江

### 高密市人民法院
院　长 李鲁民

### 高密市人民检察院
检察长 隋国华

## 昌邑市
### 中共昌邑市委
市委书记 马跃启（11月止）
　　吕珊珊（女，11月起）
市委副书记 吕珊珊（女，11月止）
　　李玉祥（11月起）
　　鞠立强（11月止）
　　王龙堂（12月起）
市委常委 马跃启（11月止）
　　吕珊珊（女）
　　李玉祥（11月起）
　　鞠立强（11月止）
　　王龙堂（12月起）
　　陈永锁
　　刘世海（12月起）
　　庞胜明（6月起）
　　胡筱芹（12月起）
　　田立军（12月起）
　　李　鹏
　　刘焕成（12月起）
　　孙晓非（12月止）
　　陶金先（12月止）
　　王志强（12月止）
　　田洪波（12月止）
　　李志为（12月止）
　　王　伟（6月止）

### 昌邑市人大常委会
主　任 马跃启
第一副主任 周娟（女）
副主任 庞明庆
　　李建军（不驻会）
　　董凤杰 戚风乾

### 昌邑市人民政府
市　长 吕珊珊（女，12月止）
　　李玉祥（代市长，12月起）
副市长 陶金先（12月止） 李　鹏
　　王海岩（12月止）
　　李明杰（12月止）
　　张　琛（女，挂职，1月止）
　　刘　煜 王树国（12月起）
　　赵海龙（12月起）
　　孔德奎（12月起）

### 政协昌邑市委员会
主　席 李中福
副主席 张天辉 冯义军
　　夏麦香（女）
　　吕继贤（不驻会　2月止）
　　孙孝工 吴红玉（女）

### 昌邑市纪律检查委员会
书　记 孙晓非（12月止）
　　田立军（12月起）

### 昌邑市人民武装部
政　委 陈永锁
部　长 李明刚

### 昌邑市人民法院
院　长 薛明友（2月止）
　　徐金江（2月起）

### 昌邑市人民检察院
检察长 张　杰（2月止）
　　宋教德（2月起）

## 临朐县
### 中共临朐县委
书　记 顾建华
副书记 刘裕斌 马常春（1月止）
　　田元君（1月起）
常　委 顾建华 刘裕斌 马常春
　　田元君 刘世海（12月止）
　　衣利民 郭家荣
　　郭宝花（女） 冯　波
　　周书坤（12月止）
　　孙启军 于飞奇
　　李志为（12月起）
　　桑海强（12月起）
　　张晓乙（挂职）

### 临朐县人大常委会
主　任 顾建华

第一副主任 王晋成
副 主 任 衣 萍(女)
许孝新（不驻会）
张元平 段庆孔

临朐县人民政府
县 长 刘裕斌
副县长 衣利民 郭家荣
张晓乙（挂职）
赵同祥（12月止）
王永刚 黄 芳(女)
李 倪 鲁在君（挂职）

政协临朐县委员会
主 席 赵永娟(女)
副主席 刘学海
张惠玉(女，不驻会)
倪若强(不驻会)
白雪峰(不驻会)
傅来昌 许佃永

临朐县纪律检查委员会
书 记 冯 波

临朐县人民武装部
政 委 于飞奇
部 长 姜先福

临朐县人民法院
院 长 孙绍军

临朐县人民检察院
检察长 李运忠

## 昌乐县

中共昌乐县委
书 记 张新强（12月止）
卞汉林（12月起）
副书记 高立伯（1月止）
邱 旺（6月起）
肖建华（6月止）
张建伟（6月起）
常 委 张新强（12月止）
卞汉林（12月起）
高立伯（1月止）
邱 旺（6月起）
肖建华（6月止） 张建伟
田元君（1月止）
高登友（12月止）
徐玉山 扈本溪 包艳伦
贺玉洁（女） 王 勇
孙振元（6月起）
李良华（12月起）
刘 超（12月起）

昌乐县人大常委会
主 任 张新强（12月止）
第一副主任 王 备
副 主 任 王少鹏 周晓玲（女）
刘 坚（8月止） 田本义

昌乐县人民政府
县 长 高立伯（6月止）
邱 旺（6月起）
副县长 张建伟（6月止）
高登友 崔全华
李培进（12月止）
丁进全 魏林卿（女）
姜俊刚（挂职，3月止）
李良华（12月起）
曹俊勇（12月起）
崔 欣（女，12月起）
曹建国（12月起）

政协昌乐县委员会
主 席 周保进
副主席 张宝峰 滕恩禄
王泳亮（12月止）
滕建勋 刘树铭

昌乐县纪律检查委员会
书 记 田元君（1月止）
孙振元（6月起）

昌乐县人民武装部
政 委 包艳伦
部 长 张立俊（5月止）

昌乐县人民法院
院 长 韩昆亮

昌乐县人民检察院
检察长 郑爱之

# 2016年潍坊市国民经济和社会发展统计公报

2016年，面对复杂的国内外经济形势和下行压力，全市上下认真贯彻落实市委、市政府各项决策部署，主动适应引领经济发展新常态，按照新发展理念要求，统筹做好稳增长、促改革、调结构、惠民生、防风险各项工作，实现“十三五”良好开局。经济平稳较快增长，结构调整步伐加快，发展动能加快接续转换，区域发展更趋协调，民本民生持续改善。

## 一、综合

初步核算，全市地区生产总值（GDP）5522.7亿元，按可比价格计算，增长8%。一、二、三、四季度GDP累计分别增长7.6%、7.6%、7.8%、8%，呈现平稳上升发展态势。其中，第一产业增加值475.3亿元，增长4.1%；第二产业增加值2559.8亿元，增长7.6%；第三产业增加值2487.6亿元，增长9.2%，三次产业占比为8.6∶46.4∶45。一、二、三产业对经济增长的贡献率分别为4.6%、45.9%和49.5%，分别拉动GDP增长0.37、3.67和3.96个百分点。按常住人口计算，人均GDP达到59275元（按年末汇率折算为8545美元），增长7.4%。

各县市区、市属开发区生产总值完成情况：潍城区258.5亿元，寒亭区（含经济开发区）214.9亿元，坊子区147.8亿元，奎文区238.3亿元，青州市615.7亿元，诸城市794.5亿元，寿光市856.8亿元，安丘市306.4亿元，高密市623.2亿元，昌邑市399.5亿元，临朐县261.1亿元，昌乐县292.6亿元，高新技术产业开发区395.4亿元，滨海经济开发区303.3亿元，峡山生态经济开发区27.5亿元。

构建现代产业体系取得新突破。全市“1669”产业实现增加值3638.4亿元，占GDP比重65.9%。品牌农业方面，实施省级粮食高产创建示范方59.3万亩，带动全市粮食增产0.85亿公斤。争创国家和省级畜牧业名牌产品和驰（著）名商标50个，创建省畜牧旅游示范区8处。战略新兴产业方面，规模以上企业主营业务收入增长13.9%，高于规模以上工业企业增幅6个百分点。传统优势产业方面，规模以上企业主营业务收入、利润总额、利税总额分别增长7.9%、12.8%、11.5%。现代服务业增加值1468.1亿元，增长10.7%。

市场主体稳步增长。全市各类市场主体户数72.7万户，增长12.2%，注册资本（金）9415.7亿元，增长44.7%。其中，新登记企业类市场主体46618户，增长10.1%；总量达到16.9万户，增长23%。全市农民专业合作社24740户，家庭农场6262户，农村（社区）经济股份专业合作社 5120户，农民专业合作联社 373户。

非公有经济发展稳中有升。全市非公有经济单位71.6万户，增长12.3%；从业人员588.2万人，增长8.4%；注册资金7437.9亿元，增长44.4%。经初步测算，全市非公有经济增加值3247.3亿元，增长8.3%，其中民营经济增加值2927亿元，增长8.5%。

## 二、农业

农林牧渔业完成总产值985.9亿元，按可比价格计算增长4.6%。

粮食及经济作物生产总体平稳。据抽样调查，全市粮食播种面积1041.5万亩，减少4%，全年粮食总产量431.8万吨,减少5.3%；棉花产量2万吨，减少16.9%；油料产量21.3万吨，增长6.2%；烤烟产量2.8万吨，增长13.7%；蔬菜产量1256万吨，增长1.6%；水果产量80.7万吨，减少0.1%。

林业生态建设取得新成效。全年完成造林6.4万亩，四旁植树2445万株，森林抚育13.6万亩，育苗31.6万亩，林木覆盖率35.5%。我市成功创建为国家森林城市。

畜牧业生产增势放缓。全市肉类总产量132.5万吨，减少1%；禽蛋产量25.7万吨，增长0.2%；奶类产量22.8万吨，减少8.7%；大牲畜年末存栏33.5万头，减少6.4%；生猪年末存栏431.6万头，增长1.8%；家禽年末存栏11353万只，增长6.9%；生猪出栏821.5万头，增长1.9%；家禽出栏42351.9万只，减少2.4%。

渔业生产稳定增长。全市渔业总产值52.9亿元，按可比价增长7.1%。水产品总产量61万吨，增长1.5%。

农业机械化水平提高。全市农业机械总动力达959.9万千瓦，增长5.2%。联合收获机达2.5万台，增长1.5%。全年共完成机耕面积932万亩，机播面积1443万亩，机收面积1328万亩，机耕水平、机播水平、机收水平分别达到99.2%、89.3%、82.2%，耕种收综合机械化水平达91.2%。

农田水利建设有序推进。全年共引调长江水、黄河水2.1亿立方米。完成青州黑虎山水库和寿光小清河农业综合开发重点中型灌区节水改造，潍城等11个县市区农田水利维修养护项目顺利完成。

## 三、工业

工业生产稳定。全市规模以上工业企业达到3858家，工业增加值增长8.3%。按经济类型分，国有企业增加值增长14%，集体企业增加值增长8.7%，股份制企业增加值增长8.3%，外商及港澳台商投资企业增加值增长3.3%。按轻重工业分，重工业增加值增长9.7%，轻工业增加值增长6.1%。2016年，全市统计范围内的221种主要产品中，有135种主要产品生产量同比增加或持平。发动机、初级形态塑料、熟肉制品等产品增幅20%以上，其中，汽车用发动机、大气污染防治设备、工业机器人等增速超过30%。

工业运行平稳。全市规模以上工业企业实现主营业务收入13425.7亿元，增长7.9%；实现利润总额743.1亿元，增长11.3%；实现利税总额1129.3亿元，增长11.8%；全年产品销售率98.7%，资产负债率56.7%，同比下降0.98个百分点。前100名工业企业实现主营业务收入5196.7亿元，增长10.7%，占全市收入的38.7%；实现利润总额284.3亿元，增长16.9%；实现利税总额418.9亿元，增长17.1%。装备产业发展良好。通用设备制造业、汽车制造业、计算机通信和其他电子设备制造业分别实现主营业务收入1091亿元、637.2亿元和357.1亿元，增长12.4%、11.2%和20.8%；分别实现利润总额80.1亿元、36.6亿元和37.3亿元，增长30.4%、10.3%和14.4%；分别实现利税总额111.6亿元、54.2亿元和40.2亿元，增长26.8%、7.8%和11.6%。

## 四、投资和建筑业

固定资产投资增长较快。全市完成固定资产投资5112.5亿元，增长13.2%。6570个投资施工项目中总投资过1000万元的项目6473个，占总数的98.5%。其中，第一产业完成投资172.6亿元，增长31.1%；第二产业完成投资2905.3亿元，增长18.9%；第三产业完成投资2034.6亿元，增长4.8%。民间投资4308.9亿元，增长6.3%，占固定资产投资的84.3%；基础设施建设投资652.6亿元，增长18.4%。工业投入力度加大。工业完成投资2865.2亿元，增长19.2%，全市3553个工业在建项目中有2441个项目建成投产。计划投资5000万以上工业项目1483个，其中过亿元项目869个，完成投资1295.2亿元，占固定资产投资的25.3%。

房地产开发投资小幅回落。房地产开发投资443.2亿元，下降5.3%，其中住宅投资341.5亿元，下降4.1%。商品房销售面积1001.5万平方米，增长18.6%，其中住宅销售面积890.8万平方米，增长17.7%。商品房销售额431.8亿元，增长18.6%，其中住宅销售额375.4亿元，增长20%。全市开工各类保障房41408套，累计基本建成47752套。

建筑业运行平稳。全市494家资质以上总承包和专业承包建筑业企业完成建筑业总产值806亿元，增长5%。全员劳动生产率为34.8万元/人，增长7.1%，其中，建筑工程完成产值686.8亿元，增长5.5%；安装工程完成产值

104.2亿元，增长2.1%；其他产值15亿元，增长2.7%。签订合同额1070.6亿元，增长2%，其中本年新签订合同额670亿元，增长1.3%。

## 五、国内外贸易

国内消费品市场增势平稳。全市社会消费品零售总额2514.9亿元，增长10.4%。按城乡属性分，城镇零售额实现1742.4亿元，增长9.4%；乡村零售额实现772.5亿元，增长12.7%。按消费形态分，商品零售2271.3亿元，增长10.1%；餐饮收入243.6亿元，增长12.7%。全市物流总额2万亿元，增长13.6%。

对外贸易稳定增长。全市进出口总额1249亿元，增长6.3%。其中，出口822亿元，增长1.8%，进口426.9亿元，增长16.2%。骨干企业拉动作用强劲。全市40家重点出口企业出口337.1亿元，增长16.2%，占全市出口总额的41%，40家重点进口企业进口349.3亿元，增长38.7%，占全市进口总额的81.8%。对“一带一路”沿线国家贸易增长较快，完成进出口430亿元，增长10%，占进出口总额的34.6%。

对外投资和经济合作势头良好。新增境外实际投资额3.5亿美元。新批外商投资项目45个，增长18.4%，合同利用外资91.2亿元，下降16.8%。实际到账外资70.8亿元，增长13.2%。派出各类劳务人员6113人次，增长5.5%，完成对外承包工程营业额2.0亿美元，增长16.6%。

## 六、交通运输、邮政电信和旅游业

交通基础设施建设逐步完善。全年完成交通建设投资156.8亿元，其中，公路建设完成投资80.6亿元，港口建设完成投资35亿元，铁路建设完成投资17.7亿元，民航建设完成投资1.5亿元，城市公交完成投资1.3亿元。全市公路通车里程26881.6公里，公路密度166.6公里/百平方公里，二级及以上公路里程4441公里。全市营业性机动车辆98100辆，其中线路客车（含旅游、包车）2611辆，载货汽车90596辆，出租车4893辆。潍坊港“一主两副”港区分布格局基本形成，生产性泊位33个，其中万吨级以上泊位14个，港口总通过能力2599.4万吨。

交通运输生产稳步增长。全市道路运输完成客运量5972万人次，增长3.8%，旅客周转量45.4亿人公里，下降0.9%；完成公路货运量23680万吨，增长9.5%，货物周转量517.5亿吨公里，增长3.3%。水上运输完成货运量1619万吨，增长10%，货物周转量115.5亿吨公里，增长9%。潍坊港完成货物吞吐量3704万吨，增长23%，是我省同类港口中发展较快、效益较好的港口。航空运输完成客运量54.1万人次，增长16.2%，货邮吞吐量2.2万吨，增长18.5%；青临铁路完成货运量460万吨，增长26.7%。

邮政业务发展迅猛，电信业总体稳定。邮政业务总量25.3亿元，增长56.2%。其中，快递业务10442.9万件，增长70%。全市电信企业实现电信业务总量86.7亿元，增长11.5%。年末电话用户总数1067.8万户，下降1%，普及率达119.5部/百人。其中，固定电话用户96.6万户，固定电话普及率21.6部/百人；移动电话用户971.2万户（包括3G用户78.5万户，4G用户445.5万户），移动电话普及率108.7部/百人。互联网用户达到718.1万户（包括无线上网用户531.1万户），互联网普及率达到80.3%；通信光缆总长度160.1万芯长千米；互联网出口带宽2120G。

旅游产业保持平稳增长态势。据抽样调查，全市接待游客6115.1万人次，增长8.6%；实现旅游消费总额677.2亿元，增长13.7%。全市A级旅游景区97家，其中AAAAA级景区1家，AAAA级景区23家；星级饭店50家，其中五星级饭店3家，四星级饭店17家；旅行社157家，其中出境组团社12家。

## 七、财政、金融和保险

财政收支预算圆满完成，民生支出比重继续提高。全市一般公共预算收入521.5亿元，增长9.1%。其中，税收收入397.9亿元，增长4.9%，占一般公共预算收入的比重为76.3%。全市一般公共预算支出637亿元，增长4.1%。其中，民生支出达到510亿元，占一般公共预算支出的比重为80%，较上年提高1个百分点。

金融机构存贷款余额不断增长。2016年末金融机构本外币各项存款余额为7094.8亿元，比年初增加877.2亿元，增长14.1%，其中住户存款为4025.1亿元，比年初增加418.4亿元，增长11.6%。金融机构本外币各项贷款余额为4906亿元，比年初增加145.5亿元，增长3.1%。新增金融机构5家。金融机构经营效益下滑，实现利润总额63亿元，下降14.6%。

企业直接融资能力增强。全年新增265家企业在“新三板”和齐鲁股权交易中心挂牌，在“新三板”挂牌企业累计达到41家，在齐鲁股权交易中心挂牌企业累计达306家。债券融资力度加大，企业通过发行短期融资券、中期票据、集合债、商业银行债券、私募债等方式募集资金320.5亿元。依托市金控集团累计设立专业子基金30支，基金滚动投入229.2亿元，直接撬动金融及社会资本227.9亿元，间接撬动其他金融及社会资本267亿元，累计支持190个重点园区、重点产业链、重点企业和项目。

保险业健康发展。驻潍保险机构70家，比上年增加5家。其中，财产险机构34家，人身险机构36家。全年保费收入186亿元，增长16%；赔给付58.5亿元，增长20.3%。其中财产险保费收入达到58.5亿元，增长11.1%，赔付30.1亿元，增长13.6%；人身险保费收入达到127.8亿元，增长18.4%，赔给付28.5亿元，增长28.3%。全市保险业承担社会风险2.6万亿元，增长23.4%。

## 八、教育、卫生、文化和体育

教育事业成效显著。2016年年末，全市共有普通高校14所，在校学生17.1万人；中等职业学校34所，在校学生8.7万人；普通高中55所，在校学生17万人；初中270所，在校学生25万人；小学823所，在校学生59.5万人；幼儿园1774所，在园幼儿23.6万人。全市

12个县市区通过国务院组织的义务教育基本均衡发展检查验收。投资6.1亿元，新建改扩建幼儿园188所，完成建设面积25.7万平方米，新增优质学位1.8万个。我市在教育部召开的中考改革、立德树人等会议上4次作为全国唯一的地级市介绍经验做法。

医改工作持续深化。全市各级各类医疗卫生机构7706家，各类卫生技术人员60762人，其中医生23854人、注册护士25972人。农村社区卫生室建成200处，顺利完成年度任务。潍坊市人民医院创建为“省级区域医疗中心”，安丘、昌乐2家县级综合医院创建为三级乙等医院，全市三级医院达到13家，15家乡镇卫生院创建为全国第二批“群众满意的乡镇卫生院”。稳妥有序实施“全面两孩”政策，2016年全市出生146095人，增长68.9%，其中一孩50450人、二孩93790人，分别增长21.4%和112.2%。

文化事业平稳发展。市美术馆开馆运行。市博物馆成功创建为国家一级博物馆。山东戏曲编剧人才培养基地和山东小戏创作基地落户潍坊。完成120个基层综合性文化服务中心提升任务，全市村（社区）综合性文化服务中心建设达标率达到82%。337个省定贫困村已有268个建成综合文化活动室，占总数的79.5%。加快公共文化场馆“总分馆制”服务体系建设步伐，市图书馆在社区、学校等设立分馆20多个。潍坊鸢都嵌银厂和董家骨科诊所被评为山东省第二批非遗生产性保护基地。潍坊十笏园文化运营有限公司创建为省级文化产业示范基地。25个数字文化产业项目入选国家软件系统需求框架。

体育成绩突出。成功举办中国足协潍坊国际青年女子足球锦标赛和“鲁能·潍坊杯”国际青年足球邀请赛。5名体育健儿出征里约奥运会，杨方旭助力中国女排再夺奥运会女排冠军；组队参加省级锦标赛，取得117.5金59银66铜的优异成绩；群众体育蓬勃发展，组织举办了群众性体育赛事800余次，直接参与人数30万人。

## 九、科学技术、质量监督及人才工作

科技创新能力显著增强。实施市级以上各类科技计划445项，其中雷沃重工股份有限公司、潍柴动力股份有限公司等企业实施国家重点研发计划25项，山东帅克机械制造股份有限公司等实施省级科技计划项目105项，共争取省级以上科技资金2.2亿元。高新技术产业较快发展，2016年全市实现高新技术产业产值4413.5亿元，占规模以上工业的33.13%，比年初提高1.28个百分点。6项成果获得省级科技进步奖，157项成果获得市级科技奖励。盛瑞传动“前置前驱8挡自动变速器”获得国家科技进步一等奖，实现了我市企业以第一项目完成人获得国家一等奖零的突破。高新区获批建设山东半岛国家自主创新示范区，综合实力在全国147个高新区中居第23位。

科技创新平台建设取得新成效。新组建省级(示范)工程技术研究中心8家、省级院士工作站20家，组建市级工程技术研究中心50家、市级重点实验室39家、市级科技创新联盟9家。潍柴卡车动力总成众创空间认定为国家专业化众创空间，通过国家备案众创空间6家、省级14家，创客团队475个。新组建市级科技企业孵化器14家，新增孵化面积34.6万平方米、新增在孵企业665家。新入驻市科技孵化中心的科技型创业企业57家。

知识产权工作成绩显著。全市国内专利申请20895件，其中发明专利申请7371件；国内专利授权10150件，其中发明专利授权1259件。我市获批国家专利质押融资示范城市。

质量技术监督和商标注册工作成效显著。新创山东名牌产品34个，总量达到255个；新增山东省服务名牌13个，总量达到33个；地理标志保护产品12个。行政认定驰名商标3件，总量达到92件。新认定山东省著名商标30件，总量达到356件。地理标志证明商标总量达到80件。国家级“守合同重信用”企业总量达到41家，省级450家，市级745家。

人才队伍日益壮大。全市共引进高层次人才3254人，引进高端外国专家568人，组织执行引智项目327个，获批上级引智专项资金420万元。10名外国专家获评第六届“鸢都友谊奖”，新增1名外国专家入选国家“外专千人计划”，2名外专千人计划专家受聘为国家特聘专家。全市新增博士后创新实践基地7家，博士后科研平台总数达38家。新增3名突出贡献的中青年专家，组织选拔100名专业技术拔尖人才。选拔潍坊市首席技师50名、有突出贡献技师60名、潍坊市技术能手100名，有6人获得齐鲁首席技师称号，新增高技能人才2.5万人。

## 十、人民生活、就业和社会保障

城乡居民收入不断提高。据抽样调查，城镇居民人均可支配收入33609元，增长8.2%；城镇居民人均消费性支出20976元，增长8.5%。城镇居民人均住房建筑面积40.9平方米/人。农村居民人均可支配收入16098元，增长8.1%；农村居民人均消费支出10027元，增长10.2%。农村居民人均住房建筑面积40.6平方米/人。

物价水平小幅上涨。全市居民消费价格上涨2.4%，涨幅比上年高1.5个百分点。其中，食品烟酒类价格上涨3%，医疗保健、衣着类、教育文化和娱乐、生活用品和服务分别上涨9.3%、3.4%、2.9%、1.9%，居住类下降0.2%。工业生产者购进价格与上年持平，工业生产者出厂价格下降1.4%。

社会保障事业全面发展。全市养老、医疗、失业、工伤和生育保险参保人数分别达到660.8万人、823万人、94.1万人、131.4万人和86.5万人。全市户籍人员参保登记入库率达到99.6%。城乡居民基础养老金由每人每月85元提高到100元，其中滨海区提高到135元，高新区提高到105元。完善医疗保险制度，规范完善长期护理保险工作，全市享受长期护理保险待遇的达到1.6万人次。改革完善生育保险政策，生育保险调剂金上调比例由5%提高到20%。失业保险金标准提高到每人每月1000元。

就业工作成效显著。全年实现城镇新增就业12.6万人，城镇登记失业率控制在2.9%，低于控制目标0.9个百分点。新建大学生创业孵化器38家，新增省级创业示范平台3个。全市各类创业孵化载体达到153家，其中省级创业示范平台14家。7个县市区建成创业大学分校，驻潍9所高校设立了教学点，带动全市组织创业培训2.4万人。

城乡低保不断提高。全市城市低保平均标准达到每人每月512元，农村低保平均标准达到每人每年3867元。福利彩票销售总额14.9亿元，增长1.8%。养老服务产业健康发展。全市社会办养老机构99家，培育引进养老服务组织42家，编制区域居家养老服务项目8大类56项。开工建设医养结合综合体20处，可新增养老床位15400张。全市21家养老机构实现内设医疗服务设施。实施养老服务“十百千万”工程，累计培训养老管理服务人员4085人次。

扶贫工作扎实推进。全市5.5万农村建档立卡贫困人口实现脱贫。337个省定扶贫工作重点村的344个项目已开工建设。农业扶贫帮扶涉及1456个村、贫困人口17568户、33113人；发动参与扶贫龙头企业210家，帮扶贫困户1100户、帮扶贫困人口2100人，吸纳就业850人。开展就业创业扶贫，累计建档立卡农村贫困人口转移就业4006人，带动9272人实现脱贫。

## 十一、城市建设和环境保护

重点项目建设成效显著。城海快轨项目经省发改委批复立项启动建设，实现与京沪高铁东线并线。推进地下综合管廊建设，已开工16.1公里，其中市区10.3公里，鸢飞路综合管廊已完成3.5公里。玉清东街、梨园街等综合管廊已开工建设。启动海绵城市建设项目包共4大类别25个工程，开工面积24.5平方公里。

新型城镇化步伐加快。全市常住人口城镇化率达到58.15%，提高2.35个百分点。农村社区建设取得突破，按照“一厅一校十室”的标准，建设提升农村社区服务中心219个。诸城市被确定为国家新型城镇化试点，临朐县牛寨村被评为国家宜居村庄，青州市井塘村、昌邑市齐西村被评为国家级传统村落，寿光市羊口镇成功入选第一批中国特色小镇。

深入推进绿色建筑发展。全市共有1863个项目、2109万平方米通过绿色建筑设计施工图审查。中央生活城、上书房、怡园雅居等20个项目、193万平方米通过绿色评价标识评审。绿色建筑标识项目总数达到73个、785万平方米，绿色建筑项目累计272个、2834万平方米，8类24个项目获批省级建筑节能与绿色建筑试点示范。

环境保护取得明显成效。主要污染物化学需氧量、氨氮、二氧化硫、氮氧化物排放同比削减2.3%、3.1%、5.4%和5.4%。2016年，全市“蓝天白云、繁星闪烁”天数253天，同比改善19天。PM2.5、PM10、$SO_2$、$NO_2$同比分别改善10.2%、6.0%、17.6%、4.4%。23条市控以上重点河流断面水质COD平均浓度33.9毫克/升，氨氮浓度为2.15毫克/升，比2015年平均浓度分别改善了11.9%、9.3%。

## 十二、人口和安全生产

全市常住人口935.7万人，户籍人口901.32万人。全年出生人口146095人，增长68.9%，合法生育率99.1%，人口自然增长率10.86‰，出生人口性别比106.4。

全市累计发生各类生产安全事故162起，下降19.8%，死亡87人，下降6.5%。

注：(1)公报所列地区生产总值(GDP)、增加值等价值指标按当年价格计算，增长速度按可比价格计算。

(2)公报所列数字为年快报数或初步统计数字，正式数字以《2017年潍坊统计年鉴》为准。

（潍坊市统计局 国家统计局潍坊调查队）

# 中国共产党潍坊市委员会

*Zhongguogongchandang weifangshi weiyuanhui*

## 重要会议

**【全市扶贫开发工作会议】** 1月6日，市委、市政府召开全市扶贫开发工作会议，主要任务是深入贯彻落实中央和全省扶贫开发工作会议精神，研究部署脱贫攻坚的任务目标和思路措施，动员全市各方面力量坚决打赢这场脱贫攻坚战。会议要求，一要统一思想提高认识，坚定打赢脱贫攻坚战的信心和决心。把打赢脱贫攻坚战作为重大政治任务，以对中国共产党和人民事业高度负责的精神，以坚强的党性和顽强拼搏的作风，科学谋划，全力推进，确保提前完成脱贫攻坚任务，让贫困群众与全市人民一道迈入全面小康社会。二要精准扶贫精准脱贫，确保一人不落全部如期脱贫。要聚焦习近平总书记提出的“六个精准”，做到识别要精准、措施要对路、帮扶要到位，以过细的工作实现精准的要求，确保高标准高质量完成脱贫攻坚任务。三要统筹谋划综合施策，着力提高扶贫开发成效。要把脱贫攻坚与现代农业综合改革、农村新型社区建设、精神文明创建、基层服务型党组织建设有机结合起来，全面提高扶贫开发成效。四要加强领导完善机制，为打赢脱贫攻坚战提供坚强保障。各级党委、政府和有关部门要把脱贫职责扛在肩上，把脱贫任务抓在手上，牢固树立执政为民的宗旨意识，健全完善工作机制，以踏石留印、抓铁有痕的力度，坚决打赢脱贫攻坚战。

**【市委政协工作会议】** 1月6日，市委召开政协工作会议，主要是深入学习贯彻习近平总书记系列重要讲话精神，认真落实中央和省委关于加强人民政协工作的新部署、新要求，总结交流近年来全市各级做好政协工作的经验做法，研究部署加强和改进党的政协工作的任务措施。会议强调，一要深入学习贯彻习近平总书记系列重要讲话精神，把思想和行动统一到中央和省委关于做好新形势下政协工作的部署要求上来。要从政治上、全局上充分认识做好新形势下政协工作的极端重要性，准确把握人民政协的性质定位、重要原则和任务使命，真正把政协工作抓紧抓实、抓出成效，努力开创政协工作新局面。二要充分发挥人民政协的独特优势和作用，为加快建设富裕文明新潍坊凝聚智慧和力量。要以认真落实中央和省、市委关于加强社会主义协商民主建设文件精神为主线，以推进政治协商、民主监督、参政议政的制度化规范化程序化为重点，主动适应形势新变化、发展新要求、群众新期待，准确把握职能定位，充分发挥特点优势，解放思想、把握规律，求真务实、开拓创新，不断提升政协工作水平，推进政协事业健康发展，为协调推进“四个全面”战略布局、率先全面建成小康社会做出新贡献。三要加强和改进党对政协工作的领导，为政协创造良好履职环境和条件。按照总揽全局、协调各方的原则，进一步加强和改进党对政协工作的领导，支持政协依照宪法法律和政协章程，独立负责、协调一致地履行职能、开展工作。

**【全市经济工作会议】** 1月20日，市委、市政府召开全市经济工作会议，主要是全面贯彻落实中共十八大和中共十八届三中、四中、五中全会精神，深入学习贯彻中央和全省经济工作会议精神，总结2015年经济工作，分析当前经济形势，研究部署2016年经济工作任务措施。会议要求，一要认清形势、提高认识，把思想统一到中央和省委、省政府部署要求上来。要深入学习习近平总书记系列重要讲话精神，深刻理解中央对经济形势的科学判断、结构性改革的重大部署、中央关于适应引领经济发展新常态的新要求和中国特色社会主义政治经济学的基本原则要求，做到稳增长与转方式有机统一、腾笼与换鸟有机统一、有为政府与有效市场有机统一、抓改革与守底线有机统一，凝聚起打赢结构性改革攻坚战的强大力量。二要明确思路、突出重点，扎实做好“十三五”开局之年经济工作。要牢固树立和贯彻落实创新、协调、绿色、开放、共享发展理念，适应经济发展新常态，坚持稳中求进工作总基调，坚持以提高发展质量和效益为中心，认真贯彻宏观政策要稳、产业政策要准、微观政策要活、改革政策要实、社会政策要托底的总体思路，紧紧围绕加快培育新的发展动能、改造提升传统比较优势、增强持续发展动力，坚持问题导向，突出改革引领，遵循市场规律，打好政策措施“组合拳”，加快推进供给侧结构性改革，着力提高供给质量和效率。突出抓好打好供给侧结构性改革歼灭战、拓展产业转型发展新领域、搭建创新创业大舞台、统筹协调推进新型城镇化、构建新一轮发展基础支撑大格局、织密防风险兜底线安全网等方面的重点任务，促进经济持续健康发展，努力在全面建成小康社会进程中走在前列。三要振奋精神、务实创新，更加自觉地担负起引领新常态的重任。要保持良好的精神状态，提高引领新常态的能力，营造良好的干事创业环境，健全完善推动落实的机制，为科学引领新常态、继续走在前列提供坚强保证。

**【潍坊滨海海洋经济新区建设领导小组成员会议】** 1月20日，市委、市政府召开潍坊滨海海洋经济新区建设领导小组成员会议，主要是总结工作，分析形势，研究部署下步推进滨海海洋经济新区建设的任务措施。会议强调，一要充分肯定实施突破滨海战略取得的重要成果。自2013年全市加快滨海开发推进会议作出新一轮滨海开发的动员部署以来，各级各部门认真贯彻落实市委、市政府决策部署，迅速行动、主动作为、齐心协力、攻坚克难，以高的标准、实的作风和新的举措加快新区开发建设，取得了重要成果。二要更加充分地认识实施突破滨海战略的重大意义。自觉站在新理念、大逻辑和推进结构性改革重点任务的高度，更加深刻地把握五大发展理念的内涵要求，更加自觉地认识、适应、引领发展新常态，更加有效地实施好结构性改革五大任务，努力以新的理念开辟转型发展新途径、增创科学发展新优势。三要更加精准地把握突破滨海的目标定位。要准确把握、全面落实五中全会提出的“创新、协调、绿色、开放、共享”五大发展理念，切实贯穿到新区建设全过程、各方面，更加科学准确地把握突破滨海的目标定位，以新的发展理念引领发展行动，在推进滨海开发建设中谋求更大突破、争取更大成效。四要更加科学有序地推进产城融合发展。要抓住创建国家产城融合示范区的重大机遇，在产城融合上强力起步、强力推进，确保有重大突破，加快形成产城融合发展的新态势。五要更加积极有效地推进结构性改革。深刻领会把握、认真贯彻落实中央推进结构性改革的五大任务，按照结构性改革特别是供给侧结构性改革的要求，在改革创新上大胆探索、主动作为。六要以更加奋发有为的姿态开创发展新局面。要继续保持和发扬好的传统和作风，以决战决胜的信心和勇气，敢作敢为、善作善成的担当精神，坚决打赢突破滨海攻坚战。

**【全市农村工作会议】** 1月29日，市委、市政府召开全市农村工作会议，主要任务是深入贯彻落实中央和全省农村工作会议精神，总结“十二五”全市农业农村工作，分析当前农村形势，安排部署当前和“十三五”时期农业农村改革发展的任务措施。会议强调，必须牢牢把握中央和省委、省政府关于“三农”工作的新思路、新部署、新要求，巩固发展全市农业农村好局面，再创农业农村发展新优势。一要认清新形势下农业农村发展面临的机遇和挑战，切实增强“走在前列”的压力感和紧迫感。二要全面落实五大发展理念，再创潍坊农业农村发展新优势。坚持以创新发展培育农业农村发展新动力，以协调发展推动农业转型和城乡统筹，以绿色发展促进农业资源保护和可持续利用，以开放发展拓展农业农村发展新空间，以共享发展增进农民群众福祉，推动和引领农业转型、农村发展和农民增收致富。三要全面深化农村改革，进一步激发农业农村发展活力。积极推进农业供给侧结构性改革，进一步深化农村产权制度改革，加快推进供销社合作社综合改革，创新完善农业农村支撑保护体系，为农业农村发展提供动力、增添活力。四要切实提高组织领导水平，为开创农业农村发展新局面提供有力保证。

**【全市深化“三八六”环保行动实施“十大工程”加快绿色发展电视会议】** 3月1日，市委、市政府召开全市深化“三八六”环保行动实施“十大工程”加快绿色发展电视会议（产业提升绿色发展工程、清洁能源替代改造工程、工业点源深度治理工程、车辆污染综合管控工程、城建环卫精细管理工程、集中供热优化整合工程、城镇废水综合利用工程、河流湿地生态保护工程、农业面源污染防治工程、环境安全风险防控工程），主要是总结工作，表彰先进，部署任务，动员全市各级以新理念为引领，坚定信心、持续加力，深化“三八六”环保行动，通过实施“十大工程”，进一步提升全市生态文明建设水平，把潍坊发展整体纳入绿色发展轨道，奋力开创美丽潍坊建设新局面。会议强调，一是要保持绿色发展的定力。要深刻领会和坚决贯彻习近平总书记重要指示精神，充分认识绿色发展是必然选择、必由之路，是中央要求、百姓期盼，是严峻挑战、现实考验，保持和增强战略定力、政治定力、道德定力，不断为潍坊未来的发展开拓空间、积蓄力量，确保中央和省委、省政府部署要求在潍坊落地生根，让良好生态环境成为人民生活的增长点。二是要拓展绿色发展的途径。各级要明确努力方向，精心组织实施好“十大工程”，在腾出更大环境容量上聚焦发力，在创造更高质量生态环境上聚焦发力，在培育绿色发展增长点上聚焦发力，努力取得新的突破。三是要健全绿色发展的机制。要善于运用改革的思维、创新的办法、法治的方式来组织推进，关键是发挥好机制的保障和引导作用。

**【全市“两学一做”学习教育工作座谈会和培训会】** 4月22日，市委召开全市“两学一做”学习教育工作座谈会和培训会，主要是深入学习贯彻习近平总书记系列重要讲话和关于开展“两学一做”学习教育重要指示精神，全面落实中央和省委要求，安排部署全市“两学一做”学习教育工作。会议强调，一要深入学习领会习近平总书记重要指示和中央、省委座谈会精神，充分认识开展“两学一做”学习教育的重大意义。二要准确把握中央和省委部署要求，推动“两学一做”学习教育扎实开展、取得实效。三要坚持抓在日常、严在经常，积极探索推进党的思想政治建设常态化制度化。四要加强组织领导，确保“两学一做”学习教育各项任务落实到位。

**【全市党校工作会议】** 4月22日，市委召开全市党校工作会议，主要任务是学习贯彻习近平总书记重要讲话和全国、全省党校工作会议精神，研究部署当前和今后一个时期全市党校工作。会议要求，一要认真学习贯彻全国、全省党校工作会议精神，切实增强做好党校工作的思想自觉和行动自觉。各级各部门要把学习贯彻习总书记重要讲话精神作为一项重大政治任务，深入贯彻落实全国、全省党校工作会议精神，进一步统一思想、深化认识，切实增强做好党校工作的责任感、使命感和紧迫感。二要坚持党校姓党根本原则，努力开创党校事业发展新局面。要以党校姓党为根本原则和立校办学之本，坚持围绕中心服务大局，强化党校“三个阵地、一个熔炉”的重要作用，全面提升各级党校的办学能力和水平，努力建设干部教育培训主渠道作用更加突出、党的理论教育和党性教育特色更加鲜明、校风学风更加过硬的党校，为实现更高层次新发展、在全面建成小康社会进程中走在前列提供有力支撑和保证。三要加强和改善党委对党校工作的领导，为党校事业发展提供坚强保障。各级党委要把办好管好建好党校作为重要政治任务，牢记使命和责任，统筹资源和力量，抓紧抓好党校各项工作。

**【全市庆祝中国共产党成立95周年大会】** 6月27日，市委召开全市庆祝中国共产党成立95周年大会，热烈庆祝中国共产党成立95周年，表彰全市先进基层党组织、优秀共产党员和优秀党务工作者。会议指出，中国共产党是一个坚持科学理论武装、先进性特征鲜明的党，是一个一切为了人民、全心全意为人民服务的党，是一个经受得住各种风险考验、不断成熟自信的党，始终是领导全国各族人民坚持和发展中国特色社会主义的核心力量。习近平总书记视察山东时，要求山东在全面建成小康社会进程中走在前列。省委对潍坊的发展寄予厚望，要求潍坊在全省发展中“走在前列、起好带头作用”。完成新的历史任务，需要全市上下凝心聚力、拼搏实干。这就要求党的各级组织必须坚强有力，充分发挥战斗堡垒作用，党员干部必须干在实处、走在前列，发挥好先锋模范作用。会议强调，在全面建成小康社会进程中走在前列，必须始终保持坚定正确的政治方向，必须牢固树立和贯彻落实新发展理念，必须坚定不移地推进全面深化改革，必须深入扎实地推进法治潍坊建设，必须更加自觉地践行群众路线，必须认真开展“两学一做”学习教育，推进全面从严治党向基层延伸。会议要求，全市各级党组织和广大党员干部，要在市委的统一领导下，牢记职责使命，创新实干，奋发进取，以更加昂扬的斗志、更加务实的作风、更加过硬的本领，勇挑重担，争创一流，为在全面建成小康社会进程中走在前列、加快建设富裕文明新潍坊做出积极贡献。

**【全市开放发展大会】** 8月4日，市委、市政府召开全市开放发展大会，主要是动员全市以新发展理念为引领，更加主动地落实国家开放战略，更大力度地推动对外合作，更有成效地提升开放质量，以开放发展的新作为引领经济发展新常态，为在全面建成小康社会进程中走在前列拓展空间、增添动力。会议要求，一要抓住推动更高层次开放发展的关键。认真贯彻中央和省委、省政府决策部署，把准方向、抓住关键，变“双重挤压”为“双向开放、双向合作”，着力构建开放发展新格局，培育开放发展新优势。二要支持企业当好开放发展的主角。要引导企业树立全球思维，增强合作意识，积极参与全球产业分工，打造能代表潍坊参与国际合作的“联合舰队”，在更多领域实现由跟跑并跑到并跑领跑的转变。三要把开发区打造成开放发展的平台。要坚持问题导向，认真实施开发区转型升级“三年行动计划”，按照“四化”目标、“四集”思路，加快推动“三个转变”，着力培育以体制机制为核心的竞争新优势。四要提高领导新常态下开放发展的水平。要进一步提升开放发展的思想境界，形成服务企业的政策体系和长效机制，推动形成全域开放大格局，扎实推进新一轮更高水平对外开放。

**【潍坊滨海海洋经济新区建设领导小组成员（扩大）会议】** 8月26日，市委、市政府召开潍坊滨海海洋经济新区建设领导小组成员（扩大）会议，主要是按照新发展理念要求和走在前列的目标定位，研究谋划“十三五”时期滨海海洋经济新区建设的目标任务，进一步凝聚共识、精准发力，以更高标准更实措施更大力度推进新区建设。会议指出，实施突破滨海战略是贯彻中共十八大精神、实施海洋强国战略的重大举措，是落实习近平总书记“经略海洋”战略思想的具体实践。2013年以来，全市各级各部门认真贯彻市委、市政府决策部署，自觉以新发展理念提升发展境界，以高标准严要求推进新区规划建设，重大基础设施建设、产业转型升级、生态工程建设、重点区域建设、体制机制改革实现新突破，突破滨海取得显著成效。会议强调，要按照走在前列的目标定位，明确今后一个时期新区建设的重点任务，在基础设施建设、产业集群发展、人力资源开发、产城融合发展上实现更大突破。会议要求，要深化改革创新完善体制机制，大力弘扬改革创新精神，强化组织领导体制，完善规划建设机制，健全考核激励机制，以改革思维创新举措推动新区建设再上新水平。

**【全市“双拥”工作表彰大会】** 10月17日，市委、市政府、潍坊军分区召开全市“双拥”工作表彰大会，主要是认真贯彻落实全国、全省“双拥”模范城（县）命名表彰大会精神，表彰全市“双拥”先进单位和个人，安排部署今后一个时期“双拥”工作任务。会议指出，潍坊是革命老区、驻军大市，近年来，全市认真贯彻落实中共中央和中央军委决策部署，紧紧围绕“四个全面”战略布局，聚焦党在新形势下的强军目标，主动对接部队需求，全力支持国防建设，“双拥”工作不断取得新的成绩。会议强调，要深入贯彻全国、全省“双拥”模范城（县）命名暨双拥模范单位和个人表彰大会精神，进一步深化对做好新形势下“双拥”工作重要性的认识，以更大的力度、更有效的措施扎实推进双拥工作，努力推动全市经济社会发展和驻潍坊部队现代化建设迈向新水平。一要切实提高思想认识，增强做好“双拥”工作的责任感使命感。二要聚焦改革强军目标，全力支持国防和军队改革建设。三要加强统筹协调，大力推进军民融合深度发展。四要落实落细优抚政策，扎实做好拥军优属工作。五要切实加强组织领导，为“双拥”工作开展提供有力保障。

**【全市城市工作会议】** 11月4日，市委、市政府召开全市城市工作会议，主要任务是深入学习习近平总书记在中央城市工作会议上的重要讲话精神，把握精髓要义，增强思想自觉和行动自觉，用以指导新时期的城市工作。会议指出，上年年底召开的中央城市工作会议，是在中国经济进入新常态、城市发展进入新阶段的大背景下召开的一次具有里程碑意义的重要会议。会议对新时期全国城市工作作出顶层设计和全面部署，尤其是习近平总书记的重要讲话，站在协调推进“四个全面”战略布局、实现“两个一百年”奋斗目标的高度，从贯彻落实“五大发展理念”的高度，深入阐述城市发展中的一系列重大理论和实践问题，深刻指明推进城市转型发展的大政方针、主要任务和方法路径，充分体现对城市发展大势的深邃洞察和城市发展规律的科学把握，是做好城市工作的纲领性文件。会议强调，一要把思想统一到中央关于新时期城市重要地位和作用的认识上来。要切实从引领经济发展新常态、协调推进“四个全面”战略布局、全面建成小康社会的战略高度，深刻认识城市的重要地位和作用，充分认识做好城市工作的重大意义。二要把思想统一到人民城市为人民的理念上来。要着重围绕习总书记强调的衣食住行、生老病死、安居乐业12个字做文章，聚焦大班额、看病难、养老难、停车难、交通拥堵、环境污染等亟待解决的问题，大力补齐基础设施、公共服务、生态环境等突出短板，努力让人民群众在城市生活得更方便、更舒心、更有获得感。三要把思想统一到“一个尊重、五大统筹”的思路上来。要尊重城市发展规律，统筹空间、规模、产业三大结构，统筹规划、建设、管理三大环节，统筹改革、科技、文化三大动力，统筹生产、生活、生态三大布局，统筹政府、社会、市民三大主体。四要把思想统一到中央关于加强和改善党对城市工作领导的要求上来。各级各部门必须加强组织领导，努力把握规律，狠抓工作落实，大力推动城市转型发展。

**【市委十一届十一次全体会议】** 12月13日，市委召开十一届十一次全体会议，听取和讨论市委常委会工作报告，审议通过了《中共潍坊市委、潍坊市人民政府关于深化科技体制改革加快创新发展的实施意见（草案）》。会议要求，一要以落实《关于深化科技体制改革加快创新发展的实施意见》为抓手，加快推进创新型城市建设。要提高思想认识，加大工作力度，通过深化改革破除制约科技创新的体制机制障碍，最大限度地激发科技第一生产力、创新第一动力的巨大潜能，为潍坊的发展持续注入新动力。二要以党委政府换届为契机，谋划好全市未来发展蓝图。要把谋划好未来发展作为一项重大历史责任，强化全球视野和大局观念，围绕“走在前列”的目标定位，深入调查研究、凝聚各方智慧，下功夫起草好党代会报告、谋划好未来发展，绘制好发展蓝图。三要以确保完成全年任务为目标，下大气力抓好当前重点工作。

（朱雪峰　朱　超）

# 政策研究

**【切实搞好综合文字服务工作】** 牢牢把握新形势新任务新要求，切实增强政治意识、大局意识、核心意识、看齐意识，坚持围绕中心、服务大局，认真履职、扎实工作，充分发挥“坚强前哨”和“巩固后院”重要作用，为全市经济社会发展提供坚强有力保障。先后筹备市委全会、经济工作会议、经济运行调度会议、开放发展大会、城市工作会议、农村工作会议、维护稳定工作会议等重要会议，起草市委主要领导同志讲话62篇，起草市委常委会2016年工作要点，制定《关于深入推进供给侧结构性改革的实施意见》《关于深化科技体制改革加快创新发展的实施意见》等重要文件14个，撰写各类情况报告、汇报、致辞29篇，不断在提高以文辅政实效性上下功夫。

**【认真抓好重大课题调查研究】** 对事关全市发展大局、领导关心关注的重大课题、重大事项，坚持做到提前介入、超前研究、动态跟踪，先后组织开展了开放工作、农村产权改革、农村社区治理、合作经济发展、扶贫开发、法治建设、人才队伍建设等20多个课题的调研，提出许多具有建设性的意见建议，形成重大课题调研报告13篇，为辅助市委决策发挥重要作用。其中《创新农村社区治理机制的调查与思考》《关于绿色发展与新增长点培育的调研报告》《全市国土资源供给侧改革调研报告》《关于发展农村合作经济的探索和思考》等一批有分量的调研文章得到市委领导充分肯定并上报省委宣传推广，获得全省党委政研系统优秀调研成果一等奖1个，二等奖1个。

**【全面推进深化改革】** 认真贯彻落实中央和省市委关于全面深化改革的决策部署，推动改革力度进一步加大，全面深化改革的主体框架基本确立。组织召开市委全面深化改革领导小组会议11次，审议通过30个改革文件，市级层面出台改革文件118个，12篇改革案例被省委改革办采用，在全省名列前茅。认真贯彻落实上级改革部署，中央、省委出台的改革文件，共有66个制定出台配套文件，领导小组工作要点确定的246项改革任务和15项年度重点改革事项，全部完成任务。市委改革办牵头组织督导检查81次，上半年组织开展集中督察行动，潍坊市在全省改革督察工作会议上作典型发言。承担的35项国家、省改革试点，共有10项按期完成并通过验收，省委深改组第23次会议专题听取全市现代农业综合改革试点情况汇报，并在全省推广潍坊市经验做法。总结提炼50项改革创新成果在全市推广，在市级媒体设立"改革攻坚在行动"专栏，在市级以上主流媒体刊发改革宣传报道680篇，一批经验做法被中央改革办、《人民日报》宣传推广。

**【注重党刊编发创新】** 作为市委机关刊物，《潍坊通讯》始终遵循"围绕中心、服务大局"的办刊宗旨，坚持正确的舆论导向，突出政治性、权威性、综合性、指导性，紧紧围绕市委中心工作和全市改革发展稳定大局，积极宣传中国共产党的路线方针政策和市委市政府的决策部署、政策规定、工作思路，宣传全市各行各业、各条战线取得的成绩、经验和涌现出的先进典型，介绍外地好的经验做法，在服务领导决策、展示发展成效、反映政策动态及推动全市经济社会实现创新发展方面做了大量卓有成效的工作。《潍坊通讯》全年编发12期，20000余册，连续八年被中央政策研究室所属中国政策科学研究会党刊委员会评为"全国十佳党刊"，入选中国党刊网首批展示党刊。与全国300余家大中城市党刊建立广泛合作关系，积极开展全方位互动交流，在省以上刊物推荐发表署名文章5篇。

（孙家强）

## 组织工作

**【深入推进"两学一做"学习教育】** 按照中央和省、市委统一部署，制定全市"两学一做"学习教育《实施方案》和农村、城市社区、机关、国有企业、高校5个分领域方案。强化示范带动和督查指导，从市委常委做起，要求各级党员领导干部自觉做到"三个必须"，即必须按照支部安排参加学习教育，必须每个专题都在支部党员大会上作交流发言，必须到所在支部和基层单位讲党课，带动每个党支部、每名党员都学起来、做起来；市里每月下发督导重点事项，市县镇三级成立808个督导组进行全覆盖督导，选派16792名指导员联系指导党支部，制定县镇党委书记、部门党组（党委）书记、基层党支部书记、联系指导员和督导组"五个责任清单"，督促指导党支部抓实学习教育。建立支部生活日制度，要求全市所有党支部根据各自情况每月固定一天作为支部生活日，统筹安排"三会一课"，落实集中学习讨论、现场缴纳党费、"阳光议事"、开展为民服务等规定动作，印发支部生活日记录本和《党章党规学习读本》，选派1078名同志到基层送党课，使组织生活经常起来、严肃起来。积极选树先进典型，推出基层党员优秀代表王金鉴和基层党组织典型牛寨村，认真做好中国共产党建党95周年纪念表彰工作，潍坊市在全省"两学一做"学习教育工作推进会上作典型发言，全省学习教育《情况通报》、中央电视台、《大众日报》等先后10余次刊发潍坊市有关做法。

**【稳步推进县镇领导班子换届工作】** 深入开展县市区、市直部门领导班子和领导干部年度考核及后备干部专题调研，研发干部综合表现信息纪实系统，出台《潍坊市领导干部表现信息沟通办法》，加强对领导班子运行和领导干部表现的综合分析研判，为领导班子建设和干部调整使用提供准确依据。着手抓好政策规定学习、班子干部情况掌握、基层干部关注点了解、风险点排查处置、严肃换届纪律等工作，注重教育引导，强化纪律观念，为换届顺利开展打下坚实基础。严格落实换届"凡提必审、凡提必核、凡提必听、凡提必查"要求，将有关工作前置到确定考察对象之前，问题没有查清、疑点没有消除的，一律不作为换届人选。坚持县市区委意见与年度考核调研、换届考察结果相结合，选拔任用干部与推动“十三五”产业发展相结合，换届配备与班子长远建设相结合，注重从优秀镇街党委书记中选拔使用干部，县市区党政班子成员具有镇街工作经历的116人，占69.9%；其中具有镇街党政正职经历的98人，占59%，比上届换届时多9人。统筹把握不同年龄层次干部配备比例，形成老中青相结合的合理年龄配备结构，县市区党政领导班子中50周岁以上的13人，占7.8%；43周岁至50周岁的96人，占63.5%；42周岁以下的48人，占28.7%。认真做好“两代表一委员”推荐考察工作，制定代表考察工作方案和代表选举工作参考样例，指导县镇做好党代会和党代表推选工作。建立信访举报快查快结、非组织行为信息沟通和记录、“负面信息”分析研判、干部选拔任用工作即查即改、换届风气监督巡回督导共五个机制，营造风清气正的换届环境。省纪委、省委组织部巡回督查组对全市换届风气监督工作给予充分肯定。

**【全面加强领导班子和干部队伍建设】** 围绕事业选干部、配班子。坚持考核导向体现经济社会发展导向，改进完善科学发展综合考核办法，把贯彻新发展理念、落实“十三五”规划、全市重点工作任务作为重要考核内容；充分考虑各地不同发展定位和发展重点，对八个县市、四个区、市属开发区实行区域差异化分类考核，鼓励和引导特色发展。2015年度全市定量、定性指标成绩均居全省第1位。坚持用人导向体现和反映考核导向，把综合考核结果作为领导班子调整、干部使用的重要参考，引导各地各部门一心一意谋发展，激励广大干部扑下身子干工作。积极推动干部能上能下，共有5名县级干部“下”，其中因不适宜担任现职调整岗位3人，因违法违纪免职1人，因精神状态不佳提前退休1人，倒逼干部担当作为、干事创业。修订《市管干部选拔任用工作流程》，制定《市直部门（单位）科级干部选拔任用和审核备案工作规范》；对12个县市区、1127名科级干部的调整报告进行审核把关，对29人提出不予调整的意见建议；对各县市区、市属开发区和89个市直部门单位选人用人进行专项检查，促进干部选拔任用工作科学化、规范化。精准实施干部教育培训。围绕引领新常态、推进转型升级，组织实施“新理念新目标新作为”系列重点培训项目26个，培训干部2642人。深化党校教学改革，对主体班次打破干部级别，按研究方向调员编班，开展学习调研，形成研究成果；分6期对全市1967名市管干部学习贯彻中共十八届六中全会精神进行轮训；全年市委党校承接各类培训班次304期、4.5万人次，指导推进建设基层党校322处，市委主要领导同志在全省党校工作会议上作典型发言。规划建设“1个主题展馆、14个专题现场”，整合推进52处党性教育基地建设，全年培训干部7万人次。组织47名市级重点企业主要负责人到德国、美国进行专题培训，举办企业经营管理创新培训班14期，培训新生代、创二代等企业家人才4848人。扎实开展自主选学和网络培训，实现干部教育培训全覆盖。从严管理监督干部。坚持从基础工作抓起，制定《关于强化基础工作进一步加强和改进干部管理监督工作的意见》。出台《市属国有企业领导人员管理暂行规定》《市管企业领导班子和领导人员综合考核评价暂行办法》《市管企业领导人员实行任职回避和公务回避及报告说明制度的暂行办法》，完善联系服务市级重点企业工作机制，29位市级领导和58个市直部门（单位）联系58家市级重点企业，宣传扶持政策、协调解决难题、指导加强党建。调整理顺市属公立医院领导人员管理体制，明确市属三级甲等医院领导班子由市委管理。严格落实领导干部个人事项报告制度，对1621名干部的个人事项重点抽查核实，对填报不实的33人诫勉处理、3人给予警告处分。潍坊市落实全面从严治党主体责任专题约谈工作，得到省委书记姜异康批示肯定。组织开展“信访积案集中化解”活动，全市信访总量居全省第9位，较上年同期下降25.7%，成为全省唯一连续3年一次性办结率和按时办结率均为100%的地市。做好干部综合管理服务工作。积极推进干部政策进党校，编发《干部政策参阅》14期，引导各级领导干部带头学习、自觉遵守干部政策。坚持政策公开在先、调查核实在先、当面说明重新认定情形在先，在全省率先完成干部档案专项审核工作，共审核档案74304卷，重新认定281名干部的“三龄二历一身份”信息，专用任免表签字率为100%。党内统计、公务员统计工作考核得分均列全省第一。老干部服务管理工作再上新水平，市委离退休干部工委荣获“全国离退休干部工作先进单位”荣誉称号。扎实做好干部测评工作。完成干部测评服务203批次，考试批次、试题套数、考选职位和上报的全国通用开发试题入库率均列全国31家省级分题库第一位，承担全国“两学一做”自学自测试题工作，有关干部测评转型的经验做法在全国干部测评工作转型发展研讨会上作典型发言。加强发展软环境建设工作。出台《关于激励改革创新干事创业建立容错纠错尽职免责机制的实施意见》《诬告陷害类信访举报查处办法》《整治为官不为实施办法》等文件，在县市区领导班子换届期间严肃查处一起诬告陷害党员领导干部案件，在干部队伍中引起良好反响，营造激励干部担当作为的浓厚氛围。

**【大力推进基层服务型党组织建设】** 全面落实基层党建工作责任制。组织市县镇党政领导班子成员全部建立“一岗双责”清单，市县镇三级党委书记层层签订基层党建工作目标责任书，在县镇党委和市直部门单位、高校、国有企业党组织中全面开展书记抓基层党建述职评议工作，进一步压实基层党建工作责任。大力加强党群服务体系建设。出台《关于加强党群服务体系建设的指导意见》，搭建起以16个县级政务服务中心为龙头，118个镇街党群服务中心为骨干，855个农村社区党群服务中心和6638个村党群服务站为终端的三级服务平台，推动6500多名镇街干部下沉到社区开展服务，有效打通联系服务群众“最后一公里”。组织召开全市党群服务体系建设现场推进会，省委组织部领导到会指导并给予充分肯定。大力加强村级治理。开展“两清理、两规范”行动，推行村党组织书记“四诺履职”管理，实施村级审计、建立村级工作督查制度试点工作，全市88个软弱涣散村党组织全部完成整顿。深化包村联户和选派第一书记工作，市县共选派530名第一书记，累计投入帮扶资金及实物折款3.5亿元，有241个省定扶贫工作重点村“摘帽”。健全基层组织运转保障机制，市县财政安排5.9亿元用于保障村级组织运转，村均办公服务经费达到8.9万元。构建城市区域化党建新格局。制定《关于推进城市区域化党建工作的实施意见》，全面推行“街道大工委—社区大党委—网格党支部—楼栋党小组”党建模式，全市共成立街道“大工委”56个，社区“大党委”286个，网格党支部1593个。深入推进社区建设，组建功能型党组织323个，12.9万名在职党员全员到社区报到，为居民群众提供精细化和便捷式服务。有关做法在全省街道、社区区域化党建工作现场会上作了介绍。打造“两新”组织党建“朝阳•百分百”工作品牌。调整理顺“两新”组织党建领导管理体制，市、县两级将“两新”组织党工委整合到组织部门，民政、工商等部门成立专门党委，15个省级以上园区和118个镇街全部成立综合党委。深化“建组织、扩覆盖”活动，新建党组织3049个，调整理顺党组织关系422个，调整优化党组织设置2201个，选派党建指导员6689名，党的组织和工作覆盖率均达100%。加强非公有制企业和社会组织党建工作规范化建设，开展党组织分类管理、晋位提升和示范点创评，市、县两级共确定示范点297个。抓实基层党建7项重点任务。强化跟踪督查调度，实行销号管理，党代表和党员违纪违法排查清理、党费补缴工作全部完成；共排查出失联党员7740名，经查找取得联系7399人，给予除名268人；未按期换届的2791个党组织已完成换届2785个，占99.8%。稳步提升机关和国有企事业单位党建工作。在机关，对118个市直部门党建工作逐一开展调研督查，将问题向党组织书记反馈并纳入述职内容，抓好整改落实。全省市县机关工委书记座谈会在潍坊市召开。在国有企业，开展强基固本、先锋引领、党建领航三项工程。成立市委高校工委，开展“校园党旗红”主题实践活动，全面提升学校党建工作水平。切实加强党员管理。完善新形势下发展党员和党员管理工作机制，认真抓好组织员队伍建设，集中培训农村、城市社区党员33.6万人次，相关做法在全省新任组织员示范培训班上作交流发言。推行农村党员积分制管理，对党员参加集中学习、组织生活、服务群众、遵规守纪等表现情况量化赋分，作为评先树优、处置不合格党员等的重要依据，激励党员争先进、创优秀。积极推进“互联网+党建”工作。深化提升“鸢都先锋•党建云平台”，实现市、县、镇、村四级推广应用。组织党员干部在线学习，实行学分制管理。线上线下统筹开展党员组织关系转接、发展党员、三务公开、包村联户和选派第一书记、在职党员到社区报到等工作。开展党务村务数字电视公开试点和党建双直通视频会议系统试点，以信息化推动党员教育管理一体化。在省委组织部开展的优秀党员教育电视片评审中，潍坊市获奖作品层次和数量均居全省第一位。

**【聚焦产业发展抓好人才工作】** 2016年，全市人才工作紧紧围绕服务创新驱动发展、推进产业转型升级，着力深化体制机制改革，不断改进人才供给侧，为经济社会发展注入新动力。潍坊市连续六年被评为全省人才工作先进单位。新成立正县级人才发展服务中心，新建高层次人才服务大厅和高层次人才发展促进会（筹），构建起以《关于加快建设人才强市的若干意见》《关于深化人才发展体制机制改革的若干意见》和《潍坊市“十三五”人才发展规划》为统领，以《鸢都产业领军人才（团队）工程

2016年国家“千人计划”专家论坛——大气污染与环境保护专题研讨会现场 （供图：谭海伟）

实施计划》《引进海外专家计划实施细则》等20多项配套办法为支撑的“3+N”人才政策体系，市、县两级人才工作专项经费比上年大幅度增长50%以上，全市上下大抓人才新格局加快形成。市、县两级共举办海内外英才对接洽谈会、国家“千人计划”大气污染与环境保护研讨会、世界技能大赛技能中国行2016——走进山东等人才交流活动50多场次，赴境外开展招才引智23批次，达成合作意向1200余项。全年新引进硕士、副高级以上高层次人才3107人，自主申报入选国家“千人计划”“万人计划”专家12人、省泰山产业领军人才17人，新柔性引进外籍外地院士、国家“千人计划”“万人计划”专家等高端人才81人，为历年最多。大力推进人才强企工作，遴选首批鸢都产业领军人才（团队）50名，财政共给予6560万元经费资助。成功创建为国家职业教育创新发展试验区，在全国职业教育技能大赛中获金牌数量和奖牌数量连续6年全省第一。新增省级以上企业创新平台71家，68家企业在海外新设研发机构，北京大学现代农业研究院落户潍坊，潍柴集团内燃机可靠性实验室获批国家重点实验室。盛瑞传动公司研发的世界首款前置前驱8挡自动变速器（8AT），荣获国家科技进步一等奖，这是新中国成立以来中国汽车行业唯一获得的国家科技进步一等奖。

**【着力打造“模范部门”和“过硬队伍”】** 提升素质能力。突出中共十八届六中全会精神、组工业务知识等内容，采取组工干部上讲台、外出参观、跟班学习和个人自学等方式，狠抓理论和业务学习，着力提升综合素质和专业化能力。实行以考促学，开发了组工业务自测试题，分三批在市县镇全体组织人事干部中，开展组工业务知识集中测试，成绩80分以上的占92.3%，其中市委组织部机关干部均在93分以上。强化支部建设。扎实开展“两学一做”学习教育，部领导带头参加支部生活，带头为支部党员讲党课。发挥党支部主体作用，持续抓好党性教育、廉洁教育和优良部风教育。认真做好包村联户工作，为帮扶的安丘市郚山镇有子沟村实施了打机井、路面广场硬化、发展瓜菜大棚等惠民项目，部机关党员与困难群众结成帮扶对子。完善工作制度。编印《机关工作制度汇编》，建立完善内部事务管理、外出报备、会务工作规范等16项制度，健全完善部长碰头会、重要工作督查立项、领导批办事项登记备案等办法，对重点工作定期督查通报，以刚性督查推动工作落实。加强调研宣传。在中组部《组工信息》等省级以上部刊发稿35篇，组织撰写的150篇网评文章在《人民日报》《中国组织人事报》发表，省里考核的两项工作均以较大优势位居全省第一，被评为全省组织系统宣传工作先进集体；代省委组织部承担的中组部课题“干部教育培训情况分析”获中组部优秀奖，承担的中组部重点课题“十八大以来加强党的建设的经验与启示研究”在全国课题研讨会上作重点介绍，“新形势下提高组织工作专业化能力问题研究”获省党建研究会优秀调研课题一等奖，“破解农村党员管理难题的有益探索”得到市委主要领导批示肯定。深入推进党建制度改革。实行工作月报和专项督查制度，督促推进工作，强化跟踪问效，全面完成市委确定的年度改革任务。组织实施“一县一点”攻坚项目，取得一批可复制、可推广的经验做法。

（谭海伟）

## 宣传工作

**【深入学习宣传贯彻习近平总书记系列重要讲话精神】** 理论学习有序推进。健全完善党委（党组）中心组学习制度，全年组织市委中心组集体学习28场次，其中市委理论学习中心组暨全市领导干部举办专题讲座12场次。编辑出版《各级党委（党组）理论学习中心组成员优秀文章选编》，在全市赠阅各类学习书籍1.5万余本。推进学习型党组织建设，建立起350个市级学习型党组织建设示范点。宣讲普及层层展开。成立市委重大主题宣讲团，建立“百名党委理论学习中心组成员宣讲团”和“千名理论辅导员”“千名理论宣讲员”宣讲队伍，进一步完善市、县、镇、社区（村居）四级理论宣讲、百姓宣讲、微宣讲、村村大宣讲四支基层宣讲队伍，全市各级宣讲队伍达4000余人。加强宣讲阵地平台建设，在全市建立起345处省（市）级理论大众化示范点，136处省（市）级理论宣教基地，606处风筝都大讲堂系列讲堂。社科理论研究成果丰富。先后完成“潍坊高铁枢纽片区产城融合发展研究”“潍坊市传统产业转型升级研究”“潍坊高新区转型发展研究”等重大研究课题，其中“潍坊高铁枢纽片区产城融合发展研究”得到市委、市政府主要领导批示肯定，有效推动课题成果向现实生产力转化。加强新型社科智库建设，建立潍坊市社会科学优秀成果评奖和课题立项评审评委专家库。

**【牢牢掌握意识形态工作领导权话语权】** 组织领导进一步强化。落实意识形态党委主体责任，制定《潍坊市党委（党组）意识形态工作责任制实施方案》，召开全市党委（党组）意识形态工作责任制座谈会，市委常委会两次专题研究意识形态工作，把意识形态工作列为向全委会报告工作的重要内容。阵地管理更加牢固。加强对各类媒体、研究机构、高校课堂、讲座论坛、出版物、报告会、研讨会等阵地的管理，严格申报审批制度，不给错误思想观点提供传播渠道。体制机制不断健全完善。建立健全定期研究、信息报告和通报、联席会议等制度，督查考核、人才经费保障、舆情分析研判等机制。建立全市205个部门单位意识形态联系人制度，将意识形态工作责任制纳入党建工作责任制和领导班子、领导干部目标管理，推动形成党委领导、分级负责、齐抓共管意识形态工作的新格局。

**【舆论宣传引导工作】** 重大主题宣传高潮迭起。深入开展“两学一做”学习教育、贯彻落实中共十八届六中全会精神、“十三五”规划实施、深化供给侧结构性改革、扶贫攻坚、四城同创、转调创、第二轮“三八六”环保行动、突破滨海等重大主题宣传20多个。对风筝会、文展会、鲁台会、中日韩产业博览会等重要节会进行全方位宣传报道。对上宣传取得新突破。在中央和省级重点媒体刊发各类稿件2600余篇。中央电视台《新闻联播》播发潍坊市重点报道30余条，《焦点访谈》报道潍坊市深入学习贯彻习总书记建党95周年大会讲话的情况；《中国财经报道》《经济半小时》深度报道了全市农业供给侧改革的经验做法。《人民日报》刊发重点报道《潍坊实现污水“全收集治理、全湿地净化、全循环回用”——生态修复，河道变风景》。《大众日报》刊发头版头条16个，数量居全省第一位。山东广播电视台《新闻联播》播发潍坊市头条新闻38个，深入展示全市经济社会发展的经验做法和成果亮点。对外宣传和新闻发布工作扎实推进。全年刊发外宣稿件600余篇，其中整版报道52篇、90余版。加大对外宣传力度，举办全国主流媒体潍坊行活动，邀请近50家中央、省重点新闻单位和多语种外宣期刊记者到潍坊采访，刊发稿件百余篇。全市召开新闻发布会182场，其中市级以上新闻发布会63场，全市党委政府新闻发言人、新闻发布工作联系人达209人。强化“两微一端”政务新媒体平台管理运营，“潍坊发布”微博、微信长期稳居全省前三。“潍坊发布”头条号获评今日头条客户端“山东最具影响力外宣头条号”，“潍坊发布”微博获评“2016年度最具影响力山东党政新闻发布微博”。城市形象宣传取得突破，制作推出新版城市形象宣传片《家乡·潍坊》和画册《魅力潍坊》，潍县集中营题材抗战影片《终极胜利》在全国院线同步上映，与中央电视台《远方的家——长城内外》剧组合作拍摄潍坊系列专题节目，组织编写城市文化特色口袋书《潍坊，奇好啊》，对外宣传载体更加丰富。互联网宣传引导能力进一步提升。进一步规范网上舆情信息提报办法和流程，全年共增设监看项目22个，设置新增关键词1199个，向市委、市政府提报《网上舆情专报》366期。组织开展“魅力潍坊”网络微视频大赛等宣传活动30余个，建立专题40余个，形成新闻报道10万余篇，全方位推介潍坊经验做法和成就亮点。印发《关于加强网军队伍建设 切实提升潍坊市网评引导能力的意见》及配套实施方案，组建完善总数达3300余人的网评员队伍，撰写评论文章109篇，主题帖2200多条，跟评跟帖5万余条。新媒体融合发展稳步推进。重点打造以移动互联网为载体的新媒体传播平台，2016年潍坊报业集团“中华名家”书画推介平台对第六届中国画节进行实时报道。“新华视讯·潍坊播报”手机视频平台开辟潍坊在新华社视讯平台上的发布系统，实现潍坊重要信息的全国播报。

调研和舆情信息工作取得新突破，围绕全市宣传文化工作重点，开展各类专题调研10余次，形成《关于昌乐县支持县级媒体改革发展的情况汇报》《农村电影“供给侧”改革的安丘实践》等调研报告12篇。舆情信息工作更加规范，制定下发潍坊市《关于加强和改进全市舆情信息工作的意见》，对全市舆情信息工作作出文件性规定和指导。向市委、市政府报送《舆情专报》34期，其中《党委政府部门回应社会关切应引起高度重视》等4篇得到市委领导批示。加大舆情信息对上报送力度，省委宣传部采用信息2019篇、中宣部采用118篇，完成中宣部、省委宣传部重大约稿52篇，《由近期几起热点事件探析2016年意识形态领域四大思潮的走向》等16篇得到省委领导批示，完成“关于公车改革的社会舆情综述”等省委宣传部两项重大舆情立项课题。在《山东舆情参阅》《今日要情》《山东宣传信息》等刊物发稿115篇，舆情信息工作连续三年位居全省第一位。

**【培育和践行社会主义核心价值观】** 重大主题纪念活动浓墨重彩。组织开展庆祝中国共产党成立95周年、纪念中国工农红军长征胜利80周年群众性主题宣传教育活动，加强爱国主义宣传教育，市属新闻媒体累计刊发、播发各类稿件220余篇，对全国、省市纪念活动进行了全方位、立体式宣传报道。核心价值观宣传教育持续深入。持续加大“图说我们的价值观”公益广告刊播力度，全市新增户外公益广告宣传设施1.68万余处，《潍坊日报》《潍坊晚报》累计刊载公益广告130版，潍坊电台、潍坊电视台累计播出公益广告4万余条次。大力传承弘扬中华民族传统家庭美德，推出全国文明家庭1个、全省文明家庭24个。四德工程建设深化拓展。深入实施善行义举四德榜普及提升行动，全市共建立完善善行义举四德榜9285个，其中村居（社区）建榜7051个、企业建榜518个、学校建榜803个、机关建榜913个。广泛开展市县区善行义举四德榜“榜上有名”先模人物评选活动，推出市级“榜上有名”先模人物27名，王金琴等3人当选2016年度省级“榜上有名”先模人物。典型宣传有声有色。结合“两学一做”学习教育，联合中宣部、省委宣传部，在人民大会堂举办王伯祥先进事迹座谈会。建立健全市、县、镇、村四级好人评选机制，6人获评中国文明网《好人365》封面人物，23人入选“中国好人榜”，4人获评“山东好人之星”，48人入选“山东好人榜”，160人入选“潍坊好人榜”，向中国文明网推荐好人线索60余万条，数量居全省前列。企业宣传工作扎实推进。“厚道鲁商”倡树行动氛围营造浓厚，举办2016年潍坊市“厚道鲁商”电视高峰论坛，开展“厚道兴企促发展”媒体集中采风等活动，对全市24家企业进行宣传报道，广泛推荐宣传全市“厚道鲁商”倡树行动的好经验好典型。

**【群众性精神文明创建】** 文明城市创建常态化运行。开展市容环境交通秩序集中整治、“礼让斑马线、文明伴我行”、清理非法圈占公共资源集中行动等专项活动。文明单位动态管理更加规范，全市新增省级文明单位（村镇、社区）110个，撤销49个，新增市级文明单位（村镇、社区）135个，撤销23个，给予黄牌警告的省级、市级文明单位（村镇、社区）33个。乡村文明行动成效显著。共建成生活垃圾压缩中转站205座，配套转运车辆1235台，设置垃圾桶或固定收集点17万个，配齐保洁人员27700人，城乡环卫一体化实现全覆盖。志愿服务扎实推进。全市共有各类志愿服务者20多万人，大型志愿服务项目300多个。在全国“最美志愿者、最佳志愿服务项目、最佳志愿服务组织、最美社区”评选推介活动中，全市有10名个人、9个项目、9个组织、10个社区入选全省最美志愿服务组织项目。未成年人思想道德建设不断深化。构建学校、家庭、社会全面覆盖的未成年人教育网络，潍坊市连续六年在全省教育满意度测评中名列第一。乡村学校少年宫建设提质升级，省级以上彩票公益金扶持的乡村学校少年宫项目达到104个，实现乡镇全覆盖。

（苑靖康）

## 统战工作

**【概况】** 2016年，在市委正确领导和省委统战部的具体指导下，潍坊市统一战线深入抓好中央和省委统一战线系列重大决策部署的贯彻落实，全市统战工作取得新成绩。2016年，市委统战部被表彰为全省统战信息工作先进单位一等奖，4篇调研成果分获优秀理论调研成果二等奖、优秀奖和实践创新优秀成果奖。

**【落实统一战线重大决策部署取得新成效】** 全年市委常委会专题听取统战工作汇报5次，先后两次对各单位统战政策落实情况进行调研督查，将督查结果纳入科学发展综合考核，目前，涉及潍坊市反馈问题整改全部完成，贯彻落实中央和省委指示精神取得重要阶段性成果。制定市委统一战线工作领导小组《工作规则》和年度工作计划，明确各成员单位职责和联络人。将中央和省委的统战法规政策和最新要求分解到各级党委和50多个部门、单位，进一步明确职责和工作要求、完成时限。加强统战工作力量，县市区全部实现统战部与民宗局合署，加强高校统战工作，全市16所高校党委均单设或合署设立统战工作部门，明确分管领导和专职工作人员，全部纳入全市统战干部培训范围。有5所高校成立党外知识分子联谊会、留学归国人员联谊会等。目前，覆盖各级各部门、有关人民团体、高等院校和科研院所的全市统一战线组织领导体系和大统战工作格局基本形成。

**【共同思想基础更加牢固】** 对中央和省、市委重大决策部署和省委统战部各项目标要求，全市统战部门做到第一时间传达学习、贯彻落实。中共十八届六中全会召开后，部主要领导带头领学领讲，在市直机关中率先举办学习中共十八届六中全会精神宣讲报告会，纳入“两学一做”学习教育内容，引导市各民主党派、工商联、无党派人士、民族宗教界人士等开展辅导报告会、情况通报会等活动，掀起学习贯彻的热潮。在广大民主党派成员中深入开展坚持和发展中国特色社会主义学习实践活动，围绕重大节庆、纪念日，支持各民主党派开展形式多样的主题实践活动 50余次。在民主党派成员中广泛开展争当“四大员”（理论政策宣传员、社情民意信息员、新兴群体联络员、社会舆论督导员）活动，先后选树先进典型40余人，营造比学赶超的良好氛围。在全市非公有制经济人士中深入开展以“诚信、守法”为重点的理想信念教育实践活动，先后组织开展“厚道鲁商”倡树行动、节水·护绿加快转型升级专项行动等。

**【协商民主扎实推进】** 年初制定全年政党协商计划，建立完善季度恳谈交流会制度、情况反馈、督办、保障等制度机制。健全完善与民主党派、无党派人士联系工作制度。研究制定全市加强政党协商的实施意见被列入市委全面深化改革2016年度重点改革事项。2016年，共组织开展政党协商活动14次，其中由市委、市政府主要领导参加的4次。开展16项专题调研，并形成调研课题报告和提案；通过市委统战部《潍坊建言献策》直通车平台提报建议12篇，其中7篇被市委、市政府主要领导批示。

**【精准扶贫成效显著】** 研究制定全市统一战线参与扶贫攻坚三年行动计划。组织召开全市统一战线参与精准扶贫攻坚战动员会议和“百企帮百村”精准扶贫现场推进会议，积极探索统战系统“龙头企业+党支部+合作社+扶贫政策+贫困户”的产业扶贫新模式，制定下发《关于开展民营企业助推南部山区全面建成小康社会光彩扶贫行动三年计划实施方案》，开展“个十百千万”工程。共引导120多家企业与120个省定贫困村结成帮扶对子，实施扶助贫困项目160多个，投资1.3亿元，帮扶贫困人数7400多人，捐款捐物479.65万元，提供就业岗位4412个。

**【新领域统战工作取得新突破】** 确

立“以党建带统战、以统战促党建”的总体工作思路，推动新领域统战工作不断取得新突破。积极探索社会组织统战工作“1+2+3+4”工作模式。“1”就是搭建一个载体平台，成立社会组织联合会；“2”就是推动两个参与，推动社会组织参与民生服务、参与基层社会治理创新；“3”就是探索建立三个机制，即党建引领机制、政治吸纳机制和管理使用机制；“4”就是开展“四方联动”，部门、社区、社会组织、社会工作者四方联动。大力引导新生代企业家健康成长。建立新生代企业家信息库，组建新生代企业家商会，市、县两级先后举办新生代企业家培训班或论坛12次，培训1600多人次，建立新生代企业家培养导师制度，一对一地对新生代企业家进行培训指导。充分发挥留学归国人员作用。成立潍坊市留学归国人员联谊会，为留学人员汇聚力量，发挥优势搭建平台。切实加强新媒体从业人员统战工作。印发《关于开展新媒体从业人员统战工作的实施意见》。

**【扎实推进民主党派换届及政协换届人事安排工作】** 市委常委会专题听取工作汇报，成立换届工作领导小组，协助市委制定关于民主党派市级组织换届工作的文件，形成《各民主党派市委关于做好市级组织换届工作座谈会纪要》，达成换届共识，确保民主党派换届工作顺利完成。做好工商联换届工作，以市委文件形式下发《关于做好工商联换届工作的实施意见》，为工商联换届工作打下良好基础。开展市、县政协换届有关情况调研，会同市委组织部印发《关于县（市、区）政协换届工作有关问题的意见》和《关于推荐提名十三届市政协委员人选的意见》，召开全市工商联和县（市、区）政协换届工作会议、市政协换届人事安排工作会议。牵头成立市政协委员协调提名组，指导各推荐单位严格按程序步骤开展十三届市政协委员提名推荐和考察评价工作，在广泛听取市政协和有关方面意见后，提交市委研究，确保市政协换届取得圆满成功。

**【民族宗教领域保持和谐稳定】** 认真贯彻落实中央和省委民族工作会议精神，协助市委制定出台《潍坊市落实省委省政府〈关于加强和改进新形势下民族工作的实施意见〉的职责分工方案》并进行专项督查。全面展开民族团结进步创建活动，组织召开全市民族团结进步创建经验交流会，开展少数民族流动人口服务与管理体系建设试点工作并进行督查，全市无因民族问题影响社会稳定事件。深入贯彻落实全国、全省宗教会议精神，将宗教政策法规纳入各级党校主体班次教学内容，举办全市统战、民宗系统干部培训班，开展宗教工作集中调研月活动。起草《中共潍坊市委、潍坊市人民政府关于加强和改进新形势下宗教工作的意见（初稿）》。健全完善统战、政法、公安、国安、民宗、防邪办等部门参加的宗教工作联席会议机制和民宗、公安、安全部门联合执法机制。以“规范”为主题开展和谐创建活动，提高宗教活动场所管理规范化水平。

**【基层统战工作活力不断增强】** 积极推动基层统战部门充实工作力量，健全工作网络。全年县市区统战部门新增工作机构3个，增加人员编制18人。明确乡镇（街道）统战委员为统战工作分管领导，健全完善基层统战干部队伍和民族宗教信息员队伍，总数达6000余人。在全市开展基层统战工作创新典型案例征集活动，形成一批有影响、见实效、能持久的工作品牌，共推出创新典型50余个。9月，召开“全市基层统战工作创新现场会”，总结推广基层统战工作创新工作先进经验做法。

**【部门自身建设成绩显著】** 抓好部门自身建设，建立学习日制度，举办“同心论坛”，领导班子成员带头领学领讲，赴临朐参观学习“淌水崖水库精神”和牛寨村精准扶贫脱贫成功经验、参观潍县战役党性教育基地、开展建党95周年和长征胜利80周年系列纪念活动等。在全市统战部门中开展“两转变两提升”（转变思想、转变作风，提升工作能力和提升工作水平）专项活动，确定今年为全市“统战干部能力提升年”，推动各项统战工作的开展。先后修订完善岗位责任制和机关工作44项制度，推动工作高效、有序开展。

（丁建营）

## 机构编制工作

**【推进政府职能转变】** 2016年，市级共精简下放行政许可事项21项、其他权力事项505项，五年来按可比口径计算压减率均超过60%。在压减权力事项的同时，围绕并流程、减环节做文章。创新实施告知承诺制、“模块化”审批、区域化评估评审、行政审批否定报备等制度，审批效率提高30%以上。着力打造以“构建一个责任体系，推行标准化、信息化两化建设，开通行政、司法、舆论、社会等六种监管渠道”为主要内容的事中事后监管“126潍坊模式”。全面推开“双随机一公开”监管，市县两级开展随机抽查3万余次，抽查对象15万余个。在全省率先编制完成市县镇村四级公共服务事项清单，清理各类证明、盖章类材料149项；推进“互联网+政务服务”，完善市县镇三级审批服务网上联动办理机制，实行重大项目无偿代办服务，有效解决群众办事难问题。

**【降低实体经济企业成本取得显著成效】** 在全省率先出台降低企业成本政策措施80条和“711”专项行动方案，从制度性交易成本、税费负担等八大领域入手，打出“组合拳”，全年累计为企业降低成本161.2亿元。降低企业成

2016年12月，潍坊市委常委、常务副市长邹庆忠做客大众网《政府职能转变面对面》栏目 （供图：市编办）

本“711”专项行动做法及成效多次得到省政府、市委、市政府主要领导批示肯定，并被20余家国内主流媒体宣传报道，在社会上引起强烈反响。

【围绕中心、服务大局】 把保障全市中心工作、重点任务摆在更加突出的位置，围绕加强纪检监察、经济发展软环境、科学发展考核、人才强市、对外发展合作、食品谷推进、提升市区、三招三引、开发区（功能区）转型升级、解决中小学“大班额”、人大立法、政协委员联络等工作，加大机构编制支持，市县两级共调整、撤并、设立县级机构26个、科级机构233个，涉及编制3418名。积极谋划城市重大基础设施项目领导和协调推进机制，参与筹划潍坊机场迁建、城市轨道交通建设、高铁新片区、站南广场等重点项目开发运营体制机制；会同教育、科技等部门，积极推进与北京大学共建现代农业研究院、组建工业研究院；会同政府办、政务办等部门，改革政务服务热线管理体制，推动现有24个政务服务热线整合为“12345”一个服务热线，实行“一个号码管服务”。与教育部门合作，下大力气推动破解“大班额”问题，采取内部挖潜、退补相当、临时周转编制等多种方式，补充教师3536名。与财政部门联合，着力推进政府购买服务，审核确定事项382项，有效缓解事业发展对机构编制要求的压力。

【行政管理体制改革】 市委、市政府印发《关于推进综合行政执法体制改革的实施意见》。市级，在交通部门大力支持配合下，试点推进部门内综合执法，将8个方面执法职能整合为1支队伍承担，下沉县市区公路治超执法人员编制142名；县级，高密市圆满完成全国综合行政执法体制改革试点任务，将17个领域、1322项执法事项纳入改革，在所有镇街全部建立综合行政执法办公室和执法中队，搭建行政执法新体制。制定理顺市区行政管理体制若干意见，调整理顺土地管理、城市建设、市政管理、城管执法4个重点领域的市区权责，梳理调整权力事项278项，组织好事权、人员编制和经费的划转移交，推动市区管理体制理顺取得实质性突破。扎实推进23家省级经济发达镇、市级扩权强镇改革试点，积极做好扩权放权、优化机制、政策扶持等工作，指导寿光、高密探索推行机构按岗设置、综合设置等模式，加大体制机制创新力度，激发了试点镇经济社会发展活力。在全市118处镇街加强乡村安全生产、建设工程质量安全、环境保护、道路交通安全监管机构建设，明确专兼职人员1866名，强化基层监管责任和监管力量。健全市、县两级公共资源交易管理体制，明确公共资源交易综合管理机构，构建统一高效的公共资源交易平台。聚焦完善政府组织体系，启动新一轮政府部门“三定”规定修订工作，市级修订印发部门“三定”13个。

【事业单位改革与监管】 稳妥推进承担行政职能和从事生产经营活动事业单位改革，会同市财政局、市人社局明确改企转制单位的社保政策，积极推进公路系统21家事业单位转企改制工作。出台《关于深化公益三类事业单位改革的指导意见》，加快全市101家公益三类事业单位改革进程，15家单位取消行政级别。圆满完成中小学教职工编制重新核定工作，核定教职工编制73892名。在全省率先建立学校自主管理权限清单制度，深化中小学校长职级制改革。组织开展“僵尸”事业单位清理工作，梳理全市5000余家事业单位，排查出科级以上“僵尸”单位56家。以规范理事会管理为抓手，研究制定理事会运行规程，全市43家试点单位立足实际，在完善内部管理制度、落实法人自主权、提供公益服务等方面都取得新的成效。深入推进事业单位绩效考评工作，推行目标化管理和分级分类考评，将考评结果与评先树优、干部使用、经费预算、机构编制调整、科学发展综合考核挂钩，增强考评的针对性和实效性。全市共有3210家事业单位纳入考评，评定A级单位516家、B级2688家、C级6家。全面推行党政群机关及事业单位统一社会信用代码制度，实施“双随机一公开”监管，加强异常名录管理，促进事业单位依法诚信履行职责。市直组织开展事业单位信用等级评定，评定A级信用单位163家、B级

2016年9月，国务院第六督查组对潍坊市“放管服”改革和简编控编工作开展情况进行专项督查　（供图：市编办）

51家、“诚实守信明星单位”20家。

**【机构编制管理】** 抓住“中央编办机构编制云平台建设试点”的有利时机，先期完成“三定”方案信息系统、权责清单管理系统、行政审批监测系统等5个功能板块建设，强化机构编制大数据应用，机构编制资源配置更加科学有效。协调推进机构编制人员经费共用信息管理平台建设试点工作，在组织、财政、人社部门的共同努力下，完成“四部门管理平台”主体架构、功能应用建设任务，规范市县两级6771个机构、17万余名人员基础数据，并纳入平台管理，达到省阶段性验收要求。在全省率先出台公立医院和高职院校人员控制总量备案管理办法，为全市46家公立医院和7所高职院校分别确定人员控制总量37804名、7328名；出台市直高层次人才专项编制使用管理办法，建立人才“蓄水池”，破解人才引进瓶颈。探索机构编制领域“放管服”，优化机构编制管理程序，下放部分权限，进一步提升管理效率。持续实施五年一轮的政府部门机构编制评估，全市累计评估290家、完成率91.8%。创新开展机构编制全程跟踪问效，在全省率先印发《机构编制事项跟踪问效实施办法》，发现并督促整改问题11个。深化机构编制管理和执行情况审计工作，开展县级机构、控编减编等专项督查，强化机构编制纪律刚性约束。

**【机关自身建设】** 认真学习贯彻中共十八届六中全会精神，扎实开展“两学一做”学习教育，认真落实民主生活会、组织生活会制度，夯实管党治党主体责任。大力实施干部能力素质提升工程，在全系统开展高校办班、专题培训、岗位练兵、干部“上派下挂”等，共计9轮12批次，培训锻炼干部320人次。信息宣传调研工作蝉联全省第一，机构编制工作影响力不断扩大。严格履行“一岗双责”，认真落实党风廉政建设主体责任，树立机构编制部门良好形象。圆满完成包村帮扶和“三招三引”各项任务。先后被授予“全省机构编制系统先进集体”“全省机构编制宣传工作先进单位”“潍坊市先进基层党组织”等多项称号。

（邢振建）

## 对台工作

**【第二十二届鲁台经贸洽谈会】** 2016年9月1日至4日在鲁台会展中心成功举办。本届鲁台会以“凝聚合作共识、促进产业融合”为主题，突出科技创新合作，着力扩大中小企业、青年和基层民众受益面，共举办主题活动、展示展览、专项合作洽谈、定向考察四大板块20余项对接活动，中央台办主任张志军、山东省省长郭树清出席大会，并分别发布对台和加强鲁台科

中央台办主任张志军（左二），省委副书记、省长郭树清（右二）等领导出席第二十二届鲁台会并提出对台和鲁台科技合作意见。　（供图：李　迪）

技合作的四点意见。中国国民党副主席胡志强及台湾工业总会、商业总会等52家工商团体1257名台商，大陆22个省市客商参展参会，鲁台参与专项对接客商总体规模4000余人。山东省签约对台合作项目54个，其中合同台资项目20个，合同台资额4.7亿美元，潍坊市签约重点台资项目22个，总投资额6.75亿美元。海峡两岸博览会展出面积5万平方米，参展企业710余家，其中台湾参展企业370余家，超过17万人次到场参观、采购、洽谈，实现现场交易额5.1亿元，意向交易额18.3亿元，参展客商满意度达90%以上，台商满意度达95%以上，展商总体回头率达90%以上。

**【对台经贸】** 坚持以抓经贸促融合、抓开放促发展，先后在潍坊举办两岸休闲观光农业交流会、齐鲁台商潍坊行，入岛举办鲁台工商团体对接会等经贸活动，推动市发改委与台湾两岸经营者俱乐部达成共同成立“现代服务业合作交流中心”协议，市经信委与台湾工业协进会签署合作协议。组织全市中小企业、养老机构、农业合作社、乡村旅游带头人赴台培训，潍台产业合作制度化、常态化建设取得重大突破。台资质量进一步提升，全市在谈在建台资项目49个，新批台资项目8个，总投资2.82亿美元，实际利用台资4780万美元。增资项目3个，增资额1400万美元。台湾妇婴医院、大仁大学生物研究所、两岸合作血液净化中心等12个招才引智项目落户潍坊，鲁台会签约项目喜满客影城、台农商贸城等服务业项目开工开业，宋香园生态世界、崇舜化工、美林卫浴等项目增资扩产，宋香园生态世界项目入选全国优选旅游项目名录。

**【潍台交流】** 深入实施“一市一品牌、一县一特色”品牌建设，海峡两岸风筝文化交流、休闲农业、职业教育、大健康产业交流等18项交流活动分别被列为全国和全省优秀对台交流项目，全年实现应邀赴台110批、469人次，接待到潍坊台胞62825人次，潍台养老、社区、农业、科研、特色小镇等各方面交流持续热络，得到省委副书记龚正充分肯定。文化、社区交流深入推进，举办“融”—两岸文化艺术精品展、墨彩新境江明贤创作展等文化交流活动，入岛举办“山东潍坊佛光山文化艺术节”。发布《关于鼓励台湾大学生来潍创业就业的意见》，台湾青年在潍坊市设立潍坊5号仓库、玉晋堂生物科技等新兴产业项目，数十位台湾青年在市创业，众多台湾专业技术人员在潍坊市企业、医疗、养老机构工作，新华社等权威媒体对潍坊市吸引台湾青年创业就业情况进行专题报道，青年交流取得新突破。鲁台职业院校交流、全省高校对台交流工作研商会等在潍召开，46对鲁台高等院校签署合作协议，台湾前教育部门、文化部门负责人被山东职业学院等聘为客座教授，全市14所职业院校与台湾院校实现师生互派交流，台湾两所大学在潍坊市开设了专业班次。

**【对台宣传】** 全年各大主流媒体共刊发全市对台工作稿件3160篇，其中，国家级660篇，省级900篇，市级1600篇，中央电视台、新华社、凤凰网等知名媒体刊播全市对台工作新闻，其中中央电视台刊播7条。仅第二十二届鲁台会期间，就吸引60余家海内外媒体80余名记者来潍采访报道，有效提升潍坊城市知名度和影响力。对台工作信息化建设取得长足进步，市台办网站、鲁台会网站、华夏经纬网潍坊网页、省台办网站客户端、潍坊台湾精品馆微信公众号等网络及新兴媒体更加健全，对台舆论宣传途径进一步拓展。

**【机关党建】** 在全市率先启动本办的“两学一做”学习教育，设立“党员大讲堂”，编印《“两学一做”优秀微党课专辑》，邀请市纪委、市委宣讲团骨干到办进行宣讲。认真落实从严治党主体责任，从严开展党内组织生活，班子成员带头参加集体学习，严格民主生活会、组织生活会纪律，确保党内政治生活经常化、制度化。加强全市台办系统干部培训，在国台办培训中心举办“新形势下对台干部培训班”，对全市各有关部门、高等院校、县市区近70名对台工作干部进行业务培训。大力开展文明创建，市台办被命名为省级文明单位。

（韦　武）

## 保密工作

**【概况】** 2016年，在省委保密委和市委的正确领导下，按照市委书记杜昌文就贯彻全省保密工作会议精神批示“各级各部门要切实增强忧患意识，充分认识做好保密工作的极端重要性，以学习贯彻习近平总书记关于保密工作的重要讲话精神为统领，严格落实中央《意见》和省委工作部署，进一步加强组织领导，健全制度机制，落实保密责任，全方位强化保密防范措施，坚决消除失泄密隐患，维护党和国家秘密安全”的要求，以贯彻落实《中共中央关于加强和改进保密工作的意见》为主线，紧紧围绕全市工作大局，积极应对保密工作形势发展需要，以问题为导向，坚持抓重点带全局，抓创新求突破，抓责任促落实，在着力打好三大“攻坚战”（定密管理、网络保密管理和涉密人员管理）的同时，不断夯实保密工作基础，提升保密工作能力和水平。在保密监控平台建设、党政通信专网建设等重点工作上取得大幅跃升。

**【保密管理】** 强化组织领导、狠抓责任落实。各地、各部门认真落实市委关于保密工作的决策部署，支持保密部门依法行使管理职能，适应新形势下保密工作特点和需要，切实解决保密部门在机构编制、经费保障等方面的实际问题。全市各级机关单位注重配齐配强保密干部，优化队伍学历、知识、年龄和阅历结构，打造一支政治坚定、结构合理、素质优良、作风过硬的保密工作队伍，保证工作顺利开展。

加大日常监管力度。加强重点涉密单位和涉密事项的保密管理，通过人防、物防、技防等有效措施，突出抓好党政机关重要部门、重点领域、核心岗位和风筝会、鲁台会等重要会议活动，以及重要计算机信息系统等重点涉密单位和部位的保密管理，有效防止泄密事件的发生。加强各类考试的保密管理，在国家公务员考试、高考、中考及司法、会计师、医师、畜牧师、建筑师等各类资格考试期间，专门下发文件、组织专项保密检查、派人为各类考试工作人员教育培训、派员驻守保密室，全年共参加20多场次各类考试保密管理，没出现任何失泄密问题。

开展涉密人员分类确定和保密审查。从3月月初开始，积极与市委组织部、市人社局等单位沟通协调，成立保密审查工作领导小组，制定工作方案，下发《关于开展全市涉密人员分类确定和保密审查的通知》。各县市区和市直各部门、单位对本地区和本部门、单位的涉密岗位、涉密人员、涉密等级进行分类确定。全市16个县市区、开发区和128个市直部门单位已对涉密人员进行登记备案。

加强保密指导管理。加快涉密网络测评审批工作，10家涉密信息系统通过了审批。加强涉密资质管理，指导3家企业通过审批，获得涉密信息系统集成乙级资质。加强重点骨干网络保密管理。10月，对审计、质监、税务、公安、教育、国土共7家重点骨干网络进行抽查，通过自查与抽查，进一步增强保密意识，提升保密管理。开展重要军事设施周边环境安全保密督查工作。市保密局会同市直有关部门以及军队有关单位，采取现场督查、电话调度、委托县市区保密部门实地勘查等方式，对重要军事设施周边环境进行专项联合督查。开展涉密资质单位随机抽查。组织骨干力量认真研判当前企业保密形势，在部署各资质单位开展自查的基础上，市保密局对相关单位进行抽查，及时解决发现的安全隐患，切实做到不走过场、不留死角。

加强国家秘密载体销毁管理。截至目前，共销毁涉密文件92268份，光盘2300张，录像带190盘，硬盘820个，有效防止废旧涉密载体的流失、泄密。

**【保密宣传教育】** 组织开展保密法制宣传教育，稳步扩大宣传面和教育力度，重点抓好领导干部、涉密人员、公务员、保密干部保密教育培训，并将保密法制学习纳入市委理论中心组学习内容。把保密教育培训全面纳入全市干部教育培训规划，作为公务员初任、任职和在职培训的重要内容，各级党校主体班次全面开设保密教育课程，各级组织、人社部门把保密教育课程纳入党员培训、军转干部培训、公务员初任及任职等培训计划。10月，组织全市保密干部30余人赴临沂红色革命基地接受党性教育，缅怀革命先烈，重温入党誓词，体验红色精神，取得良好效果。

市保密局应邀到市直有关部门辅导授课近20场次，全年共培训各级领导干部、公务员超过10000人次。12月，市保密局举办为期2天的涉密网络安全保密管理人员培训班，各县市区保密局长和保密工作干部，市、县（市、区）两级人民检察院、纪委、组织部涉密网络系统管理员、安全保密管理员和安全审计员以及相关涉密资质企业负责同志共100余人参加培训，取得良好效果。积极开展学刊用刊工作，加大《保密工作》《山东保密》《保密科学技术》《红色往事》等刊物资料普及力度，征订数量逐年提升并连续五年位居全省前列，期刊用稿量也稳居全省前列。

**【保密检查】** 开展保密自查自评工作。从7月起，潍坊市委保密办、市保密局组成督查组，对6个县市区的党委、政府办公室和58个市直部门进行专项督查和现场综合考评，主要检查保密自查自评工作开展、保密制度建设、保密教育培训、定密管理、涉密人员管理、计算机网络使用管理、信息公开保密审查、保密机构设置和干部配备等情况。根据自查自评专项督查整体评价标准，经督查组现场综合考评，结果为优秀的有28家，占比41%；合格的40家，占比58%；不合格的1个，占比1%。通过督查，找出薄弱环节，消除泄密隐患，有效地提升保密管理的能力和水平，保密管理工作得到进一步加强。

开展互联网专项保密检查。5月至6月，在全市组织开展互联网专项保密检查，重点抽查28家重要涉密单位和16个县市区（市属开发区）互联网门户网站、政务微博、微信公众号、互联网办公自动化系统和互联网政务邮箱的基本情况、保密管理情况和保密制度落实情况。对检查中发现的问题，检查组向有关单位进行反馈并提出整改意见，对问题严重的下达整改通知书，要求其限期整改并将整改情况书面报送市保密局备案。对存在问题较多的单位，市保密局及时跟进，组织人员对整改情况进行复查，彻底消除失泄密隐患。

强化违规事件查处。全年共查处涉密及内部办公计算机违规外联事件11起，门户网站安全隐患7起，微信、网络空间涉嫌泄密事件2起。

**【保密技术保障与服务】** 投资80余万元，建设潍坊市党政机关互联网门户网站监控系统，将全市市、县两级党政机关互联网门户网站纳入监控范围，及时发现失泄密隐患，控制敏感信息在互联网的传播，有效避免失泄密事件发生。寿光市、昌乐县、坊子区分别投资48万元、24万元、40万元建设计算机主机安全保密检查与信息监管系统，大大提高保密检查的效率和非涉密计算机重要信息监控能力。争取财政资金450余万元用于党政通信专网建设，委托省专用通信局对全市专用通信线路进行改造，各项工作稳步推进。

（李洪河）

## 市直机关党建工作

【“两学一做”学习教育】坚持把组织开展“两学一做”学习教育作为思想建党的首要政治任务，制定下发《关于在市直机关全体党员中开展“两学一做”学习教育的工作方案》，从党费中列支10余万元为机关基层党组织配发《习近平总书记系列讲话读本》等学习书籍2万余册，督促市直部门单位党组织和机关基层党组织书记认真履行职责，党支部每月至少组织一次集体学习，每季度确定一个专题开展交流讨论，确保学好基本内容、领会好精神实质、解决好思想认识问题，引导党员干部牢固树立“四个意识”，确保中央和省市委精神在市直机关得到贯彻落实。

【党员干部队伍建设】完善实施“机关大讲堂”教育模式，全年举办各类辅导报告会7场次，受教育党员干部2000余人次。组织开展领导干部“优秀党课”和党员干部“微型党课”评选活动，评审表彰领导干部优秀党课40个，党员干部“微型党课”16个。大力做好党员学习教育培训和能力提升工作，先后上海复旦大学、重庆大学和市委党校等举办6期培训班，培训市直机关基层党组织负责人、机关党务干部和县市区机关工委书记400余人次。

【机关基层组织建设】从严格党组织换届入手，严格纠正和解决不按程序、不及时进行换届的问题，全年换届改选机关党组织16个，新建、改建党组织5个，审批调整机关党组织书记、副书记25名。从严做好发展党员工作，全年共发展党员54名。认真做好党费收缴专项检查及补交工作，印制下发1万册党费交纳证，规范交纳时间和形式，变组织收党费为党员主动交党费。认真开展党员组织关系集中排查，完成所属587个党支部11719名中共党员的组织关系核查和信息采集。组织开展“基层党建示范点工作”争创活动，确定命名首批7个“市直机关党建工作示范点”。制定下发《关于加强和改进机关党建工作的意见》，统一印制组织生活纪实簿，建立领导干部参加组织生活报告制度。组织83个市直部门单位的机关党组织书记对2016年抓机关党建工作进行述职评议，压实机关党建工作责任。

【机关作风建设】引领市直各部门机关党组织围绕“推动科学发展、服务基层群众、促进社会和谐”，积极开展“优质服务项目”创评活动、“学树身边典型”活动和“‘两学一做’走在前、服务中心做表率”主题实践活动，组织举办“机关开放日”、市直机关党员服务创新实践发展观摩活动、淌水崖水库先进事迹报告会，号召机关党员干部利用“党员活动日”到临朐九山镇现场参观学习淌水崖水库精神和牛寨村精准扶贫脱贫成功经验，评选表彰52 个“优质服务项目”和28个“机关党建工作创新项目”。

【反腐倡廉工作建设】认真落实党风廉政建设责任制，层层签订党风廉政建设责任书，明确任务目标。强化党的政治纪律和政治规矩的学习教育，严守党的政治纪律红线，严格按照党的各项规定办事。深入开展廉政主题教育活动，通过集中学习、演讲比赛、知识竞赛等形式，促使机关党员干部加强对廉政知识的学习，统一组织所属27个市直部门2135名正科级非领导职务及以下党员干部参加德廉知识学习集中测试。严肃查处党内违纪案件，全年受理群众来信来访举报1件，按组织程序研究处理违纪党员10名，其中开除党籍6人，留党察看1人。深入开展廉政文化进机关活动，持续抓好“廉政文化建设示范点”创建工作。

【文明和谐机关建设】深化文明和谐机关建设，推荐省级文明单位16个、市级文明单位21个，复查合格省级文明单位62个、市级文明单位34个；创新工会帮扶机制，制定下发《补助基层工会活动经费暂行办法》，全年补助基层工会组织19个，补助经费27万元，帮扶困难党员、职工及家庭196人次，帮扶资金及物资折款60余万元；组织开展庆“三八”系列活动、庆“五一”职工拔河比赛、自行车骑行活动、乒乓球和羽毛球比赛、基层工会会员免费观影的“惠员行动”和自选购书普惠化活动；结合纪念建党95周年，举办“永远跟党走”潍坊市直机关庆祝建党95周年合唱比赛。

（刘红宾）

## 信访工作

【概况】2016年，全市信访工作在市委、市政府的正确领导和各级各部门的共同努力下，取得新的较大成绩，大量矛盾和问题得以化解在基层，全市越级上访特别是进京非正常上访大幅度下降，较好维护全市的社会稳定、政治安定。从纳入省科学发展信访考核的信访事项办理质量各项指标看，及时受理、按期办理、群众满意率各项指标均居全省前列，潍坊市信访事项办理质量获得“好”的评价等次。全年受理的1263起到市上访、1760起去省上访、6669封群众来信和4072起“网上信访”全部得到妥善处理。全年潍坊市共计发生进京非正常上访206人次，同比下降38.3%。2016年，市信访局被省委、省政府表彰为全省信访工作先进集体，被省委宣传部、省文明办评为全省文明单位。

【推进信访基础业务建设】牢固树立抓基层、打基础的理念，着力规范信访基础业务，促进信访程序和实体结果两个公正。坚持典型引路，4月13日，在安丘市召开全市信访工作基层基础建设现场会议，推动全市面上工作开展。具体工作中，严格按照规定程序受理办理信访事项，协调各级各部门深入开展规范信访基础业务专项整治“回头看”活动，对发现的信访基础业务中存在的问题逐一进行整改。积极推进办信工作标准化建设，狠抓基层办信工作人员业务技能提升。狠抓去省上访工作体系化、制度化建设，建立完善10项工作制度和复查复核8法，严格落实主动商请和协审会审制度。深入推进领导公开接访、带案下访、包靠化解信访问题、部门联合接访等工作机制，推动第三方力量参与信访工作，全面推广通过信访听证化解信访疑难问题的做法，提高基层预防和化解信访矛盾的能力，最大限度地减少信访上行。围绕提升信访干部业务素质能力，增强做好新形势下信访工作的本领，5月10日至12日，在潍坊市委党校组织开展信访干部培训活动，市县镇三级450余名信访干部参加培训。

**【提升信访工作法治化水平】** 加大《山东省信访条例》的学习宣传贯彻力度，着力营造干部依法办事、群众依法信访的良好氛围。对日常群众来访，在做好思想疏导工作的基础上，都进行信访法律法规知识的宣传，做到以案释法、现场讲法，引导群众正确行使信访权利，依法逐级走访，立足本级和属地反映诉求、解决问题。在引导和协调各级更加注重运用法治思维和法治方式解决信访问题的基础上，对所有来信来访案件，坚持依法、按政策办理，依照《信访条例》等法律法规解决信访问题。同时，积极稳妥推进诉讼与信访分离，严格落实分类处理信访问题制度，引导信访问题在法治框架内妥善解决。更加注重运用法治思维和法治方式解决进京非正常上访问题，进一步健全完善联动处置机制。7月27日，市委专门召开全市进京非正常上访调度会议，对相关工作进行安排部署。

**【打造阳光透明信访模式】** 适应互联网和新媒体快速发展的新形势，进一步增强“互联网+信访”意识，全面推行开放、动态、透明、便民的“阳光信访”模式。日常工作中，按照来访必登、来信必登、应登尽等的要求，进一步健全网上受理、办理、督办一条龙运行机制，将全部信访业务纳入网上进行阳光办理，实现信访事项受理、办理和结果在网上的可跟踪、可监督、可评价、可查询，自觉接受社会和群众监督，切实提高信访工作时效和质量，提高信访工作公信力。在此基础上，将信访事项办理群众满意度作为推动全市信访工作提质升位的关键举措来抓，对被国家和省、市纳入满意度评价的信访事项，协调各有关责任单位逐一盯紧，逐一包靠，逐一调度，持续用力，不断发力，做到应评尽评，切实提高群众参评率，提高群众满意度，确保全市满意度评价工作持续走在全省前列。

**【化解信访突出问题】** 紧密结合“两学一做”学习教育，在全市组织开展化解信访积案集中攻坚活动。对现有信访积案，继续加大攻坚化解力度，做到因案施策、一案一策，综合施策，确保一批缠访闹访老户得以结服，一批“老大难”案件得以突破。2016年，国家信访局交办潍坊市信访积案6件，已全部化解；省信访局交办潍坊市标识信访积案202件，化解173件，标识积案化解率85.6%。针对房地产领域信访问题相对较多的实际，会同维稳、住建、房管等部门组成联合小组，进行专项调研，出台制度规定，预防和减少该类问题的发生。协调有关属地属事部门切实做好重点群体的疏导稳控工作，努力维护社会稳定。严格信访通报约谈调度等制度落实，努力达到以责任落实推动工作落实的目的。对基层部门、单位信访工作开展滞后、越级重复信访数量较多或信访各项业务工作进展缓慢的，视情约谈县市区、市属开发区或市直部门有关负责同志。

**【全力做好重点时期信访工作】** 围绕做好全国、全省两会、中共十八届六中全会及其他重大活动期间的信访工作，深入开展信访矛盾排查化解活动，对排查掌握的重点不安定因素，逐一明确责任领导、责任单位、责任人员，采取有力有效疏导措施，努力把上访人员吸附在当地，把信访矛盾化解在基层。做好进京去省上访人员的查找、疏导、稳控工作。此外，全力做好中央巡视“回头看”期间信访工作，全面畅通群众信访渠道，认真负责、安全有序地做好来访接待、信电处理等工作，中央巡视组向潍坊市转交的1028件信访事项得以有效办理。

（李荣涛）

## 党史工作

**【党史研究成果丰硕】** 启动《中共潍坊历史（第二卷）》编纂工作，完成14万字初稿。根据省委党史研究室统一部署，启动《改革开放实录》征编工作，承担的《改革开放实录（山东卷）》7个专题全部完成，《改革开放实录（潍坊卷）》共确定专题题目220个。启动《中共潍坊年鉴2016卷》编纂工作，稿件已收集整理完毕，共120万字，《中共潍坊年鉴》被评为市直机关党建工作创新项目。积极开展山东省“社会主义建设时期市（地）、县委书记口述历史”征编工作，全市上报地委、县（市）委书记口述资料137篇。申报的题为“新民主主义革命时期，山东学生运动研究——以中国共产党的领导为主视角考察”的山东省社会科学规划研究项目，获省委党史研究室批准立项。《历年党史研究成果选辑》形成初稿，计62万字。

**【纪念场馆建设和革命遗址保护工作不断加强】** 围绕纪念场馆建设到各地考察学习，形成专题考察报告。积极进行纪念馆选址论证，纳入市委决策。与潍城区委组织部、潍城区委党史研究室联合打造潍县战役党性教育基地。编纂《潍坊市革命遗址》一书，全书共收录全市革命遗址235处。指导县市区对革命遗址保护、利用、维修、更换展陈内容和积极申报第二批山东省党史教育基地工作，陈少敏纪念馆等7处革命遗址被命名为第二批山东省党史教育基地，为全省最多。认定命名临朐县淌水崖水库为潍坊市党史教育基地并挂牌。

**【党史宣传教育渠道不断拓宽】** 利用中国共产党建党95周年等重大时间节点开展党史宣传活动。在《潍坊晚报·人文潍坊》发表《中共潍坊早期党组织》一文，计2万字。在《潍坊广播电视报》《潍坊人大》《潍坊政协》等发表宣传理论文章5篇，近3万字。配合北京电视台拍摄的大型纪录片《解放》第三集《天翻地覆慨而慷》，大篇幅介绍潍县战役，取得很好的宣传效果。另还配合潍坊电视台拍摄《茂子庄的红色记忆》《探访南屯村》党史专题片，在《这里是潍坊》栏目播出。全年为潍坊市委党校干部培训班、干部自主选学、市直机关入党积极分子培训班以及市直机关和县市区进行中共潍坊地方党史宣讲36次。潍坊市党史资料馆被评为市直机关党建工作优质服务项目，市委党史研究室被省文明办评为省级文明单位。

（潘桂红）

## 党校工作

**【概况】** 2016年，市委党校深入贯彻落实全国和全省、全市党校工作会议精神，坚持党校姓党根本原则，以“走在前列”为标准定位，以建设一流党校为抓手，质量立校、人才强校、从严治校，推动全市党校事业迈上新台阶。3月，在全省党校工作会议上，市委主要领导第一个作大会发言；5月，省委党校常务副校长徐闻到校调研指导工作并给予高度评价，安排省委党校全体党员干部到潍坊观摩考察。

4月22日，全市党校工作会议召开，市委书记、党校校长杜昌文（右四）出席会议并发表重要讲话（供图：孔 磊）

**【全市党校工作会议】** 4月20日，市委召开常委会，讨论通过《中共潍坊市委关于加强和改进新形势下党校工作的实施意见》，研究解决事关党校发展的7个方面问题。4月22日，市委高规格召开全市党校工作会议，在潍坊市委常委全部出席，市委主要领导发表重要讲话，为加强全市党校工作指明新方向。

**【教学工作】** 全年举办、承办各级各类培训班304期次，培训学员45770人次。优化教学布局，突出主业主课，理论教育和党性教育课占总课时达到76.4%，打造共产党人修身养性“红色殿堂”。围绕“经济建设与生态文明建设”“公共管理与社会治理创新”“全面推进依法治市”“党的建设”“文化建设”5个研究方向调员编班，采取“主课主修+专业兼修”方式，开展“精准式”干部教育培训；以临朐县“淌水崖水库精神”为主题，开展党性教育现场教学；全年领导干部到主体班次讲课占总课时达到20.2%。举办6期中共十八届六中全会精神专题培训班，对全市1976名县处级及以上干部和镇街党委书记集中轮训。发挥干部培训主渠道作用，统筹抓好对外培训和业余教育。该做法被《中央党校工作通讯》专刊推介。

**【科研工作】** 全年申报、立项课题126项，荣获省、市级科研成果奖18项，发表省级以上论文40篇。成立“潍坊马克思主义学院”；建设新型智库，加强应用对策问题研究，全年编印《决策参考》24期，被市委领导签批3期次。协助中国社会科学院、山东社会科学院，在潍坊举办新常态下农业转型升级研讨会暨第十二届全国社科农经协作网络大会，中国社会科学院副院长蔡昉、副省长季缃绮出席会议并分别讲话。市委党校智库建设做法与思路被中央党校《学习时报》刊发推介。

【学风建设】 坚持全面从严治校，举行“升国旗、唱国歌，重温入党誓词”仪式活动；严肃学习纪律、请销假等制度，市委组织部选派干部跟班，在培训中识别干部、考察干部。2016年，主体班次学员早操出勤率、上课出勤率全部达到95%以上。组织教师开展“党校姓党、党校教师姓党”思想大讨论，狠抓师德师风建设。中央党校《学习时报》刊发市委党校常务副校长丁志伟署名文章《做坚定的马克思主义传道者布道者》。全年主体班次学员对教师授课满意率达到96%以上，有17名教师所授课程被学员评为“最受学员欢迎课程”，有5名教师所授课程被评为“精品课”。

【行政管理】 严肃工作纪律，建立健全校园安保、卫生巡查点评机制，科学调配和使用资金，从简公务接待，定期公开“三公”经费。深化“美丽校园”建设，进一步改进图书馆管理，更换信息化设备；编写完成《中共潍坊市委党校志》，配合抓好“国际创意港”重点工程，扎实推进老校区拆迁。全年共接待非洲政党理事会干部考察团、上海市委党校、山东省委党校、河南省委党校等48批次790余名领导、专家学者的考察指导。

【队伍建设】 选派27名教师外出学习，选派教师参加高层次学术研讨会21人次，选派4名教职工到镇村挂职锻炼；招录4名青年教师和2名机关干部。扎实开展“两学一做”学习教育，全面完成干部人事档案审核，从严抓好县级以上干部个人重大事项报告；严格落实全面从严治党主体责任，全校党员干部在全市领导干部德廉知识考试中通过率达100%，投资80多万元为帮扶村精准脱贫。

【业务指导】 落实党委“办党校管党校建党校”主体责任，成立基层党校322个，其中市属开发区党校4个、市委直属党（工）委党校23个、镇（街道）党校149个、县（市区）直部门党校146个。坚持上下联动，举办师资培训班，评选2016年度县市区科研成果44项，指导县市区党校立项、结项课题53项。在2013—2015年度评选中，有3个县级党校获得“省先进党校”称号，有3个县级党校获得“市先进党校”称号；有25名教师获得省、市“优秀教师”称号；有21名党校工作者获得省、市“先进工作者”称号。

（孔　磊）

## 老干部工作

【概况】 截至2016年年底，潍坊市共有离退休干部69785人，其中，离休干部3450人，退休干部66335人。潍坊市离退休干部党工委荣获“全国老干部工作先进集体”荣誉称号，老干部局机关通过省级文明单位复查。

【两项建设】 组织潍坊市4.1万名离退休党员干部参加“两学一做”学习教育。推进离退休干部党建工作向纵深发展，在高密市试点成立离退休干部纪工委，中组部老干部局、省委老干部局推广潍坊市经验做法。组织参加全省离退休干部党支部“优秀活动日”评选活动，获奖数量居全省第一。网上党建工作，论坛发帖量、每天更新频率、省局调用精华帖数量三项指标均居全省第一名。北京、福建、浙江等62个地级以上老干部工作部门，到潍坊市学习考察。

【服务管理】 完善省属破产改制企业离休干部的健康档案。走访慰问市外省内易地安置离休干部47人。市直医疗统筹金基数达到2.42万元。做好审核工作，将市直老干部医疗统筹44个困难单位的167人纳入财政补贴范围，补贴383万余元。为老干部发放联系卡，建立健康档案，提供志愿服务。

【文化养老】 潍坊市老年大学东、西两校区达到200个班，在校学习人员达到1.6万人次。老年大学在中心城区建立4所分校、11处教学点。设立首批校外党性教育基地3处，教学实践基地4处。全市老年大学校长培训班在寿光市举办。依托市老干部活动中心打造“党建+社团”模式，省委老干部局推广经验做法。在首届全省离退休干部合唱比赛中，荣获团体金奖。潍坊市老年大学艺术团被评为“山东省优秀老干部文艺团队”。在干休所建立老干部人才信息库。做好关心下一代工作，市政府将“重视推动关心下一代工作”列入“十三五”规划。

【作用发挥】 奎文区奎文门社区雷锋党支部书记张温会，作为全省唯一一名老干部典型推荐到中组部老干部局进行宣传。安丘市离休干部梁学才、潍城区军休一所离休干部郎咸宁，被省委、市委授予“优秀共产党员”荣誉称号。在全省“最美老干部志愿者”“最美老干部志愿服务组织”“最佳老干部志愿服务项目”评选活动中，潍坊市三个奖项的总获奖数列全省第一。

【部门建设】 扎实开展“两学一做”学习教育，制定任务清单、问题清单、责任清单，并落实整改时限。创新党内活动开展，利用支部生活日，组织系统党员干部接受党性教育、爱国主义教育和廉政教育。组织参加“永远跟党走”潍坊市直机关庆祝建党95周年合唱比赛，获得一等奖。制作《正能量——在党旗下释放》党建工作专题片，信息宣传工作位居全省前列。认真抓好包村联户工作，市委书记到帮扶村调研，率先整体脱贫，获优秀等次，包村联户工作被10余家新闻媒体报道。重视招才引智工作，引进鸢都产业领军人才一名。

（王文杰）

# 潍坊市人民代表大会

*Weifangshi renmin daibiao dahui*

## 重要会议

**【市十六届人大五次会议】** 2016年2月17日至20日，在潍坊举行。本届市人民代表大会代表名额为570名，实有代表568名。会议听取审议市长刘曙光代表潍坊市人民政府向大会作的政府工作报告、市人大常委会第一副主任胡岗作的潍坊市人民代表大会常务委员会工作报告，市中级人民法院院长姜树政作的潍坊市中级人民法院工作报告，市人民检察院检察长杨洪旭作的潍坊市人民检察院工作报告；书面印发潍坊市人民代表大会常务委员会关于提请审议《潍坊市制定地方性法规条例（草案）》的议案、潍坊市国民经济和社会发展第十三个五年规划纲要草案、潍坊市2015年国民经济和社会发展计划执行情况与2016年计划草案的报告、潍坊市2015年预算执行情况和2016年预算草案的报告。会议表决通过上述有关报告的决议、关于潍坊市国民经济和社会发展第十三个五年规划纲要的决议、《潍坊市制定地方性法规条例》；通过关于接受有关同志辞职的决定；补选苏立科为潍坊市第十六届人民代表大会常务委员会第一副主任，王福强、刘艳芳、钟耕民、郭召义为潍坊市第十六届人民代表大会常务委员会委员。

**【市十六届人大常委会第二十八次会议】** 2016年2月3日，市十六届人大常委会第二十八次会议在市文化艺术中心大剧院举行。会议首次举行任命干部向宪法宣誓仪式。市人大常委会秘书长王秀禄受主任会议委托作关于市十六届人大五次会议筹备工作情况的汇报，并提请人事任免名单、介绍提请任命干部的有关情况；市人大常委会代表资格审查委员会主任委员张军作关于个别代表的代表资格的报告；市委常委、副市长孙起生受市长刘曙光委托提请人事任免名单，市人社局局长李静波介绍提请任命干部的有关情况；市中级人民法院院长姜树政提请人事任免名单，并介绍提请任命干部的有关情况；部分被提请任命干部作供职发言。在分组审议的基础上，会议议定市人大常委会在市十六届人大五次会议上的工作报告，表决通过拟提请市十六届人大五次会议预备会议通过的大会议程草案、大会主席团和秘书长名单草案，表决通过关于个别代表的代表资格的报告、列席市十六届人大五次会议人员范围草案和人事任免案。胡岗向部分被任命干部颁发任命书。

**【市十六届人大常委会第二十九次会议】** 2016年4月27日，市十六届人大常委会第二十九次会议在市文化艺术中心大剧院举行。市人大财政经济委员会副主任委员朱振铎作市人大常委会执法检查组关于检查全市贯彻实施安全生产法情况的报告；市人大常委会秘书长王秀禄作关于《潍坊市乡镇人民代表大会工作规范（草案）》的说明；副市长王桂英受市长刘曙光委托，提请人事任免名单；市中级人民法院党组副书记、副院长张广孝受院长姜树政委托，提请人事任免名单，并介绍提请任命干部的有关情况；市人民检察院检察长杨洪旭提请人事任免名单，并介绍提请任命干部的有关情况。会议分组审议有关报告、工作规范草案和人事任免案。会议表决通过《潍坊市乡镇人民代表大会工作规范》和人事任免案。

**【市十六届人大常委会第三十次会议】** 2016年6月23日至24日，市十六届人大常委会第三十次会议在市文化艺术中心大剧院举行。副市长潘强作关于全市"六五"普法、依法治市情况和"七五"普法规划的报告；市司法局局长王立杰作关于《潍坊市2016-2020年依法治市规划（草案）》的说明；市市政局局长张志勇作关于全市节水型城市建设工作情况的报告；市人大农业与农村委员会副主任委员徐松萃作关于全市农产品质量安全工作情况的视察报告；市人大民族侨务外事委员会副主任委员王永福作关于检查全市贯彻实施旅游法和山东省旅游条例情况的报告；市农业局局长王汉成作关于《潍坊市剧毒高毒农药管理条例（草案）》的说明，书面印发市人大农业与农村委员会关于该条例草案审议情况的报告；市质监局局长陈勇作关于《潍坊市电梯安全条例（草案）》的说明，书面印发市人大财政经济委员会关于该条例草案审议情况的报告;潘强受市长刘曙光委托提请人事任免名单，市人社局局长李静波介绍提请任命干部的有关情况，被提请任命干部作供职发言；市中级人民法院院长姜树政提请人事任免名单，并介绍提请任命干部的有关情况。会议对潍坊市剧毒高毒农药管理条例和电梯安全条例草案进行初次审议，审议有关报告、规划草案和人事任免案。会议表决通过市人大常委会关于在全市公民中开展第七个五年法治宣传教育的决议、关于《潍坊市2016—2020年依法治市规划》的决议和人事任免案，苏立科向部分被任命干部颁发任命书，并举行向宪法宣誓仪式。

**【市十六届人大常委会第三十一次会议】** 2016年8月23日至24日，市十六届人大常委会第三十一次会议在市文化艺术中心大剧院举行。市委常委、常务副市长邹庆忠作关于市十六届人大五次会议以来代表所提建议、批评和意见办理工作情况的报告；市发改委主任肖培灵作关于潍坊市2016年上半年国民经济和社会发展计划执行情况的报告；市财政局局长田民利作关于潍坊市2015年财政决算和2016年上半年预算执行情况、2016年市级预算调整方案（草案）的报告；市人大财政经济委员会副主任委员朱振铎作关于潍坊市2015年市级财政决算审查结果的报告暨潍坊市2016年上半年预算执行情况和2016年市级预算调整方案（草案）报告的初审意见；市审计局局长宫智作关于潍坊市2015年市级预算执行和其他财政收支的审计工作报告；市中级人民法院院长姜树政作关于全市法院行政审判工作情况的报告；市人大法制委员会副主任委员尹凤来作关于《潍坊市剧毒高毒农药管理条例（草案）》修改情况的汇报；市文广新局局长孙俐君作关于《潍坊市文物保护条例（草案）》的说明；市人大常委会秘书长王秀禄受主任会议委托提请人事任免名单，并介绍提请任命干部的有关情况；邹庆忠受市长刘曙光委托提请人事任免名单，市人社局局长李静波介绍提请任命干部的有关情况；市检察院负责同志受检察长杨洪旭委托提请人事任免名单，并介绍提请任命干部的有关情况；部分被提请任命干部作供职发言。会议分组审议、评议、审查有关报告、汇报和决议草案，审议《潍坊市剧毒高毒农药管理条例（草案二次审议稿）》和《潍坊市文物保护条例（草案）》，酝酿人事任免名单。表决通过潍坊市人民代表大会常务委员会关于批准潍坊市2015年市级财政决算的决议、关于批准潍坊市2016年市级预算调整方案的决议和人事任免案。会议对市政府办理代表建议工作情况进行测评，结果为满意（85.39分）。苏立科向部分被任命干部颁发任命书。会上举行向宪法宣誓仪式。

**【市十六届人大常委会第三十二次会议】** 2016年9月18日，市十六届人大常委会第三十二次会议在市文化艺术中心大剧院举行。市中级人民法院院长姜树政提请人事任命案，并介绍提请任命干部的有关情况。在分组审议的基础上，会议表决通过人事任免名单，决定接受潘强辞去潍坊市人民政府副市长职务的请求，报潍坊市人民代表大会备案。

**【市十六届人大常委会第三十三次会议】** 2016年10月18日至19日,市十六届人大常委会第三十三次会议在市文化艺术中心大剧院举行。副市长刘建国作关于全市供给侧结构性改革情况的报告；市人大城乡建设与环境资源保护委员会副主任委员王培福作关于检查全市贯彻实施矿产资源法情况的报告；市人大常委会秘书长王秀禄受主任会议委托，作关于潍坊市第十七届人民代表大会代表选举问题的决定草案的说明，宣读关于授予谭旭光“潍坊人民勋章”的议案。会议书面印发市人大法制委员会关于《潍坊市剧毒高毒农药管理条例（草案二次审议稿）》《潍坊市电梯安全条例（草案）》和《潍坊市文物保护条例（草案）》审议结果的报告；市人大农业与农村委员会关于全市森林城市建设情况的视察报告、市人大民族侨务外事委员会关于全市会展工作情况的调查报告等。会议分组审议有关报告、说明、议案和决定草案，审议《潍坊市剧毒高毒农药管理条例（草案修改稿）》《潍坊市电梯安全条例（草案修改稿）》和《潍坊市文物保护条例（草案）修改稿》。会议表决通过潍坊市人民代表大会常务委员会关于潍坊市第十七届人民代表大会代表选举问题的决定、关于授予谭旭光“潍坊人民勋章”的决定。

**【市十六届人大常委会第三十四次会议】** 2016年10月31日,市十六届人大常委会第三十四次会议在市文化艺术中心大剧院举行。会议听取市人大法制委员会副主任委员刘玉作的关于《潍坊市禁用限用剧毒高毒农药条例》等法规草案修改情况的说明；表决通过《潍坊市禁用限用剧毒高毒农药条例》《潍坊市电梯安全条例》和《潍坊市文物保护条例》。该三件地方性法规报经省人大常委会批准后，由市人大常委会发布公告予以公布。

## 重要工作

2016年，共听取审议“一府两院”专项工作报告11项，组织调查、视察、执法检查43次，依法任免国家工作人员105人次，组织向宪法宣誓18人次。

**【紧扣全市大局开展监督】** （1）推进供给侧结构性改革。适应新常态下经济发展的新要求，常委会围绕“三去一降一补”重点任务，对全市供给侧结构性改革情况进行调查，10月听取市政府专项工作情况报告，强调要以创新、协调、绿色、开放、共享的发展理念推进供给侧结构性改革，提出强化要素支撑、完善政策措施、进一步优化发展环境等建议。针对潍坊市旅游资源保护开发力度不够、旅游基础设施和公共服务设施不完善等问题，组织对全市贯彻实施旅游法和山东省旅游条例情况进行执法检查，提出改进建议。调研全市会展业发展情况，推动相关工作开展。（2）加强预决算审查监督。举办全市人大预算审查监督培训班，成立预算审查监督专家咨询委员会。依法加强对政府全口径预算决算的审查监督，听取审议决算、审计工作、预算执行情况等报告，审查批准2015年市级决算、2016年市级预算调整方案。（3）保障和改善民生。组织对全市农产品质量安全工作情况进行视察，督促有关方面健全监管体系，严格农业投入品管理，积极推进标准化生产，从源头上解决农产品质量安全问题。为保证居民生产生活用水，听取审议全市节水型城市建设工作情况的报告，提出进一步提高全民节水意识、搞好城市节水规划、加大节水科技创新等意见。对全市创建国家森林城市工作情况进行视察，倡导发展森林资源，让广大群众得到更多绿色福利。开展两次“风筝都环保世纪行”活动。对全市立体化社会治安防控体系建设情况进行视察。积极开展包村帮扶工作，促进精准扶贫精准脱贫。（4）促进公正司法、严格执法。调查全市人民法院行政审判和全市人民检察院刑罚执行监督工作，听取审议全市“六五”普法、依法治市等情况的报告，并对“七五”普法和依法治市作出相应决议。就全市贯彻实施安全生产法、大气污染防治法、水资源保护法、矿产资源法进行调查或执法检查，针对存在的问题提出改进建议。加强备案审查制度和能力建设，全年共完成37件规范性文件的备案审查工作。贯彻落实《山东省信访条例》，深化人大涉法涉诉信访改革，拓宽网上信访渠道，受理群众来信来访914件次。

**【高质量做好地方立法工作】** 加强对立法工作的组织协调，建立完善立法调研、论证、听证、评估机制，围绕2016年确定的立法项目先后开展立法调研16次，召开座谈会、论证会9次。积极借助“外脑”，充分调动社会资源，依托潍坊医学院、潍坊学院、山东求是和信律师事务所，建立立法研究服务基地，并制定出台相应管理办法。扩大社会公众对立法工作的有序参与，通过调研座谈、发布公告、发函等途径，征求立法咨询专家、人大代表以及社会各方面意见建议200多条。着力推进重点领域立法，审议通过《潍坊市禁用限用剧毒高毒农药条例》《潍坊市电梯安全条例》《潍坊市文物保护条例》3部地方性法规。为确保法规立得住、行得通、真管用，常委会把提高立法质量放在首位，对市政府起草的法规案，有关委员会提前介入，共同研究起草中的重大问题，反复论证修改。

**【不断深化和拓展代表工作】** （1）扩大代表对常委会工作的参与度。增加代表列席常委会会议人数，通过委室提名、选举单位推荐和代表网上报名三种方式邀请代表列席会议，全年共有42名代表列席常委会会议。坚持重要事项征求代表意见，重要情况及时向代表通报，重要活动邀请代表参加，2016年，共组织159名代表参加有关听证会、座谈会、旁听庭审等37次。（2）丰富代表活动的形式和内容。继续开展“听民声、访民意”主题活动，联系群众7000多人次，收集建议意见516条，为群众办实事好事435件。按照省人大统一部署，组织省人大代表到临沂市就农产品质量安全问题进行跨区域专题调研，组织12个县市区结对开展跨行政区域调研。组织住潍坊市直、昌邑、寒亭的部分全国和省、市人大代表，在昌邑市围绕代表创新创业和参与“城乡环卫一体化”“社区建设”等开展代表联组活动。（3）增强代表建议办理刚性。在专项调度、日常督查的基础上，强化问责与测评等刚性手段的运用。一是针对个别承办单位重答复轻落实、办理措施不力、审查答复意见把关不严等问题，对3个承办单位负责人进行约谈。二是制定详细的代表建议办理工作考核标准，首次将代表建议办理工作情况纳入全市科学发展综合考核。三是对代表建议办理工作进行满意度测评，测评结果向社会公开。代表提出的145件建议全部答复代表。

**【依法组织人大换届选举工作】** 市人大常委会在市委的坚强领导下，精心组织，加强指导，保证人大换届选举依法有序进行。把握本次换届的新形势新特点新规定，常委会在全面调查摸底的基础上，制定《关于做好全市县镇两级人民代表大会换届选举工作的意见》，成立全市县镇人大换届选举工作联席会议及办公室，在部分县市区、开发区、镇街分别确定了换届选举工作联系点。作出《关于潍坊市第十七届人民代表大会代表选举问题的决定》，依法分配市人大代表名额。举办2期换届选举工作学习班，培训领导骨干和业务骨干270余人次。指导合理划分选区，认真搞好选民登记，广泛宣传发动，保证选民充分行使民主权利。深刻汲取湖南衡阳、四川南充、辽宁系统性贿选案教训，市人大常委会领导班子集体作出“强化政治担当、严守换届纪律”的5项公开承诺，始终把纪律规矩挺在前面，确保人大换届选举风清气正。按照法律规定和上级要求，依法选举产生市、县、镇三级人大代表和地方国家机关领导班子。

**【自身建设和理论】** 进一步加强常委会自身建设，扎实开展“两学一做”学习教育，深入学习贯彻中共十八届六中全会精神，坚定理想信念，严守政治纪律和政治规矩，切实增强“四个意识”，更加坚定地维护以习近平同志为核心的中共中央权威，更加自觉地在思想上政治上行动上同以习近平同志为核心的中共中央保持高度一致，更加扎实地把中央和省、市委各项决策部署落到实处。组织观看庆祝中国共产党建党95周年大会、纪念长征胜利80周年大会实况，进一步坚定道路自信、理论自信、制度自信、文化自信。认真学习《关于新形势下党内政治生活的若干准则》《中国共产党党内监督条例》和习近平总书记系列重要讲话精神，持之以恒抓好作风建设和廉政建设，积极营造风清气正的政治生态。密切与县镇人大的联系沟通，完善工作协同，加强工作督导，推动落实中央和省、市委关于加强县乡人大工作和建设的决策部署。5月和8月，会同有关方面分别督查市委文件落实和镇年中人代会召开情况。制定出台《潍坊市乡镇人民代表大会工作规范》，对镇人民代表大会的召开时间、会议议程、会议程序、议事规则等作出具体规定。举办县乡人大干部培训班，邀请省、市、县三级人大机关有关负责人就监督法、地方人大专门委员会和乡镇人大工作的基本知识作辅导报告，提高人大工作整体功效。支持和保障市人大工作理论研究会开展工作，发挥研究会在课题研究、交流平台、智库建设等方面的优势。10月，召开研究会理事会会议暨研讨会。2016年，研究会在立法、监督、重大事项决定、基层治理等方面取得一批有分量、有价值的研究成果，2篇论文获得市委主要领导肯定，专门作出批示。

## 人事任免

2016年2月3日，潍坊市第十六届人民代表大会常务委员会第二十八次会议，根据市人大常委会主任会议的提请，任命：刘棣俭为潍坊市人民代表大会常务委员会副秘书长。根据市长刘曙光的提请，决定任命王玉为潍坊市监察局局长。决定免去于永生的潍坊市公安局局长职务；李元忠的潍坊市监察局局长职务。根据市中级人民法院院长姜树政的提请，任命王光才为潍坊市中级人民法院审判员、审判委员会委员。免去孙月琴的潍坊市中级人民法院审判员职务。决定：接受衣光明辞去潍坊市第十六届人民代表大会常务委员会委员，刘勤友辞去潍坊市第十六届人民代表大会常务委员会委员、潍坊市第十六届人民代表大会财政经济委员会副主任委员，赵学坤辞去潍坊市第十六届人民代表大会常务委员会委员、代表资格审查委员会委员、潍坊市第十六届人民代表大会教育科学文化卫生委员会委员职务的请求，报潍坊市人民代表大会备案。决定：接受于永生辞去潍坊市人民政府副市长职务的请求，报潍坊市人民代表大会备案。

2016年4月27日，潍坊市第十六届人民代表大会常务委员会第二十九次会议，根据市长刘曙光的提请，决定免去李传顺的潍坊市金融工作办公室主任职务。根据市中级人民法院院长姜树政的提请，任命：李正良为潍坊市中级人民法院行政审判庭庭长；刘勇为潍坊市中级人民法院审判监督庭庭长、审判委员会委员；马怀国为潍坊市中级人民法院执行一庭庭长、审判委员会委员；周建明为潍坊市中级人民法院审判委员会委员；李伟然为潍坊滨海经济技术开发区人民法院审判员、审判委员会委员；丁合清为潍坊滨海经济技术开发区人民法院审判员、审判委员会委员。免去：宋保华的潍坊市中级人民法院审判委员会委员、审判监督庭庭长、审判员职务；徐金江的潍坊市中级人民法院审判委员会委员、执行一庭庭长、审判员职务；刘勇的潍坊市中级人民法院刑事审判第一庭副庭长职务；刘序滨的潍坊市中级人民法院立案一庭副庭长职务；丁合清的潍坊市中级人民法院立案二庭副庭长、审判员职务；周建明的潍坊市中级人民法院立案二庭副庭长职务；马怀国的潍坊市中级人民法院执行一庭副庭长职务；马健的潍坊市中级人民法院审判委员会委员、审判员职务；李学谦的潍坊市中级人民法院审判员职务；于宏伟的潍坊市中级人民法院审判员职务。根据市人民检察院检察长杨洪旭的提请，任命：冯玉忠为潍坊市人民检察院检察员；谭斌为潍坊市人民检察院检察员；吕国峰为潍坊市人民检察院检察员；于清友为潍坊市城郊地区人民检察院检察员、检察委员会委员、副检察长；李常兴为潍坊高新技术产业开发区人民检察院检察委员会委员；王磊为潍坊高新技术产业开发区人民检察院检察委员会委员；娄风才为潍坊滨海经济技术开发区人民检察院检察员、检察委员会委员、副检察长；刘文华为潍坊滨海经济技术开发区人民检察院检察员、检察委员会委员；苗新生为潍坊滨海经济技术开发区人民检察院检察员、检察委员会委员；乔雷为潍坊滨海经济技术开发区人民检察院检察员、检察委员会委员；张中朝为潍坊滨海经济技术开发区人民检察院检察员、检察委员会委员。免去：娄风才的潍坊市人民检察院检察委员会委员、检察员职务；刘文华的潍坊市人民检察院检察委员会委员、检察员职务；宋教德的潍坊市人民检察院检察员，潍坊高新技术产业开发区人民检察院副检察长、检察委员会委员、检察员职务；苗新生的潍坊市人民检察院检察员职务；乔雷的潍坊市人民检察院检察员职务；张中朝的潍坊市人民检察院检察员职务；赵克林的潍坊市人民检察院检察员职务；吕光明的潍坊市人民检察院检察员职务；李树伟的潍坊市人民检察院检察员职务；李生洲的潍坊市人民检察院检察员职务；崔伦武的潍坊市人民检察院检察员职务；孙伟的潍坊市人民检察院检察员职务；李振富的潍坊市人民检察院检察员职务；刘建华的潍坊市人民检察院检察员职务；刘兴福的潍坊市人民检察院检察员职务；李大欣的潍坊高新技术产业开发区人民检察院副检察长、检察委员会委员、检察员职务。批准任命：张杰为坊子区人民检察院检察长；宋教德为昌邑市人民检察院检察长。批准免去：张杰的昌邑市人民检察院检察长职务；于清友的坊子区人民检察院检察长职务。

2016年6月24日，潍坊市第十六届人民代表大会常务委员会第三十次会议，根据市长刘曙光的提请，决定任命宋均圻为潍坊市人民政府秘书长。决定免去张洪全的潍坊市人民政府秘书长职务。根据市中级人民法院院长姜树政的提请，任命：王斌为潍坊市中级人民法院审判员、立案一庭副庭长；薛居亮为潍坊市中级人民法院审判员、立案二庭副庭长；王勇为潍坊市中级人民法院审判员、立案二庭副庭长；冉青松为潍坊市中级人民法院刑事审判第一庭副庭长；王耀顺为潍坊市中级人民法院审判员、刑事审判第一庭副庭长；王宝成为潍坊市中级人民法院未成年人案件审判庭副庭长；刘宇宁为潍坊市中级人民法院审判员、未成年人案件审判庭副庭长；朱奉纲为潍坊市中级人民法院民事审判第一庭副庭长；尹义为潍坊市中级人民法院审判员、民事审判第一庭副庭长；李霞为潍坊市中级人民法院审判员、民事审判第二庭副庭长；祝卫华为潍坊市中级人民法院审判员、民事审判第二庭副庭长；王建伟为潍坊市中级人民法院审判员、民事审判第四庭副庭长；孟义为潍坊市中级人民法院审判员、民事审判第四庭副庭长；孔祥慧为潍坊市中级人民法院审判员、行政审判庭副庭长；邱拥军为潍坊市中级人民法院审判员、执行一庭副庭长；张新伟为潍坊市中级人民法院审判员；李玲为潍坊市中级人民法院审判员；叶伶俐为潍坊市中级人民法院审判员；徐鑫为潍坊市中级人民法院审判员；宋宗明为潍坊市中级人民法院审判员；迟文文为潍坊市中级人民法院审判员。

2016年8月24日，潍坊市第十六届人民代表大会常务委员会第三十一次会议，根据市人大常委会主任会议的提请，任命：李玉华为潍坊市人民代表大会内务司法委员会副主任委员；张恒志为潍坊市人民代表大会财政经济委员会副主任委员；李少亚为潍坊市人民代表大会教育科学文化卫生委员会副主任委员；王英华为潍坊市人民代表大会城乡建设与环境资源保护委员会副主任委员；赵萍为潍坊市人民代表大会农业与农村委员会副主任委员；脱安利为潍坊市人民代表大会民族侨务外事委员会副主任委员；王瑞霞为潍坊市人民代表大会法制委员会副主任委员;杨爱君为潍坊市人民代表大会城乡建设与环境资源保护委员会委员。免去衣光明的潍坊市人民代表大会城乡建设与环境资源保护委员会副主任委员职务。根据市长刘曙光的提请，决定任命肖建华为潍坊市民族宗教事务局局长；刘建成为潍坊市安全生产监督管理局局长。决定免去：秦明清的潍坊市民族宗教事务局局长职务；尹文林的潍坊市安全生产监督管理局局长职务。根据市人民检察院检察长杨洪旭的提请，任命：张铁馨为潍坊滨海经济技术开发区人民检察院检察员;刘瑞鹏为潍坊滨海经济技术开发区人民检察院检察员;高跃前为潍坊滨海经济技术开发区人民检察院检察员;杨宁为潍坊滨海经济技术开发区人民检察院检察员;胡德龙为潍坊滨海经济技术开发区人民检察院检察员;陈淼为潍坊滨海经济技术开发区人民检察院检察员;冯耀法为潍坊滨海经济技术开发区人民检察院检察员;周建建为潍坊滨海经济技术开发区人民检察院检察员;栾鹏远为潍坊滨海经济技术开发区人民检察院检察员。免去：刘瑞鹏的潍坊市人民检察院检察员职务;高跃前的潍坊市人民检察院检察员职务;陈方忠的潍坊市人民检察院检察员职务;李书江的潍坊市人民检察院检察员职务。

2016年9月18日，潍坊市第十六届人民代表大会常务委员会第三十二次会议，根据市中级人民法院院长姜树政的提请，任命孙小玮为潍坊滨海经济技术开发区人民法院审判员、审判委员会委员；牟明刚为潍坊滨海经济技术开发区人民法院审判员、审判委员会委员；杨远珍为潍坊滨海经济技术开发区人民法院审判员、审判委员会委员；李玉乐为潍坊滨海经济技术开发区人民法院审判员；辛光博为潍坊滨海经济技术开发区人民法院审判员；赵洪磊为潍坊滨海经济技术开发区人民法院审判员。决定：接受潘强辞去潍坊市人民政府副市长职务的请求，报潍坊市人民代表大会备案。

（张慧萍　郭凤孝）

# 潍坊市人民政府

*Weifangshi renminzhengfu*

## 重要会议

**【市政府党组领导班子"三严三实"专题民主生活会】** 根据"三严三实"专题教育总体安排,1月4日,市政府党组领导班子召开专题民主生活会,认真贯彻习近平总书记在中共中央政治局专题民主生活会上的重要讲话精神,学习贯彻党章和《中国共产党廉洁自律准则》,紧紧围绕"严以修身、严以用权、严以律己,谋事要实、创业要实、做人要实"要求,联系班子和个人实际深入查摆问题,严肃认真开展批评和自我批评,努力推动形成积极向上、干事创业、风清气正的政治生态,扎实推进改革发展稳定各项工作。市委副书记、市长刘曙光主持并作总结讲话。市委组织部、市纪委有关同志到会指导。

会上,刘曙光首先代表市政府党组领导班子作对照检查,对问题产生的根源进行深入剖析,提出整改措施。随后刘曙光带头作对照检查,带头查摆问题,带头接受各位党组成员批评。党组其他成员逐一发言,认真查摆自身存在的不严不实突出问题。刘曙光最后做总结讲话。

**【全市安全生产工作电视会议】** 1月21日,全市安全生产工作电视会议召开,传达学习全国全省安全生产工作电视会议和全市经济工作会议精神,总结2015年工作,分析当前形势,部署2016年工作任务。市委副书记、市长刘曙光出席并讲话,市委副书记王献玲主持会议,市委常委、常务副市长邹庆忠通报2015年全市安全生产工作情况,市领导孙起生、潘强、刘建国出席。

刘曙光指出,2015年,各级各部门按照市委、市政府的统一部署,坚持一手抓发展,一手抓安全,全市安全生产形势总体稳定。在肯定成绩的同时,也要清醒地看到潍坊市安全生产仍存在不少问题。刘曙光强调,安全无小事,生命重于天。各级各部门一定要充分认清当前安全生产面临的严峻形势,牢固树立安全发展理念,进一步强化红线意识,时刻保持高度警觉,以高度负责的态度,强化责任担当,狠抓工作落实,确保全市安全生产形势大局稳定和人民群众生命财产安全。会上,诸城市、昌乐县、寿光市和安丘南苑商贸公司、山东默锐科技有限公司作发言。

**【市政府全体(扩大)会议】** 3月3日,市政府全体(扩大)会议召开,主要任务是贯彻全市经济工作会议、市两会精神,动员各级政府及部门迅速行动起来,同心同德,齐心协力,扎实工作,狠抓落实,确保全面完成2016年各项目标任务。市委副书记、市长刘曙光出席并讲话,市委常委、常务副市长邹庆忠主持会议,市领导孙起生、潘强、王桂英、刘建国、李平等出席会议。

**【市政府廉政工作会议】** 4月11日,市政府廉政工作会议在市级机关综合办公大楼召开,主要是学习贯彻国务院、省政府廉政工作会议精神,安排部署2016年度政府系统党风廉政建设和反腐败工作。市委副书记、市长刘曙光出席会议并讲话。市委常委、副市长孙起生主持,市领导王桂英、刘建国、李平等出席。会上,市监察局、编办、审计局、财政局和诸城市政府作交流发言。

**【全市经济运行分析调度会议】** 5月12日,全市经济运行分析调度会议召开。会议传达市委书记杜昌文在市委常委会上关于做好当前经济工作的讲话精神,总结2016年以来经济工作,分析当前经济形势,研究促进经济持续健康发展的相关措施。市委副书记、市长刘曙光出席会议并讲话。市委常委、常务副市长邹庆忠主持,市委常委、副市长孙起生就中日韩产业博览会相关工作作安排,市领导潘强、刘建国、李平等出席会议。

刘曙光对2016年以来经济运行工作给予肯定。他指出,2016年以来,面对宏观经济下行压力持续加大的严峻形势,全市上下认真贯彻落实中央、省、市一系列决策部署,主动适应和引领经济发展新常态,统筹稳增长、调结构、促改革、惠民生、防风险各项工作,经济发展实现了良好开局。经济运行总体平稳,稳中有好,稳中有进,但同时也存在一系列不容忽视的矛盾和问题。

刘曙光强调,下步经济工作,总的要按照创新、协调、绿色、开放、共享的新发展理念,全面落实宏观政策要稳、产业政策要准、微观政策要活、改革政策要实、社会政策要托底的“五大政策支柱”,扎实推进供给侧结构性改革,统筹做好“稳增长、调结构、促改革、惠民生、防风险”工作,坚持年初确定的目标任务不动摇、以新发展理念引领转型发展的决心不动摇、扎实推进结构性改革的决心不动摇、不断保障和改善民生的发展理念不动摇,进一步提升发展质量和效益,确保完成年初确定的各项目标任务。会上,高新区、市住建局、市金融办等部门、单位作交流发言。

**【全市经济运行调度会议】** 10月31日,全市经济运行调度会议召开,主要任务是分析前三季度全市经济运行情况,研究做好下步工作的思路和措施,动员全市上下凝心聚力,强化措施,科学组织,确保全面完成年初市委、市政府确定的目标任务。市委副书记、市长刘曙光出席并讲话,市委常委、常务副市长邹庆忠主持会议,市领导孙起生、王桂英、王树华、刘建国等出席会议。

会议传达市委书记杜昌文在市委常委会上的讲话精神,部分县市区和市直部门在会上作交流发言。刘曙光认真听取大家发言,对全市前三季度经济运行工作给予充分肯定。刘曙光强调,做好下步工作,各级各部门要坚持既定目标任务不动摇,特别是对于年初经济工作会、人民代表大会确定的重点工作以及相关的重大工程、重点项目、重要事项,要全力靠上,倒排工期,全力落实到位,确保完成市委、市政府年初确定的各项目标任务。

**【市政府党组(扩大)会议学习中共十八届六中全会精神】** 11月3日,市政府党组召开(扩大)会议,集体学习中共十八届六中全会精神,研究贯彻落实意见。市委副书记、市长刘曙光主持,市领导邹庆忠、孙起生、王桂英、王树华、刘建国等出席会议。会上,传达学习中共十八届六中全会公报,市政府党组各成员作交流发言。会议要求,深入学习贯彻中共十八届六中全会精神,必须与当前各项工作结合起来,以更加突出的业绩体现学习成效。

**2016年潍坊市市政府常务会议一览表**

表1

| 会议时间 | 主持人员 | 主要议题 |
|---|---|---|
| 1月12日•第五十八次 | 市委副书记、市长刘曙光 | 研究党政机关公务用车制度改革、化工产业安全环保节能管理、推进精准扶贫精准脱贫、政务服务热线建设、生物医药产业和军民融合产业发展等工作 |
| 1月19日•第五十九次 | 市委副书记、市长刘曙光 | 研究《关于潍坊市国民经济和社会发展第十三个五年规划纲要》及全市2015年预算执行和2016年预算安排等工作 |
| 1月31日•第六十次 | 市委副书记、市长刘曙光 | 研究政府工作报告(送审稿)、2016年民生实事筛选论证及潍坊市2015年国民经济和社会发展计划执行情况与2016年计划草案报告等工作 |
| 2月26日•第六十一次 | 市委副书记、市长刘曙光 | 研究建设工程项目“模块化”审批、推进国际产能合作、专利奖励审批办法及农村社区服务中心建设等工作和行政审批否定备案制度、文化创意设计产业发展实施方案等事项 |
| 3月30日•第六十二次 | 市委副书记、市长刘曙光 | 研究2016中日韩产业博览会筹备、全面推进质量强市建设、精准施策促进企业转型发展、整建制创建农产品质量安全市等工作和新型城镇化规划、按用能先进标准管理项目等事项 |
| 4月28日•第六十三次 | 市委副书记、市长刘曙光 | 研究降低企业成本、加强项目建设、支持高新技术企业发展和重点产业招商政策、简化优化公共服务流程、加强农村社区卫生室建设、加快旅游产业发展、当前经济运行、沿海地区海域使用规划等工作 |
| 5月19日至20日•第六十四次 | 市委副书记、市长刘曙光 | 传达贯彻全省城市工作会议、全省旅游产业发展大会精神,研究做好综合行政执法体制改革、高端装备制造产业发展、现代金融产业发展、规模企业规范化公司制改制、政府立法工作等工作和社会信用体系建设、构建和谐劳动关系、电梯使用安全、剧毒高毒农药管理等事项 |
| 6月24日•第六十五次 | 市委副书记、市长刘曙光 | 研究推进简政放权放管结合优化服务转变政府职能工作方案、建设项目区域化评估评审工作实施方案、推进汽车制造产业发展实施方案,听取全省品牌建设大会会议精神及贯彻落实情况等汇报<br>听取关于第二十二届鲁台会筹备工作、进一步清理规范行政审批中介服务收费项目、承接落实省政府2016年第一批削减省级行政许可权力事项等汇报,研究《构建新体制培育新优势加快全市开放发展的意见》和《潍坊市推进服务外包产业发展实施方案》等事项 |

续表1

| 会议时间 | 主持人员 | 主要议题 |
| --- | --- | --- |
| 7月29日•第六十六次 | 市委副书记、市长刘曙光 | 研究下半年经济社会发展、推进供给侧结构性改革、对全市部分重点项目实施重点问责观察等工作和政府规章制定程序规定、文物保护条例、市长质量奖管理办法、实施南部山区保护开发促进绿色发展、国有林场改革等事项 |
| 8月18日•第六十七次 | 市委副书记、市长刘曙光 | 研究公共资源配置改革、“互联网+文化产业”发展、“四全一特”社区建设及城市地下综合管廊建设等工作和全市国有资产经营投资公司改革改制、加快发展体育产业促进体育消费等事项 |
| 10月24日•第六十八次 | 市委副书记、市长刘曙光 | 研究海绵城市建设、电动汽车充电基础设施建设、实施全面两孩政策及加强税收保障等工作和科技体制改革、加强改进城市工作、建立失信联合惩戒制度、法治政府建设、乡村医生队伍建设、城乡社区协商及改进行政执法强化行政执法监督工作等事项 |
| 11月30日•第七十次 | 市委副书记、市长刘曙光 | 研究推进综合行政执法体制改革、公立医院科研院所法人治理结构建设、预防和依法处置医疗纠纷、支持东亚畜牧交易所发展等工作和金融产业政策调整、政府规章和规范性文件评估、标准创新应用奖励、工业研究院筹建等事项,集中研究潍坊市妇女发展、儿童发展、服务贸易、电子商务、邮政业、防震减灾事业、会展业共7个“十三五”专项发展规划 |
| 12月19日•第七十一次 | 市委副书记、市长刘曙光 | 研究促进节约用水、加快旅游业创新发展、科教创新园区建设管理、高等教育机构引进等工作和市级政府部门行政权力清单事项调整、简化优化公共服务流程、编制市级公共服务指南、促进融资担保行业发展、开展城市违法建设治理等事项,集中研究潍坊市广告产业、脱贫攻坚等“十三五”专项规划 |

## 综合政务

**【综合文字工作】** 坚持围绕中心、服务大局，竭忠尽智、献计出力，完善情况交流沟通、资料成果共享等工作机制，设立综合文字微信群，培育“简单可依赖”的科室文化，出色完成全市经济工作会议、政府工作报告等重要会议材料的撰写，起草领导讲话、致辞汇报、会议纪要等各类文稿1140多篇。强化调研的深度和密度，超前研究宏观形势，认真把握上级方针政策；超前研究市委、市政府工作思路，谋长远、求深入；超前开展调研活动，及时摸清基层情况，找准问题，提出对策；超前了解外地经验，结合实际，为我所用，切实解决调研不够、闭门造车的问题，努力做到“四个超前”，形成高效运转、相互协作的工作格局。

**【调查研究工作】** 立足于“出大主意、提大思路、当大参谋”，牢牢把握主题主线，坚持问题导向、目标导向，时刻关注产业发展形势和国家相关政策的变化，及时发现经济社会发展中的苗头性问题，扎实开展相关调研。通过联合调研、委托调研、课题咨询等多种方式，形成一批有分量、有影响力的调研报告。起草调研报告19篇，其中4篇被评为全省政府系统优秀调研成果；组织开展重大调研课题20个，在国家级和省级刊物发表13篇。共编发《呈阅件》15期，《研究与决策》49期。50%以上调研成果进入市委、市政府决策或纳入领导讲话相关材料。8月10—12日，全省政府研究室系统经济社会发展研讨会在潍坊市召开。

**【政务公开工作】** 扎实推进政务公开工作，着力推进权力清单、财政预决算、保障性住房等重点领域信息公开，全市政府系统年均主动公开信息10万余条。在全省率先创建公众疑难敏感信息申请律师会商参与机制，每年约办理群众向市政府申请信息公开200余件，未发生因答复不当被行政复议撤销或在行政诉讼中败诉。联合潍坊电视台创办《电视议事厅》栏目，及时解读市委、市政府重大决策部署和回应社会关切，共播出108期。潍坊市政务公开工作连续两年在全省考核中位列17地市前两位。

**【政务信息工作】** 强化政务信息服务决策功能，完善信息报送、约稿、培训、通报等制度，加快构建覆盖广泛、布局合理、反应灵敏、运转高效的市、县、镇三级信息报送网络，创新实行重点项目、企业和园区信息报送“直通车”制度。共编发《每日动态》《情况交流》《潍坊政务信息》和《外埠政务动态》等刊物490余期、3400余条，上报信息1100余条，其中90余条被市委、市政府领导批示，30余条被国务院和省政府领导批示。《潍坊市创新运用法治思维和法治方式破解市区房屋征迁难题》在省政府办公厅组织的优秀政务信息评选中荣获一等奖（全省共三篇），被评为全省政务信息报送工作成绩突出单位。

**【文电处理工作】** 实行“一口进、一口出”工作机制，坚持首接负责制、当日巡查制、互相补位制、风险排查制等制度，严格落实文稿审修责任，不断优化发文审签流程，严把文字关、政策关、程序关，建立重大事项、重要政策文件会商机制，确保零差错、零失误，共审核各类文稿3160余件。升级完善收公文电子管理系统，实现登记、查询、管理一体化、便捷化，进一步提升政务服务水平。科学分类、优化升级，提升档案管理规范化、系统化水平，共收集资料、文件27650余份，整档立卷260余卷。专人负责机要文件传输，共发送机要文件340余件，全部做到安全保密、快速高效传递。

**【接待和会务工作】** 严格执行中央八项规定精神和省、市关于公务接待工作的一系列规定要求，进一步修订工作规范，完善工作制度，优化工作流程，确保各项接待工作规范有序。组织调研、外出考察、会晤签约等活动170余次，接待考察团及各类来宾175批次、1600余人，做到热情周到、勤俭节约。完善会议组织流程，启用无纸化会议系统，会议程序更加规范、效率进一步提高，组织安排各类会议220余次。

**【干部队伍建设】** 严格执行《党政领导干部选拔任用工作条例》，建立健全干部选用机制和考核评价体系。提拔、调整部分县级干部，竞争性选拔科级干部，遴选基层公务员，公开招聘事业人员，办公室干部队伍结构进一步优化，保持团结向上、风正气顺的良好氛围。先后推荐产生1名潍坊市级先进工作者和1名潍坊市优秀共产党员。市长公开电话受理中心更名为市政务服务热线办公室，增设政务服务热线督办科、政府信息与政务公开科2个科，在电子政务科加挂政务机要科牌子。

## 政府职能转变

**【简政放权】** 根据法律法规修订和部门职能调整情况，先后5次对548项行政权力事项进行调整，共保留市级行政权力事项3553项、行政许可事项274项，通过政府门户网站对外公开，方便群众监督查询。优化审批流程，在全省创新将告知承诺制审批范围由非制造业建设工程项目扩大到“负面清单”之外的整个投资项目领域，全市共有76个项目按告知承诺制办理立项审批，涉及投资额203.7亿元，平均每个项目节省时间65日。出台《潍坊市建设项目水土保持方案区域化评审工作实施方案》，扎实推进相关中介评估工作。在全省率先实现企业登记“五证合一”，共有787户企业申领到最新的“五证合一”营业执照。在潍坊高新区进行“企业名称自主申报”“登记全程电子化和电子营业执照”“企业简易注销”3项改革试点，全市新登记各类市场主体67187户，同比增长22.7%，总量居全省第二位。推进行政审批制度改革规范化。在全省率先出台《潍坊市行政审批否定报备制度》，对不予审批事项实行报备管理，有效防止行政审批工作中不作为、乱作为、推诿和拖延等问题发生。清理规范涉审中介服务收费项目。根据法律法规修订情况和省政府有关文件要求，取消中介服务收费项目20项、新增14项、调整6项。

**【事中事后监管】** 按照“转理念、建机制、强监督、推典型”的思路，加强事中事后监管。打造“七个一”监管体系（每项审批都明确一个牵头部门、一个承办机构、一套部门间协作配合机制、健全一套上下贯通的工作网络、制定一套事中事后监管标准体系、组建一支专业或综合的执法队伍、建立一套督查考核办法），进一步明晰监管责任。采取“‘双随机、一公开’监管、司法监管、代表委员视察监管、村监管员日常监管、新闻媒体舆论监管、有奖举报监管”六种监管方式，确保监管全覆盖。全面推行“双随机、一公开”监管，组织市直37个部门和12个县市区分别建立随机抽查事项清单、检查对象名录库和执法检查人员名录库、随机抽查工作细则。推出安丘市农产品质量安全区域化监管模式和市食药局食品经营“一本通”制度等一批监管创新典型。在全省率先建立“工商登记双告知系统平台”，加强部门间协同监管。2016年8月，“双告知平台”有关做法被省政府在全省推广应用。

**【优化服务】** 潍坊市作为全省简化优化公共服务流程工作4个试点市之一，2016年12月在全省率先完成市、县、镇三级公共服务事项清单编制工作，其中市级公共服务事项697项、县级9341项、镇级16282项。清单编制完成后，先行开展证明、盖章材料清理规范工作，通过深入查找各类证明、盖章材料的“来龙去脉”，确定拟取消的证明、盖章类材料345项，首批取消的48项证明于2016年12月向社会公布。2016年11月10日，潍坊市政务服务中心通过省级服务标准化试点验收，正式成为“省级服务标准化示范单位”。

**【降低企业成本】** 潍坊市在全省率先出台降低企业成本政策措施80条和“711”专项行动方案，通过降低制度性交易成本、税费负担等八大领域成本，累计为企业减轻财务负担161.2亿元。降低企业成本“711”专项行动经验做法及成效多次得到省政府、市委、市政府主要领导批示肯定，并被20余家国内主流媒体宣传报道，在社会上引起强烈反响。

## 督查工作

**【健全完善督查工作制度】** 修订完善《潍坊市政务督查工作考核办法》。结合全市科学发展考核工作任务，研究制定新的考核办法，为全市科学发展考核提供有力依据。完善配套制度，提升工作效能，对督查室全体人员工作进行合理分工，对时间紧、任务重的潍坊市《政府工作报告》、领导临时交办的急办事项落实情况进行分工到人，提高督查效率。实行AB角制度，实现相互补位，防止工作中出现空档、断档，保证督查工作高效运转，不出纰漏。下发《督查通知》72期，编发《督查专报》66期，编发《重要工作情况通报》12期，提高督查督办的时效性、实效性。

**【建立联合督查督办工作机制】** 适应新常态下的联合督查督办机制形势，加强党委、政府以及部门间的协调配合，依靠专业部门的力量，共同抓好对重点工作特别是政策性、专业性较强的重要事项的督查工作。着重对中央八项规定落实情况、市级重点项目进展情况、全市经济形势分析会议贯彻落实情况、精准扶贫、供给侧结构性改革、基层医疗卫生工作等进行联合督查，有力地促进各项工作的贯彻落实，开展现场督查20余次，不定期深入项目现场进行实地督查，找准影响进度的关键环节，协调督促解决，增强督查工作的针对性和实效性。

**【实行网上立项督查】** 创新建立市政府网络督查平台，将《政府工作报告》确定事项，会议、文件确定事项，市政府领导的批示、现场调研确定事项，人大代表建议、政协提案办理情况等进行网上立项督查，实现网上实时监督，从督查事项的立项、执行、落实到考核进行全方位动态监管，对未按期办结的“亮红灯”提醒督促落实，并按《考核办法》要求自动扣分，以信息化促进政务督查工作的高效运行。共网上立项督查2400余项。

**【实行问责观察制度】** 借鉴先进地市做法，由市政府督查室牵头，对全市33个重点项目建设情况实行全程问责观察，每月进行调度通报，确保重点项目按时间节点要求推进落实。每月在市级机关综合办公大楼、阳光大厦办公楼一楼大厅两侧，对各县市区、市属各开发区和市直有关部门的8项经济社会发展重要指标完成情况以柱状图形式进行展示，增强各部门、单位主要负责人抓改革促发展的紧迫感。

**【《政府工作报告》督查】** 按照可量化、易考核、重实事的原则，对2016年《政府工作报告》确定事项进行立项分解，明确各项工作任务目标的责任单位、责任人及完成时限。对《政府工作报告》确定的273项工作任务，实行季调度、季通报制度，并对已经完成全年任务目标和没有完成季度计划目标的工作任务形成督查通报，共编发《督查通报》9期。

**【会议确定事项分解立项和督查工作】** 全年先后对市政府6次综合性会议、13次市政府常务会议、16次市长办公会议、20个专题会议和6个会议文件进行立项分解督查，共分解431项，并在规定的时限内进行跟踪调度督查，及时将落实情况报送有关领导审阅。

**【领导批示件和临时交办事项督查工作】** 共督促落实省政府专项督查事项33项，办理省政府领导批示件9件，市委领导批示件101件，并完成相关事项的督查落实及汇总反馈工作。办理市政府领导批示件711件，督办件224件。共参加市政府主要领导调研活动34次，通过网络督查平台立项分解领导临时交办事项307项，共落实288项。

**【人大代表建议、政协委员提案办理工作】** 全年督查相关县市区政府和市政府责任部门、单位办理省人大代表建议1件，政协提案3件，全部办理答复完毕；督促办理市人大代表建议141件，市政协委员提案289件，全部办理答复完毕；督促办理市人大常委会审议评议意见落实情况报告11件，按程序形成正式文件报市人大；形成市十六届人大五次会议以来代表建议办理情况报告、落实市人大常委会对市十六届人大五次会议以来办理情况评议意见的报告、政协十二届五次会议以来提案办理情况的报告等材料。市人大常委会对代表建议办理工作评议分数逐年上升。

## 打击走私工作

**【健全打击走私组织体系】** 健全组织领导机构，配备专职工作人员，从机构、人员、经费、工作机制等方面全力保障，形成“一把手”亲自抓、分管负责人具体抓、专职人员主责抓的良好工作局面。制定《潍坊市打击走私综合治理工作联系配合制度》，主动加强与海关、公安、工商、商务、烟草、边防等部门的交流沟通，形成完善的联系配合规程和固定有效的联络协作方式，做到重大案件及时通报、重要工作定期报告。2016年，被评为全省反走私工作先进单位。

**【落实打击走私工作责任】** 进一步细化反走私领导责任制，与全市各级各部门逐一签订责任书，指导建立健全联席会议、信息通报、协作配合、联合执法等工作机制。修订完善反走私检查考核标准，进一步明确任务目标和工作导向。完善奖惩制度和具体措施，年底集中对责任制落实情况开展检查督导，对存在问题的单位通报批评，限期改正，确保反走私工作扎实深入开展。

【会议调度形成常态】 健全市打击走私综合治理领导小组工作例会制度，每季度召开一次会议，对全市打私工作进行调度部署。市打私办根据工作需要，及时召集有关成员单位召开联席会议，研究处理工作中出现的新情况、新问题，重要问题形成会议纪要，及时下发各地各有关部门指导工作落实。7月，组织召开全市打私办主任半年工作会议，总结交流有关工作，对下半年重点任务进行再强调、再部署，持续推动工作落实。

【普查活动经常深入】 市打击走私办坚持统领各处、协调各方，指导推动海关、商务、工商、边防等部门，进一步完善普查等工作机制，对所有重点地区、重点场所逐一建立工作档案；对易发生走私货物的沿海口岸，易发生存放、销售、贩运走私商品的部位场地，易发生非法拼组装、修造、改装车船活动的企业场所，定期或不定期开展排查整治，发现问题有针对性地完善监管措施，跟进落实整改。开展专项检查23次，整治走私隐患26个，完善监管措施14项，实现底数清、情况明、监管实。完善举报制度，拓展举报途径，在潍坊反走私信息网站和潍坊港、羊口港、下营港宣传牌上公布走私举报电话。各职能部门公布举报方式，畅通举报渠道，及时查处群众举报的走私线索，提高全社会防范走私的能力。

【反走私宣传教育】 采取发放传单、悬挂横幅、发送短信、举办培训班等形式，广泛开展反走私宣传，累计发放宣传材料15000余份；组织企业开展法律法规和政策培训4次，开展“走村居、进企业、上船头”送法宣讲等活动20余次，与出海渔船民签订反走私责任状1160余份；注重发挥新闻媒体作用，积极曝光典型案件，营造“不买私、不护私、不走私”的良好氛围。10月11—13日，市打私办举办全市规范企业进出口经营行为试点培训班，邀请海关、烟草等单位业务骨干及有关专家，对全市70余家试点企业负责人围绕加工贸易管理、企业诚信经营、出口退税政策、检验检疫法规等方面的内容进行系统培训。

【基层反走私综合治理】 落实全员打私、立体防控、源头治理，推动构建“防控、监管、打击”三位一体反走私工作机制。加强基层群防群治组织建设，指导成立渔民协会7个，整顿群防组织35个，充实人员167人，创新开展“船管进社区”和“海上党旗红”工程，检查各类船舶1470余艘次，查处违规船舶67条，处罚111人。积极推进反走私领域企业守法诚信体系建设，推动各部门简政放权，落实对“诚信企业”的优惠政策，支持辖区企业进行高级企业认证，实施行政审批一个窗口作业，努力为企业提供更加高效便捷的发展环境，从源头防范走私案件发生。推动建立企业信息获取、意见沟通等服务平台，健全企业经营状况评估系统、企业经营异常名录、失信企业“黑名单”制度及跨部门联合奖惩机制。深化“智慧监管”建设，完善监控指挥中心运行制度，形成监管场所管控合力。

【打击走私专项行动】 组织海关、公安、工商、烟草等部门找准重点商品、重点渠道和重点领域，在清查整顿市场、规范企业行为、打击非法资金流通、边检口岸管理、海上执法查缉等各个环节开展专项整治，打好“齐鲁之盾（2016）”“国门利剑(2016)”“春雷(2016)”等专项行动攻坚战，全市共立案侦查刑事案件8起，总案值1959万元，涉税507万元，采取强制措施5人次，移送起诉刑事案件3起；立案调查行政案件1起，罚没入库1584万元；破获各类毒品案件455起，缴获毒品64公斤，抓获犯罪嫌疑人497人；破获公安部、省公安厅毒品目标案件各2起；查获涉烟涉私案件1982起，卷烟5143万支，总案值1396万元，移送公安立案69起，刑拘128人，逮捕34人，判刑58人，有效震慑走私违法犯罪活动。

## 应急管理

【完善应急体系】 修编完成市级总体应急预案和44个专项预案、80个部门预案。开通FM107“潍坊应急广播”频道和“潍坊应急”微信公众平台，及时发布有关信息。建立健全突发事件联动处置机制，实现第一时间报告、调度和处置。

【应急预案演练】 认真抓好应急预案演练工作，共协调组织全市反恐法宣传周暨反恐处突应急演练、全市地震防灾减灾应急演练、全市消防战勤应急保障实战应急演练、全市邮政快递业突发事件应急演练、通用航空突发事件应急演练共5次全市性应急演练。

【应急平台建设】 积极做好应急指挥平台建设建设工作。多次组织座谈交流，吸收先进地区建设方案，制定完善应急管理平台的建设实施方案，经过第三方论证和省级专家评审、公开招标，进入建设阶段。

【应急培训】 全年共组织两次应急管理专题培训。11月21日至23日，在潍坊市委党校组织200人应急管理专题培训班，邀请省政府应急办董吉祥处长和省委党校、国家行政学院的教授为培训班授课，重点加强全市干部队伍尤其是基层干部的应急意识，提高突发事件研判和处置能力。12月11日至15日，组织部分县市区、市直部门同志参加国家应急管理学会组织的应急管理专题培训班。

【预警信息发布】 对于各类灾害预警信息，通过政务平台、传真、短信等多种形式报市政府领导的同时，发送各县市区和市直部门，督促各级各单位做好灾害预警预防工作，全年共发布各类预警信息50多次。

**【宣传教育】** 围绕《突发事件应对法》《山东省突发事件应对条例》等法律法规，重点在社区、农村、企业、学校等基层单位深入开展应急宣教活动，努力扩大宣传的覆盖面。组织编写《潍坊市市民应急知识手册》，发放到城区居民手中，确保城区一户一册。

**【保险保障】** 扩大保险覆盖面。为综合救援队伍（消防官兵、政府专职消防员）和部分医疗卫生保障队伍购买人身意外伤害保险，鼓舞救援人员士气，体现政府对应急救援队伍的关心关怀。

**【突发事件处置】** 共协助市领导处置沂山火灾事故、昌邑交通事故等突发事件23起。完成山东省突发事件案例汇编的信息搜集等任务。省政府编制2006年至2016年发生的重要突发事件资料，涉及潍坊市潍城烟花爆竹爆炸、正东矿难等4起事故，需要调阅图片、文档、领导批示等大量信息，事故发生时间跨度较大、任务重，应急办积极组织，多方调度，圆满完成任务。

**【应急考核】** 根据市考核办要求和省政府应急办的考核要求，本着督促工作、提升工作的目的，经过多次论证，合理确定全市应急管理工作考核指标。圆满完成涉及应急管理方面的省、市科学发展综合考核工作。

## 政务服务热线

**【热线整合】** 发挥政务服务热线联系服务群众第一窗口作用，将全市44条服务热线进行优化整合，实现“12345”一号受理。并进行升级改造，增加三方通话、三级联动、短信动态回访、未接通热线电话号码自动检查和回访等功能，完成呼叫系统、受理系统、回访系统、工单处理子系统和知识库系统的升级改造。招聘培训4批次座席工作人员，座席人员达130人。重新规划布置1300平方米的受理职场，初步完成前厅、职场大屏、电视电话会议室、培训室等功能区和职场宣传版面的规划设计。全年受理群众反映事项33.2万件次，转交办理16.6万件次，按时办结率99.9%，反馈率100%。

**【技能培训】** 紧紧围绕“为群众提供优质高效的服务”任务目标，从大处着眼，小处着手，坚持日晨会和每周业务分析会制度，不断加强对工作人员的政治素质和业务技能的培训学习，提高受理人员的理解、沟通能力，提升工作人员的各项素质和水平。2016年，共培训2040人次，学习各类政策、法律法规通知等1160多个（条），提升工作人员的工作技能和服务质量，为高质量处办群众来电打下良好基础。

**【制度建设】** 通过市场化运作实现24小时全天候服务，建立“受理、转办、办结、督办、考核”工作机制，制定完善《潍坊市政务服务热线管理规定》《市政务服务热线职场管理规定》《座席工作人员学习考核管理办法》《座席工作人员上机考核办法》等规章制度，力争做到“件件有回音、事事有着落”努力打造12345政务服务热线潍坊模式、潍坊品牌。

**【网络单位监督管理】** 加强对各网络单位的管理监督和指导工作，针对久拖不决、推诿扯皮、群众不满意或带有普遍性的事项加大督办力度，采取网上督办、电话督办、协调督办及现场督办等措施，处办质量和效率明显提高，2016年共督办70件次。

**【要情专报】** 及时将群众反映强烈的社会热点、难点问题搜集、分析整理后，呈报市政府领导参阅。对带有普遍性，倾向性，苗头性的问题，如供暖、房产、市政管理、环境保护、劳动保障、社会治安、卫计、教育等问题，通过《月分析》《情况专报》《季度通报》等形式，及时上报市政府领导，为领导民主决策、科学决策提供第一手资料。共上报《情况专报》4期，《季度通报》4期，《月分析》11期。完成调查统计全市非应急类服务热线资源情况，梳理汇总全市稳增长、调结构、惠民生政策受理投诉情况呈报市领导。

**【窗口宣传】** 依托市政务服务热线网站关注民生、服务百姓的功能，及时对网站上的“群众来电受理情况”“民生热点”等板块进行更新和维护。更新群众来电受理情况32次，市民建议21条，刊登网络单位工作经验做法4篇。在《潍坊广播电视报》全年公布民生热线电话，在《潍坊日报》刊发23期、共67件典型案例，较好地宣传政府为民办实事、解难题的事迹和经验，推动政务服务热线工作创新发展。

（冯文涛）

## 地方史志工作

**【制定《潍坊市地方史志事业发展规划纲要（2016—2020）》】** 根据国务院《全国地方志事业发展规划纲要（2015—2020）》要求，市史志办加强新形势下做好史志工作的调研力度，在认真学习贯彻国务院和省政府《纲要》基础上，组织部分人员赴淄博、莱芜、泰安、东营等市学习考察，联系潍坊市实际，提出全面贯彻中共十八大和中共十八届三中、四中、五中全会精神，认真落实“把史志工作纳入各地国民经济和社会发展规划、各级政府工作任务，认识、领导、机构、编制、经费、设施、规划、工作到位”的总要求，紧紧围绕市委、市政府中心工作解放思想，实事求是，锐意进取，改革创新，依法推进全市史志事业科学发展，为加快经济文化强市建设提供精神动力、决策参考、信息服务和智力支持的史志工作指导思想，制定《潍坊市地方史志事业发展规划纲要（2016—2020）》。4月9日，市政府办公室以潍政办发〔2016〕5号文件印发。《纲要》的印发，明确“十三五”期间全市史志工作总体目标与工作任务，为下一步史志工作上台阶、上水平提供了遵循。

**【扎实推进二轮修志】** 按照省地方史志发展规划纲要提出的目标任务，市史志办进一步调整工作思路，加大第二轮修志为重点的工作主体业务推进力度。《潍坊市志（1991—2012）》续修工作，年初从有关科室抽调精干人员，成立市志续修工作小组，由主要负责人牵头，两名班子成员靠上抓，统一协调相关工作，对续志篇目进行认真研究，确定基本框架。3月7日，市委、市政府办公室发出《关于进一步做好〈潍坊市志（1991—2012）〉供稿工作的通知》。根据“两办”通知精神，市史志办印发《潍坊市志篇目及供稿须知》《续修潍坊市志培训材料》，采取主动对接、上门服务的方式，由领导带队，深入各供稿单位，对修志的有关要求逐一解释说明，受到各单位的一致好评。截至6月月底，对全市近200家供稿单位全部开展供稿对接工作。为进一步提高各供稿人员的理论水平和业务工作能力，4月25日，市史志办举办续修《潍坊市志》业务培训班，聘请省史志专家对修志的有关理论与具体操作进行详细讲解，各县市区及市直供稿单位的撰稿人160余人参加培训。同时，利用同各供稿单位对接的机会，由主管部门组织，为经信口、交通口、金融口、公安口、宣传口等60多个单位，开展专题培训，为各承编单位的供稿工作打下良好基础。截至11月月底，完成初稿的单位达到80家。

**【县市区修志工作】** 根据县市区第二轮修志进展情况和存在的主要问题，市史志办在充分调研基础上，确立“一县一策、积极推进”的工作思路，加大调度和指导力度。在完成6个县市区二轮修志的基础上，6月23日、10月12日分别在寿光、昌邑组织召开《寿光市志（1991—2010）》《昌邑市志（1986—2005）》组织省专家组评审会议。《安丘市志（1886—2013）》于10月出版并于11月5日召开出版发行会议，中国地方志指导小组办公室主任冀祥德，省政府办公厅党组成员、省史志办主任刘爱军等领导与会。同时，《寒亭区志》组稿工作基本完成，正进行总纂；《潍城区志》组稿工作基本完成；青州市组织启动了第二轮修志工作，落实人员和工作场所。全市第二轮县级志书完成总量的75%。

**【创新年鉴工作运行机制】** 2015年以来，市史志办适应新形势要求，积极创新年鉴工作运行机制，《潍坊年鉴》实行财政全额拨款，出版印刷由政府采购方式进行。2016年，继续开展改版创新活动，在调整版面、提高时效性、实行全彩印刷方面有了新的提升。年鉴袖珍版《潍坊市情手册》进一步调整栏目、增添服务性新内容，年鉴工作的服务性、时效性都有了新提高，其中《潍坊市情手册》被市委组织部列为领导班子换届考察必备材料。截至11月月底，《潍坊年鉴》2016卷出版发行，《潍坊市情手册》已经付印。

积极推进县级年鉴“一年一鉴全覆盖”要求，加强对县市区年鉴编纂工作的调研、规划和督导力度。诸城、寿光、高密、临朐等县市列入第一批“一年一鉴”试点。各试点单位积极开展工作，诸城市于11月完成出版发行任务，寿光、高密、完成总纂，奎文区采取社会服务方式启动一年一鉴工作，临朐计划于2016年年底前完成组稿工作。

**【拓展史志工作服务领域】** 积极拓展史志工作进校园、进社区、进企业的新形式。在2015年与市关工委联合举办“党史国史教育校园行”活动基础上，编辑《潍坊历史青少年读本》，出版并作为全市中小学生课外读物发放。11月，市史志办派员到潍坊歌尔置业公司、昌乐县营丘镇等单位宣讲潍坊历史文化，推动基层精神文明建设，探索史志工作“教化”功能的新形式。积极争取方志出版社分支机构建设。抓住方志出版社扩大规模的有利时机，积极争取方志出版在潍坊设立工作站，得到中国地方志指导小组及方志出版社领导的大力支持。前期已就办公地址、合作单位等问题做了充分准备，后续有关工作正积极推进。加强市情网站建设。在2015年年改版升级的基础上，进一步充实栏目、补充资料，加强了更新维护，近期新出版的市情成果绝大多数已经上网，网上方志馆的作用进一步增强，网站内容不断丰富。加快市情丛书编纂步伐。“潍坊市情丛书”包括自然环境卷、风俗民情卷、建置沿革卷、历代人物卷四卷，完成总纂并付印。加快《潍坊风筝志》编纂步伐，大部分供稿单位完成初稿撰写工作。整理出版《郑板桥艺术精品集》。年初，市史志办为深入开发区域性历史人文资源，着力搜罗甄选，从国内外有关机构或私人收藏、出版的郑板桥作品中精选，特别是从台湾地区收集到部分板桥用印资料，实现了诗文、书法、绘画、印谱荟萃一书的设想。这次整理出版，分为诗文卷（含诗词、家书、序跋等）、书法卷、绘画卷、印谱卷，编为上、下两册。全书宣纸印刷，仿古线装，装帧精美。

**【加强对部门志、专业志、基层志的指导】** 市史志办在发挥专业优势，扩大业务影响，深化志鉴服务方面进行了一些新的探索。组织力量开展《景芝酒志》《滨海开发区盐业志》《营丘镇志》等企业志、专业志、乡镇志的编纂工作，6月21日，市史志办到山东景芝酒业集团调研《景芝酒志》编写工作，对《景芝酒志》志稿进行认真审核。12月9日，《营丘镇志》评稿会在昌乐县营丘镇召开，市史志系统有关专家等近20人参加会议。

**【加强自身建设】** 按照市委统一安排，市史志办党支部认真开展“学党章党规、学系列讲话，做合格党员”学习教育。4月28日，召开支部大会，以学习市委文件和市委主要领导讲话的形式，启动学习教育。党支部制定《关于开展“两学一做”学习教育实施方案》，成立学习教育领导小组，研究确定学习教育支部生活日及有关活动安排，指定并购置“两学一做”学习书籍。截至11月月底，支部共开展“支部活动日”和专题党课活动10次。上半年，召开以党风廉政建设为主题的领导班子专题会议一次，落实党风廉政建设“第一责任人”和领导班子成员“一岗双责”职责，完善廉政建设台账管理等相关措施，组织开展集中廉政教育和廉政谈心谈话活动。班子成员和科以下人员积极参加德廉知识学习和测试活动，认真遵守各项廉洁规定，对腐败现象始终保持清醒的头脑，全办人员讲纪律、讲规矩的自觉性有了新提高。按规定严格管控职务消费，按时完成公车改革任务，在办公用房、公务用车、公务接待、公务消费以及日常生活等方面，严格执行有关规定，初步形成厉行节约、反对铺张的良好风气。

（刘　敏）

# 人事工作

**【公务员管理】** 完善创新公务员管理体制，扎实做好公务员考录工作，共考录公务员736人，为市直部门（单位）遴选工作人员68名，进一步优化公务员队伍结构。完善公务员考核评价机制，在县市区全面实施公务员量平时考核工作。组织市直机关7000余名科级以下干部参加自主选学，不断提高公务员队伍的综合素质。

**【事业单位人事制度改革】** 加强事业单位岗位设置和聘用管理，已核准岗位设置方案的事业单位4195个，占总数的99.1%，体现事业单位特点、突出岗位职责任务和分级分类管理已成为常态。全面落实事业单位聘用合同制度，推行聘用制的事业单位达到4234个，近16万人签订聘用合同，实现制度与人员全覆盖。

**【机关事业单位工资制度】** 规范机关事业单位工资管理，调整提高机关事业单位工作人员基本工资标准，增加离休人员离休费，修订完善市直机关事业单位精神文明奖发放办法，组织开展机关事业单位工作人员长期请病假及“吃空饷”问题专项整改，进一步完善工资正常调整机制，维护工资纪律的严肃性。

**【军转安置】** 认真落实军转安置计划，不断强化军转干部教育培训，创新完善自主择业军转干部管理服务，积极做好企业军转干部解困维稳工作，全市共接收安置军队转业干部316名，其中计划安置177名、自主择业139名，军转干部安置率、安置政策落实率均达到100%，被市委、市政府表彰为“全市双拥工作先进单位”。

**【高层次人才队伍建设】** 围绕“1669”重点产业发展需求，大力引进高端人才和专家团队，成功举办潍坊市第三届海内外高新技术项目推介会，组织参加第九届海洽会和第十四届中国国际人才交流大会，全市共引进高层次人才3254人，引进高端外国专家568人次，组织执行引智项目327个，获批上级引智专项资金440万元。10名外国专家获评第六届“鸢都友谊奖”，新增1名外国专家入选国家“外专千人计划”，2名外专千人计划专家受聘为国家特聘专家。加快高层次专业技术人才培养选拔，评选潍坊市第十三批专业技术拔尖人才100名，有3人入选省突出贡献的中青年专家，全市新增博士后创新实践基地7家，博士后科研平台总数达38家，居全省前列。

**【技能人才队伍建设】** 以备战第44届世界技能大赛为引领，加快推进高技能人才队伍建设，成功举办了世界技能大赛技能中国行2016—走进山东交流活动，在全省率先开展技工院校学生技能鉴定过程化考核试点，评选潍坊市首席技师50名、有突出贡献技师60名，选拔潍坊市技术能手100名，有5人获得齐鲁首席技师称号，潍坊市有15名选手入选山东省世赛项目集训，居全省首位。全市共组织各类人事考试和职业技能鉴定21.2万人次，新增高技能人才2.3万人，技工院校招生达到1.1万人。

（刘先谨）

# 外事与侨务

**【践行开放理念，致力提升潍坊国际化水平】** （1）统筹推进城市国际化工作。制定下发2016年提升潍坊《国际化重点项目计划》和《国际化水平工作考核办法》。重点推进经济、城市、人文、平台化、环境国际化。推动130个重点项目的建设。6月，在北京举办专题培训班。（2）深入实施城市品牌立体网络营销。通过多层面进行城市品牌推广。截至2016年年底，“山东潍坊”微信公众平台覆盖“城市粉丝”超过62万人，累计信息阅读量5300多万次，在中国新媒体排行榜中常年排名政府类10强。在《山东侨报》及其海外合作传媒美国《国际商报》、印度尼西亚《国际日报》等，开设“放飞梦想、鸢都潍坊”专版。（3）创新设计推广城市定位和国际形象标识。确立“放飞梦想、鸢都潍坊”城市品牌定位及国际形象标识。开展城市形象标识营销活动，在潍坊始发北京的“潍坊号”高铁上展示推出。（4）双语标识示范工程取得重要阶段性成果。制定《2016年潍坊市双语标识示范工程专项实施方案》并组织实施。截至年底，基本完成对潍坊全域主干道，重点公共服务、旅游场所的双语标识设置、改造工作。（5）努力打造涉外历史文化名片。主持翻译并编辑出版了《潍县集中营》《山东集中营》《中国逃亡记》等系列丛书和电影《终极胜利》、纪录片《被遗忘的潍县集中营》拍摄发行。

**【搭建国际平台，着力促成重大合作项目】**（1）推动东亚畜牧交易所正式挂牌。经国家证监会和省政府批准，东亚畜牧交易所于12月28日正式挂牌上线运营。（2）促成联合国工业发展组织在滨海开发区共建绿色工业园区。2016年5月，市委主要领导出访拜会联合国工发组织总干事李勇，并与环境司长签署合作备忘录。9月14日，联合国工业发展组织（滨海）绿色工业园区在滨海区揭牌启动。（3）与以色列高端合作项目实现集群突破。山东省人民政府—北京大学—特拉维夫大学在潍坊共建现代农业研究院、滨海区与以色列化工集团共建中国—以色列生态海洋化工产业园、寿光市与以色列经济部“中以水资源综合利用城市”、潍坊市政府、阳光保险集团、LR集团三方共建中以国际健康医疗产业园等重大项目集中签约。（4）洽谈推动与国际一流大学交流合作。在省委副书记龚正见证下，4月30日于旧金山与美国加州大学戴维斯分校正式签署合作协议。并成功举办首届国际食品峰会。推动荷兰瓦赫宁根大学、荷兰食品谷与市政府于8月签署中荷农业食品创新及培训中心筹备协议，并于11月4日挂牌启动。（5）构建国际友城合作新格局。与波兰奥尔什丁市正式签署友城协议。同德国阿沙芬堡市、意大利摩德纳市、印度浦那市、柬埔寨贡布省贡布市、巴西帕拉伊索波利斯市、阿根廷拉普拉塔市签署或达成结好意向。县级对外政府合作实现历史性突破。10月17—23日，日本日向市市长十幸平率代表30余人出席两市结好30周年纪念活动。

**【凝侨聚力，侨务工作取得新成效】**（1）聚力建设海外潍坊平台。着力培养凝聚中青年潍坊籍海外杰出侨领和侨社新秀，10多位潍坊籍华侨华人出任美、英、法等国家重要侨团的会长、秘书长。美东潍坊同乡会、美国潍坊总商会率先在美国纽约成立。（2）积极推进社区侨务工作。新增昌邑市北海社区为“全国社区侨务工作示范单位”、诸城市大杨家庄子社区和寿光市屯田社区为“全省社区侨务工作示范单位”。（3）加强华文教育，助力传承中华传统文化。9月24—25日，邀请澳大利亚的15位资深华文教师、加拿大、德国等26个国家的200余位华校机构负责人到潍坊，参加中国华文教育基金会“海外红烛故乡行——2016齐鲁文化之旅”。

**【立足服务导向，加强外事归口管理】**（1）建立健全外事工作领导体制。调整成立市县两级党委外事工作领导小组。制定工作规范，定期召开会议。初步形成党委管外事、政府抓外事、协同干外事的良好格局。（2）因公出国管理工作进一步规范。全年共审批因公出国(境)团组207批、516人次。共为313家企业、1279人颁发APEC商务旅行卡，申办量与办结量居全省第一。（3）妥善维护涉外安全。拟定下发《关于加强我市境外领事保护工作的意见》，邀请省外办涉外管理处领导到潍坊讲授境外领事保护知识。赴30家企业、5所高等院校，现场宣传境外领事保护知识。

（殷言诚）

# 潍坊市科学发展研究院

**【着力开展决策咨询研究】** 紧紧围绕全市经济社会改革发展的全局性、综合性、战略性问题开展超前研究和跟踪研究。一是根据市委、市政府领导安排，会同有关部门开展深化公共资源配置改革研究，并先后向市委全面深化改革领导小组会议、市政府常务会议、市委常委会议进行汇报，制定出台《关于深化公共资源配置改革的意见》，以市委正式文件下发，对发挥市场在资源配置中的决定性作用和更好发挥政府作用起到重要推动作用。二是对市委市政府安排的人才招聘办法、服务业发展对策、农村金融创新实践、寿光全河道湿地治理模式经验推广等研究任务，分别成立课题组，扎实开展调研，找准存在的问题和短板，总结分析发展的阶段特点和规律特征，认真借鉴国内外先进经验，在反复研究论证的基础上形成研究成果。三是围绕落实新发展理念，组织开展“五大发展理念”实践研究，每个发展理念分别成立研究小组，每个小组由研究院、合作单位指定人员组成，并聘请市内外有关领导、专家作为评审专家指导推进课题研究，既突出研究的前瞻性、专业化又保证紧跟市委市政府关切，形成《潍坊创新发展研究》《潍坊协调发展研究》《潍坊绿色发展研究》《潍坊开放发展研究》《潍坊共享发展研究》系列成果。

**【多渠道提升研究能力】** 鼓励支持

年轻同志接受高层次教育深造，着力培养和造就一支专业化、复合型、高素质的研究队伍。邀请外聘执行所长——国务院发展研究中心城市发展研究所综合研究室主任张晓欢定期对全院人员进行业务培训。赴北京、济南、苏州、曲阜分别参加中国品牌论坛、中国制度经济学年会、中国（苏州）数字经济与创新发展大会、尼山论坛，牢牢把握供给侧结构性改革、生态文明、数字经济等最新趋势，确保研究紧跟发展热点重点。注重人员培训培养，全年选派人员赴省市有关单位和党校、高校参加培训20多人次。注重边干边学，通过领导、专家带课题、带调研，自选课题自主研究等方式，探索“以干代训”新途径，强化实地调查研究，准确掌握第一手资料，确保研究成果接地气、务实可操作。

【系统开展研究合作】 全面开展高层次、宽领域的交流合作。赴北京、上海、济南、成都等市考察学习决策咨询机构建设经验，与成都市改革发展研究中心、西南财经大学发展研究院确立课题研究、人才引进、人员交流培训的合作机制；与电子科技大学大数据研究中心等专业研究机构建立工作互联、信息互通、成果共享、数据共用的交流机制。分别与山东大学、中国海洋大学等8所大学的9个学院建立长期合作关系。与山东师范大学联合共建山东省研究生教育联合培养基地，1名院内专家被聘为山东师范大学校外研究生导师。在人员培训、课题指导、建议征询等方面继续深化与国务院发展研究中心、安永、毕马威等研究机构的合作关系。与国研网、同方知网、安邦信息建立信息合作关系，与中国智库网等多家智库机构网站、数据库建立信息共享机制。

【全面建章立制】 新制定公文办理、日常值班、应急管理等内部管理制度，用制度管人、用流程管事。成立市科学发展研究院机关党支部，进一步健全“三会一课”、民主科学决策、民主生活会、党员管理等各项制度，建立“两学一做”学习教育活动制度，制定全年党建工作计划和党建工作责任清单，以党建统领各项工作。完善课题研究制度，主要包括课题招标、课题遴选、调查研究、成果发布等制度，在全院倡树以研究论英雄的鲜明导向，推动形成风清气正、人心思上的浓厚研究氛围。

（李少军）

## 潍坊市政务服务中心

【搭建省、市、县三级互联互通政务服务平台】 10月24日，按照省政府办公厅关于实现省、市、县三级政务服务互联互通，主要行政权力“一张网”运行和企业、群众办事“一网通”的总体要求，组织三级政务服务互联互通试运行，统筹推进全市政务服务平台建设和互联互通工作。市、县两级行政许可和服务事项8477项推行网上受理、网上办理、网上反馈，占市、县许可服务事项总数的99%，政务服务的网络化、移动化、智慧化不断完善，网上政务服务更加便捷高效。

【积极推进“标准化+政务服务”】 大力实施标准化战略，发挥“标准化+”的提振引领作用，将标准化的理念、原理、原则、方法引入到政务服务工作中，建立健全以规范服务为核心、提升效能为重点、监督制约为保障的政务服务标准化体系，涵盖政务服务工作的各个方面。政务服务标准体系建立后，着力在“学、做、记、查”四个环节上下功夫，确保将各项标准落到实处。通过推行政务服务标准化建设，服务效能持续提升，群众满意度达到97.5%以上。2016年11月10日，潍坊市政务服务中心通过省质监局、省发改委组织的省级服务标准化试点验收。

【创新投资创业服务方式】 （1）建立网上政策超市，编印《潍坊市投资创业服务优惠政策汇编》，举办建设工程项目审批流程专题辅导讲座，进一步强化投资创业咨询服务。（2）全面推行重点投资项目审批全程无偿代办，将市级重点投资项目全部纳入代办范围，为项目单位提供便捷、高效、优质的代办服务。全年共为430个重点投资项目提供代办服务，涉及投资额1355.81亿元，建筑面积1537.14万平方米。（3）实施非制造业建设工程项目告知承诺制，通过告知、承诺、转换等创新举措,大幅缩短项目立项时间，切实提高审批效率。全年共有80个项目办理告知承诺制立项审批，涉及投资额188.61亿元，面积约629万平方米，平均每个项目节省时间约54.8个工作日。（4）出台《潍坊市建设工程项目“模块化”审批实施方案》，将投资工程项目审批流程整合为立项、用地规划、工程规划、施工许可、竣工验收5个阶段，项目审批时限进一步压缩到32个工作日。全年共召开联审会议64次，涉及投资额约206.62亿元，建筑面积195.96万平方米。（5）出台《潍坊市行政审批否定报备制度》和《潍坊市行政审批否定报备制度实施细则》。全年共办理行政审批否定报备事项51项，有力地规范行政审批行为。

【深化公共资源配置改革】 （1）强化信息支撑。开发建设公共资源交易信息化系统并投入运行，实现交易信息公开、信息交换、企业诚信库注册、资源共享等功能，为市场主体、行政监督部门和社会公众提供信息服务。（2）加强场内管理。制定《潍坊市公共资源交易中介代理机构场内信用评价考核办法(试行)》《中介代理机构选定规程（暂行）》和《潍坊市特殊项目评审专家选取办法（试行）》，进一步规范交易行为。（3）

开展社会监督。出台《潍坊市公共资源交易社会监督员聘任办法》，全年共邀请社会监督员30人次对16个项目进行现场监督，有益补充行政监督，确保公共资源交易平台平稳运行。2016年，市公共资源交易中心共受理交易项目1162个，完成交易项目1087个，项目成交总额333.80亿元，受理交易项目数、完成交易项目数、成交总金额与2015年同比分别增长43.10%、45.32%和532.68%。

**【创新政务服务考核监督方式】** 建立政务服务工作回访制度，通过实施政务服务回访，群众满意度不断提高，2016年，全市政务服务工作群众满意度同比提高0.9个百分点，达到97.5%。坚持问题导向，针对回访工作中发现的问题，在全市组织开展政务服务质量再提升专项活动，创造许多新的可复制的经验做法。同时，畅通咨询投诉通道，利用电话、邮箱、潍V等多种途径为群众提供咨询投诉服务，同时全力做好政务服务热线“12345”办件处理工作，按时办结率和群众满意率达到100%。

（张秀峰）

## 中国食品谷

**【概况】** “中国食品谷”是潍坊市为推动食品产业转型升级、建设国家食品安全区而打造的战略平台。涵盖潍坊全域范围，呈“一核、五区、多点”式分布。“一核”，即在寒亭区规划建设45平方公里的食品谷核心区（一期规划面积14.23平方公里）；“五区”，即寿光蔬菜种子谷、安丘出口农产品标准化基地、峡山有机农产品生产加工基地、诸城和昌乐肉食加工基地、港口经济区食品产业园等配套功能区；“多点”，即全市若干现代农业、食品加工、流通园区和企业。2016年，中国食品谷列入省“十三五”发展规划实施纲要，成功获批第一批省级区域创新中心建设试点。

**【功能定位】** 核心区定位于打造食品产业高端要素资源的聚集区、引领食品产业转型升级的综合平台、制度创新的试验田和对外开放合作的窗口，主要发展企业总部、科研孵化、创客空间、展示交易、商贸金融、仓储物流、电子商务、检测认证、品牌运营、综合服务等功能业态。重点打造“五中心一基地”，即农业及食品产业创新（研发）中心、品牌展示暨交易中心、物流配送中心、检验检测认证中心、食品产业大数据中心和食品产业总部基地。

**【重点项目】** （1）食品谷总部基地加快建设。总投资10亿元，建筑面积16.7万平方米，主要承载展示交易、检测认证、人力资源、创新孵化、品牌运营、合作交流“六个中心”功能。一期工程7栋楼于2016年11月1日投入使用，食品药品、农业、海渔、畜牧、粮食5个市级检验检测中心搬迁入驻；二期工程4栋楼全部主体封顶。（2）东亚畜牧交易所于2016年12月28日正式上线启动，引进入驻企业315家，上线启动当天交易额突破2000万元。配套建设总面积6000平方米、存储能力7500吨的中国食品谷B型保税仓库。（3）中百大厨房项目健康运行。总占地216亩，建筑面积15万平方米，公司自有种植基地近万亩，共与100多个种植基地、合作社签订协议，年实现销售额30多亿元。（4）中国潍坊畜禽产品交易城项目。占地1120亩，主要建设60万吨冷链储存仓库和专业畜禽产品交易市场，被列入山东省重点建设项目、山东省服务重点建设项目、国家黄河三角洲高效生态经济区重大项目。一期项目建成并投入使用，具备20万吨冷藏能力；二期项目（公益性农产品批发市场）完成规划设计。（5）瀛馨园项目加快建设。总投资4.6亿元，建筑面积15万平方米，20栋楼全部主体封顶。

**【交流合作】** （1）中美食品与农业创新中心于2016年11月1日实体运行，美国、澳大利亚的12位专家完成潍坊市食品与农业产业诊断。（2）市政府与荷兰方面签订中荷农业食品创新培训中心战略合作框架协议。（3）与以色列特拉维夫大学和北京大学共同建

东亚畜牧交易所是2014年11东亚合作领导人系列会议期间中国倡导的东亚合作项目，位于中国食品谷核心区，2016年12月28日正式上线启动 （供图：高志强）

设的国际分子育种中心和现代农业研究院通过省政府审批。（4）中国食品谷与南昌大学、中国食品工业协会、山东畜牧兽医职业学院等国内知名大学、院所（机构）实现战略合作。

**【重大活动】** 2016年11月4日，成功举办2016国际食品峰会，共有616名嘉宾参加，307名嘉宾出席主会场活动，其中外国专家、学者、企业代表27人。峰会共收集美国加州大学戴维斯分校、中国农业大学、浙江大学、江南大学、南昌大学、中国农科院农产品加工研究所等国内外食品重点高校326项新技术成果，首选266项进行公开发布。美国加州大学戴维斯分校世界食品中心、悉尼大学、中国农业大学与中国食品谷共同签署了2016国际食品峰会倡议书。国内50多家新闻媒体向全球进行实时宣传报道，中国食品谷的知名度和影响力不断增强。

**【新增机构】** 2016年10月，潍坊市机构编制委员会办公室印发《关于设立潍坊食品谷总部基地协调服务中心的批复》，设立潍坊食品谷总部基地协调服务中心，属于食品谷办公室公益一类事业单位，正科级规格，定编5人，主要承担食品谷总部基地的管理、维护和入驻单位的协调、服务工作。

（万庆伟、高志强）

# 中国人民政治协商会议潍坊市委员会

*Zhongguo renmin zhengzhi xieshang huiyi weifangshi weiyuanhui*

**【概况】** 中国人民政治协商会议第十二届山东省潍坊市委员会于2012年1月换届产生，任期5年。共有委员564人、常委83人。市政协第十二届委员会下设办公室、研究室、委员活动工作室3个办事机构，共有提案委员会、经济委员会、人口资源环境外事委员会、科教文卫体委员会、社会法制委员会、文史资料委员会、民族和宗教委员会、委员联络工作委员会8个专门委员会。

## 重要会议

**【市政协全委会议】** 2月16—19日，市政协十二届五次会议在潍坊富华国际会议中心举行。会议听取并审议市政协常委会工作报告和提案工作报告；审议通过市政协2016年度协商工作计划和市政协十二届五次会议提案审查情况的报告。与会委员列席市人大十六届五次会议，听取并讨论市政府工作报告及相关报告；协商讨论《潍坊市国民经济和社会发展第十三个五年规划纲要（草案）》；进行大会发言和联组发言。会议增补李平为政协第十二届潍坊市委员会副主席；增补尹文林、刘庆祥、刘效伟、孙俐君、远伟、李传顺、李静波、张光武、赵会堂9人为政协十二届潍坊市委员会常务委员。大会同意玄承洵、李平、呙智义、周立章、姜荣、黄进、曹学芹、盛兆辉8人因工作或年龄原因辞去政协第十二届潍坊市委员会常务委员职务。会议审议通过市政协十二届五次会议决议。

**【市政协常委会议】** **市政协十二届二十一次常委会议** 1月19日，在市级机关综合办公大楼召开。市政协主席崔建平、副主席刘伟分别主持会议。会议听取市政协十二届五次会议筹备情况的汇报和有关人事事项说明；审议通过关于召开市政协十二届五次会议的决定；审议通过市政协十二届五次会议议程和日程；审议通过市政协常务委员会工作报告和提案工作报告并推举报告人；审议通过市政协其他专门委员会工作报告；审议通过市政协反映社情民意信息工作报告；审议通过市政协十二届五次会议委员分组名单、联组发言分组名单、各组召集人名单、执行常委名单；审议通过市政协2016年度协商工作计划；审议通过《关于授权主席会议审议政协第十二届潍坊市委员会第二十一次常委会议未尽事宜的决定》；审议通过有关人事事项。

**市政协十二届二十二次常委（扩大）会议** 2月15日，在富华国际会议中心召开。市政协主席崔建平主持会议，并就开好市政协十二届五次会议向与会人员提出要求。

**市政协十二届二十三次常委会议** 3月17日，在市级机关综合办公大楼召开。市政协主席崔建平、副主席刘伟分别主持会议。会议传达学习全国政协十二届四次会议精神；通报表彰先进委员活动组暨委员活动组召集人先进个人；民主评议市经信委、市规划局工作。会议分组讨论并审议通过《政协潍坊市委员会2016年工作要点》《政协潍坊市委员会专门委员会通则》《政协潍坊市委员会全体会议工作规则》和有关人事事项。

**市政协十二届二十四次常委会议** 6月27日，在市级机关综合办公大楼召开。市政协主席崔建平、副主席刘伟分别主持会议。会议民主评议市工商局、市质监局工作。分组讨论并审议通过《关于加快山丘地区开发建设、促进区域经济社会协调发展的调查与建议》《关于加快推进潍坊健康城(医疗)建设的几点建议》和有关人事事项。

**市政协十二届二十五次常委会议** 10月18日，在市级机关综合办公大楼召开。市政协主席崔建平、副主席刘伟分别主持会议。会议听取市政府2016年以来提案办理情况和全市经济社会发展情况的通报；民主评议市科技局、市海洋与渔业局工作。分组讨论并审议通过《我市国有林场改革面临的几个问题和建议》《关于全市弘扬中华孝文化传统促进社会和谐发展的调研报告》和有关人事事项。

**市政协十二届二十六次常委会议** 11月30日，在市级机关综合办公大楼召开。市政协主席崔建平主持会议。会议传达学习中共十八届六中全会公报、省政协十一届二十二次常委会议精神和市委十一届十次全体会议精神。

**【市政协主席会议】** **市政协十二届二十一次主席（扩大）会议** 1月15日，在市级机关综合办公大楼召开。市政协主席崔建平主持会议。会议审议市政协十二届二十一次常委会议议程和日程(草案);审议了市政协十二届五次会议议程和日程(草案);审议通过市政协十二届五次会议列席单位名单(草案);审议十二届市政协常务委员会工作报告(讨论稿)和提案工作报告(讨论稿)，并分别推选了报告人;审议市政协其他专门委员会工作报告(书面)并听取2016年工作计划的汇报;审议市政协反映社情民意信息工作报告(讨论稿);审议市政协十二届五次会议委员分组名单、联组发言分组名单、各组召集人名单、执行常委名单(草案);审议市政协2016年度协商工作计划(草案);审议了《关于授权主席会议审议政协第十二届潍坊市委员会第二十一次常委会议未尽事宜的决定(草案)》;审议通过《关于表彰潍坊市优秀政协委员的决定(草案)》;审议通过了《关于加强与委员联系的办法(讨论稿)》。会议还对有关人事事项进行审议。

**市政协十二届二十二次主席会议** 2月3日，在市级机关综合办公大楼召开。市政协主席崔建平主持会议。会议根据市政协十二届二十一次常委会议《关于授权主席会议审议政协第十二届潍坊市委员会第二十一次常务委员会会议未尽事宜的决定》,审议通过增补委员名单等人事事项。

**市政协十二届二十三次主席（扩大）会议** 3月14日，在市级机关综合办公大楼召开。市政协主席崔建平主持会议。会议审议通过市政协十二届二十三次常委会议议程、日程；审议《政协潍坊市委员会2016年工作要点(讨论稿)》；审议通过《关于表彰先进委员活动组暨委员活动组召集人先进个人的决定(草案)》；审议《政协潍坊市委员会专门委员会通则(讨论稿)》《政协潍坊市委员会全体会议工作规则(讨论稿)》和有关人事事项。

**市政协十二届二十四次主席（扩大）会议** 6月22日，在市级机关综合办公大楼召开。市政协主席崔建平主持会议。会议审议通过市政协十二届二十四次常委会议的议程和日程；审议《关于加快山丘地区开发建设促进区域经济社会协调发展的调查与建议》《关于加快推进潍坊健康城(医疗)建设的几点建议》和有关人事事项。

**市政协十二届二十五次主席会议** 10月11日，在市级机关综合办公大楼召开。市政协主席崔建平主持会议。会议集中学习中共中央组织部编制的《严肃换届纪律文件选编》有关篇目；审议通过市政协十二届二十五次常委会议议程和日程；审议《我市国有林场改革面临的几个问题和建议》和《关于全市开展弘扬中华孝文化传统促进社会和谐发展的调研报告》,并就进一步充实完善相关报告提出意见和建议；会议还审议有关人事事项。

**【市政协其他重要会议】** **市委政协工作会议** 1月6日, 在工人文化宫一楼中心会堂召开。市委书记杜昌文出席会议并讲话,市政协主席崔建平主持会议；市委副书记、市长刘曙光,市人大常委会党组书记、第一副主任胡岗,市委副书记王献玲，市政协领导班子成员出席会议。

**提案委全体成员会议** 1月21日, 在市级机关综合办公大楼召开。市政协副主席刘伟主持会议。会议审议、修改了市政协十二届五次会议提案工作报告和市政协提案委2016年工作要点。

**全市各界人士迎春茶话会** 2月1日，在富华大酒店召开。市委书记杜昌文出席茶话会并讲话,市政协主席崔建平主持。市领导刘曙光、胡岗、王献玲、李在武、孙明亮、郝树东，市政协领导班子成员，住潍坊省里的老同志和市政协往届主席、副主席、秘书长，各民主党派主委、市工商联负责人，社会各界人士代表，市直有关部门负责人和社会知名人士出席茶话会。

**全市政协文史工作会议** 3月30日，在市级机关综合办公大楼召开。市政协副主席王继怀出席会议并讲话。会议全面总结了上年以来全市政协文史工作情况并给予充分肯定，就今后文史资料征集工作重点任务作出部署，对《潍坊籍志愿军官兵回忆录》征集工作作出要求。

**全市政协信息工作会议** 4月7日, 在市级机关综合办公大楼召开。市政协副主席刘伟出席会议并讲话。会议对于上年全市政协信息工作取得的成绩给予充分肯定，表彰先进，并对2016年全市政协信息工作任务进行部署安排。

**“2016潍坊国际民间艺术之春”民俗艺术传承与发展研讨会** 4月17日，在潍坊大酒店举行。联合国教科文国际民间艺术组织主席卡门·帕德拉致辞，市民俗学会名誉会长、市政协主席崔建平作《潍坊民俗文化的传承与发展》主旨演讲。会议通过民间艺术传承与保护《潍坊宣言》，举行联合国教科文国际民间艺术组织主席团成员聘任仪式，国际民间艺术组织主席卡门·帕德拉女士向市政协主席崔建平颁发主席团成员聘任证书。

**市政协提案办理协商座谈会** 4月21日，在市级机关综合办公大楼召开。主席崔建平出席会议并讲话,副主席刘伟主持会议,秘书长许华出席会议。市发改委等23家承办单位的负责同志和10位提案者参加会议。会上,市发改委负责人就全市发改工作及相关提案办理落实情况作汇报；“提”“办”双方围绕提案办理落实现场进行良性互动和协商交流。

**市政协节水型社会建设专题研讨会** 4月27日，在市级机关综合办公大楼召开。市政协主席崔建平、副市长刘建国出席会议并讲话,市政协副主席王继怀、秘书长许华出席会议。会上,部分县市政协和部分省市政协委员就节水型社会建设进行研讨交流，并提出有针对性和前瞻性的意见建议。

**市政协“两学一做”学习教育工作座谈会** 4月28日，在市级机关综合办公大楼召开。市政协党组副书记、副主席刘伟出席会议并讲话,党组成员、秘书长许华主持会议。会议深入学习贯彻习近平总书记重要指示精神和全市“两学一做”学习教育工作座谈会精神，对市政协开展“两学一做”学习教育工作进行安排部署。

**市政协民族和宗教委员会座谈会** 5月24日，在潍坊大酒店召开。市政协副主席孙忠礼出席会议并讲话。会议学习《政协潍坊市委员会专门委员会通则》、民族和宗教委员会及工作室工作职责，讨论通过民族和宗教委员会2016年工作要点。

**全市政协文史资料室建设现场会** 5月27日，在寿光市召开。市政协副主席王继怀出席会议并讲话。会议组织参观寿光市政协文史资料展室、书画摄影室建设现场，观看文史信息平台的操作演示，听取寿光市政协有关情况汇报。会上，还就《潍坊籍志愿军官兵回忆录》《记忆山东》系列丛书资料的征集工作进行调度和安排。

**市政协“两学一做”专题党课** 6月2日，市政协主席崔建平为市政协机关全体党员讲题为“主动作为,从严要求,努力做‘四讲四有’合格党员”的“两学一做”专题党课。市政协副主席刘伟主持,副主席王继怀、王贤臣、李士来、孙忠礼、李平,党组成员李静波,秘书长许华及机关全体党员参加。

**市政协党组落实全面从严治党主体责任集体约谈会** 7月19日，在市级机关综合办公大楼召开。市政协主席崔建平主持会议，副主席刘伟、李传恒、吴建民、王继怀、王贤臣、李士来、孙忠礼,党组成员李静波，秘书长许华参加会议。

**农业社会化服务体系建设专题协商会** 9月21日，在市级机关综合办公大楼召开。市政协主席崔建平出席会议并讲话,副主席李传恒主持会议,秘书长许华出席会议。会议围绕探索打造农业规模化经营主体、培育发展农业社会化服务体系的方法途径进行协商议政。

**市政协党组(扩大)会议** 11月1日，在市级机关综合办公大楼召开。市政协党组书记、主席崔建平主持会议并讲话；党组副书记、副主席刘伟,副主席李传恒,党组成员、副主席吴建民、王继怀,副主席李士来、李平,在职原副主席杨肖青,党组成员、秘书长许华参加会议。会议专题学习中共十八届六中全会精神。

**少数民族流动人口管理与服务专题研讨会** 11月1日，在市级机关综合办公大楼召开。市政协副主席王继怀出席会议并讲话。会议组织部分政协委员和相关部门负责人，就加强少数民族流动人口管理与服务进行专题研讨。

**全市政协宣传工作会议** 11月3日，在市级机关综合办公大楼召开。市政协副主席吴建民出席会议并讲话，秘书长许华主持会议。会议深入学习贯彻全省政协宣传工作会议精神，总结交流2016年度全市政协宣传工作情况，表彰先进，研究部署下步政协宣传工作任务。

**中小学大班额问题专题研讨会** 11月18日，在市级机关综合办公大楼召开。市政协主席崔建平、副市长王桂英出席会议并分别讲话，副主席李士来主持会议，秘书长许华出席会议。会议针对破解大班额工作推进过程中遇到的重点难点问题进行专题协商，提出意见建议，商讨解决问题的办法和措施。

## 重要工作

**【考察调研】** 3月23—25日，市政协副主席王继怀带领部分政协委员和有关部门负责同志到临朐、昌乐、安丘等县市，就“节水型社会”建设开展专题调研。

3月29日、4月1—5日，市政协副主席李传恒带领部分政协委员和有关部门负责同志到部分县市，围绕加快全市山丘地区经济社会协调发展问题开展专题调研。

4月11—17日，市政协副主席王继怀带领部分政协常委、委员赴银川、中卫、安阳等地，学习考察“节水型社会建设”相关情况。

5月4—5日，市政协副主席李士来带领部分省市政协委员,就提升市区医疗服务功能品质,加快潍坊健康城建设有关情况进行专题调研。

5月9—11日，市政协组织住潍坊省政协委员，对威海全域城市化、市域一体化和重点区域开发建设情况进行视察。市政协主席崔建平带队，副主席李传恒、李士来，秘书长许华参加活动。

5月10日，市政协副主席王继怀带领部分市政协委员、专家和市环保局负责同志到滨海区和寿光市,就工业废弃物综合利用情况进行视察。

5月13—19日，市政协副主席李士来带领考察组赴广州国际健康产业城和河北燕达国际健康城，学习考察健康城发展情况。

5月24—30日，市政协副主席刘伟带领考察组赴铜仁市、常德市，学习考察提案办理协商等方面的工作经验。

6月7日，市政协组织部分住潍省政协委员到高新区视察。市政协主席崔建平带队，副主席刘伟、李传恒、吴建民、王继怀、李士来、孙忠礼、李平，党组成员李静波，在职原副主席杨肖青，秘书长许华参加活动。

8月10—15日，市政协副主席王继怀带领部分政协委员赴辽宁省大连市、丹东市和黑龙江省牡丹江市，学习考察文史工作。

8月18—19日，市政协副主席王继怀带领部分政协常委、委员和市林业局负责同志，就全市国有林场改革工作进展情况开展专题调研。

8月25日，市政协组织部分政协委员到青州市，对中国中晨(青州)国际文化艺术小镇发展情况进行专题视察。市政协主席崔建平带队，副主席李士来、孙忠礼，秘书长许华参加活动。

8月28日至9月3日，市政协党组

成员李静波带领部分政协委员赴西宁市、张掖市、嘉峪关市等地，学习考察委员培训和内部刊物编辑工作。

9月20—25日，市政协副主席吴建民带领市政协相关人员和委员赴西安、延安、太原三市，考察学习政协委员联络工作。

10月12日，市政协副主席李传恒带领部分政协委员和有关部门负责同志到青州市、临朐县,就全市精准扶贫、精准脱贫工作开展专题视察。

11月7日，市政协副主席王继怀带领部分政协委员赴寒亭区中国食品谷、高新区阳光融和医院，就提升潍坊市国际化水平，促进经济社会协调发展有关情况进行专题调研。

12月2日，市政协副主席李士来带领部分政协委员对高新区清平小学和坊子区王家庄子村的非物质文化遗产保护传承工作进行专题视察。

**【全国及省级政协领导到潍坊考察视察】** 3月21—23日，省政协副主席翟鲁宁率调研组到潍坊，就进一步规范提升全省城市管理和综合执法工作进行专题调研。市政协主席崔建平、副主席孙忠礼、秘书长许华陪同有关活动。

3月22—23日，省政协副主席赵家军率调研组到潍坊，就医疗卫生体制改革工作进行专题调研。市政协主席崔建平、副主席李士来陪同有关活动。

4月27—28日，省政协副主席翟鲁宁率调研组到寿光调研基层政协工作和经济社会发展情况。市政协副主席孙忠礼陪同活动。

6月13日，省政协副主席陈光到诸城调研产业转型发展工作。市政协副主席李传恒陪同活动。

9月8—9日，省政协副主席雷建国率省委督查组到潍坊，就省委政协工作会议精神贯彻落实情况进行专项督查。市政协副主席刘伟、李传恒、李士来参加有关活动。

9月22日，全国政协常委、全国政协文史和学习委副主任、中央党史研究室原副主任龙新民到潍坊调研党史工作，市政协副主席刘伟、在职原副主席杨肖青分别陪同有关活动。

## 专门委员会工作

**【提案委员会】** 潍坊市政协十二届五次会议以来，共收到提案327件，立案313件，分别转交59个部门单位办理。立案提案是年办复率、委员满意或基本满意率达到99%以上。全委会期间，遴选出27件重点提案呈报市委书记、市长阅批。加大提案督办力度，通过调研督办、现场督办和视察督办，推动提案落实。市政协主席、各位副主席和秘书长领衔，先后召开9次分系统提案办理协商、督办工作座谈会，分别围绕“加快发展大健康产业”等主题开展提案办理专题协商和督办活动。参加全省政协提案办理协商工作座谈会并作典型发言，获得与会领导的高度评价。组织政协委员和47个部门单位，就提案质量和提案办理质量进行“双向评议”，并经过积极申报，将“双向评议”活动纳入市直机关优质服务项目。继续与“12345”市长公开电话、“行风在线”、潍坊民声网、市信访网“两线两网”联动，搜集提案线索，年内从征集到的100余条意见建议中筛选出42件挂到市政协提案线索综合平台上供委员参阅。开展潍坊市政协十二届三次、四次、五次会议提案评选表彰工作，计划评选出80件优秀提案、25个提案承办先进单位和60名先进提案工作者。

**【经济委员会】** 上半年，组织部分政协委员和有关部门负责同志，深入青州、临朐、昌乐、安丘、诸城等县市的相关镇村，就如何加快全市山丘地区经济社会协调发展问题开展专题调研，并分别赴山西、四川、甘肃等地山区实地考察学习，形成《关于加快山丘地区开发建设、促进区域经济社会协调发展的调查与建议》，报送市委后，市委书记杜昌文作出重要批示。围绕如何加快发展全市海洋重型工程装备产业，指导经济界部分政协委员深入滨海区开展界别协商活动，为推动潍坊市海洋重型工程装备产业发展积极建言献策。下半年，围绕加快潍坊市农业社会化服务体系建设问题，邀请中国人民大学、潍坊学院的专家学者以及农业界部分政协委员和市直相关部门负责同志，召开市政协专题协商会，会后形成的《关于市政协农业社会化服务体系建设专题协商会的情况报告》，得到市委主要领导的高度重视和充分肯定。组织部分政协委员赴青州、临朐等县市实地开展专题视察活动，形成《关于我市精准扶贫、精准脱贫情况的视察报告》，提出切实可行的意见建议，促进全市扶贫脱贫相关工作的完善落实。指导农业组政协委员在中国食品谷核心区，开展以“建设东亚畜牧交易平台”为议题的界别协商活动。按照市政协2016年总体工作部署和《市政协常委会议民主评议工作暂行办法》，先后对市经信委、市工商局的工作情况进行考察了解，形成考察报告，并在市政协常委会议上作情况汇报。

**【人口资源环境外事委员会】** 根据市政协2016年度协商工作计划，协同12个县市区政协上下联动、同步调研，先后召开关于建设节水型社会专题协商议政的座谈会和“节水型社会建设”专题研讨会，同时主动借助媒体进行舆论宣传，在全市上下营造良好的节约用水氛围。专题研讨会形成《会议纪要》，上报市委、市政府，市委书记杜昌文高度重视，作出重要批示。围绕环境保护的难点和热点问题开展调研视察。围绕工业固体废弃物的处置和综合利用，组织部分市政协委员、专家和市环保局相关负责同志，深入到部分企业进行专题视察，通过政协信息平台，向市委、市政府提报《关于我市处置和利用工业固体废弃物的建议》，市委、市政府主要领导分别作出批示。组织部分政协常委、委员和市林业局的负责同志，就全市国有林场改革工作进展情况，先后到青州、寿光等地开展调研活动。加强与相关部门的对口协商，围绕“加强水产品质量安全分类监管”议题，组织与市海洋与渔业局的对口协商；围绕“提升我市国际化水平，促进经济社会协调发展”议题，组织部分市政协委员与市外侨办进行专题对口协商。按照市政协2016年总体工作部署和《市政协常委会议民主评议工作暂行办法》，先后对市规划局、市海洋与渔业局工作情况进行考察了解，形成考察报告，并在市政协常委会议上作情况汇报。

**【科教文卫体委员会】** 根据市政协2016年度协商工作计划，将“推进潍坊健康城（医疗）建设”和“破解中小学大班额问题”列为协商议政重点。组织部分省市政协委员，就提升市区医疗服务功能品质、加快潍坊健康城建设有关情况进行专题调研，并赴广州国际健康产业城和河北燕达国际健康城进行学习考察，形成《关于加快推进潍坊健康城(医疗)建设的几点建议》，经常委会审议通过后，上报市委。围绕全市普通中小学大班额问题的解决，组织部分政协委员和市直有关部门、部分县市区教育局负责同志，举行专题研讨会，提出有建设性、针对性的意见建议，研讨会情况报告上报市委。会同市文广新局组织部分市政协委员对潍水文化生态保护实验区进行视察，形成《关于潍水文化生态保护实验区建设情况的视察报告》。组织部分政协委员对中晨（青州）国际文化艺术小镇发展情况进行了专题视察。组织部分医药卫生界委员赴临朐县冶源镇河南村进行义诊和健康咨询活动。按照市政协2016年总体工作部署和《市政协常委会议民主评议工作暂行办法》，对市科技局工作情况进行考察了解，形成考察报告，并在市政协常委会议上作情况汇报。

**【社会法制委员会】** 围绕弘扬中华孝文化传统、促进社会和谐发展情况进行了专题调研，先后深入青州市王坟镇侯王村、寿光市洛城街道屯田西村、世纪学校和仙霞集团进行实地察看，与其他10个县市区政协进行同一专题的协同调研，形成《关于全市弘扬中华孝文化传统促进社会和谐发展的调研报告》，经常委会审议通过后，上报市委、市政府。组织工会共青团委员活动组到昌邑市浩信集团和灶户盐化有限公司进行视察。组织妇联委员活动组到中百大厨房进行食品安全情况视察。组织相关人员到市公安局督办重点提案。按照市政协2016年总体工作部署和《市政协常委会议民主评议工作暂行办法》，对市质量技术监督局的工作情况进行考察了解，形成考察报告，并在市政协常委会议上作情况汇报。

**【文史资料委员会】** 为挖掘、抢救和整理有关抗美援朝志愿军老兵的事迹，对潍坊籍及在潍坊生活志愿军老兵的有关资料进行广泛征集，收到采访和志愿军老兵回忆资料80余万字，照片300余幅。编辑出版《潍坊志愿军老兵回忆录》第一辑，全书30余万字，照片100余幅，再现当年老兵在朝期间的战斗和生活，弘扬伟大的抗美援朝精神。为省政协《记忆山东》系列丛书五个分卷《记忆小清河》《记忆胶济铁路》《记忆半岛海疆》《记忆沂蒙》《记忆齐长城》征集文史资料70余万字。在寿光市政协召开文史资料室建设现场会，进一步推动县市区政协文史资料库室建设。积极推动《春秋》杂志的征订工作，2016年全市征订《春秋》杂志10745份，始终位居全省前列。

**【民族和宗教委员会】** 委员会成立之初，召开民族和宗教委员会座谈会，组织委员集体学习《政协潍坊市委员会专门委员会通则》《潍坊市政协民族和宗教委员会职责》等相关文件，进一步明确委员会工作任务目标，增强民族宗教界委员的责任意识。组织部分委员前往西藏拉萨、日喀则等地区对民族宗教情况进行实地考察、交流座谈，学习外地政协民族宗教工作的先进做法和经验。根据2016年市政协工作要点和年度协商工作计划安排，组织民族宗教界委员就“少数民族流动人口管理与服务”进行专题调研，联合综治办、民宗局等相关部门召开研讨会，形成《关于加强我市少数民族流动人口管理与服务工作的建议》的提案。引导宗教界人士坚持宗教文化正确发展方向，开展宗教文化交流活动，组织部分宗教界委员到青州广福寺观摩学习“三坛大戒”活动，对于促进全市宗教健康发展起到了积极作用。对民政局承办的21件提案进行协商督导，并组织部分提案委员及相关单位召开民政系统提案办理协商座谈会，有效推动提案办理的落实。

**【委员联络工作委员会】** 组织住潍省政协委员就全域城市化、市域一体化和重点区域开发建设情况到威海开展异地视察，形成视察报告，得到市委、市政府领导充分肯定。按照政协潍坊市委员会2016年工作要点要求，在全市分片召开关于加强委员联络工作的调研座谈会，各县市区委员联络工作负责人就加强委员联系、管理、服务工作的经验做法、存在问题及意见建议进行交流，并实地考察部分镇（街）委员联络室、社区委员联络站。为推动市委政协工作会议精神的全面贯彻落实，促进人民政协事业健康发展，和市委督查室、市编办、市政协研究室组成联合督查组，通过听取汇报、查看资料、召开座谈会、现场查看等方式，对各县市区和市属各开发区贯彻落实市委政协工作会议精神情况进行了专项督查。对全市33个委员活动组进行量化考核，评选先进委员活动组和召集人先进个人，并进行表彰。做好委员信息平台的管理工作，整理电子版通讯录，编发委员活动组活动信息2000余条。

（陈　堃）

# 中共潍坊市纪律检查委员会

*Zhonggong weifangshi jilv jiancha weiyuanhui*

## 重要会议

**【市纪委十一届八次全会】** 2月2日，中国共产党潍坊市纪律检查委员会十一届八次全体会议召开。出席会议的市纪委委员32人，列席294人。全会深入贯彻习近平总书记系列重要讲话精神，传达学习省纪委十届七次全会精神，回顾总结2015年全市党风廉政建设和反腐败工作，部署2016年任务。市委书记、市人大常委会主任杜昌文出席会议并讲话。市委常委，市人大常委会、市政府、市政协及市中级人民法院、市人民检察院领导出席会议。全会审议通过了李在武代表市纪委常委会所作的《保持政治定力，严明党的纪律，坚定不移推进党风廉政建设和反腐败工作》的工作报告。

## 重要工作

**【抓好上级决策部署贯彻落实】** 迅速学习贯彻十八届六中全会精神，两次召开市纪委常委扩大会议，原原本本学习全会公报和《关于新形势下党内政治生活的若干准则》《中国共产党党内监督条例》；通过编印学习手册、集体学习、宣讲辅导、专题研讨等形式，组织纪检监察干部学在前面、知在前面、行在前面；市纪委派出12名县级干部参加市委宣讲团，到基层集中宣讲全会精神。坚持把严明政治纪律放在首位，严肃查处上有政策、下有对策，有令不行、有禁不止以及不如实报告情况、对抗组织审查等行为，维护政令畅通。全市共审查违反政治纪律的问题8起，追究党纪政纪处分12人，对3名县级干部对抗组织审查问题进行通报。认真抓好省委巡视反馈问题整改，利用2个月时间，协助市委抓好中央、省委历次巡视反馈问题整改"回头看"，查纠违反财经纪律、违规发放津贴补贴、违规配备使用公车等问题416个。抓好省委巡视"回头看"反馈意见整改落实，将涉及市纪委机关的13个问题细化为41项整改措施，一项一项抓好整改落实。其中，对省委巡视组移交的、重点关注的3件问题线索全部查结，给予党纪政纪处分3人，13件一般性问题线索全部查结；对移交的150件信访件全部办结，查实44件，给予党纪政纪处分52人，移送司法机关2人；对安全生产、环境保护等重点工作推进不果断不迅速等问题，追究164名责任人的责任；对潍坊职业学院4名处级干部涉嫌受贿被查办问题，与省纪委联动，对有关领导干部实施问责。加强换届风气监督，制定《换届纪律监督工作预案》，加大监督检查力度，及时查处违反换届纪律问题，对1起换届选举中诬告陷害典型问题进行通报；严把党风廉政意见回复关，共审核1592人次，防止干部"带病提名""带病提拔"。

**【压实管党治党主体责任】** 协助市委分类制定县市区、市属开发区和市直部门《2016年度党风廉政建设责任书》，以责任清单的形式明确县市区、市属开发区党（工）委6大类、19项主体责任，市直部门党组织6大类、18项主体责任，督促各级层层签订责任书，形成上下贯通、层层负责的责任落实链条。协助市级领导从主体责任落实、抓好省委巡视反馈问题整改、严守换届纪律、担当作为四个方面，约谈县级党委、政府和市直部门负责人327人次，进一步强化各级党组织管党治党的责任意识。结合网络舆情、受理信访举报、巡察等发现的问题，市纪委常委约谈23名县级党政主要负责人，传导履责压力。建立党风廉政建设日常考核台账，每季一调度、半年一考核。年初，由市委常委、党员副市长带队对县市区、市属开发区和16个市直部门2015年工作情况进行重点考核，发现问题119个，提出整改建议129条，考核成绩纳入全市科学发展综合考核。认真落实《中国共产党问责条例》，严格实行"一案双查"，全市共对67名党员干部实施责任追究，其中给予党纪处分23人、政纪处分4人，对4起典型问题进行点名道姓通报曝光。

**【严格落实中央八项规定精神】** 开展常态化监督检查，畅通举报渠道，紧盯重要节点，坚持常态化明察与交叉式暗访相结合，织密无处不在、无时不有的监督网。强化铁腕式执纪审查，把违反中央八项规定精神行为列为执纪审查重点，全市共查处违规公款吃喝、公款旅游、违规发放津补贴或福利、大操大办婚丧喜庆等问题163起，给予党纪政纪处分197人。把整治“为官不为”列入纠正“四风”重要内容，查处不作为、乱作为，履职不力、监管失责等问题171个、处理239人。实施多维度通报曝光，与潍坊电台、电视台、《潍坊日报》等媒体联动，充分利用市纪委监察局网站、“鸢都清风”微信公众号，建立“四风”问题同步曝光机制。全市共通报曝光“四风”问题58期、174起，强化不敢、知止的氛围。

**【加大执纪审查工作力度】** 坚持挺纪在前，把“四种形态”作为检验纪检监察工作的标准，运用到执纪审查各个环节。全市共审查违纪案件2361起，给予党纪政纪处分2484人，处分涉及县级干部43人。规范问题线索管理，畅通信访举报渠道，对问题线索分类管理、定期排查、重点研判。全市共受理信访举报7143件次、同比下降11.3%，汇总管理重要信访举报件324件。规范“四种形态”运用，制定《把握运用监督执纪“四种形态”的内容、种类及认定依据（试行）》和《市纪委监察局机关诫勉谈话工作暂行办法》，全市共运用“四种形态”处理党员干部10570人，其中第一种形态7150人，第二种形态2615人，第三种形态768人，第四种形态37人。充分发挥反腐败协调职能，定期召开协调会议，督促成员单位开展线索移送、案件通报等工作，各级纪检监察机关共向司法机关移送涉嫌违法犯罪37人，司法机关、审计部门向纪检监察机关移送违纪问题线索253件、通报案件（报告）1724件；对违法犯罪后未处分的党员和国家工作人员集中开展大清理，共处分341人。

**【推动全面从严治党向基层延伸】** 压实基层责任，制定《关于整治和查处侵害群众利益的不正之风和腐败问题的实施意见》及《考核办法》《督导方案》，通过重点约谈、延伸巡察、督查督办等形式，将压力传导到县镇。市纪委重点督导15个镇街，交办问题线索332件。突出查处重点，以扶贫攻坚、低保救助、土地征收流转、涉农资金补贴等领域为重点，严肃查处吃拿卡要、贪污挪用、截留私分、强占掠夺等突出问题。全市共查处侵害群众利益的不正之风和腐败问题2450起，给予党纪政纪处分1055人，通报曝光典型案件299期、1153起。构建长效机制，探索引入社会力量开展农村财务审计，注重发挥村级纪检委员的作用，强化对基层权力运行的监督。

**【加大从源头上预防腐败力度】** 结合“两学一做”学习教育，开展“两个准则”“三个条例”（《中国共产党廉洁自律准则》《关于新形势下党内政治生活的若干准则》《中国共产党纪律处分条例》《中国共产党问责条例》《中国共产党党内监督条例》）集中宣讲，深化党员干部德廉和党风党纪知识学习测试，编印《潍坊市党员领导干部违纪违法典型案件警示录》《以案释纪50例警示教育读本》和系列党纪条规学习材料，拍摄《潍水镜鉴》警示教育片，开展“家风正、政风清”家规家训征集征文和廉洁家风故事大赛活动，增强教育效果。在市级层面，组织市级党政领导班子成员向市纪委书面述责述廉、29名县级党委政府和市直部门主要负责人向市纪委全会述责述廉；在县级层面，全面推行县级党政领导班子成员和镇街党（工）委书记向县纪委全会述责述廉；在镇街层面，探索镇街党政班子成员述责述廉，逐步实现市县镇三级述责述廉全覆盖。突出政治巡察定位，分三轮对24个市直部门、单位开展专项巡察，对2个市直部门开展巡察“回头看”，共发现重点问题234个、问题线索30条，对536人次进行提醒预警。协助市委制定《关于建立市县党委巡察制度的实施意见》，市委成立正处级规格的巡察工作领导小组办公室，设立5个巡察组，配备行政编制38个。

**【加强纪检监察干部队伍自身建设】** 严把“入口关”，抓好县级纪委换届考察工作，共对12个县市区纪委的86名班子成员进行考察，调整纪委书记9名、副书记19名、常委29名；平均年龄44周岁，比上届下降1.86岁；全日制大学以上学历的25名，占29.7%。配强工作人员，市纪委公开招考4名工作人员，统一为10个县级纪委机关组织竞争性选拔工作人员54名，充实工作力量。严把“三转关”，制定《市纪委委员更好履行职责发挥作用的意见（试行）》，督促市纪委委员聚焦主业、发挥职能；严格落实“三个提名考察办法”，市纪委提名考察30名纪委书记、副书记；全面完成县级纪委内设机构调整，12个县市区增加行政编制119个，设置内设机构115个、减少14个，执纪监督机构编制292个、占70%；组织县市区、市属开发区党（工）委、纪（工）委书记再次签订“三转”责任承诺书，督促自查整改问题13个。严把“培训关”，开展全员精准式培训，市纪委共举办4期培训班，培训人员413人，组织100人赴浙江大学举办综合能力提升班，选派186人参加上级纪委和市委党校组织的专题培训。严把“监督关”，坚持严字当头，抓早抓小，健全完善问题线索管理、办案措施审批、涉案款物管理、机关工作纪律等监督制度机制，加强对重要岗位和关键环节的监督，对反映纪检监察干部的问题线索“零暂存”、查处“零容忍”。2016年，共办理关于纪检监察干部的信访件21件，谈话提醒7人，约谈1人；立查案件8起，给予党纪处分7人、组织处理5人。

## 纪律检查体制改革

**【压实全面从严治党主体责任】** 明确目标任务，年初协助市委向各县市区、市属开发区和市直部门（单位）下达2016年度党风廉政建设责任书，以责任清单的形式明确县市区（开发区）党（工）委6大类、19项主体责任、纪（工）委6大类、19项监督责任和市直部门党委（党组）6大类、18项主体责任。强化压力传导，围绕主体责任落实、抓好省委巡视反馈问题整改、严守换届纪律、勇于担当作为四个方面，市委主要领导与市委常委、各县市区委书记进行专题约谈；市人大常委会、市政协主要负责同志和市委常委、党员副市长结合工作分工，与班子成员、分管部门负责同志进行专题约谈，进一步强化各级党组织管党治党的责任意识。加强检查考核，认真执行市委《关于建立党风廉政建设主体责任落实情况定期检查和分析通报制度的实施方案》，对各责任单位每季度一次日常考核，督促完成半年自查，年底进行检查考核。严格问责追究，认真执行《问责条例》，加大“一案双查”力度，既追究主体责任、监督责任，又追究领导责任，全市共对67名党员干部实施责任追究，其中给予党纪处分23人、政纪处分4人，对4起典型问题进行点名道姓通报曝光。

**【健全党内监督机制制度】** 积极推进述廉述责全覆盖，制定印发《关于开展县级党政领导班子成员向同级纪委全会述廉述责的通知》《关于开展县级党委政府和市直部门主要负责人向市纪委全会述廉述责试点工作的通知》，督促指导各县市区党政班子成员向县级纪委全会进行述廉述责，组织各县市区党委、政府和市发改委、市规划局、市交通局等8个市直部门主要负责人向市纪委全会述廉述责，现场接受纪委委员质询询问和民主评议。落实市纪委常委同下级党政正职廉政谈话制度，从2015年5月以来新任职的、在同一岗位上任职5年以上以及中共十八大以来领导班子成员发生违纪违法问题的县市区、市直部门党政正职中确定23名谈话对象，由市纪委书记、副书记与其进行廉政谈话。

**【实践监督执纪“四种形态”】** 坚持把纪律和规矩挺在前面，抓早抓小，将运用监督执纪“四种形态”情况作为检验纪检监察工作的标准，纳入党风廉政建设责任制考核，分4个区、8个县市、4个市属开发区三种情况分类考核；制定《把握运用监督执纪“四种形态”的内容、种类及认定依据（试行）》，把党纪处分、政纪处分、事业单位工作人员处分及组织处理等方式，分别对应纳入“四种形态”，提出相应的考核认定依据，为全市纪检监察机关正确把握运用“四种形态”提供重要遵循；制定《市纪委监察局机关诫勉谈话工作暂行办法》，对诫勉谈话的对象、内容、程序、结果运用作出规范。2016年，全市共运用“四种形态”处理党员干部10570人，其中第一种形态7150人，第二种形态2615人，第三种形态768人，第四种形态37人。

**【持续深化“三转”】** 按照中央纪委、省纪委深入推进“三转”要求，3月制定《关于县级纪委机关内设机构调整的实施方案》，指导督促县市区纪委全面完成内设机构调整。调整后，12个县市区共增加编制119个，设置内设机构115个，较改革前减少了14个，平均每个县市区9.6个，执纪监督人员占总编制数的70%；对县市区纪委所属15个事业单位名称、职责等进行规范。认真落实三个“提名考察办法”，市纪委提名考察30名纪委书记、副书记。制定《市纪委委员更好履行职责发挥作用的意见》，为他们履行职责创造条件、提出要求。

**【加强和改进巡察工作】** 突出政治巡察定位，坚持问题导向，分三轮对24个市直部门、单位开展专项巡察，对2个市直部门开展巡察“回头看”，共发现重点问题234个、问题线索30条，对536人次进行提醒预警。协助市委制定《关于建立市县党委巡察制度的实施意见》，市委成立正处级规格的巡察工作领导小组办公室，行政编制8名；设立5个巡察组，每组行政编制6名，组长为正处级领导职务，副组长为副处级领导职务。

附：专有名词解释

1．**三转**：转职能、转方式、转作风。2014年5月19日，中共中央政治局常委、中央纪委书记王岐山在纪检监察机关“转职能、转方式、转作风”专题研讨班上强调，纪检监察机关要紧紧围绕监督执纪问责，深化转职能、转方式、转作风，全面提高履职能力。

2．**三个提名考察办法**：为贯彻落实中共十八届三中全会关于“各级纪委书记、副书记的提名和考察以上级纪委会同组织部门为主”的精神，市委办公室于2015年10月29日印发《县市区纪委书记、副书记提名考察办法（试行）》《市纪委派驻纪检组组长、副组长提名考察办法（试行）》《市管企业纪委书记、副书记提名考察办法（试行）》。

3．**监督执纪“四种形态”**：2015年9月24日至26日，中共中央政治局常委、中央纪委书记王岐山在福建调研时强调，要在思想认识、责任担当、方法措施上跟上中央要求，把纪律和规矩挺在前面，把握运用监督执纪“四种形态”，以严明的纪律推进全面从严治党。2016年10月27日，中共十八届六中全会通过的《中国共产党党内监督条例》第7条明确规定：党内监督必须把纪律挺在前面，运用监督执纪“四种形态”，经常开展批评和自我批评、约谈函询，让“红红脸、出出汗”成为常态；党纪轻处分、组织调整成为违纪处理的大多数；党纪重处分、重大职务调整的成为少数；严重违纪涉嫌违法立案审查的成为极少数。

（赵延明）

# 民主党派　群众团体

*Minzhu dangpai Qunzhong tuanti*

## 中国国民党革命委员会潍坊市委员会

**【自身建设】** 积极稳妥做好组织发展工作。2016年，考察新党员16人，全部拥有大学及以上学历，其中拥有硕士学位的占27%，具有高级职称的占38%，进一步提高了整体素质。继续完善市委班子联系支部和支部工作“千分制考核”制度，支部的活力和凝聚力都得到增强。8月，完成基层组织换届工作，新成立基层支部2个，全市基层支部数量达到22个。12月，召开民革潍坊市第八次代表大会，选举产生新一届市委领导班子，顺利实现政治交接。

**【参政议政】** 全年参加各级党委、政府召开的民主协商会、意见征求会、情况通报会及座谈会20余次，就重大问题的决策、重大方针政策的制定进行协商。全市民革党员中各级人大代表4人，各级政协委员36人，担任各类特邀（约）监督员20余人，有效进行民主监督。市政协十二届五次会议上提交集体提案7件，其中1件提案作大会发言，另有3件得到市领导批示。扎实搞好重点课题调研，将“社会力量帮助贫困户脱贫途径和发展对策”作为调研重点，围绕当前重点工作，和群众关心的热点问题进行专题调研，形成有较高价值的调研报告。社情民意信息工作方面，举办社情民意工作培训班，进一步健全机制充实队伍，完善了考评激励制度，社情民意工作继续走在全省前列，被民革山东省委表彰为先进集体。

**【社会服务】** 重点组织开展“博爱•牵手”系列活动。多次赴安丘、青州、临朐等地开展义诊、助学、帮扶等活动。开展形式多样的“同心”社会服务活动。市委“同心”专家服务团，开展了多次“专家服务进社区”“医疗科技文化农业等下乡”活动。开展“博爱•牵手—关爱夕阳红”活动。赴诸城市昌城镇敬老院走访慰问老年人，送去慰问金2.3万元，用于改善敬老院的文化娱乐设施。

**【祖国统一工作】** 积极开展“台情”通报会、台胞台商座谈会、“迎中秋、话统一”座谈会等活动，走访台资企业，了解企业的生产经营状况和在潍台胞生活情况，积极联系帮助解决生产生活中遇到的困难和问题。

（刘大伟）

## 中国民主同盟潍坊市委员会

**【概况】** 2016年，发展盟员15人，其中，大学本科以上学历占87%，平均年龄35.4周岁，界别方面，教育界4人、文化艺术界1人、经济界4人、新社会阶层1人、政府机关5人。截至2016年年底，共有盟员390人，大学以上学历占83.1%，中级以上职称占89.7%，平均年龄53周岁。市委会辖有19个支部、2个小组。

**【参政议政】** 在2016年市政协十二届五次会议上提交集体和个人提案20余件；提报民盟省委社情民意信息14篇，其中《老龄化程度加剧 农村养老亟待改善》等5篇信息被采用；提报《我为全面深化改革献一策》4篇，其中《发挥优势，突出特色，提升风筝都旅游魅力》建议受到市委杜昌文书记亲自批示。

**【宣传和社会服务】** 举办中国民主同盟成立75周年“民盟与中国梦”演讲比赛，各支部选送的15位盟员进行了激情洋溢的演讲。举办“同心远航 情满潍坊”——庆祝中国民主同盟成立75周年暨民盟潍坊市委成立32周年书画展，展出民盟中央、民盟山东省委，其他省地市民盟以及潍坊市领导、市工商联和兄弟党派、市书协美协及潍坊民盟盟员的120余幅精品力作。按照市委统战部精准扶贫部署，组织盟员积极参入扶贫捐助活动，收到捐助款5万余元，另外，基层组织发挥各自优势开展医疗、法律咨询等多种多样的服务活动。

（孙照军）

## 中国民主建国会潍坊市委员会

**【组织建设】** 严格程序，扎实做好会员发展工作。2016年，发展会员14名，9人具有本科及以上学历，平均年龄38周岁，截至2016年12月，共有基层组织16个，会员282人，平均年龄51周岁。加强基层组织建设，增强会的活力和凝聚力。多个支部联合赴淄博、安徽亳州等地开展学习交流，支部会员出席率、覆盖面明显提高，支部的凝聚力增强、履职能力得到提高。扩大联系交流，促进共同进步。内蒙古乌兰浩特市人大副主任，民建兴安盟主委刘剑夔、民建景德镇市委会专职副主委余少甲等先后到潍坊调研，达成建立经常性联系机制、建立信息交互和共享平台、建立互访交流机制等共识。2016年12月29日，中国民主建国会潍坊市第八次代表大会在紫京国际大酒店召开，民建山东省委专职副主委于永晖、中共潍坊市委常委、市委统战部部长张小梅到会讲话，潍坊政协副主席、民进潍坊市委会主委王贤臣代表市各民主党派、工商联致贺词。大会审议并通过民建潍坊市第七届委员会工作报告，选举产生民建潍坊市第八届委员会和出席民建山东省第九次代表大会的代表，审议通过民建潍坊市第八次代表大会决议，刘秀平当选民建潍坊市第八届委员会主任委员，李明喜、李瑞文、李通利当选副主任委员，任命墨萍为秘书长。

【参政议政】 提案工作成效显著。市政协十二届五次会议上，市委会提交提案5篇，2篇做大会发言和联组发言。《关于进一步推进海绵城市建设的建议》获市委书记杜昌文签批，《关于村镇历史文化遗存保护与利用的建议》获市长刘曙光签批。专项调研持续深入。就利用“互联网+”思维、推动区域经济发展；就潍坊市市政工程建设等课题开展调研；结合国家“一带一路”倡议，组织会员赴银川、兰州等地调研，并撰写调研文章，为潍坊经济发展献计出力。市委会被民建山东省委评为“2016年度全省宣传调研工作先进单位”，市委会机关荣获“2016年度全市统战信息工作先进单位”称号。

【社会服务】 市委会组织会员投身精准扶贫工作。为临朐冶源镇白塔村脱贫致富出谋划策，并根据村民生产和生活的实际需要，协助当地村委申请到40万元专项资金用于道路修建。奎文三支部组织会员到省级贫困村青州市大薛村结对帮扶，多次开展关爱环卫工人活动，赴社区、村镇走访慰问孤寡老人和困难群众，多个支部联合开展捐资助学，高新支部为特困家庭出资7.3万元翻建三间新房，结对帮扶高新区两名失亲儿童。

【思想建设】 加强理论学习和爱国主义教育。组织市委会委员、各支部正、副主委等骨干会员十余人次参加民建山东省委、市委统战部组织的各类培训班等，为发挥自身优势、履行参政党职能打下坚实的理论基础。切合时代主题，开展形式多样的学习教育活动。为纪念民建省级组织成立60周年，开展主题征文活动，筹备成立潍坊民建画院并举办书画展。学习实践活动求实效，办实事，接地气。成立民建法律服务中心，在东关街道工福街社区、广文街道东上虞社区设立服务窗口，定时、定点，为社区居民答疑解惑，提供法律服务，得到省司法厅、市委统战部和社区居民的一致肯定。

（惠铁英）

## 中国民主促进会潍坊市委员会

【思想建设】 通过组织召开会议、学习考察、骨干会员培训、开展“同心”实践活动等，组织广大会员深入学习中共十八大，中共十八届三中、四中、五中、六中全会精神和习近平总书记系列讲话精神，着力巩固和增进政治共识，增进“三个认同”。通过召开座谈会、外出参观学习、文艺演出、书法笔会等形式，及时开展优良传统教育，传承政治薪火。积极组织开展“双岗建功”先进个人评比表彰活动，注重发挥先进典型的示范带动作用，凝聚传递“正能量”。

【组织建设】 做好换届工作，顺利实现政治交接。2016年12月26日，民进潍坊市第四次代表大会召开，选举产生民进潍坊市第五届委员会，王贤臣任主委委员，周赤舟、刘煜东、孙其孝任副主任委员，孙其孝兼秘书长，李端梅、刘万里、郭永祝、王建岗、何凤坤、马永健任委员。

【参政议政】 认真履职尽责，积极建言献策。积极参与政党协商。围绕“四个全面” 战略布局，“十三五”规划的制订、市政府工作报告、党风廉政建设情况、加快创新发展等提出意见。参与政协协商。在市政协十二届五次会议上提交《关于传承保护以潍坊民俗文化为重点的传统文化，提升文化影响力的建议》《关于加强城区污水第二水源利用 确保我市水资源可持续发展的建议》分别被市委书记、市长批示。《弘扬传统文化 打造传统文化示范市》《全力推动文化旅游产业大发展大融合》被列为政协大会发言或联组发言。

【社会服务】 按照上级部署，开展捐书助教、迎新春送春联活动。打造特色品牌，深入开展“民进会员山区行”活动。各基层组织结合自身特点，创新思路，积极开展社会公益活动。2016年，民进潍坊市委被授予“山东省社会服务工作先进集体”称号。

（王晓菲）

## 中国农工民主党潍坊市委员会

【组织建设】 市委会现辖1个总支，12个支部委员会，2016年，发展新党员11

人，全市共有党员213人，其中医药卫生界党员占56%；博士、硕士45人，占21%；高中级知识分子176人，占83%，省、市、县市区人大代表、政协委员35人，占16%。2016年以来，市委会认真学习贯彻中共十八大、十八大历届全会精神和习近平总书记系列重要讲话精神，根据农工党中央和农工党山东省委的安排部署，深入开展坚持和发展中国特色社会主义学习实践活动，始终坚持中国共产党的领导，始终坚定中国特色社会主义道路自信、理论自信、制度自信、文化自信。积极在农工党党员中开展争当“四大员”（理论政策宣传员、社情民意信息员、新兴群体联络员、社会舆论督导员）活动，结合换届工作，向市委统战部推荐9名“四大员”先进典型，营造良好的学习活动氛围。2016年，市委会机关被市委统战部表彰为全市统战信息工作先进单位。

**【参政议政】** 积极参与政治协商。2016以来，多次参加市委、市政府召开的各类协商会、座谈会、征求意见会，就“十三五”规划、政府工作报告、反腐倡廉和党风廉政建设等重大问题提出意见建议。在市政协召开的“节水型社会建设”专题研讨会上，作为民主党派的唯一代表作《加强净水设备管理，提高全民节水意识》的发言。市委会“关于对我市水资源管理保护的调研报告”被市委主要领导签批。不断提高参政议政水平。在市政协十二届五次会议上，《提高水资源保障能力，破解水资源短缺难题》作为大会口头发言，《规范中药市场秩序 助推中医药事业健康发展》《抓住高铁建设和机场迁建机遇助推潍坊经济快速发展》作为联组口头发言，市委会向大会提出集体提案11件，个人提案30余件，社情民意3条。其中，《抓住高铁建设和机场迁建机遇助推潍坊经济快速发展》获市委书记杜昌文亲自签批，并印发市级领导班子成员、各县市区党委政府、市直各单位参阅，《促进乡村旅游与健康教育，提升城乡居民健康素质》和《加快乡村旅游转型升级，打造农村经济发展新引擎》获市长刘曙光签批。积极提报社情民意信息。在全市农工党党员中开展“一委员一提案、一支部一调研课题、一党员一建议”的活动，积极向省市政协、农工党省委和市委统战部报送社情民意信息，2016年以来，2篇信息在省政协手机报刊发，4篇意见建议被市委统战部《建言献策》采用，其中《关于规范中药市场秩序，推动中医药事业健康发展的建议》获得市委书记杜昌文批示。

**【社会服务】** 按照各民主党派中央座谈会纪要确定的“发挥优势、突出重点、量力而行、持之以恒、务求实效”的方针,发挥农工民主党人才、智力优势,调动一切积极因素,把社会服务工作落到实处,做到好处。结合“国际科学与和平周”“环境与健康宣传周”活动，拓展社会服务新领域，探索社会服务新模式，创建社会服务新品牌。积极打造“健康潍坊——医药卫生关爱行动”“美丽潍坊——环境保护绿色行动”“和谐潍坊——法律援助行动”3个社会服务品牌，深入开展“助力精准扶贫攻坚行动”。利用节假日、重大纪念活动，组织党员深入社区、乡镇，开展义诊服务、法律心理咨询、扶贫助弱、环保宣传等活动。全年共开展义诊活动3次，法律心理咨询3次，接诊病人500余人次，发放宣传刊物1500余份，捐赠物品价值约5000元。

（李兴俊）

## 中国致公党潍坊市委员会

**【中国致公党潍坊市第三次代表大会】** 2016年12月27日，中国致公党潍坊市第三次代表大会召开。致公党山东省委专职副主委马传凯出席大会并致辞，市委常委、统战部部长张小梅出席大会并讲话。潍坊市人大常委会副主任、民盟潍坊市委会主委毛秀凤代表市各民主党派、工商联致贺词。在致公党潍坊市三届一次全委会上，王桂英当选为致公党潍坊市第三届委员会主任委员，钟毅、王泳亮、曹春当选为副主任委员。

10月9日上午，农工党潍坊市委会到奎文区则尔庄社区开展重阳节“爱老助老”义诊活动

（供图：李兴俊）

【思想建设】 2016年，市委会以争当“四大员”活动、学习实践活动宣讲工作为切入点，抓好全体党员的思想工作。在市委统战部协调下，广泛开展了争当“理论政策宣传员、社情民意信息员、新兴群体联络员、社会舆论督导员”活动。在市委会统一部署下，各支部采取集中学习、党员代表宣讲结合实地考察等形式先后开展支部宣讲活动。组织召开市委会宣讲报告会，选派党员贺秋实参加致公党山东省委宣讲报告会。

【参政议政】 2016年，市委会加强参政议政工作责任制落实，推动参政议政全员参与，收到良好效果。在市政协会议上提交集体提案5件，其中《关于整合资源形成合力，共同推进中小学传统文化教育的建议》作大会发言，并被市委主要领导批示，另有2件列入书面发言，1件作联组发言。“一党员一建议”活动持续开展，广大党员对社情民意信息工作重要性的认识及工作积极性明显增强，共上报社情民意信息50余篇，其中被省委会、市政协、市委统战部采用17篇，1篇得到市委主要领导批示。举办了2016年度党员培训班，对骨干党员和近两年入党的新党员就参政议政和党史党章进行专题培训。

【社会服务】 2016年，市委会集中自身资源，立足脱贫攻坚，扎实开展社会服务工作。按照致公党山东省委的统一部署，赴贵州与结对帮扶致公党铜仁学院支部就扶贫需求进行交流对接。积极参与全市统战系统“百企帮百村”精准扶贫行动。量力而为，注重实效，开展“社会服务实践月”品牌服务活动，先后走进潍坊聋校、中小学、城市社区，开展送教进校、女童保护公益行动、博爱敬老、义诊、法律咨询等公益活动9次，扩大“致公服务”品牌的影响，增强广大党员服务社会的责任意识和奉献意识。

【自身建设】 坚持“保证质量，稳定数量，突出特色，优化结构”开展组织发展工作。截至12月，市委会共有党员131名，担任各级人大代表、政协委员的有34人。2016年，共发展党员16人，其中硕士5人、博士1人，中级以上职称7人。着力建设“有黏性”的基层组织，发挥支部党员活动室的作用，通过丰富支部组织生活形式，促进党员融入集体生活。市直支部及时开展宣讲活动，宣传先进党员事迹；高新支部多次组织集体学习，邀请党员中法律专家为支部党员进行法律咨询讲座；奎文支部组织党员开展“春天的畅想”专题组织生活；潍城支部将组织生活与调研活动结合，激发参政议政活力。

（孙鹏飞）

## 九三学社潍坊市委员会

【概况】 截至2016年年底，全市共有10个支社，社员357人，平均年龄52.9周岁，高级职称177人，占49.6%。全年发展社员18人，平均年龄38.4周岁，其中研究生以上学历9人，高级职称5人，社员队伍界别和知识结构进一步优化。12月26日，九三学社潍坊市第七次代表大会召开，九三学社山东省委副主委宋尚桂，市委常委、市委统战部长张小梅出席并讲话，市人大常委会副主任、民盟市委会主委毛秀凤代表全市各民主党派、工商联致贺词。会议听取、审议通过九三学社潍坊市第六届委员会主委李士来所作的工作报告，选举产生九三学社潍坊市第七届委员会。在九三学社潍坊市七届一次会议上，李传恒当选为主任委员，赵同祥、王建良、李莉当选为副主任委员，任命岳建利为秘书长。

【参政议政】 积极参与政治协商，在市委、市政府及有关部门组织的座谈会、通报会、协商会上，围绕学习贯彻中共十八届六中全会精神、全面深化改革工作、“十三五”规划纲要和政府工作报告等，先后提出10余项意见建议，得到市委、市政府领导的重视。市委会先后提交集体提案、建议11件，个人提案、建议14件。其中，市

2016年10月26日至11月17日，由九三学社山东省委暨省立医院、施尔明眼科医院、山东卫视主办，九三学社潍坊市委、临朐县中医院承办的“爱之光”白内障复明公益活动走进潍坊。图为市政协副主席、九三学社市委主委李士来（右三）带队现场调度。《联合日报》对活动进行报道 （供图：岳建利）

委会《关于加快发展高效节水农业的建议》转化为省政协大会书面发言，《加强我省农村交通基础设施建设深入推进城乡交通一体化建设》2项建议转化为社省委在省政协大会提案。市委会《关于推进我市农村一二三产业融合发展的建议》在市政协大会作口头发言，《关于依托互联网促进文化产业发展的建议》等4件得到市主要领导批示。围绕重大问题开展调查研究，参与社中央课题“农村一二三产业”联合调研工作，完成社中央课题2项、社省委课题4项、市委统战部重点调研课题2项，上报《关于促进无抗健康养殖产业发展的建议》等8篇调研报告。加强参政议政工作机制建设，市委会探索建立“二三四五”（培育两支队伍，坚持三项制度，盘活四方面资源，用好五个信息平台）参政议政工作模式的经验做法被《中国政协理论与实践汇编》录用，入选社中央《九三学社市级组织机关工作案例》。

【社会服务】 配合社省委在临朐县开展“爱之光”白内障复明公益活动，为107例符合手术条件的患者进行完全无患者付费的手术治疗，得到当地百姓的欢迎和认可。市委会和支社组织社员先后12次组织开展多种形式的社会服务活动，出动90余人次为社区居民办实事，3100余名居民受益。市委会积极参与精准脱贫攻坚战行动，帮助建立农业合作社电商营销平台；青州支社帮扶谭坊镇东肖村助推发展项目，联系相关企业投资2390万元建成生物工程有限公司和有机肥厂。广大社员结合本职积极参与捐资助学、助残帮困、助农帮扶等社会光彩事业，捐款捐物3万余元。

【自身建设】深入推进学习实践活动，学习贯彻中共十八届六中全会和习近平总书记在全国政协联组会上重要讲话等精神，在全市社员中组织开展“争当四大员活动”，组织骨干社员赴重庆、成都专题学习考察，重温民主党派发展历史，进行多党合作历史传统教育。参加社中央、社省委和省、市委统战部组织开展的“中国特色社会主义论坛”“中国面孔•中国梦摄影作品征集”“齐鲁科学论坛”等活动，论文分别入选社中央论文集、团结报创刊60周年纪念文集和社省委论文集各1篇，被《联合日报》和《齐鲁社刊》采用6篇。强化基层组织建设，开展系列学习教育活动，突出红色教育和九三传统主题，以支社为主开展活动的工作模式得到较好确立。注重发挥市委会网站、社讯、手机快讯、QQ群、微信平台及微信群等“六位一体”宣传平台作用，经验做法被《联合日报》刊登。市委会获社省委“参政议政工作先进集体”“思想宣传工作先进集体”和“网站供稿工作先进单位”称号，11人次获社中央、社省委、市政协或市委统战部表彰奖励。

（王兴全）

## 潍坊市工商业联合会

【概况】 2016年，潍坊市工商联深入学习贯彻习近平总书记系列重要讲话精神，牢牢把握“两个健康”工作主题，以新生代企业家的教育培养为重点，以扶贫攻坚行动为主线，积极搭建服务发展平台，全面加强基层组织建设，各项工作取得新进展，市工商联获得“全省工商联系统先进单位”和“省级文明单位”荣誉称号，市工商联牵头组织的营商环境创新考核连续两年全省第一。

【政治引领】 始终把非公有制经济人士健康成长放在首位，在思想政治引领中突出重点内容、重点对象和“亲”“清”新型政商关系。把深入学习贯彻习近平总书记的系列重要讲话精神作为凝聚人心之魂，尤其是围绕贯彻落实习近平在全国政协联组会上的重要讲话和中共十八届六中全会精神，通过下发文件、召开会议、座谈交流等多形式开展学习宣传。在抓好面上教育引导的同时，突出抓好执常委队伍和年轻一代非公有制经济代表人士地教育培养。9月，潍坊市举办新生代企业家培训班和论坛，来自全市的青年企业家近300人参加。市工商联在广泛调研和积极推动下，专题研究并出台《关于进一步加强各级领导干部联系服务非公有制企业构建新型政商关系的实施意见》，明确构建“亲”“清”政商关系的基本要求、落实联系服务企业的长效机制和组织领导，有29名市级领导干部联系58家非公有制企业。

【经济服务】 在抓好培训、金融、人才、法律等传统服务的同时，结合新常态下企业发展需求，创新服务模式，积极争取上级资源、整合外部资源、加强横向联合，使服务工作的面更广、层次更高、针对性更强。与香港招商局集团联合举办融入“一带一路”倡议•参与国际经贸合作对接会，借助国家海外战略资源平台，推动企业加快“走出去”步伐。承办山东民营企业参与军民融合发展（潍坊）恳谈会，邀请军事专家就军民融合发展战略、民营企业进入军工市场的资格要求等有关情况进行详细讲解，为深入推进军民融合发展提供路径和方法。举办“商会商机•合作共赢”全国商会协会潍坊对接会，邀请全联6家商会组织和杭州、泉州、济南、青岛四地友好兄弟工商联及北京、上海、广东异地潍坊商会等26家商会，组织100多名企业家到潍坊市实地考察，签约合作项目35个，总投资145.8亿元。组织企业赴北京对接全国工商联各直属商会、参观第二届军民融合发展高技术成果展、赴深圳对接香港招商局集团赴青岛参加宁夏•山东（青岛）产业合作座谈会。

【精准扶贫】 制定以“个十百千万”工程为主要内容的助推南部山区全面

9月26日，潍坊市新生代商会举行成立大会　　（供图：吴锦霞）

建成小康社会光彩扶贫行动三年计划，在临朐县召开“百企帮百村”精准扶贫现场会,协调贫困村与企业签订结对帮扶协议书。截至2016年，共开工或建成的扶贫项目达12个，共到位资金1.5亿元；120多家企业结对帮扶120个贫困村；帮扶贫困人数12721人，捐款捐物价值1358.4万元；提供就业岗位7715个。

【组织建设】 坚持“创新、传承、发展”的理念，突出抓好新生代企业家商会组建工作。潍坊市新生代企业家商会于9月成立，并正式登记注册。按照思想政治强、行业代表性强、参政议政能力强、社会信誉好的标准，积极推荐选取非公有制经济代表人士进入市、县两级工商联执常委队伍，认真做好综合评价，增强广泛性和代表性，进行分组式管理，发挥骨干带动作用。

【调研宣传】 围绕市委、市政府中心工作，深入调查研究，积极参与民主协商。市政协会议上，市工商联就新生代企业家队伍建设作为联组会议的首位发言者，引起较大反响。细化分解信息宣传工作任务，明确质量和完成时限，实行定期通报和年度考核，打造线上线下同步推进，网络、看板和手册于一体的综合立体宣传新格局。编发《潍坊工商联》13期，制作平面宣传看板8期，编发集中反映工商联近年来工作的《潍坊市工商联工作纪实》，有效宣传工商联各项工作。

【机关建设】 按照全面从严治党的要求，落实党建主体责任，认真开展“两学一做”学习教育，分析查摆问题、制定整改计划，抓纪律、促作风转变，抓党风廉政建设、落实“一岗双责”实行年度重点工作项目化管理，明确工作重点，分解责任到人，含17大类、57项工作，实行台账式管理，月调度、季点评，确保各项工作有部署、有督导、有落实，着力加强和提升领导班子建设和干部队伍素质，打造忠诚、干净、担当的良好形象。

（吴锦霞）

## 潍坊市总工会

【概况】 2016年，在市委和省总工会的正确领导下，全市各级工会全面贯彻落实中共十八大和中共十八届六中全会精神，扎实开展“两学一做”学习教育，主动服务大局，竭诚服务职工，各项工作取得新的进展和成效。先后被全国总工会表彰为“市级工会财务工作先进单位”“全国安康杯竞赛优秀组织单位”。被省安委会表彰为“全省安全生产工作先进单位”，被省总表彰为“齐鲁文化大道品牌创建工作先进单位”“财务工作竞赛一等奖”“全省工会经审工作规范化建设特等奖”“第三届山东省创业大赛优秀组织奖”“山东省工会工作创新奖”，被市政府表彰为“政府创业奖”先进集体。连续10年保持省级“文明单位”荣誉称号，市工人文化宫被评为市级“文明单位”。

【服务发展大局作用充分彰显】 积极履行劳模评选职责，组织评选出260名市劳动模范和先进工作者，50个单位和个人获得全国、省劳动奖章（状）、工人先锋号。组织开展“培育能工巧匠、选树金牌职工”活动，评选能工巧匠100名、金牌职工10名。成功举办第七届职工职业技能大赛，涵盖19个行业、57个工种，100余万名职工参与到各类比赛中。开展职工技术创新成果评选活动，2项成果获得省总表彰，7个集体和个人被表彰为创新竞赛示范企业、班组和能手。组织第三届山东省创业大赛（工友创业赛区）暨潍坊市首届职工创新创业大赛,385个创新创业项目参赛，10名优秀创业者受到表彰。推广企业支持职工创业“四种模式”，倡树企业是创新创业平台、职工是创新创业主体的理念，推动了企业创新创业工作。

【维权维稳工作实效不断增强】 印发《关于推动落实县级以上地方人民政府与本级工会联席会议制度的通知》和《关于进一步改善劳动模范待遇的通知》。将“查保促”群众性安全生产活动首次纳入全市科学发展综合考核体系，市政府召开深化“查保促”

第三届山东省创业大赛（工友创业赛区）暨潍坊市首届职工创新创业大赛在潍坊举办，省总工会副主席王星海（右五），市政协副主席、市总工会主席吴建民（左五）出席颁奖仪式　（供图：崔　放）

活动现场推进会议，表彰奖励11名优秀基层工会主席。开展工资集体协商“创新推进年”活动，市、县两级选聘40名工资集体协商专职指导员，工资集体协商建制率动态保持全部在85%以上。省委改革办到潍坊市进行工资集体协商专题调研，在内参刊物转发潍坊市经验。开展“推行协商民主、强化社会责任”示范单位创建活动，民主管理工作扎实推进，非公企业职代会、厂务公开建制率动态保持在95%以上。成立潍坊市工会法律援助服务律师团，聘请20个律师事务所和20名职业律师为成员，设立法律援助受理点20个。EAP工作取得阶段性成效，职工成长成才计划稳步推进。

**【精准帮扶普惠服务成效明显】** 扎实开展“四季服务”活动，全市筹集送温暖资金1338.64万元，救助7841户困难职工；举办全市工会就业创业援助月活动暨联企下乡就业援助大集，组织专场招聘会30场，提供免费就业服务4.5万人次；筹集送清凉资金190.6万元，走访企业和工地312家，慰问职工（农民工）8万余人次；筹集助学金624万元，资助2314名困难职工子女上大学。全省工会精准帮扶普惠服务工作推进会议在潍坊市召开。市、县两级职工服务中心全部建成并投入作用，三级职工服务体系建设基本完成。做实会员服务工作，采集工会组织信息4020家，工会会员57.5万余人，办理会员卡26.1万余张，签约服务单位共297家，涵盖服务网点1187家，累计为职工节约资金1000余万元。注重整合社会资源，举办各类公益性培训班100余期，直接受益职工达2万余人。开展“关爱眼健康•爱心光明义诊”活动，先后为全市5585名职工进行免费义诊，手术复明213人。积极维护女职工特殊权益，指导建成“爱心妈妈小屋”105家，打造省级样板间2家。举办726场“美丽健康•创新创业”讲堂活动，受益女职工10.2万人次。大力发展职工互助保障事业，全市参加保障活动27.1万人次，收缴会费1137.5万元，先后为9771人次给付互助金732.9万元，为763人次发放二次救助金100.6万元。

**【思想文化引领成果丰硕】** 深入挖掘豪迈文化理念，形成《合伙合作、创新创业》调研报告，市委主要领导作出批示。总结形成的《推进企业文化建设的几点认识和体会》在市委《参阅件》刊发。市委、市政府两办下发《关于学习推广“豪迈经验”深入推进全市企业创新创业的通知》，省总工会在高密召开企业文化建设现场会，推广豪迈文化建设和创新创业的经验。会同市委宣传部等8部门开展家风家训创建活动，开展公益讲座106

省总工会“齐鲁文化大道”品牌创建工作现场交流推进会议在潍坊召开，省总工会副主席王星海（主席台左四），市政协副主席、市总工会主席吴建民（主席台右四）出席会议

场，征集评选家风家训优秀作品832篇，营造了寻找、培育、传扬家风家训建设的浓厚氛围。全面实施《全市职工素质建设工程五年规划》，组织开展最美职工评选、职工读书讲座等系列活动，引导职工自觉践行社会主义核心价值观。加强职工书屋和职工教育培训示范点建设，评选命名11家市级职工书屋示范点，2个单位被确定为全省及全国职工教育培训示范点。联合市工商联成立潍坊市企业文化论坛并开讲，搭建交流、传播先进企业文化的新平台。承办第33届潍坊国际风筝节万人放飞和风筝扎制创新比赛，组织迎新春文艺晚会、庆祝建党95周年合唱比赛、羽毛球比赛、楹联大赛等，活跃职工的业余文化生活。发挥文化宫阵地作用，每月15日的职工京剧晚会成为文化品牌，“三送三进”（送文化、送演出、送电影，进企业、进工地、进车间）活动成为常态，慰问一线职工3.8万余人。

**【工会自身建设持续加强】** 以“党建带工建，党工共建”示范点创建为载体，狠抓“六有”基层工会建设，持续开展农民工入会集中行动，工会组织覆盖面有效扩大，全市新建基层工会998个，基层工会涵盖单位2756家，新发展会员25.8万余人，其中农民工会员22.3万余人。总结推广寿光市基层工会主席直选试点经验，带动全市210个基层工会进行工会主席直选。工会干部培训力度不断加大，先后举办5期业务培训班，完成10期、89人次参加的全国、全省工会干部调训任务。持续加强机关自身建设，认真履行管党治党和党风廉政建设主体责任及监督责任，严格党内政治生活，扎实开展“两学一做”学习教育和市总机关作风纪律整顿活动，党员干部纪律和规矩意识明显增强，团结协作、干事创业的积极性明显提高。财务管理规范严格，工会经费审计监督得到强化，省总在潍坊市召开经审工作规范化建设现场经验交流会议。

（崔　敖）

## 共青团潍坊市委

**【概况】** 2016年，团市委牢固坚持改革导向，以建设责任团委、创新团委、活力团委为目标，努力塑造有责任、有担当、有激情的青年队伍，当好经济社会改革发展的排头兵和生力军。团中央组织部、青年发展部、统战部等领导到潍坊调研，团省委书记陈必昌，副书记谢宁、袁良、刘少华等领导先后到潍坊指导，市委领导多次出席团的活动。团市委获山东五四红旗团委称号，推选中央、省级两红两优等表彰37人次，涌现出全国向上向善好青年张磊、全国优秀团员王琪等优秀典型，聊城、烟台、日照、枣庄等兄弟地市先后到潍坊市交流学习指导，各项工作均实现创新突破。

**【多维创新，转型促改革】** 以中央和省、市委党的群团工作会议、团中央改革精神为指引，在全省率先完成少工委、青联、学联等组织换届，积极稳妥吸纳青年社会组织负责人、网络意见人士等新兴青年群体代表，基层优秀代表比例达30%；围绕群团改革精神和工作实际，在全省先行实施基层干部挂职锻炼和选聘兼职团干部机制，从基层选拔10名优秀青年干部到团市委机关挂职锻炼，形成专挂兼的队伍结构；创新建立枢纽型工作机制、团干部向公益组织报到等制度，积极推进青年之家、“1+100”团干部联系青年、团机关开放日等项目和制度，切实将群众性要求落实到位。认真落实上级部署，全力打造潍坊“青年之声”品牌，全市各级青年之声平台青年留言提问10万余条，答复近8万条，受到好评近8万次，总访问量8859万人次，招募3.7万人的服务团队，平台成为共青团服务青年的强有力载体。

**【敢于担当，勇做排头兵】** 积极投身转型发展，开展青联委员创新发展专题调研、青企协跨越发展培训、服务食品谷专题调研等活动35场，组织青年人才走进总部基地、蓝色智谷、食品谷、高新园区等创新前沿开展调研。坚持创业就业双轮驱动，办好创青春大赛山东电商组决赛、第八届全市青年创业大赛，召开创新创业青春行动大会，举办创业导师专场报告会78场，覆盖青年3万人次，点燃全市青年的创业热情，在服务大众创业、万众创新中形成共青团的品牌。全力参与精准扶贫，实施青春扶贫行动，召开全市共青团服务精准扶贫现场推进会，制定扶贫十项实事，结对帮扶留守儿童、贫困青少年家庭，让他们感受党和团的关怀，临朐县联合社会组织实施的“黄谷暖阳”等项目，获得党政和社会好评，并形成长效机制。着力深化志愿服务，为文展会、鲁台会、中日韩产博会提供服务2.4万小时，建设省级社区青年志愿服务站28处，高密等地的志愿服务项目获中国青年志愿服务项目大赛银奖。

**【突出主业，着力育新人】** 紧抓理想信念教育不放松，广泛开展中国梦主题团队日等活动，举办庆国庆红歌快闪、党史国史进课堂、对党说句心里话等活动670场，影响青年20万人次，让理想信念的根在青少年心中扎牢植正。大力发挥榜样的示范力量，积极参与“全国向上向善好青年”“齐鲁最美青年”“潍坊好人”等评选，举办“潍坊最美青年”“青年身边好榜样”等评选，制作播放《青年力量》电视节目，诸城青年张磊、高密青年周燕宇分获全国向上向善好青年、齐鲁最美青年称号。突出网上育人、网上聚人，积极运用微博、微信等新媒体引导青年树立正确价值观,制作、推“双微”产品1000余条，覆盖青年30余万人。注重寓教于乐、寓教于赛，举办爱我潍坊风筝知识大赛、国学达人挑战赛、首届青年微电影大赛等活动，结合潍坊最美青年评选制作《我身边的好青年》动漫公益广告，以丰富鲜活的形式不断增强宣传引导感染力。

【优化环境，服务见真情】 探索购买青少年社工机构服务项目，大力实施服务示范工程，开展专业化课业辅导、心理疏导、能力提升等服务项目530个，联合专业机构举办金宝情缘相亲大会、我的约会主场浪漫派对等活动17场，帮助青年精准解决现实需求。分领域服务弱势青少年群体，持续举办迎新春青少年微心愿认领、极特殊青少年关爱、牵手关爱、阳光助残等主题行动，累积筹集资金60万元，帮扶残疾青少年1600余人，努力让弱势群体共享全面小康成果，诸城市微心愿项目有力联动线上线下资源，取得良好成效。着力提升维权水平，在全省率先建立第一家法学会未成年人保护法学研究会，开展流动励志学校——青少年权益保障大课堂、法治文化基层行等活动200多场次，努力为青少年成长营造健康环境。

【夯实基层，固本强堡垒】 积极构建新型基层工作阵地，在全市建立150处青年之家平台，为青年提供学习、活动、实践舞台，成为团员青年喜爱和热爱的温暖之家。着力构建社区团组织网络格局，深入推进非公企业、互联网企业等新兴领域团建，探索建立非公行业团工委、互联网行业团工委，加快占领新兴阵地，奎文区依托智慧社区平台开展互联网行业团建工作，形成良好示范。强化团干部素质能力提升，举办全市团干部专题培训班6期，突出加强对县市区、镇街和农村社区等基层一线团干部的业务培养和理论教育，全面提高团干部的政治理论素养。

（孟　勇）

## 潍坊市妇女联合会

【概况】 2016年，市妇联各项工作开创新局面。对潍坊市科学发展考核中妇女创业就业、“两代表一委员”中女性比例、为妇女儿童办实事3项指标均为全省前列，市妇联被评为全国维护妇女儿童权益先进集体、省城乡妇女岗位建功和省五好文明家庭创建活动先进集体、省妇女创新创业大赛优秀组织奖，被市政府评为政府创业奖先进集体、脱贫攻坚及“第一书记”包村帮扶工作获优秀等次。

【思想引领工作】 妇女宣传思想工作创新活跃。组织妇女开展主题宣传教育活动，选树优秀妇女典型，组织巡回讲演和事迹报告会等，引导广大妇女感党恩，跟党走。巾帼文明创建活动不断深化。开展“新农村新生活”和“四德”健身广场舞培训推广活动。市妇联承担文明城市创建任务中，未成年人思想道德建设、妇女儿童活动站点建设等任务均获满分。网上妇女群众工作加快发展。构建潍坊妇女网和“潍坊女声”“双微”新媒体矩阵，举办培训班，强化妇联新媒体人才建设。

【妇女创业工作】 巾帼脱贫行动成效显著。争取市财政资金576万元，培训新型女农民5105人，培树20个“最美女创客”。召开精准扶贫暨百企（岗）联百村（户）活动推进会，268家企业与418个村（户）结对，建立一批扶贫爱心超市。市妇联在全省作典型发言。妇女创业创新纵深推进。全市举办女性专场招聘洽谈会、妇女居家创业项目展示会18场次，提供就业岗位2.1万多个。为全市2667名妇女发放小额担保贷款4.34亿元。在全省第三届妇女创业大赛中，潍坊市推荐的选手分获一等奖、三等奖。“好潍姐”家政服务品牌不断提升。11月9日，市妇联举办潍坊市第二届巾帼家政技能大赛。大赛20支队伍共60名选手参赛，分别参加养老护理、育婴和家政服务三个专业的比赛。大赛期间表彰“潍坊市十大巾帼家政服务标兵”“百名巾帼家政服务明星”，命名了十家“好潍姐”家政服务示范企业，潍坊护理职业学院被命名为“潍坊市好潍姐家政服务培训示范基地”。全市11家巾帼家政机构被评为“山东大姐家政服务创新示范工程十强百佳企业”。

【创新家庭工作】 寻找“最美家庭”活动拓展深化。深入开展“传扬家风家训•建设幸福家庭”活动，举办“最美家庭讲家风”百场巡讲。推出市级以上最美家庭、文明家庭1254户，其中2户荣获全国“最美家庭”称号，24户被评为首届全省“文明家庭”，单美华家庭荣获“第一届全国文明家庭”称号。家庭教育工作扎实推进。完成家庭教育“十二五”规划目标任务，开展0~3周岁儿童早期家庭教育现状调研。开展“我爱我家•同悦书香”“美德在我家”“感恩母亲”等主题实践活动。举办家庭教育进社区大讲堂。“平安家庭”创建常抓常新。开展“平安家庭”创建活动，2个县市区、6个镇街、17个村（社区）被评为省级“平安家庭”示范县、乡、村（社区）。

【妇女儿童依法维权工作】 “两个规划”实施迈出新步伐。推动各级党委政府、市妇儿工委成员单位建立健全为妇女儿童办实事的长效机制。国务院妇儿工委、省政府对全市实施妇女儿童发展纲要规划中期、终期监测评估进行督导检查并给予充分肯定。完成潍坊市妇女儿童发展“十三五”规划编制工作。12月16日，潍坊市人民政府印发《潍坊市妇女发展“十三五”规划》和《潍坊市儿童发展“十三五”规划》（以下简称“两个规划”），并纳入全市国民经济和社会发展“十三五”整体规划和专项规划，这是潍坊市政府自1995年以来第四次颁布妇女儿童事业发展的整体规划。“两个规划”在潍坊市妇女儿童发展“十二五”规划的基础上，增加了“儿童与安全”发展领域。规划首次提出为生育妇女提供返岗培训、设立“母婴室”、推动学校开设社会性别平等课程等策略措施，重点解决困境妇女儿童发展、生育政策调整后妇女就业和妇女儿童公共资源压力加大、妇女参与决策与管理等重点热点问题。将为妇女儿童办实事、“两代表一委员”中女性比例、妇女创业就业全部纳入对县市区科学发展综合考核体系。妇女儿童维权工作取得新突破。建立法规政策性别平等咨询评估机制。开设《中华人民共和国反家庭暴力法》专版和专题节目，举办讲座100余场。7月26日，潍坊市妇联联合潍坊市民政局，依托市救助站成立潍坊市反家暴庇护中心，联合下发《关于成立潍坊市反家庭暴力庇护中心的通知》，成立反家庭暴力庇护工作协调小组，指导反暴力庇护中心建立完善工作制度，规范开展庇护工作。推动出台告诫令制度、人身安全保护令等配套政策，建立健全维权服务站，畅通网上维权渠道。关爱困境妇女儿童取得新成效。争取中国儿基会“音乐之声•我要上学”助学行动基金16.8万元，救助贫困儿童140人。救助春蕾女童、贫困母亲和贫困女大学生2000余人次。各级财政投入2500余万元，为20万名农村妇女进行“两癌”检查，发放救助金66.4万元，救助贫困患病妇女475名。

**【加强自身建设】** 改进作风形成长效机制。深入开展“两学一做”学习教育，为妇联组织改革创新注入强大动力。落实联系基层、联系妇女群众制度，扎实开展“下基层、访妇情、办实事”、第一书记包村帮扶工作。基层组织建设整体跃升。开展村（社区）妇代会改建妇联工作，1674个村（社区）妇联完成改建。各级妇联共组织培训班227次，培训妇女干部1.85万人次。阵地服务功能发挥良好。争取省级专项资金35万元，新建5处省级妇女儿童家园，对7913处“妇女之家”及165处省市级家园规范管理、强化服务。全市16个县市区、开发区妇联、妇工委及148个镇街妇联工作经费全部列入财政预算，共计838.05万元。

（*颜鹏程*）

## 潍坊市文学艺术界联合会

**【深入“文联社会，艺进万家”活动品牌】** 积极推进县市区和文联所属文艺家协会成立各级文艺志愿服务者协会或文艺志愿服务组织，先后在山东交通职业学院设立潍坊市文学艺术中心，在昌乐营丘镇设立文艺志愿服务基地。筹备成立潍坊市文艺志愿服务中心。深化提升文艺志愿服务制度管理，完善潍坊市文艺志愿者管理办法，促进文艺志愿服务规范化、常态化、科学化发展。先后组织各种演出10余场。开展“书法进百县千村”，组织书法家走进城乡社区进行书法展览交流，组织民间文艺家到昌乐营丘镇举办“我们的中国梦、文化进万家”文化下乡文艺志愿服务活动，赴临朐县嵩山北黄谷村，开展“福送农家，为农民家庭拍摄全家福”文化下乡活动。

**【文艺精品创作实现新突破】** 紧紧抓住创作生产优秀文艺作品这一中心任务，加强重大题材和重点作品的文艺创作规划，积极组织推荐参评全国和省重点艺术门类的文艺奖项，推动全市艺术创作的繁荣发展。张翀在全国钢琴调律职业技能竞赛中获第二名，赵雨辰、姜子祺在中国音协少儿小提琴教育学会年会及李自立作品创作60周年艺术周全国比赛中获少年组金奖，爱乐天使弦乐团获乐团组别金奖。李群获得2015—2016年第37届西班牙国际摄影大赛银牌奖，并有2张作品荣获第26届法国艺术展优秀奖；姬光飞获得迪拜国际金牌奖、在全国反响很大。张景国《农家院里的工艺美术大师——杨洛书》获山东省摄影家协会“镜头下的齐鲁艺术家”摄影大赛金奖。常城《秋行》中国第16届国际摄影艺术展览 入展。第九届山东省“泰山文艺奖”2件作品获二等奖、5件作品获三等奖。陈雪梅的散文《孤独的布谷鸟》，张殿英、张运祥的《潍坊木版年画传承与创新》、夏德友的《为祖国高歌》、王春雷的《怀念妈妈》、段孝敏的国画《古村秋色》、谭晓昌的《隶书对联》、谭伟峰的篆刻作品、舞蹈《记忆童趣》、孙贵颂的文艺评论无水不成序》、王晓光的《简牍初探》10件作品获得第三届“风筝都文化奖” 优秀文化作品奖。

**【积极开展主题文艺活动】** 积极承办第六届中国画节、第九届文展会 第二届中国（潍坊）民间艺术博览会暨“山花奖”评选活动。本届展会共有18个省市、自治区的100多位艺术家、50多个艺术门类参展，是历年来参展的民间艺术大师和艺术门类最多的一届。展会期间共有48万人（次）到现场参观，现场交易额1.4亿元，意向交易额2.6亿元。本届民博会共有23件作品入围山花奖，其中山东地区入围作品9件，潍坊7件。

围绕唱响“中国梦”主旋律，精心组织“中国精神•中国梦”主题文艺创作实践，举办各艺术门类的大展大赛。借助文艺评论对创作的牵引和杠杆作用，进一步加强文艺评论工作，积极筹备成立全市文艺家评论家协会。

围绕大局，助推“蓝黄”两区建设，积极开展群众性文化活动。一年来，全市文联系统开展群众性文化活动60余场次，先后开展“文艺走进滨海”“文艺助推高新”，出版《走进滨海文艺家》作品集。

开展“深入生活、扎根人民”主题实践活动。围绕科教兴市，继续组织“文艺进校园”“书法进校园”活动，积极参与“百县千村书法文化下乡”系列活动，举办新年音乐会、青少年交响音乐会、打击乐音乐会、

"乐动潍坊"2016 潍坊首届青少儿钢琴大赛，举办"喜迎国庆献爱心，不忘初心颂辉煌"——庆祝中华人民共和国成立67周年暨纪念红军长征胜利80周年书画摄影展。

【首届陈介祺艺术节】 9月2日至7日，在十笏园文化街区举办首届陈介祺艺术节。全国政协常委、中国书法家协会主席苏士澍，中央文史馆馆员、中国画学会会长郭怡孮等出席开幕式。首届陈介祺艺术节以"继承金石文化传统,推动文化艺术繁荣"为主题，共安排十大活动。首届陈介祺金石书法藏品展,藏品主要来自潍坊市博物馆、郭味蕖、陈介祺家族后人以及国外收藏,共计220余件，绝大多数藏品首次面世,是有史以来公开展出陈介祺金石书法藏品规模最大、层次最高的藏品展。"两岸情金石缘"•首届海峡两岸篆刻名家作品邀请展，共展出海峡两岸和香港、澳门名家篆刻作品188件,是海内外篆刻史上名家最齐、阵容最强、精品最多、水平最高的一次大展。

【文艺人才队伍建设成效显著】 围绕培养中青年德艺双馨文艺人才这一目标，将人才培训、作品研讨、项目扶持、宣传推荐等工作统筹起来，积极探索分层激励的扶持办法，形成各方面共同推进文艺人才建设的工作机制。举办潍坊市文联系统干部培训暨采风研讨，举办潍坊市文学创作骨干研修班，成曾樾、梁鸿鹰、刘庆邦、陈雪梅、穆涛等几位专家分别进行授课。进一步加大签约制作家工作力度，召开潍坊市第二批签约制作家签约暨首批签约作家座谈会，曹成、张劲松、高文、刘学刚、黄清春五位作家获聘潍坊市第二批签约制作家。在组织专家评定第二批签约制作家的同时，加强对第一批签约制作家的跟踪管理和服务，积极引导签约制作家深入生活，努力创作符合时代、贴近生活的精品佳作。首批5位签约作家圆满完成签约任务，取得较好的创作成果。

【广泛开展文艺交流】 坚持"走出去"和"请进来"相结合，不断拓宽文艺交流渠道，提升交流的层次和效益。市文联及各文艺家协会组织主办、承办国内各类艺术家的展示、展演和展览100余场次，画廊活动达60余次。先后组织国内知名艺术家刘庆和、徐青峰、林忠阳、王一明、殷延国、燕守谷、田妖民、杨在葆等艺术展，以及吉林—潍坊两地收藏展、潍坊籍艺术家回乡展、潍坊籍艺术家于新生等展览。参与主办翰墨青州•2016中国书画年会，本届书画年会集展览、交易、研讨为一体，以"艺术为人民"为主题，展出艺术品4万余件，涵盖书画、紫砂、工艺品等多种艺术形式，产生了良好的社会影响，扩大潍坊文化对外影响力。

（李龙启）

## 潍坊市科学技术协会

【全民科学素质工作】 启动"十三五"纲要工作。认真履行全民科学素质工作领导小组办公室职责，将提升全民科学素质工作纳入潍坊市国民经济和社会发展第十三个五年规划。以市政府名义印发《潍坊市全民科学素质行动计划实施方案（2016—2020）》。组织12个县（市、区）科协主要负责人到河北、辽宁、吉林、安徽等地考察学习，借鉴先进经验。组织以"创新放飞梦想，科技引领未来"为主题的2016年全国科普日宣传系列活动，推动公民科学素质提升。开展青少年科学素质行动。联合教育局开展潍坊市中小学创新技能系列活动，组织全市中小学创新教育骨干培训班，对全市200名中小学科学（科技）教师进行轮训，加强科技教师队伍建设。开展潍坊市科普教育基地创建和认定工作，创建认定科普教育基地37家。

【科学普及工作】 实施科普助力精准扶贫。联合市财政局筛选96个先进基层科普组织和个人入选第五批市级项目库；推荐的16个基层科普组织和3个科普带头人获全国、全省先进。组织开展精准扶贫专家服务行动，组建成立科普专家服务团。联合市文明办、市文广新局、市财政局开展科普文化进万家活动。探索"互联网+农业"发展模式，促进"农技协+电商"向纵深发展。配套4万元资金用于科普精

潍坊市科协主席王志亮（右三）、寿光市委副书记孙修炜（左三）、潍坊市科协副主席高峰松（右二）为潍坊市全国科普日活动按启动球 （供图：尹以成）

准扶贫，解决扶贫中的困难。推进社区科普大学建设。组织实施《潍坊市社区科普大学建设工作方案》，持续推进社区科普大学建设，将社区科普与精神文明建设有机融合，协调7个县（市、区）将社区科普大学经费列入财政预算。配套实施社区科普益民计划，向社区配发10万元科普图书，对社区科普大学实施奖补，《潍坊市社区科普大学建设工作方案》受到省科协肯定并转发全省。加快科普信息化建设。在潍坊电视台开设科普人物专题宣传，在《潍坊日报》和《广播电视报》开设科普专版，全年出版科普专栏、专版13期。编印科普挂图1.5万张，指导县（市、区）科协新增科普微信公众号4个，青州、安丘、临朐、昌乐、寒亭、坊子6个县（市、区）在电视台开设科普大篷车和科普V视快递节目。利用“科普中国”“科学山东人”等学习平台，开展网上学习培训。科普信息化建设列入市政协提案。提升基层科普服务能力。健全完善数字科普管理制度，开展数字科普整改“回头看”，加强对920台数字科普终端管理维护。成立寿光农业现代化产业联盟、菜乡物流现代技术发展联盟、潍坊光伏产业技术联盟和潍坊市富硒农产品产业技术联盟。承担国家农技协改革试点任务，指导寿光“点农网”农资电商平台上线。建设社区科普馆3家。新增雷沃重工、寿光永康化学工业、山东瑞力生药业、山东信得科技和山东胜伟园林科技股份有限公司5家院士专家工作站。新增高校科协1家、科普主题公园2家、科普教育基地6个。为全市899名大学生村干部和帮扶村150个贫困户免费订阅科普杂志。

**【学会工作】** 加强智库队伍建设。进一步充实潍坊市科技专家人才库、海智人才库和海智高新技术项目库，共有科技专家人才库473人，海智人才库73人，海智项目库135项，新建企业项目和人才需求库，共征集需求42项。“五库”资源向开发区企业和海智专家免费共享。邀请海智人才库专家、欧美同学会专家、旅美科协专家考察洽谈，对有需求的2家公司进行跟踪服务，促成华创机器人和康华生物两家企业与海外专家达成合作意向。组建潍坊市科协专家服务团，下辖五支服务队。先后到临朐县杨家山村、高密市阚家镇、昌乐县乔官镇等地开展科技下乡活动。实施创新驱动助力工程。积极推动滨海区海洋化工产业、临朐县蜂产品深加工产业成功与省级学会对接实施创新驱动助力工程，建立“山东省创新驱动助力工程服务站”15个。邀请山东化学化工学会和山东蜂业协会18名专家对两个示范区22家企业提出的27项技术需求进行面对面技术攻关，解决企业发展中的瓶颈难题。打造品牌学术交流活动。围绕低碳节能、后现代心理学、海洋经济、生态健康产业等热点举办8期“鸢都科技论坛”，邀请国内有关行业30余名国内知名学者担任主讲，提升“鸢都科技论坛”的学术影响力。申报5期“智慧沙龙”学术交流项目，为科技工作者搭建学术交流平台。推动学会提能提素承接政府转移职能。召开市科协社会组织党委第二届党员代表大会，产生由7位委员组成的市科协社会组织党委第二届委员会。督促学会按时做好年检工作。指导医学会、护理学会等9个学会顺利完成换届。梳理承接政府转移职能材料，编印《工作指南》，供学会学习借鉴。组织心理咨询师协会、抗癌协会参加社会组织评估，获得优先承接政府转移职能资格，市科协所属学会共有5家达到AAA级以上评估。组织学会参加科普宣传活动。组织30余家学会参加潍坊市科技周、全国科普日、科技下乡等系列活动，组织15家企业申报全省双创活动周主题展示项目，并组织2家入选企业和县（市、区）科协参加2016年山东省双创活动周启动仪式。组织13家创新创业服务平台申报第二批“山东省创客之家”。联合高新区承接全省科技人员国际交流与合作能力提升研修班。2016年，全市共举办各类科技讲座、展览宣传活动80多场次，举办培训班120余期，培训3万人，发放明白纸8万余份，受教育群众12万人以上。

**【科技馆建设】** 正确应对科技馆免费开放的新情况,坚持安全第一、公众至上,及时疏导人流、加强展品维修、妥善处理公众诉求,共接待社会公众50万人次、670个团队,实现安全平稳有序运行。数字科技馆和创客空间建成开放。进一步丰富数字科技馆内容，使其涵盖天文、地理、物理、生物、美术、音乐等多个学科。围绕大众创

潍坊市科技馆全景　　（供图：尹以成）

业万众创新,打造校园创客空间,设置声学、光学、磁学、机械与信息等实践操作,接待社会公众4000余人次。青少年科技教育活动丰富多彩。组织参加第31届全省和全国科技创新大赛,共有48件作品获省级一等奖,6件作品获全国一等奖。县域流动科技馆项目先后在全市6个县（市、区）巡展110余场次。建设4处校园流动科技馆,近10万名少年儿童接受科普教育。先后有18位省级以上名师走进市科技馆,免费开设科普大讲堂。首届机器人嘉年华活动,6000余人体验。组织468人参加科技馆征文活动,6件作品获省一等奖。党员先锋模范作用得到强化。在全体党员中开展“亮党员身份、比优质服务、树窗口形象”活动,营造全体干部职工“向党员看齐、永远跟党走”的氛围。设立15个党员示范岗,成立4支党员突击队,展示党员干部良好道德风尚。科技馆党支部被命名为首批潍坊市直机关党建示范点。组建516人的科普志愿服务队,开展科普志愿服务“进校园、进社区、进企业”活动,服务公众4万余人次。科技馆荣获市级“文明单位”称号。

**【抓好巡察整改】** 3月19日至4月19日，第七巡察组对市科协进行专项巡察。市科协坚持健全规章制度，细化问题清单，制定整改措施，明确责任人、责任单位和整改时限。以问题为导向，实施问题整改销号制，强化跟踪督办，确保事事有着落，件件有回音，整改一个销号一个。至2016年年底，3个方面的8个问题全部销号，其中7个问题整改完毕，有1个涉及债权债务问题，正在协调推进。

（尹以成）

# 潍坊市归国华侨联合会

**【服务侨界群众活动】** 关爱全市侨界弱势群体，根据侨界弱势群体实际困难和问题，按规定履行公示程序后进行补助。继续开展送温暖献爱心活动，山东省侨联主席梁波等到潍坊开展困难群众春节走访慰问，累计为侨界弱势群体发放生活补助、临时救助金3万多元。关注侨界公益事业发展，实地考察调研侨胞捐赠的侨心学校，对学校配套师资、在校学生、校园环境、侨胞捐赠纪念物等进行详细的了解，发放奖学金、助学金10万多元。开展“侨界现场观摩调研活动日”，赴昌邑、坊子等地实地调研侨资企业。召开“一带一路”（丝绸之路经济带和21世纪海上丝绸之路）沿线国家侨界群众联谊会，“一带一路”沿线国家侨界群众近30人与会，共商以侨为桥助推“一带一路”倡议。组织中小学生参加第十七届“世界华人学生作文大赛”，加强与海外中小学生的交流，15名学生获得二等奖、三等奖，市侨联获得优秀组织奖。

11月17日，潍坊市侨联召开“一带一路”沿线国家侨界群众联谊会（供图：王凤阳）

**【联络联谊与对外交流】** 针对侨情的不断变化，探索新的联谊方式，拓展联谊渠道，加大海外联谊工作的力度。通过发送电子邮件等方式向海外侨胞传递温情与问候，累计发送2000件次。美国纽约潍坊同乡会成立后，及时发函祝贺。接待12批次从澳洲、美洲、港澳地区回乡探亲、出席上级侨联活动的海外知名侨领，与有关海外侨社团签署友好合作备忘录。走出去拓展联谊渠道，跟随山东省侨联友好访问团，出访越南、柬埔寨、老挝等国家和地区，会见当地知名侨社团和知名侨领120多人次，签订各类合作意向协议5个，帮助潍坊本地企业设立海外办事机构1处，填补潍坊对外联络联谊的空白。

**【服务经济建设】** 动员侨资侨属企业参与供给侧结构性改革，向高新技术产业、先进装备制造业、现代服务业转型发展。开展侨界企业转调创活动，引导归侨侨眷民营企业适应经济发展新常态，促进产业结构优化升级，坚持稳增长调结构,创新驱动发展，围绕国家“一带一路”倡议主动作为，更大力度走出去，更高质量引进来，积极投身到创新创业第一线。坚持领导班子成员联系点制度，每名班子成员联系包靠10家以上企业，定期走访帮扶，提供各类政策信息，帮助企业开展经济技术合作，鼓励发展现代农业、服务业和先进制造业，为实现企业经济增长方式的转变服务，全市归侨侨眷民营经济整体上保持平稳较快发展，企业总数发展到800多家，产值及营业额达30多亿元。

**【侨界参政议政工作】** 严格按照换届纪律的要求，召开专题党组会议研究部署，做好2名拟推荐侨界政协委员的酝酿、政审工作，确保推荐人员政治可靠、工作成绩突出、参政议政能力强。发挥侨界人大代表、政协委员表达民意、反映诉求、建言献策，参与国家和社会事务管理的主渠道作用，努力做好联络、服务工作。围绕经济社会发展的重大问题和涉及群众切身利益的突出问题，科学选题、深入调研、反复论证、用心撰写，侨联界别政协委员共报送提案11件，其中联组以上发言2件，列为重点提案1件。

**【机关党建和精神文明建设】** 以“两学一做”学习教育为抓手，提升党建工作整体水平。严格落实党组主体责任和党组书记第一责任人责任，按照学习教育计划完成集中学习、现场教育和支部生活日等规定动作。开展集中学习20次，人均撰写笔记、心得体会1万字以上，开展专题讨论讨论24人次，领导班子讲党课12人次，支部生活日活动5次。组织党员进行现场教育、精准扶贫走访慰问和基层调研活动。开展党员组织关系排查、党组织按期换届、党费收缴等集中排查活动。班子及班子成员都列出责任清单和问题清单，至年底全部完成或长期坚持。全体党员积极参与提升市区、学雷锋志愿者服务、义务劳动和“党员活动日”系列活动。以社会主义核心价值观为统领，开展爱国主义、集体主义、社会主义及职业道德、社会公德、家庭美德和个人品德的教育，潍坊市侨联保持2016年度“省级文明单位”称号。

**【七届八次全委会议】** 3月9日，潍坊市侨联七届八次全委会在东方大酒店召开。会议传达学习中国侨联、省侨联全委会会议精神；潍坊市侨联主席、党组书记柳松波代表常委会作工作报告，回顾总结2015年全市侨联工作，研究部署2016年全市工作重点目标任务；审议通过潍坊市侨联七届委员会《关于动员广大归侨侨眷和海外侨胞为实现国民经济和社会发展第十三个五年规划目标任务贡献力量的决议》和《关于常委会工作报告的决议》。潍坊市侨联七届委员、县市区侨联负责人列席会议。

（王凤阳）

## 市社会科学界联合会

**【应用理论研究】** 完成2016年度“潍坊市社会科学规划重点研究课题”立项、结项工作。明确研究方向和重点，组织引导广大社科工作者，紧紧围绕市委、市政府确立的目标任务和思路举措设计研究课题。压缩立项数量，提高立项课题质量。全市共申报课题526项。6月24日，组织召开课题立项专家评审会议，确定立项课题165项。11月18日,组织召开课题结项评审会议，对立项课题进行结题评审，共有140项课题通过结项，25项课题延期结项。对15项优秀课题进行奖励，给予财政经费资助。

**【应用对策研究】** 2016年，市社科联将开展应用对策研究，服务党政科学决策，作为工作的创新点和突破点。市社科联班子成员和副县级领导分别牵头，成立课题调研组，围绕中央、省、市重大决策部署，立足潍坊具体实践，聚焦关系全市经济社会长远发展的重大问题，开展前瞻性、系统性研究。先后完成《新常态背景下潍坊高铁枢纽片区产城融合发展研究》《潍坊市传统优势产业转型升级研究》《潍坊高新区经济转型创新发展研究》《潍坊城市竞争力研究报告：2002—2015》《潍坊市中心城区辐射带动力研究》《新常态下潍坊文化产业发展研究——以临朐县为例》等重大研究课题。《新常态背景下潍坊高铁枢纽片区产城融合发展研究》《潍坊市传统优势产业转型升级研究》《潍坊城市竞争力研究报告：2002—2015》《潍坊高新区经济转型创新发展研究》先后得到市委、市政府主要领导、分管领导的批示。

**【举办第十三届社科普及周】** 5月31日上午，潍坊市第十三届社会科学普及周开幕式在潍坊科技学院举行。省社科联副主席、党组成员孙淑娜出席开幕式。各县市区委宣传部分管部长、社科联主席，市委党校、各高等院校分管负责人、社科联主席，市属各学会、协会、研究会负责人及部分社科理论工作者，共200余人参加开幕式。邀请省社科专家张华教授作《中国梦与当代大学生成才道路的自我管理》的专题报告，举办“树立五大发展理念，让我们生活更美好”大型主题展，并为山东省社会科学普及示范市寿光市和潍坊市第二批社会科学普及教育基地授牌。

**【举办社科普及主题活动】** 为认真贯彻习近平总书记关于家风家教建设重要讲话精神，专门邀请北京儒和文化交流中心创办人、国学研究专家弘道先生到潍坊市举办“家风家教养成”专题讲座。6月29日至7月1日，依次到奎文、安丘、高密、诸城、青州、昌乐举办讲座6场。讲座紧紧围绕家风家教这一主题，从“良好的家风家教塑造美好的未来”“家庭应该承担更大的教育责任”及“家庭是培养子女适应社会最重要的场所”等方面，融合传统国学中家风家教的经典理念，结合典型案例和工作生活实际，深入浅出地引导大家充分认识家风。

**【社科普及教育基地建设】** 为进一步整合全市各类社科普及资源，市社科联认真实施社科普及示范行动计划，建设一批省级社科普及示范乡镇街道和村居,寿光市、青州市弥河镇、诸城市龙都街道、奎文区大虞街道孙家社区等15个单位被命名为省级社科普及示范县（市区）、乡镇（街道），村（社区）。确立全市首批社科普及示范点，奎文庄龙甲烈士故居、坊子德日建筑科普教育基地、高新区北京大学（潍坊）创新大讲堂等17个单位被确立为市级社科普及教育基地。

**【社科优秀成果评奖】** 潍坊市社会科学优秀成果奖是市委、市政府颁发的全市社会科学研究成果最高奖，每年评选一次。为做好评奖工作，保证评奖的科学性、权威性和公正性，2016年采取定量分析与定性分析、专家独立评审与学科组民主评议、内部监督和社会监督相结合的工作机制。评选结果在《潍坊日报》和社科天地网站进行公示，接受群众和社会监督，评选结果更加公正公平。潍坊市第二十四次社会科学优秀成果评选，全市共申报候选成果493项。经过严格评选，最终评出一等奖15项、二等奖55项、三等奖90项。同时，为加强对中青年社科研究人才的培养和扶持，组织开展潍坊市第三届中青年社会科学研究拔尖人才和优秀人才评选，对10名中青年社会科学研究拔尖人才和10名优秀人才，进行表彰奖励。

**【加强基层社科组织和社科类社会组织的管理指导】** 通过组织开展社科普及、社科评奖、社科规划重点研究课题立项等工作，有针对性地对基层社科联工作进行推动。为加强对县市区、高校社科联指导服务，市社科联建立了领导班子成员联系点制度。按照任务分工，每位班子成员牵头联系3~4个县市区或市属开发区、1~2家高校和2~3名社科工作者，每年至少两次到联系点走访调研，了解工作情况，帮助解决问题，推广工作经验，协调指导各基层社科联围绕当地党委政府中心工作，发挥好职能作用。认真落实《潍坊市党委（党组）意识形态工作责任制实施方案》，切实加强对全市社科类社会组织的科学管理和服务指导，对全市社科类社会组织进行调查摸底和登记造册,出台《潍坊市社科类社会组织管理细则》，以促进全市社科类社会组织健康发展。

**【社科理论服务水平提升】** 面向全市各级领导干部开展社科普及，精心编辑出版《社会科学动态参阅》22期，免费向各级领导干部推介最新社科研究成果，为领导决策提供多角度理论参考服务。为提高全市广大社科工作者参与社科普及工作的积极性，继续设立社会科学普及读物出版资助项目。2016年，资助出版《辩证法趣味知识问答》《文化的力量——文化软实力读本》《守望、传承、复兴——潍坊民间传统老手艺漫谈》等科普读物，为群众免费提供社会科学知识读本。

（刘玉峰）

## 潍坊市残疾人联合会

**【概况】** 2016年，全市残联系统紧紧围绕残疾人“整体赶平均,共同奔小康”总目标，以打好残疾人脱贫攻坚战为重点，开拓创新，积极作为，坚持不懈抓落实，立足长远打基础，圆满完成各项工作任务。

**【残疾人民生保障】** 共为30973名困难残疾人发放生活补贴3278.89万元，为51341名重度残疾人发放护理补贴4975.74万元,让残疾人得到更多的实惠。投入资金355.3万元，为全市1391名就业年龄段智力、精神和重度肢体残疾人提供机构托养、日间照料和居家托养服务。为2701名残疾学生和2951名贫困残疾人子女学生发放助学补助金495.71万元,实现助学全覆盖。对1150户贫困肢体残疾人家庭和1600户聋人（盲人）家庭实施改造，有效改善残疾人的居住环境。积极落实惠残政策，中心城区约2.6万名残疾人实现免费乘坐公交车。

**【残疾人康复救助】** 实施“七彩梦”“彩金”儿童救助项目，使每名残疾儿童享受到最低12000元的康复训练补助。为100名特别贫困残疾儿童家庭每户提供5000元“送训补贴”，为88名重度听障儿童实施免费人工耳蜗植入手术，为全市200名白内障患者实施免费复明手术。投入彩票公益金50万元，在全市打造9个残疾人社区康复服务示范点。

**【残疾人就业创业扶贫】** 开展残疾人职业技能培训需求调查，共免费培训残疾人2461人次。全市农村贫困残疾人家庭共有7522户、8215人纳入建档立卡数据库，确保符合条件的贫困残疾人全部落实脱贫致富帮扶政策。实施“共享阳光——百千万残疾人就业创业扶贫工程”，扶持137名残疾人实现自主创业，共投入扶持奖励资金133.1万元。组织实施“第一书记”帮包村“助残致富奔小康”项目，投入专项资金118.62万元，帮扶695户贫困残疾人家庭实现脱贫致富。成功举办“景芝酒业杯”2016残疾人创业大赛，努力提高残疾人就业创业能力。

**【残疾人宣传文体】** 加快建设潍坊市残疾人文化艺术中心。加大残疾人事业宣传力度，在市电视台新闻综合频道开办电视手语新闻栏目，在《潍坊日报》开设残疾人事业专版，与《潍坊晚报》联合开设“爱心助残”专栏。组织开展第二十六次全国助残日活动，主动营造良好的扶残助残氛围。举办残疾人文化艺术作品展暨扶残助残爱心义拍活动，作品展共收到作品435件，对261幅(件)作品进行义拍。举办潍坊市2016年残疾人文艺会演，来自全市的残疾人共表演16个节目，向观众呈现一台融思想性、艺术性、观赏性为一体的残疾人特殊艺术节目盛宴。残疾人体育事业进一步发展，潍坊市残疾人运动员鞠贞和林焕在国际大赛中获奖。

“我们的梦”——2016潍坊市残疾人文艺会演　（供图：许　祥）

**【残疾人组联维权】** 认真组织全国、全省残疾人工作先进单位和先进个人推荐评选活动，全市12处镇（街道）被评为全省基层残疾人组织建设示范镇（街道）。顺利完成残疾人基本服务状况和需求信息数据动态更新工作，共完成136852名残疾人信息更新。实施“强基育人”工程，共120名基层专职干事参加了培训。不断强化维权组织网络和队伍建设,处理法律咨询850余件，残疾人法律助残志愿者达到4650余人。切实做好残疾人信访维稳和重点信访案件排查督办工作，全市残联系统共受理残疾人来信来访110余件次，处结率达100%。进一步规范“残疾人证”办理程序，提高办证效率，截至2016年年底，累计受理全市残疾人证的变更、注销、新办等共163452件。

（许　祥）

## 潍坊市计划生育协会

**【概况】** 计划生育协会简称计生协。潍坊市计划生育协会成立于1985年，是市委领导的以全市育龄群众和计划生育家庭成员为主体的人民团体。截至2016年年底，全市计生协组织共拥有近2万多个基层组织，90多万名会员，是全市基层组织分布最广、会员人数最多的群团组织之一。2016年，是全市计生协工作实现转型发展和取得重大突破的一年，多个方面的工作、活动和项目受到国家和省级层面的表彰奖励。

**【全力推动计生协工作转型发展】** 适应中央群团工作改革和放开二胎、计划生育服务管理改革的新形势，推动计划生育工作由控制人口数量为主向调控总量、提升素质和优化结构并举转变，由管理为主向更加注重服务家庭转变，由主要依靠政府力量向政府、社会和公民多元共治转变。9月月底，举办由近200名计生协专职干部参加的专题学习班，统一思想认识，研究探索承接宣传教育、生殖健康咨询服务、优生优育指导、计划生育家庭帮扶、权益维护和流动人口服务六项工作职能任务的路径和方法，拓展计生协工作的思路、空间和领域。

**【市县两级计生协机关组织建设取得新突破】** 继1月市委重新印发市计生协机关“三定”方案、省委组织部6月批复全市计生协机关参照公务员法管理后，至年底，全市12个县（市、区）中，共有9个县（市、区）委印发本地计生协机关“三定”方案，明确计生协机关为党委领导的群团组织，由政府分管领导联系并兼任会长，常务副会长按部门正职配备，人员编制

6月7日，中国计生协在潍坊举行“生育关怀携手行——家庭健康素养促进行动”项目启动仪式暨健康教育到潍坊活动。中国计生协副会长兼秘书长姚瑛、全国人大常委王陇德、副市长王桂英等参加活动　（供图：胡范钦）

分别为6~8人。8月26日，省计生协专门在潍坊市召开现场会，推广潍坊市经验做法。

**【全面启动家庭健康素养促进行动】** 6月7日，中国计生协确定潍坊市为全国首批11个家庭健康素养促进行动项目示范市，并在潍坊市举行“生育关怀携手行——家庭健康素养促进行动”项目启动仪式暨健康教育到潍坊活动。中国计生协副会长兼秘书长姚瑛等领导和全国11个项目点所在省、市主管领导参加活动，并邀请全国人大常委、中国工程院院士、中国疾病预防控制中心健康教育首席专家王陇德授课辅导。潍坊市以“健康公益讲座村村行”活动为载体，在全市全面开展了健康教育进社区、进家庭等“五进”活动。

**【生育关怀——幸福家庭创建活动取得新进展】** 在继续深化手牵手家连家结对帮扶计生困难家庭大行动等品牌项目的基础上，再次确定全市第三批15个示范单位和12个示范项目。继昌乐、寿光、青州、诸城四个县市之后，安丘市被确定为省计生特殊家庭关爱项目试点县。开办四种节育手术保险、母婴安康保险和意外伤害保险三个保险险种，并在部分县试办计生特殊家庭护理保险。全年政府投入免费为计划生育家庭办理各种保险1000多万元，其中意外伤害保险557.73万元，被省计生协授予一等奖。计生家庭养老照护试点有序推进，潍城区城关街道芙蓉街居委会等15个单位被确定为全市计生家庭养老照护试点单位。

**【青春健康项目由点到面逐步展开】** 9月底，在潍坊护理职业学院举办全市青春健康项目现场培训推进会，在昌乐、临朐、坊子、寒亭四个县区进行全面开展青春健康项目的试点。潍坊护理职业学院“珍爱青春，健康人生”活动项目再次被中国计生协确定为全国青春健康教育项目。潍坊护理职业学院和昌乐县高级技工学校青春健康俱乐部被确定为省 “青春健康”教育示范基地，郭树芳、宋秋芳分别被中国计生协、省计生协聘为青春健康项目顾问和青春健康教育主持人。

**【基层基础工作扎实活跃】** 村（居）和社区、单位计生协组织网络不断完善，至年底，流动人口聚集地和“两新”组织计生协组织覆盖面达到90%以上，市计生协确定了12个市级流动人口计生协示范点，高密市惠荣菌菇合作社计生协被确定为省级示范点。在继续深化村民自治“三级联创”的同时，全市80%以上的村（局）完成村规民约的修订完善工作。组织三次全市性的基层文化宣传和走访服务活动，全市2.7万名协会理事、20多万会员和志愿者参加活动，提供优生优育、生殖健康、义诊和免费查体服务30多万人次。全年在省以上媒体发稿300多篇。涌现出了一批优秀先进模范人物，寒亭区计生协等5个单位和张志河等8名计生协干部分别被中国计生协授予“计生协工作先进单位”“先进个人”称号，王庆华、李永芳两名计生协干部被省委授予“优秀共产党员”称号，刘玉华被推举为中国计生协八届理事会理事。

**【人口关爱基金募集再创新高】** 市人口关爱基金会年全年募集资金2723391.06元，创历史新高。先后集中开展资助贫困计生家庭大学生新生和春节送温暖等活动。全市各级计生协投入资金1200多万元（其中，市级300万元），救助计生贫困家庭和基层计生干部4000多户，贫困大学生100名。

（张志河）

# 军　事

*Junshi*

## 潍坊军分区

【概况】 2016年，军分区在省军区党委和潍坊市委的正确领导下，认真贯彻落实军委国防动员部和省军区党委决策部署，紧紧围绕中国共产党在新形势下的强军目标，凝魂聚气固根本，聚力练兵抓备战，从严从实改作风，持之以恒打基础，全面从严强组织，各项任务圆满完成，部队、民兵预备役建设稳步发展。

坚持用习近平总书记系列重要讲话精神凝神聚魂。以党委中心组和领导干部学习带动机关和部队学习，以组织演讲比赛、知识竞赛和读书活动等促进基层官兵学习，同步参加军委国防动员部理论读书班，抓好团职干部培训，理论武装不断深化。深入开展改革强军主题教育和“服从改革大局、走留听党安排”专题教育，认真搞好“新体制新职能新使命”大讨论，专题召开官兵思想反映座谈会，深入做好经常性思想工作。持续推动古田全军政工会精神“下篇文章”贯彻落实，围绕12个重大是非问题开展专题教育和讨论辨析。开展纪念中国共产党建党95周年和红军长征胜利80周年系列活动，举办“传承红色基因，共建巩固国防”主题图片展。“双拥”共建、新闻宣传、应急信访等工作取得新成绩，军分区被黑龙江、吉林、辽宁、山东、内蒙古五个省市高级人民法院和北部战区军事法院联合表彰为“涉军维权工作先进单位”。

坚持以战领建、抓建为战，扎实抓好日常战备工作。全面规范战备秩序，加强民兵应急力量和信息员队伍建设，开展作战值班“培训月、规范月”活动。圆满完成沂山森林火灾扑救和省国防教育日课目演示组训等非军事行动任务。强化现役干部军事训练检查考核，严密组织民兵教练员、信息员、防汛分队骨干和专武干部集训，民兵预备役年度训练任务超额完成。参加省军区民兵、预备役部队兵种专业指挥员、教练员和训练骨干集训成效明显，预备役高炮团在省军区基础训练考核中成绩优异，圆满完成国防大学国家安全研究班调研保障任务。

认真开展民兵整组工作，扎实做好非公有制经济组织武装机构审查整顿和国防动员潜力调查，积极探索依托大型企业编建专业分队的方法路子，总结推广诸城市农村社区民兵组织建设、高密市征集优质兵员经验。高标准做好兵员征集工作，加大廉洁征兵巡查倒查力度，成立学校征兵领导机构和征兵工作站，全市取消初中生入伍，大学生征集比例达52%。组织召开第一书记述职会议，持续开展“党管武装好书记”、关心国防建设“双十佳”评选表彰活动，寿光市人武部党委第一书记被省委、省军区党委表彰为“党管武装好书记”。积极参与打赢脱贫攻坚战，深入开展援建道路、助学帮困等活动，军分区结对帮扶的郭家庄村实现脱贫。

扎实开展“学条令、严秩序、强基础、保安全”条令条例学习月活动，组织法规考核、队列会操和军容风纪检查，狠抓部队法治宣传教育，官兵法纪素养不断提高。突出重大安全问题防范，3次组织隐患排查和专项检查，定期召开会议分析安全形势，部队安全基础进一步牢固。坚持抓好保密清理核查，加强重点敏感部位、核心涉密人员政治考核和教育管理，有效防止失泄密问题发生。

坚持用建设“打仗后勤”统揽工作、牵引实备，及时更新后勤战备数据资料，组织后勤装备实力、财务营房数据普查，经济动员、交通战备潜力调查。组织团级单位财务帮抓检查，迎接军委审计署驻北部战区审计局对军分区党委班子成员经济责任审计，在整治问题、完善制度中规范后勤管理运行秩序。扎实做好后勤服务保障，认真组织住房信息“定期会审”，积极稳妥停止可控托底有偿服务项目，军交运输、物资油料、卫生防疫、职工管理等工作有效落实。精心组织装备保障，扎实做好全区装备逐号统计、武器弹药演训保障、装备技术检查和管理整顿，升级改造民兵武器仓库监控和库区设施，集中收缴民兵旧杂式武器弹药和民用武器，如期完成在外民兵装备归建工作。

扎实推进“两学一做”学习教育。组织全区61名党支部书记、党小组长集训，抓好专题教育讨论、党费专项检查、党员承诺践诺和开好组织生活会等规定动作落实。广泛开展“向身边典型学习”等创先争优活动，党团组织功能和党员干部党性观念有效增强。深入抓好中共十八届六中全会精神学习，认真贯彻民主集中制，聚焦严实要求开好团以上党委民主生活会，持续帮抓团级单位党委班子。严格执行改革期间干部工作规定，在领导力量缺位情况下保证干劲不松、要求不降、工作不停。认真开展“守党规、严纲纪、正品行”教育活动，及时组织廉政法规和典型案件问题通报精神学习，紧贴练兵备战、兵员征集、大项建设等开展监督执纪，部队党风廉政建设和党员干部规矩意识有效加强。指导抓好老干部理论学习和政治教育，探索走社会化保障路子，老干部医疗、生活和文化服务保障条件进一步改善。

（王洪志 余建国）

**【扑灭沂山森林风景区火灾】** 4月11日23时40分，临朐县沂山森林风景区发生火灾。临朐县人武部接到民兵信息员报告后，人武部部长姜先福、政治委员于飞奇迅即带领机关干部赶往现场，组织沂山风景区、蒋峪镇、九山镇500余名民兵协助林区消防队和当地干部群众进行扑救。12日2时30分，军分区万伟锋司令员带军分区应急指挥组赶赴火灾现场，参加由山东省副省长赵润田、潍坊市委书记杜昌文、市长刘曙光以及临朐县主要领导成立的军地联合指挥部，对现场各类分队实施统一指挥。针对火区坡陡林密，消防车辆难以靠近，山上缺少应急通道和水源，灭火难度大的实际，联合指挥部调集济南、青岛、烟台、淄博、日照、临沂6支森林消防专业队伍520人和武警消防官兵参加灭火，协调第26集团军陆航团直升机2架，山东省防火指挥部直升机2架， 199旅500余名官兵增援火场。经军民全力扑救，于12日14时30分，全部扑灭山火，无人员伤亡。扑灭山火过程中，高速公路开设绿色通道，通信公司应急通信车实施现场保障，无人机进行空中情报支援，公安交警对进出道路实施交通管制，各类灭火器材、夜间照明工具和生活物资保障准备充分。整个救火行动，共动用现役官兵、民兵、专业救援队和干部群众2000余人，直升机4架，各类车辆200余台。

**【训练质量明显提升】** 军分区把战备训练作为第一任务，及时拟制下发年度训练计划，督导各单位完成年度训练任务。4月上旬，指导寒亭区人武部抽组应急队伍参加“2016年潍坊市反恐法宣传周暨反恐处突综合拉练”活动。6月中旬，组织各人武部副部长或分管参谋带部分基层武装部长进行民兵信息员和防汛工作培训。同期，军分区成立2个考核组，对全区现役干部军事理论、一体化指挥平台操作、战术计算和体能4项内容进行考核。6月下旬，指导预备役高炮团参加省军区组织的基础训练考核，全团一体化平台操作成绩达到良好以上。

**【扎实做好民兵组织整顿工作】** 2月19日，军分区召开全市民兵整组和征兵准备工作任务部署会。4月5日至6日，在市国防综合基地组织全市民兵整组和征兵工作人员业务培训，统一规范工作内容和程序标准。专题组织民兵工作系统、为现役部队预编人员核实系统、退伍军人服预备役系统、地专对口人员服预备役系统操作使用培训。针对基层专武干部调整面大、新任职人员多、能力素质参差不齐的现状，各单位采取以会代训、集中授课、经验交流等方法组织培训，培养整组工作“明白人”。临朐县、安丘市人武部召开规范化建设现场观摩会，组织基层武装部长围绕整组工作讨论交流，统一思想，统一标准。坊子区人武部在福田雷沃重工组建民兵装备维修分队，诸城市人武部加强社区民兵规范化建设，成效明显。各人武部把加强应急力量建设作为整组工作的重点，本着“人员素质较高、装备配套齐全、训练演练经常、机动能力较强”的标准，严格按编制落实民兵应急分队人员、配套装备器材，完善应急管理和指挥机制，健全行动预案，强化针对性训练演练。

（郇 敏 井 盛）

**【圆满完成年度兵员征集任务】** 按照“一季征兵、全年准备”工作要求，落实网上兵役登记和应征报名，扎实做好兵役工作。2月19日，召开全市民兵整组和征兵准备工作任务部署会。3月，协调下发《关于成立各级各类学校征兵领导机构的通知》，在全市各级各类学校成立征兵领导机构。4

2月19日，潍坊军分区召开民兵整组和征兵准备工作任务部署会 （供图:段增顺）

月5日至6日，在市国防综合基地组织全市民兵整组和征兵工作人员业务培训。5月，召开全市高校征兵工作会议，开展征兵宣传月活动。6月，督导各高校挂牌成立征兵工作站，完成高校大学生体检、政治考核和预定兵工作。7月，组织参加全国、全省征兵工作会议，召开全市征兵工作会议，组织全市体检、政治考核和心理检测业务骨干培训，抓好初审初检，确定上站青年，对各单位征兵体检站规范化设站情况进行检查，召开全市征兵工作业务会，组织征兵办公室人员集中办公，做好与接兵部队的协调对接工作，并持续抓好征兵宣传发动。8月，指导各单位完成征兵体检、政治考核和定兵工作，组织女兵到济南参加体检。严把征兵质量关口，规范工作程序，加大公开公示力度，畅通监督渠道，确保兵员征集质量。9月，指导各单位开展预定新兵役前教育训练，组织新兵被装发放、档案整理，筹备召开新兵入伍欢送大会，顺利完成新兵交接起运。

**【扎实开展非公有制经济组织武装机构、民兵组织审查整顿工作】** 6月，根据山东省军区统一安排，军分区全面部署展开非公有制经济组织武装机构审查整顿工作。按照“统一筹划、军地联动，突出非公、兼顾其他，逐条对照、立整立改，举一反三、深查问题”的思路，坚持“慎重建、严格考、联合批、稳妥推”的原则，自下而上调查摸底，归口把关考察论证。7月，各县市区人武部会同同级党委、政府相关职能部门，对设立武装部、编建民兵组织的非公有制经济组织，按照职责分工逐一进行考核认证，分别提出整改、重新报批或撤销（解散）意见，潍坊市委、市政府和军分区对申请设立武装部的非公有制经济组织逐一进行审核，并报省军区审批。8月10日，高标准迎接省军区非公有制经济组织人民武装工作调查和申报武装机构考察调查。

**【狠抓安全管理工作落实】** 4月，军分区组织开展“条令月”活动，活动以习主席关于依法治军、从严治军一系列重要指示为指导，以推进部队管理工作向科学化、规范化发展为目标，按照“掌握共同的、熟记常用的、牢记本职的、了解相关的”原则，采取集中授课、集体学习、知识竞赛、考核验收等形式，有针对性地开展教育训练，不断增强官兵、职工条令意识和法纪观念。组织条令法规考核、队列会操和军容风纪检查，为成绩优异单位颁发奖牌，促进教育活动落实。10至12月，扎实开展“百日安全活动”。活动采取“统一部署、自行组织、多级联动、层层落实”的方法，按照方案计划、时间节点、标准要求，一步一个动作逐一抓落实。贯彻整风精神，认真查找纠治各类矛盾问题、隐患苗头和倾向性问题，边学习深化，边排查治理，边推动落实，确保问题见底归零。高度重视民兵武器装备仓库日常管理，严格落实人员管理、教育训练、登记统计、警戒执勤、交接等10项制度，并对仓库监控设施进行升级改造。采取团级单位自查与军分区抽查相结合方式，查准全区装备号码，摸清装备底数，进一步规范装备管理秩序。

**【制定颁发加强军分区系统“五部”建设意见】** 7月29日，为积极适应武装工作新体制、新职能、新使命要求，加快体制转换和机制运行，推动军分区系统建设成为“应急应战的指挥部、地方党委的军事部、后备力量的建设部、同级政府的兵役部、军民融合的协调部”，潍坊军分区根据上级部署要求，结合潍坊市实际，在广泛调研论证的基础上，联合中共潍坊市委、潍坊市人民政府制定颁发加强军分区系统“五部”建设的意见，统一规范“五部”建设指导思想、基本原则、主要内容和相关要求。在指导思想和基本原则方面，要求做到：坚持党管武装，坚持军民融合，坚持平战结合，坚持改革创新，坚持依法建设。在“五部”建设具体内容上，意见明确：建设应急应战指挥部主要围绕构建联合指挥体系、强化指挥技能训练和加强情报信息系统建设三个方面内容进行。建设地方党委军事部主要围绕完善制度机制强化党管武装、更新工作理念实施科学管理、强化国防教育营造良好氛围和强化“双拥工作”密切军民关系四个方面内容进行。建设后备力量建设部主要围绕提高编建质量、抓好基层建设和打牢动员基础三个方面进行。建设同级政府兵役部主要围绕加大征兵宣传力度、依法落实兵役登记、着力提高兵员质量和完善落实优抚政策四个方面内容进行。建设军民融合协调部主要围绕统筹规划布局、拓展领域范围和依法履职推动三个方面内容进行。意见还从加强组织领导，搞好军地协调；完善措施办法，强化工作责任；完善运行机制，强化监督考评三个方面提出具体要求。

**【思想政治教育扎实有效】** 坚持用习主席系列重要讲话精神凝神聚魂。制定下发年度理论学习计划，购买习近平主席系列著作及学习图书，每季度编印《政治理论学习手册》，组织参加军委国防动员部师以上领导干部读书班和省军区团以上领导干部理论轮训。扎实开展“坚决服从改革大局、忠实履行职能使命”和改革强军主题教育，认真组织动员部署、集中学习和辅导授课，“新体制新职能新使命”大讨论效果明显。紧跟改革进程、紧贴形势任务、紧贴官兵思想搞好经常性思想工作，组织召开“军队改革期间官兵思想反映”座谈会，官兵思想保持整体稳定。突出抓好贯彻落实古田全军政工会精神“下篇文章”，政治工作作风和效能逐步改善。

**【积极开展“两学一做”活动】** 年内，军分区扎实推进“两学一做”学习教育活动。召开学习教育动员部署会，为全体党员统一编发“两学一做”学习资料《汇编》和应知应会应做小册子，为机关党员购买《习近平系列重要讲话读本》（2016年版）、《中国共产党的90年》等基本书目。5月，利用2天时间组织全区61名党支部书记和党小组长集中培训。积极开展党员领导干部讲党课、承诺践诺、手抄党章等系列活动，党员干部党性观念得到强化。组织开展领导干部到所在支部讲党史党章、慰问老党员和生活困难党员、观看全党纪念大会实况等纪念建党95周年系列活动。6月，组织召开党委会分析团级单位党委班子建设形势。7月，深入抓好习主席“七一”重要讲话精神学习贯彻，组织常委带工作组指导团级单位党委民主生活会和“两学一做”学习教育活动。8月，召开“两学一做”学习教育形势分析会并下发会议纪要。11月，军分区常委到各团级单位督导检查，促进学习教育活动落实。

【党管武装工作落实到位】 2月，军分区组织召开县市区人武部党委第一书记党管武装工作述职会议，评选表彰2015年度十佳“党管武装好书记”和十佳关心国防建设先进个人。奎文区财政局、坊子区交通运输局、青州市弥河镇政府、诸城市交通运输局、寿光市财政局、安丘市交通运输局、高密市东北乡文化发展区、昌邑市交通运输局、昌乐县乔官镇政府、临朐县民政局被评为“十佳单位”；奎文区东关街道中学街社区党委书记孙笃秋、潍城区城关街道党工委书记谭福春、坊子区财政局局长刘杰、寒亭区副区长（公安分局局长）刘向东、青州市政府办公室副主任科员有刚、寿光市民政局局长杨秀英、昌邑市奎聚街道党工委书记孙磊、昌乐县朱刘街道党工委书记王永信、高新区新城街道办事处主任陈传刚、峡山区公共事业局副局长王勇被评为“十佳个人”。协调市委市政府联合出台关于加强军分区系统“五部”建设意见，对指导思想和基本原则、建设内容和建设要求进行细化，使推动国防动员建设发展的军地责任更加明确，措施更加具体。

【不断提高理论武装工作质量】 军分区党委认真落实党委中心组带机关理论学习制度，切实履行组织和指导理论学习的职能。着眼高举旗帜要求，深入学习贯彻习主席系列重要讲话精神特别是习主席关于国防和军队改革重要论述，深入学习宣传中共十八届五中、六中全会精神。着眼突出重点落实，年初制定印发军分区和团级单位党委中心组年度理论学习计划，每季度围绕一个专题扎实组织开展党委中心组带机关理论学习，每季度从党报党刊等权威媒体中遴选领导讲话和理论学习文章，编印《政治理论学习手册》，为党委机关和各团级单位理论学习提供有益参考。着眼推动延伸普及，结合军委国防动员部举办的师旅级领导干部读书班，组织团职领导干部和基层理论骨干参加同步培训轮训；结合常委分工联系点帮抓和参加团级党委民主生活会等时机，对各级理论学习落实情况进行督察检查。整理汇编习主席系列重要讲话精神学习题库，发到每名官兵和民兵预备役手中，9月集中组织全区官兵和民兵预备役人员举办学习习主席系列重要讲话精神演讲比赛和知识竞赛，对取得优异成绩的单位和个人进行表彰奖励。

【大力推动国防教育拓展延伸】 在持续抓好领导干部国防教育这个关键的基础上，以评选表彰关心国防建设十佳单位和十佳个人为抓手，不断推动国防教育向学校向社区向基层拓展延伸，努力提升全社会国防观念和国防意识。结合省国防教育办公室关于省级国防教育基地的命名标准，在全市开展第一批市级国防教育基地命名活动，利用驻地红色资源和国防教育基地，定期开展全民国防教育活动，不断调动各级党委、政府和人民群众关心支持国防建设的热情。组织参加全市烈士纪念日活动，深入开展纪念工农红军长征胜利80周年系列活动，9月，利用为期1个月的时间，在潍坊市人民广场举办“传承红色基因，共建巩固国防”主题图片展览，集中组织全市6000多名青年学生参观，取得良好社会效益。

2月15日，潍坊军分区组织召开县市区人武部党委第一书记述职会议（供图：段增顺）

【扎实抓好经常性预防工作】 把安全

稳定作为重点任务突出出来，切实抓好落实。组织全区官兵职工开展警示性法纪教育，定期协调驻地国家安全部门做好隐蔽斗争形势分析研判。巩固深化军地平安建设“潍坊经验”成果，将军地平安建设工作情况纳入全市社会治安综合治理年度考评，具体分为涉军维权、涉军舆情等7个方面进行量化打分，充分调动各级抓军地平安建设工作的积极性。积极做好涉军维权工作，协调军地双方对20余起涉军纠纷进行妥善处理，有效维护国防利益和军人军属合法权益，军分区被黑龙江、吉林、辽宁、山东、内蒙古自治区和北部战区军事法院联合表彰为涉军维权工作先进单位。与市公安局网警支队建立定期沟通协调机制，全年妥善处置清理涉军舆情2起，维护军队军人良好形象。组织参加省军区政法委书记集训并作大会交流发言，对重点敏感部位和核心涉密人员进行政治考核，组织安全警示教育巡回展和互联网个人邮箱清理整顿，保持部队安全稳定良好形势。

**【全面展开房地产租赁清理整治工作】** 认真贯彻执行国防动员部《贯彻落实中央军委〈关于军队和武警部队全面停止有偿服务活动的通知〉的实施意见》指示精神，成立专门组织，全面学习掌握国家和军队相关政策规定，积极搞好宣传教育，认真进行风险评估，有针对性地制定应对预案，及时消除隐患、化解矛盾，严密推进实施。在2015年摸底调查基础上，对有偿服务活动进一步清理清查，对矛盾问题进行梳理汇总，按照先易后难托底后敏感项目的顺序，依法依据进行清理关停。

**【努力提高官兵军需保障效率】** 重新审理每名干部、战士的服装供应信息档案，确保录入的供应信息数量、标准、型号真实可靠。严格落实预算编报正规化，采取军务、干部及财务部门提供实力与被装实力相核对的办法加大预算审核力度，确保被装供应实力准确。充分准备调号物资，积极争取上级业务部门和军需仓库支持，及时调整库存号型结构，缓解库存号型少与供应需求多的矛盾，最大限度满足广大官兵需要。圆满完成服装和新式胸标臂章发放工作，并对被装仓库进行全面清查登记，进一步完善出入库登记制度，确保被装管理正规化。科学运用军粮核算管理系统，积极协调地方军供站和有关部门搞好军粮储备，确保军粮货源充足，质量可靠，管理规范，供应稳定。严格伙食费供应管理，控制伙食费节余，杜绝非伙食性开支现象，确保官兵利益不受侵占。督导各伙食单位搞好饮食卫生，预防食物中毒，确保官兵饮食保障质量。

**【不断规范党委理财工作程序】** 军分区党委不断规范理财内容和程序。坚持把贯彻执行财经制度，研究经费预算与管理使用，加强资金和银行账户安全管理，加强机动财力管理等作为重要理财内容。在年度预算执行、单位机动财力安排使用、万元以上预算经费支出等方面，注重按民主决策、按程序决策、按标准决策，形成年初全面议、阶段重点议、大项开支专题议的会议决策机制。规范经费审批权限，严格落实“一支笔”审批制度。坚持“统一领导、按级负责、分工管理、财务归口”的原则，确立谁主管、谁负责，下级对上级负责，职能业务工作对主官负责，主官对党委负责的理财责任制。严格结算审核报销手续，坚决执行“先审后批”“先批后借”“先审后签”管理制度，一切经费开支必须先财务审核、后按审批权限签批，并严格按照经办人、验收人、批准人签字验收，出纳复核报销、会计记账、纪委审查、联审会签的程序进行。

（王洪志　余建国）

# “双拥”工作

**【概况】** 2016年，潍坊市、昌邑市被评为全国双拥模范城，其余5个市、2个县均被评为省级“双拥模范城（县）”。潍坊市创建全国双拥模范城实现“五连冠”。

**【营造浓厚双拥氛围】** 开展“双拥宣传月”“双拥法规宣传月”“国防教育月”等活动，布置展板，编发宣传册，设计专题专栏，广泛宣传国防知识。组织“烈士纪念日”公祭仪式，开展了优秀中小学生军事日游学进军营，协调市直部门、单位机关干部到部队参观军史馆，激发爱国拥军热情。精心策划“潍坊双拥”“鸢都子弟兵”“双拥英模”等宣教栏目，全方位多角度地宣传双拥活动。利用走访慰问子弟兵、八一建军节、征兵工作、部队军事训练等时机，集中组织“双拥”宣传报道，形成报纸、电视、广播、网站“四位一体”的“双拥”教育宣传体系。

**【不断拓展“双拥”领域】** 协调召开各类双拥会议52次，协调市领导到26集团军过“军事日”，参加纪念红军长征胜利80周年军地联谊演出。召开全市“双拥”工作表彰大会，表彰78个先进个人、44个先进集体。组织科技拥军、教育拥军、智力拥军、文化拥军和社会化拥军等，举行心理咨询服务进军营活动，举办了“幸福双拥 成美之约”军地青年交友联谊会，援建连队图书室，邀请大中企业召开退役士兵企业推介会。广泛开展新年春节拥军优属走访慰问活动，省、市慰问团先后走访驻潍部队官兵、军队离退休干部及驻军医院、军事院校、海军“潍坊舰”、潍北靶场等单位基层官兵，市县两级民政部门集中走访受奖军人家庭和维和官兵，发放慰问金慰问品。

【积极办实事解难题】全力保障重大军事行动，积极做好演训场地清理、交通战备、通信保障、群众转移、损失补偿等工作，全市支持演训部队资金680余万元，清理演训场地12万平方米，转移疏散群众2.1万人，补偿演习损失260万元。下发《关于认真落实2016年新年春节期间部队所提意见建议的通知》，解决子女入托入学、土地划拨等问题71件次。在部队营区周边设立公共自行车站点12处，办卡2000余张。市级投入国防公路养护费用300多万元，办理义务兵免费乘车卡700余张。及时按标准发放随军未就业家属补助金400万元。开展了特困官兵救助、“慈善进军营”活动，结对帮扶基层连队及“小散远”单位16个，救助特困官兵160余人。

（董德才）

【军民融合深度发展】主动服务国防建设和军队改革，召开“军地双拥共建融合发展”座谈会，推进军地思想政治建设、科技资源优势、人才资源体系、国防动员等全方位融合。山东苏伯食品股份有限公司、山东盛宏科技有限公司2家战区级动员中心建立应急保障队伍，探索军民共建海港。积极为部队排忧解难，开展慈善进军营、救助特困官兵活动。潍坊军供站优质保障多批次过往演习部队，顺利通过国家重点站检查验收。

军分区积极配合潍坊市委市政府认真做好迎接上级“双拥”考评检查，举办市“军地双拥共建融合发展”座谈会暨军事日活动，召开全市“双拥”表彰大会，潍坊市第五次被命名为“全国双拥模范城”。联合开展“双拥宣传月”活动，转发诸城市人武部组织地方科以上干部军训经验做法，国防和“双拥”工作影响力不断加强。积极参与打赢脱贫攻坚战，成立领导小组并制定实施方案，指导部分人武部调整帮扶对象，组织参加省军区“双千精准扶贫”培训、潍坊市“扶贫日”宣传、全省帮扶工作年终考核和到帮扶村走访慰问等活动。积极协调为军分区机关帮扶的郭家庄村新修1条道路，帮助该村实现基本脱贫目标。充分利用军地走访慰问、组织参加市人民代表大会等时机，将随军家属就业安置、干休所取暖入网问题纳入人大议题范畴，干休4所、5所取暖难题得到解决。

（董德才　王洪志　余建国）

## 中国人民武装警察部队潍坊市支队

【思想政治】突出抓好习主席系列重要讲话精神的学习贯彻，扎实开展改革强军主题教育；持续开展法律心理服务下基层活动，过细做好一人一事思想工作；积极开展系列文化活动，举办首届军事体育运动会、庆“八一”歌咏比赛，加强特色文化队伍和政治环境建设，政治工作的时代感针对性明显增强。

【执勤维稳】大力加强哨法研究，成功处置3起有碍目标安全的险情；精心组织特勤排、应急班、教练员集训和勤训轮换等，部队实战能力在市反恐处突和森林防火演练中得到检验；年内先后完成风筝会、菜博会、鲁台经贸洽谈会和中日韩产业博览会安保、“4•12”林场灭火等任务，受到驻地党委、政府和人民群众赞誉。

【基层建设】广泛开展“条令学习月”“百日安全竞赛”等活动，进一步正规部队秩序；持续开展“学成武学张楠”活动，部队建设的基础底蕴不断厚实；深入开展组织建设“规范周”活动，严格党组织生活和党费收缴等制度；加强干部队伍教育管理，大力实施“暖心惠兵”工程，有效激发干部的动力活力。

【综合保障】扎实开展“伙食精细管理年”活动，严格落实公务卡结算制度；加强后勤队伍建设，举办司务长、炊事员、军械员培训和驾驶员复训；投入35万元修缮机关、驻潍北单位营房，强力推进支队公寓房和潍坊监狱新建中队、安丘中队工程建设。

【从严治党】深入开展“两学一做”学习教育，认真抓好手抄党章、承诺践诺、重温入党誓词等活动；严肃党

2月4日，举行欢迎驻索马里警卫勇士任方全（左三）凯旋仪式　（供图：汪帮林）

3月9日，召开支队党委三届七次全体（扩大）会议　　（供图：汪帮林）

内政治生活，狠抓民主集中制，班子凝聚力战斗力不断增强；严密组织党委机关行业风气清理，规范党委议事决策程序，坚持按原则按程序按规矩办事，树立党委机关良好形象。

**【勇士凯旋】** 2月4日，举行欢迎驻索马里警卫勇士任方金凯旋仪式。任方金同志的父母、支队党委常委、机关干部和直属单位官兵参加。

**【杜昌文走访慰问】** 2月5日，潍坊市委书记杜昌文一行4人到支队走访慰问，亲切看望官兵。

**【党委三届七次全会】** 3月9日，召开支队党委三届七次全体（扩大）会议。潍坊市人大常委会第一副主任、市委常委、政法委书记苏立科出席并为获奖单位和个人颁奖。

**【林场灭火】** 4月12日凌晨，接市公安局关于临朐县沂山林场突发大火的情况通报后，支队立即启动应急响应机制，迅速集结兵力赶赴现场参与灭火行动，历时20多个小时，圆满完成扑救火灾任务。

**【刘曙光慰问官兵】** 8月1日，潍坊市委副书记、市长刘曙光率慰问团看望慰问官兵，送上节日祝福。

**【欢送退伍老兵】** 9月1日，举行2016年度夏秋季退伍老兵欢送仪式。潍坊监狱、潍北监狱和潍坊市看守所等目标单位领导到仪式现场，看望慰问退伍老兵。

（汪帮林）

## 人民防空

**【概况】** 认真贯彻落实全国第七次人民防空会议精神，围绕完善人防工程体系、健全人防组织指挥体系中心工作，坚持强化依法行政、人防宣传教育和“准军事化”机关建设，深入推进融合式发展，人民防空履行战时防空、平时服务、应急支援的使命能力不断增强。

**【人防工程建设】** 落实“应建必建”的要求，严格审批管理、加大执法力度，结建工程审批数量和建设数量达到历史新高。坚持服务民生，5月协调市规划部门对市区新华路佳乐家、虞河路人民医院两处地下过街通道项目出具规划条件，推进项目建设。加强早期人防工程治理，对市区8万平方米早期人防工程进行普查测绘，开展工程治理，消除安全隐患。

**【人防指挥通信建设】** 以强化战备能力为牵引，落实按纲施训，5月、11月，组织两期封闭式军训,10月参加全省人防信息化装备运用综合演

人防宣传进社区　　（供图：吕为林）

5月20日，全市人防工作会议暨按纲施训动员会召开　　（供图：吕为林）

练，人防队伍素质和应急支援能力得到提升。信息化建设不断加强，全市人防部门互联互通工作有序推进。“6·15”全市防空防灾警报试鸣，设备良好率、鸣响率均达到100%。人防指挥通信保障能力不断提升。

**【依法行政】** 严格规范执法，3月制定《潍坊市人民防空办公室推广随机抽查工作实施方案》，建立抽查机制，规范行政执法。严格易地建设费征收标准，全面清理和废止地方性收费标准，坚持人防执法常态化，全年组织人防执法4次，行政执法力度不断加强。推进部门执法体制改革，8月，将分散到各科室、单位的10项人防行政处罚职责统一到综合科集中行使，规范执法主体。10月，起草《中共潍坊市委、潍坊市人民政府、潍坊军分区关于加快推进人民防空改革发展的实施意见》和《潍坊市人防工程建设管理办法》，人防法制体系不断完善。

**【人防宣传教育】** 推进人防宣传教育，新增城区6个社区人防宣传教育点。4月，建立“潍坊人防”微信公众号，在潍坊人防网站开辟宣传教育专栏等对政策法规、人防知识和人防活动进行网络宣传。结合“5·12防灾减灾日”和“6·15警报试鸣日”活动，充分利用短信、广播、电视、报刊、网络等多种渠道，集中对人防知识进行多角度的宣传报道,人防宣传教育不断深入。

**【全市人民防空工作会议】** 5月20日，在潍坊市国防综合基地召开全市人防工作会议暨人防按纲施训动员会。会议传达第七次全国人民防空会议及省人防办主任会议精神，副市长刘建国回顾总结“十二五”时期全市人防工作,就认真贯彻落实第七次全国人民防空会议精神，全面做好“十三五”人防工作任务进行安排部署。

（吕为林）

# 法　　治

*Fazhi*

## 综合治理

**【维护社会稳定】** 加强维稳情报信息搜集研判工作，及时发现、妥善处置影响社会和谐稳定的问题，确保风筝会、鲁台会、中日韩产业博览会、G20杭州峰会等重大活动期间社会稳定。建设公开巡查执法平台，第一时间发现、引导和处置影响改革发展稳定大局的网上舆情，营造良好的网络环境。加强应急处突机制建设和演练，举办潍坊市反恐法宣传周暨反恐处突演练活动。

**【服务经济发展】** 坚持依法破解市区房屋征迁难题。在加大裁执分离实施力度、规范国有土地上房屋征迁问题的同时，运用民事诉讼方法破解集体土地上房屋征迁难题，推动全市重点征迁项目建设。规范市场经济秩序，惩治各类经济犯罪。全市公安机关破获经济犯罪案件320起，涉案总金额达20.2亿元。加大民商事案件审理力度，注重法律效果与社会效果的统一，民间借贷纠纷保持2015年以来的持续下降态势，同比下降28.2%。市中级人民法院审理的山东海龙破产重整案入选全国法院破产重整十大典型案例。加大预防和查办职务犯罪力度，全市检察机关立查职务犯罪案件239人。围绕国家级食品安全城市创建等工作，开展专项整治，惩治危害人民群众健康安全的违法犯罪活动。做好农民工工资支付保障工作，维护市场经济秩序和群众合法权益。开展包村联户工作，对青州市庙子镇梨园店村的包靠帮扶力度，改善村庄基础设施条件，发展优质产业项目，梨园店村一举摘掉省定贫困村帽子，村内贫困人口全部脱贫。梨园店村连续两年作为青州市科学发展观摩点评参观点。

**【平安潍坊建设】** 签订《2016年度社会治安综合治理暨平安潍坊建设工作承诺责任书》，推动平安潍坊建设工作落实。落实《中共中央办公厅、国务院办公厅健全落实社会治安综合治理领导责任制规定》，督促责任落实和工作整改。创新实施“平安指数”运行机制，精确指导打防管控工作，全面提升立体防控水平。潍坊市创新实施“以平安指数为引领，深化平安潍坊建设”的做法，得到山东省委常委、政法委书记张江汀的批示肯定；《法制日报》在头版予以报道。深化“无命案镇街、无刑事案件村居”创建活动，开展社会治安重点地区和突出问题排查整治，强化道路交通综合治理，道路交通事故死亡人数连续6年下降。开展寄递物流安全管理和“无传销城市”创建工作，全市未发生有影响的危害公共安全和社会稳定的寄递物流安全案（事）件，“无传销城市”创建工作通过省级验收。加强铁路护路联防工作，圆满完成协会换届、基础设施维护和平台建设等各项工作任务。狠抓平安建设基层基础工作，推进城乡社区网格化管理，加快综治信息化建设，基层社会治安综合治理水平得到有效提升。开展见义勇为表彰奖励和关爱救助工作，年内表彰18人为潍坊市见义勇为模范，组织历年以来受到全国、全省、全市表彰奖励的全市见义勇为先进个人和先进群体约300余人进行免费体检，继续对生活特别困难的见义勇为人员家庭每月发放400元生活救助金，帮助解决见义勇为人员和家庭的实际困难。

**【社会矛盾化解】** 坚持源头预防，开展重大决策社会稳定风险评估工作，出台《2016年度重大决策社会稳定风险评估考核办法》，推动落实工作责任。开展矛盾纠纷排查调处工作，在全市范围内部署开展矛盾纠纷大排查大调处专项行动，矛盾纠纷调解成功率达98.3%。依法化解社会矛盾机制建设，运用听证法化解社会矛盾课题成功入选中央综治办“矛盾纠纷多元化解工作创新项目”；潍坊市在全省多元化解矛盾纠纷工作会议上作典型发言。探索建立涉法涉诉信访风险预警防范机制，健全完善政法机关与同级联席办及基层党委政府协调联动的防范化解机制，出台《潍坊市关于建立律师参与化解和代理涉法涉诉信访案件制度实施意见》《关于法学会参与化解进京非访及涉法涉诉信访案件处置工作的意见》，推动涉法涉诉信访问题依法解决。出台《关于进一步规范提升社区法律服务诊所建设的意见》，完善社区法律服务诊所建设。潍坊市建立社区法律服务诊所“六诊”结合模式，被编入《关于地方法学会部分典型经验做法的通报》在全

2016年11月24日，山东省委政法委副书记兼省综治办主任李娥（左二）到潍坊市调研“矛盾纠纷多元化解工作创新项目” （供图：李铭峰）

国推广。

**【法治潍坊建设】** 开展“七五”普法工作，实施“普法惠民生”“百法进万家”工程，开辟“潍坊法治大讲堂”，推进依法治理和法治创建工作，潍坊市被授予“2011—2015年全国法治宣传教育先进城市”称号。市法学会联合相关部门制定下发《2016年潍坊市“百名法学家百场报告会”法治宣讲活动实施方案》《全市“法治校长”长效机制建设实施方案》《关于深入开展2016年青年普法志愿者法治文化基层行活动的实施意见》，开展“流动励志学校——青少年权益保障大课堂”“走进银行——新春交流会”等活动，全面提升法治宣传活动针对性和实效性。推动成立企业破产法学研究会、金融法学研究会、知识产权法学研究会和未成年人保护法学研究会等4个专业研究会。召开企业破产法律实务研讨会、依法防范和化解金融风险促进经济健康发展专题研讨会、未成年人权益保护研讨会、恶意逃废金融债务行为的界定与防范专题研讨会，与相关部门联合组织开展“法治政府建设”征文活动，推动法治政府建设理论研究及研究成果的转化。制定出台《潍坊市关于领导干部干预司法活动、插手具体案件处理以及司法机关内部人员过问案件的记录通报和责任追究实施办法（试行）》，推动司法机关依法独立办案、公正司法。研究制定《深化司法和社会治理体制改革2016年工作要点》，制定本领域全面深化改革2016年改革任务台账，召开全市全面推开司法责任制改革动员会，推动人民法院、人民检察院系统加快推进司法责任制改革工作。

（侯永军）

## 法治政府建设

**【概况】** 2016年，印发《潍坊市法治政府建设实施纲要（2016—2020年）》，明确法治政府建设的时间表和施工图。全市选树依法行政示范单位56个，遴选推荐临朐县、昌邑市和市国税局为第二批省级依法行政联系点。3月24日至25日，全省依法行政联系点工作会议在潍坊市召开，山东省政府法制办党组书记、主任孟富强出席会议并讲话。制定2016年度科学发展综合考核法治建设指标的考核项目和评分办法，实现市直部门、县市区政府、市属开发区全覆盖。2016年10月，在《中国法治政府评估报告(2016)》中，潍坊市在全国100个不同类型的地方政府中名列第九位。

**【行政决策科学化民主化法治化】** 制

2016年10月17日，第一届市政府法律顾问工作考核会议召开 （供图：程国平）

定《市政府重大行政决策合法性审查办法》，建立重大行政决策合法性审查委员会制度，审查健康街快速路、城海快速公交系统（BRT）规划设计方案、城海快速通道（滨海—寒亭段）规划设计方案、火车站广场地下资产处置方案4个重大行政决策。加强对市政府规范性文件立项、起草工作的指导，收到部门提报的文件100件，审结完成《潍坊市市长质量奖管理办法》等办法类文件21个，《关于深化改革精准施策促进企业转型发展的实施意见》等意见类文件60个。加强文件的清理整顿，对2012年1月1日前制发的规范性文件全部清理完毕，印发《关于公布市政府规范性文件清理结果的决定》，156件文件继续有效，33件文件予以修订，238件文件失效。组织起草《潍坊市政府规章和规范性文件评估办法》《潍坊市民办教育培训机构监督管理暂行办法》。实行政府法律顾问服务质量评价制度、政府法律顾问挂职法务助理制度，对第一届政府法律顾问进行考核评价，研究市政府法律顾问换届工作。2016年，市政府法律顾问共审查政府合同56件，出具审查意见252条，涉及标的额1080多亿元；审查重大决策和规范性文件33件，参加行政复议应诉、行政执法监督、行风在线等23次。

**【重点领域立法工作】** 审查《潍坊市禁用限用剧毒高毒农药条例》《潍坊市电梯安全条例》《潍坊市文物保护条例》并经潍坊市人大常委会通过、山东省人大常委会批准；出台《潍坊市人民政府规章制定程序规定》，《潍坊市节约用水办法》经市政府常务会议研究通过，《潍坊市供热办法》提报市政府常务会研究，《潍坊市大气异味防治办法》《潍坊市消防安全责任制落实办法》起草审查完毕。

**【行政执法监督工作】** 研究制定潍坊市综合行政执法体制改革实施意见及方案，指导高密市开展综合行政执法体制改革工作。印发《关于改进行政执法强化行政执法监督工作的意见》，从改进和加强行政执法、强化执法监督两个方面进行部署安排。组织市县两级开展行政执法主体资格清理和审核公告工作，对67个部门提报材料进行全面审查，公布市级行政执法主体单位80个，其中法定行政机关44个，法律法规授权的组织36个。组织召开第四届行政执法监督员总结表彰，建立15个行政执法监督联系点。严格落实行政执法人员资格管理和持证上岗制度，组织昌乐、寿光、安丘、市直4个片区5000余人参加新办证考试，组织350名执法人员公共法律知识更新培训考试。组织开展全市行政执法人员清理工作，共清理行政执法人员614人，清理行政执法证件数量648个，其中省政府执法证件507个，国务院部委执法证件159个，对全市950余名申领行政执法听证主持人证件人员进行培训和统一考试。受理行政执法监督投诉举报，先后受理投诉案件16起，其中现场调处2起，专门召开座谈会11次。

**【行政复议裁决和应诉能力建设】** 潍坊市本级新收行政复议案件565件，立案审理384件，审结278件（结转33件），比2015年同期增长24%。收到行政应诉案件42件，出庭应诉65次。组织召开全市行政复议应诉案例研讨暨行政复议案卷评查会，规范行政复议行政应诉办案流程、质量。印发《关于严格落实行政机关负责人出庭应诉制度的意见》，建立市直部门应诉案件一案三报和县级政府季报、市法制办到法院核查的应诉案件报备和定期通报制度，部门负责人出庭应诉比例上升到66.7%。与市中级人民法院行政庭定期召开联席会议，互相通报和研讨行政复议和行政诉讼案件情况。

（王思刚）

# 公 安

**【概况】** 2016年，潍坊市公安局围绕深化平安建设主题，坚持求真务实，全面落实打防管控措施，社会大局保持持续稳定。全市公安机关共有49个集体、123名个人受到地厅级以上表彰，潍坊市公安局被山东省厅和潍坊市委、市政府各记集体二等功1次。

**【维稳预警能力全面提升】** 研发建设重点人员一体化管控平台，将全市所有20类涉稳重点人员、24类涉案重点人员全部纳控平台，与公安机关业务数据和社会资源信息整合挂接，动态实时掌控活动轨迹，确保重点人员稳控、可控。研发建设潍坊公安国保云，聚合民政、人社、教育、民宗等社会部门的数据资源，实时访问查询公安内部资源，提升情报研判、重点人管控、案事件处置效能。2016年，全市重大政治事件和特殊群体稳控预警率100%。完善网上网下一体联控机制。潍坊市是全国首批50个网警公开执法试点市，建设公开巡查执法平台，开展网上常态化公开巡查和警示执法。加强反恐处突队伍、装备、训练，以武警、特警为主，组建职业化反恐突击队，加强训练演练，打造应急处突尖刀队伍。加强演练训练，4月8日，组织举行潍坊市反恐怖主义法宣传周暨反恐处突演练活动，各县市区组织开展27次应急处突拉动演练。按照处置集访力量专业化要求，市局新招录70名辅警，集中食宿，系统训练，全年共处置各类到市集访284起，没有发生大的问题。针对敏感舆情多发实际情况，建立敏感案事件应对处置组织领导体系、实体处置体系、舆论引导体系“三个体系”，确保风险隐患发现在小、处置在早、化解在萌芽状态。全年全市公安机关共应对处置涉警敏感警情229起。

【立体防控水平提升】 将全市违法犯罪警情、火灾警情、集访事件等警务数据在电子地图上实时撒点标注，设置测算模型，计算全市任意特定区域的“平安指数”，精确指导打防管控，实现警力跟着警情走。“平安指数”实时向各级综治部门推送，由综治部门协调各方力量落实管控措施。抢劫抢夺等直接影响人民群众安全感的案件明显下降。将反恐处突与合成巡防有机结合，以武警、特警为主，组建210人的职业化反恐突击队，市县两级武警、特警部门组建联合巡控专门队伍，派出所在本辖区背街小巷开展夜间巡防，建立起多层级、社会化大巡防格局。完善微警务打防宣传机制。通过潍坊公安微博矩阵及微信公众平台，开展常态化信息发布，围绕公共安全防范和多发性犯罪打防，发布信息40余万条。“互联网+交管”推出“大数据告诉你”栏目，联合阿里巴巴、支付宝、高德地图发布路况预测和避堵攻略，为市民出行提供权威参考。推广“掌上警务”，由派出所主导建立涵盖乡镇街办、社区村居的警民联系微信群组630个。潍坊公安、潍坊交警、寿光公安被评为“最具影响力山东公安系统十大政务微博”，“潍坊交警”荣获“2015微博之夜年度亲民政务微博”奖项，是全国公安机关唯一获奖的政务微博。在全国首次进行微博视频直播严重交通违法行为集中整治行动，并迅速建立交警执法直播常态化机制，公安部通报表扬，《人民日报》等媒体作集中报道。

【惩治处理效能提升】 适应惩治犯罪工作形势需要，市县两级都成立合成作战队伍，重点突破刑警合成作战平台的研发应用，整合情报、刑侦、技侦、网侦、图侦专业手段，通过对碎片化信息的聚合关联、分析挖掘，形成“从案到人、从人到案、从案到案、人案关联”的多元化侦查模式，成功侦破寒亭“4·16”杀人碎尸案、青州“4·17”杀人抛尸案、昌乐“6·15”爆炸杀人案等重大案件。惩治各类经济犯罪，全市经侦部门共受理各类经济犯罪案件465起、立案453起、破案265起，抓获各类犯罪嫌疑人662人、涉案总金额达14.34亿元。把握全市“三八六”决策部署和“国家级食品安全城市”创建等中心工作，全年共开展专项行动6次，侦办各类案件373起，刑事拘留416人，提请逮捕54人。

【基层基础工作水平提升】 坚持把工作重心向派出所工作和其他一切基础工作倾斜，派出所工作重心放在治安防范、人口管理、信息收集、化解矛盾、服务群众等基础防范管控和维护辖区秩序主业上来，实现辖区“发案少、秩序好、社会稳定、群众满意”的目标。做实权限下放工作。坚持面向基层、服务基层，本着“能下放的管理权限一律下放，能下放的信息资源一律下放”的原则，年初将涉及行政审批、侦查办案、干部管理、信息资源等方面的36项权限下放到县市区局。明晰派出所职能定位，市局考核县市区局项目同比压减41%。全面推进“警民联调”工作，全市184个符合条件的派出所全部设立人民调解工作室，聘任人民调解员1238名，取得矛盾有序分流、警力有效释放、群众认可满意的良好效果。加强基础信息化建设。将公安基础信息化建设纳入“智慧潍坊”建设总体规划，配置安装虚拟机366台，存储总量达到16P，完成主干非涉密业务系统的迁移上云，初步搭建完备的市级云基础生态支撑环境。

【提升服务管理效能提升】 做实服务群众工作。优化为民服务措施，出入境业务进驻市行政审批服务中心，为全省公安机关第一家。在全省率先对小型汽车挂牌选号进行改革，推出异地办理居民身份证、户口网上迁移、出入境“电子护照”和“一表通”等便民新举措。开展道路交通事故社会救助，全年全市共垫付救助基金案件1479起、2820万元，较2015年同期分别增加84%、91%。做实公共安全监管工作。强化道路交通综合治理，实施公路安全生命防护工程，道路交通事故死亡人数连续6年下降。深化火灾隐患排查专项整治，开展危爆物品寄递物流专项清理整顿，推进民爆物品、易制毒化学品管理整治，没有发生造成重大影响的安全事故。深化火灾隐患排查专项整治，全年检查各类单位13万家次，发现整改火灾隐患15万处。

【队伍凝聚力和向心力提升】 抓好爱警暖警工程，主动争取有关政策，为民警办理各类保险9种，建设民警健康管理中心，狠抓健康查体和带薪休假制度落实，分批组织370人参加功模休养。重视民警维权工作，制定出台《切实维护民警正当执法权益十六项措施》，成立维权组织，设立维权专项经费，为民警依法履职撑腰。将执法记录仪应用作为规范执法、科技防腐、自证清白的有力抓手，为全市所有执法执勤和管理服务岗位民警配备执法记录仪，做到“人手一台”，实现执法全程可视、可听、可查、可考。强化民警教育训练。全方位开展“大教育、大培训、大练兵、大比武”活动，联合北京大学、清华大学、浙江大学等高校组织全市公安业务骨干素质能力研修班，联合公安部警务实战训练基地，组织全市警务实战教官培训深造。鼓励民警参加国家司法考试和高级执法资格考试，目前通过民警累计达到454名，占警力比达到5.04%，通过量和通过率连续5年居全省第一。10月29日，举行全市公安机关“大练兵、大比武”总决赛，一大批业精技强、本领过硬的战斗团队脱颖而出。

（赵　敏）

## 检　察

【概况】 2016年，共立查各类职务犯

罪案件238人，其中大案要案230人。批捕各类犯罪嫌疑人2976人，起诉7797人。监督公安机关立、撤案188件，不捕、不诉1840人，追捕、追诉438人，提起刑事抗诉53件。办理民事行政检察监督案件236件，通过诉前程序办理公益诉讼案件43件、提起诉讼3件。对减刑、假释、暂予监外执行罪犯实行同步监督，纠正违法140件。市人民检察院连续四年被市委、市政府表彰为绩效考核先进单位，有45个集体和个人受到省级以上表彰，市检察院连续第四年被省检察院表彰为“全省优秀检察院”。

**【服务发展保障民生】** 开展涉众型经济犯罪和证券期货领域犯罪专项立案监督、破坏环境资源犯罪专项立案监督和环保执法专项检察、惩治侵犯知识产权和制售假冒伪劣商品犯罪、惩治和预防惠农扶贫领域职务犯罪以及危害食品药品安全犯罪专项立案监督等活动。强化生态环境司法保护，依法办理非法倾倒危险废物、偷排漏排、乱采滥挖等破坏资源和生态环境犯罪26件、43人，严肃查办重大环境污染案件和责任事故背后的失职、渎职犯罪8件、8人。服务和保障扶贫开发，集中开展惩治和预防惠农扶贫领域职务犯罪专项工作，立查涉及扶贫资金管理、扶贫项目审批、扶贫工程建设等环节职务犯罪案件38件、54人。加强弱势群体和困难群众的司法救助，对因诉讼陷入困境的当事人及其亲属给予紧急救助，共救助81人，发放救助金93万元。

**【查办和预防职务犯罪】** 查办辽宁省人大常委会原副主任郑某某涉嫌受贿、破坏选举案；立查潍坊职业学院原副院长毕某某（正处级）受贿案、潍坊一中原党委书记杨某某（副处级）受贿案、昌乐县人大常委会原副主任刘某（副处级）贪污受贿案等职务犯罪案件。突出在重点行业领域查办窝案、串案，立查教育系统职务犯罪案件60件、72人，其中要案8人，科级干部25人；立查广电传媒系统贪污受贿、挪用公款等职务犯罪9件、10人。严肃查处发生在基层政权和村民自治组织中贪、占群众利益的职务犯罪46件、78人；在民政系统查办贪污低保金、虚支冒领抚恤款、截留民政救济资金等侵害群众切身利益的职务犯罪18件28人。强化职务犯罪预防。开展预防宣传教育，依托全市建成的56个警示教育基地，组织参观接受教育378场次；组建警示教育宣讲团14个，面向基层乡村、高等院校、企业一线开展宣讲163次，5万余名干部群众受到教育。受理行贿档案查询19000余次，对有行贿犯罪记录的11个单位做出处置。开展检察官联系大项目工作，共有357名检察干警参与联系大项目157个，涉及建设资金362亿元。

**【强化诉讼监督】** 加强刑事立案监督、侦查监督和审判监督。为规范公安机关逮捕强制措施的适用，市人民检察院与公安局会签《关于进一步规范逮捕工作的意见》。严格执行罪刑法定、疑罪从无、人权保障等规定，因事实证据存疑不捕、不诉779人，追捕、追诉漏犯438人，其中15人被判处十年以上有期徒刑；对确有错误的刑事判决裁定，提出刑事抗诉53件，法院改判或发回重审34件。加强民事行政诉讼和行政执法监督。构建多元化民事行政诉讼监督格局，办理民事行政检察监督案件236件；推进检察机关提起公益诉讼试点工作，履行诉前程序向有关部门发出检察建议40件，全部予以采纳。向山东省人民检察院、最高人民检察院报请公益诉讼线索2件。加强刑罚执行和监管活动监督。开展集中清理判处实刑罪犯未交付执行刑罚专项活动，收监收押执行113人；开展财产刑执行专项检察活动，监督执行财产7700余万元；健全完善超期羁押防控长效机制，全市看守所实现连续32年无超期羁押，成为全国检察机关知名品牌。

**【加强队伍建设】** 开展“为官不为”问题专项整治工作。规范应用廉洁事项报告系统，围绕重点岗位和关键节点，建立司法活动可视化管理系统，对侦查、提审、出庭、出警等活动全面记录、全程留痕。加强队伍专业化建设，举办“刑检论坛”14期，建立各类人才库8个，储备人才499名，77人入选省级以上专业人才库；实施青年检察官成长工程，助推青年干警成长成才，有13人在省级以上业务竞赛中获奖；推行年初申报立项、全年过程推动、年终总评的创新工作机制，打造工作亮点24项，评选学习状元、工作标兵、办案能手30名。开展司法责任制改革，组织到深圳市检察机关考察学习，全市两级院检察官员额人选423名。

（赵　萌）

## 法 院

**【概况】** 2016年，全年共受理各类案件11.3万件，同比下降9.1%，办结12.0万件，结案标的额361.4亿元，同比分别上升1.6%和16.9%，案件结收比达106.7%，居全省第一位。其中，中院机关收案13801件，结案13938件，同比分别上升13.0%和15.0%，收结案均创历史新高。最高级人民法院、山东省人民法院、潍坊市委及市政府领导同志，先后16次对潍坊法院工作作出批示肯定。市中级人民法院获评“2016年度省级文明单位”，有17名法官被授予省级、国家级荣誉称号。

**【审判执行工作】** 2016年，共审结各类一审刑事案件5962件，判处罪犯7815人。依法保障民生权益，共审结各类一审民事纠纷案件41143件，同比下降3.1%。共审结一审商事案件26903件，同比上升3.4%。加强知识产权司法保护，共审结各类知识产权纠纷案件660件。认真履行司法审查职责，审结各

7月8日，潍坊市中级人民法院对济宁医学院原党委书记侯端敏受贿案作出一审宣判
（供图：耿倩倩）

类一审行政诉讼案件827件，审查执行非诉行政案件1264件。围绕“基本解决执行难”的目标，全面向执行难宣战，全年共执结各类案件30727件，同比上升3.5%，结案标的额102.9亿元，全市共有6.7万余名“老赖”被依法纳入黑名单，与公安机关、检察机关联手打击拒不执行判决裁定等犯罪行为，以拒不执行判决、裁定罪追究刑事责任19件、19人。

【服务经济社会发展】 出台《关于依法做好“僵尸企业”处置工作的意见》，探索破产案件简易审、执行程序转破产程序等做法，滨海经济技术开发区人民法院正式挂牌运行，为供给侧结构性改革提供司法助力。潍坊中级人民法院审理的山东海龙破产重整案入选全国法院企业破产重整十大典型案例。依法服务保障征迁工作，制定出台为集体土地房屋征迁提供司法服务保障的《意见》和《操作规程》，严格落实“裁执分离”原则，两级法院共审理房屋征收补偿非诉执行案件933件，一批困扰济青高铁、潍日高速等全市重点项目建设的案件得到妥善化解。加强司法研判，先后制作发布金融审判、知识产权审判、行政审判、房屋征迁行政案件白皮书。推动成立市金融消费纠纷调处中心，指导奎文区人民法院成立全省首家金融专业审判庭，专门负责辖区金融纠纷案件的审理、执行。

【司法便民利民工作】 全面提升诉讼服务水平，按照“服务功能系统化、服务方式信息化、服务规范标准化、服务力量社会化”的“四化”标准，提升两级法院诉讼服务中心建设的软硬件水平，打造“一站式”服务平台；把诉前调解、财产保全、材料收转、信访接待等与审判相关的程序性、事务性工作都集中在诉讼服务中心办理，让法官从烦琐的事务性工作中解脱出来，集中精力办案。深化阳光司法机制，完善门户网站、微博、微信、手机短信等多元公开体系，依托信息化手段努力建设透明法庭，司法公开实现再升级。全年共在中国裁判文书网公开裁判文书10.1万份，通过门户网站或官方微博直播庭审案件1054件，向当事人实时发送案件流程节点信息短信30余万条，裁判文书上网和庭审直播数量均位居全省法院前列。

【完善多元化纠纷解决机制】 注重发挥司法在多元化纠纷解决机制建设中的引领、推动和保障作用，持续深化诉调对接工作，初步实现“纠纷有序逐级分流、矛盾分类对症解决、解纷机制有效运行”的良性循环。做实诉前调解工作，在诉调对接中心和人民法庭设立人民调解工作室，全市人民法院65个人民调解工作室、133名常驻

10月30日，潍坊法院系统举行司法责任制改革法官入额考试　（供图：耿倩倩）

人民调解员接受委派（委托）调解纠纷1.2万余件；探索司法鉴定前置的做法，将建筑工程、医疗纠纷、交通事故等案件司法鉴定程序前置到诉前，并及时跟上案情评估和调解工作；加强类案的专业化解，协调住建、金融、保险、交通等领域的行业调解组织，在法院诉调对接中心设立专业化调解工作室，派驻专职调解员就近化解各类专业纠纷。指导潍城人民法院启动全国法院家事审判革试点工作，设立独立建制的家事审判庭，成立家事纠纷调解委员会，促进家事纠纷的妥善化解。最高人民法院院长周强批示——“潍坊中院的做法和经验值得总结和推广”，并派专题调研组到潍坊调研总结“潍坊经验”。

**【司法责任制改革】** 围绕“让审理者裁判，由裁判者负责”的目标，出台《审判权力运行机制暂行规定》，全面下放裁判文书签发权限，让合议庭成为基本办案单元，探索新的审判权运行模式，强化主审法官、合议庭办案责任，提升审判效率；组织开展员额法官选任工作，严格按照遴选程序，圆满完成全市人民法院遴选工作，共有622名法官通过遴选入额，其中中院78名法官遴选入额。推进审判执行团队建设，组建“1名法官+1名法官助理+1名书记员”的审判团队，按照分段集约式执行的模式分别组建执行查控和执行实施团队。共有14个基层法院组建57个审判团队和67个执行团队。

（刘　鹏　毛亚妮）

## 司法行政

**【概况】** 全市7个县（市、区）被评为全国、全省“法治县（市、区）创建活动先进单位”，44个村（社区）被评为全国、全省“民主法治示范村（社区）”。潍坊市被授予“2011—2015年全国法治宣传教育先进城市”称号，是继2011年后再获该殊荣。安丘市、高密市、青州市被授予“2011—2015年全国法治宣传教育先进县（市、区）”称号，是全省获表彰最多的市。11月9日，山东省政府在潍坊市召开全省公共法律服务体系建设推进会议，推广“潍坊经验”；潍坊市在全省司法所建设工作会议等重要会议上作典型发言4次；司法部、山东省厅和潍坊市委市政府领导视察调研16次，山东省内外10个考察团到潍坊交流。

**【法治潍坊建设】** 潍坊市人大常委会审议通过《2016—2020依法治市规划》和“七五”普法规划，市委、市政府转发“七五”普法规划，召开全市普法依法治理工作会议启动“七五”普法。编印党员干部学法用法手册2万余册，启动运行网上学法考法系统，印发“法治校长”长效机制建设意见，多部门联合，增强工作合力；多角度推进，强化社会职能；高标准选拔，规范选聘机制；组织对全市法治校长开展培训，1200余名“法治校长”持证上岗，重点对象学法用法成效明显。实施“普法惠民生”“百法进万家”工程，开辟《潍坊法治大讲堂》和《法律天天播》《法治空间》等栏目，组织律师以案释法。12月4日国家宪法日期间，开展以“万人徒步宪法宣传”为主要形式的国家宪法日纪念活动，共有万余人参加。

**【公共法律服务体系建设实现新突破】** 潍坊市印发《关于加快推进公共法律服务体系建设的实施意见》，是全省最早出台文件的市之一。推进实体、热线、网络“三大平台”建设，对市公共法律服务中心进行全面升级，建成市级网上服务大厅和一体化智能平台，县、镇公共法律服务中心（工作站）和村（社区）司法行政工作室建设取得重要进展。诸城市、昌乐县以党委、人民政府名义出台文件，推进村（社区）法律顾问工作，并建立有效保障机制；高密市争取一千余平方米独立场所建成公共法律服务中心。“12348”热线安排执业三年以上的律师值班，解答法律咨询、提供法律服务，协助处理涉法涉诉信访案件，年均解答咨询近万件。强化“互联网+”思维，推行律师、公证、司法鉴定、法律援助等业务网上办理。加强法律援助案件质量监督，全年办理援助案件6580件，当事人满意率达100%，市法律援助中心被评为“全

“12·4”国家宪法日，潍坊市举行万人徒步宣传活动　　（供图：张立刚）

11月9日，全省公共法律服务体系建设推进会议在潍坊召开　　（供图：张立刚）

国法律援助工作先进集体”。

**【维护社会稳定工作取得新成效】** 全市全年累计调处矛盾纠纷9.1万起，调解成功率达98.3%。出台《律师参与化解和代理涉法涉诉信访案件工作实施办法》，组织律师到政法机关值班、参与接访。推进社区矫正标准化试点工作，开展清理判处实刑罪犯未执行刑罚专项行动及安全隐患排查整治、脱管漏管专项检查活动，推广临朐县、寿光市等地经验。截至2016年12月月底，再犯罪率控制在全省平均水平以下。

**【全省公共法律服务体系建设推进会议】** 11月9日,全省公共法律服务体系建设推进会议在潍坊市召开。会议强调,要以打通服务群众“最后一公里”为最终目标,加快公共法律服务实体、热线、网络“三大平台”建设；以满足群众需求为最优导向,拓展公共法律服务领域；以群众满意为最高标准,提升公共法律服务质量；以提升服务能力水平为最大动力,加强公共法律服务队伍建设。与会人员现场观摩潍坊市公共法律服务中心、昌乐县司法局宝都司法所、昌乐县公共法律服务中心。

（王跟良　秦　伟）

## 仲　裁

**【概况】** 2016年，仲裁案件受理、审理工作稳步发展，全年共处理各类民商事案件1122件，其中进入仲裁程序 357件，标的额5.17亿元；调处案件959件，和解调解率达到80%以上，平均结案天数不超过40日，快速结案率和自动履行率分别达到25%和95%。机构建设方面，重新设立仲裁秘书部、监督联络部、综合信息部，设立滨海分会、阳光仲裁调解中心等下属机构，率先建立全省第一家集庭审管理、排期管理、庭审影音同步录像、数字化档案管理为一体的数字化庭审系统。仲裁员管理方面，划分建筑、经济、法律和保险等专业类别，建立首席仲裁员队伍，6批次派员参加仲裁机构业务骨干研修班。宣传推介方面，通过LED屏流动插播宣传标语语，通过官方网站、微信、微博、短信平台等发布信息3000余条；通过党风政风热线、法治进社区、法制宣传日等各类大型活动10余次，为50余家企业单位送去仲裁法律服务；举办仲裁实务培训研讨会议和保险合同纠纷研讨培训班，提升仲裁的社会认知度。仲裁理论研究方面，先后在《公权与法治》《山东仲裁》《潍坊法治》等杂志刊发文章11篇。王相金申报的《行政纠纷多元化解决机制探析》，作为一等奖课题在潍坊市科技系统软科学项目评审中，通过市专家评审组验收。

（王思刚）

# 经济监督管理

*Jingji jiandu guanli*

## 宏观经济管理

**【概况】** 2016年，市发改委荣获科学发展综合考核"优秀"等次，被市委、市政府表彰为"年度先进单位"，"三个一［1个县（市、区）、市属开发区、10个企业、10个项目］"包靠服务被评为"全市优质服务项目"，机关第一党支部被表彰为"全市先进基层党组织"，"六度（有高度、有广度、有深度、有力度、有热度、有气度）"发改人主题活动荣获"机关党建工作创新奖"，顺利通过"省级文明单位"复审，潍坊市获批"全国社会信用体系建设示范城市""国家首批产城融合示范区"，创建"全国社会信用体系示范城市"成效显著，被省政府表彰为"服务业发展先进市"。

**【宏观调控】** 编制印发"十三五"经济和社会发展、社会信用体系、生产性服务业、能源发展、军民融合发展等规划。牵头制定《关于深入推进供给侧结构性改革的实施意见》《关于建立健全潍坊市"十三五"规划纲要实施机制的意见》等文件。组织实施2016年全市国民经济和社会发展计划，圆满完成各项任务目标。牵头编制2017年经济和社会发展计划草案，提出发展思路、目标任务和工作重点。开展新技术、新产业、新模式发展，潍坊市高端装备制造产业等10个重大课题研究，其中，3篇获市委、市政府主要领导批示，1篇获"省优秀研究成果"三等奖，1篇获"市政府优秀调研报告"一等奖。科学研判宏观经济走势，加强对经济运行中苗头性、倾向性问题的分析研究，及时提出对策建议，每季度形成分析报告，为市委、市政府科学决策提供参考。信息报送和新闻宣传工作实现新突破，市委、市政府信息采用量均居市直部门第一名。

**【固定资产投资】** 固定资产投资增长较快，全市完成固定资产投资5112.5亿元，增长13.2%，投资总量居全省第3位。基础设施、高新技术、现代服务业等领域投资增长较快。民间投资4308.9亿元，增长6.3%，占全市投资的84%。项目建设成效显著，150个重点项目和9个省重点项目，分别完成投资747.4亿元和51.7亿元，均超额完成年度计划任务。构建多元融资机制，发行企业债券7支，募集资金78亿元。资源争取居全省前列，争取中央预算内投资项目63个，资金5亿元；争取国家专项建设基金项目10个，资金6.44亿元，带动社会资本46亿元。

**【重点项目建设】** 全市实施过亿元项目1916个，增长13.2%，完成投资3146.7亿元，占全部投资的61.5%。投资项目管理科学化水平提升显著，项目在线审批监管平台高效运转，全市共审批项目3088个，投资额4364亿元，分别增长18%和17.1%。济青高铁、潍莱高铁、潍日高速、济青高速改扩建、榆横—潍坊和扎鲁特—青州特高压等一批重大基础设施项目加快建设，完成投资652.6亿元，增长18.4%，成功争取京沪高铁二线过境潍坊，潍坊市被确定为全国100个区域性高铁枢纽城市和36个高铁物流枢纽城市之一。鼓励社会资本参与公用事业项目建设，推出8个重点领域的102个项目向社会资本开放；争取74个项目入围全国PPP推介项目。建立全市"十三五"规划项目库、2016年投资过亿元项目库、社会资本参与公用事业建设项目库、向上争取资源项目库和市级重点项目库。重点项目建设推进机制不断完善，建立了领导包靠、协调调度、问题会商、招商引资、宣传推介等工作机制，帮助项目单位解决问题70余个。

**【现代产业体系构建】** 牵头制定全市"1669"（"1"是品牌农业；"6"是电子信息、生物医药、海洋动力装备、节能环保、智能装备、新能源汽车；"6"是造纸包装、石化盐化、机械制造、纺织服装、食品加工、汽车制造；"9"是总部经济、文化创意、现代物流、金融服务、健康养老、旅游、信息消费、服务外包、社区服务）现代产业体系若干行业发展推进方案，促进全市产业转型升级，全市产业结构更趋优化，三次产业比例调整为8.6：46.4：45。现代农业加快发展，完成高密市、昌邑市、安丘市、诸城市2016年度全国新增千亿斤粮食产能规划田间工程建设项目实施方案批复工作，建设高标准农田4066.67公顷，争取中央投资0.732亿元。牵头编制《潍坊市农村一二三产业融合发展实施意见》。5个县、6个镇、60个村列入全国“百县千乡万村”试点。工业加快转型升级，省定钢铁、水泥、炼油、轮胎4个行业产能利用率全部完成省定目标。高新技术产业、战略性新兴产业产值占规模以上工业增加值比重分别达到32.8%、13.2%。服务业规模不断壮大，实现增加值2487.59亿元，同比增长9.2%，增幅居全省第5位，对经济增长的贡献率达到49.55%，拉动经济增长3.96%。服务业增加值占GDP比重达到45%，占比提高2%。印发实施《潍坊市“十三五”服务业发展规划》，完成现代物流、旅游、服务外包等产业实施方案；5人入选“省现代服务业及社会民生产业创新类泰山产业领军人才”，5人入选“服务业领域鸢都产业领军人才”；争取省服务业发展引导资金0.08亿元。9大重点服务业强力推进，软件信息、现代物流、电子商务、健康养老、文化旅游等现代服务业发展迅猛，规模不断壮大。

**【县域经济和区域合作】** 县域经济保持强劲发展势头，2016年，全市县域实现生产总值5340亿元，占全市的比重达到96.7%，增幅7.9%，居全省第5位。其中，寿光市、诸城市、高密市、青州市进入“全国县域经济百强”，寿光市、诸城市县域经济科学发展试点工作加快推进。争取省区域战略推进专项资金1亿元。编制完成《潍坊高端装备制造产业基地发展规划》，争取26个重大事项列入省《环渤海地区合作发展纲要》实施意见，居全省第1位。统筹做好对口支援各项工作，全面完成援疆、援藏任务，编制《山东省潍坊市•重庆市开州区东西扶贫协作专项规划》，落实援疆、援藏、扶贫协作资金1.35亿元，对口支援工作得到省委、省政府的充分肯定。完成“西洽会”“青洽会”等参会工作。

**【改革创新】** 牵头经济体制专项改革，承担的79项改革任务全部列入经济体制改革工作台账，75项改革举措按照时间节点较好地完成年度工作任务。研究制定《关于推进现代农业综合改革试点的实施意见》，以市委、市政府文件印发。中欧城镇化伙伴关系、电子商务示范城市、信息惠民城市等国家级改革试点顺利推进。公车改革工作有序推进，制定印发全市公务用车制度改革总体方案，圆满完成全市党政机关车改工作。社会信用体系建设加快推进，争创为“国家社会信用体系建设示范城市”，建成了“一网三库一平台”（“信用潍坊”网站,企业法人公共信用信息基础数据库、自然人公共信用信息基础数据库、非企业法人公共信用信息基础数据库，潍坊市公共信用信息平台）的市级公共信用信息平台系统，召开全市诚信潍坊建设动员电视会议，出台一系列制度措施，建立失信联合惩戒机制，“双公示”（行政许可和行政处罚等信用信息公示）工作走在全省前列。在2016年全国259个地级市的城市信用监测中潍坊市排名第5位。新争取认定盛瑞传动、潍柴动力、绿特空调、高强紧固件共4家工程实验室，寿光旭锐新材、华盛农业2家工程研究中心。

（张　迎　林玉学）

## 能源保障

**【概况】** 截至2016年年底，全市电力总装机容量858.2万千瓦，其中，煤电装机规模新增202.5万千瓦，新能源装机规模新增63.8万千瓦。拥有500千伏变电站4座、220千伏变电站36座（数量居全省第一），35～110千伏变电站305座，35～500千伏变电容量3844万千伏安、输电线路8687千米，全市10千伏线路2.44万千米、配变2.79万台。共发展管道燃气用户108.5万户，城市管道燃气普及率超过85%。

**【电力】** 全市全社会用电量455亿千瓦时，居全省第3位，同比增长4.72%。电网项目顺利推进，全力推动特高压入潍，榆横—潍坊交流、上海庙—山东直流、锡盟郭勒盟—泰州直流工程民事工作全线贯通。扎鲁特—青州直流工程顺利开工，青州市换流站、潍坊“一站一线”（潍坊1000千伏特高压变电站扩建工程、青州换流站—潍坊特高压站1000千伏线路工程）前期工作扎实开展。市政府与省电力公司举行“十三五”坚强智能电网建设战略会谈并签署协议。全市城乡电网规划顺利通过市规划委员会评审。建成投产110千伏阳光站等26项35千伏及以上输变电工程，投产线路284千米、变电容量116万千伏安。实施新一轮农网改造升级工程，完成1.68万眼机井通电、336个中心村改造，新建改造10千伏线路2252千米、配变5006台，农村户均容量由1.54提高到1.80千伏安。110千伏皇华站等3项工程被评为“国家电网公司优质工程”，9项配网工程入选“省电力公司优质工程”。

**【天然气】** 2016年，全市供应天然气7.5亿立方米，较上年增加0.3亿立方米，同比增长4.2%。其中，管道天然气为5.4亿立方米，增长2%；CNG为1.4亿立方米，无增长；LNG为0.7亿立方米，增长133%。新建中压以上管网328千米，共发展管道燃气用户108.5万户，较上年增加6.5万户，汽车加气站共63个，较上年增加2个。潍坊城区供应天然气2.9亿立方米，较上年增加0.2亿立方米，同比增长7.4%。其中，管道用户消费天然气2.3亿立方米，增长7%；天然气汽车消费0.6亿立方米，增长9%。

**【新能源】** 风力发电建设方面。截至2016年年底，共投产并网风力发电场13座，装机总容量130.68万千瓦，占全省风电装机容量的15.58%，居全省第2

位，其中，2016年新增14.7万千瓦。光伏发电建设方面。并网的集中式光伏电站14座，装机总容量48万千瓦，占全省集中式光伏装机容量的14.4%，居全省第1位，其中，2016年新增36万千瓦；并网分布式光伏装机总容量20.6万千瓦，占全省分布式光伏装机容量的20.04%，居全省第1位，其中，2016年新增13.1万千瓦。实施光伏扶贫工程，争取14万千瓦光伏扶贫指标，占全省1/8，项目建成投产后，将惠及全市5150个贫困户，20年扶贫期共支持扶贫资金3亿余元。神华新能源诸城荆山风电项目、恒泰新能源安丘石埠子风电场工程等6个项目25.1万千瓦列入国家下达的2016年度风电开发建设方案。

**【电源建设】** 山东国华寿光电厂200万千瓦项目竣工投产，项目采用现代化超超临界清洁高效燃煤发电机组，具有高参数、高效率、低煤耗的特点，具有极大的节能优势及环保优势。国华寿光电厂是国华电力在山东省建设的首座“近零排放”电厂，也是2013年第一个通过国家环保部和国家节能中心审查的“近零排放”技术路线的火电项目。2016年，2×100万千瓦两台机组分别于7月31日、11月28日建成投产，项目年发电量将达到100亿千瓦时，全市的电力供应保障水平将提高12%，年主营业务收入约40亿元，利税合计约13亿元。

（张　迎　林玉学）

## 国有资产管理

**【概况】** 截至2016年12月，全市68户国有企业资产总额1905.02亿元，国有资产912.93亿元，营业收入85.59亿元，实现利润8.85亿元。其中，市级监管企业17户，资产总额996.07亿元，国有资产461.91亿元，营业收入26.72亿元，实现利润5.33亿元。

**【完善现代企业制度】** 积极推进市级投资集团股权多元化改革，通过资产重组、无偿化转、交叉持股、债转股等形式，实现各集团投资主体多元化，经营机制市场化，为建立健全法人治理结构打下基础。建立健全法人治理结构，提高企业决策质量、监督水平和运行效率。积极抓好董事会建设，出台外部董事管理办法、董事会和董事考评办法，建立外部董事人才库，先后向14家企业派出39人次外部董事。完善董事会议事规则，规范董事会决策程序，形成科学有效的董事会运作机制。积极发挥监事会作用，修订完善监事会管理暂行办法，制定工作规则、监督重点和工作报告制度。申请配备4名监事会主席、5名专职监事，分组到各企业办公，建立相应的工作制度，落实监管职能。

**【推进国有资本优化重组】** 推动4大市级投资集团改革重组。完成城投集团事改企工作，总产总额609亿元，净资产244亿元，增强开发建设和融资实力。完成市投资公司集团化改革，资产总额153亿元，净资产104亿元，支持公司运用全国首创“PPP+资产证券化”模式，收回建设阳光大厦项目资金12.34亿元，开创融资新模式。完成了潍坊港集团优化重组，资产总额11亿元，净资产4亿元，把集团打造成由市国资委相对控股，滨海开发区、昌邑市、寿光市政府等股东参股的企业集团，建立起了多方建港的格局。完成食品谷集团组建，通过市政府增加投入，壮大资本规模，资产总额4亿元，初步搭建涵盖食品产业链条的现代产业集团架构，打造电商产业链一体化的食品生产流通产业基地。坚持国有资本有退有进。通过创新发展一批、重组整合一批、清理退出一批，提升国有资本的使用效率。积极推动潍坊恒宇交通开发有限责任公司、潍坊纪检干部培训基地国有股权退出工作。积极引进战略投资者，推进新华印刷厂潍坊厂的改制。由市城投集团出资1.3亿元组建潍坊市机场建设管理有限公司，加快推进潍坊机场迁建工作。积极推进混合所有制改革。支持市文化旅游建设投资有限公司投资地方文化龙头企业——京广传媒，推动其在“新三板”挂牌。亚星集团通过和深圳长城汇理实现重组，通过资本市场引进资金进行混改，助

2016年8月25日，潍坊市投资集团有限公司成立大会暨揭牌仪式在投资大厦举行

（供图：刘永）

推企业发展。

**【做好重点项目建设服务保障】** 按照市委、市政府战略部署，围绕服务区域发展，将国有资本向城市基础设施、新型战略产业和现代产业体系聚集，做好多渠道、多方式融资，协调服务企业做好重点工程建设。其中，总投资15亿元的“十笏园文化街区”项目成功开园运营；总投资8.3亿元两岸交流中心项目，如期建成使用；潍坊港航运服务中心一期工程、健康养老中心、部分城市道路、潍坊港疏港铁路、东亚畜牧产品交易平台、国际食品展示交易中心等重点工程稳步推进；城投集团、热力公司参与投资3.5亿元的供热管网“汽改水”改造工程已投入使用；港华燃气危旧工程改造任务顺利完成，确保燃气主管道安全；顺利完成潍安路收费站提前关停工作。

**【出台改革实施方案】** 出台《潍坊市市管企业负责人薪酬制度改革实施方案》，修订完善市管企业负责人经营业绩考核办法和薪酬管理办法。根据考核结果，兑现企业领导人薪酬。各企业依据考核结果和确定的年度经营指标，在内部实施层层考核任务分配，真正发挥激励约束的传导作用。

**【推进风险防控措施落实】** 全面推行市管企业领导人员任职回避、公务回避和报告说明制度，推动市管企业全面实施公开招投标制度，增强招投标透明度。落实重大事项报告制度，促进市管企业提高投资管理水平。完善国有资本经营预算管理，2016年，市管企业共上交国有资本收益0.1955亿元。

（孙伟康）

9月28日，人力资源和社会保障部、国家测绘地理信息局联合召开表彰大会，潍坊市国土资源局荣获“先进集体”称号（供图：刘乾忠）

4月26日，潍坊市国土资源局驻市公共行政服务中心窗口被授予“全国工人先锋号”称号（供图：于志龙）

## 国土资源管理

**【概况】** 2016年，潍坊市国土资源局继续保持“全国文明单位”称号，被人社部和国家测绘局联合表彰为“全国测绘地理信息系统先进集体”，是33个获奖单位中仅有的2家国土资源局之一；市公共行政服务中心窗口被授予“全国工人先锋号”称号，属于全国国土资源管理机关和全省系统、全市市直机关唯一。荣获“中国地理信息科技进步奖”4项，“中国地理信息产业优秀工程奖”12项，“省国土资源科技奖”24项，获奖总数和层级保持全省国土资源系统第一。

**【供给侧结构性改革】** 制定印发《推进国土资源供给侧结构性改革的指导意见》，全力搞好24条改革措施的推广落实。建立年度用地计划预支制度，扩大低丘缓坡试点规模，推行工业用地供地新政，市政府修订发布《地下空间使用权管理暂行办法》大力推进闲置低效用地处置利用，打通中小企业标准厂房分割转让政策通道，建立海域使用权证书换发土地使用权证书新机制，建立完善基本盐田保护区制度，降成本助力企业转型发展。

**【耕地保护与土地利用】** 完成全年耕地及基本农田保护任务目标。城市周边永久基本农田划定方案获部、省批准，全域永久基本农田划定方案通过专家论证。完成6个土地综合整治项目验收入库，项目进度全省第一。出台《关于进一步规范建设用地审查报批管理工作的意见》，全市建设用地报件的上报审查、反馈、修改全部通过网上报批系统。制定出台《关于集体土地上房屋征收工作的意见》。及时申报2016年度报国务院审批建设用地方案，公布实施年度供地计划。全面完成年度新增用地计划的上报。对市重点项目全部保障。全年批复35处学校、67.4公顷改薄用地。统筹168公顷计划投入竞争性产业用地，保障了14个县（市、区）、40个重点项目用地。供应各类建设用地1154宗，面积4446.67公顷，出让总价款283.74亿元。青州市、诸城市同获“全国国土资源节约集约模范市”称号。

**【地籍与不动产登记管理】** 高质量完成2015年度变更调查工作，寿光市国土局代表全省接受国土部内外业核查顺利通过。地籍“城乡一体化”信息数据整合及管理平台建设省级试点工作通过验收。在全省率先完成不动产机构职责和人员整合、档案资料移交等工作，建成市本级登记信息管理平台。9月9日，市政府举行“市不动产登记中心揭牌暨市区不动产权证书首发仪式”。市政府常务会议研究通过《关于妥善处理市区不动产登记有关问题的意见》。截至2016年年底，全市发放不动产登记证书和证明分别为64541本、100234份，其中，市本级15770本、20253份。

6月7—8日，局长刘树亮(前排右二)陪同厅长李琥（前排右三）一行在青州不动产登记中心调研 （供图：于志龙）

**【地质环境与矿产资源】** 截至2016年年底，全市辖区内有效探矿权项目共计33个，登记面积为180.44平方千米。市政府印发《地质灾害防治方案》。高密市、昌邑市、峡山区创建为国家地质灾害防治高标准“十有县”（有制度、有机构、有经费、有监测、有预警、有评估、有避让、有宣传、有演练、有效果）。潍坊市实物地质资料库基本建成，潍坊市地质博物馆正式设立并开始场馆建设，市区首座地热井在经济区开钻。青州市国家地质公园被国土资源部命名为“国土资源科普基地”。完成2宗采矿权网上出让，成交价款0.205亿元。全年审批、审查采矿登记报件64宗，征收采矿权价款使用费0.45亿元。征收入库矿产资源补偿费0.245亿元、采矿权价款及使用费0.2033亿元。露天矿山专项整治和矿山压减任务圆满完成。截至2016年年底，全市矿山由上年年末的147家压减整合为127家。

**【测绘管理】** “十三五”基础测绘规划在全省率先通过评审，市政府发布施行。有序开展智慧潍坊时空信息云平台试点建设。市级地理信息公共服务平台推广到53个部门单位的100余个应用系统。高新区、坊子区积极加快山东测绘地理信息产业基地招商建设，共有101家企业落户基地，累计完成投资52.25亿元，建筑面积78.4万平方米，实现产值52.8亿元。连续7年在全省测绘地理信息工作绩效评估中位列第一。

**【执法监察】** 制定全市《国土资源执法监察模范乡镇评选办法》。认真开展部级和督察卫片检查，探索开展市级卫片检查，挂牌督办重点案件36起，顺利通过上级检查验收。出台《耕地和矿产资源破坏鉴定暂行办法》，保持日常执法监管高压态势，全市违法用地比例降至2.05%，继续保持“零通报、零约谈、零问责”目标。市国土资源执法监察支队荣获“全国国土资源执法监察工作先进集体”称号。

（于　倩　魏一菡）

# 安全生产监督管理

**【概况】** 全市共发生各类生产安全事故162起，死亡 87人，同比事故起数和死亡人数分别下降19.8%、6.5%。其中，工矿商贸领域生产安全事故9起，死亡15人；生产经营性道路交通事故152起，死亡70人；水上交通领域生产安全事故1起，死亡2人。

**【隐患排查治理】** 全市共组织检查组18913个次，排查生产经营单位126278家次，发现安全隐患309804处，整改305422处，整改率98.59%，挂牌督办162处;停业整顿、停止建设、停止施工2606家次，没收违法所得35次，暂扣、吊销证照或资格证书2928个，关闭249家，拘留26人。同时，扎实推进风险分级管控体系建设，对城乡公共领域安全生产风险源进行排查摸底，将一级、二级风险点作为重大风险点进行重点管控，编制形成重大安全风险“一县一册”“一域一册”，有效管控安全风险。共排查生产经营单位4395家，风险点12282个，其中,一级风险点128个，二级风险点324个，三级风险点2517个，四级风险点9313个。

**【重点领域监管】** 危险化学品领域，出台《关于进一步提升安全水平推进化工产业转型升级的意见》《潍坊市化工企业评级评价工作规范》，积极推进化工企业安全评级工作，提升化工企业安全生产水平。先后开展危险化学品储存场所、打非治违等专项整治，督促企业落实主体责任。共组织检查组1856个次、执法人员9243人次，检查企业7056家次，排查整改隐患21925处；立案148起，责令停产停业整顿21家，罚款497.49万元。非煤矿山领域，加快推进非煤矿山转型升级，对2家尾矿库进行闭库处理，坚决淘汰国家明令禁止的落后设备和工艺，努力打造本质安全型矿山。共淘汰非矿用局部通风机15台、提升绞车9台、非定型竖井罐笼6个、电机车6辆、自救器100台，更换木支护280米、更换非阻燃电缆43510米、非阻燃风筒5500米，投入资金1420.95万元。烟花爆竹领域，加强烟花爆竹经营单位的安全监管，深入开展烟花爆竹百日专项整治和“打非”行动，共查处非法生产经营烟花爆竹行为75起，治安拘留8人，刑事拘留7人，收缴成品鞭炮5531万余头、烟花480箱、礼花弹854枚。工贸领域，深化冶金等工贸行业粉尘防爆专项整治工作，深入排查治理粉尘爆炸事故隐患，取缔关闭12家粉尘作业场所，停产整改16家粉尘作业场所。出台工贸企业较大危险因素辨识管控提升防范事故能力行动的五年计划，力争到2020年建立起“以危险因素辨识管控为重点，以企业安全生产标准化和隐患排查治理体系建设为基础，以差异化监管和精准化执法为抓手，以层层落实企业岗位责任为核心”的工贸行业企业安全生产长效机制，提高防范事故能力。职业卫生领域，出台《潍坊市人民政府办公室关于加强职业病防治工作的通知》，按照“管行业必须管职业病防治、管业务必须管职业病防治、管生产经营必须管职业病防治”和“谁主管、谁负责”的原则，落实职业病防治责任，推动工作落实。深化职业病危害治理，重点对陶瓷生产、耐火材料制造、皮革、木制家具、医药、建材等职业病危害严重和较重的行业领域实施监督检查，共检查企业7567家次，发现问题14720项，整改13318项，实施行政处罚134.5万元。

**【行政审批】** 根据法律法规和上级有关审批政策调整，承接烟花爆竹批发企业安全许可和采矿许可证由县（市、区）国土部门颁发的露天采石场的安全生产许可两项审批事项，取消安监部门实施的新建、扩建、改建建设项目和技术改造、技术引进项目（不含医疗机构可能产生放射性职业病危害的建设项目）职业病危害预评价报告审核、职业病危害严重的建设项目的防护设施设计审查、建设项目职业病防护设施竣工验收等7项行政审批事项，取消45家企业的地热、温泉、矿泉水、卤水、建筑用砂、砖瓦用黏土开采企业安全生产许可，并将其安全生产许可证收回上交省安监局。根据行政审批事项调整，及时修订编制业务手册和服务指南，健全完善审批事项公示制度、首问责任制度、一次性告知制度、廉政监督制度等制度，细化完善行政审批事项审查标准，审批事项从受理到办结，全过程公开化、透明化，行政审批服务水平不断提高。共受理审批事项10842件，办结10722件，未出现办件超期及投诉事项。共注销安全生产、经营许可证48家，其中，注销危险化学品安全生产许可证17家，危险化学品经营许可证28家，非煤矿山安全生产许可证3家。市安监局驻政务服务中心窗口11个月被评为“月度红旗窗口”，12人次被评为“月度优秀服务标兵”，6人次被评为“共产党员优秀示范岗位”。

**【执法监察】** 全面实行“四不两直”（不发通知、不打招呼、不听汇报、不用陪同和接待,直插基层、直奔现场）的检查方式，以执法监察队伍为主体，执法、监管、专家“三位一体”、配套联动，加大执法检查密度和力度，对非法生产、存在重大隐患又拒不整改或整改不到位的企业，坚决依法严肃处理。全市对安全生产违法行为立案处罚839起，罚款1937.1万元。严肃事故查处，严肃追究相关责任人的责任,以事故教训推动工作。对承担主体责任的6家责任单位和8名责任人依法进行了行政处罚，移送司法机关责任人12人，给予45个监管责任人党纪政纪处理。出台潍坊市安全生产举报奖励办法，积极稳妥做好群众举报和信访工作，安全生产举报电话“12350”并入市长公开电话

"12345"，健全完善投诉举报事项督办、回访和考核等制度，确保安全生产举报事项办理及时、高效。共受理举报和信访案件107件，全部办结，其中，国务院巡查组交办10件。

**【基层基础】** 全面推行安全生产网格实名制管理，按照属地管理和分级管理的原则，逐一明确66118家生产经营单位的属地政府、行业部门和监管部门安全监管责任，做到责任清晰、监管到位、管理规范。加强安全生产教育培训，累计培训生产经营单位主要负责人、安全管理人员、特种作业人员共计2.3万余人次，培训生产经营单位安全内训师8000余名；组织考试30701人次，颁发"安全生产知识考核能力合格证"和"特种作业人员操作证"20938个。深化安全生产标准化建设，危险化学品、矿山、烟花爆竹、冶金、工商贸行业共有3195家企业达标安全生产标准化。加强安全生产应急管理，进一步规范企业预案编制、评审、发布、报备、演练、评估和修订等方面的工作，加大应急演练力度，强化事故预防和初发期的妥善处置。加强安全监管信息化建设，共有3268家企业纳入安全生产综合监管系统，其中，化工企业1412家、非煤矿山企业62家、烟花爆竹企业22家、其他规模以上企业1772家，有效提高监管效能。加强安全生产宣传教育，广泛宣传法律法规、安全常识、应急逃生技能等安全知识，基本实现安全生产新闻宣传工作的常态化。坚持问责关口前移，对安全生产工作开展不力、督促隐患排查治理不到位的39个责任单位55名责任人进行党纪政纪处理，以严格的问责倒逼责任落实。

**【较大以上事故】** 1月9日20时左右，寿光市潍坊长兴化工有限公司四氟对苯二甲醇车间发生氟化氢泄漏中毒事故，造成3人死亡、1人受伤。6月5日13时52分左右，潍城区潍坊华浩农化有限公司水溶肥生产车间发生一起淹溺窒息事故，造成3人死亡。10月12日12时20分左右，寿光市金惠热力有限公司分支管网敷设及改造工程科技学院幼儿园管道工程段在顶管施工过程中发生一起淹溺事故，造成3人死亡。12月20日15时许，峡山生态经济发展区境内下小路段发生一起道路交通事故，造成7人死亡。

（孙垂涛）

## 工商行政管理

**【深化商事制度改革】** 2016年，持续推进注册登记便利化改革。在高新区试点推进企业名称网上自主申报、全流程网上登记及电子营业执照、企业简易注销登记3项改革。全面推开营业执照、组织机构代码证、税务登记证、社会保险登记证、统计登记证"五证合一、一照一码"，个体工商户营业执照、税务登记证"两证整合"登记制度改革，累计发放"一照一码"营业执照14.7万份，"五证合一"改革被评为全市推进政府职能转变年度"十大亮点工作"。市工商局大幅下放登记权限，授予高新区、滨海区市级登记权，高新区获得"国家工商总局外资登记授权"。全市市场主体总量达到72.7万户，继续保持全省第2位，其中，各类企业16.9万户，分别增长12.2%和23%。8月8日，"全省深化商事制度改革加强事中事后监管工作座谈会"在潍坊市召开，潍坊市作了经验介绍。11月16日，国家工商总局党组副书记、副局长刘玉亭到潍坊市就商事制度改革工作进行专题调研，肯定潍坊开展商事制度改革取得的成效。

**【推进监管执法创新】** 8月31日，市政府出台《关于加强"先照后证"改革后事中事后监管工作的通知》，建立加强"先照后证"改革后事中事后监管工作联席会议制度。通过市电子政务外网与省"双告知"信息化支撑平台联网，实现市场主体登记注册信息的共享、查询、认领。做好市场主体年报公示工作，企业、个体工商户、农民专业合作社年报公示率分别达到92.73%、96%和98.48%，均高于全国、全省平均水平。通过"双随机、一公开"方式，抽查市场主体1.8万户。全市查处各类经济违法案件3275件，罚没款0.1179亿元。与公安部门联合开展集中整治传销2次，取缔传销窝点26个，遣返传销人员668人次，成功创建为"无传销城市"。抽检在营加油站907家、样品1851个，合格率97.1%，实现全市加油站(点)检测全覆盖。加大"红盾护农"力度，检查农资经营户8800家、市场200余次，抽检农资样品1785个，合格率87.84 %。研判、筛查各类网络市场主体数据3.2万条，推进网络市场交易"线上线下一体化监管"。

**【强化综合服务职能】** 市工商局继续组织开展"千百企业商标规范提升行动"，全市新增注册商标突破万件，达到10063件，驰名商标总量达到92件，著名商标达到356件。市工商局与市商务局联合制定《以培育本土国际知名品牌为重点的品牌国际化工作方案（2017年—2020年）》，与国家广告研究院联合编制完成《潍坊市广告产业"十三五"发展规划》。全市省级以上"守合同重信用"企业达到467家，公示市级文明诚信市场33处。

**【提升消费维权效能】** 市工商局与市中级人民法院联合成立消费者权益纠纷调解中心。召开经营者指导约谈会80次，约谈经营者265户，受理、处置消费者咨询、投诉、举报3.9万件。加强流通领域商品质量监管，抽检家用电子电器、儿童用品、装饰装修材料、汽车配件、消防产品等商品14类、668组，立案查处50件。组织"3•15"国际消费者权益日系列活动，通过新闻发布会、纪念大会、议事厅专题节目、专题晚会、维权成果展、公益书画展等多种形式，大力宣传“新消费我做主”年主题和消费维权知识。建设“消费者投诉和解联络单位”142家，壮大消费维权志愿者队伍。

（王　可）

## 价格管理

【概况】 全年CPI累计上涨2.4%。全市共完成各类价格鉴证案件2850件，总标的额115800万元。全市共建立价格监测点300个，承担国家监测任务11项、省任务52项、市任务94项，共46类、276种，完成定期价格监测任务。

【价格改革】 水价：2015年12月1日起,全面实施居民生活用水阶梯价格制度；2017年1月1日起,全面实施非居民用水超计划（定额）累进水价政策。医疗服务：2016年6月30日起,全面取消了城市公立医院药品加成；调整2115项医疗服务价格；医疗服务价格由市级定价改为市、县两级定价，管理形式由上限管理改为浮动管理；在全国首次放开845项医疗服务项目定价权，由政府指导价管理改为市场调节价管理。民生价格：进一步完善社会救助和保障标准与物价上涨挂钩联动机制，9月、10月、12月对全市保障对象发放临时价格补贴373.6万元。蔬菜目标价格保险：2016年，安丘试点开展了大葱目标价格保险工作，春、夏两季共计4933.33公顷，政府补贴保费1657.6万元，农民获赔1162.3万元。

【放管服　降成本】 价格简政放权：制定《潍坊市政府定价政府指导价经营服务性收费目录》(2016版)、《潍坊市涉企收费目录》；对行政审批前置经营服务性收费进行清理，全市已无政府定价、政府指导价行政审批前置经营服务性收费项目。电价管理：落实了差别电价、惩罚性电价、阶梯式电价政策和销售电价降价政策，一般工商业电价每千瓦时平均降低0.0349元；为全市争取省级新能源电价补贴约10000万元。收费管理：清理规范物流收费，印发《潍坊市进出口交通运输环节政府定价和政府指导价收费目录清单》；规范港口船舶使费收费项目标准，实行政府指导价管理；调整外贸进（出）口港口设施保安费标准，20英寸、40英寸重箱分别降低为10元、15元，其他货物降低为每吨0.25元；降低专用机动车定期检验和计量校定收费标准30%。房价管理：会同市住建局完成奎文区、潍城区102套经济适用房和200余套公共租赁住房定价备案。

【价格监督检查】 加强明码标价、新放开价格领域、商品零售、电子商务价格监管，开展药品价格、涉企收费、中介服务收费等专项检查。“‘12358’价格举报系统”共受理各类投诉咨询1.38万件，全部按规定办理。

【成本工作】 完成供热、供水、公交、旅游、医疗服务等成本监审（调查）项目19个，核减企业上报成本75500万元。开展烤烟、小麦、玉米、棉花、生猪等主要农产品成本收益调查和农户种植意向、农户存售粮情况等专题调查。

（代　娟）

## 质量技术监督

【制定出台政策法规】 出台潍坊市首批实体地方性法规、也是全省首部电梯安全法规——《潍坊市电梯安全条例》，于2017年1月1日起正式施行；市政府印发《关于全面推进质量强市建设的意见》《关于加快实施标准化战略的意见》《关于深入落实〈计量发展规划（2013年—2020年）〉的实施意见》“三个意见”，配套出台《潍坊市市长质量奖管理办法》《潍坊市标准创新应用奖励暂行办法》“两个办法”，为做好“十三五”期间全市质监工作提供政策保障。

【质量品牌建设成效突出】 认真落实全省品牌大会精神和市委、市政府建设“品牌潍坊”的要求，制定2016

9月1日，市委组织部、市质监局联合举办潍坊市“开放发展 标准先行”培训班

（刘成文　提供）

6月20日，市委副书记、市长刘曙光（右二），市委常委、副市长孙起生（右一），市委常委、宣传部长、高新区党工委书记初宝杰（左四）到天瑞重工有限公司调研国际标准化工 （刘成文 提供）

年度品牌培育计划，择优筛选确定一批品牌重点培育对象，建立健全品牌培育企业数据库，组织有关企业单位开展质量品牌有关奖项的申报工作。2016年，昌邑市康洁环卫工程有限公司荣获“第六届山东省省长质量奖”提名奖，寿光市台头镇政府获批“全国新型防水材料产业知名品牌创建示范区”，新增“山东名牌产品”34个，总数达255个；新增“山东省服务名牌”13个，总数达33个，全市的质量品牌队伍进一步扩充。

**【标准化战略深入实施】** 开展全市标准化工作专项督查，市质量技术监督局联合市委组织部举办全市“开放发展•标准先行”专题培训班，制定《潍坊市标准化专家库管理办法》，建立全市标准化专家库。加强标准精品项目建设，昌邑市城乡环卫一体化和青州市公共自行车两个服务标准化项目获批为“2016年—2017年度国家级服务标准化示范项目”；2项标准入围全省企业标准“领跑者”试点项目公示名单；3个国家级项目和4个省级项目通过验收，总数均居全省首位。同时获批国家级标准化试点项目2项，省级标准化项目6项，13家企业取得标准化良好行为确认证书,培育发展团体标准17项，潍柴动力获得“中国标准创新贡献奖”三等奖。启动“标准化+”行动，率先开展社区矫正标准化试点工作。

**【加大产品质量监督力度】** 制定重点产品质量监督目录，实施3批市级产品质量监督抽查，共抽查1046家企业生产的40类产品、1504批次，产品质量合格率94%。创新产品质量监督检查方式，聘请专家对质量安全风险较大的6家电线电缆企业和20家食品包装企业进行现场检查。实施消费品质量提升行动，突出16种产品和临朐县食品用瓶盖产品生产区域试点，着力提升产品质量和区域质量水平。组织全市日用消费品和食品相关产品质量安全专项整治，开展塑胶跑道原料产品生产企业摸底调查和专项监督检查，强化危化品专项整治，对生产领域车用油品进行集中整顿，规范生产经营秩序，促进产品质量稳定合格。

**【特种设备安全有力保障】** 开展涉氨制冷压力容器、压力管道、电梯、大型游乐设施等专项整治和锅炉安全与节能减排攻坚战等活动，全市发现并消除隐患5147个，立案查处102起。建立重大隐患挂牌督办制度，16项特种设备重大安全隐患全部整治完毕。保障了春节、国庆节等重要节假日期间的特种设备安全和鲁台经贸洽谈会、中日韩产业博览会、全国农商互联启动会及农产品流通现场会等重大活动场所的电梯安全。2016年，全市特种设备安全形势持续稳定。

**【检验检测能力不断提升】** 围绕全市优势骨干产业，加强检验检测能力建设。山东省蔬菜大棚用品质量检验中心获批成立，山东省蔬菜果品质量检验中心更名扩项，全市共建成国家级产品质量监督检验中心1家、省级产品质量检验中心10家。山东省能源效能计量评估中心筹建顺利，山东省测绘产业计量测试中心获批筹建，全市省级计量测试中心达3家。全市共建立社会公用计量标准481项，其中，市级最高社会公用计量标准220项、县级社会公用计量标准261项，较好地满足全市经济社会发展对计量能力建设的需求。还批准2家社会机构开展非强检类计量检定和校准服务，引进4家省外特种设备安全检验机构，启动山东省特种设备检验研究院潍坊分院转企改制工作，促进全市检验检测高端服务业发展。

（刘成文）

# 食品药品监督管理

**【概况】** 2016年，潍坊市食品药品监督管理局以创建“国家食品安全示范城市”为抓手，坚持“发挥市场机制、推动社会共治”“让市场管市场”的食药安全治理方向，实施“党政综治、部门合治、行业自治、业态整治、社会共治”五治并举，全市食药安全水平不断提升。先后获得“山东省食品安全示范城市”“省级文明单位”等称号，在“全市科学发展综合考核”中获评“优秀”等次，在全省2016年食品药品安全工作考核中评价等次为A。

**【国家食品安全城市创建】** 牵头成立了部门联合考评组，对各县（市、区）、市属各开发区创建国家食品安全城市工作开展36轮考评、排名和通报。组织各相关部门成立2个督导团队，通过样板站点打造、现场培训指导、样板复制推广等方式，逐一进行指导培训，全力推进基层工作落实。创建工作在国家和省组织的历次评估检查中均名列前茅，以全省“第一名”的成绩通过省级考核验收，被推荐为“国家食品安全示范城市”。在国务院食品安全委员会办公室召开的“三次创建工作会议”上均作典型发言。

**【食品药品业态整治】** 持续实施“双随机”（随机抽取检查人员、随机抽取检查对象）抽查、飞行检查、质量约谈、GMP和GSP认证等措施，推进各项监管规范落实。加强食品小作坊、小食品店、小饭店、小摊贩、小饭桌、鲜奶吧“六小”业态监管，落实备案登记、统一标牌公示、限时定点经营，将“六小”业态纳入监管范围。强力开展专项整治，重点组织开展食用油、肉、大桶水、蔬菜、中药饮片、高风险医疗器械和打击非法添加、黑工厂、黑窝点、黑作坊、黑交易等整治行动，共查处食药案件2387起。加大监督检测力度，全市共抽检食品食用农产品5.28万批次，达到千人5.69批次，食品药品评价性抽检合格率名列全省前茅。及时公开所有行政许可、稽查案件信息，并在全国首家公开全部检测结果信息，曝光企业不法行为和不合格食品，激发市场优胜劣汰功能。

**【推动企业落实主体责任】** 在全国首家创新实施了“快检托管”全覆盖工程，在全市所有大型食品批发市场、农贸市场和大型超市全部建设“快检室”，快检结果向社会公示，引导消费，倒逼生产经营者自律。为解决市场自检主动性不强、人员不专业、公信度不高等问题，探索实施“政府主导并购买部分服务，市场开办者委托第三方检测机构进驻”的快检潍坊模式，并在市场快检室开设免费检测窗口，让每一位消费者成为监督者，实现“小窗口”撬动“大监管”的倍增效应。利用信息化监管平台，对学校食堂、重点餐饮单位后厨和市场快检室，实施远程视频监控和电视直播，让餐饮单位后厨和快检室的操作运行情况置于公众监督之下。创新推行“赋码追溯”，督促企业将链接产品质量信息的二维码印制在食品包装上，发挥倒逼源头自律作用。深入推进“阳光开放”行动，2016年，全市共有319家食品生产加工企业、32276家食品流通单位和1913家餐饮单位实现了阳光“亮化”。

**【食药安全宣传教育】** 充分发挥网络、电视、咨询电话、广播喇叭为载体的“空中四条线”和以每个村居一条宣传街、一个文化大院、一个公示栏和一张服务卡为阵地的“地上四个一”基层食药安全“双四”宣教作用，实现“空中地上”立体发声。在市内媒体开辟《打开舌尖上的问号》《诚信企业家访谈》等专栏。通过微信公众号、微博及时发布监管动态、宣传食安常识。创新社会化宣传模式，委托社会机构通过文艺会演、有奖问答等百姓喜闻乐见的方式，免费组织开展食药安全常识“八进”（进学校、进机关、进企业、进农村、进社区、进工地、进市场、进景点）现场宣教活动。继续采取制作宣传展板、张贴宣传画等方式，将宣传阵地延伸到城区街道、广场、公园、银行、商店等人员密集场所和公交车、出租车、校车等移动载体，覆盖到所有生产经营业户。广泛印发、张贴《致广大市民的一封信》《致广大生产经营者的一封信》，实现家喻户晓、人人皆知。在所有门店张贴“食安消费告知书”，广泛宣传有奖举报政策，让公众的每一次消费都成为对食药质量的把关和对生产经营者诚信的监督。全年共收到群众咨询和投诉举报7766件，办结率、回复率、满意率均达到100%。

（王燕燕）

## 审计监督

**【概况】** 全市审计机关共完成审计项目1062个，查处主要问题金额662亿元，促进增收节支21亿元，向有关部门移送处理事项141件，处分210人。市审计局机关党总支部被省委授予“全省先进基层党组织”荣誉称号。

**【政策落实跟踪审计】** 组织实施全市稳增长、促改革、调结构、惠民生、防风险政策措施落实情况跟踪审计，对简政放权放管结合、财政支持大众创业万众创新、营改增等10余个方面的政策措施落实情况进行全面审计，促进重大建设项目加快推进、资金统筹使用和制度机制健全完善。

**【财政审计】** 组织开展2015年度市、县两级预算执行审计和税收征管审计，2016年财政收入状况审计调查，对全市188户重点税源企业税款缴纳情况进行检查，促进上缴税款0.1007亿元。

**【民生审计】** 组织对全市保障性安居工程进行跟踪审计，收回违规销售挪用城镇保障性住房1610套，取消农村危房改造保障资格106户，追回资金132万元。开展精准扶贫审计，依法查处峡山区某村主任套取财政专项资金23万元等问题。开展医疗保险基金审计、

市审计局组织对医疗保险基金管理使用情况进行审计　　（供图：张同波）

中小学大班额专项审计调查等项目，促进医保基金有效使用和基础教育均衡发展。为促进城市基础设施健全完善，市审计局组织城区污水处理绩效情况审计调查和城市地下管线基础设施建设情况审计。

【政府投资审计】 全市共完成审计项目452个，工程提报值109亿元，审计核减投资额22亿元。其中，白浪河综合整治项目完成了一期工程审计工作，平均审减率39%；文化艺术中心项目复核审减工程造价3.29亿元。

【金融审计】 组织对潍坊农村商业银行等4家商业银行信贷业务风险管控情况进行了专项审计调查，查处各类问题金额59亿元，将96名经商办企业或在企业兼职的工作人员移送市纪委、市银监局和市信用联社进行依法处理。完成对3家担保公司经营管理情况的专项审计调查工作。

【经济责任审计】 全市审计机关共完成领导干部经济责任审计项目406个，查处主要问题金额409亿元，针对被审计单位存在的问题和薄弱环节提出整改意见和审计建议695条。完成山东科技职业学院、潍坊职业学院、潍坊交通职业学院、潍坊技师学院和市公安局负责人等省管干部的经济责任审计；完成对诸城市、安丘市、坊子区党政主要负责人的同步经济责任审计。同时，根据省委组织部要求，与潍坊市委组织部联合下发《关于全面开展村级督查工作的意见》，全面推进农村和社区审计试点工作。

（张同波）

市审计局组织对坊子区、安丘市、诸城市党政主要负责人履行经济责任情况同步审计
（供图：张同波）

## 统计工作

【概况】 2016年，市统计局连续8年获“省级文明单位”称号，获2015年度市直部门科学发展综合考核“优秀”等次、“三八六”环保行动先进单位、“巾帼建功”活动先进集体、全市党委政府系统政务信息工作先进单位，妇女儿童工作被省委省政府授予“先进集体”荣誉称号，2016年度1%人口抽样调查通过市直机关“优质服务项目”审核。

【农业普查】 为全面摸实摸准全市农业家底，开展“第三次普查年”工作。一是组建领导机构和工作机构。将农业普查作为统计系统的头等大事来抓，明确各成员单位职责分工、工作安排、定期报告制度等。二是实现“四落实”。市、县、乡三级均落实了普查机构、工作人员、办公场所、普查经费，为普查提供物质保障。市、县两级普查机构均在统计内网开设“第三次农业普查”专栏，及时反映普查各阶段工作进展情况，并对相关工作进行督促落实。三是加强宣传动员。市统计局、宣传部、文广新局联合召开全市农业普查宣传动员会，联合下发《关于做好潍坊市第三次农业普查宣传工作的通知》，对普查的主要宣传活动和总体安排进行统一部署。通过电视台、电台、报刊、微信、网络等多渠道进行宣传报道。四是完成综合试点。在昌乐县宝都街办和五图街办进行综合试点，市、县、街办人员分8组到2个试点村、326户进行清查摸底和普查登记。五是强化“两员”（普查员、普查指导员）选聘和培训。从市、县、镇街选聘出2万余名普查员和普查指导员，并通过召开视频会议、现场面授等多种形式，进行普查方案、PDA使用和数据处理程序等方面的培训，针对普查中容易出错的问题，编印下发《农业普查学习要点》《三农普100问》等学习资料，各级普查员和业务指导员的培训工作圆满完成。

**【常规统计】** 精心组织实施农业、工业、能源、投资、贸易、服务业、社会等各领域常规统计任务；圆满完成地区生产总值、民营经济增加值、文化产业增加值等核算工作；做好蓝黄经济、妇儿两纲、城镇化、健康养老、企业景气指数、企业创新等调查工作。严格执行联网直报各项规定，坚持即报即审即验，全市近万家“四上”（现阶段我国统计工作中对达到一定规模、资质、限额及以上企业的统称，具体包括规模以上工业企业、房地产企业和资质等级以上建筑业企业、限额以上批发零售业、住宿和餐饮业企业、规模以上服务业企业）企业联网直报企业实现按时报送率、审核率“两个100%”，主要指标与历史数据及相关指标的逻辑性、关联性不断提高。重新修订《统计数据质量管理办法》，实现源头报送、评估评审等数据生产过程的全面管控，确保基础数据客观合理、宏观数据衔接匹配，与客观发展实际情况相符。

**【统计改革与创新】** “自然资源资产负债表试点”工作顺利完成。“自然资源资产负债表试点”工作是省重点改革任务，全市成立以统计、国土、林业、环保、农业等8个部门为成员单位的领导小组，统计局负责全面组织协调。采取与高校联合、与部门协作、利用相关数据推算、开展补充性调查等措施，确保试点工作顺利推进。试点的数据资料、工作总结、资料汇总全部编印完毕并上报省局。“三新”（新产业、新业态、新商业模式）统计调查初见成果。电子商务统计、网上零售额、城市商业综合体、省级经济开发区、工业战略性新兴产业、主要工业新产品产量、高技术制造业等涉及“三新”的统计工作正有序推进。

全力推进投资统计改革。2016年，以项目单位入库为切入点，切实加强5000万元及以上项目法人单位和投资项目双入库审核管理，确保开工项目100%纳入统计。从企业数据报送的源头抓起，提高民间投资、技改投资、服务业投资、高新技术投资、新开工项目、文化产业投入和基础建设投资等数据质量。全力做好非金融资产投资报表要数据的收集、审核、汇总和上报等工作。

深入开展资源产出率调查工作。根据国家统计局《资源产出率统计试点调查方案》，完成对全市4359家企业主要物质资源消费量及能源消费量的统计调查，并对数据进行分类汇总，完成资源产出率指标的初步测算，为创建“国家循环经济示范市”城市提供数据支撑。

**【统计服务】** 为提高统计服务决策水平，科学分析预警，市统计局做到“服务三注重”。一是注重预警。努力适应新常态对统计工作的新要求，建立以GDP核算为龙头的预警机制，每月收集与GDP核算相关的23项基础指标，与相邻月度及季度数据进行对比，对数据变动较大的数据及时预警，做到对经济发展走势心中有数，提高服务的精准度。二是注重抓关键点。为客观全面反映“三去一降一补”现状，为领导制定政策措施提供数据依据，市统计局多方收集部门、行业和企业相关数据，在多次讨论、修改、征求意见的基础上写成《新理念 新任务 新思维》，摸清全市在产能利用、负债水平、房地产库存等方面的家底。三是注重传统服务与创新服务相结合。除向领导提供月报、季报、17个市主要经济指标排名、全市经济运行情况等常规数据和分析外，还充分开发“三新”调查成果，为政府加强经济管理和宏观调控，加快实现发展动力转换提供参考。针对全市小微企业政策落实情况撰写《落实小微政策助力潍坊小微企业赢得大未来》，针对全市城市商业综合体调查情况撰写《潍坊市城市商业综合体发展情况》，均列为潍坊市经济社会发展重大调研课题，针对新产业情况撰写的《潍坊市文化及相关产业发展现状及对策研究》编入《山东省第三次经济普查优秀分析研究成果汇编》。为引导各县（市、区）和市直部门准确把握新常态，初步建立《潍坊市体现新发展理念的统计指标体系》，按时提报《降低企业成本成效监测分析报告》，每月提供钢铁、水泥、轮胎、橡胶等产品的生产企业及产能、产量，为完成全年降成本、去产能任务目标提供基础资料。

**【统计法制】** 开展统计“失真”问题大讨论，形成《关于统计数据“失真”问题的几点思考》。推进“五证合一、一照一码”（营业执照、组织机构代码证、税务登记证、社会保险登记证、统计登记证。“一照”即营业执照，“一码”即18位的统一社会信用代码）登记制度改革。与市政府法制办联合，对近些年出台的所有与新登记制度改革不符的地方法规、规章和规范性文件进行全面甄别、清理。制作《统计人，你要自信》课件，涵盖统计工作的重要性、必要性、法律知识、统计知识等，作为对基层统计人员培训的第一课；利用统计开放日、法治宣传日、统计大讲堂等节点进行统计普法，实现统计法进党校、进机关、进乡村、进社区，在市委党校乡（镇）干部培训班上讲授题为《用好统计数据科学指导决策》的党课，对基层干部进行现场普法。组织市、县两级统计人员参与统计执法考试，组建起31人组成的市级统计执法人员人才库，作为"双随机"执法检查员；组织250余名统计执法检查员进行《中华人民共和国统计法》以下简称《统计法》培训并更换统计执法证。维护好"潍坊市统计信息网失信企业公示平台"，对统计违法企业形成威慑；积极协助省局查办、转办重大举报案件，针对性地开展全市"双随机"统计执法检查，检查企业390家，并对发现的问题做到立查立改。

**【基层基础建设】** 一是开展基层基础清查摸底工作。经查，潍坊市实有镇（街）统计机构145个，工作人员605人，平均约4.2人，符合8万人以上的乡镇统计人员不得少于3人，8万人以下不少于2人的基本要求。全局开展业务培训6次，对工业、贸易、服务业、"三新"统计、法律法规等方面知识进行专题讲座。二是加强加录库建设。建立《潍坊市基本单位名录库数据质量评价办法》，通过"事前、事中、事后"的全流程控制和评估，规范名录库定报及日常维护流程，强化数据质量。年内，新增、变更、注销法人及产业活动单位近13万个，全市基本单位名录库单位数量达16万个。三是企业星级管理工作日趋规范。全市共有7330家"四上"企业进行星级管理申报，申报率达83.1%，目前，共有6427家企业通过星级验收标准，其中，5星级企业541家，4星级企业840家。

**【党建工作】** 圆满完成机关党委和支部换届，配强配优支部班子。各科室认真执行与局党组签订的党风廉政建设责任书。结合"两学一做"专题教育，采取领导带头讲党课，每周三、周五集中学习，到爱国主义教育基地现场接受教育等方式，提高对党规党章、习近平系列重要讲话重要精神的认识。组织局工会、妇委会、共青团等群团组织向扶贫村儿童赠送学习用品，向福利院赠送生活用品。局多方筹措资金69.8万元，对帮扶村完成硬化村主干道、生产路，建设文化广场、文化书屋，安装音响、体育健身器材，安装村内太阳能路灯与监控设备，更换村老旧水管，实现24小时供水，建设7.8千瓦村级光伏扶贫项目。

（郭　川）

## 进出口商品检验检疫

**【概况】** 2016年，共依法检验检疫出入境货物128266批，货值44.90亿美元。其中，出境123098批，货值35.98亿美元；入境5168批，货值8.92亿美元。共签发原产地证书53982份，货值20.62亿美元，同比增长25.01%和6.62%。出入境人员查验6261人次，检出各种传染性疾病70人次。共检疫查验出入境船舶329艘次。技术中心共完成检测20203批，29801个样品，检出阳性结果212批。完成除害处理3095批次。出入境检验检疫货物总批次居全省第2位、人均批次列全省第1位，各类单证签发数量居全省第2位。

**【扎实提升基础工作质量】** 中国电子检验检疫主干系统顺利上线，上线以来共受理报检38128批，签发通关单34112份，签发证书12794份。实现无纸化放行108174批，为企业节省费用超0.057亿元。自主研发检验检疫记录电子系统，实现全程无纸化，成功通关26843批货物，平均通关时间缩短7分钟。网上办理出口食品备案事项600项，签发免办证明15份，全部取消了企业纸质申请材料，备案审批办结时间平均缩短10个工作日。全力提升科技支撑能力，共有1项质检总局课题、1项行业标准、2项山东检验检疫局科研项目获得立项，2项行业标准通过审定，1项山东检验检疫局课题通过验收，2项课题获得"潍坊市科技进步二等奖"；技术中心顺利通过监督及扩项评审，认可认定检测项目比上年扩项192项；保健中心顺利通过国际旅行者医疗救助协会（IAMAT）现场评审。

**【大力提升进出口把关水平】** 加大对进口产品检验检疫查验力度，监督销毁不合格进口工业品40批；检出进口废纸重大环保不合格4批，做退运处理；检出进口棉花检验不合格150批，助企业索赔0.0106亿美元；检出进口煤炭环保、品质、重量不合格64批，退运3批，1.37万吨不合格煤炭；成功退运2批次质量不合格意大利进口润滑油；截获进口翻新超声诊断仪，为山东省首次；圆满完成山东口岸进境数量最大的种羊隔离检疫工作，检出二类传染病2种、23例。对出口冷冻草莓进行专项整治和质量提升；对输美冷冻菠菜进行风险分析和重点控制；开展输美低酸罐头和酸化食品提质增效活动；开展出口蜂产品、柿饼等专项督察工作。在出口食品生产企业中全面建立并有效运行追溯体系，实现"从农田到餐桌""从原料基地到出口"全过程可追溯，共备案出口食品企业446家。出口食品农产品国外通报数量同比下降42.5%。

**【稳妥推进工作模式改革】** 一是开展检验检疫监管模式改革。推进出口食品农产品"报放一体"快速放行模式和出口木制品"管放分离"模式改革；定期召开关检联席会议5次，有效解决工作中的实际问题20余项，在寿光市晨鸣场站、潍坊市综合保税区及潍坊港等口岸查验场所对进口废纸、棉花、电子产品等推行“三个一”（一次申报、一次查验、一次放行）工作模式；制定《推进“双随机”工作方案》，并抓好落实；自主研发检验检疫记录电子系统，实现全程无纸化；各类商品检验检疫流程时限平均缩短2.4日，低风险商品实现零待时。二是推进原产地签证改革。在全国率先取消原产地签证备案企业年审；在全国率先推行集中审单、多点签证改革，统一证书的审核尺度；在全省率先实行原产地签证“负面清单”制度，对清单外产品的43220份原产地证书实现“即发即审、即到即签”；在全省率先实现原产地企业备案无纸化，办理效率提升45%；取消新增进(出)口企业的原产地备案和原产地签证环节的全部前置门槛，实现自贸政策与新增进(出)口企业100%无缝对接。

【积极服务地方开放发展】 指导晨鸣和世纪阳光进口废纸直通场站顺利通过验收并正式启用，共进口废纸1290批、39万吨，年可为企业节约各项成本0.76余亿元；潍坊保税区、高密晟绮场站直通进口棉花、棉短绒、椰壳纤维实施120批、3.79万吨，极大地提高通关速度；积极促进地方优良动物品种引进，共进境种鸡、种羊等9批次。帮促企业出口蔬菜及制品109.2万吨、货值7.9亿美元，出口肉类制品4.8万吨、货值1.9亿美元，出口其他食品121.0万吨、货值11.0亿美元；辖区1400吨保鲜胡萝卜顺利出口印度尼西亚。全力服务山东雷沃重工国际贸易有限公司首个农业机械亿元级订单出口。推荐诸城市服装针织进（出）口有限责任公司为全国“优进优出”重点帮扶企业，为该公司共签发优惠原产地证书318份，金额1554万美元，获得自贸伙伴关税减免80万美元，获得在柬埔寨投资建厂从中国进口设施设备、原材料关税减免188万美元。出台了“全力服务潍坊加快开放发展”的16条措施并抓好落实。加大对外交涉力度，有效降低了输日洋葱风险，潍坊20万吨洋葱顺利出口日本。积极推动潍坊进境屠宰肉牛指定口岸建设工作，拟定《潍坊进境肉牛口岸建设职责分工方案》，协助市政府搭建进口澳大利亚屠宰用牛的服务平台，完成隔离场和屠宰厂的主体工程建设。帮扶综合保税区建设世界先进全国一流的入境肉类、冰鲜水产品检验检疫指定口岸。支持潍坊港开通首条潍坊—釜山集装箱航线。全力保障潍坊机场临时开放，共检疫查验出入境人员618人次，航空器18架次，对8名发热人员进行流行病学调查和医学排查，检出禁止携带进境物9批次。助推潍坊150万株桑苗首次出口阿塞拜疆。积极参与青州国际陆港建设，支持鲁新欧•青州号国际班列常态化，开行11列班列，发送集装箱车厢334节。开展“同线同标同质”工程，实现出口企业的“内销转型”。通过HACCP认证咨询、公共服务平台推荐等方式对企业进行帮扶，对447家企业、850人次进行宣贯（宣传并贯彻实行）培训，推动辖区103家企业全面实施HACCP体系，39家企业基本达到“三同”平台企业要求，27家企业入驻国家认证认可监督管理委员会“出口食品企业‘三同’信息公共服务平台”。举办山东“三同”示范企业集中上线活动，共有出口食品农产品生产企业、国内大型超市、流通卖场和物流中介机构等100家企业参加。

【深化拓展提升示范区内涵】 积极参加“出口农产品质量安全示范省”创建、中韩“食品质量安全示范区”建设，昌邑市获评“国家级出口农产品质量安全示范区”，全市共建成“国家级示范区”7个。与安丘市、高密市加强区域内农残综合治理，推动寿光市、诸城市“出口木制品示范区”建设，示范区建设成效逐步显现。寿光市出口木制品企业由示范区设立时的31家发展至57家；出口货值由1.8亿美元发展至3.2亿美元，出口千万美元以上企业由4家发展至11家。会同诸城市积极开展“出口实木家具质量安全示范区”创建工作，诸城市“出口木制品示范区”顺利通过验收。在安丘市创建全国首个“自贸协定出口实施示范区”。搭建自贸协定公共服务平台，建立自贸政策指导服务网络；培训政府、企业管理人员3200余人次；成立全国首个“自贸协定实施研究中心”，建立全国首家原产地证书社会组织发证机构，免费为外贸企业打印、发放原产地证书，打通原产地签证“最后一公里”。2016年，安丘市自贸协定政策利用率达到50%，高于全国10%。2016年，潍坊市自贸协定优惠政策利用率提升至41.35%，出口企业获得关税减免0.7607亿美元。首批推荐的峡山“康净园金针菇”“有机汇韭菜、有机汇南瓜”“野生鱼”3项产品获得生态原产地产品保护，实现“零”的突破。12月8日，创建为全省首个“国家级生态原产地产品保护示范区”。

（吕海波）

## 潍坊海关

【概况】 2016年，潍坊海关共实现税收入库30.1亿元；审核报关单19万票，关区占比36.4%；监管进出口货物1286.9万吨，33.1万标箱，货值78.7亿美元，监管进出境船舶400艘次、航班18架次，进出境人员1万余人次；备案手册3454本，实际进出口值53.3亿美元，关区占比分别为50.8%、36.2%，综保区一线进出境货值76.2亿元，增长29.6%；共开展稽核查作业60起，稽查补税0.0542亿元，同比增长28.4%；共立案侦办刑事案件11起，案值0.4987亿元，涉税0.1097亿元，实现罚没入库0.1592亿元，增长1.2倍。

【强化基层党建】 潍坊海关党组坚

持以上率下，将党建作为中心工作，严格落实《党建工作责任清单》，逐级明确党建主体责任和监督责任。认真学习执行关区7项党建工作制度，建立完善支部书记党建述职机制，参加总关党建现场述职，对1名失联党员进行除名处理，机关党委自主开展党建工作检查评比，每月按时足额缴纳党费，完成2008年以来党费补交测算。机关党委和各党支部全年共召开“三会一课”310次，基本实现领导干部讲党课全覆盖。狠抓“两学一做”，召开全体党员大会动员部署，组织专家授课1次，集体学习3次，处级领导干部参加集体培训，机关党委和各党支部书记参加总关轮训。圆满完成手抄党章100天活动，组织全体党员进行党规党章知识测试。10个支部均创建党建品牌。“第一书记”圆满完成扶贫任务。参加总关党章党规知识竞赛，获得关区第二名。1个党支部被评为“关区先进基层党组织”，1名中共党员被评为“优秀共产党员”。

潍坊海关服务机场临时开放监管　　（供图：于帅帅）

**【服务经济发展】** 指导潍坊港开展港口规划，建成并启用山东省首个海港口岸电子智能卡口，争取关区首台H986落户潍坊港，有效提升潍坊港发展水平。成功复制推广9项自贸区创新制度，关区首票特殊区域出境通关一体化报关单在潍坊综合保税区申报成功。支持诸城保税物流中心通过正式验收，青州市、昌乐县监管场站获批设立，昌乐监管场站和3家新建保税仓库投入运营，监管场所布局更加优化。积极发挥职能作用。发挥减免税政策优势，直接减免税款0.09527亿元。歌尔声学虚拟现实头戴显示器和豪迈科技轮胎模具出口退税率分别提高2%，每年为企业增加利润0.4亿元以上。主动服务政府决策，外贸工作分析报告获地方领导批示4次。积极参与地方重点战略。支持潍坊机场临时开放，监管航班18架次、旅客490人次。积极参与食品谷、东亚畜牧交易所等重点工作，支持“鲁新欧•青州号”国际班列运行。潍坊海关被评为“潍坊市支持开放发展先进单位”。

**【深化海关改革】** 通关一体化改革成效明显，一体化模式扩大到全部特殊区域，跨关区一体化报关单12.7万票，关区占比33%。“三互”（信息互换、监管互任、执法互助）大通关改革取得实效，召开关检联席会议3次，制定合作制度4项，关检合作“一次申报”率100%。“双随机、一公开”（随机抽取检查对象、随机选派执法人员，及时公布查处结果）改革不断深入，随机布控查验占比95.9%，提前完成总署目标，随机派员比例100%。汇总征税改革稳步推进，3家企业获得汇总征税资格，纳税1.2亿元，同比增长9倍。继续推进“四个中心”建设，初步实现资源的集约化使用，提高业务管理的专业化、规范化水平。通关中心实行模块化管理，梳理完成18项岗位工作职责，实现辖区无纸报关单“一站式”核放；加工贸易审核中心强化风险参数设置，大力推动集约化审核、无纸化审核和智慧化审核，实行一体化手册备案2189本，手册办理时间压缩一半；风险防控中心整合分散在各部门的风险、统计、纪检、督审四项职责，建立闭合式管理链条，提高业务作业流程外的风险监督和防控水平；监管中心探索“多查合一”改革实现路径，积极推动外勤资源纵横双向整合，在节约监管人力方面发挥积极作用。

（于帅帅）

# 农　业

*Nongye*

## 农业现代化

**【概况】** 全市农村居民人均可支配收入达到16098元，增长8.1%；农村居民人均消费支出15896元，增长9.7%。完成农业增加值475.32亿元，增长4.1%。

**【品牌农业加快发展】** 实施品牌引领战略，委托浙江大学中国农业品牌研究中心进行农业品牌的整体策划、包装和推介，筛选优质农产品生产加工龙头企业、合作社、家庭农场等经营主体，成立潍坊农业品牌联盟，引领潍坊农业发展。大力培育品牌企业、品牌产业和品牌产品。开展以培育品牌企业、品牌产业、品牌产品和园区推动、政策推动、会展推动为主要内容的“三培育三推动”活动。全市有1371个农产品通过“三品”（无公害、绿色、有机农产品）认证；28个产品获得国家农产品地理标志登记认证，19个农产品及其制品荣获“全国驰名商标”称号，86个农产品及其制品获得山东省“著名商标”和“名牌产品”称号。成功打造“寿光菜博会”“青州花博会”“寒亭萝卜节”等全国或区域节会品牌。规划建设“中国食品谷”，总投资40亿元的中国潍坊畜禽产品交易城、投资10亿元的食品谷总部基地和投资5亿元的中百大厨房已投入运营；中国食品谷被认定为“第二批国家农业产业化示范基地”。东亚畜牧交易所已获国家批准设立。潍坊市农产品出口120余个国家和地区，蔬菜、肉类出口分别占到全国的1/10和1/8。

中百大厨房鸟瞰图　　（供图：李海军）

**【“四化”发展深入推进】** 积极推进规模化经营、标准化生产、企业化管理、社会化服务，加快建设现代农业示范基地，产业发展实现新突破，积极推进农村产业发展，特别是在三产融合发展方面进行积极探索，农村新产业、新业态不断培育壮大，生态休闲旅游、健康食品、生物医药、养生养老、农村电商等产业发展迅速。7月份，中央农村工作领导小组副组长、中央财办副主任、中央农办主任唐仁健到潍坊就农村新产业新业态发展情况进行专题调研。农林牧渔业完成总产值985.9亿元，按可比价格计算增长4.6%。粮食及经济作物生产总体平稳。据抽样调查，全市粮食播种面积694333.33公顷，减少4%，全年粮食总产量431.8万吨，减少5.3%；棉花产量2万吨，减少16.9%；油料产量21.3万吨，增长 6.2%；烤烟产量2.8万吨，增长13.7%；蔬菜产量1256万吨，增长1.6%；水果产量80.7万吨，减少0.1%。林业生态建设取得新成效。全年完成造林4266.67公顷，四旁植树2445万株，森林抚育9066.67公顷，育苗21066.67公顷，林木覆盖率35.5%。潍坊市成功创建为“国家森林城市”。全市肉类总产量132.5万吨，减少1%；禽蛋产量25.7万吨，增长0.2%；奶类产量22.8万吨，减少8.7%；大牲畜年末存栏33.5万头，减少6.4%；生猪年末存栏431.6万头，增长1.8%；家禽年末存栏

中央农村工作领导小组副组长、中央财办副主任、中央农办主任唐仁健（左三）到潍坊就农村新产业新业态发展情况进行专题调研　　（供图：李海军）

11353万只，增长6.9%；生猪出栏821.5万头，增长1.9%；家禽出栏42351.9万只，减少2.4%。渔业生产稳定增长。全市渔业总产值52.9亿元，按可比价增长7.1%。水产品总产量61万吨，增长1.5%。

土地经营权有序流转，全市土地股份合作社达到465家，入股面积15000公顷；全市土地流转面积214333.33公顷，占家庭承包经营面积的33.9%，土地规模经营占比达到63.9%。新型农业经营主体成为现代农业建设的生力军，全市家庭农场发展到5938家，农业龙头企业3100家，注册农民合作社24740家。农产品质量安全保障体系进一步完善，先后收集整理了62个蔬菜禽肉等国内食品标准，24项出口日本、韩国、欧盟等国家的标准，修订发布12项技术规程，基本涵盖全市大宗农作物。编成《潍坊市农业标准规范汇编》，发放到每个涉农镇（街）。潍坊市农产品质量安全区域化管理经验在全国推广。在全国率先建立了高毒农药政府储备制度、农业投入品经营告知制度和购买农药实名登记制度，52种高毒农药销售流通使用全面纳入监管，高毒农药由供销社系统统一储备，专业队伍实施作业。出台《潍坊市禁用限用剧毒高毒农药条例》。农产品质量安全实现全过程、无缝隙、常态化的监管。县、镇、村三级监管体系全部落实到位，市、县、镇、企业四级检测网络初步形成，大型超市和农贸市场农产品基本实现全链条可追溯。启动建设中百大厨房，实现农产品从田间地头到消费终端的无缝对接。建立以种业创新为重点的农业科技创新体系，与美国、以色列、荷兰和北京大学等合作，建设中美食品中心、国际分子育种中心和现代农业研究院、中荷农业创新中心。组建涉农类产业技术创新战略联盟21家，建立市级以上农业工程技术研究中心98家。全市农业科技示范园区总数达到492家。寿光国家现代蔬菜种业创新创业基地和华盛、华良农业科学研究院等一批种业创新主体迅速崛起，蔬菜种苗繁育基地发展到200家，年繁殖能力达到14亿株，潍坊市成为全国最大的优质蔬菜种苗繁育基地。

农产品质量安全联合检查　　（供图：李海军）

**【美丽乡村建设扎实推进】** 生态文明建设顺利推进，“四件实事”（饮水安全、道路建设、环境整治、乡村绿化）成效显著，水电路等基础设施日趋完善，厕所改造、污水处理等工作加快推进。14个“省级美丽乡村”试点村庄已全部完工。城乡环卫一体化实现全覆盖，并初步建立长效机制。规模化集中供水在全国率先整建制达到国家新的饮水安全标准。林木覆盖率达到35.5%，潍坊成功创建为“国家森林城市”。目前，全市已建成农村社区855个，覆盖人口630.18万，其中，已建成集中居住新型农村社区208个，社区服务中心平均面积达到0.0656公顷。镇（街）干部下沉社区比例普遍达到了50%以上。乡风文明建设展示新气象。村风民俗更加文明、道德素质不断提高、生活方式日益健康、精神生活进一步丰富，农村文明程度和农民群众生产生活水平显著提高，讲文明、树新风逐渐成为自觉行动。“四德工程”善行义举四德榜已建立6877个，整体覆盖率达到95.94%。

**【“两河”流域综合开发进展顺利】** 积极实施山丘生态涵养区、湿地生态带、循环经济带、绿色城镇带“一区三带”行动。坚持基础设施先行，实施交通网络和防洪等工程建设。把建设标准化的堤顶道路、优化沿河的交通网络、提高防洪行洪能力作为战略任务，着力在河道沿线打造绿色交通廊道。投资9亿元，建设集防洪、交通、观光多种功能于一体的堤顶公路180千米；投资13.7亿元，建设沿河的乡村道路900千米；投资8.08亿元，完成对河道堤坝加固、护岸、清淤拓宽、险工险段整治；投资16.25亿元，实施河道蓄水、水库增容、溢洪闸加固、副坝加高等工程建设，基础设施进一步优化。开工新建水资源利用项目14个、防洪工程项目16个，分别完成投资8.06亿元和4.94亿元。坚持生态优先，推动沿河景观进一步美化。投资5.8亿元，完成生态绿化、森林公园、湿地建设等10800公顷；投资2.48亿元，完成了6个污水处理工程，确保河道水质达到控制目标要求。坚持三产融合，打造现代产业体系。投资11.69亿元，完成25个现代农业示范项目，投资6.78亿元、完成健康养老项目10个，投资31.42亿元、完成休闲旅游项目29个，投资11.69亿元、完成现代农业项目25个；以绿色城镇化建设为出发点，打造宜居宜业的示范镇和示范社区，投资57.23亿元、推进31个小城镇建设项目，投资46.26亿元、完成27个示范社区建设。新建休闲旅游项目14个、完成投资9.47亿元，新建健康养老项目7个、完成投资1.34亿元，新建现代农业项目6个、完成投资1.074亿元，新建其他民生项目9个，完成投资23.37亿元。积极向农业发展银行申请贷款208亿元用于“两河”（潍河、弥河）开发基础工程建设，探索推行BOT、PPP模式，不断拓宽开发“两河”战略的融资渠道。已办理申请贷款208.5亿元，批复160.5亿元，到位81.24亿元，其中，诸城市潍河综合治理项目到位20亿元、安丘市水资源综合治理项目10.5亿元，青州市弥河水资源综合利用项目到位17亿元，寿光市地表水资源综合治理项目15.74亿元。

**【农业基础条件不断改善】** 农田水利建设有序推进。全年共引调长江水、黄河水2.1亿立方米。完成青州黑虎山水库和寿光小清河农业综合开发重点中型灌区节水改造，潍城等11个县（市、区）农田水利维修养护项目顺利完成。大中型水库、河道实现“库河串联、水系联网”，节水灌溉技术加快普及。全市有效灌溉面积52万公顷，节水灌溉面积29.6万公顷，农田灌溉水利用系数达到0.66，高于全国平均13%。农业机械化水平提高。全市农业机械总动力达959.9万千瓦，增长5.2%。联合收获机达2.5万台，增长1.5%。全年共完成机耕面积62.13万公顷，机播面积96.2万公顷，机收面积88.533万公顷，机耕水平、机播水平、机收水平分别达到99.2%、89.3%、82.2%，耕种收综合机械化水平达91.2%。土壤改良全面实施。注重退化土壤改良技术研究，有针对性地对全市耕地土壤性状进行改良，已改良土壤2万余公顷。全面推广“水肥一体化”、测土配方施肥等技术，全市“水肥一体化”面积达到2.133万公顷；测土配方施肥面积达到92.933万公顷，覆盖率达到80%。

**【农村民生持续改善】** 农民增收获得新成效。农民收入增幅连续3年高于城镇居民收入增幅，城乡居民收入差距缩小到2.08：1。脱贫攻坚力度持续加大，农村贫困人口收入增长、生活改善的政策效应日益显现。42.4万农村建档立卡贫困人口实现脱贫，309个省定扶贫重点村摘帽。在全省率先整合城乡居民基本医疗保险、基本养老保险，全面实施民生综合保险，建立城乡居民大病保险制度和临时救助制度，可量化项目保障标准全部达到或超过省平均水平。新开工各类保障房3万套，改造棚户区9.6万套。336个中心村完成电网改造。新改扩建幼儿园1246所，中小学标准化率由40%提高到100%，提前两年基本完成国家确定的农村薄弱学校改造任务。所有县（市、区）全部通过义务教育发展基本均衡县国家验收。潍坊被确定为“全国养老服务综合改革试点市”，成为社会办医国家联系点。同时，基层力量薄弱等问题逐步得到解决，软弱涣散村班子整顿成效明显，党在农村执政基础进一步加强。农村社会治安综合治理不断强化，全市农村保持和谐稳定。

（李海军）

## 深化农村改革

**【概况】** 2016年，认真贯彻中央和省委、省政府安排部署，围绕激活农村生产要素、保障农民财产权益，结合开展现代农业综合改革试点，积极推进农村各项改革，着力解放农民、转移农民、富裕农民，构建起了城乡要素平等交换和公共资源均衡配置的体制机制，进一步增强了农村发展动力和活力，为加快形成城乡发展一体化新格局奠定了基础、创造了条件。

**【农村产权制度改革深入推进】** 较好完成土地承包经营权确权登记颁证。按照所有权、承包权、经营权“三权分置”的思路，全市7574个村完成确权登记颁证，占有耕地村的95.4%，确权面积54.008万公顷，占家庭承包耕地面积的94.1%，4月16日，通过了省级抽查验收。基本完成村级集体资产改制。以清产核资、资产量化和股权管理为主要内容，全面推进村级集体资产改制。在有净资产的村，组建股份制公司或经济股份合作社；无净资产或净资产为负的村，通过虚拟股份的方式按成员配股确权。全市8531个村完成改制，占总村数的93.6%，其中，82.9%的村组建经济专业（股份）合作社或股份公司。重点推进城中村和城郊村改制，新完成改制村280个。探索形成物业租赁型、增量扩股型、资源开发型、土地统一经营型、党支部领办型5种资产管理运营模式。在昌乐县开展国家级集体资产股份权能改革试点，积极探索赋予农民对集体资产更多权能，455个村完成改革试点任务。

**【齐鲁农村产权交易中心加快发展】**
全国首家省级农村产权交易平台齐鲁农村产权交易中心健康运行，在全市设立15个县（市、区）分中心、134个乡（镇、街道）办事处。全年在烟台市、青岛市黄岛区、聊城市冠县新建3个省内分中心，已建的济宁邹城分中心成功提升为济宁市分中心，德州平原分中心、禹城分中心业务进展顺利。“齐鲁农交中心业务模式”继续在全国复制推广。与新疆昌吉自治州签订农村产权交易服务体系搭建整体解决方案购买合同，全盘复制齐鲁农村产权交易中心的业务模式，在新疆昌吉自治州、浙江杭州、广西玉林设立3个全国工作站。基本在全省范围内实现农村产权交易的统一信息系统、统一交易规则、统一交易鉴证、统一服务标准、统一监督管理、统一数据平台的“六统一”运作管理。加大对省内各分中心、办事处业务人员培训力度，全年召集各分支机构业务人员开展4次集中培训，全年培训1200余人次。不断提升优化农村产权交易信息系统。新开发地经营权大证系统、农村集体资产处置系统2个模块。2016年，共完成各类农村产权交易业务1617笔，交易额11.7亿元，涉及土地流转面积6733.33公顷。农村产权抵押登记业务稳步推进，与潍坊银行、潍坊农商行、昌乐农商行等10家银行签订业务合作协议，与山东省农业融资担保公司签订业务代理协议，完成担保尽调业务32笔。探索抵押登记业务受理代办新模式。与高密市、青州市、诸城市、昌乐县农商行共同探索农村产权抵押登记业务受理代办新模式，实现抵押登记业务的“一站式”办理，大幅提升农村产权抵押登记业务办理效率。加大农村产权抵押融资业务培训力度。对潍坊农商行寒亭支行、坊子支行、中国邮储银行潍坊分行等多家银行共500余名客户经理、受理岗人员进行培训。2016年，共完成各类涉农产权抵押登记业务1424笔，抵押融资额2.8亿元。农村产权抵押融资风险补偿资金池业务成效显著，与高密农商行、昌乐农商行等5家银行签订了合作协议，2016年，共办理风险补偿和缓释业务94笔，支持涉农贷款4.2亿元。探索“互联网+农村产权”融资新模式，依托潍融E平台和乐百贷融资平台，为资金需求方和供给方提供信息对称，探索农村产权业务融资新渠道。积极做好品牌建设、舆论引导与合作交流。全年吸引全国各省、市50余个地市部门（单位）到潍坊考察，在《人民日报》《大众日报》《金融时报》、第一财经、山东电视台、潍坊电视台等媒体全年累计宣传报道70余次，农村产权交易中心的社会知名度和品牌影响力大幅提升。

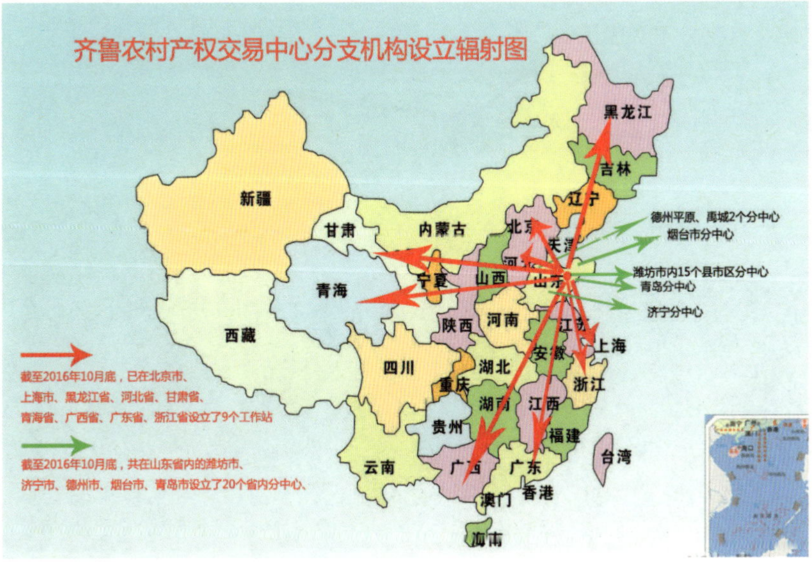

齐鲁农村产权交易中心分支机构辐射图　　　　（供图：李海军）

**【现代农业综合改革试点成效显著】**
自国家发改委确定潍坊市为“全国现代农业综合改革试点单位”以来，按照国家发改委试点《国家发展改革委关于将杭州都市经济圈苏州市鄂尔多斯市泉州和莆田市潍坊市红河州列为我委综合改革试点的批复》要求和工作部署，把现代农业综合改革试点纳入全面深化改革总体框架一体运作、一体推进，成立了改革试点专项小组，制定出台了改革试点《中共潍坊市委　潍坊市人民政府关于推进现代农业综合改革试点的实施意见》，把任务细化分解为153个具体事项，落实了各个方面的推进措施。在深化农村产权制度改革、构建新型农业经营体系、转变农业发展方式、健全农产品质量安全监管体系、创新农业支持保护机制、完善城乡发展一体化体制机制等方面积极探索实践，取得了一系列阶段性成果。6月1日，省委深化改革领导小组听取潍坊市现代农业综合改革试点情况汇报，省委领导同志给予充分肯定。这是省委深化改革领导小组第一次听取地市的改革情况汇报。在6月3日召开的省委农村工作领导小组会议上，时培伟主任通报了潍坊市现代农业综合改革试点情况。

**【供销社综合改革试点成效显著】** 深入推进农业服务规模化。推广“3公里土地托管服务圈”服务模式，建设为农服务中心124处。健全完善为农服务体系，土地托管面积23.94万公顷。5月，省供销社土地托管培训基地落户高密市；9月，潍坊市政协召开农业社会化服务体系建设专题协商会，围绕供销合作社培育发展农业社会化服务体系的方法途径进行专题协商议政。提高服务水平，测土配方、精准施肥、飞防服务面积分别达到18.0667万公顷、16.9333万公顷、15万公顷，深耕深松服务面积1.872万公顷、土壤熏蒸服务面积9333.33公顷；11月，受全国供销总社委托，中国社会科学院作为第三方评估机构，对潍坊市综合改革试点工作进行全面评估并给予充分肯定。潍坊市荣获“2016年度全省供销合作社综合业绩考核第一名”，连续3年被授予特等奖。全系统实现销售总额、利润总额、所有者权益312.95亿元、1.29亿元、16.36亿元，同比分别增长19%、10.25%、18.29%。健全完善双线运行机制。领办、参办农民合作社1520家，组建镇级农民合作社、联合社100个，县级农民合作社、联合社实现全覆盖。规范联合社内部股权结构和利益分配机制，建立二次返利制度，按照各成员社对联合社的贡献大小进行利润分配。依托潍坊供销集团有限公司，在全市组建19处县级农业服务龙头公司，实现全覆盖。市、县两级供销合作社均按照“3控、3×6+1”运行模式，构建起双线运行机制。创新发展农村现代流通。成立电子商务公司17家，搭建电商平台29家，运营网店424家，村级电商服务社561家，电子商务交易额6.26亿元，成为农村电商的主导力量。与阿里巴巴合作建设潍坊产业带，推动潍坊产业集群向电商方向发展。改造提升农资配送中心12处，规范发展放心农资店1879家。发展标准化农产品生产基地111处，新建、改造农批市场20处，冷链仓储能力达到10万吨。建设农村综合服务社5129个，规范发展直营店929家，参与或主导建设社区服务中心757个。稳妥开展农村合作金融服务。全系统开展信用互助业务的农民合作社53家，其中，取得资格认定书的合作社28家，互助资金总规模2.05亿元，累计服务社员9309户次，发放互助资金2.1亿元。6月，全省新型农村合作金融试点工作经验交流会在青州市召开，省长郭树清对潍坊市信用互助业务给予充分肯定。全国人大财经委员会副主任吴晓灵多次到青州市考察信用互助业务开展情况。广泛开展党建带社建，村社共建。构建镇（街）供销合作社、村“两委”、农民合作社“三位一体”工作机制。全系统村社共建村庄3407个，共建服务项目4102个。其中，安丘市实现村社共建全覆盖。全系统有124个社有企业、84个为农服务中心、624个农民合作社参与了精准扶贫，安置56名贫困人口到为农服务中心就业，帮扶困难群众3166户，共计5163余人，为贫困户增加收入0.1032亿元。大力推进职业农民培训与创业孵化。重点打造昌乐职业农民创业孵化基地，提供从入驻到实训到孵化一站式服务。充分利用基层社、农民合作社、为农服务中心等自有设施，立足当地优势产业，培训“村两委”成员、经营管理人员、合作社社员和农民。全年培训职业经纪人、合作社管理人员、普通农民社员、村“两委”成员等共计16.1万余人次。

（李海军）

## 种植业

**【粮食生产取得较好收成】** 根据国家统计局潍坊调查队数据，全年粮食种植面积69.436万公顷，总产量达到43.18亿公斤。其中，夏粮总产量23.075亿公斤，秋粮总产量20.105亿公斤。高标准打造了省级粮食高产创建示范方16个，面积3.9533万公顷，带动全市粮食增产1.95亿公斤。开展“土地深翻+整

昌邑市粮食高产创建示范方“一喷三防”机械化作业现场　（供图：颜　丽）

地镇压”试点6.6667万公顷，预计年增产粮食1亿共斤以上。发放2016年度耕地地力保护补贴资金63000万元，涉及农户98.3万，补贴耕地33.62万公顷；实施了中央、省财政小麦“一喷三防”补贴，补贴面积33.6933万公顷，补助资金2435万元。

**【农产品质量安全水平稳步提升】** 以争创“国家食品安全城市”和“全国农产品质量安全示范市”为契机，市人大出台了重要立法《潍坊市禁用限用剧毒高毒农药条例》，市政府出台了《关于印发整建制创建农产品质量安全市工作方案的通知》，从“产”和“管”两个环节入手，全市农产品质量安全水平稳步提升。全市共完成抽检农药104批次，出动执法人员9745人次，检查企业2463个次，印发宣传资料33.43万份，受理投诉举报案件120余件，查获违法农资8万余公斤，货值43.47万元，查处农药案件365起，立案查处251起，结案220起。2016年度，完成省级监督抽查和风险监测11次，共抽检1115个样品，合格率100%；完成市级监督抽查和风险监测12次，共抽检5535个样品，其中，监督抽查5275个，风险监测280个，合格率99.19%。围绕瓜菜、果茶、食用菌等产业开展“农产品质量安全示范”创建，2016年新创建“农产品质量安全示范镇”10个，新创建“农产品质量安全示范园区”36个，示范带动全市农产品质量安全水平稳步提升。

**【农村改革稳步推进】** 全市完成确权登记颁证的村7574个，占有耕地村的95.38%，确权面积54.008万公顷，占家庭承包耕地面积的94.12%，基本完成了农村土地承包经营权确权登记颁证工作，潍坊市确权登记颁证成果于4月16日通过了省级抽查验收。在昌乐县开展了股份权能改革试点，已有455个村完成了改革试点任务。认真落实《潍坊市农村土地经营权证书管理办法（试行）》，共发放农村土地经营权证书526本，涉及经营主体499个，涉及流转面积4508公顷。启动了农村新型经营主体提升三年计划，农村土地流转和规模经营得到了较快发展，全市农民合作社24224家，家庭农场达到6312家，土地流转面积21.433万公顷，占家庭承包经营面积的33.9%。

**【品牌农业建设成效显著】** 坚持以品牌农业为统领，在2015年聘请农业部规划设计研究院编制《潍坊市现代农业示范基地与品牌农业发展规划（2015年—2020年）》的基础上，2016年又委托浙江大学中国农业品牌研究中心进行农业品牌的整体策划、包装和推介，联合潍坊电视台举办“潍县萝卜品牌大赛”和“潍坊市优质苹果大赛”，加大潍坊市农产品品牌的对外宣传力度。在全省乃至全国率先实施了赴台湾农技培训和赴荷兰现代农业人才培训计划，完成培训70人次。积极引导山东海峡质量技术服务有限公司和潍坊海润华辰检测技术有限公司通过国家认监委审核，省内仅有的2家有机产品认证与检验检测一体化机构全部落户潍坊。引导21家企业的52个产品获得“绿色食品证书”，并加强证后监管，提高品牌公信力。

**【农业持续生产能力持续增强】** 加快转变农业发展方式，促进农业的低碳、生态、可持续发展。一是实施土壤改良提升计划。针对全市设施农业、高产粮田、南部山地丘陵等不同土壤的质量状况，制订土壤改良计划，集成了不同退化土壤类型的改良技术并在全市示范推广，全年共改良设施土壤面积达到7333.33公顷，设施蔬菜土壤有机质由1.6%提高到1.8%以上，肥料利用率提高10%，蔬菜增产10%以上。土壤改良的示范效果初步显现，2016年，省政府和省农业厅先后在潍坊市召开春季农业生产现场会和种植业结构调整现场会，就寿光市设施土壤改良和昌邑市小麦水肥一体化现场进行了重点参观交流。二是大力推行绿色控害技术。启动实施到2020年农药使用量“零增长”行动计划，建立绿色防控示范区39处，带动绿色控害面积30.033万公顷。三是开展化肥减量使用行动。重点推广深耕深松、秸秆还田、测土配方施肥、化肥机械深施、水肥一体化等减肥技术。小麦还田技术覆盖面积已达到90%以上，推广测土配方施肥面积87.33万公顷、水肥一体化技术应用面积2.5467万公顷。推广棉花种肥同播1.4万公顷，小麦、

华以国际农业科技孵化器水培蔬菜种植现场　　（供图：颜 丽）

玉米种肥同播技术占播种面积的90%以上，有效减少了化肥施用量，降低了化肥面源污染。四是加大新型职业农民培育。2016年，承担新型职业农民培育示范试点县9个，培育生产经营型农民达到2200人（含农机100人），培训生产管理和市场营销的农户达到1550人，完成新型职业农民创业培训700人。五是提升种业科技创新能力。2016年，全市种业企业建设省级科研平台4处、市级科研平台6处、省级重点实验室2处，建设南繁试验场4处8.33公顷，取得植物新品种权8个。六是全力推动农业脱贫攻坚。围绕优势产业布局和特色产业发展情况，推进贫困村、贫困户调整产业结构，因地制宜发展特色产业，以产业带动实现“造血式”扶贫。全市农业系统重点帮扶户数达到4900余户，帮扶贫困人口1.2万余人。

（马玲玲　侯正红）

## 林　业

【概况】　市全力争创“国家森林城市”，大力组织开展植树造林，全市完成造林8466.67公顷，其中，人工造林4286.67公顷。全市森林面积达到37.48万公顷，林木蓄积量1489.5万立方米。着力推动苗木花卉产业提档升级，全市完成新育苗1866.67公顷。扎实做好森林防火，成立“市级森林扑火武警应急分队”，推动以水灭火能力建设。加强监测预报，强化生物防控，做好林业有害生物防控工作。

【成功创建国家森林城市】　1月29日，市政府召开“国家森林城市”创建工作推进会议，进一步明确目标，突出“亲山近水享绿色福利、五彩鸢都创森林潍坊”创建主题，分解任务，落实责任，全力争创“国家森林城市”。市政府督查室印发《关于对国家森林城市创建工作进行专项督查通知》，组织开展现场督查，督促各地进一步做好创建“国家森林城市”各项工作。坚持大地植绿与心中播绿相结合，以“森林文化年”活动为统领，利用各级新闻媒体、网站、微信微博及室内、室外广告等多种形式，开展全方位宣传，营造浓厚创建氛围。市委宣传部印发了《潍坊市创建国家森林城市宣传工作方案》，潍坊电视台《潍坊议事厅》录制了《为潍坊添张绿色名片》专题节目，组织召开创建“国家森林城市暨春季造林绿化工作新闻发布会”。出版《生态潍坊》《绿色文物》《创森纪实》3本画册。9月19日，在“2016森林城市建设座谈会”上，潍坊市被授予“国家森林城市”称号。

潍坊市被授予“国家森林城市”称号　　（供图：申燕祥）

【造林绿化】　全市围绕创建“国家森林城市”，开展城区森林、山区森林、滨海森林、水生态森林、绿色廊道森林、森林镇村六大森林体系建设，突出抓好创森重点生态工程建设，全市完成造林8466.67公顷，其中，完成荒山绿化3266.67公顷、水系绿化1666.67公顷，义务植树1615万株。结合“国家森林城市”创建和生态文明乡村建设，积极推进全市各镇（街）开展森林镇、村建设，奎文区廿里堡街道等20个镇（街道）、奎文区东关街道民生街社区等100个行政村（社区）被评为“潍坊市森林镇”和“潍坊市森林村”。

【林业改革】　积极指导推进全市林权登记和林权流转等工作，配合市不动产登记机构做好林权登记发证，指导县级林业部门协助齐鲁农村产权交易中心做好林权流转工作。扎实推进国有林场改革，9月，市政府印发了《潍坊市国有林场改革实施方案》，明确了全市国有林场改革的总体要求、主要内容以及基本步骤。10月9日，召开了全市国有林场改革工作会议，对全市国有林场改革工作进行了全面部署，要求有关县（市）加快推进改革工作，确保按时完成改革任务。

【林业产业】　着力推动苗木花卉产业提档升级，全市完成新育苗1866.67公顷。积极打造花卉苗木推介交易平台，创新办会理念，通过市场化运作，成功举办了“第十六届中国(青州)花卉博览交易会”和“2016中国(昌邑)北方绿化苗木博览会”。积极组织参加“第六届山东省花卉博览会及中国（菏泽）林产品交易会”，潍坊市共获得各类奖项9个。着力发挥合作社引领作用，全市有13家林业专业合作社被评为“2016年度省级示范社”。积极推动全市森林生态旅游发展，《安丘留山古火山国家森林公园总体规划》和《临朐嵩山省级森林公园总体规划》，分别通过国家和省级规划评审。临朐沂山、寿光机械林场获得第二批“中国森林氧吧”称号。

**【湿地保护】** 扎实推进重点河流生态保护和修复工程建设，在潍河、弥河、汶河等河流重点河段建设生态湿地19处。2处国家湿地公园通过了试点验收，1处湿地公园晋升为国家级试点，2处湿地公园通过省级评审。全市市级以上湿地公园达到23处，其中，国家湿地公园4处、国家湿地公园试点5处、省级湿地公园12处。

**【“4·11”沂山森林火灾】** 4月11日23时许，临朐县沂山风景区发生较大森林火灾，经全力扑救，于4月12日14时30分，明火全部扑灭。经统计，此次森林火灾过火面积41.33公顷，未造成人员伤亡。

**【森林防火】** 依托武警潍坊支队建成120人的市级森林扑火武警应急分队。10月21日，召开全市森林防火工作现场会议，对基层森林防火指挥员进行专题培训，开展扑救森林火灾实战演练，着力提升森林火灾扑救能力。全市建成蓄水池629个、林区钻井205眼、铺设引水上山管道361.4公里，配备高压串联水泵151台，水囊202个，高压细水雾灭火装置98台，多功能泡沫森林消防车8辆。

**【林业有害生物防控】** 加大防控力度，加强监督预警，强化检疫御灾，扎实开展重点林业有害生物越冬后虫口基数调查，突出抓好松材线虫病及美国白蛾等重点林业有害生物治理，全市主要林业有害生物发生面积15400公顷，无成灾面积，完成防治作业面积21.6533万公顷次，飞防19.74万公顷次，全面完成省政府《重大林业有害生物防控责任书》规定目标任务。

（侯占勇）

## 畜牧业

**【概况】** 潍坊市畜牧产业链实现销售收入1114亿元，连续6年保持千亿元。肉蛋奶总产量达181万吨，畜产品出口6.2万吨、创汇2亿余美元。全市畜牧经济总量、畜产品产量和禽肉出口量、创汇均居全省第1位。全市畜牧经济总量继续保持全省第1位。

**【畜牧产业链项目建设提升明显】** 规划建设畜牧一、二、三次产业重点项目305个，拉动社会投资达142亿元，完成了年度任务的142%。其中，过亿元的畜牧重点项目13个，争取“‘粮改饲’示范县”等政策性扶持项目15类、292个，惠及农户831家。加快推进肉羊、蛋鸡标准化生产基地项目建设，投资1.8亿元，引进具有国际先进水平的设施、设备，规划建设40万只蛋鸡、3万只肉羊标准化养殖示范基地各1处。积极参与中国食品谷系列重点项目建设，完成东亚畜牧交易所市内招商任务，全力协助东亚畜牧交易所正式上线运营、中国兽药饲料交易大厦如期开业，助推全市乃至更宽领域畜牧产品国际化交易平台建设更上一个新台阶。

**【畜牧园区示范创建扎实开展】** 新建、改造畜牧园区101个，新增国家级示范场5个(总数达25个)、省级16个(总数达137个)、市级62个(总数达301)个，争创首批“山东省优秀家禽养殖企业”13家，创建省级畜牧旅游示范区6处（总数达14处），居全省第1位。

**【畜牧品牌建设成效显著】** 积极开展“三品一标”（无公害畜产品、绿色产品、有机产品、国家地理标志产品）品牌创建活动，全市新认证无公害畜产品72个、总数达636个，品牌产品产量达140万吨、占总量的55.7%、居全省前列。积极开展“山东省首批知名农产品企业产品品牌百强”争创活动，潍坊市山东得利斯食品股份有限公司得利斯牌低温肉制品、冷却肉、潍坊中基集团有限公司潍一牌肉鸡制品、山东凯加食品股份有限公司凯加牌肉鸡及制品名列其中。9家畜牧企业被表彰为“‘食安山东’畜牧业示范品牌引领企业”。

**【兽药饲料产业经营】** 全市有81家兽药生产企业通过兽药GMP验收，551家兽药经营企业取得《兽药经营许可证》。生产企业和经营企业数量均居全省第1位。2016年，全面推广应用“兽药管理综合信息系统”，全市所有生产企业已经全部具备赋码生产能力。439家经营企业已经按时上传经营品种基本信息。全市共有饲料生产企业313家，获得各类饲料和饲料添加剂生产许可资质373个；2016年，各类饲料总产量612.5万吨、总产值280.9亿元。其中，配合饲料、浓缩饲料、添加剂预混合饲料产量586万吨、产值196亿元；饲料添加剂产量24.8万吨，产值83亿元；混合型饲料添加剂产量1.7万吨，产值1.9亿元。企业数量和产值均居全省第1位。

**【国家级无疫区成功创建】** 全市先后投资约0.6亿元，规划建设了无疫区基础设施系列项目，动物防疫、检疫执法、疫病监测、应急处置体系健全，软硬件建设水平达到国家免疫无口蹄疫区和免疫无高致病性禽流感区区域标准，通过农业部专家组验收。胶东半岛免疫无口蹄疫区和免疫无高致病性禽流感区正式通过国家评估验收，潍坊市已全面建成“国家级无疫区”。

**【实施畜牧产业精准扶贫】** 对995户（涉及贫困人口2147人）有意向从事畜牧业的贫困户进行登记汇总,通过实施畜牧优势特色养殖业扶贫工程、畜牧龙头企业扶贫工程、畜牧合作经济组织扶贫工程、畜牧科技扶贫促进工程“四个工程”扎实推进精准扶贫。政策项目倾斜，积极为安丘市、临朐县、青州市、高密市争取专项用于扶贫开发资金576万元；组织党员干部到帮扶村贫困户家中进行走访慰问，送去钱物约4万元。在深入考察和全面论证的基础上，安排结余资金12万元，用于支持临朐县嵩山生态旅游区泉头村局河子桥建设。加强全市产业扶贫开发工作的宣传报道，对涌现出的脱贫典型、创新经验等事例和人物及时进行了宣传报道。2016年，有836户、1781人（占从事畜牧业扶贫人口84%）通过发展畜牧业实现脱贫。

**【畜禽屠宰管理】** 全面完成了生猪定点屠宰企业的换证工作，对获证企业换发了屠宰证书及标志牌，并由潍坊市人民政府对生猪定点屠宰企业向社会进行了公布。全市共有生猪屠宰企业87家，换证后共有企业79家，其中，35家为屠宰厂，44家为小型屠宰场点，分布在潍城区、寒亭区、寿光市、青州市、临朐县、安丘市、诸城市、高密市、昌乐县、昌邑市、峡山开发区11个县（市、区）。配合农业部在寿光市正方鸭屠宰厂进行了“两证合一”（动物产品检疫合格证、产品检验合格证）试点工作，并对鸭屠宰企业的操作规程和屠宰标准制定进行了验证。

**【推进畜禽污染治理】** 重新划定了禁养区、限养区、适养区，禁养区内养殖场搬迁888家、关停1085家。通过新闻媒体宣传、外出考察学习、举办培训班、现场技术指导、发放明白纸等形式为养殖户送去沼气利用、有机肥生产、生物降解等治污技术，全市新建沼气工程30处、总数达1235处，建成生猪、肉鸡、肉鸭等生物发酵床养殖场区2754处，新建畜禽粪污处理工程122处、改扩建54处，创建畜禽粪污处理示范工程61处，建设利用生物技术处理畜禽粪污示范点10处。大力推广种养结合新模式，新增种养结合园区13处、总数达2767家、居全省第1位。

（赵杰）

## 海洋与渔业

**【概况】** 2016年，全市渔业经济总产值292亿元，水产品总产量61万吨。

**【海洋综合管理】** 全年共审批用海项目123宗，潍坊港中港区散杂货堆场等9宗用海获得省政府批复，填海面积220.9公顷，保障了新区建设用海需求。编制完成《潍坊市海洋功能区划（2013年—2020年）》和寿光市、滨海开发区、昌邑市3个沿海市区海域使用规划，并由市政府正式公布实施。创新海域使用管理模式，在全省率先启动海域使用权流转和管理方式改革，全面推行海域使用权招、拍、挂工作。目前,已有80宗海域使用权出让通过市公共资源交易中心实施招、拍、挂，海域资源配置的市场化、公开化水平大幅提升。

**【海洋经济发展】** 积极争取上级资金项目支持，全年落实项目22个，争取上级资金4.48亿元。省海渔厅与市政府签署支持潍坊市海洋与渔业重点工作对接任务书，对新区建设、项目用海、基础能力建设等5个方面27项重点工作给予重点支持，市委、市政府主要领导给予批示肯定。积极实施海洋经济创新发展区域示范工程，成功创建“国家科技兴海产业示范基地”，成为继上海浦东、山东青岛、福建厦门等之后全国第八个示范基地。围绕打造集渔港、食品港、商业港和旅游等配套功能于一体的综合性港口，全力加快潍坊渔港建设，龙威渔港开港运营，中心渔港、海恒威渔港、海渔产业园开工建设。

**【现代渔业发展】** 加快“海上粮仓”建设，已形成浅海筏式扇贝养殖20000公顷、底播贝类增殖26666.67公顷、池塘鱼虾参养殖10000公顷、名贵鱼虾工厂化养殖200万立方米水体，培育了海参、扇贝、对虾、大菱鲆、鲟鱼、文蛤等10个过亿元的主导品种。潍坊市主推的南美白对虾陆基工厂化养殖模板—滨海红星模式，被作为山东省“海上粮仓”建设模版在全省推广。大力发展健康养殖，全市“省级现代渔业园区”达17处、“省部级健康养殖示范场”56家，“市级水产品质量安全生产示范园区”60家。水产种苗业和增殖业不断发展，年培育三疣梭子蟹、南美白对虾、海蜇等水产苗种50余亿单位，良种覆盖率达65%以上，全年放流中国对虾、海蜇、梭子蟹、鲢鳙鱼等品种5.23亿单位。

**【海洋生态建设】** 制订项目推进工作“一张表”，强化项目落实，配合省厅对潍坊市承担的13个项目进行了验收，成为全省首个全部通过验收的地市。加强海洋环保基础能力建设，开展6条入海河流、重点排污口、一般排污口和近海海域56个站位监视监测工作，上报监测分析数据8327个，发布2015年度海洋环境质量公报，全面分析和评价潍坊市海洋环境状况，为各级政府科学管护与合理开发海洋事业，准确应对海洋突发事件提供科学依据。市海洋环境监测站（水产品检验检疫中心）率先整体搬迁入驻中国食品谷，顺利实现业务化运行。完善海洋预报减灾体系，制订全市赤潮风暴潮、海啸海冰等专项应急预案；积极应对灾害性天气，根据海洋灾害预警报，全年及时启动5次海洋灾害应急响应，并组织开展灾情评估工作。

**【护海管渔工作】** 认真落实渔船管理责任，将全市1057艘海洋渔船逐一归类建档，全部纳入管控范围；制订全面加强海洋渔船管控工作实施方案，健全完善渔船管控工作规则、联席会议、突发事件处置、24小时值班和日报告等涉渔船舶综合管控制度；对全市海洋渔船船东、船长和管理人员进行轮训，共举办渔民培训班11期,培训渔民2522人。开展涉外渔船整治专项行动，强化涉朝、涉韩敏感水域渔船管理，对异地挂靠渔船、涉渔“三无”（无船名号、无船舶证号、无船籍港）船舶等进行全方位排查，全市涉渔船舶管控形势总体稳定，未发生涉外渔业事件。开展“海盾”“碧海”等专项执法行动，全市共进行各类海监执法50余次，检查用海项目186个，全市渔业生产秩序持续稳定，连续3年被评为“省级伏休先进单位”。强化渔业安全管理，落实了市、县、乡、村“四级”渔业安全责任，开展渔业安全严查严整严打、渔船防碰撞、隐患大排查大整治等专项活动，全市连续多年未出现重大渔业安全事故。深入开展水产品安全治理行动，水产品抽检样品合格率达99.6%，抽检阳性样品执法查处率达100%。

**【干部队伍建设】** 加强机关党的建设，巩固党组织地位，强化党组织领导核心作用。加强干部作风建设，安排骨干力量常驻滨海新区，现场推进潍坊渔港建设、提供用海服务，主动对接用海单位，帮助谋划项目建设。全力做好扶贫和“第一书记”包村工作，对口帮扶村41户贫困户全部脱贫，圆满完成脱贫帮扶任务。认真做好权力清单梳理调整，对进驻大厅的13个事项重新编制完善服务指南和办理规程，进一步简政放权、优化服务。

**【成功创建国家科技兴海产业示范基地】** 12月，国家海洋局正式批复授牌，潍坊市成为全省首家成功创建“国家科技兴海产业示范基地”的地级市。“国家科技兴海产业示范基地”在潍坊市落地后，对提高全市海洋高新技术产业化规模，推进海洋科技成果转化，培育和发展海洋高技术产业，承接国家科技计划海洋技术领域重大专项、国家海洋经济创新发展区域示范项目等具有重大意义。截至2016年年底，潍坊市共争取“国家海洋经济创新发展区域示范项目”40个，总投资39.86亿元，上级扶持资金2.47亿元。

**【省海洋与渔业厅和市政府签署海洋与渔业重点工作对接任务书】** 3月24日，省海洋与渔业厅和潍坊市政府签署海洋与渔业重点工作对接任务书，省海洋与渔业厅对潍坊市海洋生态、新区建设、海上粮仓、项目用海、基础能力建设5个方面27项重点工作给予重点支持。通过工作对接和项目实施，潍坊港、潍坊渔港、旅游度假区、疏港铁路、城海轻轨等一批重点项目用海需求得到保障；海洋生态文明建设、海域、海岛、海岸带综合整治修复项目、海洋三大体系建设、海洋粮仓、海洋经济创新发展区域示范等一批项目实施建设。

（马 康）

# 水 利

**【抗旱保水】** 潍坊市自2013年8月遭遇严重的连年干旱以来，全市水利部门经过努力，取得重大进展。一是健全完善了调水工程体系。建成了青州市庙子引调水工程、东皋向青州市城区应急调水工程、昌乐县五图引调水工程、峡山水库向高密市调水明渠改管道工程。启动实施峡山水库库底水源应急供水工程。全面完成南水北调配套工程滨海开发区、寿光市、昌邑市三个供水单元建设。全力推动黄水东调应急调水工程建设，保障良好的施工环境；二是统筹配置全市水源。修订了《全市大型水库水源调度方案》《城市抗旱应急供水保障方案》《峡山、白浪河水库供水区应急供水保障方案》等，县（市、区）制订中型水库水源调度方案，统筹配置黄河水、长江水与本地水。通过调水工程，实现跨流域调水3.43亿立方米，其中，调引黄河水、长江水2.23亿立方米，保障全市供水安全；三是全力推动节水型城市建设。开展节约用水集中行动，城市及工（农）业节水取得明显成效。建立了节水工作制度体系，起草了《关于实施全民节水行动推进节水城市建设的意见》，并通过市委改革领导小组审议，推动节水工作的深入开展。

**【防灾减灾工程建设】** 一是雨洪资源利用工程顺利推进。完成峡山水库增容工程和新建高密市孟家沟水库、昌乐县南寨水库扩容工程主体工程，增加蓄水能力7300万立方米。二是中小河流治理有序开展。完成寿光市织女河等4个中小河流治理项目，安丘市渠河等3个项目完成投资计划的90%以上。三是水库水闸除险加固取得成效。完成高密市王吴水库除险加固和82座新出险小型水库除险加固竣工验收，完成青州市弥河拦河闸等3座病险水闸除险加固工程，完成峡山、白浪河水库等30个水管单位中央、省级财政维修养护补助资金项目。四是灾害防治体系进一步完善。实施2016年度山洪灾害非工程措施提升改造和群测群防项目。加强防汛薄弱环节排查整改，实现安全度汛。

**【农村水利基础设施建设】** 一是农村饮水安全建管体系更加完善。编制完成《潍坊市农村饮水安全巩固提升工程“十三五”规划》。完成117个村的巩固提升项目，加强了水厂规范化建设，12家水厂被评为“省级农村公共供水规范化管理先进单位”，居全省首位，水质达标率持续保持全省领先；组织了农村供水人员培训和技能大赛，管理信息系统实现市、县、水厂、用户四级联网，工程维修专项资金累计归集0.2718亿元，为农村供水可持续发展奠定了基础。二是农田水利工程体系不断完善。完成小农水重点县2015年度和2016年度建设任务，2015年度10个重点县项目全部获得“优秀”等次。完成青州市黑虎山水库灌区和寿光市小清河扬水站重点中型灌区节水改造任务，完成11个县（市、区）农田水利维修养护项目；三是移民工作有序开展。发放移民直补资金1.38亿元，实施中央大中型水库移民扶持项目213个，省级小型水库扶助基金项目43个，共完成中央、省级投资0.9592亿元；实施了移民脱贫攻坚工程，3071名建档立卡贫困移民实现脱贫，完成临朐县第一批大中型水库移民避险解困试点，安丘市、临朐县、昌乐县第二批试点项目进度过半；诸城市、峡山区等15个美丽移民村建设通过验收，完成投资0.3亿元。

**【水生态治理工程建设】** 一是深入推进水土保持生态建设。编制《潍坊市水土保持规划（2016年—2030年）》，完成水土保持生态建设综合防治面积221平方千米，完成沂蒙山区国家水土保持重点建设工程临朐砚峪小流域等3个项目和省水土保持工程临朐隐士小流域建设任务。二是启动实施了亚行贷款地下水漏斗区治理工程。昌乐县、高密市、青州市、寿光市项目开工建设。三是继续深化“三八六”（围绕三个目标、打响八大战役、强化六项保障）环保行动。9类55个项目全部完工，河道生态进一步改善。

**【依法治水管水】** 一是最严格的水资源管理取得新成效。实施“三条红线”（用水总量控制、用水效率控制和水功能区限制纳污）管理，5万立方米以上的用水户全部下达了用水计划，加强非农自备井管理，实施地下水超采区综合整治，压采地下水3562万立方米。代表省迎接国家对实行最严格水资源管理制度的现场检查，获得“优秀”等次。开展“水资源管理规范化建设示范”创建活动，寿光市创建为“水资源管理规范化建设示范县”。二是水法规制度建设进一步加强。清理公布涉水政府规范性文件12件，完成《潍坊市农田水利管理办法》《潍坊市河道管理办法》等涉水规范性文件立改废。不断深化行政审批制度改革，权力清单和公共服务事项目录发布实施，市水利局两个水行政许可案卷被省厅评为“一等奖”。三是严格落实“双随机一公开”（在监管过程中随机抽取检查对象，随机选派执法检查人员，抽查情况及查处结果及时向社会公开）工作制度。随机抽查建设项目1家、取水单位2家，对173个生产建设项目水土保持方案落实情况开展稽查、督查。四是依法开展水政执法。加强胶东调水渠道巡查，规范潍河、汶河、渠河采砂管理，水事秩序不断向好。市局被评为“2011年—2015年全市普法依法治理工作先进单位”，青州市水利局和临朐县水利局创建为“全省水政执法规范化单位”。

**【加强水利监管】** 通过政府采购方式，确定专业公司负责工程质量检测。建立检查巡查制度，对7项工程进行了专项检查或飞检。严格执行质量终身负责制和质量问责制，全市5个项目获得“鲁水杯”称号，数量位居全省前列。全面落实了安全生产目标责任制，开展安全隐患大排查快整治行动，全市水利系统“大快严”（安全生产隐患大排查、快整治、严执法）活动累计排查隐患1374个，已完成整改1260个。全市两个项目接受水利部安全生产考核，被评定为“优秀”等次。

**【水利改革创新】** 在青州市、临朐县开展了小型农田水利设施管护机制改革试点，出台了《小型农田水利设施维修管护资金筹集使用管理办法》，共发放产权证书和使用证书6798份。开展了农业水价综合改革，编制了《潍坊市农业水价综合改革实施方案》，在安丘市开展了试点工作。在寿光市开展了区域综合水价改革试点，探索建立水费收缴模式，结算综合水价已在地表水利用中试运行。在昌乐县开展了小型水库管理体制改革试点，探索了小型水利工程规范化管理的新路子。

**【加强基层党建】** 树立抓好党建是最大政绩的观念，印发《2016年党建工作要点》，把党建工作与业务工作同谋划、同部署、同考核。在市直水利系统开展“两学一做”学习教育，按规定完成年度任务。深入推进党风廉政建设和反腐败工作，组织开展落实从严治党主体责任专题约谈工作。开展“为官不为”和“拉帮结派搞小圈子等不正之风”专项整治。按照规定的标准和程序选拔任用干部，局机关共提拔6名科级干部，均得到群众公认。严格执行中央八项规定，完成房改后建购职工住房专项审计整改工作。

**【加强机关效能和精神文明建设】** 加强了机关规范化建设，完成了机关公车改革，财务管理、信息宣传、信息化建设等工作取得新成绩。引进潍坊滨海水务有限公司，完成招商引资任务2亿元。党务政务公开规范开展，高质量完成了人大建议、政协提案办理，参加“党风政风热线”4次、阳光议事厅3次，反馈处理问题23件，及时处置政务热线转办的信访事项，社会关切问题得到及时回应，群众正当利益得到维护。完成白浪河水库国家级工程管理单位、牟山水库等5家“省级规范化管理单位”复核验收工作，高崖水库创建为“省生态文明示范教育基地”。扎实推进行业扶贫攻坚，市局在扶贫工作成效考核中获得“优秀”等次。开展“省级文明单位”创建，市局被评为“省级文明单位”。

（周　岩）

## 南水北调

**【概述】** 潍坊市南水北调工程建设管理局在省南水北调局组织的2016年年

度工作考核中名列前茅，被评为“先进单位”。12月，在省南水北调局的现场监督下，组织专家组分别对昌邑市、滨海开发区（二期）、寿光市供水单元进行通（蓄）水验收，一期配套工程主体建设基本完成。2016年，全市调引长江水、黄河水累计2.2亿立方米，有效地缓解潍坊供水紧张形势，为全市工农业和生活用水提供有力支撑。

【突破滨海】 协调督促有关单位搞好水利项目建设，完成潍河昌邑城区段8千米河底整治工程，开展了寿光弥河兴旺庄橡胶坝拦蓄水及官庄沟调水工程招投标前期工作，同时主动招商，引进山东水发集团潍坊滨海水务有限公司，完成第二平原水库配套净水厂及管网一期工程0.51亿元投资任务（总投资1.37亿元）。

【黄水东调工程施工环境保障】 为解决胶东4市缺水问题，省政府决定启动黄水东调应急工程，由水发集团承建。工程自东营广南水库引水至潍坊滨海第二平原水库，总投资33.9亿元，年引黄河水3.15亿立方米。工程一期潍坊段在寿光市、滨海开发区辖区内，管道长度55.7千米，是黄水东调工程的主要任务段，工程征地拆迁任务艰巨，施工难度大。截至2016年年底，征地移民工作已基本结束，拨付拆迁资金0.53亿元，工程建设全面开工，完成降水井160眼，管道沟槽开挖13千米，管道制作3千米。

【水费收缴】 为解决长江水黄河水先缴费后引水、用水单位先使用后缴费而带来的水费缴纳滞后问题，保证水费及时征缴，建议市政府先后下发《关于进一步做好应急调引客水调水费用筹集工作的通知》《关于筹措2016年—2017年度长江水调水费用的紧急通知》，对全市水费收缴作了更为明确的规定。全市上缴省局水费累计2.7亿元，历次缴费时限均在全省前列。潍坊市通过财政渠道收缴水费的做法得到省局的肯定和借鉴。

（张召军）

# 农业机械

【概况】 全市农机总值达到89亿元，农机总动力达到960万千瓦，拖拉机17.8万台，联合收获机2.5万台,主要农作物耕种收综合机械化水平达到91.1%以上。三夏期间，全市累计上阵小麦联合收割机1.57万台，收获小麦35.27万公顷，机收率达99%，玉米播种35.333万公顷，机播率达98%。全市各级农机部门积极组织15家农机合作社参与精准扶贫，为贫困户免费作业233.33公顷，合计作业金额24万元。三秋期间，全市上阵玉米联合收获机8000台，收获玉米36.9万公顷，机收率为宜收面积的98.3%，播种小麦34.358万公顷，机播率为99.9%。

【落实惠农政策】 全市落实农机购置补贴总资金量为1.67亿元，购置各类机械1.2万台，补贴农户和农机服务组织1.1万余户。工作过程中，严格落实“缩范围、控定额、促敞开、强监管”的要求，补贴范围更加集中，重点更加突出，政策带动作用更加明显。临朐县、昌邑市、坊子区、寒亭区、高密市5个报废更新试点县，共完成报废机具489台。全市70000公顷的深松整地作业任务，安排补贴资金1160万元，到目前，已完成9.933万公顷。

【提升现代农业装备水平】 玉米籽粒机收取得突破。市农机局自2014年开始，与市农业部门密切协作，加强农机农艺融合，从小麦玉米品种综合配套选择入手，强化机具脱粒方式的试验改进，对夏玉米籽粒机收进行试验探索。9月29日，潍坊市夏玉米籽粒机收观摩现场会在寿光市举行，从实际作业效果看，夏玉米机收的脱净率、破损率、损失率和含杂率都达到了理想水平，初步具备推广应用的价值。玉米籽粒收获机一次完成摘穗、脱粒、清选、集箱等作业，成为夏播玉米收获技术划时代的一项改革。保护性耕作稳步推进。重点推广“玉米机收、秸秆还田、小麦免耕播种”一条龙作业模式，共实施保护性耕作面积14.8万公顷，覆盖率达到35%以上，小麦免耕播种机保有量达到5291台。经济作物机械化发展迅速。以臭氧水消毒杀菌为重点的高效绿色植保取得显著成果，市农机局专门邀请有关企业、科研院所、蔬菜生产基地对臭氧溶入水防治根结线虫科技成果进行研讨，总结制订臭氧水防治蔬菜病虫害农艺流程及标准，形成《臭氧防治土传病虫害农机装备研发与应用》一书，并已开始培训蔬菜生产基地负责人和技术人员。胡萝卜、马铃薯、花生、大葱、山药、烟草生产已经实现全程机械化，大姜、大蒜等收获机械得到大面积推广应用，蔬菜移栽技术及设备日趋完善。

【扶持农机企业】 按照市委、市政府加强供给侧结构性改革、化解过剩产能的战略部署，市农机局主动承担起为潍柴动力“国三”柴油机去库存的重任，组织全国25家农机生产企业“走进潍柴”，促进潍柴动力扩能升级、进军农业装备产业。有35家企业配套了1万余台潍柴动力。同时，借助全省农机装备研发创新计划项目支持，获批雷沃重工、潍柴动力等企业申报的6个项目，资金高达1480万元，进一步提升农机企业的研发创新能力。开展农业装备生产企业摸底调查。市农机局与畜牧局联合下发了《关于在全市联合开展农业装备生产企业摸底调查工作的通知》，由各县（市、区）农机部门负责牵头，畜牧兽医部门全力配合，集全系统之力联合开展调查摸底工作。到目前，已经摸清300余家农机企业的详细信息。

【第十届中国（山东）农业机械博览会】 3月18日，“第十届中国（山东）农业机械博览会”在潍坊开幕，共有雷沃重工、潍柴动力、中国一拖等320余家国内外知名农机装备企业报名参展，展区面积达2.8公顷，现场观众达1.5万人次。经过十年的打造，潍坊市举办的农机博览会已经成为全国农机行业展会的领跑者。

【农机合作社建设】 全市初步形成了以作业服务为中心，以技术推广、培训和农机维修、配件供应、信息服务、投诉监督等为支撑的农机社会化服务体系。2016年，市农机局重点抓好以“全面提升、突出亮点”为内容的农机合作社建设工作，开展优秀农机合作社巡礼活动，统一组织观摩各县（市、区）农机合作社的发展情况和成果，总结交流优秀合作社的发展经验，推进全市农机合作社再上新台阶。潍坊市自2012年实施《特邀农机技术推广制度》，共聘用特邀农机技术推广员286名，已经成为一个覆盖面广、成熟完善的新生农机推广服务组织。全市在工商部门注册的农机专业合作社达到654家，入社成员1.4万人，机具保有量2.6万台。

【农机化公共服务】 市农机局依据《关于扩大18项行政事业性收费免征范围的通知》，从2016年5月1日起，全面停收了拖拉机号牌费（含号牌架、固定封装置），拖拉机行驶证费，拖拉机登记证费，拖拉机驾驶证费，拖拉机安全技术检验费。开展为期5个月的大排查大整治集中行动，结合农机档案管理工作全面进行牌证清理和档案规范，彻底排查“超标”车辆。全市共清理超标拖拉机792台，已公告作废167台，在审超标车辆有70台。截至目前，全市挂牌4773副，办证2272个，年检7996台。全市拥有农机维修企业545个，农机维修服务中心57个，其中，农机4S店已达12个，“四星级文明农机维修网点”15家，“五星级文明农机维修网点”4家。市农机学校与高密市宏基合作社合作，设立航空植保无人机培训基地，逐步探索建立一套完整的航空植保培训机制。全市拥有航空植保无人机37架，基本具备了大规模作业的能力。

（张 军）

## 农业综合开发

【概况】 全市共投入各级农业综合开发资金3.59亿元，其中，财政资金2.14亿元，带动社会资本投入1.48亿元、撬动银行贷款1.15亿元；组织实施各类农业综合开发项目98个，其中，土地治理项目25个，产业化发展项目36个，山区开发项目37个。全面完成2015年度各项农业综合开发项目建设任务，顺利通过省级组织的竣工项目检查验收和绩效评价。

【土地治理】 全年共完成土地治理项目总投资1.55亿元，其中，财政资金1.44亿元，建成高标准农田9420公顷，改良土壤633公顷，新打和维修机井1104眼，铺设管道594千米，新建田间建筑物3011座，新建和修复道路214千米，配套输变电线路248千米，营造农田防护林网折实面积480公顷，技术培训2万人次。项目区全部实现集中连片、旱涝保收、稳产高产、生态友好的高标准农田，新增灌溉面积8000公顷，年节水量648万立方米，年新增粮食生产能力1657万公斤，项目区农民比非项目区亩均增收约600元。

【产业化发展】 围绕“粮食、林果、蔬菜、畜牧、苗木花卉”五大主导产业，从优化产业布局、拉长产业链条、突出关键环节、完善联结机制入手，加大对新型农业经营主体的扶持，开通农民走向现代化农业经营道路的“直通车”。全年共完成产业化发展项目总投资2.63亿元，其中，财政资金0.52亿元，支持建设厂房车间1.89公顷、各类大棚5.86公顷，购置生产加工设备584台（套），科技培训5400人次。通过实施，项目区带动种植基地13333公顷，直接受益或带动农户3.54万户，直接受益农民年增收3.49亿元，新增或转移劳动力就业2.26万人。其中，山东东方誉源现代农业集团有限责任公司承担实施的“龙头企业带动产业发展试点”，完成总投资0.2721亿元，其中，财政资金0.084亿元，建成了3000万株优质蔬菜种苗繁育中心及400万公斤设施蔬菜标准化种植基地，带动覆盖2000公顷基地，对于更新蔬菜品种、提升产业水平、带动农户增收等发挥了重要作用。

【山区综合开发】 全年共完成山区综合开发项目财政投资0.08亿元，新修道路9.14千米，铺设管道7.3千米，新建各类水利设施19处。通过项目实施，农业基础设施进一步加强，涌现出一批山区综合开发的好典型，安丘市石埠子镇摘药山小流域综合治理项目，着力解决灌溉水源问题，在持续大旱的情况下，保障了18公顷大樱桃丰产丰收，实现收入200万元，比上年增收90万元。

【突出创新驱动】 启动高标准农田建设模式创新试点，为全省首批9个试点之一，由高密市组织实施，总投资0.4285亿元，其中，财政资金0.28亿元，分两年实施。创新精准扶贫机制。发挥部门优势，积极探索农业综合开发与脱贫攻坚的无缝对接，加大对省定贫困村的项目和资金倾斜力度，统筹安排财政资金0.675亿元，建成旱涝保收田3533公顷，惠及69个省定贫困村6.4万人，项目区农业生产、生活条件得到很大改善，为加快贫困区农户脱贫致富步伐奠定了良好基础。探索创新投入新模式。改革投入机制，放大财政投入引导作用，农发项目“先建后补”模式在全市范围推广，积极探索与邮储银行合作支持新型农业经营主体贷款试点。

（郭忠春 ）

加入合作社的贫困户领取分红 （供图：沈 全）

## 扶贫开发

【概况】 围绕“两年基本完成贫困人口脱贫任务、三年全部兜底脱贫”的任务目标，全市上下齐心协力推进脱贫攻坚，农村建档立卡贫困人口净脱贫5.5万人，269个省定扶贫工作重点村退出241个，超额完成年度脱贫攻坚任务，寿光市、诸城市、青州市、高密市、潍城区、坊子区、寒亭区（含经济区）率先基本完成脱贫任务。

【精准识别和退出】 对建档立卡贫困户进行了再识别再认定，进一步摸清贫困底子。2016年，全市建档立卡未脱贫贫困户共3.3万户、贫困人口6.7万人。全市共组成1.1万个帮扶（关爱）小组，实现贫困户结对帮扶全覆盖。帮扶（关爱）小组与贫困户一起，逐户研究制订“精准脱贫工作方案”，实施精准帮扶。严格按照《山东省贫困退出实施方案》要求，开展省定扶贫工作重点村、贫困户退出工作。

【产业就业扶贫】 推广“党支部+合作社+贫困户”模式，全市与贫困户结对帮扶的合作社达到445家，带动贫困户5556户；406个合作社吸纳贫困人口就业5522人。与贫困户结对帮扶发展产业的家庭农场68家，流转贫困户土地的家庭农场142家，吸收贫困户就业的家庭农场119家，吸纳就业292人。省定扶贫工作重点村组建合作社281家。在省定扶贫工作重点村实施了344个产业扶贫项目、45个特色产业扶贫基金项目、5个中央资金整村推进项目、17个中央资金非整村推进项目，惠及贫困人口2.15万人。开展特色产业扶贫，全市农业扶贫帮扶1521个村、贫困人口19214户、35370人；分布式光伏扶贫总规模达到1.4万千瓦，惠及327个省定扶贫工作重点村、贫困户2978户；光伏扶贫获批14万千瓦项目，占国家下达山东省总规模的1/8，可惠及贫困户5150户；乡村旅游扶贫受益村18个，惠及贫困人口711户、1884人；836户通过发展畜牧业实现脱贫。安排76名贫困人口担任护林员。推进就业扶贫，在省定扶贫工作重点村设立培训点，开展订单培训，技能培训1106人；5757名农村建档立卡贫困人口实现转移就业，带动6469人实现脱贫。

3月23日，潍坊市委副书记、市长刘曙光（左二）到临朐县调研精准扶贫工作，在沂山风景区东镇村走访贫困户 （供图：沈 全）

【服务保障】 全年共资助贫困户学生8265人次、1013.4万元（含雨露计划），为213名贫困户大学生申请泛海行动助学金106.5万元。扎实实施“雨露计划”，共补助970名贫困学生291万元。综合采取医疗费用减免、提高大病保险待遇、实施医疗救助、医疗商业补充保险等措施，在316家定点医疗机构推行“一站式”即时结算，实现贫困群众基本医疗免费，并且方便贫困群众报销。在不增加贫困户经济负担的情况下实施危房改造，2016年计划改造209户，实际竣工242户。推进扶贫线与低保线“两线合一”，中心城区和诸城市、寿光市，低保标准提高到每人每年不低于3900元，其他县（市）提高到不低于3800元，全部高于省定扶贫线。实施民生综合保险工程，财政全额出资为全市行政区域范围内所有人口和常住居民家庭购买人身意外伤害险和家庭财产险，最高赔付额分别为12万元、6万元，建档立卡贫困人口等保险金额在普通群众基础上上浮30%，有效减少因灾返贫致贫。

【行业社会扶贫】 抓好驻村扶贫，市、县两级共派驻530名“第一书记”，累计投入各类帮扶资金及实物折款47000万元，落实致富项目998个，新增村集体经营性收入2343万元，市派“第一书记”省定扶贫工作重点村全部摘帽。开展企业结对帮扶，组织实施光彩扶贫行动，120余家企业结对帮扶120个省定扶贫工作重点村，全市共有517个企业参与扶贫工作，帮扶600个村、带动贫困户4070户。工、青、妇、残等群团组织，开展“暖家”扶贫、百企（岗）联百村（户）、困难农民工就业“三送”（送岗位、送培训、送服务）服务、金秋助学、助残致富奔小康、青联委员服务千家脱贫等系列社会扶贫活动。动员社会组织参与精准扶贫，通过政府购买服务方式，引导社会组织实施精准扶贫项目，首批评审通过28个项目，先期实施项目11个。

【省内扶贫协作】 按照省委、省政府统一部署，与聊城市结对开展扶贫协作。就协作项目互访洽谈4次，3家潍坊企业落户聊城，带动100余名贫困人口脱贫。积极搭建就业扶贫协作平台，共培训聊城贫困人口5000余人，帮助341名贫困人口就业。依托潍坊银行聊城支行实施金融扶贫，发放贷款1200万元。引导全市4个经济实力较强的县与聊城市4个脱贫任务较重的县进行结对协作。发起“暖冬”行动，为聊城市筹集了价值231万元的过冬物品，惠及贫困人口2万余人。

【资源要素支撑】 各级财政性扶贫资金共计39700万元，统筹整合使用涉农资金17700万元。发挥金融扶贫助推作用，积极开展小额扶贫信贷工作，发放小额扶贫信贷4490.4万元，带动贫困人口2095人。设立2600万元扶贫（农业）信贷担保风险补偿资金，协调金融机构推出光伏贷、信保扶贫贷、农村产权贷等系列扶贫信贷产品。出台脱贫攻坚人才支持计划实施办法，计划培养150名脱贫攻坚人才。组建了农业科技指导人员队伍，与260个省定扶贫工作重点村签订科技帮扶协议，10个农业科技园区与24个省定扶贫工作重点村结对帮扶。

【机构建设】 1月5日，市委、市政府根据新形势、新要求，调整市扶贫开发领导小组组成人员，由市委、市政府主要领导同志任组长，市委、市政府相关领导任副组长，市直44个成员单位主要负责人任成员。在重点行业部门共设立15个扶贫开发指挥部。市扶贫办设在市农业局，调整为独立运行，配备主任1名（正县级）、由市委副秘书长兼任，副主任3名（副县级），抽调3名副县级干部担任总召集人，共有28人，内设9个工作组。13个有脱贫攻坚任务的县（市、区、市属开发区）均按要求调整扶贫开领导小组，组建县级扶贫办。全市县级扶贫办共有工作人员107人，镇级扶贫工作人员520人。

【重要会议】 1月6日，市委、市政府召开全市扶贫开发工作会议，贯彻中央和全省扶贫开发工作会议精神，分析全市脱贫攻坚形势，研究部署脱贫攻坚的任务目标和思路措施，动员全市各方面力量坚决打赢脱贫攻坚战，市委书记杜昌文出席并讲话，市委副书记、市长刘曙光主持会议。6月1日，市委、市政府在临朐县召开全市

6月1日，全市脱贫攻坚现场会期间，市委副书记王献玲（前排左三）、副市长刘建国（前排右二）带队参观临朐县牛寨村脱贫攻坚现场 （供图：沈 全）

脱贫攻坚现场会，专题研究推广“党支部+合作社+贫困户”扶贫模式，市委副书记王献玲出席会议并讲话，副市长刘建国主持会议。8月11日，全市社会组织参与精准扶贫动员会议召开，号召全市社会组织积极参与精准扶贫，凝聚全社会力量共同打赢脱贫攻坚战，市委副书记王献玲出席会议并讲话，副市长刘建国主持会议。11月16日，全市脱贫攻坚现场推进会议在安丘市、峡山区召开，会议要求集中精力搞好扶贫项目建设；从严从实开展脱贫工作，努力构建精准扶贫长效机制，确保按时圆满完成目标任务，市委副书记王献玲出席会议并讲话，副市长刘建国主持会议。市扶贫开发领导小组分别于5月30日、6月30日召开领导小组会议研究相关议题，市扶贫开发领导小组副组长、领导小组成员等参加会议。

（沈 全）

# 工　业

*Gongye*

## 综　述

**【概述】** 2016年，全市规模以上工业增加值同比增长8.3%，高于全省1.5%，列全省第5位，保税区、峡山区、高新区、滨海区、高密市、诸城市、昌邑市7个市（区）增速高于全市平均。实现主营业务收入13425.7亿元，同比增长7.9%，实现利润和利税分别为743.1亿元和1129.3亿元，分别增长11.3%和11.8%，保税区、高新区、青州市、诸城市4个市（区）主营业务收入、利税、利润增幅均高于全市平均。全年工业用电量339.8亿千瓦时，同比增长3.4%，总量列全省第3位。电子、机械行业保持较快增长，利润总额同比分别增长18.3%、15%，化工、食品、纺织、造纸行业运行平稳，利润总额分别增长13.6%、8.4%、7.5%和7.4%。重点企业运行良好，全市重点调度的800户企业实现主营业务收入8422亿元，同比增长8.2%，其中，有475户企业主营业务收入保持增长。民营经济、中小企业实现平稳健康发展，全市非公有（民营）经济单位数量发展到71.6万户，增长12.3%。其中，中小微企业数量发展到15.7万户，增长24.6%；规模以上中小企业发展到3763家，工业增加值增长7.8%，实现主营业务收入8704.1亿元、利税699.5亿元、利润481.1亿元，分别增长7.5%、4.7%和7.9%。

**【现代产业体系加快构建】** 加快推进化工产业转型升级，实施“四评级一评价”（“四评级”指安全生产、环境保护、节能降耗、节约用水的评级标准；“一评价”指产业政策、土地使用、产品质量、社会贡献、发展潜力等综合评价指标）制度，“打非治违”专项行动深入开展。全市共关停化工企业106家，整顿化工企业376家，通过“四评级一评价”企业222家。调整优化化工产业布局，确定首批8个市级化工园区。加强龙头企业培育，集中配置要素资源，“一企一策”支持龙头企业发展壮大。加快重点园区建设，盛瑞传动自动变速器配套产业园、豪迈产业园、北汽福田诸城汽车工业园等一批园区建设进展顺利。加快产业联盟建设，成立智能装备、节能创新、内燃机等10个产业联盟，在“蓝色智谷”筹建中国（潍坊）产业联盟总部。

**【工业投资稳定增长】** 全市工业完成投资2865.2亿元，增长19.2%。其中，制造业完成投资2692.9亿元；“6+6”（即品牌农业、6个战略性新兴产业、6个传统优势产业、9个现代服务业。6个战略性新兴产业指电子信息、节能环保、生物医药、智能装备、新能源汽车、海洋动力装备；6个传统优势产业指机械装备、汽车制造、石化盐化、纺织服装、食品加工、造纸包装）产业共实施项目2771项，计划总投资3823.5亿元，当年完成投资2209.1亿元；实施技术改造项目2413项，计划总投资2960.1亿元，当年完成投资1891亿元，增长12.9%，占全市工业投资的66%。全市工业共实施投资过亿元技术改造项目504项，完成投资1020亿元。市经信委重点推进的总投资809亿元的战略性新兴产业项目282项，当年完成153.9亿元。

**【企业技术创新稳步推进】** 全市已建成“国家级企业技术中心”10家、省级144家、市级297家，其中，2016年新增省级27家、市级47家。组织攻克关键核心技术，机器人RV减速器、插电式混合动力乘用车自动变速器等一批技术达到国内（外）先进水平。培育引进高层次产业领军人才，推荐的5名人选全部入选“泰山产业领军人才”，连续两年居全省第1位，入选首批“鸢都产业领军人才”30名。成功举办“第二十五届山东省产学研展洽会暨山东省首届工业设计周”活动，潍坊市金奖3个、银奖5个数量均居全省首位。成功举办首届“市长杯”工业设计大赛，评选出金奖10个，银奖、铜奖各15个，营造全市发展工业设计的良好氛围。积极构建功能齐全、服务完善、覆盖全市的“市区一体化”、县（市）、产业集群（创业基地）三级中小企业公共服务平台体系，服务中小企业持续健康发展。

**【节能降耗成效显著】** 超额完成省政府下达的节能降耗和淘汰落后产能任务目标。“十二五”期间，潍坊市万元GDP能耗和规模以上工业万元增加值能耗分别下降23.7%和29.9%。制定出台了《潍坊市按用能先进标准管理项目暂行办法》，从源头严控新上高耗能项目。新修订《潍坊市固定资产投资项目节能评估和审查办法》，将市级节能评估审查权限全部下放到县级。积极推进工业绿动力计划，太阳能集热工程列入省奖励计划。“国家循环经济示范城市”创建稳步推进，“全省循环经济现场会”在潍坊市召开。积极推动钢铁、煤炭、水泥等过剩产能行业去产能工作，全年实现煤炭行业去产能84万吨。

【改革创新加快推进】 印发《关于深化改革精准施策促进企业转型发展的实施意见》，围绕解决企业困难、支持企业创新、改善企业发展环境3个方面进行精准施策，着力打造适宜企业发展良好生态。制订《关于引导企业挖掘内部潜力努力降低企业内部成本的意见》，围绕强化人本管理、全流程再造、内部管理、资金管理、营销模式5个方面，全力减轻企业负担。开展了规模以上企业资产证照专项治理行动，梳理建设用地使用权问题3151项，房屋等建筑物、构筑物所有权问题6978项，已分别办结2447项、4576项。加快建立现代企业制度，已改制企业1332家，完成5年改制任务的50.35%，“全省规模企业规范化改制现场会”在潍坊市召开。新组建军民融合产业科，加快发展军民融合，出台产业发展实施方案，组建潍坊市军民融合产业联盟，高新区先进制造产业园获批“省级军民结合类新型工业化示范基地”。

【服务企业力度不断加大】 创新服务企业长效机制，依托企业问题需求动态收集平台、热线服务电话、专题现场会议等方式收集企业问题需求，建立了“三级”［县(市、区)层面能够解决的，由县（市、区）政府限时办结；需要协调市直有关部门解决的，由市工业经济指挥部转各有关部门协同解决；涉及资源配置、管理体制、兼并重组等方面的重大问题，由市政府主要领导或分管领导以企业问题会商解决会议的方式，现场办公，协调解决］问题协商解决机制，实现问题收集和解决的全覆盖，全年共解决企业问题需求900余个。积极帮助企业开拓市场，创新营销模式，网上工业展览馆上线企业达到3616家、上线产品20591件，“好品山东”上线企业达5433家。抓好电力保障，64家企业入选电力直接交易试点，新增46家，成交交易电量48.4亿千瓦时，降低用电成本2.5亿元。

（张丽丽）

## 信息化

【推进制造业与互联网融合发展】 大力推进“两化”（工业化、信息化）融合管理体系贯标试点工作。北汽福田汽车股份有限公司诸城奥铃汽车厂、山东柠檬生化有限公司、山东帅克机械制造股份有限公司、山东耶莉娅服装集团总公司、汶瑞机械（山东）有限公司5家企业被确定为“国家‘两化’融合管理体系贯标试点企业”，山东华建铝业集团有限公司等10家企业入选“省‘两化’融合管理体系贯标试点企业”，数量均居全省前列。潍坊软件园（潍坊软件园发展中心）、昌乐县鄌郚乐器创业园（昌乐县鄌郚乐器创业园）、山东青州花卉苗木（电商）产业园3家单位被评为“省级智慧园区”。

【加大“两化”融合培训力度】 举办了“两化”融合管理体系贯标与企业“两化”融合评估培训班、企业首席信息官（CIO）培训班、“‘两化’融合深度行•潍坊站”活动，共培训企业信息主管800余人次。组织潍柴动力、福田雷沃重工等17家重点装备企业参加中国制造业与互联网融合发展高峰论坛;组织迈赫机器人、诸城奥铃汽车厂、歌尔股份有限公司等重点企业参加“第二届世界互联网大会”。2016年，市经信委荣获“2016年度山东省‘两化’融合推进先进单位”称号；潍坊市的潍柴动力等3户企业荣获“2016年度山东省‘两化’融合优秀企业”称号；潍柴动力的曹志月和华建铝业的李海亭荣获“2016年度山东省‘两化’融合先进个人”称号。

【信息化建设扶贫工作扎实推进】 圆满完成了2016年省信息化扶贫任务。制订《潍坊市信息化建设扶贫专项方案》。临朐县嵩山生态旅游区、安丘市辉渠镇被评为“省级信息化扶贫示范镇”，分别获得扶持资金30万元、50万元。

【加快工业电商发展】 根据潍坊市电子商务人才培训意见，为潍柴动力、歌尔声学、盛瑞传动等重点工业企业免费培训电商人才400余人。开展“省工业电商百县行”活动。在安丘市、诸城市举办“山东省工业电商百县行”活动，规模以上500余家企业的电商负责人参加。诸城市、寿光市、安丘市被评为“山东省工业电商示范县”。

（张丽丽）

## 轻工业和纺织工业

【概况】 潍坊市轻工纺织工业经济历史悠久，行业跨度大，门类齐全，主要分为食品加工、造纸包装、饮料酒、塑料制品、板材家具、工艺美术、电动自行车、电池电力器具、皮毛皮革、金属制品、玻璃陶瓷、轻工专用设备、日用化学、文教体育用品、化学纤维制造、棉纺织、家用纺织品、印染、服装成衣等约20个行业。规模以上1367家企业完成主营业务收入4078亿元，同比增长5.9%；实现利税316.6亿元，实现利润219.5亿元，分别增长4.8%、7%。其中，轻工行业735

家完成主营业务收入2483亿元，同比增长5.6%；实现利税178.3亿元、实现利润125.9亿元，分别增长5.7%、6.7%；纺织服装行业632家完成主营业务收入1595.3亿元，同比增长6.4%；实现利税138.3亿元、实现利润93.5亿元，分别增长3.8%、7.5%。

【现代产业体系建设】 加快轻工纺织企业转型升级，构建现代产业体系，突出龙头企业、联盟建设、重点项目、“互联网+”等重点项目建设。重点抓好总投资达55.01亿元湛江晨鸣四期年产60万吨液体包装纸项目试产成功，是潍坊市造纸行业坚持林纸浆一体化战略，同时实现有效产能转移的一个重要成果。目前，寿光本部的化机浆和文化纸新项目已基本确定，黄冈晨鸣的溶解浆项目也在推进中。

山东世纪阳光设在上海的运营总部建立起“互联网＋”运营中心。在青岛市召开“VIP客户座谈会暨互联网+包装论坛”，融合“互联网+包装”思维，创新产业联盟建设新模式，打造阳光造纸印刷包装生态圈，引领行业的结构调整与转型升级。山东阳光概念包装旗舰店入驻阿里巴巴电商平台；供应商管理链SRM项目顺利上线运行，实现国内外采购网上招标、网上询报价、供应商在线竞价、大宗物资的可视化采购管理等功能，加强对供应商的管控。

恒天海龙公司加快项目建设、推进产品研发，提升竞争实力。生物基新园区建设。计划利用5年时间，投资40亿元，在滨海工业园建设生物基新材料产业园，进行高性能、功能化纤维孵化器平台建设项目、年产5万吨差别化纤维项目、年产10万吨高性能纤维应用示范项目的建设,具备开工建设条件。同时，公司加大产品研发力度，加快产品产业化进程，进行安芙丽阻燃纤维产业化生产、石墨烯粘胶纤维产业化试生产；相变微胶囊生产线完成了安装、试车，相变储能纤维实现中试小批量生产；纤维素泡沫材料制备工艺取得突破进展，样品获得客户认可；完善中试车间制胶系统，组织了纳米铜再生纤维素纤维、吸湿发热纤维、粗旦扁平纤维等10余项新品种开发或小批量生产，为下步产业化推进奠定基础。

打造造纸装备基地，推进造纸包装装备一体化进展顺利。为适应国内（外）造纸行业稳步发展、造纸装备企业紧跟市场的需求、跟上“中国制造2025”的步伐，持续实施造纸、包装及装备一体化战略，积极组织造纸装备企业参与国内（外）行业活动，进一步巩固奠定潍坊市造纸及装备工业在全国的领先地位。7月15日，“第三届中国造纸装备发展论坛”在潍坊市隆重召开，庆祝凯信机械自主研发的HC-1600新月型高速卫生纸机下线；由省轻工机械协会与广东省、广西壮族自治区、河南省、河北省、湖南省、湖北省、浙江省、江苏省、四川省、福建省等造纸协会联合主办的“十省区造纸装备新产品、新技术交流会议”。

【工艺美术特色产业】 全市成功举办“第四届潍坊工艺美术节”，展示潍坊市319余名工艺美术大师艺人、50门类，2000余件工艺美术精品，省、市有关领导和数万人参观展览；承担国家、省、市“工艺美术名人”推荐和评选工作，推荐傅绍祖、刘文远、刘光宝3人为“中国工艺美术行业大师”人选，“市级工艺美术名人”138名；承办“山东省首届核雕大赛”。在十笏园举办“‘知行堂杯’第五届山东省工艺美术行业‘技能兴鲁’职业技能大赛”，共有9个省170名核雕、木雕选手参赛，大赛第一名的选手，获得“富民兴鲁”技术能手荣誉称号、前十名获得“全省联社系统技术能手”荣誉称号、前40名获得“全省工艺美术行业技术能手”荣誉称号；大赛有30名选手获得“金奖”，40名选手获得“银奖”，100名选手获得“铜奖”；编制完善全市工艺美术人才档案。为促进潍坊市工艺美术传统技艺的传承和发展，已建立潍坊市工艺美术人才电子档案830人，涵盖潍坊工艺美术28大类，66个子门类，得到工艺美术大师艺人的高度评价。承办全市工艺美术系统职称评审工作。2016年，向省高评委推荐6名高级工艺美术师专业职务，有35人、13人和11人分别通过中评委工艺美术师、助理工艺美术师和工艺美术员任职资格评审。

【扩展布艺文化】 由轻工（纺织）主办、潍坊丰华（集团）公司承办的“山东省旅游休闲购物街区•丰华电器街”举行盛大开街仪式，“潍坊市‘丰华杯’第四届布艺文化节”开幕，“第二届喜庆博览会”开幕。组织全市27家纺织服装企业参加活动，展会期间，举办为期两天的名优厨具电器展销会、喜庆用品订货会、布艺文化展示和文艺演出等活动。此次展会充分展示潍坊市轻纺产业的发展水平。

【行业安全稳定】 市轻工（纺织）行业办公室高度重视行业安全生产及稳定工作，认真贯彻落实市委、市政府关于安全生产工作的一系列决策部署，深入贯彻落实行业安全生产责任制，建立班子成员包靠重点企业安全生产工作制度，从企业完善制度入手指导督促安全生产工作，促使安全生产基础管理提升，逐步建立起安全生产的机制化、长效化。按照市安全生产监督管理委员会部署，重点节点及时传达安全要求，组织各类安全生产检查督查，提出隐患预警并督促及时整改，促进安全形势稳定。

（李建刚）

## 机械电子工业

【概况】 截至2016年年底，全行业共有规模以上企业1078家。主要生产内燃机、汽车、工程机械、拖拉机、收获机械、石化设备、环保节能设备、起重机、锻压设备、印刷设备、电子元器件、汽车零部件及内燃机配件等产品。全行业规模以上企业完成主营业务收入3414亿元，实现利税302.7亿元、实现利润213.6亿元。生产汽车35.5万辆，生产发动机8089.8万千瓦，生产拖拉机9.88万台，生产收获机械2.43万台。

**【招商引资】** 组织和实施“2016中国（潍坊）装备制造业博览会”。展会按专业设置3个板块，即“2016中国（潍坊）机床工模具展览会”“2016中国（潍坊）铸造工业展览会”和“2016中国（潍坊）五金机电及焊接切割展览会”。本届展会展出面积2公顷，参展企业396家，展出1000余台（套）设备，共接待3万余人次观众到现场参观洽谈。组织企业参加“2016第十一届中国（山东）国际装备制造业博览会”。全市机械企业共设立36个室内标准展位及0.026公顷室外展区。潍柴控股集团有限公司、盛瑞传动股份有限公司、山东比德文动力科技有限公司、豪迈集团股份有限公司等企业参加了鲁台经贸洽谈会。重点与台湾工业协进会、台湾能源技术服务发展协会等协会的有关企业进行了对接交流洽谈。

**【技术创新】** 组织企业参加了潍坊市首届“市长杯”工业设计大赛，潍柴动力股份有限公司获“一等奖”，山东豪迈机械科技股份有限公司获“二等奖”。机械行业有关企业参加了山东首届“省长杯”工业设计大赛,雷沃重工股份有限公司的阿波斯拖拉机、潍柴动力股份有限公司的蓝擎WP13、WP9柴油机和盛瑞传动股份有限公司的前置前驱8挡自动变速器3件作品获得“金奖”。全市机械行业围绕国家重点支持发展的产业和市场需要搞好新产品开发。全市机械行业共有211项新产品列入2016年山东省第一至第四批技术创新项目计划；有15项新产品获“山东省机械工业科技进步奖”，其中，一等奖1项，二等奖7项，三等奖7项；潍柴动力股份有限公司公交车混合动力系统等4项成果获“山东省优秀节能成果奖”。组织全市机械企业参与“能效领跑者”遴选，山东开元电机有限公司的ＹＥ3-355M-4低压三相异步电动机入选，是全省入选的11个产品之一。

**【产业链建设】** 组建潍坊市铸造产业联盟。召开“潍坊市铸造协会第三届会员大会暨潍坊市铸造产业联盟成立大会”，选举产生协会及潍坊市铸造产业联盟新一届领导成员，新一届铸造协会会长、铸造产业联盟理事长作《铸造协会工作报告》暨《潍坊市铸造产业联盟筹备工作报告》，同时举行中外《铸造新技术新材料的应用及节能》论坛。组织铸造专家进行技术咨询服务，促进铸造行业转型升级。通过召开座谈会等形式，指导铸造协会会员之间相互交流在企业产品研发、企业管理、技术改造、节能减排等方面的经验和做法，会员之间相互取长补短，加强配套协作，提高本地化配套协作水平。重点支持新能源汽车、风电设备、污水处理设备、大气污染防治设备、节能设备和资源综合利用设备等产业发展，初步打造一批战略性新兴产业。充分发挥潍柴控股集团有限公司等企业集团的龙头作用，带动配套企业发展，拉长加宽增厚产业链，构建了内燃机、轻型汽车、工程机械、农业装备4个全国性产业基地。重点支持发展节能环保的大型拖拉机、收获机械、农副产品深加工机械等现代农业装备，高效低排放的内燃机、先进变速箱、大型铸件、精密零部件等一批高端产业，提高新技术在传统产业中的比重，形成一批高端产业。利用产业结构调整的有利时机，支持骨干企业通过兼并重组发展大型综合型企业集团，鼓励主机企业由单机制造向系统集成转变，培育一批适应市场需要、拥有核心技术、具有国际竞争力的大型企业集团。

（冯远征）

## 化学与建材工业

**【概况】** 2016年，潍坊市化工建材行业办公室各项工作取得良好成绩，化工产业转型升级工作获省充分肯定。全省化工产业转型升级工作座谈会在潍坊召开。组织润丰化工公司成功通过国际禁止化学武器公约组织核查。全年编发工作简报26期。潍坊市化建行办被评为“市级文明单位”。

**【健全组织领导体制】** 按照市委、市政府部署，组织成立25个部门为成员的“全市化工产业转型升级工作联席会议”。同时，抽调精干人员，按照“三专”（专岗、专职、专责）、“三集中”（办公场所、人员、时间）要求，组建了潍坊市化工产业转型升级工作办公室，具体承担协调调度、督导推进、舆论宣传、考核评价及综合服务等工作，市化建行办承担办公室相关具体工作。各县（市、区）、市属各开发区成立了相应工作机构。

**【健全责任和激励机制】** 制订《加强安全环保节能节水管理，加快全市化工产业转型升级工作方案》和《加强安全环保节能节水管理加快全市化工产业转型升级工作任务分工及进度安排表》，并由市政府印发。明确各项工作的牵头部门、配合部门，各项材料的审核报送均由县（市、区）和相关单位主要领导签字背书，明确责任担当。从山东省化工产业转型升级工作办公室争取专项奖、补资金0.0597亿元，对任务完成好的县（市、区）进行奖励。建立按月调度制度，对各项工作进展情况按月进行全市通报。召开全市“四评级一评价”（即安全生产、环境保护、节能降耗、节约用水评级标准和产业政策、土地使用、产品质量、社会贡献、发展潜力等综合评价指标体系）培训和动员会议，对各县（市、区）、市属各开发区化转办及安全、环保、节能、节水等成员单位有关人员，进行安全、环保、节能、节水评级标准（试行）和《潍坊市化工企业评级评价工作规范》培训。成功举办潍坊市化工企业转型升级培训班，邀请北京、深圳、杭州、台湾等地约20名专家，为潍坊市化工骨干企业、各县（市、区）化转办及化工园区管理委员会主要负责人等100余人授课。

**【开展化工企业排查摸底】** 对全市化工行业进行排查摸底，及时上报省化转办，并将化工企业名单在市、县政府门户网站进行公示。截至2016年年底，全市化工生产企业1638家，居全省各地市第1位，其中，危化品企业482家，规模以上企业743家。深入开展"打非治违"专项行动。组织相关部门，对照排查摸底的化工企业名单，分期分批，逐企排查，全面清理整治非法化工企业和违规化工项目，按月进行调度。截至2016年年底，全市整改化工企业452家，其中，关停165家，责令停建违规化工项目37个。

**【扎实做好禁化武工作】** 举办全市禁化武工作人员业务培训班，邀请专家进行授课。按时完成禁化武履约数据宣布，数据准确率达到98%。认真搞好有关事项初审转报。对高密市建滔化工等企业申办监控化学品生产特别许可证以及新建、改建、扩建及拆除监控化学品生产设施及时进行认真初审、转报。加强监督检查，先后深入企业60余家，进行现场检查指导，查出问题50余个，逐一下达限期整改通知单并督促整改到位。成功通过国际核查。确保润丰化工顺利通过国际禁止化学武器公约组织的核查，受到该组织及国家、省有关部门和市领导高度评价。

**【扎实开展"四评级一评价"】** 组织制订《潍坊市化工生产企业评级评价工作方案》。组织寿光市先行开展"四评级一评价"试点工作，在取得经验的基础上，8月月底，组织召开"全市评级评价动员大会"，在全市全面铺开。截至2016年年底，共组织对1211家企业开展"四评级一评价"，查找问题59291项，其中，安全问题21427项、环保问题8528项、节能问题15275项、节水问题10580项、综合评价问题3481项,对查找出的问题，逐一落实整改措施，全面完成评级评价工作。

**【搞好化工园区清理整顿】** 组织制订《潍坊市化工园区申报标准和要求》《潍坊市化工园区审批工作流程》。全市原共有化工园区（集中区）239个，拟保留128个。组织有关部门和专家，对各县（市、区）、市属开发区申报的24个化工园区进行了认真审核、梳理、论证、分类和现场勘验，第一批8个化工园区已由市政府确认公布；第二批8个化工园区已完成审核，等待上报市政府研究。积极推进已公布8个化工园区的产业发展总体规划、区域环境影响评价、区域安全风险评价和水资源论证等工作，为推进化工企业"进区入园"创造条件。

**【推动搬迁计划实施】** 组织对各县（市、区）需搬迁村庄、学校和企业摸排统计，制订详细可行的搬迁计划和实施方案。截至2016年年底，全市需搬迁化工企业62家、村庄 27个、学校1 个，其中，企业搬迁项目已开工10个，启动企业总投资33亿元，已完成投资13.8亿元；村庄搬迁已开工5家，4个村庄搬迁进度已超过50%，落实搬迁资金7.35亿元；完成搬迁学校1个，落实搬迁资金0.8亿元。

（赵玉群）

# 医药工业

**【概况】** 全市纳入统计范围的40家医药工商企业完成主营业务收入345.73亿元，同比增长10.94%；实现利税 21.45亿元，同比增长31.27%；实现利润13.84亿元，同比增长39.14%，完成工业增加值39.59亿元，同比增长13.97%；完成出口交货值26.37亿元，同比增长8.15%。其中，22家医药工业企业完成主营业务收入170.84亿元，同比增长4.91%；实现利税16.46亿元，同比增长32.86%；实现利润11.25亿元，同比增长43.17%。商业企业完成主营业务收入174.89亿元，同比增长17.54%；实现利税4.99亿元，同比增长26.28%；实现利润2.59亿元，同比增长23.98%。

**【科技创新】** 积极引导企业转变发展方式，加大科技创新投入，完善科研设施和设备，引进高端研发人才，提高项目研究水平和深度，提高企业自主创新能力和水平。1月8日，在北京人民大会堂举行"2015年度国家科学技术奖励大会"上，富康制药申报的"奥美拉唑系列产品产业化与国际化的关键技术开发"项目，荣获"国家科学技术进步奖"二等奖，实现寿光市历史上零的突破。5月10日，在济南市召开的山东省科学技术奖励上，沃华医药与山东省科学院生物研究所联合申报的"基于斑马鱼模型的中药心血管活性评价技术与应用"项目荣获"山东省科学技术进步奖"二等奖；指导帮助新华制药（寿光）有限公司、山东同诚医药股份有限公司通过了市级技术中心的评审和认定。山东沃华医药科技股份有限公司、山东新和成药业有限公司在省经信委公布的省级企业技术中心考核中获"优秀"等次。

**【产业招商】** 积极为企业招商搭建平台，引导企业加强与北京大学、清华大学、中科院等国内（外）知名科研院校（所）和世界500强及国内100强企业进行对接合作，进一步强化产业链招商，先后组织企业参加了山东省品牌建设大会“潍坊（上海）先进制造业合作对接会”等活动，积极推动相关企业走出去，学习先进发展理念，了解发展趋势，提升管理水平和竞争力；通过“第22届鲁台经贸洽谈会”和“中日韩产业博览会”等活动把外企引进来，组织企业参加报告会和现场对接。

**【培育龙头企业】** 针对潍坊市生物医药企业规模偏小，普通原料药比重过大，核心竞争力不强等问题，制订以提质、增效、升级为中心，稳定原料药生产规模，大力发展化学制剂产品，积极培育发展生物制药的发展重点。引导企业从医药生产企业向以医药为主的大健康服务企业转变，从以普药生产为主向以仿创结合的创新型企业转变，进行结构性调整，同时在项目、政策上对龙头企业给予重点支持，使龙头企业得到较快发展，龙头带动作用得到进一步发挥。新和成药业、青州市尧王制药等龙头企业主营业务收入和效益都大幅增长。

**【项目建设】** 针对重点企业和项目，定期进行调度，对《潍坊市推进生物医药产业发展实施方案》中的重点项目进行跟踪对接，及时帮助企业解决项目建设中遇到的困难。寿光市富康制药奥美拉唑大品种关键技术改造项目已完成，奥美拉唑原料产能达到1000吨/年、奥美拉唑肠溶微丸达到2000吨/年，新增销售收入15亿元。青州市尧王制药有限公司大输液生产线和厂区搬迁项目，新建10条大输液生产线，已顺利通过国家食品药品监督管理局GMP认证，其中,5条生产线用于附加值较高的乳酸左氧氟沙星氯化钠注射液、多索茶碱葡萄糖注射液的生产。原三类新药多立培南原料及分针项目已拿到临床（3期）批件，目前正在进行生产车间设计建设和临床试验验证。潍坊中狮制药气雾剂品种关键技术改造项目，用134A替代氟利昂抛射剂，申报资料已通过国家食品药品监督局初审。安丘市鲁安药业对乙酰氨基酚微囊项目正在研发中。

**【改革改制】** 5月30日，山东潍坊制药厂有限公司经股东大会表决进行股份制改造。公司以现有全体股东采取发起设立的方式，按2016年3月31日经审计的账面净资产值折股，整体变更为股份有限公司，变更后的公司名称为“中孚药业股份有限公司”，6月24日完成工商登记变更。股份制改造使企业向规范的现代化企业迈进，融资能力得到增强，为进入资本市场和上市奠定了基础。

**【职称工作】** 2016年，转型升级办公室组织及评定2015年度药品系列初级职称1164人，中级8人，高级3人，按期定职40人；组织医药系统专业技术人员参加继续教育培训841人次，并取得规定学分；受理2016年度药品系列技术职称评审材料1801份，其中，高级4份、中级164份、初级1617份、按期定职16份。

**【安全稳定】** 组织全市医药企业参加省、市安监部门开展的各类专项治理活动，配合市安监部门落实安全生产岗位责任制，进一步明确职责，确保行业全年无事故。组织企业参加市经信委组织的安全生产培训，提高安全生产意识和防范水平。

（郑本海）

## 煤炭冶金工业

**【推进全市散煤清洁化治理和煤炭清洁高效利用】** 按照省政府部署，潍坊市成立由13个部门组成的市散煤清洁化治理和煤炭清洁高效利用工作协调小组及办公室，抽调精干人员配齐、配全了办公室工作人员。深入搞好全市有关情况的调研。组织对全市煤炭燃用情况和煤炭经营企业进行调查摸底，掌握了基本情况。组织有关人员先后到淄博市、德州市实地系统考察在散煤清洁化治理和煤炭清洁高效利用方面的成功经验和有效做法。广泛征求部门意见建议，起草《潍坊市散煤清洁化治理和煤炭清洁功效利用工作方案》和《2017年—2019年潍坊市散煤治理年度指导计划》，并由市政府印发。12月20日，组织召开全市散煤清洁化治理和煤炭清洁功效利用工作动员大会，组织通过电视、报刊、网络、微信等媒介进行广泛宣传，为工作开展营造出浓厚的舆论氛围。

**【深入推进全市煤炭行业化解过剩产能】** 落实省下达的《潍坊市化解煤炭过剩产能实现脱困发展目标责任书》（以下简称《目标责任》）要求，组织指导新方矿业有限公司和昌乐五图煤矿有限公司分别制订关闭退出实施方案及人员安置方案并认真实施。2016年年底，两矿顺利完成了停产关闭，化解过剩产能84万吨，全面完成《目标责任书》规定的2016年化解过剩产能12万吨的目标，提前完成2016年—2020年化解过剩产能84万吨的目标，顺利通过省煤炭行业化解过剩产能实现脱困发展领导小组的验收。同时，帮助两矿落实相关奖、补资金，与兖矿集团签订产能置换协议并预付定金，实现煤矿安全稳定退出，转型升级发展。

**【大力推进钢铁企业规范化建设】** 加强调研指导。由主要领导带队，深入巨能特钢公司、潍坊特钢公司、鲁丽钢铁公司进行调研，全面了解企业发展情况，有针对性地提出指导意见。组织对全市钢铁行业进行调查，摸清全市钢铁企业装备、产能、产量和经济效益等基本状况。加强经济运行调度。召开全市钢铁企业经济运行分析会，对取得的成绩和存在的问题、困难进行全面分析，理清工作思路，明确工作措施。深入推进企业规范化建设。组织指导3家重点钢铁企业认真开展规范化建设，顺利通过了工信部规范化企业检查验收。

**【狠抓安全生产监督管理】** 组织开展多次安全生产大检查，查出隐患30余项，督促企业逐一进行彻底整改。煤矿和重点钢铁企业安全生产达到二级标准以上的达到80%。强化企业全员安全培训，钢铁企业培训员工10000 人次以上；煤矿在全员培训基础上重点培训了26 名安全管理人员、320 名特殊工种人员、45 名班（组）长。全市化工建材、煤炭冶金行业未发生重特大安全生产责任事故。

（赵玉群）

## 电力工业

**【概况】** 截至2016年年底，潍坊电网拥有500千伏变电站4座、220千伏变电站36座（数量居全省第1），35千伏～110千伏变电站305座，35千伏～500千伏变电容量3844万千伏安、输电线路8687千米，全市10千伏线路2.44万千米、配变2.79万台。2016年，全市全社会用电量455亿千瓦时，位居全省第3，同比增长4.72%。国网潍坊供电公司被评为“省电力公司先进基层党委”“国家电网公司先进集体”。

**【安全基础持续巩固】** 国网潍坊供电公司建成本质安全“10+1”示范点，实施安全重点工作项目化管控，开展安全大检查、“三查三强化”（查责任落实、查基础管理、查风险隐患，强化制度执行、强化反措落实、强化责任追究）等专项行动。圆满完成电网春季、秋季检修任务，建成线路防护监控中心，220千伏线路跳闸同比减少58.8%。持续深化市、县一体应急体系建设，在负荷4创历史新高、最高达744.3万千瓦的情况下，保持电网稳定运行。第一时间完成“6·14”“6·30”雷雨风暴灾害抢修送电。圆满完成风筝会、中日韩产业博览会等重大活动保电。实现连续安全生产6614天、连续安全调度36周年。

**【供电能力持续增强】** 国网潍坊供电公司全力推动“特高压入潍”，榆横—潍坊交流、上海庙—山东直流、锡盟郭勒盟—泰州直流工程民事工作全线贯通。扎鲁特—青州直流工程顺利开工，青州换流站、潍坊“一站一线”前期工作，再创“潍坊速度”。市政府与省电力公司举行“十三五”坚强智能电网建设战略会谈并签署协议。公司与9个县（市、区）政府对接电网建设并签订协议。全市城乡电网规划顺利通过市规划委员会评审。建成投产110千伏阳光站等26项35千伏及以上输变电工程，投产线路284千米、变电容量116万千伏安。实施新一轮农网改造升级工程，完成1.68万眼机井通电、336个中心村改造，新建改造10千伏线路2252千米、配变5006台，农村户均容量由1.54千伏安提高到1.80千伏安。110千伏皇华站等3项工程被评为“国家电网公司优质工程”。9项配网工程入选“省电力公司优质工程”。

**【服务水平持续提升】** 国网潍坊供电公司积极参与电力体制改革，贯彻《潍坊市降低企业成本“711”专项行动方案》，深化客户导向型“大服务”机制应用。在中国食品谷等园区建成“门对门”服务办公室。应用业扩全流程管控平台，完成业扩报装送电13.66万户、容量277.94万千伏安。发布实施深化“彩虹工程”十项行动。开展不停电作业9229次，故障抢修时长同比缩短52.8%，服务投诉下降16.6%。建成26座电动汽车快充站，实现全市高速公路服务区全覆盖。完成电能替代电量14.86亿千瓦时，居全省首位。光伏、风力发电总量分别居全省第1位和第2位。完成4.4万户“多表合一”采集建设。拓展“互联网+营销服务”，推广掌上电力、电e宝等应用，电子化注册绑定195万户。全力支持政府扶贫，完成峡山刘家埠村扶贫任务。建立“壹元爱心汇”公益基金，“潍电义工”被评为“全国最佳志愿服务组织”。

（王学财）

## 盐及盐化工

**【概况】** 全市有36家制盐企业，拥有盐田3.2万公顷，原盐生产能力1300万吨/年，盐化工产品综合生产能力36万吨/年。2016年，全市生产原盐1157万吨，同比减少15.6%；销售1163万吨，同比减少2.4%；生产盐化工产品33.3万吨，同比增长1.34%；其中，生产溴素8.9万吨，同比增长14.0%。全行业完成销售收入124亿元，同比增长3.82%；实现税收入库17.6亿元，同比增长2.07%。

**【行业管理】** 全市盐业面对经济下行压力，大力实施供给侧改革，原盐产量同比减少、销量同比持平，原盐价格平稳增长。盐化工产品产销量均有增长，其中，溴素产销量增长较快，价格表现良好。按时完成各项统计定期报表工作，圆满完成2015年度全市盐业统计年报汇编工作。积极争取政策支持，发挥市场调节作用，采取将低浓度卤水区退盐还农、近海区域退盐还养、经济开发区域退盐建园、低产盐区退盐建设光伏发电等多种措施，去除约100万吨的原盐低效过剩产能。面对溴素高价位带动的生产积极性，重点监督溴盐联产情况，管控超采地下卤水，加强冬季溴素休限产管理，防止提溴后卤水空排，促进卤水的节约利用和综合利用。落实盐资源税从价计征、矿产资源补偿费免征、地质环境治理保证金免征和采矿权价款减征等政策。引导建立原盐存储调节机制，抑制恶性竞争造成的盐价非理性下滑。配合做好盐业税收征管工作，与各制盐企业和食盐批发企业全面签订安全生产责任书，并将年度工作任务层层分解落实，不定期组织安全生产大检查，不断加强隐患排查治理，实现全年安全生产责任零事故。

【盐政执法】 加强盐政队伍建设，规范执法行为，盐政办案水平明显提高。高密市、昌邑市盐务局选送的执法案卷入选“全省年度盐业十佳案卷”，分别获得“全省盐业年度案卷抽查评比”第一名和第三名的好成绩。加强源头治理，加大对制盐企业、化工副产盐及饲料添加剂氯化钠生产企业的监控力度。强化食盐市场的日常监管，执法人员全员上阵，实行“5+2”“白加黑”错时作息，对市场进行全方位、全覆盖、拉网式检查，落实网格化管理。潍坊市盐务局和潍坊市公安局联合发布《关于严厉打击涉盐违法犯罪行为保障食盐安全的通告》，开展专项重点治理。全年不间断地组织开展“春节、‘两会’期间食盐市场专项整治行动”“春季食盐市场专项治理行动”“制贩假盐专项治理行动”和“抓源头、打窝点”4次专项执法行动，持续发力，遏制私盐高发态势。健全盐政、公安惩治涉盐违法犯罪联合执法工作机制，完善联席会议制度，形成行政执法与刑事司法的强大合力。潍坊市盐务局和潍坊市公安局双双荣获“全省打击涉盐违法犯罪先进单位”，潍坊市盐务局直属分局被评为“全省先进单位”。全年共出动盐政执法人员34363人次，公安配合出警713人次，查获各类涉盐案件3492起，查获盐产品801.4吨，货值9.93万元，罚款97.12万元，端掉制售假劣食盐窝点24个，与公安等部门联合办案62起，移交司法机关处理案件59起，刑事拘留33人，判刑12人。

【食盐专营】 全市共购销食盐产品12.18万吨，其中，小包装食盐购销1.77万吨，针对盐业政策调整和盐业市场变化，各级食盐批发企业因势利导，积极应对。一是努力提高食盐品质，丰富食盐品种结构。改变小包装食盐品种单一和低端产品集中的不足，开发了多款适销对路的新产品，食盐品种搭配更加优化合理，实现食盐品种升级换代，满足群众的不同消费需求。二是着眼品牌塑造，强化产品宣传和售后服务。广泛开展了政策、法规宣传，提高了消费者对盐业政策调整的知晓度。立足全市海盐资源优势，推出了“一品海盐”“海花盐”“海珍盐”“自然海盐”等一批“鲁晶”牌海盐新品种，加大产品宣传，提高品牌知名度，“鲁晶”牌海盐被评定为“省级名牌”。

【食盐宣传】 以“3·15”消费者权益日和“5·15”碘缺乏病日主题宣传带动日常宣传工作。广泛利用电视、报纸、网络等多媒体手段，宣传食盐专营法规、政策和碘缺乏病防治知识，倡导“少吃盐，吃好盐，科学用盐”“食用低钠盐，防控高血压”“食用合格碘盐，消除碘缺乏危害”等健康生活理念。及时更新官方网站内容，传播食盐专营和食盐安全信息；开通公众微信，曝光案例，以案说法；开设微店，加强与客户的网上交流；积极参加潍坊人民广播电台《行风政风热线》互动交流节目，提高广大民众了解盐业、知晓政策、参与监督的积极性，营造全社会关心食盐安全的良好氛围，为共同创建“食品安全城市”建立良好的群众基础。

（任承楠）

## 食品工业

【概况】 全市规模以上食品企业510家，完成主营业务收入1725.3亿元，同比增长6.9%；实现利税113.2亿元，同比增长5.6%；实现利润82.0亿元，同比增长8.4%。

【贯彻落实方案要求】 按照市政府《推进食品加工产业发展实施方案》文件精神，加快推进示范基地、产业联盟创建工作，1月14日，食品·山东诸城经济开发区被工信部批准为第七批“国家新型工业化产业示范基地”。1月7日,由山东惠发食品有限公司、山东佳士博食品有限公司、诸城市万年食品有限公司、和生食品有限公司等20家企业与北京工商大学、江南大学、山东农业大学等多家高校科研院所，共同建立速冻调理方便食品产业联盟。

【电商平台助力产业发展】 积极探索食品产业发展电商新型营销模式，借助山东省经信系统“好品山东”网络营销管理服务平台，建立“中国（潍坊）食品产业集群馆”，累计平台上线食品企业160余家，集中打造、提升潍坊食品的知名度与影响力，拓宽企业销售渠道，推动线上电子商务与线下专业市场融合发展。

【合力推进“中国食品谷”建设】 为深入推进潍坊市农业和食品产业转型升级、建设国家食品安全区而打造的战略平台。根据市委、市政府、市经信委的安排，积极同潍坊食品谷协调推进办公室搞好衔接，配合做好各项建设工作。一是编制完成《2015年全市食品工业基本概况》，为中国食品谷“十三五”发展规划高起点、高标准的编制打牢基础。二是邀请中国食品工业协会、山东省食品工业协会来“中国食品谷”调研、考察，在此期间，签订《战略合作框架协议》就建立全面合作关系和长效合作机制、共同推进“中国食品谷”建设等多方面达成了共识。三是邀请北京、济南等知名食品专家学者出席以“食品与农业创新”为主题的2016年国际食品峰会，围绕加快技术创新转化、产业转型升级等方面进行深入研讨，共同推进全市食品产业建设。

**【加快诚信体系步伐】** 以食品工业企业诚信体系建设为年内重点推进工作，召开工作会议、部署任务要求，制定出台《2016年潍坊市食品工业企业诚信体系建设工作实施方案》《潍坊市食品工业企业诚信管理体系申报指南》等一系列文件。全市接受诚信体系培训企业累计总数占到全市规模以上食品企业的84%。2016年,新添2家获得“诚信管理体系证书”企业，总数居全省首位。

**【推动品牌战略】** 大力发挥品牌引领作用，出台《潍坊市食品行业“三品”战略实施方案》，以增品种、提品质、创品牌为目标，引导全市食品产业向“产品结构多元化、品牌档次高端化、产业形式基地化、生产技术高新化、企业规模大型化”方向发展，加快构建核心突出、园区配套、功能完善、体系完整、品牌影响力强的发展格局。截至2016年年底，全市拥有山东名牌44个，山东省著名商标62个。

**【多措并举保障食品安全】** 下发做好元旦、春节“两节”期间食品安全保障工作通知，督促各县（市、区）经信局、市属各开发区经发局落实属地食品安全监管职责，同时，对重点龙头企业进行“两节”期间实地督导检查，及时排除食品安全隐患，保障群众食品质量安全；以“食品安全周”主题宣传日为引领，制订《2016年食品安全宣传周活动方案》，以现场咨询、展板宣传、发放宣传资料等形式，向广大居民群众宣传食品安全法律法规及食品安全知识。

**【加强招商引智】** 积极与国家高等院校、科研院所等建立良好的互动关系，做好招商引智工作。经过前期多方协调努力，促成得利斯集团同江南大学、恒安散热器集团同大连理工大学签订战略合作协议，为企业的发展提供创新的动力。

（胡　然）

# 服务业

*Fuwuye*

## 现代物流

**【概况】** 聚焦“集约、高效、联通、创新、改革”五大重点，努力构建和完善现代物流服务体系,不断提升物流业社会化、专业化、信息化水平，全市物流业保持平稳较快发展。2016年，全市社会物流总额实现20491.9亿元，同比增长13.6%，其中农产品物流总额838亿元，居全省第一位；工业品物流总额13642.9亿元，居全省第三位；快递量10443万件，同比增长70%。到2016年年末，全市AAA级及以上物流企业增加到26家，4家物流企业进入全国AAAAA级物流企业行列。

**【集约布局奠定发展基础】** 编制《全市现代物流战略发展规划（2016—2030年）》，统筹海港、空港、高铁、冷链等物流方式，促进功能协同、空间布局协同和互通衔接，打造战略竞争新优势。把握物流产业升级趋势，重点引进培育总部物流、冷链物流、电商物流、国际物流、供应链金融等世界500强和物流行业领军企业，物流投资加速增长。2016年，全市完成物流基础设施投资394亿元。引进全国物流龙头企业远成集团，投资50亿元建设占地1014亩的远成·潍坊国际智慧物流城，打造“互联网+物流+金融”新模式。

**【建设高效配送网络】** 加快临港物流园、空港物流园、高铁物流园、食品谷冷链物流园、综合保税区中俄农副产品冷链物流园等园区规划建设，打造与县市特色物流园区多点互动的基础设施网络，构建集约化、网络化、信息化、社会化物流产业布局。支持物流、电子商务、快递等企业和专业化末端配送企业进行多方合作，通过信息化手段整合末端配送资源，实现末端物流配送的专业化、统一化。新增末端配送站（点）、自提柜等470个，整合连锁店、“便民岛”、早（快）餐亭等配送网点1000处，10分钟便民服务圈初步成形。着眼于由“快递大市”向“快递强市”转变，制定出台专门政策，加快建设便捷高效、竞争有序、技术先进、服务优质的快递服务体系。全市具备经营快递业务资格的法人企业及分支机构达220家，服务乡村、街道、社区的快递营业网点1500余个，2016年快递业务量2.35亿件，增长100%以上。EMS、顺丰、“四通一达”等国内25个知名品牌以及DHL、Fedex、UPS、嘉里大通等国际快递企业在潍坊落地，26个品牌快递企业设立分拨中心。

**【搭建信息平台加快互联互通】** 提升城市共同配送试点建设水平，建设了具有信息发布、车货源匹配、路径优化、助贷融资、保险理赔、车辆救援、政府监管等功能的城市共同配送信息平台，日均发布信息3万余条，4100家物流企业、11200辆营运车辆和6000余家生产加工及商贸流通企业通过平台实时对接、协同运作，车辆装载量和运输效率提高10%以上。远成物流城建设覆盖半岛、辐射全国的“互联网+物流”运力信息交易、跨境电商物流、智能物流云仓、物流金融等智慧物流功能平台，实现“天网”与“地网”的有效衔接。中国食品谷建设冷链物流信息平台、行业监管平台、冷链运输管理平台、品质控制监控平台、交易结算平台等五大平台于一体的冷链供应链综合信息平台，提高了冷链物流行业在线化水平。支持骨干物流企业依托重要物流通道节点搭建第四方物流综合信息服务平台，为中小物流企业提供采购、交易、运作、跟踪、管理和结算等全流程服务。山东田润物流服务平台已服务潍坊、辐射全国，实名注册会员20余万户。泓德物流连锁智慧交易平台、快钢网专业物流信息平台等的辐射能力和资源整合能力不断增强。

**【创新模式推动物流与各产业联动发展】** 加快农产品产地预冷、初加工、冷藏保鲜、冷链运输等设施设备建设，全市冷链物流储存能力达到286万吨，储存能力5万吨以上大型冷链物流企业6家。食品谷中凯冷链仓储、中百大厨房建成启用，寿光农产品物流园、诸城龙海水产城、安丘大姜市场、昌邑宏大市场、青州花卉等物流园区辐射能力不断增强，潍坊龙威渔港、县域预冷库等一批冷链物流项目加快建设。推广潍柴动力、福田雷沃物流改革经验，推进制造业实施物流业务剥离外包，第三方物流取得较快发展，全市新注册第三方物流企业150

多家。引导商贸流通、物流配送、信息平台企业组建城市共同配送联盟，加快公共仓储、配送设施建设，拉动社会投资16.4亿元，提供公共仓储面积46万平方米。创新“连锁采购+统一配送”“集中采购+共同配送”“集中仓储+共同配送”“网订店取（送）”等新模式，城市共同配送网络初步形成，城市配送服务能力和配送效率大幅提升。

**【改革物流发展机制】** 从简化行政审批、加大物流用地供给、提高配送车辆通行便利化、降低企业物流成本等多方面研究支持政策，推动物流聚集区建设，培育行业龙头企业。全市建成较大物流园区46处，鲁东物流中心成为“中国物流示范基地”。晟琦疏港国际物流、潍柴集约配送、潍坊百货集团、海王银河医药、顺丰速运等一批行业龙头企业不断发展壮大，市场集中度显著提高。鲁辽大通道和鲁新欧·青州号国际班列常态化运行，“一带一路”潍坊国际多式联运大通道正式开通。创新物流投入模式，与平安银行合作设立100亿元的现代物流产业基金，探索金融机构、物流企业与地方互动融合、共赢发展新模式。建立物流统计网上直报系统，科学抽样200家工业、批发业和物流业直报企业，及时监测分析企业物流状况和物流企业经营情况，为准确把握行业动态和发展趋势、科学制定规划和政策、加快推进物流业提质增效发挥了重要作用。

（张昭利）

## 金融服务

**【直接融资快速增长，企业内生活力显著增强】** 实施资本市场开拓计划，大力推进“个转企、小升规、规改股、股上市”，成立5000万元的直投基金，出台《关于认真落实省有关政策规定推进我市规模以上企业规范化公司制改制对接资本市场的意见》，通过税费政策、财政支持、社会管理支持和金融支持，加大对规模企业规范化公司制改制的扶持力度，引导更多企业到多层次资本市场上市挂牌。截至12月末，已有1332家规模以上企业完成改制，完成改制任务的50.35%，居全省第一位，提前两年完成省定目标，全省规模企业规范化公司制改制经验交流暨工作推进现场会在潍坊市召开，在全省范围内推广潍坊市的经验做法。2016年，新增“新三板”和齐鲁股权交易中心挂牌企业265家，实现直接融资350.5亿元。积极搭建权益类市场对接交易平台，东亚畜牧产品现货交易所、寿光果菜品种权交易中心获批并上线运行，大数据交易中心建设已会同智慧办与省金融办进行专题汇报，目前全市权益类交易市场发展到5家，居全省第一位。

**【降低企业财务成本成效显著，银行让利实体力度加大】** 组织银行机构开展走访企业活动，筛选3000家规模以上及高成长型企业，分配给各银行机构进行走访，根据企业的经营情况，宣传政策、介绍产品、了解融资需求、设计融资方案，帮助解决融资难题。总结推广了“无缝隙”服务、续贷业务、“循环贷款”“分期偿还”、贷款展期、借新还旧业务等模式，减轻企业负担，提高融资效率。12月份，全市银行业机构新发放一般性贷款加权平均利率为5.4%，同比下降0.2个百分点；个人住房贷款平均利率为4.5%，同比下降0.5个百分点，均处于历史较低水平。通过实施降低企业融资成本专项行动，共减轻企业负担28.36亿元。

**【防范化解各类金融风险，金融运行总体稳定】** 研究出台《潍坊市金融突发事件应急预案》，加强金融风险监测预警。组建运行重要客户债权银行委员会156家，对2098.41亿元授信进行联合管理，317.88亿元用信风险得到初步控制和缓释。在全市集中开展处置银行业借款纠纷案件行动，下大力气解决困扰银行业借款纠纷案件处置的重点、难点问题，降低全市银行业不良贷款率。出台了《关于集中处置

6月21日，省委副书记、省长郭树清（右二）在潍坊市就新型农村合作金融试点工作进行调研，市委书记杜昌文（右一），市委副书记、市长刘曙光（右三）陪同调研

（供图：张国柱）

地方法人银行机构不良贷款的指导意见》，指导各县市区、市属开发区采取资产置换方式，对潍坊银行和农村合作金融机构的28.92亿元的不良贷款进行集中处置，缓解目前地方法人银行机构不良贷款率持续上升趋势。督促银行机构创新方式方法，综合运用现金清收、呆账核销、资产置换等方式，切实加强不良贷款处置。1—12月，全市银行业共处置不良贷款295.5亿元，同比多处置117亿元。

（王 强 林 浩）

**【服务实体经济取得实效】** 积极贯彻落实国家支持实体经济发展的要求。2016年，在贷款增速放缓的情况下，新增银行承兑汇票、保函、委托贷款等表外业务285.9亿元，增长11.28%，高于各项贷款增速8.25个百分点。落实分类施策，助力全市供给侧结构性改革，战略性新兴产业、绿色信贷、重大基础设施建设等优先、鼓励、支持类企业贷款余额2290亿元，较年初增加291亿元。深入开展“进走访”活动，累计走访企业2257家、项目434个、园区220处，提供配套金融产品和综合融资方案1994个，为相关企业和项目新增授信151.8亿元。

**【普惠金融力度进一步加大】** 2016年，新设立银行业金融机构5家，其中，异地城商行潍坊分行2家，村镇银行3家；12家全国性股份制银行中已有11家正式进驻潍坊市，村镇银行实现了县域全覆盖。经济薄弱领域金融服务进一步改善，小微企业贷款同比增长8.16%，高于各项贷款同比增速5.13个百分点；申贷获得率97.1%，较上年同期提高0.9个百分点，信贷支持小微企业规模、户数持续位居全省第1位、第2位。辖区101个乡镇实现了扶贫信贷“包干服务”全覆盖；33家银行机构、1011个网点完成专区“双录”建设并投入使用。深入开展“金融知识进万家”“送金融知识下乡”等宣传服务活动，累计为30万金融消费者提供宣传教育。

**【坚持稳中有进，信贷投放力度进一步加大】** 2016年，在实体经济有效需求不足、不良贷款处置压力加大的复杂形势下，潍坊银监分局监督指导全市银行业积极应对，确保信贷投放力度持续增强。表内信贷业务规模持续增加。积极支持水利、环境和公共设施，批发和零售业等重点领域，至2016年年末，相关领域贷款较年初增加142.8亿元，占全市新增贷款98.92%。项目贷款投放力度加大，中长期贷款较年初增加452.1亿元，增速25.66%，高于各项贷款增速22.63个百分点。表外融资渠道持续拓宽。至2016年年末，辖区银行业表外业务余额2820.9亿元，较年初新增285.9亿元，较上年同期多增127.7亿元；增速11.28%，高于各项贷款增速8.25个百分点。其中，承兑汇票、资产托管、委托贷款分别新增41.4亿元、46亿元、100.5亿元，为传统信贷模式提供了有益补充。资金端助力产融合作成效初显。根据山东银监局统一部署，潍坊银监分局深入推动银行机构开展了为期3个月的“进万家民营企业、走千个重点项目、访百处创业园区”活动，推促银企良性互动。全市银行机构负责人累计走访企业2257家、项目434个、园区220处，提供配套金融产品和综合融资方案1994个，为相关企业和项目新增授信152亿元。

**【积极补齐短板，薄弱环节金融服务持续改善】** 2016以来，潍坊银监分局加大力度推动国家支持薄弱环节金融服务政策的落地实施，取得积极成效。涉农和小微企业贷款连年“双增”。至2016年年末，全市银行业涉农贷款余额3076.4亿元，较年初增加115.8亿元，增长3.91%。小微企业贷款余额1627.8亿元，同比增长8.16%，高于各项贷款同比增速5.13个百分点，小微企业贷款户数6.2万户，小微企业贷款余额、户数持续位居全省第1位、第2位。全市有31家银行机构为小微企业续贷184.4亿元，续贷率65.95%，较年初上升28.75个百分点。减费让利工作取得实效。全市银行业紧紧围绕银监会“七不准、四公开”（“七不准”：不准以贷转存、不准以贷收费、不准借贷搭售、不准一浮到顶、不准转嫁成本、不准存贷挂钩、不准浮利分费。“四公开”：收费项目公开、服务质价公开、效用功能公开、优惠政策公开）和潍坊市“711”降成本专项行动要求，切实加大减费让利工作力度，取得积极成效。调研显示，辖区各银行机构通过主动降低利率、减少收费等方式，全年共为企业融资节约成本10.96亿元，其中，通过降低贷款利率等向企业让利7.78亿元，通过减免银行机构服务收费等为企业减负1.68亿元，通过直接融资工具为企业节约财务成本1.5亿元。

**【着力防化风险，不良贷款实现“双降”】** 在2016年新发生不良贷款272.55亿元巨大压力下，潍坊银监分局督促全市银行业按照“积极应对、防化并重、多措并举、加快处置”的原则，着力压降不良贷款。至2016年年末，全市银行业不良贷款余额103.42亿元，较年初减少22.96亿元，居全省第4位；不良贷款率2.11%，较年初下降0.65个百分点，低于全省平均水平0.03个百分点，全面完成了市委市政府确定的年度不良贷款防控目标。以防为主，主动防范化解风险。在全面摸清风险底数基础上，分别制订全市银行业、农商银行2016年信用风险防控工作意见，明确大额授信联合管理、担保圈风险防控等42条措施。深入推进180家债权银行委员会组建工作，对2243.5亿元用信总额进行联合管理，339亿元授信风险得到初步控制和缓释。多措并举，切实加大处置力度。明确“加大力度、争取政策、加快处置、能核尽核”的原则，围绕不良贷款防控目标，分行施策、精准发力。年内，推动全市银行业处置不良贷款295.5亿元，同比多处置178.5亿元，处置额居全省第1位，占全省的17.37%；其中核销103.8亿元，是上年全年核销额的3.19倍，核销额居全省第2位，占全省的14.84%。

（张鸿鸣）

## 总部经济

**【概况】** 2016年，按照市委、市政府优先发展总部经济和楼宇经济的工作部署，全市上下在政策措施、发展模式、环境打造等方面积极作为，总部经济发展的经济效益和社会效益更加明显。经过几年的发展，全市规划建设各类总部基地38处，引进培育企业事业单位总分机构2041家，年可新增税收70亿元。

**【规模效益逐步凸显】** 强化与世界“500强”、国内行业“100”强企业对接，重点引进投资额大、影响力强的高端项目，已有美国利宝保险、德国麦德龙、中国平安集团、中国医药集团、万达集团、葛洲坝（中国能源建设集团）、中国工艺集团等14家世界500强企业落户潍坊，中国广核、保利集团、亚洲传媒、联想物流等100多家知名企业的生产、销售、研发机构落户潍坊市。制造业方面，引进北汽福田、克拉克中国（过滤器）、山东高速轨道设备等重点项目。其中，北汽福田多功能厂投资总额达89亿元，累计上缴税金9.5亿元；与省政府签订战略合作协议，拟在潍坊市投资120亿元，以“互联网+汽车制造”理念为引领，吸引上下游配套产业向潍坊聚集，共同打造山东互联网汽车产业基地，重点建设40万辆整车、70万台发动机和诸城基地升级扩建项目，到2025年预计年实现销售收入1100亿元、税收36亿元。金融服务方面，引进平安、北京、恒丰、齐商、日照、东营等18家银行分支机构（含7家村镇银行），西藏同信、首创证券等7家证券公司，上海股权交易中心、前海股权等5家交易中心分别设立孵化基地和办事处；其中，世界500强中国平安设立平安银行潍坊分行，是山东省内第二家二级分行。2016年，新引进金融项目实现税收6000多万元，恒丰、日照银行年纳税过千万。物流服务方面，引进中储粮、远成物流、德邦物流设立山东区域总部。顺丰速运发展为鲁东区域总部，是全国7个航空运输中心之一，带动潍坊机场物流吞吐量排名全国第48位；新成立的呼叫中心成为顺丰集团全国三大区域总部之一，服务北方九省两市，拉动就业1000余人。德邦物流175个分公司在诸城合并纳税，累计超过2500万元。健康养老服务方面，引进世界500强阳光保险集团，按照JCI（国际医疗卫生机构认证联合委员会）和国内三甲医院标准建设阳光融合医院，与哈佛大学糖尿病中心、韩国三星首尔医院等国内外数十家一流医疗机构签订了合作协议。科研院所方面，强化与清华大学、北京大学、中科院、中国海洋大学等多所高等院校的合作，新建高校研发机构和分支机构92家，邀请了一批院士、“千人计划”专家、国家级产业领军人才，显著提升科研水平和区域辐射能力。2016年，与北京大学、以色列特拉维夫大学合作，建设国际分子育种中心和国家重点实验室，建成不少于20个世界前沿实验室，拥有300至500名科研及管理人员组成的国际一流团队，有效提升全市前沿农业技术研发能力。

**【培育本土企业总部，实现产业链式发展】** 经过几年发展，潍坊市已形成食品加工、机械装备、汽车制造、生物医药、电子信息等十大支柱产业，培育了潍柴、福田、歌尔、晨鸣、潍坊银行等一批有实力的区域总部，形成了一定规模产业集群。2016年，全市85家总部企业实现营业收入4112亿元，利润293亿元，上缴税金120亿元，其中纳税过千万元的达到66家。潍柴集团通过海外并购扩展产业链条，新拓展液压等板块业务，在国内板块整体下滑的形势下，海外板块持续快速增长，打造企业新的盈利增长点，2016年潍坊域内上缴税金17.33亿元，全市排名第二位。歌尔集团发展成为国内智能装备领军企业，上缴税金由2012年的2.1亿元，跃升到2016年的6.02亿元；收购国际十大音响品牌之一的丹拿音响，在美国、德国、北京、深圳等地设立区域总部，在日本、韩国、上海、南京等设立分公司。潍坊银行上缴税金由2012年的4.3亿元，增长到2016年的5.6亿元，在省内先后设立4家分行、12家支行，服务实体经济的作用日益突出。

**【打造特色产业聚集平台，市区带动效应增强】** 按照《中心城区发展总部经济工作指导意见》，本着“政府引导、市场主导”的思路，规划设立潍坊总部基地、高端食品总部基地、高新技术总部基地、文化创意总部基地、金融产业总部基地等十大企业总部基地，累计投资273亿元，建筑面积454万平方米，入驻企业2385家，实现税收123亿元，带动就业14万人，有效提升了中心城区带动能力。其中，潍坊总部基地总投资100亿元，目前累计投入近10亿元，60余家企业签订入驻协议。中国食品谷总投资27亿元，2016年实现投入12.4亿元，旗下东亚畜牧业交易所已获批准并建成，成为中国面向东亚地区乃至全世界唯一的畜牧产品交易平台；与美国加州大学戴维斯分校合作建立中美食品与农业创新中心，与荷兰瓦赫宁根大学合作建立中荷农业食品创新培训中心，打造领先全国的农业和食品科研院所。从整体布局看，全市形成了总部基地群、中凯冷链物流和中百大厨房等多条百亿级食品产业链，打造了多个县市特色企业“总部板块”。寿光“企业总部群”总投资45亿元，建筑面积88万平方米，已进驻企业80余家；昌乐“企业总部基地公园”总投资50亿元，建筑面积112万平方米，确定入驻企业60余家9。

（逄希滨）

## 银行业

**【概况】** 截至12月末，全市银行业金融机构各项贷款余额4906亿元，比年初增加145.5亿元。2016年，全市涉农贷款、小微企业贷款和现代服务业贷款分别新增 103.2亿元、101亿元和217.6亿元，比年初分别增长3.5%、8.2%和19.7%，分别高于各项贷款增速0.4个、5.1个和16.6个百分点。中长期贷款增加460.8亿元，是新增贷款的3.2倍，同比多增272.2亿元，其中基础设施贷款增加246.1亿元，同比多增172.1亿元。各项存款大幅增长。12月末，全市各项存款余额7094.8亿元，较年初增加877.2亿元，增量仅次于济南、青岛，居全省第3位。其中，储蓄存款余额3448.6亿元，较年初增加253亿元，居全省第1位。

（王强　林浩）

**【中国人民银行潍坊市中心支行】** 2016年，人民银行潍坊市中心支行按照“党建统领、依法治行、求真务实、争创一流”的总体工作思路，履行基层央行职责，支持和服务潍坊转型发展，被潍坊市委、市政府表彰为2016年度支持潍坊发展突出贡献单位、支持开放发展先进单位。被人民银行济南分行评为目标管理考核先进单位，连续4年被评为省级文明单位。

党建统领作用发挥更加突出。人民银行潍坊市中心支行在抓好“两学一做”学习教育的同时，以开展过硬党支部建设为载体，突出与履职实践相结合，切实发挥党建统领全局的作用。中心支行党委坚持“支部联学、上下联建、内外联动”的工作思路，班子成员坚持问题导向，带领分管党支部，主动“走出去”与地方有关部门党支部互学互促，积极“请进来”与上级行党支部共建共享，累计开展党建促履职专题研讨27次、主题党日活动48次，基层党组织战斗堡垒作用和党员先锋模范作用明显增强。深入推进党风廉政建设，党员干部纪律规矩意识明显增强。注重抓好思想政治工作，发挥群团组织的纽带作用，开展系列主题宣传活动4次，全行干部职工凝聚力和向心力明显增强。2016年，荣获人民银行济南分行外汇业务竞赛团体二等奖，人民银行寿光市支行党组和中心支行保卫科党支部被表彰为分行先进基层党组织，有7个集体和19人次获得分行级以上荣誉称号；有11项工作被《人民日报》《金融时报》等报道刊发。

支持实体经济发展。人民银行潍坊市中心支行及时向市委市政府报告稳健货币政策的有关要求，提出的降低企业融资成本等多项建议措施被采纳。开展“金融服务企业百日行”活动，对接企业416家、协调解决融资需求25亿元。针对康洁环卫融资难问题，协调新增贷款1.6亿元。针对金丝达融资问题，确定潍坊银行为主办银行，协调各贷款银行，实现5.3亿元存量贷款“无缝隙”续贷。积极做好青州、寿光农村土地承包经营权抵押贷款全国试点工作，2016年年末，贷款余额2.8亿元，居全省试点县市第1名，人民银行潍坊市中心支行作为全省10个“农地”贷款试点县市唯一代表，在全省试点工作会议上作典型发言，《人民日报》《金融时报》《大众日报》等媒体予以报道。

金融风险防控。人民银行潍坊市中心支行加强各类金融风险的监测研判，对各类机构约见谈话7次，风险提示6次。扎实做好全市21家法人银行机构存款保险评级和保费交纳工作，组织对9家农商行的存款保费基数进行核查。牵头落实非银行支付机构等两个领域的金融风险专项整治和处置工作，共排查出疑似无证机构5家，占全省的26.3%。组织开展反洗钱、金融统计、支付结算等14项专业执法检查，督促金融机构依法合规经营。积极做好金融消费权益保护工作，妥善化解各类金融消费权益纠纷56件，推动建立416家农村金融消费维权联络点。

金融服务创新。人民银行潍坊市中心支行坚持普惠金融发展理念，从“上级倡导的、政府想办的、城乡居民期盼的”着力解决服务群众“最后一公里”，取得显著成效。开展“迎新春、换新钱、送温暖”活动，推动辖区现金工作更好地服务于城乡居民。会同发改委共同发挥社会信用体系建设双牵头作用，推动潍坊市获批全国创建社会信用体系建设示范城市。在全省率先实现个人信用报告自助查询机市县全覆盖，大大提高了服务效率。依托青州农村淘宝服务站，建立34处综合性惠农支付服务点。积极做好全省首批“国库事后监督系统”试点工作。持续推进金融IC卡多应用，取得较好成效。注重将金融宣传教育作为提升社会公众金融意识的重要抓手，组织了“6·14”信用记录关爱日、联合整治非法买卖银行卡、防范电信网络诈骗、纪念《中华人民共和国反洗钱法》颁布十周年和金融知识普及月等7项大型系列宣传活动。

外汇管理服务。外汇管理局潍坊市中心支局按照“控流出、扩流入、促平衡”工作要求，强化外汇管理，优化外汇服务，有力支持涉外经济发展。2016年，潍坊市涉外收支总量302.3亿美元，首次突破300亿美元，居全省第3位；顺差56.3亿美元，居全省第2位。加强与潍坊市公安局的协作配合，组成专案组，成功破获并查处“5·5”地下钱庄案。查处案件265起，收缴罚没款2291万元。中央电视台进行了专题采访，有4个省12家地市前来学习经验做法。联合商务局等7个部门，组织“千家外贸企业大走访”活动，为全市300多家企业开展政策宣讲。实施重点企业和重点区域服务制度。支持潍柴集团完成8000万欧元的境外投资林德液压项目。为福田重工办理境外放款额登记4100万欧元，支持其子公司并购意大利企业。对综合保税区、滨海区和50家大型涉外企业实施“一企一策”式重点服务。

县支行建设。人民银行潍坊市中心支行坚持“紧紧围绕‘小而有为’和特色支行建设”目标的要求，以提高县支行履职能力为主线，坚持原则性与灵活性相结合，顺利完成辖区8家县支行内设机构调整完善工作。调整后，辖区县支行对外履职部门人员数量从调整前的168人增加到182人，增长8.3%，4家县支行由四个科室增加至五个科室，实现了县支行作用“只能强化，不能弱化”的目标要求。

（杨金河　李　勇　魏征业）

**【中国农业发展银行潍坊市分行】** 2016年，中国农业发展银行潍坊市分行认真贯彻落实省行新一届党委提出的“党建为重，创新争先，强基控险，人才兴行”的16字工作思路，突出抓好党建，坚持以“两学一做”学习教育为动力，充分发挥政策性银行的信贷支农职能作用，大力支持全市经济发展和新农村建设，各项工作又创新高，年末贷款余额达300.5亿元，比年初增加60亿元；各项存款余额达109.2亿元，比年初增加28.8亿元；年末存款日均113.8亿元，比年初增加66.2亿元；实现中间业务收入1146万元,完成年度计划的125%。实现国际结算业务量36215万美元，完成省行任务的100.6%，结算业务收入人民币209.43万元；实现账面利润5.9亿元，比2015年增加2.8亿元；增贷、增存带来的收益尤为明显，在贷款总量、增量、存款总量、利润总量等各项业务指标均列全省第一位。受到市委市政府、省分行充分肯定，受到银监分局、市人行等职能部门表彰，总行副行长姚瑞坤、省行党委书记行长赵富州先后到行调研指导，对全行工作充肯定。党建管理系统平台被省行推广，报总行创新成果奖。市政府给市分行记“2016年度集体二等功”。

务求实效干事创业，经营业绩又创新高。做好政策性业务，大力支持全市粮棉油收储，强化收购资金供应管理，加强促销收贷，维护粮食安全，全年发放中央储备粮油储备轮换贷款1.75亿元，轮入粮食7.98万吨；发放粮油收购贷款16.61亿元，收购粮油75.5万吨。立足早字抓营销，审时度势谋发展。坚持开拓创新理念搞营销，全年累计申报中长期项目29个、金额232.2亿元，批复项目16个、金额93.2亿元，已评估待审批项目10个、95.7亿元，全方位服务全市区域发展战略。国际业务面对严峻复杂的经营环境，提升站位，迎难而上，积极作为，组织开展营销竞赛月活动，实现国际结算业务量36215万美元，完成省行任务的100.6%，结算业务收入人民币209.43万元。基础管理全面加强。抓好加强信贷基础管理，狠抓信贷管理制度的学习落实，严格贯彻落实各项规章制度，扎实开展“贷后管理年”活动；组织开展检查活动，内外部检查发现的问题全部整改；深化管理措施，加强财务会计、信息科技和内部审计工作，加强信息宣传，弘扬正能量，社会地位和社会声誉进一步提升。

（李桂超）

**【中国工商银行股份有限公司潍坊分行】** 截至2016年年末，本外币各项存款日均余额578.22亿元，较上年日均增加27.39亿元；本外币各项贷款日均余额673.56亿元，较上年日均增加16.14亿元。

积极扩大信贷投放，倾力服务实体经济。坚持金融服务实体经济的本质要求，紧跟全市经济结构调整和产业结构优化步伐，充分运用表内表外多种融资方式，倾力扩大信贷投放，支持实体经济发展。年末人民币各项贷款日均余额647.99亿元，较上年日均增加35.15亿，增长5.74%。坚持助力结构调整产业升级。重点围绕基础设施、教育医疗、文化旅游、先进制造业、现代服务业领域的新建、在建项目加大信贷投入，全年累计对35个重点项目发放贷款69.78亿元。坚持多元服务小微民生发展。积极通过票据池、网贷通、票据直贴等重点业务产品支持小微企业成长发展，全年累计向966户小微企业发放融资109.69亿元。积极满足城乡居民住房和消费金融需求，全年累计发放个人住房按揭贷款41.2亿元，办理汽车、家电等大宗耐用消费品分期8.54亿元。坚持倾力支持企业“走出去”发展。依托工行境内外一体化和多元化整体经营优势，主动加强境内外分支机构协作联动，为外向企业发展量身定制结算、融

工商银行潍坊分行“以人为本”组织员工开展白浪河徒步健身活动（供图：翟敬军）

资、避险等一揽子综合化金融服务方案。全年实现国际结算量76亿美元、结售汇30亿美元，发放国际贸易融资54.7亿人民币，开立国际信用证81.8亿元、国际保函7.2亿元。

加快推进改革创新，大力发展普惠金融。深入实施客户发展战略，积极提供多元产品、多渠道支持和综合化服务，不断开拓银企、银客合作空间，促进多方共赢发展，资金实力不断壮大。年末人民币各项存款日均余额546.97亿元，较上年日均增加41.29亿，增长8.17%。面对资本和信贷约束增强、盈利增长不确定性因素增多的严峻形势，主动加快转变增长方式，多渠道开源节流，以金融资产服务业务为带动，提升中间业务发展水平，持续盈利能力不断增强。全年实现拨备前利润19.33亿元,向地方财政缴纳税金2.59亿元。以融e行、融e联、融e购等新型互联网金融产品为依托，不断加快互联网金融推广普及步伐，极大地方便了客户全天候、全时空轻松享受便捷金融服务。全力加快推进网点智能化建设，全年投产智能处理设备300台，建成智能网点72家，智能网点覆盖率达到80%,开创了全新的金融服务模式。始终坚持“以客户为中心”的服务理念，持续强化服务规范化管理，有效缓解客户排长队问题，狠抓客户投诉专项治理，加快推进网点渠道建设，全行整体服务能力和服务水平明显提升。

切实强化基础管理，实现安全稳健运营。主动把握复杂环境下各类风险的新趋势、新苗头，进一步加强信用风险、操作风险和合规风险管理，严防各类案件事故。面对经济下行压力增大、不良贷款出现反弹的严峻形势，在严把新增贷款投向的同时，密切跟踪监测风险苗头，突出加强重点业务领域风险管控，通过加快潜在风险贷款退出、加强贷款催收、加大不良贷款清收处置力度等措施，有效遏制不良贷款反弹势头，保持资产质量总体稳定。始终坚持依法合规和审慎稳健经营，进一步完善事前、事中、事后的全过程内控管理，严格落实各级管理人员内控案防职责，继续抓好员工行为动态管理和重点风险点防控，积极开展各类应急预案演练，实现全年安全稳健运营无事故。始终坚持“关爱员工，以人为本，引领员工一起成长”的理念，高度重视队伍建设和员工工作，深入开展党的群众路线教育实践活动，营造风正和顺的良好氛围，促进员工与工行同发展、共进步。

（翟敬军）

**【中国农业银行股份有限公司潍坊分行】** 截至2016年年末，本外币各项存、贷款余额分别达到941.3亿元、551.6亿元，均居全省农行第2位；新增各项存款113.6亿元，创历史新高，居全省农行第2位。在潍坊市“行风在线”考评中，连续6年列全部上线单位第1名。全行省级以上文明单位达到10家。

坚持责任担当，倾力服务“三农”和实体经济。主动适应经济新常态，大力支持骨干企业和重点项目，新发放项目贷款17.7亿元，居全省农行第1位；积极助力小微企业发展壮大，新增小微企业贷款7.9亿元，居全省农行第2位；新增个人贷款12.1亿元，居全省农行第6位。将服务“三农”作为立行之本和发展之需，年末，三农和县域各项贷款余额400亿元，居全省农行第1位。发放产业链农户贷款11.5亿元，居全省农行第1位。在全省农行率先开办融资增信、农村土地承包经营权抵押贷款等新业务，发放贷款1.2亿元。大力开展农民专业合作社信用互助托管业务，与17家合作社开展合作，发放合作社互助资金783万元，居全省农行第1位。

坚持创新驱动，提升服务质效。在全省农行率先开办支持县域基础设施建设的产业基金投资业务，投资48亿元支持高密和寿光当地民生保障、基础设施和城市建设项目。率先开办“省级统筹”运作的大班额项目，支持全市25所中小学大班额建设，审批项目贷款9.67亿元，按进度投放1.1亿元。率先开办光伏扶贫项目贷款，支持安丘市40兆瓦扶贫光伏发电工程项目，审批贷款2.76亿元，按进度发放1.7亿元。围绕助力企业“走出去”，成功破题非融资性保函等9项外汇新产品，为歌尔声学办理卖出美元看跌期权5000万美元，创全国农行单笔金

6月22日，农行山东省分行党委书记、行长益虎（右一）到行调研 （供图：姜文娟）

额之最。为满足广大农民进城落户、购房金融需求，创新推广“农民安家贷”业务，截至2016年年末，累计发放农民“安家贷”15.2亿元，居全省农行第3位。

坚持文化引领，助推和谐发展。将党建和文化建设为激发队伍活力、凝聚发展力量的重要法宝，着力营造风清气正、和谐向上的发展氛围。开展寻找发现身边“最美共产党员”、党员“戴党徽、亮身份”等活动，2个先进基层党组织、7名优秀党员受到总行、省行表彰。邀请山东大学、上海财经大学教授作《学传统文化，提升管理素养》《金融环境与金融创新》讲座；与新华书店联合开展“书香农行”建设活动；在省行第十届柜台业务技术比赛中荣获团体第1名。

（张晓川）

**【中国银行股份有限公司潍坊分行】** 年末本外币各项存款余额499亿元（含表内理财，下同），较年初增长28.5亿元，新增列全省第3位；日均存款余额488.97亿元，较年初增长12.52亿元；全年累计投放政府类中长期贷款71亿元，公司类中长期贷款占比由13%提升到32%，授信结构得到优化；全年实现营业收入19.02亿元，营业支出3.84亿元，营业净收入18.84亿元，实现拨备前利润15.05亿元，净利润6.97亿元，非利息收入4.7亿元；年末不良贷款余额2.79亿元，不良贷款率0.63%，不良余额及不良率较年初实现“双降”，不良率由高到低列当地五行第5位，资产质量同业最优。

服务水平不断提升。全面加大信贷投放力度。积极开展高层“进走访”活动，深入企业详细了解部分民营企业、地方政府重点项目建设和园区融资需求，通过项目贷款、PPP及政府购买服务等多元化融资模式，全年累计新投放政府类中长期贷款71亿元。发挥中国银行多元化、国际化优势，加强海内外联动，大力推广海外直贷、内保外贷、协议付款等产品，全年累计利用海外资金22亿元，有效解决了企业融资难题。全力支持小微及“三农”发展。年末，中行服务的小微企业客户达4406户，贷款余额130.76亿元，较年初新增11.92亿元，完成监管要求。继续围绕全市现代农业产业链，依托“福农分期”系列产品，为农户生产经营提供授信支持。全年累计投放福农分期3.2亿元，为全市广大农户解决了资金需求。加强消费者权益保护。认真贯彻落实监管要求，健全了消费者权益保护工作体系，将消费者权益保护工作纳入支行机构考核，并积极开展金融知识宣传活动，进一步提升社会大众金融知识普及程度。加快产品服务创新与渠道转型，以科学技术引领金融服务升级。推出“中银E贷”产品，实现全流程在线融资服务。丰富手机银行服务功能，交易金额大幅增长。试点投产智能柜台，开展业务流程优化，业务办理时间大幅缩短。推出“惠民金融”系列产品，将金融服务与社保、医疗、教育、助农、生活缴费等紧密融合，为民众生活带来实实在在的便利。

公益成效持续提升。中行潍坊分行坚持服务社会、奉献社会、回报社会，积极扶贫助困，支持教育、科学和文化事业发展。连续两年定点帮扶潍坊青州市邵庄镇北薛村，变“输血”为“造血”，先后申请财政扶贫资金60万元、本行出资10万元帮助北薛村改造生产道路，修建基础设施，利用当地得天独厚的天然条件，大力发展乡村旅游，在当地成立旅游专业合作社，走出了一条党建引领、产业扶贫为主导的特色扶贫道路。积极开展社会公益活动，在第53个“向雷锋同志学习”纪念日期间，以“弘扬雷锋精神，传递青春能量”为主题，中行团委联合当地社区相继开展“情系山区公益行”“金融服务进社区”等公益活动。六一期间，走进临朐县寺头镇潍柴希望小学，为学校送去捐款，为孩子们送去了新书包、笔袋、本子等学习用品；走进社区积极开展金融宣传活动，普及金融知识，提升了中行社会形象。

（李　强）

**【中国建设银行股份有限公司潍坊分行】** 聚焦支持项目建设。注重发挥在基建贷款和中长期信用领域的传统优势，紧跟潍坊市“十三五”发展规划，成立专项任务团队，全力加快运作效率，密切跟进和服务城镇化建设等领域的重点项目，全力助推全市基础设施建设水平的提升。2016年，全行累计储备项目39个，大中型客户人民币非贴贷款累计实现投放125亿元，有效支持了潍城区2016年棚户改造居民安置一期项目、弥河综合治理提升改造项目等重点客户和重点项目的建设和发展。

着力服务企业发展。以智能制造、绿色低碳、节能环保等领域为核心，主动加强与当地龙头骨干企业的联系与沟通，重点支持潍坊当地传统优势产业和拥有核心技术、市场成熟度较高的优质客户，深入分析客户金融需求，提供综合化解决方案，更好地服务于全市产业升级和结构优化。2016年，全行优先支持行业贷款增速18%，高于对公贷款平均增速30.34个百分点，有效支持当地多家重点客户的生产经营。发挥小企业经营中心的职能和作用，强力推进“税银互动”守信激励项目，大力推广小微快贷等各项业务，及时为具备条件的小微企业发放贷款。截至2016年年末，全行小微企业贷款余额达到82.84亿元，较年初增长8.11亿元，增速10.85%。

有效推进综合融资。强化对市场和政策的跟踪和研究，充分发挥建设银行的整体优势，加强与兄弟行以及海外分行的沟通，有序推进客户综合金融服务方案落地，努力为客户提供更具优势的产品组合或新型产品。2016年，全行累计为潍坊当地多家重点客户办理了中期票据、超短期融资券、股权投资理财产品、融资租赁、政府债务置换等投行类融资产品80多亿元，有效地丰富融资方式、拓宽融资渠道、降低融资成本，较好满足客户的多样化融资需求。

大力发展普惠金融。秉持和落实“普惠金融”的发展理念，紧跟市场形势变化，采取多项针对措施，着力满足广大客户的日常金融需求，助力消费增长。发挥房贷业务领域的传统优势，优先满足居民个人首套自住用房的贷款需求。2016年，全行累计发放个人贷款45.7亿元，有力地支持当地房地产市场“去库存”。着力发展以汽车分期为重点的信用卡分期业务，积极宣传“快贷”业务“立点可贷、程序简便、利率优惠、网上24小时自助办理”的特点和优势，大力推广“快贷”业务。2016年，全行累计实现分期等消费信贷交易额8.9亿元、“快贷”新增额9331万元，有效满足广大客户的购车、购物、家装等方面需求。2016年4月份，成功建成并运营“善融商务”寿光体验馆，成为全国建行系统首个线下体验馆，再次实现新的突破,有效扩大了寿光蔬菜等农产品的网络分销渠道。继续加强与农业产业化龙头企业的合作，稳妥发展个人支农贷款，全年累计投放个人支农贷款6258万元，有效支持了农业专业合作和农业大户的种养殖经营。

组织广大党员开展为“包村联户”村扶贫捐款活动　　（供图：常城）

守牢风险合规底线。牢固树立“风控优先、合规为本”的理念，深入推进合规文化建设，将合规案防工作责任具体分解落实到所有部门、具体岗位和每位员工，强化党纪行规教育，抓好对发现问题的问责与整改，有效地防范案件和重大违规行为的发生，实现安全稳定运行。突出抓好信用风险的防控，落实各项规定动作，做好各种形式的风险排查、预警和提示，切实把牢风险关口。明确“任务书、路线图、时间表”，加大不良贷款化解力度，提高处置成效。截至2016年年末，全行不良率和不良额在当地同业和全省系统继续保持较好水平，资产质量总体稳定。

成功举办“善融商务”寿光体验馆开馆仪式　　（供图：常城）

巩固提升服务水平。牢固树立“以客户为中心”的服务理念，持续推进服务品牌的塑造，完善过程控制体系，及时分析、评价、监控全辖服务运行状况，进一步提高全行服务管理的规范化、精细化水平。大力开展智慧柜员机的推广和应用，全行各型智慧柜员机的数量达到237台，有效提升了全行前台业务处理的智能化程度，提高了业务办理效率和客户服务体验。积极优化营业网点和自助设备的布局，推广各类电子银行产品，进一步延伸服务触角、扩大服务半径，为广大客户提供了优质、便捷、高效的金融服务。

积极参与精准扶贫。认真落实市委、市政府和银监分局关于推进扶贫工作的一系列工作部署和要求，采取选派“第一书记”的方式，对安丘市闫家河村进行定点“包村联户”帮扶。开展了广大党员扶贫捐款活动，共募集善款十余万元，帮助闫家河村建造3座冬暖式蔬菜大棚。截至2016年年底，3座蔬菜大棚及其附属设施已顺利建成并投入使用，得到广大村民的充分肯定和好评，有效地助推闫家河村尽快实现脱贫致富的目标。

（刘　猛）

**【交通银行股份有限公司潍坊分行】** 2016年末，全行本外币资产总额259.61亿元，较年初增加42.84亿元，增幅19.76%，本外币负债总额258.32亿元，较年初增加43.96亿，增幅20.51%。人民币各项贷款余额175.48亿元，较年初增加30.09亿元，增幅20.69%，高于同业平均增幅12.25个百分点。市场占比6.21%，较年初增加0.63个百分点，各项贷款在全国辖属行中排名第12位，较年初提升3个位次，增量排名全省第一、全国第五位。人民币各项存款余额、增量均居省辖行第一位。12月末，人民币各项存款余额252.79 亿元，较年初增加42.98 亿元，增幅20.49%，增幅高于当地同业平均增幅5.83个百分点。人民币各项存款在全国辖行排名第9位，较年初上升4个位次，增量排名全国第4位。2016年年末，分行网均存款13.30亿元，较2015年增加2.26亿元。实现经营利润4.62亿元，较上年同期增加6205万元，增幅15.50%。人均、网均经营利润均居山东省系统内第一位。经过持续努力，潍坊分行在落实总行2016 年度“两个转型工程”工作要求中，取得优异成绩，获得“规模发展奖”第一名，并成功由二类A等晋级为一类B等辖行，成为全国198家辖属行中仅有的15家一类行之一。

资产结构调整取得实效。通过加大存量资产排查加固力度，抵质押授信业务占比持续提升，担保结构得到优化。2016年，通过存量客户资产不间断核查及追加，分行共抵押加固授信客户77户，加固资产59383.64万元。

非信贷业务和同业业务取得新进展。2016年，投行业务共办理融资总额度42亿元。

风险管控成效显著。2016年年末，剔除打包因素，全行实际不良余额18502万元，较年初下降2185万元，不良占比1.03%，较年初下降0.22个百分点。

（王洪波）

**【中国邮政储蓄银行股份有限公司潍坊市分行】** 邮储银行潍坊市分行在总行、省行的正确指导和市委市政府的大力支持下，始终秉承“普之城乡、惠之于民”的发展理念，凭借网点布局优势和服务支撑优势，加大信贷投放力度，加快金融服务创新，在稳增长、惠民生、支持实体经济发展等方面发挥了积极作用。截至2016年年底，全行实现自营存款余额109.6亿元，各项贷款余额88.54亿元，贷款本年净增17.24亿元。实现净利润1.27亿元，不良贷款1.1亿元，不良贷款率1.11%，同比减少1.14个百分点。

丰富业务品种，不断提升基础金融服务。2016年，邮储银行潍坊市分行在扎实做好农村地区基础金融服务的同时，不断丰富业务品种，扩大业务范围，根据商贸客群、代发客群、高端客群、社区客群、消费客群、外出务工客群、青年客群、老年客群以及出国人群等九大客群，积极推出易汇通卡、“+薪卡”、爱家卡、外汇通卡、乡情卡、青年“YO•U卡”、金晖卡、VIP卡等九类卡种，极大满足了不同客群的金融需求。同时，大力开展信用卡业务的优惠活动，积极开展了“悦享购物，约惠6+2”“周六约惠银座”“悦享洗车”等信用卡系列活动，逐步打造信用卡“悦享”品牌。

加大资金投放，支持城乡转型发展。邮储银行潍坊分行通过不断创新合作方式，打造了政府、银行、担保公司等风险共担的特色产品，通过与新三板、高新技术园区等开展合作，为高新技术企业提供孵化资金。积极推进“信贷工厂”项目，通过标准化作业提高政银合作小微信贷规模效应。推广移动展业技术，以互联网云计算破解信息不对称难题，持续优化业务流程，显著改善小微企业金融体验。截至2016年年底，建成小额特色支行17家，对接龙头企业20家，召开推介会120余次，累计发放小额贷款128亿元，惠及客户近20万户。全力支持社会主义新农村建设，积极落实“大众创业、万众创新”任务，累计发放新型农业经营主体贷款2868笔，4.68亿元，与市财政局、人社局合作开展支持创业活动，累计发放再就业贷款9.54亿元，并冠名协办2016年高新区创业大赛，不仅为高新区的创业企业提供创业奖金，还根据企业需求提供贷款资金支持。

推进改革创新，倾力服务实体经济。邮储银行潍坊市分行加强与市政府相关部门和辖内重点企业的沟通和合作，与山东晨鸣纸业集团股份有限公司签订总对总100亿元战略合作协议，为潍坊辖内神化国华寿光发电有限责任公司、山东晨鸣纸业集团股份有限公司、中化弘润石油化工有限公司等重点企业提供优惠利率资金支持，并开发了短融、超短融、公司债、财务顾问等综合性金融服务，累计发放基础设施及公司类贷款余额22亿元，本年净增17亿元。同时，积极参与PPP项目和产业基金等项目，成功发放了济青高铁（潍坊段）PPP项目30亿元，结余15.2亿元；累计获得政府购买服务贷款授信达44.8亿元，成功发放了全省系统内首笔棚户区改造贷款业务，此业务也是潍坊市政府2016年以来成功落地的第一笔棚改项目资金，2016年年底结余15.64亿元，有力促进潍坊实体经济发展。

强化基础管理，优化健全内部管理机制。强化统一授信管理，积极开展“平行作业”，并切实加强对授信主体的审核，审慎审查审批高风险担保圈内企业授信申请。定期组织召开“信审面对面”沟通活动，保证前中后台定期交流。持续推进流程优化和时限管理，审查审批处理时限和质量均有大幅提高。加强会计与营运效能管理，全辖平均超额备付率0.63%，下降0.12个百分点，全辖业务库的清分机全部实现冠字号码联网核查，全辖银企对账率达到100%。资产质量控制措施有效，不断夯实风险管理基础工作，严格执行资产质量限额控制，全面运用自主清收、司法清收、委外清收、以物抵债等手段处置不良资产，不良贷款现金清收3963.79万元，核销10608万元，均居全省邮储银行系统第一位。

提升服务水平，加强消费者权益保护工作。组织开展“3·15”银行业消费者权益保护宣传活动、“5·15”打击和防范经济犯罪宣传日活动、“普及金融知识万里行”等专题活动。提高营业网点服务水平，制定下发《营业网点服务规范手册》，切实落实服务规范执行，并建立有效的服务投诉回应机制，确保件件有回应，事事有回复，保障金融消费者权益，诸城市支行获得“2016年度山东省银行业普惠金融示范单位社区金融服务奖项”。加强精神文明建设工作，建有省级文明单位2家、省级青年文明号3家、市级文明单位4家，并积极配合做好全国文明城市创城工作。

（王振伟）

11月30日，潍坊银行与山东城商行联盟“首期大数据研究成果发布暨大数据签约服务仪式”在潍坊举行。董事长郭虎英在会上发表讲话 （供图：魏酉佳）

**【潍坊银行股份有限公司】** 至年末，潍坊银行资产总额1020.6亿元，增长12.6%；各项存款722.6亿元，增长13.3%；各项贷款452.2亿元，增长5.7%；实现经营利润18.9亿元、净利润6.89亿元，上缴税金6.56亿元，持续位列全市纳税前十强。不良率1.3%，下降0.63个百分点，资本充足率11.49%，拨备覆盖率263.06%，经营指标平稳向好。

立足地方经济，支持区域经济转型升级。积极贯彻落实市委市政府精神，围绕供给侧结构性改革任务要求，持续加大对先进制造业、战略新兴产业等现代产业体系的信贷支持，全年累计投放贷款507.46亿元，同时坚持有保有压，压缩“两高一剩”（“两高”即高污染、高能耗的资源性行业；“一剩”即产能过剩行业）行业贷款；助力“大众创业、万众创新”，与市财政局、人社局联合发放创业财政贴息贷款，连续多年举办“潍坊银行杯”全市创业大赛和潍坊青年创业大赛，累计为创业选手发放创业扶持资金100亿元，带动就业十余万人次；推进“文化潍坊”建设，举办中国艺术金融年会，发布中国艺术金融发展年度研究报告、第二期中国艺术金融指数报告，与山东财经大学合作建立艺术金融教学实践基地，艺术金融创新实践获评省泰山产业领军人才工程。

1月30日，由潍坊银行承办的2016中国艺术金融年会在山东潍坊举行（供图：唐 锋）

立足中小企业，金融服务能力不断提升。积极开展企业“进走访”活动，走访企业300家，主动对接企业金融需求，一对一为企业提供差别化金融服务；围绕企业需求加强产品创新，推出工薪贷、营运贷等产品；清理压缩12项各类收费，强化对中小企业的免费服务支持机制；降低企业贷款利率，至年末贷款平均利率定价较年初下降0.76个百分点；缩短企业授信审批时间，推出续贷、即时贷、借新还旧等业务，拓宽抵质押物范围，减少企业过桥资金成本，提高中小企业申贷获得率。

立足城乡居民，市民银行品牌持续强化。与山东城商行联盟共同举行“首期大数据研究成果发布暨大数据服务签约仪式”，开创全国城商行以大数据手段提升网点服务的先河，网点服务能力不断提升；电子银行渠道建设不断优化，电子银行业务综合替代率达78.6%，年内增设各类自助设备212台，居民业务办理更加便捷；鸢都绿卡发行量达42.8万张，自行车骑行功能基本实现潍坊各区域互联互通，不断优化水、电、暖等生活缴费功能，积极推进工会会员卡等项目开展；推出机构专属理财产品、专享理财产品以及增值活动；大额存单发行实现常态化，成功研发如意存单、付息宝等多种计息方式产品，居民金融投资选择不断丰富；互联网金融发展提速，风筝银行持续优化，引进应用人脸识别技术等，注册客户超过3万人，资金交易量7380万元；利用流动银行服务车提升无网点地区金融服务质量，流动银行车服务获潍坊市“优质服务项目奖”。

提升农村金融服务能力，新设机构向县域及农村倾斜；助农服务点加速布局，开业163家，覆盖乡村500个，服务人口90万；引入财政资金建立风险补偿资金池，解决农村抵押物处置流转难题，争取试点融资增信业务并成功办理15笔2140万元。

推进普惠金融开展 积极践行社会责任。积极推进金融精准扶贫工作，提供资金、人才、技术等扶贫支持，向贫困村派驻第一书记，为32家企业发放“富民生产贷”扶贫贷款，贷款余额8340万元；强化金融消费者权益保护，畅通投诉维权渠道，提升公众权利意识；承办“潍坊银行杯”广场舞大赛、开展“花为媒”评剧鉴赏等活动，丰富市民精神文化生活；热心公益事业，积极开展爱心支教活动和“小小银行家”主题教育活动等，推出“爱心存单”等产品，探索“金融+公益”的合作模式。

（闫少卿）

潍坊农商银行组织开展金融服务进社区宣传活动　　（供图：秦红金）

**【潍坊农村商业银行股份有限公司】** 2016年，潍坊农商银行在省联社、市委市政府和市联社的坚强领导下，在人民银行和银监局的指导监管下，在董事会和股东会的决策支持下，积极适应经济、金融新常态，不断深化改革，注重产品创新，各项业务继续实现稳健发展。截至2016年年末，全行下辖13家一级支行、1家营业部，104家二级支行，注册资本26.76亿元，在岗员工1720人。

主要指标实现新发展。截至2016年年末，全行资产总额564.37亿元，较年初增加88.55亿元，其中各项贷款余额201.84亿元，较年初减少16.81亿元；负债总额522.8亿元，较年初增加82.63亿元，其中各项存款余额389.9亿元，较年初增加36.28亿元；所有者权益41.57亿元，较年初增加5.92亿元；实现经营利润6.75亿元；上缴税金1.67亿元。

潍坊农商银行组织爱心助学活动　　（供图：张金华）

“支农支小”实现新变化。立足三农，充分发挥金融服务“三农”主力军作用，大力推广“土地流转一抵通”“农村集体股权质押”等贷款业务，激活农村沉睡资产，着力破解农业现代化、规模化发展的融资难题，2016年发放涉农贷款67亿元。立足小微，创新金融服务，持续推进“提前介入”和“无缝隙”信贷服务，实现客户续贷“零等待”，2016年发放小微企业贷款61亿元，累计办理“无缝隙”贷款9054笔、金额48.94亿元，为客户节约财务成本480万元。立足助力大众创业万众创新，全力跟进实体经济新业态，积极对接高新科技朝阳企业、节能环保类、高端装备制造类等新兴产业发展，2016年支持科技企业54户、金额2.2亿元。

声誉形象实现新提升。优化网点布局，提高物理网点与金融资源、客户资源的匹配度，2016年迁址及重建4处、撤并6处。关注民生建设，2016对辖内55处网点进行零星维修，对30处网点的伙房、宿舍等基础设施进行修缮，从根本上改善基层网点工作、生活环境。丰富业余生活，组织开展了“巾帼集体、巾帼能手”评选、拔河比赛、摄影比赛、素质拓展、爱心捐助等多项活动，有效增强员工凝聚力与向心力。

（秦红金）

7月24日，招商银行潍坊分行在白浪河湿地公园举办“和你跑迎8周年”行庆悦跑赛活动，有40余位客户代表及分行员工共200余人参加　（供图：祝秀杰）

**【招商银行股份有限公司潍坊分行】** 截至2016年年末，资产总额64.27亿元，其中各项贷款余额60亿元；负债总额64.44亿元，其中各项存款余额60.21亿元；全年实现账面利润1.68亿元。上缴地方各类税金2690万元。

服务实体经济方面，在信贷规模总体偏紧的情况下，积极向上级行争取信贷规模，主动降低贷款集中度，将资源重点向中小、小微企业和居民消费倾斜，优先考虑满足中小客户短期融资需求；同时，还不断创新融资渠道，围绕资本市场、交易市场、同业市场，以债券承销、信托融资等非信贷融资业务和融资性担保业务为抓手，保证当地大型集团企业及实体经济的健康有效发展。

为小微企业服务方面，针对小微客户推出了“周转易”功能，按日计息、不使用不计息，客户无须通过银行便可自助进行贷款使用和还款，真正实现了7×24小时服务，客户的实际贷款利率大大低于行业整体水平。对于经营困难的客户，主动为其变更还款方式，将按月付息、到期还本的方式变更为自主月供还款方式，在减轻客户到期还款压力的同时，有效降低客户利息成本。

精神文明建设方面，始终坚持“因您而变”的服务理念，开展“招行服务动人心弦”感动服务场景化活动，以服务提升为契机推动厅堂互动。扎实开展各项服务及消保宣传，开展普及金融知识万里行、服务团队及服务明星评选活动，开展了“金融知识普及月”“金融知识进万家”以及“加强信息保护和支付安全、防范电信网络欺诈”等宣传活动。在服务品牌创建方面，招商银行潍坊寿光支行参加并获评了中银协千佳示范网点荣誉；招商银行潍坊青州支行参加并获评2016年度山东省银行业普惠金融示范单位（社区金融服务奖项）。文化活动方面，举办“三八妇女节趣味运动会”、“悦跑越年轻•我与招行共成长”行庆生日跑、“和你跑迎8周年”行庆悦跑赛、第四届职工羽毛球、乒乓球团体赛文体活动，增强了员工的凝聚力和向心力。积极开展社会捐赠等公益事业，员工通过总行，向云南省永仁、武定两县贫困家庭学生捐款4.71万元，向社区困难居民捐赠物资，支持老年文体活动，积极履行了社会责任。

（祝秀杰）

**【华夏银行股份有限公司潍坊分行】** 截至2016年12月末，华夏银行潍坊分行资产总额为59.94亿元，其中各项贷款余额59.5亿元，占总资产的比例为99.26%；负债总额58.07亿元，其中各项存款47.28亿元，占总负债的比例为81.42%；共实现财务收入总额2.83亿元，利润总额2.04亿元。

华夏银行潍坊分行下辖综合管理部、风险与合规管理部、营销管理部、运营管理部、小微企业金融部5个管理部门以及营销一部、营销二部、营销三部、营业部、奎文支行5个经营单位。截至2016年12月末，华夏银行潍坊分行共有职工88人。

华夏银行潍坊分行统一思想认识，切实将转变经营方式作为持续发展的根本来抓，紧紧契合潍坊主流经济开展业务，抓转型，抓特色，依靠创新带动业务发展。信贷资产确保安全运行，理财产品服务大众，“龙盈理财”品牌彰显特色。专注于能力提升，个人贷款业务形成惠民特色。贴近政府，支持地方经济建设，强化营销多策并用，加大对中小企业的支持。

（赵长林）

**【上海浦东发展银行股份有限公司潍坊分行】** 调整优化信贷政策，服务经济发展取得新成就。按照市委、市政府“调转创”的工作部署，坚持“区别对待、有保有压”的原则，优化信贷投向，调整信贷结构，加大信贷投入，防控信贷风险。突出支持重点，大力支持重点企业、支柱产业、支持科技创新和绿色经济。年末，各项贷款余额87.83亿元，较年初增加9.70亿元，增长12.4%；各项信用总量达到182.3亿元，全年实现利润1.08亿元，上缴税金3365万元，为稳增长、调结构、惠民生、防风险做出了积极的贡献。落实普惠金融政策，提升小微企业金融服务水平。对因资金周转困难和受担保链影响到期还款困难的小微客户，提前2个月通知客户经理进行授信业务操作，对符合续做条件的办理续做手续。2016年，共对12个授信客户办理借新还旧业务，涉及授信金额1.4亿元。推出浦银点贷、浦银快贷等线上产品，满足了小微客户“短、频、快”的贷款要求。2016年，累计发放网络点贷3267万元，网络快贷2776万元。认真执行国家关于降低企业融资成本、减费让利的系列要求，抓好督促执行。据统计，2016年，贷款加权利率为4.69 %，比年初下降 1.41个百分点。强化信贷管理，风险经营能力有所提升。年末，五级分类不良贷款余额3017万元，比年初下降5211万元；不良贷款率0.34%，比年初下降0.71个百分点，资产质量在潍坊各家金融机构中排名前列。党建和精神文明建设成果丰硕。在总行星级网点评定中，潍坊分行营业部荣获五星级网点、诸城支行营业部荣获四星级网点，寿光、青州支行营业部荣获三星级网点。信用卡发卡总量达到8万张，比年初增加6万张。在济南分行举办的第六届趣味运动会上，取得团体总分第三名，并荣获优秀组织奖。分行党委被总行授予“2016年度全行先进党组织”称号。被济南分行评为2016年度“风险管理先进单位”“公司及金融市场业务先进经营单位”“零售业务优秀经营单位”“优秀经营单位”。分行团委被共青团潍坊市委授予“潍坊市五四红旗团委”称号。被奎文区委、区政府授予“2016年度突出贡献企业”。

（王照海）

1月18日，浦发银行潍坊分行龙山街小微支行正式开业　（供图：王照海）

**【中国民生银行股份有限公司潍坊分行】** 截至2016年12月末，各项存款余额128.98亿元，较年初增加18.65亿元。各项贷款余额77.63亿元，较年初增加13.58亿元。2016年，该行累计投放公司类贷款517笔，183亿元；累计投放小微类贷款2207户，9.2亿元。

坚持政策导向，优化信贷布局。2016年，中国民生银行潍坊分行全力支持实体经济发展，对公贷款余额68.5亿元，其中投向制造业27.42亿元，投向租赁和商务服务业8.55亿元，投向批发和零售业5.54亿元，投向建筑业4.67亿元，投向电力、热力、燃气及水生产和供应业7.52亿元，投向水利、环境和公共设施管理业8.2亿元，投向交通运输、仓储和邮政业2.15亿元，投向教育业2亿元，其他行业2.45亿元。主动对接国家战略实施和重大工程建设。着力支持重点领域重大工程项目建设，探索创新多元化金融服务，有效满足资金需求。支持企业“走出去”。依托丰富的贸易融资产品，强化信贷流程管理和风险管控，支持“走出去”企业以境外资产和股权、矿权等权益为抵质押获得贷款。借助自贸区促进跨境投资融资便利化，为“走出去”企业提供跨境的并购贷款、项目贷款、资产管理等金融服务。深入实施“有扶有控”的差异化信贷政策。坚持“有保有控”“有所为、有所不为”，加大对绿色经济、新兴产业、中小微企业和三农企业的授信支持力度。积极支持企业并购重组和实体经济去产能去杠杆。将提升精细化管理水平和落实国家产业政策有机结合，对过剩产能行业实施分类名单制管理，从行业、客户、环保、产品等多个维度完善授信标准。

坚持自身特色，助力小微企业。2016年，该行通过持续发放小微企业贷款、大力发展住房按揭贷款业务以及开展“薪悦生活”等财富类项目，推动全市经济的进一步发展。为小微企业提供必要的资金支持的同时，配套提供一系列的小微产品。针对小微企业经营周转困难的问题，推出了主动续授信业务，经系统名单推送和人工识别，对优质的小微客户可以提供贷款转期服务。通过主动续授信业务，降低了企业的经营风险和财务负担，使企业资金实现良性循环。为优质客户推出二维码收银台，极大地方便了小微商户的日常结算。加大按揭贷款投放力度。提高各环节效率，加快审批和放款流程，提高服务水平和效率。2016年，该行准入按揭楼盘46家，按揭贷款余额54794万元，投放按揭贷款1270笔46807万元。推出零售业务主打品牌——“薪悦生活”项目。整合、优化民生银行的零售客户营销流程、维护流程，梳理客户服务和产品体系，引进品牌服务商配套非金融服务，为客户提供包括代发薪等一揽子金融、非金融服务。2016年，该行“薪悦生活”项目下关联项目数65户，关联客户数11203户，金融资产余额15564万元。小微贷款推行贷款到期“转期”业务，缓解小微企业再融资压力。该行通过建立客户分类模型，开展存量客户筛选分层，并采取差异化续授信策略。

产品创新。2016年，该行按照总行公司业务改革以及业务发展核心要求，大胆创新，不断调整客户、产品和业务结构，在模式创新、综合贡献、渠道扩展等方面，均取得了良好的成就。该行持续引进外部资源，扩展企业融资的渠道、模式和规模，不断创新产品和业务模式，通过与租赁、基金、券商等外部客户加强合作，通过发债、租赁等创新模式，引导融资渠道向多元化扩展。在融资租赁方面，近年来先后引进8家租赁公司，有效解决企业中长期融资需求。在债券市场方面，先后与4家证券公司建立合作关系。大力推动同业业务、委托贷款、银行账户直投、理财直融等创新性的银行融资品种。同业方面，于2016年先后与9家机构建立业务联系，主动获取信息，成功办理同业存放业务、SPV业务、同业理财业务。企业方面，于2016年成功办理3笔14.7亿元账户直投业务。

同时，在当前“大众创业、万众创新”的时代，该行以金融业的新供给、新需求为切入点持续创新，进一步完善网络金融平台体系，持续优化网上银行，同时重点构建手机银行、直销银行和网络支付三大平台，不断推出适应市场需求的产品和服务。为了护卫市民资金安全，率先推出了“安全账户”服务，为市民的账户加上“防盗锁”，在电信诈骗前筑起“防火墙”，为市民的资金保驾护航；与银联联合开发，基于条码技术，推出了民生副产品，可支持个人客户间、个人与商户之间便捷支付。

服务创新。优化客户体验。不断简化网络金融业务操作流程，减少客户填写信息环节，做到简单易用，精心设计适用手机操作的用户界面，方便触控，尽量减少客户在手机上填写数据的操作；优化客户电子账户开立流程，在保障客户信息安全、资金安全前提下，简化操作步骤，提高客户体验。普及公众教育。先后开展“3·15”消费者权益保护宣传活动和2016年“金融知识进万家”宣传服务月活动。

2016年，成立中国民生银行潍坊分行慈善公益基金，本着“关注弱势群体，致力公益事业，以实际行动履行社会责任”的指导思想，先后开展了捐资助学、资助贫困儿童、帮扶困难员工、走访孤寡老人等活动，共捐赠62308元，资助人数达到110余人，有效提升了银行的品牌形象。

（齐少鹏）

**【广发银行股份有限公司潍坊分行】**截至2016年年末，广发银行潍坊分行资产总额43.41亿元，较年初增加22.54亿元；负债总额43.04亿元，较年初增加22.57亿元。各项存款余额42.31亿元，较年初增加21.95亿元；各项贷款余额26.71亿元，较年初增加13.16亿元。实现净利润3694.81万元，同比多增4659.14万元。被广发银行济南分行授予“2016年度先进集体”荣誉称号，被广发银行总行评为“2016年度经营管理先进单位”，并被推荐参评“山东省财贸金融系统五一劳动奖状”。

落实稳健货币政策，支持实体经济发展。以服务实体经济、支持企业发展为己任，响应市政府深入对接企业的相关要求，按照中国人民银行潍坊市中心支行“金融服务企业百日行”、潍坊银监分局“进走访”等活动部署，组织开展了持续性、深层次的银企对接活动。按照“一企一策”原则，与企业共同探讨融资中遇到的困难和问题，提出明确的解决方案，暂时不能解决的也与企业深入沟通，并提出可行性建议。

加快市区网点布局，提升综合服务能力。截至2016年年末，广发银行潍坊分行辖区共有机构网点10处，已覆盖潍坊市奎文区、潍城区、高新区等主要区域，其中全功能网点1处、社区支行2处、自助银行4处、单点设备3处。2016年，新设阳光100城市广场社区支行、小商品城社区支行等6处网点。

发展特色金融业务，提供高效优质服务。为支持实体经济，解决歌尔集团员工充饭卡排队难问题，提升金融消费者体验，研发推出了无限城APP手机客户端项目，该项目支持多家银行卡，轻松绑定，零手续费；轻轻松松，手机搞定；随时随地给自己、帮同事，充值、查询。截至2016年12月月末，该项目为歌尔集团70%的员工提供服务，日交易笔数达到3000笔，满足园区内餐饮服务、生活服务和金融服务，带来了良好的社会效应和经济效益。

（徐艳秋）

## 保险业

【概况】2016年，全市保险机构达到70家，比2015年增加5家。保费收入达到186.01亿元，同比增长15.97%；赔给付58.54亿元，同比增长20.30%。其中财产险保费收入达到58.53亿元，同比增长11.09%，赔付30.05亿元，同比增长13.6%；人身险保费收入达到127.75亿元，同比增长18.36%，赔给付28.48亿元，同比增长28.27%。全市保险业承担社会风险由2015年的2.14万亿元，增加到2.64万亿元，增长23.42%。市场秩序持续好转，运行质量进一步提高。财产险的车险承保利润率高于全省平均水平，综合费用率、综合成本率低于全省平均水平；人身险的赔付率等指标也都低于全省平均水平。

财产险市场运营。企业财产保险实现保费2.07亿元，占财产险保费的3.53%，同比降低4.5%；机动车保险实现保费48.45亿元，占财产险保费的82.79%，同比增长8.58%；责任保险实现保费1.93亿元，占财产险保费的3.30%，同比增长55.78%；货运保险实现保费0.53亿元，占财产险保费的0.91%，同比增长3.06%；农业保险实现保费1.63亿元，占财产险保费的2.79%，同比增长24.52%；其他险种实现保费0.09亿元，占财产险保费的0.16%，同比增长133.61%。

财产保险市场前10位。人民财产保险潍坊公司保费收入17.72亿元，占市场份额30.28%；平安财产保险潍坊公司保费收入6.66亿元，占市场份额11.38%；太保财产保险潍坊公司保费收入5.28亿元，占市场份额9.02%；人寿财险潍坊公司保费收入3.17亿元，占市场份额5.41%；中华联合财产保险潍坊公司保费收入3.1亿元，占市场份额5.3%；阳光财产保险潍坊公司保费收入2.75亿元，占市场份额4.69%；安盛天平保险潍坊公司保费收入2.06亿元，占市场份额3.51%；长安责任保险潍坊公司保费收入1.91亿元，占市场份额3.26%；安华农业保险潍坊公司保费收入1.69亿元，占市场份额2.89%；大地财险潍坊公司保费收入1.62亿元，占市场份额2.77%。

人身险市场运营。人身保险个险业务实现保费69.05亿元，占人身险保费的54.16%，同比增长33%；团体险业务实现保费7.67亿元，占人身险保费的6.02%，同比增长45%；银行代理保险业务实现保费50.76亿元，占人身险保费的39.82%，同比增长0.14%。

人身保险市场前10位。中国人寿保险潍坊分公司保费收入28.2亿元，占市场份额22.12%；太保寿险潍坊公司保费收入14.31亿元，占市场份额11.23%；平安人寿保险潍坊公司保费收入12.76亿元，占市场份额10.01%；新华人寿保险潍坊公司保费收入11.64亿元，占市场份额9.13%；泰康人寿保险潍坊公司保费收入5.95亿元，占市场份额4.67%；富德生命人寿保险潍坊公司保费收入5.37亿元，占市场份额4.21%；天安人寿保险潍坊公司保费收入5.36亿元，占市场份额4.21%;人民人寿保险潍坊公司保费收入4.72亿元，占市场份额3.7%；太平人寿保险潍坊公司保费收入4.4亿元，占市场份额3.45%；幸福人寿保险潍坊公司保费收入4.25亿元，占市场份额3.33%。

区域保险市场运营情况。寿光市保费收入18.21亿元；青州市保费收入12.86亿元；诸城市保费收入15.08亿元；高密市保费收入10.25亿元；安丘市保费收入9.99亿元；昌邑市保费收入7.4亿元；临朐县保费收入8.16亿元；昌乐县保费收入6.4亿元；坊子区保费收入3.54亿元；奎文区保费收入7.38亿元；潍城区保费收入4.66亿元；寒亭区保费收入3.61亿元；高新技术开发区保费收入2.38亿元；滨海区保费收入0.76亿元。

坚持“保险业姓保”，深入对接潍坊经济社会发展的重点工作，助推全市经济社会发展。积极对接潍坊扶贫攻坚的任务目标，全力助推精准扶贫和扶贫攻坚。按照“定向、精准、特惠、创新”的原则，大力开展满足贫困人口个性化和灵活性需求的保险业务，主动创新保险业务和产品，形成了灾害扶贫、民生保障和医保扶贫、贷款保证保险产业扶贫、惠农保险扶贫四条渠道协调配合，共同参与的扶贫新格局。全市民生综合救助保险在2015年寿光、昌乐两县市试点基础上，2016年7月1日起在全市范围内全面实施，同时建立巨灾保险制度。民生保险分别由人保财、人寿财、平安财、中华联合四家机构承保，由市、县两级财政按照每人每年2元、每户每年2元的标准全额承担保险费资金，保障对象为潍坊市内所有居住人口，对因自然灾害和家庭火灾、爆炸、中毒、触电、意外伤害等造成的财产损失、人身伤亡损失进行保险救助保障，其最高赔付额度为20万元，特别针对贫困人口建档立卡范围人员赔付责任限额上浮30%。到目前，全市924.7万居民和282.2万户家庭已全部参保;积极参与推动全市建档立卡贫困人口的医疗补充保险开办工作，由市人保财险、太保寿险、中华联合三家会员单位联合共保，保障人群为全市精准扶贫建档立卡的贫困人口6.8万人，保障范围是贫困人口因病住院发生的合规医疗费用，对居民基本医疗保险、大病保险、医疗救助报销后剩余由个人负担的医疗费用，给予最高赔付额度30万元的保险保障，对有效解决贫困人口的因病返贫，助力精准扶贫发挥了重要作用。在创新开发保险产品，助推扶贫攻坚的同时，各保险机构还按照地方党委、政府的要求，积极开展对口扶贫包村工作。人保财险潍坊市分公司自上年以来，已累计向扶贫村投入近40万元帮扶脱贫。市协会认真践行保险行业社会责任，先后与人保财险、平安人寿、新华人寿、长城人寿一起，为贫困地区的9所小学捐赠教学设施、学习用品、图书、校服等，改善贫困地区的办学条件。

积极对接潍坊的产业转型升级和科技创新，全力支持产业转型升级和创新驱动发展战略的实施。不断加强与市工信委、商务局、科技局、质监局等部门的工作衔接，及时了解产业升级和科技创新工作动态，发动保险机构提前介入，积极创新保险业务，大力开展与潍坊相适应的科技保险、贷款保证保险、物流保险、会展责任保险等各类新兴保险业务。有力推动了经济发展和科技创新，使保险业发展找到了新的增长点。人保财险潍坊市分公司、太保财险潍坊中心支公司、中华联合潍坊中心支公司在全市率先开展国产首台套重大技术装备保险业务，有力地支持企业的科技创新，促进了装备制造业向高端技术装备的转型升级。人保财险潍坊分公司采用“综合险”的承保方法，先后与福田雷沃国际重工、潍柴动力、潍柴重机三个大型企业签署协议，承保三个企业省内首个国家级首台套重大技术装备保险，累计承担责任风险5.6亿元，到目前已累计赔付615万元。有力地分担了企业因科技创新而带来的技术、质量责任负担，降低了装备用户的经营风险，推动企业的转型升级。中华联合潍坊中心支公司先后与山东天瑞重工有限公司、山东蓝天环境科技有限公司签署协议，为这两个企业的国内、省内首台套重大技术装备进行承保，承担责任风险651万元，到目前已累计赔付17.9万元，促进了企业产学研科技成果的转化。

积极对接潍坊的社会转型工作，大力支持潍坊的民生保障和社保体系建设，维护社会稳定。围绕市委、市政府提出的社会转型任务目标，全市保险业积极与市政法委、人社局、教育局、民政局、卫计委、食药监局、老龄委等部门加强工作对接和联系，发动人保财险、中国人寿、太保财险、太保寿险等会员单位大力开展城乡居民和城镇职工大病医疗保险、食品安全责任险、医责险、校方体育运动无过失责任险、安全生产责任险、意外伤害险等保险业务，提高了社会风险管理水平，促进了社会和谐。全市城乡居民大病医疗补充保险和城镇职工大病医疗补充保险，已在全市12个县市区全面推开。2016年，中国人寿潍坊分公司实施的“银龄安康工程”（老年人意外伤害保险）已基本实现60~80周岁老年人全覆盖，全市参保人员已达136.54万人，承担社会风险保障245.34亿元。自2014年以来，大力实施“银龄安康工程”连续两年被写入市政府工作报告，列为市政府的民生实事之一。人保财险潍坊市分公司在全国率先创新承保的潍坊市中小学校体育运动无过失责任险，以及中国人寿财险潍坊中心支公司承保的养老机构责任保险也已在全市推开。

积极对接潍坊农业产业化发展战略，继续加大保险业支农惠农力度。进一步加强与财政、农业、物价等部门的对接，按照政府引导、协同推进的原则，在进一步完善玉米、小麦、大棚蔬菜等政策性农业保险的同时，加快“三农”保险发展，积极开展农产品物价指数保险、涉农小额贷款保证保险、森林保险等保险业务，全力构筑农作物、农产品的风险保障，推动农业产业化发展。人保财险潍坊分公司创新开展了小贷保证保险，帮助农户实现产业脱贫，缓解农民贷款难、贷款贵的问题。平安财险潍坊中心支公司积极创新，先后推出农险+融资+贷款保证保险、农险+农资、农险+无害化处理厂等多种保险支农模式。太保财险潍坊中心支公司、中华联合潍坊中心支公司等机构，积极开展生姜、大葱价格指数保险和蛋鸡养殖保险。仅太保财险潍坊中心支公司一家机构，就为安丘大葱参保农户提供3400万元的风险保障，为蛋鸡养殖提供2634万元的风险保障。

积极开拓和创新行业自律新模式，不断改进和加强行业自律，推动市场秩序持续好转。坚持以规范市场秩序为目标，不断创新财产险自律模式，积极营造公平竞争的市场环境。针对潍坊车险市场恶性竞争加剧、手续费不断升高的现状，4月，潍坊在全省率先开展了车险市场自律工作。市协会组织签订了《车险市场倡议书》和《潍坊车险市场秩序承诺书》。为使自律不留死角，加强对各会员单位分支机构的管控和引导，市协会专门引入第三方暗访人员不间断检查。全年共开展28次自律检查、暗访，对11家公司的14笔违约业务进行自律处罚，形成自律的高压态势，有效规范车险市场竞争秩序。

认真开展理赔查勘模拟测评工作和高速公路交通事故快处快赔工作，按照山东保监局的要求，对驻潍30家财产险公司进行车险理赔查勘模拟测评，并将结果上报。组建高速公路快处快赔领导小组，建立以理赔经理为联系人的联系人制度，制订《潍坊市高速公路交通事故快处快赔工作规程》。重大节假日期间，在青州、寒亭和高密设立三个点，各公司派员驻点值班，并抽调人员组织应急查勘小组。2016年重大节假日期间，共处理交通事故车辆1296辆，保证高速公路畅通，得到社会好评。在加强车险自律的同时，市协会完成各会员单位经营指标汇总评分、排名、上报工作；开展农业保险专项调研，并将调研结果上报山东保监局；完成财产险重大事故信息采集和报送工作。

坚持以防范风险、治理销售误导、提高服务质量为主线，强化人身险自律。针对人身险防范风险的压力增大，认真贯彻山东保监局和省协会风险防控会议精神，进一步落实工作措施，对满期给付、非正常退保、案件风险等问题，积极做好防范工作，确保问题不积压，风险不爆发。加强重点风险的监测和排查工作，按照人身险公司风险预警提示方案，坚持以季度为周期，通过数据分析发现风险较为集中或突出的问题，及时向有关公司发出警示函，提示对其关注和限期整改。由于防范措施到位，形成防范化解风险的合力，全年没有出现风险事件，守住不发生系统性或区域性风险的底线。进一步加大治理销售误导力度。规范人身险市场秩序，营造竞争有序的市场环境。针对行业代理人考试停止后出现的新情况，2016年1月，召开人身险公司个险经理会议。研究制定加强代理人流动、上岗等管理工作措施。市协会在3、4月份，按照山东保监局和省协会的工作要求，开展全市人身险公司服务质量达标试测评，抽调10家人身险公司的业务骨干开展现场检查工作，并在11月8日至12月10日期间，对相关服务流程及指标进行正式测评。有效地提高全市人身险公司客户服务质量，提升客户服务水平。市协会在9月组织人身险公司集中学习山东省保险行业协会出台的《山东省商业银行代理保险业务自律公约》《山东省人身保险公司服务自律公约》《山东省意外伤害、健康保险业务自律公约》《山东省保险从业人员流动管理自律公约》《山东省人身保险公司风险防范自律公约》和《山东省人身保险销售从业人员防止销售误导自律公约》等文件，要求各公司严格执行省协会的各项自律要求，加强行业自律。10月，对个险新单件数继续率和犹豫期内回访成功率低于行业平均水平的25家公司进行约谈，并要求其限期整改，提升服务水平。

围绕人身险治理销售误导和维护财产险市场秩序，加强中介机构自律。市协会先后2次组织召开各保险中介公司负责人会议，通报全市保险市场发展情况，明确对车险业务的自律要求及处罚标准，并要求各中介机构要配合保险公司自律，共同维护好市场。9月以来，按照《山东保监局办公室关于开展2016年保险专业中介机构信息普查工作的通知》的要求，市协会对驻潍14家中介法人机构，217家分支机构进行了全面普查，通过普查摸清保险中介机构的基本情况。并按照山东保监局的要求，市协会认真总结普查情况，将全市保险中介市场发展情况、机构建设情况、存在的问题形成详细的书面报告，并报送山东保监局。

进一步强化信访投诉工作，全面推进诉调对接机制建设，加大风险防控和反保险欺诈工作力度，维护保险消费者合法权益。不断加强消保中心建设，进一步完善各项规章制度，坚持事前预防；事中阳光处理，公开公正透明解决问题；事后“三到位”：即投诉者合理诉求解决到位，不合理诉求解释疏导息访到位，对特殊困难群众帮扶到位的原则，快速高效地处理信访投诉工作。2016年，市协会受理信访投诉506件，已经全部及时、妥善处结。其中及时处理市长热线电话转办138件；电话投诉320件；来人来访9批次48人。处结率达到100%。较好地化解了投诉人与保险人的矛盾，维护保险消费者的合法权益。

成立保险纠纷人民调解委员会，进一步完善强化诉调对接机制。市协会积极与潍坊市司法局沟通，申报成立保险纠纷人民调解委员会。3月份，潍坊市司法局以潍司发〔2016〕9号文下发了《关于同意成立潍坊市保险纠纷人民调解委员会的批复》。市协会进一步健全工作机制、规范工作程序，并成立由法官、律师、仲裁员、各保险公司的法务人员组成的调解委员会，采取“面对面”调解，“背对背”调解、指导调解和联合调解相结合的方式开展工作，取得良好效果。保险纠纷人民调解委员会与诉调对接机制密切结合，通力合作，有效地化解大量保险纠纷。2016年，共受理案件527件，实际调解362件，成功调解98件，调解成功率27%，有效化解保险消费者与保险公司间的矛盾，减轻保险消费者因诉讼造成的经济损失。

扎实开展互联网保险风险专项整治工作。6月，按照《山东省互联网保险风险专项整治工作实施方案》和《潍坊市互联网金融风险专项整治工作实施方案》要求，市协会研究制订《潍坊市互联网保险风险专项整治工作实施方案》，并组织全市69家保险公司开展互联网保险风险全面自查。根据自查情况和山东保监局下发的重点企业名单，市协会又安排各部门工作人员对1705家企业进行了排查，梳理出315家重点排查对象，通过互联网信息检索、电话咨询、现场排查等形式进行了重点检查。为加强与地方政府的配合联动，市协会还安排一名工作人员参加由市金融办、人民银行、银监局、工商局、市协会等部门联合成立的专项整治小组集中办公，协助开展互联网金融风险整治工作。目前，整治工作已经进入总结阶段，经过两轮排查，全市保险业未发现系统性、区域性风险。

积极落实措施，加大反保险欺诈工作力度。市协会先后9次召开会员单位反保险欺诈座谈会，并按照上级统一部署，在全市范围内开展“安宁2016”潍坊惩治保险欺诈专项行动，处理嫌疑线索69条，建立可疑线索报送制度，指导公司搜集线索移交到公安部门。为加强反保险欺诈的工作交流，市协会及时将各公司侦破的经典案例汇总成《潍坊反保险欺诈经典案例汇编》，报送山东保监局和山东省保险行业协会。2016年，市协会处理嫌疑线索69件，涉案金额共计60.42万元，移交第三方调查公司案件9件，全部侦破完毕，为会员单位挽回经济损失90余万元，有效惩治保险欺诈行为，震慑不法分子，维护行业权益。

创新宣传形式，加大行业宣传力度，为加快现代保险业发展营造良好的舆论环境。深入开展“新国十条”学习宣传。按照山东保监局办公室《关于转发〈中国保监会关于发放“新国十条一百问”视频课程的通知〉的函》要求，市协会召开全体工作人员会议，传达学习山东保监局和中国保监会的文件精神，观看“新国十条一百问”视频，分别召开财产险公司、人身险公司、保险中介公司宣传工作负责人会议，进行集中学习，并要求各公司通过晨会、夕会、培训会议等方式组织全体员工集中学习，将学习材料转发至各县区机构，传达到每一名保险从业者。为确保宣传学习效果，市协会将学习资料和视频上传潍坊保险信息网、“潍坊保险”微信公众号进行广泛宣传，达到良好的宣传学习效果。

积极开展社会宣传活动，大力普及保险知识。2016年，市协会先后开展了“3·15”消费者权益保护日、“7·8”全国保险公众宣传日等活动。6月份，市协会联合潍坊日报社，组织全市各保险公司和中介机构的办公室主任和宣传工作负责人，在昌乐党校开展名家保险大讲堂暨舆情引导及新闻危机公关处理培训活动，从多个角度对如何开展好保险业宣传工作进行系统培训，提高宣传队伍的素质。市协会还充分发挥自建宣传平台的作用。通过潍坊保险信息网和“潍坊保险”微信公众号，全年累计刊发协会新闻、公司动态、政策解读、案例分析934篇次。同时，积极与潍坊市纠风办联系，组织保险公司定期参加“行风在线”上线活动。针对保险消费者关心的问题进行解答，对电话投诉进行公开处理，既宣传保险知识，解答消费者疑问，又增加投诉处理的透明度，赢得社会的好评。

组织开展“最佳保险职业人”评选活动。4月，市协会联合潍坊大众网在全市保险业开展“最佳保险职业人”评选活动。驻潍各保险公司、中介机构积极参与，通过个人报名、公司推荐、评委会审核等环节产生500余名候选人，并进行微信投票，最终评选出200名“最美保险职业人”和10名“最佳保险职业人”，在“全国保险公众宣传日”期间，进行宣传表彰，收到了良好的社会效果。

积极应对舆论危机，维护行业正面形象。市协会先后与大众网、齐鲁网、山东网等多家新闻媒体建立了合作关系，在开展正面宣传的基础上，还完善了舆情监控系统，共同应对保险业舆情事件。1月28日，潍坊电视台以“传销式保险——你可能不知道的秘密”为题，报道保险业存在“传销式增员拉人头”的现象。市协会紧急召开35家人身险公司和14家中介机构会议，要求各公司核查落实报道中的人员是否是本公司的人员，是否存在拉人头传销式增员模式，是否存在卖假保单，是否存在非法集资等问题进行全面排查。经过排查发现，潍坊保险业并不存在报道中所说问题。在与潍坊电视台沟通后，市协会分别向潍坊市政府、中共潍坊市委宣传部、市金融办报送《潍坊市保险行业协会关于反映潍坊电视台〈直播潍坊〉栏目片面报道保险业的情况报告》，恳请市政府协调新闻宣传部门，加强对潍坊电视台等新闻媒体涉及保险领域的不实报道进行规范管理，促进保险业健康、稳定发展。

（王依勤）

7月8日，全市保险业举办“保险公众宣传日”集中宣传活动　（供图：王依勤）

**【中国人民财产保险股份有限公司潍坊市分公司】** 2016年，实现保费收入17.72亿元，市场份额达到30.21%，继续稳居财险市场第一；纳税及代缴税收2.8亿元；实现利润1.04亿元，可持续创利能力持续增强，公司经营发展能力实现全面突破。

把握政策机遇，推动政府支持类项目及政策性业务实现新突破。市县各级经营机构紧盯保险项目信息变化，积极对接政府，实现生猪、济青高铁项目协同公关，拓展电动自行车盗抢保险业务，签署年度省内首张首台套保险保单，取得全市民生综合保险主承保权，再次竞标承保校园类责任保险。强化风险管控，稳步发展创新型商业保险。主动对接出口企业拓展出口信用保险，积极服务“一带一路”建设；治安保险实现增量拓面，规模保费1553万元，列全省第一，全面保障居民人身财产安全；个人贷款保证保险业务规模突破2630万元，全面提供社会融资服务。巩固政策性险种既有优势，积极拓展新险种。2016年积极推动新险种落地，全力实现种植险保费5345万元；创新承保商业性蛋鸡保险，全面参与育肥猪保险业务。

多措并举，重视县域发展能力建设，开拓农村市场。企划牵引，以人为本。制定下发县域发展能力提升项目和“县域长青”行动计划，全面开展乡镇服务部负责人选聘，协保协赔员已达2951人，三农营销体系保费同比增长8.57%。统一扶持，强化标准化建设。全年标准化改造基层支公司营业场所3处、营销服务部网点16家，提升运营环境及品牌形象。进一步强化基础工作建设。优化基层岗位与薪酬体系，大力补充基层人力资源缺口，积极实施面向基层的培训项目，全面提升基层IT硬件配置水平。

（赵礼忠）

**【中国人寿保险股份有限公司潍坊分公司】** 中国人寿保险股份有限公司潍坊分公司是总公司在潍坊设立的市级分支机构，下辖17家营业单位、13个客户服务柜面、86个农村营销服务网点，各级管理及销售人员18000余人。全年实现总保费收入28.2亿元（含居民大病保险），同比增长30.44%，保费规模居潍坊保险行业首位。

公司始终秉持“专业、真诚、感动、超越”的服务理念，倾力打造“以客户为中心”的服务体系，依托基于“互联网+”的e宝账客户服务平台和覆盖全市城乡的服务网络及“95519”咨询受理专线，全力打造国寿服务品牌。大力推进保险经营方式转型升级，深化拓展老年人意外伤害保险（银龄安康工程）、学生平安保险、独生子女家庭保险、小额人身保险、警察协会会员综合保障项目、女性安康保险、工会会员保险、企业年金等系列政保合作项目。2016年，公司承担社会风险保额125.25亿元，同比增长14.75%。满期给付实付7.53亿元，同比增长40.49%。赔付金额4.65亿元，同比增长78.78%。解决创业就业人员17600余人，服务经济社会发展和客户需求的能力明显提升。

（于德利）

**【中国太平洋财产保险股份有限公司潍坊中心支公司】** 2016年，完成保费收入52806万元，居市场第三位，关键经营指标在全省系统内和全市行业内均居前列。

车险结构调整效果明显。垂直化渠道管理体系进一步完善，渠道定位更加明确，核心渠道的引领作用更加明显。个团业务结构进一步得到优化调整，实现车险险种结构的进一步优化。强化车险业务的筛选能力，重点发展优质车型、险种和渠道，从费用投放、平台建设、人员配置和方案制定等予以倾斜，取得较好的经营成果。

发展新动能加速成长。全年非车险新增业务1450万元，其中38%来源于银保和新兴领域，已成为非车险最大的增长；农险保费贡献率逐年提升，超额完成了分公司下达的任务目标。除传统政策性保险外，开展大葱价格指数保险、蛋鸡养殖保险、花生种植保险、林木火灾保险、棚内作物保险和公益林保险等创新险种，在增强区域影响力的同时带来较为可观的保费收入；新技术应用得到较好的普及。都保吧、山东分公司微信公众号、码上保、车险CRM等应用的推广均走到了全省前列。

理赔客服工作持续推进。打假减损成效突出，六大板块全面发力，全员减损，较好地实现了综合赔付率优于行业的预期目标。营改增以来，车险维修专票回收也在大力推进中，全年完成200余万元的专票抵扣，进一步拉低综合成本；车险赔付时效进一步加快，车险理赔人员围绕考核指标，强化了车险赔付。当年立案支付周期、当年案件结案、车险未决估损充足率和非车险充足率等理赔关键经营数据均优于2015年同期，居全省前列有效保障了公司的稳健发展；单证管理水平进一步提升，综合水平保持在全省前三名。

内控管理机制建设进一步完善。着力推进基层合规管理，取得较好成效。自2014年起，中心支公司建立四级机构年度现场审计制度，由各条线管理人员对各机构风险敏感点逐一排查，进一步夯实基层机构的管理基础。对合规管理制度予以梳理，逐步建立了有奖有罚、赏罚分明的制度体系。印章、单证、财务和承保理赔管理流程更加规范，材料收集更加完善。2016年，潍坊中心支公司接受来自于省保监局、华东审计部、分公司、市税务系统和市行业协会的现场与非现场检查，均未发现任何较大的风险纰漏。

（韩庆国）

## 证券业

**【中泰证券潍坊分公司】** 中泰证券（原齐鲁证券）潍坊分公司最早成立于1992年，是中泰证券股份有限公司麾下规模最大、综合实力最强的分支机构之一，下设投资银行部、机构业务部、财富管理中心等8个专业部室和16家证券营业部，综合业务规模雄居地区券商龙头地位。

2016年，潍坊分公司各项业务顺利开展。传统业务方面，树立服务品牌，通过加强投资者教育及渠道建设，积极推进融资融券、期权等新兴业务，进一步完善和繁荣地区金融市场体系。财富管理方面，积极创新转型，推行增值服务，累计完成5只阳光私募产品销售并落地潍坊，为广大投资者开辟了新的投融资领域。投行业务方面，深度服务潍坊市场，实现多点开花，固定收入业务成功落地2单债券业务，储备了60余亿元的境内+境外债券项目；IPO业务与盛瑞传动签订IPO保荐协议，正式启动创业板上市工作，目前还有多单项目积极争取中；独立承做3单新三板挂牌项目，主办完成14单四板项目。资产证券化、产业基金、PB业务、海外并购、银行委外等业务也实现有效突破，在形成分公司多元化经营格局的同时，也为助力潍坊实体经济健康发展做出积极的贡献。

另外，潍坊分公司通过全面深化与各级政府部门的全面战略合作，积极做好政府的参谋和顾问工作。在潍坊市2016年企业规范化改制工作中，潍坊分公司作为潍坊市规范化公司制改制小组成员，完成了110家企业规范化股改工作。

潍坊分公司还是社会公益事业的倡导者和实践者。2016年积极响应各级政府部门号召，积极投身于潍坊市“创建文明卫生城市”等社会公益活动，全年累计派出人员进行宣传、服务、义务劳动等社会服务2000多人次；6月份，主动募集职工爱心捐款，对临朐贫困学生及峡山特困户进行精准帮扶，共计捐助资金3万余元，成功诠释了“一个家庭、一所学校、一座军营、一个舞台”的企业文化。

凭借良好的专业能力、责任意识和业绩表现，潍坊分公司得到社会各界的广泛认可，多次被省证监局和省证券业协会评为“先进单位”，连续多年获得潍坊“突出贡献企业”称号，连续两年被潍坊市政府授予“文明诚信服务窗口”称号，连续两年获得省国资委颁发的“青年文明号”和“优秀基层党组织”称号，被山东省总工会授予“工人先锋号”荣誉称号。

**【东北证券潍坊营业部】** 东北证券潍坊北宫东街营业部（下称营业部）于2014年2月初正式营业，地址位于高新区北宫街蓉花路交叉口鲁伟青年公寓2号商铺，营业部面积116平方米。营业部设立以来依靠经纪人开展业务，2016年8月开始择优录取客户经理开展业务。营业部员工（包括总经理在内）4人，经纪人19人。

2016年营业部新增有效户324户、新增日均资产2778万元、金融产品销售（公募）484.01万元、金融产品销售（其他）462.31万元。

**【国泰君安证券潍坊营业部】** 国泰君安证券潍坊营业部是当地享有较高知名度和美誉度的券商之一，2016年，营业部传统经纪业务和多元化业务平稳运行，机构业务在新三板、债务融资、定向增发、股权质押、主动管理等各条业务线均取得骄人成绩；股民学校又名财富大讲堂，作为营业部服务客户的重要渠道，多次荣膺上海证券报股民学校年度优秀授课网点。

**【海通证券潍坊营业部】** 海通证券股份有限公司潍坊东风西街证券营业部成立于2013年11月8日，2014年5月28日正式开业，现位于潍城区东风西街277号1号楼2—04（潍州剧场对面）。有员工3名，经纪人15名。经营范围包括证券经纪、证券投资咨询、证券投资基金代销、为期货公司提供中间介绍业务、融资融券、与证券交易、证券投资活动相关的财务顾问业务、代销金融产品、证券承销与保荐（仅限项目承揽、项目信息传递与推荐、客户关系维护等辅助工作）。2016年，营业部注重经纪业务、投行业务，与潍坊地区的各大银行已开通了全面的三方存管合作协议，为投资者提供安全便捷的交易平台。新开客户3100户，并一直在与潍坊2家城投平台洽谈发债业务。

**【恒泰证券潍坊营业部】** 恒泰证券股份有限公司潍坊福寿东街证券营业部设立于2015年，是恒泰证券在山东省潍坊市设立的唯一一家营业部，位于潍坊市奎文区福寿东街5603号金诺大厦6楼。在上级监管部门和公司正确领导下，合规开展各项业务，无经营事故发生，营业部现有后台员工1人，市场部员工2人，经纪人18人，全部取得证券执业资格，拥有一支极富竞争力的高素质的员工队伍。

营业部设施完备、先进。公司拥有强大、安全、快捷的网上交易通道系统，广大投资者无论身处何地均可充分享受e时代的快捷便利。

营业部成立以来始终秉承公司“创新、务实、诚信、合作”的企业核心价值观和“全心全意为客户服务”的经营服务宗旨，严控风险，合规经营。建立“首问负责制”和“快速反馈机制”，针对各项服务制订统一服务标准。注重打造精干且富凝聚力的团队，形成一支技术上能干且又能吃苦耐劳的精英队伍，为广大投资者提供高效、全面的服务。依托总公司先进的网络平台和研发中心强大的投资咨询力量，为广大投资者提供个性化、专业化的投资理财服务，积极打造“恒泰证券——您身边的理财顾问”的服务品牌。围绕客户需求目前开设了：股民学校、投资大讲堂、投资策略解读等系列活动项目，为广大投资者提供更贴近市场的投资服务。同时，还通过电话、短信、邮件等平台及时有效的传导公司研发中心及营业部咨询产品，为广大投资者提供操作性更强的咨询建议。

2016年，营业部主要开展证券经纪业务，金融产品的销售及融资融券业务，营业部现有客户5000多人，公司已与工、农、中、建、交、招商、中信等十几家银行建立三方存管业务，并开通中国银行、农业银行、建行、工行、招商银行的单客户多银行三方存管业务，为客户提供便利的存取通道。

**【首创证券潍坊营业部】** 2015年7月，首创证券潍坊东方路营业部在潍坊落户，同年9月，正式营业。2016年年末，营业部员工合计21人，其中本科学历12人，研究生2人，分别来自于金融学、会计学、法学等专业，建设一支专业化的团队，为业务的发展提供了强有力的保障。

营业部业务主要分经纪业务、投行类业务两部分。2016年，经纪业务累计开户2331户，客户数3599，资产达到21491万元，截至2016年12月在潍坊市各券商营业部排名24名，在同期设立的营业部中遥遥领先。2016年年末，仅仅依靠经纪业务便实现了盈亏平衡，成为当地券商中的佼佼者。

投行类业务取得突破性进展。2016年承揽并承做的产业基金项目有：青州市弥河治理项目，融资额33亿，预计3月底融资款到位；高密市水库、河道生态修复综合治理项目，融资额10亿；滨海区地下综合管廊建设项目，融资额44亿元。

营业部配合各县市区金融办，对当地企业进行规范化改制，取得卓越成绩。2016年12月，完成对临朐34家企业的规范化改制工作，得到当地政府的一致好评。目前正在接洽寿光、高密、昌乐的规范化改制工作，积极响应政府的号召，努力践行政府的政策。

【西部证券潍坊营业部】 截至2016年年底，西部证券潍坊营业部共有员工43人,客户30678户,托管客户资产17.8亿元,累计实现交易量406.5亿元,实现营业部收入2307万。并与东兴建设发展有限公司合作，发行不超过20亿元的非公开发行公司债。

业务范围：A股、B股、债券、基金、权证、创业板、商品期货、股指期货、融资融券、约定购回、国债、国债回购及代办股份转让等的代理买卖服务；同时,公司代理销售多家优秀基金管理公司的开放式基金,可满足投资者多元化的投资理财需求。

营业部交易席位号：深A席位237200、深B席位289799、沪A席位44003、沪B席位90143。

【中国银河证券潍坊营业部】 潍坊福寿西街证券营业部是经中国证监会批准，在潍坊设立的首家营业部，成立于2011年6月，位于潍坊市潍城区福寿西街83号。截至2016年年底，营业部资产总额5.2亿元，下设运行管理部、理财服务部、营销管理部三个部门,员工人数19人，客户数量11000个。主要经营范围：证券经纪；证券投资咨询；与证券交易、证券投资活动有关的财务顾问；融资融券；证券投资基金代销；代销金融产品。2016年度开展业务种类有传统证券经纪业务、融资融券业务、证券投资基金、期权业务。

【长城证券潍坊营业部】 长城证券潍坊营业部成立于2012年5月，地址设在奎文区胜利东街5051号阳光100城市广场7—105号，营业部面积300余平方，共有员工16人。业务范围包括：证券经纪、证券投资咨询、证券承销与保荐、与证券交易、证券投资活动有关的财务顾问、证券资产管理、融资融券、证券投资基金代销、代销金融产品等。2016年，营业部累计开户数6216户，托管资产3.4亿元。

潍坊营业部秉承“合规经营、规范发展”的经营理念，不断加强员工展业行为的规范与督导，健全和落实反洗钱内控制度，加强投资者教育，提升客户服务体验，着力打造潍坊地区服务最优的证券营业部。营业部每周四定期组织股市沙龙活动，客观剖析市场形势和国家政策，并对未来投资方向和策略进行分享，帮助客户树立正确的投资观念和风险防范意识。

同时，营业部借助公司“长城宝”刷脸开户及微信开户的优势，充分利用网络资源，3分钟即可完成自助开户，且相关业务线上办理，提高客户体验。

潍坊营业部大力践行总部分行模式，大力开展机构创新业务，积极为机构客户提供股权融资、IPO、新三板挂牌、公司债、中小企业私募债、可交换债、银行委外业务等服务。

【中信建投证券潍坊营业部】 中信建投证券股份有限公司潍坊福寿西街证券营业部成立于2014年11月25日，地址为潍城区福寿西街343号，公司自成立以来，坚持“诚信、专注、成长、共赢”的经营理念，高标准、高起点、锐意进取，积极创新，各项业务排名持续位居同业前列，是一家资产优良、内控严密、管理先进、效益良好的全牌照优质证券公司。

营业部员工共计12人，总经理1人，主管级以上1人。

2016年，营业部围绕经纪业务和创新业务为主题大力开展业务并取得良好的业绩，成功发行债券10亿元，现有客户15000户左右。

【中信证券潍坊营业部】 中信证券（山东）有限责任公司潍坊四平路证券营业部成立于2007年7月，位于潍坊市奎文区四平路33号甲，营业面积983平方米。截至2016年12月31日，营业部拥有员工33人。

营业部业务范围：中国保监会批准的人身险和财产险（航意险及替代产品除外）；证券经纪；证券投资咨询；融资融券；证券投资基金代销；代销金融产品；为期货公司提供中间介绍业务。

营业部交易席位号：沪A席位：22973；沪B席位：90187；深A席位：239000；深B席位：079200；股转席位：900821。

营业部坚持公司发展方向，提升服务品质，进一步完善客户服务体系，为客户提供优质的证券投资方面的专业化服务。为客户提供包括证券、基金、现金规划、保险与风险管理、综合理财规划等全方位的金融资产配置服务和综合理财服务。

营业部秉承中信证券“稳健经营、勇于创新”的原则，始终坚持“稳健、规范、诚信、高效”的宗旨，服务客户。同时，依托中信证券全业务线，为广大企业及个人提供专业化的金融理财服务。

（杜峰 年坤）

# 投资业

【概况】 根据市政府的统一安排，市县两级共成立政府参股控股的融资性担保机构20家，建立注册资金总额达55.9亿元的担保联盟体系，在替代企业互保联保方面发挥了重要作用。市级依托金融控股集团，与银行机构、社会资本联合组建了4支中小企业风险缓释基金，帮助企业解决短期资金周转难题；各县市区、市属开发区出资设立了转贷基金，资金总规模达28.5亿元，累计为470余家企业提供应急转贷196亿元。组建潍坊市资产管理公司，引进山东省金融资产管理公司设立分公司，建立与长城、信达、东方、华融四大资产管理公司的战略合作关系，帮助银行多渠道、批量化处置不良资产，累计收购不良资产14亿元。认真贯彻落实全省新型农村合作金融试点工作经验交流会议精神，在总结试点经验的基础上，逐步扩大新型农村合作金融试点范围，截至12月末，全市11个试点县的61家农民专业合作社完成了信用互助业务资格认定，信用互助业务累计达到506笔、1884.9万元，试点家数和业务规模均位居全省第一位。

（王强 林浩）

**【潍坊市金融控股集团】** 潍坊市金融控股集团是经潍坊市人民政府批准，于2012年设立的一家集金融、财政及经济服务于一体的大型综合性国有金融企业。注册资本和实收资本均为20亿元。主要职能是落实财政专项资金的金融化运作，运用现代产业发展基金支持产业转型升级。

集团成立以来，联合各类先进金融业态组建了覆盖中小企业全生命周期的30支基金。成立了潍坊市PPP运作中心、齐鲁农村产权交易中心、潍坊环境能源交易中心、潍坊产权交易中心、潍坊市资产管理公司、潍坊市国信创业投资公司和潍坊中道大数据公司七大金融平台。集团现有干部职工158人，其中集团总部61人，集团全资及控股子公司97人。集团总部干部职工均为本科以上学历，拥有硕士研究生学历的22人，占人员总数的36%；具备海外相关专业学习和工作经历的11人，占人员总数的18%；拥有高级会计师3人，注册会计师8人、法律职业资格4人，注册税务师、中级经济师、中级会计师职业资格的20人。

2016年，潍坊市金融控股集团在市委、市政府的正确领导下，在财政局的科学监管和具体指导下，科学运作政府引导基金，各项工作取得迅速发展。

实现了政府引导基金的科学投放。2016年基金总投入43亿元（其中集团母基金占比31%），撬动其他金融及社会资本58亿元，支持57个重点项目。所有项目实现零欠息和零损失，实现财政资金保值增值。

打造困难企业投资体系。在原有的对优秀企业战略投资、重点企业财务投资的基础上，成立市资产管理公司，引进省资产管理公司在潍坊市设立全省第一个分支机构，组建全省第一支企业重组发展基金，打造了三位一体的针对困难企业的投资体系。实现融资额12亿元，收购不良资产包16个，金额37亿元，涉及企业957户，并为困难企业组建了总规模14亿元的2支专项基金。

支持产业集群、重点园区、重点产业链、重点企业和项目发展。运用天使投资培育天恩能源、景世乾太阳能、寿光双王潍景光伏电站等新能源产业发展，成功打造潍坊市新能源产业集群。中广核集团与金控集团成立了面向全省的中广核新能源母基金，母基金总规模100亿元，将撬动2000亿元资金支持山东新能源产业发展。食品谷总部基地实现投资额近10亿元，完成一期11栋单体建设，建筑面积15万平方米，5大检验检测中心全部运行，顺利交付使用。对盛瑞传动、金丝达、歌尔集团等产业链上的核心企业提供从种子期、初创期到成长期、成熟期的全生命周期服务，其中盛瑞传动8AT项目荣获国家科技进步一等奖。

集团国际化建设迅速发展。设立以色列和美国工作站，形成了1020个先进项目的海外项目库，举行大型国际路演12次，促成7个优质项目在潍坊的落地。

权益类市场发展迅速且全部实现产业化。环境能源交易中心成功获得了山东省第三方碳核查资质，在全省开展碳核查工作。齐鲁农村产权交易中心实现交易、抵押、融资的一体化服务，在省外设立9个工作站，省内设立5个分支机构。产权交易中心债权登记额同比增长114%，取得快速发展。中道大数据公司中标市政府政务服务热线大数据平台的建设工作。国信创投取得青岛蓝海股权、齐鲁股权四板业务推荐资质，成功推荐拜尔检测等四家企业在齐鲁股权挂牌。

集团秉持“以人为本、以奋斗者为尊”的企业精神，创新模式和运作效果走在全国前列，成为全国政府引导基金金融化运作的典范。集团董事长、党委书记于新华被评为潍坊市“十二五”十大经济人物。《金融时报》《中国财经报》《大众日报》、山东电视台等各类媒体进行了重点报道，全国各地同行到集团学习考察121次，宣传潍坊市的政府引导基金改革，宣传集团的运作模式，提升集团的知名度。

（王国华）

## 健康养老

**【概况】** 2016年，市政府成立由主要领导任组长的养老产业推进工作领导小组，设立了办事机构，加大供给侧结构性改革，强化优惠扶持政策措施，全市养老服务取得重大进展，成效显著。

**【机构建设网络化】** 全市共建成养老服务机构206家，床位5.9万张，平均每千名老年人35张。每个县市区建成1处社会福利中心。依托敬老院，在每个镇街建设1处老年福利服务中心，在保障好五保老人基本养老服务的基础上，向社会老年人开放，打造成区域性养老服务中心。加强城市社区日间照料中心和农村幸福院建设，累计分别建成271处、591处。建成多种形式的老年人互助服务点1108个，老年人集中居住区76处。免费为2400户困难老年人家庭实施了无障碍设施改造。

**【政策扶持配套化】** 规划约束。按照人均用地不少于0.2平方米的标准,分区分级编制养老服务设施布局规划。将农村养老服务设施纳入农村公共服务设施统一规划、优先建设。土地供应。对营利性养老机构建设用地，以土地有偿出让方式优先保障供应。对民办非营利性养老机构和公办养老机构实行相同土地划拨政策，已划拨92公顷。资金扶持。对符合条件的社区日间照料中心、农村幸福院、老年护理和临终关怀服务机构，给予相应的建设和运营补助，累计补助1亿余元。允许民办非营利性养老机构提取一定比例的年度盈余收益奖励投资者，允许养老机构根据市场需求自主确定收费价格。税费优惠。对养老服务机构提供的养老服务收入,免征营业税、城市维护建设税、企业所得税等。免缴征地管理费、水利建设基金、城市基础设施配套费等行政性收费。减半缴纳有线电视费，水、电、气、暖执行居民价格。金融支持。利用财政贴息、小额贷款等，帮助民办养老机构解决资金短缺问题。积极推动金融机构拓宽信贷抵押担保物范围，支持养老服务业的信贷需求。对民办养老机构新上项目，按银行一年期贷款基准利率给予财政贴息。

**【服务手段信息化】** 搭建居家养老信息服务平台。以县市区为区域，汇集呼叫终端、电脑网络、平面媒体、服务大厅等多种载体，构建以社会组织为主体、社区为纽带、信息化为手段的养老服务信息平台。全市已建成11处，形成了一座座没有围墙的“养老院”，已签约服务老年人11.3万名。培育居家养老服务实体。引进北京百善先、天津天同、上海和佑、人之源等服务实体，培育潍坊佳益居家养老服务中心、开心居家养老服务中心等当地品牌养老服务实体，形成多元参与、公平竞争、有序发展的态势。为居家老年人研制专用手机“好帮手”、智能“手环”等可穿戴设备，全市免费发放5万多部，实现“一键按下，服务到家”和健康实时监测。

**【发展主体社会化】** 投资主体社会化。通过政策扶持、简化审批手续、破除不平等待遇等激励机制，鼓励社会力量投资养老机构建设。全市206家养老机构中，社会力量举办109家；在建12家，拟投资38亿元。采取PPP模式，引导各类社会资本投资养老产业，推动政府资金与社会资本合作。运营主体社会化。加快推进公办养老机构改革，引进社会力量管理运营。寿光市成立久久康乐老年服务有限公司，对3家公办养老机构进行集团化管理；奎文、昌乐、高新、滨海、临朐社会福利中心委托社会团队管理运营。推进社区日间照料中心和农村幸福院等由纯福利型向福利经营型转变，全市已有78处社区日间照料中心、126处居家养老服务站引进居家服务实体，为老年人提供菜单式订制服务。推进政府购买养老服务。对生活不能自理的60岁以上低保家庭老年人、享受城乡低保的特殊残疾人困难群体，通过政府购买服务给予养老补助。建立生活长期不能自理经济困难老年人护理补贴、80周岁以上低保老年人高龄津贴、困难残疾人生活补贴和重度残疾人护理补贴制度。

**【养老服务产业化】** “养老+交流合作”，提高开放发展水平。利用中国养老产业博览会、鲁台经贸洽谈会、中日韩产业博览会等展会，宣传推介潍坊市发展优势及成果，吸引国内外知名企业和服务团队投资。潍城区与中国亚洲经济发展协会中小企业促进会共同建设了潍坊国际健康养老产业产品博览中心，与CJ国际投资株式会社签署《中日韩健康养老产业示范园投资合作协议》。“养老+医疗”，推进医养融合发展。开工建设医养结合综合体24处，总投资39.45亿元，年内建成7处。21家规模较大、条件较好的养老机构内设医院、医务室、护理站等医疗设施，112家养老机构与周边医疗单位建立契约合作关系。潍城区与北京301医院试点建立远程医疗系统。安丘市开展镇街卫生院与敬老院一体化建设运营试点。“养老+保险”，提高应对意外风险能力。建立了养老机构意外责任保险和老年人团体意外保险制度，为购买保险的养老机构连续三年给予50%的参保补助。自开展两年来，已有53家养老服务组织投保，惠及3369名老年人。“养老+旅游”，创新实施“候鸟式”养老。开辟季节性旅游养老路线，根据季节变换异地旅游养老。如南京、上海两地30多名老年人，每年夏季都来华都颐年园居住2个多月。“养老+集群”，建设一流养生养老基地。围绕提升市区，积极打造集休闲养老、特色医疗、文化教育于一体的产业集群，已开工建设13处养老产业园区。

**【实施“十百千万”工程】** 构建“10分钟为老服务生活圈”；培育百家以上品牌养老服务组织；培养1000名以上金牌养老护理员；养老服务从业人员达到1万名以上。引进域外品牌养老管理团队和服务实体9家，培育发展本地服务实体86家，有力提升养老服务能力和水平。依托潍坊护理职业学院，增设老年服务与管理专业，开设老年护理课程。依托养老护理培训基地，免费培训养老管理服务人员4485人次。开展健康养生养老知识和失能老人护理知识讲座150场，培训1.56万人次。举办养老护理员职业技能竞赛。鼓励和引导社会工作者、志愿者、义工等参与为老服务，累计发展志愿者5100人。

（董德才）

## 信息消费

**【概况】** 2016年，潍坊市积极部署实施信息消费产业战略任务，以电子信息产业为支撑，积极培育云计算、大数据、物联网等新生业态和产业，通过商业模式创新、新应用拓展、新技术突破、新服务创造和新资源开发，加快发展以互联网、物联网等新一代信息技术为主要载体的信息消费产业，为建设信息消费示范城市赢得先机。潍坊市先后荣获中国智慧城市示范城市奖，中国智慧城市惠民发展优秀城市称号、“互联网+公共服务”领先城市称号、入选中国智慧城市建设50强，获2016年度智慧城市创新奖、中国智慧城市项目奖等荣誉，连续五届入选中国信息化城市50强。

**【提升信息基础保障能力】** 以实施“宽带中国”战略为牵引，全面提升信息基础保障能力。互联网用户达到718.1万户（其中，无线上网用户531.1万户），互联网普及率达到80.3%，行政村通宽带比例达到100%，农村固定宽带家庭普及率达到70%。通信光缆总长度达到160.1万芯长千米，城市家庭20Mbps（兆比特/秒）及以上宽带接入能力覆盖率达到100%，农村家庭4Mbps（兆比特/秒）及以上宽带接入能力覆盖率达到100%，互联网出口带宽达到2120G。新增4G基站3600个，4G用户达到445.5万户。无线城市网建设一期完成，实现市区七条主干道沿街沿路及主要公共场所的免费Wi-Fi覆盖。市云计算中心实现挂牌运营，将有力支撑全市各级政务云、民生云和工业云、农业云、商务云发展。启动基于NB-IoT（窄带物联网）技术标准的“物联潍坊”建设，先期在12大领域开展试点应用，推动物联网产业聚集发展。

**【加快发展电子商务】** 深入实施“电商换市”，围绕农村消费、农产品销售、农村青年创业和城乡一体化，加快发展涉农电子商务，出口农产品电子商务及跨境电子商务。潍坊市现有电子商务企业总数近4万家，各类网络商铺超过4万多家。80%的规模以上工业企业和商贸流通企业触网发展电子商务，50%的中小企业通过第三方平台开展了商品展示、网上营销等业务。农村电子商务骨干企业2000多家，网络商铺1.8万家以上，开展电子商务的农村合作社、家庭农场、批发市场超过1000个。全市已建、在建、规划建设电子商务产业园区（孵化器）75个，其中，已建成运营38个，建设总面积400万平方米，累计投资约250亿元；已建、在建电子商务公共服务平台46个、行业特色电子商务交易平台262个。2016年，全市电子商务交易额约2400亿元，同比增长31%。

**【强化电子信息产业支撑】** 潍坊市电子信息产业形成了电声器件、虚拟现实、半导体照明、软件和信息服务业等产业重点，是国内最大的高端驻极体传声器生产基地。信息技术产品初步实现向高技术、高品质、高附加值方向转型，并创造了小鸟智能音响和Pico头盔式VR自主品牌，实现零的突破。虚拟现实产业形成规模,已申请技术专利百余项，授权30项。省级园区（基地）建设进一步完善，潍坊软件园动漫基地A座主体楼完工，高端食品电子商务总部基地一期建成；山东测绘地理信息产业园，生活配套区项目8.1万平方米的21栋专家公寓已交付使用，17.3万平方米的孵化配套中心投入使用；新引进汇电新能源、新能源电动叉车等项目18个；潍坊3D打印技术产业创新中心，3D打印暨先进制造综合服务平台建成投入使用。龙头企业带动作用明显，歌尔声学、共达电声已连续10年入围中国电子元件百强企业，分别列第5位和63位。2016年，全市电子信息产业统计内规模以上企业182家，实现主营业务收入625.07亿元，增长16.91%；实现利润68.52亿元，增长15.39%，利税81.55亿元，增长14.65%。

**【深化智慧潍坊应用】** 坚持“以人为本，创新驱动”的发展理念，突出智慧政务、智慧民生、智慧商务三大板块，深化智慧潍坊简政惠民各类应用建设。智慧政务领域，全市统一的政务信息资源共享交换平台接入单位40余个，支撑全市大型信息系统10余个，梳理人口、财税等数据3000多万条；“网上政务厅”实现政务服务事项的手机端“一站式”办理；对全市50余条政务热线进行了整合。智慧民生领域，创新开发了“潍V”智慧城市云服务平台，依托该平台建成6个智能停车场、5家智慧养老院、14个智慧景区、100余个智慧社区、108家智慧幼儿园，全市部分二甲以上医院实现了与“潍V”平台对接，4万辆公共自行车实现“潍V”扫码租用，“潍V”用户达60万户。智慧商务领域，创新开发了省内首个本土化的第三方支付平台——“潍V•云支付”，在全市各大商圈及城区部分农贸市场、社保医疗系统、交通系统、公共资源交易和部分电商平台上线，接入商户达12000家，下一步将在医疗缴费支付、行政事业性收缴费、公共资源交易支付等六大方向加快建设，并基于云支付功能扩展，创新打造全市一体化的“虚拟市民卡”。

**【统筹全市信息资源管理和电子政务建设】** 本着“统筹集约、协同推进、共建共享”的原则，认真履行职责，创新管理模式，组织对“潍坊市社会信用管理平台”“潍坊市不动产登记信息管理平台”等151个市级信息化项目进行立项评审。其中，审核通过141个项目，核减资金7333.971万元，核减金额占评估金额的15.6%；取消拟建项目10个，涉及金额4000多万元，集约了资源，避免了重复建设和财政资金浪费。

**【创新智慧潍坊建设发展新模式】** 创新建设智慧潍坊云服务平台，以“接地气、惠民生”为主旨，从市民关注的焦点、市民生活的痛点入手，经过一系列智慧城市项目建设，让广大市民畅享智慧潍坊的建设成果，通过研究发布智慧社区、智慧校园（幼儿园）、智慧医院、智慧旅游、智慧停车场、智慧养老等智慧示范项目建设标准，实现各县市区智慧城市建设一体化格局。

【**创新打造本土化区域性互联网金融支付中心**】 创新开发了省内首个本土化的第三方支付平台——“潍V•云支付”，市民通过“潍V”APP绑定市民卡、医保卡和银行卡，依托搭建的各类线上和线下支付场景，即可享受到购物、消费、缴费、充值等各种手机便捷支付。目前，云支付系统已在全市中百、银座、泰华等各大商圈及城区部分农贸市场、电商平台上线，部门收费、就诊挂号、城市泊车缴费等功能亦在陆续开通。基于“云支付”功能拓展，正在创新性地打造“虚拟市民卡”，通过手机支付方式取代实体卡，并在医疗缴费支付、行政事业性收缴费、公共资源交易支付等六大方向加快建设。

【**深化“政务云”建设**】 印发《潍坊市政务信息资源共享交换平台使用管理规范》等七项管理制度。基于全市统一的共享交换平台，已为市发改委、市公安局、市卫计委、市财政局、市民政局等30多个部门以及诸城、寿光等县市区提供数据共享交换服务，支撑全市社会信用体系平台、智慧潍坊时空云、行政审批系统等多个重点信息化项目建设。目前平台已梳理人口、财税等3000多万条数据，正在为相关部门的业务工作提供数据比对和分析服务。统一的电子政务网络、电子政务私有云平台保障了全市50多个部门、系统，推动市级部门主要业务信息化，覆盖率达到82%。推进“互联网+”服务深入发展，实现了政务服务事项的网上办理，变“群众跑腿”为“信息跑路”，不断提升政务服务水平和群众满意度。整合全市50多条政务服务热线以及应急管理、便民服务等资源，建成了热线受理数据平台及大数据分析系统，为市民提供了统一的诉求反映渠道，更加准确、及时地解决百姓诉求。

【**潍坊市云计算中心实现挂牌运营**】 按照“政府主导、市场化建设和运营”原则，采取类PPP方式（全国首个），招标选取浪潮集团与潍坊市共同组建潍坊市云计算中心（浪潮）建设管理有限公司，搭建支撑全市各级政务云、民生云和工业云、农业云、商务云等于一体的绿色节能、分布式的云计算资源池，引领智慧潍坊统筹化、集约化、融合化和可持续发展。

【**无线城市网完成一期项目建设**】 创新建设模式，通过合同能源管理（EMC）方式，招标选取中微光电子公司，在市区主要道路布设“超级Wi-Fi”设备，实现沿街沿路及重点场所的“Wi-Fi”网络覆盖，为市民提供免费WiFi上网服务，营造全市各行业与“互联网+”融合发展的良好氛围。目前，已在人民广场、风筝广场以及胜利街、东风街等“三横四纵”市区7条主干道路实现了免费“Wi-Fi”覆盖。

（陈　军）

# 交通·邮政·通信

*Jiaotong Youzheng Tongxin*

## 交 通

【概况】 2016年，全市交通建设完成投资156.9亿元，投资规模创历年新高。其中，公路建设完成投资80.6亿元，港口建设完成投资35亿元，铁路建设完成投资17.7亿元，民航建设完成投资1.5亿元，公交及场站建设完成投资5.3亿元，邮政快递业完成投资16.7亿元。高速公路建设稳步推进，征拆进度位居全省同期启动高速公路项目首位；农村公路和安防工程超额完成目标。机场迁建快速推进；全市道路运输业大幅提高；“一带一路”潍坊国际多式联运大通道正式开通；全力推进智能公交建设，推行实时智能调度系统和视频监控系统，“潍坊掌上公交”手机APP进行内部测试。城海BRT项目编制完成；邮政、快递企业突破200家，从业人员突破2万人，快递收入进入全国前50强。完成全国文明创建任务，系统内省级以上文明单位覆盖率超过30%。

【公路建设】 2016年，公路建设完成投资80.6亿元。潍日高速北段主线基本完工，南段征地拆迁基本完成，征拆进度位居全省同期启动高速公路项目首位；潍日高速公路北线主线路基桥涵工程、路面底基层、下面层已全部完成，中面层完成45%，全年累计完成4.1投资亿元，开工至今累计完成投资17.92亿元，工程建设超过年度计划。潍坊南绕城高速项目已编制完成工可报告初稿,普通地面附着物征地拆迁全部完成，征拆进度位居全省同期启动高速公路项目首位。项目已全面开工，潍坊境内路基挖方完成46%，填方完成41%，小型结构物完成77%，桥梁桩基完成57.7%，累计完成投资25亿元，占年度计划的113.6%。济青高速改扩建工程完成清表交付净地145.6千米，占总里程的99.7%。城海快速通道项目工可报告通过专家审查。东、南外环除土地预审等4项支持性文件外，其余13项已基本完成。宝通街东延伸项目工作量完成50%。潍昌路改造工程共完成路基7.1千米，完成面层4.8千米，大圩河桥完工，累计完成投资0.85亿元。平日路、胶王路已竣工通车，央赣路基本具备通车条件。10个大中修项目全部完成。农村公路和安防工程超额完成目标。着力畅通农村发展“微循环”，全市共完成农村公路项目1153个1560.2千米，完成投资16.22亿元，分别完成年度计划的124.8%、104.6%。全年投入养护投资3.4407亿元，列养率达到100%，县道、乡道、村道经常性养护率分别达到100%、85%、72.15%，优良路率达到86.94%、84.34%、73.04%，综合优良路率达到76.09%。实施挖补、灌缝、封面及整修路肩边沟等小修保养投入1.7亿元，完成路面挖补56.898公顷，灌缝73720米，封面37.1公顷；完成危桥改造9座913延米，完成投资0.1224亿元。昌邑市、临朐县、坊子区、潍城区列为“第三批农村公路网化示范县”；农村公路安防工程累计完成3936.4千米，提前一年半完成三年任务。扶贫道路完成171.9千米，高密

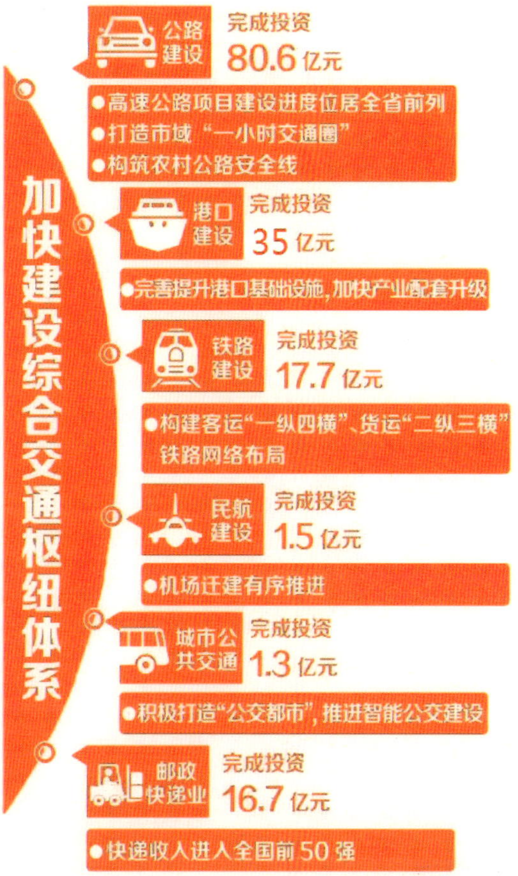


加快建设综合交通枢纽体系　　（供图：王文彬）

市、青州市、诸城市、寿光市率先完成交通扶贫任务。到2016年年底，全市公路通车总里程达到2.69万千米，其中高速公路427.7千米，普通国省道1767千米，农村公路2.47万千米，公路密度166.6千米/百平方千米。

【港口建设】 港航基础设施建设完成投资34.98亿元，统筹推进建设项目17个，其中，航道建设项目3个，码头建设项目12个，码头配套项目2个。航道：中港区5万吨级航道二期工程完成工可审查、规划选址，海洋环评、项目环评通过专家审查，10万吨级航道前期研究初稿形成，西港区5000吨级航道开工建设。码头：投产项目5个，12个5万吨级码头建成投产，新开发岸线2852米，增加通过能力1920万吨，目前港口总通过能力突破4000万吨；升级改造项目1个，3个2万吨级通用泊位减载靠泊5万吨级取得批复；开工项目1个，潍坊滨海旅游度假区欢乐海游艇码头开工建设。开展前期码头项目5个16个泊位，岸线长度3730米，设计通过能力3000万吨。港口配套项目：潍坊港综合客运枢纽及办公生活配套项目一期主体工程完工，森达美液化品泊位后方库区一、二期工程开工建设。小清河复航工程潍坊段前期工作稳步推进，开展了项目规划选址、土地预审、项目环评和社会稳定风险评估4项前期工作。到2016年年底，共建成泊位45个，万吨级以上深水泊位20个，其中，5万吨级泊位13个，2万吨级泊位5个，1万吨级泊位2个。岸线总长7796米，港口设计通过能力突破4000万吨。

潍坊—北京南高速动车组列车G176“潍坊”号首发仪式　　（供图：王文彬）

【航空建设】 机场迁建快速推进，《潍坊机场土地移交方案》和《潍坊机场搬迁框架协议》上报空军待批。潍坊市机场建设管理有限公司作为项目法人注册成立。现机场完成重点功能区域改造提升，推进了超高整治。潍坊临空经济区规划研究报告完成初稿，顺丰电商产业园启动建设。

【铁路建设】 潍坊市首列始发动车潍坊—北京南高速动车组列车G176次“潍坊”号开通。全面完成济青高铁潍坊段144.87千米征地拆迁工作，工作进度位居沿线地市第1位。地方铁路建设稳步开展，城市地铁完成线网规划编制，正在开展建设规划编制。

【运输能力】 2016年年底，全市道路运输经营业户54067户，客运业户180户，货运业户53879户；全市营业性汽车发展到93207辆，客车2611辆，货车90596辆。其中，危险货物运输车辆1696辆（不包括危险品挂车）；全市城市客运车辆9900辆，其中，公交车5007辆，出租汽车4893辆；全市汽车维修业户1731户，机动车驾驶员培训业户66户（其中，普通机动车驾驶员培训61户，道路运输驾驶员从业资格培训5户）；从业人员255035人。全年完成客运量5972万人次、旅客周转量453994万人千米；完成货运量23680万吨、货物周转量5174722万吨千米。道路运输行业对潍坊市经济社会发展贡献率不断增大。港口货物吞吐量完成3704万吨，较上年同期增长23%，其中，集装箱完成34.6标准箱，同比增长33%。

潍坊港集装箱生产作业现场图　　（供图：刘星帅）

水路货物运输量累计完成1619万吨，货物周转量115.5亿吨千米，分别较上年同期上升10%、9%。鲁辽甩挂运输大通道运营134个航次，运输甩挂车辆3051台，商品车2059部，货物8.5万余吨，远高于全国同期水平。开通“潍坊—锦州—鲅鱼圈—龙口”集装箱内贸航线，集装箱航线达到9条。民航机场开通潍坊至韩国仁川、日本大阪国际航班和潍坊至海口航班，开通国内客运航线8条、货运航线3条，每周航班94个；潍坊机场安全起降航班6498架次，同比增长10.91%，完成旅客吞吐量54.08万人次，同比增长16.2%，完成货邮运量2.22万吨，同比增长18.5%，开创潍坊机场通航以来的最好水平。青临铁路完成货运量460万吨，同比增长26.7%。鲁辽陆海货滚甩挂运输大通道累计运营134个航次，开辟华北—东北商品车和农业装备的海上运输通道，打通了“潍营满欧”陆海联运国际大通道。“一带一路”潍坊国际多式联运大通道正式开通，货物由潍坊联运铁路集装箱货场经青岛港中转，沿“海上丝绸之路”至华南各省和东盟、欧洲各国，实现与国家“海上丝绸之路”高度契合、联动发展。累计发班列56列、集装箱2465 标准箱，实现定点定时的客运化发车模式，呈现良好的发展势头。

**【城市公交发展】** 落实公交优先发展战略，购置300台新能源公交车，新开线路5条，优化调整18条全年客运量达1.24亿人次。2016年年末，中心城区拥有公交车1567台，运营线路95条，总长度1855.6千米。推进智能公交建设，已在城区28条线路推行实时智能调度系统和视频监控系统，“潍坊掌上公交”手机APP进行内部测试。城海BRT项目编制完成规划设计方案和可行性研究报告并通过专家评审，能评、环评等5个报告已编制完成。

**【邮政快递业】** 邮政、快递企业突破200家，从业人员突破2万人，快递收入进入全国前50强。全市邮政企业和快递服务企业业务收入（不包括邮政储蓄银行直接营业收入）累计完成18.65亿元，同比增长47.21%；业务总量累计完成25.34亿元，同比增长56.19%。

**【法治交通建设】** 深化审批制度改革，整合审批职能，规范中介服务事项，涉及行政权力的7项中介服务事项全部社会化经营。进一步规范行政处罚裁量权，制定《出租汽车经营服务管理规定》行政处罚自由裁量标准。稳妥扎实推进全市交通运输领域综合行政执法体制改革，加快建立权责统一、权威高效、适应经济社会发展要求的交通运输行政执法体制。

**【行业管理】** 加强路面执法，开展了超限超载整治、道路运输违法违规行为治理、路域环境综合整治等治理整顿活动。完善了交通应急指挥平台功能，推进系统信息资源整合。昌邑市建成完善集运输企业及营运车辆监管、诚信考核体系等八项功能于一体的“智慧交通”信息中心，形成行业管理“新常态”。组织了道路运输行业服务质量信誉考核，严把道路运输审验关。深化出租汽车行业改革，发布《潍坊市关于深化改革推进出租汽车行业健康发展的实施意见》《潍坊市网络预约出租汽车经营服务管理实施细则》的征求意见稿。

**【安全生产】** 全系统共组织安全检查组888个（次），排查出安全隐患4251项，整改4208项，整改率99%。开发网络教育培训平台，省厅对潍坊市利用互联网创新培训方式的做法给予充分肯定并在全省推广。推进企业安全生产标准化和安全风险防控体系建设，组织应急演练37次，圆满完成重要节假日期间交通运输安全生产保障任务，安全生产形势持续平稳。

（王文彬）

# 海事

**【概况】** 全年辖区进出港船舶11466艘次，同比增长16%，进出港货物吞吐量3445万吨，同比增长25%；国际航行船舶进出口岸审批466艘次，同比增长7%，外贸货物吞吐量94万吨，同比增长19%；进出港集装箱28万标准箱，同比增长26%。辖区共发生海上险情5起，遇险37人，获救35人;发生事故1起，沉船0艘，死亡2人。全年完成船员培训开班583期，17255人次；船员考试952期，30397人次（平均20期/周，120人次/天）。全年累计征收规费1733万元，其中，港口建设费1172万元、船舶油污损害赔偿基金45万元、船员考试费516万元。潍坊海事工作船码头及配套设施基建项目圆满收官，该项目历时5年，顺利通过交通运输部竣工验收。

**【现场监管】** （1）“平安海区”创建。与潍坊市港航局签订《水上交通安全管理合作协议》，与潍坊市海洋与渔业局签署《商渔船通航安全协调共管框架协议》。扎实开展安全生产隐患大排查快整治严执法等专项活动，实施海事行政处罚36起，罚款15.9万元，确保了1.15万艘次船舶安全进出港和3445万吨货物海上安全畅通运输。（2）法治建设。对城市园林及内河库区水域水上交通安全监管职责进行了梳理，并向市编办提报了明确监管职责的请示。开展《关于加强水上安全管理工作的意见》和《潍坊市水上交通安全管理办法》两个文件的起草工作，为明晰潍坊水上交通安全管理责任奠定基础。

**【服务举措】** 发布海上风险预警信息50期，组织海上搜救行动5起，成功救助35人。对小清河航道船舶实施“安全航行告知书”制度，船舶搁浅率明显降低。积极推进“互联网+政务服务”的有效开展，完成辖区36家船舶经营人和管理公司平台注册。与船检机构合作，为“潍营”轮的船体改造提供技术支持和服务，提高鲁辽大通道经济效益。“鸢都船员驿站”关注人数突破1800人，专人定点上线答疑解惑。联合开展水上安全知识进校园活动8次，安全教育学生2000人次。

**【搜救应急体系建设】** 修订《潍坊市海上搜救应急预案》，编制完成《潍坊市海上溢油应急预案》，两个预案已由潍坊市政府正式对外发布。选定包括沿海旅游客船、港作拖轮及渔业船舶在内的20艘船舶作为海上搜救志愿船舶，对所有船舶进行授牌，并签署海上搜救志愿服务协议，有效弥补全市专业搜救力量不足的现状。

**【基层党建】** 开展支部联学活动1次，专题民主生活会1次，处领导班子上专题党课4次，组织专题讨论5次，开展支部活动日13次，顺利完成党支部换届选举和党费补缴工作。建立“两学一做”学习微信群，设立“两学一做”专栏，发布学习资料271篇、简报20期，征集学习体会68篇，交流报告10篇。组织开展志愿服务活动3次，开展安全宣讲12次。落实“海事处长抓廉政”工作安排，设立处长接访日，受理投诉举报1次，回复上级意见1次。建立与辖区外航运企业函询征求意见制度，发放意见征求函3件，解决信息不对称和难以了解实际意见等问题。

（罗　凯）

## 口岸工作

**【概况】** 潍坊南苑机场实现临时开放，潍坊港外贸吞吐量同比增长7.92%，单位首获“省级文明单位”荣誉称号。

**【口岸开放】** 潍坊机场实现临时开放。在2015年首次实现机场临时开放的基础上，对潍坊机场基础及查验配套设施进行了完善改造。9月14日，国家口岸办复函同意潍坊机场临时对外开放。9月18日，潍坊机场通过省验收组验收。9月20日—26日“中日韩产业博览会”期间，开通潍坊—大阪、潍坊—仁川2条国际包机航线,累计运送出入境人员622人次。积极推进潍坊港6个3万吨级新建码头扩大开放。组织有关单位研究制订《潍坊港中港区西作业区6个3万吨级新建泊位口岸查验设施建设规划方案》，督促港口企业切实按照《建设规划方案》组织基础设施施工，并组织建设潍坊港中港区智能卡口管理及视频监控系统。

**【口岸建设】** 潍坊港中港区东作业区电子智能卡口正式启用。3月30日，潍坊港中港区东作业区海关监管电子智能卡口通过济南海关验收并正式运行启用。潍坊港口岸外贸运输车辆平均验放速度由启用前的30秒/辆缩短至5秒/辆，是目前全省实际投入使用的智能化水平最高的无人值守智能卡口之一，达到全省乃至全国口岸监管科技领先水平。潍坊港口岸集中查验中心（海关H986项目）通过预验收。海关H986项目是市委、

市政府确定的2016年度一项重点项目，是总投资过亿元的潍坊港集中查验中心核心功能部分。潍坊市是全省第4个获得该项目的城市。2016年12月，海关H986项目通过济南海关预验收。项目运营后，进出潍坊港口岸的外贸集装箱车辆，能够在不停车、不开箱的情况下一次性完成通关查验，从而极大提升口岸运行效率，其建设标准、整体功能和科技含量，均已达到全省及至全国领先水平。

**【口岸管理】** 初步探索实施口岸查验协管员机制。根据市委、市政府部署，由市政府口岸办牵头，面向社会公开招聘50名口岸查验协管员，缓解查验单位机构和编制不足的压力，为今后申报潍坊机场开放及新建泊位扩大开放创造有利条件。积极协助推动潍坊市中韩集装箱班轮航线常态化。2016年年初，在市港航局、市政府口岸办和森达美港有限公司等单位的努力下，潍坊市首条外贸直航“潍坊—釜山”航线正式开通。有效解决潍坊市国际集装箱运量需求充足但很难开拓国际航线的矛盾，进而带动保税港区、临港物流、加工贸易等临港经济的发展,为培育潍坊港日益完善的集

潍坊港中港区东作业区智能电子卡口　　（供图：市政府口岸办）

装箱运输市场奠定了基础。积极做好无问题外贸企业吊装移位仓储费用免除工作。对在海关查验环节，确认没有问题的集装箱和厢式货柜车货物，免除企业相关的吊装、移位和仓储费用，进一步降低相关外贸企业的业务成本。认真贯彻国家关于口岸查验环节收费减免政策。其中，检验检测项目收费降低30%～50%，检疫处理收费降低10%，免除来自疫区的进境集装箱空箱箱表消毒费；取消船舶港务费等7项中央级设立的行政事业性收费。建立和完善口岸单位在潍坊港现场突发事件应急处置机制。制定潍坊口岸通关查验联席会议制度，协调驻潍查验单位制订《海关监管场所突发公共事件应急预案》《潍坊口岸突发公共卫生事件应急处置预案》等4个综合应急预案和5个专项应急预案。同时，组织实施了多次模拟演练，大大提高了口岸公共安全突发事件处置能力，维护潍坊港口岸的正常运行秩序。

（苏英杰）

## 邮 政

**【潍坊市邮政管理局】** 潍坊市邮政管理局于2012年10月25日正式成立，下设办公室、普遍服务科、市场监管科3个科室，实行“中央和地方双重管理、以中央为主”的管理体制，邮政业务、机构编制、干部、财务等以上级邮政管理部门管理为主。潍坊市邮政管理局主要职责为：贯彻执行国家邮政法律法规、方针政策和邮政服务标准，研究拟订潍坊邮政发展规划，监督管理本地区邮政市场以及邮政普遍服务和机要通信等特殊服务的实施，负责行业安全市场监管、统计等工作，保障邮政通信与信息安全，承办上级邮政管理部门和地方人民政府交办的其他事项。

行业发展。全市具备经营快递业务资格的法人企业及分支机构220余家，服务乡村、街道、社区的快递营业网点1500余个，邮政业服务经济社会发展的基础性支撑作用愈加凸显。全市邮政业业务收入（不包括邮政储蓄银行直接营业收入）累计完成18.65亿元，同比增长47.21%；业务总量累计完成25.34亿元，同比增长56.19%；快递服务企业业务量累计完成1044.86万件，同比增长70.03%；业务收入累计完成12.16亿元，同比增长70.78%。

行业安全监督。严格落实企业安全生产主体责任，争取市政府给予邮政业财政补贴0.087亿元，支持安全监管中心建设和安检设备配备，加强执法检查，落实快递实名制等3个100%制度，夯实企业安全生产基础。开发“潍坊市邮政市场监管综合信息平台”，提升行业监管能力；建立全市邮政业寄递渠道安全协调机制；实施快递行业“四色”（“四色”：一级绿色、二级黄色、三级红色、四级黑色，“绿色”优秀企业、51～62颗星为“黄色”良好企业、41～50颗星为“红色”一般企业、0～40颗星为“黑色”较差企业。对评定为“绿色”的快递企业要求继续保持；对“黄色”企业要求改进，争创“绿色”；对“红色”企业启动预警机制，对“黑色”企业要求限期整改，对涉嫌违法违规的问题，进行立案查处。）安全预警管理机制，推动安全生产分级监管；继续推动企业开展行业安全生产标准化建设，全市较大快递品牌总部（分拨中心）基本实现安全生产标准化；与市公安局、市安监局联合加强寄递安全源头管控，规范全市2000余家危化品生产经营单位寄递行为；督促寄递企业建立健全安全生产组织管理体系，组织开展行业应急演练，行业应急管理机制基本完善；借助社会力量保障行业安全发展，社会监督实效不断提高；充分发挥协会桥梁纽带作用，进一步强化企业交流和行业自律。

行业规范。建立健全依法行政工作机制，成立政策法规科、行政执法案件审理委员会，出台重大案件集体研究决策制度，完善政府法律顾问制度，促进全系统依法行政能力和水平的提升，健全重大行政决策组织保障；落实《快递业务经营许可工作优化方案》，优化许可备案流程。

发展环境优化。发布《潍坊市邮政业“十三五”规划》，推动潍坊市政府《关于促进快递服务业健康发展的实施意见》落地，推进快递物流园区建设。组织召开“全省快递电商协同发展招商座谈会”，促进快递电商协同发展、推动快递服务制造业、现代农业工作。开展服务质量提升年活动，督促企业改善服务质量，将邮政行业作为一项“民生工程”，着力提升行业服务水平。开展定期普遍服务检查工作，保障人民群众享有邮政普遍服务。

（刘文帅）

**【中国邮政集团潍坊分公司】** 中国邮政集团公司潍坊市分公司现下辖10个县（市、区）分公司及1个城区分公司，260处城乡支局（其中，金融综合类231处），另有6679处邮政便民服务站,汽车邮运总里程8187千米。2016年，市公司、青州分公司、坊子分公司继续保持“省级文明单位”称号,诸城市分公司、高密市分公司继续保持“市级文明单位”称号，安丘市分公司、昌乐县分公司、临朐县分公司继续保持“县级文明单位”称号，新申报“市级文明单位”1处、“县级文明单位”2处。昌邑市都昌路支局、昌乐县乔官支局新申报为“省级青年文明号”。城区分公司王元元被授予“富民兴鲁”劳动奖章，青州市分公司孙吉刚被授予“潍坊市劳动模范”荣誉称号，4人当选年度“潍坊好人”。中国邮政集团潍坊分公司继续保持潍坊市和山东邮政“劳动关系和谐企业”称号，市公司工会被潍坊市总工会授予“先进基层工会”荣誉称号。在省级以上媒体发稿近300篇。扎实做好峡山区于家屯村包村扶贫工作。

邮政业务。潍坊市邮政业务包含

三大板块、170余种产品，涵盖金融、保险、证券、电商、汇兑、函件、包裹、集邮、物流、速递等多个领域。积极推动“传统媒体+互联网”转型模式，“全城达”业务于8月上线运行。农村电商业务打造农产品“配送+邮寄”外销模式。参加“中国第三届农产品电子商务博览会”。全年，业务收入完成省公司预算105%，同比增长19%。全年目标利润完成省公司预算104%，全市人均劳动生产率同比增长17.6%，储蓄余额规模挺进全国前40位。二季度余额净增列全国343个地市第1位。全年金融总量增长绝对值列全省第3位；完成省公司计划的126.7%，完成计划和同比多增分别列全省第3位、第2位。

邮政服务。增开4条市到县点对点线路，新增寿光—济南、峠山—潍坊直达邮路，实施县内邮路二频运输，汽车邮运总里程达8187千米，大幅提高运行效率。邮政服务2016年社会综合满意度得分93.2分，比上年提高0.6分。完成18个网点迁址手续办理，1处网点撤销、1处网点新建报备。全市网络运营质量得分100分，邮件全程时限达标率98.4分，均高于省公司标准。机要通信连续12年质量全红。严格执行《通信服务质量奖惩考核管理办法》。

硬件能力建设。在省邮政集团公司支持下，投入资金3000万元以上，改造、装修网点78处，建设新邮件处理场地、“三农”直营店、买卖惠示范店等工程40余处。投入租赁费用352万元、建设费用150万元，用于1个中心仓和8个县仓的项目建设。增加大吨位车辆4辆、1.5升箱货6辆、1升封闭式货车12辆。采用“带车加盟”形式更新投递工具，投资270万元完成带车加盟238辆。潍坊二级邮区中心局建设项目扎实推进，征地工作已接近完成，支付土地款项2525万元，目前进入规划设计阶段。

党建工作。重点落实好党支部“三会一课”制度，定期组织政治理论学习，市公司党委组织各类党课及理论学习10余次。进一步加强制度建设，强化执纪问责，下发各类规范性文件10余个。全市邮政集团系统评选表彰16名“优秀共产党员”，开展党员“亮身份、做表率、树形象”等活动。严格执行中央八项规定和“三重一大”制度，组织76人参加廉政法规知识考试，对120余人进行防职务犯罪法制教育。

（李　冰）

## 潍坊移动

**【概况】** 2016年，全市移动通信客户突破700万户，4G客户约400万户，有线宽带客户突破70万户，全年实现税收超过5亿元，综合绩效名列全省前茅。公司先后获“全国文明单位”“全国信息产业系统先进集体”“全国模范职工之家”“全国诚信维权单位”“全国通信行业用户满意单位”“省级消费者满意单位”“中国移动创先争优先进基层党组织”“潍坊市企业文化建设十大品牌企业”等荣誉称号。

**【打造精品网络】** 截至2016年，共完成4G基站建设9000余处，实现潍坊市主城区、一般城区及县城城区的连续覆盖，实现乡（镇）驻地和行政村的全覆盖，实现AAA级以上风景区的全部覆盖及重要道路的覆盖；同时积极助力“智慧潍坊”城市建设，有线宽带建设预覆盖360万户，开通潍坊移动历史上第一条国际专线。公司坚持“客户为根、服务为本”的服务理念，不断发现和改善导致客户不满的问题和环节，建立常态化的业务培训学习制度，开展惊喜化服务，扩展客户反映问题渠道，不断提升客户满意度。同时公司继续加大“伪基站”惩治力度、积极落实实名制政策、做好信息安全预防、宣传电信诈骗防骗知识等，不遗余力维护客户权益。公司以互联网平台为基础，利用信息通信技术与各行各业的深度融合，推动潍坊市产业转型升级，并不断创造出新产品、新业务与新模式，包括智慧政务、智慧商务、智慧民生、智慧教育、智慧家居、智慧医疗、智慧农业、智慧交通、智慧军警等，通过信息化优势助力“智慧潍坊”建设及“美丽乡村”建设。

**【制度管理】** 公司严格落实中央要求，不断推动基层党建工作规范开展；开创性开展嵌入式廉洁风险防控，提升了企业风险控制水平；通过构建科学合理的员工成长机制，建设以人为本的关爱体系，扎实开展“暖心工程”，同时坚持民主管理、司务公开，确保员工知情权、审议权和监督权，员工满意度不断提升；全面落实法治移动建设总体要求，不断健全完善法律风险防范体系，有效维护企业、客户权益；深入推行安全生产第一责任人和安全生产红线意识，切实消除各类安全隐患，确保了全年安全生产无事故。

（张　帅）

## 潍坊联通

**【概况】** 中国联合网络通信有限公司潍坊市分公司下设12个县级分公司，现有员工2100余人。2016年，公司继续保持“省级文明单位”称号。

**【提升营销服务能力】** 截至2016年年底，全市移动用户超过260万户，宽带用户达到97.8万户。坚持“品质+服务”经营理念，全市宽带用户免费提速至20Mbps以上，用户装机历时有效缩短。加强信息安全管理，严格落实实名制登记，全面开展防范打击电信信息诈骗、电话黑卡治理、垃圾短信及网络不良信息治理及电信用户个人信息保护工作。以“抓基础、提感知、树形象、创价值”为主线，推进大服务体系建设，客户满意度不断提升。

**【强化网络支撑能力】** 潍坊联通“以工匠精神建设匠心网络”，全年完成投资3.48亿元，用于通信网络扩容建设。全年新建4G/3G基站862个，全市移动通信基站达到10000余个，基站总量居全省第4位，4G网络覆盖率市区和县城达到98%以上，行政村4G网络覆盖率达到89.5%。互联网出口带宽达到1100G，固网宽带容量达到198万端口，位居全省第3位，FTTH、PON+LAN宽带达到双百兆接入能力。光缆传输网已覆盖全市所有县（市、区）、乡（镇）及行政村。

**【推进“智慧城市”建设】** 潍坊联通充分发挥在移动通信、互联网、综合信息服务等多方面的优势，积极推动“智慧城市”“互联网+”战略部署。在寿光市建成国内首家“智慧农业示范基地”，为智慧农业项目树立标杆模板；与安丘教育局合作建成全省首个县域教育云平台；与潍坊市、昌邑市交运集团合作推出“智慧交通”系统，实现对车辆的集群对讲、移动实时视频和GPS定位；与奎文东关街办共同研发建设“民生通服务平台”，理顺办公流程，提高办公效率。围绕新农村信息化建设，打造“美丽乡村”农村信息化综合服务平台，涵盖了脱贫攻坚、“三农”服务、休闲生活、健康咨询等4类板块19项功能；推出“美丽鸢都”平台，为市民提供城市生活、休闲娱乐等服务；为高校大学生定制开发“青春修炼营”专属APP，聚焦校园生活、娱乐社交等互联网应用，打造大学生综合新信息服务平台；与腾讯、百度等互联网企业开展合作，推出移动互联网定制专属产品。

**【提升运营管理效益】** 强化预算资源管理，优化资源配置，组织完善全支出大数据效益分析，重点加强发展效益和资源管理效益分析，稳步推进激发基层责任单元活力工作，搭建责任单元资源配置评价体系。全面质量管理工作取得突破性进展，荣获通信行业“优秀QC小组”荣誉称号。员工培训工作不断加强，成立潍坊创业大学（联通）商学院，组织中层管理人员参加潍坊创业大学培训班，促进管理和业务能力双提升。组织员工一日游、健步走等一系列活动，员工帮扶和送温暖活动深入开展，帮助员工减压、减负，安全生产形势保持稳定。

**【党建工作】** 认真开展“两学一做”系列教育活动，落实完善“三会一课”制度，积极开展支部生活日等活动。开通智慧党建平台，实现党员在线学习和支部工作实时上传。认真执行“三重一大”决策制度，落实主体和监督两个责任，纪检监察工作深入开展，通过加强专项治理、内部约谈、短信提醒和党建廉政微平台推送等多种方式，加强监督执纪问责。加强作风建设，自查自纠“四风”问题，突出制度建设、执行等5个重点，重点聚焦用车、办公用房、“三公”经费使用、薪酬福利等12个领域。

（贾清刚）

## 潍坊电信

**【概况】** 潍坊电信于2003年6月5日挂牌成立，是中国电信集团在潍坊地区的直属分公司，下设14个子公司。潍坊电信拥有员工共计1200余名，85%的员工有本科以上学历，平均年龄30.8岁，为客户提供7×24小时专业的本地化服务。

**【基础网络建设】** 截至2016年年底，潍坊电信实现城区、县城4G网络信号的连续覆盖，4G无线网络信号测试全省最优，无线基站信号覆盖率达到99.06%。全市宽带端口中FTTH端口占比85%，端口结构不断优化，实现ADSL及LAN改造全部完成，实现全光网络，作为“宽带中国”战略建设的主力军，潍坊电信加速光纤改造，建成全市最大、覆盖最全的光纤宽带网。

**【服务水平提升】** 潍坊电信积极响应国家“提速降费”“降低中小企业互联网专线资费”“取消全国长途、漫游”的战略要求，率先布局，加快网络基础建设,有效降低网络资费，于2016年10月全面取消全国长途漫游费用，获得了社会各界的广泛认可。潍坊电信围绕“用户至上，用心服务”的企业服务理念，持续推动业务资费下降、网络建设升级和提升服务效率，百兆宽带费用大幅下调，对低速率宽带老用户开展免费提速，其中，光纤用户最高可免费提速至百兆，对用户的咨询进行一站服务，年用户问题解决时长从年初25小时降到年底的14小时，服务效率大大提升。

**【服务民生】** 潍坊电信积极响应潍坊市政府从传统管理型政府向服务型政府转变的重要部署,组织协调当地优质资源，利用自身大数据、云计算、物联网、移动互联通信等现代信息技术及基础通信网络的优势，积极参与到各行业服务民生的信息化建设中，贡献国企应尽之力。潍坊电信突出服务职能，以人为本，以服务居民为主旨，2016年突出在政府应急联动、民生服务、卫生系统、教育行业等信息化建设方面提供了优质服务并获得良好的社会效应。在提高应急指挥调度管理效率、促进实现公共服务均等化、提供安全高效、智慧化便民养老服务，达到政府服务对民情事务处理及时化、信息展示直观化、信息全面化、沟通便捷化、民众参与多元化、服务亲情化等目标及要求。

潍坊电信为加快推进互联网+医疗工作发展，降低卫生信息化运营成本，提高医护工作人员的工作效率。

与卫计委合作“移动随访”项目，将居民健康档案新增基础档案和随访功能平移到手机终端，实现随访医生的及时便捷的随访录档，提高工作效率，确保数据的真实有效，实现主管部门随时随地监督随访工作进度。

潍坊电信推出翼支付业务，积极与各行各业开展异业合作，与中石油、潍百集团、全福元、电力公司、电影公司等两千余家门店达成合作，覆盖全市70%的用户，先后推出“逢五五折”“日常消费95折”“翼支付商品一元购”等一系列活动，同时，面向用户推出便捷优惠、服务民生、理财赚钱等各类应用，极大方便市民的生活。

（韩朋超）

## 无线电管理

【概况】 全年共受理设台审批事项141件，审批无线电台站175部，验证9500个，发放无线电台执照2129个，指配频率(含呼号)119个。

【无线电监测网建设】 根据山东省无线电管理办公室《关于做好全省无线电管理技术设施“十二五”二期、三期和四期工程项目建设前期准备工作有关问题的通知》及《关于做好全省无线电管理技术设施“十二五”五期、六期、七期工程项目建设相关问题的通知》要求，截至2016年年底，已建成临朐县、青州市、高密市、诸城市、安丘市、滨海开发区、奎文区、潍城区、靶场、峡山开发区、紫金等11个无线电监测固定站，顺利完成7个县（市）固定站机房的购置工作，为加快推进全市无线电监测网建设打下坚实基础。

【无线电安全保障工作】 积极做好“C20会议”“G20峰会”、中共十八届六中全会期间的防控工作，圆满完成了“两会”“中国（潍坊）第九届文化艺术展示交易会”“第三十三届潍坊国际风筝会”“第十七届寿光蔬菜科技博览会”5次大型活动和2016年高考、公务员招录、职称英语、注册会计师等22次大型考试的无线电安全保障任务，保障人员达150人次，出动无线电监测技术保障用车45次。

【开展频谱评估专项活动】 根据省办《关于开展全国无线电频谱使用评估专项活动的通知》精神，制订潍坊市《开展无线电频谱使用评估专项活动实施方案》，积极开展无线电频谱评估专项活动，对全市范围内20余家有可能设置地球站的企（事）业单位进行了摸底，严格核实卫星地球站的使用情况，组织对潍坊移动、潍坊联通、潍坊电信三大公司公众网基站数据进行全面核查，上报新增2G、3G基站8415个、4G基站11344个，停用基站资料1068个。按时完成潍坊市频谱评估数据采集工作并上报省办。

【开展打击治理违法犯罪专项行动】 根据省办下发《关于做好打击治理“黑广播”违法犯罪专项行动有关工作的通知》要求，做好辖区内的相关工作，一是制订配合公安等部门开展惩治治理“黑广播”违法犯罪专项行动工作实施方案；二是成立惩治治理“黑广播”违法犯罪专项行动工作小组；三是加强联动配合，与市公安局刑警大队、广播电台工作人员建立微信群，实现惩治信息即时沟通，确保在确认“黑广播”电台位置后，第一时间将线索移交公安部门进行跟进处理，提高惩治效率；四是加大日常监测工作力度，利用现有固定、移动监测站重点加强对广播频段的监测监听力度，监测站技术人员不分昼夜，第一时间对“黑广播”电台进行定位；五是做好舆论宣传工作，广泛宣传“黑广播”的社会危害性，营造良好的社会舆论氛围，形成齐抓共管的惩治合力。全年共查处“黑广播”92起，全部移交公安机关处理。惩治“伪基站”和查处“卫星电视干扰器”是2015年以来国家部署的一项重要任务，为巩固2015年专项行动成果，防止死灰复燃，继续加大对“伪基站”的监测力度，全年累计查处“伪基站”17台、卫星电视干扰器2台。

【事故处置】 2016年，某军用机场124兆赫兹和青岛机场119. 4兆赫兹导航频率在潍坊市辖区上空相继受到不同程度的干扰，无线电管理办公室积极配合开展查处工作，在公安局、国家安全局以及县（市、区）广播电视台等部门的大力支持配合下，无线电干扰信号源被锁定在昌乐县隋姑山广播电视信号发射塔机房内，经多方协调，无线电干扰相继被排除。

（王桂江）

# 建设·环保

*Jianshe Huanbao*

## 城镇化发展

**【概况】** 2016年，全市常住总人口为935.7万人，常住人口城镇化率达到58.15%，同比增长2.35%。

**【召开全市城市工作会议】** 11月4日，市委、市政府召开全市城市工作会议，贯彻国家和省城市工作会议精神，安排部署全市城市工作重点任务。会上印发《潍坊市新型城镇化发展规划（2015年—2020年）》，部署开展加强和改进城市工作“十大专项行动”，从“规划提升、城市社区提升、房地产业优化提升、城市更新、交通畅通、绿色城市、小城镇提升、城市管理服务提升、城市特色品牌建设、城市活力提升”等十个方面，着力推进城市发展方式转变、特色风貌塑造、环境秩序水平提升和体制机制创新，力争到2020年，中心城区建成区人口达到200万以上，全力打造和谐宜居、富有活力、独具特色的半岛中部现代化城市群。

**【完善规划体系】** 6月，市委、市政府发布实施《潍坊市新型城镇化规划（2015年—2020年）》（以下简称《规划》），该规划立足潍坊市实际，提出未来发展的战略布局、任务目标和发展路径，共分指导思想和发展目标、走有潍坊特色的新型城镇化道路、稳步推进三个“市民化”（全省外来务工人员市民化、城中村城边村原有居民市民化、其他农村地区就地转移就业人口市民化）、优化城镇化布局和形态等12个篇目。《规划》确立了“一群引领、两河贯通、三带隆起、统筹城乡”的市域空间布局，将形成“依山面海、港城融合、双核驱动、七城一体、生态间隔、组群发展”的中心城市组群战略布局，致力于打造面向东北亚、融入环渤海、对接京津冀的重要港口城市和山东半岛区域中心城市。到2020年，全市常住人口城镇化率达到65%左右，户籍人口城镇化率达到61%左右，基本实现120万左右农业人口转移、100万左右在城镇落户和促进75万左右城中村居民完全市民化。

全市城市工作会议召开　　（供图：刘雨东）

**【争取新型城镇化试点】** 指导县（市、区）、建制镇科学编制试点方案和工作计划，争取新型城镇化、中小城市等试点。2016年，获批诸城市国家新型城镇化试点、寿光市和安丘市中等城市试点、昌邑市Ⅰ型小城市试点、羊口镇新生小城市试点，景芝、夏庄、柳疃列为“省级重点示范镇”。各市、镇按照试点方案要求，部署开展了试点工作，寿光市省级新型城镇化试点取得阶段性成果。

**【加快促进“三个市民化”】** 与县（市、区）签署承诺书，分解落实人口市民化任务，启动编制《潍坊市人口市民化规划（2016年—2020年）》。市委、市政府印发《关于促进农业转移人口市民化的实施意见》。2016年，全市完成外来务工人员市民化9.58万人、城中村城边村居民完全市民化

13.16万人、就地转移就业人口市民化9.15万人，完成了省下达的年度任务，全市常住人口、户籍人口城镇化率提高近2%，获省人口市民化奖励资金0.699亿元，规模居全省第1位。

**【强化城镇化工作督查考核】** 结合贯彻市委深化改革、市政府工作报告等工作部署，梳理确定91项重点工作，分解落实到县（市、区）、市属开发区和市直部门，实行月书面督查、日常专项工作现场督查和年底总评考核，考核成绩纳入对县（市、区）科学发展综合考核成绩；同时，协调市直部门做好全省城镇化综合考核工作，争取市级以上城镇化专项资金2.12亿元，有力地推动全市新型城镇化建设发展。2016年，全市城镇化率提高2.35%，达到58.15%，增幅居全省第2，实现18.73万农业转移人口市民化。9月，经省城镇化领导小组办公室会同省有关部门对全省2015年度新型城镇化工作综合考核，潍坊市取得919.6分，位居全省第1位。

（孙　凯）

10月8日，市长刘曙光（中）到市规划局调研，专题调度规划提升工程开展情况

（供图：刘昆鹏）

## 城市规划

**【概况】** 潍坊市规划局全年编制完成和在编各类规划39项，构建起更加科学、更加完善的规划体系。《潍坊市中心城区河道联网暨生态修复规划》在“2015年度全国优秀规划设计方案”评选中，获得“二等奖”，“规划管理信息平台”荣获“2016年中国地理信息产业化优秀工程金奖”。市规划局连续3次在全省住房城乡建设工作会议上做了典型发言。

**【加强组织领导】** 确立“十三五”期间全市规划工作思路。2月，率先落实省委、省政府规划工作意见，印发《关于实施规划提升工程促进中心城市科学发展的意见》，提出实现“发展战略研究、基础设施功能项目、控制性详细规划、重要片区城市设计‘四个全覆盖’”的目标，并对人才队伍、机构设置、审议决策等方面提出明确要求。10月，市政府主要领导到规划局调研，听取规划编制情况汇报，专题调度规划提升工程开展情况。11月4日，召开全市城市工作会议，对全市新形势下的城市工作提出了新部署。为贯彻落实会议精神，市委、市政府制定《关于实施“十大专项行动”进一步加强和改进城市工作的实施意见》（十大专项行动：规划提升、城市社区提升、房地产业优化提升、城市更新提升、交通畅通、绿色城市、小城镇提升、城市管理服务提升、城市特色品牌建设、城市活力提升），市规划局牵头其中2项，其中，第一项就是“规划提升专项行动”，进一步明确全市规划编制管理工作的任务和要求。

1月14日，局长孙守勤（左一）在全省住房城乡建设工作会议作典型发言

（供图：张明杰）

**【改革体制机制】** 一是改革规划委员会审议机制。将单层级城市规划委员会调整为大、中、小三层级的城乡规划委员会，提高重大规划的决策层级和一般规划的审批效率。上年召开3次会议，研究审议了16项规划。二是成立潍坊市规划编制研究中心。副县级事业单位，核定编制31人。采取

选聘、公开遴选、招考等方式考核录用了一批高层次人才。滨海区率先设立编研中心，寿光市、诸城市、昌邑市、安丘市近期均已设立规划编研中心。三是探索完善规划设计招投标制度。借鉴外地先进经验，会同市财政局、公共资源交易中心共同制定了适合本地、分类分层的规划招（投）标制度，走在全省乃至全国的前列，解决国内大部分同类城市遇到的难题。四是探索开展"三规合一"试点。按照市委、市政府工作安排，启动了中国食品谷产业、空间、土地规划"三规合一"工作，并探索建设"三规合一"信息平台。该平台系统布置阶段初步完成。结合外地考察经验，从两种不同角度提出全市"多规合一"的实现路径。以城乡规划委员会为载体，探索搭建"多规合一"决策平台。

**【超前研究策划】** 一是超前开展城市战略研究。委托中国城市规划设计研究院编制《潍坊市域2048（建市100年）战略发展规划》，委托新加坡刘太格团队编制《潍坊市概念性空间发展战略规划》，对城市未来发展和区域定位进行预测，均通过高层次的专家评审。二是推动法定规划报批。《潍坊市城市总体规划（2011年—2020年）》于12月17日通过国务院办公厅审批。为做好总规实施落地工作，编制《中心城区近期建设规划（2016年—2020年）》，已通过市政府批复。控制性详细规划取得突破性进展。6个片区的控规已全部通过市规划委员会审议，其中，5个分区已经市政府批准，其他分区已报市政府待批。三是策划重大交通基础设施布局。编制《潍坊市域中长期铁路网规划及东营至临沂铁路方案研究》，成功争取了京沪高铁二线途经潍坊市区。潍坊市已被确定为全国100个区域性铁路枢纽城市和38个高铁物流城市之一，也是全省3个高铁枢纽之一。健康街快速路改造规划方案已通过审批并已立项；月河路快速路方案多次研究修改完善，具备了提交决策条件。《潍坊市城市轨道交通线网规划》通过省住建厅组织的专家审查。《济青高铁潍坊北站综合交通枢纽初步设计》《潍坊市域综合管廊规划》具备提交规划委员会审议条件。《潍坊市中心城区交通优化提升方案》《城市重点区域人行过街设施专项规划》形成初步成果。

**【探索城市设计】** 较早地提出"城市设计全覆盖"，并从3个层面推开城市设计工作。一是中心城区层面。为了进一步明确城市空间轮廓，彰显城市天际线、空间韵律、主要色彩和建筑风貌，委托天津大学编制中心城区总体城市设计。二是城市重点片区层面。提出重点片区城市设计3年全覆盖的目标，期望通过城市设计塑造城市特色，规范城市用地，建立有秩序的城市空间。市级层面已编城市设计的重点片区5个，面积约39.1平方千米；在编或启动编制的有5项，约40平方千米。10项城市设计面积约占全市1/2。三是通过城市设计深度推进产城融合、生态文化融合。城市设计的作用不仅体现在对城市特色的塑造上，还体现在引领城市功能和产业布局上。《医疗机构周边配套发展区城市设计》，依托区域内的医院和生态资源，统筹考虑养老、医疗等功能，提出争创"国家健康医疗养老示范区""潍坊居家养老示范社区"的设想；《军埠口片区城市设计》，统筹考虑产业、文化、旅游等功能，打造以文旅产业为特色的西南组团。

**【推进城乡均衡发展】** 一是深入开展中心城区城市社区公共服务设施研究。在前期制订的城市社区公共服务设施提升3年行动计划基础上，委托北京大学编制《中心城区城市社区公共服务设施布局规划》。对多层加装电梯等市民密切关心的问题进行研究，并制定规划管理办法。二是推进村镇规划工作。制订《潍坊市2016年—2020年乡村规划工作方案》，分类有序地开展村庄规划编制工作；启动青州市、高密市、昌乐县3个县（市）的县域乡村建设规划编制试点。提升完善《潍坊市农村新型社区和新农村发展规划（2015年—2030年）》，并制定技术导则，目前已通过专家评审。三是积极探索镇级"多规合一"机制。开展寿光市上口镇"三规合一"规划编制试点，首创"镇级国家级规划专家研讨"。

**【强化规划公众参与】** 一是实施社区规划师制度。公开选聘了61名社区规划师联系59个城市社区。开展规划进社区活动80余场次，解答群众疑问300余项。9月20日，《中国建设报》对该做法进行了大篇幅报道。二是依法依规公开公示。坚持开门搞规划，通过规划展馆、规划听证、专家评审、公示公布、规划社会监督员等措施，主动接受社会各界的监督。规划听证常态化。规划批前公示、批后公布100%全覆盖。三是加强城乡规划社会宣传。通过报纸、网站、规划展馆、党风政风热线、《电视议事厅》栏目、微信公众号等多种方式，加大城市规划宣传力度，引导全社会关注规划，参与规划。

（徐永海　张明杰）

## 城市建设

**【概况】** 2016年，全市共计完成城市基础设施建设投资71.08亿元，其中，中心市区24.6亿元。全市人均道路面积0.002976公顷，建成区绿化覆盖面积2.2万公顷，同比增长1.7%。其中，中心城市人均道路面积0.002855公顷，建成区绿化覆盖面积7516.14公顷，同比增长3.42%。

**【市政工程建设】** 对2016年15项续建、10项新建城建重点项目召开专题会议逐项研究部署，确保重点项目有序推进。新建工程"5路、4电、1公园”等3类10项工程，全部开工建设。完成利民路、卧龙西街、鸢飞路、和平北路、青年路、玉清街6项工程设计、施工、监理招标；组织三里庄路、宏伟路、利昌路、张面河强电下地施工监理招标。崇文街道路工程通过竣工验收，完成金宝街绿化、凤凰大街绿化、虞舜公园截污管涵、玉清街、卧龙西街、卧龙东街、和平南路人行道及绿化分隔带7项工程的移交工作。正在进行宏伟路、宝通街强电管道过铁路2项工程的竣工验收和白沙河整治、卧龙街小圩河桥、玉清街白浪河桥以及虞舜公园三座桥等6项工程的移交工作。其中，白沙河综合整治工程获“山东省人居环境范例奖”。

**【海绵城市建设】** 争取省级试点，组织编制《海绵城市建设实施方案》，在省住建厅、财政厅组织的专家评审中，潍坊市住房和城乡建设局获总分第一，全省共有5市3县入围首批试点城市，潍坊市与青州市双双入围，成为唯一市、县双入围城市，共争取省级奖补资金0.5056亿元，入选城市数量及奖补资金总额均居全省首位。成立市级领导小组，10月27日，市政府办公室正式印发《关于推进海绵城市建设的实施意见》。《潍坊市海绵城市建设专项规划》于10月24日通过市政府第68次常务会议研究，10月27日正式公布实施。编制完成《潍坊市海绵城市建设实施方案》《潍坊市海绵城市建设技术导则》。2016年起，结合新、改、扩建工程，全面实施“绿水鸢都”海绵城市建设行动。计划到2020年，城市建成区25%以上面积达到海绵城市75%的雨水控制目标要求。2016年，全市启动海绵城市建设项目包25个，总面积达15.6平方千米，打造张面河上游、开元立交桥绿化、崇文街、志远路等一批海绵示范项目。截至目前，全市已启动海绵城市建设项目包，开工面积24.5平方千米。

**【地下综合管廊】** 6月2日，《潍坊市城市地下综合管廊专项规划（2016年—2030年）》通过省住建厅专家评审，8月18日，潍坊市政府第67次常务会议研究通过，9月18日公布实施。成立市级领导小组，9月18日，市政府办公室印发《关于推进城市地下综合管廊建设工作的实施意见》，明确综合管廊建设的任务目标、工作重点、保障措施。2016年，全市启动地下综合管廊16.1千米，已建成9.3千米，顺利完成省政府下达潍坊市开工16千米、建成8千米的任务目标。

**【两岸交流中心】** 项目规划建筑面积约7.8公顷，将543天计划工期减少为272天，打造新的“潍坊速度”。项目的建成，为“第二十二届鲁台会”“第二届中日韩博览会”等重大活动提供了一流的配套场馆保障，受到与会海内外人士的一致好评。

彰显厚重大气的两岸交流中心院内景致　　（供图：刘雨东）

**【老旧小区整治提升】** 老旧小区改造整治工作自2014年启动,市政府出台《关于印发市区老旧小区改造整治提升行动方案的通知》，计划利用5年时间,对市区1995年前建成的老旧小区进行改造,约需改造5.6万户。3年市区已改造整治提升老旧小区42个、370公顷、4.4万户，惠及群众13万人，总投资约4亿元，其中，市财政补助2.33亿元（含危房拆除补助0.73），争取省级旧改补助资金0.6081亿元。打造苇湾小区、南湖社区、坊子煤矿五一社区等一批示范项目。樱园社区等既有建筑节能改造完成约57.48公顷，提升市民的供暖质量。奎文苇湾小区获“省人居环境范例奖”。

**【房屋征迁】** 下发《关于做好2015年依法推进房屋征迁考评工作的通知》，督促各县（市、区）政府、市属各开发区管委建立完善了依法推进房屋征迁工作协调推进机构。组织召开市区依法征迁座谈会和全市依法推进房屋征迁工作现场会，举办全市依法推进房屋征迁工作培训班，对《山东省国有土地上房屋征收与补偿条例》进行了系统解读，进一步提高潍坊市房屋征迁从业人员专业水平。省住建厅将潍坊市依法推进房屋征迁工作经验被录入《全省国有土地上房屋征收与补偿工作经验汇编》，在全省广泛推广。莱芜、泰安、秦皇岛等多地先后到潍坊市就房屋征迁工作进行考察学习。2016年，市区86个重点项目已完全拆除63个，累计完成征迁2617户，腾出土地589.07公顷。

（孙　凯）

## 住宅与房地产业

**【概况】** 全年房地产完成投资460亿

元，新开工1110公顷，竣工980公顷，同比分别增长4.5%、15.6% 和6.5%。全市新建商品房网签16.4万套、1750.9公顷，同比分别增长25.1%、27.4%；其中，市区网签7.5万套、882.2公顷，同比分别增长25.8%、29.2%，成交量创近5年最高水平；全市完成房地产税收收入85.2亿元，占地税总收入的21.4%，房地产业持续平稳健康发展。

**【房地产业转型升级】** 起草完成《关于进一步促进我市房地产业转型发展的意见》，重点围绕优化供应结构、提高产品品质、完善项目配套、促进转型升级、强化市场监管等方面，推进供给侧结构性改革，不断促进全市房地产业转型升级健康发展。全年新增一级开发资质1家，新增二级开发资质3家，二级及以上企业数量达125家，约占全省二级及以上企业总数的17.6%。全年新开工建设装配式项目15.2公顷，新建、竣工全装修项目各5个、77.5公顷，新培育了东方太阳城和高速·仁和盛庭2个智慧社区项目和卓信EHO国际社区、北京宫馆、歌尔绿城、兰溪镜界等大盘名盘。潍坊市绿城AESI装配式预制构件和山东博创预制构件2生产项目被评为住建部装配式建筑科技示范项目；青云·国际城通过AA级住宅性能认定终审；中央生活城、虞河生活城、青云·国际城、安丘市金融中心4个项目获得国家“广厦奖”。截至目前，全市共创建国家住宅性能认定试点城市1个、国家住宅产业化基地3个、住建部装配式建筑科技示范项目2个、省建筑产业现代化生产基地8个、省建筑产业现代化试点工程项目1个、省装配式建筑示范项目1个，先后培育了7个广厦奖项目、19个A级住宅性能认定项目、6个康居示范工程，数量均居全省前列。

**【房地产市场管理】** 完成2014年房地产开发企业信用评价，共对市区401家开发企业信用等级进行评定。在全市范围内开展市场规范年活动，印发《房地产领域易发问题专项治理工作方案》。组织开展了多次专项检查，共注销违规开发企业67家，检查房地产开发企业888家，开发项目829个，总建筑面积6628.62公顷，对各类突出问题进行排查梳理，并研究提出解决建议和维稳预案，房地产市场秩序进一步规范。

**【商品房预售监管】** 2016年，批准市属项目预售面积105.98公顷，9014套；其中，商品住房84.46公顷，7358套。办理预售资金监管备案237件，面积567.93公顷，73440套，累计监管资金80余亿元。直接办理审批拨付资金175件，拨出资金13.08亿元。全面启用商品房预售资金信息系统，通过系统操作，实现开发企业、监管银行和业务主管部门的联网，监管力度进一步加大。下发《关于调整市区商品房预售资金监管有关事项的通知》，2016年10月，开始将市管项目全部下放到各区，进一步明确各区的监管责任。

**【物业管理】** 联合市公安局等六部门出台《住宅小区停车管理办法》，印发《潍坊市物业服务企业退出项目管理办法》《关于推进全市物业服务标准化建设的实施方案》《潍坊市物业服务企业十条禁律》《物业管理招标投标管理办法》《前期物业服务合同示范文本（试行）》6个文件。加大对市场秩序的整治，开展物业服务标准化建设活动，对46家企业进行通报处理，其中，直接注销17家。在市委党校组织了800余人的物业项目经理培训，取得显著效果。印发《关于取消房地产开发建设单位代收代缴住宅专项维修资金的通知》，指导各区用好维修资金，使用效率大幅提升，全市维修资金已缴存38.57亿元，使用0.32亿元。

**【住房保障】** 全市共完成棚户区改造40314套、开工率105.6%，货币化安置率90.2%（全国48.5%），居全省第1位。获批国开行、农发行政策性贷款授信超过130亿元，争取上级奖补资金近10亿元。郭树清省长、孙伟常务副省长先后到潍坊市视察棚户区改造现场，并对潍坊市工作给予充分肯定。省住建厅印发《潍坊市棚户区改造工作经验》，在全省推广潍坊市棚改征收拆迁安置工作经验。2016年，全市共开工各类保障性安居工程41408套、基本建成47752套、分配各类保障房9060套，惠及群众约40万人。

（孙　凯）

# 城市管理行政执法

**【重点市政工程】** 顺利建成开元公园项目，打造集雨洪调蓄、公共服务及健身娱乐于一体的综合型公园。圆满完成宝通街缓行道挖补罩面工程，提升道路品质和排水状况，改善市民出行条件。建成黄旗堡水源地恢复一期工程，恢复水源地1.5万—2万立方米/日供水能力。建成眉村净水厂管道取水工程，设计供水能力达20万立方米/日，城区居民用水有了坚实的应急保障。投资3.5亿元，组织实施宝通街高温水供热工程，建成运行高温水供热管道18.5千米，城区供热保障能力进一步提高。结合市污水厂迁扩建工程，建成运行白浪河中水回用工程，日回用中水可达10万立方米，在连旱几年严峻形势下，确保了城区河流生态安全和景观效果。采用BOO模式，建成试运行潍坊市污泥无害化集中处置工程，设计处理规模达700吨/日，实现了污泥无害化处理、资源化利用，解决污泥对环境的二次污染问题。

**【园林绿化管理】** 组织各区对16处、2400余米的临路、临街实体围墙进行了拆除，并因地制宜开展绿化2.6公顷多，大力营造环境优美、统一协调的城市街道景观。组织各县（市、区）对420块、164公顷裸露土地进行绿化，其中，中心城区重点做好玉清街、安顺路等9块裸露土地绿化工作。开展爱绿护绿签名、绿化服务咨询、送绿进社区等社会绿化活动，连续第11年开展无偿供苗活动。组织对市区主干街道、公园、景区内共1.3万余株树木开展集中修剪，努力消除树木生长影响电力、交通标识和观光巴士安全运行等问题。有序开展城区苗木补植、草花栽植等工作。集中开展抗旱保苗工作，中心城区共计浇水17.4万立方米，确保城市绿化成果。

**【环境卫生管理】** 全面开展“城市深度保洁示范路”创建活动，努力实现路面浮尘“以克论净”，城区环卫保洁水平有明显改善。各县（市、区）也同步开展试点推进工作，市区先行、样板带动、县（市）跟进的创建格局初步形成。认真做好生活垃圾无害化处理工作。市生活垃圾焚烧发电项目一期工程建成，有效缓解了全市生活垃圾处置压力，共焚烧处理垃圾约51.7万吨，上网发电近1.27亿千瓦时。进一步完善城乡环卫一体化长效机制。全面启动铁路沿线环境综合治理工作，集中排查整治非正规垃圾堆放点，取得阶段性成果，城乡环境面貌得到明显改善。

**【市政设施养护管理】** 市区新增站点20个、锁车器1600个。系统达到1200个站点，3.24万辆自行车规模，累计骑行量达1.65亿人次，日均骑行量稳定在20万人次左右。高密市、诸城市公共自行车系统相继建成投用。截至2016年年底，全市共建成站点2600个，投放自行车6.3万辆，并实现市域全覆盖、全市一卡通。城市亮化水平显著提升。启动了永春路、金宝街等13条道路路灯安装工程，实施了道路照明设施安全隐患消除及路灯维修提升工程。宝通街西环路道路照明工程顺利完工，共改造路灯2067盏，项目采用合同能源管理模式，实现运营模式创新，荣获“第11届‘中照’照明工程设计奖”路桥组一等奖（最高奖）。全年共组织维修主次干道2.3公顷、人行道1.3余公顷。实施了福寿街白浪河桥维修加固工程。对城区34座城市桥梁进行常规检测，并分别制订养护计划。

**【节水、城市防汛和污水处理】** 编制完成《潍坊市中心城区城市节水专项规划》，研究制订《潍坊市节约用水管理办法》。在城区各污水厂及河流沿岸，设立一批中水加注站；在全市建设了一批单体中水利用项目和设施；对一些耗水量大的企业进行技术改造，使其达到现有工艺节水能力最高水平；全面加快供水企业工艺提升和管网改造，使制水损耗降低40%，管网漏失率降低到12%以内。全面加强节水管理，城区计划用水率达100%。广泛开展节水创建活动，在全省率先制定了“节水型中小学标准”，并开展节水型学校创建工作；全市省级节水型企业（单位）、社区覆盖率分别达28%和10.55%。按照深化“三八六”行动要求，组织制订工程实施方案，对确定建设的16项城镇废水综合利用工程，全力做好协调督导工作，各项工程已基本完成。全市共排查黑臭水体12处，已整治完毕9处,圆满完成年度任务目标。严格落实各类防汛举措，排查维修城市排水设施，清查补充防汛物料，检查调试河道闸坝，在城区10座下沉式立交桥安装了积水测量系统，组织各县（市、区）全面排查、综合治理排水防涝隐患点，确保了城市安全度汛。市级污水处理费征缴金额实现连年增长，达到1.05亿元，首次突破亿元大关。

**【公用事业服务】** 城市供水方面。扎实开展供排水水质抽检工作，共完成供排水样品检测479个，检测指标7918项，发出城市供排水整改通知单64份，有效保障城市供排水水质安全。城市燃气方面。组织城区管道燃气企业多渠道采购冬季调峰气，建设LNG调峰储气站，日调峰能力超过20万立方米。成功引进中国燃气集团参与全市液化石油气市场整合，投资0.12亿元，收购液化石油气站一座。组织开展了液化石油气市场整顿，在全市范围内排查液化石油气站226座，整改各类隐患1000余处，进一步提高燃气安全管理水平。全市累计投资2.2亿元，改造灰口铸铁燃气管道369.5千米。圆满完成城区燃气灰口铸铁管改造工作。城市供热方面。不断优化城区供热结构，加快热源、热网建设。潍坊发电厂完成热电联产改造。潍城区北部热源厂迁建一期工程建成使用。中心城区主要热源厂均完成年度超低排放改造任务。积极开展供热管网“汽改水”改造，建设高温水管道40千米，对49个换热站由“汽水换热”改造为“水水换热”，2016年年末，中心城区集中供热入网面积达到4990公顷，实际供热面积3400公顷，高温水供热面积接近50%，城市供热保障能力获得较大提升。加强供热监管，建立健全市、区、企业三级投诉处理机制，对500余个居民采暖换热站实现24小时在线监控，有效确保供热质量。

**【城市管理行政执法工作】** 围绕城市品牌、荣誉的创建复审等工作，对重点区域、重点路段、重点部位和突出问题，开展专项督查90余次，清理疏导各类占道经营4600余处，整治乱扯乱挂等现象3700余处，清理乱贴乱画小广告70余万处。按照市场化运作、公司化运营、规范化管理的思路，通过选址定位、制作样板、公开招标、引导入场、规范经营等方式，创新设置青银高速14号口萝卜市场，为农产品进城提供销售渠道，得到社会各界一致好评，省市多家新闻媒体对此作专题报道。实施城区广告提升工程，组织各区拆除各类广告牌匾1600余块（处），改造提升480余块（处），清理橱窗字画1.1万余处，提高户外广告设置管理水平。

（孙　凯）

# 村镇建设

**【加快小城镇特色发展】** 坚持政策驱动、要素支撑，推动示范镇、重点镇创新发展、率先发展，24个示范镇（街）、重点镇、特色镇完成、在建各类发展项目283个，完成投资247.4亿元；16个省级示范镇，完成公共财政预算收入47.1亿元，同比增长20%，2个镇保持全省十强，示范效用显著。创建特色小镇，培育区域经济发展新动能，拟定实施意见，按照“一年打基础、三年见成效、四年成典范”的思路，明确扶持政策，到2020年，全市创建20个市级特色小镇。开展新型城镇特色风貌研究，形成专项成果，定位74个镇（街）特色风貌和建筑风格，发展有历史记忆、地域特色的美丽城镇。诸城市获批国家新型城镇化试点；寿光市、安丘市获批省级中等城市试点；昌邑市列入省级I型小城市试点；寿光羊口镇入选国家首批特色小镇和省级新生小城市试点，安丘景芝镇、高密夏庄镇、昌邑柳疃镇被评为“省级重点示范镇”；青州文化艺术小镇、诸城健康食品小镇、临朐薰衣草小镇、昌乐方山蓝宝石小镇、坊子坊茨小镇5个小镇被授予首批“省级特色小镇”称号。

**【抓好美丽乡村建设】** 加快农村无害化卫生厕所改造，出台实施方案、改厕与生活污水处理一体化试点工作方案，实施农村改厕3年计划，到2018年，全市完成41万农户厕所改造，基本实现农村无害化卫生厕所全覆盖，年内改造完成15.18万户，超额完成省、市任务，完成省任务的近两倍（196.4%），寿光市、青州市4个村启动一体化试点。结合扶贫工作推进农村危房改造，制订实施方案、危房脱贫专项方案和建档立卡户危房改造暂行办法，率先完成了2015年度5592户农村危房改造任务，2016年度945户，含建档立卡贫困户242户，全部提前半年完成，全市存量危房大幅减少至450户（建档立卡户54户），为明年全部完成奠定了基础。开展农村环境综合整治，新建农村社区污水处理设施60个，整治村庄500个，新建集中居住农房2.5万户。昌乐县获评“全国农村生活污水治理示范县”，7个村被命名为国家级或省级传统村落，11个村评为国家级或省级宜居村庄。

（孙　凯）

# 社区建设

**【四全一特社区建设】** 出台《关于加强城市社区建设的指导意见》《关于加强开展农村新型社区建设的指导意见》，按照“功能配套齐全、生活服务周全、基础设施安全、治理机制健全和特色鲜明”的要求，培育建设“四全一特”社区。2016年，全市确定174个社区作为重点打造的示范社区，确定潍城曹家巷社区、奎文樱园社区、高新新邻里社区作为3个市级示范社区重点打造，成为潍县老街坊特色、智慧社区特色、新型邻里关系特色的示范社区。

**【农村社区服务中心建设】** 为提升农村社区承载能力和服务水平，完善农村基层社会治理体制，促进产城融合，加快城乡统筹发展，出台《农村社区服务中心建设“一五五”三年行动实施方案》，按照“一厅一校十室”（“一站式”服务大厅，社区教育学校，社区综合办公室、多功能会议室、党员活动室、综治警务室、卫生室、文体活动室、阅览室、农业综合服务室、社会组织服务室、电子商务室）的标准，确定到2018年年底，全市农村社区服务中心全部实现“面积达标、功能完善、运转正常”。其中，2016年，农村社区服务中心提升建设完成219个，占年度任务132%。

**【农村新型社区建设】** 因地制宜，采取城镇聚合型、中心村聚合型、村企共建型和强村带动型等不同模式，截至2016年年底，全市建成农村新型社区220个，入住18万户、62万人。按照开发“两河”战略，突出抓好“两河”流域27个示范社区建设，完成投资18.6亿元。

（孙　凯）

**【规划布局不断优化】** 在城市，实行社区网格化管理服务，进一步优化调整社区布局，形成无缝隙、全覆盖、整齐划一的社区网格化空间架构体系。在农村，推进“多村一社区”社区建设模式，构建“2公里·半小时”社区服务圈。改造提升100处城乡社区老旧服务设施，配合住建部门，按照“一厅一校十室”（“一厅”：“一站式”服务大厅。“一校”：社区教育党校。“十室”：社区综合办公室、多功能会议室、党员活动室、文体活动室、阅览室、农业综合服务室、社会组织服务室、电子商务室、社区卫生室、社区警备室）标准，新建农村社区服务中心219处。

**【服务体系不断完善】** 深入开展社区减负增效专项行动和专项督查，指导县（市、区）制定完善社区服务准入制度。整合部门资源，实行“一站式”服务，加快推进光纤网络进社区、网上服务进社区，进一步提升社区服务效率和服务水平。为满足居民多元化需求，推动邮政、燃气等公用事业服务单位在社区设点服务。大力推广全国志愿者队伍建设信息系统，发展社区志愿者18余万人，推动志愿服务项目化，涉及青少年、老年人等服务领域，受到居民的一致好评。潍坊市被民政部命名为第二批“全国社会工作服务示范地区”。

**【治理机制不断创新】** 推行“由民

做主”社区治理模式，构建以居民会议决策、议事会议协商、邻里事项共助、公共事务监督、居民公约自治、群众组织凝聚的城市基层社会治理机制。创新农村基层治理机制，以高密市为试点有序推进合村并点工作，目前，已合并行政村19个，由原来的757个减少到746个。出台《关于加强城乡社区协商的意见》，指导社区积极开展“民主听证会”“民情恳谈会”“民主评议会”等多种形式的社区协商民主活动。在城市社区全面推行“四社联动”（“四社”：指社区、社区社会组织、社会工作专业人才、社区志愿者。“四社联动”：是以社区为平台，社区社会组织为载体，社会工作专业人才为支撑，社区志愿者为补充，资源共享，协同联动，针对居民需求提供专业化服务，实现多元参与、共同治理）机制，选取30个农村社区进行“四社联动”试点，城市社区和试点农村社区基本建立起信息联通、组织联建、服务联办的“四社联动”机制。奎文区“由民做主”社区治理模式在“全国十大社区治理成果”评选中荣获提名奖。

【组织体系不断健全】 在进一步加强村（居）民自治组织的基础上，大力培育和发展社区社会组织，全市培育社区社会组织达3200余个，建立起了以农（居）村社区党组织为核心、村（居）民自治组织和村（居）务监督组织为基础、集体经济组织为纽带、各种经济社会组织为补充的城乡社区组织体系，为社区发展提供组织保障。

【保障支撑不断加大】 加大政策、财政资金支持力度，2016年，各县（市、区）采取安排专项资金、以奖代补、土地增减挂钩等方式，共投入资金3.2亿元，扶持社区服务中心和农村新型社区建设。大力整合政策、资金资源，扩大资金投入渠道，逐步完善以县、镇两级财政基金投入为主体、社会资本为补充的社区建设多元化投入机制，有力地助推城乡社区的发展。进一步推动镇（街）干部力量下沉，全市在社区工作的人员达到6534人，所占比例达到50%以上，充实社区工作力量。建立健全农村社区运行保障机制，各地普遍将社区日常运转经费纳入财政预算并及时拨付到位，确保社区正常运转、服务正常开展。

（董德才）

# 建筑业

【概况】 全市建筑业完成总产值946.2亿元，同比增长8.79%，实完成新签工程承包合同额894.16亿元，比上年同期增长18.03%；完成企业总收入942.3亿元，比上年增长8.97%；房屋建筑施工面积7958公顷，比上年同期增长7.99%；竣工面积3020公顷，比上年同期减少28.57%；建筑业平均人数28.4万人，减少4.24%；实缴税金31.9亿元，比上年同期减少15.73%，收缴养老保障金5.4亿元，同比增长60.3%。

【建筑市场管理】 全市共有建筑业企业1291家，总承包企业377家、专业企业634家、劳务企业280家，其中，特级资质2家、一级63家，二级417家，三级312家，结构进一步优化。鼓励企业转型升级，全年新增特级企业2家，一级企业9家，二级企业47家。开展年度资质动态核查，对13家未达标企业作出撤回资质处理。强化建筑市场管理，在全市开展建筑市场规范管理年活动，实行市场监管员制度和建筑市场行为监管交底书制度，全市共查处违法违规行为544起，其中，涉及建设单位208起，施工企业266起，从业人员70名，全年共处罚金0.178927亿元。

【农民工工资清欠】 全年共受理直接来访案件285起，接待上访人员1274人，涉及人数5876人，涉及金额1.18亿元，同比分别下降13%、15%、16%和14%，处结率95%。加大处罚力度，全年共对31家房地产开发企业、38家建筑施工企业、18家专业承包及劳务分包企业、96名劳务从业人员进行通报处理。

【质量安全监管】 组织开展质量安全规范整顿年活动，安全培训演练覆盖率达100%。继续保持高压管理态势，组织开展了全市建筑工程质量检测机构专项检查4次，各类飞行检查56次，下达隐患通知书17份。全市竣工工程1331个，建筑面积1036公顷。1项工程荣获“国家优质工程”奖，1项工程荣获国家“AAA级安全文明标准化工地”称号，14项工程荣获山东省“泰山杯”奖，21项工程荣获山东省“优质结构杯”奖；创建“省级安全文明标准化小区”2个、“省级安全文明标准化示范工地”6个、“省级安全文明标准化优良工地”26个。市住建局被评为“全国建设工程质量监督系统先进单位”“省级文明单位”。

【渣土扬尘治理】 不断强化建筑工地扬尘治理工作，建立了“一台账一档案一责任书”扬尘治理制度，在建工地均建立了扬尘治理台账、扬尘治理档案和签订《建筑工程扬尘污染防治目标责任书》，施工现场扬尘治理主体责任得到充分落实。抓好各县（市、区）工程项目的扬尘治理工作，共督查174个县（市、区）工程项目的扬尘治理情况，对查出的问题进行了跟踪督办整改。

【招投标管理】 全面实行非国有资金工程项目备案发包制度。下发《关于调整非国有资金投资项目备案发包的通知》，积极推行差别化监管，对全部使用社会资金的建设工程，全面实行备案发包制度，由过去的“事前核准、事中监管”转变为“事后备案”。2016年，全市共有1451个项目按程序进行备案发包。制定下发《关于进一步加强建设工程招投标监管的通知》《关于进一步加强工程建设项目招标代理从业人员管理的通知》等规范性文件，依法对国有资金投资项目招投标活动实施监管。完成第四批建设工程评标专家资格申报工作，对全市340名评标专家进行初审，共有317名专家通过省厅组织的测试并取得评标专家资格。

**【定额管理】** 2016年，全市共完成咨询项目总造价373亿元，业务收入1.5亿元，造价咨询行业从业人员1770人，造价师516人，造价员536人。定额书面解释20项，答疑460余项，施工合同现场签订鉴证19个，审查招标控制价共38个；办理安全文明施工费监管20个，监管资金0.1382亿元。按月发布材料价格信息3万余条，按季发布材料价差系数220项，预拌混凝土市场信息价格21项，按期发布不同类型工程平方米造价指标16个。办理造价咨询企业合同备案690个，全市48家企业开始信用评价工作，加强咨询企业的日常监管，做好省工程建设标准的宣贯。

**【勘察设计管理】** 全市目前共有勘察设计单位98家，其中，具有各类行业、专项甲级资质的勘察设计企业22家，乙级52家，丙级及其他24家，从业人员达到3871人，具有高级以上职称的专业技术人员762人，具有注册建筑师、结构师、岩土师、电气师、设备师等各类注册执业资格的人员683人。2016年，全市勘察设计企业实现营业收入9.2亿元，利润1.5亿元，税收0.5亿元。全市现有施工图审查机构4家，其中，具有建筑、市政双一类审查资质机构1家，建筑审查一类资质机构1家，建筑审查二类资质机构2家，专职审查人员190人，各专业一级注册人员98人。有1人入选山东省超限高层工程抗震设防审查专家委员会，6人入选山东省建设工程初步设计审查专家。2016年，全市完成施工图审查2329公顷，审查出违反工程建设标准强制性条文6055条次，有力保障公共安全和公共利益。

（孙　凯）

## 建设科技与建筑节能

**【绿色建筑】** 出台《关于贯彻执行绿色建筑施工图设计、审查标准及要求的通知》，编制《潍坊市绿色建筑设计及施工图审查技术要点》，自2016年2月3日起，潍坊市全面落实新建民用建筑（含保障性住房）一律执行《山东省建筑设计规范》，并至少达到《绿色建筑评价标准》一星级的相关要求，全市共有1863个项目、2109公顷通过绿色建筑设计施工图审查。“山东省第六批绿色建筑标识评审会”在潍坊举行，潍坊市共12个建筑项目参加并通过二星级设计标识及运行标识评审。全市已有73个、787公顷星级绿色标识评价项目。其中，运行标识项目5个、60公顷。

**【省级示范试点】** 积极组织申报“2016年度山东省建筑节能与绿色建筑试点示范”，共获批6类22个“省级建筑节能与绿色建筑试点示范”，专项奖励资金0.4165亿元。其中，绿色建筑示范项目13个，获奖补资金0.1393亿元；安丘市景芝镇绿色生态示范城镇获奖补资金0.06亿元；被动式超低能耗绿色建筑示范项目2个，获奖补资金0.168亿元；绿色施工项目3个，获奖补资金0.0118亿元；装配式建筑示范0.0074亿元；智慧住区项目2个，获奖补资金0.04亿元。绿色建筑示范、被动式超低能耗绿色建筑示范、智慧社区项目数量位居全省前列。

**【绿色生态城区（镇）】** 滨海区、峡山区出台《绿色生态城区绿色建筑发展激励暂行办法》及实施细则，为绿色建筑发展提供制度保障和激励措施，累计16个项目、190余公顷获绿色建筑设计标识。12月，滨海区、峡山区“省级生态示范城区”顺利通过省级专家组验收核查。以创建“省级绿色生态示范城区”为契机，全面推进绿色建筑和建筑节能各项工作的开展。7月，安丘市景芝镇获评“第一批省级绿色生态城镇”。

**【可再生能源建筑应用】** 全力推进可再生能源建筑应用工作，全年完成太阳能光热建筑应用面积408公顷。全市太阳能光热建筑一体化应用面积累计达到4498公顷；地源热泵建筑应用面积累计达1407公顷，位居全省前列。对全市前期可再生能源建筑应用220个示范项目进行资料收集、整理，充分做好可再生能源建筑应用验收工作。

**【既有建筑节能改造】** 1月1日起，申报施工图审查的新建、扩建居住建筑和公共建筑，全面执行节能75%和65%的强制性标准。全年共审查节能项目189个，建筑面积426公顷。全力推进既有居住建筑节能改造，完成改造项目19个、57.5公顷，超额完成全年改造任务。对2015年改造的6个项目42公顷，采取政府购买服务委托第三方机构组织专家验收，在此基础上，省、市组成联合验收组完成抽验。

（孙　凯）

## 环境保护

**【深化“三八六”环保行动全面实施】** 按照《深化“三八六”（三八六：围绕三个目标、打响八大战役、强化六项保障）环保行动实施“十大工程”加快绿色发展实施方案》（产业提升绿色发展工程、清洁能源替代改造工程、工业点源深度治理工程、车辆污染综合管控工程、城建环卫精细管理工程、集中供热优化整合工程、城镇废水综合利用工程、河流湿地生态保护工程、农业面源污染防治工程、环境安全风险防控工程），市环境保护委员会组织召开协调推进会议，建立调度协调、督查通报、问题解决、信息公布等制度，将环保行动完成情况纳入科学发展综合考核，确定的786项“十大工程”年度任务全部完成。关闭化工企业93家，限期整改335家，排查危险化学品领域安全隐患21925处；淘汰中心城区新禁燃区范围内10吨以下小型燃煤锅炉66个；建设超低排放改造、挥发性有机物治理等工程105项、城镇废水综合利用工程16项、河流湿地生态保护工程55项、畜禽粪污处理示范工程50个；中心城区道路保洁水平不断提升，城区集中供热优化整合基本完成，环境安全形势良好。

**【空气污染治理取得阶段性成效】** 认真贯彻落实《山东省落实水污染防治行动计划实施方案》及《山东省大气污染防治条例》，围绕“燃煤、工业、机动车、扬尘”四大类污染源，深化工业大气污染防治，加强中心城区及周边企业监察巡查，实行派员驻厂、全天监管。积极推进挥发性有机物污染防治，有效控制异味污染问题。开展滨海开发区、寿光市北部、昌乐县朱刘等重点片区异味专项整治，狠抓工业废气异味污染治理。制订冬季大气环保专项行动方案，对全市燃煤电厂、生产锅炉及重污染行业工业窑炉等进行现场督察。“蓝天白云、繁星闪烁”天数达253天，列全省第6；环境空气质量综合指数列全省第5,细颗粒物(PM2.5)、可吸入颗粒物(PM10)、二氧化硫($SO_2$)、二氧化氮($NO_2$)同比分别改善10.5%、8.2%、15.6%、7.2%，完成省定年度空气质量改善约束性指标计划。

**【水污染防治保持良好态势】** 以贯彻落实《水污染防治行动计划》为蓝图，深化“三八六”环保行动，实施全过程污染防治。制订《潍坊市水污染防治工作方案》和《水污染防治控制单元达标方案》，确定重点水污染防治项目，建立“月调度、季通报、年度考核”制度，狠抓工业污染防治。强化城镇生活污水治理，在消灭污水直排、推进废水综合利用的同时，重点整治城市黑臭水体，实现河面无大面积漂浮物、河岸无垃圾、无违法排污口。加强水环境功能区监督管理，印发《潍坊市水功能区划》，划分水功能一级区64个，总区划河流长度2840.5千米，湖库面积257.7平方千米。强化地下水资源保护，出台《潍坊市地下水超采区综合整治实施方案》和《潍坊市集中式饮用水水源地规范化建设工作方案》，制订2016年—2020年度分年度压采地下水开采量指标，保障饮用水水质安全。省控重点河流COD、氨氮稳定达到控制目标要求，市控以上重点河流断面达到Ⅴ类标准。峡山、白浪河水库水质监测指标全部符合国家Ⅲ类标准以上。

**【污染物总量减排稳步推进】** 强化准入机制，严格建设项目环评审批，控制源头污染。建立空气质量、河流断面水质的环境承载能力预警机制，先后对14个地区涉水涉气项目实施区域限批。严格控制规模以上企业煤炭消费总量，健全落后产能退出机制。制订重点污染行业和企业整治计划，加大现有重污染企业关停和搬迁力度，促进产业更新和淘汰落后产能。采取严格准入、限制行驶、强制报废、鼓励淘汰等综合措施，加快老旧车、黄标车等淘汰进程，积极推进机动车污染减排。主要污染物COD、氨氮、$SO_2$、NOX预计分别削减5.4%、5.4%、2.32%、3.09%。编制《潍坊市生态红线划定方案》《潍坊市2015年生态环境状况评价报告》，开展全市排污单位主要污染物排放情况摸底调查，积极推进排污权交易试点和弥河流域生态补偿试点，推行大气环境质量生态补偿。

**【环境监测监控网络实现全覆盖】** 编制《潍坊市环境信息“十三五”发展规划》，加强环境空气质量预报和水环境监测，已建成39个环境空气自动监测站、7个水质自动监测站和211家重点监管企业、44家城镇污水处理厂的自动监测网络，实现省、市、县、企四级联网、实时监控，构建环境安全预警监测体系。积极推进企业自行监测工作，开展全市在线自动监测现场检查，完成场地土壤污染状况调查监测点位土壤样品的采集、制备和理化指标的分析统计。突出抓好应急监测，开展全市环境应急实兵演练暨监察监测技术大比武。加强核安全及放射源监测，确保辐射环境安全。

**【继续保持环保执法高压态势】** 加强污染源日常监管，制订《潍坊市污染源日常环境监管随机抽查制度实施方案》，对1476家污染源建立编码清单，严格落实污染源信息管理、依法查处、执法联动、信息公开等随机抽查制度，随机抽查182家污染源，依法查处各类环境违法行为。开展惩治固废排污违法行为、大气和水环境问题整治、重点行业执法检查等10余次专项行动，与公安部门联勤联动45次，出动执法人员2280人次、检查企业635家。认真开展环境监察稽查，建立完善12369信访工作网络体系，共受理环境信访5300余件，查处率100%、结案率100%。

（杨发科　冯　伟）

## 节能工作

**【概况】** 2016年，潍坊市万元GDP能耗下降7.22%，超额完成年度节能目标任务。

**【节能目标任务及考核工作】** 顺利完成山东省政府对潍坊市2015年及“十二五”节能目标责任考核工作。据省公布的数据，2015年，潍坊市万元GDP能耗较2014年下降7.72%,较2010年下降了23.7%，规模以上工业万元增加值能耗较2014年下降7.1%、较2010年下降29.9%，超额完成省下达潍坊市的节能任务目标（万元GDP能耗5年下降17%，万元工业增加值能耗5年下降21%）。2015年，潍坊市煤炭消费总量压减到2012年水平，综合能源消费总量比2013年增加109万吨标准煤，控制在省下达潍坊市135.3万吨标准煤的增量目标以内。组织对全市12个县（市、区）、3个市属开发区和110家重点用能企业2015年度及“十二五”节能目标责任完成情况进行考核，潍坊市纳入考核范围的15个县（市、区）（含市属开发区）全部完成“十二五”节能责任目标任务。

**【积极推进工业绿动力计划】** 在酒店、学校等实施太阳能集热工程，潍坊行知学校、潍坊市中医院等49个单位建设共计日产热水2660吨的太阳能集热项目，列入省工业绿动力奖励计划。潍坊市寿光耀邦玻璃科技有限公司和安丘盛源热电有限公司的锅炉改造合同能源管理项目列入省工业绿动力奖励计划，得到节能环保提升资金奖励。高效煤粉锅炉推广已列入全市散煤清洁化治理和煤炭清洁高效利用工作方案，制定印发详细的推进方案。

**【组织实施重点节能工程】** 推动企业“互联网+工业节能”平台建设，潍坊特钢集团有限公司智慧工业平台一期已建成运行，年可节约标煤3万吨。推进实施工业余热余压利用和工业余热暖民工程，华电潍坊发电厂的一台机组已改造完成，供热管网改造也已全面开展。积极组织全市企业参与“能效领跑者”遴选，山东开元电机有限公司的YE3-355M-4低压三相异步电机入选，是全省入选的11个产品之一。

**【大力发展节能环保产业】** 出台《推进节能环保产业发展实施方案》，规划“一主多副”（指以潍坊节能环保产业园为主，以诸城市节能环保产业基地、高密市节能环保产业基地、青州市节能环保产业基地为副。）园区布局。精准施策，实施节能环保重大技术装备产业化工程，落实“一企一策”政策，积极主动为企业服务，进一步加大支持力度，加快建设示范项目，培强做大龙头企业。出台《关于支持潍坊金丝达新能源科技有限公司加快环保产业发展的实施意见》等重点扶持意见。2016年，全市节能环保企业达到233家，全年主营业务收入实现718.32亿元，同比增长16.8%，利税实现103.95亿元，同比增长15.5%。潍坊市节能环保产业已覆盖节能、环保、资源循环利用、节能环保服务等领域，逐步形成以高效节能电动机、低排放燃气发动机及再制造柴油机、污染治理等节能环保设备、城乡生活垃圾生态化利用等技术为主的产业体系。

**【全面推进循环经济】** 以产业升级为核心，分层次打造“企业小循环”“产业中循环”“区域大循环”，积极构建循环型产业体系。工业领域加快循环化改造，实现传统产业转型升级；农业领域加快发展循环型生产方式，实现传统农业与工业、服务业共生发展；服务业加快循环化拓展，打造新的经济增长点；社会领域加快资源循环化利用，实现社会事业发展效益最大化。全市形成30余个成熟的循环经济发展模式。9月26日,“全省循环经济工作会议”在潍坊市成功召开，潍坊市政府就创建“国家循环经济示范城市”作典型经验交流发言。印发《潍坊市循环经济模式案例选编》，对山东雷奥新能源公司煤焦化循环综合利用模式等31个典型循环经济模式进行宣传交流。推动清洁生产,全年完成资源清洁生产审核验收112家,筛选典型案例，编制印发《潍坊市自愿清洁生产审核案例选编》。

**【高标准编制“十三五”规划】** 为全面落实创新、协调、绿色、开放、共享发展理念，巩固“十二五”节能降耗成果，深入推进“十三五”节能工作，招标专业机构，通过实地调研走访，召开研讨座谈，广泛征求意见，编制《潍坊市节约能源“十三五”规划》和《潍坊市循环经济发展“十三五”规划》。确保完成省政府下达的节能目标任务，推动资源节约型和环境友好型社会建设，促进经济社会全面协调可持续发展。

（张丽丽）

# 商贸·旅游

*Shangmao Lvyou*

## 商业贸易

**【概况】** 2016年，全市实现社会消费品零售总额2514.9亿元，增长10.4%。按所在地分,城镇1742.4亿元，乡村772.5亿元；按行业分,商品零售2271.3亿元，餐饮收入243.6亿元。

**【市场秩序更加规范】** 把整顿和规范市场经济秩序、推动商务领域信用建设作为维护市场秩序和推进“诚信潍坊”建设的重要抓手，积极开展依法惩治侵权假冒工作。制定印发《2016年潍坊市打击侵权假冒工作要点》，开展互联网领域侵权假冒专项整治、城乡接合部市场整治、中国制造海外形象维护“清风”等行动，取得一定成效。全市惩治侵权领域行政执法案件立案317件，结案268件；公安机关共立案侦查侵权假冒案件21起，破获17起，抓获犯罪嫌疑人25人；法院共受理侵权假冒类刑事案件45件163人，其中,102人已作出有罪判决，对侵权假冒犯罪行为形成有力震慑。加强商务领域信用建设，推进公共信用信息的归集、整理、上传工作，组织开展“信用消费进万家”主题日活动，为消费增长提供新的动力。组织开展“打击涉老洗脑式营销百日行动”，保障老年人的消费安全和合法权益，维护市场秩序，净化消费环境。

**【市场体系建设日趋完善】** 认真组织实施《潍坊市商品交易市场和特色商业街建设五年行动计划》，以强化规划引导、完善政策保障、加大投入力度、推动升级改造为重点，大力推动市场体系建设。商品交易市场布局调整优化。按照“功能集中、优势互补、错位发展”的思路，打造一批具有较大影响力的特色化商品交易市场，年交易额过亿元的市场已达189家。加快特色商业街建设，市级重点培育打造的14条特色商业街已建成运营。农产品市场体系建设稳步推进。利用中央商贸流通专项资金0.41亿元，带动社会投资10亿元，打造一批具有影响力的农产品集散中心、价格形成中心、物流加工配送中心。城乡流通网络逐步完善。推动城乡一体、以城带乡、城乡互动、统筹发展的规划实施，加快建设完善城乡流通网络，鼓励山东潍百集团等大型商贸流通企业不断扩大延伸农村经营链条，商业网点布局不断优化。全市拥有5000平方米以上的各类大型商业网点235个，经营面积达1090余万平方米。

**【市场供应和消费促进工作】** 积极开展消费促进工作,围绕培育消费热点、创新消费模式，激活经济增长内生动力，全年组织开展11个规模较大的促消费专项行动。提升社区便民消费水平，新建“便民岛”100个，评选认定“快餐诚信经营示范店”15个。大力发展汽车消费，理顺新、旧车流通秩序，完善旧车拆解市场。抓住节假日、黄金周消费高峰，大力推动时尚、休闲、餐饮和娱乐消费，深入挖掘节日消费。扩大信息消费，以社区为重点，促进居民医疗护理、家政服务等协同信息服务。培育扩大品牌消费，以潍坊“老字号”和22个省级国际品牌为主，扩大品牌产品出口和内销比重。做好市场应急保供工作，储备应急商品9大类价值约0.3亿元，其中，猪肉700吨，有力保障了消费需求。

**【创建农产品现代流通新模式】** 坚持线上线下渠道并重、国际国内市场统筹，进一步完善流通基础设施，创新流通发展模式，健全完善了高效、安全、有序的农产品现代流通体系。2016年7月，在北京启动举办“山东潍坊名优农产品食品北京展示交易会”，相继开展新闻发布、展示交易、特色小吃展示推介、采购对接会等系列活动，全市150余家农产品生产加工企业、北京70余家采购商参加对接洽谈，整个活动为期6个月，开启潍京直通、产销对接、合作共赢的新模式。得益于良好的工作基础，“全国农产品流通工作现场会暨农商互联启动大会”“全省农商互联大会”在潍坊市召开，潍坊市签约落地100亿元的农商互联基金等25个重点合作项目，2822家农业合作社、农产品企业与电子商务企业达成一批合作意向和合同，大会推广潍坊市联产品、联设施、联标准、联数据、联市场经验做法和建设农产品现代流通体系的新模式。

【电子商务持续快速发展】 实现电子商务交易额2400亿元，同比增长31%。电商孵化器功能效应逐步放大，首批入孵企业已有53家毕业，其中，28家进驻市级电子商务产业园。“双十一”当天，孵化器在孵企业实现线上销售额0.8426亿元，是上年同期4.5倍。成功举办“2016世界食品农产品电子商务大会”，11个国家和国内28个省的嘉宾到会，规模1200人，配套举办的“食品农产品电子商务博览会”展览面积1.2万平方米，吸聚专业观众2万人，约7万人观展。其间，举办了东亚畜牧交易所、阿里巴巴·潍坊产业带等项目启动仪式，签署了一系列重大合作项目，企业签约8.5亿元的采购订单，进一步树立“世界食品农产品电商之都”品牌形象。

【争取了4个创新试点项目】 争创“山东省冷链物流发展示范城市”，获得扶持资金0.3亿元，已遴选确定支撑项目和承办企业。获批“山东省智慧便利店示范区试点”，引导奎文区有关社区整合政府、社区、家庭、商家多方面资源，建成“智慧便利店”旗舰店2家、标准店10家，为居民提供在线政务办理、家庭报修服务、社区商圈便捷购物、最后一公里物流配送、邻里沟通分享等便民服务。积极争创获批“国家冷链流通标准化示范市”“国家农商互联标准化示范市”，已获评审通过。

（张昭利）

## 对外经贸

【概况】 市委、市政府召开高规格开放发展大会，出台《关于构建新体制培育新优势加快全市开放发展的意见》，搭建了全方位开放发展的框架。全市商务系统坚持实施更加积极主动的开放战略不动摇，外拓市场扩份额，内调结构育优势，精准施策抓落实，推动外经贸各项指标持续快速增长。

2016年8月4日，全市开放发展大会召开 （供图：王 军）

【外贸增速持续高于全国全省】 全年完成进出口总额1249亿元，居全省第3位，同比增长6.3%，分别高于全省、全国2.8%和7.2%。进出口总额占到全省的8.1%，比上年提高0.3%。其中，出口822亿元，增长1.8%，进口426.9亿元，增长16.2%，均高于全省、全国平均增幅。市场结构进一步优化。有贸易关系的国家和地区达到207个，对新兴市场进出口稳步增长，对“一带一路”国家进出口增长10%，占比首次超过1/3，抗御市场冲击的能力持续增强。市场主体进一步壮大。有进出口业绩的企业达到3711家，年进出口额过亿元的企业325家；推动1442家“零”业绩外贸企业实现“开壶”，新增出口额31.6亿元，拉动全市出口增长3.9%。产品结构进一步优化。落实潍坊市促进外贸转型升级23条政策，向高附加值商品出口企业倾斜，推动机电产品出口保持稳定增长，精细化工等产品出口增长9.6%；统筹用好国家、省、市进口贴息等鼓励政策，支持企业进口机电产品，进口增幅达到25.9%。贸易结构进一步优化。着眼于扩大进口，把原油等大宗商品作为重中之重，从帮助争取资质、协调通关入库等方面全力给予支持，全市进口占进出口总额的比重由上年31.4%提高到34.2%，结构更趋均衡；着眼于增强进口的拉动效能，支持企业扩大机电和高新技术产品进口，两类商品进口分别增长25.9%和3.1%。问题瓶颈加快破解。联合8个部门单位深入开展外贸企业“大走访、大宣讲、大服务”活动，一线走访企业960家，召开座谈会32场次，解决问题1100余个。用好商务、海关、检验检疫、银行、国税、企业联席会议制度等部门协作机制，推动有关部门出台报检、通关、退税、结汇等便利化新举措，保障外贸持续快速增长。推进实施“千企百展”国际市场开拓计划。结合潍坊进出口产业实际，遴选确定100个重点展会，利用展位费补助等政策，引导1025家企业参会参展，成为企业结交客户拿订单的重要平台。

【到账外资突破70亿元】 新批落地外资企业45家，实际到账外资70.8亿元，同比增长13.2%，高于年初计划目标8.2%，高于全省平均增幅3.4%。坚持股权并购、增资扩股、境外上市、绿地投资“四位一体”，着力突破一批大机构、大企业、大项目，推动外资工作实现新跨越。招大引强实现新突破。制定出台与世界500强和行业领军企业合作行动方案，遴选368家世界500强企业、潍坊市183家重点企业跟上推动，促进精准对接、务实招商。“山东之夜”北京主题招商、香港山东周、“2016世界500强及行业领军企业潍坊对接会”等活动取得良好效果。大项目带动能力增强。落实重点项目专人包靠和服务大使制度，推动在谈项目快签约、签约项目早出资。新批落地3000万美元以上项目15个，比上年增加2个，合同外资额40亿元，占比达到43.8%，比上年提高21.4%。实际到账外资1000万美元以上项目38个，合计到账外资66.1亿元，占全市总量的93.4%。引进战略投资步伐加快。突出股权并购这一直接有效地利用外资方式，鼓励企业拿出优质资产引进战略投资伙伴，带动质量、技术、品牌、管理、销售整体水平提升。4个新批股权并购项目合同外资1.52亿元，实际到账4.47亿元，分别是上年的2.6倍、5.9倍。

**【“走出去”领域实现新突破】** 完成对外承包工程营业额1.98亿美元，外派劳务6113人次，分别增长16.6%、5.5%，新增境外实际投资3.48亿美元。落实全市深化国际产能合作工作方案，推动在“一带一路”等国家设立境外生产企业12家，占当年新批境外企业总量的26%。全市企业新设立海外营销网点20个，涵盖化工、建材、机械、电子等行业，带动相关产品出口。依托骨干企业的境外商业资源，在阿联酋、乌干达、葡萄牙、美国建设海外营销中心，通过组织推介说明会、实地考察等方式吸引外贸企业入驻发展，成为开拓目标市场的桥头堡、海外仓。境外研发机构建设步伐加快，新设境外研发机构5家，总投资近3000万美元，企业利用国外智力资源的能力加快提升。境外资源合作开发迈出新步伐，新增企业5家，投资额1070万美元。农业走出去实现突破，新核准农林牧项目3个。康洁环卫公司中标巴基斯坦卡拉奇城市环卫项目，成为全国环卫行业走出去的第一家企业，每年工程额达到10亿元，货值近1亿美元的首批2000台（套）环卫设备已开始发往巴基斯坦。

（张昭利）

**【2016中日韩产业博览会】** “2016中日韩产业博览会”是潍坊市成功举办的第二届博览会，展出面积40000平方米，设置“中日韩智能制造电子信息展览会”“节能环保新能源展览会”“现代农业和食品安全展览会”“健康养老及美丽产业展览会”“文化创意产业展览会”5个专业展览会。参展企业涉及日韩等14个国家（地区），以及全国20个省（直辖市、自治区），共有419家企业参展，展位1830个，其中，日韩等境外企业217家，占参展企业总数的51.8%，境外企业展位1108个，占总展位数的60.5%。博览会参展企业特装面积占博览会实际展览总面积的85.1%；共有35家“世界500强”和安川电机等行业领军企业以特装展位参展；到会采购商19343人，其中，市外采购商5818人，境外采购商950人，涉及72个国家和地区。展期3天累计观众人数达到119383人次，比首届博览会增加18%。博览会同期设置了“中日韩经贸合作论坛暨工商领袖峰会”“中日韩商协会圆桌会议”“东亚贸易投资便利化论坛”“中日韩健康养老产业高峰论坛”4个高层论坛活动，来自国际组织重要官员、外国驻华使馆官员、国家部委、省政府领导及政府相关部门负责人、中日韩3国主要商协会及行业协会负责人、经贸促进机构代表、“世界500强”企业代表高管、上市公司、国内（外）著名专家学者等800余人参加了论坛，搭建中日韩3国商协会交流合作平台。

**【牵头举办专业类展会】** 由中国国际商会潍坊商会牵头主办“第二届中国（潍坊）糖酒食品博览会暨食品工业科技展览会”和“第三届中国（潍坊）装备制造业博览会”，累计展出面积3.2万平方米，参展企业近600家，其中，潍坊市企业87家，观众6.5万人次。

**【组织参加境内外展会】** 结合潍坊市

9月23日，“2016中日韩产业博览会”在潍坊鲁台会展中心开幕。山东省副省长王随莲致辞并宣布开幕。中国国际商会副秘书长蔡国枫（左五）、山东省贸促会会长徐清（左一）、潍坊市委书记杜昌文（右六）、潍坊市市长刘曙光（左六）参加

（供图：黄正国）

产业结构调整和产品优势，以及企业开拓国际市场需求，以纺织服装、食品、消费品等优势产业作为企业参展重点，全年共向1600家企业发放各类展会信息80余种，组织54家企业120余人参加了法兰克福国际纺织品展、香港礼品及赠品展、日本国际食品及饮料展、法国食品展、迪拜五大行业展等12个主要国际展会。

**【引领企业开拓国际市场】** 由潍坊市政府领导带队，随山东省经贸代表团出访美国、加拿大，潍坊领潮新材料有限公司与美国康州克里特公司签约合作项目，协助该公司进驻康州物流园区，开展产品研发和拓展销售渠道；组织潍坊朗博发动机有限公司等5家企业参加“中国—非洲经贸合作洽谈会”，与非洲各国政府、民间团体和企业达成系列投资和合作意向。

**【提升贸促服务水平】** 抢抓中韩、中澳自贸协定实施机遇，落实好国家关于促进外贸稳定增长相关政策，积极推广“CA数字证书”，稳步推进电子原产地证明书（ECO）工作，实现企业申请、审核、签章电子化，营造便利的贸易环境。2016年，共签发一般原产地证2.9万余份，位居全省第1位，业务办理件数占市行政审批中心大厅业务总量的1/3，其中，优惠制产地证5915份，同比增长254%，认证涉外商业单据550份，代办领事认证1034份出证认证业务窗口连续多次被评为“红旗窗口”。成功申请“国家贸促会授权独立签发国际商事证明书”资质，成为全省2家获此殊荣的地级贸促机构之一。积极开展涉外法律服务，依托国家贸易仲裁委员会和省贸易促进委员会法律资源，协助潍坊海莱特锥形钢管有限公司应对加拿大边境服务署发起的反倾销调查工作，为企业更好地走向国际市场提供法律保障。

（黄正国）

## 开发区转型升级

**【概况】** 全市各级各类开发区“四化”（科技化、国际化、生态化、法治化）转型定位和“四集”（集群布局、集中突破、集成创新、集约服务）创新发展不断推向深入，“三个转变”（推动开发区由工业项目聚集区向主导产业集群转变，推动开发区由行政管理型向公共服务型转变，推动开发区由传统镇街形态向产业园区形态转变）成效明显。开发区主要经济指标在全市占比均在70%以上，增速均高于全市平均增速。开发区成为全市经济发展的主引擎和对外开放的主窗口。

**【综合实力加快提升】** 全市16家省级以上开发区完成固定资产投资4097.7亿元，同比增长14%；一般公共预算收入411.2亿元，同比增长9.4%；实际利用外资60.7亿元，同比增长16.5%；进出口额1087亿元，同比增长14.7%。据省商务厅134个省级经济开发区、15个国家级经济技术开发区发展综合评价排名，全市纳入考评的11家省级经济开发区全部进入前100名，其中，寿光经济开发区、高密经济开发区、诸城经济开发区进入前十名，寿光经济开发区连续第二年位居全省第一位。滨海区位居全省国家级经济技术开发区第四名。

**【发展机制更加完善】** 市政府印发《2016年省级以上开发区转型升级创新发展工作任务清单》和2016年省级以上开发区转型升级创新发展工作任务清单月度计划表，将“四化”转型定位、“四集”创新发展和六项措施保障细化、量化成14大类39个小项，明确目标、时间和责任。科学制订年度考核指标体系，出台2016年省级开发区转型升级考核指标体系，包括产业集群与提升、服务平台建设和辖区村庄搬迁改造3个方面、11项内容，以科学的考核体系引领开发区转型发展。

**【产城融合步伐加快】** 各开发区“特”字为本、“外”字当头，围绕主导产业加快招商、强链补链，形成了一批各具特色的“区中园”“园中园”，核心竞争优势进一步增强。全市开发区共规划建设了50个特色产业园,其中，国家级特色园区6个,省级园区14个,市、县级园区30个。部分开发区加快向城市综合功能区转型，根据产业功能、城市功能、生态功能需要，合理确定产业、公共服务、居住和生态用地比例，建设教育、医疗、文化、旅游、体育等公共服务设施，提升宜居宜业水平，实现城市功能与产业功能有机融合。积极利用棚户区、老旧小区、城中村改造和农村社区建设的有关政策,建成“四全一特”（功能配套齐全、生活服务周全、基础设施安全、治理机制健全和特色优势鲜明）社区45个。高新区歌尔国际仿真社区、奎文区国际安全社区等国际化社区建设稳步推进，滨海区获批为“国家首批产城融合示范区”。

**【公共服务平台建设加快推进】** 整合科技研发、创新创业、孵化加速等公共服务资源，着力建设各类公共服务平台，提升资源共享共用水平和效率。全市各开发区共建设公共服务平台70余个，其中，综合平台24个，产业服务平台19个，科技创新创业平台10个，孵化器平台17个，提高开发区主导产业转型升级匹配度和入区企业间关联度，青州开发区入选“全省经济开发区十大创新创业公共服务示范平台单位”。部分开发区整合工商、公安、税务、人民银行等部门信息，建设了市场主体信用监管平台，以“一处失信、处处受限”的惩戒措施倒逼企业诚信经营。

（张昭利）

2016海外人才创新创业项目潍坊合作对接会 （供图：付志伟）

# 招商工作

【概况】 全市签约省外投资过亿元招商项目223个，总投资1398.25亿元，居全省第2位。2016年，全市投资过0.5亿元招商项目378个，项目总投资2329.1亿元，到位资金676.69亿元，同比增长0.98%，到位资金率29.06%。其中，新开工项目274个，到位资金462.97亿元；续建项目104个，到位资金213.72亿元。农业项目16个，到位资金11.67亿元， 占1.73%；工业项目169个，到位资金320.61 亿元，占47.38%；服务业项目193个，到位资金344.41亿元，占50.89%。其中，城建项目95个，到位资金154 .15亿元，占22.78%；平台项目4个，到位资金6.31亿元，占0.94%；金融项目3个，到位资金3.79亿元，占0.56%；事业项目42个， 到位资金111.2亿元，占16.44%。全市签约引进总投资过5000万招商项目449个，总投资2162.83亿元。其中，农业项目29个，总投资62.45亿元，占总投资额的2.89%；制造业项目269个，总投资1308.05亿元，占总投资额的60.48%；服务业项目151个，总投资792.33亿元，占总投资额的36.63%。

【拓展合作领域】 围绕产业体系培育、企业合作需求和重点园区、重点项目发展规划，突出资本、技术、人才、市场和品牌等重点方面合作，组织举办或参加各类推介对接活动260余次，洽谈合作项目740余个，招院引所38个，引进高端技术人才77人。项目结构更趋优化，智能装备、电子信息、生物医药、新材料等新兴产业和健康养老、电子商务、创意设计、金融服务等新业态项目明显增多。

【精准对接合作】 以欧美、日韩等国家和中国香港、台湾等地区，以及京津、长江三角洲、珠江三角洲及中西部发达城市为重点，组织开展经常性定向对接，接触各类企业(机构)1300余家，获取新的合作资源，促成了一批项目、人才、技术签约落地。通过举办风筝会、鲁台会、中日韩产业博览会等重要节会招商活动，全市共签约合作项目85个，涉及总投资330.8亿元；积极参加渝洽会、哈洽会、世界500强高峰论坛、“一带一路”合作交流会等国内(外)高端展会论坛，走出去宣传推介潍坊，寻求对接合作信息，共联系对接企业130余家。深化与异地山东（潍坊）商会、上海美国商会、北美洲中国学人国际交流中心、环球商协会联盟、中华海峡两岸经贸促进会等投资促进机构的合作，联合举办“京潍经济合作交流会”、“沪潍项目合作对接会”、2016海外高端人才（潍坊）对接会、潍坊（上海）先进制造业合作对接会、台商潍坊产业对接合作会、中国食品谷及东亚畜牧交易所（上海、四川）推介洽谈会等活动，洽谈对接项目220余个。4月，举办台湾招商活动，推进植物甘露营养素

2016年9月24日，召开中日韩产业博览会重点合作项目签约洽谈会 （供图：付志伟）

生产、鲁台跨境电商平台等合作项目16个；8月，组织举办日韩专题招商活动，对接知名企业46家，接触客商120余名，洽谈推动项目39个；9月，配合市委组织部组织28名企业家赴美考察培训，举办3场对接洽谈活动，达成技术、人才、经贸等合作项目意向20余个。

**【提升项目质量】** 围绕“海城河”发展战略、现代产业培育和中国食品谷、总部基地、齐鲁台湾城、城海轻轨、航空产业园等重点园区和重大项目，协调完善专业招商队伍，专题包装项目，制订专门招商方案，组织举办上海先进制造业对接会、食品谷暨东亚畜牧交易所推介洽谈会、汽车装备制造产业合作对接会等产业招商活动，突出引进大企业、知名机构和高端项目。全市签约省外投资过亿元招商项目223个，其中，过10亿元的28个。长江三峡集团投资180亿元的海上风电、国网新源控股有限公司投资76.09亿元的抽水蓄能电站、远程集团投资50亿元的国际智慧物流城、中粮肉食投资有限公司投资9亿元的研发生产销售总部、台湾毅齐科技股份有限公司投资3.12亿元的植物甘露素、世界500强法国迪卡侬有限公司投资1.4亿元的品牌商城、美国加州大学潍坊中美食品中心等一批高质量项目相继签约落地或开工建设。重庆大学机器人研究院、北方华录科技集团文化旅游合作、中冶集团健康养老基地等一批在谈项目加快推进。

**【扩大对外推介】** 围绕掌握了解企业合作需求，开展走访调研企业活动，梳理企业合作需求600余项，策划包装合作项目200余个。充分发挥互联网优势，坚持线上线下信息互动，完善提升招商项目库、合作资源库和投资信息管理平台、潍坊投资促进网、“投资潍坊”微信等网络平台，强化“品牌潍坊”推介，累计发布企业招商项目、人才技术需求、合作发展政策、外埠企业投资动态等信息1万余条。对投资合作宣传资料常态化更新，编发投资合作宣传册、投资环境宣传片和重点产业推介资料1万余份，通过各类活动和网络渠道集中发布、定向投放。

**【促进项目落实】** 修订完善考核办法，每季度考核通报，将领导带头招商、重大活动签约项目情况纳入综合考评，加大对引进世界500强及行业领军企业和落户滨海等项目的考核权重，充分发挥考核导向作用。对省里重点调度统计的新签约省外投资项目和民企入鲁签约项目强化跟踪调度，确保潍坊市落实情况一直位居全省前列。抓好全市重大项目及重点活动签约项目的督查，积极推进福田汽车山东互联网汽车产业基地项目的履约进度，加快投资建设；对2016海外人才合作对接会、日韩招商活动以及风筝会、鲁台会、中日韩产业博览会等重点招商活动中签约的合作项目，强化跟踪问效，促进项目加快落地投资进度。

（付志伟）

## 供销社改革和供销合作经济

**【概况】** 2016年，全市供销社系统销售总额、利润总额、所有者权益分别实现312.95亿元、1.29亿元、16.36亿元，同比分别增长19%、10.25%、18.29%。日用消费品零售额156.69亿元，同比增长17.9%；农业生产资料销售额84.42亿元，同比增长18%；农副产品购进总额127.95亿元，同比增长17.9%。11月23日—25日，受全国供销总社委托，中国社会科学院作为第三方评估机构，对潍坊市综合改革试点工作进行了全面评估并给予了充分肯定。

**【实体性合作经济组织建设】** （1）构建双线运行机制。一条线是以联合社机关主导的行业指导体系，努力改造提升农民合作社、镇级供销合作社和县级供销合作社。另一条线是以社有企业支撑的经营服务体系，组建市级供销集团公司，加强与县级农业服务公司产权、资本和业务联结，县级农业服务公司参股组建镇级农业服务分公司。（2）规范“3控3×6+1”模式。“3控”即市社控股市供销集团公司，县社控股县农业服务公司，镇农民合作社（联合社）控股镇农业服务分公司并建设运营镇为农服务中心，既坚持供销合作社为农服务宗旨，又充分体现农民主体地位。“3×6”即市供销集团公司、县农业服务公司和

11月25日，中国社会科学院作为第三方评估机构，在潍坊召开供销合作社综合改革试点评估工作座谈会（供图：谭俊超）

镇农业服务分公司分级划定、分别承担6项经营服务功能，形成市、县、镇协调联动的服务体系。“+1”即政府涉农部门在镇为农服务中心设立服务窗口，实行“一站式”服务。（3）开展党建带社建、村社共建。构建基层社、村“两委”、农民合作社“三位一体”工作机制，推进社社合作、社农结合，促进形成农民群众有利益、农村基层党组织有发展、村集体经济有积累、供销合作社有收益的四赢局面，共建村庄达到3407个，共建服务项目4102个，每个共建村平均增加村集体收入3万元以上。（4）积极参与精准扶贫工作。以“合作社+贫困户”为主要方式，组织引导贫困农民以土地经营权入股等形式加入农民合作社或者组建土地股份合作社，确保贫困户得到固定收益和分红。全系统有124个社有企业、84个为农服务中心、624个农民合作社参与精准扶贫，帮扶困难群众3166户、5163人，为贫困户增加收入0.1032亿元。截至2016年年底，领办、参办农民合作社1520家，组建镇级农民合作社（联合社）100个，县级农民合作社(联合社)实现全覆盖。

**【农业社会化服务】**（1）开展土地托管服务。土地托管服务的内容和形式不断丰富发展，形成“保姆式”“菜单式”“套餐式”多种托管服务形式并存的托管服务体系。（2）建设为农服务中心。推广“3公里土地托管服务圈”模式，依托为农服务中心，搭建起服务半径3千米、辐射面积2000公顷～3333.33公顷，具备测土配方、智能配肥、统防统治、农机作业、烘干贮藏或冷藏加工、庄稼医院、农民培训等功能的综合性平台。（3）提高服务水平。测土配方、精准施肥、飞防服务面积分别达到180666.67公顷、169333.33公顷、150000公顷，深耕深松服务面积18720公顷，土壤熏蒸服务面积9333.33公顷。定期对11处高毒农药储备库进行管理维护，建设专业服务队伍13支；“‘96621’、服务找供销”为农服务热线充分发挥服务职能，受到广大农民群众的欢迎。（4）实施新型农民社员素质提升工程。建设职业农民创业孵化基地，提供从入驻到实训到孵化一站式服务。充分发挥基层社、农民合作社、为农服务中心等作用，有针对性地培养经营管理人员、技术服务人员和合作社社员，累计培训职业经纪人、合作社管理人员、普通农民社员、村“两委”成员等16.1万人次。截至2016年年底，全市建设为农服务中心124处，土地托管面积239333.33公顷，组建农业服务公司19处，服务各类市场经营主体3906个。

**【农村流通现代化】**（1）发展农村电子商务。实施“互联网+供销社”行动计划，推动网上交易、仓储物流、终端配送一体化经营，线上线下融合性发展。组建成立潍坊供销电子商务有限公司，全系统成立电子商务公司17家，搭建电商平台29家，运营网店424家，电子商务交易额6.26亿元。与阿里巴巴合作组建潍坊产业带，推动全市产业集群向电商方向发展。（2）完善农资经营服务网络。规范发展农资配送中心和放心农资店，开展农资统一配送和送货上门服务，净化农资流通渠道。已改造提升农资配送中心12处，规范发展放心农资店1879家。（3）推进农产品经营服务体系建设。发展标准化农产品生产基地111处，新建、改造农批市场20处，冷链仓储能力达到10万吨。深入推进农超、农批、农校对接，与一批大型农产品经销商建立长期合作关系。（4）建设村级综合服务社，改造提升传统经营服务网点。全系统建设农村综合服务社5129个，规范发展直营店929家，参与或主导建设社区服务中心757个。

**【农村合作金融】** 根据省、市关于开展农村信用互助工作的试点办法，严格按照社员制、封闭性、民主管理原则，在不对外吸储放贷、不支付固定回报的前提下，在领办的农民合作社内部稳妥开展信用互助业务。6月22日，“全省新型农村合作金融试点工作经验交流会”在青州市召开，省长郭树清、副省长夏耕对信用互助业务给予了充分肯定。全国人大财经委员会副主任吴晓灵多次到青州考察信用互助业务开展情况。截至2016年年底，全系统开展信用互助业务的农民合作社53家，其中,取得资格认定书的合作

6月21日，省委副书记、省长郭树清（右二）考察青州侯王孝美乡村旅游专业合作社（供图：谭俊超）

社28家，互助资金总规模2.05亿元，累计服务社员9309户次，发放互助资金2.1亿元。

（谭俊超）

## 粮食流通

**【概况】** 全市涉粮企业收入折合原粮（折合原粮，下同）1551万吨（其中，总购进1231万吨），支出1540万吨（其中，总销售308万吨，转化用粮油993万吨）。

**【调控保供体系建设】** 建设规划相继出台。积极与财政、商务部门对接，到县（市、区）调研，出台《潍坊市粮食收储供应安全保障工程建设规划（2015年—2020年）》《潍坊市粮食市场体系建设规划（2016年—2020年）》。应急建设项目持续推进。对2015年度项目完成预验收，对2016年第一批投资2564万元项目全面督导，组织上报第二批项目并争取地方财政资金804万元。高密市落实成品粮储备，承办潍坊市粮食应急体系建设推进会议。夏、秋粮收购顺利完成。全市收购小麦67.5万吨（其中，国企占16.5%），同比增加2万吨。抢农时、抓粮源，地方储备小麦轮换任务6月底全部完成。严格执行国家惠农政策，时隔9年再次启动小麦托市收购，收购3万吨。秋粮收购76.8万吨。统计分析提供决策依据。开展年度社会粮食供需平衡调查，做好790户固定粮情调查点居民信息入统并完成480个农户存粮调查；完善省局云平台管理系统中潍坊市企业信息，及时审报业务数据；依托45个价格监测点，分析掌握粮油供需及市场价格走势。军粮供应能力稳步提升。坚持竞争性招标采购面粉市级统筹，落实"一批一检一报告"，通过省质量抽样复查；对军粮应急综合保障社会资源登记建档，建立成品粮应急储备供应库点和配送中心，完成政策性维修改造专项任务；

10月16日，"第36个世界粮食日"，市粮食局组织开展宣传活动（供图：代桂超）

启用"山东军粮"专用徽标。市局和市军供中心分获"潍坊市爱国拥军模范单位""巾帼文明岗"等荣誉称号。

**【仓储管理】** 仓储物流项目建设竣工达效。危仓老库维修改造项目委托第三方专项审计并通过省验收；上报年度建设项目3个，总投资2亿元，新建库24万吨；擂鼓山粮库二期扩建项目全部投入使用。信息化建设初见成效。争取市、县财政配套资金343万元，潍坊粮油储备库等企业一卡通设备安装投入运营，粮油仓储备案、电子货位卡管理进入省云平台。农户科学储粮实现精准扶贫。8106个"小粮仓"全部发放到贫困村、贫困户，节粮减损再上新水平。规范管理和安全生产落到实处。层层签订安全储粮责任状，严格危化药剂管理和熏蒸作业，搞好库存检查整改；举办培训活动，在市粮油库和安丘市召开规范管理和信息化建设现场会；开展"安全生产月"等活动，确保粮油存储安全。

**【产业经济】** 推进主食产业化。争取财政拨款0.08亿元，上报年度两批扶持项目9个，完成上年度项目验收，提升中心城区和部分县、市主食供应能力。全市放心粮油网点达到2880个，企业22家，配送中心7个，年销售"放心粮油"90余万吨。严格粮食质量监管。做好省库存检查、市收获粮食检验等政策性业务，样品检测154份、指标1340项；开展粮食质量安全事故（事件）应急处置培训和演练；推进市粮食质检中心落户食品谷并按期进驻。经济指标保持全省领先。入统粮油加工企业实现现价工业总产值461亿元，产品销售收入456亿元，利税17亿元。完成市直国有企业移交市国资委和改制企业属地管理工作。

**【依法行政】** 完成粮食库存大检查。落实库存统计数据分解登统，指导开展自查自纠；受省局委托组织检查组赴青岛，完成对中储粮21个库点、91万吨粮食全面普查；配合省局（德州）检查组对潍坊市49个库点、101万吨地方事权粮食库存进行检查。开展粮食流通日常监管。举办全市培训班，严格规范执法行为；组织"5·26"《粮食流通管理条例》颁布宣传活动，营造依法监管社会环境；开展夏秋粮收购专项检查，维护正常收购秩序。加强法制粮食建设。制定推广随机抽查工作实施方案和事项清单，完善粮食市场主体（检查对象）和执法检查人员双名录库，落实双随机事项，公示行政许可和处罚信息，规范事中事后监管；组织统计制度执行情况专项检

12月22日，全市粮食安全责任考核工作电视电话会议召开，刘建国副市长（右二）出席并讲话　（供图：许　岩）

查并迎接省抽查，开展行政执法案卷评查，对执法工作进行督查。

【粮食安全责任制】　市政府先后印发关于落实粮食安全市长责任制的实施意见和责任考核办法，是第一次以专门文件形式明确各县（市、区）人民政府在维护地方粮食安全方面的事权与责任，在潍坊市粮食流通事业发展进程中具有里程碑式的意义。积极与市综合考核办对接，将落实粮食安全责任制情况纳入相关市直部门单位年度科学发展综合考核，将粮油储备量等3项核心指标纳入县、市考核定量指标。12月，召开全市考核工作电视会议，副市长刘建国讲话。市考核工作组办公室设在市粮食局，牵头22个市直部门，对上迎接国家和省考核，对下组织对县（市、区）考核。县（市、区）全面启动考核工作，各项工作有序推进。

（郭冬青）

## 烟　草

【概况】　全市种植烟叶9153.33公顷，收购烟叶41.06万担。销售卷烟30.5万箱。企业实现税利17.35亿元；其中，实现税金15.27亿元，同比增长10.36%。

【烟叶生产经营】　落实土壤保育、育栽一体、水肥一体、采烤一体、绿色防控、清洁生产六项关键技术措施，持续提升现代烟草农业建设和发展水平。全市落实漂浮育苗9333.33公顷、井窖式移栽6133.33公顷、滴灌6666.67公顷、水肥一体800公顷，分别占全省总面积的60%、55%、50%和80%。克服前期严重干旱、后期风雹灾害等不利因素影响，抓好烟叶生产收购，全市烟农户均收入14万元。坚持市场导向，狠抓质量信誉，烟叶收购等级合格率、工商交接等级合格率均列全省第1位。潍坊烤烟成为“国家农产品地理标志登记产品”。投入0.2694亿元，建设烟基项目2361项，进一步提升烟区生产能力。依托烟农合作社，全面开展流程化精准作业，全市耕整地、起垄施肥、覆膜铺管、植保、专业化烘烤、采烤一体化、秸秆拔除服务面积分别达到5226.67公顷、3553.33公顷、1860公顷、1606.67公顷、7866.67公顷、880公顷、2966.67公顷。加强合作社建设，在全省率先实现会计电算化，全市“烟草行业示范社”达到4个、“山东省农民合作社示范社”达到7个。

【卷烟销售和网络建设】　继续实施卷烟零售户致富工程，依托潍坊烟草亲情帮扶慈善基金，对全市困难零售户开展扶危、济困、助学、敬老、生产经营等帮扶，累计帮扶1.37万户次，帮扶金额0.0364亿元。通过举办培训班，教授卷烟经营知识，助推卷烟零售户经营能力提升，全年培训零售户3万余户次。

【专卖管理和市场控制】　深入开展“齐鲁之盾（2016）”专项行动，联合公安、交通、工商等部门，在全市开展卷烟市场集中整治活动。联合邮政、公安部门，对物流、互联网等重点领域加强整治。全市查获涉烟案件2100起，查扣非法卷烟5303万支，案值0.1199亿元；拘留135人、逮捕39人、判刑65人；破获符合公安部、国家烟草专卖局标准的网络案件17起，其中，1起被国家烟草专卖局、公安部列为重点督办案件。从严治理真烟非法流通，查获5005万支，案值952万元，拘留19人，逮捕2人，判刑12人。市烟草专卖局被国家烟草专卖局、公安部表彰为“全国卷烟打假工作成绩突出集体”，被省烟草专卖局、省公安厅表彰为“全省卷烟打假工作特殊贡献单位”。

【企业基础管理】　实施流程建设、课题研究、科学创新，推进企业精益管理。全年获科学技术进步奖4项、专利和著作权奖21项，QC成果获“烟草行业二等奖”和“优秀成果引进应用奖”各1项，2个QC小组获“全国优秀质量管理小组”“首届山东省十佳质量管理小组”，3个QC小组被评为“山东省优秀质量管理小组”，1个烟站被评为“山东省质量信得过班(组)”，3个项目荣获“山东省企业管理现代化创新成果二等奖”。

【队伍建设及思想政治工作】　全面开

展“两学一做”学习教育，落实全面从严治党主体责任，严格执行中央八项规定，完善队伍建设政策机制。持续加强员工技能提升和素质建设，职业技能鉴定通过率达到93%。认真做好离（退）休人员管理服务工作，潍坊烟草金叶文化艺术团被授予“山东省优秀老干部文艺组织”称号，“一走三送”老年志愿服务演出被评为“全省最佳老干部志愿服务项目”。

（韩冬梅）

## 旅游

【概况】 全年全市接待国内外游客6115.10万人次，同比增长8.62%，实现旅游消费总额677.18亿元，同比增长13.73%。

【旅游项目建设】 全市重点旅游项目132个，总投资1212亿元。2016年，完成投资100余亿元。寿光市双王城精彩世界游乐场、青州市古城二期、华安水之城、德乐堡梦幻水世界等重点旅游项目建成营业；“渤海眼”摩天轮项目、青云山未来城等诸多重点项目进展顺利。齐鲁酒地景区完成投资12亿元，打造集婚纱摄影、影视拍摄、花海观光、休闲游乐、生态修复于一体的生态休闲旅游区。临朐县宋香园旅游区种植薰衣草1333.33公顷，打造世界第三薰衣草小镇，吸引省内外众多游客观光度假。一批新业态项目加快建设，滨海聚宝盆盐温泉酒店正式运营，是全省唯一一家盐卤特色温泉；青云山滑雪场、揽翠湖温泉度假村等建成投入使用，生意异常火爆，成为淡季旅游市场新亮点。白浪河·星河露营地、昌邑市青山秀水房车营地、临朐县淹子岭高山房车露营地等建成运营。依托十笏园深厚的文化底蕴，投资36亿元打造集旅游、文化、商业、公共服务于一体的“十笏园文化旅游街区”。健康养生旅游项目蓬勃发展，青州市青城国际养生旅游度假区，规划总投资10亿元，占地666.67公顷，完成投资3.5亿元。

【乡村旅游发展】 全市旅游强乡镇32个、特色村38个、农业旅游示范点62个、各类采摘园（区）300余个、休闲农业和观光农业点500余个、农家乐经营业户5000余个、垂钓场所100余个，直接从业人员超过10万人，间接从业人数达30余万人。大力扶持资源基础、功能业态等禀赋较好的村（点）发展乡村旅游，树立标杆，指导寒亭区沃拉菲庄园等村（点）编制乡村旅游发展规划，每村给予奖补资金20万元。全年共培育乡村旅游标杆示范项目42个，总投资279.5亿元。诸城市竹山生态谷、寿光市以诚农场、安丘市和甫生态农场、昌乐县响水崖子村、临朐县八颗树农庄等一批业态丰富的乡村旅游项目建成运营，打造以酒坊、磨坊、油坊等体验为主的土埠沟村，以四季常绿、三季有花、瓜果采摘为主的常山永辉生态农场，以房车度假体验为主的揽月岛度假村，以“山里老家——柿子沟乡愁”为主题的柿子沟旅游区等一系列差异化乡村旅游产品。重点打造青州市花卉、安丘市寿比南山、山东宋香园3个乡村旅游综合体项目。3个乡村旅游综合体在建项目16个。青州市花卉乡村旅游综合体建成花卉苗木交易中心、花好月圆景区、花卉创业园、盆景园、华盛农业科技园、七色花街、弥河文化旅游区等项目。安丘市寿比南山乡村旅游综合体，以柘山乡情为中心，整合周边9个村的乡村旅游资源，全力打造形式多样、内容丰富的康体养生度假小镇。

【旅游龙头培育】 旅游企业集团发展壮大。市级层面，培育市旅游投资控股有限公司，运作夹河套旅游度假区等一批重点旅游项目，筹备设立全市旅游产业发展基金。县级层面，重点扶持发展滨海旅游集团、金宝旅游集团等十大旅游集团，规模带动效应日益显现。滨海旅游集团总资产380亿元，主要以滨海旅游度假区为龙头，引领带动北部海洋生态旅游开发、城市旅游开发和度假区建设，塑造“蓝色度假”区域旅游品牌。AAAAA级景区创建带动效应明显。临朐县以沂山创建AAAAA级景区为契机，整合包装老龙湾、石门坊等重点文化旅游资源，打造休闲文化旅游度假目的地。青州古城借助创建AAAAA级景区，加快建设提升和宣传营销，清明、五一、端午、中秋、十一等假日和周末，接待游客人数和旅游综合收入均创历史新高，出现“一房难求”的现象。仅“青州古城过大年”活动期间就接待游客326.5万人次，实现旅游总收入11.4亿元。旅游度假区引领转型升级。创建青州云门山、安丘青云国际、寿光弥河、滨海欢乐海、昌乐寿阳山、诸城恐龙谷6家“省级旅游度假区”，数量居全省第2位。各度假区推出一批温泉疗养、滑草滑雪、文化演艺、康体娱乐项目，不断提高建设运营管理水平，成为全市旅游业发展的新高地。滨海欢乐海度假区旺季日均接待游客3万人次，成为潍坊旅游的靓丽新名片，已启动“国家级旅游度假区”创建。

【旅游宣传营销】 旅游节庆活动亮点纷呈。2016年，全市共举办各类旅游节庆会展活动312个，共接待游客2812.1万人次，综合收入626亿元。其中，风筝会、菜博会、花博会、文展会、中国画节等成为国内外的特色节会品牌。仅2016年“第十七届寿光菜博会”就接待游客230余万人次，单日接待游客峰值达26.5万人次，成为具有广泛影响力的国际性蔬菜产业品牌展会。指导青州八喜国际旅行社总投资约0.7亿元，建成以乡村旅游推广为主题的旅游运营发展平台——八喜旅游网，并获批“山东省乡村旅游电商暨综合服务平台”，成为全省乃至国内首家以乡村旅游推广为主题的旅游运营发展平台，开创省内乃至国内“互联网+乡村游”综合电商平台建设的先河。7月，指导八喜旅游网举办“十万人游乡村——走进青州”特色乡村游活动，共接待游客13.8万人，间接创造经济效益约0.5亿元，有力推动乡村旅游发展。11月11日，省旅发委于凤贵主任视察八喜旅游网，给予高度评价。12月，八喜旅游网获批全省首家“山东省旅游电商培训中心”，并将承办省旅发委牵头主办的2017年“千万人游乡村”活动。搭借“首届金风筝国际微电影大赛”“第二届全国微电影春晚”等新媒体开展宣传，进一步提升潍坊市旅游品牌影响力。利用韩国C&M电视台和新华网、新浪网等各类媒体，持续做好潍坊城市旅游形象和旅游产品的宣传推介。在全省率先创办《潍坊日报》旅游专刊。“智慧行旅游一卡通”拉动35万游客消费，带动相关服务业快速发展。青州市、临朐县等县（市、区）落实地接奖励政策，有效调动旅行社开展地接业务的积极性。

**【旅游公共服务体系】** 依托风筝、年画、蓝宝石等特色旅游商品，大力发展旅游购物，全市旅游购物场所经营业户10万余家。仅昌乐宝石城年交易额就突破400亿元。加快发展购物街区，奎文门美食文化街发展成为集“美食名吃、休闲娱乐、旅游购物”三大功能为一体的特色品牌商业街，丰华步行街被评为“山东省旅游休闲购物街区”。深入开展厕所革命，2016年，新建改建各类旅游厕所600余个，荣获“全国旅游厕所建设先进市”称号。指导AAAA级及以上景区做好高速公路交通标识建设工作，全市在国道、省道、城市道路和“最后一公里”通道设置了旅游景区交通标识170块。加强人才培养，开办多期全市乡村旅游培训班，组织乡村旅游带头人赴日韩、西班牙、意大利等乡村旅游发达地区培训，推进山东旅游职业学院在齐鲁酒地设立分院。组织开展文明使者、美德游客、最美领队（导游）等评选活动，提升文明旅游水平。开展旅行社等级评定、饭店业技能大赛，全面提升企业服务质量。积极开展安全生产专项整治、“安全生产月”等活动，旅游安全工作扎实有效。健全旅游联合执法机制，净化旅游市场环境。

（王　亮）

# 民营经济和中小型企业

*Minying jingji he zhongxiao xingqiye*

## 综 述

**【概况】** 2016年，全市非公有（民营）经济单位数量发展到71.6万户、从业人员588.2万人、注册资金7437.9亿元、同比分别增长12.3%、8.4%、44.4%。非公有经济累计纳税额430.7亿元，同比降低2.0%，占全市税收的62.04%。其中，中小微企业数量发展到15.7万户，增长24.6%；规模以上中小企业发展到3763家，工业增加值增长7.8%，主营业务收入8704.1亿元、利税699.5亿元、利润481.1亿元，分别增长7.5%、4.7%和7.9%。全市固定资产民间投资累计完成4308.9亿元，同比增长6.3%，占全市投资总额的84.3%。

**【搭建创业载体】** 编制《潍坊市小企业创业辅导基地建设规划（2016年—2020年）》，加强对小企业创业辅导基地的规划培育督导，促进小企业创业辅导基地发展成熟，为广大中小企业创业和再创业提供便利场所、政策支撑和完善服务。已培育认定市级以上小企业创业辅导基地58个、省级以上18个，省级创客空间5家。抓好特色产业园试点建设，推进特色产业集聚发展，联合市公安局、国土资源局、规划局、住建局制定潍坊市《关于优化中小企业产业园标准厂房分割转让办理流程的通知》，引导“中小微”企业入园集中发展。联合市财政局、科技局编制《2016年潍坊市小微企业创业创新示范基地试点地区建设方案》，以第二名的成绩成功申报“全省小微企业创业创新示范基地”。

**【促进企业集聚发展】** 编制《潍坊市中小企业产业集群发展规划（2016年—2020年）》，优化集群布局，突出特色培育，着力提升产业集群核心竞争力，打造区域经济发展新优势。协助配合全省产业集群工作会议在临朐县召开，推进全市产业集群和特色产业转型升级。全市市级以上中小企业产业集群发展到46个，其中，省级9个；市级以上特色产业镇75个，其中，省级17个。年营业收入过100亿元的产业集群27个、过200亿元的15个、过500亿元的3个，群内企业户数达1.5万户，从业人员超过100万人，年实现营业收入7400亿元。

**【推进企业技术创新】** 以“战略专一化、研发精深化、产品特色化、业态新型化”作为中小企业发展方向，着力提高企业核心竞争力和自主创新能力。新认定市级“一企一技术”企业75家，累计达到342家；成功申报省级“一企一技术”企业48家，累计达到165家。赴青岛学习“专精特新”工作先进经验，制定《潍坊市中小微企业专精特新产品（技术）认定管理办法》，培育认定市级“专精特新”企业194家，累计达到373家；新增省级“专精特新”企业76家，累计达到200家。成功推荐申报5项山东省企业技术创新优秀成果，11项优秀新产品和13篇优秀论文。

**【促进两化深度融合】** 全面落实全省中小企业“互联网+”推进会议确定的目标任务，深化全市中小企业电子商务推进工作，召开互联网、电商经验交流会议，开展电商培训下基层、“互联网+”公益大讲堂、中小企业信息化管理软件应用等活动，切实提高中小企业信息化应用水平。深入落实《潍坊市降低企业成本促进实体经济健康发展的若干政策措施》文件精神，建成全省首家中小企业工业云平台体验中心，推动全市中小微企业特别是装备制造业企业提质增效、研发成本降低，进一步促进“两化深度融合”。全年有500余家中小企业应用工业设计云平台进行工业设计，为企业节省软件购买成本0.2亿元，设计效率提高20%以上。

**【提升公共服务水平】** 着力完善“市区一体化”、县（市）、产业集群（创业基地）三级中小企业服务平台体系，创新服务内容，拓展服务范围，助推全市中小微企业创新发展，转型升级。三级平台已累计办理业务5万余笔，其中，市级平台32896笔,发放宣传资料27000余份,25725家企业来参观体验、对接服务。（1）实施管理提升工程。把开展中小企业“一企一策”专家会诊精准服务与推进建立现代企业制度相结合。已建立现代企业制度示范企业60家。（2）实施经营者素质提升工程。先后开办“公益大讲堂”36期，组织260名优秀民营企业家分别在北京大学、厦门大学、上海交通大学举办“综合能力提升研修班”

高端培训班；举办“中小微”企业管理人才培训班及巡回大讲堂培训4700余人次。目前，省、市、县三级公共服务平台共举办各类培训班168期，培训人员9266人。（3）实施市场开拓工程。积极组织“中小微”企业参加国内外各类展洽会，帮助“中小微”企业开拓市场。联合蓝海北大创新研究院成立北京军地融合信息技术服务中心·潍坊调研室，帮助潍坊市民营企业进入军队物资供应商库。（4）实施融资解困工程。创新银政合作，赴德州市学习考察，会同有关部门探索开展“中小企业政保贷”“助业保捷贷”“税易贷”等贷款新模式，帮助“中小微”企业缓解资金短缺问题；积极推进中小企业直接融资，全市主板、“新三板”、齐鲁股交等场外挂牌企业总量达到365家，其中，民营企业新三板38支，齐鲁股交235支。积极争取上级资金扶持，全年为4个项目申请到奖励扶持资金800万元。（5）加强企业信用服务。依托“11315”企业征信平台，为全市30余万家民营业户建立了信用档案,累计为6000余家企业提供了信用档案完善服务。

（刘桂玲）

## 民营企业简介

**【寿光市永盛种子有限公司】** 成立于2000年，是一家集种子科研、生产、示范、推广、育苗以及现代化栽培技术研究为一体的现代化种业公司。具有山东省农业厅核发的《种子经营许可证》资质，注册资金0.3018亿元，固定资产0.36亿元，年营业额0.6亿元。现有职工62人，其中，科技人员22人。先后被授予“全国农技推广实验示范基地”“潍坊市农业产业化龙头企业”“潍坊市‘育繁推’一体化种苗企业”“潍坊市标准种苗基地”“寿光十佳育苗基地”“放心种苗基地”“山东菜农最信赖的农资品牌”“寿光菜农最喜爱的农资产品”“种子经营诚信单位”“种子经营先进门店”等荣誉称号。在寿光市大西环拥有集科研育种、生产示范、标准化育苗为一体的现代化农业园区200余亩。

**【山东潍坊精鹰医疗器械有限公司】** 坐落于美丽的世界风筝都—潍坊。公司现有职工500人，其中，中高级技术人员170余人，生产基地坐落于奎文区城市经济开发区医药物流园内，占地3.17公顷，建筑面积2.13公顷。公司拥有一二类的压力容器设计与制造资质，主要产品有：提取、浓缩系列设备；LDS系列的多效蒸馏水机注射水设备；$RO_2$+EDI系列纯水设备；CZQ系列纯蒸汽发生器灭菌设备；储液系统、配料系统、管道分配系统组成的产品设计、制造加工链。公司拥有大型的板材开平、抛光覆膜自动生产线，板材、管材纵缝、环缝自动焊接设备，全自动水刀、等离子下料设备，数控工件加工中心，电化学抛光车间和完善的产品测试中心，拥有先进的光谱仪、内窥镜、粗糙度仪、厚度检测仪等检测手段以及完善的无损检测装备。产品销量在国内稳居首位并远销非洲、南美洲、欧洲、东亚、东南亚、南亚等40余个国家和地区。

**【山东蓝想环境科技股份有限公司】** 坐落于山东省安丘市经济开发区，公司始建于2003年6月，是一家专业从事环境治理系统工程及节能节水智能装备制造的研发、设计、生产、销售、出口和服务的高新技术企业。公司占地面积12.6公顷，其中，建筑面积6.5公顷，现有员工280人，其中，工程技术人员76人，企业总资产1.4亿元，资产负债率为40%，银行信用等级AA+级，2015年主营业务收入1.6亿元，利润1753万元，上缴税金438万元。主要产品有：大型冷却塔、水平式空冷器、预冷蒸发式空冷器，国内市场占有率分别为：5.2%、8%、11%，其中，“预冷蒸发式空冷器”主要技术性能指标达到国内领先水平，“冷却塔水蒸气深度凝水回收装置”在工业节水技术方面具有很好的应用前景，综合技术达到国际同类产品先进水平。

**【山东华通环境科技股份有限公司】** 公司成立于1996年，注册资本8283万元，公司专注于智能水务，专业从事模块化净水厂系统、模块化污水系统的规划、设计、研发、生产、运维及海绵城市的规划、设计、施工。公司已成为国内水处理行业的领军企业，是山东省高新技术企业、山东省守合同重信用企业，是《模块化水处理系统技术规程》标准的主编单位，获得专利60余项，计算机软件著作权15项，具有国家计算机信息系统集成企业资质、中国国家强制性产品认证证书、国家涉及饮用水安全产品卫生许可批件、机电设备安装工程专业承包企业资质等资质，潍坊市水质净化工程技术研究中心、潍坊市一企一技术研发中心，多次荣获“山东省水利科技进步奖”“潍坊市科技进步奖”“山东省中小企业科技进步奖”等殊荣。

**【山东开元电子有限公司】** 山东开元电子有限公司是一家专业从事电子散热器制造及LED灯具研发、生产、销售为一体的企业，位于昌乐县温州工业园内，公司占地6公顷，建筑面积近3公顷，总资产2.6亿元，现有员工320人。公司设1个研发中心、8个加工车间，拥有冲压、机械加工、表面处理、封装、实验等设备480余台（套），形成了集模具加工、型材挤压、精铸铝件、表面处理、LED封装、SMT贴片检测、灯具组装等一条龙生产加工链，具有电子散热器、LED灯具及汽发配件3大核心产品，年生产散热器及冷冲件3亿件，各种型材9000吨，精铸铝件11000吨，LED灯具400万盏。是夏普、TOTO、松下、LG、海尔、浪潮华光、夏普、潍柴等国内外著名企业的配套供货商。

**【潍坊牵手娃服饰有限公司】** 潍坊牵手娃服饰有限公司成立于2008年，位于山东潍坊昌乐，是集设计、研发、生产、销售于一体的多元化企业，以生产0～3周岁、4～10周岁可洗天然棉花儿童棉衣、纯棉服饰、用品为主导，可洗天然棉花成人保暖内衣、天然棉花内胆纯棉床上用品、洗涤用品等系列产品的集团化公司为发展方向，拥有独立的进出口权。公司在2006年注册“牵手娃”13大类100余种产品的商标使用权，并注册山东招商网、山东招商引资网，现已拥有专利3大类24项，是国内唯一一家生产可洗天然棉花系列产品的企业。新型高效节能环保全棉绗缝面料及技术由公司自主研发，属国家专利产品。公司采用新技术对优质天然棉花进行制作，即保留棉花原有的特点，又改变历史以来棉花制品不能直接洗涤的难题，新型面料将逐步代替化纤面料，为环保节能事业做出巨大的贡献，同时解决传统手工棉衣工艺费时费力的难题，生产效率提高了近30倍，制成的产品健康环保，美观时尚，填补了国际市场空白。

**【山东环球软件科技有限公司】** 成立于2011年5月，前身为成立于2004年的国内首家中印合资的软件企业，是国家级高新技术企业、双软认定企业和国家计算机系统集成三级资质企业，是省“一企一技术”创新企业、省中小企业服务机构、省电子商务企业、省版权示范单位。公司主营业务为软件研发、系统集成、电子商务。现有员工200余人，均为大学及以上学历，博士、硕士人才达1/4，中国研发中心与设在印度普纳的海外研发中心，以及香港、美国、新加坡、济南、青岛、北京等分支机构，可协同为全球客户提供一流的信息化服务，是业内领先的IT整体解决方案和服务提供商。公司重视科学化、规范化经营，不断提升研发及管理能力，成为寿光市首家通过CMMI3国际认证和国家计算机系统集成三级资质企业，也是潍坊市唯一一家通过4项ISO国际认证（ISO 9001质量管理、ISO 27001信息安全、ISO 14000环境管理、ISO 20000 IT服务管理）的软件企业。在各级领导和社会各界的关心支持下，依托潍坊科技学院、中国海洋大学等高校丰富的人力资源和科研优势，公司先后承接并完成政府、教育、医疗、建设、公安、企业、电子商务等领域500余项IT工程，成功为全球8个国家2万余家客户提供一流的IT整体解决方案和服务。

**【山东大元实业股份有限公司】** 山东大元实业股份有限公司是一家集科研、生产、经营混凝土及混凝土外加剂于一体的综合性的“省级重点高新技术企业”，以高性能混凝土研发、生产为中心，外加剂、新型绿色环保建材等业务协同发展。是“山东省优秀民营科技企业”、中国高性能混凝土委员会委员单位、中国混凝土外加剂协会会员、山东省混凝土外加剂协会副主任单位、潍坊市预拌混凝土协会副会长单位，是市经信委认定的市级企业技术中心、省级“一企一技术”研发中心。现获国家专利17项，13项产品通过省级鉴定。公司拥有先进、齐全的科研、检测仪器设备，致力于废物利用、节能减排、循环经济的创新利用和绿色高性能混凝土、普通混凝土高性能化、新型高效外加剂的研究，同时为省内外混凝土的耐久性检测与设计提供服务、有偿技术转让及咨询服务。本着互惠互利的原则搭建技术转化平台，推广、转让先进技术，生产开发相关新产品。公司秉持“以科技为动力、重信用为根本、争创一流企业”为宗旨，能够对建筑工程及其混凝土耐久性进行全面的咨询与性能检测，特聘著名的高性能混凝土研究专家——清华大学冯乃谦教授为中心主任，中国建科院、中国铁科院等单位的6名专家教授为中心技术顾问，技术力量雄厚，检测、科研设施齐全，具有成熟的高性能混凝土设计与研发能力。积极开展高性能混凝土及外加剂领域工程技术交流与合作，与清华大学、济南大学、中国建科院、中国建材院、中国铁科院等单位通过学术交流、项目合作等方式保持密切联系，并举办两次国际学术研讨会。

（刘桂玲）

# 财政·税务

*Caizheng Shuiwu*

## 财 政

**【概况】** 全市一般公共预算收入完成521.5亿元，较上年增长9.1%，增幅高于全省0.6%、全国4.6%；其中，税收收入完成397.9亿元，占一般公共预算收入的比重为76.3%，高于全省3%。全市一般公共预算支出637.6亿元，增长4.2%。市财政局在“全市科学发展综合考核”中位居市直部门第一名。

**【助推转型发展】** 围绕供给侧结构性改革，推进“三去一降一补”（去产能、去库存、去杠杆、降成本、补短板）五大任务，完善扶持体系，提升产业平台，落实减税政策，引领支撑经济转型发展。构建更加精准的政策体系。坚持突出重点、集约资源、精准发力，研究出台重点产业招商、高新技术企业发展、金融产业发展、高端人才引进等一揽子财税政策，加快构建现代产业新体系。实施更具针对性的扶持政策，精准支持歌尔、盛瑞、福田等龙头企业，打造引领全市转型的产业集群。落实总部经济发展政策，新引进企事业单位总部219家；引进北大现代农业研究院项目落户，争取省扶持资金每年基数1.5亿元；与省财金集团签署“1+7”协议，首期募集400亿元助推转型发展。打造更加有力的发展平台。深化财政资金金融化运作，放大各类平台功能，培育产业转型升级新引擎。做强市级政府引导基金平台，累计撬动金融、社会资本投入500余亿元，支持重点项目192个，构建起“全链条”的政策性投资体系。做大政策性担保平台，将市再担保集团增资至20亿元，累计提供担保、再担保融资服务79亿元，有效缓解企业融资难题。强化资产管理公司运作，市级累计收购处置不良资产15亿元，引导金融社会资本更多流向实体经济。营造更加优越的发展环境。围绕降低企业成本“711专项行动”，牵头实施降低税费成本改革。全面推开“营改增”试点，减轻企业负担近20亿元；落实小微企业、科技创新等各项税收优惠政策，兑现税式支出231亿元，向企业让渡更多利益。制定政府非税收入管理办法，梳理完善涉企收费目录清单；落实国家取消和免征13 项收费基金政策，减轻企业负担0.5亿元，营造了宽松的发展环境。

**【保障改善民生】** 坚持以人民为中心，统筹财力向民生倾斜，全市民生支出完成510亿元，占一般公共预算支出的比重达到80%，比上年提高1%，更多财力转化为民生福利。兜好民生保障底线。建立农业转移人口市民化与转移支付挂钩机制，提前实现基本公共服务覆盖全部常住人口。筹集扶贫资金3.3亿元，出台财政精准扶贫25条政策，创新“第一书记扶贫帮困基金”长效机制，支持打好脱贫攻坚战。坚持就业为本、教育优先、健康为要、社保兜底，重点群体就业、家庭困难学生上学、特殊人群医疗、低收入家庭住房等资助政策实现全覆盖，社会救助和保险体系更加完善，民生综合保险全面推行，农村低

市财政局局长田民利（左二）参加“辉渠村第一书记扶贫帮困基金”揭牌仪式

（供图：逄希滨）

诸城市大源枫香湖畔棚户区改造项目　（供图：孙永泉）

保和省定扶贫标准“两线合一”，群众幸福感和获得感不断增强。提高保障标准层次。健全经济发展、物价上涨与保障标准联动机制，基本公共卫生服务人均补助标准提高到45元，居民基本养老保险基础养老金提高到100元，城乡居民医疗保险政府补助标准提高到420元，大病保险报销限额提高到30万元，可量化项目保障标准全部达到或超过省均水平。支持义务教育“全面改薄”、地下综合管廊、海绵城市、新型社区、文化场馆、健身场所等公益性项目建设；发放农业支持保护补贴6.5亿元，兑现农村公益项目“一事一议”奖补资金1.8亿元，完成山区开发、土地治理项目62个，居民生产生活条件持续改善。补齐公共服务短板。积极呼应民生关切，顺应群众对新鲜空气、干净饮水、“舌尖”安全、便利交通等美好向往，强化资金投入保障，全市节能环保、公共安全、交通运输等支出完成77.9亿元，增长7.5%。推进实施环保“十大工程”，建立大气和水环境生态补偿机制；支持食品安全城市和平安潍坊、智慧潍坊建设，成功创建“国家森林城市”；实施引黄（河）入白（浪河）、引黄（河）入峡（山）等水利工程，保障用水安全；支持农村道路改造，畅通城市路网系统，提升机场、港口功能，改善居民出行条件；引导更多社会资本进入教育、医疗、养老和文化旅游等领域，推动阳光融和医院运营、海洋科技大学园建设和城乡学校股份制改造，满足居民多层次、多元化公共服务需求。

**【支持城乡建设】** 抢抓国家政策变化机遇，深化投融资体制改革，统筹预算资金、政府债券、政策性贷款，推广“PPP模式”，全力支持实施“海城河”战略，保障重大基础设施和公共服务项目建设。运用“PPP模式”投入突破100亿元。强化政府与社会资本合作，在全省率先制订PPP实施意见，理顺项目管理体制。指导各县（市、区）组建专门PPP机构，成功运作项目31个、吸引社会资本100亿元以上，4个项目进入国家、省示范。争取政策性贷款近300亿元。加快项目储备运作，密切与国家开发银行、农业发展银行等对接，全市争取政策性贷款授信274亿元。其中，市级统筹运作争取107亿元，居全省第2位；各县（市、区）单独对接争取167亿元，支持棚户区改造、破解“大班额”、水利基础设施、农村公路生命安全防护等项目建设。争取地方政府债券近400亿元。做好债务梳理和地方政府债券争取工作，获批置换债券347.8亿元、新增债券40.7亿元，居全省第1位，将短期高成本债务置换为长期低成本债务，全年节省利息支出23亿元，保障济青高速、潍日高速等一批重大基础设施项目。制订政府债务风险化解规划和应急预案，债务率控制在100%以内，有效防范政府债务风险。

**【深化财税体制改革】** 坚持运用改革精神、市场理念、法治思维，加快构建“全面完整、法制规范、公开透明、管理高效、运行稳健”的现代财政制度，在“全省财政管理绩效综合评价”中居第一名。深化预算管理改革。完善全口径预算体系，将3项政府性基金转列一般公共预算，国有资本经营预算调入比例提高到19%，推进“四本预算”（指一般公共预算、政府性基金预算、国有资本经营预算、社会保险基金预算）统筹、“一个漏斗”支出。实行中期财政规划管理，试编三年滚动规划，增强预算安排的前瞻性、针对性和有效性。大力推进预决算公开，实现使用财政资金部门公开全覆盖，全面梳理公开5大类85项民生政策，财政透明度进一步提升。完善支出管理制度。强化国库集中支付管理，提高预算执行效率，及早发挥财政支出乘数效应。积极推行政府购买服务，转变“养人养机构”的传统方式，市直114个部门完成购买服务金额6亿元。加快政府采购、财政评审职能转型，市本级采购节支率达到8.1%、预算审减率达到19.7%，有效发挥节支增效作用。全面实行绩效目标管理，将绩效评价结果与预算安排挂钩，促进提高资金使用效益。推进重点领域改革。牵头实施资源税改革、企（事）业单位改革等10项全面深化改革工作，圆满完成市委、市政府确定的改革任务。理顺市以下收入分配关系，下划收入全部作为县（市、区）收入，增强基层自主发展能力。落实市区管理体制改革要求，土地、市政、环卫等管理权限逐步下放到区，推进事权与支出责任相匹配。强化市属国有企业监管，创新财政专职董事、监事制度，推动市金控集团、再担保集团、滨海教育投资集团经济效益、社会效益同步提高。提升基础管理水平。制定出台《关于加强税收保障的实施意见》，强化税收管控，培强地方税源开展行政事业单位资产清查，试编政府综合财务报告，全面掌握政府“家底”。实施差旅费、公车使用、津（补）贴发放及物业费缴纳专项整治，强化“四风”问题源头治理。加强高端会计人才培养，完善行政事业单位内控机制。加快财政信息化建设，业务一体化系统不断完善，安全防护能力显著提升。强化乡（镇）财政人员培训，蝉联“全省乡镇财政技能大赛”第一名。

（逄希滨）

## 住房公积金管理

**【概况】** 全市新开户单位1441家，新开户职工6.12万人；新增归集额53.51亿元，同比增长10.42%；提取31.18亿元，同比增长18.48%；发放贷款17811笔，贷款额51.28亿元，同比增长70.73%；实现增值收益2.23亿元，上缴公共租赁住房资金0.9亿元。截至2016年年底，实缴职工57.36万人，缴存总额325.83亿元，提取总额170.85亿元，缴存余额154.98亿元；累计发放个人住房贷款9.78万笔195.40亿元，贷款余额135.61亿元；个贷率（贷款余额与缴存余额的比）为87.50%，比年初提高13.9%。

**【资金使用率创历史新高】** 制订《潍坊市个人住房公积金贷款业务操作规范》，进一步优化贷款业务流程、完善业务管理信息系统。规范受委托银行的准入和退出机制，出台《潍坊市个人住房公积金贷款业务受委托银行准入与退出管理暂行办法》，新增6家银行承办公积金贷款业务。深入落实上级放宽公积金使用政策，对部分政策规定进行优化和微调，贷款发放额大幅提高。年度公积金使用率154.1%，年末公积金贷款余额占全市个人住房贷款余额的13.29%。

**【归集扩面取得新进展】** 积极争取将住房公积金覆盖率纳入市委、市政府对各县（市、区）科学发展的考核指标。利用广播、电视、报纸、网络、微信、短信等渠道加大宣传力度，为全市近60万缴存职工统一邮寄公积金对账单。抓好自由职业者和农民工缴存住房公积金政策的落地。

**【服务水平进一步提升】** 取消公积金提取和市内转移的单位盖章环节。大力开展“互联网+业务服务”，推出网上服务厅单位版，完善潍坊公积金“12329”、微信、公积金网站、短信“四位一体”的综合服务平台，开发公积金数字档案系统并与业务操作系统联网，完成公积金提取、还贷的银行直连试点。积极推动与人民银行征信系统信息共享，各业务大厅可以直接查询职工个人征信。做好政策咨询和投诉处理工作，共处理职工投诉159起。加强对服务的监督，群众满意率96.18%。

**【风险防控更加牢固】** 加强内部稽核检查和考核力度，严格督促制度规定的落实。加强财务管理，防范资金风险。重视网络安全和保密工作，加强公积金管理信息系统升级改造。通过“事前严防、事中严审、事后严责”防控贷款风险。制定下发《关于严肃查处骗提骗贷住房公积金行为的通知》，严厉惩治骗提骗贷行为。

**【党建工作扎实有效】** 扎实开展“两学一做”学习教育，学《中国共产党章程》和习近平系列讲话，开展“共产党员先锋岗”“红旗服务窗口”评先树优活动，组织机关党员干部与对口帮扶的大西邵村开展“党员结对帮扶”活动。抓牢全面从严治党工作，持续发力纠正“四风”，认真抓好党风廉政建设和反腐败工作。建立专题约谈工作机制，层层压实管党治党主体责任，专题约谈16个分支（办事）机构和6个科室主要负责人并组织“回头看”活动，坚持问题导向，针对问题抓整改，严守纪律和规矩成为广大干部职工的思想自觉和行动自觉。深入开展文明创建活动，连续2年荣获“山东省文明单位”称号。

（彭术斌）

## 国家税务

**【概况】** 潍坊市国税局立足服务大局，扎实做好组织收入、税收执法、征收管理、纳税服务等各项国税工作，促进全市经济社会发展，在全省国税系统绩效管理中获得第一名，被省人社厅、省财政局、省国税局、省地税局联合表彰为“全省营业税改征增值税优秀先进集体”，被省国税局评为“绩效管理优秀单位”“数字人事试点工作突出贡献单位”“金税三期工程应用软件换版工作突出贡献单位”和“岗位大练兵、业务大比武”优胜单位，12个单位和个人被授予“山东省工人先锋号”等市级以上荣誉称号。

**【组织收入】** 全市国税系统坚持依法征收、应收尽收的组织收入原则，深入开展税收分析，出台实施4大类37条增收促收措施,增加税款11.14亿元，占国内税收收入的3.39%，有效弥补了税源缺口。同时，制定实施《收入质量评价和考核办法》，及时发现解决影响收入质量的问题，实现收入规模和质量的同步提升，为经济社会建设提供了坚实财力保障。全年共完成国内税收收入328.62亿元，居全省第3位，同比增长13.48%，居全省第8位；完成市以下级收入112.63亿元，

潍坊市国税局领导到重点税源企业调研税收收入情况　　（供图：王 勇）

居全省第3位，同比增长54.75%，居全省第5位。

**【营改增】** 按时高质量完成户管接收、发票发放、纳税申报、税负分析等各项试点改革任务，安丘市国税局办税服务厅参加李克强总理4月到国家税务总局视察“营改增”工作时与基层税务机关的视频连线活动，从5月1日起，“营改增”试点范围顺利扩大到建筑业、房地产业、金融业、生活服务业四大行业。截至2016年12月底，共确认四大行业“营改增”纳税人6.4万户，“营改增”试点运行平稳，实现了四大行业整体税负和细分行业税负的“只减不增”，企业减负、推动经济转型升级、深化供给侧改革等改革红利逐步释放。

**【落实税收优惠政策】** 共落实各项税收优惠政策130.78亿元，同比增长3.23%。其中，落实出口退（免）税91.89亿元；固定资产进项税额抵扣22.12亿元；残疾人就业等即征即退税收优惠4.12亿元；高新技术、小微企业等企业所得税优惠12.65亿元。

在办税服务厅设立营改增专家咨询台，对试点纳税人进行政策辅导、答疑解惑
（供图：王 勇）

**【纳税服务】** 深入开展“便民办税春风行动”，持续创新优化纳税服务,纳税人办税服务厅现场评价满意率始终保持在99%以上。一是加大简政放权力度。全面清理非行政许可审批事项，严格落实“三证合一、一照一码”登记制度，开展个体工商、税务登记“两证合一”改革试点，深化行政审批制度改革。二是大力推行网上办税。实施“互联网+税务”行动，立项开发“企业所得税税收优惠事项网上备案系统”“出口退税移动办税平台”“精准服务辅助系统”“外出经营活动税收管理系统”等系统软件，实现更多税收服务项目在网络端、移动端的处理，为纳税人带来更多便利，并均在全省国税系统推广。全市增值税网上申报率达99.02%，所得税网上申报率达99.56%；全市网上专用发票认证率达到82.5%；网上抄报率达99.96%。三是创新自助办税服务。研发“发票自助办税终端”，纳税人窗口办税时间由原来的20分钟减少到3分钟以内。试点创建“微税e栈”发票自助服务模式，实现发票发售“自助预约、自选时间、自提发票”。开辟24小时自助办税服务区。全市自助代开率达43.58%、自助售票占全部发票发售数量的27.92%、网上认证率和抄报率分别达到82.5%、99.96%。四是推进办税事项全省全市通办。全市国税、地税跨部门通办业务量位列全省第1位。五是深入开展“银税互动”。各级国税机关与32家金融机构展开在纳税信用信息等方面的合作，服务企业576家，帮助提供贷款融资48.75亿元，同比增长57.26%。

**【税收征管】** 一是积极稳妥地推进征管改革。学习贯彻上级深化征管体制改革实施方案及实施意见，深入调研全市征管状况，研究制订推进全市税收征管改革的初步意见，并开展改革试点，促进征管质效的持续提升。二是“金税三期优化版”顺利上线运行。落实总局、省局统一部署，圆满完成“金税三期优化版”上线工作，在增强税收数据共享、优化办税流程、提升管理服务质量等方面取得了明显成效。三是深化国税、地税合作。完善国税、地税联席会议、专项工作小组对接联系等合作机制，联合制订合作规范2.0版和3.0版落实方案、合作征收税款等多个单项细化落实措施和办法，在服务融合、执法整合、信息聚合等方面开展广泛合作。全市17个主体办税服务厅均采取不同模式实现国税、地税业务联合办理；国税、地税相互委托代征国地税税费1.4亿元；协同开展风险应对，增加国税、地税税费3996万元；共享税务登记等涉税信息18余万条，联合采集第三方涉税信息15万余条。四是“互联网+税务”行动取得显著成效。完成承担的总局“制订涉税资料版式文件规范”试点任务，获得总局“互联网+税务”评选第一档次“优秀项目”。

（胡大桢）

## 地方税务

**【概况】** 潍坊市地方税务局成立于1994年7月，内设13个职能科室，下辖3个直属分局，12个县（市、区）局，4个开发区分局，2个直属单位。全系统在职干部职工1928人，担负着全市20.6万户纳税业户的地方税收征管和纳税服务等工作。2016年，全市共组织地税收入337.5亿元，地税部门提供的一般公共预算收入达到303.5亿元，占全市一般公共预算收入的58.2%。

**【征管改革】** 探索税收风险一体化防控机制，建立新常态下的税收征管新模式。针对“营改增”后地税管理税种分布零散隐蔽、基层税收风险应对责任淡化、廉政风险在基层不易落实、税收执法行为与税收工作纪律有机结合不够等问题，瞄准税收现代化建设方向，坚持以风险管理为导向，依托现代化信息技术支撑，把以往的税收管理员“固定管户制”转变为“动态管事制”，探索建立“一体化统管、智能化推送、分类式应对、过程式监督、绩效化考核”的税收风险防控机制，通过构建风险管理组织体系、实施“常态风险差别化管理+专项风险团队化治理”的综合风险管理模式和税收执法“两随机一公开”智能化监管，在依法征税增加收入的同时，有效解决了基层征管、执法、纪律、廉洁风险的“最后一公里”。探索建立协同共治税收征管机制，建立新形势下的税收社会化管理综合新模式。客观分析“营改增”后新的税种结构和税源特点，及时调整和转变地税征管工作的方向和重点，围绕“地、房、人”三个关键环节，探索实施“政府主导、部门协作、数据支撑、精细控管”为特点的“协同共治税收征管新机制”。加强外部数据采集，运用大数据思维搭建数据库，全方位掌握和深度利用涉税信息，挖掘潜在的税源和风险，实现管理主线由“盯户管户”到“源头控税”的转变，管理手段由“以票控税”到“数据管税”的转变，税收治理由“单兵作战”到“协同共治”的转变。

**【纳税服务】** 针对经济下行和企业发展面临的困难与问题，在全系统开展“问需求、优服务、促发展”活动，组织“万户企业税情大走访”“千名干部换位大体验”“助推经济发展大讨论”，为地方经济“转调创”建言献策。先后组织调研101次，走访纳税人近1万户，现场宣传辅导4300余次，为纳税人提供帮助和解决问题967个，改进完善纳税服务细节36处。进一步完善“税收优惠政策跟踪问效信息管理系统”及配套措施，深入开展以“精准宣传政策、动态辅导办税、网上电子备案、阳光公开监管、自动统计分析、绩效考评问效”为主要措施的“税收优惠政策跟踪问效闭环管理工作新机制”，服务和保障符合条件的纳税人时足额享受各项税收优惠，有效激发企业发展活力。2016年，共为高新技术、小微企业等减免企业所得税2.27亿元，加计扣除研究开发费用4.23亿元。依托“潍坊地税征纳税收风险防控服务平台”，建立完善信用风险动态防控体系，探索实施税银合作守信激励联动机制，精准解决小微企业的融资难题。2016年，全系统帮助1300户小微企业顺利获贷31.9亿元，形成了服务企业、促进诚信、多方共赢的良好效应。

潍坊地税系统开展“问需求、优服务、促发展”活动启动仪式，精准做好税收服务，为地方经济转调创建言献策

（供图：朱 骅）

深入开展税银合作，精准解决小微企业的融资难题　　（供图：朱 骅）

【队伍建设】 深入落实全面从严治党的新要求，推进地税事业健康发展。研究制定《关于进一步健全落实党风廉政建设监督责任组织体系和协作机制（试行）》，整合全系统各方面的监督力量，探索构建全方位、立体化的监督体系，特别是建立落实监督责任的横向纵向协作配合机制，切实发挥纪检监察的真正监督作用。积极探索开展联基层促作风、联税户促服务、联社区促发展“三联三促”活动，有效打通抓党建、促服务的“最后一公里”。2016年，全系统有7个基层党组织被评为“潍坊市优秀基层党组织”。注重以文化人，持续不断地激发队伍内生活力。在全系统开展“传承家风促进作风”活动，建设掌上“书香E站”，通过“微荐书”“微阅读”“微言大家”等方式，组织开展全员读书活动。评选表彰10名潍坊地税“最美税务人”，成功举办“最美税务人”事迹报告会，有效激励干部职工凝心聚力、干事创业。

（马晓亮）

# 教　育

*Jiaoyu*

## 综　述

**【破解中小学“大班额”成果丰硕】** 完成投资66.5亿元，新建改扩建中小学169所，其中竣工107所；新增校舍面积164万平方米，新进教师3622人，新增学位10.8万个，化解大班额班级3978个，惠及全市百万学子。“全面改薄”工程完成投资16.25亿元，316所项目建设学校已开工309所，设备购置资金支出完成规划任务的100%，基本实现“应建尽建”。

**【教育质量再创新高】** 普通高考一批本科上线人数创历史最高水平，突破1.5万人大关，居全省首位。全国电脑制作活动获奖总数占全省65%，名列全国地市级首位。全国职业院校技能大赛中职金牌占全省45%，连续7年名列全省第一。潍坊女篮荣膺2016年U18全国三人篮球锦标赛冠军，男篮、男排、女排均获全省中小学生体育联赛冠军。全国校园足球特色学校达到56所，全年参与足球训练的学生达15万人。4月20日，教育部基教一司司长吕玉刚专程到潍坊考察立德树人工作，召开新闻发布会推广潍坊经验做法。

**【办学体制改革实现新突破】** 新建改扩建民办中小学校31所，吸引社会资金30亿元，光正实验学校、峡山双语小学等一批优质学校建成投用。开展职业教育混合所有制办学试点，在山东省教育厅公布的9所试点学校中，潍坊有6所；普通高中改制试点加快扩大。投资2.6亿元的中小学生创新实践基地投入使用。依法保障民办学校教师待遇，已为1844名符合条件的民办学校自聘教师办理事业单位保险。9月27日，省长郭树清对潍坊吸引社会力量办学的做法批示肯定。

2016年，破解中小学“大班额”工作成果丰硕　　（供图：王德强）

**【“招院引校”工作取得重大进展】** 北京大学现代农业研究院即将落户建设，合作模式被北京大学誉为省校合作典范。山东海洋科技大学被纳入全省教育事业发展“十三五”规划，省高校设置评估委员会正式批准筹建。山东潍坊公共实训基地2.4万平方米的样板区建成投用。齐鲁石化集团将山东化工职业学院办学资质正式移交潍坊。全国最大的航空和高铁乘务公共实训基地在潍坊建成。12月23日，市政府印发《关于加快招院引校工作的意见》，招院引校成为全市全局的工作重点。

**【智慧教育建设稳步推进】** 投资1.23亿元建成210所“互联网+教育”示范学校，探索信息技术与教育教学深度融合机制。建设涵盖1169所学校、6万名教师、93万名学生的个性化学习平台，成为全国唯一全域内实现义务教育阶段“人人通”的地市。开发科学体验、创客教育、STEAM等8类创新教育课程，获准加入世界最大的创客联盟，建成山东省内唯一大型创客空间实验室（FABLAB）。

**【学校安全防控体系日益完善】** 拨付安保经费1.45亿元，配备保安7342人。建立学校安全风险管理清单、市县校三级巡查制度和“互联网+学校安全”

教育管理平台，实现“一张清单管责任，一支队伍管巡查，一个平台管监控”；全市教育系统保持安全稳定，2056辆校车全年未发生安全责任事故，安全教育平台使用率全省第一。全年组织各类教育考试23个，服务考生108.81万人次，未发生任何安全责任事故和失密泄密问题。6月3日，山东省教育厅召开现场会，推广潍坊安全工作经验做法。

**【行业管理加快向治理转变】** 全面推行“目标、清单、项目、底线、风险、协商、价值”七大管理，转变职能、简政放权、优化服务。努力将教育重点工作上升为党委政府决策部署，市、县党政主要领导研究调度教育改革发展122次。建立“互联网+督导”模式，强化事中事后监管，依靠社会监督保障教育投入、师资配备等落实到位。预算内教育支出占财政支出比例连续11年位居全省首位。健全市、县、校三级教育惠民服务体系，延伸惠民服务进社区，1912个村级服务站有效链接服务群众“最后一公里”。在山东省委省政府组织的年度经济社会综合考核群众满意度调查中，潍坊教育工作以95.27%的优异成绩名列全省17市和全市参加行业双第一。潍坊教育治理经验成为国家教育行政学院局长培训班的“必修课程”。

**2016年潍坊教育基本情况统计表**

表2

| 学校类别 | 学校数（个） | 毕业生数（人） | 招生数（人） | 在校生数（人） | 教职工数（人） | 专任教师数（人） | 占地面积（平方米） | 校舍建筑面积（平方米） | 图书（册） |
|---|---|---|---|---|---|---|---|---|---|
| 总计 | 2995 | 424466 | 435160 | 1589159 | 130262 | 112801 | 60511003.3 | 22798780.31 | 57006236 |
| 普通高校 | 14 | 58409 | 75779 | 213426 | 12063 | 9158 | 11342706.32 | 5025930.58 | 12796918 |
| 中职学校 | 34 | 33614 | 30160 | 86796 | 5682 | 4573 | 4397336.23 | 1746280.07 | 2315908 |
| 技工学校 | 13 | 9028 | 13792 | 34190 | 2142 | 1656 | 2263348 | 820063.58 | 575317 |
| 普通高中 | 55 | 63474 | 56886 | 173059 | 18496 | 16299 | 8178376.12 | 3793315.74 | 7535599 |
| 初中 | 270 | 89442 | 86368 | 249892 | 26522 | 24650 | 13490235.02 | 5075024.75 | 14509762 |
| 小学 | 823 | 88236 | 88102 | 594515 | 40097 | 38757 | 15547819.51 | 4151851.61 | 17130741 |
| 特教 | 12 | 216 | 279 | 1607 | 536 | 460 | 164053.16 | 67759.19 | 84140 |
| 幼儿园 | 1774 | 82047 | 83794 | 235674 | 24724 | 17248 | 5127128.94 | 2118554.79 | 2057851 |

## 学前教育

**【基础设施建设成效显著】** 全市投资6.12亿元，新建改扩建幼儿园188所，新增优质学位1.8万个，超额完成市政府工作报告确定的新建改扩建100所幼儿园目标任务。推进城乡一体集团化办园，全市幼教集团发展到35个，覆盖在园幼儿的17.4%；全市省级示范幼儿园达到265所，居全省首位。评选学前教育先进镇街23处，拉动资金1.6亿元。

**【园长教师综合素质提升】** 落实“新招录幼儿教师数不低于年内新招录教师总数15%”政策，全市年内新招录幼儿教师297人，合同制聘用109人，幼儿教师队伍年龄和学历结构进一步优化。强化幼儿教师培训培养，开展市级幼儿教师培训实践基地开放月活动，培训实习园长和教师1万余人次。建立“潍坊园长”微信交流平台，集中推介学前教育政策、优秀园所案例、治园经验、管理手记等116期，助推园长和教师专业成长。

**【依法管理迈上新台阶】** 鼓励县市区出台城乡居住区配套幼儿园规划、建设和管理等突破性政策，收回住宅小区配套幼儿园16所，认定普惠性幼儿园56所。以镇街为单位建立网格化全覆盖的全市无证幼儿园监控体系，建立无证幼儿园信息定期报送机制和投诉查处机制。联合编办、公安、民政、卫计、工商、食药等部门完善幼儿园登记注册制度，全面规范幼儿园年检工作，以注册、年检与日常督导相结合的幼儿园管理体系初步形成。

## 基础教育

**【教师队伍建设持续加强】** 推进“县管校聘”教师管理体制改革，校内竞聘7.1万人，跨校轮岗交流5038人，待岗培训41人。核增高级职称5559个、中级职称5467个。增设中职岗位正高级职称85个，增加农村教师机动编制1445个，设置乡村特级教师岗位113个，乡村学校职称岗位上浮2个百分点，投资1.1亿元建设镇村教师周转宿舍2715

套，班级管理团队激励经费实现“全覆盖”。对政府教学成果奖、教师职称晋升、优秀教师评审等师德前置审核1710人次，21名教师因师德不是优秀等次被“一票否决”。530名退养民师享受同等条件公办教师退休待遇，3.5万名原民办代课教师落实补助1.3亿元。9月10日，中央电视台《新闻联播》报道改革经验。

【课程教学改革深入推进】 注重德育课程体系顶层设计，加强社会主义核心价值观、优秀传统文化、革命传统教育和法治教育，建立起学段纵向衔接、学科横向融合、注重体验感悟、遵循育人规律的德育课程体系，做到全员育人、全程育人、全方位育人。被确定为全省德育课程一体化试点市。出台《中小学教学管理基本规范》《有效课堂基本要素》，实施英语、阅读提升工程，创新教育全面启动，开展学科核心素养行动研究，转变教育质量提高方式。全面普及学生艺体教育，足球、篮球、排球、羽毛球、乒乓球、游泳和田径七大联赛覆盖全市70%的中小学生。

【考试评价制度改革继续深化】 完善以“多次考试、等级表达、综合评价、多元录取”为主要内容的中考招生制度，在2016年9月20日召开的教育部中考改革新闻发布会上，作为唯一典型介绍改革经验。应对新高考改革，成立第一届普通高中名校联盟，推进选课走班、分层教学，开展高中综合素质评价和人生职业规划指导教育。推进国家中小学教育质量综合评价改革试验区建设，建立起涵盖18万名中小学生详细监测数据的潍坊市中小学教育质量综合评价数据库，探索学生健康成长新模式。

【依法自主办学逐步深化】 在66所中小学开展依法自主办学试点。在全国率先出台依法自主办学权限清单34项、必须经党委（支部）研究的重大问题清单18项、校长依法自主办学负面清单14项、中小学党建工作清单27项。1967名校长后备人才参与“未来教育家”路演，评选出19名特级校长、209名高级校长、471名中级校长，公开遴选114名中小学校长。教师职称、评先树优等均实现“一校一方案”的民主监督机制。教育部《地方教育动态》、省政府《省长专报》均对潍坊自主办学经验做法予以推介。

【家校融合育人体系基本形成】 全市建立起1685人的家庭教育工作总协调员队伍，所有中小学全部免费为家长开设4次8课时的家庭教育课程。组织第五届“全国知名家庭教育专家农村行”作报告104场，“父母大讲堂”公益讲座201期，参与家长超过40万人次。建成国内首个线上家长移动学校“亲子共成长”公共服务平台，同步开通微信公众号，日访问量突破80万人次，受益家庭超过53万个。线上与线下、日常与集中紧密衔接的家校融合育人模式基本形成。5月25日，应邀出席教育部新闻发布会介绍潍坊家教工作经验。12月20日，山东省教育厅、山东省妇联联合召开全省家庭教育工作会议，推介潍坊市家教做法。

【特殊群体学生关心关爱“全覆盖”】 建立起从幼儿园到大学全覆盖的学生救助体系，实行精准识别、阳光救助，发放资金2.88亿元，救助学生28.3万人次。为全市840名轻度残疾儿童提供与普通孩子同等教育，917名重度残疾儿童在家享受送教上门服务；为全市322名孤儿、973名留守儿童逐一配备教师妈妈（爸爸）；对全市4.6万名进城务工人员子女由流入地政府安排到公办学校接受无差别教育；建设518所“四点半”学校、1011所乡村学校少年宫和978个农村社区儿童俱乐部，解决学生平时放学早和节假日无人看管问题。全省特殊教育现场会在潍坊召开，全国校外教育经验交流会介绍潍坊典型做法。12月20日，教育部召开全国学生资助工作会议，推广潍坊中职精准资助工作做法。

## 职业教育

【校企融合发展更加紧密】 认定10个市级特色品牌专业，全市省级品牌专业达到15个，居全省首位。推进校企融合育人，省、市职教集团发展到16个，潍坊商校、潍坊职业学

2016年5月25日，副市长王桂英（左二）代表潍坊出席教育部新闻发布会并介绍家庭教育工作经验 （供图：王立浩）

院等8所中高职院校成为省级现代学徒制办学试点单位，占全省1/5。出台落实专业兼职教师管理办法，实行20%灵活编制；开展“能工巧匠”进职校计划，全市10个中职教学团队和7个高职教学团队入选首批省级优秀教学团队。

【现代职业教育人才培养体系完善】 人才培养“立交桥”更加完善，78名学生从普通高中转入中职学校学习，中、高职与本科贯通衔接人才培养招生1555人，创历史新高。全面普及在校大学生创新创业教育，建成运营大学生“互联网+”创业中心，17所驻潍高校全部建成大学生创业孵化载体，实现“有队伍、有平台、有机制、有特色”。青州市入围第三批国家级农村职成教示范县创建名单，至此已有诸城、寿光和青州3个市入围，总量居全省第一。

【职业教育实现内涵发展】 成功承办六项国家赛事、十项省级赛事、五项行业大赛，成为国家重要的大赛基地，近3000名国内外职业院校师生来潍参加比赛，助推全市经济社会发展。举办第九届鲁台职业教育院校长论坛，达成合作协议43项，选派27位专业教师到台湾地区考察交流。举办中德职教论坛，筹备成立中德职业教育专家交流中心，引进德国先进职教资源。

（周少平 李 健 卢昕晖）

## 潍坊医学院

【概况】 潍坊医学院历史溯源于19世纪末20世纪初潍县乐道院设立的乐道院医护学校和潍县美国长老会医院。1951年，山东省人民政府卫生厅根据华东军政委员会卫生部的命令，指示昌潍区中心卫生院在潍坊筹建山东省昌潍医士学校。1958年，改建为昌潍医学院，1987年，更为现名。学校1958年开始本科教育，1986年获硕士学位授予权，1998年获留学生招生资格。2008年，学校以优秀成绩通过教育部本科教学工作水平评估，人才培养质量和办学特色得到教育部专家组的肯定。2012年，被国务院学位委员会批准为服务国家特殊需求博士人才培养项目单位。2013年，开始招收博士研究生。2014年，实现预防医学专业本科一批招生。学校是山东省人才培养特色名校建设单位，全国卓越医生教育培养计划项目试点高校，山东省高等学校协同创新中心建设单位。

学校有16个院（系），24个本科专业；有4个国家级特色专业，9个省级特色和品牌专业，2个省应用型人才培养发展支持计划建设专业。有服务国家特殊需求项目1个，硕士学位授权一级学科6个，二级学科硕士点52个。有“泰山学者”设岗学科1个，省级重点学科（实验室）8个；聘有泰山学者1人，泰山学者海外特聘专家5人，享受国务院政府特殊津贴9人。有博士研究生导师8人，硕士研究生导师500余人，有省级教学团队5个。学校占地近120万平方米，建筑面积63万余平方米。图书馆藏书260余万册。有附属医院17所，省级研究生联合培养基地10个。学校有在校全日制博士、硕士研究生1300余人，本专科生16000余人，留学生近500人。

【教育教学改革取得新成果】 临床医学专业群、公共事业管理专业群及药理学专业群获批山东省高水平应用型重点建设专业（群）；新增药学硕士专业学位授权点；临床医学虚拟仿真实验教学中心获批国家级虚拟仿真实验教学中心；新增临床医学、麻醉学、公共事业管理3个本科一批次专业；1项虚拟实验项目获2016年高等学校虚拟仿真实验教学资源建设成果一等奖；“孔子学堂”被团省委授予“青年之声·国学教育示范基地”。

【学科建设与科研水平取得新提升】 2016年获批科研项目103项，其中国家自然科学基金项目16项，省自然科学基金项目14项；发表论文1266篇，其中三大检索收录论文238篇；获得各级各类科研奖励39项；申请专利25项，授权专利58项；“整形与显微修复技术”省级重点实验室通过省科技厅验收。

【师资与人才队伍建设取得新突破】 3名教师分别荣获“山东省有突出贡献

10月14日，由潍坊医学院承办的中国工程院第236场中国工程科技论坛在潍坊举办
（供图：张兴伟 谭德红）

10月28至30日，由山东省教育厅主办、潍坊医学院承办的“泰山学术论坛——神经退行性疾病和脑损伤专题”国际会议在潍坊举办，校长管英俊教授出席会议并致欢迎词
（供图：张兴伟 陈冬梅）

的中青年专家”“山东省卫生计生系统医德标兵”“2016年山东高校十大师德标兵提名奖”荣誉称号。2名教师分获全国青年教师教学基本功大赛二、三等奖。2名教师分获全国首届“梦之路杯”医学虚拟仿真实验作品大赛二、三等奖。评选全校“同学喜爱的老师”26名。

**【社会服务能力快速提升】** 附属医院院本部门诊病人110万人次，手术病人2.6万人次，出院病人4.7万人次；学校先后承办中国工程院第236场中国工程科技论坛、“泰山学术论坛——神经退行性疾病和脑损伤专题”国际会议，承办山东省对口支援新疆喀什地区乡镇卫生院院长培训班和青海省乡镇卫生院院长培训班。

（贾金鹏）

## 潍坊学院

**【概况】** 潍坊学院是一所省属全日制综合类普通本科院校，办学历史可追溯到1951年10月创建的青岛教师进修学院。2000年3月，经教育部批准，由原潍坊高等专科学校和原昌潍师范专科学校合并，并入山东渤海进修学院有关教育资源组建而成。现有22个教学单位，67个本科专业，涉及10大学科门类。有教职工2027人，全日制普通在校生25600余人。设有山东半岛经济社会发展研究院、潍坊金融财政研究院、量子通信研究所等60个研究院所。是山东省首批研究生联合培养基地、山东省应用型人才培养特色名校立项建设单位。

**【通过教育部本科教学工作审核评估】** 组建马克思主义学院、传媒学院，合并北海国际学院、歌尔科技学院。获批省高水平应用型培育专业群2个，首次组织“3+4”对口贯通转段测试，首次招收免费师范生196人。新增全国教科规划课题等4项、省教科优秀成果6项、省第三届高校青年教师教学竞赛一等奖1项。依托省教师教育基地承办2016“国培”“省培”项目，培训298人。探索师范生“2312分段贯通”培养新模式，首次组织489名学生赴安丘、临朐实习支教。学生获省级以上学科竞赛奖134项，14篇论文被评为省级优秀学士学位论文。全面落实本科教学审核评估要求，配合专家组入校考察，办学成绩得到肯定。

**【科研创新能力提高】** 新增国家自然科学基金、社科基金项目3项，省部级、市厅级项目100余项。获山东省社科优秀成果奖2项、市厅级奖励81项，1篇论文被SCI一区收录，7人被评为市社科研究拔尖、优秀人才，16名在校联合培养研究生通过答辩。承办“山东社科论坛”3场，其中“马克思主义

2016年5月29日—6月3日，教育部组织对潍坊学院开展本科教学工作审核评估，专家组组长、山东师范大学校长唐波（前排左三）率队，潍坊学院党委书记孙文亮（前排左二）陪同
（供图：张丹琳）

2016年10月12日，潍坊学院校史展览馆正式开馆，校党委书记孙文亮（前排左一）、校长冯滨鲁（前排右一）揭牌　（供图：王　云）

学院建设与发展研讨会”被评为省十佳研讨会。

**【人事制度改革深化】** 实施专业技术空缺岗位竞聘评价，51人竞聘上岗。开展首轮聘期届满（中）考核，顺利完成第二轮岗位设置、聘用工作。成立人才工作办公室，建立新型电磁材料研究所，新增省有突出贡献的中青年专家、享受国务院政府特殊津贴专家、泰山产业领军人才各1人，3人当选市专业技术拔尖人才，学院通过全省高校人才工作考核。

**【大学生思想政治教育工作加强】** 启动辅导员名师工作室建设，2人被评为省高校优秀辅导员。组建“三下乡行动”团队6支，2个团组织分别获评全国活力团支部、山东省五四红旗团总支，1人获社会实践全国优秀个人称号。学校“青年之声”平台被评为山东“青年之声”优秀平台，学校获评山东省学生资助工作、征集工作先进单位。21个项目入选国家级大学生创新创业训练计划，3人分别被评为山东省大学生十大创业之星、潍坊市优秀大学生创业者，学校荣获潍坊市“政府创业奖”。

**【开放办学力度加大】** 成立潍坊学院理事会，与潍坊市科技孵化中心、即墨特教中心等签订合作协议，供热节能实验室获批市级重点实验室。首次举办农村和城市社区两委成员大专班，完成市直干部自主选学等培训3000余人，与国（境）外高校签订合作协议12项。选派15名干部教师到地方挂职，第二轮3名“第一书记”工作被评为优秀等级，1人被授予“富民兴鲁”劳动奖章。学校获选潍坊市人大常委会立法研究服务基地、统战理论研究基地、智能制造创新促进联盟副理事长单位。

**【65周年校庆活动丰富多样】** 全面回顾办学历程，重修校史馆，编印65周年校史、画册，举行校友总会换届大会。突出学术校庆和学风建设，举办“莫言与当代文学写作”等33场学术报告和“共话梦想——与成才优秀校友面对面交流会”等31项文化活动。

（孙玉敏）

## 潍坊职业学院

**【概况】** 潍坊职业学院是经山东省人民政府批准组建的一所公办全日制普通高职院校，是山东省高等教育技能型人才培养特色名校、山东省单独招生资格高校、山东省“3+2”分段培养本科生首批试点高校、山东省首批高等职业教育和技师教育合作培养试点学校。学院有滨海、奎文两个校区，占地2500余亩，建筑面积48.3万平方米，教学科研仪器设备总值1.2亿元，图书馆藏书100多万册，全日制在校生2.1万人。教职工1000余人，其中副高以上专业技术职务313人，博士硕士491人；国家“万人计划”等省级、国家级教学名师15名，“泰山学者”1名；国家级教学团队2个，省级教学团队5个，100多人次荣获全国、省、市等优秀教师等荣誉称号。设有11个二级学院，3个“3+2”本科专业、53个高职专业，17个五年一贯制专业，涉及农林牧渔、制造、财经、电子信息、文化教育等13个门类。拥有3门国家精品资源共享课程，39门省级精品课程；3处中央职业教育实训基地，1处省财政支持实训基地；12个市级工程技术研究中心、5个市级重点实验室和6个院级研究所及4家校企共建研发中心。获各级各类职业技能、创新创业大赛奖660余项。历届毕业生就业率一直保持在96%以上。学院为全省继续教育试点本科院校、全国农业职业技术教育培训示范基地、山东省高校技能人才培训基地、山东省基层农技人员培训基地、山东省阳光工程培训基地、山东省现代农业技术培训基地、潍坊市农村科技致富带头人培训基地等，被授予全国科教兴农先进学校、全国职业教育先进单位、全国学校规范化管理示范单位、山东省教书育人先进单位称号。学院毕业生就业率达96%以上，竞争力在全国高职院校排名第220位，在山东省排名第16位。

**【现代大学治理结构和办学条件优化】** 学院章程正式实施，围绕章程实施，完成党委会、院长办公会议事规则等近60项配套制度，有序推进理事会制度、法律顾问制度建设，完善校企合作理事会等制度，成立新一届学术委员会，建立教学工作委员会，基本形成以章程为核心、以配套制度为支撑的学院规章制度体系；完成新一轮机构调整，进一步厘清部门职能，新成立发展规划处（职业教育研究所）、产学研合作中心、招投标管理办公室、创业教育学院，整合农业工程学院、园林工程学院资源，新成立农林科技学院、食品药品学院，初步建立现代大学组织管理架构。编制完成学院“十三五”发展规划和8个分项规划，围绕创建“潍坊龙头，全省前列、全国知名”优质高职院校奋斗目标，加强办学条件建设，数字校园二期规划项目加快推进，身份认证、门户和数据中心三大平台和网络办公、教学管理等8 个信息化管理模块不断完善，基本实现数据的共建共享和互通；加大基础建设，15号实训楼楼基本竣工，增加建筑面积1.3万平方米，南北主干道桥、东侧亲水平台等基本完工，教师公寓路灯安装完毕，餐厅消防改造完成并通过验收，校园设施、景观、道路管网配套更加完善。德促实训楼完成基建招标及合同签署，体育馆进入设计调研，5号培训中心楼和滨海校区二期规划项目顺利推进。奎文校区潍坊市大学生互联网+创业中心投入使用，航空邮轮实训室功能提升项目完成。办学条件和环境不断优化。

**【教学科研实力与社会服务能力提升】** 1名教授被批准为国家“万人计划”教学名师，1名教师获省级教学名师。1个团队获全国高职组信息化教学设计比赛一等奖，多名教师获省级以上教学比赛等5项一等奖、4项二等奖。学前教育专业获批国控专业并招生，5个专业获批市急需建设专业。2个专业承担省教学指导方案开发任务。2个专业承担省级骨干教师培训项目。获批山东省教育厅高等职业院校第二批品牌专业群建设项目立项单位。3门课程获首批国家级精品资源共享课。完成39个院级教研项目结题验收，3个案例入选全国高职高专联席会主题典型案例，参加中国智慧农业教学联盟成立大会，当选联盟常务理事单位。加强科研平台建设，促进产学研合作，新增1家市级工程技术研究中心和1家市级重点实验室，与企业共建4个省级农业科技园；1项省重点研发计划项目，获经费265万元；1项获省科技进步二等奖；获5项专利；4个植物新品种通过省审定；发表论文160余篇。开展学历教育和新型农民培训、企业职工继续教育。全年完成继续教育和农技干部、转岗工人、会计人员、驾校等社会培训及考试3.2万多人次。

**【开放办学与人才培养工作成绩突出】** 坚持开放办学，利用国内国外“两种资源”，提升校企合作和国际化水平。与万声集团成立现代服务业学院，入选山东省混合所有制办学试点；与歌尔集团共建数控技术现代学徒制试点专业获批省现代学徒制试点；化工、机电两个市级职教集团成员单位增加到150多家；与潍坊市公共实训基地共建共享优质教学资源；与智炎众益合举办跨境电商学院，与远成物流共建远成物流学院。与澳大利亚戈顿技术与继续教育学院合作举办学前教育、电子商务专科教育项目。留学生人数达到110人次，生源国扩大到哈萨克斯坦等10多个国家。注重能力与素质培养，学生专业技能与创业创新能力进一步提升，参加山东省技能大赛获团体一等奖4项、二等奖11项；参加山东省科技创新大赛获一等奖1项、二等奖4项、三等奖5项，是全省参赛项目、获奖项目最多高职院校。参加山东省第二届互联网+创新创业大赛获银奖2项，铜奖6项；成功承办两项国赛项目和山东省大学生科技创新大赛决赛；荣获2015年度潍坊市政府创业工作奖。坚持立德树人，学生工作扎实有效，1名学生获评“山东高校十大优秀学生”，学院连续三年获此殊荣。招生7125人，文理科录取分数线位居山东省高职院校前列。

（王沐智）

## 潍坊工程职业学院

**【概况】** 潍坊工程职业学院是一所国办全日制普通高等专科学校，是山东省技能型人才培养特色名校、山东省单独招生资格高校、火箭军和陆军定向培养士官院校。占地面积1500余亩，建筑面积26万余平方米,固定资产

聘任享受国家级津贴高级工程师刘宝新到学院任教

总值58741万元。设有12个二级教学系（院、部）、44个高职专业,在校生16400余人。拥有2个中央财政支持的实训基地，开设2个“3+2”对口贯通分段培养本科试点专业，2个专业被确定为中央财政支持提升服务产业发展能力重点建设专业,拥有1个省级品牌专业群、7个省级特色专业、10个省级技能型特色名校重点专业。拥有53门省级精品（特色）课程、6部省级优秀教材。连续五年，毕业生平均就业率达98%以上。

“携手共进 创新发展 共筑中国梦”——潍坊工程职业学院纪念长征胜利80周年文艺会演

**【特色名校建设】** 2016年，学院完成12个特色名校建设项目，其中山东省财政重点支持专业建设项目6个、非省财政重点支持专业建设项目4个和其他建设项目2个，涵盖7个方面整体建设内容，总计3010个验收要点。6月，以优秀等次通过山东省第二批技能型人才培养特色名校验收。

**【教育教学改革】** 13个专业参与第二批省级专业教学指导方案开发。建筑工程技术专业被确定为山东省第二批现代学徒制试点项目。应用化工技术专业获批与滨州学院联合进行“3+2”对口贯通分段培养试点。工业机器人技术等5个专业被确定为潍坊市经济社会发展亟须建设重点专业。新增陆军士官汽车检测与维修技术专业等4个专业。申报8门省级精品资源共享课程，立项建设49门网络教学平台课程。建设完成10个名校重点建设专业立项教材，出版97部校企合作编写教材。1名教师被评为省级教学名师，2名被确定为山东省青年技能名师培养对象，1名获全省高校新闻宣传工作先进个人称号，1名获全国高职院校创新创业教育工作先进个人称号。建筑工程技术专业教学团队被评为省级教学团队。师生在国家、省、市技能大赛中，共获得一等奖18项、二等奖45项、三等奖42项。

**【科技与社会服务】** 获市厅级以上课题立项27项、科研成果奖励8项，获山东省教育科学研究优秀成果一等奖1项、二等奖1项、三等奖2项。获2016年省高等学校优秀科研成果奖并获三等奖3项。获授权专利17项。成立1个院级研究所，组建7个院级科研创新团队。完成职业技能鉴定1032人次，培训贵州省织金县中小学骨干教师200名，为企业解决技术难题120多项，增加经济效益超亿元。

**【校企合作】** 引进山东新锐等公司资金和设施，筹建混合所有制航空工程学院。与台湾农苑生技有限公司等共建鲁台现代农业研究院，与山东齐鲁交通发展集团有限公司青临分公司共建大学生实习基地。潍坊高新区学前教育实训中心投入使用。召开潍坊市食品职业教育集团年会暨学院校企合作成果观摩会。

**【招生就业与创业】** 高职招生报到率达到91.8%，提高0.44个百分点，总体计划完成率为108%。毕业生一次就业率99.71%，对口就业率80.13%。举办“煜辰杯”第四届大学生创新创业设计大赛，获中国“互联网+”大学生创新创业大赛三等奖1项，第二届中国“互联网+”大学生创新创业大赛总决赛铜奖。

**【校园文化建设】** 举办庆祝建党95周年、纪念红军长征胜利80周年、“回首那份爱”感恩教育主题活动。申办“孔子学堂”。学报被评为“全国高职成高学报优秀学报”。荣获全省高校思想政治教育工作先进集体称号。

（付小政）

## 潍坊护理职业学院

**【概况】** 潍坊护理职业学院是教育部和山东省政府批准设立的全日制普通高等学校，由原山东省益都卫校和潍坊卫校合并组建而成。学院现有三个校区，主校区坐落在青州市云驼风景区内，主要承担高职教学任务；原益都卫校和潍坊卫校分别作为益都校区和潍坊校区，承担中专教学任务。学院先后获得市级文明单位、全省高校后勤服务工作先进单位、全省高校公寓管理优秀单位等10多项荣誉称号。

学院总占地52万平方米，建筑总面积21万多平方米，建有附属医院3所，养老护理院1所，省级以上财政支持的实训基地2个，高标准实验室139个，教学仪器设备总值9600多万元。2016年，建成医学技术楼并投入使用；采购图

2016年，学院通过山东省教育厅对人才培养工作的评估，举办反馈会（供图：岳 明）

书11000多册，入库馆藏新增5.4万册；建成图书微信平台。

学院现有教职工500多人，专任教师80%以上具有中高级技术职称。学院聘请包括中国工程院副院长樊代明院士、中国科学院曾毅院士在内的100多名知名专家担任兼职教授。学院是教育部确定的东西部联合办学单位，建立40多个联合办学点，全日制在校生13000多人，生源遍布全国各地。

**【内部治理能力不断提升】** 推进现代大学制度建设，全面实施学院章程，完善内控管理制度，编印《管理制度汇编》。建立中层部门绩效考核评价体系，发挥考核的激励作用。开展综合改革，破解发展难题。坚持党务、校务公开，做好信息公开工作。

**【招生就业培训工作再创佳绩】** 2016年，共招录3947人，生源质量持续提高。男护、军事化管理、航空护理等特色班学生报名十分踊跃。护理专业占比59.8%，其他专业占40.2%，专业结构得到优化和调整。就业形势保持良好。拓展“实习就业一体化”道路，妥善安置全部实习学生4000多名，就业率保持在95%以上。举办创新创业培训班，开展创新创业教育。完善大学生创业孵化基地，发挥校园“创客空间”作用成教培训取得较大进展。成人学历教育在校生1466人。举办7类13期1335人次养老人员培训。开展营养师、育婴师等职业资格鉴定工培训工作，申报成立潍坊市健康行业职业技能鉴定所。

**【教学改革与专业建设】** 成立专业建设指导委员会，制定专业建设发展规划、特色专业建设规划。申报健康管理专业，自2017年开始招生。探索冠名班、订单式培养，校企合作进一步加强。师生参加各级各类技能大赛，获得各类奖项近50项。成立课程研究中心，加强共享型教学平台应用，深化线上线下混合教学模式改革，构建微课程资源库。鼓励教师参与教材编制，开发校本教材22本，教师外出参编、出版规划教材20本。教学质量保障体系更加完善。成立教学督导委员会，通过校外教学督导员评课、领导干部听课、学生全员网上评教等多项措施，推进多元化教学质量保障体系建设，实现教学督查全覆盖。

**【师资队伍建设】** 成立教师发展中心。制定配套政策文件，推进职称评聘制度改革。加强教师培养，开展“青年教师传帮带”活动。加强兼职教师和外聘教师管理。重视教师专业能力提升，325人次参加医院实践锻炼，46人参加省级骨干教师培训。

**【科研水平不断提升】** 规范科研学术管理，完善多项规章制度。制定学术委员会章程，成立第一届学术委员会。鼓励科学研究，全年发表论文174篇，出版著作4部，获各类专利5项。12项课题被列为省、市级科研课题，4项课题获得奖项。

**【创新育人工作】** 开展感恩教育、

潍坊护理职业学院举办2016年元旦联欢晚会（供图：岳 明）

爱心教育、传统文化教育等，发挥共青团在线、德育在线、团委微信平台的育人作用。建立家庭经济困难学生信息库，完成困难学生的建档立卡工作。组织各类奖助学金评选，及时发放奖助学金。完善勤工助学管理，600多名学生参与勤工助学。开展中层以上干部联系班级、一帮一结对帮扶等活动。

（马占芹）

## 潍坊市技师学院

**【概况】** 潍坊技师学院是一所市政府直属全日制高等职业技术院校，副厅级事业单位。2004年经原国家劳动和社会保障部、山东省人民政府批准整合原潍坊市劳动局第一技工学校、潍坊市劳动局第二技工学校、潍坊市服务技工学校、诸城市技工学校组建成立潍坊市高级技工学校，于2009年经省政府批准改建为潍坊市技师学院。学院以培养技师和高级技工为主要目标，同时承担企业在职职工高技能人才和各类职业教育培训机构师资培训任务。是全国总工会就业培训基地、山东省职业教育先进单位、山东省技师培训基地、潍坊市高技能人才公共实训基地。先后被授予全国职业技术教育先进单位、省职业教育先进单位等荣誉称号。

学院规划占地59.05万平方米，规划总建筑面积18.5万平方米，分两期建设，现已完成第一期工程，建筑面积11万多平方米。其中教学楼1.5万平方米、实训中心1.4万平方米、图书馆1.4万平方米、学生公寓2.8万平方米、餐厅1.2万平方米。学院现有学生8500人，教职工341人。其中专任教师162人，“双师型”教师109人；高级职称84人，中级职称119人；省首席技师1人，市首席技师10人。设机械工程系、汽车工程系、电气工程系、经济管理系、信息工程系、餐饮与旅游管理系、文化创意管理系和公共基础部8个教学系部，开设数控加工、车工、钳工、汽车维修、电气自动化、机电、烹饪与酒店管理、市场营销、会计电算化、电子商务、物流、计算机信息管理、学前教育等20多个专业。

**【技能中国行2016——走进山东技能展示交流活动】** 2016年4月，举全院之力组织筹备人社部主办、山东省人社厅和潍坊市政府承办的技能中国行2016——走进山东技能展示交流活动，得到人社部、山东省人社厅和潍坊市委市政府有关领导的肯定和来自全国的600余名专家、代表的高度评价。

2016年4月，国家人社部职业能力建设司司长张立新（左三）、山东省人社厅副厅长刘杰（左四）到院参观考察 （供图：玄建亮）

**【专业建设】** 先后完成省、市规范化中等专业学校工作评估验收、中等职业学校专业建设分级认定申报、《山东省示范性及优质特色中等职业学校建设工程项目》的申报和特色品牌专业申报等工作，数控技术应用等7个专业被市教育局评为规范化专业，电气技术应用专业被评为潍坊市特色品牌专业。

**【师资队伍建设】** 2016年，1名教师被评为潍坊市专业技术拔尖人才、1名教师被评为潍坊市突出贡献技师、2名教师被评为潍坊市首席技师、7名教师被评为潍坊市技工教育教学能手、4名教师被评为潍坊市技工教育优秀班主任、1名教师被评为潍坊市优秀共产党员。

**【技能大赛】** 在第44届世界技能大赛山东省选拔赛烘焙项目附加赛中，学院两名学生分别获得第一名和第五名。其中孙欣代表山东省参加全国选拔赛，实现历史性突破。在全国饭店职业技能大赛中，餐饮与旅游管理系3名教师获3块银牌，并荣获团体赛银奖。

**【学生教育管理】** 2016年，开展“学习、生活、行为习惯养成”和“做主人、争先锋、我与学院共提升”主题教育活动，通过板报、墙报、橱窗、校园广播、学生工作信息栏、学团网站等教育阵地，进行宣传报道和展示。相继举办第7届校园赏花节、读书月活动、第17届田径运动会、第8届校园科技文化艺术节、“师生同乐”趣味运动会、“魅力青春、阳光校园”艺术作品展、庆祝教师节活动、迎新年活动、第4届班主任节等活动。

**【招生工作】** 全年共招生2785人，在校生人数达到8359人，呈现出持续

烘焙技能选手备赛　　（供图：玄建亮）

第八届科技文化艺术节开幕式　　（供图：玄建亮）

向好的发展态势。同时，协调市教育局，新增“计算机应用、市场营销、物流服务与管理”3个专业；利用办学资源优势，新设高铁服务和航空服务专业。

【基础设施建设】 集中整修学院主干道1200平方米，硬化实训中心路面1400平方米；粉刷实训中心、教学楼、学生餐厅、学生公寓和后勤用房外墙36257平方米、实训中心内墙12929平方米；新购置42台办公微机，为图书馆办公室安装132台吊扇，为23个教室安装多媒体教学系统。实施彩灯工程和绿化美化工程，拓宽学院东大门西环路绿化带通口，为师生创造良好的生活工作环境。

（玄建亮）

## 山东畜牧兽医职业学院

【概况】 山东畜牧兽医职业学院是国家骨干高职院校、山东省示范高职院校。1955年建校，2002年，经省政府批准，由山东省畜牧兽医学校升格为山东畜牧兽医职业学院。学院设有7个教学系部，现有招生专业20个，全日制在校生数11814人。有6个国家重点建设专业、2个中央财政支持品牌专业群，2个省级重点建设专业，8个省级品牌和特色专业。4个专业与本科院校合作举办“3+2”专本贯通分段培养本科班。

学院拥有教授、副教授187人，“双师型”教师占专业教师的90%。拥有国家级教学团队1个、省级优秀教学团队8个。拥有国家“万人计划”教学名师1人、全国高校教学名师1人、全国优秀教师1人、全国职业教育先进个人1人；全国农业职业教育教学名师5人；山东省教学名师2人、山东省优秀教师1人、山东省高等学校教学名师4人，青海省“高端创新人才千人计划”1人；山东省“十三五”时期现代农业产业技术体系创新团队岗位专家5人、综合试验站站长1人；山东省高端会计人才1人；鸢都学者1人、潍坊市专业技术拔尖人才2人。

学院建有动物疫病防控、宠物美容护理等130余个实验实训室，建有潍坊市6个重点实验室、工程技术中心；建有集教学、科研、实训于一体的畜牧养殖、饲料生产、兽药生产、食品加工4个实训大厅和1个宠物驯养繁育实训中心；建有动物医院、合力牧业等8个校内实训基地，与国内外500多家畜牧企业建立了良好的合作关系，在业内龙头企业设立校外实训基地290余处。牵头组建山东省畜牧职业教育集团。

在62年办学历程中，学院为国家培养畜牧兽医类专业人才8万余名，先后多次被省委宣传部授予“文化、科技、卫生‘三下乡’活动先进集体”称号，被山东省委、省政府授予“科教兴鲁先进单位”称号，荣获全国农业高校毕业生就业工作优秀单位、山东省省级文明单位、山东省科技兴农先进集体、山东省职业教育工作先进单位、山东省职业教育先进集体、山东省高职高专院校人才培养工作优秀单位、山东省高校毕业生就业工作先进集体、山东省高校毕业生就业工作优秀单位、山东省大学生创业教育示范院校、山东省高校德育工作和校园文明建设优秀单位等一系列荣誉称号，全国高职院校服务50强被选入。2016年学院党委印发《学院“十三五”事业发展规划》。7月15日，在北京举行的《2016中国高等职业教育质量年度报告》发布会上，会议主办方全国高职高专校长联席会议首次发布山东畜牧兽医职业学院被选入“高等职业院校服务贡献50强”。

**【动物检疫检验技术专业教学资源库获教育部、山东省教育厅立项】** 2016年12月22日，教育部下发《关于公布2016年度职业教育专业教学资源库项目评审结果的通知》，由院长郑立森主持的职业教育动物检疫检验技术专业教学资源库被确定为2016年度职业教育专业教学资源库立项建设项目，建设资金共需1000万元，该项目也同时被山东省教育厅立项。

**【专业建设】** 学院依托国家骨干院重点建设专业，统筹办学资源，突出建设重点，着力推进畜牧兽医、动物医学、宠物、食品、药品、动物营养与水产、经济贸易等专业板块建设，专业协调发展能力明显增强。新增畜牧工程技术、药品生物技术两个专业。完成教育部《中高职衔接畜牧兽医专业教学标准》《畜牧兽医专业顶岗实习标准》和山东省教育厅《三年制高职畜牧兽医专业教学指导方案》的调研制订。完成兽约制约技术、食品加工技术、校企合作电子商务专业等8个专业及课程标准制订。

**【师资队伍建设】** 新增省级教学团队2个。新增山东省现代农业产业技术体系创新团队岗位专家2人，国家“万人计划”教学名师1人；获山东省高校青年教师教学竞赛一等奖1项、职业院校信息化教学大赛一等奖1项、职业院校信息化教学大赛信息化教学设计二等奖1项、信息化课堂教学三等奖1项，山东省职业院校“先电杯”信息化教学大赛二等奖1项、三等奖1项，全国农业职业院校信息化教学设计大赛一等奖3项。

**【科研工作】** 立项国家星火计划1项、山东省级科研课题7项，潍坊市级科研课题30余项。国家、省星火计划、省高等学校科技计划等20项课题，通过验收鉴定。专利受理26项，授权12项。教师发表学术论文65篇，其中SCI收录1篇、中文核心期刊论文35篇。获潍坊市科学技术进步奖二等奖5项、三等奖1项。

**【人才培养模式】** 学院被确定为校企合作一体化办学示范院校，畜牧兽医专业被确定为山东省职业院校现代学徒制试点项目。开展学分制改革，与山东网商集团合作举办电子商务专业特色班，与台湾大仁科技大学合作举办宠物养护与驯导专业专科教育项目。学生获全国职业院校技能大赛二等奖、首届全国高职院校食品营养与安全技能大赛银奖、创业实践挑战赛金奖和创业计划竞赛银奖，山东省“创青春”大学生创业计划大赛1个金奖、2个银奖、2个铜奖，山东省第七届大学生数学竞赛专科组一等奖1个、二等奖2个。

**【主办承办全国、全省系列比赛】** 承办第三届全国农业职业院校信息化教学设计大赛现场决赛、2016年全国大学生动物防疫职业技能大赛、山东省职业院校全国技能大赛选拔赛（高职组）鸡新城疫抗体水平测定项目比赛，协办2016年山东省动物防疫职业技能竞赛暨第二届全国动物防疫职业技能竞赛山东省选拔赛决赛、山东省兽医化验员职业技能大赛、家畜饲养工职业技能竞赛等。

**【创新创业】** 加强创新创业意识教育，组织举办大学生创业先锋特训营，举办“创·享未来”创新创业教育互动论坛。建立创业实践基地，开展创业项目路演等活动，2个创业项目获“建行杯”第二届山东省“互联网+”大学生创新创业大赛初创组银奖和创意组铜奖，2个创业项目获得山东省第三届大学生创业大赛和山东省农科类大学生创新创业大赛团队组三等奖，1个项目获“创青春”中航工业全国大学生创业大赛铜奖。学院创业教育典型案例入选2016全国高职高专校长联席会年会成果展。

（臧智强　陈志君　陈　培）

## 山东经贸职业学院

**【概况】** 山东经贸职业学院是山东省人民政府批准、教育部备案的具有高等学历教育招生资格的省属公办全日制普通高等学校。前身是成立于1977年的山东省昌潍供销学校，2003年7月独立升格为山东经贸职业学院。目前，学院占地715亩，校舍建筑总面积19万平方米，教学仪器设备总值5327.43万元，图书馆馆藏纸质图书57.8万册。学院现有教职工483人，专任教师383人，教师队伍学历、职称、能力结构合理。设会计系、工商管理系、财政金融系、商务工程技术系、国际商务系、科学与人文系、继续教育中心等7个教学机构，拥有39个专业，全日制在校生9902人。学院是山东省首批技能型特色名校、全国供销合作社示范性高等职业院校；2016年，度荣获山东最具就业竞争力高职院校和山东最最受网民欢迎高职院校。

**【完成章程配套规章制度建设】** 重视制度建设，以《山东经贸职业学院章程》为抓手，先后制定完善党委会、院长办公会、学术委员会、人事管理、学生管理、教学、科研、考试、招生、资产、财务、后勤、安全、对外交流与合作等方面的制度39项，建立以“党委领导、校长负责、教授治学、民主管理、依法治校”为基本内容的现代大学制度，健全各种办事程序（流程），完善内部机构组织规则、议事规则等程序性制度，规范学院内部管理行为。

**【教学改革与专业建设】** 启动教学工作诊断与改进工作。新增互联网金融、网络营销2个专业，建设精品资源共享课程17门；完善课程标准，修订人才培养方案，校企共同开发课程54门，共同开发教材43种；与韩国加图立关东大学旅游管理、酒店管理、金融管理、证券与期货4个专业进行了“3+1”合作人才培养对接；作为牵头单位，组织开发山东省高等职业教育连锁经营管理专业三年制教学指导方案。

**【技能大赛获佳绩】** 师生参加技能大赛并取得好成绩，参加全国高职高专技能大赛报关赛项获省选拔赛第一名，第九届全国职业院校创业技能大赛获二等奖，全国高职高专人力资源管理技能大赛全国总决赛获一等奖，第十二届全国职业院校沙盘模拟经营大赛山东省总决赛获二等奖，第三届海峡两岸大学生流通业经营模拟大赛大陆地区精英赛获一等奖，山东省职业院校技能大赛市场营销技能、会计技能、现代物流储存与配送作业优化设计和实施三个赛项分获一、二、三等奖。

**【教科研工作】** 教科研创新成果丰硕，国家、省市级课题鉴定结项65项，获成果奖14项；纵向科研项目立项23项，横向技术服务项目结题鉴定10项。5人入选山东省高等院校教育专家库专家，1人获得潍坊市十佳拔尖人才、1人获得优秀人才称号。

**【招生与就业】** 2016年，共录取新生3569人，招生工作超额完成计划。2016届25个专业毕业生2780人，总体就业率100%。

**【师资队伍建设】** 推选42名教师参加山东省职业院校教师素质提高计划2016年度省级培训。11人顺利取得高校教师资格证。1人入选山东省职业教育青年技能名师培养计划，1名教师获得2016年度教育系统省政府公派出国留学资格，1人获得“潍州名师”荣誉称号，1名教师获“潍坊市政府立法智库工作突出贡献奖”荣誉称号。

**【对外交流与合作】** 与加图立关东大学4个专业“3+1”联合培养学生签订合作协议；与日本流通科学大学、神户电子专门学校、KIJ语学院洽谈了三方合作专升本事宜。爱尔兰、韩国和中国台湾地区的访问团组5个到院访问交流。本年度聘请7位外籍教师（美国5人，韩国2人）。2016年，学生共有5人先后赴朝阳科技大学研习、1人赴修平科技大学研习，4人赴韩国嘉泉大学留学，2人赴韩国加图立关东大学留学。

**【社会服务】** 服务区域经济发展，承担社会培训工作。2016年举办肥料配方师培训班、精准施肥用药培训班等，为行业和区域培训学员1007人次。承担潍坊市组织干部选学、潍坊市财政局行政事业单位财会人员培训、乡镇政府经济管理人员财务知识培训、政府服务民营经济培训等政府性培训服务工作，完成社会培训7514余人次，承办2016潍坊市公务员录用考试，总考试人场次达5400多。坚持为行业和区域经济社会发展服务，支持教师开展横向课题研究和项目开发，大力拓展社会服务功能，扩大服务领域。审核签订20项横向技术服务合同，合同金额38.6万元，促进教师与企业的深度合作；完成10项服务期满横向技术服务项目的结题鉴定工作，提高教师的实践教学能力。

（李　君）

# 山东交通职业学院

**【概况】** 2016年，学院通过山东省教育厅、财政厅组织的山东省首批技能型特色名校建设项目验收，被评为优秀等级。公布《山东交通职业学院章程》，完善以章程为核心的制度体系，修订完成21项配套制度。制订学校“十三五”发展规划，建立学校未来五年的发展目标。制订《山东交通职业学院管理水平提升行动计划（2015—2018年）实施方案》，被山东省教育厅评为山东省校企合作一体化示范院校。

**【师资队伍建设】** 制定出台《山东交通职业学院高层次人才引进培养管理暂行办法》《山东交通职业学院兼职教师聘任管理暂行办法》，高层次人才引进取得突破。建设博士工作室，为高层次人才教学科研提供有力支持。王磊、黄静、林玲教师团队的作品《时间管理》获全国高职组信息化教学设计比赛一等奖；孙静霞荣获全省职业院校技能大赛汽车检测与维修一等奖；秦玉权被评为“第十届山东省高等职业院校教学名师”；现代网络技术教学团队被评为“2016年山东省高等职业院校教学团队”；由建勋教授主持的《创新创业实务》课程，正式在全国智慧职教平台上线。

**【提高人才培养质量】** 2016年，汽车制造与装配技术专业入选山东省现代学徒制试点，航海系混合所有制项目入选山东省职业院校混合所有制改革试点。启动内部质量保证体系诊断与改进工作，确定学校教学诊改工作步骤。新增云计算技术与应用专业。在2016年全国职业院校技能大赛中，高职组获得一等奖4项，二等奖2项；中职组获得二等奖2项。在全省职业院校技能大赛中，高职组获得一等奖6项、二等奖1项、三等奖8项；中职组获得二等奖3项，三等奖5项。

【招生就业工作】探索多样化招生选拔录取机制，实现普通高职专科、直招士官、单独招生、“3+2”对口贯通分段培养、五年一贯制大专等多种招生形式。定向培养直招士官招生计划增加到320人，首次招收女生。报到新生5454人，录取生源质量和报到数显著提高。2016届共有大中专毕业生3381人，其中高职毕业生2994人，就业率为98%。

【科研社会服务能力得到提高】《基于“双证书”的检测专业教学标准与职业标准衔接研究》《基于公路监理专业项目教学模式的质量监控体系构建》两项课题获全国交通教指委立项，立项科研课题43项，结题26项；发表论文196篇，其中核心期刊12篇，山大B类2篇；获得发明专利授权5项。杨效军博士主持的《商用汽车电涡流缓速器集成化智能控制系统研发与应用》项目，通过交通运输部验收。依托司法鉴定所、公路工程检测中心、驾训中心、交通运输部特有工种鉴定站、船员上岗证培训、山东省职业技能鉴定站、全省交通运输企业安全标准化考评等机构，为行业区域提供社会服务。北京福田戴姆勒商用车价值联盟创新人才培养基地正式落户学校。

【素质教育创新行动】落实《山东交通职业学院素质教育创新行动实施方案》目标任务，新建15个优秀社团，现有122个优秀社团。大学生创业孵化基地被认定为潍坊市大学生创业示范平台。获得学生素质类奖励省级一等奖4个，二等奖8个，三等奖6个，优秀指导教师8人；市级一等奖1个，二等奖2个。

【推进基本建设】推进潍坊船员考试评估中心一期工程建设。已完成学生宿舍及配套工程建设。启动图书综合楼、泰山校区学生公寓和实训综合楼的立项工作。与有关企业合作，数字化校园建设稳步推进。推进校园节能减排，建设“节约型校园”。

（孙　阳　张吉林）

## 山东科技职业学院

【概况】山东科技职业学院创建于1978年，原名昌潍纺织工业学校，2001年8月，成建制晋升为山东纺织职业学院，2006年4月，更名为山东科技职业学院。2016年，在校生16124名，主校区占地面积167公顷，建筑面积47万平方米，图书藏量77.3万册。开设纺织服装、应用外语、经济管理、机械制造、建筑工程、生物与化学、信息工程、艺术传媒设计、汽车工程等11个专业群52个专业。建有国家级精品课程3门，省级精品课程43门，省级教学团队6个。先后获得国家级教学成果二等奖2项、省级教学成果奖17项，全国纺织职业教育教学成果奖16项。

【设立博士后创新实践基地】与北京交大中安联合投资集团联合在学院设立博士后创新实践基地,是山东省高职院校第一家博士后创新实践基地。

【建设山东省智能制造公共实训基地】2016年12月，经山东省经信委、发改委、教育厅、人社厅、财政厅五部门共同批复，由学院筹建山东省智能制造公共实训基地，主要面向高职院校和行业企业，开展互联网+智能制造的现代制造业高技能人才培养、职工培训、技能鉴定、技术服务、技能大赛等。

【新增两个高职专业】新增移动应用开发、工业机器人2个专业。新增机械制造与自动化专业为3+2对口贯通分段培养专业。

【现代职教课程改革】开发并实施在线课程达到627门，申报省级精品资源共享课程12门。推进教学信息化改革，连续四年参加“清华教育信息化论坛”并作典型经验交流。经济管理系于雷老师主讲的《外贸单证操作》课程被评为全国职业院校2016年度“线上线下混合教学优秀典型案例”。

【教学质量工程】参与国家级教学资源库子项目建设5个，获批承担汽车电子技术专业山东省教学资源库建设。新增山东省品牌专业群1个，省级现代学徒制试点专业1个。新增省级教学团队2个、省级教学名师2人，省级青年技能名师1人。教师在各类大赛上先后获得山东省信息化设计大赛一等奖、全国大赛三等奖，山东省第二届高校思想政治理论课教学比赛一等奖，第九届全国职业院校创业技能大赛创业教学竞赛全国总决赛特等奖。

【职业技能大赛】获得省级及以上技能大赛一等奖13项、二等奖21项、三等奖21项，其中国赛一等奖1项、二等奖2项、三等奖1项，省赛一等奖3项、二等奖3项，三等奖9项。

【科研创新与社会服务】牵头申报山东省教育科学规划重大委托课题“山东省高职教育人才培养与社会需求适应性的调查与对策研究”获批立项。市厅级及以上科研项目获批立项64项。获得潍坊市科技进步奖1项、潍坊市第二十四次社会科学优秀成果奖2项、“纺织之光”中国纺织工业联合会纺织职业教育教学成果奖4项、省教育科学研究优秀成果奖2项、省职工教育与职业教育优秀科研成果奖7项、全省高校思想政治教育优秀成果1项。全年教师共发表论文212篇，其中全国中文核心期刊论文11篇，国际会议及EI等论文7篇，出版教材26部，译著1部。开展科研与社会服务项目91项，到位经费537万元。

【招生就业】2016年，共报到新生5461人，在校生规模达16124人。2016

届毕业生共3600人，就业率98.72%，在中国中车、一汽—大众、山东核电、烟台万华、中铁十四局等央企、国企就业人数达到561人，占比为15.6%。

【校企合作】 与北京交通大学—中安联合集团、浪潮集团共同组建网络空间安全学院，开始试点混合所有制办学改革。与联想集团、一汽大众、中国中车等11个大型企业成立企业订单班。

【创新创业教育】 学生自主申报专利508项，其中发明专利255项。大学生创新创业基地入驻创业实体48家，总注册资金1600余万元。学院被潍坊市人民政府评为“潍坊市大学生创新创业工作先进集体”和“潍坊市市级大学生创业示范基地”，并获得100万奖补资金。在“2016全国创新创业高端论坛暨全国高校优秀创业项目资本对接会”上成功入围50强。

【国际交流与合作】 共接待美国、韩国、德国、中国台湾地区来访交流127人次。与韩国忠北大学、日本东洋大学等国外高校建立了友好院校关系。共有来自12个国家的长期在校留学生132人。中外合作办学专业增至4个，在校生规模160余人。对埃塞俄比亚20余名专业人员进行为期12天的轻工类纺织服装技能培训。承办海峡两岸风筝文化交流活动，获省级优秀对台交流项目。许海光荣膺山东省南澳洲友好省洲学生大使。

（胡兴珠）

## 山东工业技师学院

山东工业技师学院是国家高技能人才培养基地　（供图：王永健）

【概况】 山东工业技师学院是经山东省人民政府批准建立，隶属于山东省人力资源和社会保障厅的国家级重点技工院校。学院目前分为两个校区办学。奎文校区为老校区，在市区北宫街南、虞河西岸。潍城校区为新校区，地处市郊浮烟山文化风景旅游区，规划占地1000余亩，现实际开发600余亩，建筑面积14万余平方米，固定资产总额3.04亿元。现拥有实训中心8座，建筑面积近4万平方米，各类实训设施总值1.01亿元，在校生1万余人。学院现设有机电工程系、现代制造工程系、汽车工程系、印刷工程系、海洋生化系、信息工程系、基础教学部6系1部教学机构，拥有26个专业，其中，数控加工、印刷技术等2个专业为全省技工院校百强专业，数控加工技术、印刷技术、制浆造纸等3个专业为省级重点名牌专业，另有市级重点专业8个，潍坊市特色品牌专业2个。学院先后被政府有关部门授予“国家级重点技工院校”“国家高技能人才培养基地”“人社部一体化教学改革试点院校”“第44届世界技能大赛中国集训基地”“山东省技工教育先进集体”“山东省技工学校教学质量优秀单位”“省级文明单位”等荣誉称号。

【人才队伍】 坚持将“走出去”与“请进来”相结合，聘请山东大学、天津职业技术师范大学、上海印刷出版专科学校、世赛中国研究中心、韩国职业能力开发院、德国国际经济与文化交流促进会等国内外专家教授20余人担任学院客座教授或特聘教授，交流培训达1000余人次；选派骨干教师60余人到浙江大学等著名高校进行专业培训；派出教师120余人次到大连机床、西门子（中国）有限公司、北大方正、北京利丰雅高、青岛海信、歌尔集团、潍坊广潍汽车、上海ABB及潍坊市科技孵化中心等公司企业进行顶岗实习锻炼；派出100余人次参加部、省及市组织的教学研讨、世赛项目研讨及系主任管理培训等专项培训。

【教学工作】 2016年，学院深化教学改革。一是建立健全技能大赛常态化工作机制，努力实现“两个转化”，即世赛技术标准向技能人才培养标准和课程标准转化，参赛选手培养路径向技能人才培养路径转化。二是推进教学形式创新，引入“互联网+”的教学新理念，开展“微课教学”“翻转课堂”“对分课堂”等教学方法研讨与培训。三是投入2000万元强化实训设施建设。四是举办首届教学年会，搭建全体教师交流研讨平台，促进学院专业建设协同发展。

【德育工作】 学院围绕“立德树人”的根本任务，全面推进素质教育，创新德育模式，抓好“两个环节”（思想教育、常规管理），强化“三支队伍”（班主任队伍、学生干部队伍、学生思想政治工作队伍），形成“以德育早课和主题教育课为基本规范、以评优树先为正面引导、以校园文化艺术节等第二课堂为人文平台，以校规校纪为基本约束”的“四位一体”德育工作模式。3名团总支书记被评为“潍坊青年志愿服务之星”，院团委被确定为潍坊市学联第七届理事会成员单位。在第三届山东省“国学达人”挑战赛和第二届潍坊大学生风筝知识大赛中，学院选手分别获得二等奖和三等奖各1项。

【技能大赛】 2016年，学院师生在国家各级各类技能大赛中获奖20余项，其中，在第44届世界技能大赛全国选拔赛上，学院选手取得工业控制项目全国第一名和印刷媒体技术项目全国第三名的成绩；在第七届全国数控大赛中有四个项目进入全国前5名。11月，学院被人力资源和社会保障部确定为第44届世界技能大赛（工业控制项目）中国集训基地。

2016年11月，学院被人力资源和社会保障部确定为第44届世界技能大赛（工业控制项目）中国集训基地 （供图：王永健）

2016年8月，在第44届世界技能大赛全国选拔赛上，山东工业技师学院选手袁强取得工业控制项目全国第一名优异成绩 （供图：王永健）

【招生就业培训】 2016年，学院招生规模再创历史新高，全年招生4663人。理顺毕业生就业安置程序，推行以系部为主体的就业安置机制，推进教学与就业有效对接，当年就业率达98%以上。全年共组织培训、鉴定及学历教育7998人次，“大学生就业创业培训”获山东省人力资源社会保障综合绩效考评“优秀”档次。

【合作交流】 与西门子、费斯托、歌尔集团、海信集团、中国电建集团山东电力三公司、江淮汽车等多家知名企业开展校企合作，加强人才共育，订单式培养机制逐步完善。与澳大利亚Tafe职业学院、韩国职业能力开发协会、德国国际经济与文化交流促进会等开展国际交流合作，其中与德促会已就筹建“中德交流培训中心”签订战略合作协议。

（吕春作）

## 山东信息职业技术学院

【概况】 山东信息职业技术学院是山东省人民政府批准设立、教育部备案的省属公办全日制普通高校。学院是教育部批准的“国家示范性软件职业技术学院”首批建设单位，是工业和信息化部、人力资源和社会保障部确认的国家首批“电子信息产业高技能人才培训基地”，被评为“全国信息产业系统先进集体”“山东省职业教育先进集体”“山东省德育工作优秀高校”“山东省文明校园”“省级服务外包人才培训基地”“省级劳务外派培训基地”。

学院占地1037亩，现有奎文校区和滨海校区，建筑面积250610.38平方米，在校生11000余人，馆藏图书58.13万册，现代化的实验室、实训室55个，教学科研仪器设备值达4820.28万元。

学院以电子信息类专业为龙头，向其他专业渗透融合，形成软件技术、电子技术、信息技术、网络工程、数字媒体艺术、自动化、机械设计与制造、财经、商管、航空等特色鲜明、优势明显的专业群。学院现有省级特色专业3个、省级教学团队3个、省级精品课程9门。学院现有专任教师472人，中高级职称以上的教师占专任教师的80%以上，具有硕士学位教师占专任教师的比例达30.5%，“双师”型教师占专业课教师的60%以上，省级教学名师2人。

**【校企合作】** 改革校企合作人才培养模式，推进现代学徒制试点，增强人才培养的针对性和学生就业竞争力。与山东中创软件股份有限公司签订校企合作协议，组建中创班，进行现代学徒制试点；与潍坊联通公司合作组建联通班，与南京第55所技术开发有限公司签订合作办学协议。

**【教科研工作】** 学院承担山东省教育厅立项的高等职业教育数字媒体应用技术专业教学指导方案的开发任务；2016年申报教科研课题省级2项，市级4项；立项开题省级2项，市级3项；结题验收省级3项，市级1项；发表各级论文45篇。

**【实训室建设】** 2016年投资500万元建设电子测量技术、网络设备融合、会计电算化综合模拟、电子商务模拟、市场营销模拟沙盘、测绘、消防、茶艺、餐饮、体能训练、数控车、数控铣等12个实训室。

**【师资队伍建设】** 1人被评为第十届山东省高等职业院校教学名师。22位教师参加“高职院校教师信息化教学能力培训”“高职院校微课教学培训”等专题培训。举办校级“2016年微课教学比赛”。

**【技能大赛获佳绩】** 荣获山东省职业院校技能大赛二等奖1项、三等奖8项，三维数字化创新设计大赛山东省一等奖2项、二等奖3项、三等奖5项，全国计算机辅助设计个人对抗赛三等奖2项，数字建筑表现设计大赛山东省一等奖1项、三等奖2项，微电影大赛山东省二等奖3项、三等奖3项。

**【学生教育管理】** 2016年，举办各类学生活动16项。举办第一届“联通杯”创客大赛，提高青年学生的创新精神、创业意识和创新创业能力。1人被共青团潍坊市委授予2016年度“优秀青年工作者”，1人被评为“潍坊市优秀共青团干部”，1人被评为“潍坊市优秀共青团员”，学院团委被共青团潍坊市委授予2016年度潍坊市“红旗团委”荣誉称号。

**【招生与就业】** 学院实行“特色办学、高端招生”，是定向培养直招士官试点院校，为空军部队、公安消防部队、陆军、战略支援部队和中央军委装备发展部定向培养直招士官。2016年培养人数位列全国同类院校前列，12月30日，为空军部队定向培养的首届42名士官生入伍。学院是“3+2”对口贯通分段培养本科人才试点院校，分别与鲁东大学、潍坊学院、山东交通学院衔接培养计算机科学技术专业、软件技术专业、物联网应用技术专业本科层次人才，招生计划120人。2016年录取新生3113人，在校生规模达到历史高点的11314人。2016届毕业生2047人，就业率达到97.36%。

（王志刚　刘兰芹　周　岩）

# 科　学

## *Kexue*

### 科技创新

**【概况】** 2016年，市科技局按照市委、市政府战略部署，以深化科技体制改革为动力，以推动科技成果转移转化为主线，深入实施创新驱动发展战略，积极培育发展新动能，努力扩大创新供给，为全市经济社会发展提供了强有力的科技支撑。在中国城市发展研究会“中国城市创新能力”综合评测中，潍坊市在全国地级市创新能力排名由2012年的32位提升到第7位；市高新区获批参与建设山东半岛国家自主创新示范区，成为全国13个创新示范区之一；盛瑞传动“前置前驱8挡自动变速器”获得国家科技进步一等奖，是全国唯一由民营企业获得的一等奖，实现潍坊市企业以第一项目完成人获得国家一等奖零的突破；全国农业科技工作现场会2016年4月在潍坊成功召开，全面推广潍坊市农业科技创新的经验和做法。

**【高新技术及其产业】** 潍坊市始终把高新技术企业培育作为发挥企业自主创新主体作用，引领转方式、调结构的重要工作来抓。2016年重点分析县市区高新技术产业发展过程中存在的问题，制定具体赶超措施。组织实施“小升高”（将科技型中小微企业升级为高新技术企业）计划，对新修订的《高新技术企业认定管理办法》进行全面系统地培训。在全市范围内，筛选一批掌握核心技术、具有较强竞争力的科技小微企业，作为高新技术企业的后备力量。2016年，共认定157家高新技术企业，全市高新技术企业总数达到468家，居全省第2位。全市实现高新技术产业产值4413.5亿元，占规模以上工业总产值比重达到33.13%，比年初提高1.28个百分点。

**【科技创新平台建设】** 突出配套设施、孵化能力、创业环境、种子筛选等环节，全力推进科技企业孵化器建设。新增市级科技企业孵化器14家，新增孵化面积34万平方米，新增孵化企业485家。截至2016年年底，全市正式投入运行的市级以上科技孵化器达到54家，孵化总面积达191万平方米，在孵企业发展到2081家。加快推进新型创新创业平台建设。全市已认定市级众创空间6家，国家专业化众创空间1家（潍柴卡车动力总成众创空间），通过国家备案众创空间6家、省级14家，创客团队475个，均居全省前列。全面加快企业创新平台建设，新组建市级产业技术创新战略联盟9家，市级以上联盟总数发展到69家，其中，国家级4家，省级13家。新批准建设省级（示范）工程技术研究中心8家，全市已建成国家级工程技术研究中心2家、企业重点实验室1家；省级（示范）工程技术研究中心127家、重点实验室14家、院士工作站58家，省级以上创新平台数量居全省第3位。启动建设市科教创新园、市工业研究院。制定了《潍坊市科教创新园区认定管理办法》《潍坊市工业研究院筹备方案》，各项工作有序推进。

7月8日，科技部副部长李萌（右二）一行到潍坊市考察众创空间发展情况。市委书记杜昌文（左三），副市长王桂英，市科技局局长张宝胜（左二）陪同　　（供图：刘永亮）

【科技合作与交流】 聚焦现代产业领域，对企业技术需求和高校院所科技成果进行系统梳理，共征集发布143家龙头骨干企业技术需求232项，重点推介高校院所科技成果2283项，达成合作意向189项。不断深化与国内重点高校院所的科技合作，成功举办现代农业及食品业、智能制造、生物医药、精细化工等8次专项科技合作对接活动。先后邀请中科院、清华大学、北京大学等36家高校院所74名技术专家，对38家企业进行技术诊断帮扶，共解决行业关键技术难题63项。引进、共建中科万隆新技术研究院、中美食品与农业创新中心等专业性研究院或分支机构38家。新建山东信得科技、威能环保、高新生物园、雷沃重工等20家山东省院士工作站。充分发挥潍坊市国际科技合作优势，积极融入全球创新网络。成功组织生物医药、先进制造、现代农业等领域企业赴美国、加拿大、意大利、荷兰等国家开展国际科技合作专项对接活动，达成合作项目16项。积极利用硅谷资源，推动与国内对接合作，引进加州大学戴维斯分校落户潍坊共建中美食品与农业创新中心。全面落实山东（潍坊）—以色列科技产业达成的协议，推进中以技术转移平台建设，中以基金路演15次，双方互相推荐项目22个，重点推进落实山东现代农业研究院、滨海海水淡化、高密度仿生养鱼技术、阳光融和医院—以色列舍巴医学中心合作、农业莫沙夫等项目。积极对接荷兰瓦赫宁根大学，推进中荷农业食品创新培训中心建设。

【农业科技】 认真做好农业科技园区建设，紧紧抓住国家规划部署的现代农业发展“一城两区百园”（优先加强北京国家现代农业科技城、杨凌国家农业高新技术示范区、黄河三角洲国家现代农业科技示范区建设。继续稳步推进国家农业科技园区发展，使国家农业科技园区总数达到120个左右）战略和省科技厅提出的农业科技园区“一县一区一特色”的总体布局，充分挖掘具有较强区域带动能力的农业特色支柱产业。实施潍坊市农业科技园区示范带动工程，推动农业向规模化经营、标准化生产、企业化运营、社会化专业化服务方向发展。做好潍坊（青州）国家农业科技园区规划建设工作。将园区规划建设成现代农业科技示范基地、农业科技成果转化基地、农业科技人才培训基地。认真做好国家农业科技园区规划编制工作，注重做好园区建设与旅游、养生长寿、民本民生结合文章，探索工商企业进入农业形成文旅农科融合发展的新模式。做好省级农业科技园的建设。针对潍坊市尚未建立农业科技园区的县市区，积极筛选出区域农业特色支柱产业和龙头企业，做好争取工作。2016年，潍坊市潍城、寒亭、坊子、昌邑、高密5个县市区被省科技厅认定为省级农业科技园，争取科技园区经费900万元。扎实推进“渤海粮仓”科技示范工程创建工作，通过采取小麦——玉米种植、水稻种植、水产养殖、牧草种植、畜牧养殖等模式，推动实现粮食增产、农业增效，为保障粮食安全提供了重要科技支撑。2016年，潍坊市在寿光、昌邑新建示范区3个，示范面积14000多亩，争取经费60万元。预计粮食平均亩产700公斤，粮食总产900万公斤，产生效益2160万元。

【科技成果】 全面征集电子信息、生物医药、高端装备制造等高新技术领域应用型科技成果，组织开展科技成果登记。2016年登记科技成果138项。全力推荐19家企业的31项可转化科技成果进入省级项目备选库。全市培育优秀科研成果500项，评审出市级科技进步奖150项,95%以上成果达到国内领先水平。盛瑞传动股份有限公司完成的“前置前驱8挡自动变速器（8AT）研发及产业化”项目获得国家科技进步一等奖。积极开展省科学技术奖申报，潍坊大耀新材料有限公司“高纯工业品硫化锌”等6个项目获得省科技进步奖，其中二等奖3项，三等奖3项。建成科技成果路演中心，与西安交通大学国家技术转移中心、中科院山东综合技术转化中心举办成果发布、推介活动4次。新引进技术转移机构5家，新发布科技成果2000项，发展技术俱乐部专家100人，完成技术合同网上登记2806项，成交金额46亿元。小微企业创新券补助金额达到782万元。

【海洋科技】 2016年，海洋领域承担市级以上各类科技研发项目14个，获无偿经费765万元，新获批省级示范工程技术研究中心1家，备案院士工作站1家。有1家企业组建市级工程技术研究中心，2家企业组建市级企业重点实验室，认定高新技术企业2家。3个项目获得市科技进步二等奖、3个项目获得市科技进步三等奖。积极协助省科技厅开展2016年度山东省承担国家与地方项目（海洋领域）统计工作，深入开展海洋科技发展调研。

【科技计划】 2016年，全市承担省级以上各类科技计划项目130项，获得无偿扶持资金2.24亿元,其中国家级项目25项，国家级资金8291万元，省级项目105项，省级资金1.41亿元。其中重点项目有：雷沃重工股份有限公司、潍柴动力股份有限公司获得国家重点研发计划支持，获扶持资金7571万元。潍坊医学院等科研院所获得国家自然科学基金支持，获扶持资金450万元。盛瑞传动股份有限公司获得国家乘用车自动变速器工程技术研究中心建设专项经费150万元。省级重点研发计划立项26项，项目经费4398万元。潍柴动力股份有限公司的内燃机可靠性重点实验室、歌尔声学股份有限公司的微电声技术重点实验室等四家企业重点实验室,获得省基地建设资金550万元。潍坊学院、潍坊医学院、潍坊科技学院等高校省级自然科学基金立项23项，扶持资金249万元。山东半岛国家自主创新示范区发展建设资金项目立项9项，获得扶持资金1560万元。

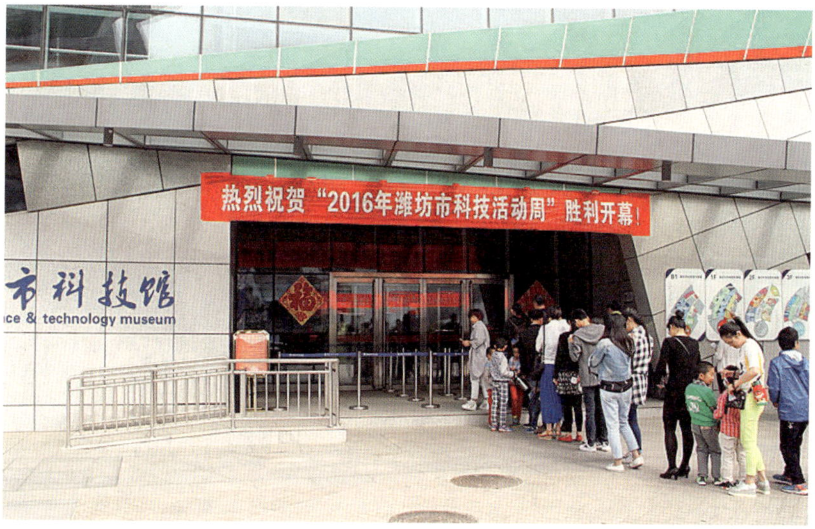


5月14日上午，潍坊市科技活动周在市科技馆开幕 （供图：刘永亮）

**【科技与金融融合】** 市科技局会同市金控集团成立的潍坊市国信创业投资有限公司，注册资金达到5亿元，建立了以高新技术企业、科技型中小企业为主的创新创业资源库，打造集股权投资、保荐承销、路演服务等服务于一体的综合性科技创投服务平台。设立了3亿元的创新基金，重点支持科技创新型企业，培育细分行业的领军企业及"科技小巨人"，已支持企业21家，带动社会资金投入20.1亿元。助推科技型企业挂牌"科技板"，潍坊市254家科技型中小微企业入库省中小企业数据库，2016年全市挂牌"科技板"企业11家，数量居全省第二位，莱德机械、日兴新材料等企业已对接省直投资金1858万元。

**【政策法规与环境建设】** 以市委、市政府名义下发《关于深化科技体制改革加快创新发展的实施意见》等文件，进一步优化创新创业的政策环境。把高新技术产业发展、创新平台建设、企业研发投入等列入科学发展考核指标体系，进一步突出科技创新在经济社会发展中的支撑作用。落实自主创新产品政府优先采购政策和高新技术企业15%所得税率、研发经费税前加计扣除等优惠政策。2016年为高新技术企业减免税收8.5亿元。不断加大科技人才引进培养力度，7人入选国家"万人计划"，6人入围省泰山产业领军人才，6人被评为鸢都产业领军人才工程生物医药领域人才。积极做好创新创业大赛组织工作。全市共组织72家企业、15个团队参加中国创新创业大赛山东赛区比赛。通过广泛举办科技活动周、开展"12·4"宪法日科普宣传等活动，增强全社会的创新动力与创造活力，提升了全民创新意识。

（朱海龙）

### 2016年度潍坊市获得国家、省科学技术奖励目录

#### 国家科学技术进步奖

**一等奖**

项目编号：J-223-1-01

项目名称：前置前驱8挡自动变速器（8AT）研发及产业化

主要完成单位：盛瑞传动股份有限公司

#### 山东省科学技术进步奖

**二等奖**

1.JB2016-2-2 花生优异突变体的创制与新品种培育

完成单位：山东省潍坊市农业科学院

2.JB2016-2-4 优质设施西瓜甜瓜系列新品种选育及高效栽培技术

完成单位：山东省寿光市三木种苗有限公司

3.JB2016-2-22 食品专用变性淀粉生产关键技术及应用

完成单位：诸城兴贸玉米开发有限公司

4.JB2016-2-31 系列改性丙烯酸乳液的合成及其在水性环保涂料中的应用

完成单位：山东乐化漆业股份有限公司

5.JB2016-2-41 高性能中型高速柴油机关键技术及产业化

完成单位：潍柴动力股份有限公司

**三等奖**

1.JB2016-3-15 绿色低耗高仿真超纤人工皮革的关键技术创制及产业化

完成单位：山东同大海岛新材料股份有限公司

2.JB2016-3-18 高纯工业品硫化锌

完成单位：潍坊大耀新材料有限公司

（刘相信）

## 知识产权

**【概况】** 2016年，全市国内专利申请20895件，其中发明专利申请7371件；专利授权10150件，其中发明专利授权1259件；国内发明专利申请量居全省地级市第一位、授权量居全省地级市第二位。全市通过专利合作条约（PCT）申请国际专利148件，列全省地级市首位；万人拥有有效发明专利4.62件，增幅28.4%。潍坊市获批国家知识产权质押融资示范城市，潍坊市知识产权局被人社部和国家知识产权局评为"全国知识产权工作先进集体"。

**【企业创新主休地位更加稳固】** 2016年，全市企业专利申请占总申请量的52.74%，专利授权占比达68.98%；企业创新主体地位进一步强化，一批关键技术实现突破。潍柴动力股份有限公司、雷沃重工股份有限公司、山东豪迈科技机械科技股份有限公司的三项发明专利获得第十八届中国专利优秀奖；歌尔声学股份有限公司获批国家

专利运营试点企业。雷沃重工股份有限公司和山东豪迈机械科技股份有限公司被国家知识产权局确定为国家知识产权示范企业。山东航维骨科医疗器械股份有限公司、潍坊市精华粉体工程设备有限公司、潍坊瑞驰汽车系统有限公司和山东新和成药业有限公司被国家知识产权局确定为国家知识产权优势企业。盛瑞传动股份有限公司和雷沃重工股份有限公司入围山东省首批15家核心知识产权重点培育企业。山东胜伟园林科技有限公司等3家企业和高新区光电产业入选2016年山东省知识产权分析评议项目和专利导航产业发展项目。

5月16日，国家知识产权局副局长贺化（左二）、山东省知识产权局局长于智勇（右一）参观潍坊市知识产权运营中心，潍坊市知识产权局局长高玉国（左一）介绍中心情况　（供图：王海营）

**【知识产权试点示范成效明显】** 2016年，全市确定9大重点工作任务，明确5项工作保障机制，5月16日召开国家知识产权区域布局试点工作启动会，8月，潍坊市又获批国家专利质押融资示范城市，在该次获批的11个示范城市中，潍坊市是全省唯一入选的城市。1月，高新区获批国家专利导航产业发展实验区；诸城市荣获国家知识产权试点城市（县级）先进集体。

**【推行《企业知识产权管理规范》工作深入开展】** 2016年，潍坊市“贯标”（“贯标”是依据《企业知识产权管理规范》的要求，由国家知识产权局制定并推动的一项旨在帮助企业建立健全知识产权规范化管理的一整套工作流程、方法、制度和文件的统称）企业启动122家，通过现场验收45家，获得认证证书的40家，数量均居全省前列。

**【知识产权质押融资取得突破】** 2016年，全市知识产权质押融资企业22家，质押金额达28145万元；截至年底，全市开展质押融资企业60家，融资金额总额4亿多元，对缓解全市中小企业融资难提供了新的解决途径。

**【政府专利奖力度加大】** 2016年，修订出台《潍坊市专利奖励暂行办法》和《潍坊市专利奖励暂行办法实施细则》，将专利奖奖励金额由40万元提升到600万元。2016年度全市专利奖共评出一等奖10项，二等奖20项，三等奖25项，外观设计奖5项，奖励金额总计550万元，进一步激发全市发明人的创新活力和热情。

**【知识产权保护力度不断增强】** 2016年，通过整合“12330”知识产权举报投诉热线与维权援助综合服务平台，实现线上网络服务与线下大厅服务相结合，传统电话与网络IP通信相融合，实现了知识产权举报投诉、维权援助、多部门案件移交转办协同服务网络化、网上和传统电话一体化的服务格局。全年通过平台受理举报投诉案件43件，解答知识产权信息、保护与法律法规等咨询2600多人次。2016年，全市共查处假冒专利行为立案580件，结案率100%；调处专利侵权纠纷立案52件，结案50件，结案率96%。在中日韩产业博览会、鲁台经贸洽谈会期间开展展会执法，开设“执法维权工作站”，发放宣传资料25000余份，接受法律咨询160余人次，检查带有专利标记的产品300余件，受理专利侵权纠纷案件6件，均在展会期间结案。

5月，召开知识产权区域布局试点工作启动会　（供图：黄盛）

【知识产权服务业健康发展】积极引进和培育中介服务机构，加强服务机构的引导与管理。2016年，全市引进培育中介服务机构已达12家，列全省前列，进一步壮大了全市知识产权服务业队伍，提升了知识产权服务水平与质量。

【加大宣传培训，营造知识产权文化氛围】10月25—26日，由国家知识产权局主办，山东省知识产权局、潍坊市知识产权局和知识产权出版社承办的“知识产权走基层，服务经济万里行”山东站活动在潍坊市富华会议中心举行。国家知识产权局副局长贺化，山东省知识产权局局长于智勇，潍坊市委书记杜昌文，市长刘曙光，潍坊市委常委、常务副市长邹庆忠等出席活动。活动主要内容包括政策宣讲、产业专利态势最新发布暨专利分析讲座、“智南针沙龙”、知识产权故事会、无效宣告请求案件巡回口头审理、发明专利巡回审查、知识产权公益咨询、知识产权分析评议与利用实务知识产权分析评议培训、知识产权服务创业创新、知识产权新一代产品发布、国家知识产权局资深审查员进企业公益服务等活动。2016年，全市开展专利代理人培训班、专利布局、专利信息利用、专利执法、企业贯标、知识产权支撑创新等各类知识产权培训班十余期，培训千余人次；借助“世界知识产权日”“中国专利周”等契机，组织开展大规模的知识产权宣传活动，入驻鲁台经贸会、中日韩博览会等大型展会，营造全社会“尊重知识、崇尚创新、诚信守法”的知识产权文化氛围。

（马 涌）

## 防震减灾

【概况】2016年，《潍坊市防震减灾事业发展规划（2016—2020年）》经市政府常务会议研究通过，并以市政府文件形式印制下发。开展了国家地震烈度速报与预警工程，顺利完成1个基准站、4个基本站及127个一般站的前期勘选和上报工作。在高密市成功组织由500余名社区居民参加的以社区为背景的地震应急综合演练。建设完成了潍坊市植物园、诸城潍河公园2处国家Ⅰ类标准应急避难场所。坊子区凤凰街道龙泉社区，寿光市圣城街道现代社区被中国地震局命名为“国家地震安全示范社区”。山东昌邑石化有限公司、瑞福油脂股份有限公司、山东华茂集团有限公司3家企业被命名为“山东省地震安全示范企业”。2016年，市局、诸城局分别获得全国市级、县级防震减灾业务工作考核先进单位。诸城、高密、昌邑、潍城分别被评为全省县级防震减灾工作目标责任考核先进单位和优秀单位。

【监测预报】加快地震台网建设布局，形成了1个地震中心台、1个国家基本台，1个省区域观测台、11个测震台、14个强震台、18个前兆台站的台网格局。保障台网连续可靠运行，现场维护、检修、巡检各类站点40余次。各类台网运行安全稳定，测震台网运行率达到98%。2016年度潍坊地区共发生可定位地震7次，其中1.0级以下地震5次，1.0～1.9级地震1次，2.0～2.9级地震1次，最大地震为8月27日寿光2.0级地震。强化34个专业台点和174处群测群防网点管理，保证了数据传输和设备运行率，提升捕捉地震前兆异常能力和震情监测能力。

【震害防御】加强政务服务平台建设，开展潍坊市企业资产证照办理专项治理行动。完成东营至潍坊城际铁路滨海至潍坊城区段建设项目的地震安全性评价工作，对188个一般建设工程进行抗震设防要求确定。安丘一中、天源新都、安丘市北区人民医院、潍坊市第四中学图书馆应用减隔震技术。举办市级贯彻落实第五代新区划图专题培训班。投资10万元增印《山东省农村民居建筑抗震技术导则（修订版）》3万余册免费向全市各县市区（市属各开发区）、乡镇（街办）、村（居）委会发放。

【地震应急】修订印发了《潍坊市地震应急预案》。创新开展以社区为背景的地震应急疏散演练，组织全市中小学校于“5·12”和秋季新生入学期间统一开展了地震应急疏散演练。升级改造市地震应急指挥中心视频会议系统，实现市及13个县市区地震应急指挥中心自行组网视频会议功能。通过政府采购补充更新了无线中继台基站、雷达生命探测仪等地震应急装

5月12日，在高密市古城社区组织开展社区地震应急演练　（供图：仁清泉）

5月12日，在高密市古城社区组织开展社区地震应急演练　　（供图：仁清泉）

备。实行地震异常零报告制度，先后现场落实安丘市景芝镇水井异常、寿光市台头镇水井异常、高密市柏城镇水井异常等宏观异常事件。开展应急装备使用培训、全市地震群测群防工作培训和地震应急工作检查。

**【防震减灾宣传】** 参加第五届“平安中国”防灾宣导千城大行动和潍坊科技活动周，开展“潍坊移动杯”纪念唐山大地震40周年防震减灾知识网络有奖竞答、防震减灾媒体座谈会、地震科普进高校、中小学生地震科普征文和“防震减灾知识普及百场讲座”等活动，承办了全省防震减灾宣传教育工作会议。通过政府采购，编印《地震模拟演练手册》12万册发放到全市中小学校，印发《防震减灾宣传海报》1万幅在全市公共场所张贴。

（刘中宁）

## 气象测报

**【气象服务】** 2016年，潍坊市汛期降水分布不均，西部大东部小。气象局圆满完成了全年气象服务以及气象保障工作。在全年的气象服务工作中，圆满完成中日韩产业博览会、全国农商互联启动会、风筝会、菜博会、昌乐宝石节、青州花博会等重大活动气象服务工作。完成“三夏”麦收期间气象服务工作以及春运、扫雪办、高考、中考等专项气象服务。做好元旦、春节、清明节、端午节、中秋节、国庆节等节假日气象服务工作。全年共发布重要天气预报19期、专项气象服务91期、雨情信息177份、预警信息67期，前期降水情况与短期气候预测11期，召开新闻发布会6次，包括其他决策气象材料共计120余份。2月1日，官方认证微博“潍坊气象”上线。做好重大天气过程公众气象服务工作，通过微信、微博、影视节目、气象短信、声讯“12121”等渠道，密集发布预警预报、短时临近预报及雨情等信息，努力发挥权威信息在公众气象服务领域的辐射引导作用。结合强对流、连阴天、降雪、寒潮、雾霾等天气过程，组织业务人员深入大田、蔬菜大棚种植区、特色农业种植基地开展现场气象服务。

**【人工增雨防雹】** 2016年，全市人工增雨防雹工作取得了巨大成绩。全年共进行人工影响天气作业25场次，其中增雨（雪）作业16次，防雹作业9次，发射增雨防雹炮弹3494发，火箭弹55枚，燃烧碘化银烟条51根。据统计共增加降水3045万立方米，增雨累计受益面积6670平方公里，防雹有效保护面积4250平方公里，减少经济损失和创造经济效益达6390万元，增雨防雹收到良好的经济效益和社会效益。全年有五次（4月16日、5月3日、5月9日、5月15日、6月14日）大范围人工影响天气作业得到《潍坊日报》《齐鲁晚报》《潍坊晚报》和潍坊电视台直播潍坊及潍坊新闻网等新闻媒体的宣传报道。

**【雷电防护与防雷体制改革】** 2016年，潍坊市雷电防护技术中心认真落实潍坊市气象局、安监局联合下发《关于做好2016年度防雷减灾工作的通知》精神，积极做好全市防雷减灾工作。全年认真配合潍坊市政府安委会启动的大范围的安全生产大检查活动，及时调整工作安排，真正做到把保证人民生命财产安全放在首位，认真做好相关单位的防雷检测工作。

10月19日，山东省气象局印发文件《山东省气象局关于印发〈山东省气象局防雷减灾体制改革方案〉的通知》，潍坊市气象局根据文件精神积极推进潍坊市气象部门的防雷减灾体制改革。11月2日，召开潍坊市气象局防雷体制改革研讨会，会上对《潍坊市气象局防雷减灾体制改革方案（草案）》进行认真研讨。3日，潍坊市气象局向山东省气象局报送了《潍坊市气象局防雷减灾体制改革方案》。23日，山东省气象局印发文件《山东省气象局关于印发〈山东省气象部门防雷机构编制和人员调整实施方案〉的通知》，潍坊市气象局根据文件精神积极推进潍坊市气象部门的防雷机构编制和人员调整实施方案的编制工作。28日，局长王令军主持召开会议，研讨《山东省气象部门防雷机构编制和人员调整实施方案》，部署潍坊市气象部门的机构编制与人员调整工作。12月2日，潍坊市气象局向山东省气象局报送了《潍坊市气象部门防雷机构编制和人员调整实施方案》。8

日，山东省气象局召开全省防雷减灾体制改革督导推进视频会议。潍坊市气象局组织相关人员在气象台参加了会议，各县（市、区）气象局通过视频会商系统组织收听收看。12日，潍坊市气象局召开全市防雷减灾体制改革督导推进会议。会议总结潍坊市防雷减灾体制改革工作进展情况，分析存在的问题，交流改革经验。督导推进防雷减灾机构职能调整等方面工作。

**【依法行政】** 规范实施行政执法人员资格审查、培训考核和持证上岗制度，49人持有山东省行政执法证，7人取得行政复议应诉资格证，1人取得听证主持人证。清理、规范新建、改建、扩建建（构）筑物防雷装置行政审批事项相关业务服务流程，调整服务指南修订工作，修改网站公示内容。为服务机构出具“新建、改建、扩建建（构）筑物防雷装置检测”技术服务委托书。取消行政许可事项防雷工程设计施工资质初审。推进气象政务公开，推行电子政务，实现网上行政审批。年内，共办理行政审批事项1359件。气象局窗口被潍坊市政务服务中心评为月度文明窗口两次，窗口服务人员两人次被评为月度文明服务标兵。市气象局开展易燃易爆、加油加气站、危险化学品、涉氨制冷、人员密集场所防雷安全检查313家单位，施放气球活动安全巡查69次。市气象局作为潍坊市政府安委会第16督查组成员单位，对坊子区36家单位进行安全生产督查。

（李树军）

## 水 文

**【概况】** 潍坊市现有国家基本水文站11处，雨量站224处、报汛站55处、墒情监测站20处、蒸发观测站7处、河道泥沙监测站3处、水土保持监测站2处、地下水观测站128处、水质监测站111处、区域用水总量监测站43处。

**【降水量及分布特征】** 2016年，全市平均降水量为584.9毫米，比历年偏少8.4%，属降水偏枯年份。与历年比较，高密市偏少最大为24.4%，青州市偏多9.1%，其他县（市、区）一般在－24.0%～+2.1%之间。

全市降水的主要特点是时空分布不均。时间分布上，降水量主要集中在汛期，6月—9月，全市平均降水量385.8毫米，占年降水量的66.0%。其中8月全市平均降水量144.7毫米，占年降水量的24.7%。枯季，1月—5月，全市平均降水量107.2毫米，占年降水量的18.3%；10月—12月，全市平均降水量仅91.9毫米，占年降水量的15.7%。地区分布上，降水量地区差异明显，梯度变化较大，由西南到东部降水量逐渐递减，各县（市、区）平均降水量临朐县最大，为726.5毫米，坊子区最小，为473.3毫米，区域极值差为253.2毫米。

**【河道水情】** 2016年，全市汛期各主要河流河道水势平稳，处于基流或断流状态，由于前期干旱和降水量偏少，汛期除弥河外，各主要河道未形成明显洪水。潍河诸城水文站（拙村拦河闸）8月9日6:00实测洪峰流量24.2立方米/秒，相应水位闸上53.79米、闸下47.65米，水位涨幅为0.32米；渠河郭家屯水文站河干，无实测流量；胶莱河流河水文站汛期未开闸，无过闸流量；弥河黄山水文站8月8日1:30实测最大流量47.9立方米/秒，相应水位138.98米，水位变幅0.58米；弥河谭家坊水文站8月21日16:20实测最大流量25.1立方米/秒，相应水位37.61米，水位变幅0.69米。2016年，全市河流入海径流量1.0933亿立方米。

**【水库水情】** 2016年年末，全市26座大中型水库总蓄水量3.5806亿立方米，比年初多蓄水0.9347亿立方米。其中，大型水库蓄水量2.2508亿立方米，比年初多蓄水0.3835亿立方米；中型水库蓄水量1.3298亿立方米，比年初多蓄水0.5512亿立方米。

**【水文情报预报】** 2016年，全市各类报汛站共向国家防总、省市防指拍发电报30227份，其发报率和正确率均为100%。提供大中型水库、主要河道水情表102期，雨情表122期，墒情简报25期，雨水情新闻稿件68篇，水情月报12期，雨水情综述3篇，洪水预报4次，向各级领导发送雨水情短信25914条。

**【地下水动态】** 地下水位变化。根据地下水动态监测资料，2016年年末，全市平原区平均地下水位埋深为13.58米，较年初下降0.10米。年末与年初比较，青州市、临朐县、诸城市、安丘市、寿光市、寒亭区、奎文区地下水位上升，上升幅度为0.77米、0.47米、0.32米、0.12米、0.08米、0.12米、0.23米；其他各县市区地下水位下降，下降水位一般为0.13—1.32米。

地下水漏斗区变化。2016年末，全市平原区地下水漏斗区有寿光—昌邑、昌邑城区、昌乐朱刘店3处，年末漏斗区总面积1816平方千米，较年初扩大38平方千米，漏斗区地下水位负值区面积1269平方千米，较年初扩大29平方千米。其中，寿光—昌邑漏斗区年末面积1362平方千米，较年初扩大10平方千米，漏斗地下水位负值区面积988平方千米，较年初扩大6平方千米；昌邑城区漏斗区年末面积429平方千米，较年初扩大28平方千米，漏斗水位负值区面积256平方千米，较年初扩大23平方千米，该漏斗区东部地下水位负值区扩大较明显；昌乐朱刘店漏斗区面积及水位负值区面积仍为25平方千米。

浅层地下水蓄水量变化。2016年末全市平原区浅层地下水蓄水量较年初减少1867.7万立方米，其中青州市、临朐县、诸城市、安丘市、寿光市、寒亭区、奎文区地下水蓄水量增加，增加量分别为2386.0万立方米、272.0万立方米、688.4万立方米、157.4万立方米、344.2万立方米、155.2万立方米、71.9万立方米；其他各县市区蓄水量均减少，一般减少为35.2万～3468.5万立方米。

【水质状况】地表水水质状况。全市共布设地表水水质监测站48处，其中河道站22处，水库站26处，全年共监测评价三次（5月、9月、11月各一次）。从监测评价结果看，水库水质总体较好，河道水质污染较严重，且以有机污染为主。与历年比较，水库水质相对稳定，河道水质比2015年略差。

22处监测河段中有4处河干，不参与评价。在评价的18处监测河段中，水质达标（以Ⅲ类为标准）的站点有6处，占监测河段总数的33.3%，比2015年下降3个百分点。水质为III类的6处，占监测河段总数的33.3%；水质为IV类的4处，占监测河段总数的22.3%；水质为Ⅴ类的2处，占监测河段总数的11.1%；水质为劣Ⅴ类的6处，占监测河段总数的33.3%。

全市26座大中型水库中有4处库干，分别为王吴水库、荆山水库、马旺水库和马宋水库，不参与评价。在评价的22座大中型水库中，水质为II类的1处，占评价总数的4.5%；水质为III类的20处，占监测总数的91.0%；水质为IV类的1处，占监测总数的4.5%。

地下水水质状况。全市共布设地下水水质监测站46处，全年共监测评价2次（5月、9月各一次）。从监测评价结果看，大部分地下水监测井点水质较差，与去年比较，水质略有下降。

按地下水质量单项指标评价，在评价的46处地下水井点中，水质达标（以Ⅲ类为标准）的站点有13处，占评价总数的28.3%，比2015年下降2个百分点。水质为II类的2处，占评价总数的4.4%；水质为Ⅲ类的11处，占评价总数的23.9%；水质为IV类的7处，占评价总数的15.2%；水质为V类的26处，占评价总数的56.5%。

主要水源地水质状况。全市共布设水源地监测站19处，其中地表水水源地10处（其中1月、2月、3月、9月实测9处；其他月份实测8处），地下水水源地9处（其中6月份实测8处，7—12月实测7处），全年共监测评价12次。从监测评价结果看，地表水水源地10处水质均为III类；地下水水源地水质全部为III类。与历年比较，水源地水质均相对稳定。

（魏 瑰）

# 潍坊市农业科学院

【概况】潍坊市农业科学院始建于1958年，是潍坊市唯一的农业综合性农业科研机构。现有在职职工117人，其中，科技人员101人，本科以上学历人员占科技人员总数的86%，高级、中级职称人员占科技人员总数的79%。全院有享受国务院特殊津贴6人；山东省有突出贡献中青年专家5人；潍坊市专业技术拔尖人才10人。下设作物、蔬菜、玉米、小麦、花生、土肥、植保、畜牧、果树花卉、生物技术、农业生态环境、农产品质量安全、农业科技信息13个专业研究所和1个试验场。

【科研发展成果】市农业科学院承担8个国家级科技创新平台，10个省级科技创新平台，潍坊市重点实验室2个、市工程技术中心2个及"鸢都学者"岗位2个，共6个市级科技创新平台。1991年以来，累计完成科研项目300余项，鉴定完成项目110余项，多个项目总体研究达到国际领先水平；获得国家、省、市科技奖励成果170余项，其中，省部级奖90项，市级奖项62项，已连续13年获得"市科技进步一等奖"；获国家专利49项，国家植物新品种权8个；育成农作物审定品种88个，其中，"冠军""新世纪"等芦笋新品种推广面积占全国芦笋种植面积的40%以上；潍花系列新品种已成为山东省及全国（北方区）的主推花生品种，占全市花生种植面积的80%以上，潍花8号被农业部列为全国农作物优势产区主推品种和第一批花生良种补贴品种。潍麦8号、潍花6号等10余个品种连续多年被指定为"山东省农业主导品种"。育成的"潍花11号"等23个品种获得市政府资金奖励。申报山东省地方标准48项，21项获批立项，其中12项作为山东省地方标准颁布实施，9项作为潍坊市标准颁布实施。形成配套新

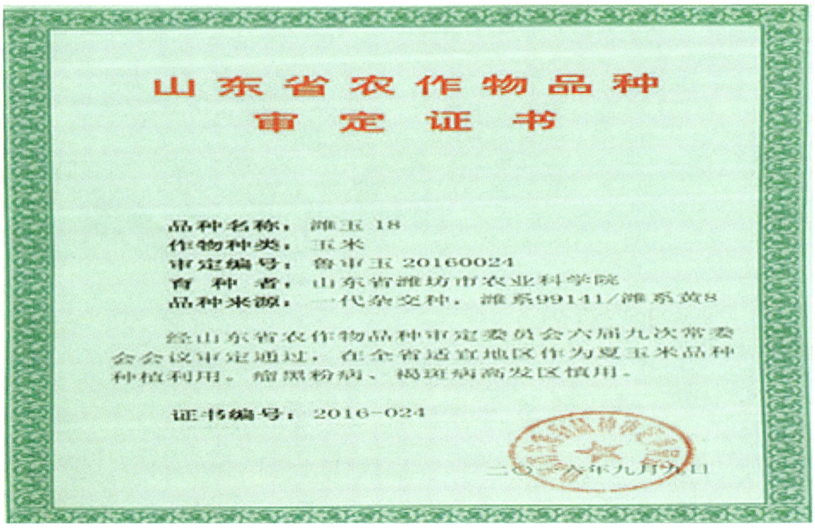
山东省农作物品种
审定证书

品种名称：潍玉 18
作物种类：玉米
审定编号：鲁审玉 20160024
育 种 者：山东省潍坊市农业科学院
品种来源：一代杂交种。潍系99141/潍系黄8

经山东省农作物品种审定委员会六届九次常委会会议审定通过，在全省适宜地区作为夏玉米品种种植利用。瘤黑粉病、褐斑病高发区慎用。

证书编号：2016-024

10月26日，市农科院育成的玉米新品种"潍玉18"通过山东省农作物品种委员会审定
（供图：刘 宁）

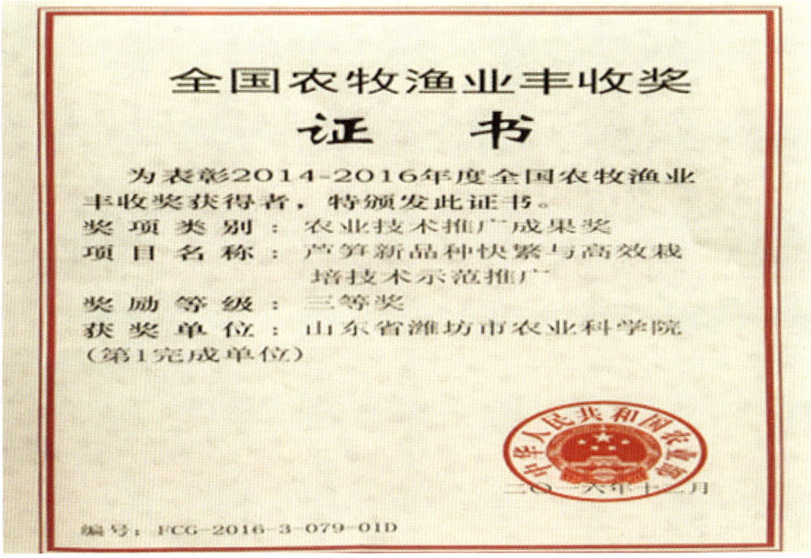

全国农牧渔业丰收奖

证　书

为表彰2014-2016年度全国农牧渔业丰收奖获得者，特颁发此证书。

奖项类别：农业技术推广成果奖

项目名称：芦笋新品种快繁与高效栽培技术示范推广

奖励等级：三等奖

获奖单位：山东省潍坊市农业科学院（第1完成单位）

二〇一六年十二月

编号：FCG-2016-3-079-01D

12月16日，市农科院主持的“芦笋新品种快繁与高效栽培技术示范推广”项目获国家农牧渔业丰收奖三等奖　　（供图：刘　宁）

技术及规程100余项，有效解决了农业生产中的技术问题。学院多次被授予“国家科技成果重点推广计划项目技术依托单位”，荣获“全省先进农业科研单位”“市技术研发中心建设先进单位”“全市农业科技推广特别贡献奖”“科教兴潍先进单位”“省级文明单位”等荣誉称号。为全国农业科研百强院所。

**【科技服务农村】**　结合潍坊农业生态条件、产业特色、生产规模，优化调整服务资源配置，拓宽服务渠道，把强化服务“三农”水平，作为各项工作的出发点。在全省率先设立科技服务处和农业科技咨询服务中心，成立科技推广服务领导小组，组建服务“三农”专家顾问团。每年通过发放调查问卷、公开专家信箱、组织专家深入农业主产区实地了解情况、与基层农技推广人员和农业合作社座谈等多种方式，广泛收集整理农业生产过程中亟须解决的问题，同时，加强基层农技人员、种植大户、新型农民的技术培训，形成带动技术示范网络和辐射源，全方位带动潍坊农业发展。每年收集整理关键技术问题2000余件，开展送科技下乡活动150余次，举办各种技术培训班200余场，培训人数2万余人次，发放技术资料20余万份，为农民群众解决技术难题近1000个。将线上服务与线下服务相结合，制订线上线下“双轨”服务模式。线上以“互联网+”为基础，建立热线电话、网络视频、微信、QQ群四个模块于一体的快速问题收集及反馈渠道。线下大力发展“农业主产区+专家”“农业合作社+专家”“农业龙头企业+专家”“示范基地+专家”“种养大户+专家”的“五加”服务模式。截至目前，已建立微信群12个，产业技术指导QQ群4个，在农业主产区设立“潍坊市农科院远程网络咨询服务点”10个，每年通过网络视频服务、微信、QQ解决农业关键技术问题300余件，利用微信及QQ发表农业关键技术及病虫害防治文章200余篇。

**【科技示范基地建设】**　新建规模性试验示范基地达到100余个，峡山有机蔬菜生产示范基地、寒亭优质无公害潍县萝卜标准化生产示范基地、昌邑马铃薯标准化生产示范基地、坊子芦笋产业共建示范基地等十几个基地相继挂牌，为当地农业产业转型升级起到了很好的示范带动作用。与峡山区开展有机蔬菜技术合作以来，带动当地农业结构调整666.67余公顷，帮助当地建立起较为完善的有机农业生产和发展模式，峡山区也成为全省第1个“国家有机产品认证示范区”。

（刘　宁）

# 文化·卫生计生·体育

*Wenhua Weishengjisheng Tiyu*

## 社会文化和文化体制改革

**【文艺精品创作生产】** 研究制订《中共潍坊市委关于繁荣发展社会主义文艺的实施意见》。组织重大主题文艺创作，重点抓好电影《风筝谣》《王伯祥》、戏剧《郑板桥》、歌曲《水墨》、长篇小说《坊子小镇》《画都》等为代表的重点作品创作生产，电影《王伯祥》等9部作品获第九届山东省“泰山文艺奖”，诸城茂腔《非常妈妈》获山东省地方戏振兴扶持工程支持并进京演出。推动网络文艺精品繁荣发展，组织开展“讲好潍坊故事 发现潍坊之美”网络文艺作品选拔大赛，打造了一批优秀网络文艺精品。

高密茂腔《红高粱》、诸城茂腔《非常妈妈》两部大戏进一步创作加工，艺术水准有了较大提升。临朐小品《招聘婆婆》获华东六省一市戏剧大赛银奖。临朐县创作排演了大型周姑戏《淌水崖》，安丘市复排红色经典现代京剧《蝶恋花》，取得良好社会反响。完成地方戏剧种普查,积极开展国家艺术基金项目申报，诸城茂腔《失却的银婚》入选国家艺术基金2016年度资助项目。大力培育基层创作队伍，举办全市文艺创作培训班4期，山东戏曲编剧人才培养基地和山东小戏创作基地成功落户临朐，基层文艺创作队伍不断壮大。成功举办全市民办文艺团体大赛，全市170余支队伍参赛。

（苑靖康　陈建仁）

**【主题文艺宣传】** 继续打造“魅力潍坊·浓情四季”和“我们的中国梦·文化进万家”群众文化活动品牌，累计组织两万余场次。积极开展“文化养老”，相关经验做法在《人民日报》上刊载。组织举办首届陈介祺国际艺术节、数风流人物还看今朝——山东省青年中国人物画联展潍坊巡展等多场艺术展映展演展览活动，不断提升全市人民的鉴赏水平和艺术品位。

**【传承弘扬优秀传统文化】** 文化遗产保护成效显著，共普查文物51.1万件（套），数量居全省第二位，评选市级文保单位83个。潍水文化生态保护实验区建设扎实开展，非遗名录体系进一步丰富，15个项目新入选第四批省级非遗名录。组织举办“2016中国•潍坊首届传统工艺创意设计大赛”，举行获奖作品展览展示活动，有效推动了传统工艺创新发展。

**【深化文化体制改革】** 出台《潍坊市深化文化体制改革实施方案》，明确2020年以前文化体制改革工作思路、目标、举措和重点改革项目，圆满完成2016年度文化体制改革25个重点项目。组建成立潍坊市国有文化资产管理理事会，出台《潍坊市国有文化资产管理理事会工作规则（试行）》等配套文件。制定出台《关于推动国有文化企业把社会效益放在首位、实现社会效益和经济效益相统一的若干意见》，着力推动国有文化企业建立具有文化特色的现代企业制度。组织开展国有文化企业“对标超越”系列活

中国美协主席刘大为(前排)在第六届中国画节·第二届中国（潍坊）民间艺术博览会·中国（潍坊）第九届文化艺术展示交易会开幕式上致辞　　（供图：徐　凯）

动，促进全市国有文化企业整体实力全面提升。推动文化产业转型升级。抓好重点文化企业、项目和园区建设，2016年全市重点调度投资过千万的文化产业项目200个，其中过亿元项目117个。潍坊文化产业孵化器等3个项目入选2016年度省级文化产业发展专项资金重点扶持项目，歌尔等3家企业入选“首届山东文化企业30强”，华艺雕塑获2016年度中央文化产业专项资金重大发展项目扶持，山东泰岳兄弟影视有限公司入选国家新闻出版总局数字化转型升级软件技术服务商名录，有25个项目进入国家软件系统需求框架，数量居全国第三位、全省第一位。推动“文化+”产业融合发展。参与组织2016中国艺术金融年会，奎文区在全市率先成立文化产业电商联盟，构建起线上线下相结合的“互联网+文化产业”品牌项目。加快文化与科技融合发展，推动高新区打造国家级文化科技融合发展示范基地。文化发展环境不断优化。打造文化展示交易平台，创新举办第六届中国画节、第九届文展会、第二届民博会，吸引参观群众48万人次，交易额达6.7亿元，中国画节、文展会荣获2016年中国会展业年度大奖“中国十佳节庆活动”。

（苑靖康）

【公共文化服务体系建设】市博物馆改造提升工程一期全面完成，成功创建国家一级馆。市美术馆开馆运行，填补市级美术场馆空白。安丘市青云山文体中心、寿光市艺术中心、昌乐县博物馆等一批高标准县级文化设施启动建设。顺利完成第四次全国文化馆评估定级，全市13个文化馆全部达到国家二级馆标准，其中一级馆数量达到10个。公共文化场馆免费开放服务不断优化，市图书馆、博物馆实现了“中午不休，全天开放”，潍水讲坛、精品展览、公益培训等品牌服务活动有声有色，深受群众欢迎。公共文化场馆“总分馆制”服务体系建设步伐加快推进，建设经验在全省公共文化工作会议上作典型发言，《中国文化报》进行典型报道。市图书馆在社区、学校等设立分馆20多个，县域公共图书总分馆一体化服务初步建立，基本实现通借通还。青州市建成24小时自助图书馆，诸城市设立18处社区图书流动站，所有社区配备了文化管理员和信息联络员。对基层综合性文化服务中心建设成效进行第三方评测，全市村（社区）综合性文化服务中心达标率达85%以上。

大力提高公共文化基础设施建设水平，组织实施基层综合性文化服务中心建设工程，全市村（社区）综合性文化服务中心建设达标率达到82%；结合精准文化扶贫，全市337个省定贫困村已有246个建成综合文化活动室，占总数的73%，两项建设指标均超过上级要求。加强公共文化服务网络建设，加快公共文化场馆“总分馆制”服务体系建设步伐，县域公共图书馆“一卡通”服务网络加快建设，基本实现县镇两级通借通还。推进“镇图书馆+书院”建设模式，在镇村推进“乡村（社区）儒学”计划，建成“乡村儒学”讲堂40余个，举办讲座400余次，参与群众5万多人次。“百千万”公共文化人才培养工程深入实施，全市上下组织举办各类公益培训80余期，培训人员1万余人次。提升公共文化服务效能，以开展“基层工作加强年”为契机，深入推动“文化惠民、服务群众”办实事活动。公共文化场馆免费开放，新增开放空间220个，市美术馆正式开馆。完成“一村一年一场戏”1000余场，农村公益电影放映4.2万场。

（苑靖康　陈建仁）

【重大文化惠民工程】全面完成农村公益电影放映、“一村一年一场戏”、农家书屋出版物更新和数字化升级年度目标任务，以群众需求为导向，形成了一批创新性好经验好做法，惠民效果进一步扩大。昌乐、寿光应急广播“村村响”工程获得省财政支持。全国农村公益电影标准化放映工作现场会在安丘召开。全省农家书屋现场会在诸城召开，工作经验在全省推广。开展公共文化人才培养工程公益性培训150多期，培训人员2万多人次。大力开展全民阅读，群众参与度进一步提升，青州和寿光被评为山东省首届阅读示范县（市）。春节、元宵节、“潍水之春”群众文艺调演等文化活动精彩纷呈，潍城潍县古城过大年、寒亭城乡文艺巡演、高新“魅力高新•浓情四季”、青州“精品大戏惠民行”、滨海北海渔盐文化节等地方文化活动各具特色，满足人民多元化、个性化精神文化需求。

（陈建仁）

# 精神文明建设

【建立健全文明城市创建长效机制】制定下发《关于建立健全文明城市创建长效机制的意见》，进一步推动文明城市创建常态化、制度化。深入开展市容环境交通秩序集中整治、“礼让斑马线、文明伴我行”等专项活动。以文明单位为重点，推行三步问责法。深入开展市民巡访活动，共印发市民巡访简报13期、督查通报149期，每半年进行文明城市模拟测评，形成每周巡访、定期通报、年度测评的工作机制。制订文明城市新闻宣传方案，市直主要新闻媒体、重点网站开设文明创建专栏、宣传创建工作动态和工作成果。设置文明城市创建“曝光台”，对不文明现象和行为及时曝光。

【群众性精神文明创建活动蓬勃开展】文明单位动态管理更加规范。印发《潍坊市文明单位考核标准》，进一步完善动态管理系统。全市新增省级文明单位（村镇、社区）110个，撤销49个；新增市级文明单位（村镇、社区）135个，撤销23个；给予黄牌警告的省级、市级文明单位（村镇、社区）33个。文明行业创建水平不断提高。开展窗口行业创评活动和各类行业先进标兵评选活动，行业服务水平有效提升。在中小学生中开展“我旅游、我文明”征文活动，印制优秀作品集《让文明旅游之花绽放》。开展文明家庭评选推荐活动，24个家庭被评为山东省文明家庭，高密市单美华家庭获得全国文明家庭荣誉称号。在全市中小学生中开展“我说我们的家风家训故事”征文活动，评选获奖作品292篇。组织开展第二届经典诵读比赛，2000多组选手、5000人报名参加，组织比赛24场，群众反响热烈。

**【身边好人选树和宣传卓有成效】** 建立市、县、镇、村四级评选机制，6人获评中国文明网“好人365”封面人物，23人入选“中国好人榜”，4人获评“山东好人之星”，48人入选“山东好人榜”，160人入选“潍坊好人榜”，向中国文明网推荐好人线索60余万条，数量居全省前列。在全省身边好人评选工作座谈会上，潍坊市就选树身边好人的经验作典型发言。组建市级道德模范身边好人巡讲团，深入机关、部队、学校、社区、农村巡讲。在十笏园文化街区建设好人一条街，在市博物馆建设好人展区。利用文展会、中国画节契机，举办“丹青颂美德 名家画好人”活动，以多种形式传颂好人美德。举办“万朵鲜花送好人”活动，免费为市级身边好人订阅报纸、健康体检以及开展救助帮扶，关爱礼遇好人形成风气。

**【志愿服务活动丰富多彩】** 志愿服务队伍不断扩大。全市现有志愿服务大队48个、志愿服务队2597个、志愿服务站点235个、民间志愿者组织23个、各类志愿服务者20多万人、大型志愿服务项目300多个、全年组织大型志愿服务活动超过300余场次。围绕“3·5”学雷锋活动日“12·5”国际志愿者日，利用风筝会、鲁台会、文展会等重大活动，广泛开展志愿服务，志愿服务影响力不断扩大。深入开展“最美志愿者、最佳志愿服务项目、最佳志愿服务组织、最美志愿服务社区”评选推荐活动，全市有10名个人、9个项目、9个组织、10个社区入选全省最美志愿服务组织项目，山东省潍坊高新区“周末休息日·我去做义工”党员志愿服务队在全国获评“最佳志愿服务组织”称号。

**【未成年人思想道德建设工作成效显著】** 积极构建未成年人教育网络。实施学校、家庭、社会三结合，潍坊市连续六年在全省教育满意度测评中名列第一。省级以上彩票公益金扶持的乡村学校少年宫项目达到104个，实现乡镇全覆盖。组织参加山东省第二届乡村学校少年宫成果展示。在全省文明城市创建工作培训会上，潍坊市就未成年人思想道德建设工作作典型发言。围绕“我的中国梦”主题教育实践活动，利用重要时间节点，开展清明祭英烈、学习和争做美德少年、童心向党歌咏比赛、向国旗敬礼等活动。评选表彰“潍坊市美德少年”100名。组织开展“国学小名士”经典诵读电视大赛，评选出潍坊国学小名士44名，其中3名选手参加山东省国学小名士经典诵读电视大赛。开展优秀童谣征集传唱活动，其中2篇获评山东省优秀童谣。

**【乡村文明行动成效明显】** 基础建设投入力度加大。城乡环卫一体化工作连续四年列入市政府工作报告承诺为民办好的实事之一，连续五年出台政府指导性文件。财政累计投入已达30亿元，城乡环卫一体化实现全覆盖。制定出台《全市移风易俗工作实施意见》，建立移风易俗工作联系会议制度，召开全市移风易俗工作推进会，建立健全红白理事会、村民议事会、道德评议会等自律组织，定期开展乡风评议。深入开展农村诚信创建活动，开展文明诚信种植户、文明诚信养殖户、文明诚信合作社创建活动。共有29个村入选“百镇千村”建设示范工程文明家园示范村，32个镇村新入选省级文明村镇。

**【“讲文明树新风”公益广告宣传氛围浓厚】** 公益广告宣传全面铺开。突出“社会主义核心价值观”“中国梦”等主题，在《潍坊日报》《潍坊晚报》累计刊载公益广告130版，潍坊电台、潍坊电视台累计播出公益广告超过4万条次。城区主要交通路口、沿街门店等电子屏公益广告播出占比超过20%。城区建筑工地、道路施工围挡刊载面积均达到30%以上。网络文明传播工作再上新台阶。潍坊文明网刊登稿件近8000篇，在中国文明网发表稿件240余篇。开通“潍坊文明网”新浪、腾讯微博客、“文明潍坊”微信公众平台，成为传播文明的新阵地。

（齐　帅）

## 新闻出版

**【概况】** 新闻出版监管。大力打造数字出版产业高地，山东泰岳兄弟影视有限公司获2016年度全国版权示范单位，潍坊翰林轩文化有限公司入选2016年国家新闻出版改革发展项目库，潍坊北大青鸟华光照排有限公司入选国家新闻出版总局软件技术服务商名录，有25个项目进入国家软件系统需求框架，入选数量居山东省第一位。调整出版物审读工作制度，重新聘请审读专家，召开审读工作讨论会，严格审读程序，规范出版印刷秩序。结合年度核验工作，对全市印刷发行企业名录库进行整理，明确年度工作任务，在2016年度的年报统计工作中，潍坊市被总局通报表彰为“统计工作先进单位”。

版权工作。明确工作重心，促进版权工作开展，扩大版权登记数量。将4月确定为“版权宣传推广月”，举办版权培训班，提高全社会版权意识。全市版权登记量达2200余件。拍摄版权微电影宣传片《风筝谣》，开展了一场版权宣讲活动。继续开展版权示范单位、园区基地创建工作，共有6个单位入选市级版权示范单位，山东泰岳影视荣获全国版权示范单位称号。完成正版办公软件采购和安装使用。以政府采购方式采购金山WPS办公软件，分发122个市直党政机关、群团组织和直属事业单位，发放安装盘231个。

（陈建仁）

**【潍坊日报社】** 2016年，潍坊日报社在市委、市政府的正确领导下，迎难而上，负重奋起，励精图治，积极作为，各项事业保持了持续健康发展的态势。

舆论引导正确有力。坚持团结稳定鼓劲、正面宣传为主，牢牢把握正确导向,严格新闻把关，严守宣传纪律，精心组织开展新闻宣传，确保舆论引导正确有力。围绕党中央治国理政新理念新思想新战略、十八届六中全会、“两学一做”学习教育、建党95周年、“十二五”发展成就、“十三五”规划实施、全面深化改革、突破滨海、提升市区、精准扶贫、全国文明城市和国家卫生城市复审、国家森林城市和食品安全城市创建等重大主题，以及国际风筝会、文展会、中国画节、鲁台会、中日韩产业博览会等一系列重大活动、重要会议，组织策划宣传战役，特色鲜明、影响广泛，营造良好舆论氛围。其中，《潍坊日报》强化对深度报道的组织协调，精心策划主题，创新报道形式，采编联动更加顺畅，版式设计更加新颖，全年刊发深度报道60多篇，彰显党报的思想性、权威性。《潍坊晚报》创新版式风格，加大本地新闻、原创新闻、独家新闻的分量。围绕群众关心的热点问题，开设“天天3•15”“供暖热线”“回家•公益寻人平台”等栏目，组织“送寒门学子回家过年”“助学圆梦”“暖冬行”等爱心公益活动，在社会上引起广泛关注。新媒体宣传影响力逐步提升，潍坊新闻网打造微博微信平台，在新浪微博的粉丝数近60万人，微信公众号活跃用户突破12万人。2016年，潍坊日报社58件新闻作品在省级以上新闻评选中获奖，18个部门及个人获山东省报协表彰奖励。

经营工作运行平稳。着力提升经济运行质量和效益，全年实现收支平衡，主要经营指标在全省同行业中保持前列。《潍坊日报》以专题、合办版为主，广告、合作办刊为辅，经营业绩实现新的突破。《潍坊晚报》加大活动策划，出版特刊专刊，促进广告创收，在全省同类媒体中运行质量保持较高水平。对发行公司进行体制改革调整，进行法人注册登记，完善法人治理结构，成为独立的市场主体，规范了管理运作。在2017年报纸征订中，《潍坊日报》发行份数达到9.7万份，创历史新高，《潍坊晚报》发行份数达6.5万份。印务公司坚持向内挖潜、精细管理、向外拓展、全员参与的经营思路，超额完成任务指标。

多元产业健康发展。积极延伸产业领域，发展多元产业，开辟新的经济增长点。物流产业方面，联合山东惠尔国际物流公司共同建设弘嘉孚国际集装箱物流互联网平台项目，将“互联网+物流+金融”有机结合，打造江北地区最大的专属进出口物流业务平台。经过持续努力，弘嘉孚国际物流有限公司被省交通厅审核评定并报交通部备案，成为全国50家道路货运无车承运人试点企业之一。项目吸引了中远集团、中外运公司、山东高创等众多大型集团公司进行深度合作，将对潍坊物流产业降本、提质、增效起到巨大推动作用。文化会展方面，坚持公益文化活动与市场化运作有机结合，成功举办第六届中国画节，首届中国（潍坊）书法文化论坛暨当代书法作品展览，文展会、鲁台会陶瓷陶艺展等系列大型文化会展活动，丰富了节会内容，为今后参与和运营会展经济奠定了基础。《走向世界•中国画都》杂志出版6期，为潍坊增添一份全国刊号的杂志，对树立城市品牌形象，扩大潍坊对外影响力起到积极作用。教育培训、汽车租赁等业务稳步推进，开拓经营渠道，增加了经济效益。

自身建设扎实有效。深入开展“两学一做”教育活动，组织集中学习研讨十余次，通过讲党课、观看教育专题片、到潍县战役党性教育基地现场学习、重温入党誓词等形式增强学习效果，有效提高党员干部的党性修养和觉悟。加强党风廉政建设，落实“一岗双责”要求，履行党风廉政建设主体责任。严格执行民主集中制，对“三重一大”事项坚持集体决策、民主决策，严格按程序按规则运作。推进建章立制，制定新闻宣传、经营管理等方面的规章制度34项，成为加强报业管理的重要依据。严格贯彻落实中央八项规定，厉行节约，严控开支，缩减了办公管理经费。大力开展精神文明创建，组织精神文化活动，组织职工健康查体，为困难职工申请生活救助，为身患重病的职工提供募捐救助。做好包村联户工作，帮助帮扶村成立果蔬合作社，建设农贸批发市场、健身广场和蔬菜保鲜库，有力增强了“造血”功能，在基层群众中树立了良好形象。

首届中国（潍坊）书法文化论坛暨当代书法作品展览。2016年9月17日至19日，潍坊日报社举办首届中国（潍坊）书法文化论坛暨当代书法作品展览。展览共分11个展区，囊括近400名全国知名书法家创作的1000余幅精品力作，涵盖隶书、篆书、草书、篆刻等多种形式，全面体现当代书法创作的水准。论坛专门邀请了邱振中、李一、梅墨生、张公者等众多国内书法名家举办学术研讨和讲座，吸引书法界的高度关注和广大艺术爱好者的热情参与，起到普及书法艺术、传承传统文化的良好效果。论坛和展览对弘扬书法艺术、提升城市文化品位具有积极意义。

第九届文展会中国陶瓷陶艺艺术名家精品展。2016年4月17日—21日,由潍坊日报社承办的第九届文展会中国陶瓷陶艺艺术名家精品展在潍坊鲁台会展中心举行。展览名家云集，精品荟萃，包括15位国家工艺美术大师在内的180多位陶瓷艺术家参展,共设立景德镇陶瓷大学优秀作品邀请展、古代陶瓷展、陈仰中陶瓷艺术馆邀请展等丰富多彩的版块，展览面积达6000平方米，展出陶瓷艺术作品达万件。参展地域流派广泛，景德镇、广东潮州、浙江龙窑、山东淄博等国内大多数窑口纷纷参展，具有广泛的代表性。展览期间，还举办中国古陶瓷展览、陶艺制作技艺展示、陶瓷鉴赏和收藏讲座等活动。

（许文海）

## 文化执法

**【“执法督查年”活动成效显著】** 2016年，市文化执法局在全市部署开展了“执法督查年”活动，运用日常督查、专项执法督查和随机抽查等方法对全市执法工作和文化市场经营状况开展督查。对文化市场各领域专项行动，通过实地查看、听取汇报、抽查市场、明察暗访等方式了解市场执法监管情况，专门派出督查组由分管领导带队赴县市区，对重点开展的出版物市场集中整治、艺术品市场集中整治、软件正版化工作、网吧场所专项整治等进行督查，确保了工作实效。2016年，共受理文化市场举报98件，其中上级转来9件，均在规定时间内办结。据技术监管平台统计，全年共办理日常执法检查7465家次、出动检查人员24201人次，立案调查791件、办结案件889件。

**【文化执法监管工作亮点纷呈】** 在全市卫星电视传播秩序综合整治中，市文化执法局总结推广寒亭区“纳入精神文明创建体系，探索卫星电视传播秩序综合整治‘三双’推进新途径”的经验做法，被省新闻出版广电局在全省推广；在惩治“黑广播”违法犯罪专项行动中，市文化执法局与公安、无线电管理等部门联合查处52起“黑广播”案件、查缴非法电台设备56台、抓获犯罪嫌疑人20人；在对艺术品市场监管过程中，开展法规知识专题培训和考察调研，形成加强书画艺术品市场监管的调研报告，该调研成果被文化部简报专题刊发。7月，文化部文化市场司副司长刘强一行专门到潍坊调研，对艺术品市场监管、制度建设、案件查办等工作给予高度评价。在版权执法工作中，查处一批非法复制、使用计算机软件的重大案件，全市共查办版权案件55件。潍坊市局、寿光市局、安丘市局被国家版权局授予全国打击侵权盗版有功单位二等奖，13名个人获得有功个人二、三等奖，获奖数量居全省首位。

**【“扫黄打非”斗争再创佳绩】** 按照《2016年“扫黄打非”行动工作安排》部署要求，突出抓好惩治非法出版物、查办大案要案、净化网上网下文化环境等重点任务，扎实开展“净网”“固边”“护苗”“秋风”“清源”等专项行动，取得“全省工作名列前茅、全国工作争创一流”的优异成绩，市文化执法局首次荣获全国“扫黄打非”先进集体称号。4月，在奎文区开展了集中销毁行动，对全市7万余件侵权盗版及非法出版物进行公开销毁。12月，专门召开新闻发布会，介绍潍坊市“扫黄打非”专项行动开展情况及成效。2016年，全市出动执法人员17274人次，检查经营业户5151家，办结案件298件。潍坊市在省“扫黄打非”办公室备案重大案件18件，其中15起刑事案件、3起行政案件。全省挂牌督办案件共11件，其中潍坊市3件。

**【执法队伍综合素质稳步提升】** 以提高执法队伍适应改革的能力为重点，以提升为广大经营业户服务水平为突破，把线上培训、按纲施训作为培训的重要形式，培训力度不断增强。3月，对新颁布的《艺术品经营管理办法》进行专题培训。5月，开展广电执法业务专题培训。8月，举办山东、甘肃文化执法骨干执法检查培训活动，两地执法人员在市区开展实地执法检查，并召开执法培训交流会议。10月，在潍坊市委党校举办全市文化执法业务培训班。其间，开展全市文化执法技能比武活动，展示文化

12月22日，市文化执法局召开新闻发布会，介绍了全市“扫黄打非”专项行动开展情况及成效 （供图：贾 宾）

10月11日—13日，举办全市文化执法技能比武活动　　（供图：贾 宾）

执法人员良好的精神风貌和扎实的业务技能。在省文化厅组织的全省文化执法技能比武中，潍坊市获得“网络办案”团体第三名、组织工作先进单位称号。2016年，开展执法业务培训达420人次。

**【围绕中心、服务大局，做好其他各项工作】** 按照上级部门统一安排部署，圆满完成交办的其他各项任务。推动深化文化市场管理体制改革工作。按照中央、省、市委有关改革要求，认真学习中办、国办印发的《关于进一步深化文化市场综合执法改革的意见》，起草潍坊市《实施意见》，提交常委会进行研究讨论。按照省公务员局的要求，市文化执法局年内顺利完成人员身份的参公过渡登记工作。继续实施与甘肃省平凉市开展对口交流协作项目。分别于5月、7月对两地执法业务骨干进行培训。8月，在潍坊召开了山东、甘肃两省对口协作交流活动培训班。由于工作成效突出，12月，文化部授予市文化执法局“中西部地区文化执法能力提升三年行动计划先进单位”，并专门下拨了工作经费25000元。做好第九届文展会的文化市场监管工作。4月，组织开展文展会期间文化市场专项整治活动，并组织执法人员开展不间断现场巡查，防止非法出版物及非法工艺美术品流入市场。做好全国文明城市创建常态化工作。实行分组划片监管，全员参与，责任到人，建立了全方位、全覆盖的监管网络，圆满完成网吧和校园周边环境复审迎查任务，检查网吧、校园周边文化场所、歌舞娱乐场所等经营场所510家次。

**【争先创优活动取得新成果】** 市文化执法局先后被全国“扫黄打非”工作小组评为全国“扫黄打非”先进集体，被国家版权局授予“全国查处侵权盗版案件有功单位二等奖”，被文化部评为“中西部地区文化市场综合执法能力提升三年（2014—2016）行动计划先进单位”，被省“扫黄打非”工作领导小组评为“全省‘扫黄打非’先进集体”，被省文化厅评为“全省文化信息工作先进单位”，被市委宣传部评为“潍坊市建设学习型党组织示范点”。昌乐县、寿光市、坊子区3个县市区文化执法局荣获全省文化执法案件办理先进单位称号。

（贾 宾）

# 广播影视

**【新闻宣传】** 坚持围绕中心、服务大局，深入开展“宣传质量提升年”活动，新闻宣传工作取得新成绩，媒体融合发展取得新成效。

重大主题宣传营造良好舆论氛围。紧紧围绕市委、市政府中心工作，加强主题宣传策划，重点组织“两学一做”学习教育、红军长征胜利80周年、供给侧改革、“十三五”开局、提升市区、重点项目建设、风筝会、文展会、鲁台会、中日韩博览会等主题宣传，为全市经济社会发展营造良好舆论环境。

节目改版创新提升宣传质量。市电台对各频率节目进行改版，新闻频率推出7档全新节目，早、中、晚三档新闻节目全部实现直播，提高了广播的时效性和贴近性。《行风在线》改版为《党风政风热线》，加强群众监督和媒体监督，在增强党委政府与群众联系、沟通社会理解方面发挥了重要作用。市电视台进一步优化节目构成，推出新闻汇编栏目《新闻晚高峰》、青少年励志类访谈节目《青春榜样》，举办“2016年电视春晚——幸福团圆潍坊年”“潍坊市‘十二五’重大成就评选活动颁奖典礼”等大型活动；开展“行进潍坊·情系百姓”走基层大型系列报道活动，组织编辑记者深入基层，采制生动鲜活的新闻事实，推出一批高质量、接地气、有感情、有温度的新闻节目。电视问政栏目《潍坊电视议事厅》开播一年来，坚持问政于民、问需于民，成为市委、市政府推动工作的新载体和新平台，引起社会各界的广泛关注。

对外宣传实现新突破。积极与上级媒体联系，及时在中央台、省台重点新闻栏目宣传市委、市政府的重大决策、重要工作经验和创新性做法，对上宣传的质量和数量实

电视台举办2016春节文艺晚会　　（供图：刘永华）

现新突破。市电台全年在省台发稿1429篇，荣获2016年度山东广播宣传先进集体一等奖。其中，在省台重点新闻栏目《山东新闻》《山东新闻联播》播发稿件485篇，播发头条或综合头条15篇；在中央台《中国之声》发稿30多篇。市电视台在中央电视台发稿135条，其中《新闻联播》发稿36条；在山东电视台发稿587条，其中《山东新闻联播》发稿503条，头条19条，荣获2016年度山东电视宣传先进集体一等奖。

精品创优成绩显著。市电台新闻专题《一镇一议案让“包子会”改变了模样》获中国人大新闻奖一等奖。市电视台谭稳作品《苦爱》获2014年度中国电视播音作品“金话筒”奖。电台消息《潍县集中营解放70周年西方难友再相聚话和平》、电视台系列报道《三公里土地托管服务圈“圈”来什么》获山东新闻奖一等奖。电视台春节晚会《幸福团圆潍坊年》在山东省电视艺术“牡丹奖”评选中获得一等奖。广播电视报《“一只羊”的精准扶贫路》获中国广播电影电视报刊协会新闻作品奖一等奖。在2015年度山东省广播影视大奖广播电视节目奖评选中，全市有9件作品获得一等奖，一等奖获奖数量连续9年居全省地市台第1位。

【产业经营】 大力开展“经营开拓创新年”活动，积极推进经营转型，产业经营稳健发展。

经营创新激发经营活力。注重研究市场，不断探索和创新经营手段，推出新的服务产品，促进整体经营水平的提升。市电台成立经营委员会，提高创收组织程度、资源整合能力、精准服务能力，经营活力不断增强。市电视台面向党政机关、企事业单位开展专题化、个性化服务，加快推进由营销终端的推介宣传向营销中前端的介入宣传的转变，拓展经营市场。广播电视报社积极探索非报出版、代理经营等业务，在报纸经营转型上走出新路，非报收入显著提升。

活动营销拓展经营平台。市电台充分利用各类节日、节庆，加强策划，积极与客户合作开展各类营销活动120余次，形成线上做节目、线下做活动的互动，既丰富节目内容，又进一步增强广播吸引力。市电视台针对社会老龄化和健康养生等需求，开办《潍坊银龄家庭传媒大学》《健康潍坊》《健康有约》等多个经营性栏目，积极打造健康养生类服务平台；举办“拥抱阳光，共筑诚信”“3·15”国际消费者权益日主题晚会、“天使在人间”护士节晚会、金宝车展、电视购房节、房地产发展峰会暨地产行业颁奖典礼等营销活动。潍坊广播电视报举办春秋两次汽车展会，成立读者艺术团，做好“天天潍坊”微信和报社官方微博平台的开发，进一步提升报纸传播力和影响力。潍坊传媒网组织策划山东城际青少年活力操大赛、“感动潍坊2016网络人物评选”“第三届网络春晚暨感动潍坊颁奖盛典晚会”等系列活动，品牌影响力进一步提升。

产业经营结构不断优化。少儿培训继续巩固“星光少儿”品牌实力，努力做潍坊最具影响力、规模最大的青少年综合培训品牌，市场份额不断扩大。电影公司和中影影城积极推行主题特色影城、优质服务和观影体验等营销措施，在市场竞争中实现新发展。广电数码广场以打造“广电”品牌和“互联网+”科技产业聚集地为目标，品牌效应不断增强。当代艺术品经营稳步推进，圆满完成文展会当代艺术展、鲁台会文化创意工艺品展以及中日韩产业博览会设计亚洲文创展的承办展览任务。艺术剧院认真研究演出市场规律，针对农村、校园、儿童等不同群体推出多种演艺产品，实现经济效益和社会效益双提升。

【事业技术】 事业建设稳步推进，技术保障能力不断增强。

市区地面数字电视覆盖工程竣工。制订《加快推进市区地面数字电视覆盖工程实施方案》，抽调技术骨干组成筹建组，完成机房装修、动环监控系统、信号传输系统的安装调试等工作，7月1日，市区无线数字电视节目成功试播。

完成广电设备技术改造。市电台完成了总控系统升级、数字音频播出系统软硬件升级、直播间装修改造、专业数字直播调音台更新、直播间周边设备更新等项目。市电视台实现前期拍摄、后期制作和节目播出全部高清化。

加强安全播出管理。组织各播出、传输、发射单位对各项管理制度

潍坊市无线数字电视覆盖一期工程完成 （供图：刘永华）

和设备操作规程进行细化完善，开展安全播出检查，做好日常及元旦、春节、“两会”“国庆节”“G20峰会”“世界互联网大会”等重大安全播出保障期的值班和播出保障工作，圆满完成全年安全播出任务。

媒体融合发展成效显现。市电台、电视台、广电报推出微信公众号，潍坊传媒网推出手机APP、IPTV，实现传统媒体与新媒体融合发展。市电台对各类新媒体平台进行统一管理，形成集群优势，开发利用好APP手机客户端，打造具有电台特色的新媒体平台。市电视台开通“潍坊电视台”微信公众号，各频道、栏目也推出微信公众号，对社会焦点问题积极发声，影响力进一步增强。潍坊广电报官方微博粉丝超过48万人，“天天潍坊”微信公众号关注人群达到13万人。潍坊传媒网充分发挥视听优势，打造网络直播平台及手机台、新鲜APP、微博、微信、潍坊发布、今日头条、一点资讯等自媒体平台，在新闻传播方面实现互动，形成较强的传播能力。

**【内部管理】** 扎实开展“管理规范精细年”活动，管理规范化、精细化持续推进。加强调度考核，不断推动整体管理水平提升。坚持每月召开总经理办公会、经营管理工作调度会和机关工作月度调度会议，调度、检查、安排宣传、经营和机关工作。市电台修订《宣传管理规定》，补充完善舆论导向、新媒体业务、审稿流程、宣传纪律等细则，宣传管理进一步细化。市电视台加强广告经营和自办栏目监审工作，坚持节目播出“三审”制度和重播重审制度，绩效考核、管理机制和激励机制更加严谨规范。广电报社进行中层干部竞聘上岗，进一步激发了内在活力。

做好包村扶贫工作。集团投资40万元帮助临朐县辛寨镇杨家河村建设幼儿园，5月30日建成投入使用，解决周围村庄200多名幼儿的入园教育问题，受到群众广泛称赞。

**【队伍建设】** 深入开展“两学一做”学习教育，党员队伍素质明显提升。发挥典型引领作用，组织开展集团“首席”和“十佳青年”编辑记者、播音员主持人评选活动，调动宣传从业人员的工作积极性。举办广电艺术节系列文体活动，增强队伍的凝聚力。集团全体干部职工的工作作风不断改进，工作主动性明显增强，整体素质和精神风貌有了新的提升。市电台围绕新媒体微信公众平台，邀请专家对全台职工进行“移动互联网+广播运营模式攻略”讲座等3次业务培训。市电视台举办“潍视大课堂”系列培训活动，邀请专家学者、业务骨干讲课，使职工拓宽视野、提升了素质。潍坊转播台发挥中层骨干的模范带头作用，制订全员培训计划，抓好技术培训，职工技术技能不断提高。

（刘永华）

## 风筝文化

**【第33届潍坊国际风筝会】** 第33届潍坊国际风筝会于2016年4月16至23日在潍坊滨海成功举办。此届风筝会由国家体育总局、国际风筝联合会、潍坊市人民政府共同主办，以中共十八大，十八届三中、四中、五中全会精神为指导，按照潍坊市委、市政府的部署要求，遵循办好风筝主体活动，打造城市品牌，搭建合作发展平台的理念，坚持“创新办会、务实办会、节俭办会”的原则，突出国际性、参与性和潍坊特色，着力抓好风筝、文化、招商等19项重点活动，大力宣传推介潍坊，弘扬风筝文化，提升城市知名度和美誉度，促进文化产业和招商引资，取得良好经济社会效益。国家体育总局副局长、国际风联主席冯建中和山东省副省长王随莲以及“一带一路”沿线重点国家外交使节、世界500强暨行业领军企业代表、全国各地潍坊商会会长、重点客商、台商、全国知名民营企业家、国内外高水平风筝团队等1500多名贵宾客商应邀出席。此届风筝会特点突出，亮点纷呈，重点活动呈现鲜明的理念，在继续重点办好传统的万人风筝放飞表演活动、世界风筝锦标赛、全国风筝分区选拔赛、潍坊风筝大赛，中国画节·文展会，外交使节潍坊行等有特色、有品牌价值活动的同时，创新设立了潍坊滨海风筝冲浪表演赛、2016首届中国（潍坊）国际风筝文化创意设计作品暨风筝扎制作品大赛、大型民族舞剧《风筝》到潍坊演出活动、首届国际诗书画风筝文化主题大赛双

第33届潍坊国际风筝会开幕式　　（供图：齐志明）

年展、2016潍坊国际民间艺术之春活动、台湾佛光山潍坊风筝文化展演活动、2016世界500强暨行业领军企业潍坊对接会、“商会商机　合作共赢”全国各地潍坊商会会长大会、科技成果转移转化高端论坛等9项活动，以丰富和拓展风筝会的内涵与外延，增强风筝会的吸引力，促进合作发展。求真务实，均衡设置重点活动。围绕办成风筝的盛会、文化的盛会、招商的盛会，精选活动，务求实效。风筝类活动突出高端赛事、风筝文化传承。各县市区、开发区和市直有关部门、单位，有关行业组织，以风筝会为平台，结合地域和行业特点，分别举办了有特色的分项活动。如第17届中国（寿光）国际蔬菜科技博览会、第9届海峡两岸风筝文化交流活动、第5届海峡两岸（潍坊）休闲观光农业交流会、第11届潍坊城区中小学生风筝节、青州市春季旅游采风行、安丘优秀剧目展演、2016全国钓鱼邀请赛，“滨海行”全市青年骑行活动、中国潍坊（峡山）“金风筝”国际微电影大赛启动仪式等。

**【风筝赛事竞技】**此届风筝会暨第12届世界风筝锦标赛，选拔国内32个省市自治区的66支风筝代表队，美国、澳大利亚、新西兰等35个国家和地区的51支风筝代表队，共计400余名参赛队员参赛。另外，全市共有92支代表队、926名参赛队员、972只风筝参加“潍坊风筝大赛”。经过3天激烈角逐，第12届世界风筝锦标赛决出打斗风筝赛、团体双线运动风筝赛、团体双线运动风筝芭蕾赛、创新风筝赛、优秀传统风筝赛、最佳空中效果风筝赛、特色风筝表演赛的优胜者。其中，潍坊市代表队荣获优秀传统风筝赛一等奖，由潍坊市队员组建的中国队荣获创新风筝赛、特色风筝表演赛一等奖。

**【经贸招商】**此届风筝会经贸招商成效显著。2016世界500强暨行业领军企业潍坊对接会，于4月15日在富华大酒店举行。韩国釜山市政府、韩国新罗大学、商务部投促局、国际商报社、德国赢创、日本三菱商事、住友集团、美国中创投资、韩国乐天制果株式会社、中建国际、安永会计师事务所、思瓦和茨咨询公司等10多个国家和地区的30多家跨国公司及机构负责人应邀参加。潍坊市企业与参会的世界500强及行业领军企业对接洽谈项目30余个，达成初步合作意向项目18个，总投资额137.07亿元。“商会商机　合作共赢”全国各地潍坊商会会长大会，共邀请福建省连锁经营协会、法国迪卡侬公司、中国海洋航空集团、中国3D打印创新中心总部、清华大学国家服务外包研究院、网库集团等国内外知名协会、企业40家，以及全国工商联文化产业商会、环境服务业商会、美国国家商会、韩国釜山经济振兴院、中国国际经济交流中心、中国拥军优属基金会国际交流与合作委员会、山东省电子商务促进会和上海、广东、青岛、济南、烟台、东营等地商会38家，共计158名嘉宾参会。此次对接会共集中签约项目35个，涉及总投资145.76亿元。其中，装备制造项目10个，现代服务业项目10个,新兴产业项目5个,节能环保项目4个,现代农业项目3个,创新创业项目3个。2016“一带一路”沿线重点国家外交使节潍坊行,邀请了美国、法国、加拿大、俄罗斯、波兰、印度、日本、韩国、泰国等“一带一路”沿线重点国家驻华使节、商会会长及友城代表团约57人参加风筝会，其中，重要来宾包括日本、泰国驻青岛总领馆总领事、波兰驻华使馆参赞、美国驻华使馆领事、波兰奥尔什丁市市长等26余人。其间，法国奥朗日市市长、泰国勿洞市市长、荷兰瓦赫宁根大学食品学院院长、马来西亚中国总商会会长及企业家约52人来潍，部分参加菜博会，其中，俄罗斯企业家展位30个、马来西亚企业家展位17个。

（齐志明）

## 文物博物

**【概况】**《潍坊市文物保护条例》于2016年11月26日经省人大常委会第二十四次会议批准公布，2017年1月1日起施行。完成第一次全国可移动文物普查，共普查登录文物51.9万余件，位居全省第2位。全市有8个单位获全省第一次可移动文物普查先进集体、有20人获先进个人表彰。争取国家、省文物项目30个，到位资金6497万元。组织开展第四批市级文物保护单位的申报遴选工作，各县市共上报140余处。审核通过82个。先后组织实施坊子德日建筑群德军俱乐部等重点文物修缮工程近20项，组织昌邑齐西民居群保护规划等6项规划。其中，十笏园保护工程、德日建筑群竖井片区、大英烟旧址、乐道院一期、东关城墙一期等工程已完成，并对外开放；青州云门山安防、奎文区大英烟公司旧址维修保护、坊子德日建筑群竖坑片区维修保护、青州真教寺安防工程、消防等工程、昌邑姜氏祠堂维修保护工程、青州博物馆预防性保护、龙兴寺精品陈列数字化保护等项目顺利通过验收。真教寺修缮工程、齐长城临朐段保护工程、齐长城—临朐椁根腿段抢救性保护、临朐县崔芬墓抢救性保护等文保工程正在实施。积极做好基本建设工程中的文物保护，对潍日高速昌乐辛宅子遗址、李庄遗址、纪国故城遗址进行考古发掘，对S224大沂线改线工程、新建潍莱铁路客运专线工程、G228新建工程、S102改建工程进行了考古勘探，对济青高铁胡营牵引站供电220kV线路工程、内蒙古扎鲁特——青州±800kV特高压直流输电线路工程选址进行论证，协调项目单位对涉及的文物点及文物保护单位进行妥善处理，保护地下文物安全。

**【博物馆事业】** 围绕“国有馆抓提升，非国有馆抓设立”的思路，重点抓好国有博物馆提升工作，积极争取财政专项补助资金400万元对潍坊市博物馆、青州市博物馆展陈进行提升；大力发展非国有博物馆，新建青州玉君子民间艺术博物馆等10家非国有博物馆；全市31家各级各类博物馆常设展览达到160个，举办临时展览180个，入馆观众人数突破300万人。组织各级博物馆进学校、进社区、进村庄等110余次，直接观众达到56万余人。深入开展文博学术研究，编辑出版《潍水文化研究》系列丛书，“潍坊三代古国、潍坊与丝绸之路、潍坊经学、潍坊佛教造像、近现代潍坊中西文化交流”等15个课题半数完成初稿。全市文博系统承担国家社科基金项目1项，承担省艺术科学重点课题1项，与浙江大学、北京科技大学、西北大学、中国美院合作研究4项，全年发表论文90余篇，主办首届“潍坊市博物馆长论坛”，省内50余家博物馆馆长参加，达成多项合作展览和合作研究项目。

（陈建仁）

## 档案管理

**【档案安全体系建设】** 扎实推进县级档案馆建设。市委常委会就落实“全省国家档案行政执法检查整改落实工作暨县级档案馆建设推进会”和“全省县级档案馆建设现场推进会”精神听取市档案局专题汇报，市委书记杜昌文、市长刘曙光分别作出重要批示。市委组织召开“全市国家档案行政执法检查整改落实工作暨县级档案馆建设推进会”，对抓好国家档案局检查组反馈问题整改、推动全市档案事业转型发展作出部署。市委、市政府督查室联合印发《关于对县级国家综合档案馆建设情况进行督查的通知》，市档案局多次召开专题会议，研究整改落实措施。县市区大都召开常委会议或政府常务会议，对档案馆建设进行专题研究，确定初步建设方案，县级档案馆建设有序推进。加强档案实体安全。市档案馆投资70余万元，安装库房精密空调、高清数字摄像头、新增门禁系统等，全面改造升级档案安全防护设施设备。投资42万元，新建数字档案馆安全审计系统、数据质量检测系统，更新服务器、磁盘阵列和UPS电源电池组等，加强档案数据安全维护和数字档案安全保密。进一步强化电子档案容灾备份。年内，全市9个档案馆及3个市属开发区形成32.3TB电子档案数据，备份省电子文件（档案）容灾备份中心。同时，市档案馆7TB电子档案数据，移交异地保管，完成省外备份数据更新。积极开展档案抢救保护。市档案馆申请国家专项资金36.5万元，对国家重点保护档案资料——日本侵华地图和画报，进行修裱、复制、扫描和翻译。对馆藏94盘录音、录像带，采取数字化转换、刻录光盘等方式，进行抢救性保护，确保这部分档案资料的安全保管和方便利用。

**【档案资源建设】** 加大档案进馆力

11月2日，全市国家档案行政执法检查整改落实工作暨县级档案馆建设推进会议召开
（供图：刘树平）

度。全市各级综合档案馆接收属地各类档案共计23.8万余卷，照片1万余张。其中，市档案馆接收市规划局业务档案10606卷；寿光接收农村土地承包经营确权登记颁证档案20万卷，市直部门、镇街机关和事业单位档案2万余卷、照片1万余张；昌乐接收婚姻档案、革命历史档案3000余卷；临朐接收县委县政府档案2591卷；诸城接收市直部门档案1181卷；安丘接收镇街档案558卷；寒亭接收区直部门档案549卷。加强地方特色档案资料征集。市档案馆接收毛体书法家贺惠邦书法作品4幅、实物资料60件，全年征集接收历史文化和地方特色资料389件。各县市区也采取不同形式，征集大量地方文献、特色档案、名人档案、族谱档案、艺术作品、老照片、书籍报刊和珍贵藏品等。加强重大活动档案资料征集。市档案馆征集市人大十六届五次会议等重大活动档案127件；寿光收集菜博会摄影大赛及联谊会获奖照片508幅；高密征集领导干部重大活动声像档案1000余件。市档案馆（局）与潍坊电视台联合开展“口述档案”访谈活动，拍摄建立“口述档案”。年内，录制干部南下、援疆支边等专题节目50期，形成口述声像档案6000多分钟，填补了馆藏档案资料空白。

**【档案开发利用】** 加强档案文化资料编研。市档案局每月编印1期《潍坊大事记》，编辑《齐鲁记忆·山东档案珍品丛书》——《潍县大观》，完成《改革开放实录（潍坊卷）》《潍坊市志（1991——2012）》档案专题撰写以及《山东档案年鉴（2016）》和《潍坊年鉴》有关全市档案工作的编写任务；各县市区档案局也相继推出了《大事记》《老潍县宗教》《诸城撤县建市30周年档案资料选编》《齐鲁记忆·山东档案珍品丛书》——《军鞋帐》等一批有影响的编研刊物。积极开展档案文化和工作宣传。市档案局制作《走进潍坊档案馆》宣传片，举办“贺惠邦毛体书法展”“玮平精品漫画巡回展”，改版潍坊档案信息网站，增设“口述档案”“机关党建”等栏目；全市各级档案部门在省级以上档案刊物和县级以上新闻媒体刊发理论文章、宣传稿件394篇，在市级以上档案网站登发信息232条，潍坊电视台、潍坊广播电台宣传报道6次。全市档案馆（局）被省档案局表彰为“全省档案宣传工作先进集体”，31项成果荣获“山东省档案学优秀成果奖”。继续开展档案馆开放日活动。“6·9”国际档案日，市县联动组织开展以“档案与民生”为主题的第8个档案馆开放日活动，共举办各类活动39项。期间，市档案馆公布开放昌潍地委、昌潍专署等30个全宗、11万余件档案。积极开展主题教育活动。市档案局充实完善爱国主义教育基地内容，组织开展爱国主义教育、革命传统教育和主题实践活动5次，接待30多个单位及社会各界2000余人次参观；诸城档案馆创建为“全省中小学档案教育社会实践基地”。加强服务窗口建设。采取网络查询、函电代查、节假日预约查档等方式，面向社会提供多样化、常态化利用服务。年内，全市共接待利用者2万余人次，提供利用档案资料5万余卷（件）。

**【档案科学化管理】** 加强档案业务培训。市档案局组织举办文档人员和业务培训班4期，培训人员600余人次。同时，对20多个部门单位开展系统专题培训，培训人员300余人次。各县市区也都采取不同方式，举办形式多样的档案业务培训，进一步提高档案工作者的操作技能和业务水平。扎实开展档案工作科学化管理测评。贯彻落实《山东省档案工作科学化管理规范》，继续开展档案工作科学化管理测评活动。年内，全市有5个单位创建成为“山东省档案工作科学化管理示范单位”，32个创建成为先进单位，105家为合格单位。加强重点领域档案监督指导。贯彻落实全市农村土地确权颁证档案工作现场推进会精神，指导相关部门扎实开展农村土地确权档案收集和整理工作，潍坊市农村土地确权登记颁证档案通过省级验收。同时，积极做好创建森林城市档案业务指导。积极推动数字档案馆建设。全市12个县市区5个市属开发区全部展开了档案数字化建设，寿光、诸城、奎文、昌邑、昌乐、坊子、临朐7个县市区建成数字档案馆。年内，全市新加工数字档案576万页、录入新条目112万条，新增照片档案16000张，新增多媒体档案16000分钟。

7月20日，市委常委、秘书长孙明亮（右一）陪同国家档案局副局长付华（左三）、省档案局副局长苏东亮（左四）等到市档案馆进行档案行政执法检查　（供图：刘树平）

【档案法制建设】 加强档案行政执法检查。国家档案局行政执法检查组对市档案馆、奎文区大虞街办开展档案行政执法检查，市委召开“全市国家档案行政执法检查整改落实工作暨县级档案馆建设推进会”，对检查组反馈问题整改意见进行部署。市档案局对坊子、高密、临朐3个县市区贯彻落实国家档案局10号令情况进行了专项督查。积极开展档案法治宣传活动，利用法制纪念日举办展览、上街宣传等形式，积极宣传档案法律法规，进一步增强社会档案法治意识。加强档案行政执法队伍建设，积极组织参加全省档案行政执法培训和考试，全市共有40人取得山东省行政执法证件，档案行政执法队伍不断壮大。同时，市档案局购置执法设备记录仪、笔记本电脑、数码相机、便携式打印机等设施设备，保障依法治档工作开展。

（刘树平）

## 非物质文化遗产保护

【概况】 扎实开展国家级潍水文化生态保护实验区建设，又有15个项目入选第四批省级非遗名录，坊子鸢都嵌银厂和安丘董家骨科诊所被评为山东省第二批非遗生产性保护基地，九千绣花女培训工程被评为山东省非遗保护十大亮点工作，高密聂家庄泥塑代表性传承人聂臣希被评为山东省非遗保护十大模范传承人。组织举办保护区建设事项评选表彰、中国古琴艺术展、“乡音乡韵”方言展演大赛等系列潍水文化展示展演活动，社会反响强烈。创新举办中国（潍坊）首届传统工艺创意设计大赛及获奖作品展，有力推动传统工艺创新发展。建设30处县及县以下历史文化展示示范点，展陈面积达到1.7万平方米，接待观众30多万人次。大力推进非遗进校园，探索尝试非遗职业教育，在潍坊商校、聋哑学校建立了两个非遗传承培训基地。

【文化合作交流】 组织队伍参加第四届中国非遗博览会，寿光文博会、安丘非遗武术项目展演大会等非遗展示交流活动成效显著，组织风筝、剪纸等传承人参加省文化厅赴埃及、台湾文化交流活动，组织传承人赴新疆参加喀什山东省非遗展，组织潍坊核雕、风筝、嵌银、聂家庄泥塑等项目参加第十一届深圳文博会进行宣传展示，赴波兰、捷克开展文化交流活动，进一步提升潍水文化的知名度和影响力。

（陈建仁）

## 卫生与计划生育

【概况】 2016年，全市卫生计生工作以建设“健康潍坊”为目标，深化改革，强化管理，提升能力，推进卫生计生融合发展、转型发展、创新发展。全市各级各类医疗卫生机构达到7706家（包括医院163家，乡镇卫生院152家，社区卫生服务中心40家，专业公共卫生机构166家，其他含诊所、卫生室等7185家），卫生技术人员60759人，床位50651张。资产总值270.75亿元，房屋建筑面积486.03万平方米。门、急诊人次5866万人次，出院病人169万人。万元以上设备3.68万台，总价值61.12亿元。

【医药卫生体制改革】 圆满完成县级公立医院综合改革省级第三方评估，高密市被确定为全省5个县级公立医院综合改革示范县（市）之一。自6月30日起，潍坊市人民医院等9家城市公立医院“历史性”取消药品加成政策；同步推进取消城市公立医院药品加成，降低大型设备检查检验项目价格，调整医疗服务价格“三项改革”；2016年内，9家城市公立医院门急诊人次同比增长9.43%，出院人次同比增长13.51%，“药占比”同比下降20%，运行机制明显优化，顺利通过城市公立医院综合改革国家复核评估。印发《全市公立医院综合目标管理考核指导意见（试行）》，完善委直单位综合目标管理；会同组织部门规范市属公立医院领导人员管理体制，完善市属公立医院法人治理结构。健全药品供应保障体系。建立全市药品采购联合体，启动新一轮省级药品集中采购，高值医用耗材采购金额位列全省前列，全省药品（耗材）采购使用管理师资培训班在潍坊举办；首次开展基本药物制度绩效考核；开展短缺药品监测试点，潍城市为全省三个试点市之一，全省确定的33家监测点潍坊市占到9家。启动分级诊疗制度试点，探索形成中心城区、县域和专业联盟三种模式，其中高密县域模式在全省推广；国家卫生计生委李斌主任到山东调研，专门听取潍坊市分级诊疗情况汇报。副省长王随莲、省政协副主席赵家军等领导先后到潍坊调研医改工作，均给予充分肯定。

【医疗卫生服务体系建设】 坚持规划引领，编制完成《潍坊市医疗卫生服务体系规划（2016—2020年）》和《潍坊健康城（医疗中心）规划（2016—2020年)》。“健康城”建设加快推进，带动医疗服务能力和品质大幅提升，实现了突破发展。潍坊市中医诊疗中心大楼建成启用；阳光融和医院开业运营，探索的“保险+医疗”服务模式得到高层领导充分肯定；潍坊市人民医院外科中心即将投入使用；潍坊市中医院东院区开工建设；潍坊市心理健康服务中心（市精神卫生中心新院区）主体完工；华大基因健康产业园（潍坊市妇女儿童健康中心、出生缺陷防控中心）按计划推进；先后组建全市呼吸病、妇幼保健、精神卫生、皮肤病等“医联体”（或联盟、集团）；山东半岛“健康高地”初具规模。启动农村社区卫生室规范化建设，出台“三年行动计划”，制订规划建设标准，规划三年完成663处，年内已建成200处。相关部门联合印发《关于加快提升基层医疗卫生服务能力的实施意见》，15家乡镇卫生院创建为全国第二批“群众满意的乡镇卫生院”（第一批潍坊市4家）；在基层卫生岗位练兵和技能竞赛省级决赛中，潍坊市获得总成绩第一名的佳绩。提请市政府印发《关于进一步加强乡村医生队伍建设的实施意见》，推进33448名老年乡医补助政策落实，发放补助金1.5亿元。鼓励社会办医，全市新增一级以上民营医疗机构21家，增加床位1449张。

【计划生育服务管理】 稳妥有序实施全面两孩政策。市委、市政府印发《关于实施全面两孩政策改革完善计划生育服务管理工作的通知》，全年累计办理一孩生育登记56761例、二孩生育登记147119例、再生育审批2767例。持续抓好出生人口性别比治理。全年共出生146095人，出生率为16.25‰，自增率为10.86‰，同比增加59606人，增幅68.9%；符合政策生育144755人，符合政策生育率为99.1%，同比上升4.4个百分点，其中一孩出生50450人，同比上升21.4%，二孩出生93790人，同比增长112.2%；性别比为106.4，各项指标平稳运行，在全省均保持较高水平，“全面两孩”在潍坊市平稳落地。全面落实计生奖励扶助政策,全市有15.3万人享受奖励扶助，5300余人享受特别扶助。大力开展“手牵手家连家结对帮扶计生家庭大行动”，累计结对帮扶16.5万户，投入帮扶资金4120万元、帮扶物品价值983万元。创新发展妇幼健康服务，先后通过省妇女儿童“十二五”发展规划终期评估和国家《中国妇女儿童发展纲要（2010—2020）》中期评估，高密市被确定为全省唯一的母子健康手册国家试点城市，并创建为国家妇幼健康优质服务示范县（市、区）。32.8万人次享受到“六免”（免费婚检、免费增补叶酸、免费孕检、免费唐筛、免费新筛和免费供应PKU特殊食品）服务，累计节省费用3500余万元。青州、昌乐两个县（市）荣获新一轮首批“全国计划生育优质服务先进单位”（即新国优）称号。被中国计生协会确定为全国11个“计划生育家庭健康素养促进行动”项目试点市之一。市计生指导中心被确定为国家第一批基因检测技术应用示范中心。连续两年代表山东省迎接国家“单独两孩”和“全面两孩”政策落实情况专项督查，计划生育工作得到上级充分肯定。市卫生计生委被省委、省政府表彰为“全省妇女儿童工作先进集体”。

【公共卫生服务】 传染病疫情保持平稳，无重点传染病暴发流行；在全省率先建立传染病病例“免疫史”核查制度，免疫规划疫苗接种率保持在90%以上；12个县市区全部实现消除疟疾；免费为全市9万余名小学生实施牙齿窝沟封闭；艾滋病新型治疗管理模式在全省推广，副省长王随莲专程来潍出席“世界艾滋病日”活动；完善心理健康服务体系，建成市直机关心理减压中心，潍坊被确定为省级心理健康服务与精神障碍综合防治试点市；疾控工作在全省卫生和计划生育工作会议上作典型发言。人均基本公共卫生服务项目经费补助标准由40元提高到45元，城乡居民健康档案电子建档率达到85%。启动“卫生计生综合监督提升年”活动，监督检查单位1.6万家，立案处罚154起，罚款59万余元，被评为“全省卫生计生服务监督年活动先进集体”；寿光创建为首批“全省卫生计生综合监督示范区”。开展国家卫生城市第二轮复审，牵头组建“迎审办”，汇聚中心城区之力，历时半年多时间，累计排查、整改问题10.5万个，清运垃圾162.7万吨，升级改造城区农贸市场9个，规范早市、夜市58处，清理规范夏季烧烤摊点706处，以全省最高分顺利通过复审，再次荣膺“国家卫生城市”称号，获得宝贵的城市“名片”。加强食品安全风险监测工作，食源性疾病监测哨点医院由15家扩大到43家，覆盖到全部县市区。抽调力量参与创建国家食品安全城市，餐具抽检覆盖率和合格率均达到100%，顺利通过省级验收。

【医疗服务能力进一步提升】 继潍坊市人民医院创建为“省级区域医疗中心”之后，安丘、昌乐两家县级综合医院创建为三级乙等医院，全市三级医院总数达到13家，居全省前列。提请市政府印发《潍坊市医疗纠纷预防与处置办法》，牵头成立市医患纠纷人民调解委员会，推动建立医患纠纷第三方调处机制，构建和谐医患关系。历史性地完成市红十字中心血站与市卫生职工中专合并、更名为市中心血站、组建血站党委和纪委三大任务，连续8次（每两年1次）荣获全国“无偿献血先进市奖”。建成省级“国医堂”“中医馆”41处，争取省补助356万元；实施“名中医工程”，评选表彰“潍坊名中医”84名，遴选“山东名中医”22名，申报“国医大师”“全国名中医”各1名；3人入选全国优秀中医临床人才。加快推进区域人口健康信息化建设，采取“市县两级、统分结合”的建设模式，整体推进全市人口健康信息化建设；市级和10个县级人口健康信息平台已基本建成，区域信息化框架初步形成；实施“互联网+健康医疗”行动，构建起互联网“1+7”（“一个平台、七个医疗互联网+功能”，即全市城乡居民健康数据共享服务平台和优化就诊流程、开展远程医疗、监控医疗费用、规范医疗行为、建立分级诊疗、防控精神疾病、提高辅助诊断水平七项服务）服务模式。对潍坊市运用“互联网+”推动医疗健康事业深入发展的做法，常务副省长孙伟、副省长王随莲专门作出批示，要求在全省总结推广。顺利完成120指挥中心搬迁，成功启用新的调度指挥系统，调度出车14万次；举办首届院前急救技能大赛。

“两学一做”学习教育王金鉴先进事迹报告会 (供图：杜晓菲)

建成全市遗体器官捐献者纪念碑林，落实各类救助金430余万元，荣获全省红十字系统遗体器官组织捐献、应急救援救助等四项先进荣誉。圆满完成风筝会、鲁台会等30余次重大活动（会议）医疗保障任务。大力开展健康扶贫，对全市1.8万名患病贫困人口落实“八个一”（明确一所定点医院、确定一名家庭签约医生、签订一份承诺书、制定一张健康卡、建立一个健康档案、进行一次健康查体、组织一次健康会诊、发放一张健康明白纸）工程；按计划先期对患37种疾病的8510名贫困人口实施分类救治；提请市委市政府出台《潍坊市建档立卡贫困人口基本医疗保障暂行办法（试行）》，对6.8万名贫困人口落实免费基本医疗。深入推进全面从严治党，扎实开展“两学一做”学习教育，对6家委直单位落实主体责任情况进行专项巡查；先后4次被市里推荐，在中纪委、中组部、省委全面从严治党考核组到潍坊调研或考核座谈会上作专题发言，受到一致好评。在全市科学发展综合考核中，继续名列前茅，获得优秀等次。选树的诸城市基层卫生干部典范——王金鉴，作为潍坊市和山东省重大典型，先后被追授为潍坊市优秀共产党员、山东省卫生计生系统服务标兵、“齐鲁时代楷模”“2016年全国最美医生”，在全社会引起强烈反响。2016年年底第三方调查结果显示，群众对全市卫生计生工作的综合满意度达到96.16%，取得历史最好水平；全省科学发展综合考核“看病就医”群众满意度测评位次居全省前三名。

（王　磊）

**【潍坊市红十字会】** 大力弘扬“人道、博爱、奉献”的红十字精神，利用世界红十字日、防震减灾日、急救日等开展红十字运动基本知识传播和防灾应急救护演练，较好地发挥红十字会在政府人道救助领域的助手作用，先后荣获省红十字会应急救援救助、应急救护培训、遗体器官组织捐献、对口支援先进单位工作。

应急救护培训。举办35期应急救护培训班，878人经培训通过理论考试和技能操作考核，成为红十字急救员。

人道救助。积极开展各类救助活动。持续开展大病救助，为全市26名白血病患儿办理并上报救助申请，每名患儿获中国红十字基金会3万元救助；对困难先天性心脏病患者实施救助，23名先心患儿获中国红十字基金会救助，每名患儿获得0.5万~3万元救助。对特定群众实施针对性救助，利用爱心人士专项捐款3000元，在春节前夕对困难户进行慰问；走访麻风村并捐赠慰问金1万元；向各县市区发放价值10余万的棉被、温暖箱、羽绒服，用于困难群众和部分遗体、器官、造血干细胞捐献者的慰问；六一儿童节前，向临朐县城关街道朱堡小学捐赠价值1万元的新校服及200册图书；6月份，将旗帜乳业捐赠的价值86.4万元的400箱奶粉，发放至各县市区、市福利院、市妇幼保健院，用于全市贫困婴幼儿及患儿的救助；向部分县市区发放修正药业捐助的10万元药品。

造血干细胞、遗体和人体器官捐献。开展造血干细胞捐献宣传发动、

捐助临朐朱堡小学1万元 (供图：孙建敏)

潍坊市遗体器官捐献纪念园　（供图：孙建敏）

报名登记、血样采集、资料管理和协查配型等工作，完成血样采集513份，18名志愿者初筛配型合格，9人进行高分辨配型，6人成功实施捐献，其中跨国捐献2人。举办潍坊市器官捐献工作研讨会，全市二级以上医疗单位急诊、外科等相关科室专家参加，促进了器官捐献工作的开展。2016年新登记遗体角膜器官捐献者17人，完成遗体捐献6例，角膜捐献5例，器官捐献7例。为方便遗体（角膜、器官）捐献者亲属祭奠缅怀，募集建设资金近100万元，在昌乐县烈士陵园建成潍坊市遗体捐献者纪念园，纪念园占地1200平方米，市内捐献者刻碑入园。

疾病应急救助金管理。组织市卫计委、财政、公安、民政、人社等部门负责人和基金审核专家库医疗专家，2次集中审核办理市内医疗机构疾病应急救助基金补助申请，受理申请193份，通过160份，报市财政局核准后，由财政局向医疗机构支付补助资金569709.85元。

（贾俊德）

## 体　育

【概况】2016年，是实施体育“十三五”规划的开局之年，是体育奥运之年。全市体育工作以建设体育强市为奋斗目标，突出改革创新，努力推动体育事业和体育产业协同发展，体育事业再创佳绩，各项工作继续走在全省前列，为建设富裕文明新潍坊做出新贡献。

【群众体育】城乡体育基础设施建设迈出新步伐。全年投入各级体育彩票公益金1100多万元，为全市100个社区，580个行政村，20个市直部门扶贫村建成700处全民健身设施工程。全民健身组织建设不断完善。市、县、镇（街道）、社区（村）四级全民健身组织网络不断健全，全市各单项体育协会组织达到270个，各级各类社会体育健身指导员达到2万人，为全民健身活动的开展和市民科学健身提供人才保障。国民体质监测取得新成绩。举办了关爱孤寡老人身体健康活动、“全民健康生活·健行潍坊大地”暨首届潍坊市职业人群万人健步走激励大赛及“科学健身 全民健康”科普讲堂进社区等系列活动，全年完成监测4000人。全年举办各类群众体育活动800次。圆满完成潍坊市第六届全民健身运动会、“百县篮球、千乡乒乓球、万人象棋”潍坊赛区系列赛事、白浪绿洲生态旅游带自行车骑行系列活动、全民健身月启动仪式暨鸢都湖龙舟大赛、2016第二届千人瑜伽公益推广活动、8月8日全民健身日等大型活动。

【竞技体育】潍坊5名体育健儿出征里约奥运会创佳绩。杨方旭助力中国女排时隔12年后再夺奥运会金牌，岳园携队友王凡打入沙滩女排10强，杨曼助力中国女足时隔8年重新回到奥运赛场，皮划艇运动员刘海萍、摔跤运动员孟强圆满完成赛前任务目标。

参加省比赛取得优异成绩。1088名运动员参加山东省竞标赛25个大项的比赛，取得117.5金59银66铜的优异成绩。

市领导会见潍坊市参加里约奥运会参赛队员　（供图：侯宝忠）

完成全市21个项目锦标赛。完成了潍坊市越野长跑竞走锦标赛、排球、体操、赛艇皮划艇、自行车、乒乓球、柔道、篮球、武术套路、排球、击剑、拳击等21个项目锦标赛，来自全市12个县市区、3个市属开发区的5000名运动员参赛。

青少年体育活动蓬勃开展。成功举办3700多人参加的潍坊市中小学生体育联赛、500人的超体重中小学生健康培训和4000多人的中小学生游泳培训。根据市领导的意见，成立潍坊风筝冲浪运动队，完成组建工作，总部设在滨海经济开发区。

**【体育产业】** 潍坊市成为全省第三个可利用医保卡余额健身的地级市。7月5日，市人社局、市体育局联合印发《关于利用职工基本医疗保险个人账户结存基金开展健身活动的实施意见》，潍坊市职工利用医保卡余额健身成为现实。

《加快发展体育产业促进体育消费实施方案》印发。为推进全市体育产业发展，促进体育消费，根据《国务院关于加快发展体育产业促进体育消费的若干意见》《山东省人民政府关于加快发展体育产业促进体育消费的实施意见》，结合全市实际，8月28日，潍坊市印发《加快发展体育产业促进体育消费实施方案》。

圆满结束2016至2017年度全市星级体育俱乐部的评选工作。全市共评选出星级俱乐部60家，其中一级23家，二级16家，三级21家。

全市体育彩票销售实现较快增长。体育彩票销售额达到13.9亿元，居全省第四位，同比增幅29.9%，体彩营业网点达到1114个。

**【特色品牌赛事】** 成功举办两大足球赛事。7月12日—16日，中国足协潍坊国际青年女子足球锦标赛在潍坊市奥体公园体育场举办，日本队、加拿大队、新西兰队、中国队4支队伍参加，中国队三战全胜获得冠军。2016年第十届“鲁能·潍坊杯”国际青年足球邀请赛共有八支队伍参加，巴西体育4∶1战胜中国国青，荣获“潍坊杯”冠军。成功举办2016世界风筝冲浪竞速锦标赛暨第八届中国潍坊滨海国际风筝冲浪邀请赛、2016中国（安丘）国际高智尔球邀请赛、2016“高粱红了”高密国际马拉松赛、2016龙城（诸城）半程马拉松赛、2016潍坊（峡山）国际乡野马拉松赛等重大赛事活动。

**【体育场馆】** 潍坊市体育馆和体育公园建设工作稳步推进。市体育运动学校和市重点竞技体育学校顺利实现搬迁滨海，教学、训练、生活等各项工作步入正轨。安丘市青云山文体活动中心破土动工，诸城市启动了体育场的建设工作，寿光市游泳馆建成使用，临朐县国家资助县级全民健身中心项目启动。

**【体育改革】** 市政府印发《关于进一步深化奥体公园管理体制改革专题会议纪要》（2016第92期），注销奥体公司，做好人员安置和维稳工作，进一步完善财政保障和供给办法，抓好体育中心考核管理。进一步强化管办分离改革力度，赛事活动实行政府购买服务。改革审批制度，取消市级审批事项2项，下放县市区审批事项2项，承接省级审批事项1项，保留市级审批项目2项。

（燕景伦）

## 文化艺术中心

**【概况】** 潍坊市文化艺术中心紧紧围绕“建立现代公共文化服务体系”的总目标，按照市委、市政府重大决策部署和重点工作任务，着力强化文化服务体系建设。通过协调入驻单位、整合中心公共资源，加快推进公共文化服务建设步伐，使中心面貌焕然一新，各类优质文化艺术资源的溢出效应惠及了普通百姓，在市民中形成良好口碑及品牌形象。2016年成功创建为省级文明单位。

**【公共空间运营】** 中心坚持“管办分开、整体运营”的原则，对整个中心进行统一管理，充分利用公共空间，通过逐步引入国内外高水平、有实力、有品质的运营团队，陆续在中心商业区域进行运营，初步实现国有资产的保值增值。

**【为入驻单位业务开展提供有力保障】** 结合中心各个场馆实际，统筹

文化艺术中心正面图　　（供图：潍坊市文化艺术中心）

规划、整合资源，强化措施，力求落实，确保各入驻单位顺利开展工作。入驻中心的单位包括规划艺术馆、青少年宫、工人文化宫、妇女儿童活动中心、图书馆、科技馆、人大常委会办公室等，整个中心的文化艺术资源得到有效的集中使用。从少儿活动、读书学习、健身休闲、科普展示到各种展览和高水准演出,市民文化生活的方方面面逐步在这一个中心区域内得以实现。

**【安全监管】** 中心牢牢把握“安全第一”理念，始终把安全工作作为重中之重，采取强有力措施全力推进。积极开展安全宣传教育活动，不断完善安全管理机制，严格落实安全主体责任，认真开展各项安防活动。

**【党的建设】** 通过认真开展机关党建工作、党风廉政建设和“两学一做”学习教育，激发党员干部的潜能，调动党员干部的工作积极性，有效促进中心场馆管理水平和运营能力的提升。

十六届人大第五次会议在潍坊大剧院召开　　（供图：潍坊市文化艺术中心）

**【做好人大会议会场和市委、市政府接待活动的各项保障工作】** 圆满完成年初市人代会和7次人大常委会例会保障工作；会同潍坊保利大剧院对人代会会场布置情况、筹备流程以影像资料和文字形成标准规范，提高保障工作水平。得到市人大常委会办公室的高度评价。针对市委、市政府安排的各类接待活动，中心制订详细的接待方案和应急预案，在安全、服务等方面进行严格把控，合理规划参观路线，保持道路整洁畅通、车辆指挥有序。

（张心宇）

# 社会·民生

*Shehui Minsheng*

## 居民生活

**【概况】** 2016年，全市坚持稳增长调结构促转型，着力保障改善民生，全市居民收入持续增长，城乡差距低于全省平均水平，收入结构进一步优化；居民消费保持较快增长，生活水平明显提高，“十三五”开局良好。

**【居民收入】** 居民收入增速位居全省前列。2016年，全市居民人均可支配收入25484元，同比增长8.9%，增速居全省第三位。其中，城镇居民人均可支配收入33609元，同比增长8.2%，增速居全省第三位；农村居民人均可支配收入16098元，同比增长8.1%，增速居全省第五位。

城乡差距低于全省平均水平。城乡收入倍差可以反映城乡收入差距，倍差越小，城乡收入差距越小。2016年，潍坊城镇、农村居民人均可支配收入分别为33609元、16098元，城乡收入倍差为2.09，比全省低0.35，比全国低0.63，在全省排第十三位。

居民收入结构进一步优化。2016年，全市居民收入结构呈现出工资性收入为主，贡献率最大；经营净收入次之，潜力最大；财产净收入比重最小而且来源较为单一；转移净收入比重居第三位，但增速最快。与2015年相比，潍坊居民收入结构中，工资性收入比重下降0.5个百分点，为56.7%；而经营净收入、转移净收入均提高了0.3个百分点，分别为23.5%、11.9%；财产净收入比重保持不变，为8.0%，居民收入结构进一步优化。

**【居民消费及生活状况】** 2016年，全市居民人均消费支出15896元，增长9.7%，增速居全省第三位。其中，城镇居民人均消费支出20976元，首次突破两万元，同比增长8.5%，增速居全省第五位；农村居民人均消费支出10027元，首次突破一万元，增长10.2%，增速居全省第二位，增速高于城镇1.7个百分点。八大类消费全部上升，其中医疗保健，其他用品和服务、教育文化娱乐支出等大幅增长。

食品烟酒消费比重下降，饮食服务备受欢迎。2016年，全市居民人均食品烟酒消费支出3959元，占消费支出的比重为24.9%，比上年同期低0.3个百分点，比全省低3.3个百分点；同比增长8.3%，增幅居八大类支出第七位。其中，城镇人均支出4931元，同比增长6.9%，比重为23.5%；农村居民人均支出2835元，同比增长9.6%，比重为28.3%。全市居民人均食品烟酒消费支出中，约1/10花在饮食服务上，导致人均饮食服务支出增长11.1%，增幅比全省高2.7个百分点。调查显示，2016年，全体、城镇、农村人均饮食服务消费支出分别为491元、649元、308元，占食品烟酒消费比重分别为12.4%、13.2%、10.9%，比上年分别提高0.3、0.5、0.1个百分点。

医疗保健支出比重上升，增幅最高。2016年，全市居民人均医疗保健支出1390元，占人均消费支出的比重为8.7%，比上年提高0.5个百分点；同比增长16.5%，增幅居八大类消费支出首位。其中，城镇居民人均支出1874元，同比增长17.7%，农村居民人均支出830元，同比增长10.7%。

各类教育支出大幅增长。2016年，全市居民人均教育文化娱乐支出1879元，同比增长14.8%，所占比重比上年提高0.5个百分点。其中教育支出1282元，同比增长23.1%，文化娱乐支出597元，与上年基本持平。在学前、小学、初中、高中、中专职高、大专及以上教育、成人教育等八大类教育支出中，除成人教育支出下降外，其余七类教育支出均大幅增长，分别增长44.3%、23%、42.3%、16.9%、35.4%、28.9%。

家用汽车等家庭耐用消费品成为消费热点。2016年，潍坊居民人均购买家用汽车支出1072元，增长11.2%；每百户居民家用汽车拥有量58.2台，增长10.5%。人均移动电话机消费支出269元，增长62.8%；每百户居民移动电话机拥有量240部，增长3.4%，其中接入互联网的数量为125.1部，增长20.1%，移动电话成为家庭耐用消费品中拥有量最高的物品。潍坊居民每百户空调拥有量96.9台，增长12.5%。农村收入的稳步增长促使农村居民消费能力大幅提高。每百户农村居民家用汽车、空调、计算机、接入互联网的移动电话拥有量分别比上年增长28.9%、31.8%、18.1%、39.9%。

城乡人均居住面积相当，环境日益改善。2016年，潍坊居民人均居住支出3186元，位列八大类支出第二位，同比增长5.5%。城乡人均居住面积相当，城镇和农村居民人均住房建筑面积分别为40.9平方米、40.6平方米。居民住房拥有率很高，仅有0.4%的居民住在租赁住房内，82.3%的城镇居民住在自建住房或购买的商品房中，96.5%的农村居民住在自建住房中。与改善住房环境紧密相关的住房装潢、家具支出大幅增长，分别增长60.8%、29.4%。

居住环境日益改善。获取饮用水无困难的户比重为98.2%，比上年提高1.8个百分点；管道供水入户的比重为99%，比上年提高0.9个百分点；饮用经过净化的自来水户的比重为86.5%，其中城镇为90%，农村为82.3%。住宅内拥有水冲式厕所的户比重为50.6%，比上年提高4.2个百分点。以天然气、煤气、液化气为主要炊用能源的户比重为61.4%，其中城镇为74.9%，农村为45.1%。

（赵秀华）

## 劳动就业

**【概况】** 坚持把稳定和扩大就业作为宏观调控的重要目标,加快转变就业增长方式，积极鼓励和扶持大众创业、万众创新，城乡就业继续保持稳定增长。全年实现城镇新增就业12.6万人，完成全年计划的126%。其中，失业人员再就业3.42万人，完成109.1%，困难群体就业4532人，完成110.5%，城镇登记失业率控制在2.9%，低于控制目标0.9个百分点。

**【就业政策落实】** 深入贯彻中央和省市推进经济结构性改革的战略部署，以稳岗减负为目标，全面实施积极的就业创业政策，在全国率先推出《鸢都创业证》制度，目前共发证5.2万张，通过《鸢都创新创业证》实时记载创业者创业状况、享受扶持政策、接受创业服务等情况，有力地推动创业政策落实。

**【高校毕业生就业】** 制定出台《关于促进大学生到农村创业的通知》和《关于鼓励和支持台湾高校毕业生来潍创业就业的通知》等政策，为进一步引领大学生到农村创业、鼓励支持台湾高校毕业生创业就业提供政策支持。组织开展“潍坊市大学生创新创业大赛暨十大创业之星评选”活动，潍坊市大学生创业典型周燕宇、姜振华获授“山东省大学生十大创业之星”荣誉称号。深入实施“选调优秀高校毕业生到村任职”工作和“三支一扶”招募第三个五年计划，开发选调优秀高校毕业生到村任职岗位120人；招募“三支一扶”大学生303人，数量居全省首位。积极与财政部门沟通，提高市财政对在岗“三支一扶”大学生的补贴标准。

**【创业载体建设】** 按照政府主导、社会参与的原则，积极鼓励支持企业、高校等社会力量参与创业载体建设，全市新建大学生创业孵化器38家，在中心城区建设新华路“大学生创新创业一条街”，充分发挥人才聚集和创业孵化集群效应。着眼于提升创业载体管理运营水平，充分发挥典型示范作用，评选市级创业示范载体23家，新增省级创业示范平台3家。全市各类创业载体达到153家，其中省级创业示范平台14家，市级47家，总数居全省前列。加快完善以潍坊创业大学为龙头的创业培训体系，成功创建全省首批示范创业大学，在7个县市区建成创业大学分校，在9所高校设立教学点，设立了创业大学移动课堂，成立潍坊创业大学“联通商学院”，形成“创业大学+区域特色”的新型实训模式，带动全市组织创业培训2.37万人。

**【创业带动就业】** 创新机制，实施创业担保基金额度全市共享，促进贷款发放工作。全市发放创业担保贷款1.18万笔，贷款金额18.38亿元，带动就业5.63万人。全市现有担保机构16家，担保基金规模达到4.7亿元。充分发挥小额贷款扶持创业的作用，将一次性创业补贴标准提高到1.5万元/户，其中科技型小微企业2万元/户，创业岗位开发补贴提高到2500元/人。

**【公共就业服务水平】** 完善人力资源市场服务功能，优化调整服务流程，“有微就有位”微信平台日益完善，“互联网+”就业服务新模式逐步形成。潍坊人才网全年为1300家用人单位办理了网上招聘业务，网站新增就业岗位2万多个，人才库新增简历3万

潍坊市第四届创业大赛颁奖仪式　（供图：刘先谨）

多份,网站访问量达320万人次。就业服务效率和水平明显提升，全市共举办各类招聘洽谈会723场次，提供就业岗位达25万个次，公共就业服务的效率和水平大幅提升。成功举办“2016中国创投峰会暨潍坊市创新创业大会”和“2016中国•潍坊首届孵化器/众创空间发展高峰论坛”，在10余所驻潍院校开展“2016年潍坊市大学生创业就业巡讲进校园”活动，组织开展“潍坊市第四届创业大赛”，评选表彰“政府创业奖”，通过一系列活动进一步激发了各类群体的创业热情，促进了大众创业工作的深入开展。

（刘先谨）

## 社会保险体系建设

**【养老保险】** 稳步推进机关事业单位养老保险制度改革，启动实施非营利性民办学校教师和公办学校教师养老保险同等待遇试点。积极推进被征地农民养老保险工作，落实政府补贴资金5.26亿元。同步调整提高机关事业单位和企业退休人员养老保险待遇，平均增幅达到7%，全市44.8万人从中受益。居民养老保险基础养老金由每人每月85元提高到每人每月100元，其中高新区提高到每人每月105元，滨海区提高到每人每月135元。

**【失业保险】** 稳步推进扩大失业金支出范围试点，下发《关于做好2016年扩大失业保险基金支出范围试点工作的通知》，制订扩大失业保险基金支出任务1.5亿元资金计划，失业金核发标准由原来950元调整为每人每月1000元，扩大支出失业保险资金4848.39万元，进一步减轻企业和职工缴费负担，切实发挥了失业保险促进就业、预防失业、提高就业质量的作用。

**【医疗保险】** 完善医疗保险制度，健全居民医保与职工医保关系接续报销政策，积极推进居民大病保险工作，全市参保居民在市域联网医院住院治疗实现大病保险实时报销，市内居民医保大病保险即时结报率超过90%。职工长期护理保险试点工作稳步推进，目前全市享受长期护理保险待遇共1.38万人次。

**【工伤保险】** 积极推进工伤康复试点和补充工伤保险试点，顺利完成工伤保险浮动费率调整工作，着力推进工伤预防试点和建筑业参保，工伤职工的权益得到有力保障，社会保险待遇稳步提高。连续第十二年上调工伤保险定期待遇标准，月人均伤残津贴、护理费、供养亲属抚恤金分别达到2449元、1889元和945元。

**【社会保险经办】** 以全国创建首批全民参保登记试点城市为契机，积极推进社会保险扩面征缴工作，通过自主研发全民参保登记信息管理系统，实现全民参保登记数据与社保业务、公安、民政等信息数据的共享，全市户籍人员登记信息入库率达到99.6%，为实现社会保险从制度全覆盖向人员全覆盖过渡奠定坚实基础。潍坊市先后在全国全省试点工作会议上做典型发言，全省现场会在潍坊市召开，潍坊试点经验在全国推广。积极推进医保监管信息系统建设应用，实现监管信息系统的本地化、精准化和实用化，形成了“事前提醒、事中预警、事后追责”的医保监管模式，省厅医保监管信息系统推进现场会在潍坊市召开，潍坊经验在全省推广。

（刘先谨）

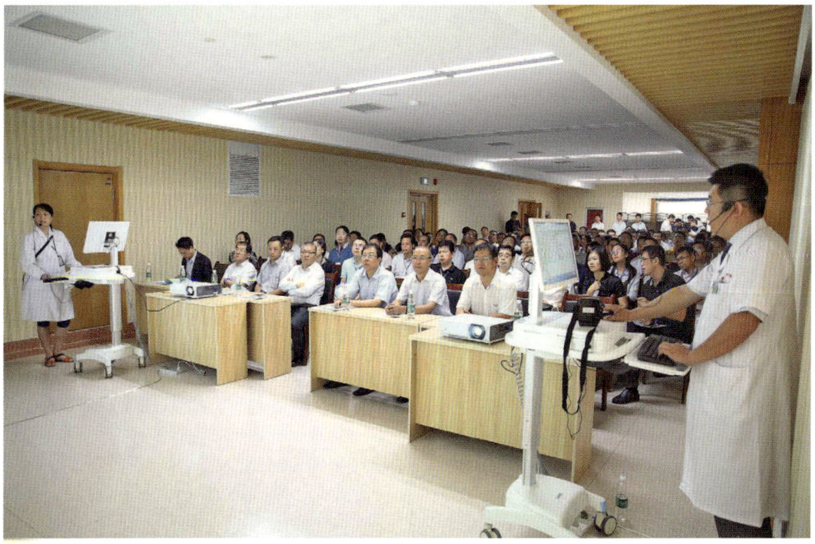
10月13日，全省医保监管信息系统推进观摩现场会与会人员到潍坊市中医院现场观摩

（供图：刘先谨）

## 老龄工作

**【概述】** 2016年，全市老龄工作在市委、市政府的正确领导下，认真贯彻落实习近平总书记对加强老龄工作的重要指示和讲话精神，坚持以“两学一做”学习教育为契机，全面提升为老服务水平，加快推进“老年人关爱服务体系主题年”建设，顺利实现了老龄工作在全省走在前列，起好带头作用的目标，凡是省老龄办考核的工作任务，均进入先进行列。市老龄办继续保持“省级文明单位”荣誉称号，被省老龄办推荐为全国老龄系统先进集体。

**【老年人优待政策】** 市老龄办、市交通局、市财政局联合印发《潍坊市65

周岁以下老年人半价乘坐市区公交车实施办法》，2016年10月1日起在中心城区全面实施。重新修订《潍坊市65周岁以上老年人免费乘坐市区公交车实施办法》，妥善解决了65周岁以上老年人免费乘坐市内公交车办理意外伤害保险事宜，使老年人乘坐市区公交车优待政策得到全面落实。2016年，各级财政累计拨付资金340多万元，为全市471名百岁老人发放了高龄生活津贴；各级财政拨付资金1700多万元，按照每人每月不低于60元的标准，为全市2.4万多名90～99周岁老人发放了高龄生活津贴；各级财政拨付资金1400多万元，按照80至89周岁每人每月不低于100元、90至99周岁每人每月不低于200元的标准，对年龄在80～99周岁享受城乡最低生活保障待遇的1.07万名城乡低保老人发放了高龄津贴。

**【老年人权益保障】** 全市各级涉老维权服务单位认真贯彻涉老法规，积极开展创建“山东省老年人公益维权服务示范站”活动，截至2016年年底，全市已创建1家国家级、24家省级老年人公益维权服务示范站，实现老年人公益维权服务示范站在县市区层面的全覆盖。老年节期间，市老龄办积极组织开展涉老法规集中宣传教育活动，印发《潍坊市老年人防诈骗手册》和《老年普法维权典型案例》6万余册，免费向社会发放，增强宣传效果。全市各级法律援助中心积极开展老年人维权服务，拓展老年人法律援助通道，提高维权效能，不断满足老年人日益增长的法律援助需求。2016年，全市共办理老年人法律援助案件1795件，接待来访老年人法律咨询5230余人次，“12348”法律服务热线为老年人提供法律咨询6650余人次，为有效维护老年人合法权益、促进社会和谐稳定做出积极贡献。

**【“银龄安康”工程】** 2016年是市政府提出“加快实施‘银龄安康’工程，全市60至80周岁老年人投保率达到50%以上，3年内实现全覆盖”民生实事的最后一年。市老龄办会同中国人寿保险潍坊分公司出台了《“银龄安康”工程参保理赔调整方案》，新增意外伤害住院日津贴项目，不断提升保障水平。同时，全面推广高密市设理赔专柜、昌乐县设服务专员的经验，积极做好参保老年人的服务保障工作，推动“银龄安康”工程深入实施。2016年底，全市共有136.5328万名老年人参保，实现了60～80周岁老年人参保全覆盖目标。另外，市政府从财政支出225万多元，为全市22.5万80周岁以上老年人每人购买一份意外伤害保险，实现了全市老年人享有意外险伤害保险。此项工作在全省综合考核中，再次荣获唯一的特等奖。

**【老年教育】** 按照市政府关于“加快筹建潍坊市银龄家庭传媒大学，努力满足广大老年人接受继续教育的需求”的工作部署，市老龄办与济南出版社有限责任公司、潍坊市电视台合作，打造老年人教育服务新平台——潍坊市银龄家庭传媒大学。传媒大学于2016年4月1日正式开学，全市凡是具有参学条件的老年人足不出户就可通过电视、网络和手持移动设备免费选学适合自己兴趣的老年大学课程。大学课程由潍坊电视台科教频道（WFTV-4）播出，于潍坊传媒网同步播放。每周一至周六上午、下午各播出两节课（180分钟），2016年已开设6门课程，累计播放1000余课时，通过各种途径登记报名的学员21万余人，在线学习达百万人次。

**【老龄信息和宣传工作】** 市老龄办积极争取有关方面支持，充分发挥《潍坊日报》《潍坊市广播电视报》《潍坊保健》和潍坊电视台、潍坊电台、潍坊老龄网站以及“潍坊银龄”微信公众号等新闻媒体的舆论导向作用，先后开辟《潍坊老龄》《老有所养》《幸福老龄》等专版专栏和专题，组织全市各级不断加强对老龄政策法规、老龄工作和老龄事业发展动态、孝老敬亲正能量的宣传报道，努力构筑多层次、立体化、全方位的老龄宣传工作格局，实现老龄信息和宣传在市级主流媒体的全覆盖。全市老龄信息、宣传工作在全省年度考核中分别荣获一等奖和二等奖。

**【老年人精神文化生活】** 市老龄办积极组织全市老年人参加全省书法美术大赛活动，征集选送参赛作品300余幅，获奖作品居全省首位。市老龄办先后会同市广播影视集团、市邮政公司举办了“纪念红军长征胜利80周年”主题老年文艺会演和全市第二届“银龄杯”广场舞大赛，全市万余名老年人积极参与，充分展现全市老年人积极向上、充满活力的精神风貌。

（穆长海）

# 民 政

**【概况】** 2016年，按照市委、市政府的决策部署，紧紧围绕建设“现代大爱民政”，认真履行保障基本民生、创新社会治理、服务国防建设、提供社会服务四大职能，全面完成各项工作任务。市民政局在全省民政工作综合评估中，被评为优秀等次。荣获2016年度全市科学发展综合考核优秀等次，被市委、市政府表彰。

**【社会救助体系日益完善】** 提请市政府出台了《潍坊市社会救助办法（试行）》，提高低保、五保供养标准，实现农村低保标准与省定扶贫线“两线合一”。出台重特大疾病医疗救助实施意见，“一站式”结算服务实现全域覆盖。积极开展“救急难”试点工作，救助1.4万多户次。所有镇街全部建立“一门受理、协同办理”机制。将全市原有126处敬老院整合为77处，8个县市区建设县级老年福利中心。市级福彩公益金列支2000万元，改造提升敬老院消防安全等设施。开展家庭经济状况信息核对工作规范化建设年活动，与28个部门、单位实现数据共享交换，走在全省前列。

**【养老服务业健康发展】** 扎实推进全国养老服务业综合改革试点工作。提请市政府组建养老产业推进工作领导小组，设立工作机构。推动成立潍坊市健康和养老产业促进会。全市规划13处养老产业园区，培育引进养老服务组织42家，编制居家养老服务项目8大类56项。开工建设医养综合体24处。建成智慧养老信息服务平台11处。建立养老机构意外责任保险和老年人团体意外保险制度。实施“十百千万”工程，培训养老管理服务人员4485人次。免费为2400户困难老年人家庭实施无障碍设施改造。利用鲁台经贸洽谈会和中日韩产业博览会，举办海峡两岸养老用品用具展览和中日韩高端养老论坛。新建成城市社区日间照料中心30处，农村幸福院140处。全市新增养老床位7385张，每千名老年人拥有养老床位35张，超额完成年度目标任务。

**【民生综合保险领先全国】** 将开展民生综合保险推荐为政府工作重点，7月1日起在全市范围内实施。由市、县财政出资购买，保障对象覆盖辖区内所有人口，保障范围涵盖自然灾害、事故伤害、政府无责救助、抢险救灾人身伤害等。从2015年7月1日在昌乐县、寿光市试点以来，共接到报案咨询电话5753次，符合承保条件立案2882起，已结案2731起，共赔付1091万余元。各级各类宣传媒体广泛报道，民政部、国家减灾委、国家发改委、中国保监会和山东省政府予以高度评价，多位领导批示推广。

**【创建全国双拥模范城实现“五连冠”】** 主动服务国防建设和军队改革，积极为部队办实事、解难题。多次开展“慈善进军营”和救助特困官兵活动。每逢重大节日和部队执行任务期间，广泛开展走访慰问。组织“双拥宣传月”和地方党政领导过“军事日”活动。专题组织“军地双拥共建融合发展”座谈会。潍坊市及各辖区、昌邑市被评为全国双拥模范城，其余5市2县均被评为省级双拥模范城（县）。召开全市双拥工作表彰大会，表彰44个先进单位和78名先进个人。

**【优抚安置工作扎实推进】** 落实优抚对象抚恤定补和义务兵家庭优待金政策，为8.5万多名优抚对象发放抚恤补助金3.9亿多元，为义务兵家庭发放优待金1.4亿多元、医疗补助资金2500多万元。建立优抚联络员制度，县级建成优抚对象服务中心。加大优抚对象数据核查力度，提高精细化管理水平。广泛开展烈士纪念活动，建成省级重点烈士纪念设施网站7家。接收安置退役士兵3193人，发放自主就业一次性经济补助7683.3万元。免费培训退役士兵1287人，合格率100%。

**【社区治理水平不断提升】** 在城市社区全面推行“四社（社区、社会组织、社会工作者、社区志愿者）联动”机制，选择30个农村社区开展了“四社联动”试点。提请市委市政府两办出台《关于加强城乡社区协商的意见》，建立示范点48个。深化社区减负增效专项行动，制定了协助政府工作事项清单。改造提升社区老旧服务设施100处，培训社区工作者4300人次。全市已培育社区社会组织3200个，注册社区志愿者18万余人。10个社区被评为全省“最美志愿服务社区”，获奖数量全省第一。出台《政府购买社会工作服务实施办法》。全市持证社工1918人，16人入选第二届齐鲁和谐使者，均居全省前三位。潍坊被确定为全国社会工作服务示范地区，地级以上市全省唯一。

**【社会组织管理持续规范】** 对符合条件的社会组织依法实行直接登记，对社区社会组织实行备案登记双轨制。为4229家社会组织全部发放加载统一社会信用代码新证书。完成社会组织分类等级评估。市、县均建立社会组织孵化中心，共入驻138家。印发了《2016年度具备承接政府职能转移和购买服务资格的市管社会组织名录》。鼓励引导全市社会组织参与精准扶贫，列支福彩公益金450万元资助社会组织扶贫项目。全国支持性社会组织发展论坛在潍坊市举办。高质量完成市政府赋权的社会组织总部（分支机构）引进和认定工作。社会组织党组织应建已建率100%，工作覆盖率100%。

**【防灾减灾救灾及时有效】** 修订《潍坊市自然灾害救助应急预案》。灾前做好预警、预防，灾后及时组织查灾、报灾和救灾，争取中央和省救灾资金1320万元，筹措款物3千多万元，保障受灾群众基本生活。强化救灾物资储备体系建设，补充156万元救灾物资。潍坊市被确定为省救灾物资代储定点市，代储物资价值300多万元。组织防灾减灾主题宣传活动，开展专项灾害风险排查活动。培训灾害信息员5500余名。创建全国综合减灾示范社区7个、省级15个，列全省首位。

**【福利慈善事业连创佳绩】** 认真落实孤儿、困境儿童、困难残疾人生活补贴和重度残疾人护理补贴制度。全市发行福利彩票14.88亿元，稳居全省第二。提请市政府出台《关于促进慈善事业健康发展的意见》。扎实开展“慈心一日捐”活动，捐赠款物全部用于精准扶贫。举办法律培训班，组织首个“中华慈善日”主题宣传。全市募集慈善款物2.1亿多元，同比增长11%。精心组织多个慈善救助专项行动，“救助贫困学生计划”作为最具影响力慈善项目，获第五届“山东慈善奖”。

【专项社会事务管理依法有序】 推进婚姻登记机关和救助管理机构标准化、规范化建设，严格依法办理婚姻登记和收养登记，合格率100%。开展“寒冬送温暖”等专项救助行动，打造“鸢都温馨驿站”品牌。推进农村红白理事会和城乡公益性公墓建设，移风易俗工作成效明显。成功举办第16届殡葬用品公开订货会。修订《潍坊市免除基本殡葬服务费用实施办法》，提高减免标准，扩大覆盖范围。初步建立农村留守儿童关爱保护体系和运行机制。积极创建“边界和谐走廊”，深入推进地名公共服务工程建设。完成第二次全国地名普查、地名文化保护和清理整治不规范地名等阶段性工作任务。

【全面从严治党成效显著】 扎实开展“两学一做”学习教育，全面增强“四个意识”。组织“立足岗位做贡献，做合格党员”演讲比赛。建成“潍坊市民政系统榜样馆”。市直民政系统1个党支部被推荐为省级先进基层党组织，多个单位和个人受到市级表彰。6个省、市级文明单位全部复查合格，3个单位新评为省、市级文明单位。履行管党治党主体责任。局党委建立党建目标管理考核、党建述职评议等制度，严格执行民主集中制、“三会一课”、党员汇报思想、民主评议党员等党规。领导班子成员兼任局机关党支部书记。高质量完成党员组织关系排查、党费收缴、基层党组织换届等七项重点任务。推进党建与业务融合发展。坚持党建与业务工作一体化谋划部署、推进落实、督导考评，制定年度《党建工作要点》，印发《关于加强全市民政系统作风效能建设的实施意见》和《深化“两学一做”学习教育进一步改进工作作风的通知》，确立党员干部帮联困难群众工作机制。从严落实执纪监督之责。印发《领导班子成员党风廉政建设岗位职责》和《党风廉政建设工作要点》，召开党风廉政建设专题会议，层层签订责任书。全面推行廉政风险告知制度，发出《廉政风险告知书》21份。将2016年定为“政策落实年”，组织惠民政策督查和行政执法专项检查。持续推进正风肃纪。对直属单位党风廉政和行业作风建设组织了2次明察暗访。5次参加“党风政风热线”，3次参与“电视议事厅”。通过信访解答群众诉求84件，通过“我要找民政”受理诉求724件，办结率和满意率均达100%。

（董德才）

# 民族宗教

【民族工作】 中共潍坊市委、潍坊市人民政府制定出台《潍坊市落实省委省政府〈关于加强和改进新形势下民族工作的实施意见〉职责分工方案》，从加快少数民族经济社会事业发展等6个方面作安排部署，明确了责任分工，强化工作落实。创新思路、细化举措，广泛深入地开展第15个民族团结进步宣传月活动，进一步巩固平等团结互助和谐的社会主义民族关系。深入开展民族团结进步创建活动，召开全市民族团结进步创建经验交流会，安排部署“十三五”期间全市的民族团结进步创建任务。命名18个全市民族团结进步创建示范单位。为民品企业申请优惠利率贷款5.8亿多元，享受财政贴息1600余万元。2016年，争取到省级少数民族发展资金128万元、省级民族宗教事业发展资金25万元。发放穆斯林牛羊肉价格一次性补贴113.94万元。举办全市民族村居负责人培训班。组队参加蹴球邀请赛和“中国体育彩票杯”山东省第六届全民健身运动会少数民族武术邀请赛，取得优异的成绩。在全市范围开展少数民族流动人口服务与管理体系建设试点工作，重点打造奎文区中学街社区的少数民族流动人口服务管理试点，为全市试点工作做示范引路。协助市政协完成全市少数民族流动人口服务管理工作的调研活动。

【宗教工作】 认真学习宣传全国全省宗教工作会议精神，编印《全国全省宗教工作会议精神学习材料汇编》，举办全市民宗干部专题培训班、分教别举办全市性宗教团体培训班，组织学习全国、全省会议精神。编印《民族宗教知识读本》2万多册，发放到市直有关部门及各镇街、村居，宣传民族宗教政策法规。指导各全市性宗教团体加强自身建设，完成各全市性宗教团体班子及班子成员测评和全市基督教教职人员考核工作，举办培训班5期、培训宗教界人士500人次，完成38名教职人员政审、审核、认定备案工作。组织开展“宗教慈善周”活动，召开了全市基督教规范化管理暨公益慈善工作会议，市民宗局等6个单位、正德法师等5名宗教界人士被省宗教局、省慈善总会表彰为全省宗教公益慈善先进集体、先进个人。为4个场所拨付修缮经费17万元，发放困难教职人员生活补助费9.72万元。以“学习贯彻全国宗教工作会议精神”为主题，组织开展了第六个“宗教政策法规学习月”活动，广泛宣传党和国家的宗教政策和法律法规。联合政法、公安等部门举办了100多人参加的依法管理宗教事务培训班，切实提高了基层依法管理宗教事务能力和部门联动协作机制的完善。以“规范”为主题在全市开展和谐宗教活动场所创建活动，青州市真教寺、市佛教协会本悟法师被评选表彰为全国第三届和谐寺观教堂创建活动先进集体、先进个人。严格按程序依法完成了3处宗教活动场所的审核审批工作。

（房光明）

# 县（市、区）概况

*Xian（Shi Qu）gai kuang*

## 奎文区

**【国民经济和社会发展概况】** **政区 人口** 2011年1月奎文行政区划调整，现总面积187.8平方公里，人口67.27万，辖大虞、廿里堡、梨园、东关、潍州路、北苑、广文、北海路、新城、清池10个街道办事处，其中新城、清池2个街道办事处面积130.22平方公里、人口18.93万，由高新技术产业开发区管理。2016年，奎文区直接管理面积57.58平方公里，设8处街道办事处、2个经济发展区，67个行政社区居委会，总人口44.34万人(第六次人口普查数据)，全区人口出生率为15.43‰，比上年提高6.78个千分点；人口自然增长率为12.71‰，比上年提高6.98个千分点。

**国民经济** 2016年，全区实现地区生产总值238.33亿元。其中，第一产业增加值完成0.39亿元，第二产业增加值完成21.29亿元，第三产业增加值完成216.65亿元，三次产业构成由上年的0.25：9.76：89.99调整为0.17：8.93：90.90。非公有制经济较快发展，全区非公有（民营）经济单位49548户。

**农业经济** 2016年，全区农林牧渔业总产值完成8004万元。林业生态建设进展顺利。全区郊区绿化总投资82万元，植树42万株，提升完善林地220亩，中幼龄林抚育1100亩，完善绿色通道建设3.2公里，林木覆盖率达到31.1%。畜牧业发展平稳，特种动物完成产值4073万元。

**国内外贸易** 2016年，全区社会消费品零售总额完成168.3亿元，比上年增长9.2%。分行业看，批发零售业零售额145.6亿元，增长7.6%；住宿餐饮业零售额22.7亿元，增长20.4%。全区进出口总额39.1亿元，境外实际投资4989万美元，增长68.3%。

**交通运输** 现代交通运输体系日趋完善，全区共拥有客货营运车辆4848部，增长10.7%，其中出租车527部。全年共完成货运量1165万吨，完成客运量258万人。对全区出租、长途客运和危险品车辆全部安装GPS卫星定位系统，实现全时跟踪监控。全区完成公路建设工作量132万元（县乡村公路），公路通车里程86.6公里（县乡村公路），公路密度达每百平方公里151.9公里（县乡村公路）。扩建、改造、修复城市道路面积0.23万平方米（县乡村）。综合好路率国道、省道均达到100%，县乡公路达到97.9%。

**科技和品牌建设** 2016年，全区共取得主要科技成果4项。全年共安排和承担各类科技计划项目33项，其中市级以上项目8项，安排区科技计划项目25项。获市级以上科技进步奖4项。当年全区申请专利1427件。全区新建市级工程技术研究中心2家。高新技术产业优化，全区以通用设备、新材料等为主导产品的高新技术产业企业4家，其中，工业总产值过亿元的2家。加强品牌创建工作，累计获得中国名牌1个，山东名牌6个，山东服务名牌19个，山东省省长质量奖1个，潍坊市市长质量奖1个。标准化良好行为AAAA级企业2家，标准化良好行为AA级企业8家，计量合格确认企业14家。组织开展贵金属首饰标识标注专项整治；开展医疗机构计量器具、新闻广电领域法定计量单位、加油站计量器具、“一机两器四表”和安全防护用计量器具等各类专项整治；开展消防产品、食品相关产品、建材市场秩序等各类专项整治。

**城市建设** 2016年，全区开工在建固定资产投资项目113个，同比增加6个，完成投资89.2亿元。房地产市场低位运行。全区房地产开发投资73.3亿元，商品房施工面积602.4万平方米。建筑业市场增势趋缓。全区三级资质以上建筑业企业44家，完成总产值23.2亿元。城乡规划和建设水平全面均衡提升，重点工程加快建设。2016年，全区投资2350余万元，完成梨园路南段、早春园南巷等背街小巷改造。完成南下河市场道路、广场等四城同创项目改造；投资9317万元，改造旧小区10个，改造面积86万平方米，改造楼房271栋，11856户；棚户区改造项目开工9个、1333户，完成全年改造任务。以创建国家森林城市为契机，全力提升城区绿化水平。全区共完成投资3500万元，栽植乔灌木265万株，新增改扩建绿化面积10万平方米，对城区行道树缺苗、绿地缺苗及裸露土地进行绿化提升，共补植乔灌木78.5万株；城区绿化覆盖率达到41.7%，人均占有公共绿地面积18.0平方米，树木成活率和保有率均达到95%以上。投资50余万元，新建固定式公厕1座，投资440余万元，购置生活垃圾转运车14部；投资70余万元，购置、安装果皮箱1200个。在辖区10家单位开展生活垃圾分类试点；666家餐饮单位餐厨废弃物实行统一收集处置，日均约64吨餐厨废弃物实现资源化利用；城乡环卫一体化形成长效管理机制，卫生保洁、垃圾收运队伍达到270余人。2016年，东上虞、西上虞等15个城中村开工面积54.7万平方米，竣工面积28.2万平方米。已实施的城中村改造项目，商业性建筑面积占总建筑面积的比重达11%以上。

**生态环境保护** 2016年，全区环境保护总投资7.3亿元。工业废水处理率、燃料燃烧中废气处理率、工业废气消烟除尘率、烟尘控制区覆盖率均达到100%,工业固体废物综合利用率达到98.4%，区域环境噪声达标区覆盖率达到84.6%。严格建设项目环境影响评价审批，建设项目环评执行率达到100%。

**教育事业** 2016年，全区共有普通小学23所（不含分校），在校生30359人；普通中学8所，在校生8218人；特殊教育学校1所，在校生98人。各类学校共拥有在职教职工2700人，其中专任教师2563人。有幼儿园78所，在园儿童14827人，3至6周岁儿童入园率达到99%。适龄儿童入学率100%，在校生巩固率小学、初中均为100%。全区市级以上规范化学校27所，占中小学总数的87%。社会力量办学发展到103家，在校生达到14027人。

**文化旅游** 2016年，全区创新深化“菜单式”公共文化服务模式，进一步提升“网格化公共文化服务”，全年开展文化讲座、文艺辅导、图书流动服务进社区活动380多场次，放映公益电影1134场次，民间文化队伍149支，演职人员4600余人，为群众提供广泛多元化的文化服务。推进文化遗产保护工作，新打造核雕技艺、潍坊刺绣和古琴制作3个项目的传习场地，入驻项目16个、传承人20余位。大虞文化产业园被评为2016年度市级版权示范园区。强化旅游宣传推介，打造高标准旅游品牌，星级酒店7家，国家A级景区5家。

**卫生服务** 2016年，全区拥有医疗卫生机283处，床位2194张，卫生技术人员3229人；社区卫生服务中心5处，社区卫生服务站21处。抓好疾病预防控制工作。全区儿童计划免疫“八苗”接种率达91%以上。全区无甲类传染病及死亡传染病病例发生；乙类传染病报告发病率143.02/10万；丙类传染病6种1208例，报告发病率347.63/10万。

**体育事业** 2016年，全区共参加市级以上比赛项目9个，共获得奖牌129枚，其中，金牌66枚，银牌32枚，铜牌31枚；荣获3个“体育道德风尚奖代表队”荣誉称号。开展丰富多彩的健身活动，全年举办群众性健身活动120余项次，参加人数达2万余人。加强体育健身设施建设，新建健身工程15处，总价值15万元。

**人民生活与社会保障** 2016年，全区城镇居民人均可支配收入33609元，城镇居民人均消费性支出20976元。社会保险扩面取得新进展。全区新增企业养老保险参保职工1836人，共有1380家企业单位的44192名在职职工参加养老保险，收缴企业养老保险费46007万元。为12628名企业离退休人员发放离退休费31298万元，社会化发放率保持100%。失业保险当年收缴2514万元，发放失业金9446人次，发放失业保险金920万元。就业再就业工作再上新台阶。全年组织参加市劳动人才交流市场18次，提供就业岗位3655个，办理求职登记725人次，达成用工意向240人次。全区共开发公益性岗位680个，市级以上充分就业和谐社区达到37家，城镇新增就业5236人,城镇登记失业率为2.2%。2016年，全区城市低保标准由每人每月500元提高到520元。发放城市低保金825万元，取暖补贴46.4万元；为106户困难家庭发放春节特困生活补贴10.6万元，救助临时困难家庭488户，发放救助资金151.3万元；资助参加城镇居民医疗保险1636人，21.2万元，为413户家庭发放医疗救助款118.6万元；为全区19.6万户家庭参加民生保险56.4万元；发放慈善救助款102万元；为548名困难残疾人按每人每月120元标准发放生活补贴62.9万元；为1056名重度残疾人按每人每月90元标准发放护理补贴90.3万元；为21名孤儿发放生活费36.9万元，为4名困境儿童发放补贴3681元；为城市“三无”（市区内无家可归、无依无靠、无生活来源的孤寡老人、残疾人、未成年人、精神病人）人员发放基本生活费50.7万元，为失能老年人发放护理补贴10140元；完成全区60岁以上所有老年人银龄安康全覆盖。

**【潍坊市科技孵化中心】** 潍坊市科技孵化中心总建筑面积2.2万平方米，建有科技成果转化、技术研发、技术交易、创业孵化、科技金融、科技交流、人才服务等八大中心。自2015年8月正式发布招募公告以来，截至2016年年底，累计报名企业已达500余家，最终符合科技孵化中心入驻标准企业65家，当前入孵率达100%，现孵化中企业涉及新能源新材料、科技智能制造、航空科技、农业科技、软件开发、第三方检测、电商平台产业七大产业。孵化中心目前已落户中科院山东综合技术转化中心、鲁台产学研合作中心、中以科技转移中心、中意（潍坊）技术转移中心、中美（潍坊）技术转移中心、中巴（潍坊）技术转移中心、欧美创新科技（中国）成果转化服务中心潍坊基地、上海技术交易所协同创新中心等11家技术转移机构及联盟并且与上海科学院、上海软件园、复旦大学、山东大学等20家高校及科研机构达成战略合作，通过资源共享、优势互补和强强联合，与各大校企在人才培养、招商就业、技术合作等开展全方位合作与交流。孵化中心已培养了高新技术企业2家，双软认证企业1家，引进国家“千人计划”3名，海外专家11名，包括里奥•海赛尔、菲茨杰拉德、Lior Hessel 、Geoffrey Smith等博士9人；孵化中心2016年举办主题论坛、培训研讨会等大型活动19次，并且每月不定期举办活动沙龙，助推5家企业获得市应用技术研究与开发资金。

**【奎文区智慧城市建设亮点纷呈】** 奎文区顺应“互联网+”发展趋势，在智慧民生建设领域亮点纷呈。智慧经济方面：建设楼宇经济综合服务平台，推出线上线下“一站服务中心、二大平台、35项服务举措”，为楼宇园区企业提供全方位服务。加快建设互联网金融中心，促进互联网创新金融、互联网科技等新兴金融业态集聚发展，丰富金融产业内涵，加快信息技术与金融深度融合，提升资金配置效率和经济发展助推力，挂号网、阿里云计算、IBM跨境电商等20余家企业就入驻。智慧校园方面：全区共11家幼儿园开展智慧校园试点，家长通过手机即可实时查看在线视频，与老师线上互动，随时了解学生在校状况。智慧社区方面：以易邻里、欧乐生活、樱桃阵等为代表的多个O2O智慧社区平台线上服务快速覆盖全区60%以上社区，居民通过手机即可享受物业维修、居家养老、线上洗衣、智慧便利店等便捷服务；全区10个社区参与智慧社区示范点创建，“易邻里智慧社区平台”“邻里衣家”成为全市潍V公共服务平台加盟项目。智慧养老方面：“四季青”“金色阳光”两家养老院试点了智慧养老，为老人配备智能化健康监测穿戴设备，老人子女通过手机可随时了解老人生活和健康状况。智慧交通方面：从智慧停车场建设着手，世纪泰华、银座、新华路佳乐家、潍坊环球中心、金融街等大中型商业停车场实现智能停车，可查询车位、快速停车、线上交费、反向查车，方便商家和市民。智慧医疗方面：潍坊市第二人民医院已实现手机预约挂号、查看报告单、线上支付等，方便群众看病就医。

**【奎文区荣膺2016—2020年度全国科普示范区称号】** 2017年2月4日，从中国科协获悉，潍坊市奎文区被评为2016—2020年度全国科普示范区，奎文区首次获评全国科普示范区，是潍坊市唯一获此殊荣的县区。奎文区科普基础设施、科普信息化、科普项目建设得到加强。全区投入5300余万元，新建科普场馆、科普宣传栏、科普长廊等200余处，新建社区科普大学10所；打造“奎文科普”微信公众平台，安装“数字科普通”110台；实施国家级、省级“社区科普益民计划”项目3个、省级“科普教育基地”星级评选项目1个，争取财政奖补资金50万元；组织宣传、科技、教育、文化等部门，开展各类科普活动300余场次，发放科技资料、赠送科技图书2.6万余册；建立由老科技工作者、离退休教师、医务工作者等参加科普志愿者队伍500余人；在《潍坊日报》《奎文新闻》专刊、《潍坊晚报》7家社区报等媒体中开设提升公民素质专版、专题、专栏，出版100余期。

**【奎文区志愿服务项目在全省大赛中喜获金奖】** 2016年8月15日，以“齐鲁志愿行共筑中国梦”为主题的第二届山东省青年志愿服务项目大赛在东营举行，来自全省17地市的200个志愿服务项目进行同台展示交流。经过选拔，奎文区坤宁心理援助公益服务中心申报的“彩虹村”助学——服刑人员未成年子女帮扶项目荣获金奖;来自奎文区的潍坊市天使公益服务中心申报的“助梦天使，自强人生——互联网+残疾人居家就业创业平台”公益项目荣获银奖。

本次志愿服务项目大赛包括阳光助残、关爱农民工子女、扶贫开发与应急救援、文化宣传与网络文明、禁毒教育与法律服务等九大领域。奎文区荣获金奖的“彩虹村”助学——服刑人员未成年子女帮扶项目属于法律服务与禁毒教育领域，项目由坤宁心理援助公益服务中心理事长杜宁发起，致力于帮助服刑人员未成年子女解决生活、学习等基本问题，关注青少年心理健康发展，使他们树立正确的人生观和价值观。荣获银奖的“助梦天使，自强人生——互联网+残疾人居家就业创业平台”公益项目属于阳光助残领域，该项目整合多家国内和本市优质电商企业为潍坊市及十二县市区残疾人打造的零投入、零门槛的无忧“互联网+残疾人居家创业平台”。荣获铜奖的“好人网，网好人”好人宣传志愿服务项目属于文化宣传与网络文明领域，该项目采用志愿者、工作站推荐等方法，推荐潍坊各县市区内的好人，对好人好事进行采访、报道、拍摄好人宣传片，形成“学好人，做好人”的社会风气。

**【经济开发区（廿里堡街道）】** 位于奎文区城区的南部，东起虞河，西至白浪河，南起白浪河水库，北至宝通东街。2016年，辖区面积25.7平方公里，有耕地面积151.8公顷，居民1.47万户，户籍人口约5.05万人。辖10个社区（新茂社区、南屯社区、宝通街社区、鑫叶社区、凤凰街社区、崇文街社区、广潍社区、南家社区、金沙窝社区、涧头院社区）。2016年，街道完成地方财政收入1.99亿元；完成规模以上工业销售收入28.9亿元、完成工业利税1.5亿元；完成规模以上服务业营业收入4951万元；居民人均可支配收入1.25万元。2016年，荣获“省级文明单位”“潍坊市森林街道”等荣誉称号。

奎文经济开发区，前身为潍坊城南工业园区，2006年经山东省政府批准升级为省级开发区，2010年经省政府批准更名为奎文经济开发区。奎文经济开发区与廿里堡街道实行街区合一的管理体制，开发区管理委员会与廿里堡街道办事处合署办公，实际辖区与廿里堡街道辖区重合。

2016年，齐鲁创智园智慧半岛部分主体建成，签订入驻协议企业63个；依托大英烟公司旧址欧式建筑开发的“1532文化产业园”启动，签约入驻文化创意企业6个；汽车服务产业园成功引进宝沃4S店、中鑫之宝全国连锁维修商、旭东回收拆解有限公司，产业链得到进一步完善，汽车服务产业园全年实现销售收入230亿元。招商引资成效突出，完成招商引资到位资金13.2亿元，成功引进潍坊壹号仓、泰纳新材料、中源医药、兆源智能科技等优质项目30多个，成功签约引进国家“千人计划”人才1名。城市建设有新进展，奎文区崇文街建成通车；董家村、茂子庄村一期安置顺利完成；天润浅水湾三期、万基橙上城二期、双裕世纪城等项目全部竣工；东黄输油复线6万平方米占压建筑整治全面完成，获得山东省政府的表彰。辖区内开展环境卫生集中整治，清理建筑垃圾3000多立方米，清理“三大堆”（草堆、粪堆、垃圾堆）400多处，全面清理卫生死角。对占道经营、乱搭乱建、乱设牌匾等违章行为进行严厉查处，清理占道经营、乱堆乱放等违章行为5000多起，清理流动商贩800多起，清理广告牌匾、灯箱600多块，辖区内环境得到全面提升。对北汽福田厂区周边和车站、金宝、南家南、刘西等集贸市场实行物业化管理，加强流动摊点清理整顿，市容卫生和交通状况得到显著提升，圆满完成“四城同创”（国家文明城市、卫生城市、食品安全城市、森林城市）工作。以“十大社区”为网格，开展机关干部和社区工作人员“入百家企业、进千家商户、访万户居民”的“十百千万”大走访工程，充分掌握辖区企业、居民的真实情况和迫切需求。2016年，发放各类救助资金300万多元，惠及450多户困难家庭。2016年，对辖区内无证幼儿园进行清理整顿，关停、合并幼儿园1处。为辖区内63岁以上老年人开展免费体检。文体活动多姿多彩，组织开展春节文化展演、象棋比赛、广场舞大赛、电影进社区等各类文化娱乐活动40多场次，培育新的文艺队伍4支。

*奎文区政府副区长、区政府党组成员、奎文经济开发区党工委书记 任　祥*

*奎文经济开发区管委会主任 王松春*

*廿里堡街道党工委书记、奎文经济开发区管委会副主任 庄胜苓*

*廿里堡街道*

*办事处主任 吴茵政（6月止）*

*周晓东（7月起）*

**【大虞街道】** 位于潍坊市奎文区东北部，东到新华路、西至鸢飞路、南接东风东街、北临青银高速，辖区面积7.88平方公里，有居民36554户，人口8.3万人。辖9个社区（东庄社区、孙家社区、大虞社区、陈家社区、东园社区、虞中社区、北虞社区、福寿街社区、玄武东街社区）。2016年，街道完成地方财政收入1.89万元；完成固定资产投资额8.96亿元，招商引资实际到位资金10.3亿元。2016年，街道被评为“山东省首批省级创业型街道”“山东省档案管理工作先进单位”“山东省文明单位”“全国科普示范社区”“潍坊市先进基层人民武装部”“潍坊市理论大众化示范点”“潍坊市学习型党组织建设示范点”“潍坊市政府系统政务信息工作先进单位”“潍坊市先进劳动保障监察中队”。

2016年，街道完成建设资金投入9亿多元。总投资额20亿元、总建筑面积35万平方米的江山帝景、东庄股东楼、天鹅湾等项目已交付使用；投资额3.5亿元、建筑面积10万平方米的玫瑰熙园封顶。对东生建片区等新开工项目进行高起点规划，引入中国冶金科工集团有限公司等知名综合地产开发企业。利用北部闲置土地资源及商务楼宇，引进装修设计、家居建材、家政服务等配套产业。以潍坊医学院附属医院教学科研病房综合楼项目建设为带动，推进潍坊市人民医院健康管理中心等项目运营和肾病分院项目建设，整合周边红旗医院、安定医院等医疗资源，构建区域性的健康保健、医疗护理和数据服务中心。

2016年，推进虞中老宿舍、虞新花园等老旧小区改造提升工程，按步骤推进老旧小区水、电、路、气、暖等基础设施改造，优化居住环境。开展“四通一治”便民工程，完成东庄便民市场建设和十中街便民市场等规范整治工作，创新提升集贸市场管理水平；继续推进“386”环保行动，加强虞河周边管护，促进生态环境持续改善。投入资金150万元，建设建筑面积1200平方米的大虞社区服务中心，打造“文化大虞．乐融家园”品牌。划分二级网格58个，三级网格195个，打造建设二级网格示范点4个。培育和引进社会组织约80个，开展丰富多彩的便民活动。借助“大虞发布”“网易零距离”“大虞社区报”等新的载体，组织开展“大虞好人”“大虞道德模范”等评选活动，宣传推介优秀典型30多个。

2016年，推进辖区“两新”组织党支部建设，完善东盛广场、盈隆广场、中土大厦楼宇党群服务中心建设，向9个社区、11个基层党支部、13个“两新”组织党支部配备党建指导员、信息员，实现非公企业党组织全覆盖。结合辖区楼宇资源特点，加快创新楼宇党建服务形态，以东盛广场党群服务中心“三合一”模式为样本，优化升级楼宇服务平台，将“互联网+”模式引入盈隆广场、中土大厦等商务楼宇。

*党工委书记 石凌峰*

*办事处主任 吕世辉*

**【梨园街道】** 位于奎文区东南部，东起北海路，西至鸢飞路，南临宝通东街，北到健康东街，辖区面积5.6平方公里，有居民3.3万户，户籍人口10.38万人。辖10个社区（樱北社区、西英社区、张家庄子社区、樱南社区、梨园社区、樱园社区、九龙山社区、栾家社区、庄家社区、龙源社区）2016年，街道完成公共财政收入1.24亿元，完成固定资产投资额13.65亿元，居民人均可支配收入3.3万元。2016年，街道获得“山东省级文明单位”“山东省档案工作科学化管理先进单位”“山东省示范农家书屋”等荣誉称号。

2016年，樱北社区设立便民服务大厅，开放文化活动场所，打造设施齐全的社区文化广场，社区短信服务平台号码库共计录入3000多条；解决老旧小区路面硬化、墙面粉刷、楼道内墙面粉刷、改造小区线路等10多项为民服务项目；社区志愿者人数达200人，开展志愿服务活动35次；开展文化活动32场次，社区的奎文民族乐团参加潍坊市文艺会演4次；社区的邓华家庭获得全国“书香之家”称号，被评为全省“书香农家”。西英社区对服务中心进行全面提升改造。张家庄子社区推荐的征文《为人处世诚信始》获得中共潍坊市委宣传部“厚道征文大赛三等奖”。樱南社区改造升级一站式社区公共服务中心，建立4个网格工作站。樱园社区划分8个二级网格，26个子网格，打造8个二级网格便民服务站；引入“狮子会”公益组织，开展“益起回家”项目，社区实现Wi-Fi无线网络全覆盖。获得年度“山东省五星级‘科学 关爱 和谐’示范社区”“山东省文明单位”称号，获“山东省妇女儿童最喜爱的家园服务项目优秀奖”，获“潍坊市五四红旗团支部（总支）”“潍坊市慈善爱心共建社区”“潍坊市四德工程示范点”“奎文区先进基层党组织”等荣誉称号。

党工委书记 王庆汉

办事处主任 谭立权

【潍州路街道】 位于奎文区城区的中西部，东起鸢飞路，西至白浪河，南起宝通东街，北至民生东街。2016年，辖区面积6.1平方公里，有居民3.4万户，户籍人口约5.23万人，有流动人口约2.6万人。辖10个社区（道口社区、黄家社区、北王社区、东王社区、西王社区、马少野社区、幸福街社区、健康街社区、潍柴社区、星河社区）。2016年，街道完成地方财政收入1.36亿元；完成工业主营业务收入1.08亿元；完成工业利税675万元，同比增长43.5%；完成固定资产投资额11.13亿元；完成批零住餐销售额14.67亿元；完成规模以上服务业营业收入2.62亿元；居民人均可支配收入3.36万元。

2016年，中国（潍坊）纺织服装电商产业园，核心项目恒易•宝莲建成使用；5月31日，项目北楼赛伯乐互联网金融中心正式开园，有32个企业陆续入驻运营；项目南楼纺织服装电商产业园已与阿里巴巴旗下山东网商集团初步达成合作协议；5月13日，潍州文化创意产业园龙头企业京广传媒正式完成新三板挂牌上市，成为奎文区首个新三板挂牌上市企业，是中国实体书店第一股；潍州文化创意产业园区已聚集各类文化企业50多个。全年完成街道辖区内马少野、草庙“城中村”改造征收扫尾等历史遗留拆迁任务。恒易•宝莲金融中心、信圆金融服务中心、水岸华庭、国网变配电服务中心2号楼、恒信•伯爵庄园一期、香榭丽舍•郡王府二期、富强沿街商业楼等7个项目陆续建成使用。新打造星河社区标准化服务中心1处，街道楼宇社区服务中心1处，幸福街“四全一特”（治理机制健全、功能配套齐全、生活服务周全、基础设施安全和产城融合特色鲜明）示范社区1处。细化设置二级网格68个，配齐“四长三员”（“四长”即网格长、楼组长、楼长、单元长，网格管理员、民情巡访员、信访调解员）工作队伍1452人，做强做优精细化管理服务品牌。推行“四社联动”（社区党委统领、社工支撑、社会组织、社会志愿者共同参与），各社区均引进专业社工机构参与社区服务，培育各类社会组织50个，登记志愿者1581人，新培养持证社工师22人（累计49人），共推社区服务专业化、精细化、多元化。深化“由民做主”四事工作法（网格议事、会议定事、联动办事、群众评事），落实社区为民服务专项经费200万元，“由民做主”事项60个、民生实事31件全部完成。完成“四城同创”工作任务，集中实施道口社区老旧小区改造、便民市场整治，幸福街、前进街、光明街、道口北街、道口路等5条背街小巷和潍州路（宝通东街至胶济铁路段）两侧综合整治等惠民工程。2016年，开展“两学一做”学习教育，在辖区共产党员中全面推开日常积分管理；全面优化街道机关及社区、网格党组织设置，在辖区165个非公有制企业和社会组织法人单位全部建立联合党支部并派驻党建指导员，新打造京广文化广场、中国（潍坊）纺织服装电商产业园等2处党群服务中心，全面构建街道大工委、社区大党委、二级网格大支部区域化党建“三制”组织体系，强化基层党组织建设；组织开展第二届“幸福潍州”系列评选活动，评选表彰“最美潍州人”10名；开展各类文化活动40多场。

党工委书记 李德宝

办事处主任 王国明（6月止）

王　磊（6月起）

【东关街道】 位于潍坊市奎文区中部，所辖区域东起虞河、西至白浪河、南到民生东街、北接北宫东街，辖区面积5平方公里，有居民3.6万户，户籍人口12.2万人，辖9个社区（民生街社区、院校街社区、中学街社区、工福街社区、苇湾社区、中和园社区、新华社区、奎文门社区、李家街社区），辖区内无耕地。2016年街道完成地方财政收入2.12亿元，完成固定资产投资13.2亿元，规模以上工业主营业务收入2513万元。

街道先后荣获“国际安全社区”“中国街道之星”“全国服务型党组织建设示范街道”“全国人口和计划生育依法行政示范街道”“山东省级文明单位”等荣誉称号。街道连续五年荣获全区街道科学发展综合考核一等奖。

2016年，东关街道建立潍坊市首家社会工作实务实习实训基地，工福街社区被评为全国“社会工作服务示范社区”。细化完善二级网格治理结构，在全区率先实现社区管理服务无缝隙、全覆盖，共建立二级网格40个，三级网格348个，选聘网格管理员401人，及时收集、解决、反馈群众反映的热度、难度问题，实现“零距离”服务。抓好“四全一特”社区建设，推动社区队伍向专业社工转型，成立全市首家以培育社会工作服务项目为特色的“青年之家”。目前已有40名社区工作人员取得社工师资格，占在职社区工作人员的41.6%。中学街社区服务中心上半年投入使用1400平方米，苇湾社区，是目前潍坊市规模较大的纯居民小区。苇湾社区服务中心已完成内部装修2200平方米，正完善功能布局，社区先后被授予“全国充分就业示范社区”“全国社区建设示范社区”“全国商业示范社区”“山东省文明和谐社区”“山东省充分就业星级社区”“潍坊市先进基层党组织”等荣誉称号。

2016年，推动全国文明城市、卫生城市、森林城市、食品安全城市“四城同创”，投资700多万元，对老市府南院、老市委北院、行政街、院校街、中学街、中和园市场、苇湾便民市场等重点区域进行提升整治。加快苇湾社区服务中心总面积2200平方米内部配套。推进涉及居民楼55栋、居民2456户的奎文门老旧小区改造提升工程。

2016年，深化平安东关建设，健全完善“四级联动、专业协同、第三方参与”的社会矛盾预防化解组织体系，构建以专职“守夜人”为骨干的社会大巡防工作机制。全面落实安全生产监管责任，开展风险分级管控和隐患排查治理双重预防机制建设，辖区58个重点企业形成风险分级管控“一企一册”。

党工委书记 石凌峰（2月止）
郑　海（2月起）
办事处主任 尹昌洲（2月起）

**【北苑街道】** 位于奎文区城区的西北部，西起虞河，东至白浪河，南临北宫东街，北至青银高速公路，虞河路、鸢飞路、潍州路纵穿南北，北宫东街、卧龙东街、玉清东街、乐川东街、玄武东街横贯东西。2016年，辖区面积6.13平方公里，有居民2.07万户，户籍人口5.2万人。辖5个社区（则尔庄社区、丁家社区、沙窝社区、卧龙社区、金都社区）。2016年，街道完成地方财政收入8616万元，完成固定资产投资额12.6亿元，完成招商引资10.2亿元，规划建设重点项目12个，总投资额11.7亿元，建筑面积60万平方米，实现地方财政收入8616万元，比上一年降低25%，规模以上固定资产投资完成12.6亿元，比上一年降低12.5%。2016年，街道被评为“山东省书香之乡示范单位”“潍坊市建设学习型党组织示范点”“潍坊市四德工程机关示范点”。

2016年，街道辖区开工建设项目总投资额47.6亿元、项目总建筑面积193万平方米，新增楼宇51幢。截至2016年年底，共完成投资额11.7亿元，完成建筑面积60万平方米。签约引进健康养老、生态宜居产业项目3个。推动征迁腾地，实施四大征迁项目（丁家村城中村、北苑实验学校、济青高速改扩建、乐川街征迁排障），圆满完成1.2万平方米的青银高速公路改扩建项目地上附着物的拆除工作，顺利推进丁家村旧村、北苑实验学校、乐川东街共计66户居民的征迁工作。

全面开展“三网融合、二级网格、一社一品”的“三二一”（织密综治维稳、安全生产、食品安全三张安全网，深化二级网格，推进社区品牌打造，实现一社区一牌）全模式社会服务管理体系。组建则尔庄社区安检巡防队，进行安全生产、食品安全等专项检查40多次。深化二级网格，在辖区5个社区43个二级网格实施网格化社区管理、服务新模式，共配备网格长、网格管理员83名。全年5个社区共梳理群众意见建议398条，解决民生“微实事”258个。2016年，街道共调解化解纠纷案例70多起。在卧龙社区协助承办奎文区社区二级网格建设现场观摩推进会议。

开展老旧小区自我服务管理试点，发展社区O2O居家养老服务和智慧社区养老服务，推动“一社一品”建设。2016年，为中共中央组织部督查社区党建、民政部开展社区工作与三社联动专题调研等市级以上调研提供现场30多次。全面展开则尔庄、金都同乐园、亚星等棚户区和老旧小区的“8+2”提升改造工程（则尔庄、丁家2个棚户区拆迁施工和同乐园、亚星、华光精工西等8个老旧小区的提升改造）在奎文区探索实施“物业前置+整治改造”的老旧小区物业管理办法，在35个老旧小区实施自治管理全覆盖，惠及居民1500多人。成立丁家心桥文化艺术团等多支特色品牌表演团队，参与人数达800多人。建立以卧龙众炎为代表的志愿者队伍30多支，成功打造志愿服务项目40多个。举办“最美老人”颁奖晚会、“走进文明、榜样引领”等大型主题文化活动30多次。“四城同创”期间，街道投入创城资金260万元，清理居民小区33个，整治重点区域11处，取缔违法摊点200多个，新增绿化面积1.33万平方米。

党工委书记 段宏喜（女，12月止）
刘会红（女，12月起）
办事处主任 陈国玺

**【广文街道】** 位于奎文区城区的中心位置，所辖区域东至北海路，西至鸢飞路，南至健康东街，北至东风东街。辖区面积4.22平方公里，有居民35438户，人口8.6万人，辖6个社区（李家社区、东上虞社区、中上虞社区、西上虞社区、文化路社区、松鹤园社区）。2016年，街道完成地方财政收入1.62亿元，同比增长9.18%；完成固定资产投资额10.55亿元，同比增长12.24%；居民人均可支配收入33609元；完成招商引资额9亿元；规划建设重点项目10个，总投资额17.5亿元，建筑面积93.71万平方米，其中，商业商务建筑面积34万平方米。

2016年，广文街道“省级文明单位”复查合格，被潍坊市文广新局授予“基层综合性文化服务中心建设先进单位”，被奎文区委、区政府授予“‘四城同创’工作先进单位”“全区‘三八六’环保行动先进单位”“妇女儿童工作先进集体”称号，被奎文区政府授予“依法行政示范点”称号，被团区委授予“青年文明号”等荣誉称号。

2016年，广文街道成功引进利宝财险、山东诚泰工程等总部分支机构14个，世纪环球等3大创业孵化中心共入驻“双创”企业132个。潍坊国际创意港一期顺利开园，国内知名的32个设计企业入驻运营，成功举办首届“市长杯”工业设计大赛。新开工中央生活城三期、西虞天成三期、碧水蓝天3个项目，久盛聚福苑、潍坊市人民医院外科病房楼等6个续建项目有序推进。

2016年，社区居民福祉稳步增进。开展春季招聘会、慈心一日捐、免费为社区65岁老年人查体提供早餐、文化进小区等工作，全年发放低保、救助、高龄、伤残等保障金150万元，为民办事经费135万元。完成潍坊南下河市场、李家支路便民摊点群提升改造，联合整治潍坊南下河市场周边马路市场，为全市创建卫生城市提供主要现场。在奎文区组织的群众满意度测评中取得4个单项第一、总分第一的好成绩。

2016年，党的建设全面加强。新建新华路商圈综合党委，率先成立街道大工委，构建起“一核五级”（以街道党工委为核心，构建“街道大工委—社区大党委—网格大支部—楼栋党小组—党员中心户”区域化党建新格局）区域化党建组织体系。

党工委书记 赵天宝（12月止）
迟安斌（12月起）
办事处主任 迟安斌（12月止）
李　飞（女，12月起）

**【北海路街道（北海路商贸经济发展区）】** 位于奎文区城区的东部，东起北海路，西至新华路，南接张面河景观带，北至通亭街。辖区面积3.1平方公里，有居民2.8万户，户籍人口5.3万人。辖7个社区（十里堡社区、赵疃社区、北宫东街社区、北胡社区、胡西社区、南湖社区、南胡住东社区）。2016年，街道完成地方财政收入8823万元，完成固定资产投资额7.14亿元。

2016年，北海路街道公共财政收入完成8823万元，任务完成率达81.8%，其中，国税2366万元，地税6457万元。主要经济指标稳中有进，完成固定资产投资额7.1亿元，贸易企业商品零售额完成1584万元，招商引资到位资金完成12.3亿元。在项目建设上，北海路街道辖区内的北胡银领国际签订合作开发建设协议，书林苑项目顺利开工建设，奎文区十里堡学校主体建设完成，和扬·紫金名都2幢住宅楼交付使用，浙鑫广场东区主体建设完成，十里堡城中村改造、东方天韵等续建项目稳步推进。在楼宇经济上，北海路街道辖区内的浙鑫广场协议招商入驻业态面积已达40%以上；金宝商务中心与潍坊市大学生创新创业服务中心签订协议，打造潍坊市大学生创业加速器；圣邦·东领道建筑业总部基地进行装修扫尾，对外产业招商顺利推进；潍坊市科技孵化中心入驻企业达67个，业态涉及新能源、新智能制造、航空科技、农业科技、软件开发等领域；北海壹号·成泰大厦与山东成泰控股有限公司签订订购协议，设立成泰化工总部基地，注册手续顺利推进。

2016年，街道组织各社区老人参加省、市、区委老干部局组织的知识竞赛、征文比赛、摄影诗词书画大赛等活动（7副作品中有6幅入选区委展览并获优秀奖，1幅入选市委展览）。成立街道百姓宣讲团，开展各类宣讲活动约20场次，邀请区级以上宣讲骨干及专家，举办讲座4场次。在国家级媒体发稿1篇，省级媒体发稿35篇，市级媒体发稿481篇，区级媒体发稿238篇。开展“潍坊好人”“身边好人”“感动奎文丨住先模人物”主题宣传活动10场次。

党工委书记 李良军
办事处主任 孙宝春

（孙　涛　谭绪刚）

## 潍城区

**【国民经济和社会发展概况】** 潍城区是潍坊市中心区之一，总面积269.5平方公里，辖6个街道、2个管理区、1个省级开发区，共169个行政村、85个社区。全区户籍总人口35.98万人。2016年，全区完成地区生产总值258.5亿元，比上年（下同）增长7.2%。其中，第一产业增加值10.39亿元，第二产业增加值93.77亿元，第三产业增加值154.34亿元，分别增长3.8%、6.1%和8.1%。固定资产投资153.48亿元，增长5.3%。一般公共预算收入20.03亿元，增长4.4%。社会消费品零售总额162.5亿元，增长10.1%。城镇居民人均可支配收入达到34789元，农村居民人均可支配收入达到16865元。

**项目建设成效显著** 开展项目建设巩固年活动，健全完善问题会商、干部包靠等工作机制，全区226个续建和新上项目开工208个，两岸交流中心等65个项目已竣工或基本完工，45个项目投入运营。160个亿元以上重点项目完成投资155亿元，占全部投资比重达到88.7%。潍坊交运贸易广场等8个市级重点项目累计投入20.5亿元，完成年度工作任务的124%。全年谋划储备千万元以上重点项目197个，其中过亿元的118个、过10亿元的14个，有37个项目已有实质性进展。

**现代服务业繁荣发展** 全区实现服务业增加值154.34亿元，增长8.1%。城市商贸健康发展，上城佳乐家等商业综合体建成运营，时尚消费、信息消费等新的增长点逐渐兴起，阿里巴巴潍坊产业带入驻商户2546家。现代物流提档升级，潍坊市二级邮区中心局等总投资60亿元的8个高端物流项目落户鲁东物流中心，园区入驻物流企业72家，年交易额达到450亿元。文化创意繁荣活跃，印象老潍县项目启动实施，十笏园文化街区建成齐鲁非遗孵化器，潍坊广告创意产业园等7处文创载体聚集商户711家，先后举办十笏园新春庙会等一系列群众文化活动，民俗文化、创意文化等品牌影响力持续扩大。

城市工业发展势头良好　全区规模以上工业企业发展到93家，年主营业务收入过亿元工业企业达到22家。规模以上工业增加值62.5亿元，增长6.2%；实现利润4.92亿元、利税7.53亿元。节能环保产业园加快发展，大洋泊车产业基地等38个在建项目完成投资33.5亿元，15个项目竣工投产，园区已聚集企业126家。55个工业技改项目完成投资36.6亿元，瑞福芝麻酱等12个项目建成投入使用。绿特空调创建省级工程实验室，利全食品获批省级企业技术中心，全年新认定市级工程实验室7家、技术研究中心4家。推进两化（信息化与工业化）融合，完成信息化基础设施投资707万元，耶莉娅集团获评两化融合试点企业，省电商平台注册企业达到223家。

农业农村经济持续发展　潍县萝卜文化产业园等8处农业园区运营繁荣，各类农民专业合作经济组织和家庭农场发展到567家，34个农产品获得“三品一标”（无公害农产品、绿色食品、有机农产品和农产品地理标志）认证。建成运营水岸玫瑰小镇等休闲旅游项目和7家三星级以上农业旅游园区，全区休闲体验、特色观光型农业面积达到1.2万亩。推广测土配方施肥技术面积15万亩，粮食亩产超过1100公斤。强化精准扶贫，投入480万元帮助2个贫困村、36个贫困户实现脱贫目标。

改革开放向纵深推进　全面推进9大领域、191项改革任务和15项年度重点改革事项，落实“省40条”“市16条”供给侧结构性改革政策措施，开展降低企业成本“711”专项行动，新增挂牌企业11家；深化商事制度改革，稳步推进“五证合一、一照一码”登记制度（在全面实施工商营业执照、组织机构代码证、税务登记证“三证合一”登记制度改革的基础上，再整合社会保险登记证和统计登记证，登记部门直接核发加载统一社会信用代码的营业执照，实现“五证合一、一照一码”）；机关公车改革基本完成，现代农业等改革有序推进。对外贸易持续攀升，实施“外经贸521全程包联行动”，进出口总额达到29.1亿元，增长5.8%；借助驻日、驻韩招商促进中心等平台加强对外招商，新批准利用外资项目6个，招商引资实际到位境外资金3.6亿元，增长25.3%。

城市功能显著提升　新建、续建潍昌路等9条市政道路，潍日高速等重大工程进展顺利。建成五岳热力北部热源厂一期，万维热力项目加速推进。关停15家高污染、高能耗的土小企业，拆改小型燃煤锅炉7台。搞好国家森林城市创建，累计造林2000亩，完善农田林网5015亩。完成小于河（济青高速-胶济铁路段）河道治理工程，启动2座小型水库加固项目。以“三城同创”为契机，持续开展火车站、小商品城等重点区域整治，承接省级“守护舌尖安全”专项督查，东风西街、北宫西街成功通过山东省深度保洁示范路验收。全力打造9个功能配套齐全、生活服务周全、基础设施安全、治理机制健全、产业特色明显的“四全一特”示范社区，启动实施4个省级“美丽移民村”项目。

民生事业不断改善　建成潍坊光正实验学校等5处学校、新增学位1.3万个，完成8处农村学校改造提升、6处普惠性幼儿园建设任务，全年发放各类助学金343万元、资助困难家庭学生3808人。加强公共卫生服务体系建设，慢性病分级诊疗试点深入实施，全区建成国医堂5处、中医馆2处。稳妥实施“全面两孩”政策，人口自然增长率达到13.7‰。拓宽就业渠道，实现城镇新增就业3896人，城镇登记失业率控制在2.5%。改善低收入群体居住环境，新开工棚户区改造1507户、货币化安置率达到100%。打造养老服务十分钟生活圈，建成社区日间照料中心30处、农村幸福院15处、提升养老机构7个。

**【首届陈介祺艺术节】**　9月2日至7日，首届陈介祺艺术节在潍城区十笏园文化街区举办。全国政协常委、中国书法家协会主席苏士澍,中央文史馆馆员、中国画学会会长郭怡孮等出席开幕式。本届艺术节以“继承金石文化传统，推动文化艺术繁荣”为主题，旨在搭建金石艺术交流平台、打造国际“金石圣地”。其间，开展“高山仰止”——首届陈介祺金石书法藏品展、“两岸情•金石缘”——首届海峡两岸篆刻名家作品邀请展、“问道万印楼”——日本当代篆刻名家作品中国展、“传承与弘扬”——中日韩篆刻国际高峰论坛暨十钟山房与当代篆刻创作学术研讨会、“金石之光”——潍城区篆刻艺术进课堂成果汇报展、“国粹交响”——陈介祺艺术节京剧专场晚会，汉字体验馆开馆暨“写好中国字，做好中国人”——书法篆刻艺术进课堂高端学术讲座、中国当代百名博士书法楹联邀请展、首届金石文化用品博览会等系列活动。

**【潍县战役党性教育基地】**　潍城区挖掘弘扬潍县战役精神，整合潍坊特别市委旧址、荷花湾战斗遗址、南大营战斗遗址、玉清宫战斗遗址、潍县城墙遗址、潍县战役胜利纪念碑等潍县战役革命历史资源，建设潍县战役党性教育基地。潍县战役党性教育基地为分散式布局，采取“1+5”模式，即由一个主展馆、5个专题展馆或现场组成。其中，依托南大营战斗遗址，建立潍县战役党性教育基地主展馆，全面系统地还原战前、战中、战后历史背景，综合利用声光电等现代展示手段，增强震撼力和感染力；在荷花湾战斗遗址，建成融教育性、观赏性、实用性于一体的开放式主题公园，达到政治教育与群众休闲相统一、以史育人与环境浸润相结合的效果；在潍坊特别市委旧址，规划建成全国第一家以“城市接管”为主题的专题展馆。

**【两岸交流中心】** 两岸交流中心于2015年12月开工建设，2016年8月底交付投用。两岸交流中心位于潍城区境域内的齐鲁台湾城核心区，北临青银高速、南依鲁台会展中心，占地面积7公顷，规划建筑面积约7.8万平方米，整体建筑采用“新中式”设计风格，兼容春秋时期齐国建筑元素和现代风尚格调。两岸交流中心是齐鲁台湾城片区中鲁台会展中心、奥体中心的配套设施，集餐饮、住宿、会务等多功能于一体，服务于鲁台经贸洽谈会、中日韩产业博览会等重大活动，成为海峡两岸交流的重要平台。

**【多元化养老服务】** 潍城区倾力推动全区健康养老产业转型升级，养老服务多元化建设取得明显成效。一是搭建“10分钟养老服务圈”。按照“城区步行10分钟找到一处老年服务场所、全区车行10分钟找到一处托老机构、电话求助10分钟得到养老服务”架构，科学规划布局，加快推进养老服务设施建设，着力打造养老机构、社区日间照料中心、农村幸福院、居家养老服务站和邻里互助点等多位一体、互为补充的“10分钟养老服务圈”。截至2016年年末，全区累计建成供养型、医养型、颐养型养老机构23家，床位3148张，千名老年人拥有床位达到40张；建成社会福利院1处，街道敬老院4处，社区日间照料中心30处，农村幸福院15处，居家养老服务站57个，社区养老服务便民岛4个，邮政养老综合服务中心1处，发展互助家庭270个，配备社区养老医疗服务专车2部。二是培育高端养老服务机构。城区中心，重点实施以潍易“12343”社区家政服务中心为龙头的居家养老服务项目。城区南部，重点抓好集机构养老、旅游养老、居家养老、养老地产、老年病医院、老年大学和服务培训于一体的总投资3.8亿元的华都颐年园提档升级。城区西部，突出高端医养结合综合体，重点抓好投资1.2亿元、拥有500张床位的颐盛德医养结合服务中心，投资4700万元、拥有260张床位的宝叶医养结合服务中心，以及投资1亿元、占地3.2公顷的区级社会福利中心建设。城区北部，重点抓好由北京中民天福养老投资公司和山东民富基金共同融资建设、占地8公顷的智能养老社区以及福满堂养老服务中心、康星养老中心等重点项目建设。三是完善信息化养老服务网络。将“12349”养老信息平台交由“12343”民生服务热线托管运营，为老年人按服务需求分类建立电子台账，打造高效高质养老服务智能平台和服务网络。探索“互联网+智慧健康养老”模式，利用大数据等技术提升居家养老公共信息平台，完善社区服务终端，应用基于移动互联网的便携式体检、紧急呼叫监控等设备，实现互联网、电话、一键通、求助门铃等统一联网，为居家老人提供菜单式、数字化管理服务。截至2016年年末，为2000余名老年人配发“一键通”，发放“老年宝”定位手机400部，黄手环1700余个，为孤老、空巢老人普遍安装求助门铃和电子保姆，在2个社区安装并开通远程医疗诊视服务。

**【于河街道】** 位于潍城区西北部，辖35个行政村，人口3.14万人。2016年，实现一般公共预算收入3221万元；500万元以上固定资产投资2.95亿元；规模以上工业企业6家，实现销售收入2.78亿元，利税987.5万元，利润542.4万元。

青银高速公路横贯境域东西。辖区内都家村是被国务院授予“全国老艺人”称号的核雕艺人都兰桂故里，流饭桥村是地方名吃“杠子头”火烧起源地。

企业转型升级成效初显。形成以香野、玉龙、洪源面粉有限公司为龙头的小麦加工产业集群，以正奇纺织、港龙服饰为龙头的纺织服饰产业集群，以永冠电气、浩源电气、伊莱克电力为龙头的电力装备产业集群和以大山科技为龙头的节能环保产业集群。巩固以莱德集团、金通管业、和特管业有限公司为龙头的精密标件产业集群。山东莱德机械有限公司申报成为2016年山东省知识产权优势培育试点企业，山东金通管业有限公司等6家公司在齐鲁股权交易中心挂牌上市，引进潍坊源通管业有限公司、潍坊豪鑫汽车零部件有限公司等4家高新技术企业落户工业园区。农业发展方式进一步转变。特色农业园区化发展，以潍坊神元生物科技为龙头加大铁皮石斛线下种植、研发、生产力度，以正源生物科技为龙头推动铁皮石斛线上宣传、销售，投资300余万元搭建60余人的电商网络销售团队，建成智能大棚15个，组培中心2处，以此为契机申报并获批“潍城省级农业科技园”，打造潍坊铁皮石斛科技文化产业园。与青岛蓝莓基地、淄博专业合作社、临朐农户合作，引种蓝莓、文冠果、黑枸杞、大樱珠等特色农产品。高效农业规模化经营，以山东天美益万亩现代高效生态农业产业园为龙头，累计投资5000万元，建设长200米、宽18米的标准大棚98个，采用统一技术指导、统一标准收购、统一品牌销售的模式打造高效农业示范园。加快新型农业经营主体培育，组织成立农民专业合作社52个，家庭农场11个。现代农业功能化配套，获批万亩农田节水灌溉项目，发展大棚蔬菜水肥一体化滴灌技术，覆盖辖区28个村、2163个冬暖式大棚。投资30万元组建农产品、畜产品实验室，强化动植物疫病防控和农产品质量监管。重点项目建设快速推进。五岳热力北部热源厂一期建成，潍日高速滨海连接线于河段、济青高铁于河段建设项目施工顺利，济青高速改扩建于河段征迁、机场迁建超高压线路改造有序开展。民生福祉持续改善。投资160万元新建、扩建文化广场31处，修建“农家书屋”14个，新建固定电影放映点6处。投资60万元提升改造于河敬老院，投资300万元的实验中学图书实验楼主体完工，引入PPP模式建设实验小学省级中心幼儿园。为231人办理鸢都创业证，培训农村劳动力200人次，发放低保金124万元。

党工委书记 李茂福

办事处主任 韩 梅

【望留街道】 位于潍城区中南部，望留街道办事处与潍坊鸢都湖——浮烟山综合开发区管委会合署办公，实行街区合一体制。辖59个行政村、1个社区，人口5.04万人。2016年，实现一般公共预算收入4336万元；500万元以上固定资产投资8.89亿元；规模以上工业企业10家，实现销售收入3.82亿元，利税1311.3万元，利润424.2万元。

境内浮烟山休闲旅游度假区环境优美，融自然风光和人文景观于一体，是潍坊市郊一处旅游胜地。中国风筝放飞基地（潍坊国际风筝会放飞场）位于浮烟山麓。

项目建设提速增效。潍坊医学院附属医院新院等续建项目进展顺利，新引进投资类项目20多个，投资额50余亿元。总投资36亿元、占地5000亩的浮烟山中泰城项目完成股权全部转让并重新招商，其中投资16亿元、占地560亩的一期工程别墅群12栋别墅楼完成主体建设。投资7亿元的万潍热电联产项目落户并完成征迁，投资6亿元的某部营区建设项目加速推进，投资4亿元的潍州麓台学校12栋单体楼主体完工，投资3亿元的山东工业技师学院扩建项目A3教学楼投入使用，潍日高速境内建设项目进展顺利，华都高层公寓主体完工，鸿旺花园项目2栋住宅楼装修基本完成，鑫升机械大马力拖拉机、润达机械新上生产线等工业技改扩能项目投产运营。市财政投资3000余万元的利民路大修改造项目完成地质勘测，投资2500余万元的美丽乡村、乡村连片治理和美丽移民村项目全面竣工，投资500万元的农业综合开发项目开始施工。民生建设快速推进。全面实施以农村环境综合整治为核心的环境提升工程，实行环卫物业化管理，形成街村上下联动、物业全面托管、管理高效规范的环卫工作机制。完成道路硬化30余公里，整修生产路、村内街道60余公里，栽植村庄绿化树木1万余株，打机井70余眼，铺设引水管道1万余米，安装高清电子监控160余套，安装更换路灯1000余盏。村（社区）全部建成党群服务站，增加体育健身器材32套，建立老年文化中心46个，组织开展群众性文化活动300余场次。引入社会资本1000余万元，新建6处标准化社区服务中心，建设面积1.8万平方米。辖区8处中小学全部通过国家级义务教育发展基本均衡区验收。改造中低产田7000多亩，争取农机购置补贴资金86万元。开展创业技能培训，共培训1.2万余人次。医疗保险覆盖率100%，发放低保金236万元。

党工委书记 杨在民

办事处主任 王善合

【北关街道】 位于潍城区东北部，辖31个社区，人口6.17万人。2016年，实现一般公共预算收入1.43亿元；500万元以上固定资产投资24.01亿元；规模以上工业企业6家，实现销售收入21.64亿元，利税2.38亿元，利润1.66亿元。

著名的潍县萝卜原产地位于辖区内。潍县萝卜已有300多年的栽培历史，东夏庄周围1500亩土地是潍县萝卜原产地保护区。

项目开发建设加快。以齐鲁台湾城为龙头，加快推进45个投资类建设项目，包括善水国际、金玉华府、庭岸风景、永祥苑等25个续建项目，广告创意产业园、潍坊光正实验学校、潍坊沣瑞实验学校等7个新建项目，华坤城市综合体、富盈国际城等13个储备项目，全年施工面积达到154万平方米。服务业繁荣发展。全街道商贸服务业实现营业收入14.8亿元，增长7.1%，完成商贸服务业载体面积4.5万平方米，投资2.2亿元。工业经济持续发展。继续打造耶莉娅工业总部品牌，推广耶莉娅经验，重点培育以纺织服装、电气电子、装备制造为龙头的工业经济体系。推动锦天纺织等企业到节能环保产业园落户（总部留在街道），实现街内企业街外发展新模式。基础设施建设日趋完善。宏伟路（卧龙街至安顺路路段）、玉清西街（西环路至安顺路路段）基础施工进展顺利。供排水、电力、热力、燃气等基础设施配套以路为引、全面铺开。惠民工程成效显著，以蔡家庄、后姚、北关、刘家园、清平、北宫等社区为重点，大力推进功能配套齐全、生活服务周全、基础设施安全、治理机制健全、产业特色明显的“四全一特”社区建设。加快对福寿园小区和槐荫小区的改造提升，投资1835余万元，改造居民楼70栋2622户。在槐香小区、福寿园小区建设立体停车位，两小区各投资180万，各建设三层60个车位。公共服务体系日益完善，街道拥有80张床位的综合老年公寓1处，居家服务站9处，四点半学校18处，日间照料中心4处，农村幸福院4处，邻里互助点20处。其中，街道日间照料中心、蔡家庄社区日间照料中心达到省级规范化标准。街道各社区共投入200余万元对社区文化中心和活动广场进行升级改造，为居民学习、娱乐、健身提供良好条件。

党工委书记 刘 涛

办事处主任 高勤耕

【西关街道】 位于潍城区中部，辖19个社区，人口6.14万人。2016年，实现一般公共预算收入1.64亿元；500万元以上固定资产投资31.83亿元；规模以上工业企业3家，实现销售收入7676万元，利润162.1万元。

项目建设加大力度。恒大·翡翠华庭、圣菲漫步等24个续建项目，完成投资29亿元，施工面积170万平方米；14个新建项目中开工建设13个，施工面积达到32万平方米，其中上城佳乐家超市总投资2.5亿元、建筑面积3.5万平方米，于12月28日正式营业。城中村改造稳步推进。以南三里和北小于河为重点的城中村改造有序进行，其中南三里金都世家贵祥苑18栋多层楼，正在进行内外装修。重点片区建设顺利。三里庄片区，以特色街建设为抓手，建成3.8万平方米商铺，完成招商90%；春鸢片区，完善区域路网，其中胥山街主路面施工完毕。城市管理不断加强。将路边11家蔬菜生鲜门头纳入农贸市场。加强居住小区环境卫生管理，清运垃圾2060车次，更换垃圾桶2000多个。社区建设提质增效。按照功能配套齐全、生活服务周全、基础设施安全、治理机制健全、产业特色明显的“四全一特”标准新建小区上城国际，配套建设的上城佳乐家超市和特色街为居民生活购物提供便利。月河社区以健康养老为切入点，建立860平方米云天使医养服务平台，吸引市直机关医院入驻，为400余名老年人建立健康档案。高家东社区新建5500平方米的综合服务中心主体完工。实施警民联防，打造“互联网+警民联防”综合平台，投资100余万元，购买7辆电动巡逻车，聘请28名专职巡防队员，与公安巡逻、街道夜查实现互补融合。发挥西关派出所警民联调中心作用，实现人民调解和治安调解的无缝衔接。

党工委书记 高春军

办事处主任 刘爱民

**【南关街道】** 位于潍城区东部，辖22个社区，人口4.52万人。2016年，实现一般公共预算收入1.42亿元；500万元以上固定资产投资26.61亿元；规模以上工业企业2家，实现销售收入6.62亿元，利税276万元，利润1616.8万元。

南关街道交通便利，潍坊火车站位于境内，胶济铁路横贯东西。辖区内“状元胡同”闻名遐迩，清末状元曹鸿勋和王寿彭诞生于此。

总部经济发展态势良好。加大白浪河黄金西岸和火车站、金沙“两大商圈”开发力度，推进五道庙商业步行街等商业综合体建设。实施金源大厦、中亚商贸城、中经世界城等商业载体二次招商，新增总部企业分支机构6家，辖区总部企业数达到13家。招商引资成效显著，新签约北京恩源科技有限公司、京东商城潍坊体验店、互福e商城等10个项目。文化旅游产业凸显。以南大营1789文化艺术区为带动，加快画都交易中心、五道庙博物馆等重点文化项目建设，促进传统文化和现代产业融合发展。南大营1789文化艺术区已有40多家单位、300多户业户入驻，于2016年7月获批省级创业示范园区；五道庙博物馆于9月开馆。特色街区产业聚集发展。集中规划7条特色街区，其中茶文化特色街、五道庙商业步行街、青年路IT特色街、广丰古玩文化特色街和婚庆一条街5条特色街被纳入全区重点打造的11条街区之中。茶文化特色街入驻3600家商户，青年路IT科技街从事电脑销售业户700多家，广丰古玩文化特色街入驻商户400多家。征迁工作开展顺利。滨湖片区、春鸢片区，和平南路中段、月河南路（仓南街-春鸢路）、月河路（胜利西街—健康西街）、颜家村、武家村、小崖头村征迁工作顺利实施，全年征迁建筑面积4万平方米。项目建设加快。展开9个续建、13个新建项目的建设，开工率91%，开工面积58万平方米。高端规划“城中村”改造项目14个，其中已开工建设的有徐家、武家、小崖头、高家楼、南关村、康家6个。城市管理水平提升。投资90多万元清理整治78个老旧小区和21条背街小巷，对居住小区墙体、楼道等全面粉刷，新购买600个垃圾箱。投资50多万元维修月河路、水库路、和平南路中段，维修道路10公里。社会事业全面进步。新建南关中心小学8个单体主体全部封顶，投资280多万元高标准打造人民商城、西南关、西市场和康家4个城市社区，其中人民商城和西市场2个社区被纳入区级“四全一特”示范社区。社区日间照料中心9个，农村幸福院5个，10个城市社区实现“四点半学校”全覆盖。组织就业技能培训260人次，新增劳动就业人数280人，农村劳动力转移 275人，开发公益性岗位21个，安排就业困难人员21人。人民商城社区于12月通过“省级创业型社区”验收，东市场社区获“市级创业型社区”称号。全年发放优抚金243.6万元、低保金350.8万元、养老金381万元。城乡居民养老保险入保8612人，为符合条件的居民办理经济适用房26户，公共租赁房73户。

党工委书记 陈加志

办事处主任 傅志鹏

**【城关街道】** 位于潍城区东部，辖10个社区，人口3.43万人。2016年，实现一般公共预算收入6546万元；500万元以上固定资产投资3.32亿元。

城关街道地处老潍县城里，历史文化璀璨悠久，人文资源积淀厚重。历史上潍州、潍县治所设于辖区内。境内有国家级重点文物保护单位十笏园。

城市商贸聚集区日益繁华。发挥中百商圈等高端产业的引领作用，培植以中百大厦、百货大楼、温州商城、地下名店街等为主体的立体集群发展模式，形成以中百商圈为主体的地上地下互为联动的城市商贸聚集区。以V1购物广场为依托的滨河餐饮、休闲、景观商业街服务业隆起带凸显。发展新兴业态，引进万兴隆电商产业园等，设立众创空间，为大学生创业提供支撑平台，已入驻60多家大学生创业公司，成为潍坊市大学生创业孵化基地。文化产业核心区建设步伐加快。以“印象老潍县”项目为龙头，推进4.2平方公里的文化产业核心区建设，老潍县古城文化风貌逐渐显现。十笏园文化街区的潍州书画城、潍州古玩城和潍坊非遗文化中心等一批场馆相继运营，老潍县餐饮美食街、中国画都会展中心、齐鲁非遗文化孵化器初具规模。以全国名家书画展示馆、郭味蕖美术馆、清风画廊、中百画廊和集文斋等为平台发展会展产业，承办各种文化活动。齐鲁非遗文化孵化器成为文化企业创业发展的摇篮，国家级广告创意产业园成为区域发展新的税源增长点。现代金融引领区建设加快推进。新引进北海村镇银行、海通证券、太平财险、华富基金及其管理公司、长江财险等13家金融机构，辖区聚集银行、保险、证券及新型金融机构近50家。民生服务建设不断完善。发挥全省首家街道级养老中心指导作用，提升改造养老服务机构，建成养老互助组91个、社区日间照料中心10处、老年活动中心30余处。依托辖区19处中小学和幼儿园，建成“四点半学校”10处。实施惠民工程，开发公益性岗位38个，落实低保救助家庭401户，培训职业技能300人，安置各类劳动力319人，扶持自主创业个体254人，帮助就业困难人员116人，发放就业创业证234个。

党工委书记 李晓明（女）

办事处主任 刘汉杰

**【山东潍城经济开发区】** 位于潍城区中西部，辖24个行政村、2个社区，人口2.48万人。2016年，实现一般公共预算收入1.64亿元；500万元以上固定资产投资33.61亿元；规模以上工业企业23家，实现销售收入19.66亿元，利税1.3亿元，利润9404.4万元。

招商引资取得新突破。签约远成物流、爱迪建材洁具、邮政物流二级邮区中心局等9个项目，合同投资金额120亿元，实际到位资金17亿元。引进安骏达物流、德科农机等7个项目，全部投产运营。推进股权招商，雷诺特、德诺磁业、九星包装3家企业实施股份制改造，挂牌上市。项目建设取得新成效。为潍日高速建设和济青高速拓宽腾出土地850多亩，保证工程顺利实施；臧王赵棚户区改造涉及的赵家村土地42亩、30余户基本完成征迁；总投资50亿元的远成智慧物流城项目6月中旬开工建设；新开工鲁东电商物流园、贵和苑小学、二级消防站等15个项目，擂鼓山粮库二期、雷诺特汽轮机、阳光商务大厦、鲁东电商物流园、亿家创业产业园等8个项目投入运营。联系服务企业成效显著。发挥扶持企业发展短期流转基金和产业发展基金的作用，为亚通玻璃、巨力、金宝龙、玉峰铝业、科力意合、一立精铸、钢联等企业融资1.5亿多元。帮助雷诺特动力利用风投基金1.55亿元，其中一期500万元已到位。为远成物流、农机产业园等6个建设项目争取用地指标1000多亩，解决鲁东电商物流园内线路迁移难题，帮助企业新上变压器4台，14家企业完成锅炉升级改造，18家企业补办环评手续。帮助企业引进高层次人才30名，新增就业439人，为175家小微企业办理鸢都创业证。环境面貌展现新变化。投资550万元新建翻建创业路、工业三街、长胜东路部分路段1.9公里，疏通腾飞路、玉清西街等排水管道，维修东风西街、彩虹路、卧龙西街、玉清西街等主干道路面积1.1万平方米。投资40万元建成垃圾转运站。社会事业取得新进步。财政拨付300万元专款用于教学设施更新维护，豪德小学潘里分校塑胶场地、中学餐厅建成使用，投资3500万元的贵和苑小学开工建设。河崖头、小庄、粉匠、牟家等村通街修路、绿化亮化完成投资1000多万元。兑付农民种粮补助和税收返还款2458.95万元，为辖区村民补助医疗保险基金210多万元，为辖区学龄前儿童每人每学期发放200元入园补助，发放优抚补助金100万元，2.1万名群众参加新农保。

党工委书记 李铁柱

管委会主任 李学光

**【乐埠山生态经济发展区】** 位于潍城区西南部，辖19个行政村，人口2.06万人。2016年，实现一般公共预算收入5345万元；500万元以上固定资产投资16.71亿元；规模以上工业企业14家，实现销售收入13.12亿元，利税1.63亿元，利润1.38亿元。

产业园区开发呈现新局面。乐埠山创新科技产业园产业集群效益进一步显现。园区企业总数已发展至60家，总投资达95亿元，总建筑面积达140多万平方米，就业人员超过2000人。泊车制造、农机装备和新能源新材料三大产业集群和产业链条实现集群发展，健康养老产品产业集群正式规划建设。规模以上企业达到14家，高新技术企业达到12家。大洋泊车企业总部迁入辖区内，中亚重工、华博农装、中远二期等14个项目相继建成投产，大元实业、大正科技等5家企业在齐鲁股权交易中心挂牌上市。2016年4月8日，省委书记姜异康莅临大洋自动泊车设备有限公司调研并给予充分肯定。宜居环境呈现新面貌。投资1100万元，新修福顺街、仓南街、乐业路和乐兴路4条道路，配合做好潍昌路拓宽改造和潍日高速工程建设，主要交通干道全部实现绿化、亮化和美化。各村主要道路硬化率达到100%，绿化率达到60%，居民出行、居住条件得到改善，19个村全部实现环卫保洁全覆盖管理。乐埠山生态林场绿化提升，区域森林覆盖率达到93%。民生事业持续发展。乐埠山中学获得“潍坊市科学关爱和谐示范学校”称号。群众文化广场、群众文艺俱乐部和乐埠山书画院成为丰富群众文化生活、施展文艺才华的舞台。居民医疗保险和养老保险基本实现全覆盖，农村妇女“两癌”筛查、65周岁以上老人免费查体得到较好落实。辖区贫困村、贫困户实现全部脱贫，60%以上的村民喝上安全放心的纯净水。完善公共安全防范体系，推进农村视频监控中心平台和“天网工程”建设，辖区监控探头实现100%全覆盖，19个村全部纳入监控平台。建立乐埠山党群服务中心和各村党群服务站。2016年，乐埠山生态经济发展区荣获“山东省基层双拥创建模范单位”称号。

党工委书记 曹升曦

管委会主任 窦玉波

**【军埠口综合项目区】** 位于潍城区东南部，辖32个行政村，人口3万人。2016年，实现一般公共预算收入4249万元；500万元以上固定资产投资5.55亿元；规模以上工业企业13家，实现销售收入10.41亿元，利税9643.5万元，利润6715.5万元。

辖区内10平方公里的白浪绿洲湿地公园和8平方公里的白浪河水库凸显军埠口滨水绿色生态特点。农田水利灌溉工程形成体系。在潍胶路以南的农业生产集中区域，铺设电缆、输水管道4.1万米，新打机井25眼，维修机井45眼，改造蓄水池3个，惠及15个村的1.1万多名群众。项目建设顺利推进。共组织实施总投资21亿元的投资类重点项目29个，其中省内房车营地标杆性项目——白浪河露营地、关野工艺品高质被服、鼎晟电气科技、军利机械自动化铸造生产线、荷美尔食品自动化软包装线、庆德工艺品电子商务和箱包生产线、思达智容器吹拉注塑瓶生产线等新上项目竣工，裕腾商业设备项目钢结构主体完成。民营经济持续发展。2016年，民营企业实现销售收入24.2亿元，同比增长9%。辖区18家外贸出口企业完成出口交货值2.93亿元，同比增长34%。镇村级道路建设步伐加快。新硬化柳白路、姚张路、工业三路南延伸段、东北董村前路、艄翁庙出村路等10条道路，总长11.2公里。医疗卫生条件明显改善。先后投资160多万元，新上全自动生化分析仪、CR、彩超、经颅多普勒、微电脑手术刀等20多台套医疗设备，免费为65周岁以上老年人查体。教育教学质量稳步提高。中考成绩优异，考入潍坊一中等三所重点高中45人，是2015年的2倍；考入普通高中29人，同比增长16%。文化事业建设稳步推进。70%以上的行政村建成村级综合性文化服务中心，配套建设文体广场、健身路径、图书阅览室等文体活动场所。群众性文体团队有20支，自编自导自演文体节目320多个，人民群众业余文化生活日趋活跃。军埠口综合项目区先后获得“市中小企业科技创新基地”“省级创业示范园区”“省级文明村镇”等称号。

党工委书记 王　韧（女）

管委会主任 王浩行

（曲福刚）

# 坊子区

**【国民经济和社会发展概况】** 坊子区位于潍坊市区东南部，面积412平方公里，辖5个街道、2个发展区、1个省级高新技术产业园区、301个村居、32.5万人口。2016年，全区实现地区生产总值147.8亿元、增长8.4%，增幅列全市第1位；一般公共预算收入13.1亿元、增长10.5%，增幅列全市第3位、四区第1位；固定资产投资151.7亿元、增长13.7%，增幅列全市第1位。全区规模以上工业企业发展到123家，税收过千万元企业达到32家，其中过亿元企业3家。

**供给侧结构性改革取得明显成效。**着眼产业转型升级去产能，推动北新建陶依法破产、鲁元建材破产重整、新方煤矿关闭退出，盘活土地520亩，安置职工2577名。鲁元建材成为供给侧改革实施以来全市第一家成功破产重整的企业。全区工业产成品占用资金减少30%，新建商品房销售面积增长31%。化解不良贷款4.2亿元，完成53家规模以上企业公司制改造，帮助智新电子等14家企业在资本市场挂牌。减少税费、用工、用地、用电、手续办理等企业负担3.5亿元。实施25个服务业项目、90个技改和创新项目、16个基础设施项目，重点弥补服务业发展、科技创新、基础设施等方面的短板，雷沃重工智能收获机、重型拖拉机2个项目列为国家重点研发专项，52个项目列入省级技术创新计划，新引进9家保险公司，建成运营新方德乐堡、华安汽车文化产业园、泰华欢乐海底世界、贝哆芬儿童乐园4个大型文化旅游项目，服务业投资和税收分别增长30%和22%，服务业占比提高1.8个百分点。

**精准服务企业形成浓厚氛围。**组织开展“企业服务年”活动，一企一策开展精准服务，对40家重点企业落实包靠服务制度，对成长性好、贡献率高的企业专门出台扶持奖励政策，对存在实际困难的企业研究制定具体帮扶措施。建立企业需求直报制度，定期调研分析企业生产经营遇到的困难和问题，帮助高科电子、丹香食品、鲁元建材等46家企业解决问题67个。引进专业服务机构，搭建企业创新孵化、管理咨询培训、智慧工业节能、企业家俱乐部等平台。组建企业家联合会，定期组织学习培训、外出考察、主题沙龙等活动。共达电声、恒安纸业、雷沃重工3家企业上缴税金过亿元，安盛天平、阿旺食品、富源增压器等32家企业上缴税金过千万元。谷合传动与世界最大的农机企业美国约翰迪尔公司达成战略合作，共达电声自主研发的智慧系统设备全面投放市场，帅克机械获批国家级“两化融合”管理体系贯标试点单位，银澎云计算成为潍坊市云计算中心核心运营平台，获批国家级绿色数据中心试点单位。

**招商引资取得丰硕成果。**共引进浪潮云计算中心、长安保险、华安水之梦乐园、金润农业科技园等企业和项目58个。引进专业招商代理机构，吸引汇电新能源、协和万邦保险等一批优质项目落户。投资10亿元的恒安纸业四期项目落地建设，投资4亿元的雷沃重工阿波斯项目投产达效，共达电声、新方集团、裕川机械等企业都上马新项目；丹香食品将总部由青岛迁至坊子，中粮集团将禽业总部落户坊子区，实际到账外资9亿元，在全市率先完成世界500强企业引进任务。

**项目工程建设高效推进。**总投资217亿元的65个重点项目，建立包靠服务、绿色审批、联席会议等制度。坊茨小镇产权协调工作实现突破，投资5.2亿元完成2060户居民棚户区改造。四中迁建项目3月份立项，2个月办齐所有手续，半年完成85%的建筑主体施工。重点园区承载集聚能力增强，测绘地理信息产业园新落户项目18个，机械装备制造园新落户项目7个。实施总投资21.2亿元的16项重点工程，加强与上级主管部门、管线权属单位和施工企业的沟通协调，实现年内立项、年内完工。宝通街东延工程20天完成170户居民搬迁，管线迁改和主体工程顺利开工。八马路改建工程全面竣工，凤山路向南打通至长宁街，济青高铁、青银高速、堤顶公路工程完成上级下达的进度任务。潍汶河开发稳步推进，凤翔河治理、白浪河玫瑰东园工程顺利完工。新建改造邓家街、坊泰路等城区道路19条，整修县道7条、90公里，全面完成182公里农村公路生命安全防护工程。

各项民生事业全面发展。完成民生支出11.9亿元，占财政支出的81%。建设2所区直幼儿园，新改扩建5所中小学，龙泉实验小学、九龙中学建成投用，教育教学条件明显改善。加快推进54个提升市区项目，开展国家文明城市、卫生城市、森林城市、食品安全城市“四城同创”行动。实施3个棚户区改造项目，改造提升56个老旧小区，凤凰社区打造成智慧社区样板。新建6处农村社区卫生室、7处农村幸福院。农村群众生活条件提高。推进环保“十大工程”，实施热电企业超低排放改造等治污减排项目。

**【潍坊四中迁建项目进展顺利】** 项目占地440亩，投资7亿元，规划建设潍坊四中及潍坊四中分校两个校区，总建筑面积17万平方米，共建设教学楼、宿舍楼等28栋单体建筑和配套体育设施，可容纳150个教学班、7500名学生。该项目是潍坊市首批开工建设的采取PPP模式运作的项目，吸引社会资本5.5亿元，由昌大建设集团作为社会资本合作方，按照省级规范化标准进行建设，着力打造全省领先、国内知名的现代化特色学校。项目于2016年3月份开工建设，争取2017年10月全部建成并投入使用。

**【坊子区1898坊茨小镇入选省级特色小镇】** 山东省人民政府官网公布全省特色小镇创建名单，坊子区1898坊茨小镇成功入选。省级特色小镇是区别于行政区划单元和产业园区，具有明确产业定位、文化内涵、旅游特色和一定社区功能的发展空间平台。坊茨小镇核心规划面积2平方公里，主要依托现存的166处百年德日建筑这一独特历史文化资源，集聚创意人才，挖掘文化内涵，着力打造兼具德日风格与民国元素，体现近代铁路小镇特色、全市独有、全国知名的1898坊茨小镇。共成功打造炭矿遗址文化园、坊茨美术馆、1898啤酒城、德国别墅区、坊茨画廊等项目，开展中国雕塑展、坊茨论坛、坊茨艺术沙龙等文化艺术活动，被评为国家AA级旅游景区、中国油画院山东创作教学实习写生基地、山东省科普教育基地、山东十大影视拍摄基地、中德文化交流中心等。

**【山东测绘地理信息产业园被认定为山东省小企业创业辅导基地】** 12月8日，山东省中小企业局下发《关于公布第十一批山东省小企业创业辅导基地和第一批创客空间的通知》，坊子区山东测绘地理信息产业园被认定为山东省小企业创业辅导基地，2011年12月由山东省国土资源厅批准设立，总规划面积7平方公里，一期占地2039亩，是山东省唯一的集研发孵化、数据加工、装备制造等功能于一体的地理信息产业园区。共有总投资56.6亿元的共达电声、银澎云计算、中海达测绘等50个项目入驻园区，其中共达电声、中海达测绘等7家企业均为上市公司或其分支机构。

**【山东省首家省级实物地质资料库在坊子区开工建设】** 9月19日，潍坊市实物地质资料库开工仪式在坊子区举行，标志着山东省首家省级实物地质资料库开工建设。资料库位于坊子炭矿遗址文化园内，计划投资939.6万元，建筑面积900平方米。建成后，将成为全省地质资料的保存基地、科研基地、科普展示教育基地和公共服务基地。

**【山东凤凰山高新技术产业园区（凤凰街道）】** 位于坊子区西北部，是坊子区政府所在地，与凤凰街道合署办公，面积32平方公里，辖23个行政村（居）、10个城市社区、2.4万户，人口7.3万人，耕地面积592公顷。2016年，全街道实现地方财政收入15816万元，比上年增长34.08 %;实现工业销售收入2248165万元,利税116599万元,分别增长7.52%和5.97%。

经济发展质量稳步提升。落实企业重大问题直报机制，恒安四期项目落户并开工建设，实施20家规模企业规范化公司制改制工作，实现共达电声、智新电子挂牌上市，进步机械、润捷轻工、杰凯工贸、山东广众4家在齐鲁股权交易中心获得股权代码。格林豪泰、汉庭酒店、阳光保险3家成功落户开业，世界500强中粮禽业总部成功入驻。实现固定资产投资51.13亿元、外资引进4亿元，分别同比增长13.16%、130%，园区37家规模以上企业实现工业总产值225.33亿元、主营业务收入224.82亿元、利税总额11.66亿元、利润总额9.45亿元，同比分别增长7.04%、7.52%、6%、6.62%。

城乡统筹步伐进一步加快。投资600余万元，高标准打造辛冬社区、郭家社区2处新型农村社区。投资1500万元，加快推进辛冬社区慧福、吉农2处家庭农场建设，壮大农村集体经济。实施“美丽乡村”项目，投入1000余万元，对赵家、董家庄子、南范、河南头4个村居进行集中打造，累计硬化道路6.5万平方米，绿化4.8万平方米。投入2600万元，着力打造智慧社区便民服务APP、青少年启航驿站、医养结合托老中心云视听智能交互系统等一系列特色项目。投资539万元，实施19个老旧小区改造提升，全面改善群众生活环境。城中村改造遗留问题解决方面，响河子、邓家剩余5万平方米、10栋高层安置楼建完成交付，标志着8个城中村改造村安置房全部交付。

高新技术产业园区、
凤凰街道党工委书记 李春玉
凤凰街道办事处主任 王洪海

【经济发展区】 位于坊子区西南部，面积35平方公里,辖33个行政村、6381户、人口2.6万人，耕地面积2067公顷。2016年，全发展区实现地方财政收入1864万元，比上年增长41.8%。规模以上工业企业实现总产值24175万元、主营业务收入24175万元，同比分别增长20%、20%。限额以上批零贸易企业实现总销售额41843万元，同比增长16.6%。重点服务业企业实现营业收入2033万元，同比增长18.3%。

2016年，新引进落实的31个项目共有18个投入运营。发展盈丰现代农业综合体等都市休闲观光农业示范园区3个。财政收入实现三年翻一番的目标。投资500余万元开工建设中心幼儿园。投资600万元对镇区进行提升改造。投资100余万元对集贸市场实施搬迁。投资800余万元实施乡村连片治理工程。完成总长11公里的连村路硬化工程。全年无区以外上访事件及安全生产事故发生。

党工委书记 韩宏蕾
管委会主任 李　辉

【坊子工业发展区】 位于坊子区东北部，面积37平方公里，辖25个行政村，7141户、人口2.7万人，耕地面积1472公顷。2016年，全发展区完成地区生产总值21.6亿元，比上年增长9.6%；实现地方财政收入2280万元，比上年增长26.8%；实现工业销售收入202000万元，利税34000万元，分别增长8.3%和6.7%；第三产业增加值达到5560万元，增长11.6%；农民人均纯收入15800元，增长3.2%。

坊子工业发展区王家庄子风筝产业全国闻名，素有“世界风筝在潍坊，潍坊风筝在王家庄”之说。王家庄子社区共辖4个村、人口4400人，从事风筝产业的人口达2200人，规模以上风筝企业达60多家，生产放飞、观赏、广告3大类风筝共百多个品种,年生产能力8000万支，年产值近2亿元，主要销往温州、义乌、广州等地及日本、欧美等国家，占潍坊风筝总销量70%以上，年产销量居全国首位。王家庄子打造“中国风筝产业第一村”，已初步形成以王家庄子为中心的乡村文化生态休闲旅游区。2013年，王家庄子四村被评为“山东省旅游特色村”。2015年，被国际风筝联合会授予“中国现代风筝产业基地”称号，被市文广新局授予“潍水风筝——非物质文化传承项目中心”。

党工委书记 于世升
管委会主任 王以杰

【坊城街道】 位于坊子区西南部，面积65.67平方公里，辖51个行政村（社区）、20702户、人口7.5万人，耕地面积1757.9公顷。2016年，全街道完成地区生产总值49.6亿元，比上年增长10%;实现地方财政收入达到8762万元，比上年下降7.5%；实现工业销售收入38亿元，利税3.1亿元，分别增长8%和19.2%；第三产业增加值达到21.9亿元，增长11.7%。

以重点项目建设为抓手，加快构建现代产业体系。引进万达汽车工具等外资项目12个，到位资金6.5亿元。加快发展机械装备制造业，机械装备制造园内远东传动轴等15个项目建成投产。发展商贸旅游服务业，诺吉雅力医药仓储项目顺利开工建设，泰华.澳莱小镇欢乐海底世界、贝哆芬儿童城、新方德乐堡梦幻水世界3个旅游服务业项目投入运营。发展生态观光农业，白浪河沿岸生态观光农业园区和虞河上游现代农业示范园区内桃花源生态农场等6个高效农业项目建设顺利，玫瑰东园完成228亩观赏区建设。

切实惠民生促和谐，不断提高群众幸福感和满意度。实施全市最大的坊茨小镇片区棚户区改造项目，签订协议腾空房屋2060套，占被征收户总数的88.5%，腾空建筑面积13.07万平方米，支出补偿资金5.2亿元，消化存量商品房950余套。争取专项资金800万元，对范家沟等14个村实施连片治理。投资526万元，完成12条、10.4公里的连村路硬化。投资60万元完成泉河小学150米塑胶跑道铺设。投资500万元，开工建设前宁小学2300平方米教学楼。投资700万元，完成38个老旧小区的改造提升；建成5处党群服务中心、51个村（居）党群服务站，新建西华昌社区服务中心，开工建设五一社区服务中心。

党工委书记 王文成
办事处主任 乔仕杰

【坊安街道】 位于坊子区东南部，面积90.65 平方公里，辖7个社区、59个行政村、15614 户、人口5.2万人，耕地面积5466.7公顷。2016年，工业销售收入26130万元，利税1893万元，同比分别增长6.9%和13%；地方财政收入1169万元。

发展现代农业，形成潍安路两侧乡村旅游产业带和沿汶河高产高效产业带。加快工业转型升级，对沟槽管件等传统产业进行增容扩张，形成以鑫顺铸造为龙头的沟槽管件生产基地。服务保障民生，对石埠社区进行“六化”提升，建成9条连村道路。

党工委书记 刘　娜
办事处主任 王广科

【九龙街道】 位于坊子区东部，面积87平方公里，辖51个行政村、13490户、人口4.5万人，耕地面积4044.4公顷。2016年，全街道实现地方财政收入2448.1万元，其中国税收入1663万元，地税收入785.1万元；15家规模以上企业实现工业总产值68817万元、主营业务收入70580万元、利税4293万元，同比分别增长11.9%、20.4%、10.1%。

打造农村新型社区。穆村社区依托街道便民服务中心，建成集办公服务、文体娱乐、学习培训等为一体的综合性服务中心，结合九龙涧招商开发，发展旅游、商贸等现代服务业。潍水社区建设3200平方米的社区服务中心及占地20亩的健身文化广场，沿潍河规划乡村旅游、观光农业等特色产业带。

两个“千万”项目工程打造宜居环境。美丽乡村项目，争取1960万元的项目扶持资金，对潍水社区、邓村社区13个村进行道路硬化、绿化、广场文化等“六化”建设。连村路工程，在村村通全覆盖、51个村村内主大街硬化全覆盖基础上，2016年投资1200万元硬化连村路9条、20公里。

党工委书记 杨晓军

办事处主任 王宗仁

**【黄旗堡街道】** 位于坊子区东南部，面积70平方公里，辖50个行政村、1.26万户、人口5.4万人，耕地面积3866.7公顷。2016年，全街道实现地方财政收入655万元，比上年增长－14.49%；实现规模以上工业销售收入87114万元，利税1418万元；农民人均纯收入15290元。

党工委书 记 刘新喜

党工委副书记 袁 燕

（张洪茂　王志伟）

## 寒亭区

**【国民经济和社会发展概况】** 寒亭区位于山东半岛中部、渤海莱州湾南岸，东界昌邑，西接寿光，紧临坊子、奎文、潍城三区和潍坊高新技术开发区。全区共辖8个街道和杨家埠旅游开发区，总面积623平方公里，年末常住总人口41.4万人。全年实现地区生产总值214.91亿元，按可比价格计算，比上年增长8.1%，提高0.6个百分点。其中，第一产业增加值12.11亿元，同比增长4.3%；第二产业增加值107.88亿元，增长7.0%；第三产业增加值94.92亿元，增长9.9%。完成固定资产投资196.70亿元，同比增长6.1%。实现公共财政预算收入17.25亿元，同比增长10.4%；公共财政预算支出21.26亿元，同比增长12.4%。实现社会消费品零售总额86.23亿元，同比增长10.4%。完成进出口总额43.9亿元，同比增长7.8%。城镇居民人均可支配收入31865元，农村居民人均可支配收入15964元，分别增长8.3%和9.3%（以上含潍坊经济开发区）。

*经济持续健康发展，综合实力进一步增强。*2016年，工业生产稳定增长，全区95家规模以上工业企业工业增加值同比增长7%，现价工业总产值420亿元，同比增长4.9%，累计产品产销率达98.3%。工业效益稳步提高，全区95家规模以上工业企业完成主营业务收入411亿元，同比增长3.1%；实现利税21.2亿元，同比增长4.3%；实现利润12.4亿元，同比增长25.6%。固定资产投资总量平稳增长，全区完成固定资产投资196.7亿元，同比增长6.1。其中第二产业投资90亿元，同比增长6.8%，第三产业投资106亿元，同比增长4.9%。房地产投资21.4亿元，同比增长22.4%，商品房销售面积49.5万平方米，同比增长51.9%。

*产业结构继续优化，质量效益进一步提高。*三次产业结构比由2015年的6.2：52：41.8调整为6.3：50.2：43.5，服务业增加值占比提高1.7个百分点。潍坊总部基地一期、中国食品谷总部基地一期、东亚畜牧产品交易所、中国兽药饲料交易大厦等一批现代服务业项目建成投用。金融业加快发展，年末金融机构各项存款余额达215.82亿元，同比增长22.1%，其中城乡居民储蓄存款余额114.13亿元，同比增长11.4%；各项贷款余额145.48亿元，同比增长13.1%，金融机构累计上缴税金9973.5万元。高新技术产业产值占比达到26.8%，提高1.8个百分点；实施一批重大科技专项，中国食品谷成功获批第一批省级区域创新中心，浙江大学在山东省首个产业创新平台落户寒亭，永和药业建成寒亭区首家院士工作站。农业现代化稳步推进，建设1.1万亩的省级农业科技园，新增“三品一标”产品5个，绿色产品基地、无公害农产品基地发展到13.9万亩，新增土地托管面积5万亩，新增农民专业合作社51家、家庭农场19家，一家企业创建为国家级畜禽养殖标准化示范场，2个农业园区荣获省级称号。

*改革开放深入推进，活力动力进一步激发。*深化农村产权制度改革，齐鲁农村产权交易中心办理产权交易5035宗，交易额2.2亿元，在全省率先建成农村承包土地动态网络化综合管理平台。全面实施“五证合一、一照一码”商事制度改革，新登记市场主体增长11.4%。25家企业完成规范化公司制改制，30家企业在齐鲁股权交易中心挂牌。组建滨投公司和国有融资担保公司，成功发行全省首支停车场债券，实施2个PPP项目，全年融资45亿元。供销社综合改革试点通过省级验收。

*市场消费稳中有升，进出口贸易平衡。*全区实现社会消费品零售总额86.23亿元，比上年增长10.4%，实现限额以上社会消费品零售额22.7亿元，同比增长9.5%。从销售地区看，城镇消费品零售额22.2亿元，同比增长10%；乡村消费品零售额0.5亿元，同比下降9.6%。从消费形态看，批发业实现零售额0.55亿元，同比增长11.4%；零售业实现零售额21.3亿元，同比增长9.3%；餐饮业实现零售额0.87亿元，同比增长12.6%。2016年，全区完成进出口总额43.9亿元，同比增长7.8%。其中，出口28.2亿元，同比降低11%，进口15.7亿元，同比增长73.4%。全区全年合同利用外资6.2亿元，同比增长411.7%，实际到账外资3.6亿元，同比增长29.3%。

*城乡发展更趋协调，城镇化步伐加快。*调整完善街道总体规划，编制了村镇燃气管网等一批专项规划。完成济青高铁寒亭段、青银高速扩容等一批重点工程项目的拆迁倒地，拆迁面积215万平方米。实施城区部分街巷雨污分流改造、潍县北路市政设施配套等7项城建工程。改造棚户区17个，老旧小区4个，8067户群众改善居住条件。加强城乡社区建设，打造4个“四全一特”示范社区，建设10个农村社

区服务中心。推进城市精细化管理，完成寒亭集贸市场改造升级，配合市里通过国家卫生城市复审。全区美丽乡村覆盖率达39%。实施环保十大工程，推进重点企业异味污染治理，关停8条生产线、4家企业，完成运河公园、白浪河等绿化工程，2个街道污水处理厂建成使用，超额完成节能减排任务目标。

文化事业发展壮大，旅游品质不断提升。建成社区综合性文化服务中心35处、村综合性文化服务中心216处，基层综合性文化服务中心覆盖率达到72%。新建10处数字农家书屋，区文化馆、图书馆全部实现免费开放。为基层配送文艺演出130余场；开展“百场演出进基层，文化快车通万家”城乡文艺巡演，送文艺进农村103场；启动“文明之夏广场文艺演出暨社区文化节”“舞动寒亭”舞蹈大赛、唱响寒亭大赛、“幸福寒亭”少儿才艺大赛、纪念中国共产党建党95周年文艺会演等文化活动150余场次。组织“乡土艺人”成立“庄户剧团”，实现“一村一支文艺队伍、一村一种文化特色”。文艺创作百花齐放，2人被评为第二批“潍坊民间艺术大师”，2人被评为第三批“齐鲁文化之星”，11件文艺精品获省级以上文化奖项。开展省级“非遗”项目申报工作，华疃正骨成功入选山东省第四批非遗名录。2016年全区共接待国内外游客316.33万人次，同比增长8.32%，实现旅游收入31.74亿元，同比增长14.57%，禹王生态湿地创建为国家AAA级景区。沃拉菲农业科技有限公司被评为山东省农业旅游示范点和山东省精品采摘园。

社会事业全面进步，民生保障进一步强化。2016年，民生支出占一般公共预算支出的比重达80%。城乡居民人均可支配收入分别达到31865元、15964元，分别增长8.3%和9.3%。扶持创新创业，创建2处市级创业孵化基地，新增城镇就业4902人，农村劳动力转移就业3963人。扶贫开发持续加力，投入资金2000多万元，1662户贫困户脱贫，10个省定贫困村摘帽。新建改建4所中小学校和9所幼儿园。全面启动分级诊疗试点，寒亭区被山东省卫计委确定为潍坊市流动人口卫生和计划生育基本公共服务均等化唯一省级示范区，区计生协会荣获“全国计划生育协会县级先进单位”称号。改造6处公办养老机构，智能康复医养中心建成投用。建立（“533”）矛盾纠纷化解机制，建成10处基层法治服务室。

【寒亭街道】 寒亭街道是寒亭区委、区政府所在地，面积63.3平方公里，辖42个行政村和10个城市社区居委会，3.68万户、人口8.69万人，耕地面积3733.3公顷。2016年，全街道实现地方财政收入1.95亿元；实现工业销售收入63.87亿元、利税4.35亿元，分别增长20.6%和47.3%。

引进青岛苏贝尔蔬菜、潍坊华裕蔬菜、潍坊开轩花卉、昌大园林、潍坊新绿达景观园林、阳光康汇园、昇君庄园等现代农业企业15家，新增龙头企业8家，形成以大棚瓜菜、潍县萝卜、花卉苗木、奶牛养殖等为主，龙头带基地、基地连农户的产业化经营格局。

以先进制造工业园和生态工业园两个重点园区为载体，突出招商引资和项目进区，2016年引进潍柴铸造、天润曲轴、嘉实科技孵化产业园、渤海郡园、金仓合、记忆枕、圆友重工、恒锦纺织、计量检测中心、迪卡侬、奔驰4S店等重点项目，全街道形成以机械制造、纺织、造纸、建筑机械、家具等为主导产业的工业体系。

加快城市化和城乡一体化，引进海泰、朗润、中房、天安、邦盛、嘉汇等14家房地产开发与建筑企业，共建成25栋高层，188栋多层，完成建筑面积97万平方米。赵家埠、叶家庄子2个村的旧村改造完成。前仉庄等9个村的旧村改造完成一、二期工程，完成总投资13.5亿元，交付安置房建筑面积47.70万平方米，有1870户村民喜迁新居。社会事业注重多元融资，2016年累计投入资金7000多万元。

党工委书记 李忠强（12月止）
叶增明（12月起）
办事处主任 叶增明（12月止）
任华军（12月起）

【开元街道】开元街道位于寒亭区城区西部，面积46平方公里，辖29个农村居委会、3个城市社区居委会，15186户，人口4.8万人，耕地面积1648.76公顷。2016年，实现公共财政预算收入7188万元，街道规模以上企业实现工业总产值18.76亿元、利税6189万元，完成固定资产投资61.7亿元，同比增长7.2%。

食品谷总部基地一期完工交付使用，东亚畜牧交易所正式上线运行启动。2016年，潍坊总部基地已有50余家总部企业签约入驻，100余家总部企业达成入驻意向。中国兽药饲料交易大厦已有40余家企业入驻。中百大厨房项目实现满负荷运营。高新技术产业园阳光保险大厦进行装修扫尾；天元盈康医疗器械有限公司新产品进入临床试验阶段，属国内首创；潍坊制药厂“拉米夫定片”被国家疾控中心定点采购。发展都市农业，坚持走“品牌化、园区化、市场化、休闲化”的发展道路，带动发展优质果蔬种植基地1.2万亩。

统筹发展，城乡面貌展新颜。投资300余万元用于对辖区内老旧危楼进行提升改造。投资800万元对安固一村等7个村进行乡村连片治理。依靠上级专项资金1800余元，将黄埠等10个村纳入连片治理范围，北部片区村庄达到“五化”标准。完成“济青高铁”项目涉及街道辖区总长6.6公里、337户、442亩农田、122户民房的拆迁倒地任务。

保障民生，幸福指数大提升。投资300余万元用于4所小学购置教学设备，并对校舍和操场进行新建和改造。投资9000万元新建恒信双语学校。投资3000万元的文昌中学校区，高中部一年级2016年夏季开始招生。规划建设4个农村社区党群服务中心和29个党群服务站。投资200万元建成辛庄社区。

2016年，全街道信访事项处结效率提高30%。

党工委书记 孙令波（12月止）
施其聪（12月起）
办事处主任 施其聪（12月止）
钱巍巍（12月起）

**【固堤街道】** 固堤街道位于寒亭区北部，面积164平方公里，辖74个行政村、17162户、人口5.4万人，耕地面积6749.67公顷。2016年，全街道完成地方财政收入2133万元；工业实现销售收入53.26亿元、利税3.32亿元，分别增长16.7%和64.5%；农民人均可支配收入17800元。

现代农业蓬勃发展。引进和培育农业龙头企业，提高农业产业化水平，一期投资5500万元的潍坊青藤生态农业科技有限公司，2016年年底建成高标准温室大棚100余个，开启休闲农业发展的新模式。

工业经济突破格局。树立“工业强街”战略，规划建设高端食品产业园、寒亭高端装备制造产业园、潍坊生物基新材料产业园三大重点园区。其中，高端食品产业园，通过PPP模式建设运营，确定潍坊世纪阳光置业为社会投资方，并与甘肃豆制品深加工、中美农业与食品创新中心等4个项目达成投资协议，将园区打造成为连接第一产业、第三产业、配套食品谷的高端生产加工中心；寒亭高端装备制造产业园，引进潍坊荣致车轮科技有限公司、高档湿巾、潍星联合橡塑扩建、亿燃天然气配套设备和速博世达农业装备5个项目；潍坊生物基新材料产业园，一期占地74公顷，共完成拆迁倒地，街道为其完成基础配套设施建设。

城镇建设蒸蒸日上。引进固堤商业综合体项目，投资25亿元，规划占地450亩。项目分福地世家、总部基地、商贸中心、文化广场四个部分，其中，福地世家完成21幢商住楼建设；总部基地开槽动工；商贸中心、文化广场正在进行规划设计。2016年，对街区供排水管网进行综合改造，新建污水处理厂一座。

党工委书记 程国栋（12月止）
魏鹏程（12月起）
办事处主任 杨营茂

**【高里街道】** 高里街道位于寒亭区西部，面积145.1平方公里，辖83个行政村、18742户、人口6.26万人，耕地面积8600公顷。2016年，全街道完成地区生产总值13.55亿元，比上年增长22.46%；实现地方财政收入1041万元，比上年增长-16.9%；实现工业销售收入13.49亿元、利税1.63亿元，分别增长20.9%和22.6%。

高里是传统农业大镇，素有“潍北粮仓”之称，以湿地弱碱小米为代表的“高里八宝”农产品品牌远近闻名，其中，“一空桥山药”成为国家地理标志产品，现代化蔬菜大棚种植效益逐步显现。2016年，街道引进落户广德机械、奥龙锌业、丰平机械、LNG亿燃天然气、三建滨海新型建材等重点项目。借高里社区供销商贸城、巴斯弗沿街商贸楼、双蛟机械沿街商贸楼、南孙社区商业街为平台，繁荣三产经济，年内落户2家大型超市，1家家电商场和1家规模酒店。

实施太阳能光伏发电、农村道路建设、改善农村居住环境等系列精准扶贫工程；高里中心幼儿园配套设施、中心小学教学楼及配套附属设施工程正在建设中；投资420万元建成大柳疃小学教学楼工程；投资120万元完成一空桥小学改造提升工程；投资130万元完成南孙卫生院改造升级工程。

推进镇区通天然气和美丽乡村建设。占地10亩的天然气加气站已完成倒地，正在铺设输气管道。总投资930万元的“美丽乡村连片治理”项目，重点对一空桥村、高里一村等周边7个村，实施道路硬化、村容村貌整治、供排水管网改造、农村文化设施建设。占地6600平方米的禹王湿地公交枢纽站，年内完成选址和土地规划。2016年，街道被评为山东省“一村一品”示范镇街。

党工委书记 庞胜明（5月止）
辛　冲（5月起）
办事处主任 辛　冲（5月止）
董盛龙（5月起，12月止）
季丽霞（12月起）

**【朱里街道】** 朱里街道位于寒亭区东南部，面积112平方公里，辖88个行政村、2.11万户、人口6.48万人，耕地面积6866公顷。2016年，全街道完成地区生产总值42.5亿元，比上年增长6.3%；实现地方财政收入2425万元，比上年增长7.1%;实现工业销售收入92.8亿元、利税3.9亿元，分别增长11.2%和8.1%；第三产业增加值达到15.8亿万元，增长12.1%；农民人均可支配收入12129元，增长6.2%。

辖域内交通便利，309国道、206国道分别横贯辖区南北，潍莱高速公路自驻地北侧经过，上港路、杨瓦路等区级公路四通八达。水利条件充足，潍河、峡山灌渠、瀑沙河等河流纵横交错。生态旅游资源丰富，柳毅山景区、俊清等生态农业观光园已初具规模。历史古韵深厚，鸳鸯庙、前埠下遗址、清代武状元祠、一门五进士祠、狮子行遗址、汉徐干墓等古迹荟萃，留存完好。

现代农业不断壮大。共投资1800余万元，规划建设俊清都市农业示范园、达纳苏斯露营庄园、沃拉菲庄园等生态休闲都市农业发展区，山东沃拉菲草莓采摘基地入选“齐鲁美丽田园”示范园区。品牌农业发展迅速，绿色食品认证农产品22个，山东省名牌8个，中国名牌5个、国家地理标志产品1个。依托中国食品谷、齐鲁农村产权交易中心两个平台，建立订单农业、股份合作联动机制，形成集畜禽蔬果生产、加工、销售于一体的经营链条，至2016年年底，共引进农业龙头企业22家，建立经济合作社83家。推进重点项目建设。总投资4亿元的两个大项目进展顺利：柳毅山生态文化旅游景区天齐庙、柳毅祠项目建设顺利，景区设施配套水平整体提升。六和饲料添加剂项目完成设备调试，具备生产条件；华铃天然气抽油机项目东（西）车间、华源低排放内燃机项目车间都已完成土建工程，正在进行设备采购。城镇建设上档升级。投资400万元对西镇、河滩、财源、北杨等16个村内道路进行改造、维修，治理路域28.5公里，养护农村公路150公里，新修村内道路1.5万平方米；投入450万元，为88个村聘用175名保洁员，村内卫生实现常态化、不间断清理。全年累计拆除乱搭乱建55处，制止偷采盗挖膨润土、河沙等行为18余起。夯实基层基础建设。2016年，全街道新建（修）村委办公室20处，建立5个新型农村社区，138名干部下派到村（社区）协助搞好各项管理和指导党建工作，开展农村财务大检查、大审计活动，全年公开公示村级账目2600余笔。

党工委书记 党好玲（12月止）
王安刚（12月起）
办事处主任 王安刚（12月止）
董盛龙（12月起）

【杨家埠旅游开发区】 杨家埠旅游开发区位于寒亭城区东南部，面积5.9平方公里，辖6个行政村、2426户、人口7028人，耕地291.27公顷。

2016年，共落户中房·幸福名都、浞河六号、杨家埠文化影视基地、中港城等重点项目10余个。“中房·幸福名都”建设，一期工程投资9.5亿元，占地173.5亩，建筑面积37.8万平方米，已交付8.7万平方米。齐家埠浞河六号棚户区改造第一批任务开始实施，新开工的14号楼封顶。杨家埠文化影视基地项目，总投资10亿元，完成拆迁倒地，正在进行前期的规划设计和土地手续办理。杨家埠民间艺术大观园，以假日旅游为突破口，通过举办假日短期“市内游”、减免门票等形式，吸引游客。2016年春节民俗文化灯会（正月初一到十八）期间，共接待游客累计5万人次；抓好精准扶贫，2016年年底辖区内建档立卡的69户贫困户全部脱贫。

党工委书记 刘希春
管委会主任 周宝勇
（刘 玮 孙朋波）

## 青州市

【国民经济和社会发展概况】 青州市总面积1569平方公里，辖4个街道、8个镇、1个经济开发区，共1060个行政村（居），全市总人口94.04万人。2016年，实现地区生产总值615.7亿元、一般公共预算收入46亿元、固定资产投资576.2亿元，分别比2011年增加213.4亿元、24.2亿元和304.1亿元，年均增长8.9%、13.9%和16.2%。实现社会消费品零售总额248亿元，比2011年增加108.6亿元，年均增长13.6%；城镇居民人均可支配收入达到32480元，农村居民人均可支配收入达到16320元，人均储蓄余额达到52599元，分别比2011年增加9972元、5836元和24804元。在全国百强县的位次上升到第63位，比2011年提高10个位次。

经济结构不断优化，转型发展快速推进。三次产业比重由2011年的9.0：55.3：35.7优化为8.6：45.8：45.6。工业支撑作用增强，市级四大工业园区承载功能日趋完善，镇街工业园各具特色。完成工业投资1170亿元，开工投资过5000万元工业项目288个，江淮汽车、盛世泰来等一批重点项目投产达效，主导产业集群带动作用日趋凸显，生物产业园、千人计划（青州）产业园等园区加快建设。农业现代化步伐加快，建成国家级蔬菜水果标准园7处，“三品一标”认证总数达到199个，获得国家植物新品种权保护品种9个，各类农业合作经济组织发展到2248家，获批国家农业科技园区。花卉生产面积达到12.9万亩，自主知识产权花卉新品种达到8个，新花卉苗木交易中心投入使用，被评为中国花卉苗木产业示范基地。服务业繁荣发展，增加值占比提高9.9个百分点。古城游、乡村游持续火爆，获批“美丽中国”十佳旅游县、国家全域旅游示范区。鲁新欧•青州号国际班列常态化运行，国家AAAAA级物流企业达到2家。金融机构发展到95家，35家企业在多层次资本市场挂牌。

城乡统筹更加协调，城镇面貌明显改观。东城片区泰华城商业综合体、政务服务中心等投入使用，玉竹棚改项目按期完成。古城保护修复建设成效显著，荣获国家历史文化名城称号，成功创建国家节水型城市。新建、提升街头绿地46处，城区绿地率达到43.2%。实施全域精细化管理，提升改造老旧小区156个，新建改造便民市场31处，高标准通过国家卫生城市复审。新增城市道路93公里，铺设雨污水管网213公里。300辆纯电动公交车投入运营，新增自行车绿道360公里，公共自行车服务成为国家级服务业标准化示范。维修改造国省道174公里，建设改造镇村道路1900多公里，村级公路网化示范县通过验收。完成农村住房建设2.4万户、危房改造1900户和无害化卫生厕所改造1.6万余户，城乡环卫一体化实现全覆盖。小城镇建成区达到41.6平方公里，3个镇获评国家级重点（特色）镇。

改革创新深入推进，发展活力不断增强。实施供给侧结构性改革，承担全国土地经营权入股发展农业产业化经营试点、省新型农村合作金融试点等项目。全面实施营改增改革，落实减税降费政策，切实降低企业运行成本。农村集体资产改制稳妥推进，土地确权登记颁证基本完成，流转土地面积39.9万亩。引进国家“千人计划”专家19人，建成院士、博士后工作站9处、各类产业联盟9家，高新技术企业达到57家，潍坊市级以上创新研发平台达到107家，被评为全国科技进步先进市。新登记各类市场主体44596家。建成外贸综合服务和跨境电商平台，被评为全省电子商务示范县。累计到账外资2.7亿美元，实现进出口总额32.1亿美元。

**环境治理持续加力，生态建设成效显著。**新增国土绿化26万亩、植树4500万株。探索实行“河长制”管理，构建河道流域网格化管治体系，建成“五小”水利工程333处，实施弥河、南阳河和北阳河三河治理工程，弥河文化旅游度假区被评为国家级湿地公园和国家级水利风景区，南阳河改造提升荣获全国人居经典“规划•环境”双金奖。

**社会事业全面进步，人民生活持续改善。**坚持民生优先，公共财政用于改善民生支出累计达174.9亿元，年均增长14.5%，54项民生实事全部完成。教育改革扎实推进，新建改造学校和幼儿园341处，被评为全国义务教育发展基本均衡县。坚持以创业带动就业，登记失业率控制在3.1%以内。推进县级公立医院综合改革试点，中心医院新院门诊楼完成主体，改造提升村卫生所300处，城乡卫计服务网络日趋完善，被评为全国计划生育优质服务先进市。新图书馆、文化馆、云门剧院等相继启用，文化惠民活动成效明显，开通全民阅读直通车，“翰墨青州”中国书画年会影响力扩大，举办首届中国（青州）国际文化艺术品博览会，被评为全国社会文化先进市、中国民间文化艺术之乡、中国农民画之乡。完成脱贫攻坚任务，2550户、5139名贫困群众和25个省定贫困村脱贫摘帽。连续6次被评为全国民族团结进步模范集体。

**【青州市获评第二届“中国长寿之乡”】** 2016年1月30日,中国老年学和老年医学学会授予青州市“中国长寿之乡”称号。青州市狠抓生态环境建设,全市森林覆盖率达37.3%，城镇人均公共绿地面积25.72平方米，大气质量达到《环境空气质量标准》二级标准，饮用水质量达到《生活饮用水卫生标准》，各项指标均达到或超过长寿之乡认证标准。截至2015年年底,该市60周岁及以上老年人有17.9万人,占总人口的19.6%，百岁及以上老人98人，超过“中国长寿之乡”规定的“存活百岁老人占户籍人口比例十万分之七”的标准。

**【青州市获评“中国农民画之乡”】** 2016年3月16日，中国民间文艺家协会授予青州市“中国农民画之乡”荣誉称号。青州市成立青州农民画协会，在各镇街及市直相关协会设立分会；投资3000多万元建设青州农民画画院、农民画博物馆，举办14场农民画作品展，为全市农民画作品搭建创作、展示、交易平台；成立农民画专业合作社10家，开设微商、网店，开发农民画衍生品，与本地旅游、文化相结合，组织走出国门开办农民画展，销售农民画3万余张。

**【青州市列入省级海绵城市建设试点】** 2016年3月28日，山东省财政厅、住建厅发布《关于下达2016年省级城镇化建设资金（第二批）预算指标的通知》，确定潍坊、泰安、临沂、聊城、滨州5个设区市，青州、曲阜、莒县3个县（市）共8个地市作为省级海绵城市建设试点。省财政列支2个亿用于支持启动海绵城市省级试点建设，其中青州市获补助资金1676万元，是潍坊市各县市区唯一入选试点。青州市将对列入18.8平方公里示范区内的市政道路、广场、公园、绿地、住宅小区、排水管网和生态修复工程，按照“渗、滞、蓄、净、用、排”的六字海绵城市建设理念实施，最大限度保护生态、涵养水源，加快预算执行和项目实施进度，确保到2020年全部完成试点建设计划项目。

**【青州市旅游局荣获“2015年度最具推广力旅游服务机构”称号】** 2016年4月22日，2015中国旅游总评榜颁奖典礼在云南丽江隆重举行，青州市旅游局荣获“2015年度最具推广力旅游服务机构”荣誉称号，是山东省内唯一获此奖励的单位。中国旅游总评榜被称为中国旅游界的“奥斯卡”，主办方中国城市第一媒体旅游联盟由《楚天都市报》《齐鲁晚报》《成都商报》等在内的全国20多家主流媒体组成。

**【2016中国(青州)国际文化艺术品博览会在青州市举办】** 2016年4月28日至5月2日，2016中国(青州)国际文化艺术品博览会在青州市中国中晨(青州)国际文化艺术小镇举办。该次展会由中国民间文艺家协会、中国收藏家协会、山东省美协主办，中国民间文艺家协会展览委员会和中晨集团承办，是青州市中国中晨(青州)书画艺术城每年举办的两大国际性艺术活动之一。该展会以“传承与创新 艺术与生活”为主题，主要内容包括国际艺术品展、中国中晨(青州)国际文化艺术小镇规划成果展示、中国农民画精品展、中国文房四宝交易会、当代中国民间工艺精品展、中国画廊藏品博览会共6项活动以及“全国主流媒体青州艺术行”大型新闻采风、百家旅行社艺博会青州行、青州市民间文化艺术节、艺术与金融融合发展高峰论坛等。

**【潍坊市首个海关铁路监管场站获批】** 2016年6月30日，济南海关下发《中华人民共和国济南海关批准设立监管场所决定书》，批准青州市设立海关铁路监管场站，这是潍坊市首个海关铁路监管场站。青州海关铁路监管场站由山东港天物流有限公司投资3860万元建设，规划用地2.4公顷，总建筑面积6310平方米，主要购置海关监管区围网、卡口、查验平台、电子设备等设施，安装检验检疫相关设备，构建海关、商检“联合查验、一站式作业”的通关平台，方便潍坊、淄博、东营等地外贸企业报关、通关。

**【京东青州达成战略合作】** 2016年7月20日，“京东青州花卉电商战略签约会”在青州市举办，“京东 · 青州花卉电商示范区”正式挂牌，双方签署战略合作协议。根据协议，京东和青州市将就花卉自营加产业带模式、产品销售、品牌推广和服务保障等多方面展开合作，帮助相关涉农企业和电商平台优化业务结构，提高经营水平。京东将在推动电子商务人才培养、扶持传统企业应用电子商务建立线上渠道等方面提供助力，与青州市共建“互联网+苗木”示范基地，从产品源头处杜绝死苗、病苗等问题，从选苗、培育、销售等环节建立起全程可追溯的产品质量监控体系。

**【青州市弥河国家湿地公园通过验收】** 2016年8月16日，国家林业局下发《关于2016年试点国家湿地公园验收结果的通知》，公布全国通过验收的66处国家湿地公园名单，青州市弥河国家湿地公园名列其中。弥河国家湿地公园于2013年12月被列入国家湿地公园建设试点，共投入各类建设资金达6亿多元，规划建设生态保育区、恢复重建区、科研宣教区、合理利用区和管理服务区五大功能分区，分步实施基础设施建设、水系整理、景观绿化、辅助设施建设等湿地保护与恢复工程。

**【青州市成为“国家重点花卉良种繁育生产示范基地”】** 2016年9月20日，青州市被中国花卉协会确定为“国家重点花卉良种繁育生产示范基地（试点单位）”。试点时间为2016年9月至2017年8月，其间，青州市将制定完善的花卉产业发展规划，开展花卉种质资源品种创新、技术研发，加快良种繁育示范基地建设，推进花卉良种繁育生产，为国家主要花卉品种、珍稀濒危花卉种质资源的收集保存等提供样本经验。青州市共成立花卉科研机构和组织13家，研发出“云门香”“海岱韵”等8个具有自主知识产权的花卉新品种，年花卉种苗生产能力突破2000万株。

**【青州市举办第16届中国（青州）花卉博览交易会及翰墨青州·2016中国书画年会】** 2016年9月28日，第16届中国（青州）花卉博览交易会及翰墨青州·2016中国书画年会开幕。本届花博会以“东方花都，文化青州”为主题，荷兰、韩国等10余个国家、18家国际知名企业参展，国内40家重点花卉企业以及1000多家国内花商、花企参展，共有41个特装展位和490多个标准展位。主题展示区2万平方米，展示各类花卉新品种400多个；同时，设有精品多肉、花卉资材等5个专题展示区，展示植物花雕、花艺造景等新品种、新技术。书画年会展区设在中国中晨（青州）国际文化艺术小镇，展出总面积16万平方米，展出艺术品4万余件，涵盖书画、紫砂等多种艺术形式，将举行全国百家画廊联展、中国美协太和基地邀请展等十余项展览。

**【全省唯一一家旅游电商培训中心落户青州市】** 2016年12月22日，山东省旅发委下发批复依托八喜旅游网设立山东省旅游电商培训中心,负责全省旅游电商培训工作,这是目前全省唯一一家旅游电商培训中心。八喜旅游网由山东任性网络科技有限公司于2015年8月正式上线运营,累计投资达7000万元。2016年1月,被山东省旅游局批准为“山东省乡村旅游电商暨综合服务平台”,也是目前省内唯一乡村旅游电商平台。该网站参与“智慧城市”建设,发展智慧旅游,组织开展的“10万人游青州”等受到关注。

**【青州市获评首批新一轮“全国计划生育优质服务先进单位”】** 2016年12月24日，青州市被国家卫生委列入首批新一轮“全国计划生育优质服务先进单位”，山东省共有28个县（区、市）入围。创新实施“互联网+计生服务”战略，规范服务管理行为，推进精准服务。2016年，全市共出生12661人，出生率为13.46‰，自然增长率为8.86‰，合法生育率为99.4%，性别比为105.5。

**【青州市蝉联“全国百强县” 列第63位】** 2016年12月30日，全国县域经济专门研究机构、社会智库中郡所发布《2016县域经济与县域发展报告》，公布第十六届全国县域经济与县域基本竞争力百强县。潍坊市的青州榜上有名，列第63位。

**【王府街道】** 位于青州市城区中西部，总面积143.5平方公里，辖18个社区、84个行政村、人口11.8万人，耕地面积12713.3公顷。2016年，全街道实现财政收入1.7亿元，完成工业销售收入296.3亿元，实现利税15亿元，分别增长13.5%和15.2%。推动农业与第三产业融合发展，棒棒农业2大类别、5种产品通过国家有机产品认证，并在鲁交所成功挂牌。推进王府溪谷漂流、杏花村王府庄园、王府荷花窑洞度假区等重点项目建设，“5A王府•中国养生享老福地”品牌深入人心。城市建管水平持续提升。结合社区综合提升，55个老旧小区改造扎实推进。街道财政每年投入300多万元，对454条城区背街巷和73个无人管理小区实施托管。打造为民服务中心、残疾人康复中心、长庚休闲养生文化园等一系列公共服务和休闲养生项目。

党工委书记 吕耐彬

办事处主任 潘瑞涛

**【益都街道】** 位于青州市西北部，面积56.1平方公里，辖39个行政村、17个社区、人口8.4万人，24053户，耕地2680公顷。2016年，全街道完成地区生产总值84亿元，同比增长8%；地方财政收入1.02亿元。实现规模以上工业企业销售收入90.7亿元，利税5813万元，分别增长6%和5%。2016年完成续建项目5个，新开工项目6个，龙马定转子、风电产业园、恒一电子、鸿瑞侨等项目稳步推进。钢铁物流园等大型物流市场投入运营。环卫一体化实现全覆盖；“饮水安全工程”完成供水管网及电网改造；建设硬化农村道路60多公里，改造提升城市道路107条；开工建设16个老旧小区改造工程。加速推进便民市场建设，孟七、石家农贸市场建设完工，西店高标准农贸市场开工建设。棚户区改造步伐加快，完成卞万片区120户棚户区改造工程。投资300多万元，高标准提升2处农村社区，打造5处城市社区服务中心，投资20余万元为各村统一配备制度刊板和宣传栏，新建4处村级活动场所。

党工委书记 褚兴春

办事处主任 赵长顺

**【云门山街道】** 位于青州市西南部，面积67.8平方公里，辖63个行政村，3.1万户，10.8万人口，耕地面积1378.7公顷。2016年，全镇街道完成地区生产总值101.85亿元，比上年增长14%；实现地方财政收入10929万元，比上年增长4.8%；实现工业销售产值72.4亿元、利税5.2亿元，分别增长5.9%和14%；第三产业增加值达到5亿元，增长23%；农民人均可支配收入3779元，增长8.9%。辖区交通便利，有五纵五横10条主要干道；旅游资源丰富，有云门山、驼山、广福寺、元代真教寺、昭德古街等名胜古迹，其中云驼风景区为国家AAAA级景区，昭德古街入选首批中国历史文化名街；工业基础良好，2016年有冠王机械、欧科车桥、华越重汽和嬴创机械4个项目落户卡特彼勒工业区，形成以卡特彼勒工业区为载体的高端工程机械制造产业聚集区。教育资源丰富，以山东师范大学历山学院、潍坊工程职业学院、潍坊护理职业学院和花卉学院为基础，打造科教创新园区。现代商贸服务业发展迅速，形成世纪泰华城、大润发、中百佳乐家、泰丰购物广场为代表的现代商贸综合体；以海天干鲜货、瓜市副食品、传信楼服务鞋帽为代表的专业市场物流群。

党工委书记 徐剑发

办事处主任 丁志航

**【黄楼街道】** 位于青州市东部，面积90平方公里，辖96个行政村，2.2万户，人口8.7万人，耕地面积5866.7公顷。2016年，全街道完成地区生产总值48.2亿元，比上年增长8.1%；实现地方财政收入7134万元，比上年增长12.1%；实现工业销售收入93.3亿元，利税6.7亿元，分别增长10%和15.5%；第三产业增加值达22.8亿元，增长10.7%；农民人均纯收入13682元。黄楼街道被誉为“中国花木之乡”“仙客来之乡”“江北花卉第一镇”。先后被评为国家级生态乡镇、国家级农业科技园区、国家花卉高科技综合标准化示范区、国家农村产业融合发展试点示范乡、省十佳花卉乡镇、省花卉苗木百强镇等。是第七届中国花卉博览会举办地，被山东省林业厅确定为山东省花卉交易会永久会址。投资30亿元筹建的中国（青州）书画艺术城被列为山东省和潍坊市重点文化产业项目；投资20亿元、占地1680亩建设的中国（青州）花卉苗木交易中心是江北最大的现代化花卉苗木交易市场。全街道花卉种植面积达5. 8万亩，花卉专业村54个，从业人员5.8万多人，种植业户1.1万多户，年产盆花2.6亿盆，花卉品种300多个系列，1000多个品种，花卉专业运输车1780多辆，花卉年产值50亿元，年交易额70亿元，是全国最大的草花和盆栽花生产基地。

党工委书记 赵凤鸣

办事处主任 丁艳杰

**【弥河镇】** 位于青州市南部，面积110平方公里，辖77个行政村、14710户、人口5.5万人，耕地面积3200公顷。2016年，全镇完成地区生产总值141.05亿元，比上年增长7.1%；地方财政收入4628万元，比上年降低14.8%；2016年工业实现销售收入98.5亿元，利税14.7亿元，分别增长7.1%和6.2%；第三产业增加值达1.92亿元；农民人均收入16521元。先后被评为全国重点镇、山东省“百镇建设示范行动”示范镇、省级文明镇、省级旅游度假区、山东省最美旅游风情小镇，并成功入选全国综合实力千强镇。

党委书记 郇金刚

镇　　长 侯佃一

**【王坟镇】** 位于青州市西南部，面积229.6平方公里，辖100个行政村、1.4万户，人口5.1万人，耕地面积3000公顷。2016年，全镇完成地区生产总值12.7亿元，比上年增长9.1%；实现地方财政收入1547万元，同比增长3.8%；工业实现销售收入74.1亿元，利税5.34亿元，分别增长14%和13.7%；第三产业增加值达5.36亿元，增长8.1%；农民人均纯收入14322元，增长9.2%。

特色化发展乡村旅游，开发侯王农家乐、上白洋柿子沟、许家庄大黑山乡村旅游、胡林古红色旅游等多条精品线路，年接待游客95万人次。建成百纳城葡萄庄园、格润莱福牡丹园等现代农业基地，实现第一产业、第二产业、第三产业融合发展。王坟镇获得“国家级生态乡镇”“中国美丽乡村建设示范镇”“全国一村一品示范镇”“全国首批生态建设示范区”“中国优秀乡村旅游目的地”“中国蜜蜂之乡”等多项荣誉称号。

党委书记 陈湘颖

镇　　长 孙洪亮

**【庙子镇】** 位于青州市西南部，面积195.3平方公里，辖68个行政村、12792户、人口4.023万人，耕地面积2175公顷，先后被评为国家级重点小城镇、全国特色景观旅游名镇、山东省文明镇、山东省旅游强镇、山东省特色景观旅游名镇和山东省宜居小镇。2016年，全镇完成地区生产总值20.8亿元，比上年增长8.2%；实现地方财政收入4448万元，比上年增长7.3%；实现工业销售收入833422万元，利税32807万元，分别增长8%和19%；第三产业增加值达10411万元，增长14%；农民人均纯收入13886元，增长7.4%。2016年，庙子镇现代工业方面，升级庙子工业园区，整理项目建设用地150亩。引进天川釉料、经纬生物等新企业，落户企业达21家。启动宇信钙业、顺鑫达分子筛等二期扩建工程，“2016年度中国建筑防水协会年会”在宇信钙业公司举办。有机农业方面，推进以杜仲、红豆杉等绿色经济林木产业发展壮大。建成姚家台杜仲研发基地、南李榛子园、孙家岭小杂粮种植等现代农业基地。展开东山小流域治理项目，建设现代农业综合发展区。乡村旅游方面，依托泰和山、黄花溪主景区，沿博临路、张横路发展全域旅游，打造古村游、观光游、果蔬采摘等多种乡村旅游产品。黄鹿井村入选第三批省级传统村落。社会事业方面，完成泰和矿业向南部引水一期工程，完成各村打井配套和自来水管网改造工程。完成所有村庄进出村路的改造提升，展开西茂峪、崖坡等村的旧村改造工程，西茂峪村被确定为省级“美丽乡村”试点。

党委书记 孙培伟

镇　　长 郑丰满

**【邵庄镇】** 东接青州市区，西与淄博市临淄区毗邻，面积164.8平方公里，辖92个行政村、2.03万户、人口6.9万人，耕地面积5266.6公顷。胶济铁路、309国道、济青公路穿境而过，区位交通优势明显。2016年，实现公共财政预算收入10018万元；规模以上工业企业实现主营业务收入127.1亿元，利税12.6亿元，利润9亿元，分别增长11.8%、13.8%和11.2%。先后被评为国家级生态乡镇、省级示范镇、全国重点镇、全国综合实力千强镇和省级文明村镇。境内的猛山经济发展区是青州市三大工业经济平台之一，于2006年11月动工建设，规划面积54.64平方公里，以汽车生产及配套、装备制造、新能源、高新技术为主导产业，打造新型、生态、现代化工业园区。形成猛山、杏木山、佳山、稷山、江淮、月山和普通高新产业园“六园一区”工业园区布局，落户工业企业110个，其中投产达效88家。林果种植、畜牧养殖等现代农业发展迅速，永春山庄万亩有机核桃园、尧王山优质蜜桃、上庄绿化苗木、东西峪香椿、薛庄“金斗山”有机农业等特色农业基地规模效益不断提升。

党委书记 吴金国

镇　　长 王国良

**【高柳镇】** 位于青州市北部，面积96.6平方公里，辖71个行政村、17068户、人口5.9万人，耕地面积6320公顷。2016年，全镇完成地区生产总值49.7亿元，比上年增长8.8%；地方财政收入2091万元，比上年增长20.5%；工业实现销售收入28.88亿元，利税3.23亿元，分别增长10.5%和10.2%；第三产业增加值达19.4亿元；农民人均纯收入15950元。高柳镇地处三市四县交界，交通条件便利，区位优势明显。现代农业发展迅速，形成有机蔬菜、畜牧养殖、粮食生产为主的高产高效农业格局；工业发展初具规模，依托阳河工业园，搭建招商引资新平台，形成机械制造、钢结构加工、塑料农膜、精细化工等产业体系。

党委书记 常方刚

镇　　长 王希昌

**【何官镇】** 位于青州市东北部，地处青州、寿光、广饶三个县交界，东北与寿光相邻，西北与东营接壤，总面积115平方公里，辖74个行政村、19848户、人口7.1万人，耕地面积7866.7公顷。2016年，全镇完成地区生产总值52.9亿元，同比增长10.4%；地方财政收入1862万元，同比增长10.4%；工业实现销售收入266565万元，利税26054万元，分别增长10.6%和8.2%；第三产业增加值达2838万元；居民人均纯收入16132元。2016年，全镇工业经济发展迅速，推动口埠工业园、南张机械工业园、何官工业园扩容提升。何官镇农业结构优化升级，发展无公害胡萝卜面积1466.7公顷；肉奶牛、肉鸭、生猪养殖实现规模化、标准化，“蛋鸡之乡”叫响省内外。与中信信托签订山东省“土地流转信托”第一单，注册有“京青”牌、“地力生”牌等20多个国家级绿色食品商标和“京青”牌辣椒等十余个国家级有机食品商标。

党委书记 李世斌

镇　　长 朱英坤

**【东夏镇】** 位于青州市东北部，面积91.2平方公里，辖72个行政村、135407户、人口4.9万人，耕地面积4827公顷。2016年，全镇完成地区生产总值128.64亿元，比上年增长8.6%；实现地方财政收入2859万元；实现工业销售收入837576万元，利税59231万元，分别增长12.8%和13.5%；第三产业增加值达86212万元，增长8.6%；农民人均可支配收入14320元，增长6.6%。2016年，全镇打造现代物流特色小镇，抓好重点项目建设，完善港天物流功能，国际陆港建设取得新突破，前海新能源、鲁东瓜子产业园项目顺利推进。提升工业园建设水平，形成机械配件聚集区，实施西扩南进规划，加快现有企业转型升级。农业园区建设成效显著，打造春满洲、付欣等一批农业示范园区，有机绿色品牌发展到22个。民本民生持续改善，打好脱贫攻坚战，593户建档立卡贫困户全部实现脱贫。先后被评为“山东省反邪教示范乡镇”“山东省农机安全示范乡镇”“潍坊市文明镇”“潍坊市文明单位”“潍坊市敬老模范单位”“潍坊市群众工作先进单位”等。

党委书记 陈　伟

镇　　长 张福森

**【谭坊镇】** 位于青州市东部，面积162平方公里，辖114个行政村、人口9.9万人、耕地面积1万公顷。2016年，全镇完成主营业务收入784077万元，比上年增长5.7%；实现地方财政收入3156.1万元，比上年增长9.2%；实现工业销售收入788059万元，利润57866万元，利税71152万元，分别增长5.9%、8.6%和9.3%。谭坊镇是传统农业乡镇，现有优质瓜菜生产面积13.5万亩，高档花卉、苗木、果品面积1.5万亩，素有“瓜菜之乡、状元故里”的美誉，是全国一村一品示范乡镇、国家级生态乡镇、全国科普惠农兴村先进单位。工业经济发展迅速，形成东山工业园、八里工业园两大工业隆起带，聚集生物技术、机械制造、高新技术等产业集群。小城镇建设日新月异，“高木小镇”、诺诚雅苑等项目顺利推进，形成以七大社区服务中心为框架的镇域发展新格局。

党委书记 高乐江

镇　　长 崔乐伟

【经济开发区】 位于青州市区北部，面积70.2平方公里，辖69个行政村、1.6万户，常住人口5.9万人，耕地面积5066.7公顷。2016年，开发区规模企业完成工业总产值480.5亿元，实现主营业务收入478.6亿元，利税26.3亿元，利润17.4亿元，同比分别增长13.8%、14.2%、17.7%和19.7%，实现公共财政预算收入1.99亿元。2016年以来，青州经济开发区规划建设潍坊高新区（青州）高新技术信息产业园、海洋装备产业园、盛世泰来民营工业园、“千人计划”产业园、生物材料产业园等专业特色园区，共落户企业741家，其中工业企业499家，规模企业146家，高新技术企业53家，形成机械加工、石油化工、装备制造、商贸物流等产业集群，生物科技、节能环保、工业机器人、智能航空、新能源新材料等战略新兴产业异军突起，实现经济社会在更高层次转型科学全面发展，荣获潍坊市2016年度省级经济开发区综合考核一等奖。

党工委书记、

管委会主任 王万信（兼）

管委会主任 刘文革

（刘洪昌　李琛琛）

# 诸城市

【国民经济和社会发展概况】 诸城市总面积2151.4平方公里，辖10个镇、3个街道、1个省级经济开发区；全市共有235个社区，其中农村社区208个；年末户籍总人口111.0万人。

2016年，全年实现生产总值794.5亿元，比上年增长8.1%。其中，第一产业增加值64.2亿元，第二产业增加值403.7亿元，第三产业增加值326.6亿元。固定资产投资635.5亿元，公共财政预算收入73.2亿元，公共财政预算支出76.2亿元，社会消费品零售总额257.1亿元，进出口总额95.6亿元。城镇居民人均可支配收入34222元，农村居民人均纯收入17210元。年内，被表彰为国土资源节约集约模范市，入选第三批国家新型城镇化综合试点城市，荣获“第一批国家级农村职业教育和成人教育示范市”“国家知识产权试点城市工作先进集体”“全国创新社会治理优秀城市”“全国生猪调出大县”等称号，获批全国县级食品安全检验检测资源整合试点单位，连续五届荣获“山东省双拥模范城”称号。

2016年，全市完成农林牧渔业总产值138.0亿元，比上年增长4.7%，其中农业总产值为47.2亿元，增长13.4%。粮食总产略有下降。全市粮食作物播种面积198.8万亩，全年粮食总产量85.8万吨。畜牧业生产有所回落。全市大牲畜存栏9.7万头，猪存栏102.2万头，肉类总产量31.5万吨。林业生态建设取得明显成效。全年完成营造林面积5122公顷，城市建成区绿化覆盖率达到44.4%。渔业生产持续发展。淡水养殖面积达到3659公顷，水产品产量5156吨。年末，农业机械总动力达125.0万千瓦。

工业整体平稳增长。2016年，全市500家规模以上工业企业累计实现工业总产值2312.8亿元，主营业务收入2345.0亿元，利税213.8亿元，利润149.3亿元，比上年分别增长9.1%、10.9%、13.5%和14.9%。全市主营业务收入过百亿元的企业有3家，过10亿元的企业有42家,过亿元的企业有352家。全市工业产销率达到99.1%。

主导产业支撑作用明显。汽车产业完成主营业务收入761.6亿元、利税72.3亿元、利润48.8亿元，比上年分别增长13.1%、16.1%和16.5%；食品加工产业完成主营业务收入576.5亿元、利税38.4亿元、利润26.1亿元，分别增长6.5%、8.2%和8.3%；服装纺织产业完成主营业务收入280.4亿元、利税29.9亿元、利润22.2亿元，分别增长4.5%、2.6%和6.7%；装备制造产业完成主营业务收入364.5亿元、利税36.7亿元、利润26.0亿元，分别增长13.8%、14.8%和16.3%；新兴产业完成主营业务收入211.9亿元、利税18.5亿元、利润13.1亿元，分别增长16.8%、17.8%和20.0%。

固定资产投资较快增长。2016年，全市固定资产投资累计完成635.5亿元，比上年增长13.4%。投资产业结构有所调整。第一产业完成投资22.9亿元，第二产业完成投资449.6亿元，第三产业完成投资163亿元，三次产业比为3.6：70.7：25.7。总投资过亿元的项目265个，投资总规模1009.2亿元，实际完成投资443.3亿元。房地产市场运行良好。全市完成房地产开发投资38.1亿元，比上年增长10.3%。建筑业发展平稳。建筑业完成增加值57.6亿元，增长6.8%。全市资质三级及以上建筑企业64家，完成建筑业总产值123.2亿元，增长9.2%。

交通基础建设力度加大。加快潍日高速公路建设进度，修建施工便道34.8公里，开工建设潍河堤顶路25.6公里，新建改建农村公路197公里，完成610公里农村公路的小修保养工作，完成5座桥梁维修。优化整合城乡公交线路7条，将公交网络延伸至各镇街的工业园和大型企业驻地。推进客运车辆节能环保和转型升级，全年共新增纯电动公交车214台。邮政电信业快速发展。全市完成邮政业务总量5428.9万元，增长23.8%。全市电信企业实现电信业务总量6.8亿元。移动电话用户98万户，固定电话用户6.5万户。

消费品市场平稳。2016年，全市实现社会消费品零售总额257.1亿元，比上年增长10.4%。市场物价有所上涨。全市居民消费价格总指数为101.8%,商品零售价格总指数为101.3%,农业生产资料价格指数为98.5%。

外经外贸增速有所回落。全市共完成进出口总额95.6亿元，比上年下降20.2%，其中出口87.2亿元，下降16.4%。全市实际到账外资6.9亿元，增长16%。招商工作平稳发展。全市共有233个招商引资项目开工或续建，到位市外资金110.6亿元。旅游业较快发展。加快旅游项目建设，重点推进白垩纪恐龙国家地质公园PPP模式招商。全市共发展起省级旅游度假区1处，A级旅游景区11处，星级饭店8家，旅行社及办事处16家，重点乡村旅游点26处。

城市建设步伐加快。全市城市建成区面积50.4平方公里，绿化覆盖面积2224公顷，城市公园绿地面积825公顷。完善基础设施道路网络，投资约3600万元改造提升密州路、兴贸路西段。按照“水进汽退”的原则，进一步扩大循环水管网覆盖范围，新铺设兴华路、东坡街、西关街高温水管网4200米。加快推进供热设施改造，全市供热面积达670万平方米。城镇化率达到59.7%，比上年提高1.5个百分点，列入国家新型城镇化综合试点市。

环境保护取得显著成效。加快工业点源深度治理，抓好燃煤锅炉烟气除尘脱硫脱硝设施升级改造，实现超低排放；推行集中供热、煤改天然气等清洁能源、替代并拆除燃煤小锅炉；加大废气异味污染和挥发性有机物废气的治理，加大扬尘污染防控力度。饮用水源三里庄、青墩水库水系，以及潍河、百尺河、芦河等境内主要河流达到功能区划标准目标要求。

教育事业稳步发展。年末，全市共有各类学校404所，学龄儿童入学率和小学在校学生巩固率均达100%。卫生计生事业健康发展。全市医疗卫生机构拥有床位5625张。龙都、辛兴卫生院荣膺全国“群众满意的乡镇卫生院”称号。市人民医院成功加盟中国肺癌防治联盟肺结节诊治中心和中国卒中中心。全面提升妇幼健康综合服务能力，全年完成免费婚检4039人次，免费孕前优生检查15745人次，为17892名孕产妇进行乙肝等5项免费检测。累计建立居民健康档案908768人；为86112名65周岁及以上老年人进行健康体检。为全市1万名适龄儿童进行免费牙齿窝沟封闭。文化广电新闻出版事业长足发展。推行“图书馆+书院”公共文化服务模式，更新出版物2.2万余册，开展国学传承普及活动400多次。初步建成徐会沣故居民俗馆、臧氏民俗博物馆、石桥子镇乡村记忆展馆、岳家庄民俗馆等多个乡村记忆展室（展馆）。博物馆、名人馆、超然台等单位免费开放。举办第7届社区文化节、第15届“龙城舜韵”文明之夏广场文艺演出（共30场）、第5届诸城茂腔艺术节等丰富多彩的文化活动，全年举办较大规模的文化艺术品展览52次。举办诸城市2016年书画剪纸艺术精品联展、齐鲁瑰宝展等书画艺术品展览活动27次。诸城派古琴斫琴技艺进入山东省第四批非遗代表性保护名录，全市省级以上“非遗”项目达到5个，潍坊市级以上“非遗”项目达到35个。体育事业取得较大成绩。完善更新30处城乡社区健身设施；共有760名运动员参加潍坊市以上各级各类比赛，共获奖牌490枚，其中金牌284枚。先后组织举办全市规模的大型群众体育活动33次，中小型群体活动1000多次。

科技创新能力明显增强。规划建设“超然首新空间”，打造诸城版“虚拟大学园”；引进江南大学、苏州大学等11家高校院所分支机构；新增院士工作站3家，新建产学研联合企业32家；新增高新技术企业10家；实现高新技术产业产值887.6亿元，占规模以上工业总产值的38.4%。专利工作成绩突出。全市完成专利申请量2252件，其中发明专利申请720件；全市专利授权1052 件。被评为“国家知识产权试点示范城市工作先进集体”。人才队伍日益壮大。在美国、加拿大、日本、韩国设立5处海外人才站。引进7名博士后进驻博士后科研工作站研发，获评“全省优秀博士后科研工作站”。至年底，全市专业技术人员数7.72万人，其中中级以上技术职称2.55万人。

人口较快增长。全市常住人口110.8万人，户籍人口111.0万人。人口出生率和自然增长率分别为15.87‰和10.93‰。居民生活水平改善。全市居民人均可支配收入26842元，增长8.6%。其中，城镇居民人均可支配收入34222元，农村居民人均可支配收入17210元。就业工作稳中有进。全市城镇新增就业15890人，累计新增农村劳动力转移13860人。社会保障体系更加完善。至2016年年底，全市企业基本养老保险参保人数11.7万人，机关事业养老保险参保人数2.0万人，城乡居民社会养老保险参保人数60.2万人，城镇职工基本医疗保险参保人数17.1万人，城乡居民医疗保险参保人数达到80.3万人。社会福利工作加快推进。全年临时救助各类困难群众3484次，医疗救助4965人次，救助贫困大学生430人。在全市235个社区设立养老服务联络站，为居家老人提供“六助”上门服务。“五保”集中、分散供养标准提高到每人每年6100元和4500元。

**【王金鉴被评为全国“最美医生”】** 2016年11月，诸城市龙都卫生院原党支部书记、原院长王金鉴，被中共山东省委宣传部追授为“齐鲁时代楷模”。2017年3月，在国家卫计委和中央电视台共同举办的“寻找最美医生”大型公益活动颁奖典礼上，王金鉴荣获2016年度全国“最美医生”称号。

王金鉴扎根基层34年，直到2015年8月9日因病去世。先后担任过4个乡镇卫生院的院长。潍坊市和诸城市分别举办王金鉴先进事迹报告会，诸城市编演《平凡人生——王金鉴》先进事迹情景报告剧，先后举办报告会40场、演出情景报告剧56场，受教育党员干部10万余人次。

**【2016中国新型城镇化（诸城）经验交流会在诸城召开】** 5月28日，由中

国城市和小城镇改革发展中心主办的2016中国新型城镇化（诸城）经验交流会在诸城召开。国家发改委等16个部委的领导和新型城镇化研究领域的权威专家出席会议。会议围绕“产城融合与新型城镇化”“生态文明建设与城乡一体化”“投融资创新与产业振兴”，举行三场主题对话，总结诸城新型城镇化的经验做法。

**【推进规模企业规范化公司制改制】** 9月28日，全省规模企业规范化公司制改制经验交流暨工作推进现场会在诸城召开。诸城市将企业规范化改制与对接资本市场相结合作为新一轮改革重点，设立2亿元产业发展引导基金，优先扶持企业改制，每家企业最高可补助20万元。设立5000万元上市挂牌基金，对上市挂牌企业实施分段式补助。共落实企业改制和上市挂牌补助资金2595万元。为86家企业完善房屋产权手续，面积超过200万平方米，为企业节省费用2亿多元。在市政务服务中心设立企业改制专门服务窗口，集中办理企业改制过程中涉及的资产处置等事宜。引导企业与种子基金、天使基金、创投基金、风险基金进行对接合作，共引进23家投资机构，资金总额4.6亿元。至2016年年底，全市有213家企业完成公司制改制；上市企业6家，新三板挂牌企业3家，30家企业在齐鲁股权交易中心挂牌、25家企业在青岛蓝海股权交易中心挂牌，实现直接融资70多亿元。

**【青岛保税港区诸城功能区保税物流中心（一期）工程通过验收】** 12月27日，由济南海关、山东省财政厅、国家税务总局山东分局、山东省外汇管理局组成的联合验收小组通过现场查验，同意青岛保税港区诸城功能区保税物流中心（一期）建设工程通过正式验收。诸城功能区保税物流中心项目于2013年4月获得山东省政府立项批复，于2014年10月获得国家海关总署、财政部、税务总局、外汇管理局等四部委批准设立，是山东省内第5家获批的保税物流中心。由青岛保税港区诸城功能区管理委员会与青建地产集团有限公司共同出资成立。项目位于诸城经济新区内，规划面积50万平方米。其中，一期工程围网面积13.6万平方米，建设内容包括海关卡口区、海关查验区、保税仓储区、集装箱堆场、散货堆场、海关信息中心、监控中心、海关办公区以及其他配套设施。

**【信得公司建成山东省首家家畜传染病学领域院士工作站】** 9月，山东信得科技股份有限公司建成山东省首家家畜传染病学领域院士工作站。12月29日，信得科技国家认定企业技术中心暨院士工作站举行成立揭牌仪式。工作站引入中国工程院陈焕春院士及其研发团队8人，在重大动物疫病防治领域达到国际先进水平。针对国际基因工程疫苗生产应用的发展趋势，结合全国畜禽重大疫病防控需求，开展“重组乳酸乳球菌表达猪用基因工程疫苗”“鸡传染性法氏囊病毒VP2 基因的原核表达及疫苗研制”等项目的研究，解决猪瘟、蓝耳病等家畜传染病难题。通过DNA和RNA病毒疫苗反向遗传技术，实现鸡、鸭、鹅等禽流感基因工程通用疫苗的规模化生产。通过联合培训等方式，每年为诸城培养3~5名动物疫苗领域高端人才。

**【诸城市被确定为省农产品产地初加工补助项目市】** 8月，诸城市被确定为省农产品产地初加工补助项目市，成为2016年全省确定的12个项目县（市、区）之一，也是潍坊市2016年唯一被纳入该项目的县（市、区）。农产品产地初加工补助项目旨在推广普及科学实用的农产品贮藏、保鲜、烘干技术，实现农产品就地就近加工转化。2016年，该项目在诸城市安排专项补助资金400万元。

**【密州街道】** 位于诸城市市区东部，总面积105平方公里，辖19个社区、5.3万户、人口15.9万人，耕地面积3133公顷。2016年，全街道实现地区生产总值492亿元，同比增长7.9%；财政总收入23.8亿元，其中地方财政收入15.2亿元；限额以上工业企业实现销售收入317亿元，利税35.6亿元；完成投资过500万元的项目47个，累计完成投资额36亿元；农民人均纯收入19819元。

城市经济发展增速。加快中央商务区等3大片区改造，全年共完成拆迁810亩。新开工奥韵花园东区等项目7个，抓好鑫城购物广场等服务业大项目的运营管理，推进紫檀文苑等16个续建项目建设。发挥电商创业园的带动作用，重点打造集体验店、电子商务、仓储物流等业态于一体的鑫城购物广场电子商务一条街，加快建设省级电子商务产业服务基地和电子商务全产业链综合服务园区。依托裘皮创业园，筹备诸城裘皮在宁波大宗商品交易所上市，并加强与天津应大集团及商业银行合作，实现裘皮“互联网+农产品+金融”的营销模式。招引总部经济，上海邑通道具等6家分支机构成功签约。工业经济转型升级。新开工建设投资过亿元重点项目4个，卓益数控加工中心等2个项目投产达效。引进投资1.2亿元的锦绣川现代物流园和投资2.8亿元的松日自动化食品加工设备2个重点项目。巨环汽车等9家企业完成改制，隆贝尔环保科技等3家企业在齐鲁股权交易中心完成挂牌。实施义和喷涂机器人等9个技改项目，总投资4.2亿元。贝仕达公司成功与青岛海尔签订战略合作协议，海尔通过贝仕达网上销售渠道销售相关产品。全力保障民生事业。健全社会救助体系，完成大病救助124人，困难户临时救助231户。

党工委书记 刘永军（1月止）
李　磊（1月起）
办事处主任 张晓升（5月止）
孙海森（5月起）

**【龙都街道】** 位于诸城市市区西部，面积88.65平方公里，辖20个社区、

36898户、人口12.75万人，耕地面积3988.93公顷。2016年，全街道完成地区生产总值65.3亿元，比上年增长8.7%；地方财政收入29565万元，比上年增长38.5%；规模工业实现销售收入274.7亿元、利税20.3亿元，分别增长2.21%和3.46%；第三产业增加值达33.3亿元；农民人均纯收入20003元。

工业经济运行平稳。规模以上工业企业发展到45家，新开工建设总投资11.9亿元的福田汽车M4智能化工厂、新和高档服装面料、邦信纺织品包装、钜鑫数控铣床和天耀婴童针织服装二期等项目。其中，投资6.54亿元的福田汽车M4智能化工厂实现同年投产达效。聘请专业机构对13家企业进行规范化公司制改制业务指导，完善法人治理结构。金汇纺织、中兴畜牧在齐鲁股权交易中心挂牌，天耀婴童针织服装在深圳前海股权交易中心挂牌。服务业增量不断扩大。通过出台优惠政策，引导商贸物流、电子商务、汽车贸易、冷链物流等产业集聚发展，盘活资源50多万平方米。龙海水产品冷链物流项目与广东正地农产品交易所、福州明城水产集团开展合作，共同成立冷链物流交易中心和综合服务平台。建成运行龙都电商创业园二期和电商孵化器，年内培训760人次，入驻电商网店560家，培育孵化交易额过千万元电商企业5家。杨春商贸集团等130家企业实现实体、电商"两栖"发展。德邦物流山东区域总部项目除济南、青岛外的250多个营业点全部在龙都纳税；新引进华源医药山东区域总部项目并完成公司注册。城市建设实现新突破。完成辛庄子片区、龙都现代城片区棚户区改造。共拆迁住户401户，企业单位13家。新开工建设益豪大厦等项目12个，续建龙都现代城等项目23个，新建续建高层楼宇48栋、建筑面积57万平方米，新建成建筑面积16万平方米。完成怡秀园小区等4个老旧小区的改造提升。民本民生不断改善。新建龙都中心小学沙戈庄小学、七吉小学4栋教学楼，改造提升中心幼儿园、社区学校分院，新增教学面积2万多平方米。实施医养结合试点，打造500多平方米的大源社区医养结合示范点。

党工委书记 王大鹏（12月止）
冯士磊（12月起）
办事处主任 张　伟（5月止）
徐开荣（5月起）

**【舜王街道】** 位于诸城市市区北部，面积178平方公里，辖18个社区、2.1万户、人口7.2万人，耕地面积10500公顷。2016年，全街道完成地区生产总值52亿元，比上年增长9.28%；地方财政收入1.2亿元，比上年增长60.58%；工业实现销售收入186亿元、利税23.51亿元，分别增长8.89%和8.16%；第三产业增加值达21亿元；农民人均纯收入21396元。被山东省妇联表彰为"幸福进家"活动先进单位。

加快工业经济转型升级。洽谈引进智能装备、电商物流、总部经济、金融保险等各类优质项目12个，到位市外资金3.4亿元。强化包靠服务，青岛保税港区诸城功能区、智能装备产业园等园区和保税物流中心、电商物流供应链平台等23个投资5000万元以上项目快速推进，累计完成投资41.1亿元。通过关停、整改等手段，有序推进10家化工企业转型升级。推动14家限上企业完成规范化公司制改制，在齐鲁股权交易中心挂牌企业达到5家。实施泰瑞车架总成弧焊机器人等8个技改项目，完成投入2.6亿元；永创铸造等5家企业通过清洁生产验收。实施"腾笼换鸟"，盘活低效用地300余亩。全年规模以上工业企业实现总产值162.5亿元，同比增长19.5%；规模以上服务业企业实现销售总额1.3亿元，同比增长2%。推进农业农村工作。新发展绿色瓜果特色种植园区2处、1600亩。示范推广喷施土壤改良剂、土地深耕等新技术3万余亩。完成全部经联社资产改制及宅基地使用权登记发证工作，土地承包经营权确权发证率达到95%。新增土地流转面积6000亩，累计达到7.9万亩。完善民生事业保障。街道中心幼儿园、程戈庄幼儿园、岳家庄社区服务中心、惠泽老年公寓等公共服务设施建成投用，规划配套园区雨污管网6000米，改造城乡道路4.6公里。完成成片造林2789亩，实施了益民河、友谊河等河道清淤治理。通过产业带动、就业安置、扶持经商、社会救助等多元化手段，帮助524户贫困家庭实现预脱贫。创新开展社会治理服务。成立社会治理服务指挥中心，形成"一体化指挥、多模块联动"的工作格局。社会治理服务综合信息系统建成运行，配套更新民情通手机121部，安装高清监控摄像头300余个，并加快"智慧社区"系统推广。

党工委书记 秦嗣炜
办事处主任 孙海森（5月止）
范昕昕（女，5月起，12月止）
李　刚（12月起）

**【枳沟镇】** 位于诸城市西南部，面积85.2平方公里，辖9个社区、13276户、人口5.1万人，耕地面积3866.67公顷。2016年，全镇完成地方财政收入3308万元，比上年增长9.3 %；工业实现销售收入23.6亿元、利税18190万元，分别增长19.6%和21%；农民人均纯收入11201元。

农业，签订土地流转合同6325份，流转土地1.7万亩。按照"一社区一特色"的发展思路，规划建设社区现代农业产业园8个，生态循环农业示范园2个，现代生态畜牧产业园1个，建立农产品专业批发市场10个，认证"三品一标"9个。工业，主要打造乔庄工业园、北杏工业区和中小企业创业服务基地"三大工业发展板块"，完善基础设施配套，提升承载功能。突出抓好盛鑫配套、恒德祥饲料、地卫环保等在建项目建设，加快48兆瓦特大型垂直轴风力发电、潍源塑业大型液体集装袋等新建项目建设，推动国信橡胶实心胎生产线、欧洲高端农牧装备中国营销总部技术研发基地等技改项目建设。小城镇建设，投资3200万元，实施聚和苑中心居住区三期工程，新建五层居民楼60套，沿街商住楼4000平方米，配套建设综合服务区；改造提升中心广场，完善基础设施。组织实施北老屯社区村民零星户搬迁和北杏社区棚户区改造工程。在全镇9个社区成立公司，鼓励党员群众以多种生产要素入股，采取"社区+公司+基地+农户"的模式，实行股份制管理、企业化运营。社会事业，将"互联网+"理念融入社会管理服务，推行"智慧枳沟1+6"服务模式，开发"枳沟纵横""枳沟社会治理"微信公众平台。投资3200多万元新建中心小学；对中心初中进行改扩建，投资300万元建成三层综合楼1栋；投资710万元，开工建设学生公寓楼2栋。

党委书记 冯士磊（12月止）
王学斌 （12月起）
镇　　长 范昕昕（女，6月止）
耿　凯（6月起）

**【贾悦镇】** 位于诸城市西部，面积288平方公里，辖27个社区、2.8万户、人口10.8万人，耕地面积16000公顷。2016年，全镇实现地区生产总值37.9亿元，比上年增长10%；完成财政总收入1.2亿元，比上年增长16%；一般公共预算收入7515万元，比上年增长18%；全镇规模工业完成主营业务收入61.2亿元、利税6.15亿元，分别增长19.9%、21.1%；实现服务业增加值14.57亿元；农民人均纯收入1.66万元。被评为国家级生态镇、省级文明乡镇。

产业结构持续优化，三次产业比例为37.7：23.9：38.4。提升农业，发展黄烟、瓜菜、草莓、果品等特色产业，重点建设夏家营子600亩草莓种植园、西杨家庄子600亩芹菜基地、徐宋500亩大樱桃基地和冯家杨柳、邢家山等4个品牌导向型基地单元。培育设施农业5.6万亩、300亩以上示范种植园区达到110个，建成省级优质农产品示范基地8个，培育"三品一标"17个。投资7773万元的烟草大型水源配套项目，设计总库容280万立方米，受益面积7.91万亩；投资6500万元，实施涵盖17万亩的高标准基本农田项目。强化工业，投资2亿多元，建设城西高端产业园，引进投资过亿元的项目10个，其中9个建成运营；培育规模以上企业24家，形成以先进装备制造、清真食品、生物化工、仓储物流为主导的产业园区。繁荣商业，建成贾悦商贸城、孟疃建材城、马庄农产品批发城和驻地3公里商贸街，培育私营业户571户，个体工商户4184户，年可实现交易额11.4亿元，限额以上商贸服务企业发展到17家；引进北京中兴通德山东运营总部；推动蓝海物流等项目建设；建成占地6000平方米的家悦汤泉水疗馆。城镇化水平稳步提升。修编城镇总体规划，构筑起"1322"新型城镇化体系，城镇化率达到53%。完成镇驻地拆迁面积600多亩，建成多层住宅楼34栋。对贾悦河、太古庄河等主要河流实施治理修复。新增成片造林面积4000亩、道路绿化24公里，林木覆盖率达到38.7%。新建改建农村公路55公里。社会事业持续进步。民生支出提高到70%。完成贾悦小学建设，新建改建校舍3万平方米；完成省级规范化乡镇医院及其服务网点一体化建设。

党委书记 杨连富（12月止）
管延升（12月起）
镇　　长 管延升（12月止）
武志平（12月起）

**【石桥子镇】** 位于诸城市西北部，面积169平方公里，辖18个社区、1.7万户、人口6.5万人，耕地面积10000公顷。2016年，实现农村经济总收入60.35亿元；实现财政总收入4446.92万元，其中地方财政收入2870.8 万元；全镇规模以上工业企业完成主营业务收入40.44亿元；农民人均纯收入16200万元。荣获"全国社区教育示范镇街""山东省文明村镇"等称号。

突出项目建设，促进工业转型升级。完成德普木制别墅展示中心等4个续建项目建设。建成上海正新食品北方物流基地等3个过亿元大项目，新开工山东牧族生态农业200万只蛋鸡养殖及深加工等项目，总投资6.5亿元。实施创新驱动战略，推动产业做优做强。引导企业加快技术和设备更新换代，投资3.6亿元，实施12个技改项目。鼓励引导企业进军资本市场，恒盛丰隆家居等5家企业分别在上海、深圳前海、齐鲁、青岛蓝海等股权交易中心成功挂牌上市。加快发展现代农业，促进农民持续增收。建成6个科技示范村，培育328个科技示范户，开展农民技术培训2600多人次。培育起西红柿等"五大"特色农产品基地，高效经济作物面积达5万多亩。加快新型城镇化建设，公共服务能力不断提高。完善"五纵七横"路网体系，将镇区面积拓展到16.2平方公里。完成14.7公里潍日高速建设和央赣路14公里改建工程；实施赵红路5公里拓宽改造工程，硬化联村道路16公里。

党委书记 李　磊（1月止）
张晓升（5月起）
镇　　长 邱世峰（12月止）
隋天宁（12月起）

**【相州镇】** 位于诸城市北部，总面积120平方公里，辖12个社区、2万户、人口6.9万人，耕地面积7200公顷。2016年，全镇完成地区生产总值48亿元，地方财政收入3574万元，工业实现销售收入125亿元；第三产业增加值达17.6亿元；农民人均纯收入17666元。

工业经济平稳健康发展。规划建设橡塑产业园、华宝食品产业园、新型材料产业园"三个园区"。全镇培育发展高端橡塑制品、精深食品加工、新型环保材料和生物医药四大主导产业，申报成功"益利"中国驰名商标和"鑫鲜""昊宇""相府果子"等省著名商标，全镇有高新技术企业4家。新开工建设赫臣电力科技等4个项目。有23家经济实体与阿里、京东等电商平台实现合作，8家企业在齐鲁、深圳前海、上海股权交易中心挂牌上市。现代农业提质增效。全镇培育起华宝食品、相府果子等9家潍坊市级、4家诸城市级农业龙头企业。成立农民专业合作社165家、示范合作社17家，永丰盛专业合作社、泰丰资金互助社被评为省级示范合作社。创新现代农业综合服务体系建设，规划建设总投资1500万元的相州镇为农服务中心。承接国家农业部农机推广总站举办的“2016中国农机推广田间日”活动。基础设施配套日臻完善。启动潍河滨河左路建设工程；投资1300万元，完成郭尚路大修工程。

党委书记 王雪玲（女，12月止）
邱世峰（12月起）
镇　　长 李学勇（12月止）
王　刚（12月起）

**【昌城镇】** 位于诸城市东北部，面积118.4平方公里，辖15个社区、1.6万户、人口6.7万人，耕地面积7187公顷。2016年，全镇完成地区生产总值75.8亿元；工业实现销售收入303亿元、利税21.9亿元；地方财政收入1.3亿元，农民人均纯收入23234元。年内，获得“全国学习型乡镇”“山东省健康食品小镇”等荣誉称号。

打造宜居宜业宜游示范区、新型城镇化示范区、高端安全食品示范区、旅游度假示范区。做强“五大产业”。立足镇域产业发展特色，实施产业强镇战略，做强高端安全食品产业，华昌食品加工暨冷链物流等6个重点项目顺利投产；食品产业实现平稳健康发展，荣获“山东省健康食品小镇”称号；做强品牌服装产业，实现传统服装产业由加工制造向时尚研发、高端订制转型，全年服装出口完成1亿美元；做强机械制造产业，引导兆丰、盛和等企业参与“诸城配套”品牌建设，推动制造业向中高端方向发展；做强现代物流产业，力促物流产业向智能化、数字化、自动化发展；做强高端房地产业，科学构建“168”新型城镇化体系，城镇建成区面积达到7.74平方公里。

党委书记 李　向
镇　　长 马　磊（7月止）
孙希海（8月起）

**【百尺河镇】** 位于诸城市东北部，面积126平方公里，辖13个社区、14540户、人口5.21万人，耕地面积7467公顷。2016年，全镇实现农村经济总收入148亿元，完成地方财政收入2730万元，工业实现销售收入1335452万元；居民人均纯收入15992元。

实施工业强镇战略。突出精密铸锻产业，产品向精密尖端的汽车和船舶重要零部件方向发展，工艺向电子化、自动化、绿色低碳方向发展，叫响“青潍铸锻城”品牌，促进精密铸锻产业做大做强。抓好大项目建设，金纳工艺品公司整体搬迁至精密铸锻产业园，对建华阀门公司密闭式砂处理流水线进行自动化改造，实施科健机械公司大型农机具技改项目，建成同合木业公司紫外线光能固化UV喷涂流水线技改项目。推进基础设施建设。投资150万元，对中心小学进行改造，提升学校标准化建设水平。完成平日路拓宽改造后续配套工程建设；完成桃岳路、张龙路和镇区白龙山路铺油罩面12公里；硬化郚唐路、岳大路等连村道路6条、9.8公里。建设千亿斤粮食产能项目1.7万亩、土地整理项目2万亩。配合500kV密琅线百尺河段工程建设，完成36个村变压器更新。改善民生社会事业。完成农村危房改造31户、旱厕改造1399户；新建岳沟、大仁和2处社区幸福院。

党委书记 李　向（1月止）
张　伟（5月起）
镇　　长 王先信

**【辛兴镇】** 位于诸城市东部，面积73平方公里，辖11个社区、1万户、3.5万人口，耕地面积4533公顷。2016年，全镇完成地区生产总值184.5亿元，地方财政收入2.4亿元，工业实现销售收入178.2亿元；农民人均纯收入16710元。年内获得全国农村基层团建示范乡镇等荣誉称号。

优势产业集聚发展。生物医药、现代装备制造两大主导产业规模不断扩大，规模以上企业达到45家，其中销售收入过亿元企业36家，过10亿元企业5家，建成80亿元级生物医药产业园、全国最大的玉米淀粉生产基地、全国最大的黄芩苷生产基地、全球第二大胎圈钢丝生产基地。抓好大项目建设，实施润沃机械装备制造等13个工业项目，实施麦芽糖扩产等32个技改项目。惠丰油脂等13家企业完成规范化公司制改制工作，山东大业等8家企业挂牌上市。现代农业健康发展。培育起潍坊市级以上农业龙头企业11家、农民专业合作社176家、家庭农场75家，完成“三品一标”认证47个。实施5000亩农村土地综合整治、3.2万亩农田深耕、4万亩基本农田改造三大惠农项目。现代服务业上档升级。构建起“以商贸城为龙头、5条镇区商业街为支撑、11处社区商业网点为支点”的商贸体系，发展服务业户2100余家。修缮道路72公里，整修农田道路63条。

党委书记 王桂华（12月止）
王雪玲（女，12月起）
镇　　长 徐开荣（6月止）
马　良（6月起）

**【林家村镇】** 位于诸城市东南部，面积325平方公里，辖27个社区、29127户、人口9.8万人，耕地面积12333公顷。2016年，地方财政收入9132.4万元，比上年增长12.8%；工业实现销售收入91.5亿元、利税9亿元，分别增长12.45%和12.63%；农民人均纯收入17591元。

发展特色产业园区。青岛产业园，青岛旭能生物工程、青岛软控联合科技等入园企业18家，年内新建4家。生态经济区，共建成春江莲藕泥鳅生态观光园、青朴火龙果采摘园、杂交构树繁育推广基地、中科院生态农业示范基地等6个现代农业生产基地。打造10公里城镇聚集带，连接7条县乡道，带动周边社区同步发展。推进重点项目建设。锐驰高压油管项目，购置40台日本技术智能数控机床，转型升级到生产金属高压油管；瀚泰科技由单纯生产高压油管成功向生产农业机械装备配套项目转型，加入福田雷沃重工农业装备供货体系；密州酒业高档粮食酒、鲁盛节能环保建材等15个技改项目有序推进。年内，全镇新注册落地青岛软控联合科技、青岛和顺源智能家居、青岛旭清科技、青岛顺程传动机械等工业企业8家，总注册资本7.8亿元。总部经济项目发展迅速，洽谈引进青岛银通融资租赁公司、青岛神豪投资管理有限公司、山东鲁邦保险代理等项目，均完成注册，注册企业5家，总注册资本3.2亿元。组建产学研合作平台2家，引进硕士以上高端人才25名，专业技术人才65名。

党委书记 王大鹏（1月止）
林　飞（1月起）
镇　　长 孙希海（8月止）
代　辉（女，8月起）

**【桃林镇】** 位于诸城市南部，面积142平方公里，辖11个社区、1.02万户、人口3.57万人，耕地面积4120公顷。2016年，全镇完成地区生产总值52.75亿元，比上年增长11.9%；地方财政收入2611.5万元，比上年增长173.7%；工业实现销售收入38.42亿元、利税4.21亿元，分别增长12.6%和13.4%；第三产业增加值达4.75亿元；农民人均纯收入11193元。

山东头临港高端产业园区建设，建成全长1.2公里的开城路至大山环山路连接线工程，推动大山深处的农业资源和旅游资源的开发利用。开工建设110千伏输变电站和日处理污水2000立方米的标准化污水处理厂一期工程。重点鸿雨农业科技有限公司抹茶加工项目、丰源新型建材项目、春之润休闲食品加工项目和奥扬新能源等项目的建设。农业园区建设，发展特色果品1.2万亩，共有潍坊市级农业龙头企业10家，农民专业合作社78家，家庭农场55家。突出发展绿茶产业，“诸城绿茶”“诸城黄樱桃”“诸城红茶”均申报国家地理标志保护商标，“诸城绿茶”通过农业部农产品地理标志认定，万亩有机茶园通过国家标准委 “诸城绿茶国家农业综合标准化示范区”项目验收，山东头村被认定为全国“一村一品”示范村。旅游项目建设，抓好大山森林公园桃花山景区、惠林休闲旅游景区、芳邻乡村旅游项目以及龙门口生态旅游度假区等重点项目的规划建设，新发展“农家乐”12家，配套停车场、山货交易市场等旅游基础设施各10处。年内，重点打造阿洛子千亩霜红蜜桃采摘园、曹家沟多彩甘薯种植园等一批高标准、高质量的特色农业园区，新发展蜜桃1000亩，大樱桃500亩，小樱桃500亩，苹果1000亩。

党委书记 林　飞（1月止）
方有海（1月起）
镇　　长 隋天宁（12月止）
王洪阳（12月起）

**【皇华镇】** 位于诸城市南部，面积192平方公里，辖14个社区、1.8万户、人口5.9万人，耕地面积6467公顷。2016年，全镇实现财政总收入3499.5万元，比上年增长7.05%；地方财政收入2476.7万元，比上年增长11.28%；限额以上工业企业实现销售收入85.1亿元、利税8.84亿元，分别增长7.55%和14.42%；农民人均纯收入1.2万元。

工业，投资3000万元的金双联环保机械项目建成投产，签约投资6500万元的青岛云成食品项目、投资3亿元的怡江南·特色小镇建设项目、投资1000万元的华欣铸造高炉改造项目完成环评，投资3亿元的国电电力皇华风电项目二期工程完成前期立项等各类手续办理。全镇规模以上工业企业达到23家，华欣铸造有限公司等3家企业在深圳前海股权交易中心挂牌。万德福食品有限公司和东宝重工科技股份有限公司在齐鲁股权交易中心挂牌。农业，新建设小庄沟矮化苹果产业园、平欧榛子示范基地、马耳山银岭樱桃生态园等特色林果园区8个，新增林果种植面积5000亩。启动建设占地5000亩的富硒农产品产业园，乐福田富硒樱桃种植合作社、富带专业合作社等4家合作社入驻园区。年内，全镇家庭农场发展至55家，农民专业合作社194家，市级以上农业龙头企业4家。培育采摘篱园、休闲山庄和生态营地等乡村旅游新业态。围绕马耳山、卢山、茁山、三角山等旅游山系筹建多处干果、水果采摘观光园。浦兰生态观光园、橡谷山庄等11个关键节点项目全部建成。小城镇建设，全镇新建改建道路15.8公里，完成农村无害化改厕440户，共审批危房改造户57户，倒漾河大桥建设完工。加强社区服务平台建设，对皇华店、寿塔、郝戈庄3处社区服务中心进行改造提升。开工建设青墩社区美丽乡村项目。总投资1800万元的下河村增减挂钩、易地搬迁扶贫、棚户区改造项目进入搬迁阶段。加大民生事业投入，开工建设温馨敬老乐园。年内，完成造林绿化面积3800亩。

党委书记 王学斌（12月止）
范昕昕（女，12月起）
镇　　长 李　刚（12月止）
张　雷（12月起）

**【经济开发区】** 位于诸城市城区北部，面积56平方公里，辖6个社区、11327户、人口4.1万人，耕地面积1133公顷。2016年，全区完成地区生产总值204亿元，比上年增长3.6%；地方财政收入75612万元，比上年增长30%；工业实现销售收入1419236万元、利税129351万元，分别增长3.8%和23.7%；第三产业增加值达61.6亿元；农民人均纯收入17146元。

产业发展。完成天工欧凯环保设备制造、兆华高档粗纺呢绒、良丰粮食仓储等过千万元大项目21个，实施华诺太阳能集热管、兴福工贸农机配件加工、格林高端生活用纸等过亿元项目13个。实现固定资产投资33.3亿元，增长28%。续建和新建技改项目15项，技改投资13.8亿元。其中，续建福田奥铃、艾泰克、兴福工贸、盛世华脉、安驰轮胎5个项目，新建华诺太阳能、中纺金维、天旭太阳能、天工造纸、兆华针织、格林纸业、义昌印染等10个项目。迪龙电缆、青特车桥、中康农业等29家企业完成规范化公司制改制，奥扬新能源在北京“新三板”挂牌，新瑞华机械在齐鲁股权交易中心挂牌，义昌印染、天旭太阳能在青岛蓝海股权交易中心挂牌。片区开发。启动李家庄子片区拆迁改造工作，成功引进全国民企500强日照兴业集团，拆迁非住宅用地545家，宅基地已签订协议并腾空727户，拆迁土地近千亩。红星家园项目新建9栋回迁安置楼，投资27.5亿元，建筑面积11万平方米，全部完成封顶。厚德丽园项目建设高层住宅3栋，投资1.1亿元，建筑面积6.7万平方米，全部完成封顶。投入200多万元实施万里社区服务中心续建工程，对诸冯社区、山泉社区进行改造提升。招商引资。全年共洽谈项目 15个，其中实际引进项目8个，合同利用资金43亿元，实际到位8亿元。成功引进日本住友商事参股信得科技公司、青岛天赢汽车零部件数字化工厂、台湾天洋生物科技等高科技项目。引进山东三三集团、台湾唐华商贸等3家企业入驻，成功实现“腾笼换鸟”。住友商事参股信得科技，增资的8100万元已到位；美国利宝保险在开发区设立分支机构，注册成立了诸城营销总部。加强对台定向招商，引进签约唐华商贸大陆营销总部、天洋生物科技2个台资项目，其中唐华商贸大陆营销总部项目完成注册，正式投入运营。

党工委书记 鞠俊海（1月止）
孔晓明（1月起）
管委会主任 刘华坡

**【高新技术产业园】** 位于诸城市市区东部，面积40平方公里，辖6个社区、6166户、人口2.27万人，耕地面积1600公顷。2016年，园区完成地区生产总值60.2亿元，比上年增长9.2%；地方财政收入2188.8万元，比上年增长36.5%；工业实现销售收入52亿元、利税5667.4万元，分别增长10.9%和29.2%；第三产业增加值达1.8亿元；农民人均纯收入19989元。

创新体制机制。限制高耗能高污染项目，引导高新技术、高附加值项目入驻园区，促进园区内涵式发展。以纳入潍坊高新区“一区多园”管理为契机，利用潍坊高新区政策、品牌、技术、资源优势，加快规划建设各类创新平台。壮大产业集群。年内，在建拟建项目共18个，新开工项目6个。山东长江涂料科技股份有限公司与天津大学水性树脂研究中心的合作进入实质性阶段，由长江涂料牵头联合天津大学、中创科技园等单位成立中国绿色防腐新材料产业联盟暨天津大学—长江涂料国家级联合研发中心，成功实现传统化工企业转型升级；山东中航泰达复合材料股份有限公司与北京航空航天大学和中国运载火箭研究院开展专利换股权合作，实现企业产品转型；新东方汽车电子有限公司与山东农机设计研究院合作，实现企业产品升级。狠抓（“三招三引”）。先后洽谈北京嘉诚兴业汽车变速箱、中科院潍坊创业园诸城分园等过亿元项目8个。对接青岛，先后洽谈光伏发电、外贸服务、商业地产、“两河开发”合作等项目5个，推进美晨科技、青特高档车桥和青岛玉山物流等项目的落地开工。山东众泰达工业装备有限公司与北京航空航天大学在新型复合材料方面开展合作，成立中航泰达新材料股份有限公司，在新型碳纤维复合材料方面实现突破，使产品市场延伸到航空航天、高铁及高档汽车等领域。加深智烁机械有限公司与南京理工大学合作，引进卓美电子高端电动车控制器项目。

党工委书记、
管委会主任 刘金明（1月止）
韩明光（1月起）

**【南湖生态经济发展区】** 位于诸城市南部，面积62.5平方公里，辖9个社区、1.2万户、人口4.2万人，耕地面积2360公顷。 2016年，全区实现财政总收入13883.06万元，同比增长57.9%；地方财政收入8551.87万元，同比增长66.4%；规模以上工业企业43家，共实现销售收入1167642万元、利税100915万元，分别增长11.69%和8.02%；农民人均纯收入18000元。

生态农业发展。农林高科技孵化器项目，总投资5000万元，调整土地1517亩。2万平方米的智能温室大棚、组培育苗实验室、科研中心投入使用；潍坊东方园艺林业高科技孵化器项目二期工程、6个高科技育苗大棚建成。全区智能育苗大棚面积达到10万平方米。发展环常山旅游采摘项目，丰富常山文化旅游内涵，建成采摘园2000亩，环常山绿化覆盖率达到90%。重点片区开发。湖东片区枫香湖畔房地产开发项目，总建筑面积45万平方米，34栋住宅楼及综合体全部交付使用；山钢碧桂园房地产开发项目翡翠城一期工程占地129亩，建筑面积15万平方米，主体全部封顶。大源·养老地产项目完成立项，占地900亩，包括新农村575户棚户区在内的片区全部拆迁结束。湖东南片区黄家尧、朱扶河棚户区383户的拆迁工作基本结束。朱家村安置区项目经过多方协调，确定新的建设单位并重新开工建设，完工即将入住。生态保护。先后投资1500万元开展淇河、展村河、扶河生态综合治理工程，治理面积1500亩。将植树造林作为涵养水源、保护生态的主要措施，全区绿化总覆盖率达到45%。建成常山“引水上山”防火工程，实现常山周边6000多亩山林防火用水全覆盖。花园河污水泵站项目共埋设压力管道1700米、重力管道1500米，解决三里庄水库以东的排污问题。在三里庄水库周边修建防护网，加快水库周边养殖场的关停拆迁力度，已拆迁31户、72亩。

党工委书记、
管委会主任 刘华坡（1月止）
刘永军（1月起，

12月止）
张茂盛（12月起）
（诸城市史志办）

## 寿光市

【国民经济和社会发展概况】 2016年，寿光市总面积1990平方公里，辖5个街道（含1个开发区）、9个镇、1个经济园区，975个行政村（居委会）。全市户籍总人口108.5万人。全年实现生产总值856.8亿元，比上年增长7.6%。其中，第一产业增加值97.3亿元，第二产业增加值364.1亿元，第三产业增加值395.3亿元。固定资产投资630.9亿元，公共财政预算收入94.7亿元，公共财政预算支出97.1亿元，社会消费品零售总额296.4亿元，进出口总额253.0亿元。城镇居民人均可支配收入27324元，农村居民人均纯收入17652元，人均生活消费支出16781元，全年完成农林牧渔业总产值194.8亿元，规模以上工业完成总产值1884.7亿元，年末15家驻寿银行机构本外币各项存款余额857.1亿元。

注重改革、创新、提效，精准发力，发展动力不断增强。围绕供给侧结构性改革，先后出台推动企业兼并重组、房地产去库存、扶持现代物流产业发展等一系列政策措施，为企业降低成本16亿元。推行工业用地供应、排污权交易等32项重点改革创新措施，成立总部经济园区和创新创业园区，100个项目入选省级技术创新项目计划。实施“双百计划”和“桑梓人才计划”，引进设立产学研合作研发机构9家，新增潍坊市级以上各类创新中心49家，集聚国家千人计划、泰山产业领军人才等高层次人才6名。先后实施10个PPP项目，政府引导基金达到9支。开展规模企业规范化公司制改制，新增上市挂牌企业105家，实体经济直接融资181.3亿元。被确定为省级社会信用体系建设试点城市。

紧盯项目、产业、企业，持续加力，实体经济克难奋进。支持重点行业和骨干企业发展，在潍坊市率先完成化工企业“四评级一评价”，渤海化工园、侯镇海洋化工园、田柳精细化工园被确定为全省首批确认保留类化工园区，鲁清石化油品升级、富康产业园等85个过亿元项目顺利推进，国华电厂一期、山橡防水高铁专用卷材等15个项目建成投产，重点培育的8个百亿级新兴产业主营业务收入占工业比重超过四分之一，全市规模以上工业企业实现主营业务收入1900亿元、利税139亿元、利润98亿元。大棚“两改”面积6万多亩、1.1万多个，“沃土工程”推广面积达到3.8万亩，3个省级质量检验中心落户寿光市，成为全国首批国家农业综合标准化示范市和农产品质量安全县。实施环卫、城投、园林、水务等服务业集团改制，组建成立智慧物流产业发展和港投控股集团公司，推进洰淀湖景区提升工程、鲁清铁路物流园等现代服务业项目，成功举办第十七届菜博会和第三届中国县域电子商务峰会，全市电子商务企业发展到420家，成为全省首批工业电商示范县。

强化建设、管理、保障，力促均衡，城乡一体进程加快。率先在全省完成新一轮城市总体规划编制并通过省政府批复，组织实施幸福路打通、铁路公园等市政工程52项，新建改造城市道路14公里、排水管道42.7公里、城市绿化面积150公顷。完成三里、南关2个老旧小区改造，稳妥开展供热计量智能化改造试点，全面实行不动产统一登记，在全市城镇和建筑领域实行一体执法，盘活闲置低效利用土地5000多亩。实施镇村通天然气、农村改厕等工程，规划建设棚改项目11个，完成农村危房改造457户，建设提升社区服务中心30个。寿光市被确定为全省中等城市试点市，羊口镇成为首批中国特色小镇试点和省级新生小城市试点，洛城街道成为潍坊产城融合示范区。

突出治水、治气、治土，综合施策，生态环境不断优化。完成重点企业扬尘污染防治、丹河全河道人工湿地水质深度净化等196项环保治理工程，推进固废综合整治，启动实施“一企一管”和污水第三方治理，率先在全省县域开展燃煤机组超低排放改造，空气质量优良天数同比增加47天，重点河流控制断面COD和氨氮同比分别改善21.3%和38.3%。全面实施织女河水系绿化、羊田路防护林带等重点绿化工程，引导社会力量投资造林，完成成片造林2万亩，林木覆盖率达到27.8%。

围绕民享、民乐、民安，创优服务，民生事业全面推进。开工建设城投养老中心、福缘颐养中心等健康养老项目，新建农村高标准卫生室43个，为符合条件的乡村医生办理养老保险。实现城镇新增就业1.47万人、农村劳动力转移就业9360人，城镇登记失业率控制在1.4%以内。建成启用世纪风华、现代中学东校区等23所学校，潍坊科技学院全面通过教育部本科教学工作合格评估，创成全国社区教育示范区。推进全国文明城市创建，建成启用历史文化中心等一批文化项目，成功举办第七届全民运动会，先后承办省级以上大型赛事35次，全市975个村（社区）实现体育健身设施全覆盖。开展精准扶贫、精准脱贫，全面完成10个贫困村摘帽和1751户贫困户脱贫任务。开展安全生产“四严”行动、信访积案“清零”、易制毒化学品等专项整治，推进“双安双创”和智慧寿光建设，社会环境安全稳定。2015年，人民代表大会会确定的10件民生实事全部达到预期目标。

坚持提速、增效、勤廉，依法施政，政府运作规范有序。落实市委决策，接受市人大法律监督和市政协民主监督，严格执行政府民主决策程序，人大代表议案、建议和政协委员提案按时办结率均达到100%。强化政务公开，畅通群众诉求渠道，开通政府微信和“随手拍”互动平台，社会关切得到及时回应。推进简政放权，全面实施“五证合一、一照一码”，推行“一章模拟、两级代办、三项联合”审批模式，组建成立公共资源交易平台和财税服务中心。切实强化审计监督，完成35个经济责任和59个政府投资项目审计。

**【寿光市12 家企业获批电力直接交易试点资格交易总量居潍坊首位】** 2016年1月，山东省经信委对2016 年电力直接交易企业名单进行公示，寿光市共有12 家企业取得试点资格，其中新获取试点资格企业7 家，通过复核继续保有试点企业5 家，试点企业总数占潍坊市的近一半，交易总量居潍坊市首位。2016 年，随着电力体制改革的深入，全省直接交易规模扩大为600 亿千瓦时，其中包括西北电网机组100 亿千瓦时。交易总量的扩大及省外机组的参与，使电力直接交易市场由卖方向买方转移，电力用户在交易过程中可以有更多的话语权。

**【寿光市在潍坊市率先实现教育收费电子化缴纳】** 2016年10月，寿光市在寿光一中和现代中学两处学校成功上线运行校园“E路通”自助缴费系统，在潍坊市率先实现“电子化缴纳”学费。教育收费电子化缴纳改变原来学校工作量大、学费不及时上缴财政专户、易发生资金管理风险等弊端。一是学生缴费更加方便快捷。家长或学生通过手机微信或登录学校网站收费系统，输入身份证号，即可完成缴费。二是学校收费查询对账更加方便准确。学校可随时通过自助缴费系统查询缴费情况。三是规范财政资金管理。通过在财政账户下设立子账户，实现学费即时缴入财政账户。

**【寿光市在潍坊率先启动海绵城市规划建设工作并顺利通过专家评审】** 寿光市从2016年1月开始组织编制《寿光市海绵城市总体规划》。9月29日，该规划通过潍坊市住建部门组织的专家评审，成为潍坊首个通过专家评审的县市。《规划》将该市划分市域与城区两级海绵分区，分区实施海绵城市的规划指引和管控，分类考核指标包含4类18项，核心控制指标为年径流总量控制率、雨水替代城市供水比例和径流污染削减率。力争到 2020 年，该市城市建成区 25%以上的面积达到年径流总量控制率 75%的要求；到 2030 年，城市建成区 80%以上的面积达到年径流总量控制率 75% 的要求。

**【圣城街道】** 地处寿光市城区，面积65平方公里，辖14个城市社区、70个行政村，总人口30万人。2016年，全街道实现地区生产总值181.58亿元，地方财政收入5.99亿元。

2016年，新开工万达广场、极地海洋世界、东关休闲文化一条街、全福元国际商务等现代服务业项目15个；对铁路公园、幸福路改造、健康路东伸、渤海路北出口、东关休闲文化一条街等5处市政工程和重点项目用地进行拆迁，拆除宅基地400多口，房屋、车间7.8万平方米，大棚132个，拆迁土地1050亩；安全监管上推行“网格化”常态管理，对辖区内的近万家生产经营单位、4100余户食品经营户、4个农贸市场、62个农村蔬菜交易市场实行全方位监管；遵循“互联网+社区”的理念，自主研发省内首家智慧社区服务平台——“寿光e社区”，举办线上活动6次、线下活动4次，粉丝量达15万人，上线15大类百余项业务；与城管执法大队合作，实施城管进社区活动，采取“村里拿一块、街道补一块”的模式，出资150万元，将32个村的村庄建设治理，交城管托管。

*党工委书记 马焕军*

*办事处主任 张其振*

**【文家街道】** 位于寿光市城区西部，面积69平方公里，辖56个行政村、14100户、人口5.7万人，耕地面积3000公顷。2016年，全街道完成地区生产总值42.4亿元，比上年增长11.23%；地方财政收入1.8亿元，比上年增长14.5%；实现工业销售收入288220万元、利税21232万元；第三产业增加值达到254120万元，增长10.55%；农民人均纯收入17800元。

基础稳固。街道引导农民流转土地800亩建大棚、吸引有种棚意愿的“外地”农民租地建棚，加快农业升级换代；推进“美丽乡村”建设，开展绿化造林，种植苗木6万余株，面积500多亩。

资源丰富。辖区内有全国最大的农产品物流中心——寿光农产品物流园；大型餐饮酒店万华大酒店即将运营，城西汽车销售市场形成规模；街道出台优惠政策，培强做大物流经济，半岛物流城现已吸引80余家物流企业入驻，寿光智慧物流公路港项目已运营，与传化物流已达成合作意向；电商经济发展良好，寿光CED电商聚集区，现有电商企业80余家，并成功协办全国县域电商峰会。

实力雄厚。街道辖区内晨鸣工业园基础设施完善，规模以上企业项目29家，形成造纸、窗饰、制药、精细化工、机械制造等主导产业为支撑的现代工业产业集群。

特色明显。文家街道素有“韭菜之乡”的美名；文家街道王家大庄村新天地果蔬专业合作社加工生产的“韭韵”牌韭花和韭菜酱。

*党工委书记 任光学*

*办事处主任 任玉章*

**【洛城街道】** 位于寿光市东城新区，面积142平方公里，辖118个行政村、3万户、总人口11.6万人，耕地面积8266.6公顷。2016年，全街道完成地区生产总值109亿元，比上年增长7.3%；实现地方财政收入3.7亿元；实现工业销售收入230亿元、利税25亿元，分别比上年增长2.4%和3.0%；第三产业增加值达到36亿元，增长0.3%；农民人均可支配收入达到19500元，增长9.6%。先后被授予“省级文明单位”“省级卫生镇”“省级旅游强镇”“潍坊市魅力城镇”等荣誉称号。

城市功能配套完善。东城新区建设“十纵十横”城市道路框架，建设教育、医疗、体育、行政、公园等15个重大配套工程。现代工业强势崛起。形成新能源、新医药、汽车制造、木业加工、纺织服装、食品六大支柱产业，街道现有规模以上企业87家，大中型企业10家。现代农业勇立潮头。种子研发、种苗培育、农业观光等产业初具规模，农业高新技术集成示范区特色鲜明，建立农产品质量监管体系；洛城特菜、浮桥萝卜、斟都彩椒、尧河长茄等知名品牌名扬四海。社区建设成效显著。实施20个城中村的“城市化、社区化”改造、5个村的土地挂钩试点和5个村的棚户区改造，已有25个村成功回迁。美丽乡村覆盖率达到92%。民生事业蒸蒸日上。建设东城世纪学校、现代中学东校区、东城医院等，让群众共享一流教育和卫生成果；新修镇村道路128公里，118个村实现“安全饮水工程”全覆盖，受益群众10万人。创新基层治理模式。东斟灌村村级治理“三自”管理经验全省推广，“网上阳光村务”“互联网+数字民生”模式、党群服务体系建设、产城融合等经验被中央电视台《新闻联播》、新华社、山东电视台、《大众日报》等媒体重点报道。

党工委书记 步宪群

办事处主任 李秀欣

【**古城街道**】 位于寿光市北部，面积85.8平方公里，辖61个行政村，1.5万户、6.1万口人。2016年，完成地方生产总值60.34亿元，财政收入4.02亿元，规模以上工业主营业务收入45.26亿元、利税4.74亿元，第三产业增加值达到22.7亿元。经济开发区蝉联省级经济（技术）开发区综合评价全省第一名。

突出产业项目，工业经济转型升级。全年完成固定资产投资33.45亿元；华鑫高压电机、泰昌秸秆综合利用、三洋钢木制品、巨能特钢原料场封闭、投巨能再生水回用等过亿元项目5个。

突出社区建设，城乡一体统筹发展。茗香苑社区、怡和苑社区商业综合体建设完成；罗桥社区、前疃社区一期建成入住；怡泽苑社区一期38栋已建设至标二层。提升基础设施配套，完成北洛镇区人行道及地下弱电铺装工程；两个镇区新安装LED高效节能路灯110盏；投资2000万元的兴业路拓宽工程建成通车；投资230万元完成徐更路等6条道路的改造。

突出大棚“两改”，掀起富农新征程。完成“两改”面积5400亩，新建100亩以上的农业园区14个，新建大棚620个，翻建大棚310个；蔬菜农残检测向前沿推进，设立村级检测室20多个。对全街道170家农资门店、156家蔬菜市场进行多次执法检查，共下达整改通知书290份，依法取缔无照经营农资业户2家，责令停业整顿1家，立案查处65起，行政罚款28.5万元。

突出美丽乡村，农村环境有效改善。绿化社区、村庄9个，栽种各苗木18余万株，实现三季有花、四季常青的景观效果。完成久一、袁官两个村、289户的旱厕改造任务。

突出民生事业，幸福指数不断攀升。投资2100万元的北洛小学投入使用；投资230万元对古城初中、北洛初中、古城小学的餐厅、操场、道路进行提升。开发区医院新配置100余万的新式医疗设备，投入26万元对义和、曹家等7个卫生室进行升级改造，为18个村配备更换文体器材。

党工委书记 付乐启

办事处主任 王伯元

【**孙家集街道**】 位于寿光市西南部，总面积78平方公里，辖78个行政村、16257户、6.1万人，耕地面积5466.7公顷。是“中国蔬菜大棚第一镇”“中国最佳生态文化旅游观光镇”“山东省旅游强乡镇”“山东省文明单位”。2016年，全街道实现地方财政收入9074万元，固定资产投入26.8亿元，同比分别增长13.5%、10.9%。

以阵地建设为突破，基层党建全面推进。2016年，全街道新建村级办公场所11处，改造67处，配齐办公设施，村级办公场所面貌焕然一新；在78个村级服务站全部安装监控系统，进行远程督查，提高农村干部坐班服务的自觉性。

以项目建设为核心，二、三产业转型升级。2016年，在寿北园区新建、续建过2亿元的工业项目5个，总投资12.8亿元。在城镇范围内新建、续建三产服务业项目7个，特别是新引进的爱能森清洁能源集中供热项目，开创冬季供暖的新模式；投资5000万元的金海湾自行车运动主题公园项目基本建成；投资2.1亿元的圣湖新天地养老项目、投资3亿元的地表水净水厂项目已全部办完相关手续。

以机制创新为动力，农业发展量质齐增。大棚“两改”成效明显。全街道共21个村流转土地6000亩，新建大棚1200多个；组织群众到其他镇街建设新园区，共流转土地600亩，建设大棚120个，实现大棚“两改”的全面推进；三元朱村品质蔬菜二次革命顺利启动。全村实现全员入社，通过加快蔬菜种、管、销环节的组织体系建设，推动绿色蔬菜推广种植。

以群众满意为标尺，民生事业齐头并进。投资1100万元，新建乐义实验小学，投入使用；投资2300万元，新建孙家集中心小学，完成主体；实施“天网工程”监控系统建设，安装电子监控探头596个，实现各社区、各村、各主要交通干道监控系统全覆盖；投资6000万元新建一般固体废物无害化处理场一处。

党工委书记 王　帅

办事处主任 李伟东

【**稻田镇**】 位于寿光市东部，西连东城新区，东接潍城区，是寿光市的东大门。全镇辖112个行政村、2.6万户、人口9.6万人，辖区面积137平方公里，耕地面积9533.3公顷。2016年，全镇完成地区生产总值37.9亿元，比上年增长8.6%；实现地方财政收入8115万元，比上年增长8.5%；规模以上工业企业完成产值21.7亿元，实现利税1.4亿元，同比分别增长8.5%和8.2%。

工业项目逐步推进。镇工业园区内喜玛龙蛋制品、田马果富氏年产15万吨酱油等5个项目建成投产；总投资4.5亿元的寿光东部物流中心动工建设；在寿北项目区引进众泰环保设备、玛博伦涂料2个过亿元的项目，建成并投产。

农业基础不断夯实。全年新建、改建大棚1800个，面积1.2万亩，建成规模园区32个。建成禾能生物科技、皓阳农业生物有机肥项目，年可处理蔬菜秸秆垃圾20万吨。

社会事业长足进步。投资1760余万元，新修董水路、马前路等镇村道路23条；投资120万元，新建官路、芳林院、赵庙等5处卫生室，改建西菜、南里等4处卫生室；投资2300万元的圣德养老服务中心项目建设完工，可同时容纳300人养老；总投资9000万元的稻田镇集中供热站项目一期建成并使用，受益群众达5600户。

党委书记 孙向前

镇　　长 苗光杉

【侯 镇】 位于寿光市东北部，面积218平方公里，辖86个行政村、1个居委会，3万户，人口10万人，耕地面积9750公顷。先后荣获“全国重点镇”“全国环境优美乡镇”“省级中心镇”“山东省历史文化名镇”“省级文明镇”“山东盐化工产业第一镇”等多项荣誉称号，并被确定为全省首批“百镇建设示范行动”示范镇。2016年，全镇完成地区生产总值79.4亿元，地方财政收入6.97亿元；实现工业销售收入302.3亿元、利税19.5亿元，分别增长4.7%和4.1%；第三产业增加值达到24.5亿元，增长6.3%。

工业经济量质并举。开工建设东方宏业橡胶新材料一体化、德隆废旧汽车拆解、昊华仓储物流等过亿元项目18个；率先推开化工产业“四评级一评价”工作，完成对全镇62家化工企业评级评价和定级分类；对增瑞化工、博苑医药等8家化工企业进行兼并重组。城市建设日新月异。坚持规划引领，编制完成全镇总体规划和五台社区总体规划，丰台岭新村、锦绣华城二期、侯一社区等在建社区进展顺利，推进路网建设，改造商贸街、二支路、王府路等20公里公路，实施镇区雨污分流、三线下地等管网工程。农业农村优化提升。推进大棚“两改”工作，开工建设7个100亩以上大棚园区，新建高标准大棚510个。人居环境得到明显提升。农村改厕任务提前三年完成，全镇参与改厕83个村共完成改厕10458套。党的建设持续加强。投资6000万元建设侯镇党群服务中心；有效整治9个软弱涣散村；搭建非公企业党建平台，成立侯镇海洋化工园区党委，实现非公企业党建工作全覆盖。

党委书记 张　帅

镇　　长 苗光盛

【纪台镇】 位于寿光市南部，北距寿光市区12公里，面积90平方公里，辖72个行政村、1.56万户，总人口5.65万人，耕地面积亩4933.3公顷。2016年，全镇共完成地区生产总值26.03亿元，比上年增长13.34%；实现地方财政收入3112万元，比上年增长11%；实现规模以上工业总产值9.25亿元、利税9038万元，分别增长11.6%和11.2%；第三产业增加值达到10.4亿元，增长8.36%；农民人均可支配收入1.72万元，增长12.2%。纪台镇是寿光的南大门，济青高速、济青高铁、308国道穿境而过，并设有青银高速186号出口，地理位置优越，区位交通优势明显。纪台镇为现代农业大镇，以种植优质长茄和黄桃著称，全镇共有蔬菜种植户1.4万余户，高温蔬菜大棚2.05万个，拱棚1万余个，户均大棚2个以上；沿弥河东岸一线以种植优质黄桃为主，黄桃种植面积发展到3000亩以上。

党委书记 刘玉玲

镇　　长 贾立生

【化龙镇】 位于寿光市西部，面积75平方公里，辖53个行政村、14709户、人口5.3万人，耕地面积5700公顷。2016年，全镇完成地区生产总值30亿元，实现地方财政收入5200万元；工业实现销售收入61.5亿元，利税3.2亿元，分别增长8.5%和8.8%。

2016年，化龙镇大棚“两改”遍地开花。在全市率先推进大棚“两改”，共流转土地6000余亩，规划建设前王、郝屯、板桥等大棚园区19个，建设高标准蔬菜大棚600多个，全镇大棚“两改”参与率达到67%。胡萝卜产业健康发展。引导加工企业、种植大户到河北、内蒙古、厦门等地建设种植基地5万亩，实现企业全年不间断生产加工。“美丽乡村”建设成效显著。共投入资金4500万元，第一批19个村全部完成，实现街巷全硬化，大街全绿化，第二批13个村完成街巷硬化。

党委书记 韩效启

镇　　长 李伟祥

【上口镇】 位于寿光市中部，面积80.6平方公里，辖65个行政村、19010户、人口6.9万人，耕地面积4629公顷。2016年，全镇完成地区生产总值32.7亿元，比上年增长6.77%；实现地方财政收入13265万元，比上年增长11%；实现工业销售收入882128万元、利税18411万元，分别增长-1%和-22%；第三产业增加值达到7.8亿元，增长9.38%。

窗帘窗饰产业是上口镇的支柱产业，窗帘窗饰加工企业发展到80多家，年产值20亿元，产品有30多个门类，1000多个品种，涵盖家居、办公、厂房、车饰、养殖遮阳等多个领域。2016年，上口镇启动占地300亩的窗帘窗饰产业基地建设，投资1.2亿元的天成铝百叶项目、投资7000万元的孚盛纺织项目落地开工并完成初建，举办2016中国（寿光）遮阳窗饰展览会，全方位打造窗艺时尚小镇。

全镇新建蔬菜大棚778个、6500亩，河疃、王留营、张留营3个村被评为寿光市大棚“两改”工作先进单位。美丽乡村建设稳步推进，10个村达到美丽乡村建设标准，付二村、杨家邵村、老庄村、南邵二村被评为全市美丽乡村建设先进单位，累计完成无害化卫生厕所改造5076户。在镇区投资1300万元新建集中供热站，镇区实现24小时统一集中供暖。开展“亮身份、当巷长”活动，1133名巷长上岗履职。

党委书记 王法顺

镇　　长 王秀忠

**【田柳镇】** 位于寿光市中北部，面积108平方公里，辖68个行政村，1.8万户，人口6.8万人，耕地面积6866.7公顷。2016 年，全镇完成地区生产总值31.3亿元，比上年增长7.02%；实现地方财政收入9147万元，比上年增长21.6%；实现工业销售收入682035万元、利税 58175万元，分别增长3.8%和-2.4%；第三产业增加值达到110739万元，增长8.85%。

促进工业转型升级。以资源循环利用和产业链高端延伸为重点，新建5个非化工项目和3个寿北建设项目。加强创新力度。推进新龙集团与北京化工大学合作的纳米千层膜系列产品项目和祥生CPVC系列制品项目，倾力打造以新龙、祥生为主导的高性能新材料产业基地。加强土地流转。流转土地8000多亩，新建规模化园区26个，建设高标准蔬菜大棚800多个。实施大棚“两改”。建立大棚“两改”数据库，发挥政府平台作用，为地和人牵线搭桥，以区域联动发展形成优势互补。推进村镇建设。投资180万元实施镇区亮化美化工程，新安装、维修路灯58盏，修整破损路面8000平方米，新建排水沟1000米。促进文化民生事业。成立镇志办，对全镇政治、经济、社会等发端、发展与现状进行全面详细的资料搜集，出版《田柳古今人物》，《田柳镇志》于2017年上半年可定稿出版。

党委书记 王桂芝

镇　　长 李青岛

**【营里镇】** 位于寿光市中北部，面积303平方公里，辖50个行政村、18829户、人口5.85万人，耕地面积8000多公顷。2016 年，全镇完成地区生产总值23.2亿元，比上年增长0.68%；实现地方财政收入16819万元，比上年增长16%；实现工业销售收入321311万元、利税32772万元，分别增长14.4%和12.1%；第三产业增加值达到108151万元，增长4.4%。是“国家级生态乡镇”“省级环境优美乡镇”“省级文明镇”“潍坊市级中心镇”。

资源蕴藏丰富。拥有滩涂5万亩，海岸线11.6公里，宜盐面积30万亩，年产原盐100多万吨，溴素1万多吨，是国内重要的原盐及盐化工生产基地。

镇域实力显著增强。规划建设占地千亩的寿北综合物流园区，形成新型能源、海洋化工、盐化工、现代物流、畜禽产品养殖深加工为主导的新型工业、服务业体系，限额以上企业达到36家。

现代农业成效显著。流转土地8700亩，新建农业园区12处以上，新增9家专业合作社、6家家庭农场，新建过百亩大型蔬菜园区4个、工厂化水产养殖360亩、500亩以上苗木园区4家。

党委书记 范福民

镇　　长 张　伟

**【台头镇】** 位于寿光市西北部，面积100平方公里，辖41个行政村、1.4万户、人口5.4万人，耕地面积6586.7公顷。2016年，全镇完成地区生产总值37.6亿元，比上年增长6.62%；实现地方财政收入1.74亿元，比上年增长25.3%；实现工业销售收入160亿元、利税12亿元，分别增长5.5%、6%；第三产业增加值达到7.7亿元，增长9.62%。台头镇境内凤凰台有“凤凰一栖成台”的优美传说，山东省第一个农村党支部诞生于该处，张玉山故居是寿光市革命传统教育基地。

台头镇现有规模以上工业企业53家，形成防水材料、橡胶轮胎两大特色产业。其中，防水材料年产5.8亿平方米，产销量占全国三分之一，山东省85%以上，是全国最大的新型防水材料生产基地，涌现出宏源防水、宇虹防水等一批行业龙头企业。橡胶轮胎年产3000多万套，全钢载重子午轮胎年产400万套，是潍坊市最大的全钢载重子午轮胎生产基地。全镇先后创成高新技术企业5家，创成中国驰名商标9个，山东省著名商标、山东名牌50个，先后获得“中国建筑防水之乡”“中国建筑防水产业基地”“国家火炬计划特色产业基地”“山东省互联网+产业强镇”“山东特色产业镇创新发展20强”等荣誉称号。

党委书记 张华胜

镇　　长 张成俊

**【羊口镇】** 2016年，羊口镇被评为全国社区教育示范镇、首批中国特色小镇、山东省新生小城市试点、山东省农村地区供暖试点镇。

工业发展方面，2016年实现工业总产值345亿元，地方一般公共预算收入收入10.15亿元。三大园区共新开工过亿元新型工业项目13个。神华国华寿光发电厂一期工程于11月全面建成投用；总投资12.7亿元的寿光港5000吨级航道工程7月通过省发改委核准，12月10日启动开工仪式。与山东大学合作建立新材料研究中心和成果转化中心，与中国水产研究院黄海水产研究所合作成立技术研究中心。

农业建设方面，流转7500亩土地，建设万亩良田示范园，规划高标准无土蔬菜大棚、经济苗木、生态公益林等板块，配套道路、灌溉和用电设施，引导群众改变种植结构，因地制宜发展高效农业。

城镇建设方面，争取山东省住建厅和农发行棚改试点，启动3520户和平社区棚户区改造项目，对镇区一半平房进行拆迁改造。投资1.2亿元，修建向阳路南伸、学府街东伸等12公里的道路，新栽补植苗木30万棵；投资2.2亿元开工水德园湿地公园和顺河公园。投资7000万元，铺设供暖管道39公里，实现镇区80万平方米集中供暖。

投资1500万元新建占地108亩的公共陵园，完成墓地搬迁。

民生建设方面，2016年羊口镇渤海实验学校、新区双语学校、杨庄小学和幼儿园、杨庄早教中心、学府早教中心6处学校相继建成投用，所有幼儿园全部创建为省级示范园，所有中小学全部为省级规范化学校。

党委书记 吴广兴

镇　　长 张天华

【双王城生态经济园区】 位于寿光市西北部，面积193平方公里，辖14个行政村，9200户，人口2.6万人，耕地面积12551.8公顷。2016年，全区完成地区生产总值5.94亿元，比上年增长17.39%；地方财政收入4930.6万元，工业实现销售收入8450万元、利税1802万元，分别增长18.2%和20.8%。

生态旅游产业发展迅速。洰淀湖景区水世界项目实现当年建设、当年运营。集中规划5000亩的垃圾焚烧发电、光伏太阳能清洁能源产业园区，总投资9.9亿元的景世乾光伏电站和总投资2.94亿元的昌盛日电光伏农业项目并网发电。林海生态博览园获“中国森林氧吧”称号。光大环保能源有限公司成为山东省工业旅游示范点、潍坊市科普教育基地、潍坊市循环经济示范点。

融资融智工作创新推进。打造鑫景旅游发展融资平台，吸引港投集团、福建新商道投资管理有限公司等社会资本参与生态旅游开发。与山东省农科院、青岛农业大学共建寿光湿地农业博士科研工作站和金鹿源梅花鹿产品研发中心。

基层党建工作合力推进。构建以园区、社区、村三级服务平台和干部直接联系服务群众为主要内容的党群服务体系，新建寇家坞社区党群服务中心。建立每个村由市、园区2级干部包靠的“1+2”联户机制，确保“双联双评”活动实效。开展“党员微行动”“学习研讨会”“永远跟党走歌唱比赛”等“两学一做”学习教育系列活动，得到潍坊市“两学一做”学习教育督导组的肯定。

民生事业发展扎实推进。投资1350余万元的牛头初中教学楼和卧铺小学餐厅投用，双王城教办代表山东为教育部提供义务教育均衡发展考察现场。

党工委书记 张春然

管委会主任 孙继业

（桑锦缃　杨　娟）

# 安丘市

【国民经济和社会发展概况】 2016年，全市完成地区生产总值308亿元、社会消费品零售总额169亿元，均是2011年的1.6倍。规模以上工业主营业务收入515亿元，年均增长10.7%。一般公共预算收入20.8亿元，是2011年的2.7倍。金融机构贷款余额和城乡居民储蓄余额分别达到317亿元、293亿元，是2011年末的2.3倍和2倍。城镇和农村居民人均可支配收入分别达到29465元和17168元，均是2011年的1.8倍。

*产业结构持续优化。*三次产业比例由19.3∶48.6∶32.1调整为18.7∶38.2∶43.1。推进6个市级产业园区建设，建成投资过亿元的工业项目145个。全市净增规模以上工业企业112家，主营业务收入过10亿元的企业10家。高新技术企业达到23家，高新技术产业产值占比25.8%；企业研发投入占比1.85%，提高0.8个百分点。各类技术创新平台达到88家，其中省级以上20家。股份制企业发展到92家，其中40家在资本市场挂牌。新增中国驰名商标、国家地理标志证明商标10个，山东省著名商标、山东省名牌产品25个，景芝酒业荣获全国质量奖。新认定潍坊市级以上农业龙头企业31家、“三品一标”农产品155个，被确定为全国出口食品农产品质量安全典型示范区和全国农业综合标准化优秀示范市。服务业重点项目顺利推进，齐鲁酒地文化创意产业园、盛大农产品交易市场、颐高电子商务产业园等项目建成运营，社会消费品零售总额增幅连续5年居潍坊县市区前列，服务业占比提高11个百分点，限额以上服务业企业发展到371家。金融产业稳健发展，存款余额净增216亿元，贷款余额净增182亿元，金融业税收1亿元，引进金融机构95家，金融中心建成使用。旅游业健康发展，建成AAAA级景区3处、AAA级景区5处，被评为省优秀旅游城市。电商产业逐步壮大，发展电商企业293家、网店1723家，年交易额118亿元。房地产业完成投入170亿元，新建商品房销售面积482万平方米。

*城乡建设成效显著。*投入城建资金35亿元，新修改造城市道路45条117公里、汶河大桥5座，实施大汶河、环城河、青龙湖、墨溪河等景观改造工程；建成青云山市民广场、新汽车站，对青云植物园、市体育场进行改造提升。“十大片区”改造和“百栋高层”建设顺利，新建高层建筑315栋，城市建成区扩大到58平方公里，绿化覆盖率达到40.5%。完成小城镇建设投入76亿元，景芝、凌河被评为全国重点镇，辉渠被评为全国特色景观旅游名镇和国家级宜居小镇。升级改造县乡道路200多公里，新修改造村级公路1377公里。建成农村饮水安全工程137处。启动建设农村新型社区35个，创建省级历史文化名村3个、传统村落6个、宜居村庄5个，城乡环卫一体化村居覆盖率、专业化托管率均达到100%。开展“六城联创”，创建为省级森林城市、省级园林城市，被评为山东省级文明城市创建工作先进市。

*改革开放推进。*深化“放管服”改革，取消整合行政许可事项14项，非行政许可事项全部取消，政务服务中心建成使用。“先照后证”“五证合一、一照一码”落实到位，新增市场主体3.9万个，占总量的52.3%。深化资源要素市场化配置改革，建立公共资源交易中心，公共资源招标、挂牌、采购等市场化配置机制完善。深化现代农业综合改革，农村土地承包

经营权确权登记颁证和集体资产改制工作基本完成，齐鲁农村产权交易安丘分中心挂牌运行完成“营改增”。推进国家基本药物制度改革和县级公立医院综合改革，3家试点医院实行药品零差价销售。建立统一的城乡居民基本医疗保险制度。卫生计生和市场监管机构改革全面完成。实施城乡建设用地增减挂钩7600亩、工矿废弃地复垦利用850亩，开发低丘缓坡未利用地6300多亩，获批各类建设用地24740亩，盘活闲置低效用地5100亩。9个创业创新孵化基地建成使用。引进院士、国家“千人计划”“泰山学者”9人。累计到位招商引资资金400亿元，利用外资1.76亿美元；完成进出口总额43亿美元。

**生态环境明显改善。**推进“三八六”环保行动，关停整顿排污企业62家，更新淘汰燃煤锅炉117台，淘汰黄标车13441辆，关闭自备井53眼。实施节能减排重点项目92个，30家企业通过清洁生产审核认定，完成节能减排刚性目标任务。建成市生活垃圾无害化处理场和景芝污水处理厂，对安丘市污水处理厂进行扩建，新建镇区及农村社区污水处理设施23处。实施汶河、洪沟河生态修复、卧龙闸除险加固等生态治理工程。完成成片造林23万亩，植树6600万株。治理水土流失面积154平方公里，成为全国水土保持监督管理能力建设县。

**社会事业全面进步。**民生支出占一般公共预算支出的比重达到86.5%。70件惠民实事全面落实。推进校舍标准化建设、破解“大班额”和“全面改薄”工程，投资17.2亿元，新建中小学校29处、改扩建56处，新建幼儿园48处，招聘教师1212名，通过全国义务教育发展基本均衡县验收。投资6.7亿元，建成人民医院新院一期、妇女儿童医院和颐乐园老年护理院，新建、改造养老机构14处，被评为全国计划生育优质服务先进市、国家级妇幼健康优质服务示范市和全国农村中医药工作先进单位。蝉联全国文化先进县。建设全民健身工程359处。增加支出1.7亿元，保证城乡低保、农村五保、居民基本养老保险等政策落实到位。新增城镇就业4.5万人，城镇登记失业率控制在3%以内。企业退休人员基本养老金提高43.9%。建设安置房5371套，新增公共租赁住房851套，分配经济适用住房420套。购置新型公交车70辆，建成公共自行车站点155个，投用公共自行车3480辆。面对连年干旱，投资1.2亿元，实施牟山水库应急供水和于家河水库管道调水工程，确保供水饮水安全。完成“六五”普法，创建为全国法治宣传教育先进市。创新推行“公开听证法”和“阳光议事日”制度，被评为全省信访工作先进市。推进“平安安丘”建设，加大安全生产和食品药品监管力度，实施“天网工程”。

**2016年，安丘市经济社会各项事业迈上新台阶。**一是经济发展稳中有进。预计全市地区生产总值同比增长7.3%，一般公共预算收入增长12.1%，固定资产投资、社会消费品零售总额、规模以上工业主营业务收入分别增长13.5%、12%和6%。实施投资过亿元的项目152个，建成56个。二是产业转型步伐加快。高新技术产业产值占比提高2.6个百分点。启动新一轮农业产业结构调整，完成“五调”面积13万亩。探索实施食用农产品产地准出二维码追溯制度，强化食品农产品安全保障体系。金融风险得到有效防控，不良贷款占比0.66%，新增贷款37亿元，金融业税收达到2.98亿元。创建为省电子商务示范县、省工业电商示范市、省休闲农业和乡村旅游示范市，被确定为全国农村产业融合发展试点示范县。三是城乡建设力度加大。投资7亿元，实施“一心、一绿、两桥、十六路、九大组团”城建工程。启动“一城一圈一区”生态建设三年行动计划，完成成片造林8.8万亩，新增城区绿化面积28万平方米。顺利通过省级卫生城市复审，创建为省节水型城市。四是改革开放继续深化。完成不动产统一登记和党政机关公务用车制度改革，公车数量压减45.1%。大葱目标价格指数保险试点工作成效明显，投保面积达到7.3万亩。抓好国家级自贸协定出口实施示范区建设，出口企业享受自贸伙伴关税优惠7900万元。五是民生保障更加有力。新安丘一中建设顺利，启动迁建安丘二中。人民医院创建为三级综合医院，妇女儿童保健中心投入使用。新建改造基层综合性文化服务中心147处，全国农村公益电影标准化放映现场会在潍坊市召开。完成棚户区改造1540户，拆迁改造面积22万平方米。发放小额担保贷款4.3亿元，财政贴息1177万元。投入扶贫资金4779万元，31个省定贫困村、9855名贫困人口实现脱贫。

**【安丘经济开发区】** 位于安丘市北部，是1992年经山东省政府批准设立的省级开发区、面积55平方公里，辖18个行政村，9283户、人口3.06万人，耕地面积2448.4公顷。2016年，全区完成地区生产总值63.62亿元，比上年增长106.6%；地方财政收入4464万元，比上年增长33.1%；工业实现主营业务收入627771万元，利税19177万元，分别增长91.8%和33.7%；第三产业增加值达214万元，增长4.3%；农民人均纯收入12446元，增长5.6%。

招商引资成效明显，重点项目加快建设。新引进投资过亿元大项目2个，分别是总投资50亿元的潍坊国林家居科技园项目、总投资6.6亿元的蜡油加氢裂化和润滑油调和项目。潍坊国林家居科技园项目由国务院国资委管理的中央企业中国林业集团公司投资建设，规划占地3000亩，总投资50亿元。其中，一期投资16亿元，占地1000亩，建筑面积55万平方米。总投资37.7亿元的闰成石化项目已完成投资19.8亿元，基础油装置和加氢制氢装置已建成投产，硫黄装置已完工，蜡油加氢裂化和润滑油调和项目正加快建设。齐鲁酒地文化创意产业园已完成投资

12亿元，完成建筑面积14万平方米、绿化面积1000余亩。总投资10亿元的华汶实业已完成投资6亿多元，新上9条生产线并全面投产运营。

党工委常务副书记、
管委会主任 牛茂荣
党工委副书记、
管委会副主任 郝建华

【新安街道】 办事处位于安丘市北新区，面积74.78平方公里，辖25个行政村、11307户、人口4.2万人，耕地面积3223公顷。2016年，街道完成地区生产总值24.8亿元，比上年增长7%；地方财政收入1.03亿元，比上年增长20%；工业实现主营业务收入96.7亿元，利税5.8亿元，分别增长8.2%和7.1%；第三产业增加值达6.7亿元，增长7.6%；农民人均纯收入15989.6元，增长10%。

工业经济稳中有升。街道纳税企业761家，发展起机械加工、复合材料、化工医药、食品加工、服装纺织等5大支柱行业，规模以上工业企业94家，完成公司规范化改制企业8家，四板挂牌企业4家，实施腾笼换鸟项目6个，盛宝传热、特珐曼药业分别获批建设潍坊市工程技术研究中心、组建潍坊市重点实验室；蓝想环保科技“预冷蒸发式空冷器”被认定为“山东名牌产品”；鼎正机械“鼎正DINGZHENG”商标、信川机械“信川机械及图”商标成为山东省著名商标。

项目建设扎实推进。新引进过亿元项目3个，完成招商引资认定4.3亿元。海立方、三洋电缆等在谈项目10个。尧丰、坤德等4个农庄效益初显，西湖庄园等6个庄园开工建设，和甫农庄列为安丘市2016年农村第一产业、第二产业、第三产业融合试点单位。

发展环境不断优化。新修建黄山路西延、鼎正街西延、昌盛路南延、渠风工业科技路、生态绿色长廊共5条城乡道路。完成岔河子片区改造323户群众安置。付家庙子棚户区改造项目先后为山东省建设厅、潍坊市政府、国开行等领导提供棚改检查现场。完成潍日高速道路清障、汶河北岸改造提升等项目拆迁3600多亩。

党工委书记 贺纯栋
办事处主任 孙志杰（12月止）
徐志刚（12月起）

【兴安街道】 位于安丘市中北部，面积150平方公里，辖59个行政村、68767户、人口24万人，耕地面积6400公顷。2016年，街道实现境内税收2.39亿元，其中，国税收入1.26亿元；地税收入1.13亿元；实现地方财政收入1.46亿元，实际可支配财力3922万元。77家规模以上工业企业实现主营业务收入41.3亿元，97家限额以上服务业企业实现主营业务收入28.9亿元，完成固定资产投资29亿元，同比增长2.9%。

突出工业主导地位。规划建设先进制造产业园、农产品深加工产业园等园区。2016年，引进过亿元项目2个，认定招商引资额4.06亿元，新增限额以上工业企业6家。开展“企业技改年”活动，组织辖区内200多家企业开展“互联网+”、创新驱动等主题培训班，增强转型升级的主动性。

繁荣发展现代服务业。依托双丰路3000亩服务业园区，全面加快颐高商城、盛大农产品交易市场、汽车城、翰沃城等一批重点服务业项目建设。投资700多万元对鑫牛市场、白芬子姜蒜批发市场、锦昊果品市场等原有市场进行上档升级。

提升发展现代农业。开展农产品“两抽检一服务”工作，抽检农产品样本8000余个，合格率达100%。探索产地准出及二维码追溯工作，保证农产品质量安全。总投资1500万元的千亿斤粮食项目投入使用，可为葫芦埠等16个村解决1万亩土地的灌溉问题。

突破城市建设。完成潍日高速公路拆迁、健康路西通、金临路拆迁等6条市政道路的拆迁清障；完成汶河上游拆迁改造、特高压线路拆迁2个社会事业项目的拆迁，全年共完成拆迁清障3088亩。启动小庄子、南关、东小关等6个村居、417户、336亩土地的棚户区改造任务。

统筹发展社会民生事业。建设白芬子学校小学部实验楼一栋、初中部教学楼一栋，已完工投入使用。为3600名适龄妇女进行免费“两癌”筛查；为14000名65周岁以上老人进行免费健康查体。街道原有建档立卡贫困户228户、472口人，通过动态调整脱贫144户、306人，脱贫比例64.83%。

党工委书记 冷文清（12月止）
谢谦彪（12月起）
办事处主任 王旭光（12月止）
李义周（12月起）

【大汶河旅游开发区】 位于安丘市东北部,面积97平方公里，辖58个行政村、1.7万户、人口7.2万人，耕地面积4867公顷。2016年，完成地区生产总值22.16亿元，比上年增长11%；地方财政收入5266万元，比上年增长12.49%；工业实现主营业务收入9.9亿元，利税1亿元，分别增长4.2%和3.7%；第三产业增加值达22150万元；农民人均纯收入1.4万元。

西部城区立足区位优势，实施赵家村、孟五里、马家庄3个城中村改造，建设青云润景、青云瑞景、大华中央城、江山一品、尚水名邸、青云国际城等现代化住宅小区，落户金融中心、墨熙鼓巷、博雅艺术城等服务业项目。中部依托青云山民俗游乐园和青云湖景区，做好青云山东片区的开发建设工作，共流转土地5000多亩，建成花田林海一期、二期项目。东部平原形成蔬菜、林果、苗木三大主导产业，种植大姜、大葱、芦笋等高效作物面积4万亩。建成占地1000亩的贾家王封高端农业示范园区，建成高标准119型立柱温室大棚300个，年产无公害黄瓜、西红柿等蔬菜800万公斤，实现产值4000万元。丘陵以发展林果业为主，种植梨、杏、苹果、蜜桃、大樱桃等2500亩。

党工委书记 郑可德（9月止）
王嘉斌（10月起）
管委会主任 毛永东（6月止）

李义周（7月起，
12月止）
徐振军（12月起）

【景芝镇】 位于安丘市东南部，面积217平方公里，辖135个行政村、3.5万户、人口16万人，耕地面积13266公顷。2016年，全镇完成地区生产总值82.5亿元，比上年增长8%；地方财政收入57643万元，比上年增长13.97%；工业实现销售收入759000万元，利税36000万元，分别增长17.8%和15.2%；第三产业增加值296000万元；农民人均纯收入23977元。

产城融合水平明显提升。全镇形成生态酿酒、食品加工、彩印包装、工艺品加工、鞋帽服装、机械制造、新材料化工七大支柱产业。工业方面，全镇共有工业企业264家，规模以上工业企业51家。共引进工业项目9个，总投资9.6亿元，超额完成招商引资任务。农业方面，实施高标准农田、小农水重点县、千亿斤粮食等重点项目6个，流转土地1.2万亩。新发展农民专业合作社27家，家庭农场11家，总数分别达到297家和146家。服务业方面，限额以上服务业企业达28家，实现主营业务收入4.8亿元。新上服务业项目6个，其中，中百超市景新店、景盛汽车检测线、速八连锁酒店建成投入使用。以创新创业孵化器为依托，吸引"芝麻开花"电商服务站及15家电商入驻，全镇新发展电商企业、网店30多家。

基础设施不断完善。新修文圣街东段、园区一路南段，改造景酒大道西段等6条5.8公里的道路，学府社区东区一期8栋楼竣工。完成6条镇区道路绿化工程，栽植绿化苗木4万棵，新增绿地面积1.4万平方米，完成成片造林2200亩。

社会事业统筹发展。开工建设职工子弟新校、葛家庄小学、教育园区幼儿园等8个学校、幼儿园项目，改造提升社区医疗卫生室8个。脱贫人口达到贫困人口总数的65%。加强农产品质量检测，建成15个农产品检测站，2辆流动检测车，实现二维码追溯和数据即时上传，完成检测种植类产品1.1万个。

党委书记 王加利（12月止）
孙志杰（12月起）
镇　　长 周作刚（12月止）
王振堂（12月起）

【凌河镇】 位于安丘市西部，面积180平方公里，辖145个行政村、2.6万户、人口12万人，耕地面积7800公顷。2016年，全镇完成地区生产总值45.02亿元，比上年增长7.2%；地方财政收入3401.03万元，比上年增长11.8%；限额以上工业企业实现主营业务收入472089万元，利税15003万元，分别增长13.0%和8.2%；第三产业增加值达87780万元，增长10%；农民人均纯收入 15946元，增长15%。

经济转型升级深入推进，综合实力和发展质量显著提升。2016年，有亚华生物等4个项目落户市、镇工业园区，实现招商引资1.3亿元。另有新希望六和等5个项目开工建设，完成投入5.8亿元。

基础设施显著改善，城乡品质不断提升。重点新投资1500万元实施镇区改造提升工程；积极推进城市生态圈建设，全年造林绿化面积3900亩；加快推进新型社区建设和土地整治挖潜。总计拆迁210户、拆迁复垦面积196亩。

党的建设全面加强，党组织创造力、凝聚力、战斗力显著提升。改造提升社区服务中心6处。社区干部24小时值守服务实现常态化。全面加强村级组织建设，"阳光议事日"活动成为各村每月的"规定动作"，践行"一联四帮一评"为民服务机制成为党员干部的自觉行动。

党委书记 郑建成
镇　　长 周建业（6月止）
毛永东（6月起）

【石埠子镇】 位于安丘市西南部，由原石埠子镇、庵上镇、召忽乡合并而成，面积156平方公里，辖67个行政村，100个自然村、6.7万口人，耕地6134公顷。2016年，完成镇级财政收入2644万元，增长42.1%；固定资产投资11.27亿元，增长18.2%；限额以上工业企业17家，实现主营业务收入7.8亿元；居民储蓄余额11.2亿元。

工业方面。建设以山水水泥为中心的召忽工业园和以汇香园食品、润鼎食品为代表的镇西食品加工工业园；发挥自然资源优势，引进投资5亿元的中广核风电、投资12.4亿元的惠永140兆瓦光伏发电、投资8.5亿元的恒泰新能源风电等项目，在市工业园区，建成奥瑞环保、华品生物、埃及建材、弘大气凝胶等项目4个。

农业方面。种植业上，优化产业结构，形成以3万亩樱桃、2万亩草莓、2万亩大桃为主的良好格局；同时，全力推进土地流转，2016年共流转土地13710亩，打造樱花谷休闲度假园区等特色农业示范基地。

服务业方面。发挥旅游资源优势，打造国家AAA级景区—书院风景区、省级重点保护文物庵上石坊、召忽墓、崔家官庄和罗家官庄古村落等特色景点。成立电子商务服务中心，着力发展线上线下经济，2016年交易量达3000万元。

党委书记 肖　明
镇　　长 赵宇乐（12月止）
崔　娜（12月起）

【大盛镇】 位于安丘市西南部,面积76平方公里,辖62个行政村、1.04万户、人口3.6万人，耕地面积3733公顷。2016年,全镇完成地区生产总值14.6亿元,比上年增长20%;地方财政收入2572万元,比上年增长189%;工业实现主营业务收入84000万元,利税3075万元,分别增长10%和251%;第三产业增加值达1200万元,增长14%;农民人均纯收入12500元,增长9%。

党委书记 戴　军（12月止）
代锋军（12月起）
镇　　长 代锋军（12月止）
王　伟（12月起）

【辉渠镇】 位于安丘西南部,踞市区25公里，面积206平方公里，共1.9万户、人口6.7万人，耕地面积5867公顷。2016年，全镇完成地区生产总值19.8亿元，比上年增长6.7%；地方财政收入2153万元，比上年增长17.7 %；工业实现主营业务收入5.69亿元，利税2174万元；第三产业增加值达9428万元，增长10.9%；储蓄余额89459万元。

“飞地经济”成效显著。引进歌尔精密制造、舜泽机械、科磊包装、潍坊喜力电气4个过亿元项目，总投资38.9亿元。乡村旅游迅速发展。留山景区建成游客接待中心、留山宾馆、裕龙泉水业，红色教育基地、刘裕纪念馆、现代生态农业园区等项目正在建设中。歌尔庄园重点建设花田、苗木基地、拓展中心等项目。金牛泉景区完成法兴寺大殿及寮房建设。辉渠桃花节、有子文化节共成功举办八届。城镇化建设稳步推进。建成钓鱼台等小区6个、安置楼29栋，共搬迁1361户，完成莲花官庄等8个村整体搬迁和西黄家庄等7个村部分搬迁。社会事业建设不断完善。建成辉渠小学、辉渠特色幼儿园。通过产业扶贫，全镇1073户、2355人实现脱贫。完成滨河路、旅游路等道路柏油施工。建成全市第一家覆盖全镇的天网工程。

党委书记 房师靖（12月止）
王旭光（12月起）
镇　　长 郭　伟（7月止）
李伟臣（7月起）

【郚山镇】 位于安丘市西南部，面积113平方公里，辖54个行政村、10900户、人口3.8万人，耕地面积4000公顷。2016年，全镇完成地区生产总值21亿元，比上年增长7.6%；地方财政收入2100万元，比上年增长4.2%；工业实现主营业务收入105000万元，利税12000万元，分别增长4.3%和4.9%；第三产业增加值达91500万元，增长9.2%；农民人均纯收入13600元，增长7.9%。

工业经济势头良好。风力、光伏等新能源产业持续发展，山东金鸿新材料公司成为安丘市第一家新三板上市企业。现代农业成效明显。核桃、大桃、苹果、大樱桃、爱心果等干鲜果种植面积达6万多亩，瓜菜大棚1.2万亩。五龙山景区和古火山国家森林公园是国家AAA级景区，五龙湖景区是国家AA级景区和省级水利风景区。全镇有中国乡村旅游金牌农家乐1户、山东省好客人家星级农家乐2户、“潍水人家”品牌示范户6户。城镇建设日新月异。建设滨河、南逯、墨黑3个新型农村社区及小城镇配套设施。

党委书记 谢谦彪（12月止）
张乐涛（12月起）
镇　　长 徐志刚（12月止）
唐永萍（12月起）

【石堆镇】 位于安丘市东部，面积67平方公里，辖47个行政村、10600户、人口3.9万人，耕地面积4267公顷。2016年，全镇实现地方财政收入1603万元，同比增长9.8%;完成固定资产投资10.1亿元，同比增长16.2%;规模以上企业主营业务收入5.2亿元，同比增长15.6%;利税3865万元;农民人均纯收入16165元，同比增长7.9%。

经济持续快速发展。规划建设富东、宿家埠、步云岭3个工业园，共落户工业企业42家。全镇工业企业发展到58家，其中，规模以上企业8家，形成机械制造、环保设备、电子电器、木器加工、食品加工等主导产业。

现代农业实现新发展。发展专业合作组织85家，培育阿乐西瓜、东河洼黄金梨等8个农业品牌。“三品一标产品”面积达到1.2万亩。严格落实产地准出二维码追溯管理制度，已检测各类农产品样品1640个。

现代服务业有新突破。发展电子商务，打造博创科技、锦霖电子商务2家电商平台。发展乡村旅游，建设步云岭休闲生态园，打造集田园观光、果园采摘、劳动体验、休闲娱乐于一体的休闲生态园区。

城镇化建设水平明显提升。全镇规划建设甘泉、中心、河洼3个社区。其中，甘泉社区建设安置楼28栋，安置兵马营、甘泉、店子、阿洛4个村600户、2200名群众；中心社区建设安置楼8栋，共安置邵家庄、王集2个村185户、750名群众。河洼社区建设安置楼5栋，共安置东河洼、西河洼2个村92户、350名群众。

党委书记 李全峰（6月止）
肖　庆（12月起）
镇　　长 闫文修（12月止）
王德平（12月起）

【柘山镇】 位于安丘市西南部，面积156平方公里，辖41个行政村、9998户、人口2.9万人，耕地面积7087.1公顷。2016年，全镇完成地区生产总值0.53亿元，比上年增长64.5%；地方财政收入3225万元，比上年增长223%；工业实现销售收入14474万元，利税1141万元，分别增长5.1%和29.8%；第三产业增加值8008万元;农民人均纯收入15000元，增长19%。

工业方面。完成科信达重工环评，取得进网许可,加快中阿新能源汽车架、鑫睿光伏支架等项目投产达效；引入升旗、德众等4家物流公司，实现税收32.8万元；完成鲁派公司与武汉轻工业学院花生肽提取科技成果合作项目；加快126兆瓦风电项目、30兆瓦光伏扶贫项目的立项动工建设。

农业方面。重点调林调果20000亩，新流转土地5000亩，发展兴旺沟茄子大棚、西古庙扁豆大棚56亩，建成家庭农场和家庭林场10家，培育示范合作社2家。打造柘山山货的“原产地直销”品牌，华家宅懒汉小米、解家沟板栗地理标志产品完成申报。打造秋峪林果、夏家沟牡丹园观光农业等4个融合示范园区。

生态建设方面。落实生态补偿办法，打造摘药山万亩林场、曹家河千亩速生林场等项目，开展老子村、闫家河等7处独具特色的“美丽小村”工程，12个生态文明示范村和500户改厕任务，共栽植各类苗木1.96万亩，获得

“山东省生态旅游示范镇”“潍坊市森林镇”等荣誉称号。

乡村旅游方面。推进柘山乡情生态旅游项目建设，房车营地、窑洞酒店、梦幻之星已陆续入场。“柘乡人家”农家乐提档升级，新建高档农家乐5处、游客接待办公楼1处、卫生标准化厕所1处，20个温室大棚栽植草莓苗15万余株，同时建设生态观光区、五谷识别区、农耕体验区、养生文化区，供游客观赏。2016年，张家宅村被评为“潍坊乡村旅游标杆示范村”荣誉称号。

党委书记 刘庆玲（12月止）
王晓丽（12月起）
镇　　长 王晓强（7月止）
苑衍强（7月起）

**【官庄镇】** 位于安丘市南部，镇域面积125平方公里，辖59个行政村、14236户、人口5.6万人，耕地面积8334公顷。2016年，实现财政收入1109万元，同比增长27%；完成固定资产投资105700万元，同比增长17.5%；规模以上工业主营业务收入130782万元，同比增长9%，上缴税金834万元，同比增长8%，利润2846万元，同比增长9%;农民人均纯收入14021元。

工业方面。新引进落户市重点园区过亿元的多特机械项目1个，新引进落户镇域内过千万项目聚兴食品、宜家福食品2个，招商引资完成1.46亿元，任务完成率292%。全镇规模以上工业企业达到17家，形成机械制造、纺织服装、食品加工、饲料加工为主的支柱产业。

农业方面。2016年，全镇农业产业结构调整总面积15857亩，流转土地6321亩。规划农场农庄36处，打造万芳果蔬、中国食品谷寨庄基地、长生源生态农场、佳有喜柿等休闲农庄7个。加强食用农产品产地准出，建立标准化、规范化检测室6个和流动检测车1台。在潍坊创建国家食品安全城市工作中，官庄镇4个检查点代表安丘接受省级检查验收。

服务业方面。全镇限额以上服务业企业达到7家。引进潍坊沐轩节能科技有限公司等分支机构3家。新增农村淘宝官庄店、管公店等电商4家，总数达到12家。在律南路和安孔路两侧大力发展现代农业园区、林果基地产业，规划三产融合发展项目7个，打造集休闲采摘、餐饮娱乐、农事体验于一体的庄园美丽乡村游板块。

城镇化建设方面。2016年，启动刘家营、河南管公、官庄西村、别家屯4个村棚户区改造，计划搬迁633户、2362口人；新建设4处农村社区服务中心；完成潍日高速、央赣路拓宽改建和500千伏特高压线路拆迁清障任务。

民生事业方面。连续四年在安丘市满意度测评中位居前列。投资400万元，新建1万平方米的标准化体育场；投资500万元新建花家岭、坡庄幼儿园；投资1068万元，开工建设5144平方米的医养结合项目；改造提升社区医疗卫生室2处；2016年，全镇脱贫68户、154人。

党委书记 张宪宝（6月止）
郭　伟（6月起）
镇　　长 毕青君

**【金冢子镇】** 位于安丘市东南部，西临兴安街道，南临景芝镇，北与大汶河旅游开发区接壤，东与石堆镇相邻。面积82.5平方公里，辖56个行政村、11514户、人口4.14万人，耕地面积5436公顷。2016年，全镇完成地方财政收入1114.8万元，比上年增长136%；工业实现主营业务收入6亿元，利税1124万元，分别增长-8.56%和136%；第三产业增加值达1.23万元，增长10%；农民人均纯收入12464元，增长2.6%。

境内交通便利，区位优势明显，南北以206国道、金临路、永安路南延、文化路南延，东西以南环路、甘白路、律南路，形成东西南北四通八达的道路网络。建成安丘市级重点工业园区——金安产业园和东城工业园，形成以机械制造、食品加工等为主的支柱产业。实施3000亩的大姜种植示范基地、5500亩小农水重点县项目和2.27万亩高标准农田整理3个农业项目；建设金南农业生态观光示范园、团埠村果蔬大棚种植基地、紫苏休闲农庄等8个现代农业园区、庄园；发展农场29个，合作社77个；建成3个大型养殖场，其中润城肉鸭存栏24万只。

金冢子镇先后获得“山东省生态镇”“山东省科普村村通示范镇”“山东省文明示范镇”等荣誉称号。

党委书记 马康谊（12月止）
周作刚（12月起）
镇　　长 王晓丽（12月止）
李新军（12月起）

（辛立兴）

# 高密市

**【国民经济和社会发展概况】** 高密市位于潍坊市东端，东与青岛市接壤，全市总面积1526.63平方公里，年末户籍总人口为89.3万人。全年实现生产总值623.18亿元，比上年增长8.2 %。其中，第一产业增加值51.18亿元，第二产业增加值314.27亿元，第三产业增加值257.73亿元。固定资产投资563.24亿元，公共财政预算收入48.05亿元，公共财政预算支出51.88亿元，社会消费品零售总额208.98亿元，进出口总额133.61亿元。城镇居民人均可支配收入33262元，农村居民人均可支配收入15589元。年内，获得“中国楹联文化城市”“全国法治宣传教育先进县(市、区)”“国家级妇幼健康优质服务示范市”“省级生态市”“全省双拥模范城”“全省现代畜牧业示范县”“山东省首届书香之乡”“全省群众满意村级公路网化县”等荣誉称号。在第十六届“全国县域经济与县域基本竞争力百强县”评价中居62位。

**农业。** 2016年，全市粮食播种面积195.27万亩,增长3.1%；全年粮食总产量83.35万吨,下降3.9%。油料作物播种面积8.93万亩,增长5.6%,总产量2.85万吨，下降5.9%；蔬菜面积25.01万亩，下降3.4%，总产量99.86万吨，下降3.5%。全市完成造林面积1200公顷，其中，新增防护林750公顷，用材林365公顷，经济林85公顷；育苗140公顷；改善农田林网550公顷，四旁植树350万株。全年完成植树造林800万株，林木覆盖率达到38.5%。全年生猪出栏162.91万头，增长6.6%；家禽出栏5207.24万只，增长2.1%。大牲畜存栏10.13万头，与上年持平；猪存栏78.15万头，增长0.5%；羊存栏20.11万只，增长7.5%；家禽存栏1535.04万只，增长6.8%。肉类总产量20.85万吨，增长5.2%；禽蛋产量4.09万吨，增长6.4%。年末全市农业机械总动力达146.72万千瓦，按可比口径计算，比上年增长4.5%。联合收割机5324台，增长6.3%；拖拉机机引农具75486台(套)，机具配套比达1：2.27。全年完成机耕、机播、机收作业面积分别为6.65万公顷、14.74万公顷、14.12万公顷。全年有效灌溉面积达到68673.3公顷，占总耕地面积的比重为72.0%；完成水利建设投资6.1亿元，峡山水库至城北水库管道输水工程、“引黄入高”应急调水工程顺利完成，孟家沟水库、王吴水库除险加固二期工程加快推进。

**工业、建筑业**。2016年，全市规模以上工业企业达到522家，实现工业总产值1865.5亿元，同比增长8.6%；工业增加值可比价增长8.8%；实现主营业务收入1854.9亿元，增长8.2%；产品销售率为99.4%；实现利税164.1亿元，增长4.4%，其中利润总额107.8亿元，增长5.1%。纺织服装、装备制造、制鞋劳保、食品加工、化工建材五大产业集群企业发展势头迅猛，企业个数发展到431家，完成工业产值1541亿元，占规模以上工业总产值的比重达到82.6%，对工业经济的贡献率高达91.2%，拉动工业经济增长7.9个百分点，是拉动工业经济增长的主要力量。以豪迈科技、恒涛节能、金永和精工制造为代表的高新技术产业企业发展势头持续向好，全市高新技术产业企业实现产值475.5亿元，占规模以上工业企业总产值比重为25.49%，比上年提高2.07个百分点。2016年年末，40家三级资质以上建筑施工企业从业人员10611人，全年房屋建筑施工面积354.08万平方米，竣工100.57万平方米，实现总产值41.54亿元，增长12.2%。建筑业实现增加值19.14亿元，按可比价格计算，增长7.0%。

**固定资产投资**。全市完成固定资产投资总额563.24亿元，增长13.6%。一、二、三产业分别完成投资额13.10亿元、323.65亿元和226.50亿元，分别增长1.5%、19.2%和7.1%，三次产业投资比重由2015年的3.43：48.49：48.08调整为2.33：57.46：40.21，三产投资比重有所下降，二产投资对全市固定资产投资的拉动作用更为强劲。2016年，高密市完成基础设施投资44.62亿元，增长40.1%。其中，东北乡文化旅游项目、孟家沟水库项目等基础设施投资项目进展顺利。全市房地产开发完成投资34.64亿元，增长3.1%，其中，住宅投资30.52亿元，增长7.1%。全年商品房施工面积435.85万平方米，增长4.8%；商品房销售面积63.52万平方米，增长29.9%；销售额26.78亿元，增长31.7%。

**国内外贸易**。2016年，全市实现社会消费品零售总额208.98亿元，增长12.0%。其中，乡村市场实现零售额49.17亿元，增长14.3%；城镇市场实现零售额159.81亿元，增长11.3%；乡村市场发展快于城镇市场。分行业看，批发和零售业实现零售额198.62亿元，增长12.2%；住宿和餐饮业实现零售额10.36亿元，增长9.5%。全市完成进出口总额133.61亿元，增长4.1%。其中，出口94.5亿元，增长0.9%；进口39.11亿元，增长12.7%。2016年，全市合同利用外资10.64亿元；实际到账外资7.03亿元，增长22.9%。

**交通运输、邮政电信**。全年完成交通基础建设投资6.8亿元。2016年年末全市公路通车里程达4210.6公里，其中，国道31.3公里，省道125.8公里，县道336.3公里，乡道283.7公里，村道3433.5公里，公路密度达275.92公里/百平方公里，公路养护里程4210.6公里。全市营业性机动车辆7731辆，其中，客车245辆，货车7486辆。全年完成客运量610万人次，客运周转量4.63亿人公里；完成货运量2605.9万吨，货运周转量57.28亿吨公里，增长4.4%。全年完成邮政业务总量5505.05万元，比上年增长21.6%。全市年末各类电话总计102.56万部，其中，移动电话92.55万部，固定电话10.01万部。移动电话普及率为103.61部/百人，固定电话普及率达到11.21部/百人。互联网用户达到19.6万户。

**金融**。2016年，全市金融机构对实体经济的支持力度进一步增强，各项存款余额达到485.62亿元，较年初增加91.82亿元，增长23.3%。其中，住户存款余额达到316.45亿元，较年初增加41.73亿元；非金融企业存款余额139.38亿元，较年初增加41.73亿元，增长42.7%。各项贷款余额360.96亿元，较年初增加18.52亿元，增长5.4%。其中，住户贷款118.70亿元，较年初增加6.88亿元，增长6.2%；非金融企业及机关团体贷款242.26亿元，较年初增加11.64亿元，增长5.1%。2016年年底，全市共完成改制企业133家。环丰食品、永平再生资源在“新三板”挂牌，振泰集团等52家企业在齐鲁股权交易中心挂牌，康麦源食品在蓝海股权交易中心挂牌。企业通过公司债券、短期融资券、中期票据、资产证券化项目实现直接融资41.05亿元。2016年，新设民资机构1家、新型农村合作金融组织5家，各类地方金融组织达到23家，累计为实体经济提供资金支持近10亿元。

**科技、知识产权和质量监督**。2016年，全市新上科技计划项目47项，其中，省级项目2项，潍坊市级13项，本市32项，争取项目无偿资金和科技奖励资金999万元。全年共获得潍坊市科技进步奖10项，其中，重大科技创新奖1项，二等奖7项，三等奖3项。新审批潍坊市级以上企业研发机构21家，其中省级企业研发机构5家。全市共申请国内专利1636件，比上年增加

634件；专利授权总量612件，比上年增加39件。其中，发明专利申请464件，发明专利授权73件。2016年新创山东名牌产品3个，总量达到25个；新增山东省服务名牌2个，总量达到3个；地理标志保护产品1个，农产品地理标志登记产品3个。行政认定驰名商标达到11件；新认定山东省著名商标2件，总量达到31件；地理标志证明商标总量1件。国家级“守合同重信用”企业达到5家，省级41家，市级53家。

教育。全市共有各类学校151处，在校学生122146人。其中普通中学35处，在校学生44151人；职业中学4处，在校学生11641人。九年义务教育巩固率达到99.8%。第一实验小学、柴沟中学等23所中小学(幼儿园)建成并投入使用，新增校舍6.62万平方米。

文化。2016年，成功举办第七届中国(高密)红高粱文化节和第二届红高粱文化奖评选,茂腔《红高粱》荣获第九届“泰山文艺奖”，高密被文化部授予的“中国民间文化艺术之乡”荣誉称号。全市公共文化基础设施不断完善提升,市文化馆被文化部公布为“国家一级馆”,镇级图书馆实现100%全覆盖,为277处农家书屋增设数字设备40套,更新书籍32040册，36°微电影产业基地被授予“山东省新闻出版广播影视产业重点基地”称号。群众文化活动丰富多彩,举办大型文化活动120多次,送戏下乡1291场,放映公益电影9264场。

旅游。2016年，全市共接待境内外游客288.55万人次,增长9.0%；旅游总收入33.66亿元,增长14.6%。东北乡文化旅游区、北胶新河湿地公园、五龙河湿地公园等景区旅游配套设施不断完善,旅游配套服务水平逐步提高。文化旅游发展空间不断拓展,以潍河湿地、城阴城、汉墓群、刘墉墓等遗址为重点的汉文化游,以红高粱民艺民俗村、聂家庄等为重点的民俗文化游路线初步形成。2016年年底,全市共有旅游景区5家,其中AAA级2家、AA级3家。

卫生。2016年年末，全市拥有各类卫生机构261处,病床4057张,卫生技术人员4819人,乡村卫生室493处。2016年，共投入资金1.96亿元,用于更新医疗设备和业务用房建设。建筑面积5.7万多平方米的市人民医院内科医学中心正式启用,建筑面积3.4万多平方米的市中医院急诊医学中心基本完工,改造提升镇级卫生院6处,城乡医疗环境持续改善。高密市成为全省5个“县级公立医院综合改革示范县”之一。

体育。2016年，成功举办高密国际马拉松赛,承办全国象棋女子甲级联赛等高端体育赛事10余场次,举办全市篮球联赛等群众体育活动100多场次,获“全国象棋之乡(2016—2020)”称号,竞技体育、群众体育、体育产业全面繁荣。全市运动员在国家级以上赛事中获10金8银4铜,其中,杨方旭获里约奥运会女排金牌,创山东省、潍坊市首枚奥运会“三大球”金牌,是高密市首枚奥运会金牌；在全省锦标赛上荣获55.5枚金牌,占潍坊市金牌总数的47.2%；在潍坊市锦标赛上获303.5金、73银、86铜。向上级输送运动员132人,其中国家队1人、省队3人、潍坊队128人。市体校被国家体育总局授予“国家高水平体育后备人才基地”称号。

人民生活和社会保障。2016年,全市居民人均可支配收入25553元,比上年增加2042元,增长8.7%。其中,城镇居民人均可支配收入33262元,比上年增加2521元,增长8.2%；农村居民人均可支配收入15589元,比上年增加1181元,增长8.2%。全市3.85万名各类离退休人员按时足额领取养老保险金。2016年年末，全市参加职工养老保险的企业人数为11.56万人,机关事业单位人数为1.78万人,全年实际收缴职工养老保险费12.37亿元；城乡居民养老保险参保人数达到54.33万人,全年收缴居民养老保险费1亿元；职工医疗保险参保人员达到13.6万人,全年收缴医疗保险费3.60亿元；居民医疗保险参保人员68.81万人,全年收缴医疗保险费3.89亿元(含财政补贴2.91亿元)；职工工伤保险参保人数达到11.19万人；职工生育保险参保人数达到6.63万人。全省社会保险标准化建设现场会议在高密市召开。2016年，全市城乡低保对象16586人,其中,城镇低保1006人,月人均补助300元,比上年增加33元；农村低保15580人,月人均补助185元,比上年增加37元；全年共支出低保金4178.05万元,比上年增加383.05万元。年末,全市各类收养性社会福利单位拥有床位6021张,累计供养“五保”老人1817人。2016年年底,全市调查入册的各类残疾人员16801名,发放低保重度补贴和护理补贴1017万元；发放残疾人助学资金52.43万元,助残扶持资金15.2万元,残疾人托养资金45.08万元,各种儿童康复补助144万元；全年共征收残疾人保障金593万元。

城市建设和环境保护。2016年年底,全市常住人口城镇化率达到59.32%,提高1.45个百分点。建成城市社区16个,农村新型社区93个,城乡社区建设实现全覆盖；夏庄镇、姜庄镇进入全国重点镇行列。2016年，实施重点环保工作53项，全市主要污染物化学需氧量、氨氮、二氧化硫、氮氧化物排放量比2015年分别削减2.4%、3.7%、5.4%和5.7%,区域环境空气中PM2.5、PM10、$SO_2$年平均浓度比2015年分别改善8.8%、0.9%、24.4%,$NO_2$年平均浓度与去年持平。集中式饮水源地水质达标率为100%。全年降水量达480.3毫米,年平均气温14.2℃,日照时数2497.6小时。

**【高密豪迈集团屡获殊荣】** 4月29日，庆祝“五一”劳动节暨全国五一劳动奖表彰大会在人民大会堂举行。豪迈集团股份有限公司被授予“全国五一劳动奖状”，公司董事长张恭运作为山东省10家获奖企业唯一代表赴京参加表彰大会，接受党和人民授予的崇高荣誉。豪迈集团是高密市自新中国成立以来唯一获得该项殊荣的民营企业，也是潍坊市2016年度唯一入选企业。2016年12月，2016年度国家知识产权示范企业评审结果揭晓，豪迈机械科技股份有限公司荣登榜单，成为高密市首家荣获该称号的企业。

【文化旅游呈现新繁荣】 计划总投资16.7亿元,打造集世界文学旅游目的地、百年中国乡村博物馆、中国美丽乡村统筹发展示范区及山东最具文化韵味的乡村休闲综合体为一体的景区。2016年，投资2亿多元，精心打造红高粱影视基地，加快服务配套设施建设，新建十八里坡、地龙经拳武馆等景点6个。东北乡被评为国家AAA级旅游景区，红高粱影视基地被评为齐鲁美丽田园、成功入选省第十条乡村旅游黄金大道。成功举办第七届中国(高密)红高粱文化节，茂腔《红高粱》荣获第九届“泰山文艺奖”，“高粱红了”国际马拉松大赛举办权落户高密。楹联文化产业实现新发展，每年发往全国各地的楹联、红纸达8000多吨，被誉为“华夏对联红纸第一生产基地”。2016年5月，成功创建“中国楹联文化城市”。

【城市基础设施日益完善】 完成基础设施投资44.62亿元,增长40.1%。其中,孟家沟水库项目等基础设施投资项目进展顺利,投资1亿多元，实施振兴街、创业街等10条街路上档升级工程，改造街路13.3公里；实施石庵路、月潭路等排水污水管网工程，铺设污水管道9144米；改造利群路、高张路供水管道2000米，铺设一中新校和垃圾焚烧发电厂供水管网3450米。

【经济开发区】 位于高密市东部，面积95平方公里，辖62个行政村、14892户、人口4.83万人，耕地面积10015公顷。2016年，全镇（街区）完成地区生产总值62亿元，比上年增长8.3%；实现地方财政收入13400万元，比上年增长24.6%；实现工业销售收入650540万元、利税73131万元，分别增长8.6%和8.2%；第三产业增加值达到31770万元，增长10.2%；农民人均可支配收入15326元，增长8%。

2016年，规划建设机械装备产业园、劳保产业园、木器产业园以及铁运物流园、潍坊综合保税区高密分区。投资10亿元的豪迈高档轮胎模具项目和高档精密铸造项目一期投产达效，投资2亿元的航空叶片和医用人体置换关节项目进行设备基础施工。规划建设起步区、工业园区、发展中心区3个基础设施大框架。设立开发区融资平台，每年可融资2亿元用于基础设施建设。投资3000万元进行起步区横三路人行道铺设、绿化、雨污水地下管网的安装施工。投资600万元改进区容区貌，打造美丽乡村。建设孚日集团小王家庄村加工点项目、柳沟崖联合党支部领办专业合作社等方式完成1226户贫困户的脱贫工作。在全省138家省级经济开发区综合评价考核中，位列第9名。

党工委副书记（主持工作）
李　铭（5月止）
乔日升（5月起，12月止）
管委会主任 乔日升（12月止）

【密水街道】 位于高密市中南部，面积135平方公里，辖86个村（居）、4.8万户、人口14.49万人，耕地面积7220公顷。2016年，全街道完成地区生产总值48.6亿元，比上年增长10.2%；实现地方财政收入30800万元，比上年增长6.2%；实现工业销售收入1383362万元、利税240096万元，分别增长10.1%和14.1%；第三产业增加值达到18.9亿元，增长11.3%；农民人均可支配收入18337元，增长9%。2016年，被评为“山东省首批创业型街道”“山东省无邪教示范镇”。

2016年，开展“回迁安置年”活动，东关梓童庙片区、康成大街西拓片区大胡段、城西花园二期1000户居民顺利回迁安置。组织实施豪德福地、豪迈学校等重点项目倒地工作，倒出土地260亩。开展“百家企业提升行动和精准帮扶活动”，投资11亿元的金冠文化艺术中心项目一期工程封顶；扶持豪迈轮胎模具增资扩产项目，倒地307亩。投资1200万元的密水卫生院新院基本建成；启动城区校舍改造工程，一期工程改造面积5.9万平方米，总投资9300万元，共动工建设。投入800万元，整治环境卫生，做好迎接省级卫生城市复审工作。

党工委书记 张友勤（1月止）
魏　征（女，1月起，12月止）
禚见前（12月起）
办事处主任 禚见前（12月止）
刘广智（12月起）

【醴泉街道】 位于高密市中部，面积134平方公里，辖76个行政村、44150户、人口11.51万人,耕地面积10682公顷。2016年，全街道完成地区生产总值117.3亿元，比上年增长9.1%；实现地方财政收入17750.6万元，基本与上年持平；实现工业销售收入627015万元、利税60315万元，分别增长9.4%和9.2%，第三产业增加值达到416192万元，增长10.1%；农民人均可支配收入16704元，增长11%。2016年，被评为“高密市安全生产先进单位”“高密市卫生和计划生育工作先进单位”等。

2016年，投资25亿元的元丰科技200万套全钢载重子午线轮胎项目、投资3亿元的汉泰新能源等大项目分别于2016年7月、10月顺利投产。农业农村联动并进，城乡统筹协调发展，规划建设康庄社区党群服务中心，推动公共服务资源均衡化，农村集中居住区配套齐全。五龙河生态农场成功举办首届乡村旅游节。采取多元化筹资方式，投资1.6亿元，新建或改造校舍5.7万平方米。康四村一体化诊所为全国减盐控制高血压现场会提供现场；蔡站大街改造、高蔡路路灯维修、敬老院提升等民生项目竣工。

党工委书记 乔日升（1月止）
钟元国（1月起）
办事处主任 展世祥（12月止）
李　梅（女，12月起）

【朝阳街道】 位于高密市东部，面积30平方公里，辖30个行政村、15350户、人口5.3万人，耕地面积188.67公顷。2016年，全街道完成地区生产总值

255亿元，比上年增长4.3%；实现地方财政收入2.55亿元；实现工业销售收入2520682万元、利税193958万元，分别增长2.1%和5.7%；服务业增加值达到13046万元，增长17.8%。2016年，被评为全省首届全民阅读活动示范镇。

2016年，按3000户规模新规划设置10个城市社区，在全市率先试点街道"大工委制"和社区"大党委制"。打造罗家庄社区，率先试点智慧社区。建成并启用中科智谷科技创业园，致力于运用互联网思维，打造"四个平台"，分别是科技企业孵化器、创客梦工场、B2B电商谷、高层次人才创业基地。鼓励企业开拓国际市场，与世界500强企业结亲，海宇股份有限公司、奥龙鞋业等骨干企业都与沃尔玛、AMG、SFC、巴塔等世界知名企业达成合作。2016年11月，思美尔服饰在齐鲁股权证券交易中心挂牌上市。朝阳中学学生公寓楼二期建成并投入使用，朝阳第二小学等开工建设。

党工委书记 朱永利(1月止)
郭金桥（1月起）
办事处主任 郭金桥（1月止）
李　彬（1月起）

**【夏庄镇】**位于高密市东北部，面积67.6平方公里，辖59个行政村、1.37万户、人口4.89万人，耕地面积4133公顷。2016年，全镇完成地区生产总值332亿元，比上年增长13.2%；实现地方财政收入2.7亿元，比上年增长3.8%；实现工业销售收入328.5亿元、利税24.5亿元，分别增长11.9%和3.4%；农民人均可支配收入2.13万元，增长9.7%。2016年，被评为全国重点镇、中国楹联文化镇、山东省重点示范镇、省级文明镇等荣誉称号。高新技术产业开发区成为潍坊市重点发展园区、山东省科技创新基地和山东省创业孵化基地。

2016年，突出高端装备制造和生物医药两大板块，实施提升高新区、发展特色农业、创新体制机制"三大战略"。新建和提升国际贸易中心、电商孵化器、进出口商品直营中心和科技企业加速器等"六个平台"，有13个项目建成并投入运营，先后有56家企业进行技术改造，有37家企业进行产业转型升级，电商孵化中心有42家电商初创公司入驻，国际贸易中心有15家客户落户。发挥夏庄农产品检测中心作用，实现农产品检测全覆盖。启动为民服务中心建设，搭建为民服务平台，打造三公里土地托管服务圈。夏庄中心大街综合改造、红纸对联民俗村项目等民生项目整体推进，夏庄中心幼儿园和官庄第二幼儿园已投入使用。

党委书记 付联宝（12月止）
范　珲（12月起）
镇　　长 马　明

**【柏城镇】**位于高密市东南部，面积54.39平方公里，辖35个行政村、12774户、人口3.38万人，耕地面积2605.67公顷。2016年，地方财政收入10819万元，比上年增长9.4%；工业实现销售收入1231398万元，增长9.6%，利税118992万元，农民人均收入15589元，增长1.78%。2016年，被评为潍坊市"理论大众化示范点"、潍坊市"学前教育先进镇"等。

2016年，实施企业转调创，引导长盛泰玻璃、万泰石油、仙普爱瑞、科乐收领军企业加大投资，进行设备更新、技术改造、高端产品研发、产品档次和资本结构全面升级。投资2000万元，对晏子路、平安大道、三真大道路段进行综合改造，加快新型城镇化建设步伐。投资1.2亿元的中国（柏城）电子商务创业园建成并投入使用，引进阿里巴巴、苏宁易购等94家电商企业入驻经营，建成高密大学生创业基地，直接带动1000多人就业。投资3316万元，对胶河柏城南段进行综合治理。投资430万元，实施5千亩中低田提质改造工程。新建胶河明珠采摘园、琪琳葡萄示范基地、长青家庭农场产业园区，发展"胶河土豆"、有机葡萄、有机草莓、苗木花卉"四大"农产品，打造文化游、山水游、花卉游、农家乐融入一体农村黄金旅游线。成功举办柏城镇第十七届白羊山艺术节。

党委书记 管增璋（12月止）
张元忠（12月起）
镇　　长 赵小燕（女，1月止）
杜银忠（1月起）

**【姜庄镇】**位于高密市北部，面积123.75平方公里，辖71个行政村、23296户、人口5.58万人，耕地面积6982.4公顷。2016年，全镇完成地区生产总值71.79亿元，比上年增长9.1%；实现地方财政收入11220万元，比上年增长14.2%；实现工业销售收入1746350万元、利税146098万元，分别增长11.3%和8.1%；第三产业增加值达到19000万元，增长9.9%；农民人均可支配收入16522元，增长10%。2016年，被评为"全国综合实力千强镇""潍坊市扩权强镇试点镇"等。

2016年，济青高铁和高密北站顺利开工建设。投资3000余万元，高标准完成省级乡村连片治理项目，涉及仁和一村、仁和二村等8个行政村，12.74平方公里，2492户，耕地面积652公顷，共新建硬化砼路面155500平方米；整修道路及人行道5475平方米；铺设路沿石14174米；新建6处文化健身广场；更新自来水入户管道2492户；喷涂文化墙164490平方米。实施1066.7公顷小农水项目、镇北二街综合改造、姜庄中心幼儿园建设、仁和卫生院改建、公益性公墓建设、农村无害化厕所改造等一批民生工程。

党委书记 田凯文（12月止）
宿立军（12月起）
镇　　长 孙桂新（1月止）
黄赞友（1月起）

**【阚家镇】**位于高密市西部，面积150平方公里，辖93个行政村、1个居委会、2.1万户、人口7.8万人，耕地面积9万公顷。2016年，全镇完成地区生产总值53.6亿元，比上年增长9.3%；实现地方财政收入3883.3万元，比上年增长10.5%；实现工业销售收入47.4亿元、利税3.96亿元，分别增长13%和10%；第三产业增加值达到16亿元，增长15%；农民人均可支配收入15660元，增长10%。2016年，荣获“中国最具特色镇”“生态循环农业示范区”等荣誉称号。

2016年，全力招商引资，新储备工业项目10多个，其中过亿元项目4个，过5000万元项目5个，总投资达17亿元。山东伟丽纺织、高密安泰动车部分车间实现智能制造。食品加工业正在做大做强。山东望乡食品挂面扩产项目基本竣工，中央厨房冷链项目开工建设。总投资近亿元，投产后，公司年产值将突破10亿元；伟丽纺织、兴隆毛巾、华信旅游3家企业居全市工业企业纳税前50强。打造农业文化品牌，成功举办阚家镇第二届葡萄文化节，引进山东寿光蔬菜控股集团投资8000多万元，建设占地1600亩的高效农业示范区，将成为高密市产业集聚化程度最高、生产规模最大的现代高效农业示范区。宏基生物投资6000万元的山东丹海食用菌深加工项目，建成后将成为全省最大的食用菌生产加工基地。香港上市公司江苏协鑫集团投资2亿多元的江苏协高农光互补现代农业项目，是目前高密市投资额度最大的农业基地。金源绣品投资6000万元建设玉玲珑庄园。投资2000万元、建设官河公园。高密四中文慧学校两栋宿舍楼、阚家中心卫生院竣工并投入使用。

党委书记 齐有春
镇　　长 李　翔

**【柴沟镇】** 位于高密市西南部，面积125.5平方公里，辖79个行政村、12698户、人口50081人，耕地面积7667公顷。2016年，全镇实现地方财政收入7008万元，比上年增长16.5%；实现工业销售收入76.5亿元、利税6.5亿元，分别增长2.4%和3.3%；农民人均可支配收入15458元，增长8.7%。2016年，被评为全国生态文明先进单位、山东省文明镇、山东省工会职工维权法律服务示范单位、潍坊市特色产业镇、潍坊市理论大众化示范点、潍坊市先进基层人民武装部、高密市安全生产先进单位、高密市镇街区工作先进单位。

2016年，龙山轮胎、密恩化工、庞大塑胶等企业转型升级，增资扩产；孚海鞋业、田原食品、中储粮等企业提质增效，做优做强；锦佳食品、广大食品等企业，拓展市场，提升社会服务水平。推进供给侧结构性改革，加快产业结构调整，引进投资2.2亿元的格瑞生态蛋鸡养殖示范项目和投资3亿元的盛德牧业湖羊养殖项目、投资1亿元的7万亩高标准基本农田整治项目、投资2700万元的马旺水库和李家庄水库小农水工程。盛德物流园被中国物流协会评为AAAA级综合性物流园区，列入潍坊市重点调度物流园项目。省道平日路拓宽改造完成，启动使用污水处理厂，五龙河湿地公园成功申报为省级湿地公园，全面实施环卫一体化。总投资9000多万元的新柴沟中学投入使用，卫生院病房楼改造完成。

党委书记 韩志超
镇　　长 宿立军（1月止）
　　　　 楚洪鹏（1月起，12月止）
　　　　 王晓栋（12月起）

**【井沟镇】** 位于高密市西南部，面积133.81平方公里，辖98个行政村、14947户、人口6.84万人，耕地面积14346公顷。2016年，全镇完成地区生产总值60亿元，比上年增长2%；实现地方财政收入3896万元，比上年增长11.8%；实现工业销售收入595216万元、利税60546万元，分别增长2.4%和0.8%；第三产业增加值达到2396万元，增长19.6%；农民人均可支配收入15600元，增长12%。2016年，被评为“潍坊市森林镇”“潍坊市普及学前教育工作先进镇街”。

2016年，工业经济逆势增长，质量效益显著提升。呼家庄产业园区承载力增强，区内企业总产值达到26亿元，骨干企业增资扩产迈出新步伐，中意德机械、弘泰散热器等6家骨干企业实现增资扩产。农业基础更加稳固，种植业结构更加优化。形成黄烟、菊花、苗木、核桃、中药材、大棚蔬菜、大田蔬菜、林业共8大体系。宏丰菊花、秀林苗木、新丰核桃等现代农业园区呈现规模扩大、效益倍增、辐射带动能力日渐增强的良好态势。推广“迎霜红”桃类品牌，日本维纳斯黄金苹果品牌，效果初显。投资500万元在南李、小李建设的冬暖式大棚初具规模。投资300万元，新建村级活动场所15个、文化活动广场12个，更换公开栏98个；投资2000多万元，按照“一厅一校十室”标准新建井沟社区、吴家社区、田庄社区，改造提升呼家庄社区、下口社区；投资1200万元新建院头小学、井沟幼儿园，改建田庄小学、金城小学、田庄幼儿园；农村无害化厕所改造30个村、2472户；投资300万元，对全镇98个村统一由人和保洁公司实行市场化全域保洁。

党委书记 钟元国（1月止）
　　　　 赵小燕（女，1月起）
镇　　长 王晓栋（12月止）
　　　　 孙小明（12月起）

**【大牟家镇】** 位于市区西北部，面积172.14平方公里，辖85个行政村、1.2万户、人口5.2万人，耕地面积11000公顷。2016年，全区完成地区生产总值26.5亿元，比上年增长10.5%；实现地方财政收入2389.9万元，比上年增长41.7%；实现工业销售收入137946万元、利税9119.6万元，分别增长7.2%和7%；第三产业增加值达到3887万元，增长32.7%；农民人均可支配收入14027元，增长0.7%。

2016年，新引进温氏一体化、米高玉米秸秆、银杏观光园及百胜粮食烘干等项目4个，合同利用资金达7亿元，其中高密温氏一体化项目，借助“企业+农户”合作模式，带动农民创业致富，在北斜沟、官厅等村建成5处养殖小区，1000平方米养殖大棚60余个；推动佳诚纺织、德福纺织、思美尔服饰等5家企业增资扩产2000万元，其中德福纺织投资1000万元新进喷气织机60台并全部安装到位，年增加高档服装面料生产量660万米，销售额增加4000余万元；完成拆迁、清障、倒地任务，推动济青高铁及青银高速两处省级道路工程加快建设，其中占地165亩的高密市西制梁场承担着济青高铁胶河特大桥525孔预应力简支箱梁的预制任务，成功制出重达900吨的潍坊第一架箱梁，配套建设的1至3号拌和站全部运转正常，聘请东华大学刘永贵博士为工业科技镇长。组建大牟家镇企业家协会，在芦家庄子、槐家等24个村建立阿里巴巴村级服务站。新增蔬菜种植基地1500亩，认证家庭农场19家，六甲寨等生态农业专业村3个；推动2万亩小农水项目、“井井通”惠民工程加快建设，实施14.3万亩高标准农田建设，推广土地深耕作业；投资70万元实施镇区农贸市场改造工程；建设食品安全文化大院及文化一条街，发放食品安全明白纸1.4万份，在全镇推广测土配方技术，严格控制农药、化肥等投入物，全镇3800亩蔬菜大棚实现有机生物肥全覆盖；投资1700多万元，完成全长1.4公里的北平路周戈庄路段大修工程；投入25万元完成4处危房改造任务。

党委书记 魏　征（女，1月止）
宿立军（1月起，12月止）
李沛聃（12月起）
镇　　长 邱　栋（12月止）
阎廷玉(12月起)

**【咸家工业区】** 位于高密市北部，面积43.82平方公里，辖24个行政村、5437户、人口1.4375万人，耕地面积4836公顷。2016年，全区完成地区生产总值107.45亿元，比上年增长9.6%；全区共实现财政总收入7395万元，同比增长15.6%；地方财政收入 4928万元，比上年增长33.9%；工业实现销售收入107.38亿元、利税9.06亿元，分别增长9.3%和 9.9%；第三产业增加值达 8161万元，增长38%；农民人均可支配收入15688元，增长8.3%。2016年，被评为潍坊市先进基层党组织、潍坊市学前教育先进镇街区、高密市教育工作先进镇街区、2016年度环境保护工作先进单位；7月，非公企业党建经验在潍坊市区域化党建工作现场会上，被潍坊市委组织部作为先进典型进行宣传。

2016年，引进泽康生物科技、元裕科技孵化器、华威科技、盛德食品、熠瑞现代农业、京运物流等新项目，总投资额达20亿元。完成5家企业、5个沿街工商户、1家园林、1个区直部门和5个村360户218.9亩土地的济青高铁建设征地拆迁任务。纺织企业设备更新工作稳步推进，继续保持全国最大人棉布生产基地的地位；总投资5250万元的全国新增千亿斤粮食项目和国家电网“井井通电”工程开工建设，建成后全区农业基础设施将提升。通过潍坊市学前教育先进镇街区验收，2016年度全区危房改造任务全部完成。全区“慈善一日捐”善款达16.59万元，捐款数列全市镇街区第二。全国新增千亿斤粮食项目一期工程开工建设，涉及1.1万亩农田。宏基为农服务中心于3月投入运营，全面推开农业全程社会化服务。北部蔬菜大棚项目初具规模，葡萄、蜜桃等新兴瓜果大棚开工建设。

党工委书记 禚朝晖（1月止）
孙桂新（1月起）
管委会主任 臧贻武

**【东北乡文化发展区】** 位于高密市东北部，面积114.6平方公里，辖53个行政村、1.6万户、4.7万人，耕地面积8200公顷。2016年，全区完成地区生产总值481510万元，比上年增长12.6%；实现地方财政收入3288万元，比上年增长44.9%；实现工业销售收入292923万元、利税28402.6万元，分别增长10.6%和10.5%；第三产业增加值达到94726万元，增长19.5%；农民人均可支配收入14711元，增长7.5%。2016年，被评为全国旅游百强乡镇、中国长寿之乡乡情体验基地、潍坊市特色产业镇、潍坊市法制宣传示范基地、潍坊市“六五”普法先进单位、潍坊市农产品质量安全示范镇、潍坊市特色农家书屋，东北乡文化旅游区被评为国家AAA级旅游景区、潍坊市文明旅游先进单位，红高粱影视基地被评为齐鲁美丽田园、成功入选省第十条乡村旅游黄金大道。

2016年，发挥胶东国际机场、济青高铁建设和胶州集装箱中心站列入“一带一路”倡议等机遇，全面启动胶河疏浚工程，计划投资5000多万元对胶河平安大桥至王新屯闸流域7.5千米进行疏浚。投资4900多万元，对河崖、王新屯等8个村借助“连片治理”项目，通过硬化、绿化、亮化、治理湾塘、修建排水沟、修建文体广场、建设文化一条街等工程，全面改善提升村容村貌。投资2亿多元，打造红高粱影视基地，加快服务配套项目建设，新建十八里坡、乡村动物园、乡村游乐园、花海、地龙经拳武馆、红高粱剧场等景点，年可接待游客120多万人次，实现门票收入280多万元，文化旅游总收入3000多万元。

党工委书记 范　珲（12月止）
赵华功（12月起）
管委会主任 楚洪鹏（1月止）
王汝波（1月起）

**【胶河生态发展区】** 位于高密市南部，面积95平方公里，辖57个行政村、13694户、人口3.9万人，耕地面积4533.3公顷。2016年，全区完成地区生产总值21.87亿元，比上年增长6.5%；实现地方财政收入1563.1万元，比上年增长31.4%；实现工业销售收入218237.6万元，增长6.6%，利税18831.2万元；第三产业增加值达到85632万元，增长8.3%；农民人均可支配收入15589元，增长5%。2016年，被评为高密市“2016年度镇街区工作先进单位”“全市普法依法治理工作先进单位”。

2016年，完成孟家沟水库清障倒地工作，修建银鹰路、徐辛路、石矿路等5主15辅干支道路，路程达160余公里，路网框架基本形成。与山农大签订战略合作协议，设立山农大高效生态农业科研试验示范基地，加强农村实用人才培训，重点培训一批农业科技示范户。胶河土豆产业党总支开展“项目带动”活动，组织全区100余名村干部和党员致富能手与1000余户群众结对帮带，与山农大专家教授开展马铃薯高产优质种植技术交流。创新社会治理，实施警民联调联防新模式，建起全市第一家警民联调联防综合服务中心，坚持每周召开党委社区与公检法司律社会监督纪检等工作人员参加的收集信息、研判案情、化解矛盾、平息纠纷的联调联防联席办公会议。

党工委书记 李沛聃（12月止）
展世祥（12月起）
管委会主任 黄赞友（1月止）
王金语（1月起）

**【注沟现代农业发展区】** 位于高密市西南部，面积84.3平方公里，辖45个行政村、人口3.6万人，耕地面积5670公顷。2016年，全区完成地区生产总值17亿元，比上年增长2.3%；实现地方财政收入870.1万元，比上年增长27.4%；全区完成工业销售收入12.1亿元,增长9.6%，实现利税403.6万元；农民人均可支配收入15877元，增长8.3%。

2016年，打造潍河滨河大道特色农业景观带，建设全长12公里的潍河滨河大道，借助地理、资源优势，以李家埠现代设施农业示范园为龙头，带动潍河东岸沿线8个村庄发展特色林果1200亩、大棚蔬菜800亩，其他高效特色作物种植1000亩。在李家埠现代农业示范园举办首届大樱桃采摘节，日均客流约3000人，日均收入近5万元，辐射带动周边10多个村的商贸、餐饮等，加快现代农业和创意农业发展进程。投资150万元，规划建设刘墉文化广场，发挥历史名人效应，打响“刘墉”牌，提升注沟知名度。投资80万元，为敬老院改造危房24间，安装供暖设施；投资150万元，建设方市社区党群服务中心，建筑面积800平方米；投资150万元，改造3处学校校舍共1600平方米。

党工委书记 张元忠（12月止）
牟　林（12月起）
管委会主任 牟　林（12月止）
李衍宝（12月起）

（李晓宁　王纪成　李　瑜）

## 昌邑市

**【国民经济和社会发展概况】** 昌邑地处山东半岛西北部，渤海莱州湾南岸，属环渤海经济圈，市域总面积1627.5平方公里，辖6个镇、3处街道，691个行政村（社区），总人口58万。2016年，全市实现地区生产总值399.5亿元，同比增长7.9%；实现固定资产投资380.1亿元，增长13.5%；实现一般公共预算收入29.9亿元；三次产业比例调整为9.2：50.7：40.1。昌邑是中国“丝绸之乡”“苗木之乡”“溴盐之乡”和“华侨之乡”，连续6年被评为“中国中小城市综合实力百强县市”和“中国最具投资潜力中小城市百强县市”。“2016年度中国中小城市创新创业（双创）百强县市”属于首次评选，昌邑市榜上有名，列第72位。荣获“首批国家智慧城市试点市”“全国文明城市提名城市”“全国科技进步先进市”“全国生态文明先进市”“全国特色化品牌（产业）示范城市”“全国粮食生产先进单位”“全国县级防震减灾先进单位”“全国林业信息化示范市”“全国特色化品牌（产业）示范城市”“全国双拥模范城”“纺织业集群创新发展示范地区”“和谐矿区建设示范点”“中国全面小康成长型百佳县市”“中国最佳绿色生态旅游城市”“中国北方绿化苗木基地”“中国北方林木养生名城”“中国美丽乡村建设典范市”“省级文明城市”“省级园林城市”“省级卫生城市”“山东省投资环境最佳县市”“全省生态文明乡村建设工作先进市”“首批乡村文明行动省级示范市”“首批山东省信息消费试点市”“首批山东省生态文化示范市”“首批省级海洋生态文明示范区”等称号。

**昌邑交通发达，区位优势明显。**位处“蓝黄”两大国家战略叠加区域，具有得天独厚的区位优势、空间优势。胶济铁路、大莱龙铁路、青银高速、荣潍高速、荣乌高速以及206国道、309国道等交通干线横贯市域东西，省道下小路纵穿市域南北。距离潍坊机场30公里、青岛机场70公里、济南机场200公里，属于“潍坊半小时经济圈”和“青岛1小时经济圈”。北部下营港，与天津、大连、烟台等20多个港口通航，形成四通八达的现代化交通网络。

**昌邑历史悠久，人文荟萃。**古称鄑邑、都昌，秦朝设县，宋朝定名，春秋战国时为晏子食邑、孙膑封地，迄今共有2200多年的建县沿革史。1988年，被国务院确定为沿海对外开放城市；1994年，经国务院批准撤县设市。中国历史上四位雄主（秦皇汉武、唐宗宋祖）都曾亲临昌邑，留下许多动人的传说；昌邑商人更是齐鲁商人的典型代表，走京城、闯关东、下南洋，留下许多可歌可泣的英雄壮举；昌邑曾为西汉大将军霍光的封地，留有霍光衣冠冢；此外，明代政治家黄福，为洪武十七年进士；清代医学家黄元御被誉为一代宗师；光绪年间武状元宋占魁，获慈禧太后御赐“庆延云祁”匾额；清代傅振邦有“常胜将军”之美名；当代作家峻青先生，在这里写下《黎明的河边》《老水牛爷爷》等短篇小说。

**昌邑自然资源丰富，旅游资源特色突出。**海岸线长59.6公里，原盐、溴素年产量分别占全国的六分之一、四分之一，铁矿石、石油、天然气、石英石等蕴藏丰富。风光秀丽的“鲁北第一河”潍河、北方绿化苗木基地绿博园、造型独特的万亩柽柳林、天然氧吧流青园、山阳百年梨园、青山秀水旅游度假区等，构成了沿潍河70公里旅游长廊。昌邑物产丰富，柳疃丝绸、沿海特色水产、羊绒披肩和无公害农产品等特色商品和非物质文化遗产古河毛笔畅销国内外。

调结构增效益，转型升级步伐加快。顺应供给侧结构性改革趋势，加快产业转型升级，培育新的增长点和动力源，促进经济发展质量效益同步提升，形成以石油化工、盐及盐化工、纺织服装、机械装备、食品加工、优质苗木等传统优势产业为主导，新能源、电子商务、环卫保洁、节能环保、新材料、新医药、高端装备制造等新兴产业为支撑的现代产业体系，培植壮大昌邑石化、山东浩信、昌邑华晨、山东同大等一大批骨干企业和知名品牌。

新型工业化加快推进。2016年，全市规模以上工业企业完成主营业务收入1005.4亿元、利税85.8亿元、利润59.7亿元，分别增长6.3%、10.7%、12.7%。规模以上工业增加值增长8.4%。优势主导产业转型升级进一步加快，昌邑石化成功入选工信部两化融合管理体系贯标试点，入围2015年度中国化工企业500强和中国基础化学原料制造业百强，100万吨连续重整、180万吨柴油加氢项目已投产，油品全部达到国Ⅴ标准；中化工集团山东化工原料基地项目积极推进。金典化工硫氢化钠、成泰化工异戊烯醇等项目加快建设，努力打造“绿色化工城”。依托下营化工园、龙池化工园获评潍坊市首批专业化工园区为契机，建设北方重要的海洋精细化工产业基地，海天生物、灶户盐化等骨干企业加快发展，打造以盐和溴素深加工为主的特色产业链条。加快机械装备业品牌提升、链条延伸，康迈信世界最大商用车轮端产品基地项目投产达效。立辉重工产品成功进入军装系列，在军民产业融合上实现突破。新能源、节能环保等战略性新兴产业加快发展，总投资11.3亿元的全省最大渔光互补光伏电项目已并网发电；瑞其能投资8.4亿元的华电风电场一期运转正常、二期稳步推进，投资1亿元的分布式风电场列入国家能源局和省发改委2016年项目建设计划；三峡集团海上风电示范项目已签订战略合作协议，配套建设投资10.2亿元的风电塔筒组合件和海底电缆生产线项目，投产后年可实现税收1.8亿元。投资1.2亿元的浩信5万吨覆膜沙循环经济项目已建成，为同类项目中全省最大。形成以城矿环保产业园和金丝达环境工程为代表的垃圾资源化利用、以东江环保为代表的工业危险废物无害化处理、以中信环保为代表的污水资源化利用以及污泥无害化处理等多领域协同发展格局，建设环保产业城市。

现代农业稳步发展。粮食总产连续3年突破5亿公斤，成为全国产量大县。开展高产创建，承办2016年全省春季农业生产现场会10万亩粮食高产创建示范方现场。农业标准化基地发展到36万亩，拥有龙头企业124家、农产品品牌126个。获批国家级出口食品农产品质量安全示范区。在全国率先推行棉花全程机械化新模式，获批山东省首批涉水涉地资金整合试点县。昌邑市“土地托管服务试点项目”获全国供销合作总社批复，成为唯一不在供销社综合改革试点市之内争取到项目扶持的县市。与山东省农科院签署农业科技战略合作协议，“农业部新型肥料研发基地”落户昌邑。引进新希望六和养禽大学，建设集科研、养殖、示范、推广于一体的综合性养殖示范园区——益嘉高端新型养殖示范园。苗木种植面积达到11.2万亩，年产值15.6亿元。建成运行国内首家绿化行业在线交易平台——中国绿色交易网，北方绿色物流园项目被列入2015年省重点建设项目，中国北方花木城被列为省服务业载体项目。

现代服务业提质增效。2016年，实现限额以上社会消费品零售额38.3亿元，增长11.2%。电子商务实现新突破，建成运营全球贸易通跨境电商产业园、棉纺城电商产业园、石化电商平台、中国•昌邑生姜指数系统等，成功承办2015中国微商创业大赛齐鲁赛区赛事和潍坊首届微商大会,华海贸易广场“互联网+”项目列入2016年省重点建设项目，国内著名的锦桥纺织网营销服务中心落户昌邑。全年实现电子商务交易额147亿元，为实体经济插上网络“翅膀”。环卫产业持续发展，城乡环卫一体化“昌邑模式”在全国推广，包含521项标准的标准体系通过国家标准委验收，被确定为2016至2017年度全国服务业标准化示范项目，参与起草编制的4项标准成为省地方标准，被评为“全国环卫行业优秀集体”，荣获“全国环卫行业创新奖”；成立昌邑康洁环卫集团，在全国率先走出事企分离、管干分开的市场化新路子,保洁业务拓展到国内12个省份100余个县市区，成立400余个项目部；在成功承接巴基斯坦服务期10年、总合同额100亿元保洁业务基础上，开发中东、阿拉伯国家及非洲地区市场，开启中国环卫走向国际市场先河。文化旅游业加快发展，青山秀水度假区、博陆山风景区等建成运营，潍河70公里旅游长廊初具规模。

强园区拓空间，突破滨海成效显现。实施“滨海昌邑”战略，提升园区创新度、外向度、聚集度，打造支撑未来发展的最大增长极。围绕产业上档升级，抓好下营、柳疃、龙池3个工业园及昌邑市潍坊滨海产业园项目聚集，累计落户项目160个、总投资581.2亿元。昌邑海洋精细化工产业园列入全省首批“蓝黄”两区特色产业园，下营工业园列入全省首批山东半岛蓝色经济区海洋特色产业园，龙池工业园被评为潍坊市循环经济示范园区；柳疃工业园被评为潍坊市新型工业化产业示范基地。载体功能不断增强。加快推进烟淄输油管道昌邑分输站、工业固废处理及再生利用、联合环境水务二期污水处理等工程项目，累计完成基础设施投资17亿元，配套面积达到60平方公里，实现全要素保障。总投资46.6亿元的“一港、一坝、一闸”重大基础设施建设实现新突破，蒲东沿海防潮堤圈坝合拢，拓展发展空间3万亩，同时加快推进下营港建设，打造“港口城市”。下营滨海新城完成投资15亿元，综合承载能力进一步提升。潍坊滨海产业园基础设施基本配套到位。产业聚集加快推进。坚持专业园区干专业事，先进装备制造、精细化工、循环经济等“园中园”及昌邑市潍坊滨海产业园初具规模，金典化工、三力本诺等111个项目建成投产。整合3.5万亩可直接开发利用建设用地，初步由中信集团投资开发，新加坡裕廊集团规划设计管理，打造安全环保石化产业基地。投资20亿元的13万亩“海上粮仓”项目加快推进，一期主要进行围海养殖，建成后再发展风电、光伏电项目，总投资过百亿元。开发层次不断提升。严把项目准入关口，加强生态修复和污染防治，与中科院寒旱所合作成立昌邑海洋生态与工程研究中心，开展滨海盐碱地资源综合利用等项目研究。加大“腾笼换鸟”力度，推进僵尸企业处置，为转型发展腾出空间。

*抓统筹促均衡，城乡面貌改善。*尊重城市发展规律，推进以人为核心的城镇化。“智慧昌邑”加快推进。以入选“首批国家智慧城市试点市”为契机，抓好市民卡二期、智慧管网等项目建设，20个服务平台及应用系统建成使用，技术水平和应用效果在全省领先。“智慧昌邑”纳入国家信息消费试点项目库。加大信息基础设施建设力度，在潍坊率先建成光网城市。市民“一卡通”和公共自行车系统正式运行，投放公共自行车3500辆。城乡一体深入发展。构建以中心城区为骨干、小城镇为支撑、农村社区为基础的新型城镇化体系。中心城区沿潍河、跨潍河发展步伐加快，完成道路、绿化、雨污分流等市政基础设施投资19.5亿元，城市基础设施惠及面积达60平方公里。投资58.9亿元实施城中村和棚户区改造，惠及群众1.3万多户。柳疃镇、饮马镇入选国家重点镇、综合实力千强镇；围子街道、柳疃镇、下营镇被认定为山东省特色产业镇；柳疃镇获评潍坊市唯一的第四届全国文明镇；山阳村获评全省唯一的全国第二批宜居村；齐西村入选第四批中国传统村落名录。实施农村社区服务中心建设三年行动计划，公共服务均等化水平不断提升。开展村容村貌集中整治,清理“三大堆”40万个，拆除违建建筑1.4万处。济青高铁、潍莱高铁、济青高速、宝通街东延昌邑段顺利推进，新建、改造农村公路1513公里，路网体系更加健全。建成运营昌南水厂，实现“一市两网”供水格局，集中供水覆盖率100%，提前两年解决农村饮水安全问题。

*抓创新促创业，发展动力增强。*金晶生物项目列入国家“863”计划，实现承担国家高技术研究发展计划新突破；瑞其能永磁直驱风力发电机组获16项国家专利，承担的“兆瓦级非并网永磁直驱风力发电机组联合研发”项目成功列为国家国际科技合作与交流专项，填补昌邑市国家级国际科技合作项目空白；滨海化工新材料孵化中心引进25家科技型初创企业孵化，鼎基工贸小企业创业基地被认定为省级创业基地。全市拥有国家火炬计划重点高新技术企业1家、国家备案高新技术企业14家，建成企业院士工作站2处、产业技术创新战略联盟6处，引进科研院所16处，连续四次荣获“全国科技进步先进市”称号。加大品牌培育力度，拥有中国驰名商标8个，中国地理标志证明商标16件，国家地理标志保护产品3个，山东省著名商标27个，山东名牌产品6个。突出人才支撑。实施“潍水英才”聚集计划，吸引和培养一批创新创业团队、产业领军人才和实用技能人才，引进培养两院院士、“千人计划”专家、国务院特殊津贴获得者等国家级高端人才41人。

*抓改革促开放，发展活力释放。*全面深化改革。447项审批服务事项进驻市政务服务中心集中办理。推进农村产权制度改革，基本完成农村土地承包经营权确权登记颁证，在全省率先开展土地承包经营权抵押贷款业务，成立齐鲁农村产权交易中心昌邑分中心；开展林权抵押贷款、海域使用权抵押贷款。加快教育综合改革、医药卫生体制改革等社会事业改革，引导社会资本参与教育、医疗、养老、文化等公共设施建设，实验中学迁建等6个项目列入国家发改委PPP项目库，总投资38.3亿元。开展降成本专项行动，5家企业列为省电力直接交易试点用户，签订交易用电协议6.8亿千瓦时。金融体系更加完善，同大股份成功上市，4家企业在股权交易中心挂牌，新引进兴业银行和北海村镇银行。市财政出资3亿元成立融资性担保公司。截至2016年年底，全市金融机构本外币各项贷款余额216.9亿元。中小企业公共服务综合平台列入省级示范平台。提升开放水平。2016年，实现进出口总额56亿元，其中进口总额15.4亿元，出口总额40.6亿元；实际到账外资1.9亿元。成立一带一路协调推进办，在巴基斯坦设立商务联络处，成立全省县市区第七家、潍坊首家外经贸工会联合会，带动企业走出去开拓市场。完成非洲（乌干达）山东工业园一期，二期取得土地2600亩，入园企业14家。柳疃棉纺城1万平方米公用型保税仓库已建成，结束无海关特殊监管场所的历史。

*抓生态保安全，环境质量优化。*“三八六”环保行动目标任务顺利完成，推进新一轮环保行动，累计投资16.6亿元，实施整治项目556个，关停环保不达标企业和生产线43个（条）。完成丰产河、堤河等河道生态修复工程和城北、城西污水处理厂等人工湿地工程，城镇污水处理厂实现全覆盖，昌邑市滨海湿地公园跻身国家湿地公园行列。空气质量、总量

减排和“三八六”环保行动综合考核均居潍坊市前列。开展水资源管理保护行动，抓好节水城市等23项重点工作。加快推进生态水利建设，推进潍河综合治理，北部水网“南一横”工程建成投入使用，构建起“渠河串联、水系联网”的大水网体系。严守耕地红线，被评为“山东省国土资源节约集约模范市”。开展植树造林，成片造林13.3万亩，建成潍河、绿博园、柽柳林、胶莱河、下营、滨海六大生态林场和“八横十二纵”骨干林带。

惠民生促和谐，群众幸福感满意度提升。2016年，完成民生支出31.1亿元，占财政总支出的85%。全面完成义务教育阶段中小学标准化建设和学前教育三年行动计划，潍水学校、育秀学校、技师学院、实验幼儿园等学校投入使用，实验中学改扩建、城东小学新建等工程加快推进，全市省级规范化学校达到12处；投资1.6亿元启动实施“破解城镇中小学大班额问题三年计划”，推进“县管校聘”改革试点，2016年4月份作为唯一一个县级市在全省基础教育综合改革专题研讨会作“县管校聘”经验介绍，被评为全国义务教育发展基本均衡县。城乡居民基本医疗保险实现整合，在潍坊市率先实现居民医保大病保险即时结报；投资2.8亿元实施县级医院及乡镇卫生院标准化建设，人民医院门诊病房综合楼和妇幼保健计划生育服务中心项目加快推进。是潍坊市唯一连续27年荣获人口目标一等奖县市。成功承办“十艺节”部分展演节目，成立市演艺中心，图书馆、文化馆通过国家一级馆验收，为群众提供优质文化服务。承办首届海峡两岸中学生手球交流活动、中日韩青少年运动会手球比赛、全国中学生排球联赛等重要赛事，被评为“全省群众体育先进单位”。社会保障体系更加完善，农村低保提高到每人每年3800元，城市低保提高到每人每月500元。就业形势持续稳定，2016年城镇新增就业6805人，转移农村劳动力7860人。健全社会化养老服务体系，全市养老床位达到3700余张。实施精准扶贫，完成脱贫1.6万余人。成立民生热线服务中心，整合公共服务热线68条，吸纳社会服务机构260多家。推进“平安昌邑”建设，荣获“全省优秀（县级）公安局”称号。

**【昌邑市华海贸易广场“互联网+”项目列入2016年省重点建设项目】** 2月19日，山东省政府下发《关于下达2016年省重点建设项目名单的通知》，公布2016年全省重点建设项目，昌邑市华海贸易广场“互联网+”项目位列其中。该项目总投资57388万元，规划占地面积309亩，主要建设海鲜农贸市场、建材家居市场、五金机电市场、百货数码市场、婚庆综合市场、智能分拣仓储中心、物流市场等，总建筑面积163966平方米；建设核心云计算数据中心1个和子计算中心15个。

**【昌邑市入选省2016年农机报废更新补贴试点县(市、区)】** 4月25日，山东省下发通知，确定全省31个2016年农机报废更新补贴试点县(区、市)。该市与临朐县、坊子区、寒亭区、高密市等5个县（市、区）入围其中。原则上每县(区、市)安排的报废更新补贴额度不少于300万元。各试点县(区、市)要将农机报废更新补贴与农机购置补贴衔接起来同步实施。新增的试点县(区、市)以及尚未确定农机回收拆解企业的试点县(区、市)，2016年都要根据规定的条件在辖区内确定一家农机回收企业在试点期间从事农机回收拆解业务。各试点县(区、市)所需的《回收证明》由省农机管理部门统一印发，农机回收单位应到县级农机管理部门领取。各试点县在7月月底前集中优先开展农机报废更新补贴工作，7月月底后，试点县在开展农机购置补贴工作的同时可继续开展报废更新补贴工作，在购置补贴规模内额度不限。

**【昌邑市荣获“全国双拥模范城”称号】** 7月29日，全国双拥模范城（县）命名暨双拥模范单位和个人表彰大会在北京召开。昌邑市荣获“全国双拥模范城”称号，是该次潍坊市获得殊荣的唯一县市。昌邑市开展拥军优属和拥政爱民各项工作，实现军队离退干部和士官接收安置率、优抚对象抚恤优待金及时按标准兑付率等16个100%，连续六次被授予“全省双拥模范城”称号。全市驻有海陆空等部队单位11个、优抚对象7886人；北部战区陆军潍北炮兵靶场，是面向全军开放的沿海地区陆地面积最大的综合型训练场。

**【昌邑市总投资6.6亿元蒲东沿海防潮大坝顺利合龙】** 9月27日，历时2年建设的蒲东沿海防潮大坝顺利合龙。蒲东沿海防潮大坝工程，是下营港及临港物流园区项目的一期工程，总投资6.6亿元，规划建设长度13.8公里，坝内海域面积3万亩。根据规划，坝内海域功能分为1.2万亩矿产能源区和1.8万亩工业与城镇建设区。该大坝工程主体采用外石内土结构，抛石吹填同步进行，共搬填石方600多万立方米。

**【昌邑市齐西村入选第四批中国传统村落名单目录】** 住建部公布第四批中国传统村落名单目录，共有1602个村落入选，其中山东省38个，潍坊市2个，青州王府街道井塘古村和昌邑市龙池镇齐西村位列其中。齐西村位于昌邑市龙池镇北部，历史悠久、人才辈出。村内除有保存完好的清朝民居群、齐氏家庙、菩萨庙、旗杆台、贞节牌坊等文物古迹和民间剪纸、年俗、制盐、秧歌等省、县级非遗代表性项目外，晚清时期曾连出包括一名武进士在内的五名进士，并先后当选省级文物重点保护单位、历史文化名村、第一批传统村落和第一批乡村记忆工程。

**【奎聚街道】** 位于昌邑市中部，面积67.8平方公里，辖区59个行政村，常住户数13855户，人口8.7万人，耕地面积

2582公顷。地方财政收入13240万元，比上年减少37%；工业实现销售收入24.8亿元，利税2.2亿元，分别增长7.2和0.2%。规模以上工业主营业务收入23.8亿元、利润1.6亿元、利税2.2亿元。

街道城市建设日新月异，环境优美、设施完善，建有东方家园、金域华府、城市金典等多个优质小区；服务业繁荣发展，中百佳乐家、全福元等大型超市、商场数十家，翰林大酒店等星级酒店设施完善、服务周到；工业发展势头强劲，以纺织印染、机械制造、电动机车等行业为主导，限额以上工业企业18家；金丝达工业废水循环利用和生活垃圾资源化利用项目取得显著效益，多项技术获国外国内专利；特色农业独具优势，拥有昌邑市最大的林果、花卉和苗木生产基地；社会事业统筹发展，东利老年公寓、辛一老年公寓设施完备，服务体贴，实现“五保”老人集中供养；中小学校9处，师资力量雄厚、办学条件一流。街道推进政务服务向基层延伸，构建起“政务服务中心+社区”的二级便民政务服务体系。

党工委书记 孙　磊

办事处主任 梁永彦

**【都昌街道】** 位于昌邑市中西部，面积191.4平方公里，辖82个行政村、2.8万户，人口8.8万人，耕地面积1.18万公顷。2016年，全街道完成地区生产总值60.6亿元，比上年增长7.7%；地方财政收入12945.7万元，比上年增长9.4%；工业实现销售收入42.4亿元，利税3.43亿元，分别比上年增长11.3%和10.6%；第三产业增加值达16.37亿元；农民人均纯收入1.67万元。

都昌街道大姜种植面积1.9万亩，年产量6.8万吨，产品销往日本、韩国等国家和中国香港等地区。同时，拥有“昌邑草莓”“昌邑鲫鱼”等国家地理标志保护产品，建设东侯、西永安两个千亩葡萄园，栽植巨星、玫瑰香、维多利亚等十几个葡萄品种。都昌街道西北部有昌邑市第二大湿地群落，现有原生态芦苇地466.7公顷,鱼塘666.7公顷,藕塘80余公顷。加强基础设施建设，发展乡村旅游、采摘垂钓、农家乐等文化旅游项目。

都昌街道棚户区改造项目被列为潍坊市2017年度棚户区改造计划，涉及街道8个村居、2338户、6586名群众。辖区内现有规模以上工业企业21家，有昌邑石化、同大集团、华晨集团、岱盟德、康迈信等大型企业入驻。华海“互联网+”项目作为省重点项目，正在快速推进。

党工委书记 孙秀卿

办事处主任 夏小伟

**【围子街道】** 位于昌邑市东部，面积161.88平方公里，辖127个行政村、28274户、人口11.98万人，耕地面积9386.7公顷。2016年，全街道完成地区生产总值76.17 亿元，比上年增长8.03 %，公共财政预算收入8690.3万元；工业实现销售收入232.69亿元，利税25.59亿元，分别比上年增长10.9%和8.8%；第三产业增加值达32亿元，比上年增长8.7 %；农民人均纯收入15236元，增长8.3 %。

机械装备制造业膨胀发展。先后被授予“山东省机械铸造业基地”“潍坊市机械制造产业集群”“潍坊市首批新型工业化产业示范基地”称号，拥有国内最大的汽车轮毂、制动鼓、刹车盘、洗衣机用弹簧生产基地，是潍坊市级汽车零配件产业园。苗木产业发展迅猛。全街道苗木种植面积达到2533.3公顷，共有600多个绿化树种。2011年被授予“AAAA国家级旅游景区”的绿博园，连续举办十四届中国（昌邑）北方绿化苗木博览会和十一届中国园林花木信息交流会，与中国北方绿色物流园和中国绿色交易网共同形成苗木产业“三大市场”协调发展的新格局。现代农业创新发展。按照“优势产业区域化、特色产业优质化、基地建设标准化”的原则，充分发挥街道产业、资源和区位优势，因地制宜调整和优化产业结构，共拥有4万亩优质大姜、大葱、土豆、蔬菜基地；以益嘉养殖合作社为代表的现代化养殖模式在国内具有行业领先优势，是山东省肉鸡养殖基地。街道先后被评为第二批全国人口和计划生育依法行政示范乡镇、山东省“十二五”期间中小企业专项资金重点支持产业强镇、山东省环境优美镇、山东省文明镇、山东省旅游强镇、山东省绿化示范乡镇、山东省最佳休闲乡镇、山东省苗木花卉百强镇、全省十佳苗木乡镇、山东廉政为民先锋集体、全省法治文化建设示范基地、2011年至2015年全省普法依法治理工作先进单位、山东省特色产业镇。

党工委书记 陈　诚

办事处主任 史志强

**【龙池镇】** 位于昌邑市西北部，总面积182平方公里，辖27个行政村，8286户，人口2.49万人，耕地面积4000公顷，被评为“国家级生态乡镇”“山东省文明乡镇”“山东省民间文化之乡”“山东省旅游强镇”“潍坊市科学管理先进镇街”“潍坊市理论大众化示范点”“潍坊市先进党组织建设示范镇”“潍坊市求实镇街”。2016年，全镇完成地区生产总值97.5亿元，比上年增长7.6%；实现地方财政收入8536万元，比上年增长9%；实现工业销售收入856019万元、利税85989万元，分别增长9.4%和2.1%；第三产业增加值达到2776.18万元，增长20.3%；农民人均可支配收入1858元，增长21.72%。

龙池镇地处蓝黄“两区”建设前沿，地理位置优越。北部海岸线长约6公里，滩涂辽阔，主要海产品有四十余种。沿海地下蕴藏着大量卤水、溴素、石油等资源。拥有盐田27万亩，年产原盐100万吨，溴素生产能力达到1万吨。

龙池的优势在滨海,以海能化学18万吨离子膜烧碱项目为基础，规划建设15.08平方公里的龙池工业园区，是加快滨海开发的重要载体。共落户海能化学、三力本诺等项目22个，总投资60多亿元。2015年7月，龙池工业园区获批潍坊市循环经济示范园区。2016年10月，龙池工业园区获批潍坊市首批化工园区。2017年，龙池镇推进园区北拓工程，计划调储土地5000余亩，建设四纵六横道路10条、2.6万米，配套建设供水、供电、生活污水管道等基础设施。

龙池属于革命老区，历史文化厚重，旅游资源丰富。北白塔烈士祠、孙膑庙、陈干墓、齐西故居群等6处历史文化遗迹被评为省级文物保护单位。凭借着剪纸技艺的挖掘和传承，获评“山东省民间文化艺术之乡”。抗日战争纪念馆是全国首家由乡镇承建的抗战纪念馆。齐西村是国家级传统村落、首批山东省传统村落、山东省历史文化名村、第一批山东省乡村记忆工程、山东省重点文物保护单位。龙池镇整合全镇旅游文化资源，启动梦幻花海生态观光园、红色马渠、齐氏家庙等建设工程，将孙膑庙、鄑邑故城、北部盐田等旅游景点串点成线，形成新兴的观光、休闲、旅游全域旅游产业带。

党委书记 朱永红

镇　　长 杨启乐

**【柳疃镇】** 位于昌邑市区以北10公里，面积324.7平方公里，辖72个行政村，13889户，人口7.2万人，耕地面积4600公顷。2016年，全镇完成地区生产总值92.8亿元，比上年增长15%；实现地方财政收入18563万元，比上年增长5.7%；实现工业销售收入3330414万元、利税332326万元，分别增长7.1%和14.6%；第三产业增加值达到372128万元，增长15.6%；农民人均可支配收入1.87万元，增长12.3%。

柳疃镇是全国文明镇、全国重点镇、全国生态镇、国家小城镇经济综合开发示范镇、山东省“百镇建设示范行动”示范镇、山东省产业化驱动城镇化十强镇、省级文化特色建设示范镇、山东省首批中心镇、山东省特色产业镇、山东纺织印染产业第一镇。在2016年度中国建制镇综合实力1000强中，柳疃镇排名第463位，位列山东省第27位，潍坊市第3位。2016年12月，柳疃镇被列为山东省首批重点示范镇。

全镇共有企业近400家，其中规模以上企业79家，从业人员3万余人。纺织印染和盐及盐化工为两大传统支柱产业，纺织行业年产各类布匹13.3亿米，年印花、印染生产能力15亿米，产品230多个品种，柳疃成为江北最大的装饰布生产基地，打造江北最大的棉纺织品交易市场。全镇共有盐田52万亩，年产原盐225万吨，占全省海盐产量的五分之一，年产溴素2.3万吨，占全国溴素产量的18%。柳疃工业园区规划面积50平方公里，落户企业35家，总投资96.2亿元。

党委书记 肖　波

镇　　长 马伟莲

**【下营镇】** 位于昌邑市北部，面积220平方公里，辖35个行政村、8601户，人口2.4万人，耕地面积3721.9公顷。2016 年，完成地区生产总值 16.7 亿元，比上年增长 8.1%；实现地方财政收入 2.4 亿元,比上年增长 9.1%；实现规模以上工业企业销售收入41.7 亿元、利税7.8亿元，分别增长7.35% 和 10.2%；实现固定资产投资61.0亿元，增长13.2%；农民人均可支配收入1.7万元，增长 8.4%。

一是加快工业发展，利用产业链招商，依托金典化工二硫化碳及其深加工项目，落户中安橡胶促进剂等9个项目。对接世界500强企业，引进华电、中信水务、东江环保等过亿元大项目。梳理出僵尸企业12家，土地4000亩，盘活土地1700亩。总投资10亿元、规划用地5000亩的天恩光伏电项目已并网发电。二是加快城镇建设，加快建设潍河东堤顶路及下小路北延工程，推进中国水产科学研究院下营增殖实验站、遗传育种实验室和潍坊市陶埠中心水文站建设进度，聚集镇区人气。总投资6.6亿元的蒲东沿海防潮堤胜利合拢，实现向海要地3万亩。三是加大农业农村发展，发挥鼎力薄壳核桃省农科院薄壳核桃种植示范基地平台新优势，发展核桃等特色经济林500亩，成功带动周边种植户种植核桃面积九千余亩。推进农村无害化卫生厕所改造，潍坊市试点军营村率先完成农居厕改工作。投入1000余万元，重点打造以渔文化为主的东营村和西营村，以盐文化为主的常家村，以孝文化为主的军营村等特色试点村。

党委书记 孙效治

镇　　长 刘旭升

**【卜庄镇】** 位于昌邑市东北部，面积115平方公里，辖95个行政村，16170户，人口5.2万人，耕地面积7866.71公顷。2016年，全镇完成地区生产总值26.83亿元，比上年增长11.9%；实现地方财政收入4338.5万元；限额以上企业销售收入309448万元、利税47064万元；第三产业增加值达到95642万元，增长9.3%；农民人均可支配收入16315元，增长8.9%。

卜庄镇是青岛、烟台、潍坊三个市交会镇，位于胶莱河、潍河两河之间，境内有滨河东路、下小路、厫卜路、大寨路四纵和206国道、青年路、大莱龙铁路、荣乌高速公路、新海公路五横道路，交通便利；辖区内有潍河、胶莱河、漩河和蒲河4条河流。红色文化、海丝文化、侨乡文化、陶艺文化、草编文化、商贸文化是卜庄历史文化的主要特色。2016年，卜庄镇坚持“建设大美卜庄，造福侨乡百姓”的发展思路，在文化旅游、党建、美丽乡村建设、校安工程建设、道路建设、环境保护等工作走在昌邑市前列。

党委书记 刘广杰

镇　　长 于子华

**【饮马镇】** 位于昌邑市中南部，面积171.5平方公里，辖101个行政村、24413户、人口8.58万人，耕地面积9520.3公顷。2016年，全镇完成地区生产总值78.5亿元；实现地方财政收入6214.3万元；实现工业销售收入1065410万元、利税130000万元；第三产业增加值达到295400万元，增长10%；农民人均可支配收入16646元。

饮马镇，是全国重点镇、全国科学发展千强镇、山东省文明乡镇、山东省“百镇建设示范行动”示范镇、山东省中心镇、省级环境优美镇、省级旅游强镇、山东省农机安全“十县百乡千村万户”示范活动示范镇、山东省群众体育工作先进单位、潍坊市扩权强镇改革试点镇、潍坊市农业十强镇、潍坊市农产品质量安全示范镇。

饮马镇拥有昌南地区最大的工业园区，面积3750亩。园区内形成以瑞其能风机、同大锂电为代表的新能源产业，以派康塑料科技为代表的高新技术产业，以中云机器、凯德塑机为代表的高端装备制造业，以金浩面业为代表的绿色有机食品加工，以及以新美达纺织、恒丽非织造布为代表的纺织产业等现代特色产业集群。农业发展向特色化、规模化发展，建成3000亩现代农业示范园，聚集天福园生态农场、隆达育种基地、绿欣生态农场等各类高效设施农业项目。休闲观光旅游快速发展，投资5亿元打造特色梨花小镇，博陆山风景区被评为国家AAA级旅游景区，天福园生态农场被评为山东省精品采摘园，成功举办7届山阳梨花节、4届山阳群众文化艺术节和2届山阳大梨采摘节

党委书记 马守玉

镇　　长 闫胜平

【北孟镇】 位于昌邑市最南部，面积178平方公里，辖92个行政村、21963户、人口7.23万人，耕地面积10520公顷。2016年，全镇完成地区生产总值40亿元，比上年增长12.4%；地方财政总收入3652.8万元，比上年增长64.1%；工业实现销售收入400000万元、利税28700万元，分别增长11.5%和11.6%；第三产业增加值达9433万元，增长20.6%；农民人均纯收入14580元，增长8.2%。

北孟镇民营企业达到300余家，形成以机械制造、纺纱织造、纸箱包装、家居用品加工、农产品加工等“五大产业”为主，其他产业齐头并进的格局。规划建设占地3000亩的集高新技术、电子商务、冷链物流为一体的昌南工业园区。具有丰富的农业资源，培育花生、大蒜、半夏、大棚果、梨枣、黄金梨、苹果、核桃、草莓、大姜、葡萄、西瓜、猕猴桃多个特色农产品品牌。小城镇建设日新月异，落成昌南农资批发园区、中百佳乐家北孟店。

党委书记 郭兴平

镇　　长 于遵刚

（刘伟刚）

# 临朐县

【国民经济和社会发展概况】 临朐县位于潍坊市西南部，总面积1831平方公里，其中山区、丘陵面积占87.3%，辖13个镇（街、园、区），350个村（社区），年末户籍总人口90.5万人。2016年，全年实现地区生产总值（GDP）261.1亿元，比上年增长8%，其中第一产业增加值36.2亿元，增长4.3%；第二产业增加值106亿元，增长7.4%；第三产业增加值118.9亿元，增长9.8%。全县完成固定资产投资330亿元。一般公共预算收入15.7亿元，一般公共预算支出32.3亿元。全年实现社会消费品零售总额158.7亿元，完成进出口总额24.3亿元。城镇居民人均可支配收入29356元，农村居民人均可支配收入14700元。

*产业结构持续优化*。三次产业比重调整为14：41：45。加快工业转型升级，铝型材等主导产业初具规模，高新技术产业产值占比达到42%，规模以上工业企业主营业务收入、利税、利润分别达到428亿元、23亿元和14亿元。围绕农业增效、农民增收，大力发展特色优势产业，加快建设现代示范园区。相亮山楂、盛世果蔬获评省级农业标准化示范基地。盛世果蔬合作社建成国家级水果（桃）标准示范园区。临朐大樱桃获2016年中国樱桃年会优质大樱桃品评一等奖。发展畜禽养殖标准化示范场85家，其中国家级3家。加快推进旅游业发展，“三山两园一谷”核心景区建设全面提升，“临朐人免费游临朐”活动正式实施，成功举办山东省第三届乡村旅游节、第四届中国（临朐）沂山文化节暨丙申年东镇沂山祀山大典等节庆活动，在嵩山、神牛谷等景区举办桃花节、杏花节、槐花节等活动，被国家旅游局确定为全域旅游示范区创建单位。商贸流通业加快发展，全福元、佳乐家等一批高端服务业项目投入运营；全面完成钢材市场、玻璃市场、东郡农贸市场搬迁改造，建成江北物流城、汽车4S店集中发展区等专业市场20处。建成启用临朐电商众创家园，电商交易额逐年攀升。金融产业发展迅速，聚丰村镇银行、民生银行、西部证券、盛丰资本等金融机构相继运行，县内金融机构发展到62家。

*发展后劲不断增强*。坚持“大项目带动”战略不动摇，华建高性能特种铝材、伊利乳业二期、山水水泥二期、米兰之窗、高铁轨道大板等一批骨干财源项目投产达效，总投资76亿元的抽水蓄能电站项目顺利推进，大项目成为县域经济的重要支撑。全县主营业务收入过亿元的企业120家，利税过500万元的企业121家。创新驱动能力不断增强，华特磁电、宝龙达等16家企业分别与山东大学、齐鲁工业大学等19所高校院所进行产学研对接；新认定省级工程技术研究中心1家、市级3家，市级重点实验室2家、科技企业孵化器1家；新认定高新技术企业13家，全县高新技术企业发展到27家；新增山东省著名商标1家，争创山东名牌产品5个，全县拥有中国驰名商标15件、山东省著名商标20件，山

东省名牌产品达到19件。园区建设取得新进展，临朐经济开发区加快转型升级。完成水库除险加固、农业综合开发、“小农水重点县”等一批农业基础设施项目。公路交通建设取得突破，柳高路、东石路、冶石路改建工程建成通车，境内公路通车里程达2560.9公里。开通26路石门坊风景区公交专线，新上纯电动新能源公交车120辆，新建弥河绿道公共自行车站点16处。

*城乡面貌显著变化。*完成新一轮城市总体规划修编，建成区面积扩大到36平方公里；棚户区改造实现新突破，交付吴家庙、咸富楼等多层住宅安置楼51栋、1200户，中央商务区三期、张家庄高层住宅安置楼3栋、290户，中央商务区二期沿街楼商业安置楼4栋。新建、续建城市道路5条、1.8公里，新建供水管网3.2公里，对骈邑路、兴隆路等15条主要道路进行维修改造，新增绿地面积40万平方米。培强辛寨镇、冶源镇2个省级示范镇和全国重点镇，寺头镇大时家庄村入选第三批省级“传统村落”，九山镇大花龙潭村、寺头镇大时家庄村被命名为第三批省级“美丽宜居小镇”。全县常住人口城镇化率达50.35%。全县建成环境整洁村382个、生态文明村99个、美丽乡村60个。

*生态优势更加鲜明。*定期开展弥河流域、冶源水库饮用水水源地等重点区域水质监测，取得监测数据2300个。联合开展集中行动63次，依法取缔石灰窑、小淀粉、小铸造、小炼铁、小炼油等土小企业93家。全年启动重污染天气应急预案6次，出动检查人员270人次，检查重点企业135次。开展化工、液氨制冷、危化品仓储经营、107胶、铝型材等企业专项整治工作，检查排污单位246家，抽查重点企业56家，一般企业147家，监察1746次，依法立案查处环境违法案件136件，对35家企业下达限期改正通知书，移交法院强制执行63家。新建智慧环保管理平台，对35家重点污染物排放企业，全部安装24小时自动在线监测设施，全年“蓝繁”天数达到273天。持续抓好防洪、水资源开发、道路交通等“十大工程”建设，完成冶源水库至县城南环路段生态整治任务，蒋峪汶河水源地保护、东镇湖湿地公园、丹阳湖湿地公园工程完成投资4500万元。完成滨河西路、广威弥河大桥至第二污水处理厂路灯、人行道等附属设施升级工作。完成弥河沂山大桥至冶源水库段综合治理及两岸绿化工程，形成连续20公里的绿色生态长廊。完成荒山造林、水系绿化、道路绿化、森林抚育等4项创建国家森林城市重点工程。全年完成造林1.5万亩，新建完善绿色通道106公里，四旁植树120万株，义务植树165万株，森林抚育1万亩，全县林木覆盖率达到45.8%。

*社会事业全面进步。*年均民生支出占财政总支出的80%以上。实施精准扶贫、精准脱贫，全县3078名县镇村三级党员干部组成387个帮扶小组和796个关爱小组，联系对接贫困户7584户，实现贫困户结对帮扶全覆盖。创新实施“党支部+合作社+贫困户”扶贫模式，在全市范围内推广。通过实行“合作社+特色农业”“合作社+乡村旅游”“合作社+农村电商”等一系列措施，全县所有贫困村均成立合作社，贫困户入社率达80%以上。全县84个省定贫困村全部“摘帽”，6192户、13810人实现精准脱贫，占贫困人口总数的84.5%。开工建设21所学校、33个项目，新建、改扩建幼儿园26处，创建6处省级示范幼儿园，24处学校达到市“互联网+教育”示范校验收标准。全县普通文理一本进线1540人，一本上线率34%，14人被清华、北大录取。县人民医院、海浮山医院、辛寨中心卫生院等一批医疗卫生项目投入运营，县中医院、糖尿病医院、妇幼保健院建设加快推进，被评为“全国计划生育优质服务先进县”。“文化临朐”建设卓有成效，成功创评“中华诗词之乡”和“齐鲁诗词之乡”，县文化中心建设稳步推进，县文化馆通过国家一级馆复评，淌水崖水库纪念馆被评为市委党性教育基地。成功举办全县第四届全运会。为中心村（社区）配备健身器材83套，维修器材200余件。推进“大众创业、万众创新”，全县就业形势保持稳定。城乡居民社会养老保险实现全覆盖，医疗保险参保率达到95%。

**【城关街道】** 地处临朐县中心城区，面积90平方公里，辖32个中心村、14.9万人，耕地面积2100公顷。2016年，全街道完成财政总收入3.71亿元，公共预算收入2.37亿元，49家规模以上企业实现工业总产值93.8亿元，同比增长11.2%；实现利税3.96亿元，同比增长14.1%。

城关街道发挥区位优势，实施“工业强街”和“大项目带动”战略，加快工业经济发展。潍坊伊利、鑫珂海洋生物、华特磁电、万豪汽车滤芯纸、博创重工等大项目先后落地投产，形成食品加工、机械装备、生物新材料等9大产业集群；推进旧城旧村和棚户区改造，建成高档住宅小区、安置社区60余处；全福元中央商务区、中百佳乐家、隆达商业广场等现代商贸大项目迅速崛起；改造提升石门坊景区，推进中华文化雕塑产业园建设，规划建设红叶特色小镇，文化旅游产业欣欣向荣；发展大棚樱桃等特色农业，誉为“中国江北大棚樱桃第一镇”。

党工委书记　白文玉
办事处主任　马光亮

**【东城街道】** 位于临朐县城以东，面积144平方公里，辖43个中心村（社区）、3.1万户、11.5万人，耕地面积3536公顷。2016年，全街道完成地区生产总值109亿元，比上年增长9%；实现地方财政收入3.5亿元，比上年增长3.5%；实现工业销售收入258亿元、利税13.5亿元，分别增长1.9%和1.7%；第三产业增加值达到33.89亿元，增长9.8%；农民人均纯收入15606元。

街道工业基础雄厚，工业园区建成面积达33平方公里，园区内落户企业600余家，涵盖铝型材、机械、电子、化工、纺织、商贸物流等十多个门类。其中铝型材产业是东城街道的特色主导产业、支柱产业，各类生产加工铝型材企业近60家，生产线388条，年产能126万吨。铝材装备制造、门窗幕墙加工、硅酮胶生产、粉末涂料等铝材关联配套企业发展到260多家，整个集群年实现产值200多亿元。工业园区已经由专业铝型材市场逐步发展为全国闻名的产业集群，发展起中欧节能门窗产业园、东兴跨境电商产业园、江北建材城等专业市场7个，是中国江北最大的铝型材集散地，临朐县因此被授予“中国铝型材产业基地”“中国铝模板产业基地”“中国（江北）铝型材第一县”“县域经济十大产业集聚园区”，铝型材产业被评为“山东省十大特色产业集群”。

党工委书记　孙传坤

办事处主任　王金来

**【五井镇】** 位于临朐县西南部，面积102平方公里，辖20个中心村、1.7万户、5.2万人，耕地面积2340公顷。2016年，全镇实现财政总收入10257万元，地方财政收入6076万元。

大项目建设取得新成效。山水水泥两条日产5000吨熟料生产线全部运转，全年生产水泥51万吨，熟料223万吨，山水骨料项目被列为潍坊市循环经济再利用示范点。高速设备材料有限公司海外市场逐步扩大，年内出口阿根廷等7个国家轨枕30余万根。投资10亿元占地360亩高铁轨道大板一期项目投产达效，共生产大板达17000块。投资1.3亿元占地2万平方米二期项目已初步建成投产。

乡村旅游实现新发展。挖掘乡村特色，加快隐士生态旅游度假村建设力度，聘请山东泰山旅游规划设计院编制《隐士村旅游发展规划》，推进“一环一带两心五片区”基础设施配套建设。

美丽乡村建设取得新成效。投资4600万元，全面推进美丽乡村建设六大工程，以城乡环卫一体化工作为抓手，新硬化大街小巷39万平方米，老道路硬化39.8万平方米，新挖排水沟渠近7公里，安装路灯960盏，铺装路沿石67000米，涂装墙面78000平方米，新建文化墙68处，安装健身器材246件套，栽植绿化苗木126800株。

党委书记　吕学志

镇　　长　董树华

**【冶源镇】** 位于临朐县南部，面积153.2平方公里，辖39个中心村、3.5万户、10.7万人，耕地面积4393公顷。2016年，全镇实现地方财政收入4467万元；实现工业销售收入27.7亿元、利税6665万元，分别增长12.1%和13.2%。

工业实力不断增强，汽车配件、机电磁电、瓶盖加工和食品加工等产业集聚发展，规模以上企业达到20家、省级高新技术企业2家、省著名商标和名牌产品3个；配套完善杨善、洼子、冶泉和宝山四大工业园区，打造招商引资、产业发展的载体平台。城镇建设步伐加快，完成李豹路大修改造，新建、续建住宅小区7个，建成运行镇污水处理厂，镇区建成区面积达到9.1平方公里。文化事业更加繁荣，新建文化活动广场11处，组织红丝砚雕刻及书画爱好者参加各类展会5次，成为首届中国名镇志文化工程获评单位。完成老龙湾东大门、海浮山南大门及停车场建设。特色农业蓬勃发展，龙湾淡水鱼养殖、惠农瓜菜等专业合作组织发展到174个，“杨善牌”西瓜等7种农产品通过绿色食品认证。脱贫攻坚扎实有效，9个省定重点贫困村全部“摘帽”，脱贫率达到85.8%。

党委书记　王保利

镇　　长　李　斌

**【寺头镇】** 位于临朐县西南部，面积276平方公里，辖34个中心村、2.29万户、7.5万人，耕地面积5735公顷。2016年，全镇完成地区生产总值22.3亿元，比上年增长6.2%；地方财政收入1917.04万元，比上年增长7%；工业实现销售收入115522万元，利税7412万元，分别增长8.7%和8.2%；第三产业增加值达93396万元；农民人均纯收入14018元。

构建财源建设新格局。引导铸造、园林等传统产业进行技术改造，上档升级，巩固主体财源。建立电商服务中心，转变艺术护栏企业营销模式，全年企业网上交易额突破1亿元。通过引进企业、扩大投资，培植新兴财源。华源纺织出口贸易额突破1亿元，位居全县同行业首位。引进投资3.6亿元的圣鸿门业落户东城。汇聚宠物食品公司租用镇缫丝厂车间新上金枪鱼宠物罐头生产线。

打赢精准脱贫攻坚战。推行“N+1”模式，用好社会力量扶贫,合力推进精准脱贫。践行“党支部+合作社+贫困户”模式，搞好产业扶贫。发展生态观光农业，引导贫困户通过参与乡村旅游脱贫致富。

抓好美丽乡村建设。立足福泉5个村实际，突出“福、禄、寿、喜、财”五福文化，打造“福泉五福文化民俗村”，全面推进12个生态文明村、48个环境整洁村建设工作。

激发基层党建活力。建成6个党群服务中心和34个党群服务站，提升为民服务水平。引入第三方社会机构对村集体经济进行审计，规范村级工作。全面推行党组织书记“四诺履职”和党员积分制管理。

党委书记　刘万军

镇　　长　袁海涛

**【九山镇】** 位于临朐县境南部，沂山西麓、弥河源头，距县城52公里，为潍坊市临朐县、临沂市沂水县、淄博市沂源县三县交界处。总面积254平方公里，山地丘陵面积占85%，有林面积24.7万亩，森林覆盖率70%。全镇辖26个中心村、1.7万户、5.3万人，耕地面积3046.8公顷。2016年，全镇完成地区生产总值10.94亿元，比上年增长

7.1%；地方财政收入1669.3万元，比上年增长8.8%；工业实现销售4.12亿元，利税3728万元，分别增长8.4%和9.5%；第三产业增加值达1208万元；农民人均纯收入10984元。先后获得“省级文明镇”“省级生态镇”“省级宜居小镇”“省级特色小镇”等多项荣誉称号。牛寨村被评为中国最美休闲乡村、中国乡村旅游模范村、全国生态文化村、全国美丽宜居村庄。

旅游资源丰富。境内有黑松林、神牛谷、林海大道、淌水崖水库、齐长城、铜陵关等自然旅游景观。培强壮大林果，产业优势明显。九山镇是闻名遐迩的果品生产大镇，干鲜果种植面积达到7.5万亩，其中鲜果4.5万亩（苹果2.5万亩，葡萄7500亩，桃8000亩，杂果4500亩）、板栗3万亩，是江北最大的干鲜果生产基地和果品集散地之一。总面积3万亩的青杨峪板栗基地被评为国家有机农业（板栗）示范基地，“九山苹果”和“九山板栗”先后取得国家地理标志产品证明商标。改善民本民生，发力脱贫攻坚。建成九山小学、幼儿园、养老院、弥河源湿地公园、群众文化活动广场等。集中力量，精准施策，全年实现脱贫1302户、2410人，脱贫率86.4%。

党委书记 贺志健

镇　　长 王　楷

【**辛寨镇**】 位于临朐县中部，面积230平方公里，辖49个中心村、3.71万户、12.8万人，耕地面积6953.3公顷。2016年，全镇完成一般公共预算收入7287万元，实现工业销售收入40989万元、利税14431万元，分别增长9.4%和12.1%。

全力推进工业经济发展，提升辛寨、卧龙、凤凰山三大工业园区，全镇工业企业发展到420家，其中规模以上企业36家，形成橡胶、童车、硬质合金、陶瓷、铝型材、食品、汽摩配件等优势产业。加快农业示范园区建设，提升完善双山流域黄烟、蒋市优质苹果、三山峪山楂、曹家庄优质桃等八大农业示范园区。乡村旅游业加快发展，完成凤凰谷森林公园总体规划专家评审；完成标志性的凤凰谷景区东大门建设；投资500多万元，新修道路6公里，新硬化防火旅游专线通道11公里。建设完成公园远程全自动监控系统，建设瞭望台1处、监控点10处；开工建设一期投资6700万元的裴家河山地度假项目、投资1.5亿元的松泉湖旅游度假区、投资1.2亿元的峪林方旅游度假区、投资5000万元的凤凰谷山地度假区等4个生态旅游项目，辛寨镇被评为“潍坊市2016年度市级森林镇”。坚持民本民生，人民幸福水平有新提升。投资8000万元的辛寨医院综合楼竣工，正在配套先进的医疗设施。投资9600万元，集养老、康复、医疗为一体的景福养老护理院项目，共完成6栋楼主体工程。投资260万元，新建盘阳小学。投资35万元，改扩建白沙小学。全镇住宅小区达到13个，楼盘101栋，可容纳居民3600户。投资490万元，新建辛寨社区服务中心和盘阳社区服务中心，改扩建提升白沙、杨家河、兴寺、大峪、牛山、卧龙等6个社区。推进美丽乡村建设，投资7600万元，完成长深高速辛寨段两侧绿化、府前街改造提升等重点工程。

党委书记 沈明新

镇　　长 蒋发永

【**蒋峪镇**】 位于临朐县东南部，面积178平方公里，辖29个中心村、1.6万户、6.1万人，耕地面积4500公顷。2016年，全镇完成地区生产总值12.8亿元，比上年增长14.3%；实现地方财政收入1433万元，比上年减少7%；实现工业销售收入30854万元、利税3491万元，分别增长11.8%和13.6%；第三产业增加值达到5.12亿元元，增长15.1%；农民人均纯收入13650元。

蒋峪镇是山东省美丽宜居小镇、山东省历史文化名镇、省级文明镇、省级中心镇。蒋峪曾设“二衙”，为朝廷派出机构，专司皇帝遣官祭祀东镇沂山的文书之事。境内交通便利，省道东红路纵贯南北、大沂路横穿东西，长深高速青（州）临（沭）段纵贯全境。

发展现代农业，突出油牡丹、黄桃、芝麻、食用菌四大产业发展。实施“工业强镇”战略，玛格尼板材、华一服饰、盛安食品、春冠食品等企业实现成功转型。加快蒋峪大集建设，商贸服务业繁荣壮大。实施镇区改造提升工程，搞好汶河、蒋峪河治理，莲湖公园被评为“省级湿地公园”。实施乡村文明培育工程，举办“出彩蒋峪人”才艺大赛。

党委书记 张忠刚

镇　　长 李　霞

【**柳山镇**】 位于临朐县东部，面积97.1平方公里，辖21个中心村、1.2万户、4.2万人，耕地面积4247公顷。2016年，财政总收入1739.5万元，增长15.1%；一般公共预算收入1362.4万元，增长17.3%。

发展后劲显著增强，国华风电二期项目实现并网发电，共发电4500万度，产值2900万元。黄烟生产再创佳绩，黄烟种植面积4000亩，实现烟叶税264万元，同比增长34%。现代农业稳步提升，“三品一标”农产品数量增加到9个，瓜菜面积达到3.5万亩，年销售蔬菜8.7万吨以上，产值达1.75亿元。脱贫攻坚成效显著，剩余79户、147名贫困人口，贫困村脱贫率100%，贫困人口脱贫率99.2%。美丽乡村加快推进，建设完成美丽乡村示范点6个、环境整洁村23个、生态文明村6个。民本民生持续改善，新建辛山小学教学楼、实验楼、餐厅及柳山小学餐厅、辛山幼儿园，改造提升朱家沟、侯家河幼儿园，完成柳高路大修工程。党的建设不断加强，新建镇党群服务中心1处、党群服务中心（站）21个，下沉服务事项63项，办理事项2000余件。

党委书记 窦海燕

镇　　长 刘洪科

【**山旺镇**】 位于临朐县东北部，面积108平方公里，辖16个中心村、0.95

万户、人口3.2万人，耕地面积3600公顷。2016年，全镇实现财政总收入2136万元、地方财政收入1440万元，实现规模以上工业总产值7.3亿元。

山旺镇交通便利，潍临公路贯穿东西，西邻仲临路和长深高速。境内有山旺国家地质公园，是国家重点自然保护区，素有“化石之乡”美誉。大项目和财源建设有新突破。以中小企业创业产业园为平台载体，引进投资过亿元项目6个。脱贫攻坚精准高效。全镇421户、848名贫困人口如期脱贫。美丽乡村建设扎实推进。打造7个美丽乡村试点，示范带动24个村的新农村“五化”建设。社会事业统筹发展。实施民生工程，建成7400平方米的镇中心幼儿园和初中图书实验楼并投入使用，完成席家河、龙泉沟棚户区改造工程，规划建设镇中心卫生院。为民服务有新作为。构建镇、社区、村“三级联动服务体系”，织密为民服务网络。

党委书记 李守成

镇　　长 刘胜山

**【沂山风景区】** 位于临朐县城南45公里处，面积148平方公里，辖14个中心村、8493户、2.87万人，耕地面积1719.2公顷。2016年，全区地方财政收入1018.2万元，比上年增长1.8%；农民人均纯收入12900元。

沂山风景区是国家AAAAA级旅游景区、国家森林公园、国家水利风景区、山东省风景名胜区、山东省地质公园。2016年，沂山风景区以“最大限度地放大AAAAA品牌效应”为主线，全面推进景区、农村、林场均衡发展，高空森林漂流项目投入运营，南大门至法云寺山水景观栈道建成，南大门游客中心投入使用。举办第四届中国沂山文化节。西草山亭村搬迁安置工程回迁完成、大关初中宿舍楼建成使用、大关至东镇庙和东红路到毕家砚峪两条乡道建成通车。完成引水上山工程，保护国有林业资源。

党工委书记 王成德

管委会主任 刘　阳

**【龙山高新技术产业园】** 位于临朐县东北部，面积67平方公里，辖16个中心村、3.5万人，耕地面积2866公顷。2016年，完成地区生产总值10.5亿元，比上年增长11%；实现地方财政收入1883万元，比上年增长17.1 %；实现工业销售收入63108万元、利税2349万元，分别增长11.55%和13.6%；农民人均收入14828元。

突出铝型材深加工、高档汽车配件、新材料三大主导产业。2016年，金成铝轮毂项目综合楼主体封顶，正在新上挤压机设备，6000平方成品库地槽开挖完成；恒昌地面施工完成，警卫室正在施工；东临化工中试车间投入使用，出口包装车间主体建成。MBS项目正在办理前期手续，正在进行场地整平和基础处理；三义实业应急积水池浇筑已完成；昌泰高分子办公楼西2000平方米生产车间地槽已挖，正在水泥打桩；宝龙达新材料年产能5万吨的122级硅酮胶全自动智能化生产线已投产。年发电量6000万千瓦的邑清环保项目已接火发电。法恩新材料、恒昌圣诚项目完成场地整平。

党工委书记 王　军

管委会主任 李本元

**【嵩山生态旅游区】** 位于临朐县西部，面积89平方公里，辖11个中心村、6493户、2.1万人，耕地面积870公顷。2016年，全区完成地区生产总值7亿元，比上年增长6%；实现地方财政收入708万元，比上年增长17.8%；实现工业销售收入120万元，利税4万元，分别增长4.5%和15.6%；第三产业增加值达到900万元，增长10.5%；农民人均纯收入1.2万元。

镇区建设加快推进。投资8000万元，完成暖水河村安置楼建设及配套项目，270户搬迁居民顺利回迁；投资3000万元、建筑面积2.5万平方米的商业街主体完成；启动投资2亿元、占地80亩的旅游度假公寓项目；投资1829万元、占地45亩的嵩山小学开工建设。

社区建设规范运行。全面推行“2+1”社区管理服务工作模式，规范提升成立的10个社区，实现社区与中心村一体化、实体化、规范化运行。推进社会服务进社区，把电子商务、合作社等业务全面有效推开。利用“互联网+”，打造“掌上社区”，在10个社区全部开通“齐鲁嵩山社区通”，建成“乡邻小站”电商平台。

美丽乡村建设全面铺开。实施禁牧禁养，拆除养殖棚圈800余处。农村道路硬化已全部完成，硬化道路6.8万米、17.9万平方米，安装路灯1000多盏，新建文化广场15处、2.8万平方米。发展蜜桃1万亩、猕猴桃1000多亩，栽植绿化苗木2万多株。

项目和财源建设有序推进。总投资76亿元的潍坊抽水蓄能电站项目已正式签约；投资1.2亿元的揽月岛旅游度假区项目、投资3000万元的龙潭湖露营公园项目加快推进；投资2500万元，启动鲁中果品冷储物流基地项目。

精准扶贫扎实开展。实施蜜桃和乡村旅游两大富民产业，把303户贫困户全部聚集到产业链上。2016年，脱贫255户、脱贫率84.2%。2016年9月，为全市社会组织参与精准扶贫现场会提供观摩现场。

特色产业发展迅速。新发展蜜桃1万亩，发展高山樱桃和猕猴桃产业，蜜桃发展到4万亩，创建全国水果（蜜桃）示范基地。盛世果蔬专业合作社被认定为山东省农业标准化生产基地、潍坊市农产品质量安全示范园区。高效整合“山水林岭村”等旅游资源，加快发展全域旅游，发展农家乐39家，住宿床位达到400张。举办“杏花节”“桃花节”等20多场节庆活动，成功举办第三届山东省乡村旅游节系列活动。

生态建设成效明显。完成春季造林4000亩、雨季造林6000亩，栽植各类绿化苗木50多万株；组织实施崔木、嵩山寺景区绿化，发展元宝枫种植基地1000亩，栽植侧柏70多万株。抓好护林防火工作，为全市以水灭火能力建设会议提供了观摩现场。

党工委书记 刘建安

管委会主任 夏树英

（程国栋）

# 昌乐县

**【国民经济和社会发展概况】** 全县总面积1101平方公里，年末户籍总人口63.03万人，辖4个镇、4个街道、1处省级经济开发区、1处省级旅游度假区和1处水库管理区。全年实现生产总值292.64亿元，比上年增长7.8%，其中，第一产业增加值37.66亿元，第二产业增加值125.46亿元，第三产业增加值129.52亿元，固定资产投资349.9亿元，公共财政预算收入23.59亿元，公共财政预算支出27.95亿元，社会消费品零售总额145.8亿元，进出口总额79.79亿元，城镇居民人均可支配收入30529元，农村人均可支配收入15450元。是“中国蓝宝石之都”，境内有古火山84座，蓝宝石有矿面积450平方公里，储量数十亿克拉，占全国蓝宝石总储量的90%以上，是世界四大蓝宝石产地之一。是“中国西瓜之乡”，西瓜种植面积超过15万亩，年产6亿公斤，被确定为中国地理标志农产品。被评为全国文明县城、全国农业标准化示范县、国家卫生县城、全国绿化模范县、全国农村“三资”管理示范县等。是全省唯一的承担国家发展农民股份合作、赋予农民对集体资产股份权能改革试点县。在全市科学发展综合考核和群众满意度调查中连续位居前列。

*产业发展更加协调。*三次产业比例由2011年的15：51.3：33.7调整为13：43.3：43.7。农业规模经营主体、标准化示范园区、优质农产品品牌分别达到1867个、73个和232个，被评为全国农业标准化示范县。农产品质量安全网格化监管体系、无规定动物疫病区基本建成，被评为全省出口农产品质量安全示范县。建成全国首个职业农民教育培训基地，被确定为全省新型职业农民培育示范县。规模以上工业主营业务收入突破千亿元，达到1008亿元。获市长质量奖3个、省以上名牌名标44个、专利授权2675件。建设市级以上科技创新平台79个，高新技术产业产值占比达到26.1%，被评为全国科技进步先进县。服务业增加值占比提高10个百分点。新增各类金融机构17家，银行业存贷款增幅、资产质量保持全市先进水平。新创AAA级以上景区、省以上旅游示范点等39处，古火山群被确定为国家自然遗产和国家地质公园。

*城乡品质不断提升。*城镇化率五年提高10个百分点，达到52.4%。新建改造城区道路41条、公厕33处，集中供热率、管道燃气普及率、建成区绿化覆盖率分别达到96%、88.7%和41.9%，被评为全国文明县城、国家卫生县城、国家园林县城。“智慧城市”建设试点有序推进，建成平安昌乐、智慧矿管等系统。完成镇村建设投资119.7亿元，红河镇、鄌郚镇被评为全国重点镇、省级示范镇。提升社区功能，宝都街道被评为全省城市社区建设示范街道，红河社区、鄌郚社区被评为山东省农村新型示范社区。新建农房9699户，改造农村危房3691户。

*改革开放持续深化。*完成新一轮政府机构、商事制度、传媒事业体制机制等改革，完成知识产权强县工程、农村宅基地确权登记颁证、公立医院综合改革等国家级试点。供销社综合改革、新型农村合作金融试点扎实推进，农村集体资产股份权能改革试点经验做法得到农业部肯定，被认定为全国农村集体“三资”管理示范县。低丘缓坡开发利用、城乡建设用地增减挂钩、工矿废弃地复垦利用试点加快实施。落实营改增、小微企业税收优惠等结构性减税政策。推进企业股改上市，15家企业在新三板或区域性股权交易中心挂牌。五年实现进出口总额71.8亿美元，招商引资到位资金374.6亿元，利用外资1.8亿美元。成功举办1届宝石节和4届宝石博览会。

生态建设成效明显。五年累计成片造林14.1万亩，被评为全国绿化模范县。实施环保项目466个，拆改燃煤锅炉52台，空气、水、土壤环境质量持续改善。发展绿色交通，投入运营公共自行车2300辆，新增和更新清洁能源公交车354台。城乡环卫一体化通过省全覆盖认定，3个镇被评为国家级生态镇。发展循环经济，31家企业通过省市清洁生产审核验收，万元GDP能耗降低24.5%。加强资源节约保护，被评为全省国土资源节约集约模范县。

*人民生活持续改善。*居民人均可支配收入达到22580元。累计脱贫18957人。新增城镇就业及农村劳动力转移就业7.5万人。教育事业迅速发展，被认定为全国义务教育发展基本均衡县。基本药物制度全面实施，基本公共卫生服务均等化水平稳步提升。计生服务持续优化，被评为全国计划生育优质服务先进县。文化事业全面发展，三级公共文化服务体系逐步健全。路网结构不断完善，公路通车里程达到2018公里。农村安全饮水实现全覆盖，“引黄入昌”工程建成投用。信访案件逐步下降，被评为全省安全生产工作先进县、全省信访工作先进县。军民深度融合发展，连续被评为“全省双拥模范县”。

**【山东省委书记姜异康到昌乐调研经济社会发展情况】** 4月8日，山东省委书记姜异康到昌乐，对当前经济社会发展情况进行调研。姜异康一行实地到佳诚数码材料有限公司、金丝达新能源有限公司进行调研。对昌乐以新发展理念为统领，引导企业转型升级、创新发展，加快转变政府职能、优化营商环境等做法给予高度评价;对企业适应和引领经济发展新常态，主动调整思路，开拓创新，强化企业管理，在激发内生动力、增强发展活力上狠下功夫的思路和做法给予肯定。

**【潍坊市委书记杜昌文到昌乐调研并到联系点埠南头村讲党课】** 6月24日，潍坊市委书记杜昌文到昌乐县调研，并到联系点红河镇埠南头村党支部讲党课，与基层党员一起过组织生活。在联系点埠南头村党支部，杜昌文带领全体党员重温入党誓词，领学习近平总书记关于农业农村工作的重要论述，并围绕贯彻落实习总书记重要讲话精神和中央对农业农村发展的新部署、新要求，讲了一堂生动的党课。

**【2016中国(昌乐)国际宝石博览会隆重开幕】** 10月16日—19日，2016中国（昌乐）国际宝石博览会在山东昌乐中国宝石城成功举办。博览会展览展示面积2万平方米,在中国宝石城国际珠宝交易中心设主展区，在中国蓝宝石博物馆设分展区，其中主展区设置国际标准展位205个、特装展位3个。共有18个国家、80多家知名珠宝商前来参展，涵盖除南极洲以外的其他六大洲珠宝商。其中，美国、意大利、埃及、希腊、苏丹等国家的珠宝展团，2016年首次前来参展。展会期间，举办国际彩色宝石发展高峰论坛、山东昌乐蓝宝石行业标准评审会议、中国精品蓝宝石暨黄金珠宝首饰工艺品设计评比大赛、重点招商项目签约仪式、“吉他小镇·魅力郡部”首届音乐节、中国摄影家协会黄金珠宝摄影展、中国名家书画展等相关配套活动。博览会共邀请参展企业2000多家，组织专业采购商4000多名，到会观众达到2.3万人次，现场成交额接近2.53亿元，意向交易额达2.75亿元。

**【昌乐经济开发区（宝城街道）】** 位于昌乐县北部，面积43.4平方公里，辖8个行政村、37个自然村、人口3.58万人，耕地面积1397公顷。2016年，全区完成地区生产总值535650万元，比上年增长6.2%；完成地方财政收入28310万元，比上年增长7.8%；规模以上工业主营业务收入3011634万元，实现利税102472万元，实现利润56480万元，分别增长4.4%、27%和33.3%，第三产业增加值达159950万元，同比增长6.9%；农民人均纯收入19610元，同比增长5%。

昌乐经济开发区先后引进各类企业300多家，规划蓝色经济产业园、黄金珠宝加工产业园、智能制造产业园、绿色房屋建材产业园等专业园区，实现装备制造、黄金珠宝首饰加工、造纸包装印刷等优势产业集群发展、集成创新、集中突破。其中，智能制造产业园为首批国家火炬特色产业基地，潍坊市仅此1家。辖区现有规模以上企业38家，主板上市企业4家，高新技术企业14家，高新技术企业产值占规模以上工业总产值达到40%以上。拥有中国驰名商标7件，建有省级工程技术研究中心4家、省级企业技术中心2家，市级工程技术研究中心13家，市级企业技术中心11家，市级重点实验室3家，市级工程实验室（工程研究中心）5家，并先后荣获“山东最佳投资园区”“山东省低碳经济示范园区”“山东省生态工业和循环经济示范园区”等荣誉称号。

经济开发区
党工委书记 张金涛（12月止）
黄省阶（12月起）
经济开发区
管委会主任 高明胜（12月止）
经济开发区
党工委副书记 史志军（12月起）
宝城街道党
工委书记 史志军（12月止）
宝城街道办
事处主任 杨建刚（12月起）

**【首阳山旅游度假区】** 位于昌乐县东南部，面积31.5平方公里，辖11个行政村、，3647户、人口1.3万人，耕地面积580公顷。2016年，全区农民人均可支配收入20493元，增长5.6%。

首阳山旅游度假区是潍坊市境内唯一集秀美的山——孤山、清澈的水——桂河、深厚的历史文化——夷齐文化三种优势于一体的开发区域，被喻为潍坊市的“天然氧吧”，是山东省人民政府批准设立的省级旅游度假区。度假区立足资源和区位优势，按照一个目标（打造潍坊“后花园”）、四个突破（一山一水一路一街）、四个发展方向（休闲旅游、健康养老、高端居住、现代教育）、五项保障（党的基层组织建设、党风廉政建设、安全环保、社会稳定、民生保障）的总体思路，着眼“宜居”，用足用活首阳山、桂河等独特的自然禀赋，优化提升区域生态环境，建设亲山近水、林城相依的山水园林旅游度假区。

党工委书记 刘德利
管委会主任 刘海龙（8月止）
吕增军（8月起）

**【朱刘街道】** 位于昌乐县城区东部，总面积40.07平方公里,辖19个行政村、35个自然村、总人口3.33万人，耕地面积17.25平方公里。2016年，街道完成地区生产总值62.3亿元，比上年增长7.2%；实现地方财政收入19661万元，比上年增长90.07%；规模以上工业企业实现主营业务收入374.2亿元，利税19.3亿元，分别增长4.5%和4%；第三产业增加值达13万元，增长11.5%；农民人均可支配收入23514元，增长8.8%。

区域内共汇聚规模以上工业企业36家，各类中小企业300多家，从业人员达到2万多人。有5家企业跨入潍坊市工业百强，有27家企业主营业务收入过亿元，其中1家过100亿元，2家过80亿元。拥有中国驰名商标7个，省名牌名标12个，省级以上高新技术企业10家，市级以上企业技术中心、工程（技术）研究中心11家。街道先后被评为“中国电动车产业第一镇”“中国减水剂生产基地”“山东电动车产业基地”“山东省钢结构产业集群基地”“山东产业集群建设十大突出贡献镇”“山东省文明单位”“山东省无邪教街道”和“山东省生态乡镇”等荣誉称号。

党工委书记 王永信（12月止）

赵中国（12月起）
办事处主任 郭雪梅（12月止）
张永生（12月起）

【宝都街道】 位于昌乐县中心城区，面积75.97平方公里，设有9个城市社区、3个农村社区，辖49个行政村、77个自然村，总人口15.36万人（其中，农村户籍人口13470户、48632人）。耕地面积2535.6公顷。2016年，全街道完成地区生产总值67.8亿元，比上年增长7%；实现地方财政收入2.9亿元，比上年增长13%；实现规模以上工业主营业务收入91.9亿元，利税14.62亿元，分别增长3%和1.5%；农民人均可支配收入23869元，增长12.5%。

辖区柠檬酸产量占全球的30%，是“中国柠檬酸特色产业基地”；电子散热器产量占全国的60%，是“中国电子器件散热器产业基地”。建成的宝都医药电子特色产业园，是国家、省两级中小企业公共服务示范平台。建有电子散热器、柠檬酸2个省级产业技术创新战略联盟。拥有昌乐西瓜、高家河苦菊、昌乐小南瓜三个国家地理标志证明商标。建成院士科研工作站1处、院士专家工作站1处、博士后科研工作站1处。

党工委书记 黄省阶（12月止）
王琪华（12月起）
办事处主任 赵中国（12月止）
王建书（12月起）

【五图街道】 位于昌乐县城南部，面积104平方公里，辖41个行政村、1.4万户、人口5.3万人，耕地面积4620公顷。2016年，全街道完成地区生产总值20.5亿元，比上年增长6%；实现地方财政收入4883万元，比上年增长13.5%；规模以上企业实现销售收入584040万元，利税53878万元，分别增长9.6%和10.6%；第三产业增加值达5亿元；农民人均可支配收入15450元，增长8.1%。

矿产资源丰富。共探明蓝宝石矿藏面积54平方公里，储量数亿克拉，是亚洲最大的蓝宝石矿床；煤炭、油页岩储量丰富，开发前景广阔。经济转型发展。引进投资160亿元的九龙湖旅游度假区项目、投资2亿元的金垦膨化大豆饲料加工项目、投资1.5亿元的凯胜电子散热器项目等一批重点项目，培育形成以电子配件、精细化工、塑料加工等为主的产业集群。农业优质高效。有庵上湖省级现代农业示范园、昌乐西瓜科技示范园等现代农业园区，推行“党支部+合作社”模式，带领群众发展致富。乡村美丽宜居。建成任家庄方山书院、福山百果园、响水崖子美丽乡村、庵上湖观光采摘园、大解召千亩桃园“五子连珠”生态文明走廊。

党工委书记 孔德奎（12月止）
李富强（12月起）
办事处主任 李永金

【乔官镇】 位于昌乐县中部，面积195平方公里，辖73个行政村、2.6万户、人口8.9万人，耕地面积0.99万公顷。2016年，全镇完成地区生产总值15.88亿元，比上年增长8.02%；实现地方财政收入2326万元，比上年增长0.17%；实现工业实现销售收入301530万元，利税10585万元，分别增长3.1和3.2%；第三产业增加值达4.31亿元，增长10.7%；农民人均纯收入15437元。

乔官镇蓝宝石、膨润土、玄武岩、木鱼石等矿产资源储量丰富；境内方山、隋姑山、乔山、莲花山等处风景秀丽；远古火山群入选国家自然遗产，山东昌乐火山地质公园被评为国家级地质公园；“大葛狮子舞”“火山能量石”等10个项目入选市县非物质文化遗产；“昌乐火山小米”成功注册国家地理标志证明商标；拥有板材、塑料、化工、织带、针织服装、旅游6大产业，规模以上企业12家。

2016年，全镇实施板材产业“煤改气”、莲花山农庄小镇、一事一议财政奖补“美丽乡村”等重点项目；建成乔新生态循环农业、万亩火山杂粮基地等特色农业园区，提升火山农业、茶香猪、乔新农业等品牌价值；新建、扩建乔官中心小学、北岩小学等4所学校；胶王路、乔山街等主干道路完成改造提升；新增绿化面积5300余亩；实施扶贫项目9个，带动679户、1134人实现脱贫。

党委书记 王龙之（12月止）
刘衍斌（12月起）
镇　　长 刘衍斌（12月止）
孙国伟（12月起）

【营丘镇】 位于昌乐县东南部，面积218平方公里，辖64个行政村、28403户、人口9.87万人，耕地面积12285公顷。2016年，全镇完成地区生产总值28.7亿元，比上年增长10.19%；实现地方财政收入2533.4万元，比上年增长0.13%；实现工业销售收入531357万元，利税19307万元，分别增长8.5%和8.6%；第三产业增加值达9.3亿元，增长10.7%；农民人均可支配收入17727元，增长6.2%。

工业经济膨胀壮大。建成占地2060亩的崖头工业园及1700亩的河头工业园，落户壮大中铁华盛、精华粉体、暖阳新能源等262家骨干企业。成立崖头、河头、马宋三大工业园区管理办公室，新落户鹏洲塑业、经欣粉体、英皇啤酒等15个优质项目。现代农业蓬勃发展。建设太公湖国家级现代农业示范园区、崔家庄特色种植园区等现代农业示范园区30处，登记注册农产品商标20个，培植农业龙头企业8家，发展家庭农场41处，农民专业合作社达到383家，完成168个村的确权颁证工作。城镇建设日新月异。崖头社区建成21栋住宅楼，社区小学、幼儿园投入使用；马宋社区服务中心建成投用，4座多层住宅楼完成主体。投资7000余万元完成18所幼儿园、中小学改造提升。完成潍日高速、胶王路等项目拆迁及8个村成方连片治理，完成造林绿化3500亩，群众生产生活环境显著改善。社会事业稳步提升。累计投入390多万元实施产业扶贫，完成脱贫605户、1114

人。建成26处农家书屋，成功申报5项市级非物质文化遗产，古城村成功申报省级旅游特色村；编纂完成《姜太公与营丘》丛书及《营丘镇志》。

党建工作不断加强。新建“两新”党组织31家，新成立联合党支部4个；投入100余万元规范提升全镇64处村级党组织活动场所，选派173名党建工作指导员下沉各基层党组织；70%镇机关干部下沉社区。

党委书记 秦春军（12月止）
刘　刚（12月起）
镇　　长 崔爱江（12月止）
吴国宗（12月起）

**【红河镇】** 位于昌乐县南部，面积194.5平方公里，辖62个行政村，28969户，人口11.6万人，耕地面积1.07万公顷。2016年，全镇完成地区生产总值38.4亿元，比上年增长5.6%；实现工业销售收入639421万元，利税18717万元，分别增长13.47%和1.2%；第三产业增加值达9.8亿元，增长8.7%。2016年，红河镇先后被评为全国重点镇、全国综合实力千强镇、国家卫生乡镇、山东省先进基层党组织。

产业转型实现新突破。乐港新上食品包装项目，乐化漆业实现油性漆到水性漆的转变，鸣泽国际有限公司在印度成立中印集团，全镇先后引进潍坊经典生物科技等项目7个。制定并实施现代农业“双百”工程，建设现代农业园区28个，培育凤凰岭果蔬申报为山东省名牌名标，培育红河大姜、将军堂大樱桃申报国家地理标志证明商标。新型城镇化实现新跨越。铺设排污管道30千米，组织对红平路、朱大路等主要道路进行功能完善。加快社区服务中心“一厅一校十室”建设，69%的机关干部下沉社区，新建成的宅科社区共有1000户群众搬迁入住，并获得“山东省综合减灾示范社区”等荣誉称号。民生事业实现新进展。实施小农水、高标准基本农田等多个惠农项目，全镇16万亩耕地全部实现旱能浇、涝能排。全镇新增造林绿化7000亩，改扩建红河镇中心中学、中心幼儿园等5所。农村两项改革稳步推进，农村集体资产产权制度改革和农村土地承包经营权确权颁证工作均完成136个村，占比91.3%。精准扶贫工作得实效，省定贫困村大芦沟、上皂户村新发展蔬菜大棚26个，刘家岭村引进光伏发电项目。

党委书记 刘莹有
镇　　长 王琪华（12月止）
孟　红（12月起）

**【鄌郚镇】** 位于昌乐县南部，面积166.3平方公里，辖26个行政村、24681户、人口8.2万人，耕地面积7500公顷。2016年，全镇完成地区生产总值18.64亿元，比上年增长8.9%；地方财政收入7911万元，比上年增长10%；工业实现销售收入314639万元，利税16095万元，分别增长11.1%和10.3%；第三产业增加值达59200万元，增长14.6%；农民人均纯收入16635元，增长3.3%。

2016年，鄌郚镇被评为山东省美丽宜居小镇，入选全国综合实力千强镇。各项经济指标实现平稳较快增长，龙海民爆有限公司投资1.2亿元实施技改，炸药产能跃居全省同行业之首。天然气综合利用、中创亿丰生物肥等项目建成投产。引进白浪源旅游度假区、光伏发电等一批新项目，不锈钢消音器、新型建材等产业成为新的经济增长点。乐器特色产业与文化产业融合成效显著，迎接中宣部副部长孙志军同志的专题调研，产业园被纳入山东省第二批智慧园区试点。实施了千亿斤粮食、小农水等4个上级投资重点项目，覆盖面积3.8万亩。鄌郚有一系列特色农产品，其中无籽西瓜以金山附近泉头村所产品质最佳，良河源村山药种植历史悠久，大姜以汶河沿岸包庄村较为突出，清风岭村所产“懒水菠菜”远近闻名，泉头村韭菜有30多年的种植历史。鄌郚狮子头咸菜，有着悠久的腌制历史，以鄌郚村较为出名，年产量200吨。2016年，全镇精准扶贫脱贫率达到90%。

党委书记 张义增（12月止）
郭雪梅（12月起）
镇　　长 刘　刚（12月止）
李克鹏（12月起）

**【高崖水库库区】** 位于昌乐县南部，面积57.6平方公里，辖17个行政村、6520户、人口2.3万人，耕地面积1826.67公顷。2016年，高崖水库库区完成地区生产总值56726万元，比上年增长13%；地方财政收入139万元；工业实现销售收入99833.86万元，利税10379.52万元，分别增长20%和22%；第三产业增加值达22655万元；农民人均纯收入11105元，增长14.96%。高崖水库库区是被评为国家级水利风景区、国家AAA级旅游景区、省级湿地公园、潍坊市森林镇等。生态建设，坚持生态、景观、产业“三位一体”造林绿化思路，系统建设“烟柳水岸”生态湿地防护林工程和滨湖西路防护林带，重点实施桃花源记等13项精品绿化工程，完成造林面积2300亩。现代农业，与乡村旅游相结合，一是提升南山农场等产业项目，新规划建设山水田园、白塔农场、窝铺民俗文化村等文化产业项目；二是培植和开发白塔芋头、地瓜和小米等特色产业。新型农村社区建设，东篱湖畔社区试点东前韩村顺利整体搬迁，新开工建设“四全一特”白塔社区，赵庄、建新等村安置楼完成主体和内外墙处理；窝铺等8个村美丽乡村开工建设。社会民生事业，中心幼儿园完成主体工程，中心卫生院动工建设新病房楼。

党工委书记 李富强（12月止）
刘　鑫（12月起）
管委会主任 刘　鑫（12月止）
张　鹏（12月起）

（刘培利、刘国强、刘　静）

# 开发区概况

*Kaifaqu gaikuang*

## 潍坊高新技术产业开发区

**【国民经济和社会发展概况】** 潍坊高新区成立于1991年，1992年获批国家级，现辖2个街道、2个经济发展区，面积110平方公里，截至2016年年末，全区户籍人口15.9万人，增长6.3%。2016年是“十三五”的开局之年。面对经济发展持续下行压力，全区以“科技化、国际化、生态化、法治化”为导向，以建设山东半岛国家自主创新示范区为统领，以棚户区改造和重点项目建设为总抓手，经过一年来的攻坚克难、突破担当，潍坊高新区经济社会各项事业均取得了重大成果。综合实力在147个国家高新区中跃升至第23位。

2016年，全区实现地区生产总值（GDP）395.4亿元，按可比价计算同比增长8.8%，高于全市0.8个百分点，居全市第一位。服务业占GDP比重比上年年末提升了2.02个百分点。二、三次产业对GDP增长的贡献率分别为33.18%、66.79%,分别拉动GDP增长2.92、5.88个百分点。全区规模以上工业企业实现工业总产值820.41亿元，增长18.97%，实现高新技术产值576.54亿元，增长30.58%。2016年，全区实现工业增加值195.08亿元，按可比价计算增长8.8%，总量占全区GDP总量的49.3%。全区实现财政总收入78.89亿元，增长6.8%；完成一般公共预算收入41.91亿元，增长10.0%；一般公共预算支出21.97亿元，增长4.5%。全区累计完成全社会固定资产投资152.78亿元，增长15.5%。实现社会消费品零售总额344.47亿元,增长10.2%。实现国税、地税总收入74.41亿元，增长2.8%，增幅比上年度提升1个百分点。

**科技创新**。科技创新成果丰硕。2016年，全区争创“国字号”科技品牌创出佳绩，先后获批山东半岛国家自主创新示范区、创业中国（潍坊）示范工程、国家科技服务业区域试点、国家战略性新兴产业知识产权集群试点、国家专利导航产业发展实验区和国家知识产权示范园区6个国家级品牌，加上已获批的国家创新型科技园区、国家可持续发展实验区、全国创新驱动示范工程，“国字号”桂冠达到9个。全区主导产业创建的国家级产业化基地达到10个。2016年1月至12月，国内专利申请3768件、增长32.6%，其中最体现专利申报质量的发明专利申请1407件、增长73.7%；获国内专利授权2349件、增长8.1%，其中发明专利授权399件、增长2.8%。盛瑞8AT研发及产业化项目荣获国家科技进步一等奖。潍柴动力获批内燃机可靠性国家重点实验室。潍柴卡车动力总成众创空间入列全国首批国家专业化众创空间示范名单，全区市级以上众创空间达到10家，其中国家级6家、占全市的100%。2016年，全区获批市级以上科技计划项目67项，获批扶持资金9962万元。新申报的31家企业的高新技术企业资格申请通过省科技厅专家评审。全区市级以上科技企业孵化器达到12个，其中国家级和省级各4个。人才特区建设有序推进，高端人才队伍不断扩大。2016年，全区新增国家“千人计划”专家6人、“万人计划”专家2人，科技部“创新人才推进计划”2人，省“泰山产业领军人才”3人，省“齐鲁和谐使者”2人、“齐鲁文化英才”1人，市“鸢都产业领军人才”5人、团队2个。截至2016年年末，全区已聚集国家“千人计划”专家30人、“万人计划”专家2人、科技部“创新人才推进计划”6人，省“泰山学者”“泰山产业领军人才”41人，市“双创人才”48人，市“鸢都产业领军人才”5人、团队2个，高层次人才数量持续增加。

**产业发展**。工业经济结构持续优化，新动能不断集聚，生产运行稳定增长，效益明显改善。2016年，高新区骨干企业逆势上扬。潍柴动力完成产值208.3亿元、增长61.6%，潍柴境外子公司德国凯傲集团以21亿美元，收购了全球领先的物流集成商美国德马泰克公司，成为内部物流解决方案的全球领导者；歌尔完成203.1亿元、增长34.2%，VR高端产品占据全球70%的份额；福田完成29.7亿元、增长24.7%，正在加快建设山东互联网汽车产业基地；盛瑞完成12.4亿元、增长36.7%，正在全力进军德国大众等高端市场。此外，华滋自动化等一批高成长性中小企业，也都实现两位数的增长。在骨干企业的带动下，高新区建设国际动力城、光电城、健康城和VR科技城，取得积极成效，2016年，动力装备产业实现主营业务收入311.6亿元、增长33%；声学光电产业225.1亿元、增长25%；软件信息产业35.8亿元、增长11.2%。2016年，全区实现工业增加值195.08亿元，按可比价计算增长8.8%，总量占全区GDP总量的49.3%。

**金融服务**。金融市场运行稳健，金融服务能力进一步增强。2016年，全区银行业实现存款余额520亿元，贷款余额366亿元；新增创业投资机构11家，管理基金规模11.3亿元；新增政府性担保能力20亿元；38家企业进入资本市场，是历年总和的3倍，实现直接融资40余亿元。进入资本市场的企业总数达到50家，资本市场正加速崛起"潍坊高新板块"。新成立国有资本运营公司、城市发展公司、金融投资控股公司，加上原有的高创集团，形成了资源整合的四大国有公司，合力参与重大项目建设、棚户区改造、城市形象提升和民生改善。出台《关于对成长性中小企业金融支持的意见》，按照基金管理的运行规则，评选A、B、C（支持、关注、观察）三类企业16家，帮助10余家科技企业获得授信2亿元，为5家企业提供累计3000万元的流动性资金支持。着眼补齐科技金融短板，启动建设潍坊金融小镇，设立3亿元的高新区产业发展母基金、1.8亿元的自动变速器产业基金，与全球领先的三大风投基金之一凯鹏华盈，合作设立创投基金，构建企业发展完整闭环基金群。

**城乡建设**。城乡建设攻坚克难，突破担当，棚户区改造成果巨大，城市形象全面提升。2016年，集中突破拆迁清表，累计拆迁清表793.3公顷、4556户，达到拆迁总量的90%以上，特别是潍柴、歌尔、盛瑞等省市重点项目和骨干企业的项目，全部完成拆迁清表。棚户区改造成果巨大，2016年，全区实际完成拆迁3064户、开工8221套、安置2912户，分别完成计划的157%、163%、139%。投资2000万元，完成福寿街与银枫路东北角、东风街潍大花园沿街广场等多项工程。投资200万元，完成金马路与胜利东街、东风东街等7个路口的改造工程。投资276万元完成樱前街大修和健康街、宝通街绿化带断口恢复工程。投资526万元，完成双羊街、惠贤路、福寿街等15条道路、9个主要路口路灯安装工程，安装路灯414基、813盏。投资3780万元，完成永春路、志远路等13条道路绿化工程，新增绿化面积32万平方米，全区绿地率达到44.75%，绿化覆盖率达到55%。2016年，全区建筑业发展较快，资质以内建筑业完成总产值92.64亿元，建筑业企业房屋施工面积1169万平方米，增长10.3%，其中2016年新开工面积425.5万平方米，增长61.7%。全区累计投资2亿元，实现2.4万吨标准煤的节能能力，打造推广潍柴、特钢等多条循环经济产业链模式，循环经济水平进一步提高。年内新审批134个建设项目、验收23个建设项目，投资1.6亿元建设完成华电潍坊发电、潍坊特钢集团有限公司、潍坊华潍热电有限公司等3个企业5个减排项目，并发挥减排效益，全面完成2016年度减排任务。2016年度空气环境质量综合排名全市第一。投资3600余万元完成高新污水处理厂"一级A"升级改造工程建设；潍柴动力工业园污水站完成改造扩建工程，全面提升水环境质量。

**民生建设**。坚持一手抓惠民，一手抓整治，统筹推进民生实事，切实提高了群众的获得感、幸福感和满意度，民生保障水平持续提高。2016年，全区民生支出14.09亿元，增长31.8%。通过一系列民生实事的实施，进一步改善居民生活环境，提升社会保障水平，人民群众享受到更多更好的公共服务，切实增强群众的获得感和幸福感。全区深入实施社会救助保障措施，建成社会救助"一门受理、协同办理"平台和居民家庭经济状况核对机制，精准帮扶困难弱势群众，投入551万元提高低保救助、困难残疾人生活补贴、困难失能老人护理补贴、重度残疾人护理补贴等救助和补贴标准，累计发放临时救助、医疗救助资金30余万元。及时落实惠民优待福利政策，投入95万元实施"银龄安康"工程、白内障复明工程、"阳光家园"托养计划、康复培训等惠老助残措施，15300余名老年人和500余名残疾人受益。城乡居民生活水平稳步提升。人口计生工作再上新台阶。截至2016年末，全区户籍总人口158969人，增长6.3%。新出生2943人，出生率为19.1‰，人口自然增长率为17.4‰，出生人口性别比108.6，比上年同期下降2.3个比值。全区0周岁至18周岁独生子女意外伤害保险、节育手术保险参保率均达到100%。全面落实免费唐筛、免费孕前优生健康检查、免费增补叶酸等制度，共开展免费唐氏筛查 2000例、免费孕前优生健康检查1988例、为790名育龄群众免费增补叶酸，优生科学知识知晓率达到98%以上，病残儿父母再生育指导率达到100%。就业形式总体稳定。2016年，全区共争取省市区就业创业资金2143.79万元。城镇新增就业16369人，城镇失业人员再就业1723人，参加失业保险68960人，职业技能培训2710人，创业培训345人，城镇登记失业率控制在2.23%。各项指标任务均超额完成。2016年，全区城镇居民人均可支配收入39764元，增长9.5%，增幅高出全市平均1.3个百分点；农村居民人均可支配收入19717元，增长10.1%，增幅高出全市平均2个百分点。教育事业全面发展。全区共有义务教育阶段中小学校12所，教职工1306人，在校生18670人；共有各类幼儿园48所，在园幼儿9954人。总投资约8.36亿元，总建筑面积25.39万平方米的10个中小学、幼儿园建设工程进入规划施工阶段。引进新教师115人，教师队伍连续三年保持10%的更新率，教师本科学历达到95%、研究生学历达到11%、县市级以上教学能手达到38.2%。2016年，中考普通高中一榜录取率高出全市平均水平10个百分点。公办中小学创客教育实验室实现100%全覆盖，7所学校创建为潍坊市"互联网+教育"示范学校。新设立100万元的名校长（园长）奖励基金、500万元

9月7日，市委常委、宣传部长、高新区党工委书记初宝杰（前排右）与幼儿园小朋友进行亲切交流（供图：谭晓阳）

的教师绩效奖励资金。公办或公办性质幼儿园生均经费提高到600元/生，居全市最高水平。教育工作满意度达98.5%，居中心城区第一。潍坊教育督导评估中，潍坊高新区成绩位居市区、市属开发区的8区第一名。医疗卫生水平继续平稳步提升。截至2016年年末，全区共有各级各类医疗卫生机构125个（含市属医疗机构），其中，三级综合医院1家，二级综合医院2家，一级综合医院3家，专科医院6家，社区卫生服务中心4家，社区卫生服务站9家，其他医疗机构（含门诊部、诊所、卫生室）100家。各类卫生技术人员1961人，执业（助理）医师800人，注册护士907人，病床1199张。对全区14所中小学生18310人进行免费查体，对2380名二年级在校生免费实施了窝沟封闭。全区全年共接种各种疫苗93308针次，国家免疫规划“八苗全程及时接种率”达到90.4%，无接种事故发生。

**文化事业。**文化事业蓬勃发展，2016年，全区投资210万元，建成社区综合性文化服务中心10处、社区文化广场6个。全年组织专业文艺院团为群众免费送优秀文艺节目100场，放映公益电影1100余场，观影人数20万人次；免费赠阅图书4万册；举办13期公共文化人才培训班，惠及全区文艺骨干和爱好者2700余人。全区拥有国家版权示范园区（基地）等国家级、省级文化产业园区6处，聚集歌尔、中动等40余家重点文化企业。潍坊翰林轩、泰岳兄弟影视、若水文化传媒获省级“版权示范单位”称号。歌尔公司入选首届“山东省文化企业30强”。“微课资源数字化信息共享平台”入选国家新闻出版改革发展项目库。华光数字内容资源版权服务平台等7项目入选2016年度省新闻出版广播影视产业重点项目、重点基地（园区）。电影《大火种》、文化产业双创平台等4项目获市级以上文化产业专项扶持资金780万元。

**【潍坊高新区获批建设山东半岛国家自主创新示范区】** 2016年4月5日，国务院常务会议批复同意济南、青岛、淄博、潍坊、烟台、威海6个国家高新技术产业开发区建设山东半岛国家自主创新示范区，潍坊高新区正式参与国家自主创新示范区建设。国家自主创新示范区是经国务院批准,在推进自主创新和高技术产业发展方面先行先试、探索经验、做出示范的区域。主要享有四大先行先试政策：给予技术人员和管理人员的股权奖励可在5年内分期缴纳个人所得税；有限合伙制创投企业投资于未上市中小高新技术企业2年以上的，可享受企业所得税优惠；对5年以上非独占许可使用权转让，参照技术转让给予所得税减免优惠；对中小高新技术企业向个人股东转增股本应缴纳的个人所得税，允许在5年内分期缴纳。

加快创新，建设山东半岛国家自主创新示范区。聚集创新资源。加强人才引领，建设首批国家创新人才培养示范基地，再培养引进国家“千人计划”“泰山产业领军人才”“鸢都产业领军人才”100名以上。到“十三五”末聚焦高新技术企业超过150家。拓展“众创空间”，新打造20个以上新型创业服务平台。突出做强半导体发光、智能装备制造、生命健康与环保产业集群。

完善创新政策。率先落实4条先行先试政策，同时在建设新型科研机构、科技资源开放共享、区域协同创新、科技金融发展、自主创新产品首购和订购、重大技术装备首台套扶持等方面探索自主创新政策。

优化创新服务。健全科技创业金融服务链，建好智能装备制造、半导体发光、生命健康与环保等公共技术平台;打造国家内燃机产品质量监督检验、国家电声及固体照明产品质量监督检验、3D打印与先进制造创新服务等创新服务载体，培育形成智能装备制造、半导体发光2个千亿级产业集群;奋力跨入国家高新区前20强，迈入全国一流高新区行列，在全球高新技术若干细分领域占有一席之地，加快打造山东半岛国家自主创新示范区的重要增长极。

**【盛瑞8AT荣获2016年度国家科技进步一等奖】** 在2016年度国家科学技术奖励大会上，由盛瑞传动股份有限公司研发完成的“前置前驱8挡自动变速器（简称8AT）研发及产业化”项目荣获国家科技进步一等奖。这是2016年除

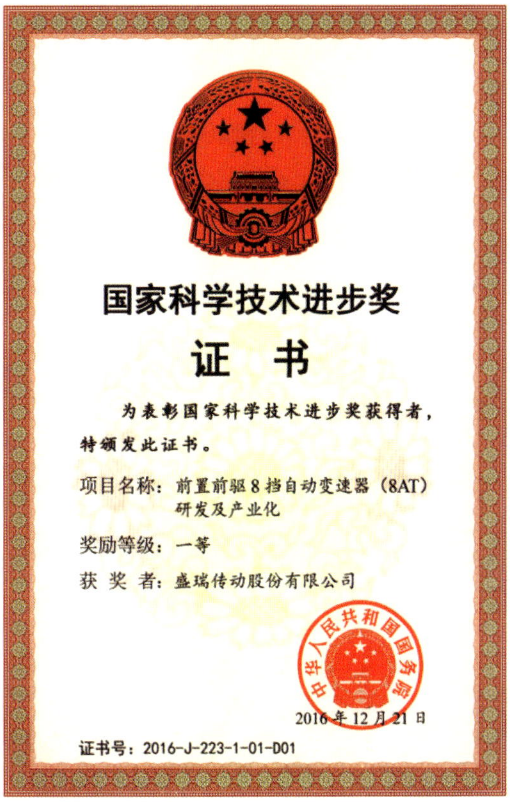


盛瑞国家科学技术进步奖获奖证书
（供图：潍坊高新技术产业开发区）

高校院所之外全国地方获得的唯一一个一等奖,也是山东省唯一的一个一等奖,是潍坊市近十年来首次获此殊荣，也是新中国成立以来中国汽车行业零部件唯一获批的国家科技进步一等奖。公司自主研发的全球首款前置前驱8档自动变速器的传动效率、换挡品质等关键技术指标均优于国际同类产品，打破日本、德国在自动变速器领域的技术封锁和市场垄断，标志着山东省自动变速器研发技术达到了世界先进水平。

**【潍坊高新区棚户区改造工作取得突破性进展】** 4月26日，潍坊市人民政府常务会议专题研究全市棚户区改造工作，要求进一步加大力度、加快进度，确保3年完成棚户区改造任务。会议特别强调，高新区作为中心城区，要率先完成改造任务，走在全市前列。5月7日，潍坊高新区召开加快推进棚户区改造工作会议，对上级有关精神进行再部署、再落实，拉开了新一轮棚户区改造的大幕。全区完成棚改拆迁3064户、开工8221套、安置2912户，提前两个月超额完成年度任务。在此过程中，形成了一整套行之有效的经验机制。将主动权、决定权充分交给群众，由社区里的党员、群众代表、户代表和有威望的老党员、老干部共同成立居民自主改造工作委员会，在党委政府指导下，全程主导本社区棚改工作，实现阳光操作、公平操作、依法操作。坚持领导真包实靠。对72个尚未完成棚改任务的重点社区，成立包靠小组，党工委、管委会班子成员直接包靠，带头到一线化解矛盾、一线解决问题，形成了以上率下、同步联动、合力推进的工作格局。处处彰显为民情怀。千方百计把棚户区改造打造成为一项实实在在的民心工程。狠抓干部作风建设。把棚改工作作为干部比担当、比创新、比攻坚、比奉献的“考场”和“赛场”，既大力整治“为官不为”，强化对落实不力的问责力度；又在全市率先建立尽职容错免责机制，为担当者担当、为负责者负责，形成了勇于担当、敢于碰硬、苦干实干、创新突破的务实作风。

潍坊高新区的棚改工作得到社会各界高度关注，大众日报、山东电视台等主流媒体进行了采访报道。新华社《内参清样》专题刊发经验做法，时任山东省委副书记、省长郭树清作出重要批示，要求全省学习推广。

**【新城街道】** 新城街道位于高新区西部，西至北海路，东至惠贤路，北至青银高速，南到胶济铁路，与奎文区、市经济区、寒亭区、坊子区交界。辖区面积31.3平方公里，辖24个村改居社区，7.3万户、人口24万人（包括户籍、常住人口和外来人口），共有经济活动单位8828家，其中纳税企业4320家。2016年，完成一般公共预算收入4.71亿元，增幅达14.2%；完成固定资产投入5.72亿元，任务完成率达119.1%，新城街道经济社会实现了更高层次新发展。

2016年，新城街道经济社会发展势头强劲，把重点项目和棚改作为经济和社会发展的主抓手，全面完成瀚声国际学校、潍坊中医院东院区、阳光融和医院配套公寓、大观天下二期、潍柴职工公寓等26个项目的民事工作，累计腾地清表180公顷。2016年，街道棚户区改造拆迁、安置楼开工和回迁安置完成率分别达197%、222%和135%。

党建和社会治理创新提升。2016年，新城街道坚持以党建为统领，构筑起“街道党委—社区大党委—网格党支部—楼院党小组—党员中心户”五级组织体系；17项特色党建制度、“审晒账单”“阳光议事日”在23个社区党委全部落地实施。完成市区两级人大、政协换届选举和街道党委换届。新建、改扩建23处社区服务中心，全部配置“四室三站三中心一厅一台一场所”，打造5分钟便民服务圈，社会治理网格化管理服务模式基本完成，便民服务实现无缝隙、全覆盖。大力推行“四社联动”社会治理体系，累计孵化培育“花开童年”等社会组织119家，成立“百花艺术团”等215支社区志愿者团队，开展文化活动500余场，极大丰富广大居民精神文化生活。

民生事业多点开花。阳光融和医院成功开诊，潍坊中医院东院区奠基动工，瀚声学校、东方学校等12处学校落地施工，有力保障永惠路、梨园街等9条市政道路建设，持续推进惠通小区等28个老旧薄弱小区基础设施改造，发放低保、社会救助等各项惠民资金900余万元。投入400余万元实施386环保行动和城乡环卫一体化，进一步提升了居住环境，7次取得全市25个城区街道排名第一的好成绩。对216家重点企业实名包靠，首批35家重点企业实现安全生产100%托管。深入开展矛盾纠纷排查化解，组织信访听证13起，化解信访案件27起，辖区平安指数大幅提升。

2016年，街道被评为“省级文明单位”“省级卫生街道”“山东省首届书香之乡（街道）”等多个荣誉称号。

党委书记 孙　波

主　　任 陈传刚

**【清池街道】** 清池街道位于潍坊高新区东部，济青高速公路以南、胶济铁路以北，是潍坊高新区行政中心所在地。面积39平方公里，辖34个村改居社区、8389户、人口2.7万人，耕地面积798公顷。2016年，全街道完成地区生产总值205.2亿元，比上年增长8.9%；实现地方财政收入7721万元，比上年增长13.1%；实现工业销售收入401.6亿元，利税58.8亿元，分别增长45%和52%；第三产业增加值达到40.3万元，增长9.8%；居民人均纯收入17908元，增长8.5%。

2016年，清池街道牢牢抓住保障项目建设这个“牛鼻子”，完成重点项目清障74个，拆迁清表368.5公顷，创造了平均每3天完成一个项目清障的“清池加速度”。歌尔绿城国际化社区、歌尔光电园二期、盛瑞8AT配套产业园等多个省、市、区重点项目提前完成拆迁清表。在棚户区改造方面，扭住“三年完成棚改任务”不放松，全年拆迁1211户，开工安置楼2412套，安置居民865户，分别完成年度任务的186%、110%、149%。清池街道顺利通过省级卫生街道验收。在道德文明建设方面，积极创建文明户、文明单位、文明社区；街道居民齐全伟荣获“山东省文明家庭”荣誉称号。建立红白理事会，扎实开展移风易俗。新闻宣传工作在新华网、大众日报等国家、省市区媒体刊发稿件500余篇，开办《清池社区报》并出版28期。

党委书记 聂绍俊

主　　任 王意顺

**【新钢经济发展区】** 新钢经济发展区位于潍坊高新区东南部，面积25.6平方公里，辖20个村改居社区，4547户，人口1.5万人，耕地面积813.92公顷。2016年，完成固定资产投资32441万元，累计完成率109.33%，实现地方财政收入31943万元，辖区规模以上企业9家，实现税收总额74247万元。

2016年，新钢经济发展区着力深化改革，创新创业，经济社会发展呈现良好势头。完成4个社区、889户居民搬迁上楼，相关做法被新华社内参清样等中央及省市各级媒体报道。集聚壮大优势产业，昌大新材料、胜达科技两大企业投产达效，逐步形成以特钢钢材、特种纸材、消防管材、光电耗材等为特点的新材料产业聚集区，年产值近200亿元。不断增厚民生福祉，开工建设高新区第一家乡贤馆，投入使用钢城现代学校二期，提升居住区水电暖气、监控、电动车充电棚等相关配套，实施渭水河治理、生态林三期工程，群众基本生活需求得到充分保障。规范提升基层治理，实行《村改居社区权力清单运行流程》（39条）、社区党员、居民代表月例会、联居会计聘任等制度，提升了基层依法自治水平，实施中小企业安全生产托管、信访听证等做法，夯实信访安全工作基础。2016年，新钢经济发展区荣获“2016年度市级文明单位”“全市科学·关爱·和谐示范乡镇”“全市全民参保登记试点工作先进单位”等荣誉称号。

党委书记 齐亚杰

主　　任 牟海滨

**【新昌经济发展区】** 新昌经济发展区位于潍坊高新区东北部，面积12.6平方公里，辖13个社区居委会，2404户，人口7959人，耕地面积545.7公顷。2016年，完成地区生产总值8.62亿元，比上年增长1.5%；实现地方财政收入1830万元，比上年增长10.4%；农民人均纯收入8293元，比上年增长8%。

2016年，新昌经济发展区突出经济发展第一要务，在项目建设、棚户区改造、市政配套、民生事业发展等方面成效显著。项目建设全面提速，潍柴物流园完成主体建设，烟草物流园投入运营，完成生态科技产业园、歌尔VR产业园等18个项目、143.3公顷的拆迁清表任务。棚改区改造进展顺利，涀水苑、寨子社区、健康8号3大集中居住区全面开工建设，开工安置楼17栋、22万平方米，马宿社区实现整体搬迁上楼。基础配套更加完善，修建村村通道路5条、7.5公里；建成李寨110kV变电站，铺设10公里供暖、5公里自来水、6公里天然气和2公里排污管道，完成1.7公里市自来水主管道迁移。社会民生事业不断提升，新昌学校正式投入使用，引进上海新纪元教育集团进驻管理，发放低保、社会救助等惠民资金200余万元，实现应保尽保，居民满意度不断提升。

党委书记 刘相合

主　　任 牟美萍

（李国强）

## 潍坊滨海经济技术开发区

**【国民经济和社会发展概况】** 潍坊滨海经济技术开发区（以下简称潍坊滨海）是国务院批准成立的国家级经济技术开发区，地处潍坊市北部，渤海莱州湾南岸，弥河、白浪河、虞河入海处。东与昌邑市毗邻，南与寒亭区固堤街道、高里街道搭界，西与寿光市营里镇、侯镇相接，截至2016年底，全区总人口20万，陆域面积677平方公里，海域面积510平方公里，海岸线长69公里，辖央子、大家洼2个街道。先后被确定为国家科技兴贸创新基地、国家生态工业示范园区、国家职业教育创新发展试验区、国家级园区循环化改造示范试点园区、国家产城融合示范区和山东科学发展园区，“蓝黄”两大国家战略和胶东半岛高端产业聚集区一个省级战略在此融汇叠加。

2016年，实现地区生产总值303.32亿元，同比增长8.7%，规模以上工业主营业务收入869.8亿元，同比增长9.8%，完成固定资产投资430.38亿元，同比增长16%，公共财政预算收入33.1亿元，同比增长11.5%，主要经济指标增速居全市前列。

**建设海陆交通枢纽区**。以港口建设为龙头，全面抓好重大基础设施。潍坊港基础设施建设完成投资34.98亿元，同比增长7.7%。其中，森达美港2个5万吨级液化品泊位、3个5万吨级通用泊位和3个5万吨级多用途泊位全部建成，山东高速港2个5万吨级客货滚装泊位和2个5万吨级通用泊位全部建成并投入使用。3.5万吨级航道建成、5万吨级航道通过行业审查，增开潍坊—锦州—鲅鱼圈—龙口新航线，鲁辽大通道与“营满欧”（营口、满洲里、欧洲）国际班列海铁联运大通道完成对接，总面积1533.3公顷的8个物流园建设顺利推进，龙威渔港达到一级渔港标准、中心渔港完成土方回填开展航道清淤、海恒威渔港完成吹填，全年港口吞吐量完成3704万吨、集装箱34.6万标箱，同比分别增长23%和33%。白浪河大桥及渤海眼、潍日高速滨海连接线主体完成，疏港铁路路基部分完工，城海快轨启动建设，城海BRT快速公交可研报告通过专家评审。

**打造循环经济聚集区**。以发展循环经济为导向，全力以赴上项目、抓投入。大力发展循环经济，以大项目、大投入推动大发展，培育形成大化工、大智造、大物流、大旅游等为主导的现代海洋产业体系。2016年全区在建项目213个、总投资1860亿元，潍柴中速机、华创工业机器人全面量产，石大昌盛凝析油、新和成蛋氨酸项目建成投产，弘润石化原油燃料油储备项目全部完工，中海油石化盐化一体化进行设备安装，新和成北方总部基地、弘润重芳烃等项目进展顺利，潍柴天然气发动机、国邦药业二期等项目近期开工。中韩华尚产业园23栋单体主体完工，联合国工发组织绿色工业示范园正式揭牌，国际畜牧产业园屠宰场和隔离场主体完工、启动验收程序，皮拉图斯通用航空机场完成立项、正在进行机场设计，德国赢创新材料、中以海水淡化等项目加快推进。滨海旅游业成为新亮点，游客服务中心、城市艺术中心建成投用，风筝冲浪基地一期基本建成，游艇码头、滨海度假酒店、弘润迪士尼小镇加快推进，全年接待游客200万人次，风筝冲浪比赛获得全国风筝推广贡献奖、入选国家优秀重点赛事。

**创建产城融合示范区**。以产城融合为主线，完善现代海洋城市功能。以国家级产城融合示范区获批为契机，实施300万平方米的生活居住项目、100万平方米的商务服务项目，聚宝盆盐温泉小镇、裕源大厦建成投用，未来大厦、金融中心、海宁大厦、湖光山舍近期投用，数字小镇、北海渔村加快建设，宝岛生态文化城开工建设。棚户区改造仅用7天时间顺利完成一期东兴、双河2个村、474户拆迁工作，新建安置区（学府新城）总面积8.6万平方米的20栋住宅楼加快建设，二期2159户正式启动。全面推进海洋科技大学园建设，海洋科技大学一期、公共实训基地二期主体完工，山东化工职业学院实现招生，大学城商业配套项目8栋单体主体完工，与北京通航航空学院、英国斯特克莱德大学、韩国新罗大学等7所院校合作办学，共有12所院校招生、在校生8万人。

**争当创新发展先行区**。以改革创新为引领，增强经济社会发展新动力。充分发挥改革创新驱动先导作用，持续加大“放管服”（简政放权，降低准入门槛；公正监管，促进公平竞争；高效服务，营造便利环境）改革力度，在全面实行“三制三零三全”（项目备案登记制、专管员联评制、限时办结制、零资本注册、零收费管理、零距离服务、全天候绿色通道制度、全过程代办服务、重点项目和骨干企业区领导全方位包靠制度）服务机制、“三张清单”（权力清单、责任清单、负面清单）管理模式和“四证合一”（营业执照、组织机构代码证、税务登记证、刻章许可

公共实训基地 （供图：钟 鑫）

证）企业登记模式的基础上，率先在全市实现全网络审批，审批效率提速30%以上。继续实行项目化责任制，健全常态指挥、发现问题、随时解决问题机制，将全区143项重点工作、186个重点项目细化为367个具体项目、1358个阶段性目标，细化方案、落实责任，先后召开各类协调会议40多次、解决问题70多个，推动任务快落实、项目快建设。深化园区公司化、市场化开发，充分发挥国有企业在园区开发中的主体作用，推进政府型园区向企业型园区转变。

共建和谐发展样板区。以共享发展为理念,持续强化社会民生保障。坚持发展为了人民、发展依靠人民、发展成果由人民共享，深入推进全域城市化，城乡养老、医疗、救助等社保体系实现全覆盖，全面提升免费教育、免费公交、免费直饮水政策实施效果。推进教育国际化现代化，与北京师范大学合作共建北师大基础教育实验区，北师大滨海国际学校实现招生，潍坊（上海）新纪元学校二期建成投用。深化医药卫生体制改革，积极开展分级诊疗试点，推进家庭医生签约服务，群众幸福感和满意度不断增强。深化“三八六”（实现三个目标、打响八大战役、强化六项保障）环保行动，狠抓大气、污水、固废专项整治，生态环境不断优化。突出抓好危化品、食品、校园、建设、海上、交通、暴恐等重点行业和领域安全，实行安全隐患有奖举报制度，安全生产形势持续平稳。

创建作风建设模范区。牢固树立抓好党建是最大政绩的理念，引导各级党组织和党员干部切实把思想和行动统一到中央、省、市委的决策部署上来，增强全面从严治党的自觉性和主动性。严格落实全面从严治党主体责任、监督责任和“一岗双责”（“一岗”就是一个领导干部的职务所对应的岗位；“双责”就是一个领导干部既要对所在岗位应当承担的具体业务工作负责，又要对所在岗位应当承担的党风廉政建设责任制负责），落实基层党组织书记“三张清单”（权力清单、负面清单、责任清单）工作制度，2016年召开18次党工委（扩大）会议、9次专题会议，研究部署从严管党治党相关事项30余项。制定出台《区党工委（扩大）会议管理办法》，严肃党内政治生活，完善议事决策程序，严格执行民主集中制。健全工会、团委、妇联等群团组织，设立区纪工委办公室和党风廉政教育中心，实现全面从严治党责任体系全覆盖。创新基层党组织建设，围绕打造“海陆统筹、联创联建、安居引航、先锋引领、党群共建”五大亮点，创建非公企业党建示范点，开展党员联户、村干部联户、村民代表联户“三联户”，投资800余万元高标准建设9处社区党群服务中心和50处村级党群服务站，基层党建工作全面推进、提质升级。着力打造“海上党旗红”党建品牌，推进党内政治生活海陆统筹、互为依托，设立“远教播放点”“海疆书屋”“船头图书箱”等党员教育平台，在旅游度假区成立红鸾党支部，相关经验做法被新华网、人民网、大众日报等主流媒体宣传报道，得到上级组织部门充分肯定，真正将党组织战斗堡垒推向滨海开放开发最前沿，在蓝色海岸线上竖起党建工作的鲜红旗帜。坚持作风建设永远在路上，不断推动党风政风持续好转。2016年，全区共受理“四风”问题线索92条，查处违反中央八项规定精神问题8项，依法依规进行处理。创建区纪检监察网站，开通纪工委举报电话和信箱，累计受理问题线索93件。针对重点领域和关键环节，全年开展专项督查7次、随机抽查52余次，督查单位80个（次），累计查补廉政风险点150余个，优化工作流程16项，出台责任追究等制度22项，对11名履职不力的党组织负责人实施责任追究。严格落实述廉述责、党内谈话制度，开展廉政谈话70余人次。鼓励广大党员干部履职尽责、担当作为，容错纠错、尽职免责，凝聚起推进滨海开放开发和新区建设的强大正能量。

严格规范干部选拔任用。坚持把选人用人作为落实党委主体责任的首要之责，严格执行《党政领导干部选拔任用工作条例》，真正选好人、用好人、管好人，各级干部服务发展的能力显著增强。树立正确的用人导向，严格规范选拔任用工作，严把动议关、推荐关、考察关、讨论决定关、公示关，坚持干部调整事项充分酝酿、集体研究决定，严格执行干部任前档案审核制度；实行干部考察工作责任制，制定《滨海区干部考察员管理办法》，首批62名干部考察员全部持证上岗；制定《关于及时沟通领导干部违纪违法案件中行贿买官人员情况的工作意见》，2016年，共调整科级以上干部150人次，无一例“带病提拔”现象，未发生一起信访举报，没有出现任何买官卖官问题。从严从实抓好干部监督管理，制定出台《滨海区领导干部日常管理监督工作暂行办法》，促进日常管理监督工作科学化、规范化。严格落实领导干部个人重大事项报告制度，印发《关于加强全区干部因私出国（境）管理工作的通知》，完成46名县级干部、25名正科级干部的个人有关事项报告上报、比对工作，全区科级以上及重点岗位干部全部实行备案管理。强化“关键人”监督，对调整的11个单位主要负责人全部离任审计。从严抓好换届风气监督，圆满完成央子、大家洼两个街道换届工作。建立领导干部预防性谈话制度，区“两委”班子成员、班子成员与分管领域主要负责同志之间，开展谈心谈话100多人次。

**【国家级产城融合示范区成功获批】** 2016年9月22日，依托潍坊滨海经济技术开发区申报和建设的山东潍坊市产城融合示范区经国家、省市发改部门评审后正式批准。该示范区北邻京津冀，东及东北与中韩自贸区、中蒙俄经济走廊相连，南接长江经济带，位于潍坊北部沿海区域，南起荣乌高速，北至莱州湾南岸，以白浪河及北海路为轴线向两侧延伸，陆域面积85平方公里，人口12.5万。主要任务是健全协调推进产城融合发展的体制机制，推动绿色低碳循环发展。经过3年至5年建设，形成可复制、可推广的经验。

**【潍坊城海快轨可研报告获山东省发改委批复】** 12月29日，潍坊城海快轨建设动员会议在潍坊市滨海区举行，标志着潍坊城海快轨项目正式拉开建设序幕。山东省发改委批复东营至潍坊铁路滨海至潍坊城区段可行性研究报告。根据批复，项目连接潍坊中心市区与滨海区，依托《环渤海地区山东半岛城市群城际铁路规划》进行建设，是连接潍坊中心城区与滨海区的快速交通通道，对完善全省铁路路网结构，促进京沪高铁东线山东段、环渤海高铁建设，填补潍坊市南北铁路通道空白，带动和促进区域经济社会发展具有重要意义。潍坊城海快轨起于在建济青高铁潍坊北站，终点设在潍坊滨海区欢乐海，全长53.14公里，总投资103.25亿元，按照高铁标准设计建设，计划建设工期3年，预计2020年建成通车。全段规划车站3座，预留环渤海高铁东营方向、烟台方向接轨条件。项目建成后，近期将以潍坊市域交通为主，中远期接入京沪高铁东线、环渤海高铁，形成连通北京、天津，临沂、上海，烟台、青岛等多个方向的区域性高铁网络格局。

**【滨海区顺利通过国家生态工业示范园区复查】** 潍坊滨海经济技术开发区于2005年3月被原国家环保总局批准创建国家生态工业示范园区，2009年9月，通过环保部、商务部、科技部的联合验收，2010年4月1日被正式批复为国家生态工业示范园区，成为全国首家被正式批准的行业类国家生态工业示范园区。2016年7月26日、27日，环保部、科技部、商务部三部委联合组织5位评估专家对滨海区近几年来在经济发展、产业共生、资源节约、环境保护、信息公开五个方面共32项具体指标进行全面的考核评估。经过对复审材料及园区现场的综合考评，专家对滨海区在园区生态建设方面的成绩给予了高度评价，并提出今后生态工业示范园区建设的意见建议。2017年2月13日，环保部、科技部、商务部联合下发《关于发布国家生态工业示范园区复查评估结果的通知》，正式公布滨海区通过复查，继续保持“国家生态工业示范园区”荣誉称号。

**【大家洼街道】** 大家洼街道地处潍坊北部沿海，渤海莱州湾南畔，东与滨海开发区央子街道毗邻，西与寿光市营里镇相连，南与寿光市侯镇接壤，面积340平方公里，辖33个行政村，共有52个基层党支部、2280名中共党员，总人口4.3万余人，耕地面积1686.7公顷，浅海滩涂面积9000公顷。

2016年，全街道32家规模以上企业工业总产值95.3亿元，同比分别增长16.9%;农村集体经济总收入9500余万元，同比增长12.6%；城镇居民人均纯收入达2万余元，年平均增长率保持10%以上。完成固定资产投资4.6亿元，同比增长5.4%，实现利润7.8亿元、利税12.6亿元，分别累计同比增长40.5%、29.1%，各项经济指标居全区前列。

大家洼街道地下卤水资源丰富，净贮量近十亿立方米，含有钾、钠、钙、镁、溴、碘等多种经济价值较高的元素，发展海洋化工具有得天独厚的条件，街道以滨海海洋经济新区建设为契机，加快推动产业发展，逐步形成了海洋化工、海港物流、先进制造、商贸服务、特色养殖等为龙头的支柱产业。2016年，街道先后荣获“省级安全社区”“全省科学关爱和谐示范街道”“全市政务信息先进单位”“开发区先进基层党组织”等荣誉称号。

党委书记 王全博

办事处主任 苏其昌

**【央子街道】** 央子街道处于滨海区东部，面积338平方公里，辖17个行政村，共有5548户、人口1.61万人，耕地面积1153公顷。2016年，实现工业销售收入51.4亿元、利税5.5亿元，分别增长11.3%和9%。央子街道充分利用独特的温泉资源优势，积极推进潍坊石榴岛温泉酒店、聚宝盆盐温泉养生度假项目、潍坊弘润迪士尼温泉小镇等系列项目建设，突出盐文化特色，发展渔盐旅游，着力打造水乡、温泉、特色小镇相映衬，吃住行游购娱于一体的盐温泉特色小镇，开发特色小吃，其中黄须菜（又名盐地碱蓬、碱葱），在当地人工种植有30多年的历史，可凉拌、热炒、罐制、盐渍。2016年，街道荣获市爱国拥军模范单位等荣誉称号。

党委书记 李玉珂

办事处主任 袁希磊

（周斌涛　刘其鹏　钟　鑫）

## 潍坊综合保税区

**【国民经济和社会发展概况】** 潍坊综合保税区于2011年1月25日获国务院批准设立，是全国第14个综合保税区。总规划面积30平方公里，其中网内保税区5.17平方公里，网外配套区24.83平方公里。分为南区、北区两部分，南区主要依托青岛机场和青岛港，为潍坊及周边地市企业服务；北区主要依托潍坊港、面向东北亚,为北部沿海2700平方公里地区服务，两个区各有服务重点,又相互补充、相互融合,使潍坊综合保税区的功能政策覆盖全市、辐射全省，形成“一区两片”发展格局。

潍坊综合保税区具有“保税加工、保税物流、货物贸易、服务贸易、虚拟口岸”五大功能和“进境保税、入区退税、免增值税、区港直通、集中申报、快速中转”等优惠政策，具有“承东启西”的辐射带动作用，服务辐射半径达300公里，向东承接青岛、烟台、威海等沿海城市，向西服务淄博、滨州、东营等内陆城市,对全市、全省的经济发展有重要的政策服务、项目聚集和国际化平台作用。

2016年，在潍坊市委、市政府的正确领导下，潍坊综合保税区以自贸区的思想和标准指导全区工作，解放思想、艰苦创业，呈现出突破性的迅猛发展态势。全区注册企业1000多家，服务社会企业1500多家。全年实现进出口额73.8亿元，在全市16个县市区和开发区位列第7位，在全省9个保税区位列第3位，进出口额增幅29.5%，居全市、全省第1位。实现工业主营业务收入65.5亿元，增长100%，增幅居全市第1位；公共财政预算收入1.44亿元，增长15.2%，增幅居全市第2位。

**重点项目建设**。始终把项目建设作为全区加快发展的生命线。在全区确定了建设电子信息、跨境电商、棉花加工、冷链物流、新能源、新材料6个百亿级产业链，筛选确定了80多个重点项目，总投资200多亿元，坚持每周调度，半月通报，现场办公，全区重点项目加快建设。歌尔电子产业园，投资2.3亿元新上了智能头盔和无人机项目，全年实现产值63亿元，其中智能头盔项目实现产值25亿元。总投资5亿元的中俄冷链物流项目，上年5月开工建设，2016年10月全部建成投用。华奇棉花物流加工项目，生产车间和设备安装全部建成，近期开展棉花加工业务，预计今年产值5亿元以上。佩特来百万台发电机项目，北京总部90%的产能已搬迁至潍坊，预计2016年实现产值10亿元。圣和塑胶项目，已与世界500强宝钢集团达成独家供货协议，2016年开工建设第2条生产线。天津力神项目，已与济南重汽、宇通客车达成合作协议，预计今年实现产值5亿~10亿元。陆地方舟年产2万辆新能源汽车项目，改造现有厂房2.3万平方米，2016年上半年试生产，预计实现产值5亿元。北方进口商品物流配送中心项目，建设1.5万平方米保税仓库和2000平方米地下酒窖，打造北方地区进口商品配送中心、结算中心。另外，万和能源、康裕医药、利可生生物科技、正信生物科技、三晶照明等一批项目建成投产，北汽福田KD厂、中韩产业园等一批项目加快推进，为今后转型升级、跨越发展提供强大动力。2016年11月，海关总署两区协会专门邀请潍坊综合保税区在全国交流会上作典型发言。

**功能政策创新**。发挥综合保税区政策试点功能，在改革创新上先行先试，着力搭建“虚拟口岸、检验检疫、跨境电商、保税仓储、研发检测”五大国际服务平台，实现青岛机场和青岛港口功能后移到潍坊保税区，按照自贸区的标准，全力开展各项创新性工作，共有1500多家社会企业来区开展业务，报关单票数占全市的40%，无纸化通关率达到99%、居济南关区第一位。大力推行通关便利化改革，在济南关区第一个实现区域一体化通关。复制11项自贸区新政策，数量居济南关区首位。获批省级跨境电商综合试验区。开工建设了进口肉类和冰鲜水产品指定口岸，正在申报进口水果指定口岸，努力打造山东半岛冰鲜类产品分拨中心。

**民生社会事业**。坚持让群众共享发展成果的理念，不断加大民生投入。规划雷士景泰园商业配套项目，总投资9亿元，总建筑面积31万平方米，建设商务办公楼、商务酒店、专家公寓、职工公寓、商场超市、休闲娱乐、金融服务等配套设施，建成后将极大地提升全区商务配套环境，为当前和今后在保税区生产和居住的人员提供系列化生活配套服务。新设1000平方米的政务服务大厅，实现全部审批事项“一站式”办结。投资320万余元，建成1800平方米的4个新型农村社区，拉近与群众的距离，方便群众办事。建成潍坊行知高中，开工实验学校初中2号教学楼，形成从小学到高中的教育链条。开工宝通街东延工程，新建扩建8条道路，全区道路交通不断完善。投资1600余万元，先后实施16个村的乡村连片治理工程，全区村庄治理率达到70%，群众生活环境不断改善。

**党建作风建设**。全区认真贯彻从严管党治党新要求，深入开展“两学一做”学习教育，基层党建各项任务扎实推进，全区党的建设明显提升。认真落实中央八项规定精神，修订并严格执行办公用房、办公用车、公务接待、请销假等规章制度，开展6个方面综合巡查和“为官不为”等专项整治，组织明察暗访47次，查处相关问题8起，有力地促进干部作风转变，推

潍坊行知学校　　　　（供图：张　灏）

动工作提效提升。强化安全生产、食品药品、综合执法和社会稳定工作，全区保持“零事故、零伤亡”，营造安全稳定的社会环境。

**【潍坊综合保税区跨境贸易运营平台签约】** 1月11日，潍坊综合保税区跨境贸易运营平台签约仪式在管委会三楼会议室举行，综合保税区、赛伯乐集团、中国食品谷、深蓝亿康公司签订四方合作协议。运营平台采取“政府主导、市场运作”的模式，集跨境贸易服务、供应链金融服务、物流服务、报关报检、市场开拓等于一体，具有成本低、效率高、一站式、更专业等特点。平台建成运营后，将极大降低企业成本，提升全区服务水平，能够凭借强大的技术资金和优质服务，形成招商洼地，吸引潍坊及周边地区中小型外贸企业入区发展，促进企业聚集发展。

**【“开放的山东”全媒体采访活动走进潍坊综合保税区】** 6月16日，“开放的山东”大型采访团走进潍坊综合保税区，深入全区采访报道。该次大型采访活动由中共山东省委宣传部、山东省人民政府新闻办公室、山东省商务厅、山东省人力资源和社会保障厅主办，中国山东网承办。来自中央重点新闻单位和新闻网站、省直主要新闻单位和新闻网站、香港驻鲁分支机构、部分外国媒体驻华分支机构等各类外宣媒体及部分知名博主、评论员、山东图片库签约摄影师和“两微一端”（微博、微信、公众端）新媒体，潍坊市的主要新闻媒体，共70多家媒体单位，约100多名记者，深入潍坊综合保税区进行集中采访，宣传报道潍坊综合保税区在“扩大对外开放程度，丰富对外开放内涵，提高对外开放水平”、积极融入“一路一带”倡议、“引进来”与“走出去”相结合以及“通过对外开放促进经济发展转型升级”等方面所做的努力和所取得的成果。

**【构建党员干部联系服务群众“三送一创”机制】** 2016年2月，为打通服务群众最后一公里，综合保税区以转作风、优党风、促政风、带民风为目标，扎实深入开展“三送一创”（送政策、送服务、送温暖、创先争优）活动，突出问题导向，大兴密切联系群众之风，倾力解决群众各类困难和问题，最大限度地激发基层党建活力，打造服务群众服务基层新样板。通过开展“三送一创”活动，建立长效机制，帮助基层谋划发展，促进群众增收致富，夯实党的基层基础工作，逐步构建起“六好”“三成效”的特色机制，即政策法规宣讲好、社情民意掌握好、经济社会发展好、和谐稳定构建好、基层组织强化好、工作任务完成好，实现群众得实惠、受教育，干部转作风、受锻炼，党群、干群关系更融洽的成效。活动被评为全市2016年提升市区示范活动，共帮扶群众100余名，解决实际问题200余项。

潍坊综合保税区进口商品直营中心 （供图：张 灏）

**【汶泉发展区】** 汶泉发展区位于潍坊综合保税区东南部，是潍坊综合保税区下设唯一镇级单位,设有宝通、福田、张营、段家4个农村社区,共有基层党支部25个，632名党员。面积14.83平方公里，辖23个行政村、3976户、人口1.21万人，耕地面积1.19万亩。2016年，汶泉发展区充分利用综合保税区的政策优势和功能优势，大力推动招商引资工作,积极引进大项目、大企业，辖区内共落户企业35家。依托区位地理优势，发挥土地、人力等资源优势，推动网内网外一体化发展，承接保税区内产业转移，提升了保税区的承载力。对接歌尔电子、潍柴动力、北汽福田、潍坊电厂等大企业，强化就业培训，提供配套服务，帮助解决周边村民就业问题。以乡村连片治理为契机，大力推进樱前街以北10个村庄的各项惠民基础设施建设，累计硬化道路4.8万平方米，硬化村内道路10000余米，村庄面貌焕然一新，成效显著。

党委书记 蒋建新

管委会主任 李致颖

（李国杰）

## 潍坊峡山生态经济开发区

**【国民经济和社会发展综述】** 峡山生态经济开发区（以下简称峡山区）于2008年1月1日正式组建运行，面积491

平方公里，辖4个街道，277个行政村，23万人，耕地面积20400公顷。拥有山东省最大的水库——峡山水库，水面面积144平方公里，总库容14.05亿立方米，兴利库容5.5亿立方米，是潍坊市的主要水源地和“蓝黄”两区的战略水源地。建区以来，先后荣获国家可持续发展实验区、国家有机产品认证示范区、国家出口食品农产品质量安全示范区、国家生态原产地产品保护示范区、国家级水利风景区、国家湿地公园、国家级潍水文化生态保护实验区的核心区等“国”字号称号。

2016年，全区共实现地区生产总值（GDP）27.48亿元，同比增长8%；公共财政预算收入1.74亿元，同比增长39.5%；工业实现销售收入15.73亿元，同比增长16%；完成进出口总额30121万元，同比增长12.1%；第三产业增加值达10.65亿元，同比增长10.9%；农民人均收入15342元。

**生态环境。**扎实开展“三八六”环保行动，环境保护持续加严。保水护水方面，峡山水库增容工程按期建成，引黄入峡四级泵站规范运行，共调水1.78亿立方米，入库5089万立方米。环湖综合整治成效显著，制止裸露滩涂耕种2170余亩，清理库内杂草7.5万亩，迁移环湖路坟墓69座，在遭遇持续干旱、水位不断降低的情况下，水质仍稳定保持在地表水Ⅲ类以上标准，并为下游供水1.63亿立方米。峡山水库代表全省参加2015年度落实最严格水资源管理制度考核，受到国务院通报表扬。植绿增绿方面，完成造林1.7万亩，森林覆盖率达到45%，峡山湖湿地公园被评为国家湿地公园。治污减污方面，秸秆禁烧扎实有效，永通工程有限公司旧商砼站完成搬迁，氨氮、COD等污染物减排率达到125%以上，空气质量综合排名居全市前列。主城区污水泵送工程、6处污水处理设施建成投用，实现主城区生活污水集中收集和达标排放。城乡环卫一体化实现常态化、长效化运行，在全省上半年城乡环卫一体化电话满意度调查中，峡山区位列全市首位、全省开发区第7。

**现代农业。**11种产品被国家质检总局评为生态原产地产品，峡山区创建为全省首个生态原产地产品保护示范区。成立全省第二家有机认证机构，北京大学潍坊现代农业研究院、兴旺种业育种研发中心落户，华以国际农业科技孵化器“双创园”部分建成、自动化陆地仿生养鱼生产线投产，“有机汇”电商平台运行良好，实现了全产业链、全价值链增值。探索实施了“村党支部+合作社+农资供应商+品牌创建”的绿色农业“4+”模式，正在全面推开。全省春季农业生产工作会议、首届峡山湖有机产业发展国际论坛暨有机农业供给侧改革研讨会、全省种植业结构调整现场观摩会议先后在峡山区召开，峡山区有机品牌产生全国影响。

全省春季农业生产工作会议参观现场　　（供图：刘 涛）

**优质教育。**峡山现代教育园区加快建设，峡山双语小学投入使用。271教育与立德树人研讨会在峡山区召开，并通过省民政厅审批，成为全省第一家教育论坛。教育部基础教育课程教材发展中心与271教育集团合作，共建国内首个教育部与办学机构合作设立的实验基地。《中国教育报》在头版头条刊发峡山区教育工作经验做法。

**新兴产业。**规划新影华安·影视文化产业园、迪梦温泉欢乐小镇、生态美术小镇等项目，举办两届全国微电影春晚、中国潍坊（峡山）金风筝国际微电影大赛及颁奖典礼、第7届国际乡野马拉松、山东省第2届沿海骑行大奖赛、2016首届峡山迎春灯会等文化活动，极大地宣传推介峡山，扩大对外影响，聚集商机人气，引起了广泛关注。

**要素支撑。**创新金融工作，以潍坊水务集团为主体完成融资35亿元，依托峡山金控集团为骨干企业注入资金18亿元，设立和引进峡山湖有机产业发展基金等各类基金10余支，有力支撑产业发展。完成7家企业股份制改造，亿万家、仙峡湖2家企业在齐鲁股权交易中心成功挂牌。全面扩大对外开放，引进落户以兴旺种业、太和洁源直饮水、北京源宜基因等高新企业为代表的总部118家；不断提升政务服务，健全区、街、社区三级政务服务体系，新政务服务中心投入运行，入驻部门达到22个，行政审批事项提速66.7%，上半年全区政务服务工作群众满意度居全市第一。

**民生民本。**深入落实共享发展理念，把保障和改善民生摆在更加突出

“黄岛发展杯”山东省第二届沿海骑行大奖赛潍坊站暨“仙峡湖杯”潍坊市全民健身运动会自行车比赛 （供图：李培政）

位置，民生支出7.44亿元，占总支出的92.7%。扎实推进脱贫攻坚，探索有机园区扶贫、联合社扶贫、金融分红扶贫等产业扶贫模式，实施产业扶贫项目92个；充分发挥51名市、区“第一书记”作用，投入帮扶资金4800余万元；全区成立168个帮扶关爱小组，对2702户贫困户实施精准帮扶；完成了23个省定贫困村、4304人的脱贫任务，农村居民人均纯收入达到15342元，增长10.9%。医疗、计生、民政等社会事业均取得新进展，潍河流域西侧堤顶道路、兴峡路南段、康峡路南段等道路建成通车。创新社会治理，安全生产形势持续稳定，信访总量下降14.9%，社会保持和谐稳定。

**党的建设。**以党建为统领，强基固本做实功，开展“党员先锋榜、党员积分制、党员活动日、阳光村务平台”等书记项目，完善区、街、社区、村四级党群服务体系，形成党建项目化、服务精准化、治理规范化“三化”品牌。以开展“两学一做”学习教育为契机，精心组织开展“创新发展年”“不忘初心、创业奉献”大讨论、“三看”（看成效、看态势、看谱气）大调研等主题教育活动，举办“峡山大讲堂”12期，推出12名“峡山榜样”等先进典型，提升广大干部创新意识、创业能力和奉献精神。争先创优蔚然成风，峡山区被评为全国地质灾害防治高标准“十有县”（有制度、有机构、有经费、有监测、有预警、有评估、有避让、有宣传、有演练、有效果的地质灾害防治局面），区管委会（机关）、区交通运输局、太保庄街道办事处分别被评为省级文明单位、省级文明村镇，区经济发展局被评为全省经信工作先进集体，区纪工委办公室、王家庄街道大圈村、太保庄街道七里兰村、岞山街道颜家庄村分别被评为市级文明单位、市级文明村镇。

**【全省春季农业生产工作会议在峡山召开】** 3月29日，全省春季农业生产工作会议在峡山区召开，副省长赵润田出席并讲话，市委副书记、市长刘曙光致辞，省水利厅厅长王艺华、省农业厅厅长王金宝，市委副书记王献玲，副市长刘建国等出席。

**【首届峡山湖有机产业发展国际论坛暨有机农业供给侧改革研讨会议召开】** 4月21日至22日，峡山区组织召开首届峡山湖有机产业发展国际论坛暨有机农业供给侧改革研讨会议，国务院参事葛志荣、国家认监委常务副主任王大宁、副市长潘强、市政协副主席李传恒等出席。论坛以有机产业发展和供给侧改革为议题，邀请国内外农业专家学者，围绕有机产业发展现状及供给侧改革经验作了交流发言，探讨有机产业与扶贫开发实践路径和发展方向；设立2亿元的峡山湖有机产业发展基金并揭牌。

**【271教育与立德树人研讨会召开】** 5月7日至8日，271教育与立德树人研讨会召开，中国入世首席谈判代表、博鳌亚洲论坛原秘书长龙永图，中国教育学会原会长、北京师范大学资深教授顾明远，加拿大皮尔区教育局高级行政长官Jerry Powidajko，台湾文藻外语大学副教授兼研发处处长施忠贤，《中国教育报》总编辑翟博，省教育厅副厅长张志勇，国家督学罗崇敏及来自全国各地的教育专家代表共400余人参加。

**【获国务院最严格水资源管理制度通报表扬】** 5月11日，水利部检查组一行9人到峡山水库对山东省2015年度落实最严格的水资源管理制度进行考核。11月2日，国务院办公厅发文通报表扬山东省落实最严格水资源管理制度做法。峡山水库作为山东省唯一代表参加考核。

**【获国家湿地公园称号】** 8月21日，峡山湖国家湿地公园（试点）通过国家林业局验收，批复面积为10796.6公顷，湿地率为93.31%，正式成为国家湿地公园。

**【获批峡山生态原产地产品保护示范区】** 9月1日，国家质量监督检验检疫总局发布《关于受理生态原产地产品保护申请的公告》，峡山区潍坊康净园生物科技有限公司生产的峡山康净园金针菇，潍坊峡山渔业有限公司生产的峡山野生鱼（鲤鱼、鲫鱼、草鱼、黄颡鱼、鲅鱼、鲢鱼、鳙鱼、银鱼），优渥有机农业有限公司生产的峡山有机汇韭菜、有机汇南瓜符合生态原产地产品保护条件，拟实施生态原产地产品保护，成为该区首批国家级生态原产地产品。12月8日，峡山生态原产地产品保护示范区顺利通过国家质量监督检验检疫总局专家组评定，成为全省首家国家生态原产地产品保护示范区。该示范区及保护产品将使用生态原产地产品保护标志（PEOP），资格有效期为3年。

**【举办2016“大华木业杯”潍坊（峡山）国际乡野马拉松赛】** 10月16日，峡山区举办2016“大华木业杯”潍坊（峡山）国际乡野马拉松赛。本届潍坊（峡山）国际乡野马拉松赛以“张扬跑者风采，丰盈健康人生”为主题，共有来自21个国家和地区、国内19个省市的3000余名运动员参加。肯尼亚选手魏拉，中国选手唐辉、谢桂亮、丛林分获马拉松男子组冠军、马拉松女子组冠军、半程马拉松男子组冠军、半程马拉松女子组冠军。

**【王家庄街道】** 王家庄街道位于峡山生态经济开发区西部，总面积148平方公里，辖107个行政村、2.57万户、人口7.96万人，耕地面积6067.27公顷。2016年，全街道完成地区生产总值3.9亿元，比上年增长8%；实现地方财政收入849万元，比上年增长33%；实现工业销售收入1.8亿元、利税2300万元，分别增长12.5%和15%；第三产业增加值达1.5亿元，增长15%；农民人均可支配收入1.56万元，增长15%。

王家庄街道陆路畅通、交通便捷。北距峡山主城区1公里，距潍坊机场28公里，东距青岛港100公里，省道下小公路、县道景黄公路穿境而过，王宿路横贯东西，峡山湖环湖路环绕南北，组成了四通八达的公路交通网。该街道物产丰富、资源充足。境内矿产资源有铁矿、石墨、建筑石材等。主要农产品有大姜、圆葱、红冠蜜桃、红富士苹果、樱桃、葡萄、猕猴桃等。其中，有机农业是该街道发展特色，韭菜、芹菜、白菜等13种蔬菜、水果获得北京中绿华夏有机食品认证中心有机产品和有机转换产品认证。该街道历史悠久、人文荟萃。名人古迹较多，有战国时期的黄公庙，秦朝的古战场、孙猛冢，秦汉时期的盖公祠，汉代的古城堡、邓袭墓，北宋时期的青公庙，朱熹祠等遗址。该街道环境优美，旅游兴旺。北依峡山，东濒峡山湖，已建成的30公里环湖柳堤、十里荷花长廊、山东最美乡村——潍泉、龙湖庄园、千亩苗圃式环湖绿化基地、石头崖省级示范采摘园和正在建设中的万亩生态净水湿地公园，成为峡山生态旅游的一道景观。

党委书记 梁　斌

办事处主任 于京凯

**【太保庄街道】** 太保庄街道位于峡山生态经济开发区东部，峡山湖北岸，潍河以东，总面积152.4平方公里，辖80个行政村，1.73万户，人口6万人，耕地面积6986.67公顷。2016年，全街道完成地区生产总值6.87亿元，比上年增长8.2%；实现地方财政收入1557万元，比上年增长41%；实现工业销售收入60300万元、利税828万元，分别增长15.4%和17.4%；农民人均可支配收入15751元,增长15%。

2016年，太保庄街道党委、办事处牢牢把握工作主动权，团结带领全街道人民，坚持稳中求进工作总基调，积极适应经济发展新常态，开拓进取，奋力拼搏，实现了“十三五”良好开局。在连续6年荣获全区先进街道的同时，今年被省委、省政府评为省级文明村镇。区域发展不断优化，主城区、城乡接合部、东部农村三级区域合理布局，在主城区完成老河头、前甘等村拆迁任务，271小学等项目落成并投入使用；在城乡接合部扩大有机农业规模，优渥有机农业获欧盟认证；在东部农村以“万亩桃园”为引领，流转土地5000亩，发展桃树种植。精准扶贫不断深入，在做好项目扶贫、发展扶贫的同时，提出“健康扶贫”工作思路，先后举办健康大讲堂、全民艾灸、义诊、关爱走访等一系列活动，提高了全民健康水平。

党委书记 栾贵城

办事处主任 董湖波

**【峠山街道】** 峠山街道位于潍坊峡山生态经济开发区北部，面积75.6平方公里，辖48个行政村，1.4万户，人口4.5万人，耕地面积4266.7公顷。2016年，全街道完成地区生产总值15.22亿元，比上年增长8.9%；实现地方财政收入1346万元，比上年增长25%；实现工业销售收入147600万元、利税11000万元，分别增长9.8%和8.5%；第三产业增加值达到4890万元，增长12.2%；农民人均可支配收入18103元，增长15%。

峠山街道区位优越，交通便利，青银高速公路、潍胶公路、胶济铁路横穿东西，兴峡公路、潍峡公路纵贯南北，省道下小公路贯穿于整个街道。旅游资源得天独厚，境内峠山山、惺惺山与潍河和太祖河相依相偎，景色秀丽。经济基础较好，街道北部占地20平方公里的高新技术项目区，为加快经济发展搭建良好的平台，年产值已达6亿元。食品加工、机械制造、木制工艺品、纺织、新材料等已经发展成为主导产业。木制工艺品蜚声海外，以大华木业有限公司为龙头的木制工艺品企业共有20余家，年生产能力超过2亿件，产品远销欧、美、日、韩等国家和中国香港等地区；永通建材项目一期工程建成，商混生产线、制砂生产线投产运行；新引进以色列高科技项目哈力克道路新材料项目。现代农业蓬勃发展。建成了华以农业科技有限公司、山东神州姜窖等一批高端农业企业和润苑、万通等30余个农业园区，其中华以农业引进以色列先进水培技术，集工厂化订单生产、超市化自助采摘、产品旅游化营销三产联动于一体，开启设施农业发展的新时代。文化旅游产业初具规模。引进落户花海四季等休闲观光项目，规划建设生态露营、休闲娱乐、户外拓展训练及农耕体验为一体的现代旅游综合体；迪士尼项目签约落户，650亩土地有序流转；绿康源养老康复中心与市立医院合作，中医综合门诊投入运营，开辟医养康相结合的生命健康产业发展新路径。先后荣获潍坊市“小城镇建设示范乡镇”“社会治安综合治理模范乡镇”“生态文明镇街”“森林镇”等称号。

党委书记 刘振军

办事处主任 朱金平

**【郑公街道】** 位于峡山生态经济开发区东南部，面积101平方公里，辖42个行政村、11163户、人口39791万人，耕地面积3952.47公顷。2016年，全街道完成地区生产总值13.48亿元，比上年增长29.6%；实现地方财政收入101万元，比上年增长15.56%；实现工业销售收入10163万元、利税1009万元，分别增长2.92%和1.3%；第三产业增加值达到426万元，增长26.41%；农民人均可支配收入13222.05元，增长15.29%。

郑公街道历史文化底蕴深厚，历史遗迹分布众多，其中以郑公祠为主线，星罗分布着龙且冢、韩信坝、张良沟、袁绍墓凉台遗址等历史遗迹；郑公街道有天然的自然资源，西临峡山湖，拥有狭长的湖岸线，自然风光优美，气候温和，街道加大对砺阜花廊的改造力度，环湖路沿岸风景优美、景色宜人，是游人休闲度假的好地方。近年来，郑公街道以打造“全市文化旅游重街”为目标，旅游业绩显著，街道获批“山东省最美旅游风情小镇”，郑公祠获批“国家AA级景区”，凉台遗址、龙且冢获批“山东省重点文物保护单位”。郑公街道以深入发掘历史资源，着力打造生态旅游为主题，以使有机农业提水平、上档次为目标，全面打造宜居、宜业、宜游、和谐、幸福的小城镇。

党委书记 高 胜

办事处主任 王建军

（于宗涛）

# 人　物

Renwu

## 新任市级领导人

**李宽端**

男，汉族，1963年10月出生，山东青岛人，1985年7月参加工作，1985年7月加入中国共产党，省委党校研究生学历，高级管理人员工商管理硕士。现任潍坊市委副书记、市长，市政府党组书记。

1983.09—1985.07　青岛机械工业学校机械制造工艺专业学习

1985.07—1988.07　青岛市崂山县劳动局办事员

1988.07—1990.01　青岛市崂山县中韩镇经委副主任

1990.01—1993.06　青岛市崂山区惜福镇副镇长、经委主任

1993.06—1994.06　青岛市崂山区惜福镇党委副书记、镇长

1994.06—1995.10　青岛市城阳区外经委主任

1995.10—1998.01　青岛市城阳区红岛镇党委书记（1994.09—1996.12，在山东省委党校涉外经济管理专业学习）

1998.01—2000.01　青岛市城阳区副区长

2000.01—2001.09　即墨市副市长（1997.09—2000.06，在山东省委党校在职干部研究生班政治学专业〈党政管理方向〉学习）

2001.09—2002.12　即墨市委常委、副市长

2002.12—2003.01　即墨市委副书记、代市长

2003.01—2006.12　即墨市委副书记、市长（其间，2004.06—2005.10，在南开大学高级管理人员工商管理硕士专业学习，获高级管理人员工商管理硕士学位）

2006.12—2007.01　商河县委书记

2007.01—2011.06　商河县委书记、党校校长

2011.06—2017.01　济南市副市长

2017.01—2017.02　潍坊市委副书记、代市长，市政府党组书记

2017.02—　　潍坊市委副书记、市长，市政府党组书记

**王兆辉**

男，汉族，1964年12月生，山东临朐人，1992年5月入党，1988年7月参加工作，大学学历，哲学学士。现任潍坊市委常委、统战部部长。

1984.09—1988.07　聊城师范学院政治系政治专业学习

1988.07—1989.12　临朐县冶源中学教师

1989.12—1992.09　山东省信息工程学校教师

1992.09—1997.01　潍坊市人事局调研室科员

1997.01—1999.04　潍坊市人事局办公室副主任

1999.04—2000.12　潍坊市人事局机关专职副书记

2000.12—2005.02　潍坊市计委（发展计划委员会）副主任

2005.02—2008.02　潍坊市发展和改革委员会副主任

2008.02—2010.01　潍城区委副书记

2010.01—2011.12　潍城区委副书记，潍坊市技师学院副院长

2011.12—2012.01　潍城区委副书记、代区长

2012.01—2013.03　潍城区委副书记、区长

2013.03—2016.12　潍城区委书记、区人大常委会主任、区委党校校长

2016.12—2017.02　潍坊市政府党组成员

2017.02—　　潍坊市委常委、统战部部长

**顾建华**

男，汉族，1963年8月生，山东临朐人，1984年7月入党，1987年7月参加工作，大学学历，哲

学学士。现任潍坊市人大常委会副主任、党组成员，临朐县委书记、党校校长。

1980.09—1982.07 山东省林业学校森林保护专业学习

1982.07—1984.05 益都县林业局技术员

1984.05—1987.07 益都县（青州市）委办公室秘书

1987.07—1988.08 青州市史志办副主编（1985.07—1988.07，在潍坊教育学院中文系中文专业学习）

1988.08—1988.11 青州市委研究室秘书

1988.11—1992.12 共青团青州市委书记

1992.12—1994.05 共青团潍坊市委常委、共青团青州市委书记（其间，1993.09—1994.01，在潍坊市委党校中青班学习）

1994.05—1996.12 青州市云峡河回族乡党委书记（其间，1994.09—1996.12在山东省委党校涉外经济管理专业学习）

1996.12—1997.12 潍坊市民政局副局长

1997.12—2002.12 高密市委常委、宣传部部长

2002.12—2005.02 高密市委常委、组织部部长

2005.02—2007.05 高密市委副书记（其间：2006.02—2006.05，在山东省委党校县市区委书记进修班学习）

2007.05—2010.09 高密市委书记，援藏任南木林县委书记

2010.09—2010.12 临朐县委副书记（提名为临朐县县长候选人）（2008.03—2010.12在四川大学公共管理专业学习，获公共管理硕士学位）

2010.12—2011.11 临朐县委副书记、县长

2011.11—2012.01 临朐县委书记、党校校长

2012.01—2017.01 临朐县委书记、县人大常委会主任、县委党校校长

2017.01—2017.02 临朐县委书记、党校校长

2017.02— 潍坊市人大常委会副主任、党组成员，临朐县委书记、党校校长

**张新强**

男，汉族，1962年7月生，山东寿光人，1983年9月入党，1978年10月参加工作，省委党校研究生学历。现任潍坊市人大常委会副主任、党组成员。

1978.10—1979.07 寿光县纪台公社下乡知青

1979.07—1985.03 寿光县北洛粮管所、粮食局直属粮库、县第一面粉厂会计

1985.03—1987.01 寿光县委党校党政管理专业学员

1987.01—1988.10 寿光县粮食局财务科会计

1988.10—1990.03 寿光县委组织员办公室办事员、干事

1990.03—1991.06 寿光县委组织部办公室主任

1991.06—1993.11 寿光县(市)委组织部副科级组织员、办公室主任

1993.11—1995.01 寿光市政府办公室副主任(1993.09—1994.12，在山东省委党校续读大专班经济管理专业学习)

1995.01—1995.06 寿光市政府办公室副主任、正科级秘书

1995.06—1995.07 寿光市政府副秘书长、办公室副主任、正科级秘书

1995.07—1998.01 寿光市田马镇党委书记(其间:1995.09—1997.12，在山东省委党校经济管理专业学习)

1998.01—1998.12 寿光市稻田镇党委书记

1998.12—2001.02 寿光市委常委、稻田镇党委书记

2001.02—2003.01 寿光市委常委、秘书长、办公室主任(1999.08—2002.07，在山东省委党校党政干部研究生班学习)

2003.01—2006.04 寿光市委副书记、市纪委书记（其间，2004.05—2006.04，挂职任聊城市冠县县委副书记、副县长）

2006.04—2006.12 寿光市委副书记

2006.12—2008.02 昌邑市委副书记

2008.02—2010.12 昌邑市委副书记、市长

2010.12—2011.01 昌乐县委书记、党校校长

2011.01—2016.12 昌乐县委书记、县人大常委会主任、县委党校校长

2016.12—2017.02 潍坊市政府党组成员

2017.02— 潍坊市人大常委会副主任、党组成员

**范福生**

男，汉族，1964年9月生，山东寿光人，1987年11月入党，1985年7月参加工作，省委党校研究生学历，农学学士。现任潍坊市人大常委会副主任、党组成员。

1981.09—1985.07 莱阳农学院园艺系果树专业学习

1985.07—1986.07 安丘县第一农技中学教师

1986.07—1992.01 潍坊市教委职业教育教研室教研员

1992.01—1993.07 潍坊市纪委干事

1993.07—1997.04 潍坊市纪委副科级检查员

1997.04—2000.12 潍坊市纪委办公室副主任兼秘书科科长

2000.12—2006.04 潍坊市委政策研究室副主任(2000.09—2003.06，在省委党校经济管理专业学习)

2006.04—2007.12 潍坊市委副秘书长、政策研究室主任

2007.12—2011.11 高密市委副书

记、代市长、市长

2011.11—2012.01 高密市委书记、党校校长

2012.01—2016.12 高密市委书记、市人大常委会主任、市委党校校长

2016.12—2017.02 潍坊市政府党组成员

2017.02— 潍坊市人大常委会副主任、党组成员

**吴 磊**

男，汉族，1966年12月出生，山东枣庄人，1991年9月加入中国共产党，1985年11月参加工作，省委党校研究生学历，高级管理人员工商管理硕士。现任潍坊市副市长、党组成员，市公安局局长、党委书记、督察长。

1985.11—1992.11 枣庄市台儿庄区法院书记员、助审员、副庭长（其间，1988.09—1991.07，在全国法院干部业余法律大学学习）

1992.11—1994.11 枣庄市台儿庄区法院副科级审判员（1992.09—1994.07，在山东省政法管理干部学院法律专业学习，获法学学士学位）

1994.11—1996.01 枣庄市台儿庄区法院正科级审判员、水上法庭庭长

1996.01—1997.08 枣庄市台儿庄区张山子镇党委副书记、镇长

1997.08—1998.01 枣庄市台儿庄区张山子镇党委书记

1998.01—2003.01 枣庄市台儿庄区副区长

2003.01—2006.05 枣庄市台儿庄区委常委、副区长（2001.09—2004.06，在山东省委党校在职干部研究生班经济管理专业学习）

2006.05—2006.12 枣庄市台儿庄区委常委、副区长，台儿庄经济开发区管委会主任（正县级）

2006.12—2007.11 枣庄市薛城区委常委、副区长，薛城经济开发区管委会主任（正县级）

2007.11—2007.12 枣庄市薛城区委副书记、代区长，薛城经济开发区管委会主任（正县级）

2007.12—2008.06 枣庄市薛城区委副书记、区长，薛城经济开发区管委会主任

2008.06—2013.05 枣庄市薛城区委副书记、区长（其间，2008.06—2010.07，在清华大学经济管理学院高级管理人员工商管理硕士专业学习，获高级管理人员工商管理硕士学位）

2013.05—2016.11 枣庄市薛城区委书记

2016.11—2017.01 工作待安排

2017.01—2017.02 潍坊市政府党组成员，市公安局局长、党委书记、督察长

2017.02— 潍坊市副市长、市政府党组成员，市公安局局长、党委书记、督察长

**马清民**

男，汉族，1964年4月出生，山东青州人，1984年8月加入中国共产党，1980年7月参加工作，省委党校研究生学历，工程硕士。现任潍坊市副市长、市政府党组成员。

1978.09—1980.07 昌潍地区商业学校计划统计专业学习

1980.07—1984.03 潍坊市百货站统计员（其间，1982.01—1984.03，借调潍坊市财贸委工作）

1984.03—1988.10 潍坊市人大常委会办公室文书、机要秘书（其间，1985.08—1988.07，在山东广播电视大学汉语言文学专业学习）

1988.10—1992.10 潍坊市人大常委会办公室副科级秘书、副科长

1992.10—1996.12 潍坊市人大常委会办公室正科级秘书、科长（1995.07—1996.12，挂职任昌邑市饮马镇党委书记；1989.04—1995.06，在山东省高教自学考试汉语言文学专业学习）

1996.12—1998.01 潍坊市计委副主任

1998.01—2001.01 昌邑市副市长（1996.07—1998.11，在中国社会科学院研究生院货币银行学专业学习）

2001.01—2002.09 昌邑市委常委、副市长

2002.09—2007.01 坊子区委副书记、区纪委书记（2001.09—2004.06，在山东省委党校在职干部研究生班经济管理专业学习）

2007.01—2007.02 坊子区委副书记、代区长

2007.02—2011.11 坊子区委副书记、区长（2005.09—2008.01，在大连理工大学软件工程专业学习，获工程硕士学位）

2011.11—2017.02 潍坊市峡山生态经济发展区党工委书记

2017.02—2017.04 潍坊市副市长、市政府党组成员，峡山生态经济发展区党工委书记

2017.04— 潍坊市副市长、市政府党组成员

**田民利**

男，汉族，1967年2月出生，山东潍坊人，1994年11月加入中国共产党，1987年7月参加工作，在职大学学历，工程硕士。现任潍坊市副市长、市政府党组成员。

1985.08—1987.07 山东省财政学校工业企业财务与会计专业学习

1987.07—1997.08 潍坊市财政局科员（其间，1988.09—1991.06，在上海财经大学函授部财政税收专修科学习；1994.09—1997.07，在山东财政学

院会计学专业学习）

1997.08—2002.01 潍坊市财政局预算科副科长

2002.01—2005.09 潍坊市财政局预算科科长

2005.09—2005.11 潍坊市财政局办公室主任

2005.11—2007.09 潍坊市财政局党组成员、办公室主任（2004.08—2006.06，在武汉大学软件工程专业学习，获工程硕士学位）

2007.09—2010.01 潍坊市财政局总会计师

2010.01—2011.12 潍坊市财政局副局长

2011.12—2016.05 潍坊市财政局局长、党组书记

2016.05—2017.02 潍坊市财政局局长、党委书记

2017.02—2017.06 潍坊市副市长、市政府党组成员，市财政局局长、党委书记

2017.06— 潍坊市副市长、市政府党组成员

**刘树亮**

男，汉族，1962年1月生，山东寿光人，1984年7月入党，1982年7月参加工作，省委党校研究生学历、工程硕士。现任潍坊市政协副主席、党组成员。

1980.09—1982.07 昌潍师范专科学校政史系政治专业学习

1982.07—1983.10 昌潍师范专科学校政史系政治辅导员兼法学教师

1983.10—1985.04 昌潍师范专科学校团委干事兼法学专业教师

1985.04—1991.01 昌潍师范专科学校团委副书记(正科,主持工作)（其间，1985.07—1988.06，在山东师范大学函授学习；1988.09—1988.12，参加国家教育委员会华东教育管理干部培训中心第十五期政工办培训）

1991.01—1995.08 潍坊市政府办公室综合科正科级秘书

1995.0—1998.12 潍坊市政府办公室副主任

1998.12—2001.02 潍坊市政府副秘书长

2001.02～2002.12 青州市委副书记、副市长，市政府党组副书记

2002.12—2006.04 诸城市委副书记（其间，2003.09—2003.12，在潍坊市委党校县级干部进修班学习；2004.09—2007.06，在山东省委党校研究生经济管理专业学习；2004.09—2006.07，在武汉大学软件工程专业学习，获工程硕士学位；2004.02—2006.03，挂职任东平县委副书记、副县长）

2006.04—2006.12 诸城市委副书记、市纪委书记

2006.12—2007.09 潍坊市委台湾工作办公室主任

2007.09—2008.11 潍坊市委副秘书长，市委台湾工作办公室主任

2008.11—2013.12 潍坊市国土资源局局长、党委副书记

2013.12—2017.02 潍坊市国土资源局局长、党委书记

2017.02—2017.04 潍坊市政协副主席、党组成员，市国土资源局局长、党委书记

2017.04— 潍坊市政协副主席、党组成员

**赵崇发**

男，汉族，1963年8月生，山东诸城人，1984年4月入党，1980年8月参加工作，省业余大学学历。现任潍坊市政协副主席、党组成员。

1978.09—1980.08 聊城供销技工学校棉花检验专业学习

1980.08—1984.04 诸城市第三棉油厂棉检技术员、厂办文书

1984.04—1990.05 诸城市委办公室秘书

1990.05—1991.12 诸城市委办公室副局级秘书

1991.12—1993.12 潍坊市委研究室综合科副科级秘书

1993.12—1997.11 潍坊市委研究室综合科正科级秘书（1987.10—1994.06，在山东省高教自学考试行政管理专业学习）

1997.11—2001.05 潍坊市委政研室城市经济科主任科员（1996.09—1999.07，在山东经济管理干部学院经济管理专业学习）

2001.05—2004.02 潍坊市委政研室副主任

2004.02—2006.04 潍坊市委办公室副主任

2006.04～2007.09 潍坊市委副秘书长

2007.09—2008.01 潍坊市委副秘书长、督查室主任

2008.01—2008.08 潍坊市委副秘书长、政研室主任

2008.08—2017.02 潍坊市委副秘书长、办公室主任

2017.02—2017.03 潍坊市政协副主席、党组成员，市委副秘书长、办公室主任

2017.03— 潍坊市政协副主席、党组成员

**刘秀平**

女，汉族，1970年9月生，吉林舒兰人，1993年8月参加工作，大学学历，工程硕士。现任潍坊市政协副主席，民建潍坊市委主委、市市政局调研员。

1989.09—1993.08 吉林林学院林学

系林学专业学习

1993.08—1994.12　安丘县(市)矿山机械厂宣传干事

1994.12—1998.12　安丘市人民法院书记员、助理审判员

1998.12—2001.05　安丘市石堆镇副镇长（1997.07—2000.06，在山东干部函授大学法律专业学习）

2001.05—2002.12　潍坊市林业局副局长

2002.12—2011.09　高密市副市长(其间，2003.02—2005.06，在武汉大学软件工程专业学习，获工程硕士学位)

2011.09—2011.11　高密市副市长、民建潍坊市委主委

2011.11—2017.02　潍坊市城市管理行政执法局调研员、民建潍坊市委主委

2017.02—　　潍坊市政协副主席，市城市管理行政执法局调研员，民建潍坊市委主委

（组织部）

## 全国五一劳动奖状获得单位

（1个）

豪迈集团股份有限公司

## 全国五一劳动奖章获得者

（4名）

王新航　山东海纳碳新材料科技有限公司工程师

牟作峰（女）　潍坊市中医院院长、党委副书记

冯　刚　潍柴动力股份有限公司副经理

寇祥森　山东墨龙石油机械股份有限公司带班长

## 全国工人先锋号获得集体

（2个）

潍坊银行股份有限公司青州营业部

潍坊市国土资源局驻市公共行政服务中心窗口

## 山东省富民兴鲁劳动奖状获得单位

（6个）

潍坊神舟重工机械有限公司

中国农业银行股份有限公司青州市支行

山东美晨科技股份有限公司

寿光市地方税务局

山东鲁丰集团有限公司

国网山东省电力公司寿光市供电公司

## 山东省富民兴鲁劳动奖章获得者

（25名）

于文青　山东中烟工业有限责任公司青州卷烟厂维修工

马驰骋　诸城市义和车桥有限公司汽车车桥工程研究中心主任

王元元（女）　中国邮政集团公司潍坊市分公司营业员

王云龙　山东国邦药业有限公司班长

王礼华（女）　安丘市人民医院妇科主治医师

王庆禄　山东好帮环保科技有限公司董事长

王艳红（女）　山东聚丰橡胶有限公司质检员

王继成　昌乐县宇通服装有限公司车间主任

孔德杰　山东省潍坊市第八中学校长

刘均波　潍坊学院机电学院教师

刘茂村　寿光市羊口镇总工会副主席

刘晓清（女）　山东省诸城市文化馆书法老师

刘焕仁　潍坊工商职业学院院长

闫学顺　潍坊银行股份有限公司信息科技部经理

孙传德　潍坊开轩花卉休闲农场有限公司总经理

吴宗海　山东省高密市国家税务局柴沟税务分局分局长

邱广祥　潍坊中学新疆部主任

张成磊　中化弘润石油化工有限公司操作工

张敬一　中国工商银行股份有限公司潍坊分行公司业务部经理

武　娜（女）　潍坊市第二人民医院护士长

岳保利　潍坊护理职业学院牙科医院院长

宫秀华（女）　潍坊恩源信息科技有限公司总经理

夏传志　万豪集团临朐玉龙造纸有限公司工程师

徐立国　山东昌邑灶户盐化有限公司副总经理

韩少华（女）　寿光市洛城街道留吕初级中学副校长

## 山东省工人先锋号获得集体

（12个）

潍坊市潍城区文化广电新闻出版局电视宣传中心

山东省安丘市自来水有限公司制水车间

国网山东省电力公司高密市供电公司冯子刚劳模创新工作室

昌邑市公安局交警大队事故处理中队

临朐县地方税务局直属征收局

山东含羞草卫生科技股份有限公司卫生巾包装车间

潍坊市地方税务局滨海经济技术开发区分局央子中心税务所

潍坊市地方税务局基层工作科

临朐县国家税务局城区分局

山东潍坊百货集团便利店运营中心新东明店

山东海化集团热力电力分公司电气车

间保试班
潍坊医学院附属医院挂号收款处

## 潍坊市劳动模范
（178名）

李玉坤（女） 潍坊嵌银厂有限公司嵌丝工
韩立新 潍坊市奎文区道口经济专业合作社理事长
邱文花（女） 山东广潍集团有限公司广宝4S店钣喷主管
韩崇伦 潍坊市奎文区广文街道西上虞社区党委书记
李忠林 山东潍坊精鹰医疗器械有限公司董事长、总经理
李文波 大洋泊车股份有限公司设计部部长
李秀娥（女） 潍坊市潍城区西关街道胜利西社区卫生服务站医生
陈来顺 山东潍坊百货集团股份有限公司中百大厦企划小组组长
黄星周 山东德创喷墨科技有限公司生产班长
李伟华（女） 潍坊市潍城区南关街道人民商城社区党委书记
金 鑫 潍坊金马柴油机有限公司总经理
赵洪伟 潍坊花香花卉苗木专业合作社社长
孙文文（女） 潍坊市潍城区永润农业种植专业合作社社长
杜玉军 雷沃重工股份有限公司营销中心副经理
李 山 潍坊谷合传动技术有限公司产品研发工程师
宗全民 安盛天平财产保险股份有限公司潍坊中心支公司总经理
刘向东 潍坊市玉泉洼种植专业合作社联合社总经理
刘文平 潍坊市坊子区黄旗堡街道东安泰村党支部书记
常雅丽（女） 山东潍滨律师事务所主任
王 栋 潍坊市寒亭区园林绿化工程公司工人
毛东伟 山东潍坊烟草有限公司寒亭营销部经理
王维波 潍坊市寒亭区固堤街道西安村党支部书记、村委会主任
王春青 潍坊市寒亭区俊清果蔬专业合作社总经理
谭韶俊 潍坊经济开发区张氏街道三娘庙村党支部书记、村委会主任
邵旭明 山东吉青化工有限公司保管员
武方忠 国网山东省电力公司青州市供电公司营销部主任
沙 远 青州齐鲁包装机械有限公司业务员
王洪明 青州市巨龙环保科技有限公司技术顾问
冯高云 山东云内动力有限责任公司装配工
王飞飞（女） 山东青州农村商业银行股份有限公司综合柜员
董建军 山东晨宇电气股份有限公司副总经理
李卫华 安徽江淮汽车股份有限公司山东分公司总经理
赵本明 山东华邦建设集团董事长
刘佑芹 青州市高柳镇阳河村党支部书记
孙国贞 青州市何官镇南小王村党支部书记
李洪霞（女） 青州市盛瑞花卉苗木专业合作社理事长
韩 伟 山东皇尊庄园山楂酒有限公司山楂园种植基地果农
程中华 青州市王坟镇胡宅村蜂农
董春燕（女） 青州市亚泰农业科技有限公司董事长
马耀霞（女） 新郎希努尔集团股份有限公司制版师
周 剑 诸城中康农业开发有限公司生产部副部长
王泳中 诸城东晓生物科技有限公司设备维修主任
管 波 北汽福田汽车股份有限公司诸城奥铃汽车厂油漆部设备保全工
王少华 诸城外贸有限责任公司金玉良种场场长
王海朋 北汽福田汽车股份有限公司诸城奥铃汽车厂总装二部调试线技术员
苗永琴（女） 山东新华书店集团有限公司诸城分公司经理、党支部书记
陈忠义 诸城市义和车桥有限公司董事长、党委书记
时培东 诸城市中粮宾馆有限责任公司董事长、总经理
臧运生 诸城市贾悦镇马庄社区党总支书记、村委会主任
刘家宝 诸城市密州街道连丰居党支部书记、居委会主任
闫仲好 诸城市龙都街道邓戈庄社区党委书记、居委会主任
王景昌 诸城市茶叶协会会长
王 权 诸城市下苗山花生生产专业合作社理事长
庄洪山 诸城市光源蔬菜专业合作社理事长
刘玉伟 潍坊东方园艺工程有限公司总经理
李朝阳 山东信得科技股份有限公司董事长、总裁
周建章 康跃科技股份有限公司模具钳工班长
张海涛 山东晨鸣纸业集团股份有限公司抄纸车间主任
王 军 山东联盟化工集团有限公司安全员
王振辉 山东祥生塑胶有限公司技术科长
王效平 国网山东省电力公司寿光市供电公司检修部技术员
赵现魁 山东寿光巨能控股集团有限公司高压焊工
王玉美（女） 寿光市交运汽车站有限公司客运科副科长
魏洋玮 寿光市墨香斋书画艺术培训学校校长
郑家玉 寿光市防水行业协会会长
舒 安 山东全福元商业集团有限公司董事长

杨维国　寿光富康制药有限公司董事长
何　艳（女）　青岛啤酒（寿光）有限公司总经理
李新生　寿光市洛城街道东斟灌村党支部书记
桑名亮　寿光市文家街道桑家营子村党支部书记
潘广华　寿光市稻田镇潘家稻庄村晟华土地蔬菜专业合作社理事长
孙效宝　寿光市羊口镇近海个体渔民互助协会会长
侯新令　寿光市农圣土地专业合作社理事长
董　平　山东寿光市百信蔬菜专业合作社经理
单俊凤　潍坊金正食品股份有限公司董事长
刘丽丽（女）　潍坊雷克兰劳保用品有限公司班长
尹光俭　潍坊长安铁塔股份有限公司电焊工
孙　洁（女）　山东景芝酒业股份有限公司化验分析员
程连刚　汶瑞机械（山东）有限公司工段长
赵常杰　潍坊市汇川电子有限公司董事长
张福顺　安丘市兴安街道罗家庄村苗木种植户
韩晋友　安丘市石堆镇西河洼村党支部书记
孙希奎　安丘市金冢子镇东南戈村党支部书记
于加强　安丘市郚山镇冷家山村核桃种植户
任兴光　安丘市柘山镇任家旺村村委会主任
宋延华　安丘市景芝镇南林村种植户
潘宗光　安丘市慈埠蔬菜种植专业合作社理事长
闫方清　山东豪迈机械科技股份有限公司研发部部长
曹淑美（女）　孚日集团梦圆家居公司车间主任
张芯得　山东省高密市海建建筑工程有限公司安装处主任
荆纪军　山东科乐收金亿农业机械有限公司技术员
单海波　山东金孚隆股份有限公司购物广场店店长
徐　民　山东高密市广安第一建筑工程有限公司安装二分公司项目经理
范锡兰（女）　潍坊芙蓉职业培训学校校长
高晓青（女）　山东晟绮港储国际物流有限公司财务总监
郑立强　高密市城市建设投资集团有限公司董事长、党总支书记
郝国梁　国网山东省电力公司高密市供电公司总经理
褚宝连　高密市密水街道小胡兰前社区党支部书记
单际贵　高密市井沟镇后下口村党支部书记
冯　涛　高密市李村蔬菜专业合作社理事长
孟范明　高密市孟佳家庭农场场长
王庆伟　高密市宏基农机专业合作社理事长
张新喜　高密市密春土豆专业合作社理事长
刘学明　高密瑞丰食品有限公司总经理
蔺当伟（女）　昌邑市华晨悦胜纺织有限公司操作员
刘凯凯　山东浩信浩德精密机械有限公司铸造一厂清理工部主任
韩占京　山东同大海岛新材料有限公司一车间半成品线班长
刘宇鹏　国网山东省电力公司昌邑市供电公司柳疃供电所所长
徐国栋　山东昌邑石化有限公司纪委书记、工会主席
魏汝山　潍坊富丽华纺织有限公司总经理
王元江　昌邑市奎聚街道东店社区居委会主任
黄言强　昌邑市苗木协会秘书长
张国琪　昌邑市柳疃镇北闫村养殖专业户
王廷奎　昌邑市山阳特色茌梨农民专业合作社理事长
李治国　昌邑市鼎力薄壳核桃种植专业合作社理事长
胡道军　临朐县兴隆建安有限公司项目部经理
孙岳峰　山东鸿明铝业有限公司安全员
赵文东　山东祺月童车有限公司车间副主任
谭　焱　国网山东省电力公司临朐县供电公司线路管理员
刘序林　山东雷奥新能源有限公司工会主席
侯法平　临朐县知艺红木家具有限公司总经理
蒋文俊　临朐县汇洋肉鸭养殖专业合作社理事长
纪仁松　临朐县柳山镇辛庄村党支部书记
张怀忠　临朐县九山镇九山村党支部书记
聂孝世　临朐县盛世果蔬专业合作社理事长
王新昌　临朐金龙果蔬专业合作社理事长
李乐江　临朐乐江家庭农场场长
马利新（女）　临朐县相亮山楂合作社党支部书记
董连才　英轩重工有限公司车间主任
高国财　潍坊市精华粉体工程设备有限公司车工
王永霞（女）　山东梦金园珠宝首饰有限公司车间主任
朱乐仁　山东比德文动力科技有限公司工程科科长
钟庆国　潍坊龙海民爆有限公司总经理
高成德　昌乐县农民专业合作社联合会理事长
赵允堂　昌乐县华安瓜菜合作社副理事长
张国伟　昌乐县乐都瓜菜专业合作社理事长
赵允安　昌乐县宝城街道办事处石家庄村党支部书记
张志远　盛瑞传动股份有限公司生产技术部工程师
殷建民　潍坊北大青鸟华光照排有限

公司研发中心工程师
任 清 山东新富房地产集团有限公司项目部技术员
王显彬 歌尔声学股份有限公司研发中心工程师
李永胜 山东天瑞重工有限公司董事长
李 波 潍坊国药医疗器械有限公司董事长
李世强 山东海化集团有限公司热力电力分公司生产技术部经理
刘永启 潍坊联兴新材料科技股份有限公司研究中心主任
臧传奎 潍坊滨海旅游集团有限公司董事长、总经理
王光涛 潍坊滨海经济技术开发区央子街道丰台渔业村党支部书记
厉 勇 潍坊综合保税城市建设发展有限公司道桥工
王 宁 歌尔电子有限公司技术员
王玉兵 潍坊雷士置业投资发展有限公司董事长
刘克友 昌邑市大华木业有限公司车间主管
王建庆 山东二七一教育集团董事长
刘在贵 潍坊市聚天农牧有限公司董事长
张 珂 优渥有机农业有限公司经理
李 强 潍坊峡山生态经济开发区王家庄街道花家官庄村党支部书记
侯永刚 潍柴动力股份有限公司一号工厂工程师兼设备主管
孙光玉 华电潍坊发电有限公司副总工程师兼生产技术部主任
王 新（女） 山东恒联投资有限公司技术研发部经理
张新一 潍坊丰华经贸有限责任公司执行经理
马君志 恒天海龙股份有限公司研究所所长
薛 华（女） 潍柴控股集团进出口公司新加坡分公司经理
王训杰 国网山东省电力公司潍坊供电公司总经理、党委副书记
王 成 青岛啤酒（潍坊）有限公司总经理
李夕海 山东大东会计师事务所主任会计师
孔令江 潍坊市第二建筑工程公司直属第六项目部负责人
郭召利 潍坊市建筑设计研究院有限责任公司总建筑师
郭严平（女） 潍坊市公共交通总公司驾驶员
吕连强 潍坊联运有限责任公司物流分公司经理
赵玉平 山东潍坊百货集团股份有限公司ERP项目工程师
王海松 潍坊港华燃气有限公司调压中心技术督导员
王秀萍（女） 潍坊市城市建设发展投资集团有限公司主管会计
徐 芳（女） 潍坊银行股份有限公司员工
卜振民 中国建设银行股份有限公司潍坊分行客户经理
袁义东 潍坊农村商业银行股份有限公司董事长、党委书记
孙吉刚 中国邮政集团公司山东省青州市分公司投递员
闫瑞杰 中国联合网络通信有限公司潍坊市分公司工会副主席
闫会军 中国移动通信集团山东有限公司潍坊分公司业务支撑中心网络班班长
岳 红（女） 中国电信股份有限公司潍坊分公司潍城营销部经理

## 潍坊市先进工作者

（82名）

裴 巍 潍坊市公安局寒亭分局民警
夏传兵 潍坊市奎文区国家税务局信息中心副主任
刘 涛 潍坊市奎文区孙家小学校长、党支部书记
王爱芹（女） 潍坊市坊子区疾病预防控制中心龙泉社区卫生服务站主任
韩忠玉 山东省潍坊第四中学校长、党委书记
王雪松 潍坊经济开发区市政管理局市政建设科科长
牟灵毅 潍坊东辰国际学校校长
刘东军 青州市城市环境卫生管理局清运队长
姜立新 青州市王坟镇农业综合服务中心主任
张照潼 青州市妇幼保健院院长
纪凤翔 青州云门书院双语学校校长
巩向红（女） 潍坊日报社诸城分社记者部主任
邱法建 诸城市民政局救助管理站站长
王炳芹（女） 诸城市卫生计生监察大队宣教科科长
李玉波 诸城市社会保险事业管理中心社保大厅主任
任守艳（女） 诸城繁华中学教师
岳 军（女） 诸城市人民医院医生
王金鉴 诸城市龙都卫生院原院长
孙增英（女） 诸城繁华中学科研部主任
李美芹（女） 潍坊科技学院寿光市软件园服务中心副主任
崔乐刚 寿光市园林绿化管理处绿化管理技术科科长
张学刚 寿光市公安局化龙派出所所长
张照松 寿光世纪教育集团校长
袁景亮 寿光市人民医院院长
韩海华（女） 安丘市兴安街道东关小学教师
孙 波 山东省安丘市青云学府教师
李德云（女） 安丘市妇幼保健院妇产科主任
刘世磊 安丘市水利局工程师
杜兆君 潍坊市技师学院高密分院教师
马 军 高密市公安局出入境管理大队民警
芦明池 高密市第三实验小学校长
付桂莲（女） 高密市人民医院工会主席
穆洪伟 昌邑市园林局养护工
王秀芹（女） 昌邑市人民医院普外二科护士长
李振威 昌邑市实验中学校长
曾宪领（女） 临朐县外国语学校教师

赵成英（女） 临朐县城关街道北苑初级中学教师
鞠福霞（女） 山东省昌乐特师附属小学教师
田思安 昌乐育才双语学校校长、党支部书记
刘凤芹（女） 昌乐县总工会主任科员
袁月娥（女） 潍坊高新双语学校校长
张国庆 潍坊高新技术产业开发区人民医院院长
李延芬（女） 潍坊（上海）新纪元学校教师
慈海鑫 潍坊滨海经济技术开发区中央商务区开发建设管理服务中心科员
彭新宇（女） 潍坊滨海经济技术开发区中医院医生
于永强 潍坊市人大常委会农业与农村委工作室副主任
冯文涛 潍坊市人民政府办公室文秘科副科长
尹　义 潍坊市中级人民法院助理审判员
隋宝玲（女） 潍坊市人民检察院公诉二处副处长
林云弟 潍坊市农科院果树花卉研究所所长
郭光智 潍坊市林场管理办公室主任
刘国良 潍坊市统计局工业科科长
霍连营 潍坊市公安局交警支队潍城大队五中队指导员
陈常浩 潍坊市公安局刑警支队二大队副大队长
王新华（女） 潍坊市法律援助中心主任
陈　强 潍坊市发展和改革委员会机关党委专职副书记
姚　宁（女） 山东省潍坊第七中学教师
宋君艳（女） 潍坊广文中学教师
李冠兵 山东省潍坊第一中学教学部主任
刘明山 潍坊市荣复军人医院医生
王宗新 潍坊市财政局资源储备办公室主任
王术平 潍坊市大中专毕业生就业指导中心主任
张　强 潍坊市规划管理技术中心科员
田秀丽（女） 潍坊市市政公用事业管理处科员
张爱红（女） 潍坊市园林管理处白浪河绿化有限责任公司经理
曹景际 潍坊市白浪河水库管理局副局长
花照顺 潍坊市农村经济管理处副主任
鲍凌云（女） 潍坊市供销合作社联合社合作指导科副科长
马　丽（女） 潍坊市商务局驻政务服务大厅窗口负责人
陈天文 潍坊市图书馆办公室副主任
董　光 潍坊市人民医院党委书记
李国楼 潍坊市中医院副院长兼乳腺甲状腺外科主任
赵永红（女） 潍坊市精神卫生中心精神一科主任
贾世谦 潍坊市国有资产监督管理委员会发展改革科科长
王曙平 中国人民银行潍坊市中心支行办公室主任
李荣森 中国银行业监督管理委员会潍坊监管分局监管二科科长
谭　稳（女） 潍坊电视台首席播音员
侯宁宁（女） 潍坊医学院内科教研室副主任兼附属医院内分泌科主任
孙曰波 潍坊职业学院园林工程学院副院长
王国明 潍坊市技师学院机械工程系教师
赵庆松 潍坊工程职业学院山工机电学院副院长
李艳慧（女） 山东畜牧兽医职业学院教师

（崔　放）

# 附　录

*Fulu*

## 2016年潍发文件目录一览表

表26-1

| 序号 | 文件名称 |
| --- | --- |
| 1 | 中共潍坊市委关于印发《中共潍坊市委常委会2016年工作要点》的通知 |
| 2 | 中共潍坊市委、潍坊市人民政府关于精准扶贫精准脱贫坚决打赢脱贫攻坚战的实施意见 |
| 3 | 中共潍坊市委、潍坊市人民政府关于深化供销合作社综合改革的实施意见 |
| 4 | 中共潍坊市委、潍坊市人民政府关于深化“三八六”环保行动实施“十大工程”加快绿色发展的意见 |
| 5 | 中共潍坊市委、潍坊市人民政府关于实施规划提升工程促进中心城市科学发展的意见 |
| 6 | 中共潍坊市委印发《关于搞好“回头看”深化省委巡视反馈问题整改工作的方案》的通知 |
| 7 | 中共潍坊市委关于印发《2015年度市委常委班子民主生活会整改工作方案》的通知 |
| 8 | 中共潍坊市委、潍坊市人民政府关于贯彻落实新发展理念加快推进全市农业现代化的意见 |
| 9 | 中共潍坊市委、潍坊市人民政府关于进一步理顺市区行政管理体制的若干意见 |
| 10 | 中共潍坊市委关于贯彻《中共共产党地方委员会工作条例》进一步加强市委常委会自身建设提高工作效能和领导水平的意见 |
| 11 | 中共潍坊市委关于加强和改进新形势下党校工作的实施意见 |
| 12 | 中共潍坊市委关于加强和改进机关党建工作的意见 |
| 13 | 中共潍坊市委、潍坊市人民政府关于加快构建和谐劳动关系的实施意见 |
| 14 | 中共潍坊市委印发《关于中央巡视组巡视“回头看”反馈意见持续整改落实工作方案》的通知 |
| 15 | 中共潍坊市委、潍坊市人民政府关于印发《潍坊市新型城镇化规划（2015—2020年）》的通知 |
| 16 | 中共潍坊市委关于开展向王金鉴同志学习活动的决定 |
| 17 | 中共潍坊市委、潍坊市人民政府、潍坊军分区关于加强军分区系统“五部”建设的意见 |
| 18 | 中共潍坊市委、潍坊市人民政府转发《市委宣传部、市司法局关于在全市公民中开展法治宣传教育的第七个五年规划（2016—2020年）》的通知 |

续表26-1

| 序号 | 文件名称 |
|---|---|
| 19 | 中共潍坊市委关于认真做好县镇领导班子换届工作的通知 |
| 20 | 中共潍坊市委、潍坊市人民政府关于构建新体制培育新优势加快全市开放发展的意见 |
| 21 | 中共潍坊市委转发《中共潍坊市人大常委会党组关于做好全市县镇两级人民代表大会换届选举工作的意见》的通知 |
| 22 | 中共潍坊市委、潍坊市人民政府关于深入推进供给侧结构性改革的实施意见 |
| 23 | 中共潍坊市委、潍坊市人民政府印发《关于将西利渔村由央子街道管理调整为固堤街道代管的实施意见》的通知 |
| 24 | 中共潍坊市委、潍坊市人民政府印发《关于激励改革创新干事创业建立容错纠错尽职免责机制的实施意见（试行）》的通知 |
| 25 | 中共潍坊市委、潍坊市人民政府关于深化公共资源配置改革的意见 |
| 26 | 中共潍坊市委印发省委第六巡视组《关于对潍坊市巡视"回头看"情况的反馈意见》和马明生同志讲话、杜昌文同志表态发言的通知 |
| 27 | 中共潍坊市委印发《关于省委巡视组巡视"回头看"反馈意见整改落实工作方案》的通知 |
| 28 | 中共潍坊市委、潍坊市人民政府关于进一步做好东西扶贫协作和对口支援工作的实施意见 |
| 29 | 中共潍坊市委关于深入学习贯彻党的十八届六中全会精神的意见 |
| 30 | 中共潍坊市委、潍坊市人民政府关于建立失信联合惩戒制度加快推进社会诚信建设的意见 |
| 31 | 中共潍坊市委关于筹备召开中国共产党潍坊市第十二次代表大会的实施意见 |
| 32 | 中共潍坊市委关于建立市县党委巡察制度的实施意见 |
| 33 | 中共潍坊市委、潍坊市人民政府关于印发《潍坊市法治政府建设实施纲要（2016—2020年）》的通知 |
| 34 | 中共潍坊市委印发《关于深化人才发展体制机制改革的若干意见》的通知 |
| 35 | 中共潍坊市委、潍坊市人民政府关于深化科技体制改革加快创新发展的实施意见 |

# 2016年潍坊市人民政府重要文件一览表

表26-2

| 机关代字 | 年份 | 序号 | 标题 |
|---|---|---|---|
| 潍政发 | 2016 | 1 | 关于印发2016年《政府工作报告》的通知 |
| 潍政发 | 2016 | 3 | 关于印发潍坊市社会救助办法（试行）的通知 |
| 潍政发 | 2016 | 4 | 关于印发《潍坊市政府非税收入管理暂行办法》的通知 |
| 潍政发 | 2016 | 5 | 关于印发《潍坊市农田水利管理办法》的通知 |
| 潍政发 | 2016 | 6 | 关于印发《潍坊市固定资产投资项目节能评估和审查办法》的通知 |
| 潍政发 | 2016 | 7 | 关于印发潍坊市国民经济和社会发展第十三个五年规划纲要的通知 |
| 潍政发 | 2016 | 8 | 关于公布市政府规范性文件清理结果的决定 |

续表26-2

| 机关代字 | 年份 | 序号 | 标题 |
| --- | --- | --- | --- |
| 潍政发 | 2016 | 9 | 关于全面推进质量强市建设的意见 |
| 潍政发 | 2016 | 10 | 关于印发《潍坊市降低企业成本促进实体经济健康发展的若干政策措施》《潍坊市降低企业成本“711”专项行动方案》的通知 |
| 潍政发 | 2016 | 11 | 关于认真落实省有关政策规定推进我市规模以上企业规范化公司制改制对接资本市场的意见 |
| 潍政发 | 2016 | 12 | 关于重新公布《潍坊市海域使用权流转办法》的通知 |
| 潍政发 | 2016 | 13 | 关于印发《潍坊市社会信用体系建设规划（2016—2020年）》的通知 |
| 潍政发 | 2016 | 14 | 关于印发《潍坊市市长质量奖管理办法》的通知 |
| 潍政办发 | 2016 | 3 | 关于印发《潍坊市住房公积金归集管理办法》的通知 |
| 潍政办发 | 2016 | 4 | 关于印发《潍坊市专利奖励暂行办法》的通知 |
| 潍政办发 | 2016 | 5 | 关于印发潍坊市地方史志事业发展规划纲要（2016—2020年）的通知 |
| 潍政办发 | 2016 | 6 | 关于重新公布《潍坊市市场主体住所（经营场所）登记管理暂行办法》的通知 |
| 潍政办发 | 2016 | 7 | 关于印发潍坊市乡村教师支持计划（2015—2020年）实施方案的通知 |
| 潍政办发 | 2016 | 8 | 关于印发潍坊市按用能先进标准管理项目暂行办法的通知 |
| 潍政办发 | 2016 | 9 | 关于印发潍坊市重点产业招商政策的通知 |
| 潍政办发 | 2016 | 10 | 关于印发潍坊市支持高新技术企业发展财税政策的通知 |
| 潍政办发 | 2016 | 11 | 关于废止潍政办发〔2013〕16号文件的通知 |
| 潍政办发 | 2016 | 12 | 关于加快全市电动汽车充电基础设施建设的实施意见 |
| 潍政办发 | 2016 | 13 | 关于印发《潍坊市国有建设用地地下空间使用权管理暂行办法》的通知 |
| 潍政办发 | 2016 | 14 | 关于加快招院引校工作的意见 |
| 潍政办发 | 2016 | 15 | 关于印发《潍坊市科教创新园区认定管理办法》的通知 |
| 潍政办发 | 2016 | 16 | 关于印发《潍坊市标准创新应用奖励暂行办法》的通知 |
| 潍政办发 | 2016 | 17 | 关于印发《潍坊市政府规章和规范性文件评估办法》的通知 |

# 索　引

*Suoyin*

**说明：**

1.本索引为主题索引。特载、大事记、附录这三部分内容未列入索引。

2.本索引按汉语拼音音序排列。同音字按声调，首字相同者按第二个字的音序排列，以此类推。

3.索引主题词后面的数字表示索引内容所在的页码，拉丁字母a表示该主题词在页码的左栏，b表示在中栏，c表示在右栏。


2016年潍坊市国民经济和社会发展统计公报　48c
2016中国(昌乐)国际宝石博览会隆重开幕　345a
2016中国(青州)国际文化艺术品博览会在青州市举办　304c
2016中国新型城镇化（诸城）经验交流会在诸城召开　309c
2016中日韩产业博览会　218b

A

安丘经济开发区　322c
安丘市　321b
安全基础持续巩固　168a
安全监管　278a
安全生产　199b
安全生产监督管理　136a
安全稳定　167b

B

百尺河镇　313b
柏城镇　330b
办学体制改革实现新突破　236b
宝都街道　346a
保密工作　66c
保密管理　66c
保密技术保障与服务　67c
保密检查　67b
保密宣传教育　67b
保险保障　83a
保险业　186a
保障改善民生　230c
保障支撑不断加大　212a
北关街道　294b
北海路街道（北海路商贸经济发展区）　291a
北孟镇　339a
北苑街道　290a
标准化战略深入实施　139a
滨海区顺利通过国家生态工业示范园区复查　355a
博物馆事业　271a
卜庄镇　338c
不断规范党委理财工作程序　119b
不断深化和拓展代表工作　74b
不断提高理论武装工作质量　118b
不断拓展“双拥”领域　119c
部门建设　71c
部门自身建设成绩显著　63b

C

财政 税务　230
财政　230a
财政审计　140c
参政议政　98a 98c 99a 99c 100a 101a 101c
残疾人就业创业扶贫　112c
残疾人康复救助　112c
残疾人民生保障　112b
残疾人宣传文体　112c
仓储管理　223b
测绘管理　135c
查办和预防职务犯罪　127a
柴沟镇　331a
产城融合步伐加快　219c
产业化发展　158b
产业经济　223b
产业经营　268b
产业就业扶贫　159b
产业链建设　165b
产业招商　166c
昌城镇　313a
昌乐经济开发区（宝城街道）　345a
昌乐县　344a
昌邑市　333b
昌邑市华海贸易广场“互联网+”项目列入2016年省重点建设项目　336b
昌邑市齐西村入选第四批中国传统村落名单目录　336c
昌邑市荣获“全国双拥模范城”称号　336b

昌邑市入选省2016年农机报废更新补贴试点县(市、区) 336b
昌邑市总投资6.6亿元蒲东沿海防潮大坝顺利合龙 336c
常规统计 142a
超前研究策划 207a
朝阳街道 329c
成本工作 138b
成功创建国家科技兴海产业示范基地 155a
成功创建国家森林城市 152b
城关街道 295c 340c
城市公交发展 199a
城市管理行政执法 209c
城市管理行政执法工作 210c
城市规划 206a
城市基础设施日益完善 329a
城市建设 207c
城镇化发展 205a
惩治处理效能提升 126a
持续深化“三转” 97b
出台改革实施方案 134a
传承弘扬优秀传统文化 262b
窗口宣传 83c
创建农产品现代流通新模式 216c
创建全国双拥模范城实现“五连冠” 283a
创新创业 247b
创新创业教育 250a
创新打造本土化区域性互联网金融支付中心 196a
创新家庭工作 106c
创新模式推动物流与各产业联动发展 171c
创新年鉴工作运行机制 84b
创新投资创业服务方式 87c
创新育人工作 244c
创新政务服务考核监督方式 88a
创新智慧潍坊建设发展新模式 195c
创业带动就业 280c
创业载体建设 280b
从严治党 120c
促进两化深度融合 227c
促进企业集聚发展 227b
促进项目落实 221b
村镇建设 211a

## D

搭建创业载体 227a
搭建国际平台，着力促成重大合作项目 86a
搭建省、市、县三级互联互通政务服务平台 87b
搭建信息平台加快互联互通 171b
打击走私工作 81c
打击走私专项行动 82b
打造精品网络 202b
打造特色产业聚集平台，市区带动效应增强 174c
打造阳光透明信访模式 69b
大家洼街道 355b
大力发展节能环保产业 215b
大力提升进出口把关水平 143c
大力推动国防教育拓展延伸 118c
大力推进钢铁企业规范化建设 167c
大力推进基层服务型党组织建设 58c
大牟家镇 331c
大盛镇 324c
大汶河旅游开发区 323c
大学生思想政治教育工作加强 241a
大虞街道 288b
档案安全体系建设 271b
档案法制建设 273a
档案管理 271b
档案开发利用 272a
档案科学化管理 272c
档案资源建设 271c
党的建设 278a
党管武装工作落实到位 118a
党建工作扎实有效 232b
党史工作 69c
党史宣传教育渠道不断拓宽 70a
党史研究成果丰硕 69c
党委三届七次全会 121a
党校工作 70a
党员干部队伍建设 68a
到账外资突破70亿元 217c
稻田镇 318c
德育工作 250c
地方史志工作 83c
地方税务 234a
地籍与不动产登记管理 135a
地理环境 30a
地下水动态 259c
地下综合管廊 208b
地震应急 257c
地质环境与矿产资源 135b
第33届潍坊国际风筝会 269c
第二十二届鲁台经贸洽谈会 65c
第十届中国（山东）农业机械博览会 158a
电力 132c
电力工业 168a
电商平台助力产业发展 169c
电源建设 133a
电子商务持续快速发展 217a
定额管理 213a
东北乡文化发展区 332b
东北证券潍坊营业部 191a
东城街道 340c
东关街道 289c
东夏镇 307c
动物检疫检验技术专业教学资源库获教育部、山东省教育厅立项 247a
都昌街道 337a
督查工作 81a
杜昌文走访慰问 121a
队伍建设 71a 235a 269b
队伍建设及思想政治工作 224c
队伍凝聚力和向心力提升 126c
对台工作 65c
对台经贸 66a
对台宣传 66b
对外交流与合作 248b
对外经贸 217a
多措并举保障食品安全 170b
多渠道提升研究能力 86c
多维创新，转型促改革 105b
多元化养老服务 293a

## F


发展机制更加完善 219b
发展主体社会化 194b
法院 127c
法治 123
法治交通建设 199b
法治潍坊建设 124a
法治政府建设 124c
反腐倡廉工作建设 68b
反走私宣传教育 82a
坊安街道 299c
坊城街道 299b
坊子工业发展区 299a
坊子区1898坊茨小镇入选省级特色小镇 298a
坊子区 297b
防范化解各类金融风险，金融运行总体稳定 172c
防灾减灾工程建设 155c
防灾减灾救灾及时有效 283c
防震减灾 257a
防震减灾宣传 258a
房地产市场管理 209a
房地产业转型升级 209a
房屋征迁 208c
放管服 降成本 138a
非物质文化遗产保护 273a
风险防控更加牢固 232b
风筝赛事竞技 270a
风筝文化 269c
扶持农机企业 157c
扶贫开发 159a
服务保障 159c
服务发展保障民生 127a
服务发展大局作用充分彰显 103c
服务管理 71b
服务经济发展 123a 145a
服务经济社会发展 128a
服务举措 199c
服务民生 203c
服务企业力度不断加大 163a
服务侨界群众活动 110b
服务实体经济取得实效 173a
服务手段信息化 194a
服务水平持续提升 168b
服务水平进一步提升 232b
服务水平提升 203c
服务体系不断完善 211c
服务业 171
福利慈善事业连创佳绩 283c
妇女创业工作 106b
妇女儿童依法维权工作 106c


## G


改革创新 132b
改革创新加快推进 163a
改革改制 167b
改革体制机制 206c
改革物流发展机制 172a
敢于担当，勇做排头兵 105b
干部队伍建设 80a 155a
港口建设 198a
高标准编制“十三五”规划 215c
高层次人才队伍建设 85b
高等院校 42b
高里街道 302b
高柳镇 307b
高密豪迈集团屡获殊荣 328c
高密市 326c
高校毕业生就业 280b
高新技术产业园 315a
高新技术及其产业 253a
高崖水库库区 347c
高质量做好地方立法工作 74b
搞好化工园区清理整顿 166b
耕地保护与土地利用 135a
工会自身建设持续加强 105a
工伤保险 281b
工商行政管理 137b
工业 162
工业投资稳定增长 162b
工艺美术特色产业 164b
公安 125c
公共法律服务体系建设实现新突破 129c
公共服务平台建设加快推进 219c
公共就业服务水平 280c
公共空间运营 277c
公共卫生服务 274b
公共文化服务体系建设 263a
公路建设 197a
公务员管理 85b
公用事业服务 210b
功能定位 88b
共青团潍坊市委 105b
共同思想基础更加牢固 62b
供电能力持续增强 168b
供给侧结构性改革 134c
供销社改革和供销合作经济 221b
供销社综合改革试点成效显著 150a
构建党员干部联系服务群众“三送一创”机制 357b
古城街道 318a
固堤街道 302a
固定资产投资 131b
官庄镇 326a
贯彻落实方案要求 169c
广播影视 267c
广发银行股份有限公司潍坊分行 185c
广泛开展文艺交流 108b
广文街道 290c
归集扩面取得新进展 232b
规划布局不断优化 211c
规模效益逐步凸显 174a
国际交流与合作 250a
国家级产城融合示范区成功获批 354c
国家级无疫区成功创建 153c
国家食品安全城市创建 140a
国家税务 232c
国民经济和社会发展综述 357c
国泰君安证券潍坊营业部 191a
国土资源管理 134a
国有资产管理 133a


## H


海绵城市建设 208a

海事 199c
海通证券潍坊营业部 191b
海洋经济发展 154b
海洋科技 254c
海洋生态建设 154c
海洋与渔业 154b
海洋综合管理 154b
寒亭街道 301b
寒亭区 300a
夯实基层，固本强堡垒 106a
行业安全稳定 164c
行业管理 168c 199b
行业管理加快向治理转变 237a
行业社会扶贫 160a
行政复议裁决和应诉能力建设 125b
行政管理 71a
行政管理体制改革 64b
行政决策科学化民主化法治化 124c
行政区划 31c
行政审批 136b
行政执法监督工作 125a
航空建设 198b
合力推进“中国食品谷”建设 169c
合作交流 251c
何官镇 307b
河道水情 259b
河流 30b
狠抓安全管理工作落实 117b
狠抓安全生产监督管理 168a
恒泰证券潍坊营业部 191b
红河镇 347a
宏观经济管理 131a
宏观调控 131a
侯镇 319a
护海管渔工作 154c
华夏银行股份有限公司潍坊分行 183c
化解信访突出问题 69b
化龙镇 319b
化学与建材工业 165c
欢送退伍老兵 121b
环境保护 213c
环境监测监控网络实现全覆盖 214b
环境卫生管理 210a
皇华镇 314b
黄楼街道 306a
黄旗堡街道 300a
黄水东调工程施工环境保障 157a
辉渠镇 325a
会议确定事项分解立项和督查工作 81b
会议调度形成常态 82a
获国家湿地公园称号 359c
获国务院最严格水资源管理制度通报表扬 359c
获批峡山生态原产地产品保护示范区 359c

## J

机构编制工作 63c
机构编制管理 65a
机构建设 160c
机构建设网络化 193c
机关党建 66b
机关党建和精神文明建设 111a
机关基层组织建设 68a
机关建设 103b
机关事业单位工资制度 85b
机关自身建设 65b
机关作风建设 68b
机械电子工业 164c
积极办实事解难题 120a
积极补齐短板，薄弱环节金融服务持续改善 173b
积极服务地方开放发展 144a
积极开展“两学一做”活动 117c
积极开展主题文艺活动 107c
积极推进“标准化+政务服务” 87b
积极推进工业绿动力计划 215a
基层党建 200a
基层反走私综合治理 82b
基层基础 137a
基层基础工作水平提升 126b
基层基础工作扎实活跃 114b
基层基础建设 143a
基层建设 120c
基层统战工作活力不断增强 63b
基础教育 237c
基础设施建设 246a
基础设施建设成效显著 237a
基础网络建设 203b
“讲文明树新风”公益广告宣传氛围浓厚 264c
集约布局奠定发展基础 171a
计划生育服务管理 274a
纪律检查体制改革 96c
纪念场馆建设和革命遗址保护工作不断加强 70a
纪台镇 319b
技能大赛 245c 251b
技能大赛获佳绩 248a 252b
纪委机关、监察局内部机构及派驻机构 38a
技能培训 83b
技能人才队伍建设 85c
技能中国行2016——走进山东技能展示交流活动 245b
技术创新 165a
既有建筑节能改造 213c
继续保持环保执法高压态势 214c
加大“两化”融合培训力度 163b
加大产品质量监督力度 139b
加大从源头上预防腐败力度 96b
加大宣传培训，营造知识产权文化氛围 257a
加大执纪审查工作力度 96a
加快诚信体系步伐 170a
加快促进“三个市民化” 205c
加快发展电子商务 195a
加快工业电商发展 163c
加快小城镇特色发展 211a
加强队伍建设 127c
加强对部门志、专业志、基层志的指导 85a
加强和改进巡察工作 97b
加强机关效能和精神文明建设 156c
加强基层党建 156c
加强基层社科组织和社科类社会组织的管理指导 112a
加强纪检监察干部队伍自身建设 96c

加强水利监管 156a
加强招商引智 170c
加强自身建设 85a 107a
加强组织领导 206b
家校融合育人体系基本形成 238b
贾悦镇 312a
价格改革 138a
价格管理 138a
价格监督检查 138b
坚持稳中有进，信贷投放力度进一步加大 173b
监测预报 257b
检察 126c
检验检测能力不断提升 139c
简政放权 80b
建立健全文明城市创建长效机制 263c
建立联合督查督办工作机制 81a
建设 环保 205
建设高效配送网络 171a
建设科技与建筑节能 213b
建设山东省智能制造公共实训基地 249b
建置沿革 32a
建筑市场管理 212b
建筑业 212b
健康养老 193c
健全打击走私组织体系 81c
健全党内监督机制制度 97a
健全完善督查工作制度 81a
健全责任和激励机制 165c
健全组织领导体制 165c
践行开放理念，致力提升潍坊国际化水平 85c
姜庄镇 330c
蒋峪镇 342b
降低企业财务成本成效显著，银行让利实体力度加大 172b
降低企业成本 80c
降低实体经济企业成本取得显著成效 63c
降水量及分布特征 259b
交流合作 88c
交通 邮政 通信 197
交通 197a
交通银行股份有限公司潍坊分行 180a
胶河生态发展区 332c
较大以上事故 137a
教师队伍建设持续加强 237c
教学改革与专业建设 244b 248a
教学工作 70b 250c
教学科研实力与社会服务能力提升 242a
教学质量工程 249c
教育 236
教育教学改革 243a
教育教学改革取得新成果 239c
教育质量再创新高 236a
接待和会务工作 80a
节能工作 214c
节能降耗成效显著 162c
节能目标任务及考核工作 214c
节水、城市防汛和污水处理 210b
金融部门 43a
金融服务 172a
金融审计 141b
金冢子镇 326b
紧扣全市大局开展监督 73c
进出口商品检验检疫 143b
京东青州达成战略合作 304c
经济发展区 299a
经济服务 102c
经济监督管理 131
经济开发区（廿里堡街道） 287c
经济开发区 308a 314c 329a
经济委员会 93b
经济责任审计 141c
经贸招商 270b
精神文明建设 263c
精准帮扶普惠服务成效明显 104a
精准对接合作 220a
精准扶贫 102c
精准扶贫成效显著 62c
精准识别和退出 159a
井沟镇 331b
景芝镇 324a
竞技体育 276c
九龙街道 299c
九三学社潍坊市委员会 101b
九山镇 341c
就业政策落实 280a
居民生活 279a
居民收入 279a
居民消费及生活状况 279a
举办2016“大华木业杯”潍坊（峡山）国际乡野马拉松赛 360a
举办第十三届社科普及周 111c
举办社科普及主题活动 111c
聚焦产业发展抓好人才工作 59c
卷烟销售和网络建设 224c
军埠口综合项目区 296c
军民融合深度发展 120a
军事 115
军转安置 85b

## K

开发区概况 348
开发区转型升级 219b
“开放的山东”全媒体采访活动走进潍坊综合保税区 357a
开放办学力度加大 241b
开放办学与人才培养工作成绩突出 242b
开元街道 301c
开展打击治理违法犯罪专项行动 204b
开展化工企业排查摸底 166a
开展频谱评估专项活动 204b
勘察设计管理 213a
阚家镇 330c
抗旱保水 155b
考察调研 92b
考试评价制度改革继续深化 238a
科技成果 254b
科技创新 166c 253a
科技创新平台建设 253b
科技服务农村 261a
科技馆建设 109c
科技合作与交流 254a
科技计划 254c
科技示范基地建设 261c

科技与金融融合 255a
科技与社会服务 243a
科教文卫体委员会 94a
科学 253
科学普及工作 108c
科研创新能力提高 240c
科研创新与社会服务 249c
科研发展成果 260c
科研工作 70c 247b
科研社会服务能力得到提高 249a
科研水平不断提升 244c
可再生能源建筑应用 213c
课程教学改革深入推进 238a
空气污染治理取得阶段性成效 214a
口岸工作 200a
口岸管理 200c
口岸建设 200b
口岸开放 200b
矿产资源 30a
奎聚街道 336c
奎文区 285a
奎文区荣膺2016—2020年度全国科普示范区称号 287a
奎文区志愿服务项目在全省大赛中喜获金奖 287b
奎文区智慧城市建设亮点纷呈 287a
扩大对外推介 221a
扩展布艺文化 164c

L

劳动就业 280a
牢牢掌握意识形态工作领导权话语权 60c
老干部工作 71b
老旧小区整治提升 208c
老龄工作 281c
老龄信息和宣传工作 282b
老年教育 282b
老年人精神文化生活 282c
老年人权益保障 282a
老年人优待政策 281c
乐埠山生态经济发展区 296b
雷电防护与防雷体制改革 258c
梨园街道 288c
醴泉街道 329c
立体防控水平提升 126a
立足服务导向，加强外事归口管理 86b
联络联谊与对外交流 110c
粮食安全责任制 224a
粮食流通 223a
粮食生产取得较好收成 150c
两岸交流中心 208b 293a
两项建设 71b
“两河”流域综合开发进展顺利 148a
“两学一做”学习教育 68a
林场灭火 121a
林家村镇 313c
林业 152a
林业产业 152c
林业改革 152c
林业有害生物防控 153a
临朐县 339b
凌河镇 324b
领导批示件和临时交办事项督查工作 81b
刘曙光慰问官兵 121b
柳山镇 342c
柳疃镇 338a
龙池镇 337c
龙都街道 310c
龙山高新技术产业园 343b
洛城街道 317c
落实打击走私工作责任 81c
落实惠农政策 157b
落实税收优惠政策 233b
落实统一战线重大决策部署取得新成效 62b
旅游 225a
旅游公共服务体系 226b
旅游龙头培育 225b
旅游项目建设 225a
旅游宣传营销 225c
绿色建筑 213b
绿色生态城区（镇） 213b

M

煤炭冶金工业 167b
美丽乡村建设扎实推进 147c
弥河镇 306b
密水街道 329b
密州街道 310b
庙子镇 306c
民生审计 140c
民生综合保险领先全国 283a
民营经济和中小型企业 227
民营企业简介 228a
民政 282c
民主党派 群众团体 98
民主党派与工商联 40a
民族 33a
民族工作 284b
民族和宗教委员会 94b
民族宗教 284b
民族宗教领域保持和谐稳定 63b

N

南关街道 295a
南湖生态经济发展区 315b
南水北调 156c
内部管理 269a
内部治理能力不断提升 244a
能源保障 132b
凝侨聚力，侨务工作取得新成效 86b
农产品质量安全水平稳步提升 151a
农村产权制度改革深入推进 148c
农村改革稳步推进 151a
农村合作金融 222c
农村流通现代化 222b
农村民生持续改善 148b
农村社区服务中心建设 211b
农村水利基础设施建设 155c
农村新型社区建设 211c
农机合作社建设 158a
农机化公共服务 158a
农民工工资清欠 212b

农业 146
农业持续生产能力持续增强 151c
农业机械 157b
农业基础条件不断改善 148b
农业科技 254a
农业普查 141c
农业社会化服务 222a
农业现代化 146a
农业综合开发 158b
努力提高官兵军需保障效率 119a

## P

派出机构 37a
培育本土企业总部，实现产业链式发展 174b
培育和践行社会主义核心价值观 61c
培育龙头企业 167a
品牌农业加快发展 146a
品牌农业建设成效显著 151b
平安潍坊建设 123b
破解中小学“大班额”成果丰硕 236a
扑灭沂山森林风景区火灾 116a
普查活动经常深入 82a
普惠金融力度进一步加大 173a

## Q

七届八次全委会议 111a
齐鲁农村产权交易中心加快发展 149a
企业创新主体地位更加稳固 255c
企业基础管理 224c
企业技术创新稳步推进 162c
气候概况 30b
气象测报 258a
气象服务 258a
牵头举办专业类展会 218c
强化城镇化工作督查考核 206a
强化电子信息产业支撑 195b
强化规划公众参与 207c
强化基层党建 144c
强化诉讼监督 127b
强化网络支撑能力 203a
强化综合服务职能 137c
乔官镇 346b
侨界参政议政工作 111a
切实搞好综合文字服务工作 56c
青春健康项目由点到面逐步展开 114b
青岛保税港区诸城功能区保税物流中心（一期）工程通过验收 310a
青州市 303b
青州市蝉联“全国百强县”列第63位 305b
青州市成为“国家重点花卉良种繁育生产示范基地” 305a
青州市获评“中国农民画之乡” 304b
青州市获评第二届“中国长寿之乡” 304a
青州市获评首批新一轮“全国计划生育优质服务先进单位” 305b
青州市举办第16届中国（青州）花卉博览交易会及翰墨青州•2016中国书画年会 305a
青州市列入省级海绵城市建设试点 304b
青州市旅游局荣获“2015年度最具推广力旅游服务机构”称号 304b
青州市弥河国家湿地公园通过验收 305a
轻工业和纺织工业 163c
清池街道 352a
全国工人先锋号获得集体 366b
全国及省级政协领导到潍坊考察视察 93a
全国五一劳动奖章获得者 366a
全国五一劳动奖状获得单位 366a
全力推动计生协工作转型发展 113c
全力做好重点时期信访工作 69c
全面从严治党成效显著 284a
全面加强领导班子和干部队伍建设 58a
全面建章立制 87a
全面启动家庭健康素养促进行动 114a
全面推进深化改革 57a
全面推进循环经济 215b
全面展开房地产租赁清理整治工作 119a
全民科学素质工作 108b
全省春季农业生产工作会议在峡山召开 359b
全省公共法律服务体系建设推进会议 130a
全省唯一一家旅游电商培训中心落户青州市 305b
全市概况 30
全市“两学一做”学习教育工作座谈会和培训会 55a
全市“双拥”工作表彰大会 56a
全市安全生产工作电视会议 77a
全市城市工作会议 56b
全市党校工作会议 55a 70b
全市扶贫开发工作会议 53a
全市经济工作会议 53c
全市经济运行分析调度会议 77c
全市经济运行调度会议 78a
全市开放发展大会 55c
全市农村工作会议 54b
全市庆祝中国共产党成立95周年大会 55b
全市人民防空工作会议 122c
全市深化“三八六”环保行动实施“十大工程”加快绿色发展电视会议 54c
群众体育 276b
群众性精神文明创建 62a
群众性精神文明创建活动蓬勃开展 263c

## R

热线整合 83a
人才队伍 250b
人才培养模式 247b
人大代表建议、政协委员提案办理工作 81c
人防工程建设 121c
人防宣传教育 122c
人防指挥通信建设 121c
人工增雨防雹 258b
人口 33a

人口关爱基金募集再创新高 114c
人口资源环境外事委员会 93c
人民法院、人民检察院 40a
人民防空 121c
人民团体 40b
人事工作 85b
人事任免 75a
人事制度改革深化 241a
认真抓好重大课题调查研究 57a

## S

森林防火 153a
山东测绘地理信息产业园被认定为山东省小企业创业辅导基地 298b
山东畜牧兽医职业学院 246b
山东大元实业股份有限公司 229b
山东凤凰山高新技术产业园区（凤凰街道） 298c
山东工业技师学院 250a
山东华通环境科技股份有限公司 228c
山东环球软件科技有限公司 229a
山东交通职业学院 248c
山东经贸职业学院 247c
山东开元电子有限公司 228c
山东科技职业学院 249b
山东蓝想环境科技股份有限公司 228b
山东省富民兴鲁劳动奖章获得者 366b
山东省富民兴鲁劳动奖状获得单位 366b
山东省工人先锋号获得集体 366c
山东省首家省级实物地质资料库在坊子区开工建设 298b
山东省委书记姜异康到昌乐调研经济社会发展情况 344c
山东潍城经济开发区 296a
山东潍坊精鹰医疗器械有限公司 228b
山东信息职业技术学院 251c
山区综合开发 158c
山旺镇 342c
商贸 旅游 216
尚品房预售监管 209b
商业贸易 216a
上海浦东发展银行股份有限公司潍坊分行 184a
上口镇 319c
邵庄镇 307a
设立博士后创新实践基地 249b
社会 民生 279
社会保险经办 281c
社会保险体系建设 281a
社会法制委员会 94b
社会服务 98b 99b 99c 100b 101a 102a 248b
社会服务能力快速提升 240a
社会救助体系日益完善 282c
社会矛盾化解 123c
社会文化和文化体制改革 262a
社会组织管理持续规范 283c
社科理论服务水平提升 112b
社科普及教育基地建设 111c
社科优秀成果评奖 112a
社区建设 211b
社区治理水平不断提升 283b
身边好人选树和宣传卓有成效 264a
深化“三八六”环保行动全面实施 213c
深化“政务云”建设 196a
深化财税体制改革 231b
深化公共资源配置改革 87c
深化海关改革 145b
深化农村改革 148c
深化商事制度改革 137b
深化拓展提升示范区内涵 144b
深化文化体制改革 262c
深化智慧潍坊应用 195b
深入“文联社会，艺进万家”活动品牌 107b
深入推进“两学一做”学习教育 57b
深入推进全市煤炭行业化解过剩产能 167c
深入学习宣传贯彻习近平总书记系列重要讲话精神 60b
审计监督 140c
审判执行工作 127c
生育关怀——幸福家庭创建活动取得新进展 114a
省海洋与渔业厅和市政府签署海洋与渔业重点工作对接任务书 155b
省级示范试点 213b
省内扶贫协作 160a
圣城街道 317b
盛瑞8AT荣获2016年度国家科技进步一等奖 350c
失业保险 281b
师资队伍建设 244c 245c 247a 248b 248c 252b
师资与人才队伍建设取得新突破 239c
湿地保护 153a
石埠子镇 324b
石堆镇 325b
石桥子镇 312b
实行网上立项督查 81a
实行问责观察制度 81b
实践监督执纪“四种形态” 97b
实施“十百千万”工程 194c
实施畜牧产业精准扶贫 153c
实体性合作经济组织建设 221c
实训室建设 252b
食品工业 169b
食品药品监督管理 139c
食品药品业态整治 140a
食盐宣传 169b
食盐专营 169a
食药安全宣传教育 140b
市场供应和消费促进工作 216b
市场体系建设日趋完善 216b
市场秩序更加规范 216a
市级领导班子 33b
市纪委十一届八次全会 95a
市社会科学界联合会 111b
市十六届人大常委会第二十八次会议 72b
市十六届人大常委会第二十九次会议 72b
市十六届人大常委会第三十次会议 72c
市十六届人大常委会第三十二次会议 73b
市十六届人大常委会第三十三次

会议 73b
市十六届人大常委会第三十四次会议 73c
市十六届人大常委会第三十一次会议 73a
市十六届人大五次会议 72a
市委、市政府直属事业单位 39a
市委工作机构 33c
市委十一届十一次全体会议 56c
市委政协工作会议 53b
市县两级计生协机关组织建设取得新突破 113c
市政府党组(扩大)会议学习中共十八届六中全会精神 78c
市政府党组领导班子“三严三实”专题民主生活会 77a
市政府工作机构 34c
市政府廉政工作会议 77b
市政府全体(扩大)会议 77b
市政工程建设 207c
市政设施养护管理 210a
市政协常委会议 90b
市政协其他重要会议 91b
市政协全委会议 90a
市政协主席会议 91a
市直机关党建工作 68a
事故处置 204c
事业单位改革与监管 64c
事业单位人事制度改革 85b
事业技术 268c
事中事后监管 80b
首创证券潍坊营业部 191c
首届陈介祺艺术节 108a
首届峡山湖有机产业发展国际论坛暨有机农业供给侧改革研讨会议召开 359b
首阳山旅游度假区 345b
寿光市12 家企业获批电力直接交易试点资格交易总量居潍坊首位 317a
寿光市 316a
寿光市永盛种子有限公司 228a
寿光市在潍坊率先启动海绵城市规划建设工作并顺利通过专家评审 317a
寿光市在潍坊市率先实现教育收费电子化缴纳 317a
“扫黄打非”斗争再创佳绩 266b
兽药饲料产业经营 153c
双王城生态经济园区 321a
“双拥”工作 119c
水费收缴 157a
水库水情 259b
水利 155b
水利改革创新 156a
水生态治理工程建设 156a
水文 259a
水文情报预报 259c
水污染防治保持良好态势 214a
水质状况 260a
税收征管 233c
舜王街道 311b
司法便民利民工作 128b
司法行政 129a
司法责任制改革 129a
思想建设 99b 101a
思想文化引领成果丰硕 104c
思想引领工作 106b
思想政治 120b
思想政治教育扎实有效 117c
“四化”发展深入推进 146c
四全一特社区建设 211b
寺头镇 341b
嵩山生态旅游区 343b
搜救应急体系建设 200a
素质教育创新行动 249a
孙家集街道 318b

## T

台头镇 320b
太保庄街道 360b
谭坊镇 307c
探索城市设计 207b
郚部镇 347b
桃林镇 314a
特色名校建设 243a
特色品牌赛事 277a
特殊群体学生关心关爱“全覆盖”238c
特种设备安全有力保障 139c
提案委员会 93b
提高人才培养质量 248c
提升服务管理效能提升 126b
提升公共服务水平 227c
提升贸促服务水平 219a
提升现代农业装备水平 157b
提升项目质量 221a
提升消费维权效能 137c
提升信访工作法治化水平 69a
提升信息基础保障能力 195a
提升营销服务能力 202c
提升运营管理效益 203a
体育 276a
体育产业 277a
体育场馆 277b
体育改革 277b
天然气 132c
田柳镇 320a
调查研究工作 79b
调控保供体系建设 223a
调研宣传 103a
铁路建设 198c
通过教育部本科教学工作审核评估240c
统筹全市信息资源管理和电子政务建设 195c
统计法制 142c
统计服务 142b
统计改革与创新 142b
统计工作 141c
统战工作 62a
投资业 192c
突出创新驱动 158c
突出主业，着力育新人 105c
突发事件处置 83a
突破滨海 157a
土地治理 158b
土地资源 30a
推动搬迁计划实施 166b
推动品牌战略 170a
推动企业落实主体责任 140b
推动全面从严治党向基层延伸 96a

推行《企业知识产权管理规范》工作深入开展 256a
推进“智慧城市”建设 203a
推进城乡均衡发展 207b
推进畜禽污染治理 154a
推进风险防控措施落实 134a
推进规模企业规范化公司制改制 310ba
推进国有资本优化重组 133b
推进基本建设 249a
推进监管执法创新 137b
推进企业技术创新 227b
推进全市散煤清洁化治理和煤炭清洁高效利用 167b
推进信访基础业务建设 68c
推进政府职能转变 63c
推进制造业与互联网融合发展 163b
拓展合作领域 220a
拓展史志工作服务领域 84c

W

外贸增速持续高于全国全省 217b
外事与侨务 85c
完成章程配套规章制度建设 247
完善多元化纠纷解决机制 128c
完善规划体系 205b
完善现代企业制度 133b
完善应急体系 82c
王坟镇 306c
王府街道 305c
王家庄街道 360a
王金鉴被评为全国“最美医生” 309c
网络单位监督管理 83b
望留街道 294a
为入驻单位业务开展提供有力保障277c
围绕中心、服务大局，做好其他各项工作 267a
围绕中心、服务大局 64a
围子街道 337b
维护社会稳定 123a
维护社会稳定工作取得新成效 130a
维权维稳工作实效不断增强 103c
维稳预警能力全面提升 125c
潍城区 291c
潍坊滨海海洋经济新区建设领导小组成员（扩大）会议 55c
潍坊滨海海洋经济新区建设领导小组成员会议 54a
潍坊滨海经济技术开发区 352c
潍坊城海快轨可研报告获山东省发改委批复 355a
潍坊电信 203b
潍坊高新技术产业开发区 348a
潍坊高新区获批建设山东半岛国家自主创新示范区 350b
潍坊高新区棚户区改造工作取得突破性进展 351a
潍坊工程职业学院 242c
潍坊海关 144c
潍坊护理职业学院 243c
潍坊军分区 115a
潍坊联通 202c
潍坊农村商业银行股份有限公司 183a
潍坊牵手娃服饰有限公司 229a
潍坊日报社 265a
潍坊市残疾人联合会 112b
潍坊市妇女联合会 106a
潍坊市工商业联合会 102b
潍坊市归国华侨联合会 110b
潍坊市红十字会 275b
潍坊市计划生育协会 113a
潍坊市技师学院 245a
潍坊市金融控股集团 193a
潍坊市科技孵化中心 286c
潍坊市科学发展研究院 86c
潍坊市科学技术协会 108b
潍坊市劳动模范 367a
潍坊市农业科学院 260b
潍坊市人大常委会办事机构 34b
潍坊市人大各专门委员会 34b
潍坊市人民代表大会 72a
潍坊市人民政府 77
潍坊市首个海关铁路监管场站获批 304c
潍坊市委书记杜昌文到昌乐调研并到联系点埠南头村讲党课 345a
潍坊市文学艺术界联合会 107b
潍坊市先进工作者 369b
潍坊市邮政管理局 201a
潍坊市云计算中心实现挂牌运营 196b
潍坊市政务服务中心 87b
潍坊市总工会 103b
潍坊四中迁建项目进展顺利 298a
潍坊峡山生态经济开发区 357c
潍坊学院 240a
潍坊医学院 239a
潍坊移动 202b
潍坊银行股份有限公司 181a
潍坊职业学院 241b
潍坊综合保税区 355c
潍坊综合保税区跨境贸易运营平台签约 357a
潍台交流 66a
潍县战役党性教育基地 292c
潍州路街道 289a
委员联络工作委员会 94c
卫生与计划生育 273b
未成年人思想道德建设工作成效显著 264b
文电处理工作 80a
文化 卫生计生 体育 262
文化合作交流 273b
文化旅游呈现新繁荣 329a
文化养老 71c
文化艺术中心 277c
文化执法 266a
文化执法监管工作亮点纷呈 266a
文家街道 317b
文明和谐机关建设 68c
文史资料委员会 94b
文物博物 270c
文艺精品创作生产 262a
文艺精品创作实现新突破 107b
文艺人才队伍建设成效显著 108a
稳步推进县镇领导班子换届工作 57c
稳妥推进工作模式改革 143c
汶泉发展区 357c
污染物总量减排稳步推进 214b
无线城市网完成一期项目建设 196c
无线电安全保障工作 204b

无线电管理 204a
无线电监测网建设 204a
郚山镇 325a
五井镇 341a
五图街道 346a
物业管理 209b

X

西部证券潍坊营业部 192a
西关街道 294c
系统开展研究合作 87a
下营镇 338b
夏庄镇 330a
咸家工业区 332a
县（市、区）概况 285
县市区 43c
县市区修志工作 84b
县域经济和区域合作 132a
现场监管 199c
现代产业体系构建 131c
现代产业体系加快构建 162b
现代产业体系建设 164a
现代大学治理结构和办学条件优化 241c
现代农业综合改革试点成效显著 149c
现代物流 171a
现代渔业发展 154c
现代职教课程改革 249b
现代职业教育人才培养体系完善 239a
乡村旅游发展 225b
乡村文明行动成效明显 264b
相州镇 312c
项目建设 167a
校企合作 243b 250a 252a
校企融合发展更加紧密 238c
校园文化建设 243c
协商民主扎实推进 62c
辛兴镇 313b
辛寨镇 342a
新安街道 323a
新昌经济发展区 352b
新城街道 351b
新钢经济发展区 352b
新领域统战工作取得新突破 62c
新能源 132c
新闻出版 264c
新闻宣传 267c
新增机构 89c
新增两个高职专业 249b
信得公司建成山东省首家家畜传染病学领域院士工作站 310b
信访工作 68c
信息化 163b
信息化建设扶贫工作扎实推进 163c
信息消费 194c
兴安街道 323b
宣传工作 60b
宣传和社会服务 98c
宣传教育 83a
学风建设 71a
学会工作 109a
学科建设与科研水平取得新提升 239c
学前教育 237a
学生教育管理 245c 252c
学校安全防控体系日益完善 236c
畜牧产业链项目建设提升明显 153b
畜牧品牌建设成效显著 153b
畜牧业 153b
畜牧园区示范创建扎实开展 153b
畜禽屠宰管理 154a
训练质量明显提升 116b

Y

压实管党治党主体责任 95b
压实全面从严治党主体责任 96c
烟草 224a
烟叶生产经营 224b
严格落实中央八项规定精神 95c
盐及盐化工 168c
盐政执法 169a
央子街道 355c
羊口镇 320c
杨家埠旅游开发区 303a
养老保险 281a
养老服务产业化 194b
养老服务业健康发展 283a
要情专报 83c
冶源镇 341b
业务指导 71a
医疗保险 281b
医疗服务能力进一步提升 274c
医疗卫生服务体系建设 273c
医药工业 166c
医药卫生体制改革 273b
依法管理迈上新台阶 237b
依法行政 122a 223c 259a
依法治水管水 156a
依法自主办学逐步深化 238a
依法组织人大换届选举工作 74c
沂山风景区 343a
益都街道 305c
银行业 175a
“银龄安康”工程 282a
引领企业开拓国际市场 219a
饮马镇 338c
隐患排查治理 136a
营改增 233a
营里镇 320a
营丘镇 346c
营造浓厚双拥氛围 119c
应急管理 82c
应急考核 83a
应急培训 82c
应急平台建设 82c
应急预案演练 82c
应用对策研究 111b
应用理论研究 111b
勇士凯旋 121a
优抚安置工作扎实推进 283b
优化服务 80c
优化环境，服务见真情 106a
邮政 201a
邮政快递业 199a
于河街道 293b
舆论宣传引导工作 61a
预警信息发布 82c
园林绿化管理 209c
园长教师综合素质提升 237b

圆满完成年度兵员征集任务 116c
云门山街道 306a
运输能力 198c

## Z

造林绿化 152c
扎实开展“四评级一评价” 166b
扎实开展非公有制经济组织武装机构、民兵组织审查整顿工作 117a
扎实提升基础工作质量 143b
扎实推进二轮修志 84a
扎实推进民主党派换届及政协换届人事安排工作 63a
扎实抓好经常性预防工作 118c
扎实做好禁化武工作 166a
扎实做好民兵组织整顿工作 116b
渣土扬尘治理 212c
长城证券潍坊营业部 192a
招商工作 220a
招商引资 165a
招商银行股份有限公司潍坊分行 183a
招生工作 245c
招生就业 249c
招生就业工作 249a
招生就业培训 251c
招生就业培训工作再创佳绩 244a
招生就业与创业 243b
招生与就业 248a 252c
招投标管理 212c
召开全市城市工作会议 205a
柘山镇 325c
着力打造“模范部门”和“过硬队伍” 60a
着力防化风险，不良贷款实现“双降” 173c
着力开展决策咨询研究 86c
震害防御 257c
争取了4个创新试点项目 217a
争取新型城镇化试点 205c
争先创优活动取得新成果 267b
征管改革 234a
证券业 190c
郑公街道 361a
政策法规与环境建设 255a
政策扶持配套化 193c
政策落实跟踪审计 140c
政策研究 56c
政府投资审计 141a
政府职能转变 80b
政府专利奖力度加大 256c
政务服务热线 83a
政务公开工作 79b
政务信息工作 79c
政协机关工作机构和办事机构 37b
政治引领 102b
“招院引校”工作取得重大进展 236c
“执法督查年”活动成效显著 266a
“走出去”领域实现新突破 218a
《政府工作报告》督查 81b
支持城乡建设 231a
知识产权 255c
知识产权保护力度不断增强 256c
知识产权服务业健康发展 257a
知识产权试点示范成效明显 256a
知识产权质押融资取得突破 256b
执法队伍综合素质稳步提升 266c
执法监察 135c 136c
执勤维稳 120b
直接融资快速增长，企业内生活力显著增强 172a
职称工作 167b
职业技能大赛 249c
职业教育 238c
职业教育实现内涵发展 239a
积沟镇 311c
志愿服务活动丰富多彩 264a
制定《潍坊市地方史志事业发展规划纲要（2016—2020）》 83c
制定颁发加强军分区系统“五部”建设意见 117b
制定出台政策法规 138c
制度管理 202c
制度建设 83b
质量安全监管 212c
质量技术监督 138c
质量品牌建设成效突出 138c
治理机制不断创新 211c
智慧教育建设稳步推进 236c
中共潍坊市纪律检查委员会 95
中国工商银行股份有限公司潍坊分行 176b
中国共产党潍坊市委员会 53
中国国民党革命委员会潍坊市委员会 98a
中国建设银行股份有限公司潍坊分行 178c
中国民生银行股份有限公司潍坊分行 184c
中国民主促进会潍坊市委员会 99b
中国民主建国会潍坊市委员会 98c
中国民主同盟潍坊市委员会 98b
中国农工民主党潍坊市委员会 99c
中国农业发展银行潍坊市分行 176a
中国农业银行股份有限公司潍坊分行 177b
中国人民财产保险股份有限公司潍坊市分公司 189c
中国人民武装警察部队潍坊市支队 120b
中国人民银行潍坊市中心支行 175a
中国人民政治协商会议潍坊市委员会 90
中国人寿保险股份有限公司潍坊分公司 190a
中国食品谷 88a
中国太平洋财产保险股份有限公司潍坊中心支公司 190a
中国银行股份有限公司潍坊分行 178a
中国银河证券潍坊营业部 192a
中国邮政储蓄银行股份有限公司潍坊市分行 180b
中国邮政集团潍坊分公司 201c
中国致公党潍坊市第三次代表大会 100c
中国致公党潍坊市委员会 100c
中泰证券潍坊分公司 190c
中信建投证券潍坊营业部 192b
中信证券潍坊营业部 192b
中央、省驻潍坊单位 41b

种植业 150c
仲裁 130b
重大活动 89a
重大文化惠民工程 263b
重点领域监管 136a
重点领域立法工作 125a
重点市政工程 209c
重点项目 88b
重点项目建设 131b
重要工作 73c 92b 95a
重要会议 72a 90a 95a 160c
朱里街道 302c
朱刘街道 345c
诸城市 308a
诸城市被确定为省农产品产地初加工补助项目市 310b
主办承办全国、全省系列比赛 247b
主题文艺宣传 262b
助推转型发展 230a
住房保障 209b
住房公积金管理 232a
住宅与房地产业 208c
注沟现代农业发展区 333a
注重党刊编发创新 57b
驻潍坊部队 41a
抓好美丽乡村建设 211a
抓好上级决策部署贯彻落实 95a
抓好巡察整改 110a
专卖管理和市场控制 224c
专门委员会工作 93b
专项社会事务管理依法有序 284a
专业建设 245c 247a
资金使用率创历史新高 232a
资源要素支撑 160b
自然环境 30a
自然灾害 30b
自身建设 98a 101b 102a
自身建设和理论 74c
宗教工作 284c
综合保障 120c
综合实力加快提升 219b
综合文字工作 79a
综合政务 79a
综合治理 123a
总部经济 174a
组织参加境内外展会 218c
组织工作 57b
组织机构(2016年) 33b
组织建设 98c 99c 103a
组织实施重点节能工程 215a
组织收入 232c
组织体系不断健全 212a
祖国统一工作 98b
作用发挥 71c
峠山街道 360c
做好人大会议会场和市委、市政府接待活动的各项保障工作 278b
做好重点项目建设服务保障 134b